Quellen zur Lothringischen Geschichte

Herausgegeben von der Gesellschaft für Lothringische Geschichte und Altertumskunde.

═══ Band VII ═══

DIE METZER BANNROLLEN
DES
DREIZEHNTEN JAHRHUNDERTS

DRITTER TEIL

HERAUSGEGEBEN VON

DR KARL WICHMANN

1912
VERLAG DER GESELLSCHAFT FÜR LOTHRINGISCHE GESCHICHTE
UND ALTERTUMSKUNDE IN METZ.

Quellen

zur

lothringischen Geschichte

Herausgegeben
von der
**Gesellschaft für lothringische Geschichte
und Altertumskunde.**
Band VII.

Documents

de

l'Histoire de la Lorraine

publiés
par la
Société lorraine d'Histoire et d'Archéologie.
Tome septième.

Metz
Verlag der Gesellschaft für lothringische Geschichte und Altertumskunde.
1912.

Die Metzer Bannrollen

des

dreizehnten Jahrhunderts.

Dritter Teil.

Herausgegeben

von

Dr. KARL WICHMANN.

Metz
Verlag der Gesellschaft für lothringische Geschichte und Altertumskunde.
1912.

Druck von Gebr. Lang, Metz.

Vorwort.

Dieser Band enthält die drei ersten Verzeichnisse der Bannrollen des 13. Jahrhunderts, I. Personennamen, II. Stand und Gewerbe, III. Kirche.

In dem Verzeichnis I sind die Vor- und Nachnamen verschieden behandelt. Den ersteren sind die Belegstellen aus dem Text nur dann beigegeben, wenn ein Hinweis auf Nachnamen unmöglich war, also wenn nur ein Name vorlag, wie bei Abris 1: Huygnon le fil Aubrit, oder wenn der Vorname des Vaters für den Sohn zum Nachnamen geworden war, wie bei Abris 5: Jofroit Abrit. Wenn aber der Name durch Hinzufügung eines Ortes oder Gewerbes oder des Familiennamens näher bezeichnet war, wie in den Absätzen 2. 3 und 4 bei Abrit d'Awigney, Abrit le feivre, Aubri Chaudaue, dann sind die Belegstellen in dem Verzeichnis IV, das die Ortsnamen bringt, und in den Verzeichnissen II und I zu finden.

Dabei sind zu den Familiennamen gerechnet solche Orts-, Gewerbe- und Standesbezeichnungen, die durch Vererbung zu Namen geworden sind, wie d'Aiest, de l'Aitre, d'Aix (Desch), li Contes, li Merciers, li Xavins. Aber die Wortteile sind, wozu schon die Verschiedenheit der zwei Kasus zwang, in der Schrift getrennt geblieben. Es ist also li Maires, lou Maior (jetzt Lemaire) unter dem Buchstaben M, li Alemans, l'Alemant (Lallement), de l'Aitre (Delaitre) unter A, de la Creux (Delacroix) unter C zu suchen.

Den Metzer Patrizierfamilien (mit P. bezeichnet) ist wegen ihrer Bedeutung für die Geschichte von Metz mehr Platz eingeräumt als den andern Familien. Es ist bei ihnen nicht nur auf die Stellen der Textbände verwiesen, sondern der Inhalt der Einträge ist in Kürze angegeben. So wird über den Besitz der Familie ein Überblick gewonnen, ohne daß es nötig wäre, hundert und mehr Stellen in Band I und II aufzuschlagen und zusammenzustellen. Es sind ferner Stammtafeln beigegeben, die ein leichteres Zurechtfinden ermöglichen und helfen werden, den Verwandtschaftsgrad der Mitglieder schneller zu erkennen und gleichnamige zu unterscheiden. Das ist bei vielen Familien ohne sie oft schwer: die Barbe und de Vy zählen 3 Colignon, die Beudin und Chameure 3 Jaikemin, die Bellegree 4 und die li Gronais 4 Colignon und 4 Jaikemin. Schließlich gibt auf S. 451/4 die Liste der Patrizierfamilien mit Angabe der Mitgliederzahl und dem Nachweis, warum sie den Patriziern zugezählt sind, eine Übersicht über den Bestand des gesamten Patriziats im 13. Jahrhundert, soweit er sich aus den Bannrollen feststellen läßt. Mit dieser Liste ist das Versprechen eingelöst, das ich in dem Aufsatz über die Bedeutung der Bannrollen als Geschichtsquelle gegeben habe (Jahrbuch XXI 1909, S. 79). Während ich damals nur auf 250 Familien mit rund 1500 Mitgliedern geschätzt hatte, weist die Liste jetzt 322 Familien und genau 1800 Mitglieder nach, und ohne Zweifel sind noch viele, denen zufällig das Kennzeichen fehlt, nicht als Patrizier erkannt.

Bei dem Nachweis ist auf Urkunden des 14. und 15. Jahrhunderts Bezug genommen, besonders oft aber auf eine Urkunde des Jahres 1250, die die Aufrechterhaltung des Stadtfriedens betrifft. Sie ist beschworen und unterschrieben von je 15 Mitgliedern der fünf Patriziervereine (paraiges de Porsaillis, d'Outre-Saille, de Jeurue, de PorteMoselle und de S. Martin) und von 31 Mitgliedern der damals noch nicht vereinsartig abgeschlossenen Bürgergemeinde, dem sogenannten „Commun" oder der „Communalteit de Mes," zusammen also von 106 Vertretern der Bürgerschaft. Überliefert ist sie in einer Abschrift des 14. Jahrhunderts in dem Kartular der Stadt Metz (Stadtbibliothek, Handschriftensammlung 751 fol. 67) und von den Benediktinern (Hist. de Metz III, 199 ff.) veröffentlicht, die Namen der Unterzeichner auch von Prost, Le patriciat dans la cité de Metz, Paris, 1873, 42 ff. Von diesen 106 Bürgern sind in den Bannrollen 100 genannt, und von anderen vier wenigstens die Familie. Da nun die oben angeführten Drucke nicht fehlerfrei sind, indem Namen, die zusammengehören, getrennt und zu trennende verbunden worden sind, und da sie über Metz hinaus nur wenig verbreitet sind, so seien hier die Namen nochmals zum Abdruck gebracht. Die wenigen in den Bannrollen nicht vorkommenden Namen sind mit einem Stern versehen.

Et si l'on jureit de chescun paraige, c'est assavoir

de **Port Saillys**	de **Juerue** l'ont jurei	de **S. Martin** l'ont jureit
li sires Phelippes de Raigecort	li sirez Ponces d'Outre Mesellez	li sirez Aubers d'Otonville
li sirez Maheus li Merciers	li sirez Remeis *[de Juerue]*	li sirez Girars de Sorbers
Jehans ces freres	li sires Bertrans "	Bouquins
Vgues Brisepain	li sires Forquez "	Nicoles de Chastelz
Nicoles Gouions	Nicolez Aisies	Jehans li Truans
Poencins Bellegree	Joffrois cez freires	Matheus de Chambres
Maheus Malaquins	Burniquins	Baudoiche
Vgues Coulons	Hvins Bazins[1])	Ferrions de Porte Serpenoise
Colins ces freres	Mathieus Malrois	Jaquemins Vilain
Burtaudons de Noweroit	Aubert de la Court	Eaudowins Lonue[4])
Willermins ces freires	Symonnins Poioise	Jaquemins Faccol
Burtignon Noise	Jehans Truillart	Bouquelz
Perrins ces freires	Piero *[de Juerue]*	Jaquemins Wachiers
Colins Bertaudons	Thierions Domatte[1])	Poencignons li Begues
Nicoles Chameure	Henrias de Strabor	Joffrignons Vilainz.

d'**Outre Saille** l'ont jureit	de **Porte Meselle** l'ont jureit	
li sires Ancelz li Saluaigez	li sires Jehans Bellebarbe	[1]) Hvins Bazins *ist von den Benediktinern und Prost, weil in der Handschrift zwischen dem Vor- und Nachnamen ein Punkt steht, für zwei Personen gerechnet,* ebenso Thierions Domatte.
li sires Bauduius li Truans	Nicoles ces freres	
Aubers Champelz	Maheus Coquenelz	
Philippes Tiguienne	Henris[3]) *[de Porte Meselle]*	
Simons Qualabre	Druvez cez freres	
Boylawe	li sires Richars de Sus lou Mur	
Johans Barbe	Huez Graicecher	
*Bertrans li Flamans	Jaquemins li Contes	[2]) Henris *und* Druvez *sind Brüder (v. I unter de Porte Moselle). Die Benediktiner und Prost halten* Henris Druvez *für eine Person und für den Bruder von* Maheus Coquenels. *Sie zählen also für Porte Moselle nur 14, für Jeurne aber 17 Unterschriften.*
Naimeris Lohiers	Nicoles Marcot	
Jaques ces freires	Warnies Auerel	
Thierris Lowis	Colins Basins	
Jaquemins de l'Aitre	Poencignons Truxins	
Arnoult li Saluaigez	*Aubers de l'Aitre	
*Poencignons Parigous	Auberz Sclarierz[2])	
Nicoles Mairesse	Baudouvis Wichars	

[3]) *Vorlage irrtümlich* Selarierz. *v. Verz. I unter Clairies.*
[4]) *Vorlage* Loue, *mit Abkürzungsstrich über dem* o.

Vorwort   VII

	et pour le *Comman* l'ont jureit	
Jennins de Saint Juliens	Colins de Champels	Guenordins li Gras
Pierressons Loucus	Arnous d'Ars	Giras li Merciers
Simons de Chailleis	Barrois	Jaques Grantdeu
Luquins (= *Luckin d'Aiest*)	Jaquemins de Montois	li sirez Hues li Beguez
Jaquemins Fauquenelz	signor Jaques dou Pont[3])	Nicolles Bruillevaiche
Effrignons	Nicoles li Gornais	Andruas le Frumerey
Werias li Gornays	Werias d'Oisey	Alexandrez de Haengez
*Bertrans Agline	Basins	Ysambars li drapiers
*Uguenons de Saint Martin	Giles de Heu	et Jacos de Jeurue
Lietalz	li maire dez Saint Julien	
Jaquemins Goutiers	*Burtignons li Prestres	[1]) *Vorlage* Ponc.

Der Abteilung II ist als Anhang eine Zusammenstellung der verschiedenen Gewerbe unter Angabe der Mitgliederzahl beigegeben, und die Abteilung III. Kirche endet mit einem alphabetischen Verzeichnis, weil die Abteilung selbst nur innerhalb der Bistümer, Stifter, Klöster usw. alphabetisch geordnet ist, und weil vieles, was zur Kirche gehört oder doch auf sie Bezug hat, in den Verzeichnissen II, IV, V und VI hat untergebracht werden müssen.

Zur alphabetischen Reihenfolge aller Verzeichnisse ist zu bemerken, daß die Buchstaben K und Y von ihrem herkömmlichen Platz genommen und mit C und I vereinigt sind. Ihre Trennung ließ sich nicht durchführen, weil der Gebrauch in Anlaut wie im Inlaut zu willkürlich wechselt. Nebeneinander stehen Cabaie und Kabaie, Idate und Ydate, Baical und Baikal, Cain und Kayn. Bei U und V ist so verfahren, daß die alte Schreibart bei den Eigennamen zwar festgehalten, bei Reihenfolge im Verzeichnis aber die Aussprache zu Grunde gelegt ist. Vguignons ist also unter U, Uiole unter V zu suchen, und Aurowin (= Avrowin) steht hinter Avri.

Als Merkwort ist mit fettem Druck an den Anfang der Zeile nicht die älteste, sondern die am meisten vorkommende Form des Namens gesetzt worden. Das sind hauptsächlich Formen, die in der zweiten Hälfte oder im letzten Drittel des Jahrhunderts gebräuchlich waren. Auf diesem Wege ist dem Suchenden mehr Mühe erspart, und es ist mehr Gleichmässigkeit erreicht worden, als wenn die älteste Form zu Grunde gelegt wäre. Denn viele Wörter und Namen kommen in den Rollen von 1220 bis 1251, etwa dem 14. Teil des Ganzen, überhaupt nicht vor, und die vorkommenden wiederholen sich in ihrer ersten Form später nur selten. Der Name Albert z. B. findet sich in dieser seiner älteren Form nur einmal, 1220, 10, Aubert steht gewöhnlich dafür bis 1275, von da an Abert. Die Form mit l haben Abertins, Abrias, Abrions, Abris und Aburtel überhaupt nicht; le mercer heisst es nur 1220, 28, sonst mercier, kartis nur 1220, 7, nachher quartiers und quairtiers, muetiers nur 1227, 55, mutier von 1241 bis 1251, dann mentiers. Noch viele andere Formen wie Ansems, Roolun, Tiris, Moisins, bolongiers, sun perre, Aubini, Seint Suplize, Seile, Uisinel begegnen uns nur in der Rolle von 1220. Dazu kommt, dass die willkürlich wechselnden Schreibungen sich besonders auffällig in den ältesten Rollen zeigen. Für maison liest man in den wenigen Einträgen 1220, 12—15 meson, masun, maisun und meisun. Hier hat das Aeltere nicht einmal den Vorzug das Richtigere zu sein. Später streiten sich um den Vorrang die Formen mason, maison und maxon, maixon. Es siegen die Formen mit x, da im Laufe des Jahrhunderts die Metzer Mundart in den Bannrollen mehr und mehr zur Geltung kommt, während im Anfang der Einfluss der französischen Schriftsprache überwiegt.

Einige Druckfehler werden trotz grösster Aufmerksamkeit mit untergelaufen sein, was bei der gewaltigen Fülle von Namen und Zahlen, die dieser Band bietet, wohl entschuldbar ist. Man wird sich bei einem Druckfehler dadurch mitunter selbst helfen, wenn man mehrere Verzeichnisse zu Rate zieht. Denn viele Namen stehen, wenn Herkunft und Stand angegeben ist, in mehr als einem Verzeichnis. Der Druckfehler auf S. 188 bei freire Simon Grippe 1279, 19 statt 1278, 19 ist vermieden im Verzeichnis II bei freire, im Verzeichnis IV unter Oixey der Druckfehler S. 272 bei 14 Thierias 1269, 258 st. 358.

Es empfiehlt sich überhaupt, ganz abgesehen von Druckfehlern, wenn man nach bestimmten Personen sucht, sich nicht mit dem Nachschlagen in **einem** Verzeichnis zu begnügen, da die Orts- und Gewerbebezeichnungen willkürlich bald gesetzt, bald weggelassen sind. Zum Beispiel ist für Ferris de Destrey li corriers ke maint en Sanerie im Verzeichnis IV unter Destrey nur eine Belegstelle angegeben, zwei andere, bei denen nur die Angabe de Destrey fehlt, finden sich in demselben Verzeichnis unter Mes, Sanerie und im Verzeichnis II unter corriers. Colignons Tristans hat im Verzeichnis II unter permantiers 4 Belegstellen, im Verzeichnis I unter Tristans aber 10, Willame de la Cort im Verzeichnis III unter den chanoine de S. Piere a Vont nur 9, im Verzeichnis I dagegen 43.

Der Verfasser des vorliegenden Werkes Prof. Dr. C. Wichmann ist am 16. Oktober 1911 aus dieser Zeitlichkeit abgerufen, ohne den Druck des Bandes zu Ende führen zu können.[1]) Nur bis zum 33. Bogen hat er die Korrektur besorgt. Von der historischen Kommission für Lothringen wurde der Unterzeichnete mit der Fertigstellung des Drucks beauftragt, sodass er von Bogen 34 an die Verantwortung zu tragen hat, was ihm um so leichter war, da das Manuskript völlig druckfertig vorlag. Infolge dessen ist der ganze Inhalt des Bandes ausschliesslich Wichmanns Werk. Nach einer Notiz in der Vorrede hatte er vor, ein Verzeichnis der Druckfehler dem Werke beizufügen, doch hat sich dieses in seinem Nachlass nicht vorgefunden, und dem Unterzeichneten war es leider bei der Kürze der Zeit nicht möglich, den ganzen Band auf Druckfehler zu untersuchen, weshalb er den Benutzer dieserhalb um Entschuldigung bitten muss. — Auch das Manuskript zum 4. Bande der Bannrollen liegt fast druckfertig vor und wird ebenfalls seiner Zeit von dem Unterzeichneten zum Druck gegeben werden.

Metz, 9. März 1912.

Prof. Dr. Grimme.

---

[1]) Ein Lebensbild nebst Würdigung seiner litterarischen Tätigkeit wird im nächsten Bande des Jahrbuches der Gesellschaft für lothr. Geschichte erscheinen.

Abkürzungen.

anc.	ancoste	fr.	freire	pb.	prant ban
anf.	anfans	gr.	grainge	plant.	planteit
ang.	angevine	j.	janre	pm.	parmei
Anm.	*Anmerkung*	J.	Juerne	PM	Porte Moselle
aq.	aquasteit	jard.	jardin	pr.	preit
c.	cens.	jorn.	jornals	PS	Porsaillis
C.	Commun	lb.	livres	res.	resaige
ch.	chans	m.	maille	*S.*	*Seite*
chak.	chakeur	m.	marit	s.	sols
chap.	chapons	m.	meire	s.	suer
d.	dame	maix.	maixeire	sest.	sestieres
d.	deniers	mar.	marit	sg.	signor
dav.	davant	*M.-Bez.-A.*	*Metzer Bezirksarchiv*	SM	Saint Martin
del.	delivre			sr.	sires
dev.	devant	m. e.	maistres eschavins	srg.	serorge
enc.	encoste	mol.	molin	st.	stal
enf.	enfans	ms.	maison	t.	terre
er.	eritaige	OM.	Outre Moselle	t. ar.	terre aireure
f.	fil	OS	Outre Saille	*v.*	*vergleiche*
fill.	fillaistre	ost.	osteil, osteit	vg.	vigne
fm.	femme	*P.*	*Patrizier*	†	*gestorben.*

In Abkürzung angeführte Werke:

Ben. = Histoire générale de Metz par des religieux Bénédictins, Metz 1775. *Die Seitenzahl bezieht sich immer auf die dem III. Bande beigegebenen „Preuves".*

Dorvaux, Les anciens pouillés du diocèse de Metz, Nancy 1902/7.

Fagniez, Gust., Études sur l'industrie et la classe industrielle à Paris au XIIIe et au XIVe siècles, Paris 1877, *erschienen in der* Bibliothèque de l'école des hautes études publié sous les auspices du ministère de l'instruction publique, fasc. 33.

Fagniez, Gust., Documents relatifs à l'histoire de l'industrie et du commerce en France, Paris 1898/1900, *erschienen in der* Collection de textes pour servir à l'étude et à l'enseignement de l'histoire t. 22. 31.

Ferry, Paul, (1591—1669), Observations séculaires, *in der Handschriftensammlung der Metzer Stadtbibliothek 106—108.*

Godefroy, Dictionnaire de l'ancienne langue française.

Huguenin, Les chroniques de la ville de Metz, Metz 1838.

de Lespinasse et Bonnardot, Les métiers et corporations de la ville de Paris, XIIIe siècle. Le livre des métiers d'Etienne Boileau Paris 1879, *erschienen in der* Histoire générale de Paris, Collection de documents.

de Lespinasse, Les métiers et corporations de la ville de Paris, XIVe—XVIIIe siècle, Paris 1886/1897, *ebenda erschienen.*

Prost, Aug., Étude sur le régime ancien de la propriété. La vesture et la prise de ban à Metz. *Sonderabdruck aus der* Nouvelle revue historique de droit français et étranger. Paris 1880.

Das Reichsland Elsass-Lothringen, herausgegeben vom statistischen Bureau des Ministeriums für Elsass-Lothringen, 3 Bände, Straßburg 1898/1903.

Roquefort, Glossaire de la langue romane, *2 Bände und* Supplément, Paris 1808—1820.

de Wailly, Natalis, Notices et extraits des manuscrits de la bibliothèque nationale, publiés par l'institut national de France. XXVIII, Paris 1878.

A.

Abelville,[1]) Abbeiville, Aibeyville, v. IV. [123.
Gerardins — 1285, 99, 249; 1290, 67b; 1293.
— d' — 1269, 504; 1279, 203, 350, 529, 586.
  l'. srg. Colignon Pierexol 1279, 350.
  j. d. Anel Chameure 1290, 67b.
  Colins d'Espinalz et G. d' — 1279, 203.
pb. ½ molin suz Muselle 1269, 504; 1279, 203
', ₂ molin sus Moselle 1279, 529.
pb. t. davant lou pont Thiefroit 1279, 586.
pb. vg. a Siey 1285, 99.
pb. gr., meis, estainche en S. Vincentrue
27 d. au Vesignuelz 1290, 67b. [1285, 249.
doit 11 s. sus sa ms. otre Muselle 1290, 123.
Abel, Thieriat, Pieresin f., et Marguerite f.
  de sa s. et Jakemin son marit 1290, 574.
Aberons, Aberon 1278-81, 1293, 1298.
Anberon 1267.
— f. l'Ameral 1281, 269.
— Bonat de Maigney 1293, 535.
Ferrias f. — 1293, 477.
Ferriat — de Maizelles †, Yzaibel fm. 1298.
Jehans — 1279, 221. [434.
Jehan — de Maizelles, Thierias f. 1293, 463.
  Bertrans li feivres j. 1293, 463.
Jehan — d'Outre Maizelles, Thierias f. 1293,
  Jennin — 1267, 303. [217, 242.
Jennins — de Sanerie 1278, 7; 1279, 14.
Piereson — 1279, 224; 1293, 201[57] — 284.—
349[50].

---

[1]) *Ortsnamen sind öfters unter Weglassung des* de *zu Personennamen geworden. Man könnte meinen, der Schreiber habe nur aus Versehen das* de *vergessen, aber die Verwandlung des Orts- in den Personennamen wird ganz deutlich, wenn bei einer Person (z. B.* Corcelles, Jerney*) oder bei einer Familie (z. B.* Repigney*) gewöhnlich oder regelmässig das* de *fehlt, oder wenn wie bei* Abeiville *anfangs (1269 und 1279) de regelmässig gesetzt und später (1285—1293) regelmässig weggelassen ist, oder wenn noch der derzeitige Wohnort hinzugefügt ist, z. B.* Willames Bisseicourt de Hulouf 1298, 66, Werion Briey de Maranges 1290, 276.

Thierias — de Maizelles (v. Jehan) 1298, 485.
„ srg. Bertran lou feivre 1298, 436.
Abers, Abert 1241, 1245, 1262, 1275/98,
Aubers, Aubert 1220/75, 1281, Auber 1262.
Albert 1220.
Au[ber....? 1245, 104.
1. sg. — (= Abertin lou Sauaige?), ms.,
gr., jard. a lai court a. Vallieres 1290, 13.
2. sg. — de Buisei, — de Bormont, sg. —
preste de Chacey, — de Chastels, Ancillous
de lai Horgne f. —, sg. — de Lesces, sg.
— d'Ottonville, — de Ropedanges, sg. —
de S. Julien, — boulangierz de S. Julien,
— f. vies maior de S. Julien, — Thomes
de S. Julien, — f. Colin Xalle de S. Julien,
— de S. Nicolais, — de Vallieres c'on dist
de la Cort, — de Vals, sg. — de Vandoncort, — maires de Vermiey, sg. — de Virey.
3. — barbiers, — boulangierz de S. Julien,
— (f. Girart) cellier, sr. — de Laices chanones
— charpantier, — cordewenier, — corduenier
de S. Arnolt, — corretier, — corvexier, —
feivre (de Porte Cerpenoise), — oliers, —
paingnier — — penirs, — permantier, —
poixor, sg. — preste de Chacey, sr. —
prestres d'Espainges — sr. — prestres des
pucelles de lai Vigne, sg. — prestre de Landes, sr. — prestres de S. Ferruce, sg. —
prestre de Ste Geneviere, — sodour, — j.
Guertrut fm. Jennin lou tourselier, sg. —
lou xaving (de la Place), — li xavins.
4. — des Aruois, — Bataille, — Bonnemere, — Brasdeu, — Cabaie, — dou Champel (sg.) — (de) Champelz, — Clairiet,
— f. Howignon Coillute de Flurey, — (de
Vallieres c'on dist) de la Cort, — Coupat,
— Cussignon, — Dalestein, — Deumont,
— Fezee, — Godexal, — Gratepaille, maistre
— Gruces, — Marie de Lorey, — Mouxe,
— Noiron, — l'Oie, — j. Jaikemin dou
Paire, — Piedeschals, — Poterel, — Rigole,
— lo Saiue, — Sewindac — Suydach, —
Thomes (de S. Julien), — Trois de Nonviant, — f. Colin Xalle de S. Julien, —
Xavins.
Abertat, 1277, 1288, 1290, 1298, Aburtas,
Aburtat, 1277/79.
1. Poinsute f. † 1288, 84.

Abertel—Abertins

Poinsate la Vadoise f. -- † 1290, 536.
2. — d'Eurecourt, — de Rouzerueles, — f. Vguin Doreit de S. Julien, — Guscerit de S. Julien.
Abertel v. Aburtel.
Abertins, Abertin 1241, 1245, 1262, 1267, 1275/98, Aburtins, Aburtin, 1277/98, Aubertins, Aubertin 1227/75, 1279, Auburtins. Auburtin 1262/69, Aubartins, Aubartin 1269, Aubertien 1227, Bertins 1288, 576, Burtins, Burtin 1269, 1275, 1285.[1] [2]

1. —	1262, 298.
— = — dou Champel	1251, 172.
—, ms. ou Waide	1269, 402.
planteit selone — (Molins)	1285, 98.
— f. Cayfaz	1269, 416.
— f. Colate fm. Rainnillon	1281, 434.
— f. Parisat	1251, 125.
Colin f. — (Molins)	1285, 98.
— fillastres Cuneman	1245, 166. [481.

— fr. Borjois; de S. Clemant 1290, 374; 1293,
— j. Heliat (lou boulangier) 1293, 243 (285).
2. — d'Alanges ke maint en Chaponrue, — (f. Poinsat) d'Arnaville, — f. Barbe d'Ars (OM), Domangins Pillas d'Ars (OM) et — fr., — f. Jennat Roubelat d'Ars (OM), f. Herman de Batilley, — de Bers, — f. Ayron de Chezelles, — li Hougnes de Chazelles, — f. Roillon de Clowanges, — de Coulanbeir, — f. Collairt Corneuelz de Colambeirs, — maires de Corcelles, — f. sg. Poinson d'Espainges, — d'Eurecort, — li Caimus d'Eurecourt, — f. Collairt de lai Court de Fayt, — de Glatigney, — f. Erlat de Gorze, — de Grixey, — f. Perrin de Juxey, — de Juxei li taneres, — srg. Phelippin f. Thieffroit de Jussei, — j. Gloudant de Lescey, — f. Geraint lou Borgne de Lescey, — maior de Maigney, — Grillat de Maigney, — de Mairley, — f. sg. Maiheu de Marley, — f. Omont de Mairley, — f. Hanriat lou Roncel de Mairueles, — f. Roubelin de Maixerey, — de Moncels, — f. Colin d'Escei de Nonviant, — f. Tumelouf

[1] *Prost, Rég. anc. IV, 1221* Albertin Chioteil. [2] Aburtin *verwechselt mit* Bertran. 1293, 204³¹ = 349³². *c. Anm. zu* Burtemius.

de Nonviant, — f. Richairt de Nowesseville, — f. Colin lou Gornaix de Nowaiseville, — f. Thieriat dou Tro de Nowesseville, — d'Orseual, — d'Ontre Saille, — de Perte, — de Pontois, — de Prays, — de Preiz li bouchiers, — de Prinei, — de Rembeuilleirs, — li corretiers de Rembeuilleirs, — de Remilley, — lo prevost de Remlevanges, — de Rouzerueles, — fr. sg. Renalt de Rozerueles, — de S. Arnol f. Pieresson Pourel, — fr. Borjois de S. Clemant, — Bailerelz de S. Clemant, — Xonrdel de S. Clemant, — f. Cherdel de S. Julien, — Richairt de S. Julien, Tornemiche de S. Julien, — f. Weirieul de Saintois, — de Taixey, — de Taixey bolengiers, — f. Hanelo de Thiekestor, — de Tignomont, — f. Steuenin de la Cort de Valz, — de Virey, Weiriat dou Waide, — de Waipey, — Jarrillat de Wappei, — dou Ruxel de Wapey.
— f. Eurriat de Xueles.

3. — berbier (de Chambres), — de Preiz bouchiers, — boulangier, — bollengier f. Jacob de Cons, — de Taixey bolengier, bollengier f. lou Crabus, — bollengier f. Jaikemin lou Rauat, — fr. Laubelat lou boulangier, — j. Helyat lou boulangier, — chapeliers, — clerc, — cordoeniers, — Hartous cordeweniers de Staixons, — corretiers (de Rembeuilleirs), — corrier, — feivre, — maingniens, — Thiecelins li marechas fr. —, masson, — massons de la rue S.Vy, — Atus masson, — Murdepain masson, — mentier, parmantiers, — d'Agiencort permanteirs, — fr. Lietal lou permantier, — taillour, — de Juxei taneires, — uzerier (de la Nueue rue).

4. — Alainne, — Aquiles, — (f. Abert) des Arnols, — Atus masson, — Bailerelz de S. Clemant, — f. Barbe d'Ars, — (f. sg. Jehan) Bataille, — Belin, — f. Jennat Bellamin, — f. Johan Bernage, — Billart, Birzee, — Boilo, — f. Bonechose de Uignei, — Boon, — f. Gerart lou Borgne de Lescey, — (f. Jakemin) Boufat (dou Champel), — Boutecorroie, — Braikillon de Ste Rafine, — Braisden, — Buretel = — Bureton, — f. Steuenin) Burnat, — Cabaie, — f. Thiebaut Kaibaie, — Caienat (de Siey), — li Caimus

I. Personennamen 3 d'Abigney–Abillate

d'Eurecourt. — Chafolat (de Roncort), — Champels = — (f. Thiebaut) dou Champel. — (f. sg. Abert) de Champelz, — Charbonnee, - Charriande, — li Ches (dou pont Rengmont), — Chiotel, — Conchion (dou Quertal), — f. Collairt Corneuelz de Colambeirs, - n. Abert Coupat, — f. Collairt de lai Court de Fayt, — f. Steuenin de la Cort de Valz, — Danalleglise, — Doreir, — Faconvers, — Fontat, — srg. Symonat lou Four, - Gallios, - lou Gornaix, — f. Colin lou Gornaix de Nowaiseville. — Graindamor, - Grillat de Maigney, — li Huche, - Hairowin, Hartous cordeweniers de Staixons, - fr. Jakemin Henne, — li Hougues de Chazelles, Huchat, — Huchetel, — Jallee, Jarrillat de Wappei, (f. Thiebaut) Lohier, - Loueur, — f. sg. Roul Makerel, - f. Arnoult Malletraisse de Ste Raifine, - Malroit, - Mancontel, don Marax, - Marchant de Howauille, - Mathelie, Miole, Moixin, Murdrepuiu (masson), Murie dou Quertal, — Niclodin d'Erkancey, — Pallefroit, — Penas, (f. Joiffroit) Pietdechas, — Domangins Pillas d'Ars — fr., — f. Jennin Pistal f. Forkignon de la Place, - Porteabay - de S. Arnol f. Pieressou Pourel, — Preuostel, — Rabowan, — Renaldas, — Richairt de S. Julien, — Richier, - Rohart, - Roillons, f. Jennat Roubelat d'Ars, f. Hanriat Roucel, - f. Hanriat lou Roucel de Mairocles, — Rouguelle, — f. Abillate Roze, - Ruckels, — don Ruxel de Wapey, - lou Sauaige (de Vallieres), — Sauegrain, - Souflairs, - Strassous, — Tornemiche de S. Julien, — f. Thieriat dou Tro de Nowesseville, - f. Jehan Turkin, — f. Tumelouf (de Nonviant), - Vaichate, de Vy, — Winart, Xauing, — f. Forkignon Xauing, - f. Yzambairt Xaiving, - Xourdel (de S. Clemant).

d'**Abigney**, Colins, de S. Martin 1298, 625.

l'**Abijois** (albigeois, Albigenser).

de Lessey (hörig), Guersat et Domangin fr., Ysabel s. 1278, 646⁰.
Thieriat 1279, 551.

Abillate 1262 98, Abillatte 1251, Abillete 1275, 1279, Aibillate 1281, 1288.

1. — la m(ere . . . 1262, 118.
 . . . . — sai s. 1290, 23.
— fm. Clodat † 1277, 340.
— f. Guizelaire 1267, 277.
— f. Richillin 1251, 104.
— s. Bouat 1275, 220.

2. — f. Lukin d'Aiest †, — d'Alencort, - fm. Symonin de Blammont, - f. Pierat de Chambres † fm. Ancillon, — f. Wescelin de Chastels, — la couzerasse de Chaistels ke maint en Rinport, — de Chazelles, - fm. Piereson Clarteit de Chazelles, f. Piereson Malleseuvres de Chazelles, - f. Burteran de Cuxey, - - s. Gerart de Doncort, — fm. Thieriat fil Merguerou de Gerey, s. Hennelo Robin de Haisanges, - fm. Jakemin de Hem †, f. Willame de Juxey, fm. Jaikemin fil Eurriat de Lorey (OM), s. Fillipin de Noweroit, — dou Pont de Niet, — fm. Jaikat de Prouins, — f. Gerart lou doien de S. Martin, — f. Mensenate de S. Prinеit.

3. — fm. maistre Symon armoiour, - - fm. Brokairt arsonor de Rinport †, — fm. Burtignon boulangier de Stoxey †, — f. Willemin chaponier †, — fm. Robelin cherpantier de Montois †, - la couzerasse de Chaistels ke maint en Rinport, - fm. Huygnon daien, f. Hanriat feivre, - f. Lambelin feivre, — s. Richairt permantier, — la Vadoize.

4. — f. Lukin d'Aiest †, — fm. Jehan l'Allemant †, — f. Jehan l'Alemant, fm. Bonnel, — f. Hauriat Bataille, - - fm. Renadin Bouchart, — fm. Simonin Bouvel †, — Burdine, — s. Gerardin lou Kair, — Keutepoire, - fm. Piereson Clarteit de Chaizelles †, — fm. Clomin dou Clos †, — fm. Poincin lou Creuxiet de Vallieres, - Dediest, — Fusaiеe, — s. Colin Garsat de Nowaiseville, - f. dame Aileit la Grande †, fm. Thieriat Grenel de Vantous †, - Haizars - — s. Ferriat Haizairt, — f. Jehan Jaigin †, — Joruec, — fm. Thieriat Malbailliet †, - — f. Piereson Malleseuvres de Chazelles, — s. Pierexel Mogue, - fm. Symonin Monel de S. Clemant †, — la Nouelate, — fm. Symonin Parlate,

Abillons—Aburtel

— s. Hennelo Robin de Haisanges. — Roze, — fm. Guersirion lou Sauaige †, maistres Symons Stokairs et — sai fm., — fm. Waiterin fille Jaikemin Waistel †, — f. Cunin Xobin, — fm. Waterin Xufflat d'Airey †.
Abillons, Abillon, 1251, 1267, 1269, 1277, 1279, 1281, 1290, 1298, Abilons 1227, 35.
  2. — d'Arnaville, — fm. Howat d'Eurecourt †, — fm. Roillon de Tehecort.
  3. — f. Pierat masson   1267. 319.
  4. — lai Bouxenerasse, Perins li Herbiers et — sa fm., — la Noire, — fm. Jennat Robin, — f. Pierexel Tortebarbe, — fm. Jeniu lou Turelat †.
Abilluele v. Awilluele.
Abour 1275, Aubor 1245.
— et Poincete, les filles Herbin 1245, 50.
d. — † (ms. a Parnemaille)   1275, 150.
Abourjate, ost. ou Haut Waide 1279, 216.
Abraham, Abrahans v. Habrans.
Abri v. Abris.
Abrias, Abriat 1262/1298, Aubrias. Aubriat 1245, 1251, 1267, 1269.
  1. —, ost. en Chapelleyrue   1262. 340.
  2. — d'Ammeilaiville, — de Rocheranges ke maint a Turey, — de Turey.
  3. — cordewiniers, — corvexiers, — munier (des moulins a Saille), — permantiers —
  4. sr. — d'Ars chanones de Nostre Dame la Ronde, — lou Bague, — f. Bertre. mev lo Blanc, — Brehel, — Burtignon, — Cabrit de Maigney, — Domate, — d'Espinals. — Forcon, — f. Yngrant Goulle, — Yngrans, — Maton, — Moieu, — Raieboix, — Traivaille de Luppei, — Xauins — — f. Jenniu Xauing.
Abrions, Abrion 1241, 1251, 1269/1298, Aubrions, Aubrion 1245, 1251, 1267, 1269. [1])
  2. — (f. Deudeneit) de Merdeney.
  3. — boulangier, — Domate drapiers, — forner, — feivre.
  4. — lou Bague, — arg. Jennin Cotterel, — Domate, — Domate drapiers, — Mokin.

[1]) *Bannrollen I, LXXIV, 24 = 1298, 96* Abrions, j. Jaikemin lou maiour de S. Vincent †.

— Mustel,[1]) — (f. Burtignon) de la Tor, — Xardeit.
  5. Jehans — (P.), *wahrscheinlich Sohn von* Abrion Domate (v. Domate) *und vielleicht Stammvater der späteren* Aubrion *(1386 J.)* pb. ms. enc. l'ost. lou preste de S. Ferruce pb. t. ou ban de Turey 1298. 314. [1288, 336. pb. t. en Richairtchanp (OM)   1298, 632. Jehans — et - ces nies (= Abrions Domate li drapiers ? 1298, 196) pb. 2 st. eu la halle des draipiers en Chanbres   1288, 112.
Abris 1262/98, Abrit 1275/98. Abri 1262/69, Aubris 1267. Aubriz 1269, Aubrit 1251, Aubri 1227, 1245, 1267, 1269.
  1. Huygnon f. —   1251, 109.
Willermin f. sg. — †   1251, 104.
— Willermin f. — de S. Polcort 1251, 145.
vg. an Ripel (OM) ou ban sg. — † 1288, 506.
t. eu Wacons (PM) ancoste sg. — 1290, 14.
  2. — d'Awigney, Lowias de Boulay et - ces seurs, maistre — de Chambres, — dou Champel, — de Doncort, maistre de S. Clemant.
  3. (Maistres) — li arcediacres (de Marsal eu l'eglise de Mes), — bolangiers dou Champel, — feivre, — fournier dou Champel. Domangius f. maistre —, preste —, maistres (de Toul) li prestes de S. Leuier.
  4. — Chaudaue, — Clarem[baut], sr. Yngrans, — dou Pont,   de S. Polcort.
  5. Joffrois — [2])(P.) = Joffrois f. sg. Abrit. Yngrant?
a Chezelles ou ban Joffroit — 1279. 552.
ms. sus lou tour de l'aitre de Ste Creux   1293, 577.
Collate — -, ms. en Chambres   1277, 204.
Aburtas v. Abertat.
Aburtel 1290/98. Aburtelz 1285. Abertel 1281, 1290/98. Abertels 1288. Burtel, 1278. 1279, 1285. 1293, Bertel 1269, Bertes 1281.
v. Bertelos.

[1]) Aubrion lou Noir *Bannrollen I, LVI, 4 = 1275, 181.*
[2]) *De Wailly 327, 1294* (Joiffroit Abrit) amius et parans a Thiebat f. Poinsignon Domate.

1. —, ost. devant S. Gengoult 1293, 222.
—, ost. en Visignuel 1269, 244, 437: 1278, 511.
— de Visignuel 1279, 456; 1285, 454. 455; 1290, 205.
—, vg. ou ban de Vairney 1293, 372,
—, vg. en Morillon (PM) 1293, 20.
—, Poinsat f. 1281, 319.
= — d'Ars (OM), Poinsas f. 1290, 115; 1293, 136.
2. — d'Ars (OM), — de Coulanbeir, — de S. Clemant, — de Seruigney, — de Vairney, — de Visignuel, — de Wapei.
3. — li courrijers 1281, 54.
4. — Gueceris de S. Julien, Morelz de Nowesseuille, — lou Xourt de Waipey.
Aburtins v. Abertins.
Akar . . . ., Jennat 1245, 255.
Akart, Alardin, v. Eckart. 1278, 604.
Akehart v. Eckart.
Acelins, Acelin v. Escelins.
l'**Acrignois**, Colin 1279, 467.
Adans, Adan, 1220, 1245/98, Adant 1269, 1279, 1298, Adam 1251, Aidans, Aidan 1298.
1. Colin srg. — 1251, 113.
lai fm. — (= — de Maigney) 1290, 482.
d. Marguerite fm. 1267, 164.
2. — d'Anerey, — f. Rueselin d'Angoudanges, — de Baumeiz, — de Chailley, — de Colignei, Anel de Coulevanges fm. —, — de Haboinville, — de Maigney, — de Tionville,
3. maistre — avocat (f. Pierre lou wantier), — bolangier, — bouchier, — charreton, — cherpanteirs, — clarc = — clerc de Basoncort, maistre — clers f. Piere lou wantier, = maistre — f. Martenate la wantiere, — covresiers, — formeirs, — furbor, — f. Alairt lou gaieneir, — hugier, — malade, — merchans de Braibant de Sanerie, — meutier, — musnier, — Bellenee poxour, — sainnor, maistre — servoixour, maistre, — terrillons de lai Vigne S. Auol, — tupenier, — waisteleir, — warcoliers dou Quertal.
4. — l'Alleman (de Chaponrue), — Bellenee poxour, — Bokel, — Brixechamin, — li Engleis, — Gaillairt de S. Julien, — Herlin, — Maidelo, — Maillart, — f. (Thieriat) Paillat d'Ars (PS), — lai Vaille.

5. Colignon — de Maigney 1298, 539a.
Adelate 1269, 1279, Aidelate 1288.
— s. Berte de Luppei 1269, 120.
— f. Colin S. Quintin 1279, 134.
— de Vallieres, Jennas li Bagues f. 1288, 114¹, 337.
— fm. Piereson Grannies de Lorey (PS) †, 1288, 488e.
Adelenatte 1251, Adelenate 1275, Aidelenate 1293.
—, ms. en Rimport 1251, 179.
— de Boruey 1275, 211.
— fm. Orban de Mairuelles † 1293, 573a.
Adeline, Aideline.
— de Mercey (PS), Thiebaus f. 1290, 360, Waterins f. 1290, 386. [361.
Adelins, Adelin 1241, 1245, 1267, 1275, 1279, 1285, 1293, 1298, Aidelins, Aidelin 1288, 1290, 1293.
2. sg. — d'Ennerey, — de Juxey f. Bueuelat d'Amelles, — de Lustanges, — f. Fraillart de Moncels, — de Puxues.
3. mastre —, — menestreir de l'eglise de Juxey, — tailor.
4. — Coulon, — f. Collairt Triche, — lai Vaiche (de S. Julien).
Adelon, Aidelon, Audelon.
—, t. eu S. Pierepreit 1267, 443.
— la ciriere 1267, 279.
Adelos 1279, Aidelos, Aidelolz 1293.
— srg. Petre de Chaponrue 1279, 233.
= — taneires de Chapponrue 1279, 232.
— tenneires 1293, 204²⁰ = 284 = 349²⁰.
Adenas, Adenat 1241, 1251, 1267, 1269, 1277, 1278, 1281/98, Aidenas, Aidenat 1281, 1298.
2. d'Abigney, — de Chailley, — de Coincey, — de Lescey, — de Longeawe, — de Porte Cerpenoise, — de S. Martinrue, — de Siey, — de Villeirs.
3. — menestreir, — savetiers de la Posterne.
4. — Badas, — srg. Bertran Barrel, — Friandel d'Anseruille, — f. Bertran lou Jal de Maigney, — Paillart, — o. Goudefrin Repigney, — Triche, — (f. Jennin) Walleran
Adin le hugier 1251, 169.
Aidins li cherbonniers 1281, 438

Aeliz (= *Elise oder* = Aileis = *Adelheid?*)
— fm. Portesal 1220, 3.
— de Bauvile 1251, 191.
Afelix 1278, 1285, 1290/98, Affelix 1241,
Aufelix 1269.
1. d. — 1241, 25.
Jennate f. — (v. Afelixil) 1278, 37.
—, ost. en Chambieres 1278, 214.
2. — f. Burtemeu d'Odenowe, — de Pairgney,
4. — f. sg. Huon lou Bagne †, meire
Howignon f. sg. Alexandre de Sus lou Mur.
— f. Poincignon de lai Bairre, — fm. Lamhelin Chabontel, — fm. Chielairon. — f.
Thiebaut Fernagut †, — lai Vadoise fillaistre,
Colin dou Fousseit de Chambieres, d. — fm.
Jakemin Musart.
Afelixil, Jennate f. 1281, 592.
Affelix v. Afelix.
li **Afichies**, l'Afichiet 1275/79, 1298, li Affichies, l'Affichiet 1267, 1281, l'Affichie 1251,
l'Affichier 1275, 369, l'Aifichiet 1285, li Effichies, l'Effichiet 1281, 1288/93.
anfanz — 1251, 208.
Colin — 1251, 88; 1285, 1.
Jehans — (v. Pierels · -) 1279, 202, 392; 1281,
305, 1288, 79; 1290, 185, 227; 1293, 25.
1298, 403².
= Jennin — (v. Pierexelz —) 1298, 219.
Pierels — 1267, 18, 372.
Jehan fr. 1290, 157.
= Pierexelz — 1275, 369; 1279, 507; 1281,
206; 1288, 484; 1290, 496; 1293, 55, 95.
Jennin fr. 1278, 390.
Maheu n. Pierexel — 1281, 97.
Thiebaut n. Pierexel — 1279, 231.
Felepins fill. Pierexel — 1275, 118.
Fransoit f. Pierexel — † 1298, 219.
Colignon lou taillor, Lanbert, Mairiate
anf. Pierexel — 1298, 403⁶.
Jehan, f. Jouwate la queleire, et Jaikemin
Oson ke sont j. Pierexel — 1298, 403⁴.
Agaice, Thiecelin 1288, 240.
Agase, Jaikemat f. Wautier 1267, 357.
Agate 1293, Agatte 1285. ¹)
—, ms. en Anglemur 1293, 167

¹) *Prost XXIII, 1235* Agatte f. Aubert de
Wappei.

Jennat f. — 1285, 382.
— f. Vguin lou Patairt d'Ansey, Leudin
son premier marit 1298, 359.
Agigant, Poinsart (v. Gigans) 1288, 495.
Agline 1288, 1293, Agueline 1227, ¹) [377,
1. — s. Jehan lou fillaistre Aurowel 1293,
5. *P.* Bertraus Agline [1250 C].²)
Richars — pb. vg., t.ar. *etc.* (OM) 1227, 38.
d. Sufie —, ms. a la Creux (OM) 1288, 258.
Agnel, Agnels, Agnes, Agnez v. Anels.
Agueline v. Agline.
Aiate. antre t. Guersat et — 1290, 355.
Albeyville v. Abeiville.
Aibillate v. Abillate.
Aicelin, Aiceline v. Escel...
Aici, Colin 1269, 143.
Aidan, Aidelate, Aidelenate, Aideline, Aidelin, Aidelolz, Aidelon, Aidelos, Aidenas,
v. Ad...
Aidenelz f. Mathiat de Chacey 1288, 220.
Aidius v. Adin.
Aie, Lowions 1245, 74.
Aierate (v. Aieron) fm Hanriat de Montigney † 1278, 510.
Aierons, Aieron 1279/98, Ayron 1278, 1279.
1. Jennas n. — 1279, 429. [1290, 543.
— f. de la suer Jehan Jerney munier

¹) *Der Name der Mutter ist fast ebenso
oft wie der des Vaters, indem man das erklärende* fil *oder* fille *wegliess, Zunname des
Sohnes oder der Tochter und nicht selten
sogar Familienname geworden. v.* Aieron.
Aileit, Ailexate *etc. unter* 5. Guios de Porte
Moselle *heisst auch* Guios Charadine. Blanche,
Bonefille, Domate, Guepe, Joute, Lucie,
Tiguienne *sind Frauen- und Familiennamen.
Bei den Männernamen ist es ebenso. Die
Familien* Boinvallat *und* Clemignon *zweigen
sich von den* le Mercier *ab, die* Ferrit *und*
Mertignon *von den* de Porte Serpenoise, *die*
Thomessin *sind Nachkommen von* Thomessin
de Champels, *die* Drowat *von sg.* Druwe de
Porte Moselle, *die* Lambert *von sg.* Lambert de Porte Moselle *usw.*

²) *Vgl. die Namen der 106 Patrizier im
Vorwort.*

1. Personennamen   7   d'Aiest—Alleis

- tante Colignon Doignon 1298, 58.
2. Abertin f. - de Chezelles 1279, 539.
- de Cligney 1278, 631.
— fm. Hanriat de Montigney 1278, 650.
Gerairtlon Bague f. - de Quensey 1285, 297.
4. — fm. lou Drut † 1281, 250.
5. Jennas — de Chaipeleirue 1288, 187.
Perrins — 1281, 376; 1293, 19.
   „   - de S. Julien 1285, 115, 116; 1293,
Vguenas — de S. Julien 1293, 184. [418.
d'**Aiest**, (v. Luckins 5. und IV. Mes. Aiest)
P. 1 Luckin — 1262† 1269 [— Luqnins 1250 C]

  2 Thierias 1267   Abillate 1290
  ? Theirias Luckins 1279
                       [Mercier
3. Joffrois - 1251, sg. 1267, o. Fillipin lou
4.Joffroit 1262/67 d. Kathelie 1267†1279
1. Luckin -. † 1269, 188, o. Allexandrin
                             1262, 119.
ost. en Aiest 1269, 188; 1275, 274; 1285, 30.
gr. en Aiest 1290, 144. [31, 34.
2. Thierias, f. Luckin -. pb. por lui et ses
serors ms. et meis en Aiest 1267, 155, 167.
  ? Theirias Luckins pb. lou donzime
d'Ancernille an signerage, vowerie etc. de
pair d. Clomance, sa fm., et kant k'il ait
a Silleirs. Mauit et Failley 1279, 81.
Abillate, f. Luckin -. t. (PM) 1290, 14.
3. Joffrois —, sg. 1267, 144, o. Fillipin lou
Mercier 1288, 281.
pb. ms. en Grant Meises 1251, 8.
devant la ms. sg. J. — (PM) 1269, 179.
hommes et femmes a Lescey et a Rouse-
rueles 1288, 281.
4. Joffroit, f. sg. Joffroit —, 62 jorn. de t.
entre Wappei et S. Crux et lo pont Thief-
froit, pr. en Frankeillonchamp 1267, 144.
d. **Kathelie** - . enson la gr. 1267, 107.
†. er. ou ban de Maiey, Mercey, Sanrey,
Vigey, c. en Stoixey, gr. en Dairangerowe
enc. l'ost. d. Goidela 1279, 383.
= d. Kathelie, 14 s. ms. desor Spairnemaille
et vg. en Cbanalz, sg. Oton. preste de S.
Hylaire (PM), et Jenat Teste mainbors
                             1277, 214.
  d. Catelie, ms. d. Goidela anc. la gr.
†, an Aiest anc. l'ost. 1285, 312⁵. [1278, 24.

l'**Aifichiet**, v. li Afichies.
Aignels v. Anels.¹)
Alleis, Aileit 1241, 1275/98. Aileiz 1241,
1245, Aleis, Aleit 1241, 1251/75, 1281, Aleiz
1269, Aleyz, Aleyt 1269, Alleis, Alleit 1267
Alaiz, Alait 1241, 1262, 1275 ²). v. Aeliz.
  1. —, ms. en Anglemur 1262, 409.
d. —, ost en Nekeceirue 1262, 403.
d. —, boix en S. Jehanboix 1290, 424.
d. -, er. ou ban de Ste Rafine et de Juxey
                             1275, 502.
- fm. Badewenat fil Rouserneles 1288, 154.
d. — fm. Herrowin, Jaikemin f. 1267, 127.
Poinsate f. Abertat †, d. —sa m. 1288, 84.
— s. Weiriat 1277, 21.
Richelos et — et Kaitherine ces s. 1279, 24.
  2. d.   - fm. sg. Weirit d'Ancey †, — f.
Hanriat de Chacey, — de Champlais sus
Mozelle, - de Chieuremont, — fm. Ernalt
de Dornant, - de Frontigney, — fm. Tho-
bis de Gameianges †, - f. Bietrit lai fm.
Colignon lou fil Howignon de Maicliue †,
— de Mons, — fm. Jennin de Mons, - de
Morey fm. Colin de Racort, Odeliate f. —
de Nowilley †, — f. Wesselin d'Outre lou
pont Renmont †, Thiebaus de la Fon-
tenne et - sai niece ke sont de Vantous,
- f. Wessel de Vantous.
  3. d. — fm. Jehan l'ardour †, - fm.
Ancherin bouchier, — meiré Hanriat lou
clerc fil sg. Richairt lon prestre, — s. Cle-
mant lou clerc fil Colin l'olier, d. — la
crowiere, - fm. Perrin muneir †, d. — la
tenerasse, — s. Sebeliate lai Vadoize de
Sanerie (v. 4 Vakenasse).
  4. d. — fm. Watrin de l'Aitre d'Awigney,
— fm. Hanriat l'Amiral, d. — lai Baiste-
late, d. — Bouchate, d. —fm. Adan Brixecha-
min †, d. - - fm. Jehan Burewart, — la
Burlewainne, — tante Poinsate la f. Colin
Burtadon, — fm. Colin fil Jennin Chacce-
mal, - f. Avrouwin Chaiboce †, d. —
fm. sg. Jaike de Chambres †, — fm.

¹) **Allekins**, fille Howignon lou tanor de
Davant S. Hylaire †, v. Bannr. I, LXXXI,
30 (1285). ²) Statt Alait steht 1262, 114
und 1275,502 Alart, v. Anm. zu Alart.

Ailexate—Ailexons   8   I. Personennamen

Colin Chanpion. — f. Maiheu Cowerel. d. — Facol (fm. Lowit lou Mercier). d. — la Grande. d. — fm. Jakemin Grantden. — f. Jennin Gropain de Malencort, d. — fm. Colin Gueperon d'Arcancey (d'Allexey) †. d. — Guillin, — fm. Colin Hennebour. d. — fm. Jehan Jaigin. d. — de Jeurue. la Jordeine. d. — fm. Colignon Lorate †, f. sg. Baduin Love †, d. — fm. Colin Maleherbe. — la Malle. — Mandewerre. d. — fm. sg. Lowit lou Mercier = d. Facol. d. — Moretelle. (f. Garsire) Noise. — f. Collate d'Oxey †. — m. Jehan la Paie. d. — Pascate fm. Warin lo Hougre †. — f. sg. Symon Poujoize †. d. fm. l'oinse d Raigecort †, — fm. Guerairt de la Rowelle, — f. Colin Ruece †. Theiderit f. d. — de S. Polcort, — fm. Jehan fil Aburtin lou Sanaige de Valliere. meire d. Colate Symairt. d. — seure Jehan fil sg. Poinson de Strabour, d. — de Sus lou Mur. — f. Jennin lou Tawon de Failley, — f. Pieron Thomes, d. — li Tirande (de Saunerie). d. — li Vakenasse d. — lai Vadoise c'on dist lai Vakenasse, — f. Winterel †.

5. Jennin —   1275, 126.

Ailexate 1275/98. Ailixate 1275, 1279/98, Ailixete 1275, Ailesate 1262, 1278, 1281. Alisate. Alizate 1269, Alixate, 1267, 1277, 1278, 1288, 1298, Alyxate 1262, Aleixate 1269. Alisatte 1251, 1269, Allisate 1267.

1. —, ms. en Darangerue   1251, 180.
—, ms. ou Petit Waide   1267, 336.
— fm. Amin   1275, 476.
— fm. Godefrin †   1262, 373.
— f. Arnout   1275, 348.
— n. Abillate la f. Guizelaire   1267, 277.

2. — f. Euriat fr. Richairt de Baieuville, — fm. Clodat de Borney †, — fm. Willemin de Browauz. Symonas f. — de Champillons. Colat f. — de Charei, — fm. Thiebaut d'Essey, — fm. Willame de Gorze, — de Maiserey, — fm. Renuonin de Malleroit †, — (f. Hanrion) de Mercilley, — de la Nueve rue, — de Romebac, — f. Ancel de Tainey †.

3. — fm. Gerairt bolangier de la Vigne S. Avol, — lai bowerasse, — f. Goudefrin corrier, — fm. Hanrit corvezier, — fm. Richerdin feivre d'Airey †, — fm. Willame feivre, Richardin f. — la huviere. — fm. Lowiat mennestreir. — s. Richairt permantier. — fm. Benoitin poxour †, — fm. Burtran de Chaille tennour †, — fm. Rembalt tondour de Rimport †. — li Vadoise, — d'Oxey li vieseire.[1]

4. — f. Nicolle Aixiet †. — srg. Hanriat Bellegoule et Forkignon f. sg. Estene lou Roi. — fm. (Jenat) Blanchairt †. fm. Jehan fil Lambelin Boinsuel, — la Boistouse. — f. Hanrion Boukerel — — s. Jennat Bockere, — s. Theiriat Burelate, — fm. Thieriat Burtelo. — f. Thiebaut Kaibaie, — f. Poincignon Chameure. — Cheneniere, fm. Jaikemin Chaneviere †. — fm. Poinsignon Chaneviere d'Ars (OM). — la Claite, — f. Thiebat Contasse. f. Matheu lou Conte †. — meire Watrin Dediest. — f. dame Dement. — f. Thiebaut Fernagut †, — f. Sebeliate la fm. Collin Goudefroit, Gerardas f. — la Growe, — f. Sibiliate la f. Joffroit lou Hongre. — fm. Thieriat Joute †, — f. Colin Lorel †, — f. Felepin Makerel, — fm. Baduyn Marasce, — f. Hanrit Moretel † d. li Mouretelle, Parage et enf., uuiraistre Colignon Pierexol. — f. Aburtin Portabay, f. sg. Simon Poujoise †, — f. Poinsate dou Puix, — f. Jennat Raixewin de Montois, — Thiecelin. — Thomes = — f. sg. Pierou Thomes = — s. Jehan Thomes, — f. Drude la f. Goudefroit de la Tor, d. — li Vakenasse. — lai Vakenasse fm. Steuenin de Colligney †, — f. Nichole le Vaske d'Aiest.

5. Pieresou — de Mairuelles 1293, 513.

Ailexel fm. Jaikemin Chaneniere lou bouchier (v. Ailexate 4)   1293, 285.

Ailexons, Ailexon 1275, 1277, 1285, 1290/98, Ailixous, Ailixon 1285/98, Alixons. Alixon, 1267, 1293, 1298. Ailison 1277, 1278, Alison 1269/78, Alexons, Alexon, 1290, 1293, Allixon 1262.

1. — fm. Baduyn   1298, 666[15], 667[15].

[1] *Banur. I, LXXX, 29 (1285)* Ailixate lai chaipeliere, fm. Theiriat de Calieres †.

fm. Sigart 1278, 605.
fm. Symon † 1267, 133.
– f. Odiliate 1298, 312.
2. – fm. Jaikemin j. Rolat d'Ars (OM). – f. Thieriat dou Pux d'Ars (OM), – fm. Jaikemin de Cillei. – (fm. Colignon) de Gorze. – (fm. Lowion) de Lucey, – la dame de Nomneney, – f. Yzabel d'Onville †. – fm. Garsin de Pregnoi †, fm. Watier de Puxuels †, – de Venderez.
3. – fm. Colin lou Gornaix cherpanteir de S. Clemant, – fm. Waterin fil Hanrit hainepier de Sanerie, – li muniere d'Ansey. – li muniere fm. Colignon de Gorze †. – fm. Hunbelat olieir, – f. Drowyn talier (dou Querta¹), – lai tellerie don Quertal f. Jennat Bouchat. – li Vadoize, – li Vadoize s. Bair lou taillour.
4. – fm. Jakier Bouchart, – fm. Jakemin Chanin, – f. Symonin Crichat fm. Aburtin l'enat. – Gamange. – fm. Jaikemin Ganechon d'Abocort, – fm. Jennat lou Goussut, – lai Graice seure Hauriat Chermat, Jozienne f. Piereson lou clerc d'Aucey.
fm. Stenenat Miche de S. Julien. – fm. Cunin dou Molin, – Noixe. – de Montois fm. Jehan lou Petit, – s. Piereson fil Thieriat dou Pux d'Ars (OM), – fm. Thomessin Restoreit, – fm. Bescelin Wandelart. – f. Martin lou Xume.

Ailison, Ailixate, Ailixete, Ailixon v. Ailex ...
Aillas, Roillons, clers 1298, 574.
Ailleris, Aillerit, Jennas 1278, 299, 300.
Aillie d'Outre Muselle, Pieressons f. Colin
l'**Almiral** v. l'Amiral [1269, 144.
Ain[. . . .]. t. ou ban de Grisey 1262, 50.
Aincelo lou bouchier 1288, 146, 367.
l'**Aine** v. l'Asne.
Ainel v. Anels.
Aingebers, Aingebert 1290, 1298. Engebers. Engebert 1277, 1281. Ainglebert 1285, Eingebors 1251.¹)

¹) Ben. III, 182 (1221) sr. Gerars Engebers, m. esch., ebenso Chronik Praillon; die Schöffenmeisterlisten haben Gerard Angebourg. Dieser letztere Name entspricht dem Frauennamen Aingebor Ingeburg. Engebers dagegen dem Männernamen Engelbert.

1. –, ms. a Maigney 1285, 415.
2. – de Maigney, enf. 1290, 140. Yzambairt, Pierat, Poinsat f. 1290, 401. Gerardin lou Bague f. 1285, 419.
4. – lou Bague de Maigney 1290, 61.
– Berbel; de Chambres 1281, 195; 1277, 112.
– filz Chierelatte 1251, 155.
5. Pierat – 1298, 116a, 538a.
Poinsas – 1298, 83b, 535a.
Aingebor 1245, 1275, 1293. Aingebour 1285, 1298, Angebor 1245. Eingebort 1269, Engebor 1278. Yngebour 1262. [591.
2. Symonin f. d. dou Terme d'Aucey 1293.
3. – fm. Howeson berbier † 1298, 470. Colignons poxieres f. 1278, 27.
– la taliere 1269, 248.
4. d. Chierelatte 1275, 321.
fm. Ferriat Gerba d'Aiest † 1285, 303.
d. f. Balduin Maleboche 1245, 104, 122 Jennolles Maleboche et – sa s. 1275, 357.
– fm. Simonin Malglaine 1245, 119.
5. Jennin 1262, 313.
de l'**Aingle** v. de l'Angle.
Ainglebert v. Aingebers.
Airmangete, **Airmanjate** v. Armangete.
Ayron v. Aierons.
d'**Airs** v. d'Ars.
des **Airvolz** v. des Aruols.
d'**Ais** v. d'Aix.
Aisies, Aisiet v. Aixies.
d'**Aist** v. d'Aix.
de l'**Aitre** 1267/98, de l'Atre 1220, de l'Aittre 1251, de l'Autre 1285, 128.
P. [Anhers 1250 PM]
1 Colin 1220
2 sg. Pieron † 1251
la dame d. Nicole – d. Colate
1267/9, 1277 1267 1269
?

3 Jaikemin – 5 Garsu 6 Haurias –*) 7 Thiebat –
1251 75[1250 PS| 1251 1269 90 1275 † 1277

4 Colignon 8 Vguignons – *) 9 Burnekins 10 Jennas
Colin 1275 1275/98 1275 85 1277/90

¹) Ben. III, 226 (1282) d'Outre Saille Hanrias de l'Aitre Treze.
²) Ben. III, 252 (1299) Vguignon de l'Aitre, porveor de lai maixon des Bordes.

de l'**Aitre**

11 Howignon -- 1277
? ¹)

	14 Werre 1267
12 Weiris — 13 Garsirias 15 Thiebaut Werre 1267/98 1267/69	1267

1. Colin —, une lunaison 1220, 33.
2. sg. Pieron —.
²⁄₃ ms. en Visegnuel 1251, 143.
¹⁄₃ ms. et stalz en Visegnuel 1251, 144.
la dame —,
vg. desor S. Julien 1267, 269; 1269, 340.
tavle as Vies Chainges 1267, 384.
vg. ou ban de S. Martin (OM) 1267, 501.
— d. Nicole —, ms. ou Nuefborc 1267, 34.
— d. Colate —, graut ms. enc. l'ospital, ms. au Kartal, 23 s. ms. en Chapelerrue, 11 ½ j. de vg. en Reual et en Peurelle 1269 439⁴.
ceu ke li dame ot en Mathen f. Chardenel 1277, 464.
3. Jaikemin ,
¹⁄₃ ms. et stalz en Visegnuel 1251, 144.
12 s. t.ar. outre Muselle 1269, 145.
t.ar. en droit le poncel (OM) 1269, 299.
er. a Nowilley et ou ban 1275, 12.
36 jorn. de t. eu preis de Mes 1275, 86.
4 s. t. en Gibernowe (OM) 1275, 97. [121.
er. ou ban de Vignueles et de Lorey 1275,
4. Colignon — Colin. f. Jaikemin —,
3 chap. 2 ms. a Leudonpuix 1275, 135.
1 chap. 3 d. ms. a Leudonpuix 1275, 140.
5. Garssat, fr. Jaikemin . 1251, 144.
6. Hanrias — maires de PM. 1269, 158*.
fr. Jaikemin — ; fr. Thiebat — 1275, 12; 269.
et Colignons. f. Jaikemin lou Mercier †. pb.
er. a Nowilley et ou ban 1275, 12. [121.
, er. ou ban de Vignueles et de Lorey 1275,
gr. (PS) et tavle ou Vies Changes 1275, 64.
pb. por lui et por les 3 fis Thiebat. son fr., partie en 20 s. de fiez en chateis de Saney, er. a Lorey et ou ban et ou siguerage et en la justice 1275, 269.
4 ms. sus Saille 1275, 341.

¹) Ob 12/15 und die folgenden 16/25 zu der Patrizierfamilie 1/11 und ob sie überhaupt zu den Patriziern zu rechnen sind, ist sehr zweifelhaft.

30 s. ost. ou il maint (PS) 1275, 345.
23 s. ms. devant lo Morier 1275, 425.
er. ou ban de Nowilley et de Nowesserville 1277, 175.
¹⁄₄ signerage et vowerie de Lorey 1278, 643.
ms. et maix. devant S. Piere as Ar. 1275, 456.
27 s. 4 ms. sus Saille 1281, 90.
et Roillous de la Porte pb. vg. a Vallieres. demme a Retonfays 1285, 167.
on doit 4 s. ms. et meis en la rowelle S. Piere 1290, 471. [†1277, 340.
7. Thiebat —, fr. Hauriat — 1275 269 :
les 3 fis Th. ·, partie en 20 s. de fiez (v. Haurias) - 1275, 269.
enfans Th. —, ¹⁄? vowerie de Vals 1279, 324.
Vguignons et Burnekins et Jennas, enf. Thiebat . 30 s. ms. k'il ont a pout a Saille 1277, 332.
pb. demme ou ban de Lorey (OM) 1277, 427.
Vguignons, f. Th. —. Burnekins et Jennas, sui dui fr., pb. kant ke a Muscey et ou ban, homes et femes, mainiees d'alluet 1277, 227.
pb. boix dezous Leues 1279, 397.
Vguignon et Burnekin :
36 jorn. de t. en preis de Mes 1275, 86.
¹⁄₂ tavle en Vies Chainges 1278, 538.
¹⁄₂ vowerie de Vals don ban Ste Glosenue 1285, 256.
8. Vguignons -. f. Thiebant —†, (v. 7)
pb. ms. en la rue du Nnef pont a Saille 1277, 340.
mainbor Contasse la Chalongelle 1298, 679.
pb. ms. ou Champ a Saille 1279, 276. [415a.
pb. ms. an Staisons 1281, 264.
tavle en Vies Chainges 1293, 215.
pb. por waigeire can ke a Leuwes, ¹⁄? deimme de Grais et de Glaitiguey 1290, 338.
„ „ er. en la mairie de PS 1290, 458.
„ . ¹⁄? sigueraige, vowerie, c., rautes, vg. a Lorey, ¹⁄? daier lou mostier a Siey 1290, 565.
9. Burnekins. f. Thiebant -., (v. 7)[1279, 25.
pb. ¹⁄? daimme de Grais et de Glatigney.
10. Jennas. f. Thiebant —, (v. 7)
can ke a Leuwes, ¹⁄? deimme de Grais et de Glaitiguey 1290, 338.
er. en la mairie de PS 1290, 458.
11. Howignon — et Baduyn Barekel. ms. en la rue lou Voweit 1277, 422.

12. Weirias —
pb.pr. en Mospreis desous Lorey (PS) 1267, 103.
pb. pr. desous Mairuelles, desous Lorey.
desous Merdeney 1267, 395.
pb. gr. a Airey sus l'aittre 1269, 488.
ms. en Furneirue 1278, 140.
pb. por S. Eivre de Toul 1281, 631. [80.
pb. er. ou ban de Lorey et de Merdeney 1285.
pb. meu de vin amen d'Ernauille. pr., vg..
t. a Ernauille 1285, 128.
pb. vg. et er. ou ban de Merdeney 1293, 569.
pr. a rut (PS) deleis Weir. — 1298, 527⁰.
13. Garsirias, fr. Weiriat —.
pb. ms., jard., maisonete. gr. devant l'ost.
S. Symphorien 1267, 146.
mainbors Garceliat —, t. ar. en Genestoi
1269, 124.
chak. a Longeville et cheneveire 1269, 134.
vg. en Chanuis (OM) 1269, 135.
14. Werre, o. Garsiriat 1267, 146.
15. Thiebaut Werre 1267, 146.
16. Hanris — (— 6 Hanrias?)
pb. ms. ai Onville, cellier, aitre, vg. ou
ban d'Onville 1285, 564.
pb. meis (ai Onville?) 1288, 279.
et Hanrias Roucelz pb. vg. en Sorelz. ou
Fontenis (PM) 1293, 22.
25 s. ms. en Furneyrue 1293, 283.
19¹⁄₂ s. gr. en S. Martinrue 1293, 283.
pb. er. devar Waizaiges 1298, 118.
doit 6 d. sus vg. an Monrelchamp 1298, 527⁴⁰.
17. Pierexel —, aijnel Jennat lou
Goussat.
ms. davant les Boius eufans 1298, 254b.
18. Hanrit —, f. Pierexel (16?),
vg. ou ban de Borney 1288, 417.
19. Jennas — d'Ars (ohne d'Ars 1290, 565
Sebiliate fm. 1288, 536. [— 10?.)
pb. vg. ai Ars (OM) 1285, 257.
pb. vg. a Terme et an la Fosse (OM) 1288, 536.
pb. er. a Lorey et a Siey 1290, 565.
20. Howignons. f. Jennat —,
pb. vg. a Terme et an la Fosse (OM) 1288, 537.
21. Watrin - d'Awigney †. Aileit fm. et
22. Colin f., t. ar. a la Mouxelle 1281, 516.
23. Gererdin, f. Waterel (21) — †,
t. daier Awigney 1293, 525.

24. Prious — d'Ansei
doit ¹⁄₂ meu de vin 1285, 96.
25. Wiairt — †. Symonins Bote de Bouxie-
res f., essis 20 s. er. a Bouxieres 1293, 496.
d'**Aix** 1279, 1281, 1285, d'Aixe 1281, d'Ais
1269, d'Aist 1267.¹) v. IV. P. (= Desch. Dex).
1. sg. Felippe²) —.
vg. au chemin Sauneras enc. 1267, 363.
aucoste lou chak. (PS) 1269, 477.
devant l'ost. outre Salle 1281, 30. [160.
20 s. ms. en Sanerie dou censal sg. F. 1281.
au Planteires enc. vg. 1281, 411.
2. Jakemins, f. monsignor Fillipe —.
pb. ms. sus Muselle devant Longeteire
1281, 388.
d. Lucie , ¹⁄? daimme de Grais et de
Glaitigney 1279, 25,
Aixies 1275/93, Aixiez 1278, 1279, 1285/93.
Aixiet 1262, 1278/98, Axier 1290, 1296.
Aizies 1281, Aiziet 1269, Aisies 1241, 1245,
1262/75, Aisiez 1251, 1267, 1269, Aisiet 1262,
1267, 1269, Aisieis 1262, 58.

---

¹) v. de Wailly 45 (1255) Robert sg.
d'Aisse, 55 (1256) R. sg. de Asse, 81 (1262)
R. sg. d'Aysse, 110, (1266) Joffroy sg.
d'Aysse, 225 (1282) mousg. Joffroit sg.
d'Aix chevalier, 251 (1285) und 270 (1287),
sr. Joffrois d'Aixe. Aix ist wahrscheinlich
Metzeresch. Es liegt kein besonderer Grund
vor den Herrensitz derer von Aix weit von
der Metzer Grenze zu suchen und, wie es
de Wailly 45 (1255) Anm. 4 tut, an Esch
a. d. Alzig in Luxemburg zu denken. Die
Herren, mit denen Robert sg. d'Aisse dort
genannt wird, sind zwar Luxemburger, aber
auch Metzeresch gehörte damals zu Luxem-
burg, und die Urkunde 110 (1266) nennt
neben Joffroy sg. d'Aysse ausser anderen
Luxemburger Herren auch sg. Joffroy de
Bertrenges, und Bertringen liegt nahe bei
Metzeresch.

²) Ben. III, 226 (1282) don Comun sr.
Fillipes d'Aix Treze. Ferry. Observ. sécul. I
fol. 279 (1280) du Commun sr. Philippe
d'Ex Treze.

Aixies 12 I. Personennamen

P.
1. Nicoles — pb. 10 s. et 3 s. (PS) 1241.
pb. 10 s. ms. a la Salz (PS) 1241. 127. [74.
pb. 2 pars de 70 s. 2 ms., 2 pars de 11 s.
2 ms. en Saunerie et lo tiers de 26½ d. vg.
  1245, 169.
pb. 34½ s. ms., 1 chap. ms., 3 s. et 1
  chap. ms., 18 d. ms., 10... ms., 18 d. et 1
  chap. ms., 24 s. ms. (PM)   1245, 253.
pb. 10 s. ms. outre Saille   1251. 53.
pb. four en Chaudelerrue   1251, 82.
†, enc. vg. suz Muselle (PM)   1269, 158.
v. 4 sr. Joffrois — 1281, 542 ; 1288, 76, 283.
†, d. Parate fm. pb. 20 s. ms. (PS) 1262, 61.
pb. 4 s. (OM)   1262. 102.
pb. 7 s. et 4 chap. en Stoixey 1262, 140a.
pb. 32 s. ms. sus lo Terme   1262. 140b.
ms. desor Sanerie redoit 3 d.   1262, 379.
2. Arnouls[1]) — pb. por Joffroit lou clerc,
  son fr., er. (OM)   1262, 58.
pb. 2 s. ost. (PS)   1269, 261.
pb. 5 s. ms. (PS)   1269, 460. [1269, 462.
pb. 4 s. 4½ d. moins ost. en Vesignuez
pb. 100 soudeez de t. a Secors 1269, 463.
doit 10 s. ms. en Visegnuel   1275, 213ᵇ.
pb. ms. devant les mollins a Saille 1275. 407.
pb. 2 ms. (PS)   1275. 408.
pb. vg. ou ban de Juxey   1277, 151.
ai Ansey ou ban Arnolt —   1277. 437.
et Robins et Thiebaus de Moielen pb. 1278.
ms. sus Saille   1278, 481. [154.
pb. 4½ moies de vin. ¼ molin de Rongue-

---
[1]) *De Wailly* 345 (*1295 a. St.*) quinze livres
de meceins, *die dem Herzog von Lothringen
von* Arnout Aizie *geliehen waren, werden zu-
rückgezahlt.*

ville, demme de bleif, 7 s. 2 chap. et r.
ai Ansey, er. en hans d'Ansey 1278, 587.
ms. a la Posterne (PS) doit 8 s. 1279, 255.
pb. ½ ms. (PS), 3 st. en Visignuelz 1279, 506.
daier Ste Creux dev. ms. : auc. 1285, 423 ; 442.
ms., meis, cort a Juxey doit 3 d. 1290, 113.
pb. por waigeire 60 s. (PM)   1290, 343.
dates Arnout lou Roi 1293, 299, 302, 352, 357.
ms. en Vesignuelz doit 30 s.   1293, 455.
por S. Vincent et por Arnout —:   [557.
vg. ou ban de Chenuey et de Crispey 1278.
„ 7 moies de vin en bans d'Ansey 1278, 655.
„ 3 menes de vin a Ancey   1281, 155.
3. Jehans, f. Arnolt —.
pb. 1 muen de vin ou ban de Dornant 1285, 549.
pb. vg. a Joiey, en Vals, en Dales (OM)
  1293, 171.
— Jennin, f. Arnoult. 45 s. ost. a la Posterne
  1281, 542.
4. Joffroit lou clerc, fr. Arnout—, er. (OM).
— sr. Joffrois — chanones de la [1262, 58.
Grant Eglise de Mes. f. Nicole —.
pb. t. ou ban de Gerey   1277, 358.
pb. 45 s. ost. a la Posterne   1281, 542.
pb. ms. et 100 s. an Vesignuelz 1288. 76.
pb. vg. an toz vaus et an Dailes 1288, 283.
vg. an Sourels quairt meu   1288, 338.
pb. ms. a Gerey, t., boix ou ban de Gerey
  1293, 67.
pb. 8 s. ms. a la porte en Anglemur 1293, 172.
pb. 7 quertelles de seil, 5½ s. ms. ou Cham-
pel, ½ molin a Limeu, vg., pr., t. ar.,
4 chap. 1 geline a Anceruille 1293. 297.
ms. (OM)   1298, 347.
Ailexate, f. Nic. — †, pb. 35 s. ms. (PM)
  1277, 219.
pb. 20 s. ms. a l'orte Serpenoise 1277, 411.
5. Jennas —, fr. Ailexate, 1277, 219, 411.

Aixies
?

1 Nicoles — 1241. † 1262	6 Joffroit — † 1262 [fr. Nic., 1250 J]				
[m. e. 1240 ; 1250 J] d. Parate fm. 1262	7 Symonius 1262/79	8 Androwat 1269	9 Thiebaulz 1267. 1281	10 Jofrois 1293	11 Vguignons Pettairs 1267/98 n. Jennat
2 Arnouls[2]) 1262/93	4 sr. Joffrois — clerc 1262.	Ailexate 1277	5 Jennas —[3]) 1269/90		1269, 551
3 Jehans 1281/93	chan. 1281/98				

[2]) *Ferry, Observ. sécul. I* fol. 279 (*1280*), Ben. III, 226 (*1282*) de Jeurue Arnoult
Aixiet Treze. [3]) *De Wailly* 383 E (*1300*) Jennas Aixies et Jehans Aixies, ces nies, mainbor
de la devise Arnoult Aixies †.

Aizies—Alars

o. Huguignon Petart 1269, 551.
ms., gr. en S. Martinrue 1269, 436.
pb. 100 soudeez de t. a Secors 1269, 463.
pb. 4 s. ms ensom Viez Boucherie 1269, 551.
pb. ms. a pont a Muselle 1275, 318.
35 s. ost. a Quartal 1277, 104.
35 s. ms. (PM) 1277, 219.
2 ms. sus Saille devant les molins vers lou champ Nenmerit 1277, 269.
ms. en Andrevalz 1277, 335.
40 s. ost. a Porsaillis 1277, 351.
20 s. ms. a Porte Serpenoise 1277, 411.
pb. ¹/? signerage, vowerie de Sanci 1278, 660.
molin an Boweteiteire pairt a . 1279, 174.
pb. ms. (OM) 1279, 396.
pb. vg. en Briey 1279, 593.
pb. gr. an la rowe dou Preit 1281, 493.
pb. ¹/₂ molin de Chapes 1281, 629.
pb. por Violate, f. sg. Werit Troixin 1285, 15.
pb. vg. ou ban de Sicy 1285, 138. [103.
pb. ms. daier Ste Creux 1285, 442.
pb. pr., 1¹/₂ meu de vin, 2 sest., vg., c. ou ban de Dornant 1288, 286. [1288, 287.
pb. vg. an Ferrecort en la fin de Lescey ch., pr., bolz. awes, rantes *etc.* deisai Saille et deilai, an lai Horgne ai Maigney 1290,
pb. ¹/₃ ms. sus lou Mur 1290, 222. [45.
sr. Alexandres de Sus lou Mur, sr. Pieres, f. d. Nicolle de Sancrie, et J. — pb. 30 s. ms. (PS) 1290, 231. [247.
ms. a Mongaguier doit 6¹/₂ s. 1 chap. 1290,
6. Joffroit —,
anfans, ms. daier S. Euchaire 1262, 179.
oirz J. — †. er. ou ban de Jussei 1269, 540.
= sg. Joffroit —, anc. t. en Abeson 1293, 77.
Waterin ke fut vailas sg. J. — 1293, 151.
7. Symonins, f. Joffroit — †.
pb. ms. a Nowascewille 1262, 141.
pb. ms. et four (PS) 1262, 184.
t. ou ban de Maigney 1267, 94.
16¹/₂ s. en Vaus 1267, 252.
100 soudeez de t. a Secors 1269, 463.
vg. en Briey 1279, 593.
8. Androwar, f. — Joffroit — †.
vg., gr. en Herbalmont. 4 s. 7 d. et 29 chap. a Vignuelez 1269, 516.
9. Thiebault, fr. Vguignon Pettart, 1267, 84.
= Thiebaulz — pb. ms. au Rômesale 1281, 151.

10. Jofrois, f. sg. Joffroit —,
ms. en la rue lou Uoweit 1293, 348.
11. Vguignons Pettairs, f. Joffroit—†,
1290, 199, 423; 1298, 415a.¹)
n. Jennat — 1269, 551.
pb. grant ms. Joffroit, son p., dev. les Cordeiliers 1267, 84.
4 s. ms. ensom Viez Boucherie 1269, 551.
pb. por Villers l'abbaye 1278, 24, 25, 79; 1281, 89, 529; 1288, 414; 1290, 449; 1293, 53; 1298, 138, 189.
pb. por S. Clemant 1281, 528.
pb. por S. Symphorien 1279, 89, 323.
pb. ms. Jennin Gerairt 1288, 62.
Thiebaus Gerairs, j. Vg. P. 1290, 79.
pb. ms., meis a Montigney 1290, 199.
pb. ms., gr. en S. Martinrue 1290, 423.
pb. 2 ms. an S. Martinrue 1298, 415a.
pb. 9 s. 4 d. moins, ¹/₃ bichat de seil 1298,
Aizies, Aiziet v. Aixies. [415b.
Alain, frere 1267, 383.
Alainne 1269, 1290, Alainme 1285.
—, ms. a S. Climent desoz l'orme 1269, 99.
Pairexat n. — 1285, 362.
Abertin —, Mariate de Roncort.fm. 1290, 128.
Alaire, meis 1298, 527⁴¹).
Alairt v. Alars. **Alaiz** v. Aileis.
Alardins, Alardin 1277, 1278, 1281, 1290/ 1298. Alerdins, Alerdin 1278, 1288, 1290.
1. —. ms. en la Vigne S. Marcel 1277, 393.
Renaldins li Bagues, — srg. 1278, 88.
= Renals li Bagues, — srg. 1278, 196.
= — srg. Poincignon et Maheu et Joffroit, enf. sg. Huon lou Bague 1290, 84n.
= — de Cligney 1288, 405.
3. — courijer, — tanor d'Outre Muselle.
4. — Akart, — (f. Pieron) de Cligney, — (f. Burtadon) de Noweroit.
Alars 1262, 1277, 1298, Alarz, 1251, Alart²)

¹) *Bannrollen I. LXX 21 = 1293, 53a Vguignons Paitairs, li fis Jofroit Aixiet ke fut, ait akasteit por Nostre Dame de Villiers.*

²) *Statt Alart, la fille Gaysire Noixe 1262, 114 und statt dame Alart 1275, 502, wie der Schreiber der Bannrolle geschrieben hat, ist zu lesen Alait (= Adelheid). Alart = Adelhart ist ein Männername.*

Albelinz—li Alemans

1241, 1262, 1269, 1278, 1279, 1285, 1288, 1298. Alairt 1275/1298, Allart 1262.
 1. champ — daier Ste Creux (OM) 1288, 547.
 —, ms. en la rue dou pont a Muzelle 1279.
 Bescelins f. —   1285, 7. [20.
 2. — j. Xonville dou Champel, — de Silleirs.
 3. — cordewenier, — corvesiers de Staisons, — coutelers, — gaieneir, — massons, recovror.
 4. — = Alardin f. Pieron de Cligney 1281.
 5. Arnout —   1293, 225, [93.
Colignon —   1278, 537.
Jennat — 1262, 342; 1269, 75; 1279, 226.
 „ — de Lorei, Ydate fm. 1298, 575.
Haibelins f. Jennat — 1288, 440; 1290.
Haibelin f. — 1298, 484. [854; 1293, 548.
Remion — 1262, 180, 311; 1278, 431; 1279.
 Weiriat et Jehan f. 1278, 72. [277.
Thierion —   1262, 180.
 „ — †, Hawiate fm. 1285, 383.
Weiriat — et Jehan fr. 1277, 258.
Weirion — 1262, 309; 1277, 340.
Albelinz de Fayz P. p. b. por Jakemin, son j. ½ t. ke fut sg. Lowyt (de Maigney?), son p., k'il at akasreit ai Ysabel, sa s.
Albert v. Abers. [1269, 480.
Aleis, Aleyz etc. v. Aileis.
Aleixate v. Ailexate.
li **Alemans**, 1245, 1251, 1267, 1269, 1278, 1285, l'Aleman 1241/1277, 1279, 1288, 1298, l'Alemant 1227, 1262/1277, 1281, 1288, li Allemans 1262, 1277/1281, 1290, 1293, l'Alleman 1275, 1285, 1290/1298, l'Allemant, 1277/1281, l'Olemant, l'Olleman 1285.
— le charpentier 1251, 171.
Adan —; de Chaponrue 1290, 239; 1293, 452.
 Goudefrins f. 1251, 204. [1279, 428.
 Sinerelz f. Adant — et Waterins ces f.
 ≈ Soifrois f. Adan — 1290, 391; 1293, 452.
Ancel —; Bietriz fm. 1251, 21; 1269, 207.
Aurowins — de Fristorph 1251, 136.
Awroyn —   1262, 315a.
Bertran — 125 1, 197; 1293, 460.
 de Vegnueles 1251, 203.
Burtemins — devant S. Thiebaut 1277, 78.
Colin — 1275, 194; 1298, 238[25].
 †, Euniu fm. 1290, 428.
Conrart —   1262, 142.

Garsires —   1251, 31, 222.
Goudefrins — 1278, 637; 1281, 216.
= Goudefrins — vieceirs 1277, 180.
Goudefrin — 1288, 339; 1293, 412.
= Goudefrin — coufrere de la frarie des chadeleirs   1298, 193.
Baicelins f. 1288, 304. [380.
Besselins f. Godefrin — lou chadeleir 1293.
Guerualt —   1245, 71.
Hanri — 1241, 136; 1251, 71; 1267, 387;
Anel fm. 1293, 438. [1275, 167; 1278, 434.
Jennat Pettart avelat 1267, 380.
Burtemin de Nowilley j. 1262, 123, 124;
Hanris — de S. Climent 1269, 395. [1269, 22.
Hanrit — de S. Julien, Jennas Geude f. 1288,
Hennelo — 1269, 39. [120[10].
Houwin — (v. Weiri) 1281, 278.
Jehans — 1251, 34, 85; 1262, 37, 315, 320;
   1267, 99, 100; † 1275, 205.
†, d. Abillate fm. 1279, 93.
d. Abillate f.; fm. Bonnel 1279, 311, 1281, 51;
Jaikemate f. Jehan 1275, 217. [1281, 71.
Ancillons f. Jehan — 1275, 33, 36, 205, 229,
 353, 377, 384, 399; 1278, 292; 1281, 467.
Arnols f. Jehan — 1251, 225. [1290, 312.
Piereson Rochefort f. Jehan † 1279, 390;
Jehans —[1]) 1279, 538; 1293, 199[11,44].
Jehans — dou Champ a Saille 1267, 382.
 „ — de la Uigne S. Auol 1245, 100.
 „ — de S. Vigne 1279, 54.
maistre „ — bollengier de S. Arnolt 1288, 562.
Jehans — chaverteires 1285, 21.
 „ — cordeirs 1290, 376; 1293, 487.
 „ — corvexies 1285, 234.
 „ — feivres 1279, 108.
Jennas —   1281, 202.
Jennin —, Marguerate fm. 1281, 521.
 „ — †, Poinsate fm., Jehans et Collate enf.
 „ — †, Jehan f. 1298, 88. [1290, 17c.
Perrin —   1285, 348.
 „ f. Theiriat — 1277, 198.
Pieresou — de Chasellez 1269, 542.
Richart —   1251, 264.

---

[1]) *Dieser Jehans kann nicht derselbe sein wie der vorige, denn er kauft 1279, während jener schon 1275 gestorben ist.*

Alerdins—Amarrias

Simon — ¹) 1277. 62; 1281. 249. 476.
Simonin — f. Poinsignon de Chastels 1277.
Theiriat —, Perrin f. 1277. 198.   [404.
Thieles — 1278. 376.
Weiri —, Huins f. (v. Houwin) 1227. 41.
Alerdins v. Alardins²).   [1269. 283.
Aleudas de St. Marcel ki maint ai Ancey
Alexandres, Alexandre 1220, 1251. 1262,
1267, 1277/1298. Allexandres, Allexandre 1262.
1267. 1277. 1278. 1281. 1290. 1293. Alixandres, Alixandre 1241. 1267/1278. 1281/1288.
Allixandres, Allixandre 1288, 1298. v. Xandras.
  1.   1220. 15.
Vguenas et Pierixels et   1267. 312.
sg. —. t. davant la Mars (OM) 1281. 312.
an Abertterme ou bau sg. — (OM) 1288. 495.
  2. — f. d. Poinse d'Amanse †.   f. d. Poense
la fm. Formeron de Chazelles. — fr. Werrion
de Fourchies. — f. sg. Mainechiet de Forchiet.
— de Harney, — de Labrie, — de Lessey.
— f. Felixe de Luppei.   bolangers de
Maiseroy, — f. Hazairt de Maixeroit,   de
Montois. — de Siey,   de Vigney, — fr. Jakemin de Vignei (bollengier),   de Werrixe.
  3. — boulangier. — de Maixeroit li maistres
des bolengiers, — boulangier d'Outre Saille,
   Hergualz boulangiers f. Jennin de Demes,
sr.   chanones de Nostre Dame la Ronde,
— cherpentiers, — Boinvallas clers, — cordeirs, — permantier, — permantier de S. Julien. — tanneirez (dou Champel), — de
Herncy vieciers.
  4.   srg. Jaikemin Bellegree   — d'Espinals. — Boinvallas clers. — Bouxon. — f.
Poinsignon Challons. — Clairies. — f. Rossin Dawin. — de Haienges maires de l'M.
   f. Nicolle lou Huugre. — l'Ynglois. sg.
— Makerel. — f. Jakemin Maltailliet. — f.
Jaikemin Marchandel.   de Sorbey chiveliers. sg.   — de Sas lou Mur. — de Weiure.
Alexandrins, Alexandrin 1262. 1267. 1277.

¹) *Ben. III, 228 Ann. (1276.* Maistres
Simons li Allemans, confrere des Boins
Enfans. *Ben. III. 244 (1296.* Theirion
l'Allemand et sa fm.
²) *De Wailly 301 1290 a. St.,* dame Poinse.
fm. Jaikemin **Alerin** †.

Allexandrins, Allexandrin 1262/1269. 1293,
Alixandrins, Alixandrin 1241. 1267, 1269.
Xandrin 1245. 1267. 1269. 1278/85. 1290/1298.
Xanderins, Xanderin 1288. 1298.
  1. —   1245, 253.
  - srg. Colin   1269. 559.
  2.   - f. Roillon (lo doien) de Baueconcort
(ki maint a Maixeres). - de Maiseroit, — de
Maixieres.
  3. — Boinvallas li clers, — massons, —
n.   lou masson,   permanteir, — li Vadois
taillieres de Rimport.
  4. — n. Luekin d'Aiest, — f. Archenbaut.
Boinvallat (clerc), Jehan Kainelle j. —,
Keuprunne. - Chiuuaistre,   Clairies, — Coinrart, — Galdewalle (de PorteMuselle). — (f.
Garsat) Gracecher. — lo Huugre. — f. Jakemin le Huugre, — f. Nicolle lou Hungre.
Jaikemat, — Makerels (maires de l'orsaillis),
   f. Jaikemin Maltaillie. — f. Jaikemin Merchandel. - Morekin. — Papeuuiate (maires
de Porte Muzelle), li Stouz (de Rimport).
   f. Piere Thomes.   lou Vetre.
  5. Colin — (v. Xandras)   1285. 532.
Biatrit fm.   1279. 145.
Alexous, Alexon v. Ailexons.
Alfons v. Elfon.
Alisate, Alison v. Ailex . . .
Alixandres. Alixandrins, v. Alex . . .
Alixate, Alizate, Alyxate v. Ailexate.
Allart v. Alars.
Alleis, Alleit v. Aileis.
li **Allemans**, l'Allemant v. li Alemans.
Allexandres. Allexandrins v. Alex . . . .
Allisate v. Ailexate.
Allixandres. Allixandre v. Alexandres.
Allixon v. Ailexons.
de l'**Alluet** d'Ars, Werueson   1290. 115.
   Waterin, Hatin, Jehan f.   1290. 115.
Alous, Marguerite, awele Matheu   1279. 47.
Poinsate —, Mathens n.   1279. 47.
d. Poince   1278. 101.
Amale v. Amee.
Amarrias, Amarriat 1281. 1293, 1298. Amariat 1298.
   d'Airey †. Lowiat f. 1281. 356; 1293, 313.
Lowiat   1298. 118. 527[a], [b]
Watrin — †. Gueperons fm.   1298. 313.

Watrins — 1298, 527.⁴⁰.
Amblevaille, Jennat 1290, 32.
Jennas — de lai ruwe des Allemans 1298, 39.
Amee 1251, 1275, 1277, 1281, 1290. Ameie 1279, Amaie 1288, 1290. Amie 1277, 1285.
1. d. — 1251, 237.
Crestenaite f. d. — † 1285, 240.
2. anfans — d'Antilley 1275, 327.
f. Crestenate d'Outre Moselle. 1288, 464.
4. d. — fm. Philippe Colon † 1279, 517.
d. — fm. sg. Ysaubart Gouion 1277, 472.
— f. sg. Nicolle Gouvion † 1281, 403.
— f. sg. Ferrit de Porte Serpenoise† 1277, 293.
f. Colin Ruese 1290, 141.
5. Merguerite — 1290, 91.
„ — f. Colin Ruese (1290, 141) 1290, 85a.
Amelielz, Ameliel.
- taillor 1285, 13; 1293, 192.
Ameline 1241, 1251, 1262, 1269, 1277/1279, 1285, 1288, 1293, 1298. Amelinne 1267, 1269.
1. — f. Luccat 1269, 20.
2. — s. Faukin de Buxit. Godefrins f. — de Montois, d. — dou Quartal fm. Poencignon. — s. Adenat de Siey. — la mairasce de Turey.
3. — de Suz Saille fm, Stenenin bouchier, — srg. Robin clerc, — li couserasse. — fm. Gererdin permantier. fm. Jennin quartier. — f. Drowyn talier. — fm. Pierexel tellier.
4. — s. Jennin Bouchate. — f. Jehan Descours. — f. Jakemate Doree de S. Julien†. — la Flamande, d. — fm. Remiat Jallee †. — f. Colin Poirel, — fm Wichart de Sor lo Mur †, — fm. Cunin fil Domangin Xoibin.
5. Colignon — 1279, 435.
l'**Amerade,** ms. en Haute Saucrie 1278, 414; 1279, 3.
Ameraie fm. Willemin Pestal de S. Clemant † li **Ameras,** l'Ameral v. l'Amiral. [1293, 488.
Amerele fm. Graievoie de Dornant 1298, 330.
Amiat, Martin f. 1285, 542.
Amie v. Amee.
Amile, maistre 1285, 495.
Amin, Ailixete fm. 1275, 476.
Amions, Amion.
— lou masson 1275, 242; 1279, 543.
Ancillons — 1290, 255.
Simonin —. Ancillon f. 1277, 123.

l'**Amiral** 1262/1269, 1285, 1298. l'Aimiral 1285, l'Ameral 1278, 1281. li Ameras 1285, 91.
1. fm. — 1278, 454.
Aherons f. 1281, 269.
2. Heilowate fm. — de S. Rafine 1285, 488.
4. Hanriat — 1262, 170; 1267,192; 1269, 11.
†, Wiborate fm. 1278, 20, 85. [269, 477.
†. d. Wibor fm. 1285, 179.
Hanriat —, Aileit fm. 1298, 164.
Jennas 1285, 91.
Amon, Pierisson 1278, 266.
d'Amors (v. Graindamors), hoirs Wichairt
Amsilons v. Ancillons. [1281, 215.
Ancels, Ancel. 1227, 1251/1279, 1285/1298. Ancelz 1269, 1278/1281, 1290, 1298, Anceils 1262, Auces 1227, Ansels, Ansel 1241, 1245, 1269, 1275, 1281, 1290, Ansems 1220, 23.
1. — 1241, 28.
Willermins Gelebers et = — de la Tor (v. sr. — 1227, 37. [1269, 443) 1262, 376.
sg. (— de Nouviant), Thierias f. 1278.
[221; 1288, 413; 1298, 97.
Howignon f. — † 1288, 78.
f. Jehan 1298, 35, 36.
2. sr. — de Briey. — de Buedestor. — de Coclandat — de Curlandal, sg. de Nomeney. - de Poirs. - de S. Aruol. sg. de S. Auor. sg. - de Ste Marie a Chene. — de Tanney. — de Valieres. — f. la Vigne de Valieres — li Waigue de Vallieres. — de Venise, — lou xaving de Verniey.
3. — f. Jehan l'ardor, bastonier. Damaige clerc, — espicier, — feivre (de Chacey), sr. — prestes, — tanor.
4. l'Aleman, — lou Blanc. Boilawe (de Coulambeir), — Boissons maires d'OM., — le Croisiet, Damages (clerc), j. sg. Remei de Jeurue, — Maillairt de Sernigney. — Murllin. Musiquaravle. sg. de Nouviant. lou Roi. sg. — de S. Julien, lo Sauuage. — f. sg. Pieron de Siey, — de la Tour, — li Waigue (de Vallieres), Xate. 5 Jehans — 1285, 518; 1298, 629; 1298, Ancels f. 1298, 35, 36. [341, 399. Thiebaus 1288, 85; 1290, 351.
Anchelat de S. Arnoult 1293, 562.
Anchelins, Anchelin. vg. — 1293, 301.
— f. Rembalt lou boulangier † 1293, 572.

Ancher v. Anchiers. [1262, 374.
Ancherin, bouchier; Aleit fm. 1275, 68;
Anchiers, Anchier 1267, 1275, 1281/1293, Anchies 1298, Anchie 1285, 1290, Anchiet 1278, Anschier 1251, Ancher 1227.
  1. sg. —, Maheu f., P,[1])
t. au pont Thiefroit   1227, 14.
  2. sg. — d'Amance   1278, 339.
Jennins f. — d'Ansey   1290, 521.
— de Croney   1293, 267a.
— fr. Jacat de Vals   1275, 509.
  4. — Mague   1251, 188; 1267, 264.
enfans   1285, 334.
Perrins f. 1281,378; 1285, 161; 1290, 158.
  5. Colignons —   1288. 306.
Gerardin — et sa fm.   1275, 509.
Joiffrois —   1298, 406.
Perrins — (v. Mague) 1285. 20; 1293, 435.
Ancillas, Ancillat.
— de Staixons 1275, 463; 1277, 160; 1278, 665; 1281, 181; 1288. 235, 256; 1293, 88.
— li voweis de Staixons   1288, 400.
Ancillons, Ancillon 1241/1298, Ansillons, Ansillon 1241, 1245, 1262, 1275, 1281, Anseillons 1262, Ansilons, Amsilons 1220.
  1. vg. an Pullugne anc. — (PM) 1290, 328[2].
ms. — en Chaponrue 1293, 204[27] = 284 =
Abilatte fm. —   1298, 3. [349[37].
Isabel fm. — †   1251, 256.
— f. Burtaut   1262, 415.
— f. Coillairt   1279, 53.
— f. Eurit †   1290, 5.
— f. sg. Godefroy   1220, 36.
— fr. Thomessin et Coulon   1275, 328.
— n. d. Hawi   1241, 61.
  2. — d'Ancildangez, — d'Antillei, — l'official d'Antilley, — fr. Abertin f. Herman de Batilley, — de Buxey, — j. Jaikelo de Courlandac, — f. Rainnier de Felieres, — f. Howillon (Bowel) de Felieres, — (f. Escelin) de Flanville. — de lai Horgne, — de Lorei, — de Morledangez, — prevos d'Otonuille, — (de) Puligney. — f. Symonin de Rouvre, — de Saint Auol, — Baikillon de S. Julien, — Baitois de S. Julien, — f.

Steuenat Miche de S. Julien, — Puligney de S. Julien, — de Staixons, — f. Aicelin de Vallieres. — de Venize, — de Vigey, — de la rue lo Voei, — dou Waide, — cellier dou Waide, — Bosse dou Waide, — de Wermeranges.
  3. — f. Hessat lou berbier, — bouchier (dou pont Remnont), — boulangier, — boweir, — cellier dou Waide, — chaivreir, — Chopairt chandelier, — cherpantier (f. Lienairt) de Saney, — cherpantiers (j. Arnout Colue), — cherpanteirs ke maint davant l'osteit Abert des Airvolz, — clerc f. Howignon de Felieres, — clers (f. Blanche) d'Outre Moselle, — clers f. Colignon Gerairt, — Grawe clerc, — srg. Gillat lou draipier, — feivres, — feivres de la rue des Allemans, — feivres de la Vigne, — Noirans frutiers, — Gans meutiers. — olieirs de Fremerey, — parmautier, — tannor, — de Wermeranges tanor, — tonneliers.
  4. — f. Jehan l'Alemant, — (f. Simonin) Amion, — Baikillon (de S. Julien), — f. Hanrion Baitois (de S. Julien), — Bertaus, — Bertal de Franconrue, — li Blaus, — Bosse (dou Waide), — Bouxenas, — hoir Colin Bruee, — Burney, — Keuce, — Chabosse. Chopars (chandeliers), — Couaple, — Cretons, — j. Deu de Furneirue, — Gaietel de Taixey, — fr. Colin Galien, — Gans meutiers, — f. Jehan lou Grant de Poirs, — Grawe clerc, — Haisat, — Mainchelo, — f. Steuenat Miche de S. Julien, — Noirans frutiers, — f. sg. Thierit d'Oxey, — li Picairs, — Prenostel, — Puligney (de S. Julien), — fr. Pierisson Rochefort, — Suillenbien de Montois, — li Sauages, — f. Saueri, — f. Jaikemin Tarte, — Troche, — Vaillairt, — Warnemeus, — Wessel, — Xillas.
Andrepant, Ottins, de Wies   1279, 201.
Andreus, Andreu 1241/1298, Andreuz 1269, 353, Druwe 1288, 108.
  1. —, ms. en Hulof   1269, 490[11].
Willemin f. —. v. 5.   1245, 178. [530.
— j. maistre Gui 1281, 340; 1285, 14, 529,
  2. — d'Alaincort, — (f. Rembaut) d'Arencort, sg. — de Bazoncort, — de Feivres, sg. — de Hampont preste (de S. Sauor), —

---

[1]) *De Wailly 2 K (1214)* escheving ... Hugues Anchiers.

2

Andrewas–Androwas 18 I. Personennamen

de Hampon j. maistre Guy, sr. — de Moieuvre.
3. — arceneires dou Champel, — awillier, boulangier, — clerc, — clerc f. Poincignou Minne = — Menne chanones de Mes, Jennins — clers d'Outre Saille, frere —, sr. — prestes (de S. Sauor), — texerant.
4. — Bache de Sneleuanges, — Menne chanones de Mes, sg. — de Porte Muzelle.
5. Jennins — clers d'Outre Saille 1293, 69. Willemin — (v. 1), 1278, 558; 1293, 204²⁵ = 284 = 349,³⁵.

Andrewas, Andrewat v. Androwas.
Andrewelz 1293, Druel 1269.
Annel fm. — † 1269, 529.
— li xavins de Mercilley 1293, 193.
Andrewin, Androin v. Androwins.
Androwas, Androwat 1241, 1251/1285, 1290/1298, Androuas, Androuat 1269, 1275, 1281, Androuwat 1281, Androat 1262, Androes, Androet 1227, Andrewas, Andrewat 1290/1298, Andruaz, Andruat 1241, 1245, Drnat 1245, Drowas, Drowat 1262, 1267, 1275/79, 1285/1298.

1. vg. ou Plantez devant — (PS) 1269, 493.
— et son fr., anf. Louuatte 1251, 63.
— f. dame Louve 1278, 19.
ms. ke fut —, = — de Porte Mosele 1275, 278.
= — avieul Colignon — d'Aiest (v.I. de Porte Muselle 11) 1290, 285.
— fr. lou Bague 1281, 367.
— fr. Quaradel 1262, 341.
2. — de Dornant f. Warin de Joiey, — escheving de Dornant, — d'Erlons, — de Flocort f. Jehan Begrant, — de Fremerey, — fill. Renmon (Romon) de Juxey, — li xavins de Mercillei, — f. Domangin de Pumeruelz. — de Vaus.
3. — Modaisse bouchierz, — bollangier, — bollangier dou Champel, — Sallemou boulangier, — cherpentiers f. Richart de Macliue, — srg. Fransois fil Wernier lou corrieir, — corvexier, — j. Yzanbairt lou corvexeir dou Quartal, — f. Poincin l'escrivain (v. 4), — maires (de l'ospital ou Nuefborc), — paignor, — f. Warin lou poxour de Chambieres.
4. — f. Joffroit Aisiet, — Bellegree, —

Burnas, — f. Jennin lou Conte de Saney, — Guepe (maires d'OM), — (f. Howairt) Jallee, — f. Poinsignon Minne, — Modesse, — Morat (d'Outre Saille), — Poincin (v. 3), — de Porte Mosele, — f. Howignon lou Poscant de Lescei, — Quaremel, — f. Gerart Roucel, — Sallemou boulangier, — f. Balduin lo Truant, — f. Jehan Turkin. — Vilains.
5. P. Die Drowas (nie Androwas) stammen ab von sg. Druwe de Porte Muzelle. (v. I. de Porte Muselle 11.)

sg. Druwe de Porte Muzelle 1288 = Druat 1245 = Drowat, avieul Colignon — d'Aiest 1290

| 1 Matheus — d'Aiest 1267/78, † 1285 |
| 2 Colins 1285 = Colignons — (d'Aiest) 1288/98 |
| 3 Mateu 1298 Wiberate 1298 |
| 4 Colin — 1275, 1279 = Colignon † 1288 |
| 5 Gillat 1288, 1293 |
| 6 Burtemin —   8 Burtemins — |
| 7 Jennat 1262   de Vantous 1288 |

1. Matheus —
pb. 2 ms. daier l'ospital de Chambres 1267, 16.
pb. une quarte de blef wayn moit. t. ou ban de Retonfay 1267, 172.
pb. 4 s. et d. ms. en Franconrue 1267, 457.
dezous vg. M. — ou ban de S. Julien 1278, 36.

2. Colins. f. M. — †.
et Badewins, f. Thieriat lou Gornaix, pb. vg. a monteir de Desertmont 1285, 324.
= Colignons, f. M. — d'Aiest †, pb. ms. en Staixons 1288, 67.
ms. en Staixons 1290, 372.
= Collignons — d'Aiest
pb. ½ ms. — son avieul anc. Guerceriat Poterel (PM) 1290, 285.
= Colignons — pb. vg. an Orsaint, jard. an Burey a S. Julien 1298, 5.
pb. a la vie (**3**) Mateu et Wiberate, ces enf., ½ meu de vin vg. et ms. a Juxei 1298, 620.

4. Colin —,
vg. en Gillochamp (PM) 1275, 157; 1279, 365.

ms. ke fut Drowat (= sg. — de PM.) anc.
l'ost. Garsiriat Poterel   1275, 278.
5. Gillat, f. Colignon — †,
¹/₃ ms. sg. Druwe de Porte Muzelle arreis
ms. Gairciriat Poterel   1288, 108.
= **Gillat**, f. Colin —, vote en Sanerie
    1293, 266.
6.7. Burtemin —, ... Jennat f. 1262, 281.
8. Burtemins — de Vantous
pb. vg. a la fontainne defuers Vantous 1288,
    326.

Androwate et Marguerons, li fm. Renaldin
lou Bourgon †, ms. en Nekeceirue 1267, 494.

Androwins, Androwin 1267, 1275, 1290,
1298. Andrewius, Andrewin 1293, 1298,
Androins, Androin 1262, Andruyn 1241,
1251, Andruin 1241, Druin 1245, Drouyn,
Drowyn 1269, Drowins, Drowin 1251, 1267,
1275/1279, 1285/1298. v. Drowignons.
1. —, ms. en Anglemur   1293, 131.
aufans — †   1269, 201.
— f. Cregnart   1241, 203.
— fr. Fa .....   1262, 54.
— fr. Odiliate fm. Lambelin lou Gemel
    1293, 339.
2. — d'Acei, — d'Anglemur, — d'Ars (OM),
— Chapon d'Ars (OM), — f. Gerart des
Rowes d'Ars (OM), Matheu de Borney j.
—, Warin f. — de Bruney, — de Chastelz, —
f. lou Vadois de Chastels, — de Clarei, —
j. lou maior d'Elbauille, — f. Mabillon
fille Andreu de Feivres, — de Hastrixe,
— de Juxei, — de Molins, — de Penil, —
f. Maitheu (Germain) de Pertes, — dou
Quertal = — telleir dou Quertal, — de
Suligney, — de Vanderes, — de Viez
Bucherie, — Ruke de Viez Bucherie, Steue-
nins mares de Wauille srg. —, — j. Wairin
de Wauille.
3. — berbier, — talier = telleir dou
Quertal, — vintre de Mairuelles.
4. — Bouchate, — li Bourgons, — Cha-
pon d'Ars (OM), — de la Cheual, — fr.
Jaikemin Creton, — f. Maitheu (Germain)
de Pertes, — Malglaiue, — Najart, — f.
Burtemin Rogier de Lorey (PS), — Ruke
de Viez Bucherie.

Andruaz, Andruat v. Androwas.

Andruin, Andruyn v. Androwins.
Anel v. Anels.
Anelin v. Arnelins.
Anels, Anel 1275/79, 1285/98, Anelz 1277,
1278, 1288, 1290, 1293, Ainel 1281, 82,
274, 430, 466, 1298, 284, Annels 1278, 340,
Annelz 1241, 67, Annel 1269, 327, 529,
Annez (obl.) 1269, 318, Annes (obl.) 1227,
47, Agnels 1262, 171, Agnel 1262. 387,
1267, 476, Aignels 1275, 503, Agnes 1267,
350, 426, Agnez (obl.) 1269, 416.¹)

*Man ist versucht zwischen den Formen mit
g und ohne g eine Scheidung vorzunehmen
und jene für den Namen Agnes, diese für
eine Deminutivform des Namens Anna (franz.
Anne) zu halten, wie auch Ailexel Neben-
form von Aileis und Ailexate, Merguerel
von Merguerite, Sebelel von Sebelie ist.
Das ließe sich durchführen bis auf einen
Fall: Die Tochter des signor Boinvallat de
Porsaillis heißt 1267, 426 Agnes (nom.)
und 1277, 62 Anel (obl.). Aber die obli-
quen Formen Annes und Annez gehören
ohne Zweifel zu Agnes und auf der andern
Seite läßt sich die Vermutung, daß Anel
wirklich nur eine Form von Anna ist, nicht
beweisen. Auch aus Agnel kann Anel ent-
standen sein, und in dem einen eben erwähn-
ten Falle, der allein eine Feststellung er-
möglicht, ist ja auch Anel de Porsaillis
wirklich eine Agnes de Porsaillis. Da ferner
die Formen mit g nur bis 1275 reichen und
von 1275 an die erst dann erscheinende
Form Anel (Ainel) allein das Feld behauptet,
so wäre man zu der Annahme gezwungen,
daß der Name Agnes um diese Zeit plötz-
lich aus der Mode gekommen und Anna in
der Form Anel fast ebenso plötzlich Mode-
name geworden wäre. Wenn man dagegen
in allen Formen nur den einen Namen Agnes
sieht, so bleibt für Anna gar keine Form
übrig. Daß dieser Name aber ganz außer
Gebrauch gewesen sein sollte, ist unwahr-
scheinlich, weil er der Name einer Heiligen
und bekannter Fürstinnen ebenso wohl ist*

---

¹) *Prost XI, (1228)* Steuenin (Creton) et
Agnelz (obl.), sa femme.

Angebor–li Apostoles 20 I. Personennamen

wie der Name Agnes. *Man wird sich daher mit der Erklärung helfen müssen, die auch für* Avrowin *und* Erowin (= *Ebroin und Erwin) und zum Teil für* Burtemin *(richtiger* Bertremin = Bertran) *und* Burtemeu *(= Bartholomaens) gilt, daß beide Namen in Gebrauch gewesen, daß sie aber ineinandergeflossen sind, weil man sie in der Aussprache nur noch wenig oder gar nicht mehr unterschied, und wird deshalb in unserer Zeit die Scheidung mit mehr Recht unterlassen als vornehmen.*

1. — fm. Druel † 1269, 529.
— s. Bonefille 1293, 426.
— s. Gigant 1279, 127.
Jennas li barbiers f. Cayfaz pb. por — sa s. 1269, 416.
— s. Lorate f. d. Grosse 1241, 67. [350.
Lowis et Richars ses fr. et — lor s. 1267,
2. — d'Abigney , -- d'Abigney fm. Maitheu de Florey, — fm. Burtemin d'Abigney, — d'Anglemur fm. Drowin, — de Bacort brus Poincignon Lucie †, — de Coulevanges fm. Adant †, — fm. Poinsignon de Chastels, — fm. Poinsignon Billerou de Chastels, — f. .Weirion de Deudelanges †; — (de) Flanville, — f. Rainbaut de Lupey, — lai Vadoize de Luppei, — f. Steuignon de Mairis †, Vlris de Rethonfait de par — sa s., Jakemas de S. Arnol f. d. — de Rozeruelez †, d. — fm. sg. Ancel de Ste Marie a Chene.
3. d. — abase de Ste Marie as nonains, — s. d. Colate la fm. Howignon l'amau, — fm. Jenin marleir, — lai Vadoize de Luppei.
4. — fm. Hanrit l'Alleman †, — f. Colin Bailerel, — fm. Thiebaut Baizin fille Maheu Jeuwet, — f. sg. Jaike Boilawe, d. — Brisepain, d. — fm. Theiriat Brisepain, — f. Colignon Brisepain, — fm. Jakemin Burey, — Jehan Burtran, — fm. Abertiu Kaienat, d. — Chameure, — f. Steuenat Cuerdefer, — Douce avelate Matheu de Chanbres †, d. — fm. Jennat Fakenel, d. — fm. sg. Thiebat Fakenel, d. fm. Jaikemin Fuixin †, - f. Winirt lou Fransois †, — f. Garsat Graicecher †, — n. Poinsignon Graicecher, d. — fm. sg. Remey de Jeurue, -- fm. Thiebat Lau-

prest, — fm. Thiebaut fil Jaikemat Lohier, — Mairasse, -- Marsire, — fm. Xandrin Papemiate, — f. Robin don Pont †, -- fm. Hanriat fil Gerart de Porsaillis. — f. sg. Boinvallat de Porsaillis, — f. Thieriat Rafalt, — Robin, — f. Lowiat Sauegrain, — li Taiche, — la Vaichate de Syei †, — f. Nicolle de Weiure †, — s. Jaikemin Xairol.
Angebor v. Aingebor.
de l'**Angle** 1275, de l'Aingle 1269.
Colin — 1275, 328.
Mariate — 1269, 174.
Anguenels, Anguenel 1267, 1275. 1277. 1285/93.
Anguenelz 1269, 1285, 1288, Angvenel 1220.
1. d. — fm. Thiebaut † 1275, 275.
4. — fm. Hanrit lou Boistous 1288, 418.
— fm. Hanriat Miche de S. Julien 1293, 191.
5. Lowiat — 1267, 127.
Simon —, fm. 1220, 46.
Simonins — 1277, 342; 1285, 72.
Thiebaus — 1267, 162, 457; 1269, 184.
†, Jennat Mallerbe f. 1290, 349; 1293, 398.
d'**Anmei lai ville**.[1])
Collate fm. Abriat — 1293, 311.
Annardins 1227, 66.
Annels, Annel, Annes, Annez v. Anels.
Anschier v. Anchiers.
Ansellions v. Ancillons.
Ansel, Ansems v. Aucels.
Ansillons, Ansillon, **Ansilons** v. Ancillons.
li **Apostoles** 1285, l'Apostole 1267, 1275, 1278, 1285, 1290, 1298, l'Apostolle 1262, l'Apostoile 1241.
1. —, ms. en la ruele au Beffroi 1241, 46.
—, vg. et t. ar. ou ban d'Awigney 1285, 95².
5. Bertran —, Pariseté f. 1275, 480.
Jennat - de Siey 1298, 605.
Perrin — 1290, 516; 1298, 135.
de Franconrue 1298, 668.
Remions f. — 1267, 302. [1278, 187, 348.
Remion —, Waterins et Perrins f. 1275, 92:

---

[1]) d'Anmei lai ville *ist verbessert aus* d'Anson lai ville. — *Ben. III, 231 (1287)* Collignon, f. Burtremin Dammeilaville. et Thomas, son fr., *sind mit vielen anderen aus der Stadt verbannt.*

Howignon f. 1285, 327.
Watier —, Remions f. 1262, 399; 1267, 261.
Waterin — 1278, 341.
Aquilee, Abertin P.,
er. de pair Poince de Strabour, son awel,
Colignons Barrois srg. 1281, 499.
Aquiton v. Auqueton.
Arab ...., Morel 1245, 253.
Arambalz, Arambalt 1285, 1290, Arambaus 1269.
— Mouxin 1285, 175; 1290, 340c.
— li Mueis 1269, 293.
Arambors, Arambort 1269, **Arambor** 1267.
1275, 1285/1293, Arambour 1278, 1298, Arambor 1298, Arembor 1251, Eranbors, Eranbor 1241, Rembour 1298, 63.
2. — n. sg. Viuien de Bouxieres lou prestre, — de Cerlei et sa f., — fm. Jaikemin de Nowaiseville †, — de Rouveroit, Steuenins f. — de Virei.
3. — fm. Petre lou keu l'avaike Filipe,
— f. maistre Garsire le masson †, — forniere d'Anglemur, — fm. Colart tornor.
4. — f. Thomessin Bacon †, — f. Burtemin Chaizee de Plapeuille, — fm. Xandrin Chianaistre, — f. Crairin †, — fm. Simonin Frexure, — fm. Jaikemin Gohier †, — fm. Jenin Gonyal, — fm. Hercon †, — s. Adenat Paillart, — fm. Jenat lo Pain, — fm. Pielin, — de la Porte fm. Thieriat. — Undeborsse, — fm. Gerardin Wesse †, — f. Colin Xourdel de Maizelles †.
Archenbaut, Alexandrin 1262, 59.
Roillon et Alixandrin enf. — 1241 ,108.
d'Ardenne, Thieriat 1288, 474.
—, Thieriel 1298, 280.
l'Ardenois, l'Ardenoiz. Lambert — 1269, 187.
Argentel,[1]) Baudwin 1220, 7.
Armangar v. Armanjars.
Armangete 1288, 1293, 1298, Armangette 1275, Armengete 1288, 1293, Armengette 1251, Armanjate 1267, 1281, 1293, Airmangete 1281, Airmangete 1267, Ermangete 1275, 1285, 1288, 1293, Ermengete 1275,

---

[1]) *Prost X 1227* Polins et Simonins, ces freirez, li anfant Simon Argentel.

Ermenjatte 1277, Ermanjate 1281, 1288, 1298.
1. —, ms. sus lo Nuef pont a Saille 1267, 183, 428.
— f. Heilesaus (v. Armantrut) 1275, 169.
— fm. Hoton † 1277, 370.
— srg. lai vowerasse (Maigney?) 1293, 471.
2. — f. Lowiat d'Abes, — fm. Waterel de Chanbres, — fm. Bawier de Nonuiant, — fm. Wesselin de Nowilley, — f. Colin Watier de Nowilley †, — fm. Hanrit de Sallebruche, — fm. Formeit de Vantous, — do Waide.
3. — srg. Robin clerc, Jenins espinciers fr. —, — lai gypperasse, — fm. Hanriat lou Bossut masson, — la Vadoise.
4. — meire Jehan j. Poincignon Chaimaigne de S. Clemant (v. Armanjars), — f. Jehan Descours, d. — Lescharse, — f. Steuenin lo Louf, — srg. Lorin j. Domangin Murguenit, — lai Petite de S. Clemant, — f. Colin Watier †.
Armanjars, Armanjart 1267, 1293, Armaniars, Armaniart 1269, Armanjairt 1288, Armaniar, Armangar 1227, Ermanjars, Ermanjart 1278/1285, Ermanjairs, Ermanjairt 1285, 1293, Ermengart 1275. v. Ermanjon.
1. d. — fm. Frankelin 1227, 36.
Jaikemins f. d. — 1267, 93.
— srg. Waterel 1275, 126.
2. Jenat f. — d'Ainglemur, Jehan f. — de Gorze, — fm. Ferrit de Gorze, — de Rumilei. — fm. Howe de Verdun, — fm. Euriat de Villeirs †.
3. Guersas bolengiers et — fm., — lai hairangueire, d. — fm. maistre Esselin.
4. — srg. Poinsignon Chamaigne (v. Armangete), — f. Jenin Gelinate de Syei, — fm. Jaikemin Godin, — fm. Weiriat Peuchat, — don Pont, — f. Hanrit de Strabor.
Armanjate v. Armangete.
Armantrut 1288, 1290, *Armantrut* 1269, Ermantrus. Ermantrut 1285, Hermantrut 1298.
1. fontenne — (S. Clemant?) 1290, 209.
— f. Heilezas (v. Armangete) 1269, 490ᵃ.
3. — li Vadoize 1285, 270, 289.
4. — fm. Wiriat Heilesalz 1298, 474.
5. Jennat — 1288, 210b.

Armengete, Armengette v. Armangete.
Arnalt[1]) 1288, 1298, Ernalt 1241, 1245, 1281, pont — a Gorze 1298, 313. [1298.
—, ost. outre Mazelles 1245, 222.
Lorins j. — 1241, 171.
— d'Ansey 1288, 514.
Jennat — d'Ansey 1288, 497.
— de Dornant, Aileit fm. 1281, 643.
— de Maigney, Ogier f. 1298, 424.
Arnelins, Arnelin 1267, 1275, 1279, Arnollins 1298, Anelin 1281, Ernelin 1285/1290.
— 1275, 330; 1298, 527[18].
—, ms. en la Chanal 1285, 192.
— de lai Chenal 1281, 81.
— de Longeuille (v. Ernelat) 1267, 208.
— de S. Arnout 1279, 55.
Howignons f. 1288, 392.
Arnins de Filieres 1267, 265.
Arnol, Arnold v. Arnous.
Arnollins v. Arnelins.
Arnols, Arnolt, Arnos v. Arnous.
Arnoudat.
— Dornan 1277, 301.
Symonat f. 1285, 359.
— f. Mathion Maithelo † 1293, 95, 255.
Arnoudins, Arnoudin 1241, 1262, 1267, Ernaudin 1262.
— 1262, 379.
Thierias j. — 1267, 247.
— Marcoz maires de PM 1241, 56*.
— Markout 1262, 303.
Arnous 1251. 1267/1298, Arnouz 1227, 1278, Arnout 1245/1293, Arnouls 1262, 1275, 1278, 1298, Arnoulz 1275, 1278, 1281/1298, Arnoult 1275, 1279, 1281, 1288/1298, Arnoul 1227, Arnols 1241/1251, 1275/1278, 1285, 1288, 1293, 1298, Arnolz 1241, 1251, Arnolt 1241/1251, 1269/1298, Arnold 1220, Arnol 1269, 1275, Arnos, Arnoz 1269. v. Ernot.
1. — 1290, 89; 1298, 322.
—, ms. a Stentefontainne (v. 2.) 1267, 286.
sg. — 1251, 30.
Colin f. — 1281, 94.
Jennin f. — 1281, 542.

---

[1]) Arnalt *vom Schreiber verbessert aus* Arnolt 1288, 514.

— f. Colate 1285, 95[5].
- srg. Nainmerit lou fil Howat lou cherpentier de S. Arnolt 1298, 299[26].
2. — aveles Ruese d'Airey, — lou Clope d'Ansey, — f. Gerart lou Riche d'Ansey.
— d'Aweigney, — f. Symonin de Blammont.
— de Criencort, — de Forpac, — dou Four dou Morier, sr. — prestes de Genauille, — de Gorze, — de Lieges, — de Maizelles, — de Malencourt, — srg. Perrin fil Richairt de Montigney, — (f. sg. Cunon) dou Nuefchastel, — de Nowesseuille, — f. Burtran de Nowillei, — f. Watier de Nowilley, — de Pairgney, — f Hanriat de Pairgney, — f. Hanrekel lou tennour de Pairgney, — de Pepinville, — srg. Nainmerit lou fil Howat lou cherpentier de S. Arnolt, — de Sallebour, — de Stentefontainne, (sg.) — de Tionvile, — de Trieues, — de Wapey.
3. — boulangiers, — keus lou prestre de S. Martin, — charpentier, — Jaikiers clers, — corvexeir, — draipier (de Davant S. Sauour), — fr. Jenin l'espincier, — feivre, — forbor, — Callewins furbeires, — formegiers de Sanerie, — fornier de Nowillei, — f. Alairt lou gaieneir, — maistre, — masson, — meutiers, — olier, — permantier, — de Forpac permautier, — Herbo permantiers maistre de la frairie S. Girgone, — poindour, sg. — prestre, sr. — prestes de Genauille, — taillour, Vlris li taneires fr. —, — de Criencourt tonnelier, — tonneleirs, — lo Vadois, — d'Abes valas Symonat l'eschaving de Chambres, — vieseir.
4. — Aixies, — Alairt, — f. Jehan l'Aleman, — d'Ars (OM), — f. sg. Cunon d'Airs (OM), — f. Abert des Aruolz, — Barbe (d'Outre Muzelle), — Bellamin, — f. Poincignon Billeron de Chaistelz, — lou Brehon, — Briate, — lai Caigne, — Caithelone de S. Clemant, — Callewins, — mainbor Poinsignon Calowin, — Chaneviere, — f. Poinsignon Chaneuiere d'Airs (OM), — f. Symonin Chapebloe, — lou Clope (d'Ansey), — de Coloigne, — (f. Jaikemin) Colon, — Colue, — fr. Colin Cowat, — Cowerel, — f. Graisoie. — li Gornais, — Grosels, — Hedore, — Herbo permantiers, sg. — Ysan-

I. Personennamen 23 **Arowins–d'Ars**

grin,— Jaikiers clers, — Jossels, — Malletraixe (de Ste Ratine), — Marron de S. Nicolaisrue, — srg. Simonin Mersire, — Morillons, — li Mouxe de Juxei, — Noiron, — Noiron de Vesignuelz, — f. Paingnairt, — f. Jaikemin lai Peirche, — f. Pichon, sg. — de Porsaillis, — de Porsaillis, — de la Porte, — Poujoize, - Purit, — f. Guersat Rabowan, — f. Gerart lou Riche d'Ansey, — Richelas, — (f. Thomessin) Richelat, monsg. — de la Roche, — li Rois, sr. — li Sauaiges, sg. — Tiguienne, — f. sg. Baudowin le Truant, sg. — de Vy, sg. — f. sg. Werrit de Virey, — Watier (de Nowilley), — Willekin de Richiermont.
Arowins v. Aurowins.
d'Ars 1241, 1267/1275, 1278/1298, d'Airs 1277, 1278, 1281/1298. v. IV.
P.
1. Arnolt —, dav. l'ost. (PS) 1241, 29; dev. lou champ A. — (PS) 1278,461.[1267, 207.
2. sg. **Simon** —, l'aluet (OM) 1267, 468.
d. **Marguerite**, f. sg. Simon —, ai Ancey enc. gr. 1281, 153.
= **Margueron**, s. lou Louf, t. en Longe Roie anc. 1298, 155.
3. Jenat lou Louf et Margueron, enf. sg. Simon —,
er. de part lor peire (OM) 1275, 498.
= Jennas li Lous —, 4¹/₂ moies de vin a most. a Nonviant 1278, 336.
er. ou ban de Wanille 1278, 585.
pb. 9 s. ai Ars (OM) 1279, 578.
er. an baus d'Ansei 1285, 133.
Gillas li Bels et J. li L. —, f. sg. Symon †, pb. er. a Airs (OM) 1285, 137.
pb. 20 s. 2 ms., meis *etc.* ou ban de Nonviant 1293, 608.
pb. er. ou ban de Dornant et d'Ancey et aillors delai Muselle 1293, 674.
J. li L. et Colignons li Rocels d'Ars pb. por Richart d'Ars 1298, 324.
4. Jehans, f. lou Louf —, [1293, 359.
Colins Bacals et Jeh. pb. er. vg. ch. pr. c.(OM)
5. Thiebaut —, Colignon fr. 1269, 265.
fr. Colin — 1278, 505.
vg. ou planteit de Ramborney 1269, 265.
vg. en Martinchamp, vg. a Terne, vg. a Tornelles, t. ar. a Tornelles 1278, 505; 1279, 270.

d'Ars

1 Arnolt — [1250 C] 1241, 1267, 1278 ¹)					
2 sg. Simon — 1267, † 1281					
Marguerite 1275, 1281, 1298	3 Jennas li Lous — 1275/98		5 Thiebaut²) 1269/81,	6 Colignon — 1269³) = Colin — 1269/88 srg: Colignon Boilawe 1275 Lowiat j. C. — † 1290	
	4 Jehans 1293				
	Jaike Baizin				
7 sg. Cunon – 1277/88 ?	1293/98				
Merguerite 1298	8 Arnout 1290/93	10 Gerairt 1293	11 sg. Jehan (Baizin) — chanone de S. Thiebaut 1285/88, † 1298		
	9 Thiebaut 1293				

12 sr. Abrias — chanones 1281

¹) *Prost IV, 1221* Arnout d'Airs †, srg. Albertin Chioteil, *ein noch älterer* Arnout *als der unter 1 genannte.*
²) *De Wailly 219 (1281)* = *Bannrollen I, Einl. LXIII (13)* Thiebaut f. sg. Symon d'Airs †, amis de part luy: Jennat lou Louf son fr., et Colignon f. sg. Thierri de Nonviant; de part sa fm.: Regnaldin lou Bague et Garsiliat fr. sg. Arnoul lou Savaige †.
³) *Prost XLIX, 1256* Colins Grifon srg.Colin d'Airs.

des **Aruols** 24 I. Personennamen

2 st. an Visignues, 8½ s. 2 ms. en la rowelate devant S. Laidre, 4 s. ms. (PS) 1281, 286.
6. Colignon — et Thiebaut fr., vg. ou planteit de Ramborney 1269, 265.
= Colin —, ensom la gr. (PS) 1269, 458.
srg. Colignon B o i l a w e 1275, 409 (1285, 43).
pb. er. a Hans sus Niet et dela lo pont de Remilley, er. dela Moselle (PS.) 1275, 428.
anc. l'ost. (PS) 1281, 45.
ms. outre Saille 1285, 43.
gr. an lai rowe a chief dou Waide 1288, 45.
Lowiat, j. Colin — † 1290, 155.
7. sg. Cunon —, [72.
ms. ou Champel redoit 3 d. et 1 chap. 1277,
sr. Cunes — pb. 1279, 166.
anc. l'ost. ou Nuefborc 1288, 77; 1293, 281.
anc. la vg. a Haute Riue 1288, 484.
d. Merguerite. f. sg. Cunon —
c. sus Praiels, ½ ms. ou Nuefborc, er. de pairt Jaike Baizin, son ajuel, 1298, 393⁷, ¹¹, ¹⁵ = 503⁷, ¹², ¹⁶ = 656⁷, ¹¹, ¹⁵.
8. Arnout, f. Cunon —,
t. ar. an Hem (PS) 1290, 462.
25 s. vg. en Waistenoi et vg. a lai Bairre (PS) 1293, 250.
9. Thiebaut, f. Arnout —,
ms. ou Waide 1293, 295.
10. Gerairt, f. sg. Cunon —,
4 lb. er. de pair Jaike Baizin, son ajuel †, 1293, 287.
11. sg. J e h a n (Baizin 1285, 465) chanone de S. Thiebaut, f. sg. Cunon —,
ms. en Visignuelz 1285, 465.
vg. a Haute Riue 1288, 42.
20 s. vg. en Halte Riue 1298, 114a.

mainbors de la devise sg. Jehan —:
6 s. ms. an Chieuremont,
5 s. ms. an S. Martinrue.
5 s. 2 d. ms. devant les molins de Longeteire.
3 s. 16 chap. ms. ou Halt Champelz,
6 d. ms. ou Halt Champelz,
5 s. planteis a S. Clemant 1298, 392 = 428.
5½ s. ms. devant S. Martin 1298, 551.
12. sr. A b r i a s —. chanones de Nostre Dame la Ronde, er. (OM) 1281, 335.
des **Aruols** 1245, 1278, 1285, 1288, des Arvols 1275, des Aruolz 1251, 1275/1279, 1285.
des Aruos 1275, des Aruoz 1251, 1269,
des Arvoz 1269, des Airnolz 1275, 1281, 1288/1298, des Airvolz 1285.

P.

1. Aubertins — 1245. 1251 = Aubers —
pb. 10 s. ms. au Quartal 1245, 23. [1267/93.
pb. gr. daier S. Simplise 1245, 108.
gr. deleis S. Autre 1245, 184.
pb. 2 ms. ou Champ a Saille 1251, 25.
pb. vg. en Daille 1251, 151.
pb. ½ molin en Longeteire 1267, 11. [242.
pb. 11 lb. 2 ms. et gr. ou Champ a Saille 1267.
devant l'ost Aubert — (PS, en Vesignuelz?) 1269, 46, 437; 1275, 71; 1293, 274b. 584.
pb. t. daier sa ms. a S. Climent 1269, 67, 487.
enson la gr A. — (PS.) 1269, 479.
vg. en la Donnowe (PM) 1275, 25.
16 s. ms. et gr. devant sa ms. (PS) 1275, 71.
11 s. ms., 15 s. 2 ms. en Viez Bucherie ms. a. S. Clemant 1275, 194. [1275, 132.
50 s. et 10 s. ms. (PS) 1275, 194.
10 s. ms. au Quartal 1275, 194.
atour Abert — (PS) 1275, 422.
st. areis lou pileir dev. l'ost. 1278, 94.

---

des **Aruols**

1 Aubertins —¹) 1241/1251 = Aubers 1267, † 1288 ⌣ d. Collaite — 1275

2 Goudefrins —	3 Renals	4 Abertins	5 Arnous	?
1267 maires d'OM 1275/78	1278	1278	1278	Coenrairs Foncherins de Lucembor j. Abert — 1288

6 Maheus — 1251, † 1285	8 H[owignon ?] 1251		10 Olliuier ⌣ Contasse 1262, †1285 1285
enf. 1285 7 Jehans 1298 =? 9 Jenas — 1269, 1275, 1285		

¹) *De Wailly 18 (1240)* Jakemin Brokart et Abertin des Aruols citens de Mes.

Ascelin–Auerels

ms. an Vesignues 1281. 546.
ms. en Vesignuelzanc. lai halle des draipiers et
100 s. ke A. dovoit a Nicole Aixiet 1288.
ms. Abert — † (PS) 1288, 81. [76.
vg. au Vaus, vg. an Dailes 1288, 283.
d. Collaite —, ms. ke fut (PS) 1275, 230.
2.—5. enfans Abert —.
ms. sus lou Mur, vg. sus Sailledaier la Follie,
30 s. ms., 20 s. 2 ms., 15 s. ms. ou Champ
a Saille, 10 s. ms. en Visegnuel, 8 s. ms.
les pucelles de Sus lou Mur, 6 s. ms., 5 d.
merchaucie (PS) 1275, 213.
2.—5. Goudefrins, Renals, Abertins,
Arnous, li 4 fil Abert —.
pb. gr. (PS) 1278, 259.
2. Goudefrins — maires d'OM 1267, 1*.
ms. et gr. (PS) 1275, 354.
Coenrairs Foucherins de Lucembor, j.
Abert — 1288, 513.
6. Maheu —,
ms. daier S. Simplise 1251, 130.
pb. ms. ensom lui, meis durrier 1251, 147.
pb. por lui et por H[owignon?], son fr.,
ms. en la rue lo Voe 1251, 268.
2 st. an la vies halle des drapeirs an Vi-
signuel 1279, 262.
ms. ke fut M. — (PS) 1281, 86.
enfans Maheu — †:
12 s. ost. davant les Cordelieres 1285, 174.
5 s. ms. an la rowe dou Preit, 5 s. 4 d.
moins ms. an la rue S. Laidre 1285, 233.
7. Jehans, f. M. — †,
pb. t. ar. an Rouvel daier lai Nueueville (PS)
1298, 42.
8. H[owignon?] fr.? Maheu — 1251, 268.
9. Jenas — (= 7?)
pb. viez ms., ¹/₃ gr. (PS) 1269, 105.
¹/₂ ms. et gr. (PS) 1275, 354.
ms. daier S. Seplixe 1285, 246.
10. Oliuier —,
ms. en Viseignuel ke fut 1262, 66; 1278,
514; 1290, 68.
20 s. ms. en Vigsenuel 1262, 369.
Contasse, fm. Oliuier —,
9 s. ost. en Aest 1285, 33.
12 s. ¹/₂ ms. (PS) 1285, 226.
Ascelin v. Escelins.
l'**Asne** 1245, 1251, 1269, l'Aine 1269.

enfans Bertremin — 1245, 132.
Burtemin —†, Werion f. 1251, 32.
Jakemin — 1269, 357.
— Wauterin 1269, 314.
l'**Asnier,** ¹) Hawion fm. Poincet 1241, 13.
Asselinz, Asselin v. Escelins.
de l'**Atre** v. de l'Aitre.
Atus 1251, 1279, Autus 1262, 1267.
ms. — (PM) 1262, 296.
Aburtin —, masson, Jaikemate fm. 1279, 354.
Girat — 1267, 23.
Girart — de Piereuilleirs 1251, 19.
Aubartin, Aubertien, Aubertin v. Abertins.
Auber, Aubers v. Abers.
Aubor v. Abour.
Aubri, Aubrias v. Abris, Abrias.
Aubriel Kaine 1245, 176.
Aubrion, Aubris v. Abrions, Abris.
Auburtin v. Abertins.
Audelon v. Adelon.
Aufelix v. Afelix.
Auqueton 1245, Aquiton 1277. [139.
ms. en la ruele ensom Bucherie (OM) 1245.
ms. ensom Bucherie (OM) ke fut — 1277, 156.
Autus v. Atus.
l'**Auallois** 1293, 584.
Auerars v. Aurart.
Auerels, Auerel, Averel 1251, 1262.
P. [Warnies Auerel 1250 PM].
—. ost. sus lo Mur 1262, 351.
1. Jakemin —,
er. ou k'il soit, en vg. etc. (OM) 1251, 50.
tout l'er. por la warentize de la ms. sor
lou Mur 1251, 121.
ms. sor lou Mur 1251, 122.
2. Warniers —²) maires de PS 1251, 70*.
ms. et un chainge a Porte Mosselle 1262, 158.

---

¹) *Ben. III, 151 (1190)* Bertrannus, An-
celmus, Petrus, filii Bertranni Asinarii.
. . . scabini. *Oder ist* l'Asnier *1241, 13 nicht
Eigenname und also* Poincet *ein richtiger
Eseltreiber? v. II.*

²) *Prost XXXI, 1242* sr. Girairs de Lus-
tanges doit a Nicole Marcout et a Warnier
Auerel de Porte Mozelle cc lb. de mes-
sainz.

Aurart–Bacals

Aurart 1241, 1262, 1288, 1293, Avrart 1277, Auerars, Auerart 1251, 1269, Avrairs 1277, 1278, Aurairs 1278, Aurairt 1279, 1285, Aurair 1281, Aurait 1290, Evrart 1267, Eurairt 1277, 1285, 1293, 1298. = *Eberhard*. v. Eurecho.
  1. . . . . —   1262, 232.
—, ost. en Stoixei   1267, 282.
—, er. ou ban de Wappey   1278, 665.
Ferris li boulangiers li maris la fm. —   1279, 370.
Jakemins f. —   1241, 8, 160.
  2. — de Villiers   1285, 196.
— f. Jordenat de Wapey 1277, 160; 1288,
  3. — chaivretour   1285, 336. [256.
— corduenier   1277, 139.
— masson   1269, 215.
— orfeivres   1251, 129.
  5. Hanriat —   1277, 351.
Jennas — 1278, 528; 1290, 202; 1293, 104.
        $204^0 = 284 = 349^0$; 1298, 558.
Jennin —, Colate f.   1281, 252.
Avri, Paskatte   1269, 490^b.
Aurowairt de Flanville   1278, 502.
Aurowel (v. Harowels).
Jehan lou fillaistre — et . . . . et a Steuenin f. —   1293, 377.
Aurowins, Aurowin 1251, 1275/1298, Avrowins, Avrowin 1251, 1288, Avrouwin 1281, Avrewin 1288, Auroins, Auroin 1227, 1241, 1245, Auroyns, Auroyn 1251, 1262, 1269, Avroyns, Avroyn 1251/1269, Awroyn 1262, 1269, Avruyns, Avruyn 1269, 1275. Auurin 1227, 16, Arowins 1298, 246, Erowin 1267, 23, 1279, 410, Evrewin 1288, 15, Herowin 1245, 18, Herrowin 1267, 127 (v. Hairowain) = *Ebroin (Eberwin) und Erwin?* Avroyn Paspoivre 1262, 296 = Erowin Papoiure 1279, 410.
  1. — f. Richairt   1278, 5.
— f. Xollebran   1272, 382.
d. Aleit fm. —. Jaikemin f.   1267, 127.
Lambers fr. —   1267, 219.
  2. — f. Weiriat d'Abocort, — des Rowes d'Ars (OM), — de Chanbieres, — de Failley, — et Renadin de Macres, — de Nonviant, — d'Orneig, — de Rossele, — de S. Julien, — Brikenie de S. Julien, - Grandins de S. Julien, — de S. Steule, — de Siei, — de Vallieres, — Caitel de Vallieres, — f. Symonin Monaire de Vallieres, — de Vegnuelles, — dou Vivier, — de Werrixe.
  3. — bolangeir j. Massue, — chafornier, — charpantier, — charretons, — (li Roucels) frutiers, — parmantiers (de S. Martinrue).
— Wicee tenneires.
  4. — li Alemans (de Fristorph), — Bokel, — Brikenie de S. Julien, — Kaitel (de Vallieres), — Chabosse, — Fovilain f. Steuene lou tuxeran, — Grandins de S. Julien. — Habers = — Herbel = — Herbo, — fr. Poinsignon Haizairt, — fr. Gererdat Jouancel de Maigney, — n. Fraillin Lantille. — Malnouel, — j. Garsat Masue, — f. Symonin Monaire de Vallieres, — Paspoivre, — dou Puix, — n. Jehan Rohairt, — li Roucels (frutiers), — lou Verret, — f. Jennin Walleran, — Wicee tenneires, — f. Ancillon Xillat, — Xordel de Vantous.
Auurin v. Aurowins.
a l'**Awe**, Colin   1293, 124.
Awedeux (= *Audun-le-Roman*).
Jennin —   1298, 576.
Awilluele 1277, Awilluelle 1293, Abilluele 1290.
— tante Androwat fil Jennin lou Conte de Saney   1290, 585.
vg. a S. Clemant ke fut —   1293, 454.
Lowias — de S. Clemant   1277, 6.
Awroyn v. Aurowins.

B.

Baart v. Baiars.
Babolz, Babol.[1])
Burtemins —   1288, 473.
Perrin —   1281, 119.
Bacals, Bacalz, Bacal 1278, 1279, 1285, 1290, 1293, Bakal 1279, Backaus 1267, Baical

---

[1]) *Prost V, 1222* Jehans f. Richairt **Bebelin**. Bertrans, ces fr., et Nicholez Isacairs. cez oncles. *Prost XVIII, 1292* Jehannez f Richairt **Babelin**.

1277, 1288, **Baikals**, Baikal 1277, Baikelz
1298, Beccalz, Beccal 1290, 1293. Beckal
1275, Beckels 1267. Pecka 1275.
Colins —, *P.* v. Malrois 2.
Hanrias —   1267, 375.
Jennas —, f. Odeliate la merciere, ms. en
  la Mercerie   1267, 402.
„ —, ms. an Vizignuel 1277, 357; † 1279, 62.
— lou mercier †, ms. en Visignuel 1277, 93.
Jennas — boulangiers   1298, 51.
Perrin —   1290, 575.
Backaus v. Bacals, **Backillons** v. Bakillon.
Bacelins v. Besselins.
Bache, Andreu, de Suelenanges 1298, 636.
Bacheleir 1293, 1298, Baicheleirs, Baicheleir
1277, 1288, Baicheleis 1290, Baichelier 1285.
Burtemin —   1285, 266.
Lowiat — de S. Martin   1298, 561.
Matheus — 1277, 466; 1290, 105; 1298, 311.
  Perrin fr.   1288, 128; 1293, 340.
Bachin, Jaikemin 1293, 614; 1298, 153.
Bakillon 1262, 1267, 1277, Backillons 1262,
Baikillon 1293.
Jennin — de S. Julien, li fm. 1267, 322.
  †, Ancillon f.   1262, 128.
Ancillon — de S. Julien   1277, 229.
  †, Jennas f.   1293, 9, 186.
Ancillon — et Colignon fr. 1293, 382 [26], [27].
Symonins —   1262, 416.
Bacon, Thomessin, de Vautous 1279, 6, 351.
  †, Aranbor f.   1298, 22.
Badaires, Badaire 1277, 1279, 1285, Badares
1275, 1278.
Colins — *P.* (v. Faixins 2 *und* 3) 1275, 477.
= Colins fr. Jaikemin fil Phelippin Faixin
= — fr. Jaikemin Faixin 1278, 146. [1262, 161.
Jaikemins Faixins et Colins — et Garserias
li troi f. lou sg. Felippe Faixin † 1278,
                             32, 144, 209.
Jaikemins Faixins et Colins — ces fr. 1277,
                            321; 1279, 494.
  †, Marguerite fm.   1285, 21.
Badas, Badat.
  — dou Pont   1275, 99.
  — lou mesuer   1288, 47a.
Adenas —   1290, 460.
Badel, Thiebaut; †   1267, 17; 1298, 386.
Bademaires, Bademaire.

—   1288, 469.
Bauduyn —   1285, 41, 61; 1288, 31.
Badeson, Badesson v. Baudesons.
Badewat   1290, 233. [154.
Badewenat f. Rousernelles, Aileit fm. 1288,
Badewenel, Roillon. de Maigney 1298, 538b.
Badewin v. Bauduyns.
Badoche 1278/1298, Badoiche 1275, Baudoche 1269/1277, Bandoiche 1267, 1269,
Baldoche 1245.
P.
1 — 1245, 1269, 1277 [1250 SM]
2 Colignons — 1267, † 1278
                  n. sg. Thieri Corpel 1269
3 Perrin — 4 Nainmeris — 5 Thierias 6 Baduyns —
  1275/93 chanones   1269/78 1278, 1298
                    1278, 1293
1. — pb. er. (PS)   1245, 85, 86, 87.
sg. Nichole de Blouru, sg. Huon Barbe ...
et —, ms. (PS)   1269, 91.
ost. ke fut — davant l'ost. Abriat Yngrant
  (ou Viuier)   1269, 6; 1277, 195ª.
Jakemins li maires - (Awigney) 1285, 95ª.
2. Colignons pb. 3½ s. er. (PS) 1267, 109.
pb. por sg. Thieri Corpel, son o. 1269, 267.
3.—6. Perrin, Nenmerit, Theiriat, Bauduyn les 4 f. C. — †,
20 s. ms. (PS)   1278, 562·
3. Perrin —, ban a Awigney 1275, 207.
ms. an Chaureirue   1279, 459.
pb. ms. enc. l'ost. S. Laidre 1281, 557.
pb. pesse de boix S. Jehan daier Awigney,
  t. ar., pr.   1288, 198.
pb. ms. en la rue lou L'oweit   1290, 271.
mainbors de lai devise sg. Thiert Corpel
                             1293, 428. [184.
pb. chaneviere et 5 nowiers a Onville 1298,
anc. P. — (t. PS)   1298, 527[17].
pb. t. an Genestroit   1298, 532.
4. sr. Nainmeris —, chanones de Mes,
  mainbors de lai devise sg. Thiert Corpel
pb. vg. en Briey 1293, 594. [1293, 428.
5. Thierias ,
er. ou ban d'Awygney   1269, 267.
6. Baduyns —.
vg. en Planteis sus Muselle (OM) [1298, 329.
pb. vg., t. ou ban de Longeuille et de Siey
                             1298, 660.

Badoit–li Bagues

Badoit, Thiebaut, de Florey 1262, 360.
Badore de Nonviant † 1279, 513.
  Bertran et Howignon f. 1279, 574.
Badowin, Baduyn etc. v. Banduyns.
Bagairs, Bagairt 1275/1278, 1285, 1288.
1293, Baguairs, Baguairt 1281, 1288, Bagars,
Bagart 1267, 1279. Baguars 1281, Baigairs
1285, Begarz 1269. v. Baiars. *Die dort
genannten 1—4 haben nie das g im Namen,
die hier genannten 1—3 dagegen immer.*
P.
1. V g u i n —, d. Hawit fm.,
4 s. ms. devant la cort de Fristor 1267, 195.
2. L o w i a s —,
ms. en la Vigne S. Auol 1267, 58.
pb. por sa meire ms. (PS) 1267, 207.
pb. por lui et por le daien de S. Thiebaut
  vg. ou ban de Creppey 1269, 240.
d. I z a b e l s, fm. Lowiat —,
pb. t. ar. an Virkilley 1281, 412.
3. P e r r i n s, f. Lowiat · †.
pb. vg. a Grant chamin davant lai ruelle c'on
  dist a Lieures 1293, 503.
= Perrins — pb. 30 s. 3 ms. (PS) 1269, 403.
pb. 10 s. ms. en la Vigne S. Avol 1275, 377.
pb. t. deleis Prennoi 1275, 424.
P. — et Jenins de Chaistelz, vg. en Glai-
rueles, t. a Belvoir. t. daier la Belle
Stainche, t. sus lou rut de Maizelles 1277,
pb. 11½ s. gr. Piero de Jeurue, chans [362.
  daier S. Andreu 1278, 126.
pb. vg. an Herbertclos 1279, 516.
pb. 60 s. ms. ou il maint (PS), Burthemin
  M o u r e t e l srg. 1281, 263.
pb. ms. en Coperelruelle 1281, 309. [219.
40 s. er.(PS), o. Jaikemin M o r e t e l 1285,
desor la vg. Perrin — (PS) 1285, 242.
pb. ms. an lai Vigne S. Auol 1285, 433.
anc. t. P. — a lai Pale outre Saille 1288, 213b.
ms. ou Waide 1288, 224.
ms. an lai Vigne S. Auol 1288, 420.
Baguairs, Baguairt v. Bagairs.
Bague, Jaikemin 1277, 18.
— tonneleir 1278, 261.
li **Bagues**, lou **Bague** 1227/1298, li Baguez
1269, li Baigues, lou Baigue 1285, li Begues,
lou Begue 1251, 1262, 1269, li Besgues, lou
Besgue 1269, 1275, la Bague 1281, 290.

1. Androwat fr. — (t. Erkancey) 1281,
Hanriat f. — 1275, 394. [367.
2. — d'Anglemur 1245, 49.
— de Maleroi, Jaikemin de Valieres f. 1267, 7.
— de Nonviant meuteir 1285, 404.
— de S. Clemant, Burtemins f. 1290, 208.
5. Abriat — 1293, 76.
Abrion — 1281, 523.
Aingebert de Maignei (v. Gerardins)1290, 61.
Burtemin — d'Ancerville 1267, 155, 167.
Colignon — boulangier 1290, 59.
Garsilion — 1262, 174. [1298, 602.
Gerardat — de S. Vincentrue, Colignon f.
Gerardas — de Maigney ke maint an Cham-
  bres 1288, 29.
= Gerardins — de Maigney 1285, 356; 1290,
  f. Ainglebert de Maigney 1285, 419. [140.
Gerardins — sergens Thiebaut Fakenel
  1281, 10.
Gerairt — f. Aieron de Quensey 1285, 297.
Goudefrin —, Odeliate fm., t. Erkancey
  (v. 1. Androwat fr. —) 1279, 409.
Howignons — de Rouzerueles 1298, 641.
Ysambairt — 1298, 535b.
Jaikemin — d'Oixey 1277, 341.
Jehan — bollengier, Jaikemin et Ho-
  wignon f. 1293, 615.
Jennas — f. Aidelate de Vallieres 1288,
  114¹, 387, 511.
Jennin —, Wairin de Morville f. 1298, 41b.
Piereson — f. Warin (Wauterin) Plaisance
  1267, 307.
Poensat — de S. Clemant 1277, 262.
Poince la — de Rimport †, Ydate f. 1281, 290.
Symon — ke maint a Vigney, Pairexate fm.
  1290, 384*.
Symonas — tonneliers 1293, 70.
†, Mairiate f., Piereson j. 1298, 520.
Simonin — cherpanteir 1277, 353.
Steuenat — de Lorey (OM) 1269, 560; 1285,
  srg. Thiebat Garcerion 1290, 562. [502.
Steuenin —, ms. sor lo fossei (OM) 1245, 137,
„ — de S. Vincentrue, Margueron fm., [229.
  Katelie et Heilewit f. 1298, 153.
„ — de Glaitigney 1285, 151³; 1288, 16.
„ — de S. Clemaut 1262, 54; 1278, 265;
  1288, 176.
Vguinons —, ms. a P. Serpenoise 1227, 40

Vlrions —   1241, 199.
Warnessons —   1269, 142.
Werist — de Marcey   1269, 35
li **Bagues** P.
1. Hves — pb. vg. sor Saille 1245, 19.
pb. vg. en Dailes   1245, 51
pb. por la chieze Deu de la Stainche delez
lo Nue Chastel   1251, 44.
= sr. Huez — pb. ms. devant la ms. Jehan
le Truant (PS)   1251, 111.
ms. en Andrevalz ke fut sg. H. — 1277, 335.
anfans sg. H. —, ms. devant l'ostel Aubert
des Arnols (v. Huars Jallee)   1269, 46.
Lambers li vallez les anf. H.   1269, 226.
ms. outre Saille   1275, 215.
— troisfis sg. H. —, 20 s. ms. en Vesignulz,
6 s. 2 chap. st. (PS), 28 s. 3 d. moins meises
a S. Piere us Roches. 20 s. ms.(PS) et t. a
Virkilley   1269. 437.
=2.—4. Poincignon, Maheu, Joffroi, les
3 anf. sg. Huon — †, vg. a Perrelies en An-
dreuax   1269, 235. [1269, 260.
Huart Jallee et. 50 s. ms. en Vezignuez
„ 10 s. ms. en Chaudeleirne   1269, 382.
„ 40 s. vg. a Ancey etc.   1269, 553.
„ er. ou ban de Syey et Longey. 1269, 555²⁷.

¹/? grant et petit tonneur de **Mes** 1275,
                147 = 162 = 263.
eutisme des strucey de Marsal et des strus
deniers; Alerdin lour srg.   1290, 84a.
2. Poinsignons, f. Howon —,
pb. por Jehan, f. Pierexel Chaneuiere 1278, 182.
= Poensignons li prestes (1269, 235), f. sg.
Howon — †, pb. por Lorate, sa n., f. Ar-
nout lou Roi   1278, 127. [131.
pb. por Roenate, sa n., f. A. lou Roi 1278,
4. Joifrois —
doit la date des cc. lb. a Pierol de Jeurue
ms. a. Porsaillis   1278, 572. [1277, 344.
Afelix, f. sg. Huon — †, meire Howignon fil
sg. Alexandre de Sus lou Mur, Aileit s.
Howignon   1293, 204⁴ = 284 = 349⁴.
5. Renaudin —,
eu la maisiere arreiz R. — (PM) 1269, 172.
pb. ms. ensom gr. Aubert des Arnoz 1269, 479.
pb. 6 s. 2 d. pr. ou ban de Trognuel 1275, 426.
pb. 22 ¹/₂ s. et daimme sur la moitiet d'une
crowee deleis Mercey, Alerdin son srg.
(PS)   1278, 88.
6 lb. ms. ou il maint an la corcelle pres
de la plaice a Porsaillis et gr. et ch. 1285,
                                 89; 1290, 78.

li **Bagues**¹)

1 Hves —²) 1245/51, sr. 1251, † 1269 [1229 m. e., 1250 C]

enfans	2 Poincignon [1250 SM]	3 Maheu	4 Joffroi	Afelix⌣sg. Alexandre
1269/75	1269/78, 1290	1269/75, 1290	1269/78, 1290	de Sus lou Mur
	li prestes 1269, 1278		Alerdin srg. 1290	Howignon Aileit
	Lorate et Roenate,		(= A. de Cligney 1288, 405)	1293 1293
	f. Arnont lou Roi, u. 1278			

?

5 Renaudin³) 1269/88. Alerdin srg. 1278/88	7. Filippins —	8 Regnillous 1285/90
= Renalt 1278, 1293 also R. Bruder	1279, 1285	srg. Hanrias f.
6. Thiebaut 1293 von 2 4?		sg. Abert de Champelz 1288

¹) Ben. III, 151 (1190) Petrus li Begues.
²) Prost XXXIV, (1244) sg. H. lo Bacgue tient eu wage la voerie dou ban de Corcelle et do ban de le Cunesil.
Ben. III, 187 (1227) Je Wiri erchediaiere de Mes et je Hue le Begue, [Schiedsrichter im Streit des Bischofs mit der Stadt], faixons cognissant a tous . . . . que li pont a Mo-lin est frans a toutes gens. Ben. III, 173 enf. sg. Huon le Baigue. Jahrb. 1909, S. 81.
³) De Wailly 219 (1281) Regnaldin lou Bague ami de Thiebaut, f. sg. Symon d'Airs, de part sa fm.

Baiars–Baiselenate 30 I. Personennamen

6 d. t. ou ban de Trugnuet 1285, 203b.
pb. 22 s. ms. an lai rowelle Perrin de Cligney ke Alerdins de Cligney ait espartit 1288, 405.
= Renals — pb. vg. a Lescey 1278, 196.
entre la t. R. — (OM) 1293, 668.
  6. Thiebaut, f. Renadin —,
ms., gr., chak., court en lai plaice a Porsaillis ke furent Renadin — 1293, 274a.
pet. ms. ke fut Renadin — davant l'ost. Abert des Airuolz 1293, 274b.
  7. Filippins —
pb. vg. an la Baixe Pertcile et vg. a Pallerin (PS) 1279, 261, 485.
fr. Rennillon, pb. er. an la fin de Borney 1285, 93.
  8. Regnillons — et Hanrias, f. sg. Abert de Champelz †, ces srg.,
pb. por Abert Braideu etc. 1288, 202, 493. [421.
pb. ms. ou Nuefborc anc. lui meymes 1288,
pb. eutisme des strucey de Marsal et des strus deniers 1290, 84a.
pb. c. 2 ms. ou Nuefborc 1290, 84b.
pb. vg. ou ban de Maigney 1290, 466.
Baiars, Baiart 1267/1275, 1279, 1298, Baiairt 1278, 1285, Baart 1245, 1267, Beart 1277, 1278, Beiars 1298. v. Bagairs.
P.
  1. Colin — †, Suffion fm.,
vg. en Chardenoi 1245, 126.
  2. Colins — pb. por S. Mamin 1267 47.
t. an Virkillei 1269, 454.
pb. vg. sus lo rut de Maizelles. Poinsignon, lo Grant n. 1275, 222.
vg. en Martinchamp 1278, 70.
Bietris, f. C. —, pb. ms. au la rowelate anc. S. Mamin 1285, 434. [151*.
  3. Steuenins — maires de Porsaillis 1267, Alexandres Clairies pb. por lui et St. — gr. ou Champ a Saille 1267, 115.
St. — pb. por lui et por Allexandrin Sclarie t. en Genestroit ou ban S. Clemant 1267,
St. — et. Willermin et Collate, ces [241. 2 fillastres, ¼ ms. Jehan lou Hongre (PS) 1267, 244a.
d. Contasce, fm. St. —, er. ou ban de Saney eschent de part. Werion. f. sg. Vgon lou voweit 1277, 109.

t. ar. en Chambieres 1278, 337.
Willermin, fill. St. — 1267, 93.
Willemin, f. Willemin Bordin. fill. — 1279, Willemin lou Hungre, fill. - † 1298, 387. [202.
li fille — pb. *(nicht ausgefüllt)* 1269, 566.
  4. Jofrois —
pb. 20 s. er. ou ban d'Arnaville 1298, 642.
Baical, Baikals, Baikelz, v. Bacals.
Baicel, Baicelate, Baicelin v. Bessel ...
Baicheleirs, Baichelier v. Bacheleir.
Baikillon v. Bakillon.
Baiegoule, Chardel 1262, 141; 1278, 365.
Thomessin — 1281, 115.
Baigairs v. Bagairs.
Baigas, Hanris, de Flurey, bolengeirs 1279.
li **Baigues**, lou Baigue v. li Bagues. [483.
lou **Baihignon**, ms. outre Saille 1288, 205.
Behaignon 1293, 651.
la **Baile** 1269, la Baille 1298.
Bauduyn — 1269, 205.
Perrin — 1298, 216.
Bailerelz, Aburtins, de S. Clemant 1293, 539.
Bailerel, Annels f. Colin 1278, 340.
Baillat (v. Paillas).
— de Pairgney 1278, 38.
Herbin — 1288, 107.
Poinsignon — d'Ansey 1298, 127, 608.
Thiebat —; de Nonviant 1288, 273; 1285, 282.
la **Baille** v. la Baile.
Baillon, Jaikemin 1279, 141; 1298, 678.
de Chambieres 1288, 237.
Baillnet, Steuenin, f. Burtemel — de Montois †, fr. Jehan et Yzaibel 1298, 262.
Baimin, Jennat, f. Hanriat de Maizelles 1278, Bamin, Jehan 1278, 464. [421³, ¹⁵.
Bair, tailllour, Ailexon li Vadoize s. 1298, 479.
Bairangier, Bairangin v. Bar ....
Bairanjons v. Baranjons.
Bairbe v. Barbe.
Bairbel v. Berbel.
(de) la **Baire** v. de la Barre.
Bairekel, Bairetels v. Bare ...
de lai **Bairre** v. de la Barre.
Bairrel v. Berrel.
Baiscelin v. Besselins.
Baisel, Baiselas, Baiselate v. Bessel ...
Baiselenate, ms. devant la court de Vileirs 1281, 442

Baiselignon, ms. en Vesignuelz 1288, 76.
Baiselin v. Besselins.
Baissey v. Bessel.
lai **Baistelate,** d. Aileit 1290, 44.
Baitaille v. Bataille.
Baitois, Ancillon f. Hanrion 1293, 366.
Ancillons — de S. Julieu 1293, 393.
Baixat (v. Bessat), Gerardat, d'Ars (OM) 1279, 119; 1285, 117a, 118b, 480, 511, 528.
Baizins v. Bazins.
Bajo, Howignon, de Vals 1298, 137.
Baldoche v. Badoche.
Balduin v. Bauduyns.
Baleine, Pieron, de Cheminat 1245, 144.
Ballerie, Eurriat 1298, 609.
Bamin, Jehan, (v. Bainin) 1278, 464.
Bancelin v. Besselins.
Bandelz, Isanbairs, de S. Julien 1298, 5.
Banderienme, Colignon, et Merguerite fm.
Baneis, Steuenat 1293, 579b. [1293, 379.
Banste, Colin 1279, 407.
lou poxour † 1290, 2, 11.
Barangiel lo meutier, Jehan j. 1267, 303.
Barangiers, Barangier 1241, 1278, 1281, Bairangiers, Bairanguier 1285, 1293.
  1. — † ost. a Stintefontainne 1285, 157.
  2. — de Haboinville 1278, 600.
  3. — lou preste fr. Poinsate la juvlerasse
  4. — Bule 1293, 433. [1281, 645.
  5. Johan —, enfans 1241, 12.
Barangin, Margueराte, Saumonete enfans
  Johan — 1241, 85.
Barangins, Barangin 1241, 1277, 1288, Bairangins, Bairangin 1290, 1293.
  1. — f. Johan Barangier 1241, 85.
— srg. Poinsate la f. Abertat † 1288, 84.
  2. — de S. Martinrue 1290, 474.
  5. Domangins - poxieres 1293, 4.
Jenas — 1277, 40.
= **Bairanjons** 1290. Baranjon 1275.
Domangins — poxieres 1290, 5.
Piereson — poxour, Domangins f. 1275. 7.
Barbate 1278, Barbatte 1279, Berbate 1288, 1290.
Perrius — 1278, 582.
— sg. Jehan - preste de S. Mamin 1279, 107; arceprestre de S. Mamin 1288, 37. [1290, 34.

Barbe 1227/1298. Bairbe 1277/1288, 1298.
  P.
1 Nichole — 1227[1])
2 Jehan - 1245, 1251 [1250 OS]
3 Jenas — = Jehans — (d'OM) 1269/93.
  maires de PS 1269

4 Arnous 1285/98

        ?

5 sr. Hues[2]) —   6 Colin   7 Weriat
  1269/85   Boton   = sr. Werris —
                1262/90   1269/98
                Colignon   8 Colignons
                v. Bouton   1278, 1285.

9 Maheu —   11 Gerardins — d'Ars
  † 1278   1279, 1281

10 Colignon 1278   12 Abertin 1298

sr. Weiris de Nonviant prestres de lai chaipelle —, (v. 7 sr. Werris) 1298, 66.
1. Nichole —,
2 ms. ason la Menoe 1227, 32.
2. Johan —. ¹/₂ ms. en Rimport 1245, 12.
en son l'ostel (PS) 1251, 37.
3. Jenas — maires de PS 1269, 158*.
= Jennas — d'Outre Muselle pb. bois en
Anuertmont desoz Lorei 1269, 532.
= —, t. en Planteis (OM) 1279, 586.
ost. sus lou Terme (OM) 1288, 282.
= — d'OM, molin daier la ms. 1269, 504.
= Jehans — pb. 3 ms. en Anglemur arreis
la porte 1275, 131.
t. a Sommerey (OM) enc. J. 1277, 415.
ms. en Anglemur 1278, 357.
outre Moselle davant l'ost. 1279, 328.
en Planteis davant lou pont Thiefroit entre t.
... et t. J. 1279, 583.
pb. 20 s. chak. et vg. a Moutois 1281, 189.
pb. 23 s. ms. en Chambieres 1281, 328.
pb. por Violate, f. sg. Werrit Troixin 1285, 15.
pb. 4 s. ms. en la rue lou Uoweit 1290, 123.
doit 8 s. ms. a la porte en Anglemur 1293, 172.

¹) *Prost XIX, 1232* d. Ysabel fm. Nichole
Bairbe d'Outre Saille.
²) *Ben. III, 220 (1277)* sg. Hougnon
Barbe, Treze.

Barbel–Bares   32   I. Personennamen

pb. ost. en la rue lou Uoweit   1293, 350.
= Jehans — d'Outre Muselle pb. kant ke a Nowilley et a Nowesceville 1275, 325.
7 s. ms. en Anglemur   1275, 432.
pb. por Violette, f. sg. Werrit Troixin 1285. ms. ou Veueit an Chambres 1285, 130. [130.
pb. ms. en Rommesale   1285, 531.
ms. en Anglemur   1290, 253.
    4. Arnous, f. Jehan d'Outre Muzelle,
pb. 28 s. 6 d. er. en bans de Nowillei 1285, 321.
pb. ms. ou Tonboit   1288, 24.
pb. 8 d. l'awe de Malleroit   1298, 28.
= Arnols — pb. er. (OM)   1298, 310.
    5. sg. Howe —,
outre Saille enc. ms.   1278. 296.
tout l'erit. ke sr. Huwes — ait en Mes et fuers de Mes. Vguignons Hennebors, Symon Paipemiate, Jennas Goule randours   1285, 350, 458, 544.
sg. Huon — et Colin Boton et Weriat, ces 2 fr., *etc.*
ms. (PS)   1269, 94.
40 s. ms. outre Saille   1269, 239.
    6. Colin Boton v. Bouton.
    7. Weriat v. 5. sg. Howe 1269, 94, 289.
= sr. Werris — pb. sus Weiriat lou Bossut   1277, 314.
pb. $1/_2$ vowerie dou ban S.Pieremont 1278, 90, 316.
pb. vg. ou ban S. Pol a Airey   1278, 317.
pb. kant ke msr. Burterans de Montois et sui 2 fil ont a Montois, Mercilley et Manit deleis lou pont a Chacey   1279. 92.
pb. $1/_8$ ms. en la Grant rowe arreiz la chapelle, droitures en la chapelle 1279, 486.
30 lb. assis a Chaucey, Birlixe et Bazoncourt   1285, 451. [435.
6 lb. canke an tous les bans d'Airey 1288,
tavle an Nues Chainges   1288, 472.
pb. er. a Burlixe et a Frenoit et en tous les bans   1288, 480.
vg. a Longenille   1288, 571.
er. an toz les bans de Longeuille 1288, 574.
sus lai vg sg. W. — (PS)   1298, 527[14].
    8. Colignons, f. sg. Werrit —.
pb. 2 ms. outre Saille, vg. ou ban de Montigney, droit. ou ban d'Espainges, er. ou ban d'Apilley   1278,553.

chak., gr., ms. a Apilley, t. ar. ou ban d'Appilley, de Chamenat, Morville, Racort et Nommeney   1285. 62 ^{a},^{a3}.
    9. 10. Colignon, f. Maheu — †, $1/_8$ vowerie dou ban Ste Glosanne en Vals 1278, 195.
    11. Gerardins — d'Ars (OM)
pb. t. a Bui en la fin de Grauiers 1279, 121.
vg. ai Ars   1281, 558.
    12. Abertin, f. — d'Ars,
t. as Roches en la fin d'Ars   1298, 582.
Barbel, Barbes v. Berbel.
Barbiz 1269, Berbis 1267.
sg. Nicole — lo preste   1269. 509.
Willames —   1267, 274.
Bardel 1241, 1275/1281, 1298, Bardeis, Bardeiz 1269, Berdel 1241, 1279/1285.
—, ost. en Francourue   1278, 633.
Yzambairt —   1279, 388.
Jakemins —   1269, 542.
    Sibiliate fm.   1275, 125.
d. Sebelie —   1279, 516.
Sebiliate —   1298, 301.
Simonin —   1241, 140. 159.
    Sibilie fm.   1277, 447.
    fm.   1281, 341, 624.
Willemin — natenier d'Anglemur 1285, 125.
Bardins v. Berdins.
Bardons, Bardon.
Isenbart —   1241, 181 a. [103.
Thieriat f. —; Thierias 1245, 44; 1251.
Barekels, Barekel 1227, 1262, 1277/93, Barekes 1275. Barekez 1269, Bairekel 1285,1290 1298, Bairekels 1275, Bairekelz 1290, Bairekes 1279.
— f. Huon Gracecher = Baduyns — 1262/93 v. Graicecher 8.
Guersat — †. Jehan, Jaikemin, Marguerite enfans   1298, 51a.
Huguignous —   1278, 100; 1290, 68, 81.
et Joffrois fr.   1269, 425; 1275, 378.
Joffrois — 1275, 367; 1279, 255, 514; 1290,   370; 1298, 51b.
†, o. Jehan f. Guersat —   1298, 51a.
Morel —, fm.   1227, 52.
Bares, Baret 1262, 1281, 1288, Bareis 1262.
— †, ms. sus Muzelle   1281, 354.
Jaikemin —   1288, 556.
Werions —   1262, 26, 140 b.

Baretel, Piereson 1267. 164.
Bairetels, Jenins 1275, 2.
Barignon, Andreu de Feivres f. 1293, 620.
de lai **Barliere,** Robins li clers c'on dist
Barnakins, Barnakin. [1288, 61.
Nicoles — 1227, 9.
Cholin — 1227, 22.
Barnaiges v. Bernaiges.
Barnewit v. Bernowis.
Barons, Baron 1227/1298.
Simonin cordeweneir f. —, ms. en Angle-
mur 1285, 113.
P.
1 Nicole — 1227 [m. e. 1219]

2 Jakemin Rosel 1227

3 Matheus — 1241
?
? 6 sr. Gerars chan.
1275/93, o. Thierion 1275
4 Jakemins — ?⌐Huart 5 Thierions
1245/81 de Nonviant 1245 1275/85
= Jakemin
Rosel ? Colignons 1275

7 Jakemins 9 Colin — 1267/90¹)
li clers 1288 10 Jenniu — † 1281
8 sg. Lowit — 1275 11 Bertran — 1298.

1. 2. Nicole —. Jakemin Rosel f.
vg. (PM) 1227, 2.
3. Mathevs —
pb. ms. (PS; ou Champel?) 1241. 144.
4. Jakemins —
pb. por Hvart, son srg. 1245, 148.
pb. por lou Preit de Verdun 1245, 240;
1251. 236, 237.
pb. 6 s. ms. sus lou Terme 1251. 166.
devant l'ost. (OM) 1267, 127.
pb. vg. an Tignoumont, 6 s. vg. 1281, 143.
5. Thierions —, fr. Jaikemin 1281, 143.

---

¹) *De Wailly 111 (1266)* Colin Baron amant
de S. Vy.
Prost XLVIII, 1255 En l'arche Colin
Bairon a S. Vy. *LI, 1259* En l'arche Colin
Bairon.

pb. vg. en la fin de Wasaiges et de Cronnei;
Colignons, ces nies, f. Huart de Non-
viant 1275, 43.
pb. vg. ou ban de Nonviant, ms. a Nonviant,
er.Colignon, f.Howart de Nonv. 1275, 119.
pb. 40 s. ost.son p.; sr.Gerairs o. 1275, 391.
pb. vg. ou ban de Montigney 1277, 45.
pb. 4 moies de vin a Dornant 1281, 582.
pb. ½ meu de vin (OM) 1285, 96.
pb. 5 moies de vin (OM) 1285, 494.
6. Gerars —, Willames de Lupey et.
pb. 11/₂ s. ms. enc. la cort d'Oire 1275, 14.
pb. 7 s. 4 d. vg. a l'Ormesel, 44 d. vg.
(OM) 1275, 118.
sr. Gerars, o. Thierion — 1275, 391.
sr. Gerars, chanoinnes de S. Sauor.
et Willames de Luppei pb. 30 s. ms. en
Vezignuel, 15 d. ms. (PS) 1275, 50.
30 s. ms. en Visegnuel, 11/₂ s. ms. enc.
la cort d'Ores. 7 s. 4 d. vg. a Petit Chauol,
30/₂ d. ms. en Visegnuel 1275, 410¹⁰.
pb. 8 s. sa ms. defuers lou pont des Mors
1281, 340.
anc. l'ost. daier S. Sauour 1288, 25; 1290, 80.
rowelle des Barons, daier S. Sauour (v. IV.
Mes) 1293, 581a.
7. Jaikemins - li clers
pb. er. ou ban de Nonviant 1288, 100.
pb. boix, molin, vg., ms. ai Ansey 1288, 498.
8. sg. Lowit —, vg.(Plapenille) 1275, 111.
9. Colin —, enc. l'ost. (OM) 1267, 128.
pb. por lui et Gobert le clerc, son srg., ½?
ms. ensom Bucherie (PS) 1269, 448.
ms. (rue lou Voweit) 1275, 233.
ms. et meis (PS), sg. Pieron lou Gros, cou-
stour de S. Sauour. et maistre Gonbert,
son fr., et Colin ·, lour srg. 1288, 217b.
a chief de Vies Bucherie davant l'ost. C. —
1288, 217c.
ms. (PS) redoit 6 s. a C. · por ceulx de
Murewal 1290, 439⁵.
= Nicole —, apres l'ost., ensom Viez
Bucherie 1279, 297.
ms. an la rue de Porte Serpenoise 1288, 263.
10. Jennin · †, Marguerite fm.,
vg. ou ban de Dornant 1281, 639¹².
pb. ms. et meis (PS) 1288, 388. [1290, 28a,
= Merguerate —, ou Champel anc. l'ost.

3

Barran–Barrois   34   I. Personennamen

11. Bertran —,
ms., ch., t., vg. (PS)   1298, 118.
Barran de Wapey, Symonin et Jennin f.
   1285, 551.
de la **Barre** 1241, 1275, 1278/85, 1293, de lai Bairre 1278, 1281/98, de la Baire 1281, la Bairre 1281, 266, 405, la Baire 1298, 107.

Jennat — de Syei, anf. *(hörig)* 1293, 211⁷, 358⁷.

P. [1404 PM]
1 Richars — 1241/51
2 Poencignon —⏝Jakemate
1262/98, † 1278   1275/85

3 Jehans — 4 Richerdin 5 Thomessin Afelix
1278/98   1290   1290   1290

         Chielairou
6 Jennat —⏝Lekate   7 Hanrit —
1269/90   1278, 1290   † 1279
hoirs 1298

la dame —, †, ost. (PS)   1285, 225, 226.
an Chaipeleirue anc. lai gr. de l'ost. 1288, 373.

1. Richars —
pb. vg. desoz Mons   1241, 69.
pb. t. a Chastillon (OM)   1241, 108.
ms. (PM)   1245, 64.
pb. ms., meis, gr. en Darengerue 1251, 70.
pb. 3 s. ms. en Franconrue   1251, 154.
pb. ½ ms. en Darangerue   1251, 180.
pb. t. entre les Bourdes et lou pont Thieffroit   1251, 254.
2. Poencignon —,
ms. (PM)   1262, 296.
14 s. ms. en Chambeires, 6 s. 2 ms. en la ruelle enc. gr. Jennin Soppe 1262, 408.
reseige devant S. Ferruce   1267, 18.
pb. 6 s. 2 ms. en Franconrue   1267, 495.
ms. en la ruelle S. Ferruce   1269, 42.
t. ar. en Goubertnowe (OM)   1269, 125.
pb. t. ar. ou ban de Turey anc. son champ   1269, 545. [299b.
anc. l'ost. P. — † (PM) 1285, 177b; 1290,
vg. en Mallemairs ke fut P. — 1298, 284.
Jakemate, fm. Poinsignon —; t. sus Pionfosseit (OM)   1275, 445.
la fm. P. —, t. enc. (OM)   1278, 348.

gr., ms., meis en Franconrue   1285, 292.
3. Jehans, f. Poinsignon — †.
pb. vg. desous Mons, vg. a Arambatro, vg. a la Rochelle (PM)   1278, 370.
pb. vg. ou ban S. Clemant, tavle en Chainges (PS), meis en la voie de Montigney.
4 s. 7½ d. vg. a IIII Queiles (PS) 1278, 540.
pb. 15 s. ms. en la rue lou Voweit, 6 d. ms. a S. Sauor   1278, 624.
4 s. 7½ d. vg. en IIII Queles (PS) 1293, 46.
ms. a monteir de Porte Muzelle 1298, 400.
= Jehan —, tavle an Chenges (PS) 1285, 460.
pb. gr. en la ruelle Flore an Franconrue
   1293, 691.
3.—5. Jehan, Richerdin, Thomessin, Afelix, les 4 enf. Poincignon —,
chak. au Rimport   1290, 336.
6. Jennat —,
15 s. vg. desor le mostier de Lassei 1269, 335.
vg. (PM)   1278, 392.
¼ ms. en Visignuel   1278, 460.
ms. ou il maint ke fut sg. Ferrit de Porte Serpenoize ke li est venue de pair Lekate, sai fm.   1278, 497.
vg. ou ban de Longeville   1279, 155.
9 s. ms. en la plaice enc. l'ost. Hanrit — †
   1279, 447.
Ferrias Chielairou, son srg., pb. tout l'er.
J. — PS, OM, PM   1281, 266, 311, 405.
6 d. ms. ou Nuefbourc   1281, 418.
c. 2 ms. ou Nuefborc, J. — j. Chielairou
   1290, 84b.
hoirs J. —, 2 d. ms. a Quertal 1298, 107.
7. Hanrit — †,
en lai plaice (PS) enc. l'ost.   1279, 447.
Barreis, Barrel v. Berrei, Berrel.
Barrixel, l'ostel (PS)   1267, 353.
Barroche, Piericeons   1241, 116, 120.
Barrois 1241, 1245, 1262/1269, Barroiz 1269, 1281, Barroit 1281, 40, 575, 1298, 358, 629, Berrois 1275/1279, 1288/1293, Berroit 1281, 429, *gewöhnlich aber auch im casus obliquus* Barrois *und* Berrois (v. li Barrois).

Hanrias f. Vguin —, ms. en Vies Bucherie
   1267, 473.
Domangin — de Vies Bucherie.
   Burtemin f.   1293, 62.
†, Burtemins bouchiers f.   1290, 425.

I. Personennamen   35   li **Barrois–Basoncort**

P. [Barrois 1250 C]
1 — 1245 =? — dou Champel 1262
= Jennins — 1241

2 Bernart   ?⌣Weirias j. —
   1262   dou Champel 1278/79

3 Colins — dou Ch. srg. Abertin Aquilee
   1267/95   1281

Merguerite Mahout 4 Jaikemin — dou Ch.
  1278/98   1279/81   1275/88

1. —. e. ms. en Chapillerrue   1245, 36.
— ? Jennins — pb. ms. (PS)   1241, 158.
= ? — dou Champel   1262, 381.
2. Bernart, f.   dou Champel,
  vg. daier la Folie sus Saille 1262, 381.
Weirias, j. — dou Champel 1278, 94. 97;
   1279, 244. 496.
3. Colins   d'Outre Saille   1267, 406.
— Colin   dou Champel 1277, 62; 1278, 129.
= Colins — de Visignuel 1278, 133. 514;
= Colins   1269, 213. [1279, 285.
= Colignon — 1269, 442; 1279, 273, 367;
      1290, 73; 1293, 97.
= Colignon   de Visegnues 1281, 499, 575;
= Colignon — lou drapier 1298, 629. [1290, 68.
= Colignon — lou draipier de Uesignuez
   1298, 358.
pb. 10 s. ms. enson son ost. (PS)   1267, 406.
pb. por lui et por Thieriat le Petit de la
  Vigne S. Avot 2 ms. (PS)   1269, 213.
C. — et Thieriat le tannor de la Vigne
  S. Auol, ms. sor le Mur   1269, 442.
pb. ms. en S. Polcort   1277, 62.
tout l'er. delivres a Jakemin — 1278, 129.
pb. ms. Ollevier des Aruolz en Vizignuel
   1278, 514.
ms. Colignon — ou Champel, 10 s. ms. anc.,
  ms. ou Champel. 9 s. 3 d. moinz an la halle
  as draipiers an Vizignuel   1279, 273.
2 st. an la halle des draipiers en Chanbres
   1279, 367.
pb. partie ancheus a Abertin Aquilee, son
  srg., de pair l'oince de Strabour, son awel
   1281, 499.
pb. 4 lb. k'il meymes dovoit sus ms. ou il
  maint. ke fut Olliuier des Aruolz au Vesig-
  nues, anc. l'ost. Colignon meymes 1290, 68.

an Vesignuelz anc. l'ost.   1290, 73.
Merguerite, f. C. —, pb. 70 s. ms. eu
  Visignuel   1278, 133.
pb. 30 s. ms. en Visiguuel ke Thiebaus Bugles
  doit a Mahout, sa s.   1279, 285.
pb. 4 s. ms. an la Halte Sanerie 1298, 358.
pb. 5 s. ms. et vg. a Siey   1298, 629.
Merg., f. C. —, et Jaikemins Moretelz pb. ¹/?
  ou grant pois de Porsaillis¹) 1293.
Mahout, s. Merguerite,   1279, 285. [97.
Mahout, f. Colignou — de Vesignuels, vg.
  a Chastels   1281, 575.
4. Jaikemin — 1275, 368; 1281, 40;
   1288, 165.
= J. — dou Champel 1278, 129; 1281, 249.
pb. ms. ou Champel   1275, 368.
pb. tout l'er. Colin — dou Champel 1278, 129.
11 s. 2 st. an la halle des permantiers (PS)
   1281, 40.
ms. an S. Polcort et 7 s. ms. outre Maizelles,
  maix., chak. et 12 d. ms. an S. Polcort
   1281, 249.
ms. ou Champel   1288, 165.
li **Barrois** 1278, 1288, lou Barrois 1288, 577,
lou Barroit 1277, 436; 1278, 341.
Colignou s f. pb ms. en Franconrue 1278, 341.
Colignous — de Franconrue pb. ms. daier
  S. Jehan   1278, 583.
Martin —, vg. ou bau de Vignueles 1277, 436.
pb. ¹/₂ ms. son p. otre Muselle; Mastout. sa
  s., et Jehan son marit   1288, 523.
anc. l'ost. Mart. — otre Muselle 1288, 577.
Bartaudons v. Bertadons.
Bartignons v. Burtignons.
Bartran v. Bertrans.
Bartremat v. Burtemas.
Bascelin v. Besselins.
Basceline fm. Jennat Stokainne de Fays 1281,
Basins v. Bazins.   [514.
Basoncort, Thicrias, pb. por Lucate, sa
  fillaistre, (v. IV)   1275, 474.

---

¹) *De Wailly* 355 *(1297)* ... des V pairs
de l'argent (dou pois) doit avoir ... Colig-
nous Barrois et Jaikemins Moretel la tierce
... et des VII pairs de lai cinquime que
demouret ... une et demee.

3*

la **Bassenasse**–**Baudesons** 36 I. Personennamen

la **Bassenasse** v. Bazins 3.
Bassuis fm. Auroin lo charpantier 1241, 7.
lai **Basteniere** † 1288, 72.
Baston, Hanriat 1298, 221.
Bataille 1262/1290, Baitaille 1281/1298.
P.
1 Abert — 1262⌣d. Colate 1262
2 Thiebaut — 1269/90⌣Odeliate 1293
         ?
3 Hanrias —, srg. Pentecoste 5 Jennas —[1])
1267, † 1275 f. Guenordin 1275/81
= sg. Hanrit lou Grais 1269, j. Watier
    1290   1278   Bellegree 1281
4 Burtignons Abillate   = sg. Jehan —
1278, maires 1278 (de PM) 1285/98
de PM 1290   [m. e. 1285]
      6 Aburtins 1285/88
      maires d'OM 1288

1. Abert —, d. Colate fm.,
maix., gr., 2 parties ms. a la Posterne 1262. 363.
a la Posterne enc. gr. A. — 1262, 367.
2. Thiebaut —, a Haute Rine enc. 1269.
vg. a Haute Rine 1269, 56. [55.
ensom l'ost. Th. — (PS) 1277, 18.
an Hulou anc. maix. 1281, 520.
dav. l'ost. an S. Thiebantrue 1288, 28.
sus Muselle anc. gr. 1288, 196.
pb. vg. ou ban de Nouviant 1288, 233.
ou Nuefborc dav. l'ost. 1290, 58.
Odeliate. fm. Th. —, gr. ouNuefbourc 1293,
3. Hanrias — [87.
pb. ms. et ¹/₄ ms. (en Visignuel) 1267, 80.
¹/₄ ms. as Chainges, ¹/₄ ms. enc. S. Supplize,
³⁰/₄ s. ms. en Sauerie, ¹/₄ tavle as Nues
Changez 1269, 270.
†, ms. en Visegnuel 1275, 77.
vg. en Cherdenoit 1275, 201.
3 pars grant ms. en la plaice en Visiguuels
et pet. ms. 1278, 132, 155⁵.
Pentecoste, sa srg., la f. Guenordin lou
Grais 1269, 270; 1278, 310.
hoirs H. —, tavle en Nues Chenges 1277, 19.
4. Burtignons et Abillate, anf. H.,

---
[1]) Ben. III, 220 (1277) Jennat Bataille Tr.
Ben. III, 234 (1289 a. St.) Jehan Bataille
citain de Mes.

ms. anc. l'aitre de S. Seplixe 1278, 310.
Burtignons, f. sg. Hanrit —, maires de Porte
Moselle 1290, 133*.
5. Jennas —, fr. Hanriat — 1275, 201.
er. ke fut Steuenin Roucel, moitiet de totes
ses ms. sus Parnemaille, de 4 eires de meis
sus Muselle daier les ms., de vg. sus Muselle,
de 7 s. ms. en Stoixey 1275, 24.
pb. vg. en Cherdenoit 1275, 201.
pb. vg. ou ban d'Arkancey 1275, 283.
et Jehans Rafalz pb. 10 s. ms. en Stoixey,
10 s. ms. a la rive as Poxons, ms. (PM), ¹/₄
grant ms. en Rimport 1277, 235.
„ pb. 20 s. ms. davant S. Mamin. 20 s. ms.
daier S. Eukaire, 4 s. ms. en Visignuel
1277, 368.
2 ms. en la plaice en Visignuels et petite ms.
doient 100 s. a. J. — 1278, 155¹¹.
¹/₄ ms. en la place en Rimport, ¹/? ms. en
Stoixey, ¹/? ms. daier S. Hylaire 1279, 204.
pb. 100 s. sus sa ms. ou il maint (PM) 1281.
pb. 4 s. ms. an Chadeleirowe 1281, 162. [161.
pb. 70 s. ms. an la plaice a Porsaillis de pair
Watier Bellegree, son seur 1281. 229.
= sr. Jehans — (de PM 1285, 131, 312. 522).
pb. vg. desor Vallieres 1285, 35, 131.
pb. er. a Hadanges 1285, 86.
pb. por Ste Creux as signors 1290, 103.
er. ou ban de Haldanges 1293, 385.
a monteir de Porte Muzelle antre l'ost. 1298.
a Porte Muzelle devant l'ost. 1298, 403. [400.
6. Aburtins, f. sg. Jehan de Porte Muz.
pb. 8 lb. ms. an Aiest, vg. sus Muzelle
etc. 1285, 312.
8 lb. t. ar. ou ban d'Escey 1285, 522.
doit 2 chap. ms. et vg. sus Mus. 1288, 120⁷.
grant ms. eu Aiest 1288. 348.
= Abertins — maires d'Outre Muz. 1288, 1*.
Batals, Batal.
Colins — 1275, 93; 1277, 430.
Baudesons, Baudeson 1267, Badesons, Badeson 1281, 1285, Badesson 1285.
1. — 1267, 343.
— aveles Mouxin 1267, 120.
4.   Dedieist 1285, 421.
— j. d. Poinse Dediest 1281, 251.
— srg. Thieriat Dediest, et Marguerite
sa fm. 1285, 463.

Baudewin–Bazins

5. Jennins - - d'Aboucort 1267. 127.
Baudewin v. Bauduyns.
Baudoche v. Badoche.
Baudowins v. Bauduyns.
Bauduyns, Bauduyn 1251/1285, Baudwin. Baudewin 1220, Bauduins. Bauduin 1227, 1262/1269, Balduins, Balduin 1241, 1245, Baudoyn 1251, Baudowins Baudowin 1251/ 1275, 1278/1285, Baudvins, Baudyn 1267, Baudowyns 1269. Baduyns, Baduyn 1275/ 1298. Balduyn 1277. Badowin 1278, Baduwins, Baduwin 1281. Badouwins. Badouwin 1281, 1298, Baduin 1285. Badewins. Badewin 1285/1298. [1])

1. — . . . . . . 1262, 58.
— f. Pierol (v. 4 de Jeurne) 1278, 83.
 - f. Thomescin 1262, 99.
 · f. Willeran 1278, 464.
— fr. Steuenin 1245, 77.
— m. Bietri 1245, 182.
— m. Ozelie 1267, 10.
Ailixon fm. – 1298, 666[15]. 667[14].
2. — f. Hanrit dou Pont d'Ars (OM). — j. lou maior d'Ars (OM), – de Bazoncort, — de Borgney. — f. Hanriat Sallebruche de Borney. — de Chaipeleirue. - de Chieuremont, — lo maiour de Faillei, — de Flocort, — de Frontignei, — Chaipal de Frontigney, — f. Jennate de Gerey, — de Jussey, — f. Leucart de Juxei, — fr. Drowat lou fill. Renmon de Juxey, — de Luscey, — f. Ailixon de Lucey. — f. Lowion de Lussey, — de Lussey li cherreis, — de Maleroi, — f. lai dame de Pertes, — de Pontois, — dou Quertal, — de Rembervilleirs, — f. Jennat de Rozerueles, — de S. Priueit (OM), — abbes de Senones, — de Theheicort, — de Valieres, — f. Thieriat lou Gornaix de Vallieres, — Marois de Vallieres, — f. Benoit dou Uinier, — d'Aixey de Wapey.
3. — bonchier. — boulangier (de Porte Mosele). — Chaipal boulangier, — chandelier. — chavreir, — cherreir, — de Lussey cherreis, — corvexier, — escuwier, — granmaistre. — masson, — mutier, — parmantier, — parmantier d'Anglemur, — Mouchat permantier, — preste — chanone de S. Glosenain, — prestes prevos de Ste Marie as nonains, — princiers de Fontignei, — tanor.
4. — Argentel, — Bademaire. — Badoche, — la Baile, - - Barekel, — (f. Steuignon) Bellegree, — f. Werneson lou Blanc. — Bugle. - - Burelute, - - Chabosse. — Chaingnairt (de Lemoncort). — Chaipal (de Frontigney boulangier), — Chairle de Mercey, — Corcille, — 'd' Espinals, — lon Flamant, — Froideviande, — Gillebert, — f. Thieriat lou Gornaix de Vallieres, — f. Burtran Greuille lou poxor, — Griuel, — Gueppe, — f Hanriat Hakerei de Viez Bucherie, — f. Steuenin Hunebour, — Ysambairt, — f. Piero de Jeurne (= – Piero), — Jornee, — Louve. — (f. Nicolle) Mairasse, — Maleboche. - dou Marax, — Marois de Vallieres, — Morel. — Mouchat (permantier). — Muneir. — Nochier de Puxnelz, — j. Aubert l'Oie, sg. — d'Oixey. - lou Page, — lou Petit, — f. Robin dou Pont — Robin, — Raboan. — lou Roi. - Rousate. — f. Hanriat Sallebruche de Borney, Jehan Sambaig et — fr., — Spenadel, -- Steinart, — Trabuchat, sg. — lo Truant, — Wallant (de S. Julien). - fr. Jennat Watier de Maizelles, — Wichart, — f. Weiriat Witier d'Outre Maizelles.
Bauwier v. Bawiers.
lo Bauat (v. lo Bouat), euf. 1245, 56.
Bawiers, Bawier 1269/77, 1281, 1288, 1293, Bauwier 1267.
2. — de Nouviant, Airmanjate fm. 1281,
3. — corrier (v. 4) 1281, 248. [515.
— feivre 1245, 123; 1267, 176.
† Philippin f. 1290, 404. [214.
4. Thieriat - 1267, 333; 1269, 76; 1288, Thierias – de Sanerie 1275, 143; 1281, 236; Thieriat corrier 1293, 244. [1293, 552.
Theirias — corrieirs de Sanerie 1277, 199.
le **Bawier,** Pierecon 1269, 533.
Baxowate, Simonin, de Valz 1298, 606.
Bazins, Bazin 1241/75, 1278, 1279, 1293, Basins, Basin 1220, 1251, 1269, 1275, 1278, Baizins, Baizin 1275/98, Besin 1281.
P. [Basins 1250 C]

---

[1]) *Prost XI, 1228* **Bauduignon** (Creton).

Bazins 38 I. Personennamen

1 Jehans — 1220

2 Huin — 1241. 1251. sg. 1267 [1250 J]

3 Perrin 1275 Beliart 1267

d. Biautrit la Bezinasse 1251, 1262

4 Jaikemins — — Jaike — 1245/98
  sg. 1279, † 1293
  ?⌣ sg. Cunon d'Ars 1293, 1298

Jehan —	Merguerite	Gerairt
chanone 1285	1298	1298

5 Willermin — = Willame — 1251/75, † 1279
  j. d. Yzabel la Broskarde 1275

6 Perrin 7 Symonin Rabiere 1267 8 Matheus —
1267/85 1267 Contascel 1267 1267
    Collate f 1281 1281

9 Colins — 1245 [1250 PM] = Nicole 1269
  10 Hanrias —⌣ Lorate
  1281, † 1293 1285/93

11 Hanrit 12 Thiebaus[1]) ⌣ Anel f. Maheu
  1293 1285/93 Jeuwet 1278

cens —, ms. ansom Viez Bucherie doit
22 s. 1290, 107.
t. — (Sanrey PM) 1293, 199 12. 25, 41.
 1. Jehans — pb. for 1220, 2.
 2. Huin —, ensom l'ost. (PM) 1241, 61.
maix. en Conchieeroele doit 10 s. 1251, 193.
 3. Perrin, f. Howon —,
ms., meis (PM) 1275, 301.
Beliart, f. sg. Howin —. vg. en Orsain
et trex 1267, 271.
d. Biautrit la Bezinasse,
30 s. gr. (PM) 1251, 175.
= Bietris la Bassenasse,
t. au Chasne (PS) 1262, 335.
 4. Jaikemins —=Jaike —, sg. 1279, 96;
    † 1293, 287.

---

[1]) *De Wailly 330 (1294)* Thiebaus Baizin, f. Hanriat — †, doit a Jehan Graineis 45 ½ s.
Prost LX, 1292 Thiebaus Baizins, srg. Luckin f. Ysambairt Xauing.

pb. por Johan lo Vilein de Lineiuile 1245, 26.
pb. 25 s. ms. ou Champ a Saille 1245, 27.
pb. 10 s. for (PS) 1251, 110.
pb. ms. et four (PS) 1262, 372.[1])
ms. a la Posterne 1267, 401.
35 s. ms. a la Posterne 1267, 403.
pb. totes les censes que sr. Hector li chevaliers avoit dedans Mes 1267, 413.
ms. a pont des Mors doit 16 s. 1269, 23.
pb. ¼? ms. en Visegnuel 1269, 110.
2 st. au Kartal 1269, 230, 237.
en Humbertclos deleiz vg. 1269, 414.
ms. en S. Nicolaisrue 1275, 212.
pb. 17½ s. ms. a la Posterne 1278, 147.
sansal des 26 lb. ke Poinsignous Chalons
doit 1279, 96²⁰.
gerd. daier ms. des Augustins 1288, 406.[2])
anc. ms. J. — a la Posterne 1293, 487; 1298,
sg. Cunon — = sg. Cunon j. — = [106.
 sg. Cunon d'Ars 1278, 68; 1281, 270.
sg. Jehan —, f. sg. Cunon d'Airs, chanone
 de S. Thiebaut 1285, 465.
Jaike —, ajuel d. Merguerite, f sg. Cunon
 d'Ars 1298, 393 ⁵, ¹³, 503 ³, ¹³, 656 ⁵, ¹³.
—†, ajuel Gerairt, f. sg. Cunon d'Airs 1293.
 5. Willermins — = Willame —[287.
pb. vg. (PS) 1251, 50.
pb. er. Jaikemin Auerel 1251, 121.
en Aiest areis l'ost. 1267, 161.
vg. ou ban de S. Julien, de pair d. Yzabel
 la Broskarde, sa seure 1275, 136.
¼ ms. en Visegnuel et 15 s. 1275, 204.
vg. sus Muselle 1275, 317.
½ ms. an Aiest 1281, 180.
9 s. geisent sus l'ost. W. — en Aest 1285, 33.
= ? — d'Aiest, anc. t. sus Vguignonrut 1285,
 anfans Willame — †, [59.
26½ d. vg. ou clos de Maigney 1279, 512.
 6. 7. Perrin, Symonin, Rabiere,

---

[1]) *Prost LIV, 1266* dou sg. Jaque Bazin tout son k'il ait dedans les murs antre la porte S. Thiebaut et la porte de Chaivrerue.
[2]) *Bannr. I, LXIII, S. 12* = 1281, 278 ou Halt Champel et ou Baix Champel enc. la stuve Jaicomin —.

Contasse, Collate, enf. Willermin —,
vg. ou ban de Maigne 1267, 420.
Perrin, Contasse, Collate.
9 s. ms. an la plaice (PS) 1279, 446.
pb. ms. Willame —, lor p., en Aiest antre
les 2 ms. Ysanbairt Xauiug 1281, 164.
¹/₄ tavle an Nues Chainges 1281, 265.
pb. preis de Chainney et de Frontigney 1281,
Perrin —, ¹/₂ ost. (PS) 1285, 225. [272.
8. M a t h e u s —
doit 10¹/₂ s. t. eu Beluoir 1267, 36.
f. Willermin · . ²/₃ charree de foin taixe-
rasse an preis l'Eneske (PS) 1281, 532.
9. Colins —
et Willames Rahoans pb. por ... 1245, 13.
— Nicole — †. C o l i g n o n s avelas pb. 40 s.
ms. en la rue des Bandeiz 1269, 164.
L o r a t e, f. N. —, ms. a Grisei 1269, 64.
pb. vg. en la Dorrie (OM) 1269, 525.
t. en Virkilley enc. L. — 1277, 286.
pb. ms. sus Spairnemaille 1278, 30.
t. a Plapeuille 1278, 606.
d. Lorate —, ms. sus Spairnemaille 1279, 395.
sus Vgnignonrut anc. t. 1293, 278³, ⁵, ⁷.
10. H a n r i a s —
pb. ¹/₂ ms. an Aiest ke fut Willemin — 1281,
11. H a n r i t, f. Hanriat — †, [180.
30 s. ms. a Porsaillis 1293, 80.
12. T h i e b a u s, f. d. Lorate —,
pb. pr. ou ban de Grixey 1285, 426.
= Thiebaus — pb. er. A n e l, sa fm., fille
Maheu Jeuwet (PS) 1278, 311.
¹/₃ molin a chene sus Muselle 1285, 284.
ms. a tour de Humbecort 1285, 315.
pb. pr. ou bån de Grixey anc. pr. d. Lorate
— 1285, 426.
vg., pr., ms., jard. a Maranges 1285, 498.
pb. ms., gerd., vg. a Grixey 1293, 528.
2 s. chak. a Longeville 1293, 669.
Beacerin Marion, li fm. 1269, 116⁸.
Beart v. Baiars.
Beatri, Beautrit v. Bietris.
Beccal v. Bacals.
Becelate v. Besselate.
Becele do Puis, dame 1227, 60.
Becelins v. Besselins.
Beche, Weirit (v. Bache) 1262, 392.
Beckels v. Bacals.

Becol, Thieriat 1298, 65.
Beconainne v. Belcoueines.
Beffraillons 1267, 4.
Befilz, Befil 1288, 1293, Befis 1298, Bel-
fils 1285.
— abolestreis 1285, 12; 1288, 17. [379.
Jaikemins — aboulestriers de Chambres 1293,
Symonin — de S. Julien 1293, 418, 432;
Begarz v. Bagairs. [1298, 377.
Begois v. Bigois.
Begrant †, Drowat de Flocort f. Jehan 1298,
li **Begues** v. li Bagues. [268.
Beguin, Simonin 1227, 4.
Behaignon v. Baihignon.
Beiars v. Baiars.
lou **Bel,** Jaikemin (= Jaikemin de Heu?),
ms. a Gorze a pont Arnalt 1298, 313.
Gillas li Belz v. de Heu.
Belamins, Belamin 1277, 1278, 1293, 1298,
Bellamin 1279, 1298.
P.
1 Jehan —= Jenin —=Jennat — ⌣ d. Bietrit
† 1279 † 1277 † 1279 1298

2 Abertin (Porteabay) n.Colignon de lai Cort
1269/98 1298

Ailexate Poinsate 1288

3 Perrins — srg. Colignon f. Godefrin de Heu
1278 1298

4 Arnols 1293, 1298

1. J e h a n - (Jennat) †,
dev. ms. outre Saille 1279, 88.
dev. outre ms. (PS) 1279, 244. [138.
d. B i e t r i t fm., t. ou ban de Wapey 1298.
2. A b e r t i n P o r t e a b a y, f. Jenin — †,
vg. ou ban de Montigney 1277, 45.
= Aubartins Porteaubai pb. vg. ou ban de
Montigney 1269, 419.
pb. gr. a Wapey 1275, 235.
= Aburtin, f. Jennat — †, 23 s. 3 m. ost., 12 d.
4 chap. gr. (PM) 1298, 388. [518.
23 s. (PS), n. Colignon de lai Cort 1298,
A i l e x a t e et P o i n s a t e, f. Ab. Portabay,
10 s. pet. ms. (PS) 1288, 488c.
3. P e r r i n s —
pb. vg. outre Saille 1278, 892.

Belases–Bellebarbe

20 s. ms. outre Saille. 5 s. ms. en Jenrue. et ms. davant lai cort de Fristor; srg. Colignon, f. Goudefrin de H e u † 1298, 451.
t. ou ban de Wapey (srg. Col.) 1298, 622.
4. A r n o l s
pb. vg. a Longeuille 1293, 159.
40 s. pancion 1298, 33.
Belases, Belaseiz 1227, Belassey 1262.
P.
1. Bertrant —,[1])
ms. an Change a Porsaliz 1227, 8.
2. Felipin —.[2])
ms. (PS) 1227, 23.
pb. por l'eglise de S. Jaike 1262. 177.[633.
Belchamp (v. IV), Fillipins, bollangiers 1293.
Belcousines 1241, Belcoueingne 1262, Belcouvainne 1279, Becouainne 1290.
Colignons f. Benoit — 1279, 424; 1290, 387.
Johans — 1241, 93.
Thiebaut — 1262, 333; 1290, 385.
Bele, Belebarbe, Belegree, Belenee v. Belle....
Beleple, d., meire Jaikemin Creton 1251, 114.
Beletote, dame 1245, 12.
Belfils v. Befilz.
Beliars, Beliart 1241/67. 1278, Beliairs, Beliairt 1279, 1285, 1290, 1298, Biliart 1269.[3])
1. — fm. Jakemin fr. lo doien de S. Sauuor 1241, 37, 51.
devant l'ost. d. — en Aiest 1262, 152.
2. — f. Ferriat d'Aiest, d. — dou Pont = d. — dou pont Rainmon meire l'oincig-

---

[1]) *Prost VI (1223)* Burtemin (Bertrans) Bel et seiz (= Belaseiz) et ces II nevous Guercerions et Ninclodin, 37 s. ms. devant Ste Creux en Staixon et ms. encoste Ste Creux awaire.

[2]) *Prost XLIII (1253), XLV–XLVIII (1255), L–LI (1259), LII (1260)* sr. Thiebaus li chantres de Mes et sr. Felipes Bellasseis maimbours de la devize l'arcediaicre Pieron †. *Ben. III, 190 (1235 a. St.)* Philippins Bellasseis en leu de soulz de S. Laidre et de l'ospitaulz.

[3]) *De Wailly 172 (1276)* Maianse, li fille Beleairt ke fut.

non et sg. Thieri de Laibrie, — f. Poincignon de Laibrie.
4. — f. sg. Howin Bazin, d. — srg. Jakemin lou Roi, d. — fm. sg. Estene lou Roi. — fm. Garciriat Ruese.
5. Perrin —, Ysabels s., Colignon f. Ysabel 1267, 166.
Burterans — li Vadois 1278, 72.
Belin, ms. en Chaureirue 1278, 479.
—, cordeweneir, ms. an la rowe de Nostre Dame as Chaus 1285, 214.
Abertin —, gr. a Wapey 1275, 285.
Bellon la couzerasse 1275, 2, 155.
— de Plapenille, Gerardins f. 1275, 261.
Maitexelz li vignieres, - sa s. 1277, 200.
Belissans *(Frauenname)* 1267, 477.
Bellamin v. Belamins.
Belle 1277, 1278, 1285, Bele 1227.
rowelle daier l'ost. d. — (PM) 1278, 417.
sg. Jake lou preste f. d. — 1278, 489.
d. — Chabosse 1277, 292.
Maheu Merlo f. d. —, ms. a mouteir de S. Ferruce 1285, 164a.
d. — fm. Jehan Rosel †, Poncet f. 1227, 57.
Belleamie, fm. Richart Manaiseteste d'Ars, 1277, 468; 1278, 208, 585; 1281, 108.
Bellebarbe 1267/98, Belebarbe 1227/51.
P.

?
1 sg. Jehan -- 1227/41 2 Nicoles 1241/51
† 1267 [m. c. 1242, 1250 PM]; [1250 PM]
3 Matheus — 1245/85 Colate 1298
Ysabelz — Ralat lou prevost de Briey 1298
4 sr. Symons moines de S. Simphorien. 1279
1. J e h a n — d'Outre Mozele
pb. vg. desor Tigneusmont et vg. pres d'Anki 1227, 17.
= Jehans — pb. er. a Noeroit et a Maisieres et a Maranges 1241, 118. [1267, 77.
= sg. Jehan - -, er. ai Owigne et entor Awigne t. ar. daier S. Piere as Arainnes 1267, 86.
vg. ou Desert deleis Tignomont 1278, 332.
vg. a Chesne a S. Julien 1279, 190.
2. Colins —
pb. vg. daier S. Julien 1241, 11

I. Personennamen   41   **Bellebrasse–Bellegree**

– Nicholes -- pb. ms., gr., columber, meis, jard. et 10 s. 2 chap. a Wapei 1241, 54.
pb. ms. devant lou pont des Mors (OM) 1251, 162.
3. Matheus —
pb. ms. deleis S. Jehan (OM) 1245, 57.
pb. t. a Sommerey (OM) 1277, 415.
pb. ms. devant l'ost. Colin Guerdefer 1281, 618.
pb. er. ou ban d'Ansey 1285, 471.
Ysabelz, f. Matheu -- et Colate, sa fm., fm. Ralat lou prevost de Briey, ait doneit ms., gr., ch., vg. (OM) a la chieze Deu dou Tanple 1298, 646.
4. sr. Symons —, moinnes de S. Simphorien, pb. 16 s. ms., gr. (PS) 1279, 259.
Bellebrasse 1269, Bellebraisse 1277.
Matheus — 1269, 408; 1277, 9.
Bellegonle 1267, 1281/1298.

P.
1 Jennin — † 1267 — Martenate 1267/81
Clemansate 1285
                          ?
2 Hanrias– 3 Richerdin 4 Jaikemin –
1285, 1288 1288 srg. † 1288.
maires de PM Forkignon Poinsate fm.
1298 f. sg. Estene
    lou Roi 5 Jehans
            1298

6 Colignon — 1288   7 Neuuerias —
  Guercires Monins   1293
  seurs? filz?
1. Jennin — †, d. Martenate fm.,
17 s. 1 m. ms. outre Saille 1267, 379.
12 s. ost. Bescelin Rauetel (PS) 1267, 400.
13 s. ost. (PS) 1267, 411.
9 s. grant ms. ou Waide 1267, 417.
12 s. ms. ou Grant Waide 1267, 453.
vg. en Ospreis, t. au Belvoit, 6 s. ms. (PS),
$4\frac{1}{2}$ s. vg. an Keulen 1281, 81. [87.
vg. an Keupoi, t. ar. a Grant Chamin 1281,
50 s. ms. et gr. Jennin — (PS) 1281, 200.
d. Maithiate (?), fm. Jennin —, $\frac{1}{2}$ pr. en
Chaderonpreit, $\frac{1}{4}$ pr. an Rouvaboix (PS)
  1298, 508².
Clemansate, f. Jennin —, gr. devant l'ost.
  Hanriat de Champelz (PS) 1285, 444.
19 jorn. de t. ar. ou ban de Pertes, de Maigney
  et de Grixey, vg. ou clos 1285, 464.

2. Hanrias — maires de PM 1298, 1*.
Forkignon, f. sg. Estene lon Roi, et H. -
  et Ailexate, lonr srg., 50 s. ms. an Chambres et ms. as Roches 1285, 342.
t. sus Vguignonrut, t. sus lou chamenel de
  Grixey 1285, 367.
pr. an Chardonpreit, t. ar. sus lou Saneratchamin, t. sus Chadronpreit 1288, 56.
3. Richerdin, fr. Hanriat
t. sus Chadronpreit ke partet a 1288, 56.
4. Jaikemin - †, Poinsate fm., lai
  srg. Hanriat 1288, 56.
5. Jehans, f. Jaikemin – †.
pb. $12\frac{1}{2}$ d. vg. au Ospreis 1298, 108.
6. Colignon -, Guercires Monins
  seurs: filz (?) 1288, 56; 408.
7. Neuuerias —,
ms., gr., gerd., chans, pr., t. ar. en la fin de
  Beuoir et ou ban de Maigney 1293, 291.
5 s. vg. en Corchebuef 1293, 314.
antre les enfans —, vg. ou ban de Maigney
  1288, 459.

Bellegree 1262/1298. Bellegreie 1262/1275,
  1278/1290 *cereinzelt.* Belegre 1267, Belegree 1245, 1251.
P. [Simon Bellegree m. e. 1218].
1. Vilein —, Odeliate f.,
er. (PS) 1245, 86.
d. Odelie — pb. ms. sor lo Mur 1245, 110.
2. Colignon, f. Vilein —,
er. (PS) 1245, 87.
3. Androwat —,
ms. et four (PS) 1262, 184.
... Androwat son nevout. 1262, 230.
pr. entre Wappei et lo boix S. Jorge 1262, 391a.
3 meues de vin vg. en Maizelles et a la
  Barre 1267, 381.
4. Waterins — sg. Wautier 1269,
pb. 3 ms. en S. Nicolairue 1245, 117. [439¹⁰.
pb. 30 s. en la nueve halle (PS) 1245, 118.
W. - et Jaikemin de l'Aittre et Garssat,
  sou fr., $\frac{1}{5}$ ms. sg. Pierron de l'Aittre en
  Visegnuel et stals devant 1251, 144.
— Wautier —, 50 s, 3 ms. en Staisons 1267, 67.
par lo crant W. — (v. 11 Poencin) 1267, 214.
en S. Nicolasrue enc. l'ost W. — 1267, 390.
ms. Poencin — et 5 s. (PS) 1267, 438.
Jennas Baitaille pb. 70 s. ms. a Porsallis

Bellegree

de pair W. —, son seur, k'il ait aq. a
Guerceriat Poterel. j. W. — 1281, 229.
Watier — †, Vguignons f.   1285, 95.
5. Joffrois — et Steuignons fr.
pb. por Richier, lor fr.   1267, 214.
… Jennat Chaureson et … et J. —, tavle
as Vies Chainges qui fut la dame de
l'Aitre   1267, 384.
Jennat Chaureson et … et J.. f. sg.
Wautier —, grant ms. d. Colate de l'Aitre
etc.   1269, 439¹⁰.
Filipe Tiguienne et J. — mainbors Jennate
Blanche la Vadoize   1285, 262.
an Vesignuelz antre l'ost. J. — 1288, 80;
1290. 479; 1293. 68.
deleis la gr. J. — desous lou Chene (OM)
   1298, 299ᵃ.
Odilie. fm. J. —. pb. vg. a Longenille
   1275. 454.
daier l'ost. d. O., fm. J. — †. (PS) 1293. 92.
6. Steuignons:
Joffrois — et St., ces fr., pb. por Richier,
lor fr.   1267. 214.
Jehans Petisvakes et … et Steuenins —
pb. 50 s. ms. en Vezignuez   1269. 260.
sr. Joffroiz li Gronaiz pb. por lui et Hu-
guignon Danielate et Steuignon, f.
Wautier —, grant ms. d. Colate de l'Aitre

Bellegree

1 Vilein — 1245 ¹)

Odeliate 2 Colignon 1245   3 Androwat — 1262, 1267

4 Waterins — 1245, 1251 - Wautier   1267, sg. 1269, † 1285

5 Joffrois —   6 Steuignons Poinsate   8 Richiers — 9 Vguignons — 10 sr. Symons
1267. † 1293 1267, † 1298   1293   1267/98   1277/98   chanones
Odilie fm. 1293 Bietrit. fm. 1298 Jennas Bataille et   de Verdun
Jaikemate Collate 7 Badewin Guerceriat Poterel   1290/93
1298   1298   1298   j. W. — 1281
Jehans Rekeus j. St. —
1298

11 Poincin — 1267, † 1285 [1250 PS]²)

Odiliate 1275/1278 12 Joffrois 13 Jehans 14 Jaikemin — † 1288
Theirias 1278   1288   1298   15 Symonin 1288, 1290

?

16 Garsas — 1267, † 1298 († 1281?)   19 Jaikemins ·· = Jaikemins · li amans
Clemance 17 Jennat — 18 Jaikemins   1267/90 srg. Allexandre (d'Espinalz) 1278/85
1285, 1298 1267/75   1269   j. Forkon lou Janre   1281   1278
Arnoult Coulon j. G. —   (d'Espinalz) 1279   = ? Jaikemins — maires
1281   20 Forkignons 1288   d'OM 1275

21 Symonel — 1267   23 Symonas   1267/1298   26 freire Poence -
22 Forquignons 1267   24 Jaikemins 1279 25 Guersas 1298³)   1278

¹) *Ben. III, 190 (1235 a. St.):* a Villain Bellegreie et a ces hoirs et au hoirs Andren Bellegree et a la femme Simon Bellegreie et aux hoirs Jaicomin Bellegreie (l'awe de Saille des Pierreweit jusques au moulin S. Polz).

²) *Poincin ist nahe verwandt mit* Wautier (4) *und* Garsas (15), *v. 1267, 214 und 438*.

³) *Guersas und sein Bruder* Jaikemins *sind nicht gleich mit dem Brüderpaar* Garsas (16) *und* Jaikemins (19). *Denn 16 ist tot 1298, 89, dagegen nimmt 25 noch Bann 1298, 393, 503 und 656.*

ms. an Kartal, 23 s. ms. en Chapelerrue,
vg. en Renal et en l'enrelle   1269, 439.
pb. ms. Hanriat Bataille en Visegnuel 1275.
vg. ou ban S. Arnolt d'Ars 1278, 159. [77.
vg. en Cuignes ou ban S. Pol et champ
   davant les Bourdes   1290, 6.
can ke a Pawilley et en bans   1290, 83.
t. davant Wapey   1290, 111.
ms. as Roches doit 7 s. a. St.   1290, 137.
pb. 49 s. des 70 s. k'il dovoit a Poinsate.
sai s., sus sai ms. ou il maint a Por-
   saillis   1293, 275. [298.
grant ms. St. a l'orsaillis 1298, 109, 281,
d. Bietrit, fm. St. — †. t. ar. au Hem
                              1298, 53b.
Jaikemate, f. St. , grant ms. a Porsaillis
                              1298, 109.
Collate, f. St. —. t. en Rollanmont, tavle
   an Chainges, er. a Pawilley et ou ban
                              1298, 508.
Jehans Rekens pb. er. de part St. , son
   seur   1298, 200.
7. Badewin, f. St. —,
53½ s. grant ms. St. — a Porsaillis 1298.
8. Richiers   :   [281, 298.
Joffrois — et Steuignons fr. pb. por R., lor
   fr., tavle as Nues Chainges (PS) 1267, 214.
pb. 4 s. 3 d., 27 d., 5 s., 6 s. des 50 s. an
   Vesignuelz   1290, 67a–d.
rekent 31 d. 2 ms. an Vesignuelz 1290, 211.
pb. 6 s. ms. ou Baix Champel 1290, 428.
pb. 34 s. an S. Martinrue   1298, 269.
pb. t. en Rollanmont, tavle au Chainges,
   er. a Pawilley et ou ban   1298, 508.
9. Vguignons, f. Watier ,
pb. vg. en la Waite a S. Julien 1277, 179.
V. — pb. t. ar. ou ban de Merley 1278, 564.
pb. vg. sus lon Mesnit a Lescey 1278, 630.
pb. vg., t. ar. ou ban d'Awigney, pr. dezous
   Ollerey, t. an la voie dou chastel, t. antre
   Ameires, t. an Genestroit, ms. a Awigney
                              1285, 95.
60 s. ms. en S. Nicolaisrue   1290, 69b.
pb. gr. et ms. a Awigney   1293, 300.
10. sr. Symons , chanones de Verdun.
pb. can ke Steuignons, ces fr., avoit a
   Pawilley et en bans   1290, 83.
pb. ms., gr., chak., court en lai plaice a

Porsaillis   1293, 274a.
pb. pet. ms. dav. l'ost. Abert des Airvolz
11. Poincin ,   [1293, 274b.
tavle as Nues Chainges que fut P. , aq.
   Garsat — par lo crant Wautier 1267.
ms. en la place a Porsaillis que fut [214.
   P. , aq. Wautier —   1267, 438.
tout l'er. ou ban de Montignei ke fut P. —,
   aq. Garsat —   1269, 234.
dezous Montigney devant lon jardin P. — †.
                              1285, 47.
Odiliate, f. P. , vg. defuers Siey 1275, 469.
— d. Odelie, f. P. , et Theirias, ces
f., er. a Chanpel et ou ban et er. delai
   Airey   1278, 322.
12. Joffrois, f. Poincin - :
sr. Renalz dou Nuefchaistel et J. t. P.
pb. grant ms. c'on dist as Estans, molin
   davant, molin a Bonfaijs, 2 estans, gr. a
   lai Bruwiere etc.   1288, 216.
13. Jehans. f. Poincin   †.
pb. por S. Laidre   1298, 83.
14. 15. Symouin, f. Jaikemin   †,
avelet Poinsin .
t. ou ban de Wapey   1288, 255.
⅘ s. ms. devant S. Ferrue, ³⁰/₉ s. ms. (PM)
31 d.2 ms. en Vesignuelz 1290, 211. [1290, 156.
³/₉ s. vg. a Longeville   1290, 269.
16. Garsas , v. 11 Poincin — 1267,
   214; 1269, 234. v. 17 Jennat — 1267, 113.
dev. sa gr. a Montigney 1267, 114. [114.
ms. ou Champ a Saille ke fut G. — , aq.
   Arnoult Coulon, j. G. —   1281, 223.
Clemance, f. Guersat   †, 10 s. ms. en
   la rue des Allemans et vg. a Grant Chauol
   ou chamin des Allemans   1298, 39.
— Clemance —, vignes en toz les bans de
   Vals et de Juxey et er. de part peire et
   de part meire   1285, 525.
17. Jennat   :
Garsas — pb. por son f. J. de sa premiere
   fm. t. ar et preis (PS)   1267, 113.
„ pb. vg. devant sa gr. a Monteigney 1267, 114.
6 s. 2 d. pr. ou ban de Trogunel 1275, 426.
18. Jakemius, f. Garsat .
pb. vg. a Haute Riue   1269, 55, 56.
pb. gr. daier les molins S. Ladre en la
   Vigne S. Avout   1269, 57.

19. Jaikemins, fr. Garsat —.
pb. 38 jorn. de t. ar. ou ban de Monteigney.
13 s. et 8 chap. a Monteigney 1267, 386.
pb. ms. Nichole chevaleir ou Nuefbourc devant ms. Colin Grantcol 1275, 186.
= Jaikemins — pb. ms. (PS) 1277, 18.
pb. tavle en Nues Chenges (PS) 1277, 19.
ms. en la Nueve rue 1277, 334.
pb. wageire a Ancerruille et a Failley de pair les voweiz d'Espinalz et er. de pair Forcon lou Janre, son seur, a Anceruille et a Failley 1279, 265.
J. — et Sefiate, f. Colin chivelier. pb. partie an 23 1/2, s. er. d'Ancerruille 1281, 268.
ms. Colin Merchant ou Nuefbourc devant la fontainne, gr. dairier. vg. outre Salle et an Refinclo doient 10 lb. a J. — et a Allexandre, son srg. 1281, 281[14].
ou Nuefbour dev. ms. J. — 1285, 227; 1288, 222, 411.
ou Nuefbourc anc. gr. J. — 1293, 87.
ms. et meis a Montigney doit 3 s. 1290, 199.
= Jaikemins — li amans pb. 50 s. des 100 s. er. Colin Merchant, aq. Allexandre, son srg. 1278, 525.
pb. 14 s. 2 1/4 st. en la halle des perm. au Visiguel et 10 s. ms. daier lo uostier S. Nicolais lou Petit 1285, 79.
pb. vg. sus Saille 1285, 223.
vg. sus Saille au droit la Follie 1285, 399.
=? Jaikemins — maires d'OM 1275, 134*.
20. Forkignons, f. Jaikemin —,
pb. ms. Nicolle Grancol anc. l'ost. J. — (ou Nuefbourc 1275, 186; 1285, 227) 1288, 411.
21. 22. Forquignons, f. Symonel —.
pb. tavle as Vies Chainges (PS) 1267, 234.
23. Symonas —
pb. ms. en la rue de Porte Serpenoise 1267,
pb. vg. en Pauillouchamp 1267, 423. [149.
pb. vg. an Mallebeste ou ban S. Clemant 1281, 523.
pb. preis ou ban de Fays 1281, 524.
tient une tavle an Vies Chainges 1285, 203a.
pb. ms. davant la cort dou Moreir et ms. enc. les Proicherasses 1285, 421.
pb. vignes Clemance en toz les bans de Vals et de Juxey et er. 1285, 525.
pb. ms., gr., jardius, bos, terres, preis, sestier de vin an Vals 1288, 245.
vg. outre Saille anc. S. — 1288, 445.
les ms. Adan lou bouchier (PS) 1288, 463.
outre Saille an Powillonchamp anc. la ville S. — 1288, 493.
maix. davant lou four a Juxey 1293, 318.
pb. er. en toz les bans d'Ansey 1298, 684.
24. Jaikemins, f. Symonat —,
pb. 2 1/2 meues de vin, 6 quartes de wayn moitenge er. (PS) 1279, 440.
25. f. Symonat —,
pb. ms. ou Nuefborc 1293, 281.
partie d'er. ou Nuefborc 1298, 393[10] =503[11]
26. freire Poence —1278, 19. [= 656[10].
Bellenee 1278/1298, Belleueie 1267, 1281.
Belenee 1227, 1241.
1. d. —, ms. en Staisons 1241, 150.
Wilemis f. — 1227, 18.
Thierius f. — 1288, 488a. [1281, 131.
3. — f. Ancillon Chopairt chandelier
4. fm. Jaikemin lou Boudre 1290, 215b.
— fm. Forkignon Denielate †, vg. ou Rowal de Failley 1298, 15.
= —, ms. a Failley 1298, 7.
5. Adan — poxour 1278, 501.
Banduin , anfans, 1? ms. Champ a Saille de par Thieri Lowit lor awel P. 1267, 370.
Hanrit —, ms. en Chaponrue 1298, 467.
Poinsignous — de Juxey 1293, 624.
Belleron v. Billeron.
Bellesuer, Howesons li mairis 1298, 527[13].
Belosse, Steuenin f. Poinsignon 1298, 644.
Belpaignies, Belpaigniet 1290, 1293, Belpaigniet 1293, Bepuingnies 1298, Pelpaigniet 1275. [1275, 299.
Hanriat — charpantier de Chieuremont
Jehans — massons 1293, 89; 1298, 682.
- Jennat — masson 1290, 313; 1293, 248.
li **Bels,** li **Belz** v. I de Heu.
Benate (= d. Benoite 1251, 261?) 1245, 171.
Bencelin v. Besselins.
Benois 1267, 1278, 1279, 1285, Benoiz 1227, 1245, Benoit 1241/51, 1269, 1279, 1288, 1290.
1. —, davant l'ostel (OM) 1245, 203.
2. - de Chastels 1227, 64; 1251, 34.
— de Grisey 1267, 205. [40, 470.
— f. lou maior de Grixey 1278, 517; 1279.
— Balduin f. — dou Uiuier 1241, 67.

— de Xueles 1285, 312¹³.
3. — maceons 1245, 146.
la fille — masson † 1269, 174.
4. — Belconvainne. Colignons f. 1279.
424; 1290, 387.
— [Lam]bert *oder* [Hum]bert *oder*? 1245, 180.
5. Colignon — 1288, 31.
Benoise.
dame — de Chambres 1251, 185.
Benoit v. Benois.
Benoitat lou poxor 1279, 505.
Benoite (v. Benate).
1. dame — 1251, 261. [305.
2. - fm. Herman bochier de Chastels 1298.
- f. Felippin lou Grant de S. Clemant 1279,
5. Thieriat — d'Ansey 1298, 132, 134. [49.
Jennin fr. Tieriat 1298, 134.
Benoitins, Benoitin.
2. - de S. Thiebaut 1281, 14.
— f. Abertel de Wapei 1298, 575.
3. Ailexate fm. — poxour † 1293, 563.
4. - f. Collin Lowit 1277, 103.
Clemensete f. — Quaremel fm. Jennat Prodomme 1275, 486.
Benoiton de S. Clemant 1293, 539.
Pierexel — 1275, 252.
Steuenin — de S. Arnoult †, fm. 1298, 44.
Benoiz v. Benois.
Bepaingnies v. Belpaignies.
Beradel †, Ydate fm. Colignon 1277, 365.
Beral,
ms. devant la cort de Chastillon 1275, 138.
Colin — de Borney 1298, 208.
Richairt —, Odeliate fm. 1281, 487.
Berate, Symonin 1298, 468a.
Berbaiste 1298, Berbastres 1290.
Gererdin — 1298, 112a.
Gererdins — dou Waide 1290, 195.
Berbate v. Barbate.
Berbels 1277, Berbelz 1277, 1279, Berbel 1281/98, Berbes 1281, Bairbel 1288, Barbels 1241, Barbel 1267, 1269, Barbes 1275.
li fm. - doit 30 s. 2 ms. autor S. Jorge
1. Jennins — [1269, 116ˣ.
pb. ms. ou Champel 1241, 170.
? 2. Jehan - d'Aiest †, Poinsate f.,
pb. 40 s. ms. Garsille Naichart, son auuel, et vg. suz Saille 1269, 96.

P. [m. e. 1344]
1 Jennins — 1241   Garcille Naichart
—? 2 Jehan — d'Aiest † 1269 ⌣ ?

Poinsate 1269,75 3 Garsilius 4 Wicherdins
Margueron 1269,83 1267/98 (d'Aiest)
Odiliate 1288,98 1267/77, † 1288
d. Bietris fm. 1290

5 Engebers   de Chambres   6 Hanrion —
1269, 1277, 1281   1281

40 s. ms. outre Saille 1275, 179.
Marguerons, f. J. — d'Aiest †.
pb. ms. en Dairaugerue 1269, 40.
pb. vg. en Gienvals en la fin de Maiey 1285, 2.
Odiliate, f. J. - d'Aiest †,
pb. grant ms. d. Colate la Beugnerasse en
Aiest (1298, 359) 1288, 348.
a Mons anc. vg. Odeliate, s. Gairciriat —,
3. Garsilius, f. Jehan —, [1298, 359.
et Wicherdins fr. pb. ms. en Aiest 1267, 316.
pb. 40 s. de sa ms. outre Saille 1275, 179.
4. Wicherdins - d'Aiest (v. 3 Garsilius)
pb. t. ar. ou ban de Maiclive 1277, 52.
- Wicherdius pb. ms. en Chanbres 1279,
pb. ms. enc. la soie (PS) 1281, 260. [182.
ms. (PM) 1281, 357a.
†, ms. en Aiest 1288, 150.
en lai Donnowe anc. vg. W. — 1290, 303; 1293,
deleis vg. W. - (OM) 1298, 299. [406.
d. Bietris, fm. Wicherdin — †, doit 60 s.
de cens a Yngrant Borgon 1290, 343.
5. Engebers — de Chambres
pb. ms. en Nikesinrue 1277, 112.
= Engebert —, ms. en Chambres 1281, 195.
= - de Chambres, t. suz Saille desouz
S. Andreu 1269, 88.
6. Hanrion —,
ost. a Longeville 1281, 288.
Berbion, ost. a Quertal 1288, 401b.
Jaikemin — dou Quertal †, Colignon f.;
Poinsate —, ms. a Quertal 1298, 292.
Berbis v. Barbiz.
Berchtet v. Burchiet.
Berdan, Colin, de Nowesseville 1279, 195.
Berdel v. Bardel.
Berdenat, ost. a Juxey 1275, 485.

Berdins, Berdin 1267, 1275, 1279, 1285/90, Bardins, Bardin 1269, 1275.
Thieriat f. — d'Airey 1279, 582.
Jennins — d'Ansey 1285, 127; 1288, 495.
Werniers f. — de Ste Rafine 1275, 496.
P.
1. Willermin — †, Ysabel f. 1267, 244b.
Colate f., 30½ s. 2 ms. en Staizon 1269, 430.
= d. Collate li Vadoize f., er. ou ban de Failley en ch., pr. bolz *etc.* 1290, 292.
= Colate, fillastre Steuenin Baiart 1267, 244a.
2. Willermin, f. Willermin †, 1267, 244b.
= Willemin . u. Colin lou Hungre, 1275,
= Willemin, fillaistre Steue-[188, 189, 203. nin Baiart, 1267, 93, 244a.
= Willemin, f. Willemin —, fill. Baiart, vg. outre Saille 1267, 93. [1279, 202.
Willermin et Colate s., ¼ ms. Jehan lo Hongre 1267, 244a.
Willermin et Ysabel s., ¼ ms. Jehan lo Hongre 1267, 244b.
pb. droiture ou ban de Vermiei en blef, en denierz 1269, 163.
vg. en Humbertclos 1269, 414.
Colins li Hungres et W. , ces n., pb. 10 s. ms. (PS) 1275, 188.
30 s. gisent sus ms. Colin le Hungre et Willemin —, son n. (PS) 1275, 189, 203.
vg. en Sourelz a Meurpareir 1279, 202.
Berlixe (v. IV Burlixe). [1288, 447.
Jaikemate — de S. Clement, Colins fr.
Berlo 1278, 1298, Berlou 1288.
Goudefrins — de Longeuille 1278, 613.
Hondiate de Longeuille fm. Goudefrin 1288, 540.
Jehan — de Ste Rafine 1298, 588.
Bernaclin 1241, 34.
Bernaiges, Bernaige 1277/1298, Bernages, Bernage 1241, 1245, 1277, 1279, 1285, Barnaiges, Barnaige 1267, 1275.[1])
1. Johan —,
en Saunerie dav. l'ost. la fm. 1245, 169.
2. Abertin, f. Johan —,
et Abert lo xavig et d. Poence la Cunemande. ms. a la croix outre Mosele 1241, 197.

[1]) *De Wailly 351 E (1297):* Gerardin Bernaige amin Maiansate, fm. Goudefrin lou tainor.

P.
1 Jehan; fm. 1245 3 Poincignon — 1269[1])
2 Abertin   o. Thiebaut Kabaie
  1241   srg. Jakemin Mauglaine

4 Thiebaus — 1269/81

5 Colignon[2]) Jakemate Jaikemin[1])
   1277/81   1285, 1290   1298

6 Jaikemins — li clers [1])[2]) 1275/93
3. Poincignon —,
meix daier Nostre Dame au Chans 1269, 91.
12 s. vg. en Frieires; oncle Thiebaut Kabaie pr. a Cheinney, de par d. [1269, 150.
Poixonnate, son annele 1269, 250.
5 s. 4 chap. t. en Besson; srg. Jakemin Mauglaine 1269, 517.
4. Thiebaus —
et Ancels de la Tor pb. por Jehan. f. sg. Weri Troisin 1267, 150.
en Saunerie dev. chak. Th. — 1269, 357.
pb. 9 s. ms. apres la stuve devant Longeteire 1275, 302.
pb. 8 s. ms. ou Touboif 1277, 231.
Bertadons Piederhals et Th. — pb ... 1279,
vg. sus Muzelle (PM) 1279, 377b. [164.
vg. ou ban S. Clemant 1281, 17.
pb. 30 s. ms. (PS) 1281, 253.
pb. ½ lb. ms. an Forneiruwe 1281, 254.
pb. 73½ s. 3 ms. (PS) 1281, 255.
tavle au Nuez Chaingës 1298,1¹¹ 110¹¹ 183¹¹.
5. Colignons, f. Thiebaut —. [254, 333.
maistres de l'ospital de Porte Muselle 1277,
¼ ms. Willemin Baizin au Aiest 1281, 180.
Jakemate, f. Thiebat —, vg. an la fin de Maiey 1285, 2.

[1]) *Baunrollen I, LXXIII, 24 = 1298, 9b* amins de Jehan et Aburtin Kabaie: Poinsignon — et Jaikemin — lou clerc et Jaikemin, f. Thiebaut.

[2]) *De Wailly 327 (1294):* amins et parans a Thiebat et Marguerite, aufans Poinsignon ke fut fis Theirit Donnate. Colignon Barnaige, lour oncle, ki est mainbours de la devise Isabel, lor meire, et ... et Jaikemin Barnaige lou clairt.

I. Personennamen 47 **Bernars—Bertadons**

lai fille Th. —, ms. anc. lai stuve a Longe-
teire doit 4½ s. a 1290, 320.
hoirs Th. —, ms. en Chaipeleirue doit c.
6. Jaikemins (Jaikes) [1293, 312.
li clers = Jaikemius 1278, 223.
pb. 9 lb. 4 ms. en Furneirue a sa vie 1275.
pb. 7 moies de vin ai Ansey 1277, 134. [403.
ms. J. — eu Sauerie 1278, 223, 362a.
ms. en Furneirue pm. 29 s. 1278, 299.
ms. „ „ „ 50 s. 1278, 300.
ms. „ „ „ 64 s. 1278, 301.
ms. „ „ „ 60 s. 1278, 302.
ms. „ „ „ 43 s. 1279, 246.
22 s. 1 d. moins vg. et jard. ou bau de
Plapeuille 1279, 304.
et Poinsignons Bolande pb. por l'ospital de
Porte Muselle 1285, 36.
pb. ms. en Chappourue 1285, 418.
pb. 18 s. 5 ms. en lai rowe S. Thiebaut 1288,
pb. er. (PM) 1293, 416. [436.
pb. 10 s. ms. ou Waide 1298, 537a.
pb. er. (PS) 1293, 537b.
Bernars, Bernart 1241, 1262/1275, 1278/85,
Bernairt 1275, 1277, 1279/1285, Bernait
1281, Bernards 1220, 43.
1. —, vg. sus Saille 1285, 223.
2. — f. Barrois dou Champel, avelet
Ricowin d'Erlons, — deu Neufbore, Bernis-
sons f. sg. — dou Nuefbourc, — de Villeirs.
3. — cahorciens — kaurssin — cavein, —
cherpantiers, — clerc, — feivre, — maistre.
4. lo Borgon. seur Jehan de la Cort.
5. Colin —, l'avelate 1262, 120.
Hauriat — 1269, 115, 116¹²; 1275, 123;
„ — feivre 1269, 548. [1281, 129.
Haurit 1281, 568.
„ —, maistre, Odiliate fm. 1281, 561.
Jennat 1262, 242; 1278, 183; 1281, 129;
Ysabel fm. 1278, 609. [1285, 103, 258.
Pierexel — 1241, 154, 176; 1267, 182, 427.
Simons — — 1279, 292.
„ — clerc 1281, 332, 333, 627.
Symon lou clerc f. mustre — 1281, 138.
Berneson 1288, 1298, Bernissons 1267.¹)

¹) *De Wailly 351 E (1297):* Mertin lou
feivre, lou fil Berneson.

P.
—, f. sg. Bernart dou Nuefbourc,
pb. ms. ou Nuefbourc k'il at acquasteit as
hoirs sg. Bernart 1267, 342.
— dou Nuefborc, ms. ou Nuefborc 1288, 200.
vg. a servxeir (PS) ke li hoir — tienent
Berniers, Bernier. [1298, 527³⁷.
Gerardius de Chaizelles 1290, 537, 538.
1298, 528, 567.
Steuenat 1298, 473.
Bernissons v. Berneson.
Bernoit v. Bernowis.
Bernowains de Ville sus Yron 1281, 301.
Bernowis 1279, Bernoit 1245. Barnewit 1267.
P.
1. sg. †.
Gueribede. j. Mingomart, pb. ms. sg. — †, son
o., en Chapillerrue 1245, 36.
2. sg. . oirs
ms. sg. Jehan (OM) 1267, 489. 1267, 489.
. fr. Guerebode. v. Guerebode.
Berrel 1269. Berreit 1298. Barreis 1262.
de Vantonz †. Bertran f. 1269, 177.
Yzambairt 1298, 540.
Jaikemins (v. Berrel) 1262, 345.
Berrel 1277, 1278, 1281/1298, Bairrel 1281,
Barrel 1262, 1267, 1279.
1. vg. apres les anfaus — (PS) 1262, 311.
2. — de Maigney † 1288, 375; 1293, 505.
Jennas f. 1288, 180.
Roillons f. 1288, 63, 180, 375; 1298, 536.
Jaikemins fr. Roillon 1288, 63.
Poinsate s. R. 1288, 375.
Sebeliate fm. R. 1288, 180.
Heilowate srg. R. 1298, 536.
Roillon de Maigney 1298, 288.
3. Burtemin l'erceuor 1290, 344.
5. Bertran 1267, 38, 83, 197; 1281,
425, 446; 1285, 402.
Jaikemin fr. Bertran — 1267, 38, 83, 197.
Adenat lor srg. 1267, 38.
Jaikemin (v. Berrei 1262, 345) 1277, 291,
296; 1278, 66; 1288, 175; 1290, 294.
Howignon 1279, 123.
Berrois, Berroit v. Barrois.
Bertadeie v. Burtadee.
Bertadons, Bertadon 1275/1298, Burtadons,
Burtadon 1275/1281, 1288, 1290, 1298, Ber-

Bertadons

taudons, Bertaudon 1251, 1269, 1275, 1281.
Burtaudons 1251. Bertaldons, Bertaldon
1245, 1267, Burtaldons. Burtaldon 1262,
1267, Bartaudons 1269. v. Bertals. Bertrans.
1. d. Odelie fm. — 1279, 422.
— f. sg. Poenson (v. P) 1251, 245.
Poincignon lou Graut f. -- (= Piedeschals)
3. — permantier 1290, 229. [1275, 66.
4. — de Noweroit, — (f. sg. Phelippe) Piedeschas (de Jeurue), · · dou Pont, — Roucel,
— f. Thomessin Wairade, — Xauing =
— lou xaving f. Abert lou xaving de la
place en Rimport.
P.
1 sg. Ponson d'Outre Mozele [1250 J]
1227, † 1279
d. Guepe   2 Bertadons d'OM 1251 1281
1279, 1285   maires d'OM 1245

Marguerous	3 Maheus	4 Jehans	5 Thiebans
1267/88	1267/93	1295/98	1278/93

6 Colin — 1267, † 1290 [1250 PS]
Poinsate 1277, 1279, 1290, oirs 1281

1. sg. Ponson d'OM, ms. (PS) 1227, 6.
d. Guepe, f. sg. Poinson d'OM †, 1279, 151.
„ f. sg. P. lou chivelier d'OM 1285, 120*.
vg. en Briey, vg. ou ban de Wappey, droit
et raison en 7 osteils a Wappey en Aisey,
t. daier les Bordes por 7 1/2 moies de vin
a mostage, 6 quartes de fromant. 1 quarte
de blans pois   1279, 151.
4 s. maxenate davant sa gr. (OM) 1285, 120*.
hommes et femmes a Bethilley 1285, 286.
2. Bertaldons. f. sg. l'oenceon, maires
d'Outre Mosele   1245, 60*.
ms. outre Mosele   1251, 245.
= — d'Outre Moselle
pb. por S. Poule de Verdun 1269, 306, 518.
pb. 4 s. t. en Gibernowe   1275, 97.
pb. vg. a Mesnit (OM)   1275, 446.
daier les Bordes (OM) enc. — fr. d. Guepe.
                            1279, 151*.
en Preis de Mes arreis les preis -- d'OM
                            1279, 581.
pb. 25 s. stuve a la rive as Poxons 1281, 365.
Marguerons, f. Burtaldon d'Outre Moselle,
pb. vg. en Planteires   1267, 43.
pb. er. ou ban de Wapei   1281, 600.

48   **I. Personennamen**

= Marguerate, f. Bertadon, pb. er. de part
son peire   1285, 283.
— la f. Bertadon d'OM †, ou ban de S. Julien
anc. vg.   1288, 335.
3. Maheus, f. Burtadon d'Outre Muzelle.
pb. vg. en Pawillonchamp 1275, 72.
= Maheus — pb. ms. ou il maint enc. la
ruelle (OM)   1267, 481.
pb. 15 s. ms. en Chievremont 1275, 152.
pb. 1/2 ms. en Geurue   1275, 164.
pb. vg. entre Longeville et S. Martin et
2 1/4 mues de vin   1275, 237.
pb. 30 s. ost. a pont a Moselle 1275, 447.
pb. preit ou ban de Maixeres 1277, 132.
pb. vg. en Pierevigne et lou chapon en
l'Aluet (OM)   1277, 410.
pb. vg. entre Siey et Lescey et 18 d. ost.
a Siey   1278, 188.
pb. 12 s. ost. outre Moselle 1278, 335.
pb. 9 s. ms. enc. S. Jorge 1279, 122.
pb. er. en bans de Jerney   1279, 315.
pb. 20 s. er. an la fin de Ste Marie as
Chenes   1281, 111.
pb. t. ar. on ban de Wapey   1281, 112.
pb. er. de part son peire -- 1285, 280.
pb. 2 maix. daier S. Marc   1285, 553.
vg. ou ban de Lorey (OM)   1288, 544.
et Ferris Cokenels pb. molin daier S. Jehan
(OM)   1290, 279.
t. anc. M. — on ban de Semeicort 1293, 682.
4. Jehans
pb. er. de part Bertadon, son peire 1285, 281.
pb. pr. au la fin de Noweroit 1288, 271.
pb. rantes et droitures a Noweroit an bleif,
foin, argent, gelines, chapons 1288, 272.
pb. pr. dezous Noweroit   1288, 517.
mainbor Jehan Jeuwet   1293, 679.
en Franconrue anc. gr. J. — 1293, 687.
mainbor Contasse la Chalongelle 1298, (415a)
5. Thiebaus —[1])   [679.
pb. gr., meis sus lou Rone 1278, 189.
ms., meis sus lou Rone   1281, 293.

---

[1]) *De Wailly 345 (1295 a. St.):* An Thiebaut Bertadon *werden* onze livres de meceins, *die er dem Herzog von Lothringen geliehen hatte, zurückgezahlt.*

I. Personennamen 49 **Bertaldons–Bertrans**

pb. ms. et forge daier, enc. lui meimes en Franconrue; 8 s. (OM) 1281, 568; 569.
pb. er.de part Bertadon, son peire 1285, 282.
pb. 2 s. t. an Goubernowe desoz Frieires (OM) 1288, 267.
pb. vg. ou Halt de Frieires (OM) 1288, 268.
pb. ms. en S. Vincentrue 1298, 191.
pb. pr. daier Staples 1298, 195.
pb. er ou ban de Rommebar 1298, 639.
pb. por la chieze Deu dou Tample 1298, 646.
pb. por la chieze Deu de Ste Creux [647.
davant Mes 1298, 648.
6. Colin —¹),
½ molin en Longeteire ke part a C. 1267, 9.
½ molin en Longeteire qui estoit C. 1267, 11.
vg. en la Grauiere suz Muselle (PM) 1269, 195.
oirs C. —, er. a Bourney et aillours 1281, 96.
Poinsate, f. Colin —,
pb. t. a Borney 1277, 365.
pb. ms. en la rue lou Voweit 1277, 435.
pb. vg. an Bachieterme 1279, 454; 1290, 70.
Bertaldons v. Bertadons.
Bertals, Bertal 1245, 1281/1298, Bertalt 1241, Bertaus 1269, Burtalz, Burtal 1285, 1293, Burtalt 1298, Burtaut 1262. v. Bertadons. Bertrans. v. V. Bertalsals.
1. —, t. et vg. (PM) 1293, 199⁶ ⁹ ¹³ ²⁵ ²⁷ ³⁸.
sg. —, vg. sus Moselle (PM) 1293, 8.
2. — de Brunville † 1298, 197.
— de Chastels 1241, 75.
sg. — de Noweroit 1298, 137.
3. li potiers 1245, 167.
4. sg. — Pietdeschaus 1281/1293.
5. Ancillons f. — 1262, 415.
Ancillons — 1269, 297.
„ — de Franconrue, Jakemins²) f. 1290, 533.
Jehan — 1285, 124.
„ — de Lorey (OM) 1288, 247.
Bertaudons v. Bertadons.
Berte 1269, 1277, 1278, 1285, 1288, 1293, 1298, Berthe 1269.
1. —, gerdin (a Maicliue) 1288, 408.

---

¹) *Prost LVIII, 1278* Colin Bertaldon ami de Renalt, f. sg. Arnout de Porsallis.

²) *De Wailly 111 (1266)* Jaicos Bertals tient ms. en Franconrue.

2. — de Hergairde, — de Luppei, — de la Vigne S. Anol.
3. — fm. Cherdat lou chaivreir, — li vieceire dou Champel, — li Vadoize.
4. — fm. Adelin Coulon, — Domeron meire Godefrin Boutedeu, (s. Goudefrin) de la Porte.
Bertel v. Aburtel.
Bertelos, Bertelo 1269, 1281,1288/98, Berthelos, Berthelo 1275, 1281, 1293, Berthelous 1245, Bertelolz 1290, Burtelos, Burtelo 1278, 1279, 1285, 1288, 1290, 1298, Burthelo 1298.
v. Aburtel.
1. 1281, 74; 1293, 204⁴⁹ 284 349⁴⁹.
2. de Chaponrue, de Daier S. Sauor, — de Hulouf, do Puris. [1290, 28.
— de l'osteit S. Martin a lai Glandiere
3. — bolangeir, celleirs, - charpentier.
5 Thieriat — 1288, 433b.
Ailexate fm. 1298, 426.
Waterin — 1285, 377; 1290, 451; 1298, 421.
de Hulouf 1285, 48.
dou Waide 1298, 494.
Bertemen, Bertemins v. Burt ....
Berterans v. Bertrans.
Bertes v. Aburtel.
Berterias, Jennas, Wiborate fm. 1298, 95a.
Berthe, Berthelos v. Berte, Bertelos.
Berthemin v. Burtemins.
Bertignon v. Burtignons.
Bertins de Wapei (- Abertins) 1288, 576.
Bertol, Bertoul, Bertous v. Burtous.
Bertrans, Bertran 1241/1298, Bertrans, Bertram 1220, Bertraut 1227, Berterans, Berteran 1275/1278, 1281, Bartran 1267, Burtrans, Burtran 1262/1269, 1281/1298, Burterans, Burteran 1262, 1275/1285, 1290.¹)
1. — 1245, 107.
Poincignon f. 1245, 136.
— maris Crestinate 1275, 20.
— srg. Hosel et Gerardat 1277, 246.
Jaikemins f. sg. -(= de Jeurue) 1267, 77.
sg. - o. Poinsate fille Werion dou Pux
2. — d'Aees, [1288, 106.
— (gros) maior d'Airs (PS), — d'Ansey f.

---

¹) *v. Anm. zu* Abertins *und* Burtemins.

4

Colart lou bourel, — f. Malaikin d'Ansey, monsg. — d'Auserville, — de Boullay, — de Brehem. — (tanor) de Chaillei, — de Chaistelz, — dou Champel, — fill. Abrit dou Champel, — tanor dou Champel, sg. — dou Champel, — de Cuxey, — de Donpierre, — de Failley, — maior de Gauanges, — de Genestroit, — de Gramecei, — au Groseuz, — f. Poinsairt de Groxnelz, — de Hans, — de Herney, — de Memberfouteue, — maior de Moudelanges, — f. Badore de Nonviant, Cunins li Xors de Nonviant et — f., — de Nowilley, — f. Martin de Piereuilleirs, — avelet Martin de Pierrevilleirs, — f. Symon lou maior de Poutois, — de Preuoi, — (f. Adenat) de Quencey, — f. Petre de Rinanges, — fr. sg. Simon arcepreste de Teheicort, — f. Berrei de Vantouz, — de Vy ke maint a S. Clemant, — de Villerz, — f. Doumangin de Villeirs, sg. — de Wermerauges.

3. — ki fait les astres, — f. Gererdin lou berbier = — fr. Perrin lou berbier, — bollangier, — Fakignons bouchier (de Vies Bucherie), — chaipeliers, — chapouniers, — f. lou chaistelain de S. Piere. — chavreirs, — clerc, — clars f. d. Odelie de Mons, — clerc f. Colin de S. Priveit, — clurc d'Aiest, — fr. Hawiate f. Rolin lou clerc de Chaubres, — clers de Croney, — Chabosse clers, — Gaielas clers. — Grauice clers, — corvexeir, — feivres, — massons, — f. Arnoult lou masson, — morteliers, (maistre) — parmantier, — permantiers de Chaureirue, — Champel parmantier, — Grenille poixor, sr. — prestes de Ste Creus, sg. — preste de S. Jehan, sr. — prestes de S. Victor, — Xoxoc recuvreires, — tenneiros, — taineires (de Brehem) de la Vigne S. Auol, — tanor de Chaillei (ke maint au Stoxey), — tonnelier.

4. — li Allemans (de Vignueles), — l'Apostole. — Baichelier, — Baron, — Beluses, — Beliars li Vadois, — Berrel, — Blanchart, — Boilo, — f. lou Borgon de Moutois, — f. Jehan lou Borgon ke maint defuers lai porte des Allemans, (f. Thieriat) Borrial, Bourras, Braisdeu, Bukehor de Luppei, — lou Buef, — Chabosse (clers), — Champaigne, sg. — dou Champel, — Chanon, — Charrate, — Chauressons, — Clairambaus, — f. Jenneson Coueit, — Deulonfist (de Maizelles), — Domal, — Dowaire, — Fakignon, — Facon, — Gaielat (clerc), — Galle, — Gemel, — Gouliairt, — Gouerne, — Graivisse (clerc), — lou Grant de Chanbeires, — Grenille poixor, — Guelin, — Guerlus de S. Arnout, — Hake, — fr. Perrin Heilaichair et Colignou Governe, — Huchetel, — lou Jal de Maignei, — Janremaire, sg. — de Jeurue, — n. maistre Simon Jones, — Makerels, — Mague, — Maignelot d'Orgney, — Mainiuchienre, — Malakins d'Ausey, — Malkeut, — li Moinnes de Chalons, sg. — de Montois, — Oixel, — Osson, — j. Jennat Othignon, — (f. Symon) Papemiate, — filastre Petal, — li Petis de la Fontenne de Vallieres, — Piedeschuls, — Poillate, — Roucel (d'Outre Saille), — f. Colin S. Quintin, — de la Tor, — Vetrekin de S. Julien, — lou Vieil Chien f. Hawit d'Aspremont, — f. Aubert lo xaving de la Place, — Xoxoc recuvreires.

5. Jakemins — li boucheirs de Porte Muzelle Jaikemins — v. I de Jeurue 11. [1278, 40. Jehans - v. I. de Jeurue 13.

Bertree d'Ansey, Forkignon j.   1298, 130.
- fm. Drowignon de Chastels   1275, 104.
Bertremens v. Burtemens.
Besaut de Treingnuet, Gerairs li tenneires
 f. Wairin   1290, 379.
Bescelat, Bescelin v. Bessel ..
li **Besques** v. li Bagues.
Besin v. Bazins.
Besowe, ms. en Chaponrue   1290, 391.
Bessat (v. Baixat).
 - de Vermiey, Ysambart j.   1267, 313.
 Jehan - de Vermiey   1251, 84.
 Thiebaut —   1293, 271.
Besse, Bessel, Baissey, Baicel 1288, Baisel 1285.   [325.
 champ ke fut Baisel a l'uxir de Ruxit 1285,
 Jennat f. Baicel d'Ercancey   1288, 145.
 Jennat Besse f. Bessel d'Ercancey †,
  Hanriat srg. Jennat Baicel   1288, 351.
 „ srg. Jennat Baissey d'Ercancey 1288, 145.

Besselas, Besselat 1278, 1290, 1293, Bescelat 1285, Baiselas 1298.
— de Maixieres 1285, 506.
— li maires de Vermiey 1278, 235, 236.
— de Vermiey 1290, 139.
 fr. Eurit et Abers li maires ke sont de Vermiey 1293, 190.
— de L'ermiey, Euris de Stoxey fr. 1298, 367.
Besselate 1293, Becelatte 1251, Baicelate 1288, 1293, Baiselate 1288, v. Basceline.
d. —. ms. a Staintefontaigne 1251, 191.
 maix. devant lui court de Uilleirs 1293, Jennas f. de Ruxi 1288, 145. [53b.
Jennas Boutons f. — de Ruxit 1293, 365.
Symonin — de Montois 1288, 12.
Besselins, Besselin 1277/1279, 1285/1293, Bescelins, Bescelin 1262, 1267, 1277/78, 1285, 1290, 1293, Becelins, Becelin 1241, 1245, 1251, 1269, Baiselin 1298, Baiscelin 1281, Baicelins, Baicelin 1281, 1288, Bascelins, Bascelin 1267, Bacelins, Bacelin 1241, 1267, Bancelin, Bencelin 1269.
 1. —, ms. en Darangerue 1251. 180, 181.
— f. Alart 1285, 7.
— f. Liebor 1241, 109, 190.
 2. — d'Ames, — de Betteleinuile, — de Chambieres, — de Chaponruwe, preste — de Haikanges, — de Hulou, — de Quencey, — vies maior de Repigney, — de S. Clemant, Matheus — de S. Clemant, — de S. Thiebat, — f. Howairt de Vigey, — de Wadrike.
 3. — boulangier, — chaderellier, — clarc, — lavour, — poixour (des Roiches), — recovatour — — recuvrour, — f. d. Yde fm. Audreu lo tixerant.
 4. — f. Goudefrin l'Alemant, — lo Borgne, — f. Jaikemin lou Cousson d'Orseualz, — Gaielat de Malleroit, — Grillat, — Hure, — Jarrant (Gerrant), — Loueus, — Maistillou, Mallevaiche (de S. Clemant), — Naimeriou, — de Nonviant f. Watier la Poire, — dou Rait, — Ravetel, — f. Ottbe lou Roucel, — Wandelart, — Zinde de Chaillei.
 5. Gennin † 1285, 213.
Matheus — de S. Clemant 1285, 388.
Thieriat — 1293, 90b.

Betenas v. Bitenas.
Beudat, Howignon 1293, 550.
Beuderit v. Beudris.
Beudins, Beudin 1245, 1269/1288, Budin 1288, 1293, 1298, Bondins, 1278, 447.
 P.
1 Beudin de S. Piere 1245
2 sg. Lowy — 4 Jenin — de S. Clemant † 1293
3 Jakemin 5 Jaikemins 6 Colignon
1269, 1285 1277. 1285 1293
 ?
 7 Theirions f. Jakemin — 1278
 = Thierion — 1288
8 Jennas — de S. Clemant 1278/1293
9 Steuenin — de Maigney ⌣ Mairiate
 1285 1298
 1. — de S. Piere, 15 s. (PS) 1245, 89.
 2. sg. Lowy — 1269, 289; 1285, 230.
 3. Jakemin, f. sg. Lowy —,
ms. a Nonviant 1269, 289.
er. ou ban de Mairley 1285, 230.
 4. 5. Jaikemins, f. Jenin —,
pb. t. ou ban de S. Clemant 1277, 263.
= Jaikemins — de S. Clemant pb. vg. an la crowee S. Clemant 1285, 362.
= Jaike —, t. ou ban de S. Clemant 1278, 135.
=? Jaikemins —, tout l'er. ou ban de S. Martin 1285, 500.
 6. Colignou, f. Jennin — de S. Clemant †, ms. et meis a S. Clemant 1293, 479.
 7. Theirions, f. Jakemin —,
pb. t. a. Blorut 1278, 51.
= Thierion —, ou clo S. Jehan a S. Clemant anc. vg. 1288, 197.
 8. Jennas — de Maigney
pb. pr. an Preeres 1278, 447.
sus lou rut ou ban de Maigney anc. t. 1293, et Jennas, f. Berrel, pb. por 1288, 180. [73a.
 9. Steuenin — de Maigney,
ms. a Mungney 1285, 452.
Mairiate, fm. Steuenin —, outre lou Terme a Maigney anc. vg. 1298, 83b.
Beudris, Beudrit 1267, 1278, 1279, Beuderit 1281, Budri 1227, Budris 1278, Buderi 1241, Buderit 1277, 1278.
—, vg. an Mallemars 1279, 510.
Garsirions — 1241, 178; 1267, 343; 1278, 482, 488; 1279, 72; 1281, 477.

4*

Jenin — 1227, 64.
Theiriat —, Willame f. 1277, 348.
—, Willemin f. 1278, 482.
la **Beugnerasse**, d. Colate 1288, 348.
Beugnon (v. Bugnon).
d. Collate — d'Aiest *P*.
pb. daimme et redaimme de bleif de Virey et 30 quartes de bleif 1279, 404.
ait essis 8 lb. sus ms. en Aiest et vg. sus Mozelle et t.a Chaistillons et t. sus Mozelle ou ban d'Escey et ms., colambier, la tour a Mons et cens 1285, 312ᵃ.
ait assis 8 lb. sus t. ar. sus Muselle ou ban d'Escey 1285, 522.
= Colate —, vg. sus Muselle 1288, 120.
= d. Colate la Beugnerasse, grant ms. en Aiest 1288, 348.
Bezansons.
ms. en Vals ou bau Abert ke fut --1279, 123.
la **Bezinasse** v. Bazins 3.
Biatriz, Biautris v. Bietris.
Bice, Jehan 1298, 82.
Bikelas, Bikelat.
-- lou tondour 1290, 178.
Jehans — 1293, 46.
Bichas, Gerardins 1269, 283.
Jaikemas — de Juxey 1288, 503.
la **Bicheire**, Odiliate, sg. Arnolt Tiguienne mainbor 1293, 160.
Bichier 1245, Bicheir 1281, Bicher 1251.
Werion —, 2 filles 1245, 254.
„ —, Flandrine et Colatte f. 1251, 157 (163).
Jaikemin —, Jaikemate et Marguerel f. 1281,
Bienfaite, a Syei gr. enson 1267, 147. [26.
Bieterit v. Bietris.
Bietrexate 1277, 1285/1290, 1298, Bietrixate 1298, Bietrexatte, Bietresatte, Bietrizatte, 1275, Bietrisate 1262, 1275. v. Bietris.
1. — s. Ysabel 1262, 374.
2.—avelate Nicole de Chastels 1275, 14, 50,
= f. Maheu Petitvake 1275, 14, 410. [51, 118.
= fm. Colignon de Luppei 1275, 51; 1298,
3. — lai hairangueire 1298. 481. [242a.
— f. Poinsate lai xowerasse de keuverchies
4. — fm. Watrin Bigode, — [1298, 285.
fm. Waterin lou Four, — srg. Jaikemin de Heu, — f. Jaikemin lou Jal, — f. Maheu Petitvake, — s. Waterin Tiebairt de S.

Clemant, — fm. Lowit Wesselin d'Aiest.
5. Steuenin — 1298, 170.
Bietris, Bietrit 1262/1275, 1278/1298, Bietrix 1267, Bietriz 1269, Bietri 1245, Bieterit 1298, Biatri 1241, 1245, Biatriz, Biatrit 1269/1277, 1279 Biautrit 1251, Biautris 1275, Beautrit 1275, Beatri 1241. v. Bietrexate. v. V. Bietritrowelle.
1. —, ms. (PM) 1267, 24.
d. —, ms. devant les Sas (PS) 1267, 215.
d. —, vg. en Ste Marievigne (OM) arreis
- fm. Balduin 1245, 182 [1281, 611.
- f. Burtadee 1277, 145; 1279, 192.
- et Colin son filastre 1269, 65.
2. Renbaus de Nownisseville f.— de Burey,
d. — fm. sg. Forcon de Chastels, Colins f. — de Dornant, — de Laigney, — fm. Ollinier de Longeuille, — fm. Colignon fil Howignon de Muicliue, — de Maizelles, -- lai Saive de Maizelles, d. — fm. sg. Abert d'Ottonville, d. — de Pertes, — fm. Poinsignon de S. Arnolt, Colin f. — de S. Martin, d. — de Staisons, d. — de Thionville, d. — fm. Hanrit de Vals, d. — fm. lou voweit de Vals, — f. Weiriat de Villeirs a l'Orme, — f. Werriat dou Waide.
3. — fm. Thierion mairexal, — f. sg. Ysambairt marchant, — f. Piereson munier, — f. Humbelat olieir.
4. — fm. Ancel l'Alemant, — f. Colin Baiairt, — la Bassenasse = —la Bezinasse, (v. Bazins), d. - fm. Jehan Belamin, d.— fm. Steuignon Bellegree †, d. — fm. Wicherdin Berbel †, — s. Abert Brasdeu = — f. Nicolle Braideu †, — fm. Simonat Brisepain, — n. Steuenin Brunnat, — f. Garsire Cheir, d. — s. Maheu Clairiet, — fm. Hennelo Corbel, — de la Corcelle, d. — de la Cort de Vallieres, — s. Jaikemin Dainne, d. — f. Jaikemin Fackenel, d. — lai Faillerasse d'Aiest, — fm. Watrin lou Four, — f. Colin Graineis, — f. sg. Jehan lou Gronaix, d. — f. Bonamin Hasson, — fm. Jennin Houzart d'Ancey, — s. Vguignon Hunebor, — f. sg. Arnolt Ysangrin, — f. Howart Jallee †, — avuelle Vguignon Marcowairt, - s. maistre Nicolle Morel †, d. — fm. Colin Narardin, — f. Maheu Noiron

Bietrisate–Blanchars

de Molins. — fm. Jennin Novelat.   fill.
Burteran l'apemiate.   f. Maheu Petitvaske,
— s. sg. Jehan Piedechalz. — Poujoize =
— s. Vguignon Hunebor, — f. Bertremin
fil Poincete dou Puis. d. — fm. Jaike
Roncel †, — (de la) Rowelle, — lai Saive
de Maizelles = f. Mathion lou Saive, — f.
Jennin lou Tawon de Failley †,   f. Colin
Thiehairt de S. Clemant, — fm. Poinsin de
la Vigne. — fm. Colin Xandrin.

5. Jakemins — li merciers.   1241, 142.
Bietrisate, Bietrixate v. Bietrexate.
Bietriz v. Rietris.
Bietrizatte v. Bietrexate.
Bigode, Waterin   1298, 267.
  Bietrexate fm.   1298, 558.
Bigois 1278/81, Bigoiz 1278, Begois 1288/90.
P. [1363 OS branche Teguienne].
1. Simonin — †,
a S. Julien enc. ms.   1278, 2.
= Simonin — de S. Julien, vg. an Meurpareir
ou ban de S. Julien   1290, 319.
Collate, fm. Simonin , vg. en Lambelin-
champ   1277, 184.
Garsas de Mons et C. pb. er. ou ban de S.
  Julien et d'Erkancey   1278, 399.
vg. ou ban de S. Julien   1279, 23.
pr. an Coupereit dezous Mons 1281, 409.
2. Colignon —,
t. ar. a Bafontenne (PM)   1288, 341.
Billart v. Beliars.
Billart, Aubertin 1269, 98. [1290, 287.
Billeroc de Vantous, Weiriat f. Hauriat
Billeron 1279/1281, 1288/1298, Belleron
1278, 1290, P? v. I de Chastels.
Piereson — de Chastels, Ysabel f. 1288, 287.
„ — de Chastelz †, Steuenins f. 1290, 281.
Poinsate — f. Colin Godefroit 1290, 510.
Poinsignon — de Chasteilz, Anel fm. 1281,
— †, d. Anel de Chaistelz fm. 1288, 1955b.[147.
„ —, lai fm.   1290, 170.
— de Chaistelz †, Arnoulz f. 1290, 448.
Steuenins f. 1290, 77, 217, 334; 1293, 531,
  532, 533, 557; 1298, 348.
Steuenin — de Chastels †, Poinsignon f.
Theirion —, Mergueron f. 1278, 52. [1298, 202.
Thieriat —   1279, 318.
„ — de Chastels Willemin f. 1279, 128; 1281, 122.

Billo, Jennat, de S. Martin   1277, 119.
Billon, Jennin   1262, 329.
Birzee †, Jakemate fm. Abertin 1275, 328.
Bisseicourt (v. IV Beseicourt).
  Willames — de Hulouf   1298, 66.
Bitenas, Bitenat 1275/79, 1285, 1288, Bete-
nas, Betenat 1269, 1285. v. I de Chastels.
— fr. Flandine de Chastels   1269, 511.
— de Chastels, Steuenins fr.   1275, 91.
—, Steuenins de Chastels fr.   1275, 467.
Thierias — 1275, 436, 437, 457; 1277, 130,
  406, 407; 1278, 173, 627/629.
  Jaikemate fm.   1279, 579.
Thierias — li baillis   1288, 288.
„ — li bailis de Molins   1285, 98.
„ — li baillis dou Val   1285, 503, 504.
Blammare, Jehan, de Richiermont 1298, 306.
lou **Blanc** v. li Blans.
Blancars v. Blanchars.
lou **Blancgornaix** †, Clemignon 1288, 162.
Blancgrenon v. Blangrenon.
Blanchars, Blanchart 1251/69, 1279, 1285/
90, Blancharz 1269, Blanchairs, Blanchairt
1275, 1277, 1288, 1288/98, Blanchanrt 1220,
Blancars 1298.
  P. [1399 J][1])
1 Colin — 1220
2 Huyn — 1251
3 Thiebaus — 1262/69 (ost. en Jeurue)[2])

---

[1]) *Mitglieder der Familie* Blanchart *werden in den Patrizierlisten von 1399 bis 1533 dem Paraige Jeurue zugezählt. Zu ihren Vorfahren werden 3, 8, 9, 10 zu rechnen sein. In welchem Verhältnis zu diesen die anderen stehen, lässt sich aus den Rollen nicht erkennen. Jedenfalls aber gab es im 13. Jahrhundert Blanchars, die nicht zu den Patriziern gezählt werden dürfen, z. B. De Wailly, 351, 352, 354 (1297):* Goudefrin lou tainor ke maint ou Champel, lou fil Blanchair de Wainvalz ke fut. *352:* Theirias Blanchairs et Lowias Blanchairs, sui dui freires.

[2]) *Prost LIX, 1292* sg. Thiebaut Blanchairt cheuallier amin a Luckin f. Yzambairt Xauing.

Blanchatte–Blanche   54   I. Personennamen

4 Burtemins — (Bertran, Bertremin) 1267
5 Bertremin 1269 6 Jenat —   Colate
=? Burthemeu — 1275, † 1288   fm. Weirion
    1298   Ailexate fm.   Malnouel
            1277, 1288   1277

7 Jennas — d'Ars 1279/90

8 Piereson — d'OS 1290 =? Piereson — 1267
Yzaibels — 9 Colignon 10 Jakemin Puignant
(li Vadoize)   1293/98   Weberate fm. 1298
1290, 1298   — de Geurue   =? Jaikemin —
            1279   1298

11 Poinsignon — 1278
12 Gillas — 1293/98
13 Thieriat — de Nowaisseville 1298

14 Symonins 1298
15 — † 1293, Steuenins f.
    Wiriat de Mairuelles † srg.
=?Burtemin—de Mairuelles1290—Jaikemate

1. Colin —
pb. 16 jornaus de t.   1220, 9.
2. Huyn —,
ms. en Chandrelerrue   1251, 181.
3. Thiebaus —
et sr. Jaikes Boilawe pb. er. .... 1262, 42.
pb. er. ke Hanrias, f. Symouin Malglaue,
   avoit ou ...   1262, 43.
pb. er. Thiebaut Lambert (OM) 1267, 145.
110 s. geisent sus l'ost. Th. — en Jeurne
  pb. pr. a Cheinney 1269, 250. [1267, 171.
pb. $^1/_2$ four banal de Pertez, er. ou ban de
  Pertez et de Mercei et de Creppei 1269,
4. Burtemins —   [394.
pb. vg. en Glairuelles   1267, 55.
= Bertran —, 20 s. ms. en Stoixey 1267, 157.
5. Bertremin, f. Bertremin —,
vg. en Glairuelez   1269, 273.
Burthemeu — = Bertremin 5?
ms. an lai Grant rue outre Saille 1298, 435.
6. Jenat, f. Burteran —,
ms., meis en Stoxey   1275, 1.
= Jenat—, fr. Colate fm. Weirion Malnouel,
   tout l'er. (PS.)   1277, 85.
Ailexate, fm. J. —,   1277, 85.
= Ailexate, fm. — †, 3 s. ms. en Chapon-
   rue   1288,71.

7. Jennas — d'Ars   [1279, 119.
pb. pr. en Gerartnowe en la fin de Grauiers
pb. t. en la fin de Grauiers   1279, 120.
ms. ai Ars (OM)   1285, 487.
meis (Ara)   1288, 510.
pb. vg. daier la Sale, vg. an Bordes 1290, 104.
8. Piereson —,
vg. ou ban de Wappei   1267, 250.
Yzaibelz, f. P. — d'Outre Saille. pb. vg.
   sus Moselle (PM)   1290, 296.
9. Colignon — de Geurue,
vg. ou ban de Plapeuille   1279, 566.
= Colignon —, de coste l'ost. (PM)1293,382^{12}.
C. — et Ysabel, sa s., 2 pars ms. lor peire
  en Chanbieres et 2 pars vg. ou ban de
  Wapei   1298, (315) 316.
= Ysabels — li Vadoize pb. ms. ke
  fut Jakemin Puignant, son fr., en
  Chanbieres   1298, 317.
10. Jakemin Puignant, fr. Colignon—,
$^1/_3$ ms. son p. en Chanbieres et $^1/_3$ vg.ou ban
  de Wapei   1298, 315.
Weberate fm., ms. en Chanbieres 1298, 317.
=? Jaikemin —, a S. Arnoult enc. l'ost.
11. Poinsignon —,   [1298, 81.
en la Donnowe anc. vg.   1278, 241.
12. Gillat —,
ms., meis en Grun Meises doit 5$^1/_2$ s. 1293,
pb. ms., court, meis a Quensey, vg. ou [187.
  ban de Quensey   1298, 548.
**13. 14. Symonins, f. Thieriat — de
      Nowaisseville,**
pb. t. ou ban de Morinville   1298, 369.
15. — †,
t. sus Strankillon deleis — †; Steuenins, f.
  Wiriat de Mairuelles †, srg. 1293, 108.
=? Burtemin — de Mairuelle †, Jaike-
   mate fm., vg. (PS)   1290, 469b.
Blanchatte 1251, 1269, Blanchate 1279, 1293.
Bertemeu —   1251, 140.
Colin —   1269, 403.
Colin — de Strabour   1279, 210.
Martin —, Jofroit d'Ansey f.   1293, 145.
Blanche *(Vorname).*
1. d. — fm. Vguet †   1241, 40.
d. —, Colate et Guepperate f. 1267, 399.
d. — †, ost. davant les Proichours (OM)
                                     1285, 119.

4. d. — fm. Jaikemin Haizairt 1262, 304.
— s. Demangin Zomdac 1269, 479.
Blanche *(Familienname)*
P. ?
1. ms. — enc. S. Jorge 1279, 122.
— — d'Outre Moselle 1279, 558.
2. Ancillons li clers. f. d'OM.
pb. ms. en la Vigne S. Marcel 1279, 558.
3. Mingomart — de Nonviant, [Frankignons f.?] (v. Migomairs 2)
pb. ms. (OM) 1245, 247.
4. Colin —,
ms. a la porte sus Saille 1267, 14.
Hanrias Marrie et Lowias, f. Jaikemin lou tanor. et Marguerons — pb. por les anf. Colin — 10 s. ms. a Porsaillis, 2 chap. et 4 d. ms., 4 s. vg. (PS) 1277, 372.
Merguerel, f. Colin — †, 10 s. vg. en Rollanmont, t. en lai fin de Borney 1290.
5. Jehan— , preste de S. Gergone, [467.
vg. ans Aubues outre Saille 1227, 18.
6. Jennins —
pb. ms. ou Champassaille 1245, 123.
enc. l'ost. outre Saille 1262, 311, 372.
ms. en Fraconrue 1262, 406.
a Chesne outre Saille ensom vg. 1277, 304.
6 s. geixent sus ms. ke fut J. — an Chievremont 1298, 392², — 428³.
la fm. Jennin —, ms (PS) ensom 1278, 72.
Collate, f. Jennin —,
pb. ms. davant la cort des Proichours (OM)
Margueron. fm. Jennat —, [1293, 160.
t. ou ban de Fontignei 1275, 170.
1 st. en la halle des tanors ou Champ a Saille 1277, 3.
Merguerons — [258.
pb. ½ ms. en la rowelle dou Nuef pont 1277.
pb. 1 st. ou Champ a Saille en la halle des tanours 1277, 259.
pb. t. ar. en la fin de Grixey 1277, 260.
pb. por les anfans Colin — 1277, 372.
pb. 5½ s. 1 a. moins ms. (PS) 1278, 260.
pb.ms.en la rowelle Willebor (PS) 1278, 537.
pb. vg., jard. ou clos de Maigney 1279, 277.
pb. t. ar. an lai Chanpenee (PS) 1281, 496.
pb. vg. outre Saille an Herbeclo 1288, 382.
pb. 10 s. ost. ou Grant Waide 1288, 382.
ms. a tour dou Waide 1298, 87.

Marguerite — d'Outre Saille,
er. a. Lucunexit et ou ban et en lai fin antre Niet et Airs deleis Coullambei et ½ luwe tout en tour Lucunexit et Villeirs et en bans 1298, 487.
Jennate —,
ms. en Franconrue et gr. 1277, 457.
= Jennate — la Vadoize, Filipe Tiguienne et Jofroit Bellegreie mainbors, 4 s. ms. (OM) 1285, 262.
7. Jehans —
pb. 10 s. vg. en Rollanmont, t. en lai fin de Borney 1290, 467.
li (la) **Blanche.**
la — dame, t. d'Ostelencort 1251, 4.
vg. daier lou mostier a Siey 1278, 200.
Robin f. Hawit la — 1262, 135.
Odelie li — et Colins f. 1277, 178.
Perrenat f. la — de Sanpigneicort 1298, 173.
Blancherons, Blancheron.
— s. Aubertin Gallioz 1267, 454.
— Paiemal 1293, 81.
— f. Thomessin Paiemal 1293, 176.
Blancpain v. Blanpain.
Blangrenon 1288/98. Blancgrenon 1277, 1279.
les anfans — 1279, 500.
Vguin — 1277, 244; 1288, 75; 1293, 39; Lorate et Jenat f. 1277. 75. [1298, 263.
Merguerate et Lorate f. — † 1288, 208a.
Merguerate (Merguerite, Mergueron) et Lorate f. Vguin — 1290, 62, 63, 82.
Lorate f. Vguin — 1290, 215a, 412.
Blanpain 1293, 1298, Blancpain 1278, Blanspains 1278.
Choible —, Colignon f. 1278, 34.
Howissons — 1278, 485; 1293, 51; 1298, 647.
li **Blans,** lou Blanc[1]) (v. la Blanche).
Ancel — 1267, 14.
Ancillon — 1241, 126, 1251, 11.
Bertremev —, Aubriat f. 1245, 60.
Jakemins —; et ses anfans 1251, 20; 1241,
Maheus —. Yzaibel fm., l'avelate Sy- [156.
monin de Sorbey † 1293, 296ᵃ.

---

[1]) *Prost XIX, 1232* Bauduins Malebouche et Bauduins Chabosse et Thierriz li **Blanz** et Coinrarz dou Pont. *Alle vier sind wohl P.*

Symon — seur Colle Jorgin 1267, 131.
Jennin lou charpantier fr. 1285, 18.
Thomessins —, er. ou ban de Villeirs et de
 Loisey 1275, 366.
†, Poinsate f., t. desour lai grainge Colle-
 nat de Vy 1290, 39.
Werneson —, Baduyn f. 1277, 387.
Blanspains v. Blanpain.
Blasceteste, Matheus 1262, 142.
Blatel, Poencignon 1267, 281.
Blocketel, poxour 1277, 209.
Thiebaut — 1281, 345.
Blondel v. Blondels.
Blondelat.
Jennat — 1277, 324; 1288, 194a, 1293, 289.
Clemansate f. Jennat — †, 1298, 90.
„f. Jennat — lou permantier † 1298, 253.
Blondels 1281, Blondelz 1293, Blondel 1245,
 1267, 1277/79, 1285, 1288, 1293, Blondes
 1269.
 P.
1 Jaikemins — 1267
2 Hanri — 1267, sr., seurs Jaikemin de
 [Coloigne 1281
3 Lowias — 1269, † 1293
 srg. Jakemin f. Remion de Colloigne 1278
4 Weiriat — = Weirit — de Bouxeires 1277
 1285 † 1288   5 Jenat 1277
 ?
6 Symonas — 1293 7 Guersat d'Auancey 1293

ensom l'ostel — (PS) 1245, 38.
3¹/₂ s. geisent sus l'ost. — (PS) 1267, 377.
ms. en Chadeleirue dav. les molins 1279, 35.
 1. Jaikemin —,
ou Champel arreis ms. 1267, 220.
 2. Hanri —,
enson l'ost. (PS) 1267, 234.
sr. Hanris —, seurs Jaikemin de Coloigne,
 laieit vg. a Wapey 1281, 627.
 3. Lowias —
pb... 1269, 108.
Jakemin, f. Remion de Colloigne, et L. —,
 son srg., er. de pair sg. Lowit de Maigney
  1278, 81.
an Chaipeleirue antre l'ost. Lowiat — et
 l'ost. Jennat Blondelat 1288, 194a.
†, ms. en lai Nueve rue 1293, 232.

4. Weiriat —,
t. ar. ou ban de Mairuelles 1285, 183.
†, ost. a Marieulles 1288, 166.
 5. Jenat, f. Weirit — de Bouxeires,
vg. a Pumeruel, a Avignuel etc., t., ¹/₂ ms.
 et gr. ou ban de Bouxeires 1277, 92ᵃ.
 6. 7. Symonas —, fr. Guersat d'A-
  uancey, [194.
pb. ms., court, meis a Nowesseuille 1293,
Blorus, Blorut (v. IV Blorut).
Hanrias — fr. Steuenin — 1293, 520.
Blossat de S. Clemant 1275, 208.
Blowel, ms. (ou ban de Merdeney?) 1278, 291.
— de Merdeney 1298, 527¹⁷.
Bobert, Jehan, de Wauille †, sr. Wiairs li
 prestres f. 1298, 43.
Bobilles, Bobille.
Jennas — 1285, 452.
Simonas — 1278, 430; 1281, 43, 44; 1285.
Simonins — 1277, 35, 36. [422.
Bobon, Steuenin, Martin et Yzaibel anf. 1277,
Bockere v. Boukerels. [289.
Bokehor 1245, Bukehor 1290.
sg. Willame — prestre 1245, 194.
Rekisse f. Burteran — de Luppei 1290, 464b.
Bokel v. Boukelz.
Bocerels v. Boscerels.
Bokereit, Bokeres v. Boukerels.
Bokesons, Bokeson 1275, Boukeson 1281.
—, ost. a la Posterne 1281, 542.
Hanrias — ke maint a Quartal 1275, 362.
Jaikemins — 1275, 362.
Jenin —, ms. en S. Martinrue 1275, 362.
Bochars v. Bouchart.
Bochas v. Bouchas.
Bokin v. Boukins.
Bodas v. Boudas.
Boelo v. Boilos.
Boenpere v. Boinpere.
Boenualat, Boennaleit v. Boinvallas.
Boevellat v. Buevelat.
Bofas v. Boufas.
Boiat, Symon, de Maicliue, Hanriat f. 1281,
Boielawe v. Boilawe. [260.
Boielo, Boielolz v. Boilos.
Boiemons, Boiemont 1278, 1281, 1290, 1293,
 Boiemon 1293 (v. Bomont).
—, ost. en Chambieres 1278, 214.

—, ost. a Flurey 1293, 48.
-, les anfans, vg. a Ancey 1281, 153.
· li cherpantiers de Flurey 1290, 443.
— lou boulangier (ost. PS)¹) 1293, 584.
Boieri, Wauterin, de Rochelangez 1269, 500.
li **Boiestous** v. lou Boistous.
Boieus, Waterins 1277, 431.
Boilawe 1262, 1267, 1275/93, Boielawe 1290, 1293.

P. [Boylawe 1250 OS]
1 sr. Jaikes — † 1275   Poinsate —
Jennate 1275 Ainel 1281, 1290   1279

2 Ancel de — Collambeirs † 1285

3 Goudefrins — 4 Colignon — 5 Sallemon
   1278/90   (Colin) 1267/93 1277, 1281
        srg. Colin — d'Ars 1275

6 Joffrois —   7 Jaikemins — 1293³)
  1267/88   Luciate 1293

1. sr. **Jaikes** —
et Thiebans Blanchars pb. er.... 1262, 42.
pb. er. ke Hanrias. f. Symonin Malglaue.
avoit ou . . .   1262, 43. [1279, 279.
mairechaussie ke fut sg. J. — ou Champel
ou Champel daier l'ost. sg. J. — † 1293, 516.
Jennate, f. sg. Jaike — †, ms. en Viseg-
  nuel redoit 25 s.   1275, 76.
Ainel, f. sg. Jaike —, pb. 14 s. 4 d.³)
menandies a pont a Saille 1281, 430.
pb. er. en vg., molins, chak, ms., meis (OM)
Poinsate —,   [1290, 584.
ms. en Chaponrue   1279, 308.
2. — de Colambiers, anfans,
pr. ou ban de Chainnei   1267, 35.
= Ancel — †; de Collambeirs 1285, 77:
3. Goudefroit, f. Ancel —, [1290, 72.
ms. ou Grant Waide   1278, 47.

= Goudefrins — pb. ms. devant S. Piere
   as Arainnes   1279, 480.
pb. vg. a Coincey, eschaingiet a Colignon,
   son fr.   1281, 22.
pb. t. ar., pr. a la Raiee, boix, t. ou Paixit.
   t. ou Chesnoit (PS)   1285, 77. [212.
pb. ms., jard. ke fut Colin d'Abigney 1285,
gr., bergerie. court, can ke en lai fin de
Collambeirs et de Quencey et d'Abigney
et en bans, can ke ou ban S. Vincent a
Vallieres en ms., bergeries, menandies,
ch., pr., bolz, trexes   1290, 72.
4. Colignon — (de Colambeir 1290, 91).
Colignon, f.Ansel deCoulambeir†, 1281,234.
tote la t. Jenat d'Aubigney et C. — a Luppei
   et aillours   1267, 392.
C. —, srg. Colin d'Ars, pb. t. (PS) 1275, 409.
vg. a Coincey, eschaingiet contre 20 s. 2¹/₂ d.
                              1281, 22.
tout l'er. an la mairie de Porsallis 1281, 234.
outre Saille entre la ms. C. — 1285, 43.
t. ar., pr. a la Raiee, boix. t ou Paixit. t.
   ou Chesnoit (PS)   1285, 77.
vg. an la Hate Pertelle   1285, 90.
vg. an ln Baice Pertelle   1285, 91.
an lai rowe a chief dou Waide antre gr.
   C. —   1288, 45.
an Cortevigne (PM) anc. vg. C. — 1293, 382².
= Colin —, t. ar. a Colanbeirs 1277, 312.
vg. en Martinchamp   1290, 354b.
5. Sallemon, f. Ancel — de Coulam-
   beirs †,   [1277, 366.
er. ou ban de Mes, Maigney, Colanbeirs
tout l'er. an lai mairie de Porsallis 1281, 233.
6. Joffrois — ¹)
pb. t. en S. Pierepreit   1267, 443.
pb. meis ensom sa merchaucie(PS) 1275, 402.

---

¹) *De Wailly 152 (1272)* Boiemons li
boulangiers ke maint ancoste l'osteil Huairt
Jallee †.
²) *Prost LXIII, 1300* Jaikemins Boilawe
l'aman. *Bannr. I, LXV (= 1281, 430)*
Jaikemins Boilawe ait l'escrit.
³) *De Wailly 328 (1294)* d. Yzaibel, li abase
des Cordelieres, ait aq. 14 s. 4 d. *etc.*

¹) *De Wailly 381 (1300)*: Et an cest
aquast ont li dui maistres (de la coumune
frairie des prestes parrochas de Mes) mis
LXX s. de met. ke demoureivent a matre
an aquast des VIII livres de met. ke Jof-
frois Boilawe lor doueit por acheteir
VIII s. de met. de cens, por faire son anni-
versaire a S. Clemant chaic'an, ansi com
sai devise lou diat.

Boillairt–Bolande

26 s.et 3 m. geisent sus ms.J.—(PS) 1278, 523.
sus lou chaimin Saneras enc.J.— (PS) 1281, 4.
ms. outre Saille 1288, 470.
  7. Jaikemins —
pb. 5½ s. vg. en Bernairtfontenne 1293, 240.
Luciate, f. Jaikemin —, er (PS) 1293, 241.
Boillairt, Symonin, et Gerairt fr. 1293, 276a.
Boillis, Steuenins 1285, 168.
Boilos, Boilo 1262/93, Boielolz, Boielo 1293, 1298, Boillo 1293, Boelo 1298.
  1. — Guizambor 1293, 204²¹ = 284 = 349²¹.
  2. — de Lieons 1278, 113, 123; 1281, 253;
        1285, 454, 455; 1293, 80.
  f. Robin † 1281, 59.
  Perrin f. — de Lieons 1298, 54b.
  5. Auburtin —, Jennat f. 1262, 147.
Bertrans —, n. Howignon Graicecher, P.,
  t. ou ban de Ville sus Yron 1279, 525.
Jaikemin — f. Thomessin de l'ierevilleirs
        1298, 100.
Jehan — f. Xanderin Coinrairt †, sg. Ge-
  rairt lou preste fr. 1288, 360.
Jennat — 1278, 578.
  „ f. Auburtin —, Jaikemate fm. 1262, 147.
Boinpere 1241, 1245, Boinsperres 1220,
Boenpere 1251.
— 1220, 37.
—, fm.; Margueritte fm. 1241, 109; 1251, 64.
Mathev — 1245, 241.
li **Boins Crestiens,** Jennas, de S. Marcel
Boinsemel (v. Boizemelz). [1281, 315.
Piereson — 1290, 589.
Werneson c'on dist — 1293, 688.
Boinson v. lou Grantboinson.
Boinsperres v. Boinpere.
Boinsnel (v. Bonsuelle). [1281, 563.
Lambelin —, Jehan j., et Ailixate sa fm.
Boinvallas, Boinvallat 1275/98, Boinsvallas
1275, Boinsvalas 1285, Boinvalat 1275, 1277,
Boinvalet 1251, Boenuallat 1267, 1275,
Boenualat 1269, Boenualles, Boenuallet 1267,
1269, Boenvalet 1262, Boenualleit 1267.
Boenualeit 1262, Bonvallat, Bonvallet 1269.
Bonvales 1275.
  1. —, ms. (PS) 1269, 83. [1278, 614.
  2. — de Ste Rafine, Troixin f. 1275, 510;
  — de Ste Rafine f. Cokan 1275, 487.
  — f. Jaikemin Cokan de Ste Rafine 1290, 265.

I. Personennamen

— fr. Poinsignon Cokan 1275, 501.
— de Til, fm. 1251, 45.
3. — lo clerc (v. 5) 1267, 38, 83, 197.
— li clers d'Outre Muzelle 1298, 27.
— li olijers 1281, 70.
  4. — f. Symonin Facon, — Lichierie, —
lou Mercier (11), — f. Joffroit lou Mercier
= — aveles — lou Mercier (12), sg. — de
Porsaillis, — j. Arnoult lou Roi = — lou
Mercier (13), — f. Jehan Soupe.
  5. Alixandres — li clers P? 1277, 118, 421.
= Xandrins — li clers 1275, 106; 1279,
        117, 132; 1281, 292; 1285, 541.
  maistres Ferris li advocas fr. 1290, 136.
sr. Jehans — li clars d'Outre Saille ·P?
Joffroit — (P.) = Joiffroit lou [1277, 1.
  Mercier v. li Merciers 12.
Boinuallin de Porte Mosele 1241, 175.
lou **Boirgne** v. li Borgnes.
Boissons, Boisson v. Bouxons.
lou **Boistous** 1277, 1278, 1288, 1298, li Boies-
tous 1298, 527.
Colignon — de Nonviaut 1278, 641.
Hanrit —, Anguenelz fm. 1288, 418.
Humelas — 1298, 527³⁸.
Pierexel —, Jehans li retondeires f. 1298,
Weiriat — 1277, 334. [385.
la **Boistouse,** Ailixate 1285, 264.
Boite, Warniers f. 1269, 338.
Boix 1290, li Boix 1293, li Box, 1278, 1285.
Jehan — 1290, 70¹⁰.
Jennas li — de Juxey 1278, 605; 1285, 537;
Boixart, Steuene, de Ui 1227, 46. [1293, 135.
Boixon v. Bouxons.
Boizemelz (v. Boinsemel).
Colignons — li clers 1293, 525.
  f. Jennat d'Erkancei † 1290, 424.
Bolande 1275/98, Boullande 1293, 464.
Jennins — 1281, 1.
  Symonas f. Jennin — † 1293, 464.
Poinsignons — 1275, 296, 358; 1279, 147,
206, 493; 1281, 313, 625; 1285, 36; 1288,
567; 1290, 130, 346¹; 1293, 651; 1298,
        194, 289, 665, 666¹, 667¹.
  „ — mares de Fristor¹) 1290, 582.

---

¹) Ben. III, 259 (1302 a. St.) Poinsignons

Poincignons de lai chiese Deu de Fristor
Simonat — 1277, 5. [1293, 288.
Bolesse v. Boulesse.
la **Bolle**, l'oinsignon 1298, 829.
Bomerelz 1279, **Bomere** 1285.
Jennas — de S. Julien 1279, 198; 1285, 331.
Bomont (v. I Boiemons, IV Bomont).
Gerart — 1290, 527.
Bon v. Bons.
Bonairs, Bonairt v. Bonars.
Bonami 1220, 1227, 1275. Bonamin 1241.
1245.[1])
  1. — *P.* (=? sg. — m. e. 1252). ms. 1220, 16.
  3. — lon telier 1275, 181.
  4. — Bonsart 1227, 27.
  — Charbonel 1241, 137.
  — Hasson, d. Biatri f. 1245, 228.
Bonars, Bonart 1262, 1278, 1293, Bonairs,
Bonairt 1278, 1279, 1285. Bonnairs 1281.
  2. — de S. Martin 1293, 602.
  — f. Erfignon de S. Martin 1278, 656.
  — de Sanerie, fm. 1278, 504.
  3. — escuwiers l'abbeit de S. Vinsant
  5. Joiffrignon — 1278, 470. [1262, 398.
Joffrois — 1278, 618; 1279, 62. 63; 1281,
Bonate 1288, Bonatte 1251. [68; 1285, 380.
—, ms. outre Muselle 1288, 522.
—, Garsilion marit l'avelette 1251, 2.
Bondins v. Beudins.
Bone, sg. Jehan, prestre de Loppei 1267, 248.
lai **Bone,** de Fayt, Piat f. 1298, 295.
Bonechose 1227, 1269, Bonnechose 1288,
Bonechoze 1278.
  2. — de Morinville, Symonin fr. 1288, 481.
  — de Vignei, grange 1227, 55.
    Aubertins f. 1227, 66.
  5. Jaikemins — 1269, 10; 1278, 41.
    Weirit de Thionville j. 1288, 332.
Bonefille f. Vguignon Faxin 1279, 296.
— et Anelz sai s. 1298, 426.

Bolande, li maires de la chiese Deu de
Nostre Dame de Fristorf.
  [1]) *Prost II, 1203* Bonus amicus Sainteres.
Ben. III, 151 (1190) Bonus amicus Parvus
episcopus. *Derselbe B. P. bei Voigt, Jahrb.*
V, 7, 25, 26 Anm. 1.

— — li Vadoize f. Nicolle de Weiure † et
  Anelz sai s. 1293, 415.
— f. Nicolle de Weiure † 1293, 209; 1298,
Bonefoit. [232.
Marguerate f. Gerart - de Mercey † 1285,
Bonehaiche, Jennat 1298, 49. [493.
Bonemarz, Hvignon j. 1245, 255.
Bonemeire 1298, Bonnemere 1251.
—, vg. an Corchebuef 1298, 73.
Aubert — 1251, 129.
Boneraixon.
d. Houdiate fm. Thierion † 1288, 131.
Bonerdat.
Olliniers f. de Ste Rafine 1290, 415.[1])
Bonesner f. Burtignon de lai Tour † 1298,
  li Vadoise 1298, 12. [77, 158, 397.
Bonfilet, maisnn. 1220, 10.
Bonins, Bonin.
Jaikemins — 1293, 455; 1298, 256, 463.
Jennius — 1251, 87; 1290, 142.
  ke maint davant Ste Creux 1290, 368.
li fis Jennin — 1298, 217.
Colins f. Jennin — † 1298, 387.
Colins — 1298, 57.
Bonnairs v. Bonars.
Bonnechose v. Bonechose.
Bonnel.
d. Abillate fm. fille Jehan l'Alemant
Jenin — de S. Julien [1281, 71.
  Burtemin f. 1267, 270.
  Burtemat f. 1275, 134; 1281, 381a.
Bonnemere v. Bonemeire.
Bons, Bon.
  P.
  1. Jennat —,
8 lb. ms. a la l'osterne venus consuiant de
pair Steuenin de Coloigne, son seur,
delivres a l'oince de Coloigne 1277, 106.[2])
vowerie ou ban de Vignueles 1278, 628;
L u c a t e, s. Ferriat de Col- [1279, 100.
l o i g n e, fm. J. — †, vg. ou ban de Vig-
  nueles 1298, 677.
2. Otin —,

  [1]) *De Wailly 254 H (1286)* **Bonestrainne,**
Jeinnat fr.
  [2]) *Der Eintrag ist durchgestrichen.*

Bonsart–li Borgons　　　　60　　　　I. Personennamen

er. ou ban de Saney ke part a Poinsate f.
3. Thierions —　　　[1277, 109, 110.
pb. ms. sor Mosele desoz Bucherie ki fu
　sa mere　　　　　　　　　　1245. 72.
ms. (PM)　　　　　　　　　1245, 164.
Bonsart, Bonami　　　　　1227, 27.
Bonsuelle, Jennin　　　　　1290, 401.
Bonsuevle, Colignon, de Maigney 1285, 375a.
Bonteden v. Bouteden.
Bouton v. Boutons.
Bonvallat, Bonvales v. Boinvallas.
Boon, Aburtin, fr. Jennat Chaimenaie 1290.
Borcairs v. Brokairs.　　　　　　[88.
Bordon, Lietal　　　　　　1290, 368a.
Boree srg. Humbert de Longcawe 1293, 325.
Borgancelz, Borgancel.
Thiebat —　　　　　　　　1298, 300.
Werias — de Longeuille　1281, 143.
lou **Borgancel** 1285, 1298, lou Borgonsel
1269, 555[13].
Gerardin —, Mariate fm.　1298, 131, 611.
Weriat — de Longeville　1285, 272.
— (de Longeville)　　　1269, 555[13].
Borgans, Borgant 1269, 1293, Bourgans,
Bourgant 1281, 448.
Thiebaut — 1269, 455; 1281, 448; 1293,
　　　　　　　　204[52] = 284 = 349[82].
　Jennate fm.　　　　　　　1293, 54.
Thiebaus — d'Outre Salle　　1281, 237.
Borgnairs, Borgnairt.
Colin —　　　　　　　　　1277, 225.
Colins – cherpanteirs de Sanerie 1277, 380.
li **Borgues**, lou Borgue 1267, 1275/93, lou
Boirgne 1288, 315.
Bacelin —　　　　　　　　1267, 457.
Colin —　　1275, 304; 1281, 5; 1288, 59a.
　de lai Vigne S. Auol　　　1278, 58.
Gerardin —　　　　　　　1275, 20.
Gerart — de Lescey, Sibiliate fm. 1278, 646[4].
　Abertins f.　　　　　　　1290, 519.
Jehan —, Pierexels Bouchate srg. 1281, 433.
　†, Ydate f.　　　　　　　1293, 38.
Jenat f. Jenin —　　　　　1277, 304.
Pieresons —　　　　　　　1267, 478.
Symon —　　　　　1285, 38 = 134.
Thiebaut —　　　　　　　1279, 448.
Waterin —　　　　　　　　1288, 315.
Borgoigne †, dame　　　1281, 639[7, 9].

Borgons, Borgon. v. V. Borgonplanteit.
Yngrant —, f. sg. Abrit Yngrant (v. Yn-
　grans 5)　　　　　　　　1288, 150.
„ —　　　　　1290, 85a, 144, 343, 568.
Jaikemin — P.[1])
ms. ensom Maheu des Aruolz et meis 1251, 147.
er. (PS) por tant com il doit a Thiebaut
Chaneuiere, son srg.　　　1293, 110.
li **Borgons**, lou Borgon 1241/1298, li Bour-
gons, lou Bourgon 1267, 1281.[1])
vg. ke fut —　　　　　　1275, 167.
ms. — sus Pairnemaille　　1281, 176.
Yzaibel fm. — (v. Garnier)　1298, 438.
— d'Airey, ost. en la rue lo Voweit 1275, 462.
— de Montois, Bertrans f.　1298, 485.
Bernart —　　　　　　　　1241, 195.
Domangin —; †　　1262, 160; 1275, 27.
Drowins　　　　　　　　　1267, 218.
Garnier —. d. Ysabel fm.　1281, 294, 442.
Gerardin — de Chastels　　1288, 567.
Gerairt — †　　　　1285, 234; 1288, 40.
Jaikemin — de Chambres[2])　1293, 408.
„ —, ms. en Chambres　　1279, 170.
„ — boulangier de Chambres 1285, 158.
Jaikemins — f. Mahout de Chastels, Thie-
　rias fr. P? v. Borgons　　1288, 270.
Jehans — dou pont des Mors 1281, 348.
„ — de Venemont　　　　1279, 241.
Jehan — ke maint defuers lai porte des
　Allemans, Bertrans f.　　1298, 71.
Mertin —　　　　　　　　1251, 177.
Pieresons — permanteirs　1279, 207.
Renaldin — †, Marguerons fm. 1267, 494.
Steuenins —; Thierias f. 1267, 331; 1288, 455.
Thiebaut —, Jennat de Failley f. 1298, 367.
Waiterin —　　　　　　1269, 216, 217.
Warniers — (v. Garnier —) 1251, 240/242.
Wiart　　[3])　　1279, 116; 1293, 53a, 579b.

---

[1]) *Prost LVIII, 1278* Jaikemin, f. lo
Borgon d'Ancey †, amis dame Richardate,
fm. Renalt f. sg. Arnoult de Porsallis †.

[2]) *De Wailly 254 H (1286)* defuers la
porte an Chanbres … antre la maxon lou
Borgou ke fut et …

[3]) *De Wailly 254, Seite 179 K (1286)* li
fm. Wiairt lou Borgun.

Garniers f. Wiart 1293, 332.
Willemat — 1298, 460.
Willemin — de Montiguey † 1298, 289.
lou **Borgonsel** v. lou Borgancel.
Borgujere 1293, Bourguiere 1278.
    P. [m. e. 1378] [1])
Vguignons — maires d'Outre Muzelle 1278, 1*.
ou ban de Pertes anc. vg. Vg. — 1293, 223.
la **Borguignate,** Odeliate 1269, 202.
lou **Borguignet,** vg. ou ban de Wapey arreis 1290, 590.
Borin 1293, Borrin 1293, 482.
—, lai fm. 1293, 481.
—, Hawiate fm. 1293, 462, 482.
Borjois 1275, 1290, 1293, Boriois 1269.
Aburtins fr. —; de S. Clemant 1290, 374;
Colin —, Wiriat f. 1293, 467. [1293, 481.
Jaikemin — masson 1293, 73a, 456b.
Waterin — f. Wiart de Davant S. Vicent
Waterin — 1269, 491; 1277, 442. [1275, 466.
Borjoize, 1290, 1293, 1298, Borjoise 1293, Bourjoize 1298.
— f. Jaikemenel de Chambres 1293, 639,
— de S. Arnoult 1298, 114a. [659, 668.
— s. Jennin Marcowairt, fm. Thieleman 1290,
Borons, 1277, Borron 1290. [493.
Hanrias — 1277, 327; 1290, 237.
Borrels, Borrel 1241, 1262, 1275, 1288, Borres, Borrez 1269.
Burtemins — 1269, 413; 1288, 538.
Jaikemins — 1262, 408; 1269, 283; 1275,
Johan —, Mathev f. 1241, 193. [95.
Borrialz, Borrial 1269, 1275, 1288, 1293, Bourias 1281, Bourrialz 1285.
    P. [2])
  1. Thieriat —,
vg. en Gyronchamp enc. 1269, 350.
  2. Bertrans, f. Thieriat —,
pb. er. ou ban d'Amanvilleirs 1275, 114.
— Bertrans — pb. ms. a Plapeuille 1277, 148.

---

[1]) *Prost LVIII, 1278* Uguignon Borgniere amis de Renalt, f. sg. d'Arnoult de Porsallis.

[2]) *Bannr. I, LXXIII/IV, 24 = 1298, 9b.* amins de Jehan Kabaie ... Burtemin Borrial; *im zweiten Absatz* Burterans Borriaulz.

ms. devant la court de Fristol (PS) 1281, 426.
  3. Colignons —
pb. t. ou closel a Longeuille 1285, 101.
er. a Cuvrey et a Quent et la moitiet de Prenoit 1288, 225.
lai meite de Saibrie 1293, 306.
Borriel, Thiebat, maior de la confrarie de Plapeuille 1275, 477.
Borrin v. Borin.
Borron v. Borons.
Borsate, preste 1285, 86.
Colins — 1279, 535.
Boscerels, Boscerel 1267, 1275, Bocerels 1262, Bosserel 1285, 1290, Boucherel 1281, Boucheruels, Boucheruel 1267, 1279, Boucherue 1281.
Domangin - 1262, 409; 1267, 140, 513; 1275, 243, 507; 1279, 389; 1281, 82;
Howignons - 1267, 356. [1290, 520.
Poinsignou de la Nueue ruwe 1281, 228.
—, ost. en Anglemur [1]) 1285, 273.
Bosceron 1278, Bosseron 1288.
Martin — 1288, 83.
Werneson — 1278, 623.
Bosse 1275, 1278, 1279, Bousse 1279, 237.
Ancillon — 1275, 331; 1278, 53; 1279, 237.
dou Waide 1279, 53.
la **Bosse.**
Peskate fm. Poinsignon - de Briey 1288, 573.
Bossel v. Boucelz.
Bosserel v. Boscerels.
Bosseron v. Bosceron.
Bossonmeis, Jennas 1267, 360.
de **Bossonville,** ms. (PS) 1262, 33.
  v. IV Bouzonville.
lo **Bossu,** lou **Bossut** v. li Bossuz.
la **Bossuwe.**
Jakelo lou marit — 1290, 514.
li **Bossuz** 1269, lou Bossut 1269/78, 1281, 1290, 1298, lo Bossu 1267.
Bertemin — 1267, 194.
Garsat — 1278, 453.
Gererdat — 1298, 419.
„ — chafornier de Grixey 1290, 415.

---

[1]) *Prost LI (1259)* Domangin Bouserel lou naitenier, ms. en Anglemur.

Hanriat — masson, Armangete fm. 1298.
Huygnons —   1269, 202. 319. [197.
Jennat — de Maizelles   1281, 231[10].
Siguisson —   1275, 382.
Weiriat —, fr. Hanrekel †, de Montois, ki fut de l'alluet Bauduyn Mairasse 1277, = Weiriat — bergier 1278, 293. [314.
Botars, Willames, de Chastels 1298. 597.
Bote, Colins   1245, 114.
Symonins — de Bouxieres f. Wiairt de l'Aitre †   1293, 496.
Botons v. Boutons.
la **Bottelliere** v. la Bouteilliere.
Boubance, Jehan   1298, 456.
Boukaice, Sybiliate, de Franconrue 1298, 379.
Bouke, Piereson   1298. 649.
Boukechegne 1267, Boukechaingne 1281.
Jennin —; de S. Julien 1267, 4; 1281, 350.
Vguin f.   1281, 350.
Boucelz, Boucel 1245, 1269. 1285. Bossel — 1269, 144. [1281.
Bueuelas —   1285, 128a.
Colignon —   1281, 445.
Johan —   1245, 218.
Boukelz, Boukel 1262, 1267, 1277, 1279, 1288, 1293, 1298, Bokel 1241, 1251, 1269, 1288, 1290.
2. Jennat — de Maixieres 1293, 685.
Odelie de Maigney f. Jaikemin — † 1288,
Poincignons — de Maigney 1293, 456. [379.
Ruecelin — de Maignei. Maitheu fr. 1298,
Maitheu —, Gueperate fm. 1279. 300. [541.
3. Colin — confrere de la confrarie des chadeleirs de Mes   1298, 193.
Jennat — cordeweneir de Staixons 1288,
Jennat —, ms. en Staixons 1267, 317. [191.
Jaikemat — potier   1262, 162.
Colins — taneires de Chaponrue 1277, 65; 1288, 158; 1293, 40.
P? [Bouquelz 1250 SM]
1. Symonin —,
ms. en Chieuremont   1241, 124.
ms. en Chambres   1269, 2; 1290, 286.
Poinsate f., pr. desous Eurecort 1290, 267.
2. Adan —,
ms. (OM) doit 20 s. la fm. 1251, 249.
3. Jennin —,
17 s. ms. (PM)   1269, 368.

4. Aurowin — †, Roienate f.,
pb. pour sai waigeire sus toutes les censes ke li abbes et li covans de S. Auol ont en Mes et en bors de Mes por les 10 lb. de pension toute sai vie   1290, 438.
Boucenin, Pierixel   1269, 228.
Boukerels 1275, Boukerelz 1281, Boukerel 1269, 1277, 1279/88, 1298, Boukerey 1290, Bokereit, Bokeres 1269, Bockere 1278.
—, ms. outre Maizelles   1277, 355.
—, ms. en Maizelles   1279, 230.
—, t. ou ban de Maignei   1288, 404.
—, Jakemin et Jennat f.   1269, 389.
Jakemins —   1269, 62.
Hanrion —, Alizate f.   1269, 206.
Jenas — et Ailexate sa s., Jaikemin lor fr.   1277, 273.
Jennat — et Ailesate s.   1278, 276.
Jennat — 1277, 86; 1281, 64, 459; 1285, 379; 1288, 175: 1290, 464a; 1298, 450.
Waterins —   1275, 441.
Bonkeson v. Bokesons.
Bouchart 1251, 1269, 1278, 1281, 1298, Bouchairt 1278. Bochars 1245.
—   1245, 142, 143.
—, ost. en Chieuremout   1269, 13.
— †, Colatte fm.   1251, 66.
—, Gerardins j.   1278, 452.
—, Renaldins f.   1278, 656.
Renadin —, Abillate fm.   1298, 592.
Jakier —, Alixons fm.   1298, 322[10].
Weriat — †, ms. a Dornant[1]) 1281, 639[4].
Sufiate f. — de la Fosce 1278, 563, 658.
Bouchas, Bouchat 1267, 1277/79, 1285/98, Bochas 1262.[2])

---

[1]) *Prost XXI, 1233* Weriat Bouchart, ms. a Dornant *etc.*

[2]) *Die Namen* Bouchas *und* Bouchate *sind nicht gleich. Man will sie unterscheiden, 1290, 187a hat der Schreiber das e hinter* Thierias Bouchat *ausgekratzt, aber die Namen werden doch verwechselt.* Goudefrins *und* Thierias *sind bald* Bouchas, *bald* Bouchate *genannt, ebenso* Jennat *und* Pierexel *neben* Bouchate *auch* Bouchat. *Der Schöffenmeister von 1393 heißt* Wiriat Bouchatte.

I. Personennamen   Bouchate–Boucheruel

Hanriat — 1278, 29.
Hanrion —, Margueron fm. 1267, 304.
Jaikemins — 1293, 382ᵇ.
Jennat —, Ailexon lai telleiro dou Quertal f. (v. Bouchate) 1290, 198.
Jennin — 1279, 492.
Matheu — 1279, 492.
Pierexel —, Katerine f. (v. Bouchate) 1290, P? [488a.

1 Garserions — 1262, † 1285

2 Goudefrins   3 Pierairs   4 Thierias
1278/98   1278/93   1285/98

1. Garseirias -
pb. ms. a la porte en Maiselles 1262, 342.
= Garserion —,
9 s. vg. en Herbertclos 1277, 268.
pb. vg. outre Saille 1279, 86.
vg. au Chauteclairrowelle fait a moitiet de G. — 1279, 424.
2.—4. Goudefrins et Thierias et Pierairs, anf. G. — †,
pb. t. ar. ou ban de Pertes, Maigney et Grixey, vg. ou clos 1285, 464.
Goudefrins — et Pierairs et Thierairs, sui dui fr., pb. gr. et res. (PS) 1285, 444.
2. Goudefrins —
et Ydate dou Waide pb. por 1278, 488.
pb. vg. a la barre (PS) 1290, 238a (164).
pb. vg. an Herberclos, 6¹/₂ d. ms. (PS) 1290.
pb. vg. en lai Bretelle (PS) 1293, 52. [238b.
= Goudefrins Bouchate, a lai porte u Maizelles anc. G. — 1290, 492a. [1293, 543a.
pb. vg. en Mallemairs ou clo de Maigney
pb. vg. ou Cuignat an Culloit 1293, 543b.
pb. er. ou ban d'Airs et de Chaigney 1298, 123.
3. Pierairs, f. Garserison —,
pb. vg. outre Saille a chamin 1278, 306.
= Pierairs —
pb. er. ou ban de Pertes 1293, 98, 277.
4. Thieriat, f. Guercerion d'Outre Saille †,

Aber von den unten aufgezählten Bouchate kommt kaum einer als sein Vorfahr in Frage, von den Bouchat höchstens Garserions und seine drei Söhne.

chakeur a Nowesseuille doit 20 s. 1293, 363a.
= Thierias — pb. 2 s. 2 ms. en Maizelle 1290.
pb. 2 s. ms. ou Waide 1290, 187b. [187a.
pb. vg. outre Saille an Culloit 1290, 437.
pb. 8 s. sus son jornal de vg. en lai Corte Roie 1298, 550.
pb. 9 s. vg. sus Maizelles, Gererdin Repignei, son srg. 1298, 119.
· Thierias — pb. vg. outre Saille anc. lui meymes 1288, 38.
= Thierias Bouchate, vg. a Poimont dezous lou Chauol de Pertes 1285, 210.
pb. vg. sus Maizelles anc. sai vg. 1288, 156.
Bouchate (v. *Anm. zu* Bouchas).
les oirs —, ms. a Quartal 1281, 274.
Pierexels aveles ·, ms. a la Posterne 1267, ms. au Kartal 1269, 201. [401, 403.
Pierexels · 1269, 425; 1281, 433.
„ — telliers ke maint a Quertal 1293, 72.
· tellier. Jaikemate sai srg. fille Wirion lou mairexal † 1298, 38.
Jennat — fr. Pierexel 1281, 433.
„ —, ms. a la Pousterne 1262, 60.
„ — dou Quertal 1275, 369.
„ —, ms. et cort (PS) 1277, 322.
Drowins   j. Werion lo mairexal, ms. au Quartal 1267, 376.
· Drowin le talier. Alison. Thiebaut, Ysabel, Lorate, Jakemate, Ameline les enfans 1269, 238.
= anf. Drouyn (ms. au Kurtal) 1269, 201.
· Drowin lou telleir dou Quertal †. Ailexon, Yzaibel, Jaikemate Damaie, Lorate anf., Jaikemate f. Wirion lou mairexal † srg.
Pierexel lou tellier(fm. Drowin?) 1293, d. Aleit 1267, 239; 1269, 238. [38.
Jennins   boulangiers f. d. Aleit —, fr. Amelinne 1267, 239.
Jennin — 1267, 432; 1279, 507.
Coliguon ·, clarc, maior de la chiese Deu de Nostre Dame a Chans 1281, 346.
Felippin   clerc 1267, 372; 1279, 433.
Philippin —†, Hanriat, Sebeliate enf. 1298, 91.
Goudefrins   (v. Bouchas 2) 1290, 492a; 1293, 543; 1298, 123.
Thierias - (v. Bouchas 4) 1285, 210; 1288, 156.
Boucherel, Boucherue, Boucheruel v. Boscerels.

Bouchiers, Hanrias, j. Euriat lou saiblier
Boukins, Boukin 1262, 1275, [1281, 69.
1278/79, 1288, 1298, Bokin 1275, 1278.
   P. [Bouquins 1250 SM]
   [sr. Thiebault Boucquin m. e. 1309]
1. —, 40 s. halle des viesceis en Chambres
                              1262, 144 b.[1])
— de Chieuremont pb. vg. a Longeville 1262,
dev. l'osteit (PM) ke fut — 1275, 19. [83.
er. ke fut — et d. Colate, sa fm., (OM)
venus conseuwant Ferriat Chielaron
de part sa fm.   1279, 156.
er. (OM) ke Jennas Fakenels tenivet de
part Anel, sa fm., por son doware, ke li
vient de pair —   1278, 639.
sr. Wathiers li Lous pb. chak. a Longeville
ke fut —, son seur   1278, 589.
2. Joffrois —,
vg. ou clos les Rines (OM)   1275, 441.
vg. - ou ban de Longeville enc. J.   1288, 534.
t. ar. en Hem, vg. en lai coste dou mont
S. Quintin daier Longeville 1298. 296 = 350.
Boucley, Boucleir.
Colin — taillor   1288, 306.
„   — taillor dou pont Renmont 1288, 134.
Boudas, Boudat[2]) 1245, 1267, 1277/81, 1290.
1298, Bodas 1298, 390.
—, sus lo four   1267, 180.
— boulangier (v. Thomescin)   1278, 611.
Colin —, Vaucent ·srg.   1245, 255.
Hanriat —   1279, 352.
„   — wasteliers   1281, 300.
Jennat —   1277, 412.
Symonas — taneires   1298, 153.
  „ — tenneires d'OM   1298, 100.
  „ — tan. de S. Vincentrue 1298. 390, 488.
Thieriat — munier   1290, 341.
„   —   1298, 266.
Thomescin — bolangier   1267, 449.
Bouderne, Boudernee.
Steuenin —   1279, 522.
Odewain f. Steuenin —   1279, 360.

---

[1]) *Prost XXXIX. 1249* ms. en Saunerie
doit a Bokin III maillez chalongez.

[2]) *De Wailly 254 (1286)* Houwignon Boudat,
Clomansate fm.

lou **Boudre,** Jaikemat et Bellenee, sai fm.
                                  1290, 215b.
Boufas, Boufat 1269, 1278, 1279, 1288, 1290,
1298, Bousfaz 1267, Bofas, Bofat 1279, 1293.
   P.
1 Jakemin — dou Champel 1269
2 Aubertins — 5 Burtremins — 1269/1288
   1269/1298   Poinsate f. Nicole Coulon fm.
                                  1269
3 Jaikemin 4 Colignon   ?
   1290   1290   Perrin j. Aburtin 1290

1. Jakemin — dou Champel 1269, 237, 444.
2. Aubertins, f. J. — dou Champel,
pb. por lui et Matheu Rognenel 2 st. en la
   nueve halle au Kartal   1269, 237.
— Aubertius — pb. 5 s. ms. et meis, qu'il at
acquasteit a Margueron, sa t. 1267, 201.
et Burtemins, ces fr., pb. vg. en Martinchamp
et a Terme et a Tornelles (PS) 1278. 505.
pb. 10 s. ms. ou Champel   1278. 506.
pb. vg. an Mertinchamp   1279, 269.
pb. vg. en Mertinchamp et a Terme et a
   Tornelles   1279, 270.
pb. er. entre Molins et Longeuille en vg.,
chans, ms., maix. et meizes   1279, 322.
pb. 1½ st. au lai halle an Vesignuelz et
½ st. au lai halle an Chambres 1288. 381.
ou Halt Champel anc. l'ost. A. — 1290, 445.
en Cons anc. vg. A. — (OM)   1298, 170b.
anc. lou puix outre Saille ou A. — maint
3. 4. Jaikemin, f. A. —, et [1298, 105.
Colignon, sou fr., et Perrin, lour srg.,
ms. ou Champel   1290, 419.
Perrin, j.A. —, t. ou ban de Mairley 1290, 415.
5. Burtremins, f. J. — dou Champel,
pb. 10 s. ms. en la rue de l'ospital des
Alemans et 12½ s. 4 ms. a darien de
Chaponrue, ke li viennent de par l'oin-
sate, sa fm., f. Nicole Coulon 1269, 444.
Aburtins — et Burtemins, ces fr., 1278, 505.
Burtemin — dou Champel, t. ar. an Corche-
bueſ (PS)   1288, 192.
Boulaice, Boulaise v. Boulesse.
Boulepouxon, Boulepoxon.
Gerardin —   1298, 13.
Richerdin —, Gerardin f.   1298, 35.
Boulesse 1288, 1290, Boulaise 1288, Boulaice
1298, Bolesse 1281.

Jenat — d'Alexey 1281, 378.
Colins Muzairs et Jennas — et Renadin, sui II fr., li III f. Jaikemin lou maior d'Allexey †, 1288, 127. [1290, 246.
Jennas — maires d'Erkancey 1288, 128, 342;
„ —, Burtrans Clairanbaus et, li II maistres de la frairie de l'ospital d'Erkancey 1298,
Boullande v. Bolande. [372.
Boullate, sr. Joffrois, chanones de S. Piere a Cous 1293, 14.
lou **Bourdenel**, ms. a Molins 1269, 138.
Bourgans v. Borgans.
li **Bourgons** v. li Borgons.
Bourguiere v. Borgujere.
Bourias v. Borrialz.
Bourjoize v. Borjoize.
Bouroi, Steuenin, de Valieres 1269, 192.
Bourraiche, Paiviate, de Chaillei 1285, 348;
Bourrialz v. Borrialz. [1285, 320c Anm.
Bousaie v. Bouzaie.
Bousfaz v. Boufas.
Bouson (v. IV. Bouzonville, V. Bouzonmairt). l'ostel — (OM) 1267, 503.
Bousse v. Bosse.
Boutecorroie, Mahout 1267, 153.
Ottin j. Aburtin — † 1285, 329.
Bouteden,[1] Godefrin 1293, 69. [1290, 460.
Goudefrin — de lai Vigne S. Auol 1288, 451;
„ — tenneires de lai Vigne S. Auol 1285, 168;
Pierexel — 1281, 5, 412; 1288, 433. [1290, 450.
Heilouwate s. 1281, 241.
Boutefeu.
Garsat — de Siey 1290, 322.
Thieriat — 1290, 468.
la **Bouteilliere** 1251, la Boutiliere 1262, la Bottelliere 1251.
—, ms. (PM) 1251, 71; 1262, 138.
Poencignon — 1251, 148.
Boutons, Bouton 1262, 1269, 1281, 1285, 1290, 1293, Botons, Boton 1269, 1277, 1281. (v. V. Boutonviguuele).
— li muneirs, ms. devant Longeteire 1281, 175.
Jennas — f. Besselate de Ruxit 1293, 365.
Waterin — 1262, 323.

---
[1] Boutedeu 1281, 5, 241, 412, 1285, 168 *ist zu ändern in* Boutedeu.

P.
Nichole Barbe 1227 = ? Nicolle dou Puix 1241
1 (Colin) Bouton 1269/1290 fr. sg. Huon Barbe
= ? Colin — l'avelet Nicolle Judes 1281
2 Colignon = ? l'aivelet sg. Nicolle dou Puix? 1281 1281
1. —, outre Saille enc. l'ost. 1277, 339.
= Colin —, fr. sg. Huon Barbe (v. Barbe 5) et Weriat 1269, 94, 239.
vouerie dou ban d'Espainges 1262, 172.
ms. outre Saille 1285, 408b.
— Colin — d'Outre Saille, t. en Hem 1290, 38.
= ? Colin —, l'avelet Nicolle Judes †. 70 s. ms. a Quartal. 12 s. 8½ d. ms. an Chaipelerruwe 1281, 274.
2. Colignon, f. Colin —,
25 s. et maille ms. a tour dou Waide 1281, 413.
— ? Colignon —, l'aivelet sg. Nicolle dou Puix. 24 s. ms. ou Champel. 18 s. 3 d. 4 ms. an la ruelle Canelle 1281, 269.
= ? Collignons d'Otre Muselle pb. ms. a la creux otre Muselle 1290, 553.
vg. ke fut — an Bairennes (OM) 1285, 118b.
Bouvairt 1281, 1293, Bouuart 1269, Bovairs 1277, Bouairt 1277, 1298.

P.
Thomessins —,
vg. a tiers meu (PS) 1277, 43.
Marguerate fm., t. a Belvoit 1281, 447.
= Thomessin de Maizelles †, Marguerate fm., pb. vg. an la Corte Roie de Rollanmont 1293, 472.
= Thomassin d'Outre Saille, t. en la fin de Grizei 1269, 199.
Maitheu, f. — deVesignuelz †, arg. Maitheu l'Erbier 1298, 204.
Bouvas v. Bouas.
Bouvel 1277, 1290, Bouwel 1290, Boues 1275, Boueiz 1269, Bouels 1279, Bovel, Bowel 1277.
Bertremins — 1269, 448.
Colignons 1275, 40.
Howillon de Felieres, Ancillon f. 1277, Simonas 1279, 324; 1290, 173. [144 (150).
Simonin — 1277, 332.
†, Abillate fm. 1277, 308.
lai fm. 1290, 209.
Bouvenat 1285, Bouenat 1288.

5

Bouues–Brasdeu

Hauriat —, Hawiate fm. 1285, 54 ³.
„ — boulangier 1288, 182.
Bounes v. Bouvel.
li **Bouwas** v. lo Bouat.
Bouwel v. Bouvel.
Bouxenas, Ancillons 1281, 327.
lai **Bouxenerasse.**
Hawiate f. Abillon — 1290, 200.
Bouxons, Bouxon 1267, 1281, 1288, 1298, Boissons, Boisson 1241, 1278, Boixon 1275. (v. V. Bouxonvigne).
—, er. en la fin de Sanrey 1288, 343.
Martins — espiciers 1277, 401.
P.
  1. Ansels — maires d'OM 1241, 56 ᵐ.
  2. Garsas — (P?)
doit 14 s. sus sa ms. (PS.) 1267, 369.
t. ou ban de Quencey 1275, 347.
et sa fm., 2 s. ms. ou Waide 1278, 56.
Jennate, f. G. —, ms. ou Waide 1298, 475.
  3. 4. 5. 6. Allexandre — (P?), Lowiat, Perrenat, Theiriat, Gueperate auf. vg. an la Pretaille (PS) 1281, 31.
Bouzaie 1293, 1298, Bousaie 1298, 245.
Maitheu — 1293, 483.
„ — de S. Clemant, Suffiate fm. 1298, 245,
Bovairs, Bouairt v. Bouvairt. [478, 492 b.
Bouas, Bouat 1275, 1277, 1288, 1293, Bouvas 1262.¹)
 — fr. Abillate 1275, 220.
 — et Symonas fr., Hodiate lor s. 1262, 361.
Aberon — de Maigney 1293, 535.
Domangins — de Longeuille 1288, 539.
Matheus — et Marguerite sa s. 1277, 442.
lo **Bouat** 1267, li Bouwas 1285 (v. lo Bauat).
Jehan — 1267, 123.
Jenas — 1285, 120 ⁴.
Boueiz, Bovel, Bouels v. Bouvel.
Bonenat v. Bouvenat.
Bouetel, Willemin 1290, 540.
Willemin — frutier 1269, 478.
lai **Bowe,** Martin 1290, 469b.
Bowel v. Bouvel.

li **Box** v. Boix.
Bradel, Buevelat, d'Amanvilleirs 1293, 598.
Bradeu v. Brasdeu.
Braikillon, Aburtin, de Ste Rafine †, Yderon fm. 1288, 160.
Braidaie, Collate 1298, 430.
Braideu v. Brasdeu.
Braie, Jennin, de Longeuille 1267, 255.
lou **Brais,** Melat 1290, 238b.
Braisdeu v. Brasden.
Bramant†, Clemansate fm. Renadin 1293, 228.
Brasdeu 1267, 1269, 1285, 1293, Bradeu 1288, Braisdeu 1278, 1298, Braideu 1288, 1290.
P.
[1386 Braidy, brainche de la Court, Jeurne.]
1 Colin — 1267, 1269 = Nicolle — ¹) † 1288

2 Abers —	Bietris 4 Gerart — 5 Burterau
1269/88	Odeliate 1269/1290 1278
	Tiguienne Marguerite
	fm. 1288 1285/88

3 Colignon	6 Abertins —
1293	1278

  1. Colin —,
ms. devant la Triniteit 1267, 337.
outre Saille ensom l'ost. 1269, 239.
= Nicolle — †. Bietris et Odeliate f., pb. 12 s. 2 ms. en Hulouf 1288, 196.
Odiliate et Marguerite et Bietris, s. Aubert —, er. en Vals 1285, 524.
  2. Abers —
pb. ms. Colignon Mauglaiue (PS) 1269, 94.
er. en Vals 1285, 524.
Hanrias, f. sg. Abert de Champelz, et Regnillons li Bagues pb. por Abert — et Tiguienne, sai fm., vg. ou ban de Pertes 1288, 202.
14 s. vg. outre Saille 1288, 493.
ms. en lai rowelle a Poncel 1298, 252.
  3. Colignon, f. Abert —,
gr., chak., vg., t., jard., ²/₂ meu de vin en

---

¹) *De Wailly* 226 (1282) per lo crant de freire Jehan Bovat ki a jor estoit maistres de l'ospital an Chanbres.

¹) *De Wailly* 171 (1276) Et cest vandaige (20 s. 6 d. et 2 chapons ms. outre Saille a Nuef pont) ait fait Nicolles Braideu per lou crant de Aubert et de Girairt et de Bertran ces III filz.

Vals 1293, 170[18].
4. Gerart —,
pr. ai Awygneit 1269, 468.
pb. ms. a Porte Serpenoise 1290, 427.
5. Burteran - et sa fm.,
ms. en la Vigne S. Auol et t. devant la Belle Stainche 1278, 457.
6. Abertins —
pb. tavle en Nues Chainges 1278, 471.
Bredart 1251, Bredairt 1290.
la fm. —; les hoirs — 1251, 208; 1290, 182.
Bredins, Jenas, de Maigney 1277, 300.
Brehairs, Jehans, clers 1288, 265.
Brehel.
Abriat —, ms. ou Waide 1285, 60.
Simonin — covresier 1275, 205.
Symonin , Jehan f. 1290, 60.
 Leudins j. 1285, 60; 1290, 60.
 Abrias li corvexiers j. 1290, 60.
P.
1 Willemin — 1241/45 = Willame 1269, 1277
2 Poinsignon 1269, 1279, † 1293
3 Willemin — 1275/1293 Lorate † 1281
= Willame f. — 1277

la rue — (PS) 1241, 103.
davant l'ostel — (PS) 1241, 162; 1277, 50.
1. Willemin —,
ms. en Chapillerrue 1241, 174.
ms. davantl'ost. sg. MahevJoMercier 1245, 111.
= Willame —, ms ke fut (PS) 1277, 343.
2. Poencignon († 1293, 188), f. Willame —,
vg. en Senenval (PM) 1269, 33.
= Poinsignon —, grant et pet. ms. (PS) 1279,
3. Willemin, f. Poinsignon —, [248.
14 s. ms. (PM) 1275, 310.
ms. ke fut Poinsignon — (PS) 1277, 96.
et Lorate fm., 11 s. 2 ms. per devers S. Gengout 1281, 219.
tout l'er. a Choibey et ou ban . . . en baus, justices, signeraiges, ch., pr., bolz, rantes *etc.* 1293, 188.
= Willame, f. —, 10 s. ms. ensom Boucherie (OM) 1277, 156.
= Willemin —, 15 s. ms. en la Nueue rue 5½ s. ms. (PS) 1277, 295. [1275, 364.
chak., ms., vg. a S. Martin 1278, 625.
ms. devant lou pont a S. Julien, vg. 1290, 330.

15 d. ms. en la rue lou Uoweit 1293, 179.
17 d. pr. ou ban de Plappeuille 1293, 179.
Brehier 1275/78, 1293, Brihiers 1269.
li fm. — 1277, 195.
—, ost. eu Anglemur 1293, 138.
Filipin — 1275, 244; 1278, 156.
„ — fornier 1278, 21.
Jennat — 1277, 458.
Jenas — boulangierz 1269, 140.
=Jenas Buhiers, st. en la halle des boulangiers 1275, 423.
lou **Brshon,** Jennat f. Arnout 1285, 410.
Bresaie 1288, 1290, 1293, Bresee 1269, Brezeie 1293, Brezee 1288, Brisee 1275, 1279, Brizee 1281, 1288, Brizaie 1288, 1298.
Colignon — 1288, 521, 553.
„ f. Jaikemate — 1290, 16.
d. Jaikemate — 1275, 112; 1279, 181.
„ — et Lowias f. 1293, 381.
Jehans - draipiers de Rimport 1288, 57.
Jehans — 1288, 140; 1293, 140, 672; 1298,
Theirias — massons 1281, 397. [33, 34.
Wauterin — 1269, 223.
Briate.
— f. Doreit de Porte Muzelle, 2. fm. Thiebaut de Moielain 1279, 103.
— f. Stenenin de Chastels 1288, 243.
Arnout 1285, 385.
 Colignon Chielairon f. 1285, 93.
Lambelins — et Jennate fm. 1285, 93.
Jennate fm. Lambelin † 1290, 457b.
Pierexel —, Mahout fm. 1277, 274.
Brikenie, Auroyn, de S. Julien 1269, 190.
Brichambaus 1262, Brichanbal 1267.
Jennins — 1262, 110.
Jehans — de Lorey 1267, 135.
la Briche. [1281, 113.
Goudefrins f. Jaikemin — de Longewille †
li **Brichelz,** Jehans, de Longeville 1293, 647.
Brie, dame 1285, 103, 258.
Symonas Facolz f. d. 1293, 99.
Briey (v. IV).
Werion — de Maranges 1290, 276.
Brihiers v. Brehier.
Brillairs v. Bruillairs.
Brisechamia, Brisechemin v. Brixechamin.
Brisee v. Bresaie.
Briselatte 1251, 1267, 1269, 1278, 1279,

5*

Brisepain–Brokairs

Briselate 1262/1275, Briselaite 1281, Briselette 1279, Briselete 1277, Brixelate 1290, Brixelaite 1288, 1290, Brixelete 1285.
Bertremin —   1269, 406.
Colin —[1])   1251, 55; 1269, 55.
Lowyon —   1269, 80.
Thierias —1267, 388; 1275, 53, 414; 1277, 265, 266; 1278, 437; 1279, 431, 470; 1281, 452; 1285, 195, 206; 1288, 26; 1290, 174, 466.
Werion —   1262, 183.
Brisepain 1241, 1251, 1262, 1267, 1278, 1279, 1281, Brizepain 1269, Brixepain 1267, 1279, 1285, 1298.
P.
[Guercire Brisepain m. e. 1204][2])
1 Ferrion — 1241
2 Vgon — 1251 [1250 PS]
3 Colignon — 1262, † 1298

Anel	Clemensate	4 Colignon
1298	1298	1298

5 Thierias — 1262/1269 ⌣ d. Anel 1278/1281
= sg. Thierit — 1285, 1298 [m. e. 1266]
6 Simonat — 1279/1285 ⌣ Bietrit 1281

1. Ferrion —, oirs,
vg. a l'antreir de la ruele de Perte 1241, 15.
2. Vgon —,
roelatte devant l'ostel (OM)   1251, 67.
3. Colignon —,
gr. a Pontois   1262, 347.
4. Anel, Clemansate, Colignon, enf. C. — †, 16 s. ms., 5 s. et 5. ang. vg., 12 d. et 10 d. (PS)   1298, 545.
5. Thierias —
pb. 12½ s. ms. (PS)   1262, 47.
pb. por les hoirs Symonin de Pargney 1262, pr. (PM)   1262, 258. [100.
pb. 2½ meues et 2 seat. de vin vg. a Croney   1267, 181 = 437.
pb. 2 ms. (PS)   . 1269, 231.

---

[1]) *Bannr. I. LXXIX, 27 (1275)* 9 s. ke Colins Brixelaite avoit sus une maison an la ruwe a Poncel.

[2]) *Prost XIX, 1232* four a Porsailliz ke fut Rose, fm. Thierrit Brisepain.

I. Personennamen

= Thierit —, ensom l'ostel (PS) 1267, 454.
= sg. Theirit —, vg. a Cronney 1285, 53.
an S. Martinrue antre ms.   1298, 415a.
d. Anelz fm., quant ke ou ban de Pontois pr. et t. dezour Vallieres 1279, 199. [1278, 75.
ms. en Chaipelerruwe   1281, 274.
6. Simonat —,
9 s. ms. enc. S. Jorge   1279, 122.
vg. a Cronney   1285, 53.
et Bietrit fm., pr. ou ban de Fremeicort
Brixebras   1293, 325. [1281, 612.
Brixechamin 1279, 1281, 1285, Brisechamin 1278, Brisechemin 1262, 1267.
P.
1 Adan — † 1262 ⌣ d. Aleit 1262/1281
2 Hescelos 3 Colins — ? ⌣ Mateu fr. Burtignon Wiel 1281
1267, 1278   1281/1285
= Colignon — 1281
1. Adan —,
ms. an Chambres   1281, 389.
d. Aleit, fm. Adan — †, ms. as Roiches gr. as Roches   1279, 185. [1262, 157.
seure Matheu, fr. Burtignon Wiel 1281, 357b.
= la fm. —, enson la grainge (PM) 1267, 179.
2. Hescelos, f. Adan —,
pb. por d. Aleit, sa m., er. (OM) 1267, 255.
vg. a Longeuille, tiercerasce S. Pou 1278, 186.
3. Colins —,
10½ s. ms. sus Muzelle   1281, 182.
4 s. ms. ou Veueit et ¼ ms. as Roches… por teil avenant com C. — doit des dates ke d. Aileit, sa m.; dut a Burtignon Wiel   1285, 341.
= Colignon —, vg. ou ban de Syei desor Lougeville   1281, 113.
Brixelaite, Brixepain v. Brise ….
Brizaie v. Bresaie.
Brizepain v. Brisepain.
Brokairs, Brokairt 1275/1285, 1298, Brocairt 1298, Brokart 1275, 1278, 1285, Brocart 1262, Broukairt 1278, Broucairt 1278, 1279, Brouscairs 1275, Broscars, Broscart 1241, 1251, 1269, Borcairs, Borcairt 1285/1298; la Broskarde 1275, 136, la Broucairde 1278, 459.
1. —   1262, 299.
Symonelz et —   1293, 86.
Juikemate fm. — †, Jennat f.   1279, 358.
2. —fr. Howignon de Chaistillons 1281, 398.

Brochas—Bruenne

— de Chastels 1285, 540.
— f. lai Roine de Sanrei 1290, 480.
3. — arsenor 1285, 177a; 1288, 321.
 de Rimport †, Abillate fm. 1298, 216.
— bollangiers (v. 4) 1241, 200; 1278, 35.
— cordewanniers de Sanrey (v. 2) 1285, 198.
— corvexier d'Orons 1298, 80.
4. — Haise 1275, 294.
— Haize boulangier de Rimport † 1278, 34. *P.*¹)
1 Jakemin — 1251, † 1278 ? Jaikemate 1279

Perrate 2 Jennat — 3 Perrins — Mathiate
 1278 1269, 1279, † 1298 1269 1279 fm. Gillat 1269
Izaibels de Nancey 1298

Yzabel la Broskarde, seure Willemin Bazin
— la Broucairde 1278 1275

1. Jakemin —,
½ ms. en la Draperie 1251, 116.
 Perrate, f. J. — †,
vg. ou clos S. Laidre 1278, 495.
30 s. ius. ou Champ a Saille 1278, 524.
 Jaikemate, fm. — †, et Jennat f.
ms. (PM) 1279, 358.
2. Jennat — †, Izaibels de Nancey f.,
pb. vote sus lou Mur 1298, 459.
3. Perrins —
pb. por lui et Jennat fr. et Mathiate s. et
 Gillat srg. 2 s. ost. daier Ste Glos-
 senain 1269, 447.
pb. vg. ou ban de S. Julien ke venrent con-
 suant Willemin Bazin de pair d. Yzabel
 la Broskarde, sa seure 1275, 136.
pb. ¼ ms. en Visegnuel et 15 s. 1275, 204.
pb. vg. sus Moselle 1275, 317.
3 pairs de la ms. la Broucairde en Visig-
 nuel 1278, 459.
vg. dezour lou poncel sus Muzelle 1279, 377a.
Brochas, Brochat.
Burtemas — 1293, 204¹⁶, ⁴⁶ = 284, 349¹⁶, ⁴⁵.
Forkignon — 1288, 83.
Brotefort, Jennas, vieseirs 1290, 327b.

¹) *De Wailly 18 (1240)* Hues, kuens de Lineivile, doie a Jakemin Brokart et Abertin des Aruols, citens de Mes, $\frac{XX}{VIII}$ livres de mecens.

Brolairs, Jennas, d'Ars (OM) (v. Bruillairs)
Bronvalz, Bronval (v. IV). [1290, 119.
Hennelolz f. — de Hencanges 1293, 249.
Pieresons — 1277. 382; 1290, 428.
 „ — chaivrier, Yzaibel fm. 1298, 355.
la **Broskarde** v. Brokairs *P.* 3.
Broscars, Broscart v. Brokairs.
Brou, Thielemans, meutiers 1275, 158.
= **Brouc,** Thieleman 1285, 13.
la **Broucairde** v. Brokairs *P.* 3.
Broukairt, Brouscairs v. Brokairs.
Bruainne v. Bruenne.
lou **Bruant,** Theiriat, de Nowesseville, Co-
 lins f. 1277, 176.
Bruke, Jennat 1298, 238²⁰.
Brucelet, Jennat 1298, 538b.
Bruee 1293, 1298, Brue 1251.
Colin —, hoirs 1298, 519.
 „ — et Thiebas ces fr. 1293, 684.
Piereson —¹), ms. la f. 1251, 7.
Bruenne 1262, 1290, 1293, Bruainne 1278,
 1279, 1281, 1290, Bruyune 1279, Bruyne
 1251, 1275, Bruine 1262. *(Frauen- und Fa-
 miliennname).*
— fm. Jakemin Brullin † 1279, 468.
P.
1 Jennins — (d'Aiest) 1251, 1262
= ? Jennecat — 1278 = ? Jehan — 1262/93
 Ysabel 1278 Wiborate 1281/93
2 Jehan — chanones de ND. lai Ronde 1293

1. Jennins —
pb. t. outre les Eires et t. ou ban d'Escey
pb. t. ar. ou ban d'Acey 1262, 78. [1251, 246.
= Jennins — d'Aiest pb. ms. en Glatinei-
 rue 1251, 85.
= ? Jennecat —, Ysabel f., 4 s. gr. et t.
 a Wapey 1278, 334.
= Jehan — † 1293, 18.
ms. a Ciey, vg. ou mont S. Quointin, vg.
 enson Jehanvigne 1262, 413.
en Aiest anc. ms. 1279, 363a (1293, 15a).
enc. Jehan —, t. (OM) 1290, 516. [148.
en Aiest ensom ms. les anf. Jehan — 1275,

¹) *Prost IX, 1226* Pierisson Bruye de S. Juliayn et sa fm. Odelye.

Bruesaude–Brullevaiche   70   I. Personennamen

entre meis les anf. — (PM) 1293, 394.
Wiborate, f. Jennin . et Filipins Filio pb. vg. en Frieres 1281, 604.
= Wiborate, f. Jehan —, vg. ou ban de Vallieres 1290, 322a.
vg. ens Allues deisai Chaistillons 1293, 18.
= Wiborate lai Vadoize, f. Jehan —, ms. ke fut Jehan — en Aiest et grant meis daier 1293, 15a.
en Briey deleis vg. — (OM) 1279, 522.
2. Jehans , chanones de Nostre-Dame lai Ronde, tout l'er. a Uermicy et ou ban, ms., gr., jerd., ch., pr., vg., meises, bolz 1293.
Bruesaude, Bruesandel v. Brusadel. [190.
Brufadelz *(verschrieben für* Brusadelz?)
Thierias — † 1290, 138.
Bruillairs 1285, 1290. Bruillars 1298, Brullairs 1293. Brillairs 1281 (v. Brolairs).
Colins — de Lorey (OM) 1298, 589.
  Sefiate s. 1298, 590.
— de Courcelles 1281, 3.
Jennas — de Corcelles ke maint au la rowe des Allemans 1285, 191.
Jennas — 1290, 14.
Jennins — 1293, 13.
Bruine, Bruynne v. Bruenne.
Bruleit, Brulevaiche, Bruleuille v. Brulle ....
Brullairs v. Bruillairs.
Brulleit 1267, Bruleit 1293.
Yzambairt — 1293, 47.
Lowiat — 1267, 345.
Brullevaiche. Brulleuaiche 1251, 1267, 1269, 1275, 1278, Brulevaiche 1269, 1278, 1293, Brulleuache 1241, Burlevaiche 1277, 1278, 1290, Burleuache 1275, Burlevache 1279.
P.
1. Colins —
pb. por les Repauties 1241, 146.
= Nicoles — pb. por maistre Werrit 1251, 20.
pb. por lui et Nicole de Chastelz et Baudoyn Love er. ou ban de Marlley et d'Awigney et de Genestroit jusc'a Molins 1251.
enc. l'ostel (PS) 1267, 80. [207.
et Huart Jalee et ..., ms. (PS) 1269, 46.
pb. chak. a Longeville, cheueveire 1269, 134.
et Huart Jalee et les fis Huon lo Bagne, 50 s. ms. en Vezignuez 1269, 260.

enc. ms. Nichole — as Chainges 1269, 270.
au daien de S. Thiebaut et N. —, ms. en S. Thiebautrue 1269, 396.
4 lb. geissent sus ms. ke fut N. — en Visegnuel 1275, 200.
encheute de pair sg. N. — † as anf. Louvate, fm. Poinsignon fil Jaikemin lou Goruaix † 1277, 32.
ms. Poince de Cologne ke fut N. — 1277, 383.
entre ms. N. — et ms. Jennin Gerairt en la plaice en Visignuels 1278, 155[3]
ms. ke fut sg. N. — a tor de Porsaillis 1279, 452.

2. Francois, f. (sg.) Nicole —.
ait uquasteit a son pere et a Huart Jalee et as anfanz sg. Hnou le Besgne 1269, 382, 437, 553.
pb. 10 s. ms. en Chaudelierrue, 6 s. ms., gr., vg. a S. Julien 1269, 382.
pb. 20 s. ms. en Vezignuelz, 6 s. et 2 chap. stalz (PS) 1269, 244, 437.
pb. 23 s. 3 d. moins meises a S. Piere as Roches, 20 s. ms. (PS), t. a Virkilley 1269, 437.
pb. 40 s. vg. ai Ancey, meu de vin en Vanz, 20 s. vg. a l'Ormixel 1269, 553.
— Francois — :
Thiebaus de Strabour et Fr. — pb. 1/2 ms. Jenat des Aruols et gr. (PS) 1275, 354.
2 tavles en Nues Chainges 1275, 372.
pb. tavle en Nues Chainges 1278, 114.

1 Colins — = Nicoles —, sg. 1269, † 1277		
1241	1251	[1250 (?; m. e. 1253]

2 Francois — ⌣ Poinsate		5 Maheus —
1269, † 1290	1290	1275, 1278

3 Colin Fransois 1267/90 [1])	
Marguerite 4 Colignon	?
li Vadoize Fransois	Frankin de Jerney
1290 1293	j. Colin Fr. 1293
6 Gillat — 1275	

[1]) *Dass Colin Fransois Sohn von Francois Brullevaiche ist, lässt sich nicht nur daraus folgern, dass er die Vornamen seines Vaters und Grossvaters in seinem Namen vereinigt, sondern auch aus seinem Besitz in der Mairie Outre Moselle und au Visegnues.*

er. et t. en la fin d'Awigney 1278, 153.
pb. er. en bans de Longeuille, S. Martin
et Wapey 1278, 184.
pb. ms. en Chadeleirue et 13 s. ms. en
Chadeleirue 1278, 396.
Poinsate, fm. Francois — †,
½ ms. (PM) 1290, 17b.
vg. moiterasse (OM) 1293, 140.
3. Colin Francois:
5 s. geisent sus l'ost. C. Fr. (PS) 1267, 438.
en la coste S. Quentin enc. vg. C. Fr. 1275, 471 [9].
ms. en Chambieres doit 1 d. et 1 chap. 1277,
127; 1278, 669. [1281, 91.
4 lb. geisent sus l'ost. C. Fr. an Visegnues
ms. an Visegnues ke C. Fr. ait aquitiet 1281,
Marguerite li Vadoise. f. C. Fr., [261.
pb. ms. en S. Vincentrue 1290, 498.
Frankin de Jerney, j. Colin Fr. 1293, 139.
4. Colignons Fransois,
can ke a Pon de Niet 1293, 557.
5. Maheu —,
vg. ou ban de Wapey 1275, 266.
er. ke Maheus, fr. Fransois —, avoit en bans
de Longeuille. S. Martin, Wapey 1278, 184.
6. Gillat —,
114 s. escheut de pair son seur 1275, 197.
Brulleville 1290, 1293, Bruleville 1278,
Bruleuille 1279, 1288.
Jennins — 1278, 656; 1279, 290; 1288, 105;
1290, 279, 563; 1293, 649.
Brullin 1279, Burlin 1267.
Jaikemin — 1267, 40.
†, Bruynne fm. 1279, 468.
Brun lou maior de S. Wafroit 1288, 378.
Brunas v. Burnas.
Brunboix, Jenat 1275, 223.
Bruneco de S. Julien † 1288, 390.
Brunnaz v. Burnas.
Brunnekins v. Burnekins.
Brusadel 1267, 1277/1281, Brusade 1277,
1279, Brusade 1241, 1245, 1278, Brussadels
1278, Brusaude 1251, 1269, Bruzaude 1269,
Brussaude 1251, 1275, Bruesaude 1269,
Bruesaudel 1275, Brusate 1288.[1])

---

[1]) *De Wailly* 254 (1286) Yzaibels fm. Brusadel lou cherpantier †.

Godefrins 1241, 15; 1245, 35; 1251, 37.
„ - 1288, 424.
Hawit — 1277, 356.
Jennas —- 1267, 43; 1269. 264, 265, 277;
1275, 161; 1277, 281; 1278, 117, 120,
280; 1279, 261, 485, 497; 1281, 465.
Pairexate — 1279, 261, 485.
Perrins — 1269, 276/278; 1275, 380.
Brustans, Gerardins 1245, 16.
Bruzaude v. Brusadel.
Buce, la fm. 1251, 21.
Girars — 1251, 123.
Bukehor v. Bokehor.
Buderl, Buderit v. Beudris.
Budin v. Beudins.
Budris, Budri v. Beudris.
lou **Buef** v. li Bues. 1288.
Buerneis, Buerneit 1278, 1281, 1298, Buerney
1281, Burney 1267 (v. V. Burnechamp).
Ysabel fm. Ancillon — 1267, 287.
Jennas — 1278, 659; 1281, 256; 1298, 196.
taneres 1281, 307.
li **Bues** 1278, 1288, 1290, lou Buef 1288, 1293.
Bertran — 1288, 309; 1293, 12.
Jennas — 1290, 262.
Petre — 1293, 281.
Katerine fm. 1288, 77.
Poensignons — 1278, 138.
Buenat devant dit *(er ist aber im Rollen-
eintrag nicht genannt)* 1281, 19.
Buenelas, Bueuelat. Buevelas, Buevelat 1267/
1277, 1281/1298, Bueuela 1278, [B]oevellat
t. — 1269, 398; 1278, 119. [1262.
Bauduins f. — (v. 3 cherreir) 1262, 316.
Jennat f. — (v. 5 Jenat —) 1278, 442.
— j. — lou munier 1290, 3469.
Clemant j. — 1293, 116.
— n. lou prestre d'Ars 1288, 168.
2. — d'Amelles, Aidelins de Juxey f. 1293,
— d'Aubes, Lowias f. 1281, 222. [318.
— de Hulouf 1290, 172, 371; 1293, 241.
— f. Poinsegart de Lessey 1275, 484.
— f. Pierescon de Noeroit 1269, 514.
— de Prays 1285, 62.
— de Taixei, Mairiate f. 1290, 382.
3. — charpantier, Marguerite fm. 1267, 503.
— cherreir †, Badewins f. 1288, 26.
— corduenier 1290, 501.

— corvexeir 1277, 22.
— munier 1267, 158; 1290, 346⁹.
— vignour 1298, 427.
4. — Boucelz 1285, 128a.
— Bradel d'Amanvilleirs 1293, 598.
5. Jenat — (v.1. Jennat f. —) 1288, 95.
Buevillons li corvexiers 1293, 335.
Bueuins, Bueuin. Buevin.
1. les enfans — 1285, 331.
—, ms. an Chaipeleirne 1288, 172.
2. — d'Ars (OM) 1288, 525.
— f. Cardate de Chastels 1281, 337.
— de Sainte Rafine 1293, 541.
— f. Richier de la Chenal de Ste Rafine
Buevon 1269, 540. [1298, 671.
Buewignon 1267, 431.
— de Boutemont 1267, 185.
Buget, Steuenin, de S. Clemant 1298, 41a.
Bugles, Bugle 1251/1293. Buglez, Bugleiz 1251, Bugleis 1245, Buglels 1281, 1293, Buglelz 1293, 1298, Buglel 1269, 1285, 1298.
— f. sg. Jehan Wichart¹) 1267, 85.
P.

1 Bugles 1251/1267 = ? Jennins — 1245
2 Bauduyns — 3 Jehans — 1267/78 4 Matheu
  1262/93 = Jennins — Douce 1269
           1262, † 1277 1277
                    ?

5 Thiebaus — 1277/1293   ?
j. Otte de Porsaillis 1288   9 Theirias —
     Wiberate fm. 1285   1277/98
6 Jehan 7 Perrin 8 Fransois   n. Matheu Mi-
 1285   1285   1285   gomart 1279

rowelle dev. la ms. — (PS) 1279, 90.
Waide — (v. IVMes) 1285, 419; 1290, 178, 387.
le boiz — en la fin de Grizei ou Sart 1269, 199.
1. —
pb. por l'ospital dou Nueborc 1251, 31, 33, 198; 1262, 68, 309; 1267, 69, 367, 368.

---

¹) *Die Familien Bugle und Wichart sind wohl verwandt gewesen. Dafür spricht nicht nur, dass der Sohn von sg. Jehan Wichart Bugle heisst, sondern auch, dass in beiden Familien die Namen Jehans, Bauduyns and Thiebaus vorkommen.*

pb. por Ste Glossinain 1251, 199.
= ? Jenuins — pb. por l'osp. ou Nueborc
2. Bauduyns, f. —, [1245, 9.
pb. por Ste Glosenne 1262, 413.
= Bauduyns — pb. por S. Glosenain 1262, 32; 1267, 180, 417, 418. [347, 490.
pb. por l'ospital ou Nuefborc 1269, 242, 310,
pb. por la Belle Stainche 1267, 453; 1269, 335.
pb. 50 jorn. de boix entre Mercey et la gr. Vguegnon Faixin, k'il ait aquasteit a Jehan et a Matheu, ses fr., 1269, 484.
vg. devant Glaruelle (PS) anc. 1281, 5.
ou ban de Grisey anc. pr. 1281, 281¹¹.
maint outre Saille 1281, 513.
t. en Monclinchamp (PS) 1293, 278¹².
3. Jennins —
pb. por S. Thiebaut 1262, 167, 169, 173.
pb. por sg. Soiffroit de S. Thiebant 1262, 168.
pb. por les dames de la Belle Stainge 1262,
pb. t. a Grisey 1262, 333. [334.
pb. por S. Martin en Culti 1267, 465.
Douce, fm. J. — †, er. ou ban de Gerey, ms. outre Saille devant la rowelle de la Vigne S. Auol, 1 st. en la halle des bolangiers (PS) 1277, 77.
= Jehans —, fr. Bandowin, (v. 2.) [1269, 104.
pb. por l'ospital dou Nuefbourc 1267, 286;
pb. por S. Martin en Culti 1267, 432, 433;
                                [1269, 123.
ms. outre Saille, mainbors J. — 1278, 296.
4. Matheu, fr. Baudowin —, (v. 2.)
50 j. de boix entre Mercey et la gr. Vguegnon Faixin 1269, 484.
5. Thiebaus —
pb. ms. Jeniu — 1277, 67.
ms. ou Theirias —, ces n., maint (PS)
                             1279, 228.
doit 6½ lb. ms. an Visignuel 1279, 285.
pb. 10 s. er. (PS) 1285, 216.
aquast des deniers Thiebat — et Wiberate, sa fm. 1285, 589.
ms. atour de Sanerie pris a cens de Th. —, j. Otte de Porsaillis 1288, 390.
pb. 7 s. ms. (PS) 1290, 366.
ms. ou Champel doit 8 s. 1290, 381.
pb. ms. (PS) 1293, 469.
6. 7. 8. Jehan, Perrin, Fransois, Thiebaus — pb. por J. et P. et Fr., ces

Bugliat–Burnas

3 f., er. de pair Mathelie, lor awelle (PS.) 1285, 76.
9. Theiriat — [1]),
ms. outre Saille arreiz la porte des Allemans 1279, 93.
Th. , n. Thiebaut — et Matheu Migomart, pb. ms. ou il maint (PS.) 1279, 228.
pb. por la chieze Deu de S. Benoit en Weiure 1279, 46; 1281, 644; 1285, 94;
pb. ms. ou Waide, 1293, 295. [1293, 353.
vg. ou ban de Montigney anc. 1298, 319.
pb. vg. ou ban de Bouxieres desous Froimont 1298, 533.
Bugliat, champ, a Grant Fouceit (PS) 1281, 65.
Bugnat v. Buignas.
Bugneboc, Gerardin 1241, 92.
Bugnon (v. Beugon).
la fm. —, ms. an la ruelle deverz Saille doit 4 s. 1269, 187.
— d. Collate . pb. 10 s. k'elle meymes dovoit sus sa gr. an Dairangerowe 1281, 4 s. ms. an Chadeleirowe 1281, 162. [158.
Buhiers, *wohl verschrieben für* Brihiers, v. Brehier.
Jenas —, st. en la halle des houl. 1275, 423.
Buignas, Buignat, 1278, 1281, Bugnat 1293.
— de Longeawe 1278. 667; 1281, 623.
Jennin Pixart f. 1293, 588.
Warins — de Longeawe 1281, 103.
Bule, Bairangiers 1293, 433.
Bulecolz, Watrins, feivres 1293, 183, 264.
Bulewains (v. la Burlewainne). [2])
— de Ville sus Yrou 1285, 483.
Bullie, Jennin 1298, 527+D.
Bunee, Gerardin. j. Lanbillon de Juxey
Buras, Burat. [1298, 620.
chadelier, Hawit fm. 1275, 296.
Houwesons — chadeliers 1288, 339.
Burchiet 1277, 1298, Berchiet 1298, 239.
— tanor d'Outre Muzelle 1298, 214, 239.
Matiate f. — 1298, 302.
Marguerite et Mathiate f. Domangin — 1277,
Burdine. [454.

[1]) *Ben. III, 197 Anm. (1278)* Thieriat Buglei, lon maour de la Cräste.
[2]) *De Wailly 147 (1272)* Rembals **Bulfelos**.

Gwerions — 1220, 40.
Aibillate — 1277, 62, 356; 1281, 249.
ms. lai — 1290, 473.
ms. ke fut les Burdines, outre Saille 1279.
Bureis 1281, Burez 1275. [267.
Jakemins — et Aignels fm. 1275, 503.
„ — clers 1281, 302.
Burelat, Colignon, de Gorze 1293, 590.
Burelute, Badewin 1288, 152.
Theirias —, Gondefrin et Simoniu fr. et Ailexate s. 1277, 367.
Bureteil 1277, Bureteit 1278, Buretel
Bureton 1269.
oirs —, ms. en Chanbres enc. Matheu lou boweir 1278, 33.
ms. ke fut Steuenin — sus Muselle enc. Matheu lou boweir 1277, 224.
Aubertin —, ms. suz les fosseiz outre Saille 1269, 276.
— **Bureton**, Aubertin 1269, 276.
Abertin — de lai rue des Allemans, l'aiviate fm. 1293, 405.
Burewars, Burewart.
Hanrias — de Lorey (OM) 1288, 541.
Robin f. Hanriat — 1293, 341, 643.
Jehan —, d. Aleit fm. 1267, 118; 1269, 4.
Burewel, Richardin (v. V. Burewalpreit) 1277,
Burlehaie, Colin 1281, 364. [415.
Burley (v. V. Burleivigne).
Yzambairt — 1281, 248; 1288, 474.
Burlevache, Burlevaiche v. Brullevaiche.
la **Burlewainne** (v. Bulewains).
Aileit — 1281, 83.
Burlin v. Brullin.
Burnas, Burnat 1251, 1267/1298, Brunas, Brunat 1262/1269, Brunnaz, Brunnat 1245.
— de S. Climent, anfans 1269, 67.
— †, Borcairs arceneires j. 1285, 117a.
P.
1 Burnat 1262

2 Steuenins — 1245, 62

3 Androwas — 4 Aubertins — 5 Burtignons
1267/98 1279/93 Caienas 1288/98
j. Willame de Luppei j. Thieriat de Mercei
1290 1290
6 Godefrins — 1215/85 7 Jenin — 1269
1. 2. Steuenins, f. —,

Burnekins

pb. t. au Chasne (OM) 1262. 335.
2. Steuenins —
pb. ½ ms. en la Vigne S. Auol 1245, 94.
pb. vg. en Montant (PS) 1251, 41.
en la Vigne S. Auol anc. l'ost. 1262. 315a.
3. Androwas —
pb. t. en Wilkeille 1267, 38.
pb. ms. enson l'ost. sa meire (PS) 1267, 442.
8 s. geisent sus ms. ou A. — maint (PS) 1277,
pb. vg. en Mallemairs 1278, 92. [345.
gr. daier Aubertin —, son fr. (PS) 1279, 73.
8½ s. ms. en Maizelles 1279, 230.
vg. sus Salle 1281, 444.
pb. er. escheut de pair Willame de Luppei, son seur †, a Luppei et a Pontois et en tous les bans 1290, 220.
et Burtignon Caienat, t. ou ban de Borney 1298, 266a.
4. Aubertin. f. Steuenin —,
t. entre les II Belsnoirs 1267, 53.
= Aubertins — pb. gr. daier sa ms. (PS)
pb. 3 s. vg. outre Saille 1279, 467. [1279, 73.
pb. er. escheut de pair Willame de Luppei, son seur †, a Luppei et ou ban 1290, 221a.
pb. vg. en Aivr anc. lui, aquasteit a Colignon, son srg., f. Willame de Luppei 1290.
pb. t. ar. an Virkilley 1290, 464a. [221b.
pb. pr. ou ban de Luppei 1290, 464b.
pb. 2 pr. ou ban de Luppey, 18 chap. et 2 gelines et ms. et meis an Belou. t. en Venon 1290, 464c.
pb. 2 pr. ou ban de Luppei 1290, 464d.
Jehans Foureis, f. Willame de Luppei †, et A. —, ces srg., pb. ms. et gr. et 2 ms., paire, meis, gerd., pr. (Luppey) 1293, 500.
5. Burtignons —
et Anelz, f. Robin dou Pont †. et Olive Saigrain pb. ms. atour dou Waide 1288, 185.
= ? Burtignons Caienas, f. Steuenin —,
pb. ms. ke fut Jennin Lucie (PS) 1290, 385a.
pb. vg. an la rowelle de Pertes 1290, 385b.
pb. vg. escheut de pair Thieriat de Mercei, son seur, en Cherdenoi 1290, 385c.
21½ s. ost. atour dou Waide 1290, 426.
= Burtignon, j. Thieriat de Mercei, ms. sus lou tour de lai Grant rue prise a cens de Odelie d'Espinalz, maistrasse de lai maxon des Beguines de Vy, et 1290, 397.

Burtignons Caienas
pb. vg. en Corchebuef (PS) 1293, 217.
devar B. Caienat au Corchebuef 1293, 480.
Andrewat — et B. Caienat, t. ou ban de Borney 1298, 266a.
en Mallemairs anc. t. B. C. 1298, 420.
6. Godefrins —
pb. t. en Merlant et en Beluoir 1245, 97.
12 d. geisent sus ms. G. — au pont des Mors 1267, 138.
3½ s. geisent sus ms. G. — outre Salle
7. Jenin —, [1285, 85.
vg. en Rowes de S. Julien 1269, 190.
Burnekins, Burnekin 1262/98, Burnikin 1251, Brunnekins 1245.
- f. Thiebat de l'Aitre v. Aitre.
P.
1 Brunnekins 1245, 1251 _ d. Ysabels 1279 de Jeurue 1262 [1250 J]

2 Hanrias — ¹) 3 Remions — ²) Jaikemate lai 1267/98   1288/98   Vadoize 1290

d. Yzaibel 1293 _ sg. Thiebaut lou Gornaix.

4 Forkignon —   5 Vguignons —
1279   1290, 1298

1. Brunnekins
pb. 4 ms. au pont des Mors et vg. sor Mosele 1245, 69.
pb. ⅓ ms. (OM) 1245, 154.
grant ms. en Staison 1251, 174.
desai Longeville outre vg. de Jeurne 1262, antre l'ost. — (PS) 1281, 38. [105.
vg. a Longenille ke d. Ysabels, fm. —, fait a moitiet 1279, 316.
2. Hanrias —
desor l'ostel (PS) 1267, 44.
pb. 25 s. ms. enson sa porte en Freneirue 1267.
pb. 20 s. ms. ou il maint (PS) 1275, 356. [91.
entre vg. H. — en la coste S. Quintin ou ban de Longenille 1277, 121.

¹) *Prost LVIII, 1278* Hanriat Burnekin, ami de Renalt, f. sg. Arnoult de Porsallis. *Ben. III, 222 (1282)* de Jeurue Hanrias Burnekins Treze.
²) *Bannr. I, LXXI, 23. Schreinsbrief (=1293, 574)* Remions, li filz Burnekin de Jeurue †.

Burney–Burtemeus

pb. vg. sus Muzelle 1277, 229.
per lou crant de H., cr. ou ban de Charley au waige 1278, 5.
Abers li Xanins et H. — pb. 40 s. kant ke a Glatigney 1278, 369.
ms. en Chadeleirue redoit 4 s. 3 d. 1 chap.
pb. vg. a Mons 1278, 418a. [1278, 396.
pb. pr. a Mons 1278, 418b.
ms. en la Haute Sanerie doit 3 d. 1279, 3.
pb. ms. an Staison et 30 s. ms. anc. 1281, 257.
pb. 10 s. ms. en Staison 1281, 258.
pb. 20 s. ms. ou il maint (PS) 1281, 259.
pb. er. ou ban de Crouney 1285, 75a.
pb. 21 s. ms. an Staixons 1285, 75b.
pb. t. sus Muselle (OM) 1285, 278.
pb. 18 d. t. sus Muselle (OM) 1285, 279.
pb. t. ar. sus Mozelle (PM) 1285, 346.
pb. ms. en Sanerie 1288, 21.
anc. l'ost. Hanriat — 1288, 199.
doit 40 s. de cens (PS) 1288, 199.
ms. an Chadeleirue doit 6 d. 2 chap. 1288, 350.
an Furneirue anc. lai porte H. — (PS) 1288, 462.
doit sus sa vg. a Longeville 3 s. 1290, 269.
pb. grant ms. en Jeurne ke fut sa meire. k'il ait aquasteit a Jaikemate lai Vadoize, sai s. 1290, 465.
pb. chakeur an Rimport 1290, 336.
an Rinport anc. chak. Hanriat - 1298, 394.
pb. ms. en Ponsalruelle 1298, 337.
por les enfans d. Yzaibel, fille Hanriat —, fm. sg. Thiebaut lou Gornaix, grant ms. a Crepey, meis daier. er. a Crepey, Pertes. Chenney, Maigney et en baus 1293, 574.
3. Remions —
pb. ms. ator de Nikesierue 1288, 104.
pb. ms. ke fut lai Burdine 1290, 473.
pb. por les anfans d. Yzaibel, f. Hanriat — Rem. li mares de S. Vincent [1293, 574.
pb. por S. Vincent 1298, 187, 339.
4. Forkignon —,
ms. (PM) 1279, 357.
5. Vguignons
pb. 21 d. (OM) 1290, 585.
an Groiweit (PS) anc. vg. Vg. 1298, 244.
Burney v. Buerneis.
Burnel (v. V. Burnerowal).
Viriat - de Waippey 1285, 361.
Burnike, sg., Jehan de Bleuo f. 1298, 342.

Burnikin v. Burnekins.
Burrie, Thiebas 1277, 430.
Bursel, Piericeons 1245, 5.
Burson, confrere de la frarie des chadeleirs de Mes 1298, 193.
Richairs Mouxas j. 1279, 483.
- de Flurey †, Odeliate fm. 1298, 524.
Burtadee 1277/79, Bertadeie 1277.
— fille des purelles de Mances 1278, 519.
Aburtin f. — 1277, 28.
Jehan et Biatrit enf. 1277, 145.
Bictris f. — 1279, 192.
Burtadon v. Bertadons.
Burtal, Burtalt, Burtalz, Burtaut v. Bertals.
Burtel v. Aburtel.
Burtaldona, Burtaudons v. Bertadons.
Burteignons v. Burtignons.
Burtelos v. Bertelos.
Burtemas, Burtemat 1262, 1275, 1277, 1279, 1281, 1288, 1293, 1298, Burthemas 1298, Bartremat 1269.
2. — f. Waircuel d'Abigney, de Generey, - vies maires de Maiey, xavins de Quencey ke maint en Maizelles, — de Quoncey ke maint a Rouseruelles, - f. Jennon de Rozeruelles, — de S. Julien f. Jennin Bonnel, — de Vantous.
3. — masson de S. Clemant, - taillor.
4. — f. Jenin Bonnel de S. Julien, --- Brochas, -- Faixel, Grifons, -- lou Gros.
Burtemate, fm. Fakan 1279, 296.
2. - de Chastels, Herbillons f. 1298, 596/598.
4. d. — fm. Roillon de Strabor 1285, 24, 125.
5. Jennas f. Jennin — † clers 1285, 296; sg. Jehan preste 1298, 11. [1293, 189, 226.
Burtemel 1267, 1298, Burthemel 1281.
2. - de S. Arnoult † 1298, 449.
- Bailluet de Montois † 1298, 262.
4. — Durelat 1281, 264.
5. Pierson — 1267, 338.
Burtemeus, Burtemeu 1267, 1275, 1285, 1293, Burthemeu 1278, 1298, Bertemen 1251, 1262, Bertremers, Bertremev 1241, 1245, Bertremeuz 1269.
1. — f. Dowenat 1267, 352.
2. — f. Mergot d'Awigney 1278, 74.
— et Pieras ces fr. d'Awygneit 1269, 476.
— de Flanville. 1285, 147. [282.
— de Macres ke maint en Stoixey 1275, 281.

Burtemins 76 I. Personennamen

— d'Edenowe 1262, 278.
= — d'Odenowe †, Afelix f. 1293, 423.
4. — lo Blanc 1245, 60.
— Blanchairt 1298, 435.
— Blanchatte 1251, 140.
— Domals 1241, 185; 1245, 107.
Burtemins, Burtemin 1251/1298, Bertremins, Bertremin 1227, 1241, 1245, 1269 (*mehr als* Burtemin), 1278. *Selten:* Burtremin 1269, 1278, 1279, Bertemins, Bertemin 1267, 1275, 1281, 1285, 1293, Berthemin 1298, Burthemins, Burthemin 1281, 1298.[1])
1. — 1241, 3; 1251, 183.
— f. Colate fm. Rainillon † 1281, 439.
— srg. Izabel 1281, 94.
2. — d'Abigney, — Cunin d'Abigney, — j. Jennat d'Abigney, - Morel d'Abigney,

---

[1]) *Die Namen* Burtemins *und* Burtemeus *sind zuweilen miteinander verwechselt. Z. B. ist 1293, 423 ein und derselbe* d'Odenowe *erst* Burtemeu, *dann* Burtemin *genannt, ferner ist* Burthemeu f. Mergot d'Awigney *1278, 74* = Burtremin f. Marcout d'Awigney *1278, 515,* Bertremin f. Bertremin Blanchart *1269, 273* = Burthemeu Blanchait *1298, 435. Richtiger als* Burtemin *und* Berthemin *sind die Formen mit dem zweiten r*, Burtremin *und* Bertremin. *Denn der Name ist von* Bertram *abgeleitet, während* Burtemeus *von* Bartholomaeus *kommt. Noch grösser wird die Verwirrung dadurch, dass* Burtremin *auch mit* Abertin, *zur Gruppe* Albert *gehörig, verwechselt ist. z. B.* Aubertins f. Jakemin Boufat dou Champel *1269, 237* = Burtremins f. Jakemin Boufat dou Champel *1269, 444, und* Abertin f. Colate fm. Rainnillon *1281, 434* = Burthemin f. Colate fm. Rainnillon † *1281, 439.*
Zu den Verwechslungen hat die den drei Namen gemeinsame Silbe Bert *oder* Burt *geführt. Der Schreiber 3 hat bei 1279, 356 den Irrtum erkannt und für* Burtin (= Abertin). *das er schon geschrieben hatte ,* Burteran (= Bertram) *eingesetzt. Derselbe* Burteran lou Grant de Chanbeires *heisst 1278, 14 und 1285, 254* Burtemin lou Grant de Chambeires.

— d'Airei, — f. Hanrion d'Ars. — f. Thomessin d'Airs, — j. Remei d'Arz, — lou maior d'Airs(PS), - Cherrue d'Airs deleis Colambeir. — d'Ancei, — d'Anceville, — lou Bague d'Ancerville, — f. Marcout d'Awigney, — de Chauncey, — f. la dame de Failley, — de Gouancey, - de Longeuille, — de Maie, — Trauers de Maiey, — de Mercilley, — Maillairt de Mercilley, — de Moiveron, — f. Richairt de Montois, — de Nonviant, — de Nowilley, — f. Colin Watier de Nowilley, — j. Haurit l'Alemant de Nowillei, — d'Odenowe, — j. Weriat d'Oisey, — f. d. Poince d'Oxey, — d'Onville (ke maint a Nonviant), des Roches, — des Roichez lou tanour, — de Ruxit, — de S. Eiure f. sg. Willame d'Alexei, — f. Jeniu Bonnel de S. Julien, — Lorance de S. Julien, — (xavins) mares de S. Martin, — de S. Piere, — f. lou chaistelen de S. Piere, — f. Symonin de S. Piere, - Cafaire de S. Piere, — de Stoxey, — Herdowit de Stoxey, — Joruee de Stoxey, — de Sulignei, — de Vallieres, — f. Wernier lou maior de Vallieres. — Mairiate de Vallieres, — Manegout de Valiere, — f. Jaikemin Vantous, — Drowas de Vantous, — f. Abertin de Virey, — de Virey lou tanor, — de Witoncourt, — f. Karowe de Witoncort.

3. — bouchier, — de Gerney celliers, — f. lou chaistelen de S. Piere, — chandelier. — li Bailis li chaponiers, — li Vadois li chaponiers, — Cuignefestut cherpentier, — cordewiniers, — Durelat cordowenier, — f. Mateu lou corvexeir, — Berrel l'ercenour, — feivres, — f. Goible lou marchant de lai rue des Allemans, — masson, — Pin permantier, — porreler, — tanour, — des Roichez tanor, — de Virey tennor, - li Vadois, - Handeleure vignieres.

4. — li Allemans, — j. Hanrit l'Alemant de Nowillei, — l'Asne, — Babolz, — lou Bague d'Ancerville, — f. lou Bague de S. Clemant, — Berrel l'ercenour, — (bouchiers) f. Domangin Berrois de Vies Bucherie, — f. — Blanchart, — Blanchart de Mairuelle, — f. Joiffroit Boinvallat, — f. Jenin Bonnel

de S. Julien, — Borrels, — lo Bossu, — Boufat (dou Champel), — Boueiz. - Briselatte, — Cafaire de S. Piere, — j. Kanelle = — srg. Jehan Kanelle, — f. Karowe de Witoncort, — Chaiteblowe, — Chaizeie de Dornaut, — Chaizee de Plapeuille, — Chapons, — Cherrue d'Airs deleis Colambeir, — Crafillons (de la Vigne S. Auou), — Craimalz, — Crochon, — Cuignefestut (cherpentier), — Cunin d'Abigney, — Damas de Gorze, — Drowas (de Vantous), — Duretat corlowenier, — Filizate, — Frommondes, — Fromont, — lou Grant (de Chambeires), — suirs Jennin fil sg. Hvon Grassecher, — f. Weiriat le Gronaiz, — Guebonas, — de S. Arnout f. Gerardin Guerlat, — Handeleure vignieres, — Heckart, — Herdowit (de Stoxey), — j. Hescel. — j. Jennin Jacob, — Jorneo (de Stoxey), — Lairdeu, — Leudanguer, — Lorance (de S. Julien), — Lorans, — f. Thieriat Louves de Pontois, — Maillart de Mercilley. — Mairiate (de Vallieres), - Manegal, - Mennegout (de Valiere), — Merchans, — Morel d'Abigney, — Mouretel, — Nigre, — Paikeir, — Paillat, — Peuchetel, — Pin (permantier), — f. dame Collate de la Porte, — f. Herman lou Poulat de Wackremont, — dou Puix, — Remilley (de Maizelles), — Rogier de Lorey (PS), — Roucel, — lou Roucel de Borney f. Jaikemin de Vantous, — Ruece, — de la Tor, — Tonpat (de Fayt), — Trauers de Maiey, — Valeteil, — f. Jaikemin Vantous, — lou Verderet (de Collambeir), — f. Colin Watier (de Nowilley).

Burterans v. Bertrans.
Burthelo v. Bertelos.
Burthemas, Burthemel, Burthemeu, Burthemin v. Burtem . . .
Burtignons, Burtignon 1251/1298, Burtingnons 1277, Burteignons, Burteignon 1267, Bertignons, Bertignon 1245, 1269, 1298, Bartignons 1269.

2. — (f. Willemin) d'Antilley, — de Chastels, — j. Thieriat de Mercei, — de Molins, — (f. Simonin) de Pairgney, — f. Jehan de Repigney, — de Suligney, — (f. d.

Florie) de Vantous, — de Vantoz f. Jehan de Roupignei, — de Wermeranges (ki maint en Staizon).

3. — Wielz li amans, — boulangier de Stoxey, — f. Gondefroit lou celloir, — clerc . f. Lowiat de Chastels, — clers de Staixons, — clarc fr. Thiebaut lou Saiue.

4. — f. Hanriat Bataille (maires de PM), — Burnas = — Caienas (f. Steuenin Burnat), — f. Nicole lou Conte, — Dokes, — Forcedeu, — lo Gras, — Gnepe, — Guercire, — Hairewain, — Noise, — Odewain (d'Aiest), — Paillas, — fr. Jennin Pillebone, — Quaremel, — f. Hanriat lou Saive, — (f. Garsole) de la Tor, — Wielz (de Chambres).

5. Abriat —   1290, 581.
Lowiat. — (= Lowiat f. Bertignon de la Tor, v. Tor) 1278, 597; 1281, 312; 1293, Domate s.   1290, 238a. [213.
Burtille.
Jehans f. Ottignon — de S. Clemant 1288, 449.
Burtins, Burtin (= Abertin[1])
— d'Ernauille   1285, 128b.
— de Tignomont   1275, 477.
— de Wappey   1269, 550.
Burtous, Burtout 1285/98, Burtoulz, Burtoul 1262, 1285, 1290, 1293, Burtou 1290, Bertous, Bertout 1262, 1279, Bertoul 1281, Bertol 1275.

1. —, Jehans li Gronais n.   1290, 389.
2. — de Fremerey, Mahous f. 1279, 237.
— de Guinanges, d. Ysabelz fm. 1262, 300.
— de Huisanges †. Colin f.   1290, 143.
3. — arcediacre   1281, 1 .
— bolangiers   1262, 115.
4. -- Waudart, Heilowate fm. 1275, 125.
5. P.

1 Weirions — de Maizelles 1281/88
2 Jehans — 3 Thieriat Perrate f. Hanriat
d'Outre Saille   1290/98   de Champelz
        1288/93   1290
1. Weirions —
pb. ms. outre Salle an la Grant ruwe et

---

[1]) *1279, 356 ist* Burtin *vom Schreiber 3 durchgestrichen und* Burteran *übergeschrieben. v. Anm. zu* Burtemins.

Burtrans–Cabaie

vg. an Bais Pame 1281, 446.
pb. t. a Belvoit 1281, 447.
outre Saille an Herberclo anc. vg. 1288, 382.
= Weirions — de Maizelles pb. t. ar. sus Vguignourut et sus lou chamenel de Grixey 1285, 367.
=Weirias — de Maizelles pb. 3¹/₈ s. ms. outre Salle 1285, 185.
2. Jehans, f. Wirion —,
pb. er. a Luppey et en tous les bans de Luppei 1293, 66.
= Jehans — pb. er. Colin Bruee (PS) 1298, 519.
Rennillons li Bagues et Hanrias Roucelz et J. — et Thierias Brixelate pb. por Thieriat, f. Weirion —, et Perrate fm. 1290, 466a, b.
= Jehans — d'Outre Saille pb. ¹/₂ ms. outre Saille anc. lui meymes 1288, 37.
3. Thieriat, f. Weirion —, et Perrate fm., f. Hanriat de Champelz. vg. ou ban de Maigney, vg. an Ospreis outre Saille a plux vickant d'ou douz 1290, 466a, b.
— Thieriat —, an Corchebuef anc. vg. 1293.
= Thieris — doit 12¹/₂ d. [314; 1298, 441.
vg. an Ospreis 1298, 108.
Burtrans v. Bertrans.
Burtremin v. Burtemins.
la **Buruarde**, ms. (PM) 1269, 45.
Buruart, ms. en Chapelerrue 1251, 95.
Buxei 1262, Buxey 1279, 1281, Buzei 1269
Gerardin —, Wernessons f. 1279. 386. [(v. IV).
Piere — 1281. 390.
Piereson — 1262, 133, 148; 1269, 183.
Buxelo, Raimbaut 1269, 60.
Buzei v. Buxei.

C. K.

Cabaie 1241, 1245, 1262, 1267, 1277, 1278, 1285, Caibaie 1288/98, Kabaie 1269/1279, 1290, 1298, Kaibaie 1285, 1298.
P.
1. Abertin —,
2 ressages davant S. Thiebaut 1241, 21.
16 pies de t. davant S. Thiebaut jusk'au fossei 1245, 47.
100 .... 5 s. ms. et 4 ressages (PS) 1245, 173.

7 s. 8 d. ms. ou Waide 1262, 310.
12 s. ms. ou Grant Waide 1267, 453.
= Abert —, Odiliate f., fm. Poinsignon de Haikelanges 1277, 155.
2. Thiebaus —
pb. meix daier N. D. an Chans 1269, 91.
pb. 12 s. vg. en Frieires, Poincignon Barhaige, son o. 1269, 150.
pb. er. ou ban de Crepey 1269, 429.
pb. vg. ou ban de Crispey 1275, 385.
maires d'Outre Muzelle 1278, 223*; 1279 1*.
vg. outre Saille 1278, 433.
18 d. t. sus Muselle 1285, 278, 279.
pb. ms. ou Waide 1285, 430a.
pb. ms. devant Ste Glosenne 1285, 430b.

---

1 Abertin — 1241/1267¹)
2 Thiebaus — 1269/1298¹)   Odiliate
maires d'OM·   fm. Poinsignon
1278/1279   de Haikelanges 1277
3 Jehan²)   4 Abertin²)   Alixate³)   Lorate
1298   1298   1298   1298

¹) *De Wailly 254, S. 180 B. (1286)* amins de pair Thiebaut, f. sg. Abert Kaibaie †: Roillon Mourel et Seimonin, son fr., et Collignon, son f., et Witier Lambert; et de pair Sufiate, fm. Thiebaut Kaibaie: Maheu Maikaire et Geillat, son fil, et Abriat, f. sg. Thieri Domate, et Matheu Painine, son fr.

²) *Bannrollen I, LXXIII, 24. Schreinsbrief (= 1298 9b)* Theirion Domate ajuel de Jehan et Abertin Kabaie; amins de pair lor peire: Poinsignon Bernaige et Jaikemin Bernaige lou clerc et Jaikemin, lou fil Thiebaut Bernaige †; et de pair lor meire: Matheu Panit, lor oncle, et Matheu Makaire d'Aiest et Gillat Makaire, son fil, et Burtemin Borrial.

Droit dattour: Burterans Borriaulz et Jehans Abrions et Matheus Panis et Abrions, li janres Jaikemin lou maiour de S. Vincent †.

³) *Bannrollen I, LXXIV, 24. Schreinsbrief, 3. Teil (1299)* Ailixatte, f. Thiebaut Kabaie, fm. Colignon fil Poinsignon de Laibrie.

en lai Nueue rowe anc. l'ost. Th.— 1288, 386b.
pr. ou ban de Plapenille 1290, 94.
an Deseirmont anc. vg. Th. — 1290, 307.
pb. 2 pars de la vg. ou ban S. Martin ou
il meimes ait lou tiers 1290, 574.
pb. ms., maix., meis an Rowes a S. Julien
1293, 202.
doit 18 d. vg. ou ban de Ropeney 1298,
$1^s = 110^s = 183^s$.
12 d. ms. davant les molins a Longeteire
1298, 189.
4. 5. Jehan, Abertin, Alixate, Lorate,
enf. Thiebaut —,
6 s. gr. daier la halle an Chanbres, 3 s. a
la rive a Kaiste, 5 s. ms. daier S. Hilaire
a pont Renmont 1298, 9b.
Cabo, Jennin, et Wendremate s. 1277, 132.
Cabrit, ms. a Maigney 1298, 115.
Abriat — de Maigney 1298, 116a.
Cabutel, Jennin, de Chieuremont, Poinsate
fm. 1288, 103.
Kakemin de Gorze 1269, 286.
Kakerons, Colins 1277, 255; 1290, 354a.
Cakin lou poxour de Mairlei, Steuenin f.
1298, 41b.
Calaire, Burtemin, de S. Piere †, Ozenate f
1298, 122.
lai **Cafferasse**, Poinsate, d'Allexey 1290, 348.
Caibaie, Kaibaie v. Cabaie.
Kalbelin (v. Kenabelin).
Symonat — de Leirs 1293, 686.
Kalemel, Jaikemel, de Maiey 1275, 13.
= Jaikemin Camelin ? 1279, 399.
Caienas, Caienat 1279, 1281, 1290/1298,
Kaienat 1290/1298, Caynas, Caynat 1278,
1281, Kaynat 1290. [— 358¹⁰.
-, en Nomenat enc. vg. (Siey) 1293, 211¹⁰.
Abertin — 1281, 548, 645.
Anels fm. 1298, 605.
Aburtins — de Siey 1278, 548; 1279, 339.
Colins f. 1293, 355.
Burtignon — (P. v. Burnas) 1293, 217,
480; 1298, 266a, 420.
f. Steuenin Burnat † 1290, 385a, b, 426.
j. Thieriat de Mercei 1290, 385c.
— Burtignon j. Thieriat de Mercey 1290, 397.
Garsat — de Siey 1290, 538.
Gerart — 1279, 339.

Yderon fm. Gerart — 1290, 519.
Weriat — de Siey, Gerars f. 1279, 132.
Mergueron f. 1290, 519.
Caienel, Jennat 1293, 425.
Kaies, Gilas 1275, 182.
Cayfaz 1269, Kayfas, Kayfes 1290.
—, Jennas li barbiers, Aguez, Aubartins
enf. 1269, 416.
Symonins — 1290, 557.
„ — et Steuenins fr. 1290, 558.
„ — de Maxieres, Steuenin fr. 1290, 561.
Kaignate, Colignons 1279, 389b.
Gerart — 1267, 128.
lai **Caigne** 1293, la Kainne, la Keugne 1281.
Arnoult — 1293, 363b.
Jennat — 1281, 319.
Thomes † 1281, 639⁵.
Caignon, Jennat 1285, 623¹.
Caillefairt, v. Callefairt.
Kaillerdel, Jennin, de lai Vigne S. Auol,
Symonas f. (v. Coillairt) 1293, 59.
li **Caimus** 1293, 1298, lou Camus 1281, 1285,
lou Kamus 1281.
Abertins — d'Eurecourt 1298, 94.
Cherdignon — d'Eurecort, Houdion fm. 1281,
Jennas — 1293, 57. [130, 133.
Jennins f. — 1285, 523.
Cayn, Kayn v. Cayns.
Caynas, Caynat, Kaynat v. Caienas.
Cainche 1290, Kenche 1278.
Mathias f. Poincignon — 1278, 16.
Mathias — de S. Julien 1290, 293.
Kaine v. Kenne.
Kainelle v. Kanelle.
Cainevelle 1298, Kaneuelle 1285.
Jenin —, Thomessins f. 1285, 377.
Thomessin — 1298, 421.
la **Kainne** v. lai Caigne.
Cayns, Cayn 1267, 1269, 1281, 1285, 1298,
Kayns, Kayn 1251, 1281, 1288, 1293, Cain
1269.
2. — de Waipey, Thiebaus f. 1281, 99.
3. — lo poixor 1267, 514.
Jakemin — le poixor 1269, 311.
4. — Habert 1269, 490¹².
5. Hanrias — de Joiei 1298, 96.
Jennas — 1288, 89.
Martin — 1251, 263.

Caipelo–Carlete

Symonins — 1285, 485.
„ — d'Ars (OM) 1281, 573; 1285, 117; Lambelin f. 1285, 511. [1293, 125, 127.
Caipelo, vg. ke fut 1278, 405.
lou **Cair** v. li Kairs.
Kaira, Jennat, de S. Arnout 1288, 446.
Kairetade, ost. eu Sanerie 1290, 176.
Cairetal, Kairetaulz v. Karitals.
Kairin 1275, 1298, Cairin 1298.
Colin — 1298, 607.
Jenat — f. Lowit lo tanor 1275, 144.
Jennin — lou tennour †. Lowias f. 1298, 250.
Kairo, Lowias, d'Allexey 1281, 392.
li **Kairs** 1293, lou Kair 1277, lou Cair, lou Car 1281.
Colin — 1281, 573.
Gerardin — 1281, 298.
Abillate s. 1277, 116.
Jehans — d'Otre Moselle 1293, 630.
Caitel, Kaitel v. Caitelz.
Kaitelie, Kaitelinne, Kaiterine v. Kath....
Caitelz, Caitel 1279, 1293, Kaitel 1279.
Aurowin —; de Vallieres 1279, 378; 347.
Colignons — de Vallieres 1293, 386.
„ — f. Jennin Frankelin † 1293, 371.
Kaiterne v. Katerne.
Kaithelie v. Kathelie.
Caithelone 1298, Cotelone 1293.
Arnout — de S. Clemant 1293, 493.
†, Collate fm. 1298, 121.
Kaitherine v. Katherine.
Caitin 1293, Katin 1262.
Colin — 1262, 150; 1293, 294.
Cal, Jehan 1290, 435b.
Calabre 1245, Kallabre 1275.
P. [Simons Qualabre 1250 OS]
Simons — pb. ms. ou Champel 1245, 112.
outre Saille dev. l'ost. ke fut — 1275, 416.
Kalandre, Colius 1275, 488.
Colin — de Chambres 1278, 601.
Caldewalle v. Galdewalle.
Calenaire, Gerart 1227, 49.
Kallabre v. Calabre.
Callefairt 1288, 1290, Kallefairt 1279, Caillefairt 1281. [1290, 196.
Jennat — 1279, 465; 1281, 84; 1288, 468;
„ — corvexier ke maint au Maizelles 1290,
Callemiche † 1281, 57. [187a.

Callewins v. Calowins.
Kallison (v. Colleson).
Roillon fr. — 1269, 490²¹.
Caloigne, Jennas 1278, 551.
Calowins, Calowin 1275, Kalowins 1245, Callewins 1290, 1298.
Arnoulz — 1298, 534.
furheires 1290, 452.
Poincignons — 1245, 30.
Arnolt mainbor P. — 1275, 99.
Colate fm. P. — 1275, 246, 248.
Kalus, Jennin 1267, 172.
Camelin 1278, 1279, Kamelin 1275 (v. Kaiemel).
Jakemin — 1275, 28; 1278, 407; 1279, 378,
lou **Camus,** lou **Kamus** v. li Caimus. [399.
Camusat, Wauterin 1267, 71.
Kanelle 1277, 1285, Canelle 1277, Kainelle
Burtemins j. — 1285, 441. [1288.
Jehans — et Burtemins srg. 1277, 339.
Jehan — j. Xanderin † 1288, 324.
Theirion —, sr. Nicolles prestes f. 1277, 339.
Kaneuelle v. Cainevelle.
lou **Car** v. li Kairs.
Carcal, Colin (v. Carquel) 1269, 309.
Cardas v. Chardas.
Cardate †, Thiebaut f. 1298, 81.
— de Chastels, Bueuin f. 1281, 337.
— fm. Colin Panpelune 1298, 429.
Kardeire d'Oxey, Colate et Ermanjon f. 1298,
Kareheu, Jennin 1262, 297. [375.
Karesmeantreit, Acelin 1269, 440.
Karitals 1262, Karitalz 1278, Karital 1267, 1279, 1298, Carital 1262, 1278, Karitas 1262, Karitat 1245, Karetal 1279, 1285, Kairetal 1285, 1288, Cairetal 1290, 1293, Kairetaulz, Karetaulz 1275.
Goudefroit — 1262, 359.
Jaikemin — 1279, 522.
Lowias — 1278, 542; 1279, 71, 202.
Hawit f. 1298, 624.
Lowias — li retondeires 1275, 303.
Piereson — 1245, 6; 1262, 41, 84; 1267, 2; 1275, 221; 1278, 318, 561; 1293, 15b.
†, Poinsate f. 1285, 156¹ = 1861; 1288,
Warneson — 1262, 84. [173.
lai fm. — 1290, 365a.
Carlete, Colin, de Nonviant 1285, 545.

Karowe de Witoncort, Burtemin f. 1279, 215.
Carpentiers,[1]) les IIII freires, d'Outre Mozele 1227, 16.
Carquel (v. Carcal).
Jakemin —, Colins li tenneres fr.; Gesperon srg. Colin (= fm. J. —) 1227, 12.
Kasso 1241, 90.
Katelie, Kateline, Katerine v. Kathe....
Kathelie 1241, 1251, 1277/1279, 1285, Katelie 1267, 1269, 1275, 1298, Catelie, Cathelie 1278, Kaithelie 1281, 1290, Kaitelie 1288, 1298.
  1. — f. d. Juliene 1241, 2.
  d. — (= d. — d'Aiest) 1277, 214; 1278, 24.
  d. — † „ 1285, 312⁵.
  2. — f. Mathion de S. Julien 1278, 2, 3.
  4. d. — d'Aiest 1267, 107; 1279, 388.
  — f. Steuenin lou Bague de S. Vincentrue 1298, 153.
  — fm. Thieriat Maleboche 1275, 269.
  5. Facons — 1298, 29, 235, 384.
  Facon f. Watrin — 1275, 302; 1281, 281;
  Lambert — 1267, 3. [1290, 490b.
  Waterat — 1269, 550.
  † Deuamin f. 1278, 361⁵.
  Watrins — (v. Facon) 1251, 5.
Katheline 1278. 1279. Kateline 1278, Kaitelinne 1288.
  — f. sg. Jehan de la Cort † 1288, 361.
  — f. Colin Nairadin † 1279, 420.
  — f. sg. Banduyn lou Roy † 1278, 128.
  — s. Arnout lou Roi 1278, 127.
Katherine 1241, 1269, 1279, 1285, 1290, 1293, Katerine 1279, 1281, 1288/1298, Kaitherine 1293, 1298, Kaiterine 1288, 1290.
  1. d. — 1241, 193.
  2. — fm. Jakemin de Viguey 1290, 550.
  3. — f. Gerairt lou Vadois boulangier †, — fm. Herman clerc de S. Geure, — fm. Mateu loremier, — f. Jaikemate la telliere de Chambres, — f. Domangin tennour de Sairlei.
  4. — f. Pierexel Bouchat, — fm. Petre lou Buef, — s. Arnolt Chaneviere. — f. Jaikemin de Cologne, — f. sg. Jehan de la Cort.

---
[1]) Ist Carpentiers *ein Eigenname* oder *waren alle 4 Brüder Zimmerlente?*

— fm. Jennat Ferrit †, — s. Jennat Friandel †. — fm. Willemin Gurdin, — f. Jennat Hurteruel, — f. Jennin Yzambairt †, — fm. Lietal Merchant †, — f. Colin Moutat, — f. d. Bietris fm. Colin Narardin. s. Thiebaut Pistal. f. Colin Poirel, — fm. Arnoult f. Güersat Rabowan†, — fm. Jakemin f. Steuenin Rocel d'Aiest, — f. Piereson Rochefort, — f. Jennat Teste †. — fm. Howignou Vaillairt de S. Arnout †.
Katerne 1288, Kaiterne 1293.
Gerars — bollengiers 1288, 262.
Jennat — de Mairuelles 1293, 108.
Katin v. Caitiu.
Cefiate v. Suffiate.
Kenabelin (v. Kaibelin).
Symonin — de Leirs 1269, 505.
Kenche v. Cainche.
Kenegate v. Cunegate.
Cennatte v. Sennate.
Kenne 1267, Kaine 1247.
Aubriel — 1245, 176.
Hanriat — 1267, 183, 428.
Centmars 1269, 1298, Cmars 1277, Centmarz 1269, Centmairs 1293.
Colin — 1269, 319; 1277, 411; 1298, 199.
Colignons de Porte Serpenoise f. 1269, 322.
l'olignon — lou clerc 1293, 403.
Cerkeuz 1269, Serken, Serkeurs 1277.
Huyns — 1269, 1164; 1277, 1956, 447.
Ceruelz 1269, 1279, Ceruel 1251, 1277, 1278, 1290, 1293, Cervel 1262, Seruels 1267, Seruel 1293, Sirvels 1267, Sirvel 1275, Suruel 1269.
—, vg. deleis (Noweroit? OM) 1298, 681.
Colignons — 1267, 25, 271; 1275, 291; 1277, 169; 1278, 16, 405; 1279, 362; 1293, 184.
„ — de S. Julien, Odeliate fm. 1290, 324.
Odeliate · ' 1293, 421.
Jakemin -- 1262, 289.
Poencignons f. 1251, 86.
Poincignons — de S. Julien 1269, 377.
Pakat — 1269, 16.
Keuce, Ancillons 1269, 569.
la **Keugne** v. lai Caigne.
Keuprunne, Xandrins 1279, 579.
Keutelawe.
ost. — outre Saille 1288, 205.

6

Keutepoire–Chabosse

ost. — ou Waide 1290, 168.
Ferrion — 1293, 60, 237, 521a.
Keutepoire 1278, 1288, Cnitepoire 1281.
Abillate — 1288, 224.
Pierexel — de Chastelz 1281, 121. [342.
Wernier — de Chastels, Guersirias f. 1278,
Cezeliate, Cezelle, Ceziliate v. Sezel ....
Chaboce v. Chabosse.
Chabontel v. Chabotel.
Chabornat 1290, Chaburnat 1298.
Jaikemin — d'Ancey 1290, 584; 1298, 128.
Chabosse 1251/78, 1285, 1288, 1293, 1298,
Chaboce 1245, 1267, Chaiboce 1281.
  P.
1 Gerardes — 1245
2 Baudoyns — ¹) 1245/51
       ?
───────────────────────────
3 Aurowins — 7 Jaikemin Maingnart
1251, † 1281   1267
───────────────────────────
4 Bertrans — Aileit 5 Ansillon 6 Weirion
    clers Marguerate 1281, 1298 1281
  1281/1298   1281
8 Roillons — 1269
9 Hanriat — 1269
Marguerons — d. Lorate —   d. Belle —
  1269   1267, † 1288   1277
10 Weirias 1267, † 1278
───────────────────────────
11 Jenat — 1278 = ? Jenin — 1267
12 Colignons — de Borney 1277, 1298
    Steuenin srg. 1277
    Gerairt f. Maithelie u. 1298
13 Pierexel — 1293
14 Aurowin f. — 1298

1. Gerardes —
pb. t. a Grisei 1245, 21.
2. Baudoyns — ¹)
at donei a l'osp. dou Nuefborc vg. sor
  Maiselles 1251, 33.

───────────────────────────

¹) *Prost XIX, 1232* Bauduins Malebouche et Bauduins Chabosse et Thierriz li Blanz et Coinrarz dou Pont randeroient ... por dame Ysabel, la fame Nichole Bairbe d'Outre Saille.
Prost XXVI, 1238 Bauduins Chabosse est vestie an leu de Thierit Louel.

82   I. Personennamen

la fin. B. —, ms. davant l'osp., vg. au
  Grant Chauol   1245, 178.
3. Aurowins —
pb. 2½ s. t. a Belueor 1251, 137.
pb. champ (PS)   1251, 208.
enson l'ost. A. — (PS) 1262, 170.
pb. ms. Jaikemin Maingnart, son fr., et
  lo four la Hertekine 1267, 78.
a Beluoir desous lou planteit — 1285, 202.
4. 5. 6. Bertran lou clerc, Aileit, Marguerate, Ansillon, Weirion, enf. A. — †,
39½ s. vg. (PS)   1281, 70.
4. Bertrans — li clers
pb. chans et preis ou ban d'Abigney 1293, 510.
pb. por lai Grant Eglixe de Mes 1298, 480.
ait laiet por lou doien et por lou chapitre
  de Mes   1298, 682.
5. Ancillon —   [422b.
an lai rowelle as Lieures anc. lai t. 1298..
7. Jaikemin Maingnart v. 3 Aurowins.
8. Roillons —
pb. vg. en la Basse Pretelle (PS) 1269, 207.
9. Hanriat —,
Marguerons — pb. ms. Hanriat — defors
  la porte des Alemans 1269, 410.
  d. Lorate —
pb. ms. ou Waide   1267, 61.
lo tiers de 40 s. ms. (PS) 1267, 182, 427.
pb. ms. ou Waide   1275, 405.
devant la ms. d. L. —   1277, 53.
outre Saille anc. l'ost. d. L. — † 1288, 210b.
  d. Belle —
pb. vg. sus Maizelles 1277, 292.
10. Weirias —
Matheus Charrue et W. — pb. vg. en Bauchetenue (PS) 1267, 213.
gr. ke fut W. — (PS) 1278, 449, 450.
mairechaucie et cort daier la gr. 1278, 451.
11. Jennat, f. Weiriat —,
vg. en la Douceawe   1278, 279.
2½ s. vg. sus la Pixate (PS) 1278, 527.
= Jenat —, t. ou ban de Borney, 4 s. en
  Seneual   1278, 87. [341.
= ? Jenin —, vg. a Bernartfontainne 1267,
= ? Jenat Chabouscel, t. en Virkilley 1277,
12. Colignons — de Borney [286.
pb. t. ar. ou ban de Colaubers, Steuenin
  srg.   1277, 352.

I. Personennamen   83   **Chabotel–Chadiere**

sus Glairuelles anc. t. Col. — 1298, 266b.
t. ou ban de Borney   1298, 287a.
et Gerairt, f. Maithelie, son n., t. sus
  les preis de Grixey   1298, 417.
  13. Pierexel —,
10 s. ms. defuers lai porte des Allemans
  14. Aurowin, f. —,   [1293, 465.
sus Culloit anc. lai vg.   1298, 86.
Chabotel 1275, Chabontel 1293. *P.*
sg. Pieron —, Erart et Renmont f.,
  can ke ou val de Mosele, ch., pr., vg.,
  c., hommes, femmes, ms.   1275, 465.
Afelix, fm. Lambelin —, vg. en Pawillon-
  champ (PS)   1293, 470.
Chabouscel, Jenat, (v. Chabosse 11).
t. en Virkilley   1277, 286.
Chaburnat v. Chabornat.
Chakaie 1288, 1293, 1298, Chaikaie 1288.
1293 (v. Chagaie).
—, gr. a Wapey   1288, 235.
Steuenat —   1288, 235.
Steuenat — de Wapey   1293, 119.
Ysabel f.   1298, 661.
Jennat fr.   1293, 671.
Chacey 1281, 1298. Chacei 1298 (v. IV).
Gerardins —   1281, 221.
„ — li bouchiers   1298, 556.
Symonat —   1298, 124.
Chacemal 1262, 1285, 1290, Chasemal 1288,
1298. *P.?¹)*
Colin —   1262, 120.
Jennin † Colins f.²) 1285, 169, 329;
  Colignons f. 1288, 10; 1298, 361. [1290, 138.
„ · d'Aiest, Colignons f.   1298, 23.
Colin —, maistre Jehan f.   1298, 11.
Chaketerre 1279, Chauketerre 1269.
Renadin —   1279, 172.
  fr. Colate   1269, 888.
Chaceuilein 1241, Chaissevilain 1278.
ruele — (v. IV. Mes) 1241, 180; 1278, 95.
Chadawe 1290, Chadeawe 1288, Chaudaue
1227 (v. Chaudan).

¹) Li sires Poinces de Colloigne et Colins,
li filz Chacemal ki fut, pb.   1290, 138.
²) *De Wailly 212 (1280).* Collin, f. Jeinnin Chasemal ke fut.

Aubri ·   1227, 63
Gerairt —   1290, 28b.
Howius — ki maint ou molin desor Montois   1288, 579.
Howin — munier †. Roze fm.   1290, 394.
Chadeire v. Chadiere.
Chaderons, Chaderon 1278/81, Chadrons,
  Chadron 1281, 1288/98, Chauderons 1269
  (v. V. Chaderoupreit).
P. [Jehans — m. e. 1296]
1. Jennas — ¹)
pb. ms. en Chaudrelerrue   1269, 197.
et Lowit de Noweroit, ms. ke fut Cosin
  (PS)   1278, 62.
pb. ½? ms. en Chadeleirue   1278, 426.
Guenordin, f. Felisate, et J. —, grt. us.
  et ms. en Saunerie   1278, 472.
pb. ms. en Chadeleirue   1281, 188.
a Quertal anc. l'ost. J. —   1281, 433.
= Jehans — maires de PM 1279, 169*.
ms. au Vesignuelz doit 8 s. a J. — 1288, 80.²)
12 s. geisent sus gr. J. — an Chadeleirue
          1290, 346.
pb. ms. devant l'ost. lon Bel (PS) 1293, 579a.
pb. t. en Genestroit   1293, 579b.
ms. ke fut — a Quertal   1298, 238 10.
Wernesou et Domangin, son fr., les
  filloistres —, t. ou ban Ste Marie 1281,
2. Matheus ³), fr. Jennat — 1278, 426. [565.
½? ms. en Chadeleirue   1278, 426.
pb. ms. et meis en la Haute Sanerie 1279, 3.
en Chadeleirue devant l'ost. M. — defuers
  les murs de la citeit   1293, 244.
Chadiere 1275/85, 1290, 1293, Chadeire
1275, 1285, Chaudiere 1251, 1269.
Gerart · 1251, 261; 1269, 492, 493; 1277,
          140; † 1285, 122, 552.
Clemans Vaillans f.   1275, 105.
sg. Poinson lou preste f.   1281, 613.

¹) *Ben. III, 222 (1277)* Jennat Chaulderon, Treze.
²) *1288, 170 ist der Name Jehan Chadron durchgestrichen.*
³) *Ben. III, 222 Anm. (1296 u. St.)* Matheu Chaderon, frere de la maison des Alemans de Mes.

6*

Chadrons–Chaingnairt

Ysabel f. 1293, 132.
Thierias de Molins j. 1275, 510; 1279, 540; 549; 1281, 309.
Thieriat pontenier de Molins j. 1278, 592.
Jehan —, Theiriat j. 1278, 274.
sg. Poinson — preste de S. Vy 1290, 548;
Chadrons v. Chaderons. [1293, 603.
Chafolat, ost. (OM) 1298, 196.
Abertin — 1290, 263.
„ — de Roncort, Ysabel s. 1293, 161.
Chagaie 1269, Chaigaie 1298 (v. Chakaie).
Richart — 1269, 501.
Richerdin — de Chairley 1298, 396.
Chaiboce v. Chabosse.
Chaikaie v. Chakaie.
Chaie.
Jenin — boulangier 1277, 37.
Odelie fm. sg.[1]) — †, Jaikemin f., st. an lai halle des boulangiers an Vesignnelz 1288, 54.
Chaigaie v. Chagaie.
Chaignairt v. Chaingnairt.
Chaigne v. Chaingne.
de **Chailley** (v. IV.)
P.

1 Symon — 1241, sg. † 1285 [1250 C]		
2 Lowias d. Guertrut	Margueron	
1241, † 1275 1281/90	1267/1298	
3 Jehan Jaikematte	Poinsate fm.	
1275 1275	Simonin Jagin	
4 Ferrias — 1269/1298	1278	

1. Symon —, Lowias f. 1241, 68, 123.
Margueron f. 1275, 148.
Marguerelle f. sg. Symon — † 1285 64.
d. Marguerite —, 20 s. geisent sus la ms. (PM) 1267, 23.
= Margueron —, vg. en Chardenoi 1275, 38.
2 s. ms. (PS) 1275, 169.
4 s. ms., ms. en Aiest relaiet permei 40 s.
= d. Marguerelle —, [1275, 148.
en Aiest anc. l'ost. 1293, 15a.
ms. outre Maizelles, gr. an Hulouf, 18¹/₂ s.
vg. outre Saille 1285, 64.

---

[1]) *Die Handschrift hat* signor Chaie, *das ist wohl ein Schreibfehler für* Jenin Chaie.

2. Lowias, f. Simon —,
pb. ms. (PM) 1241, 68.
pb. 2 ms. (PM) 1241, 123.
= Lowias — pb. por la chieze Deu des Bordes 1267, 160.
†, d. Guertrut fm., pb. ms. devant S. Hylaire a pont Renmont 1281, 343.
pb. vg. a S. Julien 1288, 135.
pb. 6 s. 1 stal ou Champ a Saille 1288, 201.
40 s. geixent sus l'ost. lai fm. L. — en Aiest 1290. 345.
3. Jehan et Jaikematte, anf. Lowiat — †, ms. ke fut Lowiat —, meis. vg. en Aiest 1275, 9.
Poinsate, f. Lowiat —, †, fm. Symonin Jagin.
4 s. et 3 quartes de wayn moitenge a Montiguey (PM) 1278, 420.
= Poinsate, fm. Simonin Jagin †, 18 s. en la halle des tanors ou Champ a Saille 7 s. ost. a S. Arnolt 1278, 586. [1278, 521.
4. Ferrias —
pb. 24 s. ms. en Stoxey 1269, 355.
pb. vg. en Chanpelz 1277, 216.
pb. vg. en Deseirmont 1277, 217.
pb. gr. et meis a Ostelencort 1277, 218.
pb. 30 s. sus sa ms. ou il maint en Aiest daier S. Hylaire anc. ms. 1279, 354. [1278, 31.
pb. er. ou ban d'Ostelencort 1290, 10.
pb. kant le a Ostelaincort, Baitelainville.
. Mancey, Haisanges, Raikesanges en ch., pr., boix, rantes, c., droitures, tailles, homes, femes, fours 1298, 230.
Chaimaigne v. Chamaigne.
Chaimenaie (v. de la Chaminee).
Jennat — fr. Aburtin Boon 1290, 88.
Chaimeure v. Chameure.
dou **Chaimin**, Piereson, de Chacey †, Florate f. 1298, 92.
de lai **Chainal** v. de lai Chenal.
Chaines, Chenes (v. Chanet, Chanon, Chenon).
Jennas — f. Burthemin lou Verderet de Collambeir † 1898, 47, 510.
Chaineveire, Chaineviere v. Chaneviere.
Chaingnairt 1277, 1290, Chaignairt 1281.
— lou muneir † 1281, 371.
Bauduyn - · 1277, 345.
Humbert f. Badewin — de Lemoncort 1290,
Simonin — 1277, 345. [392.

Chaingne 1269, 1278, 1298, Chaigne 1269, 518. .(v. Channe.)
Guersat —, t. ou ban de Mairlei 1298, 523.
Perrin — v. Graicecher 9.[1])
Chainois, Chainoit.
Jennas — 1285, 166.
Colignon — lou permantier 1285, 178.
Chaipal, Badewin 1290, 358.
Bauduyn — de Frontigney 1285, 65.
„ — lou boulangier 1288, 73.
Chaipate, Willemat, j. Vguignon lou feivre
Chaipeblowe v. Chapeblowe. [1279, 327.
Chaipelain v. Chapelein.
Chairaidine, Jennin *(verschrieben für* Cla-
radine?) 1290, 20.
Chaireteit, Colin 1285, 332.
Lowiat f. — 1293, 546.
Chairlat, Gerardin, d'Airey 1278, 317.
Chairle v. Charle.
li **Chais** v. li Ches.
Chaisee v. Chaizee.
Chaistelain, Chaistelen v. Chastelain.
Chaitals 1288, Chaitalz 1281, Chaital 1279, 1293, Chatal 1275.
—, ms. en Dairangerue 1275, 17.
Jennat — 1279, 407; 1293, 198.
Piereson — de Vantous 1288, 352.
Symonas — de Vantous 1281, 362.
Chaitebloe, Chaiteblowe v. Chateblowe.
Chaiveit, Gerart 1293, 588.
Chaiuerles, sr. Jehans, prestres de Port
Chainerson v. Chauresons. [1290, 177.
Chaiurate, Gerairt 1298, 506.
Chaiuresons v. Chauresons.
Chaizee 1281, 1288, Chaisee 1281, Chaizeie 1288, Chaizaie 1290, Chazee 1285.
Burtemins — de Dornaut 1288, 500.
„ — de Plapeuille, Heiluyt, Sibiliate, Ma-
teu, Clemant, Arambor anf. 1288, 498.
Colignon — 1281, 223, 453; 1285, 93; 1290.
Chaizelles, Jennin (v. IV.) 1288, 252. [403.
Chalemel 1293, Challemes 1290, Challemelz 1298.

---

[1]) *Ein Bruder von* Perrin *heißt* Garsas Grassecher. Guersat Chaingne *könnte also der Sohn von* Perrin Chaingne *sein.*

Jaikemins — de Vallieres 1290, 308.
Poincignons — 1298, 482.
maistre Simon — 1293, 687.
Challon, Chalon v. Chalons.
Chalongels, Chalongel.
Idate et Contasse f. — 1281, 54.
maistre Poince —, Ydate s. 1298, 415a.
Contasse et Ydate s. 1298, 257, 679.
Chalongelle, Ydate 1298, 679.
la —, Contasse 1298, 679.
Chalons 1267/1285, 1298 *(auch im cas. obl.),*
Chalonz 1269, Chalon 1269, 1278, 1281,
1288, 1290/1298 *(nur im cas. obl.),* Challons
1267, Challon 1267, 1269, 1288. v. Chason. P.

?		
1 Poinsignons —	Jaikemate	4 Colin —
1267, † 1288	1281	1267
lou Vel — Poiusin —		Poinsignons —
1279, 490 1288, 254		li Jones 1278/79
2 Jehans 3 Alexandre	Hawit	Poinsate
Soigne 1285	1285	1278, 1281
1281, 1285		

avelas sg. Wernier Pilaitre 1281
en Belmont (PS) enc. vg. — 1275, 33.
ou clos de Maigney enc. — 1279, 277.
1. Poencignons —
doit droiture sus Praels 1267, 87.
pb. vg., pr. ou ban d'Awignei 1267, 359.
pb. t. ar., bois en bois de Praiels 1267, 360.
pb. t. ar. areis les Bordes (PS) 1267, 361.
ou ban de Creppey anc. vg. 1269, 240.
vg. en la Pertelle doit c. a P. — 1269, 278.
pb. t. ar., vg., pr., menors, chauk., teulerie.
jard., boiz a Fais et antor 1269, 473.
pb. ms. a Porsailliz 1269, 474.
pb. ms. suz Saille 1269, 475.
pb. t. ar., vg., menoirs, jard., er. ai Awig-
ney et antor 1269, 476
Vguignons Hunebors et P. — et Jennas Gou-
tierz pb. ms. et gr. (PS) 1269, 477.
pb. ms. en Viez Bucherie et ms. en Merde-
sonruelle ensom Viez Bucherie 1269, 562.
pb. ms. en Viez Bucherie 1269, 563.
pb. vg. en Jouenat (OM) 1275, 130.
4 s. geisent sus gr. P. — a S. Piere as
Arainnes 1277, 88.

vg. a Vallieres dou sansal des 26 lb. de c. ke messires Cunes dou Nuefchastel ait sus l'er. P. — 1279, 33.
ms. arreiz l'aitre S. Mamin, vg. a Grant chamin outre Saille, vg. a Pertes, vg. en Mallemairs, vg. a Awigney, gr. a S. Pierc as Arainnes, 2 ms. a Porsaillis et 2 st., ms. a Porsaillis, 12 s. ms. a Porsaillis dou sansal des 26 lb. ke P. — doit a sg. Jake Bazin. 1279, 96², 18, 20.
P. — lou Vel, 2 ms. an Vies Bucherie ms. a Porsaillis 1281, 57. [1279, 490.
ou ban de Borney t. anc. P. — † 1288, 43.
ms. outre Saille dav. l'ost. P. — 1293, 260.
gr. de Praielz ke fut P. — 1298, 393¹=li hoir Poincignon —, 4 lb. gei- [503 ¹=656⁴. xent sus er. a Praielz 1293, 287.
enfans P. —, en Mallemairs antre vg. 1298. anc. vg. (PS) 1298, 461. [284.
ou ban de S. Julien antre vg. 1290, 319.
en Chaicey a Awigney deleis 1293, 491.
Poensate, f. —, 8 s. stuve a Poncel 1278,
2. Jehans Soigne, [254b.
f. —, avelas sg. Wernier Pilaitre,
pb. 17 s. ms. et vg. a Siey, escheut de part d. Jaikemate, sa meire, k'il ait partit contre Poinsate, sa s. 1281, 599.
2. 3. Jehan, Alexandre, Hawit, enf. Poinsignon —,
ms. desor l'ospital des Allemans 1285, 193.
½ maix., 1½ s. gr. et meis, ½ ms. an Jeurue a Chastels 1288, 254.
4. Colin —,
60 s. estuve ou Haut Champel 1267, 217.
5. Poinsignons, f. Colin —,
pb. ⅓ ms. anc. S. Seplixe 1279, 272.
Jennas, f. Howignon l'aman, pb. por lui et por Poinsignon — lou Jone et por Colin Cobert 22 s. 1 d. moins vg. ou ban de Plapeuille 1278, 206.
pb. sus Weiriat lou Bossut lou bergier 1278,
Chaltpain 1245, Chautpain 1241. [293.
Maholt — 1241, 31; 1245, 192. [456a.
Chaltpouxon, vg. ou ban de Maigney 1293,
Chamaigne 1269, 1281/88, Chamagne 1241, Chaimaigne 1293, 1298.
Hanrions — 1241, 14.
Jehan — de Dornanc, Esselins f. 1269, 283.

Jehan, ms. a Dornant 1288, 497.
Poinsignon — 1285, 390; 1293, 523; 1298.
„ — de S. Clemant 1293, 514. [98.
Thierias — 1269, 187, 243; 1281, 162.
Chaman.
Symonat —, Robert de Chazelles f. 1293, 640.
Chamberlains 1275, Chamberlans 1267. (v. II.)
Jaikemins —, Crokelas fr. et Hawiate s. Simonins — 1275, 373. [1267, 229.
= Simonins li — 1279, 69.
= Simonins srg. Hanriat l'uxier 1279, 110.
de **Chambres** (v. IV. Mes)
P.
d. Poince —, ms. dessandre de Chieuremont 1251, 9.
Jennin Cuneman j. 1267, 297.
1. Jakemins — maires de PM 1251, 1*.
= Jaike — †, d. Aileit fm., pb. er. Jenat la Peirche (PM) escheut de pair Matheu pb. er. Richardin, f. sg. Matheu [1275, 30.
—, (OM) 1275, 89.
100 s. geisent sus la ms. d. Aileit 1277, 172.
deime que part as anf. Roillon Makerel et anf. Abriat Ygrant et anfans Jaikemin —, escheus de par Symonaire lou clerc, lor oncle 1269, 5.
2. Hanris, f. Jaike —,
pb. vg. ou ban de Longeuille 1279, 138.
= Hanrias Herralz, f. sg. Jaike — †, et Jennas Xordelz pb. por Colignon Xordel ½ molin sus Muzelle 1288, 113.
anc. H. Harral t. (OM) 1293, 607.
mairit Wiborate, s. Maiheu Merlo, 70 s. vg. sus Mozelle 1293, 29b.
3. Simonas —, maires de PS 1275, 134*.
et Burtignons Wielz etc. pb. t. ar. en Hem, vg. daier Longeuille 1298, 296 = 350.
=? Symouat l'eschaving —, Arnoulz d'Abes li valas 1298, 294.
4. sg. Matheu —, ms. (PM) ke fut 1278, anc. l'ost. sg. M. — † 1293, 391. [383.
=? Matheus pb. ms. en Chambres 1220, 17.
er. escheus de pair Matheu (PM) 1275, 30.
d. Drude fm., ½ molin sus Mozelle 1279, 30 s. 2 ms. outre Salle 1281, 30. [174.
d. Poinse, f. sg. Matheu — †, Perrins li Lombars j. 1288, 178¹.
pb. vg. a Grant chamin (PS) 1290, 371.

I. Personennamen   87   **Chameure**

— Poinsate, f. sg. M. — †, 2 s. ms. ou Champ a Saille 1293, 216.
2 s. ms. sus lou Mur 1293, 436.
5. Jakemenel, f. sg. Matheu —, [529. ms. ou Jehans li Gronais maint (PS) 1278, Borjoize, f. J. —, ms. et meis a Longeuille 1293, 639.
vg. en Preis et champ desoz (OM) 1293, 659.
5 pieces de t. (Longeville?) 1293, 668.
6. Hanrias Vilains, f. sg. Matheu — †, pb. 100 s. ms. en Chambres 1277, 172.
7. Perrins, f. Hanriat Vylain — †, pb. ms. en Chambres 1298, 211.
8. Richardin, f. sg. Matheu —, er. (OM) ms. an la Vigne S. Avol 1285, 68. [1275, 89. = R. — chanone de S. Sauor, ms. en la rue lou Voweit ensom la Triniteit 1277, 403.
pb. ms. en la rue lou Voweit 1279, 116.
Anel Douce, avelate Matheu — †, 45 s. ms. ou Champ a Saille 1279, 101. [150.
9. Thiebaut —, ms. en Chambres 1262, molin en la premiere teire des 12 molins 1262, 40 s. halle des viesceis 1262, 144b. [114a.
10. Vilains —, maires de PM 1278, 1*.

pb. 7½ s. vg. desor Longeawe 1277, 117.
pb. . . . 1279, 324. [389.
en la halle des parmantiers enc. ms. V.— 1279, 15 s. ms. anc. la halle an Chambres ke V.
— devoit 1298, 221b.
11. 12. Thiebaus, f. Vylain — †, pb. ms. son p. an Chambres, k'il at aquasteit a Gerardin d'Awigney, son srg., permey 105 s. et permey 20 s. a Maithelo, son fr. 1298, 6.
Chameure 1251/98, Chaimeure 1281/93.
P.
1. Poencignons —
pb. ms. Colin dou Puis (PS) 1251, 26.
devant lou pont a S. Julien enc. chak. P.
— † 1278, 12.
Alizate, f. P. —, pb. 35 s. ost. a la l'osterne, k'elle at aquasteit a Lukin —, son fr. 1269, 251.
2. Luckins —,
meis (OM) 1262, 107. [1262, 149.
pb. 40 s. halle des viesers areis S. Vitor pb. 50 s. gr. sg. Jehan lo Truant (PS) 1262, pb. . . . 1267, 104. [185.

---

de **Chambres**[1])

d. Poince — 1251   Jennin Cuneman j. 1267

1 Jakemins — maires de PM 1251
 = sg. Jaike — † 1275 [m. e. 1258] ⌣ d. Aileis 1275

2 Hanris 1279   3 Simonas — 1298
 = Hanrias Herralz ⌣ Wiborate s. Maiheu Merlo   maires de PS 1275
   1288, 1293   1293   = Symonat l'eschaving — 1298
                                                   [= Simon, f. Jaike --, m. e. 1300]

4 sg. Matheu — † 1277 [m. e. 1248; 1250 SM]⌣d. Drude
 — Matheus 1220, 1275   1279, 1281

| Poinsate = d. Poinse 1288, 1293 Perrins li Lombairs j. | 5 Jakemenel — 1278 Borjoize 1293 | 6 Hanrias Vilains 1277, 1298 7 Perrins 1298 | 8 Richardin chanone 1275/1285 | ? Anel Douce 1279 |

9 Thiebaut —   10 Vilains — maires de PM 1278, † 1298
  1262   11 Thiebaus 1298   12 Maithelo 1298

[1]) *Prost XI, 1228* sg. Poinson de Chambrez, le fil sg. Matheu et Poinsate, sa fame.
Ben. III, 215 (1262) Pontius dominus dictus de Thalamis ius tenet vendendi vomeres.

Chameure 88 I. Personennamen

pb. 35 s. ost. a la Posterne 1267, 403.
35 s. ost. a la Posterne 1269, 254.
pb. 10 s. vg. ai Awignei 1269, 259.
14 s. ms. en Chanbres 1275, 6.
pb. gr. (PS) et tavle on Vies Changes 1275.
pb. 3 s. ms. sus Saille 1275, 82. [64.
maires de Porte Muzelle 1275, 134*.
pb. 50 s. et 10 s. et ms. et 10 s. ms. au Quartal et ms. a S. Clement 1275, 194.
pb. 15 s. ost. en la Nueue rue 1275, 864.
12 s. ms. preste de S. Gengout 1277, 101.
pb. 12 s. ms. en la Nueve rue en Rimport et maixeires et meis 1279, 175.
pb. ms. en la Wade 1279, 287.
pb. 33 s. 3 d. moins meizes daier S. Marc 1279, 288.
3 st. an la vies halle des draipiers an Vizignuel 1279, 474.
ms. a Quartal redoit 35 s. a L. — 1279, 514.

pb. er. ou ban de Fais, de Cronney, de Sommey et de Mairley 1281, 82.
110 s. por lou cens de 4 estaies demorees, er. (PM) 1281, 187⁹ = 275⁹.
ou Champ a Salle anc. l'ost. L. — 1281, doit 17 s. ms. et vg. a Siey 1281, 599. [453.
stuve an la Nuewe rowe (PS) 1285, 73.
ms. outre Mozelle 1285, 139.
anc. l'ost. L. — (PS) 1288, 403³.
Contasse, fm. L. — †,
doit 20 s. ms. en Chaipeleirne 1288, 195b.
60 s. 6 d. ke C. — tenoit por les 60 lb. ke Jaikemins Plaitelz et Lowias —, ces fr., et Yz. Xauins. srg. dovoient 1288, 212.
ms. au Chaipeleirue 1288, 373. [1288, 482.
doit 20 s. nueve stuve an lai Nueve rue
15 s. ms. defuers la posterne as Roches 1298, 221.
15 s. ms. anc. la halle an Chanbres   „
15 s. ms. an Gran Meizes   „

Chameure

1 Poencignons — 1251, † 1278

Alizate 1269¹)	2 Luckius — 1262, † 1288	3 Lowias —²)	4 Jaikemin
=? Ailixate fm.	maires de PM 1275	1281/1298	Plaitel 1288²)³)
Willame de Gorze 1298	Contasse fm. 1288, 1298	Yzambairs Xauins srg. 1288	

5 Jaikemins — 1267, 1278 ⌣ Anel — 1290, 67c

anfans de la seror	6 Colignon —	7 Forkignon	8 Jehan
Willermin lo voueit 1267, 420	1275/1298	1279	1298, 1298

9 Nicolle — † 1279 [1250 PS]

[Pierexol] ⌣ Anel — 1290, 67a   Ailexate mairaistre Col. Pierexol 1279, 350

10 Colignon	11 Symonin	12 Jaikemin	? fm.	? fm.
Pierexol	1279	1279	Gerardin	Rocin de
avelet Nicolle —			d'Abeyville	Gorre 1279
1279, 350			1279, 1290	

¹) *Wenn* Ailixate, fm. Willame de Gorze, *vou der, als ihrer Tante,* Colignon Chameure et Jehan, son fr., *erben (1298, 322),* = Alizate, f. Poincignon Chameure, *(1269, 254) ist, so muß* Jaikemin Chameure, *der Vater von* Colignon *und* Jehan, *Bruder von* Jaikemin Plaitel *sein. Oder sind* Jaikemin Chameure *und* Jaikemin Plaitel *ein und derselbe? Und ist auch* Ailexate, la mairaistre Colignon Pierexol *(1279, 350) dieselbe wie* Alizate, f. Poincignon Chameure*?*

²) *Prost LIX. 1292* Jaikemin Plaitel et Lowiat Chameure, son freire, et d. Contasse lor serorge, la fm. Luckin Chameure †.

³) *Prost ebenda* Jaikemin Plaitel, Colignon Chameure amins a Luckin, f. Yzambairt Xauing. *Prost LX, 1292* Colignons Chameure droit dattor.

8½ s. ms. an Chadeleirue 1298, 221.
12 s. ms. an Stoxey „
4 s. vg. a Poncel a S. Julien „
2 s. vg. a Poncel a S. Julien „
26 s. 1 d. 2 ms. davant Ste Glosenne 1298, 238.
3½ s. ms. Cozemoze „
18 s. ms. en lai rowe Ste Glosenne „
10 s. gr. en lai rowe Ste Glosenne „
15 s. ms. en lai rowe Ste Glosenne „
12 s. ms. en lai rue des Allemans „
24 s. ms. en lai rowe des Allemans „
17½ s. ms. a Quertal „
12½ s. ms. an S. Martinrue „
21½ s. ms. an lai Nueue rue „
31 s. ms. an S. Martinrue „
40 s. an lai parroche S. Martin „
70 s. stuve en la Nueve rue „
12 s. ms. defuers Porte Serpenoize „
17½ s. ms. a Quertal „
52 d. et maille ms. a Porsaillis „
15 s. er. Domangin de Lorey „
21 s. t. d'Awiguey „
10 s. ms. a Quertal „
1 d. meis ou champ lo senexal „
7 d. vg. ou champ lou senexal „
6 s. maixeires a Montigney „
10 s. vg. a. Awigney „
7 s. ms. desour l'ospital des Allemans „
et vg. en IIII rowelles „
14 s. gr. a pont Tiefroit 1298, 301.
4 s. 2 d. vg. a Longeville „
20 s. vg. ou ban de Plapeuille „
3. Lowias —
pb. tavle an Vies Chainges 1281, 39.
pb. vg. ou Rowal de Frieires 1281, 303.
pb. 6 lb. 5 s. des 12½ lb. k'il doit a Jaikemin Plaitel, son fr. 1288, 50.
pb. 20 s. st. an lai halle des draipiers an Vesignuelz et vg. desour lai Follie 1288, 195a.
pb. 20 s. ms. an Chaipeleirue 1288, 195b.
pr. a Plapeuille 1288, 278.
ms. davant lou pont a S. Julien 1290, 330.
60 s. gr. en Chapeleirue, 10 s. 2 ms. daier antre gr. L. — (PS) 1293, 579a. [1293, 309.
deleis pr. L. — (PS) 1298, 299 24.
pb. ms. et ½ gr. a Longeville 1298, 674.
4. Jaikemins Plaitelz
pb. 60 s. 6 d. por les 60 lb. ke J. Pl. et

Lowias — —, ces fr., et Yzambairs Xauius, lour srg., dovoient a Contasse, fm. Lukin — 1288, 212.
Lowias — doit 12½ lb. a. J. Pl. 1288, 50.
5. Jaikemins —
et Poencignons Chardes pb. er. en Anglemur 1267, 513.
ms. daier Nostre Dame as Chans 1278, 262.
Willermins li voueis pb. gr. outre Mosselle que fut sa meire, qu'il at aquasteit a J. —, son srg. 1267, 256.
Willermins li voueis pb. por les anfans que J. — at de sa serour vg. ou ban de Maigne 1267, 420.
W. pb. por les anf. estals et piece de t. en la vies halle devant les osteis J. — (PS) 1267, 421, 422.
6. Colignon, f. Jaikemin —,
(v. 7 Forkignon, 8 Jehan)
vg. ou ban de Maigney 1275, 400.
= Colignon —, grant ms. et petite ms. (PS) anc. l'ost C. — (PS) 1290, 53. [1279, 248.
5 s. 3 d. en Vesignuelz de pair d. Anel — sa m. 1290, 67c.
pb. 20 s. ms. an Vies Bucherie 1290, 76.
en la rue S. Laizre (OM) dav. l'ost. C. —. 1298, 182.
7. Forkignon, f. Jaikemin —,
et Colignon, son fr., etc., vg. an Belmont ou ban de S. Julien 1279, 350.
8. Jehan, f. Jaikemin —,
11 s. ms. otre Muselle 1293, 123.
Colignons et Jehans, ces fr., partie de 5 s. et 5 s. et 26 s. et 14 d. et 3 s. er. (Dornant?) escheut de part Ailixate, lor tante, fm. Willame de Gorze 1298, 322.
fr. Colignon —, 5 s. t. a Dornant 1298, 322.
9.—12. Nicolle — †. Colignon Pierexol avelet, et Symonin et Jaikemin, ces 2 fr., et Gerardin d'Abeyville et Rocin de Gorre, lor 2 srg., et Forkignon, f. Jaikemin —, et Colignon, son fr., et Ailexate, mairaistre Colignon, vg. an Belmont ou ban de S. Julien 1279, 350.
10. Colignon Pierexol, f. d. Anel —,
4 s. 3 d. en Vesignuelz 1260, 67a.
d. Anel —, seure Gererdin d'Abbeiville, 27 d. en Vesignuelz 1290, 67b.

de la **Chaminee.**
Jehan — d'Ansey, Escelin f.   1298, 617.
Chamon de Jussei   1269, 540.
Chamorsel, Jennat   1290, 301.
Champaigne, les oirs Bertram   1220, 22.
ost. — a Porte Serpenoise (OM) 1278, 343.
Champel (v. IV. Mes) Burtran, parmantier
 †, Gererdat f.   1288, 161.
de **Champelz** 1251, 1269, 1277/98, de Champels
1241, 1251/67, 1278, 1281/88, de Cha*m*pels
1290, de Chanpelz 1277, 1278, 1285, de
Champes 1275, 1281, de Champez, de Cha*m*-
pez, de Champes 1269. *Ohne* de: Champelz
1251, Champels 1245, 1251, Chaupels 1241.
Chapelz 1275. De Champel 1220, 1269, 1275,
de Chanpel 1275. Dou Champels 1267, 68,
dou Champez 1269, 268, dou Champel 1241,
1245, 1251, 1269, 1275, 1285, do Cha*m*pel
1227[1]).
 P.

---

[1]) *Die Ortsangaben ou Champel und a
Champelz werden streng unterschieden, die
erstere bezieht sich ausschliesslich auf Platz
und Strasse in Metz (v. IV Mes), die zweite auf
den Hof Champel, der jetzt zur Gemeinde
Mécleuves gehört (v. IV) oder auf das Dorf
Champey bei Pont-à-Mousson (1288, 322, a
Champel). Aber bei der Benennung der Pa-
trizierfamilie ist diese Scheidung bis 1275 nicht
durchgeführt, dieselben Personen heissen bald
dou Champel, bald de Champelz. Von 1278 an
heisst die Familie jedoch regelmässig de Cham-
pelz, mit Ausnahme von sg. Burteran dou
Champel, 1285, 247 und Thiebaus 1298, 518.
Von welcher Oertlichkeit, der in der Stadt oder
der auf dem Lande, die Familie de Cham-
pelz ihren Namen übernommen hat, dafür
geben die Rollen keinen Anhalt. Besitz bei
dem Gute* Champelz *und in dem Banne von
Mécleuves lässt sich aus ihnen nur für
Hanrias Thomessin nachweisen, also für ein
Mitglied der Familie, das gewöhnlich gar
nicht* de Champelz *genannt wird, sondern
den Vornamen seines Vaters als Zunamen
führt, Besitz bei dem Dorf Champey über-
haupt nicht.*

.... — pb. 21 s. ms. (PS) 1262, 324.
d. Suzanne de Champel, 4 ms. 1220, 11.
 1. T h i e b a u s do Champel
pb. por Ste Crox   1227, 36.
ensom. ms. Th. — (PS)   1241, 181b.
 2. A u b e r t i n s, f. Thiebaut dou Champel,
pb. ms. ou Champel   1241, 140.
et Willemins Pagetels pb. ms. au pont
 a Saille   1245, 193.
et T h i e r i o n s, ses erg., pb. ms. daier S.
 Simplise   1245, 207.
pb. 7 s. en Chambeires   1245, 248.
= Aubertins Champels pb. ms. delez la
 porte S. Thiebaut   1245, 287.
et Simonin Muisiquaraule, vg. en Herbert-
 clous, vg. en la place au chanin, vg. en
 Martinchaup (PS)   1241, 178.
pb. ms. outre Saille   1245, 40.
= Aubertins (dou Champel) pb. ms. Gon-
 tier de Porsarpenoise (OM)   1245, 147.
pb. por Ste Croix a Waire 1251, 172, 263.
= Aubers Champels, maires de PS 1245, 60*.
ms. arres la porte de Maiselles 1251, 131.
= Aubert —; sg. Abert — †, outre Saille
 apres la vg.   1267, 444; 1281, 281[5].
d. M a r g u e r i t e — pb. ms. (PS) 1241, 84.
lo xesime de la ms. enc. la chapelle (PS)
= d. Marguerite, fm. Aubert — †, [1275, 40.
maix. outre Mosselle   1267, 459.
Poinsate, f. Aubert dou Champel, 18 s.
 ms. en Viez Boucherie   1269, 74.
pb. vg. en Puemont (OM)   1269, 556.
= Poinsate, f. sg. Abert — †, pb. ms., gr..
 chanbre, praiel outre Saille   1285, 40.
date des 12 lb. a P.   1293, 59.
pb. por les freires Menours   1293, 566.
 3. P o i n c i g n o u —,
20 s. 4 d. sus l'ost. P. — (PS) 1267, 367.
outre Saille entre l'ost. P. —   1269, 401.
= Poincignous, f. Aubert —, pb. vg. en
 Humbertclos   1269, 414.
 4. H a n r i a s, f. sg. Abert — †, 1277,
 73; 1278, 412; 1279, 91; 1288, 202.
= Hanrias de Chanpel   1275, 28. 287.
= Hanrias —   1278. 46 *etc*.
Yugrans Forcous et H. pb. por la ms. des
 Bordes 1275, 28; 1277, 163; 1278, 8,
  46, 419; 1279, 199, 352.

I. Personennamen 91 de **Champelz**

pb. vg. a Pertes ou ban de Crepey 1275, 66.
pb. por les Cordelieres 1275, 67.
ens Allues a Chastillons enc. vg. 1275, 287.
grant ms. Thomes — et ms. enc. (PS) 1277.
pb. 11½ s. er. (PS) 1278, 148. [73.
et Yngrant Forcon, vg. ens Allues (PM) 1278, 412.
pb. por S. Clemant 1279, 91.
Pieras, li valas H. — 1279, 90, 91.
devant l'ost H. — (PS) 1285, 444.
et Regnillons li Bagues, ces srg., pb. vg. ou ban de Pertes 1288, 202.
et Rainnillons li Bagues pb. 14 s. vg. outre Saille 1288, 493. [538b.
vg. an Thiebertcommune doit 2½ s. 1298,
sus lou weit a Maigney anc. 1298, 542b.
Perrate, fm. Thieriat f. Weirion Burtout, fille Hanriat —, pb. vg. ou ban de Maigney, vg. en Ospreis 1290, 466a, b.

5. Abertin, f. sg. Abert —,
ms. devant la stuve ou Tonboy et meis 1281, 60½ s. ost. a Quertal 1288. 101b. [235.
— Abertins — pb. por les Cordelieres 1298, 43.
Abertin, f. Abert — †, et Weiriat fr., t. ou ban Ste Marie a Chene 1281, 566.
6. Weriat, f. sg. Abert —,
2 maix. daier S. Marc 1285, 553.
7. Colins —
pb. ½ ms. Girart de la Roele (PS) 1251,
dev. ms. C. — (PS) 1277, 54. [205.
an Forchelz, anc. vg. C. — † 1288, 33.
li fm. Colin — doit 4 d. ms. en Anglemur 1269, 38.
Jacoumette, fm. Colin —, 13 s. ost. en Maiselles 1269, 54.
8. Poinsignons, f. Colin — †,
pb. vg. en Ospreis, t. an Belvoit. 6 s. ms. (PS), 4½ s. vg. an Keuleu 1281, 81.

---

de **Champelz**[1])

Suzanne — 1220   1 Thiebaus — 1227, 1241

2 Aubertins 1241/51 = Aubers — † 1267 · sg. Abort — † 1277/93 d. Marguerite
Thierions srg. 1245   maires de PS 1245   [m. e. 1254; 1250 OS]   1241/75

Poinsate   3 Poincignon —   4 Hanrias — 1275/98[2])[4])   5 Abertin —   6 Weriat —
1269/93   1267, 1269   Perrate Thieriat fil   1281/93   1281/85
                         Weirion Burtout   Regnillons li Bagues
                         1290   srg. Hanriat — 1288

7 Colins — 1251, † 1281 [1250 C]
  Jacoumette fm. 1269

8 Poincignons   9 Hanrias Roucelz[3])   10 Richart —   - Richier — 1251 79
1281, 1290   1281/93   1251   Colate 1288

11 Thomes — 1267 = Thomessin — † 1275

Poinsate   Collate   Yzabel   12 Hanrias [m. e. 1297]   13 Jehaus   14 Thieriat
1269   1277/90   1277   Thomessin   Thomessin   Thomessin
                              1267/93   1269/79   1290
                              Merguerite Amaie srg. 1290   Thiebaut le Grouaiz srg. 1269

15 Thiebaus — 1267, 1269, † 1290   16 Thiebaus —   17 Bertrans — 1275, sg. 1285
   Sefiate fm. 1290   1298   18 Colin 1285

[1]) *Ben. III, 215 (1262)* Henricus f. Godefridi dou Champel ins tenet vendendi vomeres.
[2]) *Ben. III, 252 Anm. (1284)* Hanrias de Champels, maistres de la maison des Bordes.
[3]) *De Wailly 383 E (1300)* Hanrias. f. Collin de Champels, mainbors de la devise Arnout Aixies †.
[4]) *Ben. III, 220 (1277)* Hauriat de Champel, Treze = 4 oder 9 oder 12 ?

de **Champelz** 92 I. Personennamen

et Goudefrins de la Porte pb. vg. en Mallemairs 1290, 237.
9. Hanrias, f. Colin — †,
pb. er. Colignon Boilawe en la mairie de Porsaillis 1281, 234.
¹/₄ ms. a Porsaillis 1290, 488b.
= Hanrias Roucelz, f. Colin —†,
pb. 13 lb. er. ou ban de Trugnuet et ms. ou ban S. Clemant et ms. a tour S. Sauour 1285, 424.
pb. 15 lb. ms. Abert des Arnols † 1288, 81.
pb. er. a Beuoir et ou ban de Maigney 1293, 291.
= Hanrias Roucelz, davant ms. (PS) 1290, 231.
Rennillons li Bagues et H. — et . . pb. vg. ou ban de Maigney 1290, 466a.
vg. an Ospreis outre Saille 1290, 466b.
Hanris de l'Aitre et H. — pb. vg. en Sorelz et vg. ou Fontenis 1293, 22.
pb. 25 s. ms. en Furneyrue et 19¹/₂ s. gr. en S. Martinrue 1293, 283.
2¹/₂ moies de vin a mostaige vignes de Longeuille 1293, 356.
10. Richart —,
tavle en Nues Chainges 1251, 36.
= Richier —,
7 lb. halle des chavrers ou Champ a Saille et ms. et ressaige jusc'a Nueborc, 60 s. ms. en Chaurerrue 1251, 16a.
ms. outre Saille 1251, 16b.
boix ou ban de Pontois 1278, 145.
sus Haute Rive antre vg. R. — 1279, 477.
vg. an Herbertclos 1279, 516.
Colate, f. Richier —, 3 d. ost. et 8 d. meis a Valieres et 1 d. t. en Grosaule
11. Thomes — [1288, 511.
pb. ⁴⁰/₅ s. ms. (PS) 1267, 182, 427.
— Thomessin — † 1279, 511.
grant ms. outre Saille 1290, 91.
Poinsate, f. Thomascin, — vg. en Rollantmont, vg. en Ospreit, 7 quartes de bleif de rante a Marlei 1269, 268.
Collate, f. Thomessin —, pb. 2 ms. ke furent Yzabel, sa s., c'est a savoir la grant ms. Thomes — et ms. enc. 1277, 73.
pb. tavle en Chainges en Visignuel 1277, 74.
tauvle an Vies Chainges 1279, 511.
vg. en Mallemairs et vg. en Ospreis doueit

a lai chiezé Den des Cordelieres 1290, 75.
= d. Collate, s. Hanriat Thomessin, ms. outre Saille 1279, 227.
= Colate, s. Tomessin, 14 s. geissent sus ms. (PS) 1278, 523.
12. Hanriat, f. Thomessin —,
pb. vg. en Fourchez (PS) 1269, 106.
Thiebaus de Moihelain pb. por lui et por H. er. (PS) 1267, 439.
= Hanrias Thomessins pb. t. et ms. a Girey et boix 1278, 119, [1279, 98.
eschenge fait a Lambelat, f. Malroit d'Airs
pb. aquast ou ban de Gerey et de Champels 1279, 99.
outre Saille anc. ms. H. Th. 1285, 40.
pb. t. ar. a Maicliue 1288, 487.
et Marguerite Amaie, sai srg., et Jaikemins, f. Yngrant Goule, pb. grant ms. Thomessin — outre Saille 1290, 91.
pb. t. ar. et pr. ou fennige de Maicliue,
pb. t. et vg. ou fenaige de M. 1290, 489a, b.
pb. er. en tous les bans de Sorbey, ch., pr.. bolz, homes, femmes, rantes etc. 1293, 42a.
pb. t. et resaige dou coulambier et gerdin au tour en bans de Sorbei 1293, 42b.
pb. er. ou ban de Morinville entre Abes et Sanrey 1293, 578a.
pb. t. et pr. en lai fin de Maicliue et pr. et t. en lai fin de Champelz 1293, 578b.
pb. maixiere a Sorbey 1293, 578c.
12. 13. Hanrias — et Jenuas, anf. Thomassin —,
pb. er. escheut Thiebaut le Grouaiz, lor srg., de par Lorate, sa f. 1269, 465.
Hanrias et Jehans, li dui f. Thomessin Chapelz †, pb. 4 lb. ms. en Visegnuel
13. Jehans, f. Thomais — †, [1275, 200.
pb. vg. en la rowelle de Pertes 1278, 99.
= Jehans Thomessins pb. vg. en Ospreiz outre Saille 1279, 211.
an la rowelle de Pertes anc. vg. J. 1279, 431.
14. Thieriat Thomessin,
a S. Clemant antre l'ost. 1290, 406.
15. Thiebaus dou Champels
pb. ms. sg. Conrart dou Pont (PS) 1267, 87.
= Thiebaus — pb. vg. en Rollantmont et en Ospreit, 7 quartes de bleif de rante a Marlei 1269, 268.

Sefiate, fm. Th. — †, pb. planteit de vg. davant Hanamesnit, vg. an Varennes desoz Lescey. maxiere. jard.. vg. au Ferrecort, er. 1290, 544.
16. Thiebaus dou Champel doit 23 s. (PS) 1298, 518.
17. Bertrans dou Champel pb. ¹/₃ ms. ou Champel 1275, 163.
18. Colin, f. sg. Burteran dou Champel, vg. an la Baixe Pertelle et vg. a Pallerin 1285, 247.
Champenois, Vguignon (v. IV.) 1281, 361.
Champest, Symoins, bollangiers 1267, 262.
Champignueles 1293, Champignuelle 1281 (v. IV.)
osteil — a S. Arnolt 1277, 446; 1293, 124.
Theiriat — covresier de S. Arnoult 1281, 16.
Champions, Champion 1267, 1269, 1285, Champions 1278, Chanpion 1241, 1275, 1277,
—. vg. en la Chalaide (PM) 1277, 430. [1298.
oirs —, t. ar. ou bau de Groxues 1285, 453.
Colin —, Aleit fm. 1241, 27.
„ —, fm. 1267, 125.
Goubillons — 1278, 194.
Richardin — de S. Martin, Jennas. Lowias, Jaikemins, Guebor enf. 1298, 592.
Waterins — 1269, 164; 1275, 158.
Chamusis, Chamusit 1251, 1267/75, Chamussit 1262, Chamuxit 1285, 1288, 1293.
P.
1 Thiebaus — 1251 2 Thomescin — 1262

?

3 Colins — 1267/75 6 Thieriat — 1269/77
4 Colin — j. Gratepaille 5 Thieriat
   1288   1293

1. Thiebaus —
pb. ms. atour de Chamberes et meiz darrier S. Marc 1251, 243.
2. Thomescin —,
ms. (PS) 1262, 175.
3. Colins —
pb. 11 s. ms. en Gobertcort 1267, 222.
pb. vg. en Werimont enc. sa vg. 1269, 26.
pb. vg. en Weritmont entre . . . et la soie
4. Colin —. j. Gratepaille. [1275, 102.
vg. an Weritmont 1288, 563.
5. Thieriat, f. Colin — †,

25 s. ms. en lai plaice davant l'ost. Jaikemin Grandeu 1293, 214.
6. Thieriat, fr. Colin —,
vg. en Werimont 1269, 126. [1277, 28.
ms. ke fut Th. — en la rowe S. Gigont a Porsaillis devant l'ost. — 1285, 439.
Chanal v. Chenal.
Chandan (v. Chadawe) 1227, 63.
Chandelate, Yzabel 1285, 169.
la **Chane,** Jennat, de Doncort 1298, 140.
Chanet (v. Chaines).
Jennin — 1267, 157; 1275, 8.
Chaneviere 1251, 1269, 1275, 1277, 1279. 1285/98, Chaneuiere 1227, 1269, 1275, 1278. 1288, 1293, Chaueneire 1269, 1277/79, 1285.
Chanieueire 1241, Chaineviere 1290, 1293, Chaineueire 1281, 1298, Chaineueire 1281, Cheneviere 1262, 1267, Cheneuiere 1262, 1267, 1275. v. Grain de Chaineviere.
Jaikemins — 1267, 220.
† Ailexate fm. 1293, 254.
Jaikemin — bouchier 1279, 249; 1293, 235.
P.
1. Arnols — [1227, 30.
pb. ms. sg. Huar de Uirei an la rue S. Ui pb. ms. Bertalt de Chastels (PS) 1241, 75.
pb. ms. cu Chapillerrue 1241, 155.
pb. vg. et pr. et fosse en Waccons 1251, 251.
pb. er. d. Jennante. s. Poensat Faucon 1262,62.
enc. ms. A. —(PS) 1269, 105; † 1281, 255.
20 s. geisent sus gr. ke fut A. — devant Ste Marie au Boix 1281, 270.
2. Poinsignons, f. Arnolt —,
pb. er. ou bau de Siey et de Longeuille
= Poinsignons — pb. 114 s. deli- [1275, 247. vres contre Gillat Brullevaiche 1275, 197.
ms. a Longeuille enc. son chak., et jardin et vg. 1275, 455.
2 vg. en la Bruere et ou ban d'Ars 1277, 467.
= Poinsignon — d'Ars (OM). 2 vg. en la Bruere 1278, 204.
t. a Bui en la fin de Graniers 1279, 121.
t. cu Soilerit ou ban d'Ars 1279, 150.
en Preires arreis la croweie P. — (OM) 1279, 562.
boix ou ban d'Ars ke fut P. — 1293, 316.
Alixate, fm. P. d'Ars, boix, molin. vg.. ms. ai Ansey por la raixon de son

Chaneviere

dowaire k'elle tenoit de part Hanriat Cocherel, son premier marit 1288, 498.
=? Alixate —, ms. devant les Repanties
3. J e n n a s, f. P. — d'Ars, [1267, 331.
pb. vg. ou ban S. Arnolt d'Ars 1278, 159.
vg. ou ban d'Ars 1290, 93. [1293, 652.
vg. sus lou rut en Aienchamp ou ban d'Ars
= Jennat — d'Ars, vg. en Aienchamp 1298.
4. A r n o l s, f. P. — d'Airs, [587.
pb. er. ai Airs et ou ban 1288, 516.
en la fin d'Ars antre t. A. — et vg. K a t e-
r i n e, sa s. 1298, 681.
5. J o i f f r o i t, f. Arnout —,
ms. et gr. A. — (PS) 1277, 371. [1279, 84.
pb. er. con Renals, ces fr., avoit a Joiey
= Joffrois —, er. a Joiey 1298, 283.
6. R e n a l s, fr. Joiffroit,
er. a Joiey 1279, 84.
7. T h i e b a s — li clers
pb. 5 s. gr. a Porte Serpenoize et 4 s. ms.
davant Ste Marie as nonains 1288, 573.
pb. er. a Flurey et ou ban, relaieit permei
6 quairtes de boin wayn moitainge a lai
vie Thiebaut — et a lui vie Joffroit,
son fr. 1290, 443.
pb. er. ke J a i k e m i n s B o r g o n s, ces srg.
ait (PS) 1293, 110.
pb. ms. en Chaipeleirue 1293, 312.
pb. 6 s. ms. en Chambres 1293, 429.
P a i k a t e, f. Arnout — †, pb. 20 s. ms.
en Stoixey et 10 s. pr. ou ban de Mons,

k'elle ait eschengiet a M a h e u de la
T o u r, son srg. 1279, 188.
chak. a Joiey 1285, 244. [246.
— Paikate — pb. ms. daier S. Seplixe 1285,
= Peskate, s. Thiebat —, et Poinsignon
la Bosse de Briey, son marit, 5 s. gr.
a Porte Serpenoize et 4 s. ms. davant
Ste Marie as nonains 1288, 573.
Peccate, f. Arnoult —, pb. vg. et 2 chak.
et 19 s. et 4 chap. ke I d a t e, sa s.,
avoit ou ban de Joiey 1281, 85.
I d a t e, f. Arnoult —, pb. 100 s. et 5 meues
de vin ke Peccate li doit toute sai vie
sus er. ou ban de Joiey et 4 lb. et tout
l'er. ke Peccate eit 1281, 86.
8. P i e r e x e l s —
pb. ms. ensom l'ost. Martignon de Porte
Serpenoize 1269, 256.
pb. por la Craste 1275, 198.
er. ou ban de Siey et de Longeuille 1275, 247.
pb. 31 s. ms. en la rue lo Voweit et maix.
as Roches 1275, 248.
ms. en la Nueve rue 1278, 152.
d. M a t h e l i e, fm. P. —, ms. davant lou
Preit 1290, 463.
9. J e h a n, f. P. —, et C o l a t e, sa fm.,
Poinsignons, f. Howon lou Bague, pb. por
J. et C. 8 s. ms. en Auglemur 1278, 182.
10. J e n a t —, Y s a b e l fm.,
6 lb. ost. Thiebaut de Syei (PS) et vg. ou
ban de Joiey 1275, 65.

Chaneviere

1 Arnols — 1227. † 1281

2 Poinsignons — d'Ars 1275/1293 Alixate fm. 1288 = Alixate — 1267	5 Joffroit — 1277, 1279, 1298	6 Renals 1279	7 Thiebas — clers 1288/93 Jaikemins Borgons srg. 1293	Paikate 1279/88	Poinsignon la Bosse de Briey 1288	Idate 1281
3 Jennas — d'Ars 1278/1298	4 Arnols — Katerine 1288, 1298 1298					

8 Pierexels —[1] 1269/1278	Mathelie 1290	10 Jennat — 1262, 1278	Ysabel 1275 = d. Ysabel —	11 Poensat — Mathelie 1277 = Mathiate — et Thierias srg. 1285
9 Jehan — Colate 1278				

[1]) *De Wailly 219 (1281)* = *Bannr. I, LXIV:* 8¹/₂ s. de cens que Pierexels Chaneviere doit.

d. Ysabel -, ¹/₄ molin sus Mosselle 1262, 143.
vg. en la ruelle de Pertes 1262, 319.
Vguignon et Burnekin, anf. Thiebaut de
l'Aitre, et Yaibel —, ¹/₂ tavle en Vies
Chainges 1278, 538.
11. Mathiate, f. Poensat —,
¹/₂ tavle en Vies Chainges 1277, 39.
can ke Mathiate — et Thierius, ces srg., avoient en toz les bans de Rozeruelles 1285, 144b.
Channe, l'osteil — en Franconrue 1293, 603.
= Chaingne? v. Graicecher 9; Perrin Chaingue, ms. en Franconrue 1269, 306.
Chanon (v. Chenon).
Bertran —, Jakemin f. 1269, 346.
Thiebaut — 1278, 636.
Chanonel 1269, Chanuel 1251, Chenuel 1262.
Domanjat j. — 1262, 332.
Domanget j. — d'Outre Saille 1269, 346.
Jehan — 1251, 194, 195.
Chapart, Hermans 1245, 71.
Chapas, Jaikemins, de la Vigne S. Auol
Chapate, Jennas 1288, 285. [1275, 361.
Chapeblowe 1267, Chaipeblowe 1281, Chapebloe 1288.
Poencignons — 1267, 48.
Symon — 1281, 152.
Symonin —, Arnols f. 1288, 530.
Chapelein 1245, Chapelain 1262, Chaipelain 1298.
- - 1245, 169, 215; 1262, 275.
Goudefrin — 1298, 36.
Chapelz, Thomessin, v. de Champelz 12. 13.
Chapesteit.
Nicole — (P?), sg. Matheu lou preste 1278,
Chapons, Chapon. [582.
- lou ..... 1290, 439 c.
Androwin — d'Ars 1267, 509.
Burtemins — 1293, 244.
Colin — 1251, 177.
Margueron fm. Colin — † 1269, 353.
Niclodin — 1241, 101.
Chappeit, Hanriat 1275, 84.
Charbonee 1267, Charbonnee 1269.
Aubertin 1267, 373; 1269, 490
Charbonel, Bonamin 1241, 137.
Steuenin - de Vallieres 1278, 282.
Charbonnee v. Charbonee.

Chardas 1285, 1290/1298, Chardaz 1245,
Chardat 1267/1278, 1298, Cherdas, Cherdat
1251, 1277/1279, 1285/1298, Cardas 1262.
1. -, maisiere en Sanerie 1251, 96.
— f. Renairt, maix. a Oixey 1275, 316.
- -, enc. la vigne (PM) 1278, 421 s.
—, ms. a Ruxit 1290, 348.
, ms. a Quartal 1298, 238²⁸.
2. — d'Abes, — de Champignueles, — de Florey, — de Maixieres, — de S. Priveit,
— de Wappey.
3. — bouchier. — de Maixieres bouchiers,
— chaivreir, — d'Abes charpantiers, —
de Wacremont ke maint an Maizelles cordeweneir, — fr. Hersennon la huviere. —
huvier, — poxour.
4. — Heilout, — Manegout (de Stoxey),
— Muzart de Gorze, — lou Staige, —
Trabreize de Nouviant.
Chardeiz, Chardel, Chardes v. Cherdel.
Chardenel 1269, 1277, 1279, 1281, 1285,
Chardevel¹) 1267, 1298 (v. Cherdenel 1278).
— de Roseruelez 1269, 507.

---

¹) *1267, 466 und 1298, 329 steht in der Handschrift ein zweifelloses* v, *also Chardevel. sonst aber zeigen die Handschriften ein deutliches* n, *kein* u, *besonders 1279, 1281 und 1285. Doch das könnte täuschen. Zur Schreibung* Chardenel *zwingt aber der Vergleich mit anderen Namen. Die Endung* el *dient zur Verkleinerung, bei Personennamen als Koseform, so bei* Abert—Abertel, Cokan—Cokenel, Fakan—Fakenel, Herman—Hermenel, Marcous—Marcousel, Symon—Symonel. *Nebeneinander werden gebraucht die Namenformen* Gererdas Gererdel, Howas Howel, Jaikemas Jaikemel, Renadas Renadel, Symonas Symonel, *und neben diesen die Formen auf* in, *wie* Gerardin, Howin, Jaikemin, Renadin, Symonin. *Indem nun an die Formen auf* in *wieder* el *angehängt ist, sind die Namen mit der Endung* enel *entstanden, wie* Badewin Badewenel, Jaikemin Jaikemenel, Perrin Perrenel, Pieresin Pieresenel, Vguin Vguenel, Warin Warenel. *Es entsprechen also einander genau* Jai-

Chardignon–Chastels

Maten f. — 1277, 464.
Matheu — de Rozeruelles 1267, 466; 1281.
Matheu de Siey f. — 1285, 479. [637.
Richardin — de Rouserueles 1279, 139.
Willame —, Ysabel fm. 1298, 329.
Chardignon 1269, Cherdignon 1281.
— f. Girart le Monchous de Gernei 1269, 503.
— lou Kamus d'Eurecort, Houdion fm. 1281.
— de Labrie 1269, 330. [130. 133.
Chardins, Jakemins 1269, 330.
Chardon (v. V. Chardonpreit, Chardonrowelle).
Jaikemin — d'Airs (PS) et Maitheu sou fr. 1293, 510.
Charenxal 1262, 1267. Cherenxal 1267.
Jennas — 1262, 129.
Jennas f. Thieri — † 1267, 308.
Thiebaut — 1267, 484.
Charenxou, Thiebaus 1262, 81.
Jennas — fr. Thiebaut 1269, 530.
Charetit, Jehan 1220, 38.
Charetons 1262, Charreton 1267.
Jennins — de Vies Bucherie 1262, 108.
Jennin — 1267, 108.
Charexey, Richardins 1281. 569.
Charle 1277, Chairle 1298.
— de Maranges 1277, 410, 426.
Badowin — de Mercey †, Colins f. 1298, 356.
Charletel[1]), Colin de Turey j. 1279, 564.
Charmat v. Chermas.
Charrate, Jenin 1275. 94; 1277, 461.
Jennins — li bochiers 1241, 37.
Burteran — †, Jennate f. 1275, 140.
Charreton v. Charetons.

Charriande 1245, 1267, Cherriande 1290.
Aubertin — 1267, 207.
Godefrin — 1245, 83.
Jennas — de Chaponrue 1290, 416.
li **Charrois**, Jennins 1281, 466.
Charrue 1241, 1251, 1267, 1269, 1277/79. 1285, Cherrue 1251, 1290, 1293, Charrowe 1279, Cherruwe 1288.
Burtemin — d'Airs deleis Columbeir 1290.
Lowiat — 1269, 232, 245, 421, 531; [495. 1293, 204.54 = 284 = 349.54.
Theiriat f. 1279, 236; 1293, 529.
Matheus — 1267, 213.
Michiel — 1251, 150; 1277, 247, 319; 1278. 446, 484; 1279, 217, 236; 1285, 466; 1293, 239. (v. 1245, 39.)
Thierias — (v. Lowiat) 1241, 111.
Wairin —, Jehan et Merguerate anf. 1288.
Waterins — 1241, 149; 1251, 14, 202. [328.
Chasemal v. Chacemal.
Chason, wohl verschrieben für Chalon.
Poinsignon — 1275, 29.
Chastelain 1269, Chastellain 1267, Chaistelain 1298 (v. II).
Hanriat — 1267, 190; 1269, 481.
Symonin — 1298, 268.
Chastelas, Pieresous 1277, 457; 1285, 262; de **Chastels** (v. IV).[1]) [1298, 190.
P.
  1. Pieres — [m. e. 1235]
pb. ms. arreis l'ost. de Clerlen (OM) 1241, 44.
  2. Nicoles — [1250 SM]
pb. ms. en la Mercerie (PS) 1241, 31.
pb. vg. en Briei 1241, 65.
Nicoles Brullevaiche pb. por lui et por

---

kemas, Jaikemel, Jaikemin, Jaikemenel und Chardas, Chardel, Chardin, Chardenel. Es gibt auch Namen, die auf uel endigen, wie Ceruel, Furuel, Grivel, aber wie Grisel Verkleinerung zu Gris, so ist es Grivel zu Grive, das v gehört also zum Stamm. Wenn nun trotzdem zweimal Chardevel überliefert ist, so lässt sich das nur als ein Versehen des Schreibers erklären.

[1]) De Wailly, 111 (1267 a. St.) Stevenon Charletel = Estevenin Charletel de Francourue ... a erant de Jennat. son fil. et de Colin, son jaure.

[1]) Bei der grossen Zahl von Namen, die mit de Chastels bezeichnet sind, ist es nicht möglich für alle zu entscheiden, ob sie der adligen Familie angehören oder nicht. Es können hier nur diejenigen aufgezählt werden, die sicher zu ihr gerechnet werden dürfen. Auch für ihre Verwandtschaft untereinander fehlt es fast ganz an Anhaltspunkten. Ebenso wenig lässt sich sagen, ob die Billeron de Chastels und Bitenat de Chastels mit den de Chastels verwandt sind.

Nicole —, et por Baudoyn Love er. ou
ban de Marlley et d'Awigney et de Gene-
stroit jusc'a pont a Molins 1251, 207.
ms. en Visegnuel 1251, 225.
vg. a Perrelies en Andreuax (PS) 1269, 235.
Nicole — *durchgestrichen* 1269, 4379.
er. ou ban de Syey et de Longeville: grant
ms. a Longeuille, 2 chakeurs, vignes et
censes, pr., t. ar. entre Longeuille et
Molins 1269, 555.
daier ms. N. — † en Visegnuel 1275, 410 3.
ms. et voie ki dessent an Visegnuel ki fut
N. — 1275, 412. [471 7.
a Longeville dav. l'ost. ke fut N. — 1275.
Bietrexate, l'avelete N. - 1275, 14, 50, 118.
= Bietresatte (Biantris) et Simonas, anf.
Maheu Petitvake † 1275, 410, 412.
= Bietrisate, fm. Colignon de Lupei † 1275.
3. Simonins, f. N. —, [50; 1298, 242a.
pb. ms. devant son ost. ou il maint (PS)
= Simonin —. devant l'ost. (PS); [1269. 70.
enson l'ost. 1267, 71, 1278, 63; 1267, 79.
pb. gr. en la Vigne S. Auol 1267, 204.
gr. daier les molins S. Ladre en la Vigne
S. Anout 1269, 57.
anc. vg. (Montois) 1285, 459 5.
4. Philippin, f. Symoniu — †, conse-
rorge Yngrant Borgon,
... lb. de cens ms. Colin Ruese, son seur,
en Jeurue 1290, 85b.
5. sg. Poincçon —,
ms. en Chaubres 1245, 1.
ms. (PS) 1251, 232.
6. Cunin, f. sg. Poinson ,
t. en Vals desoz S. Germain 1277, 390.
Cunins — pb. 1279, 340.
7. sg. Fourkon — †, d. Bietrit fm..
13 s. gr. et er. (PS) 1267, 95.
12 s. et 1 d. ms. (PM) 1267, 179.
10 s. ms. a la rive as Roiches 1267, 179.
10 s. ms. enson Vies Bucherie 1267, 180.
4½ s. four et ms. (PS) 1267, 180.
8 s. ms. sus lo rut defors la porte de Mai-
zelles 1267, 180. [1281, 628.
cens de vin et d'argent ou ban de Chastels
8. sg. Howon —.
d. Marguerite, f. Colin de S. Arnolt †, pb.
er. ke fut sg. Howon —, son premier marit,

an la marie d'Outre Muselle 1288, 277.
9. Jofroit —. avelat Bertran de Jeurue,
16 s. 3 ms. (OM) 1277, 141.
ms. daier Ste Croix 1285, 447.
= Joiffroit, avelet *sg.* Burterau de Jeurue †.
31 s. 2 d. 2 ms. outre Saille 1277. 72.
5 s. vg. a la bairre en Maizelles „ „
6 s. ms. en Maizelles „ „
18 d. ms. en Maizelles davant la
Triniteit „ „
5 s. ms. ou Champel „ „
tout l'er. en la mairie de Porsaillis 1281,
vg. et la wairde a Chastels en Tros [276.
   1285, 554.
10. Joffroit —, chanone de S. Sauour,
et., pb. lo champ a Pannes 1267, 98.
t. en Genestroi ou ban S. Clement 1269. 435.
Joffroit — = 9 *oder* 10 *oder* = Jofroit, f.
Stenenin de Chastels? (v. IV. Chastels).
vg. en la Foillut (Plapeuille) 1275, 261.
devant l'ost. (PM) 1275, 310.
ms. en la Vigne S. Marcel 1277, 420.
pr. ou ban de Plapeuille 1290, 91.
11. sg. Pieron —, chanone 1275, 27.
   454, 471.
pr. entre Longeuille et Molins 1269, 555²¹.
er. ou ban de Siey et de Longeville 1275, 247.
ms., meis ennei Longeuille 1275, 440.
vg. a l'antree de Longeuille, vg. ennei Lon-
geuille 1275, 454.
12 s. et 4 chap. jard. en la voie de Molins as
serexeis, 4 s. 6 d. et 6 quartes de bleif. 3 de
soile et 3 d'avoinne sus t. ar. ou ban de
Montigney et de Longeuille et ms. et jard.
a Longeville et vg. 1275, 471¹³.
9 jorn. de vg., ms., gr., jard. desoz lo mont
S. Quentin, 23 jorn. de t. ou ban de
Plapeuille 1275, 495.
12. sg. Symon —, doien don Grant
Moustier, [1] ms. d. Colate de Vy (PS) 1267,
devant l'ost. (OM) 1267, 247. [79.

---

[1] *Bannrollen 1, LV, 2. Schreinsbrief*
(= *Rolleneintrag 1267. 79*). *In ihm ist*
sg. Symon de Chastels *als* sg. Symon de
Augnei, doien de la Grant Eglise de Mes,
bezeichnet.

Chastron, ms. ou Champ a Saille 1290, 235.
Jennin - 1251, 206.
Watrin — 1269, 31; 1275, 4.
Jennat f. Watrin — †. 1293, 234.
Chatal v. Chaital.
Chateblowe 1241, 1251, 1269, Chaiteblowe 1278, 1281, Chatebloe 1275, 1279. Chaitebloe 1269, 1275, 1285.
P.[1])
 1. Poinceon —,
chak. a S. Martin, ms. en la Wade 1241, 38.
 2. Poincignons — [1269, 546.
pb. ms. a Lassey, er. ou ban de Lassey
pb. ms. a Lassey, vg. ou ban de Lassey,
t. ar. ou ban d'Aunoi 1269, 547.
 3. Symonin —,[2])
vg. en Daille 1251, 151.
er. ou ban de Noweroit 1277, 149.
er. ens bans de Noweroit et ou ban de S. Remey 1279, 587.
ms. daier Ste Creux 1281, 92.
= Symon —, vg. en Sourel, jard. ou ban de S. Julien en Burey 1275, 309. [447.
daier Ste Croix anc. ms. ke fut S. — 1285.
= sg. Simon, ms. daier Ste Creux 1275, 386.
vg. en Mallemars 1275, 387.
 4. Bertremin —, Mergueron f.,
ms. daier Ste Creux 1278, 115.
Chauketerre v. Chaketerre.
Chaudawe v. Chadawe.
Chauderons v. Chaderons.
Chaudiere v. Chadiere.
Chaufelawe, Laubelin, de Pontois 1277, 358.
Chautpain v. Chaltpain.
Chauuins v. Chauins.
lou **Chanerlor,** Howignon, de Noweroit 1293,
Chauersons v. Chauresons. [682.
Chanillon, Thieriat, de S. Piere 1269, 222.
Chauins, Chauin 1241, 1267/1281, 1288, Chauuins, Chauuin 1269.

---

[1]) *1275, 886* signor Simon Chatebloe.
[2]) *De Wailly 149 (1272)* a Semonin Chatebloe 20 s. sus sa ms. ou il maint ke siet daier Ste Creus, apres 20 s. ke li mason doit davanterienemant; une pairt en la halle des merchans au Visegnuel.

1. Hermenat j. — 1267, 448.
Gerardas de Rimport j. — 1269, 184.
ost. — ou Champel 1279, 279.
d. Ysaibel fm. — † 1288, 55.
3. — juvlor 1241, 123b.
— parmantier 1269, 418.
 4. Colins — parmentiers 1269, 65.
Gerardas — 1279, 360; 1281, 179.
Jakemin —, Ailexon fm. 1275, 155b.
Jennat — 1278, 273.
Chauresons, Chaureson 1267, 1269, 1275, 1277, 1290, Chauresonz 1269, Chavreson 1275, Chauressons, Chauresson 1269, 1278, 1279, 1285, Chauersons, Chauerson 1279, 1288, Chaiuresons, Chaiureson 1281, 1288, 1298, Chaiuerson 1281, Cheuresons 1267.
P. [1388/1440 PM; m. e. 1426]
 1. Jennas[1]) —
= Jehan — 1281, 75; 1288, 202, 556.
Garsas Doignekins et J. — pb. vg. daier la Folie 1267, 56.
pb. [2]/[2] ms. ou Petit Waide 1267, 380.
Bertaldon Piedeschas, J. —, Thiebaut lo Gronaix, Joffroit Bellegree, tavle as Vies Chainges 1267, 384.
pb. 30 s. ost. en Stosey 1269, 381.
pb. 14 s. ms. desoz les Cordeliers 1269, 381.
pb. 40 s. ost. en Sannerie 1269, 432.
pb. 20 s. ost. en la rue dou Preit 1269, 432.
pb. 5 s. ost. Huat l'olier 1269, 432.
J. —, Thiebaut le Gronais, Joffroit f. sg. Wautier Bellegree, grant ms. enc. l'hospital, ms. au Kartal, 23 s. ms. en Chapelerrue, vg. en Reual et en Penrelle 1269, 439 [o].
pb. 5 s. vg. en Malemarz et ms. a S. Piere as Areinnez et meiz daier 1269, 481.
Nicole de Weivre, Colin Ruese ... J. —, ..., 110 s. [1]/[2] molin (PM), 18 s. ms. a la porte en Chanbres 1275, 27.
pb. t. ar. daier S. Andreu 1275, 74.
pb. t. ar. a Chesne au Virkilley 1275, 74.

---

[1]) *Prost LVIII, 1278* Jennat Chauresou amis de Renalt, f. sg. Arnoult de Porsallis.
De Wailly 328 (1294) a pont a Saille devant l'osteil Jennat Cheiverson.

Nicole de Weivre, Colin de Ruese, J. —, . . .,
  6½ lb. ms. en Visignuel   1275, 76.
Nicole de Weivre etc., ms. Maheu Jeuwet,
  2 ms. daier ke vont fuers a Staixons 1275,
pb. pr. ou ban de Cuverey 1277, 81. [196.
7 s. 4 d. moins geixent sus vg. a Bernart-
  fontenne ke J. — tient   1278, 72.
pb. t. ou ban de Perthes   1278, 312.
pb. 30 s. ½ molin sus Muzelle 1279, 209.
pb. partie en la vowerie de Vals 1279, 324.
pb. eschainge fait a l'abbeyt de Sallinvalz
  et as dames de la Belle Stainche et t.
  ou ban de Mercey   1279, 421.
a Sorbeir anc. vg. J. — (PS) 1279, 510.
pb. vg. a Maircey ou ban S. Sauour 1281, 75.
pb. pour lui et sg. Rigout, lou coustre dou
  Grant Moustier, er. ou ban de Courcelle
  et ou ban S. Remey 1281, 76. [1281, 229.
ost. ke J. — tient an la plaice a Porsallis
  a pont a Salle devant l'ost J. — 1281, 430.
mainbors d. Ermanjairt, fm. Euriat de Vil-
  leirs †   1285, 66.
J. — et Colin Baical . . ., vg. ou ban de
  Pertes   1288, 202.
„ , vg. (OM)   1288, 556.
ou ban de Bornei anc. t. J. — 1290, 172.
vg. a Chene entre — et (OM) 1279, 534.
an Verkilley anc. —   1281, 412.
an Cherdenoi anc. vg. —   1298, 466.
  2. Bertrans —
tient a cens t. ar. ou ban d'Awigney 1285,
  3. Watrin —,   [954.
er. (PS). Willemins Guios srg. 1298, 265.
Chawaistel, Poinsignon   1288, 9.
Chawenel, Collin   1288, 246.
Chawetel, Jennat, de Borney 1293, 545b.
Chazee v. Chaizee.
Chazer, Colin   1288, 95.
Cheir v. Cher.
Chenal v. Chenals.
de lai **Chenal** 1288/98, de lai Chainal 1281
  (v. IV. Mes. Chenal).
Anelin —   1281, 81.
Eruelin —   1290, 51b.
Colleson —, Roillon fr.   1281, 422.
— Colleson, Roillon fr.   1278, 503.
Colleson — †, Roillon f.   1290, 388.
Drowin —, Lowiat et Jennat (Jennerel) f.

Pieron f. 1293, 655. [1293, 654; 1298, 614.
Poinsignon f.   1298, 165.
Lowiat —, Drowignon et Colin et Hawiate
  enf.   1298, 144.
Lowiat — de Chastels   1293, 338, 339.
Richier — de Ste Rafine. Buevin f. 1298, 671.
Chenals 1298, Chenalz 1290. Chenal 1267.
  1269, 1277, 1288/98, Chanal 1278 (v. Che-.
  nal). [1]
Colin —, ms. ou Waide [2])   1267, 394.
Jaikemin — 1278, 568; 1290, 440, 444;
   1293, 278 14; 1298, 419.
Jaikemin — de S. Julien   1267. 268.
„ —, ms. eu Burey   1269, 278.
„ — dou Waide 1277. 255; 1288, 453;
„ — li taneires 1298, 308. [1290, 451.
dou **Chene** v. dou Chesne.
Chenes v. Chaines.
Cheneviere v. Chaneviere.
Chenon (v. Chaines, Chanon).
Jennat —   1285, 542.
Chenuel v. Chanonel.
Cher 1245, 1267, 1275/79, Cheir 1269.
Garsires —, Garsirion de Perte son j. 1245.
  Biatriz f. Garsire —   1269, 77. [37.
  Wiars f.   „ —   1267, 102.
Wiart — 1275, 385; 1277, 275; 1278, 312.
Cherdel 1277, 1278, 1285, 1293, Cherdelz
  1293, 1298, Cherdle 1288, Chardel 1262,
  1275, Chardes 1267, Chardeiz 1269.
  2. — de Faillei   1293, 381. [1285, 37.
  lou serour, t. Howin Gaivel de Failley
  de Nowilley, Godefrins f. (v. 5) 1275,
   314; 1288, 142; 1293, 13.
— de S. Julien   1277, 170.
4. — Baiegoule 1262, 141; 1278, 365.
5. Goudefrins — de Nowilley 1298, 20.
P.
Poincignons
Jaikemins Chamenre et P. pb. er. en
  Anglemur   1267, 513.
pb. 10 s. 2½ d. moins ms. a Porte Sarpe-

---

[1]) Das n ist in Chenal sicher 1267, 268
  und 1277, 255.
[2]) De Wailly 254, S. 179 J. (1286) Collins
  Cheinal ms. ou Grant Waide.

Cherdenal–Chielairon

noize; Warin, son srg., f. Jakemin le
Hungre † 1269, 548.
Cherdenal (v. Chardenel).
ms. ke fut — sus Spairnemaille 1278, 30.
Cherdignon v. Chardignon.
Cherenxal v. Charenxal.
Chermas, Chermat 1279/1298, Charmat 1269, 1290.
— † 1285, 220.
—, vg. en Weirimont (OM) 1290, 124.
Denizate f. — 1269, 474.
Hanriat — 1293, 106, 247.
Jennas — 1279, 441; 1288, 463; 1298, 201,
Steuenin — 1279, 96¹⁶; 1281, 473,518. [468b.
li fille Steuenin — 1279, 96¹⁸.
Chernaige, Jennin 1251. 67.
Cherriande v. Charriande.
li **Ches** 1293, lou Chet 1288, 1293, li Chais 1288, 1293. [175; 1288, 333.
Aburtins —; dou pont Rengmont 1293, 27¹².
Frankin —, Jennins et Hocherels f. 1293, 120.
Martin — 1288, 290.
dou Chesne 1269 (dou Chene d'Ansey, v. IV. Ansey II, 4).
Robin —, Jenat f. 1269, 141.
Chetburnat, Jaikemin, d'Ansey 1285, 494.
Cheual (v. Chenal).
Pieresat — 1293, 204³⁹ = 284 = 349³⁸.
Domangin f. — 1293, 493.
lou Cheual.
Domangins f. — de S. Clemant 1293, 523b.
Cheualat 1281, Cheuallat 1290, Chiualas 1281, Chiuallas, Chiuallat 1277, 1279, 1298.
P. [OS 1388/1404].
Symonins — de Cronney pb. vg. ou ban de Mairuelles 1279, 499.
= Symonins — pb. ms. an la Nueue ruwe apres la ms. d. Saire, sa meire 1281, 49.
= Symonas — et Izaibels, sa srg., partie en l'ost. en Aiest escheus de pairt sg. Jehan Gouverne 1298, 398. [15.
d. Saire, meire —, ms. en la Nueve rue 1277,
d. Saire, meire Symonin — pb. 3 s. ms. an la Nueue ruwe 1281, 48.
d. Saire, m. Symonat —, ms. davant lou cours an lai Nueue rue 1290, 398.
Cheualier 1241, 1245, 1267, 1269, 1285, Cheualeir 1275, 1298, Chevaleir 1298, Cheual-

leirs, Cheualleir 1285/93, Chivalier 1285,
Chiualleirs, Chiualleir 1278, 1279, Chivelier 1278, 1279, Chiueliers, Chiuelier 1275, 1278, 1281, 1290.¹)
Colin — = Nicole — v. li Gronais 1.
Hanriat — fr. Ollivier et Violate, anf.
Jennat Wason de Longeuille 1278, 355.
Hanrias — de Longeuille, srg. Yngraut 1281,
Jakemin — de S. Julien †, sg. Teirit [287.
lou preste de Millerey et Jennat et Colignon et Howignon et Mariate anf. 1278, 425.
Jenat — 1269, 122; 1298, 205. 399.
Perrin — v. I de Cligney.
Sebeliate, fm. Symonin — †, et Collate, sai t. 1288, 400; 1293, 22.
Thierius — 1285, 130.
—, vg. sus Muselle (OM) 1298, 329.
Chenance, Hanriat 1267, 222.
Cheuresons v. Chauresons.
Chianaistre, Xandrin, Arambor fm. 1290,
la **Chiche**, Gerardin 1281, 639⁷. [144.
Chichedane, Jennat j. 1275, 447.
Chichens, Jenas 1277, 302.
Chieenchenal, Thierion 1245, 78.
—, ms. en la ruelle ki va a Saille 1241, 72.
Chielairon 1269, 1278/98, Chielaron 1278, 1279, 1281, 1293, 1298.
Colignon — f. Arnout Briate 1285, 93.
P.

1 Chielairon	Aufelix
† 1279	1269, † 1279
2 Ferrias — 3 Rabouwan	Lorate 1279
1278/98	1279 Jakemate 1279
	Jennat de lai Bairre
	j. — 1281, 1290

4 Jennat — de Merdeney 1285
1. —, Aufelix fm., vg. en Fourchez 1269,
—, Jennat de lai Bairre j. 1290, 84b. [106.

---

¹) Cheualier *ist bei* Colin *und* Perrin *Standesbezeichnung. Es hätte daher im Text hinter diesen Namen mit kleinem Anfangsbuchstaben gedruckt werden sollen, bei den übrigen ist es wohl Zuname, wie auch bei* Jeinnat Cheualier *und* Colignon,, son fr., *die im Jahre 1287 aus der Stadt verbannt sind.* Ben. III, 23 *(1287).*

2. Ferrias —, srg. Jennat de lai Bairre
pb. vg. en Dailes   1278, 199. [1281, 266.
pb. vg. outre Saille en Glorieul 1278, 292.
vg. outre Saille en Glorieul   1278, 492.
pb. escheute de pair peire et meire 1279, 102.
pb. vg. ou ban de Longeuille   1279, 155.
pb. er. Boukin, de part sa fm.   1279, 156.
pb. er. ki est eschens a Rabouwan, son fr.,
et Lorate et Jakemate, ces s. 1279, 283.
pb. er. Jennat de lai Bairre, son srg., an lai
mairie de PS, OM, PM 1281, 266, 311, 495.
pb. t. et pr. ou ban de Lorey (PS) 1281, 267.
pb. la tour et maisonnaite devant (PS), 20 s.
er. ou ban de Lorey et de Merdeney. t. an
Blochamp, boix an Mailliees   1285, 446.
pb. 1 meu de vin et 4 steires an Bromeis,
6 steires de vin a Lorey et vg. an Fousseis,
pr., vg. en Bromeis, t. ou ban de Lorey
pb. 10 s. petite ms. et lai [1288, 488a, b.
tour daier anc. lui   1288, 488c.
pb. t. ar. ou ban d'Awigney   1288, 488d.
pb. $^1/_2$ meu de vin   1288, 488e.
pb. er. ou ban de Lorey (PS)   1290, 490a.
pb. gr. et paire davant anc. l'ost. F. — a
Awigney   1290, 490b.
pb. pr. et boix ou ban de Merdeney 1293, 113.
pb. vg. ou ban d'Awignei   1293, 114.
pb. er. Perrin de Villeirs † (OM) 1293, 360.
pb. pr. davant Arsures et en lai nowe, t.
en Chaizalz (PS)   1293, 582.
pb. vg. en Gardezac et pr. en Medelon-
preit (OM)   1298, 178.
pb. $^1/_2$ chak., $^1/_2$ four a Merdenei, $^1/_2$ chaine-
veire et t.   1298, 555.
3. Rabouwan, fr. Ferriat —, Lorate
et Jakemate, ces s.,
er. de par lor peire et lor meire 1279, 283.
4. Jennat — de Merdeney,
20 s. er. ou ban de Lorey et de Merdeney
boix arreis J.—   1285, 446c. [1285, 446b.
Chielamain f. Xandrin de Maixieres 1293, 693.
Chiemairien, Colins   1245, 164.
Chiemanceonge, Hanri   1245, 22.
li **Chiens**, lou Chien.
Euriat —   1278, 355.
Oirias — d'Apilley   1281, 123.
Martin — de Dornant, Colignons f. 1288, 500.
Symonins —   1262, 340.

Thiebant   1285, 62 35.
†, Sebeliate de Nommeney fm., Colignons
et Jaikemins et Matheus f. 1290, 486 2.
Bertran lou Vicil Chien f. Hawit d'Aspre-
mont   1298, 577. [481.
Chiere, Jaikemel 1262, 106; 1269, 255; 1279.
Ferriat f. Jaikemel —   1278, 250; 1279.
Ferriat —   1288, 7, 576. [175, 288.
Garcerias f. Jaikemel — †   1285, 237.
Douce f. Jaikemel — 1285, 136, 523; 1290.
„ lai Vadoize f. „   — †   1288, 27. [579.
Chierelate 1269, 1275, 1285, 1298, Chiere-
latte 1251.
—, ms. (OM); vg. (PM) 1251, 155; 1269, 158.
Eingebors f. —   1251, 155.
d. Aingebor —   1275, 321.
Colignon — d'Outre Moselle   1285, 311.
„ ··   1298, 328, 333.
la Chieure, ost. ou Champ a Saille 1267, 50.
Colin —   1278, 287.
Chiexen, Thieriat fr. Colin   1241, 49.[1]
Chiorey, Piereson   1298, 295.
Chiot de S. Martin (OM) †   1298, 166.
Jofroit l'avelat — de S. Martin 1293, 157.
Hanriat —, Colin de S. Martin f. 1278, 648.
Chiotel.
Waterin lou cherpentier f. —, t. ou ban
de Turey   1298, 314.
P.[2]
1. Abertin —,[3] meis en Ham 1241, 185.
2. Colin —, enc. l'ost. (OM) 1275, 508.
a Porte Serpenoize anc. ms. C. — 1281, 150.
3. Jehan — = Jennin -,
t. ou ban d'Escey   1278, 588; 1281, 127.
4. Warin[4] —, ms. en Franconrue 1281, 305.

---

[1] *Bannr. I, LXXIX, 26. Schreinsbrief (= 1298, 648)* lou **Chifairt** de Lorey (OM).

[2] *Jahrb. V, S. 25. Urk. M. Bez. A. — H. 1471, aus dem Jahr 1207. Unter den Unterzeichnern befindet sich* Bertrannus Chiotes.

[3] *Prost IV, 1221* ms. Albertin Chioteil, ke siet apres la ms. Arnout d'Airs, son srg.

[4] *Wenn* Warin = Waterin lou cherpeutier f. — *sein sollte, so würden* Warin *und wahrscheinlich auch* Jehan *nicht zu der Patrizierfamilie* Chiotel *gehören.*

Chipole–Clairanbaus

Chipole, t., ou ban de Merlley 1279, 37.
Chipos, Chipot.
Jennat — de Gorze 1288, 264.
Waterins — 1285, 555.
Chinalas, Chivalier *etc.* v. Cheual ...
Chobey (v. Cobei, Choibelos, Choible).
Poensin — 1262, 306.
Chobelo v. Choibelos.
Chofairt, Warenat, Colignon f. 1279, 34.
Choflier. [406.
Jennat — de S. Clemant †, Matheus f. 1290.
Choibelos 1281, Choibelo 1288, 1293, Choibelolz 1293, Chobelo 1275. [1275, 52.
Colignons — de Saunerie, Colignons srg.
 †, Symonins f. (et tous ces freires) 1293, 44.
Poincignons — 1281, 203.
 j. Renadin Poignel 1288, 354[22]; 1293, 1992.
Choible (v. Goible).
 2. — de Blabueville, Poincins f. 1269, 359.
 3. — lou cherpantier 1279, 32.
 4. — Blancpain, Colignon f. 1278, 34.
 — f. .... ekin Loppairt † 1290, 10.
 5. Godefrins — 1245, 165.
Goudefrins — de Staisons 1279, 51.
Cholate, Cholin v. Colate, Colins.
Chonel, Jennin 1251, 212.
Chopairs, Chopairt 1281, 1285, 1290, Chopart 1298, Choppairt 1290.
Ansillons — 1281, 19, 20.
„ — chandeliers 1290, 53, 494.
 Belleneie f. 1281, 131.
 Poinsate fm. 1285, 168.
Gererdin — d'Erkancei†, Hanriat f. 1285, 330.
Jennin — d'Ansey 1298, 608.
Chopin, ost. ou Waide 1290, 444.
 — dou Waide 1293, 449.
Choppairt v. Chopairs. [1293, 88.
Chose, Jennas, cordeweniers de Staixons
Chowenel, Colignon, bouchier 1290, 76.
Killier, Jennas 1285, 95 [6].
Cymarz v. Symairs.
Kise 1298, Kize 1285.
Gererdat f. — 1298, 102.
Peccas f. — de lai ruwe des Allemans 1298.
Paikas f. Jennat — 1285, 193. [102.
Clabairt, Jaikemin 1281, 470.
Claimela de Braitenakes, Hensemans li
 clers f. 1293, 6.

102   I. Personennamen

Clairaidine v. Claradine.
Clairanbaus, Clairanbaut 1279, 1281, 1288,
1298, Clairambaus 1278, 1281, Clairambalz
1293, Clarambaus, Clarambaut 1278, Claranbaut 1279, Clarambat 1278, 1279, Clarem-
[baut] 1245.
P?
 1 Aubri — 1245
 2 Colin Moreton 1245/79
 ─────────────────────
 3 Bertrans — 4 Poinsignon — 1267/79
  1278/98 = Poins. Moreton
 srg. Pieresel 1279 1278

1. Aubri —,
 ms. en Rimport acensi a Druat de Porte
 Mosele et A. — et ... 1245, 159.
2. Colin Moreton et Johan Barbe.
 ½ ms. en Rimport 1245, 12.
 C. M. et Lorate, fm. Steuenin Roussel, pb.
 t. et ms. (OM) 1251, 257.
 ms. (PM?) 1262, 257.
 ens Abues deleis Nicole M. (PM) 1267, 4.
 Jennin Wescelin et Poencignon de la Barre
. et N. M. et Poencignon, son f., réseige
 devant S. Ferruce 1267, 18.
 Jennin Wescelin et C. M., ms. (PM) 1267,
 ms. Moreton en Rimport 1279, 29. [24.
3. Burterans —, f. Nicole Moreton,
 pb. ms. ou il maint ke fut son p., k'il ait
 aquasteit a Pieresel, son srg. 1279, 17.
 = Bertrans — pb. t. ou ban de Plapeuille
 pb. ms. a Arcansey et vg. ou ban [1281, 349.
 d'Ercancey 1278, 363.
 vg. et chaneviere ou ban d'Ercancey 1281, 378.
 ou ban de S. Julien dezour Vallieres enc. vg.
 pb. por lui et Colin, f. Jaikemin [1281, 382.
 maior d'Allexey, er. ou ban de Bui et
 d'Ercancey 1281, 392.
 ms. anc. l'ost. Maiheu Vogenel (PM) 1288, 319.
 B. — et Jaikemius Mennas d'Erkancey pb.
 vg. a Alexey 1293, 208.
 pb. t. ar. ou ban d'Ercancey 1293, 422.
 B. — et Jenas Boulaice maistres de la frairie
 de l'ospital d'Erkancey 1298, 372.
4. Poencignon, f. Nicole Moreton (v. 2.)
 = Poinsignon Moreton, vg. en- [1267, 18.
 son Longeuille 1278, 174.
 = Poinsignon, fr. Bertran —, t. ou ban de

Plapeuille 1278, 349.
= Poinsignon —, t. outre Moselle 1278, 197.
t. ou ban de Plapeuille 1278, 198.
t. enc. Thierit Domate et t. sus la ruelle de Turey et t. ou ban d'Escey 1278, 594.
t. daier Chambieres 1279, 159.
vg. en Plantes et vg. en Dales et jardin ou Praiel 1279, 550.
Claire, d., fm. Pierexel de Thionville † 1298.
Clairice v. Clairisse. [395.
Clairise, Sebeliate 1290, 25.
Clairies, Clairiet 1262, 1267, 1275,1277,1279. 1285, 1290/98, Clairie 1267, Claries, Clariet 1267, 1275/79, 1285, 1290, 1298, Clarie 1267. Clares 1220, Sclaries, Sclariet 1277, 1279. Sclarie 1267, Sclarieie 1279.
P.
1 Nicole 1220, 1262, 1277 [m. e. 1222][1])
2 Alexandres — 1262/67, † 1275
3 Abert — 1267, † 1279 [1250 PM]

4 Maheus Vogenels 1279/93, maires de PM 1293	5 Colin † 1285	? Yzaibels li Vadoise 1279

6 Lambresat —
7 Maheus = Mahous — li clers 1285 1267   sg. Maheu — 1290
8 Jaikemin — 1275, 1279
9 Poinsignons — 1279, 1285 j. Burtel de Visignuel
10 Willemin — 1279, 1298
11 Lowis 1290 12 Colignons 1293
13 Ferriat — de Failley 14 — d'Arcansey 1298   1285

1. Nicole —
pb. ms. som pere 1220, 25.
ms. a S. Julien 1262, 118.
sg. Gerart de Nonviant, avelat N. — 1277,143.
2. Allexandrins —
= Alexandres — 1267, 115, 511.
= Xandrin — 1267, 375; † 1275, 113.
pb. vg. ou Saneraschemin 1262, 343.

---

[1]) *Ben. III, 184, (1222)* Nicoles Sclairiez maistre eschevin.

A. — et Gerardins Coustantins pb. ms. en Sanerie 1262, 25, 139.
A. — et Steuenins Baiars pb. gr. ou Champ a Saille 1267, 115.
„ pb. t. en Genestroit ou ban S. Clemant Thiebaut Fakenel et A. —, t. [1267, 241.
ar. ou ban de Maingne 1267, 375.
pb. 40 s. ms. desoz Vies Bucherie et gr. en Romesalle 1267, 511.
a Porte Muzelle enc. l'ost. X. — 1275, 313.
3. Abert —,
t. ar. ou ban de Maigne 1267, 375.
Yzaibels li Vadoize, avelette A. — †, er. ou ban d'Antilley et de Champillons et d'Erkancey 1279, 7.
4. (Maheus) Vogenelz, f. Abert —,
Jaikemins — et Vog. pb. 5 s. an chaiteiz de Xuelles 1279, 379.
pb. 30 s.; 15 s. ost. Lukin d'Aiest et meizes Frowin 1285, 30; 31.
5 s. geixent ai Antilley sus tout l'er. ke M. V. i ait do part sa fm. 1285, 34.
sr. Abers Xauins et M.V. pb. grant ms., gr., buverie a Oxey 1285, 301.
anc. l'ost. M. V. (PM) 1288, 319.
pb. por les Cordelieres 1290, 439.
maires de Porte Moselle 1293, 1*.
mainbors de la devise:
5. Colin —, son fr. †,
18 s. et 2 chap. ms. an Rimport 1285, 177a.
12 s. tavle an Vies Changes 1285, 203a.
½ molin a Alexey ke fut C. — 1285, 347.
= ? Colignon, f. —, vg. ou Chanel, vg. ou planteit (OM) 1279, 134.
= ? t. anc. — (OM) 1278, 348.
6. 7. Lambresat —, Maheus f.,
pb. vg. en Scorchebuef 1267, 346.
= ? Maheu —, ms. en la ruelle davant lou Grant Moustier et 5 moies de vin a Ste Rafine 1279, 161.
d. Bietris. s. Maheu —, pb. ms. outre Muselle 1285, 143.
= ? Maheus — li clers pb. gr. et ms. et meis an Franconrue 1285, 292.
= ? sg. Maheu —, ms. en S. Vincentrue
8. Jaikemin —, [1290, 498.
10 s.; 30 s.; 30 s. ms. Colin lou Hungre (PS) 1275, 188; 189; 203.

pb. 80 s. er. Gerart de Nonviant 1277, 143.
pb. er. Renaldin lou Louf de Vals 1279, 142.
J. — et Vogenelz pb. 5 s. an chaiteiz de Xuelles 1279, 379.
9. Poinsignons —, j. Burtel de Visignuel, pb. ms. et maix. an la rowelle devant S. Piere as Arainnes 1279, 456.
pb. ms. an Visignuel 1285, 454.
pb. ms. et la voie ki vait an Visignuel
10. Willemin —, [1285, 455.
t. en Preires (OM) 1279, 562.
nit 4 lb. sus toutes les maxons ke furent Jennat l'Erbier devant lou Grant Moustier
11. Lowis, f. Willermin —, [1298, 2048.
pb. pr. en preis de Chambieres daier Staples 1290, 122.
12. Colignons, f. Willemin —,
pb. ms. en la rowelle davant Pairgnemaille 1293, 427.
t. davant les Bordes et daier la Grainge as Dames 1298, 640.
13. Ferriat — de Failley,
vg. ou Rowal de Failley 1298, 15.
14. — d'Arcansey,
ms. ai Arcansey et chaneviere 1285, 20.
Clairisse 1285, 1298, Clairisce 1281, Clairice 1281, Clarice 1275.
Stenenins mairis — 1275, 48; 1281, 235, 506;
= Steuol mairit — 1298, 257. [1285, 148.
la **Claite,** Ailixate 1298, 576.
Claradine 1241/75, 1285, 1288, Clairadine 1279, Clairaidine 1288/98.
1. d. — 1245, 163; 1251, 160, 247; 1269,
= d. — de Porte Mosselle (v. I de [363.
Porte Muselle P. 12a) 1262, 384.
Guios f. (v. Guios P.) 1267, 291.
d. —, Poincignons Fakenelz f. 1293, 497.
d. — fm. Witier Lanbert † 1298, 18, 231.
5. Guios — = Guios f. d. — de Porte Mosselle (v. Guios P. und I. de Porte Muselle P. 12b). 1267, 291; 1275, 22, 238; 1285, 4.
Jehans — 1279, 10; 1288, 111, 512.
= Jennin — (v. I. de Porte Muselle P. 13.) 1241, 16; 1290, 20.
Clarambaus, Claranbat v. Clairanbaus.
Clarei, Matheuz 1269, 404.
Clarembaut v. Clairanbaus.
Clarembour, d. 1251, 100.

Clares v. Clairies.
Claresate 1275, Clarissate 1269.
— li Vaudoize 1269, 166.
— fm. Howin Jordain 1275, 241.
Claresons fm. Tieleman, j. Vernat de Feivres
Claressat 1262, 280. [1298, 637.
Clarice v. Clairisse.
Clarissate v. Claresate.
Claries v. Clairies.
Clartelt †, Piereson, de Chaizelles, Abillate fm. 1298, 373, 683.
Clemance 1278/1290, 1298, Clemanse 1262, 1278, 1298, Clemence 1275, Climence 1269, Clomance 1279.
1. —, ms. en la rue S. Gengoul 1262, 169.
— (Molins) 1285, 98.
d. —, ms. enc. la halle de S. Victour 1290, 134
— (S. Clemant) 1298, 67.
2. — de Dornant fm. Lanbert, — fm. Willame de Ste Rafine †, — f. Willame lou maluide de Ste Rafine †, — de Venise.
3. —. s. Howin clerc de Nekesierue.
4. — Bellegreie, — f. Guersat Bellegree †, — f. Guersat Gnepe, d. — f. sg. Gilon de Hen, d. — fm. Thiebaut Lohier, d. — fm. Thieriat Luckin, d. — la Matrauerse, d. — fm. sg. Jehan le Mercier †. d. — fm. Jaikemin lou Perche, d. — Poterelle.
Clemans, Clemant 1267, 1275, 1277, 1279/1298, Clement 1297, Clomant 1279.
1. —, t. Sanrey 1293, 199[16].
—, vg. eu Genestroit 1288, 518.
— f. Renbadin 1288, 352.
— j. Buenelat 1293, 116.
— n. Odin l'espicier de Furneirue 1290, 411.
— srg. Odin l'espicier 1298, 564.
2. — d'Airs (PS), — d'Ansey, — f. Geradou de Borney, — de S. Julien, — de Villers.
3. — clerc, freires — li convers de lai Vigne S. Marcel, — permantier d'Ars (OM), — taillieres.
4. — f. Burtemin Chaizee de Plapeuille, — f. Arnolt lou Clope d'Ansey, — Vaillans f. Gerart Chadiere.
5. — Gerardin —, Odeliate de Chambeires fm. 1267, 250.

Richart - 1293, 611.
Clemansate 1262, 1278/1298, Clemansatte 1298, Clemensate 1275, Climansate 1269, Clomansate 1278, 1281.
1. — fm. Wairin † 1290, 410.
— s. Richart f. Wiart † 1281, 116.
2. — fm. Drowin d'Ars (OM) — f. Willemin lou voweit de Maigney †, — f. Mergueron f. Steuignon de Mairis †, — fm. Lowit de Noweroit †, — f. Symonin de Sorbey †, — fm. Howignon f. Gerart de Vallieres.
3. — f. Waterin herbier de Chanbres †, — fm. Garceriat bordour, — s. Jennat chandeleir, — fm. Veniou cherpantier, — fm. Poinsignon feivre, — fm. Lowiat hairanguier, — fm. Thomessin huchour †, — f. Jennat Blondelat permantier †, - avelette Lietal permantier, - li Vadoise, — fm. Theiriat lou Vadois de Chanbres.
4. — f. Jennin Bellegoule, — f. Jennat Blondelat (permantier) †, - fm. Renadin Bramant †, - f. Colignon Brixepain †, — f. Wairin Gemel, — s. Jehan Gohe d'Ostelencort, — f. Marguerate fm. Jennat Martin, fm. Lowiat lou Mercier de Vesignuelz †, (fm. Pierexel) Mogne (de Maizelles †), — s. Poincignon lai Peirche, — f. Garsire Poterel, — f. Colin Quadit †, — f. Benoitin Quaremel et fm. Jennat Prodomme, — s. Ollive Sauegrain.
Clemanse v. Clemance.
Clemansin d'Aibeiville, Rainniers f. 1298, 610.
Clemanson 1293, Clomenson 1251.
— fm. Colin dou Puis 1251, 26.
— fm. Poinsignon lou feivre 1293, 320.
Clemeignon v. Clemignons.
Clemence v. Clemance.
Clemensate v. Clemansate.
Clement v. Clemans.
Clemignons, Clemignon 1241, 1267/1298. Clemeignon 1262. Climignon 1285, Clomignons, Clomignon 1251, 1269.
1. lou cellier — (OM) 1269, 322.
— †, Gerairs et Jennas enf. 1293, 406.
2. — d'Airs (PS), — de Chailey, — de Chaizelles, — f. Burtignon de Chastels, — de Pertes, — c'on dist lou preste de Vallieres, — de Vesignuelz, f. Godefrin de Villeirs.
3. — srg. Burtemin bonchier, — boulangier, — parmantier, — prestes de Vallieres, taillieres, — tixerans, — vanour.
4. — lou Blancgornaix, — Germain, - f. Lowit lou Mercier = — li Merciers, - Topaz, — f. Anel lai Vadoize de Luppei.
— f. Waterin Witon = - Witton.
5. Colate, — = Colatte f. — lou parmantier 1269, 185, 214.
P. [1399, 1404 C].[1])
1. Jaikemin —,
an Vesignuelz anc. l'ost. 1298, 463.
= Jaikemin — de Vesignuelz, ms. ou Champ a Saille 1288, 75.
2. Jennas — [1278, 160.
pb. vg. et pr. et triex ou Rowal de Felieres Colles Gomerels et J. pb. por la confrairie dou Tortis dou cors Deu de S.
Seplixe 1278, 282.
st. anc. lou pileir de la ms. J. — 1279, 496.
vg., pr., triex ou Rowal de Frieires 1281, 303.
vg. ou ban de Wapey 1281, 560.
3. Thiebas —
pb. ½ ms. vers Porte Xapenoise 1275, 123.
ms. en la rue de Porte Serp. 1281, 583.
3 s. ms. an Chadeleiruwe 1285, 152.
5 s. 3 ang. ms. a S. Julien 1285, 152.
3 s. 2 d. moins ms. a S. Julien 1285, 152.
Clairies Domate pb. 12 s. meis dame S. Thiebaut, meis an Andrevalz, 3 s. ms. an la rue dou Vies Saic por les dates ke Clairies ait paiet por Thieb. — 1285, 181.
9 s. ms. en la rue lou Voweit 1285, 271, 497.
Clemins, Clemin 1279, 1288, Clomin 1269.
Jennat f. — de Siey 1279, 339.
Jennins — de Siey 1288, 569.
— dou Clos †, Abillate fm. 1269, 330.
de **Cligney**
P.
1. Perrin —
20 s. gissent sor la ms. 1251, 219.
rowelle P. — (PS) 1288, 405.

---

[1]) Jaikemins, Jennas *und* Thiebas Clemignons *sind wahrscheinlich Söhne von* Clemignon lou Mercier. v. li Merciers 6.

Climansate–Cobert 106 I. Personennamen

— Perrin chivelier, ¼ chak. a Lescey pb. 4 lb. 40 d. moins 2 ms. [1278, 598. ou Champ a Saille 1279, 434. ait laieit vg. an bans de Flanville 1285, 147. er. a Burlixe et a Frenoit et an tous les bans 1288, 480. [1278, 252. Soifiate. fm. P. — †, pb. vg. a Flanville pb. cr. a Glatigney et ou ban de Villeirs vg. a Lescey 1285, 540. [1279, 189.
∴ Sufiate, f. Nicolle chivelier (v. li Gronais 1), vg. ou ban de Lescey, er. ou ban de Glatigney 1279, 334.
2. Alardin (Alairt), f. Pieron — †, 20 s. (PS) 1281, 93.
= Alardin —, ms. daier S. Sauour 1288, 25. 20 s. ms. an lai rowelle Perrin — 1288, 405.
= Alardin, srg. Renaldin lou Bague, 22½ s. et lou daimme ¼ crowee deleis Mercey Alardin, srg. Renalt lou Bague. [1278, 88. vg. a Lescey 1278, 196.
Alardin, srg. enf. sg. Huon lou Bague, erit. (PS) 1290, 84a.
3. sr. Lowis —, chan. de Monfacon, pb. ms. daier S. Sauour 1288, 25. fr. Alerdin —, ms. an lai rowelle Perrin — 1288, 405.
daier S. Sauour ms. ke fut sg. L. 1290, 80.
Ayron —, daier S. Sauour ensom 1278, 631.
Climansate, Climence v. Cleman...
Climignon v. Clemignons.
Clin, Symonin 1251, 174.
Clodaiche lo bocheir 1285, 220.
Clodas, Clodat.

---

1 Perrin —⌣Sufiate f. Nicolle chivelier 1251, † 1278   1278/1285   1279
2 Alardin — 3 sr. Lowis — chanones de 1281/1290   1288/90   Monfacon[1])
srg. enf. sg. Huon lou Bague

Ayron — 1278.

[1]) *De Wailly 107 (1265)* Lowis de Cligney, chanones de Monfaucon, ait donneit as freres de la maixon de la Treneteit de Mes 20 s. er. ou ban de Mersei, ke fut lou signor Pieron de Clignei, son peire. Jaikemins li Rois, ces srg.

Abillate fm. — †, ms. en la rue dou Nuef pont a Saille[1])   1277, 340.
Ailexate fm. — de Borne; †   1293, 448.
— de Staizons cordnenierz   1269, 149.
— f. Perrin lou permantier de Retonfaix 1288.
— Faillo, Poinsignon f.   1281, 114. [349.
Clodignon   1267, 389.
Clodins, Clodin 1241/98, Cloudin 1245.
1. —, er. ou ban de Chainey (v. 2) 1281,
2. — de Belanges   1251, 38. [284.
Hanriat f. — de Chenney (v. 5) 1290, 71, 355.
3. — boulangier   1262, 285; 1298, 409.
— f. Aubri lo fevre   1245, 199.
4. — Mairien †   1262, 188.
— Rossel   1241, 201.
— Rouvel   1267, 89; 1281, 49.
— li Sote   1245, 172.
5. Garsires —   1245, 213.
Hanriat — de Chennei (v. 2) 1290, 489a.
Clomance, Clomansate, Clomanson, Clomant, Clomignons, Clomin v. Clem ...
lou **Clope.**
Arnolt —   1281, 120.
„ — d'Ansey, Clemant f.   1277, 434.
li hoir   1279, 548.
Philippe — †, Perrin f.   1288, 194b.
Wautier —   1269, 27.
Cloppins, prestes   1278, 228.
dou **Clos** †, Clomin, Abillate fm. 1269, 330.
de **Closte,** de **Clostre** v. IV Mes.
Clowairs, Colins, de Champillons 1285, 303.
Clowanges (v. IV).
Jennas — li mares de la frarie des massons dou Tample   1285, 538.
Clowas, Clowat.
—, ms. en Sanerie   1285, 456.
Steuenins f. —   1298, 83a.
Steuenin Conuers f. —   1267, 226.
Tierias —   1269, 85.
Cobel, Poincin   1269, 355.
Cobels, Cobel.
— Colin   1285, 349, 449, 550.
Cobert, Colin (*P. ?*)
Jennas, f. Howignon l'aman, pb. por lui et

---

[1]) *De Wailly 171 (1276)* Clodat lou cherrier, ms. outre Saille a Nuef pont.

por Poinsignon lou Jone et por Colin —
20 s. 1 d. moins vg. ou ban de Plapeuille
pr. ou ban d'Awigney 1290, 483. [1278, 206.
Cobin, ost. ou Waide Bugle   1290, 387.
Willermin —   1269, 163.
Cokan.
Boenuallat de Ste Rafine f. — 1275, 487.
Boinvallat f. Jaikemin — de S. Raf. 1290, 265.
„ fr. Poinsignon —   1275, 501.
Cocanlorge 1290, 1298, Cocenlorge 1277,
Cockelorge 1275.
Gerairs — de S. Julien 1290, 70*; 1298, 469.
Jenas —   1275, 307; 1277, 192.
Cockelorge v. Cocanlorge.
Cockenelz v. Cokenels.
Cockille,[1] Lowiat, †, Pieson de Jussei f.
Cokenas, Jennas   1293, 554.
Cokenels, Cokenel 1262, 1267, 1278/1293,
Cokenelz 1298, Cockenelz 1278, Coquenel
1267, Cokinel 1245.
  P. [Maheus Coquenelz 1250 PM].
  1. M a h e u s — (d'Outre Mosselle 1267, 83).
ost. en Saunerie doit 2 d.   1245, 24.
pb. t. enc. S. Marcel sus l'awe 1262, 385.
vg. ou ban de S. Julien   1267, 19.
er. Hanri Galle lo clerc (PS) 1267, 83.
pb. ¹/? ms. en Chieuremont 1278, 224.
pb. er. en la marie de Porte Muzelle et ou
 ban de Flocort   1278, 224.
pb. ¹/? ms. en la ruelle davant lou Mostier,
 vg. ou Desert deleis Tignomont 1278, 332.
ms. ou clois S. Marcel acensit a 1278, 354.
pb. vg. ou mont S. Quintin c'on dist Ste
 Creusvigne   1279, 293.
pb. 4 s. petite ms. a pont Thiebat 1281, 316.
devant l'ost. M. — outre Muzelle 1288, 144.
d. J a i k e m a t e, fm. M. — †, ms. ou Halt
 Champel pris a cens de   1290, 445.
  2. F e r r i s, f. Maheu —,
ms. en Aiest doit 40 s.   1279, 363a.
Colins Cuerdefer et Ferris — pb. ¹/₂ molin
 a chene sus Muselle   1285, 284.
Maheus Bertadons et F. — pb. molin daier
 S. Jehan   1290, 279.

---

[1] *De Wailly* 350 *(1297)* a Airs (OM) de-
leis la terre Jehan Kokille.

ait doneit a S. Sauour:
 40 s. ost. en Aiest, 32 s. ost. a pont Rain-
  mont, 13 s. 4 d. moins 2 ost. an Stoxei
 30 s. en premiers chaiteis   1290, 345.
  dou ban de Chaignei a Airs 1290, 481.
 t. davant lou pont Thiefroit, ¹/₂ molin
  daier S. Jehan, ¹/₄ molin a chene sus
  Muselle, ms. ou F. — maint otre
  Muselle   1290, 580.
pb. ms. a Moncels   1293, 130.
10 s. geisent sus jardin a pont Thiefroit 1293.
pb. ms. et gr. an Stoxey 1298, 215. [146.
Cocenlorge v. Cocanlorge.
Cokerel, ost. a Flanville   1278, 252.
Cochat, Steuenat   1288, 331.
Cocherel, Hanriat   1288, 498.
Cokillate, Jehans, de S. Julien 1293, 191.
Cokin, Hanrion, de S. Julien 1281, 376.
Poincet — dou pont Remont 1245, 255.
Cokinel v. Cokenels.
Codel, Symonel   1298, 475.
Coeat v. Coias.
Coence, Coense v. Coinces.
Coenrairs, Coenrars v. Coinrairs.
Coez v. Coias.
Coias, Coiat 1277, 1281, 1290, 1293. Coeat
 1241, Coez 1227.
—, Jaikemate fm.   1290, 104.
Colignon — d'Ars   1293, 316.
Gillas —   1277, 11; 1281, 104.
Nicholes —   1277, 19; 1241, 133.
Coieawe 1262, 1278/1285, Koieawe 1269,
Coiawe 1262, 1269.
Poensignons — 1262, 154, 302; 1269, 10. 193;
 1279, 200, 396; 1281, 385; 1285, 309.
Jakemate fm. Poensignon — 1277, 129, 159;
„ —, Vguignon f. 1285, 277. [1278, 40, 41.
Vguignons et Jaikemins f. Poins.— 1281, 574.
Vguignons —   1278, 222.
Coillairt v. Colars.
Coille, 1220, 1267, Cole 1227 (v. Collel).
 Huis —   1220, 5; 1227, 16.
 Thieriat —   1267, 33.
li **Coillus,** Howignons, de Lescey 1298, 171.
Coillute, Howignon, de Flurey, Abert et
 Jehan f.   1298, 443.
Coince v. Coinces.
Coincelo de Coumes, Lowions f. 1293, 382.

Coinces, Coince 1269, 1277, 1281, 1290, 1293, Coinses, Coinse 1267, 1288/1293, Coinsce 1293, Coences, Coence 1241, 1275, 1277, 1279, 1285, Coense 1277.
  1. —, ostel (PS)   1267, 344.
—, ms. an Sanerie (PS)   1288, 174.
—, d. Marguerite fm.   1241, 190.
— j. Hanrion Hariei (v. Coinselois) 1269, 142.
  2. — de Chaponrue, Hanris j. 1293, 198.
  3. — cherpanteir   1279, 373.
— cherp. de lai rue des Allemans, Guertrus li Vadoize f.   1293, 47.
— prevos de Haldanges   1290, 297.
— tanor 1293, 204 56, 63 -- 284 = 349 56, 63.
— taineres de Chaponruwe 1281, 463.
— tonnelier   1267, 290.
— vieceir 1275, 411; 1277, 51, 180, 316.
de Sanerie   1290, 175. [1285, 32.
  5. Nainmeris — de Dauant Ste Creux
Coinrairs, Coinrairt 1281, 1288/1298, Coinrars, Coinrart 1267, 1281, Coinrait 1290, 314, Coenrairs, Coenrairt 1277/1281, Coenrars, Coenrart 1277, 1285, 1288, 1293, Conrars, Conrart 1245, 1262, 1267, 1279, 1288, Conras, Conrat 1269, 1275.
  1. —, ms. en Chaponrue 1293, 204⁶⁴ — 284 = 349⁶³.
  2. — de . . . ., — d'Anglemur, — de Chacey, — de la stuve ou Champ a Saille, — de Donstene, — de la Vigne S. Auol.
  3. — d'Anglemur bollengier, — de Destrei boll. ke maint en Stoxey, — boll. de Stoxei. charreton, — cherpanteir. — clers de S. Julien, — olieirs, — peseires, — poxour, sr. — prestes de S. Jaike.
  4. —l'Alleman,—Foucherius de Lucembor, — li Moinnes de la Nueve rue, — li Moinnes de Sallebour, — Piat, sg. — dou Pont, — (f.) la Rousse (d'Outre Saille).
  5. Colin —, permantier †, Odeliate li Vadoize f.   1290, 300.
Hanrit —   1267, 283.
Xandrin —, Colignon f.   1267, 306.
„ — †, Jehan Boilo f., sg. Gerairt lou preste f.   1288, 360.
Coinsce, Coinse v. Coinces.
Coinselois j. Hanrion Hariei (v. Coinces).
Cointerel, Warin   1245, 172². [1262, 77.

Colars, Colart 1241/1262, 1269, 1278/1288, 1298, Colairs, Colairt 1275, 1277, 1281, 1285, 1293, Collart 1288, Collairs, Collairt 1279, 1285/1298, Coillairs, Coillairt 1277, 1279, 1293, 1298.
  2. — d'Abigney, — fr. Garsilion de Chemanat, — de Cronney, — f. Richier de Flauigney, — de Mairley, — d'Oxey, — (f. Robert) de Paris.
  3. — bourel, — cherreton (v. Colat), — corrier, — forniers de Plapeville, — herdeir de S. Julien, — reconvrour, — tornor.
  4. — Cornenelz de Columbeirs, — de lai Court de Fayt, — le Francois, — f. Gerardin Malekoronne de Warnainville, — Morel, — Pairtecher, — Riolant, — f. Hanriat Roucel de Mairuelles, — Ruille, — Triche.
  5. Ancillons —   1279, 53. [462b.
Jennin — †, Symonat f. 1290, 456; 1298, „ — de lai Vigne S. Auol †, Symonat f.
Symonat —   1285, 59. [1293, 512.
Colat 1275, 1278, 1281, 1285, 1298, Collas, Collat 1275, 1285, 1290/1298.
  2. — f. Ailixate de Charei, — de Maigney, — de Malencort.
  3. — cherreton (v. Colars), — meutier, — tonnelier, — tupenier.
  4. — lo Saiue, — f. Jennin lou Vilat, — li Villains d'Outre Saille
Colate 1245, 1262/1288, 1298, Colatte 1251, 1269, Collate 1267, 1269, 1277/1298, Collatte 1279, Collaite 1275, Colete 1241, 1245, Colette 1269, Cholate 1227.
  1. d. —, anc. lai porte (daier S. Eukaire) —, Arnoulz f.   1285, 95. [1293, 78.
— fm. Bouchart †   1251, 66.
— fm. sg. Forkon 1262, 404; 1267, 278;
— fm. Howin   1269, 52, 53. [1269, 286.
— fm. Rainnillon †, Abertin f. 1281, 434,
— f. d. Blanche   1267, 399. [439.
— f. Gerardon †   1290, 556.
Richous et — sai f.   1293, 276a.
— fillaistre Warrel   1285, 57, 531.
— s. Tomessin (v. de Champelz 11) 1278, 523.
  2. — fm. Abriat d'Ammeilaiville, — fm. Pierat de Chambres †, — de Chastels, — fm. Renalt de Cheuney, — fm. Colin f. Mo-

nier de Hermeiville †. — f. Wairin de Jallacort †, — (f. Rollan) de Lescey, — f. Vguignon de Lieons, fm. Symonat de Maizelles †, — f. Maheu de Noweroit †, — f. Goudefrin maior de Nowilley †, — f. Kardeire d'Oxey, — fm. Abertin de Pontois †, — de Quensey, — fm. maistre xaving de S. Martin, — s. Warin de S. Syphorien. — s. la fm. Poinsat de Valierez, — fm. Jacob de Vigey †.

3. d. — fm. Howignon l'aman †, — fm. Petrin fil Gererdin berbier †, — fm. Jaikemel boucheir, — fm. Pierel boulangier de Chambeires, — fm. Collin bollangier de Chieuremont †, — de Silleirs fm. Teiriat cherpanteir, — la cordeire, — srg. Domangin espicier, — f. Clomignon parmantier. — n. Lietal Merchan parmantier, — fm. Remion poxor de Rimport †, — s. sg. Symon preste, — fm. Piereson de Romebar tennour, — mcire Bikelat tondour, — fm. Howin tondour, — f. Lambelin tornour, — f. Willame tornour, — f. Mabelie la tornerasce. — s. Symonat (Simonin) tornor. d. — li Vadoize f.Willemin Berdin †, — li wanpliere.

4. — Abrit, d. — de l'Aitre, — f. Poinsate fm. Jennin l'Alleman †, d. — des Aruols, — f. Jennin Aurair, — fillastre Steuenin Baiart, d. — fm. Aber Batalle, — f. Willermin Bazin, — fm. Matheu Bellebarbe, — f. Stenignon Bellegree, d. — li Vadoize f. Willemin Berdin †, d. — Beugnon (d'Aiest) = d. — la Beugnerasse. — f. Werion Bicher, — fm. Simonin Bigois, — f. Jennin Blanche, — fm. Boukin, — f. Braidaie, — f. Arnoult Caithelone de S. Clemant †, — fm. Poinsignon Calowin, — f. Richier de Champels, — f. Thomessin de Champelz †, — fm. Pierexel Chaneuiere, — s. Renaldin Chauketerre, — Clomignon = — f. Clomignon parmantier, — f. Colin Collon fm. Howin tondour, — f. Jaikemin de Coloigne, — s. Jehan Colon chanone de Mes, — s. Colin lou Conte, — f. maistre Nicolle Deudeneit †, — f. Clairiet Domate, — f. Jennin Fakenel, — f. Bauduin lo Flammein, — la Fowenasse. — f. Poinsignon lou Grant d'Outre Saille, d. — fm.

Poinsignon Grenon †, — f. Maithen Grenon †, — Guerebode, — f. Allexandrin lo Hungre †, — f. Colignon lou Hongre, — f. Joffroit lou Hungre, — s. Steuenin lo Louf, — f. sg. Pieron Luxies, — f. Felepin Makerel, — f. la Magnesse, — f. Avruyn Malnouel, — fm. Weirion Malnouel = — Malnouelle, — Malrewart = d. — Marowarde, d. — Markouse = d. — Marcout, — f. Nicole Marcout, — fm. Jennin Maretel, — la Mauaise, — n. Lietal Merchan parmantier, — fm. Colin Meudevin †, — Mine, — f. Maheu Mognel (v. Porree), — fm. Jaikemin lou Moinne, — Noiron, — s. Maiheu f. Jennat Noiron †. d. — fm. Burtignon Odewain d'Aiest †, d. — d'Oixey, — f. Philippin Ostexel †, — f. Huin Paperel. — f. Thomas Peterouse, — fm. Andrewat Poinsin †. — f. Maheu Moguel fm. Jaikemin Porrce, — de la Porte, — f. Thomas de Porte Mosele, d. — Poterel :- d. — Poterelle. — s. Poinsate Poxerelle. — Rayx, — de Valieres n. sg. Weirit Raville, — fm. Jaikemin lou Roi †, — Roienate fm. Jehan fil Pierexel de Valz, — la Rouse, — (de S. Julien) fm. Colin de lai Rowelle †, — de la Saus, d. — la Sauvoige, — fm. Joffroit Sauvegrain, — fm. Colin Symairt † = d. — Symairt = d. — lai Symairde, — fm. Jennin Teste, — fm. Howignon Thomes †, — s. Hauriat Thomessin (v. de Champels 11), d. — la Vauaise, d. — de Vy, d. — la Waluce, — s. Thiebaut Wichart.

5. Gerardat —, Foucheron de Lescey f.
Coldoie. [1279, 563.
Jennat — †, Arnout Noiron et Merguerate anf. 1278, 309.
Lukin — 1245, 129; 1267, 52; 1278, 133.
Cole v. Coille.
Colel v. Colles.
Colemels, Colemel 1267, 1278, 1281, 1290, Colemes 1251, 1269, Collemelz 1278.
— 1251, 56.
—, ost. en Anglemur 1290, 241.
Colignons f. — de S. Martin 1267, 501.
Colignons — 1269, 130; 1278, 156, 388, 590.
Colins — 1281, 325.

Colemin–Colignons 110 I. Personennamen

Matheus fr. Colignon — 1278, 156.
Colemin 1298, 678.
Colenat v. Collenat.
Colete, Colette v. Colate.
Coleuret, Simon 1220, 4.
Colignons, Colignon 1245, 1262/1298, *selten*: Collignons, Collignon 1267, 1275, 1285/ 1298, Colinguon 1262. (v. Colins, Nicoles). v. V. Colignonpreit Mertignon.
1. — 1285, 109; 1298, 64b.
— f. Drouygnon 1275, 177.
— f. Eurit † 1290, 5.
— f. Frankin 1278, 342.
— f. Howart 1275, 452.
— f. Ysabel 1267, 166.
— f. Simon 1278, 375.
— fillastre Haral 1267. 465.
..., Gillas et — ses fr. 1262, 247.
2. — fill. Jennat d'Abigney, — d'Allexey ke maint davant S. Jorge, — f. Bueuelat d'Amelles, — f. Jaikemate d'Ansey, — f. Jaikemat lou maior d'Ansey, — Pichous d'Ansey, — li Pointe d'Ansey, — d'Ars, — Coiat d'Ars, — lo clerc f. Poinsat Condut d'Ars, — f. Thieriat Cuignat d'Ars, — f. Jennat Roubelat d'Ars, — lou Roucel d'Ars, — de Borney, — Chabosse de Bournei, — f. Roillon de Chambres, — de Chapponrue, — f. Wescelin de Charley, — de Chaistelz, — clers de Chastels, — f. Regalt de Chastels, — f. Theiriat de Chaistelz, — fr. Xipotel de Chaizelles, — Foutas de Chaizelles, — Raifes de Chazelles, — f. Willame de Cuuerey, — d'Estain, — f. Wiriat de Goens, — de Gorze, — Burelat de Gorze, — f. lou maior de Grixey, — de Joiey, — f. Ysambairt de Lemoncort, — f. lou Gemel de Lessey, — f. Piereson Wandart de Lessey, — de Lioncourt, — li Coperels de Longeville, — f. Steuenin lou marlier de Longeuille, — (f. Willame) de Lupey, — f. Howignon de Maicliue, — de Maigney j. Odeliate fm. Burson de Flurey, — Adan de Maigney, — Bousuevle de Maigney, — f. Perrin de Mainin, — de Marlei, — de Merdeney, — fill. Howeson de Merdeney, — de Molins. — j. Jennat de Molins, — de Moncels, — lou doien de Moutois, — f. Aucillon Saillambien de Montois, — f. Huart de Nonviant, — f. Margueron de Nouviant, — f. sg. Thierit de Nonviant, — lou Boistous de Nonviant, — f. Garcerion Mauexin de Nonviant, — Hairons de Nowesseuille, — dou Tro de Nowaiseville, — f. Burtrau de Nowillei, — f. Wesselin d'Outre lou pont Renmont, — de Parei, — f. Burtelo de Parix, — de Perthe, — (f. Perrin) de Retonfayt, — f. Eurit des Roches, — de Romebauc, — de Rozerueles ke maint en Chambieres, — de S. Alare, — de S. Arnolt, — f. Aburtel de S. Clemant, — f. Jennin Budin de S. Clemant, — Mermeran de S. Clemant, — lai Vaille de S. Clemant, — Ceruel de S. Julien, — f. Jakemin Chiualleir de S. Julien, — Goubillons de S. Julien, — Louueus de S. Julien, — Pioree de S. Julien, — Pircepiere de S. Julien, — Raienavel de S. Julien, — (f. Colemel) de S. Martin. — maistres escheuins de S. Martin, — Nietenrowe de S. Martin, — j. Sezainne de Semeicort, — f. Simonin de Sorbey, — f. Aurowin de Vallieres, — Caitelz de Vallieres, — de Vertons, — f. Mabelie de Villeirs a l'Orme. — f. Weiriat dou Waide, — de la Xupe.
3. — Cnuemans amans, — Chowenel bouchier, — bolangiers, — boulangiers ke maint an Vesignuelz, — boulangeir de Porte Muzelle, — srg. Liebourate fm. Jennat lo boulangier de S. Arnout, — lou Bagno boulangier, — Topas boulangiers. — f. Baudowin lou bolangier, — Sodas li boweirs, — f. Ancillon lou chaivreir, — fr. Izaibel fm. Piereson Brouvals lou chaivrier, — f. Willemin lou chaponier, — f. Lukin lo chausour, — cherpentiers f. Tierion, — charpantier f. Mathelo l'awillier. — f. Parixat lou cherpentier, — f. Sawignon lou charpantier, — clers f. Cnnin d'Onville, — clarc f. Cuxin, — clarc f. Piereson lou masson, — clerc f. Poinson Condut d'Ars, — Boizemelz clers, — Bouchate clerc lou maior de la chiese Deu de Nostre Dame a Chans, — Centmairs clerc, — Hongnerie clers, Lucie clerc, — Marcerions clers, — Porree clers, — cordeirs ke maint a S.

Clemant, — f. Thierion cordier de Porte Moselle, — Doutout cordewenier de Staixons, — lou Vacke cordewenier, — lou Vake covresier, — doien de Montois, — Barroit drapier (de Vesignuez), — Willambalz draipiers, — Lowit esxaving, — f. Philippe Tiguienne l'eschaving, — f. Thieriat l'escrivain, — feivres (f. Waterin), — f. Roillon lou feivre de Chanbres, — li freires (de la Craste), — gippour, — habergieres. — Merlolz maires de PM, — Mertignous maires de PM, — f. Jaikemat lou maior d'Ansey, — f. lou maior de Grixey, — maistres eschevins de S. Martin, — f. Steuenin lou marlier de Longeuille, — f. la marliere de S. Clemant, — olier, — Pelesenelz orfeivres, — oxelour, — parmantier f. Jennat lou Gouge, — (parmantier) j. Huguenat le massou, — Chainoit parmantier, — Tristan parmantier, — Xocort parmantier. — f. Perrin lou permantier de Retoufaix, — f. Waterin lo parmantier. — paveires, — poxieres f. Engebor, — Rewairs poxieres ke maint en Chambeires, — taillor, — Thierias taillieres, — f. Guertrut fm. Jennin lou toursclcir, — trezelor, — lou Vadois, — f. Yzaibel la verriere, — (de la Porte) vieceir, — fr. Bietrexate f. Poinsate lai xowerasse de keuverchies.

4. — Adan de Maigney, — f. Jaikemin de l'Aitre, — f. Waterel de l'Aitre d'Awignei, — Alairt, — Ameline, — Anchiers, — lou Bague boulangier, — f. Gerardat lou Bague de S. Vincentrue, — fr. Aucillon Baikillou, — Banderienme, — f. Mahen Barbe, — f. sg. Werrit Barbe. — f. lou Barroit = li Barrois de Franconrue, — Barroit (draipier) (de Vesignuels), — Baudoche, — avelas Nicole Bazin, — Begois, — f. Benoit Belcouvainne, — Bellegoule, — f. Vilain Belegree, — Benoit, — Beradel, — f. Jaikemin Berbiou dou Quertal, — f. Thiebaut Bernage, — Blanchart (de Geurne), — f. Choible Blancpain, — Boilawe (de Colambeir), — lou Boistons de Nonviant, — Boizemelz clers, — Bonsuevle de Maigney, — Borrial, — Bossel, — Bouchate clarc, — f. Aburtin Boufat, — (f.

Colin) Bouton (d'Otre Muselle), — Bouues, — f. Abert Brasdeu, — Brixechamin, — f. — Brixepain, — (f. Jaikemate) Brizee, — f. Jennin Budin de S. Clemant, — Burelat de Gorze, — Kaiguate, — Caitelz f. Jennin Fraukelin. — (f. Aurowin) Caitel de Vallieres, — de Porte Serpenoise f. Colin Centmarz, — Centmairs clerc, — Ceruel (de S. Julien), — Chabosse de Borney, — Chainoit parmantier, — Chaizee, — (f. Jaikemin) Chameure, — f. Jennin Chasemal (d'Aiest), — Chielairon f. Arnout Briate, f. Martin lou Chien de Dornant, — f. Sebeliate de Nommeney fm. Thiebaut lou Chien, — Chicrelate (d'Outre Muselle), — f. Jakemin Chiualleir de S. Julien, — f. Warenat Chofairt, — srg. — Chobelo de Saunerie, — Chowenel bouchier, — f. Willemin Clairiet, — Coiat d'Ars (OM), — f. Xandrin Coinrart, — Colemels, — clerc f. Poinsat Conduit d'Ars, — j. sg. Jehau Corbel, — f. Bietrit de la Corcelle, — de la Cort, — c'on dist Corual, — Couperel, — li Coperels de Longeville, — f. Wiriat Crestenue, — Cretons, — Crollat, — f. Jennate Crote. — f. Thieriat Cuignat d'Ars (OM), — Cunemans (li amans), — (f. Gerardat) Custantin, — (f. Jennat) Dantdaine, Badesons j. d. Poinse Dediet et — son srg., — Doignons, — f. Clariet Domate. — Doutout cordewenier de Staixons, — Dowaire, — (f. Matheu) Drowat (d'Aiest). — f. Lowi l'Erbier, — Facol, — Ferrion. Fessal, — lou Flaman, — dou Fosseit, — Foutas de Chaizelles, — f. Pierou Foutat, — Foville. — Frausois, — Freire, — fr. Jennat Friandel. — f. lou Gemel de Lessey. — Gerairt. — Godairt, — Godeire, — lou Godour, — Gonbillons de S. Julien, — f. (Jennat) lou Gouge (de la Nueue ruwe), — Gouget, — Gouvions, — Governe, — Gratepaille, — (f. Colin) Griuel, — f. Jehan Groignat, — li Gronaiz, — lou Gornaix f. Drowignon de S. Thiebaut, — f. sg. Jehan lou Gornaix, — f. sg. Jofroit lou Gronaix. — f. sg. Thiebaut lou Gronaix, — f. Andrewat Guepe, — f. Garsat Guepe, — Guerecl. — fr. Gerardin Gueremant, — f. Jennat

Colignons–Colins 112 I. Personennamen

Gusure (de Maiselles), — Hairons de Nowesseuille, — Hesselenat d'Onville, — (f. Goudefrin) de Heu, — f. Rogier de Heu. — Honguerie clers. — lo Hongre, — fr. Simonat Hunguerie, — f. Bescelin Hure, — Yderate, — f. Jaikemin lou Jal, — lou Jal f. sg. Jofroit lou Gronaix, — Jennolles. — Joutelate, — f. Poinsignon de Laibrie. — Lambers, — f. Burtemin Leudanguer, — Lieborjon, — Longuels, — Lorant, — Lorate, — Louveus (de S. Julien), — lou Lovet, — Lowit l'esxaving, — Lucate, — Lucie (clerc), — lou Maigre f. Waterin Maltampreit, — f. Maiguetin, — Mairasse. — f. MathiouMaithelo, —Malglaive (poxour), — f. Jennolle Mallebouche, — Malpais. — Marcerions clers, — li Mares de Davant S. Vincent, — Marcous f. Richelin (Romaicle), — f. Philippin Marcout, — f. Garcerion Mauexin de Nonviant, — Meffroit, — Merchandat = — Merchandate (de Vesignuelz) = — Merchandel = — Merchan (dou Nuefbour) f. Colin Merchant, — f. Jennat Marchant, — f. Jaikemin lou Mercier, — Merlolz (f. Weirit de S. Arnout), — Mermeran de S. Clemant, — Mertenate, — (f.) Mertignon (de Porte Serpenoize), — Morel, Jennas Morelas et — fr., — (f. Maheu) Moretel, — Moutas, — srg. Gererdin Mouxin lou cherpantier, — f. Piereson Mussat, — Muxis, — Nerlans, — Nietenrowe de S. Martin, — Noblet, — Noiroil, — f. sg. Thierit de Nonviant, — li clers f. Cunin d'Onville. — f. Lowiat Paillat de Maizelles, — f. Maiheu Paillat, — de Paireirs, — f. Piereson Peire, — Pelesenelz li orfeivres, — Peses, — (f. Jehan) Petitvacke, — Peuchat, — Pichons (d'Ancey), — Pierels, — Pierexol, — Pioree (de S. Julien), — Poietel, — Poignel, — la Pointe, — f. Watier la Poire, — Poirel (dou Quartal), — Pome, — f. Willemin le Porc, — Porree clers, — (f. Roillon) de la Porte (vieceirs), — f. Guiot de Porte Muzelle, — fr. Jakemin Puignant, — f. Thiebaut Putevenwe, Weirias li Quallais et — fr., — Raibay, — Raibairt (de Hulouf), — Raienavel de S. Julien, — Rai-

fes de Chezelles, — Raignelenelz, — dou Rait, — Regnaire, — Remion, — Rewaires li poxieres, — f. Poinsate fm. Thieriat Riole, — (f. Colin) Roillon, — Rommebac, — f. Jennat Roubelat (d'Ars OM), — lou Roucel (d'Airs OM), — f. Jenin Roucel, — Ruillemaille (de Siey), — (f. Ancillon) Saillambien (de Montois), — lou Saueget, — f. Sclarieie = Clariet, — Symairs de Chaipeleirue, — Sirvel = Ceruel, — Sodas (boweirs), — Soifrois, — f. Jaikemin Somier, — lou Tignous, — (f. Philippe) Tignienne, — Topas li boulangiers, — f. sg. Jehan de la Tor, — Tornat, — f. Lowiat Trabuchat, — Trejals, — Tristan (parmentier), — dou — Tro (de Nowaiseville), — (f. Perrin) lou Vake, — lou Vake cordewenier (covresier), — lai Vaille de S. Clemant, — Vaillon, — Vairnetel, — de Vy, — f. Aburtin de Vy, — f. Colenat de Vy, — lai Vielle, — Vienon, — (f. Joiffrignon) Vilain, — Vilenel, — (f. Jennin le Villat (d'Outre Salle), — Vizce, — lou Vizerat, — f. Vogenel, — Wachier, — f. Colin Wachier, — f. Herbin Wachier, — Waingnevolantiers, — Wandars, — (f. Nicole) de Weiure, — Willambalz draipiers, — Xocort (permantiers), — Xolaire, — (f. Aburtin) Xordel.

Colins, Colin 1220/1298, *vereinzelt* Collins, Collin 1275/1290, Cholin 1227, 40 (v. Colignons, Nicoles).

1. —	1241, 131; 1262, 63.
— et Jehan et Buewignon	1267, 431.
—, ms. en la ruele au Beffroi	1241, 46.
—, ms. a Porte Serpenoise	1227, 40.
—, ms. dev. la fontainne a Valieres	1262, 258.
— f. Arnoult	1281, 94.
— f. Domengin	1241, 24.
— f. Gerardat	1278, 194.
— f. Habert	1251, 252.
— f. d. Yde la f. Gochewin	1279, 394.
— f. Otenat	1251, 258.
— f. Waterel	1290, 483.
— filastre Bietrit	1269, 65.
— fillastre Haral	1267, 465.
— fr. Lecelin	1275, 418.
— j. Parroche	1279, 534.
— srg. Adan	1251, 113.

I. Personennamen 113 **Colins**

— srg. maistre Domange 1288, 251.
— srg. Xandrin 1269, 559.
2. — d'Abigney de S. Martin, — d'Airs (PS), — fr. Poincignon Poulain d'Airs (PS), — xaving d'Airs (PS), — f. Jennat lou prevost d'Ars (OM), — d'Airs corriers, — f. Gerardat d'Allexey, — f. Piereson d'Alyxei, — d'Alixey parour, — f. Jaikemin lou (vies) maior d'Allexey, — d'Arkancey, — Gueperon d'Arcancey, — d'Avancey, — de Boemont, — maior de Borney, — Beral de Borney, — f. Hanriat Sallebruche de Borney, — de Boutemont, — j. Ansel de Buedestor, — de Burtoncort, — de Keumont, — de Chailey, — des Ruwes de Chaillei, — f. Garzille de Chailley, — dou Fousseit de Chambeires, — lou Grant de Chanbeires, — poxour [de Chame]nat, — de Chapelelrue, — de Chaistelz, — Cottelatte de Chastelz, — Yderate de Chazelles, — Willerit de Chazelles, — de Chieuremont (ke maint ou Champel), — de Chieuremont bolangeir, — de Chieuremont tanor, — de Kulewille, — (f. Bietrit) de Dornant, — eschering de Dornant, — Crollas de Dornant, — d'Escei de Nonviant, — f. Bertran de Failley, — f. Jeunin lou Tawon de Failley, — Vailat de Failley, — f. (Howin) lou maior de Grixey, — de Haikelanges, — de Huisanges, — de Hennacort, — f. Monier de Hermeiville, — de Juxey, — de Longeuille, — de Luoncort, — f. Willame de Lupey, — j. Rekisse f. Burteran Bukehor de Luppei, — f. Howignon de Maicliue, — de Maigney dou Molins, — de Mairis, — f. Werit de Maixieres, — de Malleroit, — Saillat de Malleroit, — de Marley, — avelet Colairt de Mairley, — lou Roucel de Marley, — de Marsal, — de Merdeney, — f. Nikelo de Moledanges, — de Molins, — Yderate de Molins, — f. Marguerite de Nonviant ke maint a Chastels, — d'Escei de Nonviant, — Carlete de Nonviant, — Berdon de Nowesseville, — f. Theiriat lou Bruant de Nowesseville, — Cobaie de Nowesseville, — Garsat de Nowaiseville, — lou Gornaix de Nowaiseville, — f. Thierit dou Tro de Nowesseville, — f. Witon de Noweroit, — (f.) Watier de Nowilley, — f. Thieriat lou Roucel d'Orgney, — dou Quertal, — de Racort, — de Rait, — f. Petre de Rinanges, — de Roncort, — de Ruxit, — de S. Arnolt, — f. Ferrit de S. Auol, — li Gornais cherpantiers de S. Clemant, — f. lai marliere de S. Clemant, — fr. Juikemate Berlixe de S. Clemant, — Fillipons de S. Clemant, — Quaitremaille de S. Clemant, — Tauerne de S. Clemant, — Thiehairt de S. Clemant, — li Vaille de S. Clemant, — de S. Jeure tenneires de lai Vigne S. Auol, — f. Wairin de Puligney de S. Julien, — Faupain de S. Julien, — Louveus de S. Julien, — Persepiere de S. Julien, — Xalle (lou maior) de S. Julien, — de S. Mamin, — de S. Martin, — de S. Martin f. Hanriat Chiot, — f. Bietrit de S. Martin, — maistre xaving de S. Martin, — (permantier) de S. Nicolairue, — de S. Priveit (OM), — Judes de S. Priveit (OM), — de S. Kointin, — de Ste Rufine (f. Abertin Danalleglise), — de S. Thiebaut, — li Gornais de S. Thiebaut, — (de Chaistelz) de Sanerie, — de Sanerie f. Mathelo, — Muithelo tonneliere de Sanerie, — charpantier de Sanerie, — Borguairs cherpanteirs de Sanerie, — corrieir de Sanerie, — l'aien corrier de Sanerie, — de Secours, — f. Hondebraunt de Siey, — f. Abertin Kaienat de Siey, — de Turey, — de Valieres, — clerc de Vallieres, — lou Conte de Valliere. — f. Burtemat de Vautons, — de Verdun, — lo Roussel de Virduns, Jennat de Wapey f. — de Wapey.

3. — Beccalz amans, — anluminor, — boleugier, — fr. Gererdel lou boulangier, — boul. d'Auaucey, — bol. de Chieuremont, — boul. de Maizelles, — bol. de Porte Muselle, — boul. de Racort, — Cotelle bol., — Puitaise bol., — cellier, — fr. Burtemin de Gerney lou cellier, — chandeliers, — Godereie chandelier, — f. Symon le chapeler, — fr. Jennat Poirel lou chaponnier, — charpentier, — cherp. de Rimport, — (fr. Euriat lou) cherp. de Sanerie, — Borgnairs cherp. de Sanerie, — li Gornais cherp. de S. Clemant, — charrier, Bertrans li

8

chavrers et — f., — chevalier, — clarc f.Bauduyn lou corvexeir, — fr. Bescelin lou clarc, — clers f. Cunin d'Onville, — de Coinsei clerc, — clerc de Corcelles, — clerc de Liehons, — clerc de Vallieres, — Dendeneit clerc, — Ysoreit clerc, — cordewenier, — cordew. f. Aurowin de Rossele, — de Bu cordew. — Colue cordew. — Fessaus cordew., — dou Tour corduen. de Staixons, — f. Thierion cordier de Porte Moselle, — d'Airs corriciers, — (Paien) corrier de Sanerie, — lou Vake corvexeir, — xaving d'Airs, — escheving de Dornant, — Lowit (escheving) = — xaving, — feivres de Pierevilleirs, — haberiour, — juvlor, — lamier, — mainiens, — Marcous maires de PM, — f. sg, Vgon lou voe maires d'OM, — f. Jaikemin lou maior S. Vincent, — maistre, — mareschal, — f. lai marliere de S. Clemant, — Crispel munier, — natonnier, — olieir, — f. Goudefroit l'olieir, — olieirs dou Waide, li Maires olieirs de S. Martinruwe, — oxelour, — parour d'Alixey, — pareires de Davant S. Jorge, — parmantier, — perm. de S. Nicolaisrue, — Chauuins parm., — Coinrairt parm., — Mainjairt perm., — perm. f. Baicelin Maistillon, — Valours parm., — poxour [de Chame]nat, — Banste pox., — li Grans pox., — Malroit pois., — Mucheval pox., — porreleir, — retondeires, — rowier, — soiour, — taillieres, — Boucley taillor, — f. d. Aileit la tenerasse, — tennour de Chieuremont, — tenn. fr. Jakemin Carquel, — de S. Jeure tenn. de lai Vigne S. Auol, — Boukel tenn. de Chaponrue, — lou Roucel tanor, — tixeran de Franconrue, — f. Warin lou tonnelier, — Maithelo tonnelier de Sanerie, — fr. Jehant le tornor, — lou Vadois, — vieceirs, — wastelier, — Haboudanges wastelier.

4. — l'Acrignois, — l'Affichie, — Aici, — Aillie d'Outre Muselle, — (f. Jaikemin) de l'Aitre. — f. Watrin de l'Aitre d'Awigney, — l'Alleman, — de l'Angle, — a l'Awe, — Bacal (f. Mathion Marroit) = — Beccalz amaus, — Badaire, — Baiart, — Bailerel, — Banste (poxour), — Barnakin, — Baron, — Barrois dou Champel = Barrois d'Outre Saille = — — Berrois de Visignuel, — Batal, — Bazin, — Belebarbe, — Beral de Borney, — Berdan de Nowesseville, — fr. Jaikemate Berlixe de S. Clemant, — Bernart, — Bertadon, — Blanchanrt, — Blanchate (de Strabour), — Blanche, Odelie li Blanche et — f., — Boielawe, — f. Jenin Bonin, — Borgnairt (cherpanteirs de Sanerie), — lo Borgne, — li Borgnes de la Vigne S. Avol, — Borjois, — Borsate, — Bote, — Boukel (tennour de Chaponrue), — Boucley taillor (dou pont Renmont), — Boudat, — Bouton (d'Outre Saille), — Brasdeu, — Brisechamin, — Briselatte, — f. Theiriat lou Bruant de Nowesseville, — Bruee, — Bruillars de Lorey, — Brulleuache, — Burlehaie, — Kakeron, — f. Abertin Kaienat de Siey, — lou Cair, — Kairin, — Caitin, — Kalandre (de Chambres), — Carcal, — Carlete de Nonviant, — Centmars, — Chacemal, — f. Jenniu Chacemal, — f. Badouwin Chairle de Mercey, — Chaireteit, — Chalons, — f. sg. Burteran dou Champel, — de Champelz, — Champion, — Chamuxit, — Chapon, — Chauuins parmentiers, — Chawenel, — Chazer, — Chenal, — f. Lowiat de la Chenal, — — Chiemairien, — la Chieure, — Chiexeu, — de S. Martin f. Hanriat Chiot, — Chiotel, — Clairiet, — Clowairs de Champillons, — Cobel, — Cobert, — Coinrairt parmantier, — Colemels, — Colon, — Colue cordeweniers, — lou Conte (de Valliere), — Copechauce, — Corbel, — Corjus, — (f. Steuenin) de la Cort, — Cortebraie, — Cotelle bollengier, — Cottelatte de Chastelz, — Coupeit, — Covaie de Nowesseville, — Cowat, — Crestenne, — Cretons, — Crispel munier, — Crollas de Dornant, — Croujuz, — Cuerdefer, — de Ste Rafine f. Abertin Danalleglise, — Dendeneit clerc, — f. Abert Deumont, — Domangins, — Domate, — Donat, — Dousat, — Doutout cordueniers de Staixons, — Dowaires, — (f. Matheu) Drowat, — Drudars, — li Esclaives de Vigey, — d'Espinals, — Facan de Plapeville, — Fagon, — f. Waterin Faikier de Rommebar, — f. Pheleppin Faixin, — Fau-

cin, — **Faukenel**, — Faupain de S. Julien, — **Fessal** (de Staisons) = — Fessaus cordewiniers, — Ferrias, Jennas Ferris et · fr., · Filleron, — Fillipons de S. Clement, · · li Flamans, — (lou) Flamandel, — don Fousseit de Chambeires, — Fransois, — Galien (d'Outre Saille), - Garsat de Nowaiseville, — li Glatons, — Gemel, — f. Jehan Giruaixe, — Godel, — Godereie (chandelier), — Gomerelz, Gonai de Maigney, — · Goudefroit, — Govion, · · Graineis, - - Grancol, li Grans (poxieres), — lou Grant de Chanbeires, — lou Grant (d'Outre Saille), — Gratepaille, — Grifon, — Grivel, Groignat, li Gronais, · lou Gornaix de Nowaiseville, — li Gornais de S. Thiebaut, — li Gornais cherpantiers de S. Clemant, — Grosseberre, — Grozel, — Guepe, — Gueperon d'Allexey (d'Arcancey), — Haboudanges wasteleir, · Haibert, - · Haisart, — Haroweus, — Hasons, — (f. Steuenin) Hennebor, — Herbel, Hermenelz, · · Herral, — Hersant, · Hydous, — Houdebran, Houdion, Huches, — (f. Allexandrin) lou Hungre, · Yderate (de Chazelles), — Yderate de Molins, — Ysoreit clerc, — Jaikier (dou Champ a Saille), — Janremaire, — lou Jolif, — Jote, — Joutelate, — Judes de S. Priveit, · Laches d'Outre Muzelle = — Loichas d' Outre Muselle, Lascheprunne, - · Lietaus, — Longuel, — Lorel, — Loue, — Lousse, · - Lonvous de S. Julien, — Lowat, — Lowit (escheving), · Mailtefer, — Mainjairt permantier, — Mairasse, · li Maires olieirs de S. Martinruwe, — li Marcs, — Mairien, — permantier f. Baicelin Maistillon, — Maithelo tonnelier de Sanerie, · Malebouche, - Maleherbe, · f. Matheu Malroit, - · Malroit poisour, — Manogous, — lo Markois, — Marcous, — fr. Girart Mariouse, Merchaut, · Merlo, Mertignon, Meudevin, -- Milekins, · · Mingol, -- Molin, — f. Monier de Hermeiville, — Morels, — Moreton, — j. Roillon Motat, — Montat, - · Muchewal (poxor), — Mustelz de Montois, — Muzairs, — Namur, — Narardin = — Noiradin, — lou Nerf, · Noiclat d'Airey, lou Noir, fr. Jennat la

Paie d'Ansey, Paien (corrier de Sanerie), — Pairtecher, — l'anceron, Panpelune, Pentes, · Penchat dou Champ a Saille · · — Pouchat, — f. la Picarde, · Piebeu, · Pioche, fr. Lowiat Pioree, · j. Steuenin Pioreie, · Pircepiere (de S. Julien), — Pobele, Poietel, · la Pointe, — Poirel, — de Porsaillis, — fr. Poincignon Poulain d'Airs (l'S), Polains, — Puitaise bolangier, -- dou Puix, — Pusin, — Quadit, — Quatremaille (de S. Clemant), — Rabowan, — Rafine, · Rays, — (f. Jakemat) Rogier (d'Arnaville), · · Roillon, — Rollan, — li Roucels j. Houdiate, — lou Roucel de Marley, — f. Thieriat Roucel (d'Orgney), — lo Roussel de Virduns, — f. · · lou Rouge, — (f.) lai Rousse, — de la Rowelle, — des Rowes, · · Roze, — Ruece, — Ruillemaille, · · · dou Rut, · Saillat de Malleroit, — S. Quintla, f. Hanriat Sallebruche de Borney, · Sarain, — lo Sauaige, — Symars, — Sodas, — Soture, — Tauerne (de S. Clemant), — f. Jennin lou Tawon de Failley, · · Teste, -- Thiebairt (de S. Clemant), — f. Morel Toreul, — Trabuchaz, — Tristans, · f. Thieriat dou Tro de Nowesseville, — Turey, — lou Vake corvexeir, — Vailat de Failley, — Vaillars, — Vaille, — li Vaille (de S. Clemant), — Valours parmantiers, — Veillel, — de Vy, — Viuions cherpentiers, — Vizekin, — Wachier (d'Outre Muzelle), — Walle, — Wandars, — Watier (de Nowilley), (f. Jaike) de Weure, — Willerit de Chazelles, — Xadeit, — Xalle (maior de S. Julien), — Xallebouton, — Xandras, — Xaudrin, — f. Aubert lo Xauing, — Xobairs, — Xourdel (de Maizelles).

Colinaz, Colinat v. Collenat.
Collairs, Collaite v. Colars, Colate.
Collas, Collate v. Colat, Colate.
Colle, Collel v. Colles.[1]
Collemelz v. Colemels.
Collenat 1267, 1278, 1279, 1285, 1290/1298,

---

[1]) *De Wailly 339 (1295)* **Colleces**, li maires dou ban de Vexin de Vals.

Colles–de **Coloigne** 116 I. Personennamen

Colenat 1278, 1281, Colinat 1269, Colinaz 1245.
  1. Piersons et Jaikemins li hoir —
  3. — fornier 1269, 168. [1298, 527³¹.
  4. — de Vy (v. I. de Vy 1) 1245, 109; 1267, 430; 1278, 100, 339, 541; 1279, 517; 1281, 90; 1285, 431; 1290, 39, 81; 1293, 508.
Colles 1267, 1278, Collez 1269, Colle 1267, 1269, 1278, 1285, Collelz 1290, Collel 1288, 1290, Colel 1279 (v. Coille).
  a) *Frauenname*[1])
  — fm. Abertin lou berbier 1290, 275.
  b) *Männername*:
  1. —, ms. (PS) 1278, 551.
  2. — de Gorze 1288, 221, 385; 1290, 367.
  — de Vesignues 1290, 357.
  3. — cordeweneirs 1285, 204.
  4. — Gomerel 1267, 311, 326; 1269, 8; 1278, 282; 1279, 109; 1290, 205.
  — Jorgin 1267, 131, 134.
Colleson (v. Kallison).
  — fr. Roillon 1278, 503.
  — de lai Chenal, Roillon fr. 1281, 422.
  — de lai Chenal † 1290, 388.
Collignon, Collin, Collon v. Col...
de **Coloigne** 1251, 1267/1281, 1288, 1293, de Coloingne 1275, de Colloigne 1278,1279, 1288/1298, de Cologne, 1245, 1251, de Coulogne 1281, de Couloigne 1275, 1278. (v. IV).
P.
  1. Hanriat —.

ensom (PS) 1245, 182.
  2. Arnols —
pb. vg. ou Sauneraz chamin 1245, 92.
ms. en la Mercerie 1251, 129.
en la Mercerie entre.... et ms. A. — 1267,
entre... et l'ost. A. — 1275, 51. [402.
  3. Poencignons —
maires de PS 1267, 1*.
et Collez Gomerels pb. vg. en Chenal 1267,
et Colle Gomerel vg. desous lo [311.
  chene en Chenals 1269, 8.
et Thiebaus de Moielain pb. por les malai-
  des de S. Laidre 1275, 229.
= Poences —, v. 7. Ferrias 1277, 41.
pb. 8 lb. ost. a la Posterne 1277, 106.
pb. 12 lb. ms. en Visignuel 1277, 107.
12 lb. 2 ms. en Visignuel 1277, 290.
pb. 4 lb. ms. sa sus ou il maint (PS) 1277,
10 lb. er. ou ban d'Ercancey, de Vi- [383.
  gnueles et de Bui 1278, 19.
et Joffroit Malchenal, er. (PS) 1278, 123.
25 s. ms. en Sanerie 1278, 223, 362a.
ms. en la Haute Sanerie 1278, 414.
pb. vg. en Chainalz (PM) 1279, 34.
et Androwat, f. Poinsignon Minne †, 13 s.
  sus la Follie 1279, 286.
Colins li Grans pb. por lui et P. — ...
¼ ms. a Porsaillis 1281, 429.
= sg. Poinson — 1278, 362a.
ms. an Chaipeleirue permei 4 lb. k'elle doit
  a sg. P. — 1288, 69.
½ ms. an Chaipeleirue permei ⁴/₉ lb. 1288,
ms. daier S. Ilaire (PM) doit [178⁵.
15 d. et 5 chap. a sg. P. — 1288, 361⁷.
pb. gr., colambier, resaige, vg., t. ar. a Wapey

---

[1]) *Bannr. I, LXXIX, 26. Schreinsbrief* (= *1298, 648*) Colle, fm. Colignon Cunemant.

                        de **Coloigne**

1 Hanriat — 1245	3 Poinsignons 1267/75, maires de PS 1267 [m. e. 1277]
2 Arnols — 1245/75	= Poences 1278/81 = sg. Poinson — 1278, 1288/93 ²)

4 Steuenin — 1245, † 1277				8 Remion — 1251, 1278/79	
Lucate	5 Jenat —	6 Thiebaut —	7 Ferrias —	9 Jaikemins —	Lowiat Blondel
fm. Jenat Bon	1275/78	1278/79	1277/78, 1298	1277/81, † 1298	srg. 1278
1277, 1298	10 Remion	11 Poinsiguon	Katerine	Collate	Jaikemate
	1288	1288	1288, 1298	1288, 1298	1288, 1298

²) *Ben. III, 222 (1277)* sg. Poince de Coloigne Treze. *Ben. III, 226 (1282)* de S. Martin Poince de Colloigne Treze. *Ferry, Observ. sécul. I, fol. 279 (1280)* de S. Martin Poinces de Collogne Treze.

et an toz les bans 1288, 570.
et Colins, f. Jennin Chacemal, pb. 45 s.
¹/₂ molin sus Moselle 1290, 138.
pb. ms. a l'airnemaille 1290, 163.
pb. 20 s. ms. a Porsaillis 1290, 488a.
pb ³/₄ ms. a Porsaillis 1290, 488 b/d.
mainbor de la deviso sg. Thierit Corpel
pb. 5 s. ms. a Porsaillis, apres [1293, 428.
20 s. k'il i ait davant 1293, 575.
pb. maix. et jard. anc. sa ms. a Wapey
davant sa grant ms. 1293, 688.
4. Steuenin —,
d. Guepe, fm. Hanri Moretel †, et St. —,
ms. a Porsaillis 1245, 43.
pb. por lui et por Remion, son fr., ¹/₈ ms.
en la Draperie 1251, 116.
ms. en Visegnuel 1251, 142.
8 lb. ke sont venus Jenat Bon de pair
St. —, son seur 1277, 106.
40 s. geixent sus ms. ke fut St. — sus lou
cors en Visignuel 1278, 511.
Lucate, s. Ferriat —, fm. Jennat Bon †,
vg. ou ban de Vignueles 1298, 677.
5. Jenat, f. Steuenin — †,
12 lb. 2 ms. en Visignuel 1277, 290.
= Jenat —, 4 lb. ms. en Visegnuel 1275, 200.
grant ms. (PS), v. 7. Ferrias 1277, 41.
12 lb. ms. en Visignuel 1277, 107.
vg. a Awigney ou ban de la Craste 1278, 290.
6. Thiebaut, — f. Steuenin — †,
grant ms. (PS), v. 7. Ferrias 1277, 41.
40 s. ms. ou Ferrias — maint (PS) 1278, 124.
ms. en Chadeleirue et 13 s. ms. en Chade-
leirue devant les molins S. Pol 1278, 396.
ms. a Porsaillis 1278, 528.
40 s. ms. et 23 s. 4 d. ms. (PS) 1279, 74.
7. Ferrias, f. Steuenin — †,
pb. grant ms. entre Remion et Lanbelin
lou pezour (PS), partit encontre l'oince
— en leu de Jenat et encontre Thiebaut,
f. Steuenin — 1277, 41.
pb. ms. as Roches 1277, 209.
= Ferrias —, pb. 40 s. ms. ou il maint
entre Lanbelin lou pezour et Remion —
(PS), Thiebaut fr. 1278, 124
pb. vg. ou ban de Vignueles 1298, 677.
8. Remion —, fr. Steuenin —, 1251, 116.
entre la ms. R. — (PS) 1277, 41; 1278, 124.

pb. vg. an Corchebuef et en l'euenaille 1279,
corcelle (PS) 1279, 63. [59.
9. Jaikemins, f. Remion —,
pb. t. ou ban de Wapey 1277, 416.
er. de pair Lowit de Maigney ki est escheus
a Jakemin et a Lowiat Blondel, son srg.,
(PS) 1278, 81.
pb. ms. a Wapey entre sa gr. et ... 1278, 636.
pb. vg. en Rouechamp ou ban de Wapey
20 s. vg. a Wapey 1281, 627. [1281, 560.
= Jakemins — de Sus lou Mur et Jennas
Bomerelz pb. ms. a S. Julien 1279, 198.
10. 11. Remion, Poinsignon, Ka-
terine, Collate, Jaikemate, anf. Jai-
kemin, fil Remion —,
gr., colunbier, resaige, vg., t. ar. a Wapey
et an toz les bans 1288, 570.
Kaitherine, Collate, Jaikemate, f. Jaikemin
— †, 2 ms. an Vesignuels 1298, 486.
Colon v. Colons.
Colonbeirs, Gerardin (v. IV.) 1278, 93.
Colons, Colon 1227, 1241, 1262/1277, 1279,
1285/1290, Collon 1281. 1293, Coulons.
Coulon 1251, 1269/1281, 1290, 1293.
a) Frauenname:
Thomessins et Ausillons et —, lor s. 1275,
b) Familienname: [328.
P.
1. Vguignons —
pb. ms. en S. Nicholnirue 1227, 20.
pb. ms. an la Vigne S. Auort 1227, 21.
pb. ms. aus Aruols 1241, 153.
= Vgue —, en la Mercerie ensou l'ost.
= sg. Hugon —, [... doit] [1251, 141.
13¹/₂ s. a 1262, 222.
maix. ou meis Felippe — (PS) 1267, 350.
¹/₂ ms. ki fut sg. H. — en Vezignuel 1269,
anc. la gr. sg. Vgon —† (PS) 1275, 230. [472.
ms. a Porsaillis et voie darier ke vait fuers
an Visegnues et gr. 1281, 530.
ms. a Porsaillis et voie daier 1288, 77.
davant l'ost. sg. Vgue — † (PS) 1290, 55.
d. Contasse, fm. sg. Vgon — †, 10 s. ms.
dev. gr. Lowit lou Mercier, 48 s. 2 gr.
vers lou Preit, 13¹/₂ s. gr. deleis lou
Preit 1277, 381.
¹/? ms. en Rimport, ¹/? maix. a la porte
a la Sals 1278, 244.

Colons 118 I. Personennamen

32 s. ms. an S. Thiebautrowe 1279, 87.
2. Colin —
et Boinuallin de PM, ms. (PS) 1241, 175.
= Nicolle —, 10 s. geisent sus ms. sus lou Mur 1281, 481.
Jaikiers de Nonviant, j. C. — 1267, 130.
oirs C. — †, 14 s. ms. (OM) 1269, 137.
anfans C. —, 30 s. ms. en Stosey et 14 s. ms. desoz les Cordelerz 1269, 381.
40 s. ost. en Saunerie, 20 s. ost. en la rue dou Preit, 5 s. ost. Huat l'olier 1269, 432.
Burtremins, f. Jakemin Boufat dou Champel, pb. 10 s. ms. en la rue de l'ospital des Alemans et 12½ s. 4 ms. a darien de Chaponrue, ke li viennent de par Poinsate, sa fm., f. Nic. — 1269, 444.
Howins li tondeires, fr. maistre Guerrit, pb. 6 mues de vin a Ancey, ke li sont venues cousuaut de part Colate, sa fm., f. Colin — 1281, 120.
= Colate, s. Jehan — chanone 1277, 326.
Jehans li Moinnes, f. sg. Poinson de Strabourc, pb. 53 s. ke d. Aleit, sai seure, avoit sus ms. an Viseguues et sus ms. Colin —, son p., sus lou Mur 1281, 537.
3. Joffroit, f. sg. Nic. — †,
10 s. ms. desor pairt l'ospital des Alemans (v. 4. Jehan). 1281, 437.

4. Jehan —, chanone de Mes,
et Joiffroit, son fr., et Colate, sa s., t. sus les preis de Blorut 1277, 326.
5. Philipe —,
en Pucemaigne devant lo meiz 1251, 117.
ou meis Ph. — (PS) 1267, 350; 1290, 454;
d. Ameie, fm. Ph. — †, er. ke [1293, 469.
li sg. de S. Nicolais dou Preit de Mes tenivent de, et 60 s. 1279, 517.
6. Jaikemin — †, 1288, 155.
li filz J. — doit 2 d. sus gr. en la ruelle Martin lo Gous 1269, 38¹¹.
7. Arnols, f. J. —,
et Jakemins de S. Martin davant Mes doient 4 s. 6 d. et 6 quartes de bleif, 3 de soile et 3 d'avoinne, sus t. ar. ou ban de Montigney et de Longeuille et sus ms. et jard. a Longeuille 1275, 471 ⁴.
A. —, j. Guersat Bellegree, ms. ou Champ a Saille ke tut G. Bellegree 1281, 223.
pr. an l'ille desouz Pumerues 1285, 209.
pb. ms. atour de Chaiureirue 1288, 155.
pb. ms. en Chaiureirue anc. lui, k'il ait pris a ceus 1290, 191.
8. Poioise —,
vg. otre Mosele en Freires 1269, 567.
12 d. et 4 chap. gr. en Aiest 1278, 237.
9. 10. sg. Poujoise, lou preste de Siey,

Colons
?

1 Vguignons 1227/41 = Vgue — 1251 = sg. Vgon — 1262, † 1275 d. Contasse [1250 PS; m. e. 1260] 1277/79		2 Colin — = sg. Nicolle — 1241/81 † 1281		[fr. Vgue — 1250 PS]	
Poinsate fm. Burtremin fil Jaikemin Boufat dou Champel 1269	Colate 1277 fm. Howin lou tondour 1281	Aleit 1281 seure Jehan lou Moinne f. sg. Poinson de Strabourc	? Jaikiers de Nonviant j. C. — 1267	3 Joffroit 1277 1281	4 Jehan —¹) chanone de Mes 1277
5 Philippe — d. Ameie 1251, † 1279 1279 6 Jakemin — † 1288 7 Arnols — 1275/90 j. Guersat Bellegree 1281		8 Poujoise — 1269, 1278 9 sg. Poujoise preste de Siey 1290 12 Poinsignon — 1275	10 Jaikemin 1290 13 Adelin — Berte 1293	11 Vguignons = Vg. Poujoize 1298	

¹) *Bannrollen I, LXII, 10. Schreinsbrief.* Escript de l'airche S. Ferruce. Tesmoings Jehan Collon.

et Jaikemin, son fr., les 2 f. P. — †,
ms. en la rue lou Uoweit   1290, 259.
11. Vguignons, f. Poujoize —,
pb. $1/_2$ ms. a Chazelles   1290, 532.
= Vguignon Poujoize, en Mourelchamp
deleis (PS)   1298, 527⁴⁵.
12. Poinsignon —,
vg. en Pawillonchamp   1275, 202.
13. Adelin —. Berte fm.,
rante des 8 quartes de wayn ke B. ait sa
vie a Brunville   1293, 120.
Colue, Colins, cordeweneirs   1293, 388.
Arnout —, Ancillons charpantiers j. 1269,
Compere, Demangins   1267, 335. [41.
Conchion, Aburtin   1279, 42.
dou Quertal   1277, 197; 1288, 389.
Condut.
Poinsat — d'Ars, Colignon lou clerc f. 1275,
Conrars, Conras v. Coinrairs.   [450.
Constantinz v. Costantins.
Constat v. Coustans.
Contasse 1245, 1275/1288, 1293, 1298, Contasce 1267, 1277/1281, Contaise 1285, Contesse 1241, 1269, 1288, Contesce 1262, la Contasse 1279, 494.
1. . . . . —   1262, 290.
d. —   1241, 62.
d. — la fe[me . . . .   1245, 161.
d. — s. Willemin f. sg. Gilibert 1241, 128.
2. — f. Doignon d'Aiest, — f. Euriat fr.
Richairt de Baieuville, — f. Venion de Montigney, — f. Aileit de Morei.
3. — f. Arnolt drapier de Davant S. Sauour,
— li espiciere (ke maint davant S. Sauour),
— f. Hanrion l'espicier (fm. Jaikemin).
4 — fm. Oliuier des Arnols, — f. Willermin Bazin, d. — fm. Steuenin Beart, — f. Chalongel = — s. maistre Poince Chalongel = — la Chalongelle, d. — fm. Lukin Chameure, d. — fm. sg. Vgon Coulon, — f. sg. Jehan de la Court, d. — f. Jennin Cuneman †, — f. Jaikemin lou Gornaix † = — s. Nicole lou Gronaix, — fm. Poinsignon lou Gronaix, — srg. Maheu Hesson, — Mallebouche, — f. Bauduyn Muneir †.
5. Sebeliate —, f. Burtignon Wiel (v. li Contes *P.* 2)   1288, 119, 522.

d. Sebelie la — de Chanbres   1279, 494.
Thiebaut —   1293, 261.
Ailixate f.   1288, 289.
li **Contes,** lou Conte 1262/1277, 1279, 1281, 1288/1293. v. Contasse 5.   [1267, 497.
ms. — de Castes en la rue lou Voueit[1])
vignes — sus Muzelle[1]) 1275, 321; 1279, 375, 376; 1290, 321, 402, 567; 1293, 871.
P.
1 Jaikemins — [1250 PM]
seur Jaikemin Gratepaille 1262

?

2 Colin — 1262   Colate 1262
= Nicole — de Chanbres⸺ d. Sebelie
  1267, † 1279   f. Burtignon Wiel
                        1279, 1288

3 Burtignons 4 Matheus 5 Jenat Marguerite
   1269   1267, † 1288   1267   1277
          Ailexate   ?⸺Jennat
           1288   1288

6 Jennin — de Saney 1290
7 Androwat 1290 Sibiliate 1290
         Abilluele tante 1290

8 Colin — de Valliere 1293

9 Thierias 1293   10 Jaikemins 1293

1. Jaikemin —, seur Jaik. Gratepaille,
molin en Longeteire   1262, 163.
at donneit a Jaikemin Gratepaille 10 s.
molin ai Ancey   1262, 389.
. . . . —   1262, 279.
2. Colin —,
Colate s., tient molin ai Ancey 1262, 389.
= Nicolle — †, d. Sebelie fm., vg. outre Saille   1277, 321.
ms. en Chambres 1279, 182, 185. [1279, 494.
= d. Sebelie la Contasse, vg. outre Saille
= Sibiliate Contasse, f. Burtignon Wiel, ms. as Roches doit 12 s.   1288, 119.
Burtignons Wiels et Seb. C., sa f., pb. 25 s. ms. outre Muselle   1288, 522.

---

[1]) lo Conte *ist hier wohl ebensowenig Eigenname wie* l'Eveke *bei* vigne l'Eveke 1288, 533.

3. Burtignons, f. Nicole —,
pb. por S. Laddre 1269, 185, 198, 214, 281,
4. Matheus, f. Nicole —, [301.
pb. er. en tous les bans de Vantous, a
Vallieres et ou ban de S. Julien 1269, 29.
ms. an Chambres 1281, 389.
= Matheu —, ms. outre Saille[1]) 1267, 110.
Jennat, j. Matheu — 1275, 265.
Ailexate, f. M. — †, pb. ms. outre Saille
5. Jenat [1288, 374.
Matheus, f. Nic. — de Chambres, pb. por
Jenat, son fr., ms. enc. l'ost. Wauterin
Gaillart (PM) 1267, 175.
Marguerite, f. Colin — †,
ms. devant la Craste 1277, 328.
6. 7. Androwat, f. Jennin — de Saney,
21 d. (OM) ke Abilluele, sa t., doit a lui
et a Sibiliate, sa s. 1290, 585.
8. 9. 10. Thierias, f. Colin de Val-
liere †, et Jaikemins, ces fr.,
pb. vg. a Vallieres et t. 1293, 401.
Contesce, Contesse v. Contasse.
Conversat, Jenat 1277, 16.
Convers.
Jennins Pierairs f. Piereson — 1298, 148.
Steuenin — f. Clowat 1267, 226.
Copechance P. [1363/1404 OS].
Colin —, en Chieuremont enc. l'ost. 1269, 353.
Copechiens, Copechien.
Pieresons — 1269, 315; 1278, 428.
Copechol, Steuenins 1251, 177.
Copelpiet, Thierias 1293, 14a.
Copel, Garsire 1227, 62.
li **Coperels** v. li Couperels.
Copon, ost. an lai Nueue rue 1293, 282.
Coppons, Hermans 1290, 66.
Coquenel v. Cokenels.
Corbels, Corbel 1251/1298, Corbelz 1278,
1279, 1288, 1293, 1298, Corbes 1269, Cor-
beis, Corbeit 1262, Courbes, Courbel 1281,
(v. V. Corbelvigne).
P. [Nicole Corbeil m. e. 1202.]

---

[1]) *De Wailly 221 (1281), Bannr. I, LXV*
les menendie ke geisent a pont ai Saille
devant l'osteit Jenat Chavreson ke Maitheu
li Conte tient.

1 Colin — 1251 ?
```
2 Jehans —d. Poince   3 Poensignon —
   1262             1293         1262/1281
= sr. Jehans —           maires de PM 1267
    1279/93                  4 Jehans 1279
m. e. 1279, † 1293     =? Jeh.— li clers 1293
(Colignons j. 1298)    =? sr. Jeh.— li prestres
= Hanelos —d. Bietrit         1298
    1275/78        1279
[m. e. 1279][1])
5 Jofroit — Odeliate 1275/78
             Lorate 1281
6 Jennat — d'Awigney      7 Perrins —
              1293             1298
```

1. Colin —,
ou Champel dev. l'ost. 1251, 204.
2. Jehans —
pb. ¼ ms. (PS) 1262, 331.
= sr. Jehans — maistres esch. 1279, 1*, 504.
dezour Vallieres enc. vg. 1279, 361.
pb. er. ou ban de Chaucey 1279, 504.
an la Grant rouwe d'Outre Salle dev. l'ost.
Jehan — 1281, 8.
pb. 9 s. ms. a pont a Porsallis 1281, 285.
ms. en la ruelle ensom Viez Bucherie 1281,
desoz Nowesseuille arreis vg. 1281, 401. [289.
pb. er. ou ban de Chacey et de Corcelles
et de Landonvillers 1288, 220.
pb. ms. outre Salle anc. lui meymes 1288,
vg. ou ban de Nowesseville 1290, 3. [470.
can ke sr. J. — avoit en waige dou sg.
Ral de Wermeranges a Geuancey et a
Lymeu et a Barneis 1293, 571.
d. Poince, fm. sg. J. — †, chak. et me-
nandie a Nowesseuille 1293, 363a.
Colignons, j. sg. J. — † 1298, 267.
= Hanelos —
et Thiebaus Strabor pb. ⅕ ms. en Ren-
port 1275, 29.

---

[1]) *De Wailly 205 (1279) Bannr. I, LXI*
Ce furent pris li bans a tans ke Hanelo
Corbels fut maistres eschevins. Hanelos Cor-
bels *ist also derselbe wie* Jehans Corbels;
d. Bietrit *war seine erste,* d. Poince *seine
zweite Frau.*

pb. pr. ou ban de Noweroit 1275, 93.
pb. 1278, 42. [153.
pb. er. (PS) et t. en la fin d'Awigney 1278,
pb. er. en toz les bans de Wappei 1278, 211.
mainbor d. Bietrit, sa fm., 1/3 ms. (PS) et

3. Poinsignon —, fr. sg. Jehan —,
enson l'ost. (PS) 1262, 331. [1279, 504.
maires de Porte Mosselle 1267, 151*.
pb. vg. sus le rut de Maisellez 1269, 75, 95.
outre Saille anc. l'ost. 1281, 540.

4. Jehans, f. Poinsignon —,
er. ou ban de Chaucey 1279, 504.
=? Jehans li clers pb. vg. en Genestroit
ou ban de Plapeuille anc. sa vg. 1293, 328.
=? sr. Jehans — li prestres pb. ms. en lai
rowelle a Poncel 1298, 252.
1/2 tavle a Nues Chainges 1279, 107.

5. Jofroit —, Odeliate fm.,
vg. a Rouserueles, vg. en Akes 1275, 436.
er. en toz les bans de Wappei 1278, 211.
Lorate f., er. ou ban de Wapey, de Turey
et de Staples, vg. en Ferrecort desoz
Sicy, vg. ou ban de Chastels, 1/4 er. et
21/4 s. (OM) 1281, 327.
1/4 ms. outre Salle 1281, 540.

6. Jennat — d'Awigney,
vg. en lai Nowe a Awigney 1293, 94.

7. Perrins —
pb. 8 bichas de soile, 8 bichas d'avoinne,
8 gelines, 3 d. (PS) 1298, 92.
pb. pr. ou ban S. Remei deleis lou pont ai
Chacey 1298, 432a.
pb. 12 d. vg. en Hate Riue 1298, 432b.
de la **Corcelle**, Bietrit, Colignon et Richar-
din f. 1275, 257.
Corcelles 1288, 1290, 1298, Courcelles 1298.
v. IV.
—, ost. an Sanerie 1288, 214.
Jennat c'on dist de —, ost. an Sanerie 1290,
Jennas de —, ms. en Sanerie 1293, 246. [219.
Jennas — 1298, 26, 438.
ke maint en Sanerie 1290, 227; 1298, 476.
Corchat, Lowiat †,
Lowiat d'Erkancey f. 1298, 16.
Corcille, Baudowin 1278, 549.
Corjus 1262, Corjeu 1288, Crojus 1277,
Croujuz 1269.
Colins — 1262, 136; 1269, 360; 1277, 214.

Jaikemin — 1288, 151.
Cornaille, Gererdat 1290, 203; 1298, 66.
Wirias 1245, 41.
Cornal 1290, 1298, Cornas 1288, Cornat 1285.
Jehan - ¹) 1298, 70.
Jehan et Colignon c'on dist les 2 f. Kate-
rine. s. Jennat Friandel 1298, 168.
Jennas — 1288, 464; 1290, 414a.
Mathion — (v. Cornate) 1285, 326.
Cornate, Mathion (v. Cornat) 1275, 142.
Corneaillies, Jennat 1269, 423.
Cornenierans, Cornenierant.
Jennins — d'Ars (OM) 1285, 248.
Hodiart la seure — 1285, 485.
Cornenelz, Cornevelz.
Colairs — de Colambeirs, Abertius f., Wi-
borate f. 1290, 435a, 436.
Cornille, Thomessins, de lai Chenal 1290, 373.
Cornixelz, Jenas²) 1277, 43, 305.
la **Cornuate**.
Heiluate srg. Colin Borsate 1279, 535.
lou **Cornut**.
Domangin — de Lorey (PS) 1290, 368b.
Domangin f. Watrin — de S. Clemant
Corpel.³) [1293, 461.
P.
sg. Thieri —.⁴)
Th. et Robin dou Pont, ms. a S. Cli-
ment 1269, 99.
Colignons Baudoche pb. por sg. Th. —,
son oncle, er. ou ban d'Awigney 1269, 267.
ost. a la Hardie Piere desouz part l'ost.
Th. —¹) 1275, 232.
en la Vigne S. Marcel ansom l'ost. Th. —
Th. — et maistre Simon Jones, [1277, 429.

¹) *De Wailly 351, 352 (1257)* ms. Jehan
Corval, f. Goudefrin Winat †, ke siet ou
Gran Waide.

²) *De Wailly ebenda* ms. Jennat Corvexel
ke siet ou Petit Waide.

³) *De Wailly 2 (1214) K* escheving ...
Nicoles Corpels.

⁴) *Prost XXX, 1242* Thierris Corpelz
chanoines de S. Sauour, ms. an som la
halle devant la cort l'esvesque (= a la Hardie
Piere 1293, 428).

Corrion–de la **Cort**

ms. en Nikesinrue 1279, 291.
grant ms. ke fut sg. Th. — a lai Herdie Piere 1293, 428.
Jaikemins li clers dou Pont a Mousons ke fut clers sg. Th. — 1288, 248.
Goudefrin ke fut valat sg. Th. — 1290, 283.
Corrion, Jenat 1275, 214.
Corsiers, Jennas, permantiers 1275, 499.
Corssenzairme 1241, 1275, 1278, Corssensairrme 1277, Corssanzairme 1285, Corssenzarme 1285, Corssansarme 1288, Corssainsarme 1298.
Soiffiate fm. — 1277, 232b.
Simonin — 1285, 379.
  srg. Martin 1278, 437.
  srg. Mertin Meche 1298, 450.
  Steuignon fr. S. — 1288, 48.
Steuenin —, Dunexate fm. 1285, 419.
Waterin — 1241, 61; 1275, 301.
de la(i) **Cort** 1251, 1262/1298, de la(i) Court 1251, 1275, 1279/1298.

P.

[Hue de la Court m. e. 1208][1])
1 Jennins — 1251
        2 Auber — [1250 J]

3 Jaikemins	4 Thiebaus —	Mergueron
1267	1267, 1277	1290
	[Issanbert —]?[2])	

5 Jehans —[3])	7 Willames —	Wiborate[2])
1267/81	chan. de S. Piere	1285
j. Bernart 1279	a Vout 1275/98	
[m. e. 1259]		
† 1288		

6 Perrins —	Contasse	Poinsate
1275/1298	Katherine	fm. Fransois
	Merguerite	Brullevaiche
	1285/1298	1290

8 Colignons — n. sg. Willame 1269/98 [m. e. 1304]

---

[1]) *Ben. III, 151 (1190)* Hugo de Curia.
[2]) *Bannrollen 1, LXV, 16. Schreinsbrief (= Rolleneintrag 1285, 84)* Wiberaite la Vaudoize, la fille Issanbert de la Court.
[3]) *De Wailly 1287 (1264)* Jehans de la Court citainz de Mez. *Ben. III, 222 (1277)* sg. Jehan de la Court, Treze.

9 Wichars — 1269, † 1298 11 Thiebas —
10 Jehan 1298 j. Maheu Hesson 1290

1. Jennins —
pb. ms. en Franconrue 1251, 153.
pb. ½ ms. en Franconrue 1251, 248.
2. 3. 4. Auber —, Jaikemins et Thiebaus f., 1262, 38.
pb. 4 s. (PS)
4. Thiebaus —
pb. ms. (PS) 1267, 79.
ms. outre Saille 1267, 85.
pb. ms. en la Vigne S. Auol 1267, 188.
ms. en Renport 1267, 291.
pb. 50 s. 3 ms. en Staixons 1267, 317.
pb. 16 s. 3 d. moins sus les ms. les Repanties 1267, 383.
pb. ¼ vouerie de Coincey 1267, 416.
pb. por S. Piere as Vons 1267, 487.
er. ke fut wagiere de Th. — (OM) 1277, 136.
Mergueron, fm. Th. — . ½ ms. (PM)1290, 17c.
5. Jehans —, sr. 1269, 516, † 1288, 78.
pb. 62 jorn. de t. ar. entre Wappei et Ste Crux et lo pont Thieffroit, preis c'on dist en Frankeillonchamp 1267, 144.
ms. a la pousterne en Chambres 1267, 228.
ait 5 s. ms. devant la cort de S. Crois[1]) 1267, pb. 7 s. ms. en Ymbercort 1267, 318. [296.
pb. ms. Pierat lo masson † (PM) 1267, 319.
pb. 4 s. ms. en Sanerie 1267, 447.
J. — et Jaike Rousel les porveours les freres Menours 1267, 511; 1278, 50.
pb. vg. en Herbalmont, gr., 4 s. 7 d. et 29 chap. a Viguelez 1269, 516.
pb. 5 s. 4 chap. t. en Besson (OM) 1269, 517.
pb. er. a Manpas et en la mairie de PS 1275, 59.
3 s. ms. en la Vigne S. Marcel, et er. a Lessey et ou ban, gr. a Chanterainne, pr., chans, bos, er. a Batilley, tot l'er. dela Moselle 1275, 115.
Felipes Tiguienne et J. — pb. por les Prochors 1275, 262.
sr. J. — et Burterans Mague et Jehans li Gronais et Joffrois Euriel pb. ½ ms. et gr. en Jeurue 1275, 350.
ms. en Chaipeleirue redoit 6 d. 1277, 71.

---

[1]) *De Wailly 149 (1272)* ms. daier S. Creus doit 20 s. a sg. Jehan de la Cort.

70 s. ms. ou Champ a Saille eschengiet
contre ceu ke Theirias, f. Jehan Lowit,
avoit a Champels 1278, 112. [1278, 322.
pb. er. a Chanpel et ou ban et er. delai Airey
t. en la voie Ste Creus enc. J. — 1278, 609.
pb. ms. (OM) ke fut Bernart, son seur 1279,
ms., maix., 2 chak. (OM) 1279, 328. [294.
pb. ms. en Chanbres 1279, 403.
ait 20 s. ms. dairier Ste Creux 1281, 92.
ou ban de Lorey anc. gr. 1281, 102.
ms. en Chambres 1281, 173.
vg. outre Salle 1281, 207.
jard. et la ms. dou jardin daier Longeville
et 23 d. ost. a Longeuille 1281, 288.
sr. Jehans — et Willames, ces fr.:
pb. four et ressiege ou Champel 1277, 37.
ont 10 s. ms. ou Touboif 1278, 361.
20 s. ms. (OM) 1278, 575.
ont 21 d. ms. en Stoixey 1279, 359.
pb. ms. meis an Glaitigneiruwe 1285, 171.
6. Perrius —, f. sg. Jehan-,
pb. er. (PS) 1275, 60.
pb. vg. ou ban de S. Julien 1285, 170.
pb. t. ar. an la fin de Maigney 1285, 417.
pb. vg. a Montigney 1288, 78.
sr. Abers li Xauins, Maheus Hessons et P.
— pb. er. sg. Watier lou Louf (OM) 1290,
anc. t. (Longeville? OM) 1293, 668. [569.
ms. an Bucherie c'on dist au Froimont pris
a cens de J. — 1298, 210.
filles sg. Jehan —:
ms. ou Champ a Saille doit 9 lb. 1290, 448b.
Contasse, f. sg. J. — †, pb. jard. a Vig-
nueles daier son osteil 1293, 347.
ms. en Jeruue doit 5 s. 1298, 451.
Contasse et Katherine, f. sg. J. —, pb.
les deinmes de Vantous et de Maiey
por lour dous vies 1285, 352.
Kaitelinne (Kaitherine) et Merguerite, f.
sg. J. — †, et sg. Willame —, ms. daier
S. Ilaire (PM) doient 40 s. 1288, 361 10.
ms. en Chambres doit 17 s. 1293, 3.
Poinsate, f. sg. J. —, fm. Fransois Burle-
vaiche †, ½ ms. (PM) 1290, 17b.
7. Willame —, chanone de S. Piere
a Vout¹) 1275, 432.

ms. a la Hardie Piere 1275, 232.
pb. por S. Piere a Volz 1275, 425; 1278, 210.
pb. 7 s. ms. en Anglemur 1275, 432.
pb. 18 s. ms. en Anglemur 1275, 433.
pb. er. (OM) ke fut wagiere de Thiebat —
pb. por lui et Nostre Dame as [1277, 136.
Chans ms. en la Mercerie 1277, 282.
pb. ms. atour en Staixons 1278, 28.
pb. por la confrarie des clars 1278, 385.
pb. 12 d. et 4 chap. gr. en Aiest 1278, 237.
18 s. ms. Chardat d'Abes (OM) 1278, 576a.
ms. enc. Chardat d'Abes (OM) 1278, 576b.
3 pars de la moitiet de decant ke Hanrius
de l'Aitre ait ou signerage et en la vo-
werie de Lorey (OM) 1278, 643.
ait 14 s. 2 ms. en Anglemur 1279, 19.
ms. daier Ste Creux doit 24 s. 1279, 478.
ms. (PS) doit 40 s. 2 d. a sg. W. — 1281, 88.
a la Herdie Piere er. sg. W. — 1281, 159.
ms. en Visegnuel 1281, 203.
52 s. 7 d. er (PS) paiet a sg. W. — 1281,
 1877 — 275 6.
la tour et la maisonnaite devant (PS) 1285,
vg. an Aleualchamp 1288, 260. [446a.
er. ou ban de Lorey (OM) 1288, 261.
vg. a Lescey, vg. daier Vignueles 1288, 262.
ms. et meis daier S. Ilaire (PM) parmey
40 s. (v. Kaitelinne) 1288, 361 10, 12.
pb. por lai frairie des prestres et des clers
dou cuer dou Grant Mostier 1288, 387;
 1290, 135.
10 s. pet. ms. et lai tour (PS) 1288, 488c.
pb. por lui et por les signors de Lorey (OM)
20 s. an chateils les signors de Lorey
½ ms. (PM) 1290, 17a. [1288, 561.
ms. ou Champel doit 20 s. 1290, 29.
ms. as Roches doit 23 s. 3 mailles 1290, 136.
pb. 100 s. er. a Champelz sus Moselle et ou
ban, 2 pairs dou chennel de lai ville de
Mes, can ke an vg. lou Conte sus Moselle
et en l'awe de lai Mairs 1290, 321, 402, 567.
pb. 7/? s. ms. en Chambres 1293, 3.
pb. ms. sus lou Mur 1293, 33.
ms. a Porsaillis doit 45 s. 1293, 106.
a Lorey (OM) dav. chak. W. — 1293, 321.
¼ molin sus Muzelle doit 22 quairtes de
bleif 1293, 420.
22½ s. ms. a l'antreir dou Champel 1298, 54a.

---
¹) *Ben. III, 228 (1284).*

de la **Cort–Cortepanne**   124   I. Personennamen

9 s. des 60 s. ke sr. W. — avoit sus 3 ms. en Furneirue   1298, 54b.
ait 10 s. vg. et t. ou ban de Siey 1298, 156.
d. Wiborate, s. Willame —,
pb. 30 s. ms. en la rue de la Craste   1285, 83.
pb. 20 s. gr. et maix. deleis la porte des Repanties   1285, 84.
8. Colignons —[1])
pb. por lui et por ces freres vg. sus Muselle   1269, 158.
er. ou ban de Wapey   1277, 125.
pb. pr. ou ban de Wapey   1277, 397.
tavle en Nues Chainges   1278, 114.
er. en bans de Longeuille et de S. Martin et de Wapey   1278, 184.
pb. la moitiet de Repigney   1285, 28.
pb. kan ke ou ban de Saney   1285, 132.
ms. an Sanerie   1288, 124.
[1]/? ms. (PM) sg. Willame, son o.1290, 17a.
maix. en la rowelle an Chambieres 1290, 100.
pb. boix au Erpalhaie antre boix de Jamont et de S. Pieremont   1290, 128.
vg. et ms. a Vallieres   1290, 141.
pb. por Steuenat Miche   1290, 317.
pb. can ke a Geuancey et a Lymeu et a Bameis   1293, 571.
pb. 23 s. 3 mailles ost. (PM)   1298, 388.
pb. 23 s. (PS)   1298, 518.
pb. t. davant les Bordes, t. daier la Grainge as Dames   1298, 640.
9. Wichars —
pb. 10 s. a Longeuille   1269, 508.
pb. por les chaingeors 1278, 264; 1279, 439.
tavle an Vies Chainges   1281, 39.
ms. devant Ste Creux   1281, 192.
ms. an Chieuremont aquiteit a Nostre Dame a Chans   1281, 346.
pb. vg. a Wapey   1281, 603.

---

[1]) *Bannr. I, LXXI, 23. Schreinsbrief* (= *1293, 574)* arreiz 1 jornal de t. ke Colignon de la Cort ait aquasteit … Et tout ceu est fais per lou crant et per la volunteit de Colignon de la Cort, de cui tous cist eritaiges (la grant maison a Crepey, er. a Crepey, Pertes, Chenney, Maigney et en bans) muet an fiez et an plain hommaige.

pb. er. Abert Marie de Lorey (OM) 1285, 521.
an Furneirue dav. l'ost. W. — 1288, 462.
10. Jehan, f. Wichairt — †,
22½ s. ms. a l'antreir dou Champel 1298,
11. Thiebas —, j. Maheu Hesson, [54a.
pb. t. ou ban de Turey   1290, 562.

Zweifelhaft ist, ob einer und wer von den folgenden Personen zu der Patrizierfamilie de la Cort gehört.

Colin —, t. en la Fortterre (PS) 1285, 62[32].
Gerairt —, Lowias f., pb. ms. en Rimport Roillons — pb. er. (PS) 1279, 105. [1275, 295.
Collairt — de Fayt, Abertins f., er. (PS) Werneson — de Lorey et Jake- [1298, 495.
mate Damerel, sa s., ms. et meis a Wapei en Airsey   1293, 684.
Symonin f. Willame — de Lorey (OM),
   vg. ou ban de Lorey   1293, 642.
   er. ou ban de Lorey   1298, 645.
= Symonat Willame, vg. et jardins ou ban de Lorey   1288, 259.
= Symonin Willame, ost. a Lorey 1293, 643.
Abert de Vallieres c'ou dist —, Jaikemin et Jenat et Luckin anf., er. a Manit 1277, 363.
d. Bietrit — de Vallieres, Jennat f.,
   vg. en Cugnes dev. les Bordes 1279, 347.
Vguin — de Vallieres, Steuenat f., t. dezour lou Chauol de Vantous   1277, 171.
Steuenat — de Vallieres, ms. et gr. a lai court a Vallieres   1290, 13.
Steuenin — de Vals, Colin f., gr. en Vals a monter de l'aittre   1269, 565.
Poinsignon, f. St. — de Vals,
   vg. en Tancires desoz Vals   1281, 287.
   ms. en Vals   1293, 170[12].
Abertins et Poinsignons, f. St. — de Valz, er a Geramont   1281, 314.
Pierexel, f. St. —, ms. a. S. Julien 1293, 421.
Formey — lou draipier, ms. et meis an Riuport   1288, 315.
la **Corte**, Hawiate, de Chastels 1281, 591.
Cortebraie.
ou ban de Maigney antre vg. — 1293, 456a.
Gererdat Jouancel de Maigney et Colin — et Aurowin, ces 2 fr.   1293, 534.
Cortepanne, Hellowate f.   1245, 58.
Poincet —   1245, 67.

lou **Cortois**, Jennin 1281, 342.
Cosin, ms. (PS) 1278, 62.
Costan, Costantinoble v. Coust....
Costantins, Costantin 1262/69. 1288, Constantinz 1269, Coustautins 1262, Custantins, Custautin 1269, 1285, 1290.
   3. — lou permantier 1288, 130.
   4. — f. la Maguesse 1262, 327.
   5. Colignons — 1285, 254.
Gerardat —, Poinsignons — de Chambeires f., Jennat et Colignon f. 1285, 561 b.
Gerardins — 1262, 139; 1267, 514[5]; 1269,
Jakemins — 1269. 316, 409, 523. [537.
Poinsignons — 1290, 100.
   de Chambeires 1285, 561.
Cotelle, Colin, bollengier 1298, 603.
Cotelone v. Caithelone.
Coterels v. Cotterels.
Cottelatte, Colin, de Chastelz 1288, 519.
Cotterels, Cotterel 1251, 1293, Coterels 1278.
Jennins —, Aubrion srg. 1251, 51.
Poinsignons — 1278, 456; 1293, 71, 95.
   „ —, vieseir 1293, 231.
Coua... v. Cova...
de **Coulogne, de Couloigne** v. de Coloigne.
Coulons v. Colons.
Coupat.
Abert —, Abertin n. 1293, 10a.
Martin — 1269, 320.
Coupeit, Colins 1278, 240; 1281, 364.
Couperelz, Couperel.
Colignon — 1293, 668.
Jaikemas — de Siey 1285, 138.
   „ — et Jaikemin — son f. 1279, 339.
= li **Couperels** 1279, lou Couperel 1269, 1278, li Coperels 1293.
lou fil — 1269, 555[23].
Colignons — de Longeville 1293, 158.
Jakemat — 1278, 344.
Jaikemas — de Siey 1277, 136; 1279, 562.
Coural, Goudefrin 1251, 200.
Courbel, Courbes v. Corbels.
Courcelles v. Corcelles.
de la **Court** v. de la Cort.
lou **Cousson**, Jakob, d'Orsevalz 1293, 567.
Besselins f. Jaikemin — d'Orseualz et Jennaces fr. 1290, 433.
Coustance fm. Symon lo clerc 1262, 267.

Coustans, Coustant 1262, 1275, 1277, 1278, 1285, Coustan 1279, 1285, 1293, Costan 1267, 1278, 1279, Coustat 1278.
   1. t. anc. — (PS) 1293, 256.
   —, ms. en Stoixey 1279, 22.
   —, ms. ou Waide 1278, 56, 513.
   2. — d'Awigney charreton 1278, 164.
   — de Wallestor, Odelie s. 1275, 160.
   3. Perrins clers f. — 1277, 16.
   - jouteleir 1285, 162.
   — poxor (v. Coustenat) 1279, 134.
   5. Crestiens — cordeweniers 1275, 13.
Jehans — de S. Arnout 1285, 360.
Thierion —, Guereuans j. 1262, 116; 1267.
Coustantinoble, Costautinoble. [279.
Marguerons fm. Warin — et Sebiliate sa f. 1293, 151.
Weiriat — 1293, 40.
Constantins v. Costantins.
Coustenat, poxor (v. Coustans) 1278, 181.
Couvai, Couvairt v. Couairt.
Couuat v. Cowat.
la **Couvate**, Marguerite 1275, 91.
Couvedemonton v. Cowedemouton.
Couvee v. Covaie.
Covaie 1288, 1298, Couaie 1293, Couvee 1281.
   —, ost. en Maizelles 1293, 105.
   —, Heilowit fm. 1298, 363.
Colin — de Nowesseville 1288, 317.
Jennin —, Merguerate fm. 1281, 4.
Couairt 1293, Couvairt 1285, Couvai 1290, Couart 1269. (v. Cowat). [519.
Pieresat — de S. Clemant 1285, 389; 1293,
Piereson — de S. Clemant 1290, 374; 1293,
Raibaut — 1269, 524. [517.
Couaple, Ancillon 1298, 80.
Couart v. Couairt.
Kouedepelle, Piereson 1269, 100.
Coueit v. Coweit.
Cowat 1281, Couuat 1269 (v. Couairt).
Colin —, Arnolt fr. 1281, 94.
Huguignon — 1269, 415.
Cowe, Jennin, Lorate f. 1290, 197, 470.
Jenin — †, Othenelz j. 1279, 88.
Cowedemouton 1251, 1269, Cowedemoton 1241, Couvedemonton 1267.
   —, ms. (PS) 1251, 232.
   —, d. Poince f. 1269, 366.

Hvin —; Huon — 1241, 93; 1267, 110.
Coweit 1285, 1293, Coueit 1293.
Jennins f. — de Siey 1285, 479; 1293, 601.
Jenneson —, Burtran f. 1293, 208.
Cowerels 1278, 1279, Cowerelz 1278, 1281, Cowerel 1275/1298.
Arnout — 1285, 150.
Jennas — 1275, 3; 1277, 225; 1278, 6, 18, 382; 1281, 186; 1288, 14, 350; 1290, 305.
Maheu — 1277, 333; 1279, 69, 565; 1281, 119; 1288, 137; 1293, 248, 566.
    Aileis f. 1298, 459.
Cowions, Cowion.
Jennat — de Ste Rafine, Willemas f. 1293.
Jennins — de Ste Rafine 1298, 588. [595.
Cozemoze, ms. (PS) 1298, 2387.
Cra (v. Cralz, v. V. Cravigne).
ms. ke fut — en Aiost 1251, 6.
lou **Crabus.**
Abertins li bollengiers f. — 1290, 527.
Crafillons, Crafillon 1275, 1281, 1288, Craffillon 1275, 1298, Crauillons 1275.
Burtemin — 1275, 36, 393.
    de la Vigne S. Auou 1275, 176.
Jennat — 1281, 68; 1298, 95b.
Thomessas — f. Heilewate de Maicline 1288,
Crailechet, Jenas 1281, 125. [32.
Craimadel 1290, Cramadel 1298.
vg. — 1290, 1.
Gerardat — 1298, 235.
Craimalz 1290, Cramals 1290, Cramal 1278.
— de Tignomont, 3 enf. *(hörig)* 1278, 6468.
Burtemins — aveles Richairt lou maior de Werrixe † 1290, 159, 234, 280.
Crairin †, Arambor f. 1293, 98, 277.
Cralz, Oral (v. Cra).
Jennat — de S. Clemant 1285, 403.
Cramadel, Cramal v. Craim...
Crauillons v. Crafillons.
Creature.
Jehan — de Sanerie 1293, 401.
Jenas — 1269, 89, 100; 1278, 98; 1298, 95b.
Jenas — pb. por lui et Jehan et Thomais
Jennin — 1285, 300. [1277, 297.
Thiebaut —, Heilewit fm. 1293, 228.
    de Sanerie 1298, 454.
    Poinsate f. 1298, 455.
Waterin —, Thiebaus j. 1285, 18.

Credelaire, Hanelo 1298, 381.
Cregnart, Andruin f. 1241, 203.
Crepat, Weiriat, corvesier 1275, 13.
Crepate, Thierias, de Nowesseuille 1293, 367.
Crestenat Noirart 1285, 470.
Crestenate 1279, 1288, Crestenaite 1285, Crestinate 1275, Crestinete 1279, Cristinate 1277.
— f. d. Amie † 1285, 240.
— d'Outre Moselle, Debonaire et Amaie f.
— la chandeleire 1277, 178. [1298, 464.
— fm. Watrin de Burtoncort † 1279, 370.
—, Burterans maris 1275, 20.
—, Waterins li drapiers j. 1279, 564.
Crestenne v. Crestine.
Crestenon 1277, 1279, Crestinon 1278, Cristinons, Cristinon 1267, 1269, Cristenon 1267.
1. Martin lou Diavle et — fm. 1277, 113.
5. Jaikemin — 1267, 311; 1269, 8; 1279, 16.
„ — de S. Julien 1267, 159.
    Yderon fm. 1278, 400.
Crestiens, Crestien 1269, 1275, 1281, 1288/1293, Crestiain, Crestianz 1269, Cristien 1298 (v. Boins Crestiens).
1. —, vg. en Malewarz 1269, 222.
—, ms. an la Vigne S. Marcel 1288, 107.
3. — corvexier 1298, 411.
— feivre 1290, 547; 1293, 592.
4. — Coustans cordeweniers 1275, 13.
— Morat de S. Martin 1269, 525.
Crestinate, Crestinete v. Crestenate.
Crestine 1267, 1275, 1277, 1279, 1298, Crestenne 1288/1298, Cristine 1251, 1267/1277, Cretinne 1269.
1. — 1251, 97.
d. — 1267, 97, 404; 1269, 210.
2. — fm. Humbert de Chailley, — fm. Lienairt de Chaponrue, — fm. Yngle lo maior de Gamelanges, — fm. Bertran de Memberfontene †.
4. — fm. Foville 1278, 446.
5. Colin — 1269, 71; 1288, 185.
Jenin — 1275, 381; 1277, 34.
Wyrias f. Colin — 1269, 71.
Wiriat — 1279, 312.
†, Jehan et Symonat f. 1298, 84.
†, Colignon f. 1298, 505.
Crestinon v. Crestenon, **Cretinne** v. Crestine.

Cretons, Creton 1245/1298, Critons 1262.
P.
1. 2. 3. 4. 5. Jaikemins —
pb. 2 pars de 2 ms. (PS) ke furent d. Belepie, sa mere, k'il ait aquasteit a Colin, Poencin, Ancillon, Andruyn, ses freires 1251, 114.
pb. 40 s. sns les 2 [pars ? ms?] (PS) 1262.
2. Colins — [46.
pb. ms. en Chapillerrue 1245, 84.
=? Colignon —, ms. daier Ste Creux (PS) Nicolle —, anc. ms (PS) 1281, 461. [1279, 478.
3. Poinsat —, Lekatte et Poinsate f., ms. P. — daier Ste Creux (PS) 1279, 243.
6. Steuenin —,
ms. daier Ste Creux (PS) 1285, 442.
pb. 3 s. 3 d. ms. an Chanbres, 4 s. ms. devant Longeteire, 5½ s. ms. devant Longeteire 1298, 38.
Colignons —, f. Thiebaut Mackerel, v. Makerel 1285, 318.
li **Creusies** v. li Creuxies.
de la **Creux** 1281, 1288, de la Creus 1279, de la Crux 1262, de la Croix 1245, 1251, de la Croix outre Mosele 1241. (v. IV. Mes, outre Muselle).
Geradons li cherpentiers —, ½ molin sus Moselle 1279, 529.
Howignons — f. Burtemin Roucel †, ms. davant S. Enkaire 1288, 159.
Poencin —, Margueron fm., 30 s. (OM) 1262, †, Jaikemins f., ms. (OM) 1281, 296. [112.
Roillon —, Richardin j., ms. en Franconrue = Roillon, Richardin j. 1245, 250. [1251, 244.
Thiebat —, ost. outre Muselle 1281, 296.
Thieri —, ms. en Saunerie 1245, 187.

P.
Jennis, f. sg. Hvon — outre Mosele, pb. ms. et er. Simon, son fr., et Margueron, f. de sa soror 1241, 48.
de lai **Creuxate.**
Gerairs — boulangier 1288, 28, 44.
ms. ou il maint, la partie devers lou Nuefbour 1285, 425.
= Gerairt fornier — 1290, 87.
li **Creuxies,** lou Creuxiet 1281, 1288, 1298, li Creusies 1281, le Croisiet 1275.
Ancel —, Jennins f. 1275, 34.
Jennas — li maistre des drapours 1281, 45.
Poinsignon — 1288, 114 4.
Poincin — de Vallieres †, Abillate fm.
Synonas — 1298, 374. [1281, 191.
Creueit, Piereson, Sebeliate f. 1290, 311.
Crichat, Symonin, Alexon f. 1290, 54.
Aburtins Penas m. Alexon 1290, 54.
Criepain, Jakemin 1251, 218.
Crispel, Colin, munier 1267, 498.
Cristenon v. Crestenon.
Cristien v. Crestiens.
Cristinate v. Crestenate.
Cristine v. Crestine.
Cristinon v. Crestenon.
Critons v. Cretons.
Crokedeu, Roillon, Odelie fm. 1251, 57.
Crokel, Thieriat 1288, 380.
Hanri —, d. Hawit fm. 1262, 375.
Crokelas, Crokelat.
— et Hawiate s. et 3 serours et Jaikemins Chamberlans fr. 1267, 229.
Thieriat — 1277, 30; 1293, 308.
Crochart 1275, 1288, Crochairt 1288. [256.
Doignon — de Nonuiant, Liebor fm. 1275.

Cretons[1])
dame Belepie 1251

1 Jaikemins — 1251, 1262	2 Colin —	3 Poencin	4 Ancillon	5 Andruyn
[= sr. Jaicque m. e. 1261]	1245, 1251	1251	1251	1251
=? Colignon — 1279		=? Poinsat 1279		
6 Steuenin — 1285, 1298	Nicolle — 1281	Lekatte Poinsate 1279 1279		

¹) *Prost XI, 1228* hoirs sg. Poinson de Chambrez, le fil sg. Matheu: Bauduignon et Poinsin Creton (= 3) et Ysabel, sa fame, et Jakemate et Steuenin et Agnelz, sa femme, et Simonins et Poinsinz et Colate, sa femme.

lou **Crochart–Cuerdefer**   128   I. Personennamen

Howin —,[1]) Maithiat f.   1288, 441.
Martin — poxour, Heilnyt fm.   1288, 239.
lou **Crochart**, li anfant   1288, 497.
lai **Crochate**, ms. ke fut   1288, 188.
Crochons, Crochon.
Bertremin —   1241, 113, 191; 1262, 82.
Crohairt, Werion, de Chairley †, Jenat f.
Croillairt v. Crollas.   [1281, 403.
le **Croisiet** v. li Creuxies.
Croitre v. Crote.
de la **Croix** v. de la Creux.
Crojus v. Corjus.
Crolat v. Crollas.
Croleboiz   1227, 21.
Crollas, Crollat 1275, 1293, Crolat 1262, Croillairt 1288.
Colignon —   1293, 398.
Colins — de Dornant   1275, 133.
Pieresin —   1262, 69, 70.
Richairt — de Ripigney, Wairins f. 1288, 349.
de **Croney** (= Corny, v. IV.)
   P.
d. Poince —[2]) pb. t. et pr. ou ban de Mairley   1281, 212.
   1. Jaikemins, f. d. Poince — †,
pb. er. a Mairueiles   1290, 375.
pb. vg. ou ban de Sommey, boix devant Burtamout   1293, 276a.
pb. champ desous lai fonteune Anchole 1293,
pb. vg. an S. Arnoultvigne 1298, 276. [276b.
pb. pr. ou ban d'Airei   1298, 526.
pb. vg., t., pr., er. (Airey *etc.*)   1298, 527.
   2. Waterins, f. d. Poince —,[3])
pb. vg. ou ban de Nouviant   1281, 211.
= Waterins — pb. vg. ou ban de Nouviant
pb. maix. an lai Nueue rowe   [1288, 386a.
     daier son osteit   1288, 386b.
pb. t. ar. an lai fin de Chaimenat 1288, 386c.

---

[1]) *De Wailly* 172 *(1276)* Warenat f. Howin Crochait de S. Arnout †.

[2]) *De Wailly* 252 *(1285 a. St.)* amius de Jaikemin, f. Jennat Facon, de part sa meire: d. Poince de Croncy (*de Wailly* Troney), son aivelle, et Waterin, son fil.

[3]) *De Wailly* 372 *(1299)* Waterel Cronney amius a Poinsate, f. Jennat Facon.

Crote 1278, 1279, 1288, Crotte 1298, Croitre, 1293.
Jennat —   1278, 175; 1279, 254.
   †, Jennate fm.   1295, 532.
= Jehan — †, Jennate fm.   1298, 442.
Jennate —, Colignons f.   1288, 357.
Crotei, Lowiat   1245, 6.
la **Crotose**, d. Poince   1245, 135.
Crotte v. Crote.
Croujus v. Corjus.
Crowillon, Odeliate   1278, 68.
li **Cruche**, Domangins, de Noweroit, tenneires ke maint outre Moselle 1293, 466.
de la **Crux** v. de la Creux.
Kukelujalz, Jaikemins   1285, 217.
Kuchelo 1279, Cuchillo 1251.
—   1251, 45.
d'Odenowe   1279, 596.
Cnenes v. Cunes.
Cuerdefer 1262/1298.
   P. [m. c. 1371]

1 Steuenas 1262/1293	?	3 Maithias 1293
Anels 1298	2 Jofrois — 1285/1293	Colius li Mares et Abrions de la Tor srg.
4 Colins — 1279/1290	5 Hanris — 1288	6 Eurias — 1298

—, ensom l'osteil en S. Vincentrue 1281, 299.
   1. Steuenas —,
12 d. geisent sus ms. en S. Vinsantrue 1262,
pb. ms. en S. Vincentrue daier lou   [395.
     chancel de S. Vincent   1269, 554.
t. ar. ou ban de Mandilley desouz Florey er. ou ban de Noweroit, pr., ch., [1275, 79.
     vg., bos   1275, 116.
¹/₂ ms. vers Porte Xapenoise   1275, 123.
Simonins Mersire et Arnoulz, ces srg., et St. — pb. er. ou ban de Noweroit et S. Remey   1281, 152.
ou champ Lowit ou ban de S. Clemaut anc. vg.   1288, 394.
ou Champ a Saille anc. ms.   1290, 448b.
   Anels, f. Steuenat —, pb la moitiet d'un molin en Sen[er]ainneteire et de la poxerie   1298, 307.

2. Jofrois, f. Steuenat —,
et Colins li Mares et Abrions de la Tor,
seu dui serorge, pb. er. Marguerite, f.
Jaikemin lou Maior 1285, 285.
ms. ou Champ a Saille 1293, 308.
= Joffrois —
pb. ms. ou Champ a Saille 1288, 380.
pb. 2 quartes de bleif (Roncort?) 1293, 161.
3. Maithias, fr. Steuenat —,
ait assis a Steuenat 20 s. er. ou ban de
Mercey et de Vermiey 1293, 203.
4. Colins —
pb. vg. en Verges (OM) 1279, 139.
pb. la moitiet ou champ en Feuergiet (OM) 1279, 536.
pb. t. et pr. ou bau d'Escey, meiz anc. ms.
lou grawour lou poxor de la Mars 1281, 139.
pb. t. ou ban Ste Marie en la feste (fin?)
S. Steule 1281, 565.
pb. t. ou ban Ste Marie a Chene 1281, 566.
davant l'ost. Colin — (OM) 1281, 618.
eu S. Vinceutrue enc. Colin — 1285, 259.
Colins — et Ferris Cokeuels pb. ⅓ molin
a chene sus Muselle 1285, 284.
pb. 2 parties en lai nueve halle des drai-
piers an Vesignues 1288, 208.
pb. por Jennat de S. Julien 1288, 347.
pb. 12 d. vg. ou ban de Rozerneles 1290, 566.
5. Hanris —
pb. er. (OM) 1288, 530.
6. Eurias —
pb. droit et raixon ou pesse de vg. (PS) 1298, 461.
Cuertouche, Thomessin 1281, 296.
Cugnas v. Cuignas.
Cugnefestut v. Cuignefestut.
Cuignas, Cuignat 1279, 1288, 1298, Cugnas,
Cugnat 1279, 1288 (v. Cunat).
2. — de S. Arnout 1279, 238.
3. — l'olieir 1298, 238.
4. Jonnat — de S. Arnolt 1288, 528.
Jonnat lou roweir 1288, 423.
Thieriat — d'Ars (OM), Colignous f. 1279,
Cuignefestut 1298, Cugnefestut 1285. [555.
Bertemin — 1285, 430b.
„ — cherpentier, Yderate fm. 1298, 173.
Kuillart v. Cullarz.
Cuitepoire v. Keutepoire.

a **Cul**[1]), Perrin, bouchier 1281, 289; 1290, 258.
Culetel v. Culletel.
Cullarde, Jennin 1251, 214.
Cullarz, Cullart 1251, Kuillart 1293, Cul-
las 1279.
Robin — 1251, 110.
Steuenin — de Pawilley 1293, 505.
Thierias — 1251, 214.
Theirias — de Chamenat 1279, 440.
Cullas v. Cullarz.
Culleit †. Wairiu, Odeliate fm. 1278, 488.
Cullete, Steuenin 1275, 3.
Culletel 1269, 1293, Culetel 1275.
Jenet — 1275, 50.
Jennin — 1269, 260; 1293, 308.
Cultaillie, ms. ensom 1241, 175.
Cuminee, 2 ms. daier S. Marc 1275, 131.
Cunat, Cvnat (v. Cuignas).
— l'olier 1245, 121; 1267, 229.
— Poioise 1245, 185.
Cune v. Cunels.
Cunegate 1277, 1278, 1290, 1298, Kenegate 1288.
2. — fm. Gerairt lou Gormaix de Chaude-
leirue, — de Plapeuille fm. Watier †, —
de Rouserneles et ces enf. *(hörig)*, Dorhan-
gin f. — de Sairley.
3. — f. Burtignon lou boulangier de
Stoxey † 1288, 345.
Cunegons, Cunegon 1275, 1279, 1285, Cune-
gont 1288, 1293.
1. — 1298, 49.
d. — 1285, 565.
2. — fm. Poirel d'Ajoncort † 1293, 454.
d. — de Ruxit † 1275, 137.
4. d. — fm. sg. Bertal Piedechalz 1293, 211,
5. Matheu — 1279, 477; 1288, 163. [358.
Cunels 1279, Cunelz 1290, Cunel 1262, 1293,
Cune 1275, Cunnels 1278, Cunnelz 1275.
1. — 1278, 481.
— ke maint an l'osteit sg. Thiebaut lou
Gronaix lou chivelier 1290, 210.
3. — bolengiers d'Alainmont, — corvisier,
— covresiers de la porte des Allemans, —
masson.

---

[1]) a Cul *oder* Acul = *accul*, *Sock?*

Cuneman–Cunes

4. — Xobin 1293, 204[63] = 284 = 349[62].
5. Warins — 1279, 135.
Cuneman v. Cunemans.
la **Cunemande** v. Cunemans 1.
Cunemans 1262/1298, Cuneman 1245, 1251, 1267, 1278, 1290, 1293, Cunemant 1267, 1275, 1279, 1285, 1293, 1298. Kunemant 1227.
—, Aubertins fillastre 1245, 166.
— d'Ennerey 1277, 470.
— le feivre 1251, 119.
P. [m. e. 1333].
1 Jehan —◡d. Poncete
  1227   = d. Poince la Cunemande 1241
2 Simonin — 1227
3 Jennins — j. d. Poence de Chambres
  1262   1267
    d. Contasse 1293

4 Vguignons — 1269/1290

5 Werriat 1288   6 Thiebaut 1285, 1288
Poinsignon Facondoers srg. 1288
7 Mathions — 1281
8 Colignons — li amans
  1285/1298   1298

oirs —, ms. et gr. en Franconrue a pux
  doit 13 s. 1 d. 1293, 600.
  1. Jehan —, d. Poncete fm.,
an Rinport ason ms. 1227, 12.
  d. Poince la Cunemande,
ms. a la croix outre Mosele 1241, 197.
  2. Simoniu —,
ms. an Riport 1227, 45.
  3. Jennins —
pb. 40 s. (PM) 1262, 125.
J. — j. d. Poence de Chambres, molin emey la teire daier la vies stuve en Chambres 1267, 297.
d. Contasse, f. Jennin —, pb. 20 s. de pension (PM) 1293, 423.
  4. Vguignons —
pb. 10 s. et 10 chap. t. er. en touz les bans de Puppinville et de Richiermont t. davant Longeville 1275, 505. [1269, 329.
pb. vg. outre Saille 1277, 97.
7 s. ms. devant S. Martin (PS) 1278, 137.
pb. ms. en Rinport 1279, 29.
ms. en Chambres 1279, 403.

molin a S. Julien ke fut Vg. — 1290, 317.
  5. 6. Werriat et Thiebaut, f. Vg. —, et Poinsignon Facondoers, lor srg., er. (PM) 1288, 7.
  6. Thiebaut, f. Vg. —,
ms. antre la posterne an Chambres et . . ., et $\frac{1}{2}$ petite ms. as Roches eschengiet a
  7. Mathions — [1285, 355.
et Colins Colemels pb. meis defuers lou pont des Mors 1281, 325.
  8. Colignons —[1])
et Burtignons Wiels pb. 55 s. t. ar. et er. a
  Malpais (PS) 1285, 411.
pb. $\frac{1}{3}$ ms. (PM) 1288, 108.
pb. 13 quairtes de wayn moitainge ms. a lai porte en Chambres et molin sus Moselle
                                       1290, 335.
10 quartes de fromant raicheteit a 1290, 340b.
pb. pr. ou ban de Lorey (PS) 1290, 469a.
pb. vg. (PS) 1290, 469b.
pb. $\frac{1}{4}$ molin an Longeteire sus Moselle, $\frac{1}{2}$ ms. davant lai posterne des molins a Longeteire 1293, 31.
pb. vg. a Flaiel (PS) 1293, 570. [220.
ms. a pux a Porte Muzelle doit 24 s. 1298, Symonas de Chambres et Burtignons Wielz et Guercirias Faixins et C. — pb. t. ar. en Hem et vg. en lai coste dou mont S. Quintin daier Longeville 1298, 296 = 350.
= Colignons — li amans[2])
pb. 7$\frac{1}{2}$ moies de vin et 2 s. 1 aug. er. ou ban de Longeuille et de Molins 1298, 338.
Cunes 1275, 1278/79, 1290, 1293, Cunez 1269, Cuenes 1277, Cunon 1241/98.
v. V. Cunonpreit.

---

[1]) *De Wailly 345 (1295 a. St.)*: *Dem Colignon Culemant (sic) werden deix livres dc meceins, die er dem Herzog von Lothr. geliehen hatte, zurückgezahlt.*
Bannrollen I, LXXIX, 26 (= *1298, 648*) l'anniversaire Colle, fm. Colignon Cunemant.
[2]) *Bannrollen I, LXIX, 20. Schreinsbrief* (= *1293, 30*) Colignons Cunemans l'escrit.
Ben. III, 165 Anm. (1295) Cunemant l'escrit.
Ben. III, 259 (1303) Colignons Cunemant ait l'escrit.

Cunesate–Danalaiglixe

1. sg. —, 25 s. ms. au Sauerie 1281, 68.
sg. —, vg. (Awigney) 1285, 95 10.
sg. —, box ou ban d'Ars (OM) 1285, 480. 481.
sg. —, pr. (Onville) 1288, 88 11.
sg. j. Baizin 1281, 270.
   2. sg. — dou Nuefchastel.
   3 sg. — preste, sg. — prestes chanoues de S. Piere a Vout, maistres — surgiens, — tannor.
   4. sg. — d'Airs, sg. — Bazin, — Lietalt, sg. — d'Onville.
Cunesate, d., Maffroit f. 1267, 325.
Cunevaille, Thomessin 1288, 382; 1290, 192.
Cunins, Cunin 1241/98, Kunins 1227.
   1. — 1251, 171.
   — fr. Girardin 1267, 258.
   — mairis lai meierasse 1293, 204, 284, 349.
   2. — d'Ainerey, — de Beseicourt, lou Duc de Chamenat, — f. Aileit de Champelz sus Mozelle, de Chastels, — f. sg. Poinson de Chastels, — fornier de Chastels, f. Jennat de Chazelles, — de Nonviant, — Fillouze de Nonviant, -- li Xors de Nonviant, - srg. Gerardin f. Watier lou Ranclus de Nonviant, — de Perjeu, — maires de Perjeu, — j. Poinsat de Rixonville, — de Vi, f. de Virdun.
   3. — chapillers, — fornier de Chastels, — maires de Perjeu, — oliiers, — salier.
   4. fill. Ferrion Keutelawe, — Dancort. — lou Duc de Chamenat, f. sg. Poinson de Chastels, — d'Espinals, — Fillouze de Nonviant, — dou Molin, — d'Onville, Potion, — f. Werion dou Pux, — Willebor, — Wixel, — Xobin.
   5. Burtemin — d'Abigney, Steuenins f. Jaikemin — de Flurey maior [1288, 428.
l'abbasse de Ste Glosenne 1288, 213 a.
Jennin — 1267, 160.
Cunnels v. Cunels.
Cunon v. Cunes.
lou **Curla,** Matheu. de Croney 1285, 499.
Curladels, Curladel.
Jennas —
Jennat — de Longeuille 1298, 301. 1298, 663.
li **Curles** 1285, li Curle 1288, 303, la(i) Curle 1288, 1293.
Watrels 1285, 957.

Waterins f. — 1293, 876.
Waterins f. Hauriat 1288, 142.
Waterins de Nowilley 1288, 303.
Kussenel, Pieresson, Perrins fr. 1269, 496.
Cussignon, Auber, enf. 1241, 115.
Custantins v. Costantius.
Custignon Raibor de Dornant 1298, 129.
li **Cuxes** 1279, lou Caxet 1278.
Poinsignons 1278, 621; 1279, 335.
Cuxin †, ms. (PS) 1279, 495.
Colignon clare f. 1277, 83.

D.

Dabanton, Steuenin 1245, 255.
Dabeit (— d'abeit *rom Abt*).
Poinsin —, Hawiate fm. 1278, 608.
  de S. Martin, Hawiate fm. 1275, 461.
Dabores, Watrin 1285, 391 a.
Dadat, Jennins, de Gorze 1278, 593.
Daguenel 1279, Daiguenel 1277.
lou fil 1279, 351.
Jenat 1277, 361.
Daigairs, Daigairt (v. V.).
Jaikemin de Cons 1298, 258.
Jennins — d'Alexey 1293, 419.
Theiriat 1281, 196.
Daiguenel v. Daguenel.
Daintelate v. Danielate.
Dainne, Jaikemin, Bietris s. 1281, 144.
Dais, Daist, Daix, Daixe v. d'Aix.
Dalestain (v. IV. Daleston).
Aubert — 1269, 409.
Damages 1220, Damaige 1251.
Ansems — 1220, 23.
Ancel — clerc 1251, 54.
Damagin, le for 1220, 5.
Damaie, Jaikemate, f. Drowin lou telleir dou Quertal † 1293, 38.
Damaige v. Damages.
Damas, Burtemins, de Gorze 1285, 252.
Damelate v. Danielate.
Damerel, Jaikemate, s. Werneson de la Cort de Lorey 1293, 684.
Danalaiglixe, Danallaiglixe 1298, Danalleglise 1277 [- Dominus ad ecclesiam].

9*

Dancort–Danielate

Abertin —, Colins de Ste Rafine f. 1277, 441.
Thomessat —, Jaikemins et Poinsins f. 1298, Poinsins de Ste Raifine f. 1298, 509. [275.
Dancort (v. IV Doncort).
Cunin — 1293, 595.
Dandaine v. Dautdaine.
Daniel.
1. —, ms. (PS) 1275, 378.
2. — de Sus lo Mur 1220, 12.
3. — f. Eliat lou boulangier † 1293, 71, 95; 1298, 248.
sg. — costor de S. Simphorien 1279, 430.
5. Jehan — 1262, 165; 1267, 186, 435; 1275, 64; 1277, 364; † 1281, 534.
Jehan — dou Quartal 1278, 26, 102, 162.
Danielate 1267/1279, 1285, 1288, 1298.
Dainielate 1281, Denielate 1275, 1288, 1290/1298. ¹)
2. — de Lorei 1298, 321.
3. — fm. Garriat cordueneir, Ysabels et Poinsate f. 1298, 343.
d. — meire Marcelion corvexier 1293, 423.

P.

	?	
1 Vguignons —	2 Garsirias —	3 Fourkignous
1267/1290	1267/1288	1281/85, † 1298
		d. Bellenee fm.
d. Yzaibel — 1290		1298
4 Matheu — 1279		

---

¹) *Von* Daniel *abgeleiteter Frauenname, der zum Familiennamen geworden ist. Im I. Textbande der Bannrollen ist* Damelate *gedruckt, im II.* Daniclate. *In den Rollen selbst steht zwar nie ein* L*-Strich über dem* i, *aber der Vergleich mit* Clemans Clemansas Clemansate, Martin Martenas Martenate. Pieres Pieresas Pieresate, Symon Symonas Symonate und Denize Denizate *ergibt wohl die Richtigkeit der Ableitung von* Daniel. *Sollte aber* Damelate *doch die richtige Form sein, dann ist der Name ähnlich gebildet wie* Chierelate *und* Joutelate, *mit einer Zwischenform auf* l, *die freilich in keinem der drei Namen überliefert ist.* Dame Damel Damelate.

1. Vguignons —
et Garsirias, ses fr., pb. ms. en la cort de Ranscires 1267, 192.
vg. desor la Folie 1267, 200.
sr. Joffroiz li Gronaiz, li maistres eschavinz, pb. por lui et por Huguignon — et Steuignon, f. Wautier Bellegree, grant ms. enc. l'ospital ke fut d. Colate de l'Aitre, et ms. au Kartal, 23 s. ms. en Chapelerrue, vg. en Reual et en Penrelle 1269, 439.
Nicole de Weivre ... et Vg. — et .., 110 s. ½ molin et 18 s. ms. a la porte en Chambres 1275, 27.
„ , ms. Maheu Jeuwet, 2 ms. daier ke vont fuers a Staixons 1275, 196.
Garsat Donekin, Vg. — et ...., 30 s. vg. antre Villers a l'Orme et vg. Colin Ruece, ke furent Maheu Jeuwet 1275, 284.
„, vg. ou ban de S. Julien ke furent Mahev Juet 1275, 322.
„, kant ke Maheus Jues avoit a Nowilley et a Nowesceuille 1275, 325.
pb. 4 s. ms. ou Champel 1275, 365.
Vg. — et Ermangete la Vadoise, ms. (PS) 1275, 382.
Jehans Grillas et Vg. — pb. ms. ou Baix Champel 1277, 57.
8 s. ms. (PS) 1278, 518.
tavle an Vies Chainges et an Chambres 1281, 508.
ou ban de Mairley anc. gr. Vg. — 1281, 538.
ms. daier S. Crux doit 6 s. 1285, 74.
3 s. ms. sus lon Mur 1290, 236.
2. Garsirias —, fr. Vguignon — 1267, ms. (PS) 1267, 333. [192.
pb. 22 s. ms. en Saunerie 1269, 76.
pb. ms. en Frenelrue 1269, 78.
5 moies de vin sus lou chakeur en Stoixey et la vg. tercerasse en Allues 1278, 410.
ms. en Forneirue 1277, 287.
ms. a Porsaillis 1285, 439.
6 s. ms. a Porsaillis 1288, 70.
vg. ou Pairous (OM) 1288, 106.
a Porsaillis anc. l'ost. G. — 1288, 173.
3. Fourkignons, fr. Vguignon —, pb. tavle an Vies Chainges et an Chambres 1281, 508.

Dantdaine–Deudeneis

mainbor d. Ermanjairt, fm. Euriat de Vil-
  leirs † 1285, 66.
d. Bellenee, fm. F. — †, pb. vg. ou
  Rowal de Failley 1298, 15.
d. Yzaibel — †, en S. Martinrue anc. gr.
  4. Matheu —, [1290, 180.
ms. en Chapponrue 1279, 232.
Dantdaine 1277, 1279/1285, 1293. Dandaine
  1290, Dantdasne 1251, 1269, 1275.
  Colignon — 1281, 448.
  Jennat — [1]) 1251, 100; 1269, 455.
    Colignons f. 1285, 420.
    Jennas f. 1275, 420.
    Geinecat f. 1277, 272.
    2 filles 1285, 378.
    Jennate f. 1293, 452.
  Jennat — d'Outre Saille †, Yderatte f. 1279.
  Jennecat — 1290, 365a. [393.
Dator,[2]) Gererdat 1288, 143; 1290, 232.
  Watrin — 1267, 198; 1278, 139.
Dawin, Rossin, †, Alexandre f. 1298, 582.
la **Deaulasse** (v. lou Diavle).
  Yzabel — et son fil 1245, 45. [1288, 464.
Debonaire fille Crestenate d'Outre Moselle
Dedenowe = d'Edenowe, v. IV. Odenowe.
Dediest 1277, 1279, 1285, 1293, Dedieist
  1285, Dedyest 1267, Dediet 1281.
  Abillate — 1281, 255; 1293, 312.
  Badeson —, Merguerate fm. 1285, 421.
  Poinsate — 1267, 57.
  d. Poinse — 1285, 421.
    Badesons j., Colignon son srg. 1281, 251.
  Theirias — 1277, 294; 1279, 52; 1285, 463.
  Watrius — nies Theiriat — 1279, 52.
Deformes v. Desformes.
lou **Degoutal**, Jennin, de Noweroit 1290, 276.
Demal v. Domals.
Demangel, **Demanges** v. Domanges.
Demangins v. Domangins.
Demanjat v. Domanjas.
Demelate v. Danielate.

---

[1]) Ben. III, 222 Anm. (1257) nach Ferry
I fol. 262 Jenas dans Davie (statt Dans-
daine).

[2]) Dator (debitor, Schuldner) oder d'Ator
= von am Eck (dou Tor = rom Eck)?

Dement, Alyxate f. d. 1262, 130.
Demoences (= de Moences? v. IV. Moince).
  ms. — en la rue de Porte Serpenoise (OM)
Denielate v. Danielate. [1267, 149.
Denixes, Denixe 1277, 1281, 1298, Denise
  1245, Denize 1269.
  —, d. Sezelie fm. 1245, 57.
  maistres — 1298, 223.
  Jennat — 1269, 116[15]; 1277, 447; 1281, 338.
Denizate la fille Charmat 1269, 474.
Denize v. Denixes.
Derdel, Thieriat 1288, 460.
Desch, Dex v. d'Aix.
Descours 1285, 1288, Descors 1285.
  Jehan —, Ermangete et Ameline et Hawiate
    les 3 f. 1285, 264.
  Lukin — de Retonfayt f. Guerciriat de
    l'Orme 1288, 395.
  sg. Thierit — 1285, 167.
Desformes 1288, 1298, Deformes 1293.
  Rembalt — 1288, 483; 1298, 429.
    Goudefrin f. 1298, 346.
Desier, Rolas, de Juxey 1275, 513.
Deu de Forneirue ke fait les tavles 1285, 217.
  — de Furneirue †.
    Hanrias et Guercerias, f. 1288, 462.
    Ancillons j. 1288, 193.
Deuamins, Deuamin.
  1. —, ost. ai Ars (OM) 1285, 487.
  —, t. en la fin de Malleroit 1298, 357b.
  2. — de Moieuvre, ms. outre Moselle 1279,
  4. — f. Waterat Kaitelie † 1288, 361. [327.
    P. [m. c. 1429].
  Ferrius Jeuwes et — et Violate (= f. sg.
    Werrit Troixin), sa fm..
  signeraige de la santainne de Maixieres et
    de Leirs, bols gros et menus, hommes et
    femmes ou ban de Maixieres et de Leirs,
    venus conseuwant de part sg. Werrit
    Troixin 1290, 278.
  P. ?
  Jehans —
  [1]/? ms. en Chieuremont, er. en la mairie de
    PM et ou ban de Flocort 1278, 224.
  [1]/? ms. en la ruelle devant lou Mostier 1278.
    = Jenat —, 100 s. ms. (PM) 1281, 161. [332.
Deucemere, Renaldin 1251, 215.
Deudeneis v. Deudoneis.

Deudoneis–Domanges

Deudoneis 1241, 1245, Deudoneit 1251, Deudonei 1245, 1251, Deudeneis 1298, Deudencit 1269, 1285, 1298, Dudinat 1269.[1])
1. —, Symonin j. 1269, 411.
2. — de Mardinei, Aubrions f. 1245, 144.
Abrion, Phelippin, Howesson f. 1269, 50.
†, Howissons f. 1285, 80.
— f. Odat de Merdeney 1298, 446.
3. — bollangiers 1245, 132; 1251, 32, 196.
P.? [m. e. 1427].
  1. Colin — clerc,
ms. en la Mercerie 1251, 141.
ms. en Saunerie, contrewaige 1269, 69.
Collate et Poinsate et Maithiate, les 3 f. maistre Nicolle — †,
pb. ⅕ ms. maistre N. — davant lou Preit
  2. Thierions — [1298, 291.
pb. ms. en Anglemur 1241, 112.
Deuloufist 1281/1298, Deuslofist 1262.
enfans — 1288, 317.
Burtrans — 1288, 432; 1298, 73.
„ — de Maizelles 1290, 189, 408.
Jennin — 1262, 339; † 1293, 464.
Piercsons — j. Rembat de Chambres 1281,
„ — vieseir 1288, 238. [592.
Deulouseit, ms. en Chaponrue 1298, 100.
Thomessin — 1275, 413.
Deumont (= dou Mont?)
Abert — , Jehans et Colins enf. 1293, 492.
Deuslofist v. Deuloufist.
lou **Diavle** (v. la Deaulasse).
Martin — et Crestenon fm. 1277, 113.
Diemange 1293, 199.
Dokes, Bertignons 1245, 107.
Dodin (vg. ou petit clo de Maigney) 1293, 506.
Dognon v. Doignons.
li **Doiens** (v. II).
 P.
Jaikemius — maires de PM 1267, 1*.
pb. gr., cort, vg. ai Allexey 1269, 44.
enc. ms. davant S. Sauor 1269, 290.

---

[1]) *De Wailly 383 C (1300)* an Chadeleirue devant la maixon d'Eudel. *Aber in jener Zeit wird der Name des Besitzers dem Hause regelmäßig hinzugefügt ohne* de.. *Also ist zu lesen* **Dendel**. *Oder vielleicht* Drudel?

⅓ ms. davant S. Sauor 1281, 577.
ms. (OM) 1285, 105; 1288, 531.
t. ar. an Sertelles (PM) auc. J. — 1293, 390¹⁰.
Doignes, Doigne.
— f. Steuenat 1285, 108.
— dou Rut 1285, 542.
Doignekins v. Donekins.
Doignons, Doignon 1220, 1251/98, Dognon
1. — 1251, 73, 247; 1288, 512. [1245.
d. Merguerite f. — 1288, 314.
— srg. Jaikemate fm. Thieriat lou radour d'Orgney † 1290, 188a.
2. — d'Aiest 1251, 10.
Contasce f. — d'Aiest (v. 5) 1279, 336.
— f. la Vakenasse d'Aiest 1269, 504.
— de Nonviant, Houdiars fm. 1293, 280, 344.
3. — bollangier 1245, 244.
— li Vadois 1220, 29.
4. — Crochart de Nonuiant, Liebor fm.
  (v. 2) 1275, 256.
— la Noire 1293, 645.
— Pillas d'Ars 1278, 161; 1293, 126, 127.
— li Veskes (v. 2) 1262, 151.
5. Colignons — et Willemins Gameis et Jehans li Roucelz et Thiebaus, ces 3 fr.;
Aieron lour t. 1298, 58.
Contasse — (v. 2) 1298, 678.
Dolosignor 1285, 1290, Doulossignor 1281.
maistre Jehan — 1285, 342; 1290, 152.
li clers 1281, 389, 390.
Domals, Domal 1241, 1245, 1267, 1275, 1279/1290, Doumal 1281, Demal 1285.
Bertremevs — 1241, 185; 1245, 107.
Bertrans — 1241, 47, 96, 129, 182; 1281, 243 †, 257, 258; 1285, 75b.
d. Lorate fm. 1275, 337.
Jehans Rabowans f. 1290, 351.
Mairguerate f. 1281, 258.
Maheus —¹) 1267, 44; 1285, 84.
Rabowan — 1281, 243; 1288, 85.
Thiebaus — 1279, 316; 1285, 75b. [243.
Roboan fr., Hanriat de Chacey srg. 1281,
Domanges 1298, Domange 1285/1290, 1298, Domangels 1275, Domangelz 1290, Domanget

---

¹) *Bannrollen I, LXV, 16. Schreinsbrief* (= *1285, 84*) Matheu f. Bertrand Domal †.

1269, 1288, 1290, Demanges 1267, 1275, Demangel 1269.
 1. — (vg. a Maigney, v. 2) 1298, 421.
 2. — fr. Petit d'Aubes, — fr. Graisoie de Maigney, — lou Laffrait de Maigney, — j. Chanouel d'Outre Saille, — f. Jehan lou Hotton de Pumeruelz.
 3. — le bouchel, — cellier (v. Domanjas), maistre —, — prestres de Pontois, sg. — preste de Sairley.
 5. Jenas — 1275, 68, 108.
Domangins, Domangin 1241/1267, 1275/1298, Dommangin 1251, Donmangins, Doumangin 1281, 1285, Doumangin 1285, 196, Domengin 1241, Demangins 1267, Demanginz 1269, Demangin 1267, 1269.
 1. —, ms. en la rue S. Gingout 1245, 125.
 — f. maistre Abri 1262, 162.
 — f. Hodiete 1241, 120b.
 — f. Lambillon 1288, 503.
 Colin f. — (v. 5) 1241, 24.
  fr. Baudowin et Grivel 1267, 149.
 — fr. Werneson, fillaistres Chaderon 1281,
 — lo.... mb... 1245, 112. [565.
 2. — d'Ars bolangier, — f. Burtran lou gros maior d'Airs (PS), — Pillas d'Ars (OM), — f. Matheu de Bameis, — de Belleville, — f. Ysanbairt de Bixe, — de Bouxeires, — de Demmes, — dou For S Sauuor, — de Graiueirs, — de Grisey, — f. Thiefroit de Juxey, — fr. l'Abijois de Lescey, — f. lou Poscant de Lescey, — de Lorey (PS), — lou Cornut de Lorey (PS), — de Mairnelles, — lou doien de Montigney, — f. Richier de Montois, — de Pertes, de Pumeruelz, — f. de Rommebar, — f. Wotrin lou Cornut de S. Clemant, — f. lou Cheual de S. Clemant, — de S. Nicolais, — f. Aurowin de S. Steule, — de S. Vicent, — (f. Cunegate) de Sairlei, — tennour de Sairlei, — de Toul, — de Vandeires, — de Villeirs, — f. Wiberate fm. Roillon de la Wade.
 3. — berbiers, — srg. Poinsin lou berbier de Juxey, — d'Ars bolangier, — bolengiers de S. Vincentrue, — fr. Gererdel lou boulangier, — celleirs, — do Malencort chavreir, — corduenier, — de Lukenexit corrier ke maint an Sanerie, — (de Jnef) corvesiers, — doien (de Montigney), — eschevenes, — espiciers, — fornier, — f. Burtran lou gros maior d'Airs (PS), — vies maior, — masson de Verdun, — mutier, — permantiers, — poissieres, — Bairanjons poxieres, — fr. sg. Jake preste de Nostre Dame la Ronde, — li Gronnais quairtiers, — recnevreres, — soieres, — li Crucho de Noweroit tenneires ke maint outre Moselle, - tenonr de Sairlei, — vaicher, — de la Porte vieceir.
 4. — Bairanjons poxieres, — Berrois de Vies Buchevie, — lo Borgon, — Boscerels, — Bouas de Longeuille, — Burchiet, — f. Cheual, — Compere, — lou Cornut de Lorey (PS), — f. Watrin lou Cornut de S. Clemant, — li Cruche de Noweroit tenneires ke maint ontre Moselle, — Empoisekeuse, — Frixure, — Gremier, — Grixel, - li Gronnais quairtiers, — Guillerin de Vesons, — Hairous, — Hautdecuer, — Hochas, — Hurillons, — Maichegart de Maranges, — Mairexel, — Marchandel (de Ste Marie), — Merlin, — fr. sg. Jehan Miesade, — Milotin, — Murguenit, — Neckerdat, — Noxout, — Panceapois, — Pestou, - f. la Picarde, — Pillas d'Ars (OM), — de la Porte, — Preuostel de Ste Rafine, — Rayx (v. Domanjas), — Roucel, — lou Sturlet de Howauille, — f. la Touse, — srg. Thiebaut Poinsignon Troixin, — Tumelouf, — Xoibin, — Xurlin, — Zondac.
 5. Colins — 1241, 86.
Domanjas, Domanjat 1262, 1277, 1281, 1293, 1298, Domaniat 1281, Domenias, Domeniat 1241, 1279, 1293, 1298, Domenjat 1293, Demanjat 1267.
 1. — f. Geliat † 1267, 493.
 — j. Chenuel (v. Domanges 2) 1262, 332.
 — srg. Otin 1277, 250.
 2. — f. Liejart de Bomont, — de Roupeney, — de la rue S. Vi, — de Villeirs (OM).
 3. — boulangiers, — de Vergney boulangiers, — celleirs, - corduenicrs d'Anglemur, — muneirs, — olliciers, - tripier.
 4. — Lohier, — Panceron, — Rayx.
Domate 1241, 1262/1285, 1290/1298, Domatte - - 1251, 1269, Damate 1290, 349.

Domate

a) *Frauenname:*
-- li fille Burtignon de la Tor † 1277, 72, 141; 1279, 385, 412b, 543; 1290, 349; 1298, 77, 158.
— s. Lowiat Burtignon 1290, 238a.
-- li Vadoise f. Burtignou de lai Tour † [1293, 213.
b) *Familienname:*
P.

		?	
1 Abrion —	et ses fr.	2 Poinsignons —	
1241/69, † 1277	1241	1277	
Jehans Abrion[1]	? Lowis de Lucembor		
1288, 1298 (v. Abrions 5)	1277		
3 Thierion —	= Thieris —		
1251/1269 [1250 J]	1267/1281		
4 Matheu	5 Abriat	[2]) 6 Poinsignon —[3])	
Pesnit[1]) 1285/93	1285	7 Thiebaus 1298	
8 Thieriat — 1285			
9 Colins — 1251/62 Pantecoste 1281			
10 Claries — 1275/1298			
Colate	11 Colignon		
1298	1298		
12 Jofroit — 1293			
13 Abrions — li drapiers 1298			
= ? Abrions n. Jehan Abrion 1288			

[1]) *Baunr. I, LXXIII, 24 (= 1298, 9b)* Jehan *und* Aburtin Kabaie *verkaufen Zins ihres Großvaters* Theirion Domate. *Garant für den Kauf ist* Jehans Abrions *neben* Matheus Panis. Jehans Abrions *ist also verwandt mit den* Domate *und wahrscheinlich Sohn von* Abrion Domate.

[2]) *De Wailly 254, S. 180 C (1286)* Abriat, f. signor Thieri Domate, et Matheu Paininc, son fr., amins de pair Sufiate, fu. Thiebaut Kaibaie.

[3]) *De Wailly 327 (1294)* Mateus Pains, f. Theirit Doumate ke fut, ait aquasteit a Thiebat et a Marguerite, sa suer, les II anfans Poinsignon ke fut fis Theirit Doumate devant dit. *De Wailly 199 (1279)* Poinsignous, f. sg. Thierit Domate, randeroit con droit datres.

1. Abrion — et ses fr.,
ms. en Furnerrue 1241, 78.
pb. celiers, meis, nower, t. (OM) 1251, 63.
pb. pr. (OM) 1251, 148.
pb. 2 parties de la tour et de la place (PM) ki fut Steuenin de la Tor 1251, 170.
A. — et Poencignons li preste, li 2 maistre de l'ospital de Porte Mosselle 1267, 177.
A. — et Poincignons Lambers pb. por l'ospital de Porte Moszelle 1269, 43.
pb. vg. en Rowes de S. Julien 1269, 190.
antre la ms. A. — (PM) 1269, 376.
seur Lowit de Lucembor 1277, 142.
Lowit, j. Abrion — † 1277, 310.

2. Poinsignons —
pb. er. enchout Abrion, son fr., de pair lor meire (PM) 1277, 201.

3. Thierions —
pb. ms. en Aiest 1251, 6.
Jennins Morekins pb. por lui et Th. — ms. en Rimport et vg. en Lambertfosseit 1251, 7.
enc. gr. Th. — (OM) 1251, 247.
pb. vg. desai Longeville 1262, 105.
pb. vg. desor Longeville 1262, 419.
a Porte Muselle en l'angle enc. Th. — 1269, t. ar. decai S. Crois (OM) 1269, 497. [169.
3 s. an 4 lb. a la rive a Kaiste 1298, 9b.
— Thieris — pb. t. ou ban de Vermicy Th. — et Matheus Makaires pb. 8 s. [1267, 313.
ms. en Chadeleirue 1267, 315.
ms. en Rimport 1269, 41.
enc. la vg. apres l'ost. a Longeville 1275.
t. enc. Th. — (OM) 1278, 594. [471°, 12.
a Porte Muselle enc. l'ost. Th. — 1281, 157.

4. Matheu Pesnit, f. Thierit —,
t. sus Muselle 1285, 278.
7½ s. t. ou ban de Wapey davant la borde 1293, 629.
7½ s. t. en Willamechamp devers lou poncel de Wapey 1293, 677.[1])

5. Abriat —,
t. outre Lixeires 1285, 295 = 518.

6. 7. Poinsignon — †, Thiebaus f.,

[1]) *De Wailly 327, G (1294)* Mateus Pains... ait aquasteit... gr. an la ruelle ancoste la maxon les Baudeis.

I. Personennamen 137 **Domengin–Donekins**

kant ke ait doucit a la chiece Den de Chaistillons 1298, 1¹² = 110¹² = 183¹².
8. Thieriat —,
outre Lixeires arreis t. 1285, 295 = 518.
9. Colins —
pb. 5 s. 4 d. ms. (OM) 1251, 249.
pb. t. en Goubertnowe 1251, 250.
pb. 15 s. ms. sus lo Terme (OM) 1262, 164.
Pantecoste, fm. Colin .
ms., gr., meis, 8 s. cort (OM) 1281, 626.
10. Clariet —,
on ban d'Escey enc. 1275, 110.
2¹/₂ s. ms. atour de Ste Glosennain 1277, 70.
ensom l'ost. (PM) 1277, 233.
pb. 3 s. ms. en Chadelerrue, 5 s. 3 ang.
ms. a S. Julien, 3 s. 2 d. moins ms. a
S. Julien 1285, 152.
an Rimport davant l'ost. 1285, 177a.
pb. 12 s. meis daier S. Thiebaut et meis
an Andrevalz, 3 s. ms. an la rowe dou
Vies Saie 1285, 181.
pb. 9 s. ms. en la rue lou Voweit 1285, 271.
otre Muselle en la voie de Ste Creux antre
t. Cl. — 1298, 135.
Colate, f. Clariet —,
pb. vg. a l'oncel sus Muzelle 1298, 352.
11. Colignon, f. Clariet —,
t. en Richartchamp (OM) 1298, 632.
12. Jofroit —,
ou ban de Lorey antre vg. (OM) 1293, 341.
13. Abrions — li drapiers [196.
pb. 3 s. ms. Alardin lou tanor d'OM 1298,
=? Abrions, n. Jehan Abrion, pb. 2 st. en
la halle des draipiers en Chanbres 1288,
Domengin v. Domangins. [112.
Domenias v. Domanjas.
Domenion fm. Garseriat tonneleir 1278, 305.
Domenjat v. Domanjas.
Domeron, Berte, meire Godefrin Boutedeu
Dommangin v. Domangins. [1293, 69.
Donas, Donat.
2. — d'Ars (OM) 1275, 103.
— f. Poirel de lai Porte de Champelz 1298,
5. Colin — 1288, 541; 1298, 133. [511.
Thiebaulz — de Waipey 1281, 195.
Donkins v. Donekins.
Donekine, Odeliate,
12¹/₂ s. ms. a la porte en Chambres 1269, 166.

Donekins, Donekin 1245. 1267/1293, Donkins 1281. Doignekins 1267.
lo Vadois, hoirs. vg. au Chesne en Uirkillei 1245, 84.
P.
Garsas —:
G. — et Jennas Cheuresons pb. vg. daier
la Folie 1267, 56.
pb. ms. sus lo Champ a Saille 1267, 370.
Nicole de Weivre et Colin Ruece ... et G.
— et .... 110 s. ¹/₂ molin et 18 s. ms.
a la porte en Chanbres 1275, 27.
„ . 6¹/₂ lb. ms. en Visegnuel 1275, 76.
„ . ms. Maheu Jeuwet et 2 ms. daier ke
vont fuers a Staixons 1275, 196.
pb. ms. sus lo Mur, vg. sus Saille daier la
Follie, 30 s. ms., 20 s. 2 ms., 15 s. ms.
ou Champ a Saille. 10 s. ms. en Visegnuel,
8 s. ms. les pucelles de Sus lon Mur, 6 s.
ms., 5 d. merchancie (PS) 1275, 213.
7 s. ost. en Sanerie 1275, 216.
G. — et Vguignon Denielate et ..., 30 s.
vg. antre Villers a l'Orme et vg. Colin
Ruece ke furent Maheu Jeuwet 1275, 284.
„ vg. ou ban de S. Julien ke furent Maheu
Juet 1275, 322.
„ kant ke Maheus Jues avoit a Nowilley
et a Nowesceville 1275, 325.
G. — et Thomessin Sauage, 30 s. ost. a
pont a Moselle 1275, 447.
pb. ms. ou Champ a Saille 1277, 75.
G. — et Colin Baical et Thomessin Sauaige,
pr. ou ban de Cuverey 1277, 81.
8 lb. geissent sus l'ost. G. — a la l'osterne
1277, 106; 1279, 100.
20 s. 2 ms. (PS) 1277, 315.
c. (PS) 1277, 354.
ms. ou Champ a Saille 1278, 105.
6 s. ms. sus lou Mur 1878, 106.
15 s. ms. ou Champ a Saille et 8 s. ms. les
pucelles de Sus lou Mur 1278, 109.
30 s. ms. (PS) 1278, 121.
G. — et Colin Bekal et Thomessin Sauaige,
er. ke Maheus Jeuwes avoit a Flauey
8 lb. geixent sus ms. G. — a la [1279, 26.
Posterne (PS) 1279, 100.
pb. vg. desouz lou Nuefchastel (PM) 1279,
pb. vg. delai lou Nuefchaistel on ban [402.

Donmangins–Drowignons   138   I. Personennamen

de Montigney   1281, 514
ou Champ a Saille antre l'ost... et ms. ke fut G. —   1288, 75.
ou ban de l'ertes vg. ke fut G. — 1288, 202.
vg. ke fut G. — (OM)   1288, 556.
ou Champ a Saille anc. l'ost. ke fut G. —
Donmangins v. Domangins.   [1293, 85.
Doree, Jakemate, de S. Julien †,
    Ameline f.   1278, 418a.
Doreis 1275, Doreiz 1269, Doreit 1262, 1275/1279, 1285, 1288, Dores 1241.
    1. —   1269, 93; 1278, 105.
Luciate fm. —   1285, 179.
    2. — d'Aiest †, Perrins Porchieres li clers f.   1285, 157.
— de Porte Muzelle, Briate f., Thiebaut de Moielain j. *P?*   1279, 103.
    3. sg. — moinne de S. Vincent 1285, 143.
    5. Abertin —   1275, 308.
Jennin —   1262, 146.
Vguenas —   1275, 308.
    de S. Julien   1288, 383.
Vguin — de S. Julien †, Aburtat f. 1279, 378.
Nicoles —; sr.   1241, 47; 1241, 66.
Doreles, Dorelot.
Poincignon —   1293, 186.
Poinsignons — de S. Julien   1288, 338.
Dornau, Arnoudat   1277, 301.
Douce (v. Dousate).
    3. — f. sg. Otton lou cellier 1275, 116.
    4. — fm. Jenin Bugle †   1277, 77.
— f. Jakemel Chiere 1285, 523; 1290, 579.
— lai Vuidoise f. Jaikemel Chiere † 1288, 27.
    5. Anel — avelate Mathev de Chanbres †   1279, 101.
Doucechose, Jennat, natcnier 1293, 617.
Doucerons, Jaikemas, de Vignuelles 1281,
Doulossignor v. Dolosignor   [102.
Doumal v. Domals.
Doumangin v. Domangins.[1])
dou **Molin** v. Molin.
dou **Mont** v. Mont.
Dousat, Colin   1298, 206.
Jehan —, Perrins f.   1285, 479.

Dousate 1277, 1279, Doussatte 1278 (v. Douce).
— nesce sg. Pieron lou chapelain 1279, 184.
Odeliate — f. Ottin lou celloir † 1278, 565.
— fm. Jenin Bugle †   1277, 67.
Doutout *verschrieben für* dou Tour = *von der Ecke?*   [230.
Colignon — cordeweneir de Staixons 1290,
Dowaires, Dowaire 1278, 1285/1298, Dowares, Doware 1278, 1281, 1288, Douwaire 1281.
P.
    1. Colins —, srg. Thiebaut, fil Watrin Gaillairt de Chanbres,
er. de pair sa fm.   1278, 225.
pb. por la chiese Deu dou Grant Mostier[1])   1278, 603.
pb. por la chiese Deu de S. Symphorien 1281, 118, 135, 330, 331; 1285, 406, 407;   1288, 383, 542; 1290, 384.
    2. Bertraus —   [65.
Gerairs et B. — pb. ms. en Chapponrue 1278,
B. — et Theirias, ces j., pb. t. et vg. a Grant Chauol outre Saille   1285, 378.
en Chaponrue enc. l' 1290, 33; 1298, 413.
meis en lai rowelle Repigney 1293, 239.
    3. Colignon —
¹/₂ meis en lai rowe Repigney 1298, 99.
Dowenat, Burtemeus f.   1267, 352.
li **Dowesies**, Rembalz   1285, 316.
Dowygnon (*verschrieben für* Drowygnon?)
Nicholes Markouz pb. por lui et por 1269, 234.
Dowon, maistre Jehan   1298, 347.
Drakignon, musnier   1251, 86.
Drouygnon v. Drowignons.
Drouyn v. Androwins.
Drouwignon v. Drowignons.
Drowas, Drowat v. Androwas.
Drowignons, Drowignon 1275, 1278/1285, 1293, 1298, Drowygnons 1269, Drouwignon 1281, Drouygnon 1275 (v. Dowygnon).
    1. Colignon f. —   1275, 177.
    2. — de Chapes, — de Chastels, — de S. Thiebaut, — f. Bescelin de S. Thiebat.
    4. — f. Lowiat de la Chenal 1298, 144.
    5. Thiebaus —   1285, 181.

---

[1]) *De Wailly 212 (1280 a. St.)* Geirairs **Doume** (Dume) de Buevange.

[1]) *Banur. 1. LXXXI, 31 (1293)* Colins Dowaire, li maires S. Pol.

Drowin, Drowyn v. Androwins.
Druat v. Androwas.
Drudars, Colins 1251, 88.
Drude [174; 1281, 30.
d. -- fm. sg. Mathen de Chambres 1279.
— f. Goudefroit de la Tor, Ailixate f. 1298.
5. Mathions — de Vals 1275, 104. [177.
Drudel v. Drudelz.
Drudelan fm. Jennin de la Folie 1281, 291.
Drudelz, Drudel.
Jennas — 1285, 44; 1290, 439ª.
Drudins li mairexalz 1290, 473.
Druel v. Andrewelz.
Druin v. Androwins.
le (lou) **Drut**.
— †, Aierons fm. 1281, 250.
Simonin — 1275, 206.
Druwe (v. Andreus).
sg. -- de Porte Muselle 1288, 108.
lou **Duc** 1277, 1285, 1293, li Dus 1281.
Cunin de Chamenat 1285, 382.
Godefrin de Failley 1293, 533.
Jehans dou Viveir 1281, 168.
Jehan cherreton 1285, 162.
Willame — 1277, 66.
lou **Duchat,** Poincignon 1290, 362.
Dudinat v. Deudoneis.
Dunexate fm. Stenenin Corssenzarme 1285,
Durans, Durant. [419.
1. —, Jehan f. 1279, 289.
—, Pieresons j. 1269, 68.
--, ms. an la rowe dou Vies Saic 1285, 181.
3. — barbiers 1269, 27.
-- boulangiers 1281, 519; 1298, 238¹⁷, † 286.
— boulangiers j. Marguerate Rogier pb. teil
pertie com — ces oncles (boulangiers † 1281, 519) avoit en 1279, 286.
— fr. Colin lou corrier de Sanerie 1277, 402.
corvesier (ms. a Chastel) 1281, 123.
Durelat, Burthemel 1281, 261.
--, Bertremin, cordowenier 1269, 271.

E.

Eckart 1267, 1293, Eckairt 1279, Heckars
1245, Heckart 1251, Heckebart 1267, Akart
1278, Akehart 1269.

1. — et Garsirions Poillons 1245, 65.
2 — de Gankirkes 1279, 31.
†, Hawis fm. 1267, 166; 1269, 373.
5. Alardin 1278, 604.
Burtemin —, Poensatte fm. 1251, 59.
Jaikemin — 1293, 363b.
Poencignon — 1267, 107.
li **Effichies,** l'Effichiet v. li Afichies.
Effrignon 1278, 1293, Erfignon 1278.
P. [1250 C]
—, dav. l'ost. en Rimport ke fut 1293, 14a.
— †, Matiete f., partie en 41 d. sus 2 stalz
cu la halle des permanteirs en Chambres
1278, 411.
Odeliate f. —, ms. (PM) 1277, 233.
— de S. Martin, Bonars f. (P. ?)
vg. ou ban de S. Martin 1278, 656.
Eingebors v. Aingebers.
Eingebort v. Aingebor.
Elfon 1241, 1269, Elphes 1262 [= Alfons].
— de Saunerie 1262, 52, 53.
sg. — de Nostre Dame 1241, 122.
le princier — † 1269, 549.
Eliat 1293, 1298, Elyas 1275, Elies 1288,
1298, Heliat 1298, Helyat 1293, Helyas 1245.
1. — †, Abertin j. (v. 3) 1293, 243.
2. — f. Maibelie de Villeirs a l'Orme
1288, 152; 1298, 365, 366.
3. — boulangier 1275, 219; 1298, 285.
†, Daniel f. 1293, 71, 95; 1298, 248.
Abertins maires de Corcelles j.1298, 117.
-- fevre 1245, 155.
Elphes v. Elfon.
Emblevelle, Symonins 1251, 195.
Emil v. Auile.
Empoisekeuse 1279, Empoizekeuce 1281.
Domangin — 1279, 592; 1281, 300.
Engebers, Engebert v. Aingebers.
Engebor v. Aingebor.
Enginaires,¹) Steuenins 1267, 190.
li **Engleis** v. li Yngleis (Y = I).

---
¹) = Eginhard oder Engelhart? Oder ist zu lesen Greinaires? In der Vorlage steht geschrieben ginaires, links über dem g ein e und über diesem ein Abkürzungs-Querstrich.

Engrant v. Yngrans.
Ennin fm. Colin l'Alleman † 1290, 423.
Erairs, Erairt 1285, 1290, 1293, Erart 1275, 1285.
— f. sg. Pieron Chabotel 1275, 465.
— f. Nicole de Weure † 1285, 15, 103, 126;
— de Weiure 1285, 25. [1290, 329.
— de Weiure †, Lorate fm. 1293, 187.
Colignons de Weiure, — fr. 1290, 323.
Eranbors v. Arambors.
li **Erbiers** 1278/1281, l'Erbier 1245, 1267, 1278/1281, 1290/1298, li Herbiers 1227, 1267.
P.
1 Perins — ⌣ Abilons
  1227
2 sg. Lowi —

3 Colignon	4 Jennas — = Jehans
1245 srg. Pauion 1267/90, † 1298	1279
Merguerite 5 Maitheu Sibiliate	
1298 1298 1298	

Maitheu f. Bouairt de Vesignuelz srg.

1. Perins — et Abilons, sa fm.,
pb. ms. (PM) 1227, 35.
2. 3. Colignon, f. Lowi —, et Pauion, sa srg.,
ms. en Uisignuel 1245, 179.
4. Jennas, f. sg. Lowit — †,
pb. ms. areis ms. lo prestre de S. Gergone
pb. molin emey la teire daier [1267, 151.
  la vies stuve en Chambres 1267, 297.
molin sus Muzelle en la teire a la stuve
  eschaingiet a 1278, 32.
pb. gr., bois, pr., ch. devant Grixey, k'il
  ait eschaingiet 1278, 146.
pb. t. an Balainmairs (PS) 1279, 257.
t. ou ban de Mercey (PS) 1279, 421.
pb. t. ar. an la fin d'Abigney 1281, 55.
ms. a la Herdie Piere 1281, 159.
an Virkilley antre t. J. — 1290, 464a.
10 s. ms. davant S. Sauor, 7 s. ost. davant
les Proichors, 10 s. jard. a pont Thiefroit
ucis en Nikesierue 1293, 148. [1293, 146.
maxons devant lou Grant Moustier 1298, 204⁹.
5. Merguerite, f. Jennat — †, et Maitheu, son fr., et Maitheu f. Bouairt de Vesignuelz, lor srg.
1 ms. a tour devant. 2 ms. devant lou

Grant Moustier 1298, 204¹.
Sibiliate, f. Jennat — †, 12 d. doneit a
  l'eglize de S. Girgone 1298, 204¹ᵇ.
Erfe de Pariz 1269, 181.
— de Sancrie 1275, 216; 1281, 481; 1285, 380; 1288, 144; 1290, 366, 422.
et Guizelin j. 1277, 297.
Erfignon v. Effrignon.
Erlat de Gorze, Abertin f. 1288, 172.
Ermangete, Ermanjate v. Armangete.
Ermanjars, Ermanjairs v. Armanjars.
Ermanjon f. Kardeire d'Oxey 1298, 375.
— f. Thomes de S. Clemant † 1285, 412.
Ermantrus v. Armantrut.
Ermengart v. Armanjars.
Ermengete, Ermenjatte v. Armangete.
li **Ermites**, l'Ermite v. II.
Ernalt v. Arnalt.
Ernaudin v. Arnoudins.
Ernelat de Longeville devant Chamenat
Ernelin v. Arnelins. [1279, 499.
Ernot lo pesor (v. Arnous) 1220, 1.
Erowin v. Aurowins.
Escelate, Pieron f. 1281, 596.
Esceline 1278, 1285, Esseline 1279, Hesseline 1281, Aiceline 1278.
 1. — *durchgestrichen*, Ameline *übergeschrieben* 1278, 418.
 2. d. — de Lescey, Waterin f. 1278, 630.
 = d. — fm. sg. Werrit de Sanci, Waterius et Matheus et Joffrois seu troi fil 1278,
d. - fm.sg.Matheu de Marley 1285,275. [646¹,¹⁶.
 — fm. Geraurt de Rezonville † 1281, 153.
 4. — fm. Jennat Stockairt 1279, 67.
Escelins, Escelin 1262, 1267, 1275/1281, 1290/1293, Esselins, Esselin 1267/1298, Hescelin 1281, Aicelin 1288, Ascelin 1262, Asselinz, Asselin 1288, Acelins, Acelin 1269, 1275, Hacelin 1245. v. V. Esselinvigne (Acelinvigne, Oicelinvigue).
 1. —. ressage davant l'ostel les Prochors
—, ms. en Sanerie 1262, 308. [1245, 54.
Renaudin f. — 1298, 533.
 2. — f. Hawit fm. Symonin dou Chene d'Ansey, — f. Jehan de la Chaminee d'Ansey, — f. Pantecoste d'Ansey, — f. Howairt (d'Arnauille), — de Dornant, — f. Jehan Chamaigne de Dornane, — de Fayt, — de

I. Personennamen — li Esclaives–d'Espinals

Flanville, — de Lupey, — de Vallieres, — de Vignueles.

3. — chaivriers (do la Vigne S. Auol), maistrez — clerz, — corricir, maistre — escollier, maistre —, — masson, sg. — [preste?] de Mairangez, — prestes de Nommeney.

4. — Karesmeantreit, — Chamaigne de Dornanc.

li Esclaives, l'Esclaive 1293, li Esclaiue 1281. Colins — de Vigey 1281, 363; 1293, 199 ²¹, ¹⁸. et Odeliate fm. 1277, 223.

l'Espaignois, Jaikemin, d'Ansey 1298, 155.
Simonin f. — d'Ansey 1298, 563.
vg. ou ban de Syey que fut — 1267, 466b.

l'Espinadelle.
ms. ke fut — en Anglemur 1279, 306.

d'Espinals 1251/1281, 1290, 1298, d'Espinalz 1269, 1277, 1279, 1285/1290, d'Espinaus 1275, 162, d'Espinax 1269, 403. v. IV.

P.
1 Cunins — 1251, 1278
2 Abrias — 1262

3 Bauduyns — 1267/1269

4 Jehan	Loratte	Izabel
1269	1269	1281

5 Fourkes li Janres¹) — 1267, seur
6 Allexandre¹) ? Jaikemin
srg. Jaikemin Bellegree   Bellegree
1278, 1281   1279

7 Colins — Ysabel 1279
1275/1279 Yderon 1290/1298
Steuenin Wachier srg. 1278

Odelie — lai maistresse de lai maxon des Begnines de Vy 1290

---

¹) De Wailly 373 (1299) sr. Allexandros d'Aipinalz, li chainone de S. Thiebaut, ait donneit a lai commune frairie des prestes bairechas de Mes 5 s. de mt. de cens ... ancheus a signor Allexandre de pairt Forkignon lou Janre d'Espinal, son peire. Li Janres *ist als Beiname aufzufassen.*

---

1. Cunins —
pb. molin a Molins lou Duc   1251, 264.
gr. anc. lou Saic (PS) ke fut C. — 1278, 86.
petite ms. (PS) ke fut C. —   1278, 570.

2. Abrias —
pb. ms. en Vies Boucherie   1262, 159.

3. Bauduyns —
et Colins Gemels ont 32 s. ms. au Quartal hoir B. —, ms. et gr. ou S. [1267, 376. Thiebautrue   1269, 282.

4. Jehan, f. Baudowin —,
20 s. ms. a Quartal   1269, 486.
Loratte, f. B. —, 30 s. 3 ms. (PS) 1269, 403.
Izabel, f. B. —, gr. ou Nuefbourc doit 10 s.
   1281, 281 ¹⁰.

5. Fourkes li Janres —
pb. ms. ou Nuefbourc ou il maint et gr. dariers et vg. outre Saille et en Rufinclos   1267, 444.
gr. ke fut Forke lou Janre —   1277, 47.
Jaikemins Bellegree pb. wageire a Anceruille et a Failley de pair les vowciz — et critaige a Anceruille et a Failley escheut de pair Forkon lou Janre, son seur   1279, 265.
¹/₂ gr. ke fut lo Janre —, la partie devors lou Nuefbour   1285, 425.

6. Allexandre, srg. Jaikemin Bellegree, 50 s. des 100 s. er. Colin Merchant 1278, ms. Colin Merchant ou Nuefbourc [525. devant la fontaine, gr. dairier, vg. outre Salle et an Refinclo doient 10 lb. a Jaikemin Bellegree et Allexandre, son srg.

7. Colins —   [1281, 281 ¹⁵.
et Vgnignons Hunebors et Poincignons, f. Jaikemin lo Gronais,

---

Es hätte daher im Text 1267, 444; 1279, 265; 1285, 425 mit großem Anfangsbuchstaben gedruckt werden sollen. Denn lou janre son seur *(1279, 265) ist nicht Umschreibung von* serorge *(Schwager),* Forkes ist seur *(Schwiegervater) von Jaikemin Bellegree, der 1278, 525 und 1281, 281 ¹⁴ als* serorge *von Allexandre bezeichnet ist. Es muß also im Text 1279, 265 heißen* Forcon lou Janre, son seur.

d'Essey–Eurias   142   I. Personennamen

pb. partie ou grant tonneur et ou petit tonneur de Mes   1275, 147, 162, 263.
ms. (PS) redoit 20 d. a C. —   1275, 213.
pb. t. ou ban de Maixeires   1275, 258.
pb. pr. ou ban de Maixeires   1275, 259.
pb. t. davant Ste Creus as signors 1275, 458.
pb. t. ou ban de Molins   1275, 459.
pb. partie en la halte ms. a Maxeres et en la maixere enc. et en t. et pr. ou ban de Maixeres   1277, 471.
pb. ms. Colin Wachier outre Muselle et ms. daier, k'il ait aqnasteit a Steuenin Wachier, son srg.   1278, 647.
gr. devant l'ost. Matheu de Plapeuille 1278, en Briey enc. vg. C. — 1279, 151 ³. [649.
C. — et Gerardins d'Abeiville pb. ¹/₂ molin sus Muzelle daier les stuves et 8 s. ms. en Chanbres   1279, 203.
pb. ms. outre Moselle   1279, 327.
a la creux outre Moselle davant outre l'ost. C. —   1279, 568.
pb. t. davant lou pont Thiefroit entre sa t.   1279, 583.
pb. ms. outre Moselle enc. soie ms. 1279, 584.
Ysubel, fm. C. —. vg. en Briey 1279, 522.
Yderon —, davant Forcou molin pr. anc.   1290, 557.
pr. ke part a Yd. — (Maxieres) 1293, 178.
= Yderon, fm. C. — †, t. outre Muselle ou ban S. Martin   1298, 152.
Odelie —, lai maistrasse de lai maxon des Beguines de Vy   1290, 397.
d'**Essey** 1251, d'Acei 1245 (v. IV. Escey).
P.
Thiebaus —
pb. partie de la ms. Margueron, f. sg. Pieron Marcout, ou il maint   1245, 124.
Margueron, f. sg. Pieron Marcout, pb. ¹/₂ ms.
Thiebant , son srg., ki part a lei 1245, 128.
Alisatte, fm. Thiebaut —, 40 s. ms. (PS)
Esset   1220, 3. [1251, 115.
Esseline, Esselins v. Esc .....
Estenes, Estene 1269, 1275, 1278, 1285, 1288, 1293, 1298, Estenez 1269, Esteines, Estoine 1245, 1267, Esterne 1267, Esteuenes, Esteuene 1275, 1277, 1279.
2. maistre — de Luverdun   1278, 603.
3. mastre — chanoine de Sauuor, sr. -

= sr. — prestez (S. Martin en Curtiz), sr. - prestes ke maint en l'osteit de S. Pieremont — sr. - - li Ermites (c'on dist l'Ermite).
4. — lo Bague, sg. — lou Roi, sg. — lou Trowant.
Esueillechien, Piereson   1267, 263.
Ethelo de Bousperon   1277, 10.
Eudate dou Mont de Noweroit 1298, 568.
Eudelate.
au Burei a S. Julien enc. ms. — 1290, 324.
— fm. Colignon Hesselenat d'Onville 1298,
— fm. Burtemin Maillairt de Mercil- [180. ley, Jaikemins, Steuenins, Thiebaus, Lowias ces 4 fis   1298, 37.
Eudeline, Gerairt   1293, 382²¹, ²², ²³.
Eudelins, Eudelin.
— f. Jennin le Grant †   1269, 429.
Eulecol v. Eurechos [Eullecol m. e. 1358].
Eurechos, Eurecho 1262, 1290, Eurecol 1293, Evrecol 1298, Oilescos 1281 (v. Aurart).
1. —, Hawiate fm., ms. en Chapourue   1293, 204¹² = 284 = 349¹².
- †, ms. a Stentefontenne   1288, 2.
2. — de Stoxey †, Gertrut f., Guelemans. et Lowions fr. Guertrut   1298, 397.
- de lai Vigne S. Auol †, Jennas li clers f.
5. Jehans — tenneires, ms. [1290. 370. an Stentefontenne   1281, 370.
Jeunins —   1262, 35.
Eurias, Euriat 1269/1279, 1285/1298, Eurrias, Eurriat 1281, 1288/1298, Euriais 1281, Oirias, Oiriat 1281, Orriat 1267, Vrrias, Vrriat 1262, Vlrius 1241, Vlriat 1285. v. Hurias.
1. —, vg. (PS)   1262, 322.
— f. Florate   1290, 507.
— j. Odiliel   1288, 258.
2. — d'Aipilley, — f. Mettelie d'Aipillei, — li Chiens d'Apilley, — fr. Richart de Baicuville, — f. Lanbelin de Crepey, — f. Willame de Cuuerey, — li convers de Dornant, — de Lorey (OM), — j. Symonat lou clerc de Lorey, — f. Weiriat lo maior de Mairnelles, — j. Thieriat de Molins, — de S. Nicolais, — de Tinkerey, — Pennon de Tikerei, — de Tinkerey de lai Vigne S. Auol,
— de Vairney, — de Villeirs, — de Witoncort, — de Xueles.

3. — chavrey, — cherpantier de Sanerie, — drapierz de Vezignuez, — maigniens, — saiblier, — vieseir dou Quertal, Perrins waisteliers f. —.
4. — Ballerie, — Burnel, — lou Chien (d'Aipilley), — Cuerdefer, — lou Moinne, — f. Symonin l'arraison dou Quartal, — Pennon de Tikerei, — f. Watier Picote d'Ars (OM), Trauaille.

Eurielz, Euriel 1275, 1290, 1298, Euries 1281.
2. — de Vairney 1298, 383.
4. — Tago¹) 1275, 368.
5. Joffrois — 1275, 350; 1281, 546; 1290, 69a, 73.

Eurion 1281, 1285, 1290. Eurrion 1290, Vlrions 1241.
2. — de Haistrise 1281, 16.
— f. Symonin de Rouvre † 1290, 86.
3. — maignien †, d. Gehenne fm. 1285,
— saiblier, Jehans f. 1281, 69. [381.
4. — li Bagues 1241, 199.
5. Jennat — 1290, 553.

Euris, Eurit, 1251, 1277/1281, 1288/1298, Eurris, Eurrit 1262, 1293, Oirit 1281, Orrit 1262, 1267, Vrris, Vrri 1220, Ulris 1227, Vlris 1227, 1251, Vlri 1241, Vlrit 1251.
1. hoirs 1267, 481.
ms. — as Roches 1277, 209.
Ancillous f. — †, Colignon f. — 1290, 5.
Poincelo f. — † 1278, 513.
2. Hanriat d'Aianges f. —, — d'Ames, — d'Ars, sg. — voeit de Billei, sg. — de Pontois, sg. — de Meruals, — de Rethonfait, — des Roches, — de Stoxey, Besselas fr. — de Vermiey, — de Vigey, — de Wittoncort.
3. — chanones, — olieirs, sg. — preste, prestre — Morel, — sablier, — somenour dou pairaige de S. Martin, — tenueires.
4. prestre — Morel, — Sigart.

Eurrias, Eurrion, Eurris v. Euri..
Evrart, Eurairt v. Aurart.
Evrecol v. Eurecho.
Evrewin v. Aurowins.

¹) De Wailly 383, J. (1300) Uriat Tagol.

F.

Facans, Facau 1277, 1281, 1285, Fakan 1279, Fackan 1285, Fackant 1262.
1. —, Burtemate fm. 1279, 296.
—, Jakemate fm. 1262, 227
2. — de Plapeuille, Jennat et Poinsignon f. (v. 5) 1285, 539.
3. maistre — 1288, 57.
maistre — masson 1251, 590.
5. Colins — et Marguerons, sa fm., et Pieresons Pillaisee et Jehans, li dui fil Margueron 1277, 471.
Colin — de Plapeville, Jenin f. 1281, 410.

Faccol, Fackol v. Facols.
Faccons v. Facons.
Fakenels, Fakenelz, Fakenel 1275/1298, Fackenel, Fackenes 1267, Facquenes 1269, Fauquenel 1275, Faukenels, Faukenel 1251/1277, Faukenelz 1269, 1275, 1277, 1281, Faukenez 1269, Faukenes 1269, 1275, Falkenels, Falkenel 1241.

P.
—, t. desor Senainvalz (PM) enc. 1269, 346.
hoirs —, t. ar. ou ban de Nowesseuille ke partet as 1293, 376.
1. Jakemins —,
ms. en Saunerie 1241, 63.
enson vg. J. — (PS) 1241, 175b.
pb. por Thiebaut etc. (v. 3) 1241, 196.
et Ysambars Govions pb. 15 s. 6 d. ms. as Roiches et ½ ms. 1251, 183.
„ pb. ms. as Roiches 1251, 184.
d. Bietris, f. Jaikemin —,
50 s. 2 ms. en Rainport 1267, 320.
2. Colin —, les anfanz,
censals: 15½ s. ms. as Roiches 1251, 184.
3. 4. por Thiebaut et Jennin et Jakemete, enf. Johan —, (v. 1. Jakemins)
ms. en Viez Bucherie 1241, 196.
4. sr. Thiebaus — ¹)
pb. er ai Ancey 1262, 79.
maistres eschevins de Mez 1267, 1*.
t. ar. ou ban de Maingue 1267, 375.

¹) Thiebaus — ist sires zuerst genannt 1269, 800 und dann oft von 1275, 25 an.

Fakenels

pb. gr. en Franconrue 1267, 463.
pb. vourie d'Eucangez, pr. autre Eukangez et Tyonuille, t. ar., droitures ou ban d'Eucangez 1269, 300.
ms. a Valierez doit 2½ d. 1269, 347.
pb. t. ar., pr., vg. ou ban de Cloanges 1269,
pb. vg. ou ban de Lorey (OM) 1269, 502. [500.
pb. vg. en la Donnowe (PM) 1275, 25.
pb. 16 s. ms. et gr (PS) 1275, 71.
pb. vg. en Frieres ou ban de Maiclive 1275,
ms. a Mairanges, vg., t. ar. en toz les [84.
bans de Maranges, t. deleis les bordes a pont Thiefroit 1275, 129.
pb. 11 s. ms. (OM), 15 s. 2 ms. en Viez Bucherie 1275, 132.
gr. et ms. a Maignei, ch., pr., vg. ou ban de Maignei et de Poillei 1275, 175.
ms. ou Nuefbourc 1275, 186.
pb. ms. *(Eintrag gestrichen)* 1275, 297.
ms. an la plaice en Rimport 1275, 303.
pb. vg. ou ban de Mainguey 1275, 400.
pb. ms., gr. et vignes en toz les bans d'Ars (OM) 1275, 429.
en Chanpelz dezour lou colanbeir Th. -- (PM) 1277, 216.
pb. vg. en la Pretelle et lou tiers dou chamenel 1277, 369.
pb. vg. ou clo de Maigney 1277, 370.
pb. ms. et meis an la Vigne S. Marcel 1277,
pb. 4 vg. et 1 jard. ou bau de Plape- [429.
uille 1277, 430.
pb. er. ou ban de Clowanges 1277, 431.
pb. vg. ou ban de Cloanges 1277, 432.
pb. vg. en la Pretelle (PS) 1278, 84.
pb. vg. ou clo de Maigney 1278, 85.
pb. gr. ancoste lou Saic (PS) 1278, 86.
pb t. enc. l'ost. les Cordelieres outre Moselle pb. 25 s. ms. en Sanerie 1278, 223. [1278, 197.
pb. pr. dezous Cuuerey 1278, 278.
pb. ms. ou Tonboif 1278, 361.
pb. 25 s. ms. en Sanerie 1278, 362a.
pb. l'eutisme de Flanville et er. ki apaut a ban de Flanville 1278, 362b.
sus Muzelle dezouz Mons la grainge sg. Th. — 1278, 370ᵃ.
en Bones vignes entre les 2 vg. sg. Th. — (PM) 1278, 391.
a Mons entre la crowee sg. Th. — 1278, 418b.
enc. ms. sg. Th. — (PS) 1278, 529.
pb. pr. ou ban de Cuuerey 1278, 539.

Fakenels

1 Jakemins — 1241, 1251 [1250 C]
d. Bietris 1267

2 Colin — anfauz 1251

3 Johan — 1241

Jakemete 4 Thiebaus — 1241, † 1288 d. Anel
1241   m. e. 1267, sr. 1269   1288

11 Jennin 1241
Colate 1278

Jaikemate 5 sr. Nicoles — 7 Jaikemins 8 Jehans 9 Symonins — 10 Perrin —
fm. Arnout [m. e. 1273] 1277, m.e. 1278 1288/1293 1288/1293 1288/1293
de Porsaillis 1275, † 1293 sr. Jaikes —
fr. et serour d. Poince fm. 1293 1288/93
1288   6 Jehans 1290

12 Steuenin — ¹) 1267, † 1281 d. Clairaidine 1293

Idate 1281 Perrate 1281   13 Poinsignous —   14 Jehan
Jaikemin Frankignon j. St. -- 1281   1278/1298   1281

15 Jennas — maires d'OM 1269 Anel   ¹) *De Wailly* 28 *(1248)*
1269/1288, 1290   1278   Estevin Fauquenel citain de Mes.
     ? Drowins d'Ars 1298

I. Personennamen 145 **Fakenels**

pb. l'eutisme de Flanville 1278, 545.
pb. t. sus la ruelle de Turey et t. ou ban d'Escey 1278, 594.
pb. ms. et vg. (OM) 1278, 595.
pb. ms. en Chambieres 1278, 596.
pb. 20 lb. er. a Flaney 1279, 26.
pb. 8 lb. ms. a la Posterne 1279, 100.
pb. 45 s. ms. ou Champ a Saille 1279, 101.
pb. 26½ d. k'il meymes dovoit sus ces vignes ou clos de Maigney 1279, 512.
pb. er. ai Ars et ou ban (OM) 1279, 526.
an la Pretaille anc. vg. sg. Th. — 1281, 31.
ou ban de S. Julien anc. vg. sg. Th. — 1281,
pb. vg. ou ban de Chastels 1281, 630. [380.
sus Mozelle en droit Mons desous la grainge sg. Th. — 1285, 312b.
sus Muzelle anc. lai gr. sg. Th. — 1288, 120b.
an Chaipeleirue dav. lai gr. sg. Th 1288, 195b.
ms. en Vesignuelz ke fut sg. Th. — 1288, 209; 1293, 90a.
ms. a Porsaillis ke fut sg. Th. — 1288, 478.
Gerardins li valas sg. Th. — 1278, 141.
Gerardins li Bagues li sergens sg. Th. — 1281, 10.
Jaikemate, fm. Arnout de Porsaillis, er. de pairt sg. Th. —, son peire, et d. Anel, sa meire, 1288, 363 = 479 = 568.
= Jaikemate, s. Jehan — f. sg. Thiebaut —, (v. 8 Jehan) 1888, 478.
5. sr. Nicoles —, f. sg. Thiebaut —, pb. hommes, awe, pr., bos, t. ar. [1288, 477.
en Haueconcort 1278. 267.
a Coincey apres vg. sg. N. — 1281, 22.
pb. vg. en Mallemars et vg. an Xames a Awigney 1281, 95.
et Jaikemins de Heu pb. 15 s. ost. en Aiest et meizes Frowin et 5 s. er. ai Antilley 1285, 34.
pb. er. an tous les bans d'Ars (OM) 1288, 275.
40 s. des fiez sg. Thiebaut, son p. 1288, 477.
antre lai gr. sg. N. — (PM) 1290, 299b.
an Rimport sus lai rowelle davant l'ost. N. — 1290, 366.
pb. maixiere et meis a Quensei 1290, 476.
a pont a S. Julien anc. l'ost. hoirs sg. N. —
Renadins ke fut valas N.—1293, 25. [1293, 11.
d. Poince, fm. Nicolle — †, (v. 9 Symonins) 1293, 27²¹ = 175²¹.

can ke ou grant pois de Porsaillis 1293, 97.
6. Jehans, f. Nicolle —,
pb. 45 s. sus toute lai sousvouweric d'Erkancey 1290, 329.
7. Jaikemius —
pb. ½ ms. (PM) 1277, 232.
pb. er. ou ban de Haueconcort et de Talauges et de Maxeres et de Moncort 1277, 470.
— Jaikes — maistres eschavins de Mes 1278,
= sr. Jaikes —, f. sg. Thiebaut 1288. 477. [1*.
dev. l'ost. (PS) 1285, 97.
a Porsaillis dav. l'ost. 1293, 80.
ms. an Chambieres 1288, 237.
pb. 40 s. fiez ke furent sg. Th. — 1288,
pb. 10 s. (PS) 1288, 477b. [477b.
en Rimport sus lai rowelle davant lou chakeur J. — 1293, 27²⁰ = 175²⁰.
en lai Bretelle anson vg. sg. J. — 1293, 52.
ou ban S. Picre a Borney anc. t. sg. J. —
an lai Baixe Bertelle anc. lou [1293, 448.
chaimenel sg. J. — 1293, 453.
pr. en Chapelle anc. sg. J. — (PS) 1293,
8. Jehans , f. sg. Thiebaut , [528b.
ms. ke fut sg. Thiebaut — an Vésignuelz 10 s. des fiez son peire [1288, 209.
(v. 10. Perrin) 1288, 477b.
pb. 60 s. k'il dovoit a Jaikemate, sai s. sus sai ms. a Porsaillis, ke fut sg. Thiebaut, son p. 1288, 478.
4 lb. 5 s. ms. sg. Th. — en Vesignuelz 1293,
vg. a lai Fosse ou ban de Maigney anc. [90a.
Jehan — 1293, 535a.
9. Symonins —, f. sg. Thiebaut —,
1288, 477; 1293, 27².
4½ s. sus fiez son peire 1288, 477.
vg. sus Moselle, vg. a Rumpant sus Mozelle, vg. ou ban de S. Julien, vg. en Chenalz, vg. a Meurpaireir, gerdin au Burey, vg. a Arait sus Moselle, vg. en Goulairtplanteil, t. devant lou pont Thiefroit, ms. eu Rimport 1293, 27 — 175.
pb. pr. ou ban de Maranges 1293, 177.
10. Perrin , f. sg. Thiebaut
10 s. des fiez son p. (v. 8 Jehan) 1288, 477b.
en lai Donnowe anc. vg. P. — 1293, 393.
11. Jennin, f. Johan , (v. 3 Johan)
Colate, f. Jennin , [1241, 196.
vg. ou ban d'Ars (OM) 1278, 66.

10

Fakignons–Facols

12. Steuenin —,
4 lb., 2 wastels, 12 d. 2 ms. ou pont a Moszelle, 20 s. vg., 20 s. ms. en Remport, awe a S. Julien, 7 s. ms. (PM) 1267, 324.
vg. a Wappeit, 11½ s. ms. en Chambeires, 10 s. ms. en Chambeires, 33 jorn. de t. ar. a Thurey, vg. en la ruelle de Frieres, vg. a Wappeit, 15 s. ms. a Porte Serpenoise, 15 s. 2 d. ms. devant S. Jorge 1267, 514.
d. Clairaidine, fm. St. — 1293, 497.
Idate et Perrate, f. St. — †, pb. vg. an Planteires et 30 s. ms. an la Vigne S. Auol 1281, 25.
Jaikemins Frankignons, j. St. —, pb. 20 s. ms. son seur devant la fontaine, gr., tavle en Nues Chainges 1281, 47.

13. Poinsignons — 1278, 220.
pb. ms. Steuenin, son p., devant la fontainne pb. 6 d. sai ms. ou Nuefbourc [1281, 23, 24. devant la fontainne 1281, 418.
pb. meis et fosse a ruit a Ansei 1285, 106.
pb. er. de pair Steuenin —, son p., et d. Clairaidine, sai m. 1293, 497.
pb. l'eutisme de tout l'er. .... en toz les bans d'Ausey et de Dornant 1298, 626.

14. Jehan, fr. Poinsignon —,
½ ms. son p. devant la fontainne 1281, 23.

15. Jennas —
maires d'OM 1269, 1*.
er. de part Anel, sa fm. 1278, 639.
vg. en Malleuars, vg. an Xames a Awigney
pb. er. a Bourney 1281, 96. [1281, 95.
pb. vg. a Airs (OM) daier sa ms. c'on dist a Stoc 1281, 108 = 140.
er. an tous les bans d'Ars (OM) 1288, 275.
Howat, valat J. — † 1290, 414a.
Drowins d'Ars, j. J. — 1298, 587.
Fakignons, Fakignon 1278/1285, 1290/1298, Faukignon 1262, 1269, Falkignon 1245, 190.
1. —, ost. a Grixey 1290, 440.
—, ms. en Hulof 1269, 490 ¹³.
—, ms. a pont a Muzelle 1298, 379.
—, ost. en Viez Bucherie (v. 5) 1298, 344.
— f. Gobert 1298, 616.
2. —de Hulouf, — de Longeville, — de Lorey (OM), — o. Warin fil Sefiate de Lorey, — j. Liehairt de Maizelles, — de Merdeney, — de Vy.
3. — chadeliers, — feivres de Chailley, — de Praijs tenneires (ke maint en lai Vigne S. Auol).
4. — f. Tieriat dou Weyt 1269, 501.
5. Burtrans — 1279, 592; 1298, 297, 433.
„ — bouchiers 1290, 189, 440; 1293, 508.
„ — de Vies Bucherie (v. 1) 1293, 405.
„ — bouchiers de Vies Bucherie 1293, 278, 279.
Facols, 1275/1278, 1281, 1288, Facolz 1281, 1293, Facol 1267, 1275/1278, 1281/1288, 1293, 1298, Fakols, Fakol 1262, 1269, 1278, Faccol 1269, 1290, 1293, Fackols 1262, 1267, 1278, 1279, Fackolz 1251, 1281, Fackol 1281, Fakos, Facouz, Fakouz 1269, Falcols 1262.¹)

---

¹) *Die Namen* Facol *und* Facon *sind für verschiedene Namenformen ein und derselben Familie gehalten worden, so von D'Hannoncelles, Metz ancien II, 82. Dafür spricht besonders, daß der Schöffenmeister, der in der Urkunde von 1214 (De Wailly 2)* Simon Faicol *heißt, in der Chronik von Praillon wie in der Schöffenmeisterliste, Metzer Stadtbibliothek mss. 905 (= 155)* Symon Faulcon *genannt wird. Auch Jakemin* Facol (1) *und Jakemin* Facon (7) *könnten nach ihrem Lebensalter wohl für eine und dieselbe Person gelten. Aber bei den anderen Trägern dieser Namen kommt es in den Bannrollen nie zu einer Verwechselung. Signor Richier und Simonin heißen immer* Facon, *dagegen Colignon und Simonas immer* Facol. *Es ist daher in diesem Verzeichnis die Trennung vorgezogen, in der Annahme, daß die* Facol *und* Facon *wohl, worauf die Verwandtschaft der Familiennamen und die Gleichheit jener Vornamen schließen läßt, eines Ursprungs waren, daß die Familie sich aber in zwei verschiedene Zweige getrennt hat. Auch die Familie* Fakenel *mag mit den* Facol *und* Facon *verwandt gewesen sein, auch sie führt jene gleichen Vornamen. D'Hannoncelles irrt aber, indem er du Commun hinter* Jaquemin Faccol *setzt. Denn dieser*

I. Personennamen 147 **Facols**

P. [Simon Faicol m. c. 1214]²)
  sg. Gobert de la Posterne²)
     ?

1 Jakemins — 4 Colignons — ⌣ Wiberate
 1251/67 1262/98 = — 1285/88 1298
[1250 SM], srg. Aubertin
  f. sg. Raoul Makerel 1269

2 Simonas — 1267/93 3 Thiebaus —
= ? Simon — 1285, 1293 1269, 1281

5 Symonas — f. d. Brie d. Aileit —
srg. Gerairt f. Poincignon fm. Lowit lou
 lon Mercier 1293 Mercier 1281, 1293

1. Jakemins — (= Jake — 1275, 266).
pb. ms. en la Vigne S. Marcel 1251, 159.
pb. vouerie de Borney 1262, 71.
pb. vg. sus lo ru de Maizelles 1262, 72.
durchgestrichen 1262, 73.
2 parties en ms. et gr. sg. Gobert de la
 Posterne, son ajuel 1262, 364.
pb. en fiez pr. en la fin de Cunereit 1262,
maisons a Porte Mosselle 1267, 165. [383.
vg. en Orsain, Aubertin, f. sg. Raoul Make-
 rel †, son srg. 1269, 384.
2 gr. ke furent J. — daier sa ms. vers lou
 Preit 1277, 381.
gr. en la rouwe dou Preit ke fut J. — 1281,
2. Simonas —. f. Jake —, 1275, 266. [493.
pb. ½ ms ou Nuefbourc 1267, 440.
pb. ¹/? ms. ou Nuefbourc 1267, 441.
pb. ½ ms. (PS) 1269, 471.
pb. vg. outre Mosele en Freires 1277, 467.
pb. 3 s. t. ou ban de Weppey 1269, 568.
pb. vg. en Frieres ou ban de Wapey 1275, 266.
29 s. geisent sus ms. Simonat — daier S.
 Martin 1275, 358.
ou Rowal de Frieires entre vg. S. — 1281, 303.
anc. gr. S. - anc. la barre a Vallieres 1285, 327.

---

hat in jener Urkunde von 1250 für den Pa-
raige S. Martin *unterzeichnet,* Jaquemins Fau-
quenelz *dagegen für den* Commun.
²) *De Wailly* 2 A; F, J (1214) Symons
(Simonin Faicol, Simon Faicol) li maistres
eschaivins . . . . . Goubert de lai Posterne
. . . . escheving.

grant ms. devant S. Martin (PS) 1285, 457.
= ? Symon —, ms. ou Veueit 1285, 341.
un S. Martinrue anc. l'ost. ke fut Symon —
   1293, 498, 565.
3. Thiebaus —, fr. Symonat —,
3 s. t. ou ban de Weppey 1269, 568.
er. en la mairie de PM 1281, 393.¹)
halle dairier les Chainges, er. an tous les
 bans de Bourney, er. an la mairie de PS
   1281, 586.¹)
toutes les censes ke Th. — ait en la marie
 d'OM 1281, 622.¹)
4. Colignons —, fr. Jaikemin —, 1262,
pb. maix. et gr. a la Posterne, [364.
2 parties en ms. sg. Gobert de la Pos-
 terne 1262, 363.
pb. 2 parties en ms. et gr. sg. Gobert de
 la Posterne, son ajuel 1262, 364.
pb. encor 2 parties 1262, 365.
pb. ms. Jennin de Gorze a la Posterne enc.
 l'ost. sg. Gobert de la Posterne † 1262, 366.
pb. ms. sg. Maheu lou Mercier (a la Pos-
 terne) 1262, 367.
pb. 5½ d. ms. et meis ai Ars (OM), 2 s. ms.
 et meis, 7 d. sus sa fosse arreis son cha-
 keur 1275, 449.
pb. vg. c'on dist en Bordes ou ban d'Ars
 (OM) 1275, 450.
pb. vg. en Bordes c'on dist en Marcilley
 (OM) 1275, 451.
pb. vg. en la Bruere arreis (enc.) sa vg. et
 vg. (en la Bruere) arreis Drowat Guepe
 ou ban d'Ars (OM) 1277, 467; 1278, 204.
pb. vg. ou ban S. Martin c'on dist ou Preit
 et vg. ou Mont, et vg. en Bernartxamelle
  1277, 468; 1278, 203.
pb. t. ar. et pr. ou ban de Mairley 1278, 307.
pb. t. ar. dezous Ollerey deleis la soie et t. en
 la voie de Joiey 1278, 512.
pb. ms. outre Saille et gr. enc., 21 s. 2 ms.
 ou Waide 1278, 513.
pb. vg. en ban d'Ars en Seilerit 1278, 573;
ai Ars deleis Col. — 1281, 558. [1279, 150.
4 lb. ms. en Rinport 1285, 1.
an Braies ou ban d'Ars enc. vg (C.) —

---

¹) *Die Einträge sind durchgestrichen.*

Facon–Facons   148   I. Personennamen

(OM) 1285, 115; 1288, 527.
en la Breueire (OM) deleis vg. C. — 1285, 117a.
a Wessues (OM) antre vg. C. — 1285, 124.
ms. outre Saille 1285, 180.
devant Airs sus Muzelle en Cunonpreit arreiz pr. C. — 1285, 221.
ai Ars (OM) antre l'ost — 1285, 487.
tout l'er. ke C. — ait ai Ars et an toz les bans et an toz les bans de Rixonville et de S. Martin davant Mes et de Lorey et delai Muselle *(durchgestrichen)* 1288,
ms. ou Venier 1290, 290. [274.
tout l'er. ke fut C. — et Wiberate, sa fm., a Airs et en bans d'Ars ki est dou censal des 25 lb. et des 5 moies de vin ke sr. Nicolles Otins, doiens de S Sauor, aquasteit a C. — 1298, 348², 6, 15.
5. Symonas —, f. d. Brie,
pb. ms. et gr. en S. Martinrue, Gerairt f. Poincignon lou Mercier, son srg. 1293, 99.
d. Aileit —, fm. Lowit lou Mercier †, pb. 70 s. ms. a Quartal, 12 s. 8¹/₂ d. ms. an Chaipelerruwe 1281, 274.
ms. (au S. Martinruwe) doit 12 s. a dame Aileit — 1293, 95.
Facon 1262, Faukes 1251. (v. Facons).
P. sr. **Faukes**
ait doueit 32 s. (PM) a la chieze Deu de Fristor 1251, 187.
= sg. Facon †, a Vantous areis lo vivier
Facondoers v. Faconvers. [1262, 268.
Facons, Facon 1262, 1267, 1275/1290, 1298, Fakous 1281, Faccons 1269, Faicons 1285, Faucous, Faucon 1220/67, 1275, Faukons, Faukon 1227, 1269. (v. Facon).
a) Vorname:
— f. Watrin Katelie 1275, 302; 1281, 281;
— Kaitelie 1298, 29, 235, 384. [1290, 490 b.
b) Familienname:[1]
P.
au Chieuremout antre ms. — 1288, 130.
1. Pícres —
pb. 50 s. ms. an Vezineul 1227, 52.
2. Simon —[1])
pb. por ceus de la Creste 1220, 1.

---

v. [1]) *Anmerkung zu* Facols.

d. Jennatte, f. Symon — †, 60 s. gissent sor ms. en Chaurerrue 1251, 16a.
= d. Jennate, s. Poensat —, er. (PS) 1262, 62.
an Chaureirue ms. ke fut d. J. 1279, 459.
3. Poinsas —
pb. l'alueph a Sorbei an ms., homes, pres, treres 1227, 61.
ms. davant lo Tonboit 1241, 62.
gr. ke fut P. — (PS) 1277, 33.

[Richiers Faucous eschevins 1214][1])
1 Pieres — 1227
2 Simon — 1220, † 1251
‾‾‾
Jennate 3 Poinsas —, awel Clomansate 1278
1251/79   1227/79   „   Jakemin 1279
‾‾‾
Jakemate 4 Simonin —   6 Jehan 1277
1269   (o. Matheu   fil? nevout?
         Grancol 1278)   = ? Jehan —
         1278/85, † 1298   chantor de
5 Boinvallas 1298   S. Thiebaut 1298³)

7 Jakemins — 1241
‾‾‾
8 Jennas — 10 sg. Richier —²) 11 Burtrans —²)
1262/77²)³) chan. S. Thiebaut   1285/90
                1267/90 † 1298
9 Jaikemin³) ³) Poinsate³) Marguerite³)
1285, 1298   1298   1298

¹) *De Wailly 2. S. 15 J, S. 16 A (1214)*
Li nons des eschering ke furent presen....
Richiers Faucous.

²) *De Wailly 252 (1285 a. St.)* sr. Richiers Facons, doiens de S. Thiebat, ait aquasteit a Jaikemin, son nevout, f. Jennat, son frere ke fut, les 10 s. de cens ke Jennas, ces freres, avoit sus I meis ke geist daier S. Thiebat.... Et cest vandaige ait fait Jakemins par lou crant . . . de Bertran Facon, son oncle ....

³) *De Wailly 371, 372 (1298)* Jaikemin et Poinsate, les II anfans Jennat Facon lou maior de Pado (= *Padoue-près-Coiriller, Meurthe)* ke fut, per lou crant de Marguerite, lor suer... Et cest vandaige ont fait li anfans desus dis per lou crant de Jehan Facon, lou chantor de S. Thiebaut, lor nevoit....

ms. ke fut P. — ou Nuefborc 1279, 80.
Jakemate, f. P. —, t. ar. ou ban de Marleit et de S. Sauuor et de Fayz 1269, 272.
Houwignons, f. Gerairt de Vallieres, pb. vg. et er. au ban de Vallieres et de Vantous escheutes Clomansate, sa fm., de pair l'oensat —, son awel 1278, 379.
Jakemins, avelas Poinsat — †, pr. sus Niet 1279, 82.
-? Jakemin, avelet Renalt dou Pux 1279, 80.
4. Simonin, f. Poinsat —, vg. ou ban de Fayt; o. Matheu Grantcol pb. por S. Thiebat 1281, 323. [1278, 108. 40 s. (PM) ke Sym. — dovoit a Colin Grancol · 1285, 164b.
5. Boinvallas, f. Symonin — †, pb. vg., gr., gerd., pr. ou ban de Mairuelles 1298, 113.
6. Jehan, fil? nevont? Poinsat —, gr. ke fut P. — 1277, 33.
-? Johan —, chantor de S. Thiebaut¹).
7. Jakemins — pb. por la chiese Deu de la Craste 1241, 99.
8. Jennas, f. Jaikemin —, pb. por la chese Deu de la Craste 1262, 393. pb. ms. en S. Thiebautrue ou il maint 1267,
= Jennas — pb. por sg. Soifroit de [231. S. Thiebaut 1267, 503; 1269, 20. pb. por S. Thiebaut 1275, 384. 7½ s. vg. et t. ar. ou ban d'Awigney 1277,
9. Jaikemin, f. Jennat —, Poin- [360. sate et Marguerite s.
10. sg. Richier —, chan. de S. Thiebaut, et Joffroit de Chastels, chanone de S. Sauour. et ... pb. lo chanp a Pannes devant S. Thiebaut 1267, 98.
· sg. R. —, doien de S. Thiebaut, ms. en la rue S. Vy 1277, 153.
pb. 3 s. 2 ms. outre Salle 1281, 513.
pb. 18 s. ost. devant S. Thiebaut 1285, 213.
pb. 40 s. de pension ms. a S. Clemant et t. ar. en lai Grustelle et r. ar. desour lai Horgne 1290, 410.
†, 5 s. ms. (PS) 1298, 264.
11. Burtrans — pb. vg. sus lou rut de Maicelle 1285, 197.
pb. vg. en la voie de Lorey (OM) 1285, 562.
31 s. en tous les bans d'Airey 1288, 485.

pb. ½ ms. et ¼ maix. an S. Thiebautrue Jennas Grancolz et B. — pb. [1290, 412. ms. et gr. dav. les Augustins 1288, 385. ms., meis, gr. davant les Augustins 1290, 367.
Faconvers, Faconuers 1275, 1279, 1281. 1288, 1290, 1298, Facondoers 1288, Faucouuers 1251/1269, Fauzconuers 1227.
—, ms. en Renport 1262, 145.
a Flurcy anc. — (v. Richier —) 1298, 535b.
Abertin — †, 1279, 417; 1281, 349a.
  Margucrons fm. 1275, 29; 1279, 412b.
  Gillat f. Abertin — 1281, 349b.
  Jennas f. Ab. — 1267, 314; 1269, 194.
  Poinsignon f. Ab. — 1281, 481, 535.
Johan — 1227, 13; 1279, 10.
Poinsignon —¹) 1281, 493, 534; 1288, 7, 436 1290, 196; 1298, 103, 423.
Richier — (ms. a Flurey) 1279, 212.
Symonins — 1251, 192.
Facouz, Fakouz v. Facols.
Facquenes v. Fakenels.
Fafel (v. Fauel) †, d. Wibors fm. 1227, 57.
Fagos, Fagon.
Colin — seur Colignon Tristan lou parmantier 1290, 180.
Thierions — cordiers 1290, 198.
Faikairt, lai plaute, a Awigney 1293, 94.
Faikier, Waterin, de Rommebar, Hauris, Colins, Jehans, Marions enf. 1298, 639.
Faicons v. Facons.
Faillart de Franconrue, Pierixel f. (v. Fraillas) 1269, 126.
lai **Faillerasse,** d. Eietrit, d'Aiest 1293, 424.
Failletel, Pierixel 1281, 569.
Faillo, Clodat, Poinsignon f. 1281, 114.
li **Painerasse,** Odeliate 1290, 137.
Paiuerelz v. Fauerel.
Faixel, Burtemat 1279, 345.
Faixins, Faixin 1251/1298, Faxin 1269/1279. P.
1. Philippins — pb. ms. dessandre de Chieuremont 1251, 9.
pb. 50 s. 3 d. sus 6 ms. (PS) 1267, 377.
= —, ms. en Chambres enc. 1269, 186·

---

¹) *De Wailly 357 (1297)* Poinsignons Fancovers, li maires les Proicherasses.

Faixins 150 I. Personennamen

= Philipes —
et Thiebaus li Maires et Bertadons Pietdeschaus et Yngrans Goule pb. ms. et gr. en Aiest, vg. ou ban de S. Julien et de Vallieres, kant ke sr. Thieris de Laibrie avoit a Aiees, Tremerey et Ostelaincort, ms. en Dairangerne, er. en la mairie de PM 1275, 17.[1])
„ pb. kan ke sr. Thieris de Labrie at a Crepey, Aisins, Silliers, Abes et Helestor et le molin de Blasey, er. en la mairie de PS 1275, 63.[1])
„ pb. charree de vin d'Ars et de Siey, can ke sr. Thieris de Laibrie ait a Richiermont et a Vcanges et delai Orne, er. en la mairie d'OM 1275, 127.[1])
3 s. ms. sus Saille 1275, 82.
en la coste S. Quintin ou ban de Longeville entre vg. F. — 1277, 121.
Theirias Strillecheval valas F. — 1277, 334.
an Chieuremont anc. gr. Ph. — † 1288, 117.
ou ban de Maigney desous vg. 1290, 466a.
oir sg. Philippe — ont 60 s. ms. en Chambres et ms. as Roches 1285, 342.
2. 3. Jaikemins, f. Pheleppin —, et Colins fr. et 2 serours
pb. 9 s. ms. en Chieuremont 1262, 161.
= Jakemins — et Colins Badaires, ces fr., pb. vg. outre Saille 1277, 321.
vg. outre Saille 1279, 494.
2. 3. 4. Jaikemius — et Colins Badaires et Garserias, li troi f. sg Felippe — †,

[1]) *Die Einträge sind durchgestrichen.*

pb. moulin sus Muzelle en la teire a la stuve 1278, 32.
pb. gr., ch., pr., bois delai Grixey, vg. an Herbertclos 1278, 144.
gr., bois, pr., ch. devant Grixey 1278, 146.
pb. 5 moies de vin (OM) 1278, 209.
2. Jaikemins —
pb. vg. en Peuenelle, vg. au Chesne, vg. en Aubuez, 8 s. vg. et t. en Corchebuef (PS) 1269, 274.
pb. 110 s. $^1/_2$ molin (PM), 18 s. ms. a la porte en Chambres 1275, 27.
pb. estaulz et pesses en Visegnuel 1275, 32.
pb. 6$^1/_2$ lb. ms. en Visegnuel 1275, 76.
pb. 5 s. vg. et t. en Vals 1275, 470.
ms. en Chanbres 1277, 215.
pb. 22 s. vg. a Plapeuille 1277, 473.
pb. ms. en Chanbres 1278, 33.
en Chanbres enc. Jak. — 1278, 383.
pb. er. outre Saille 1278, 568.
sus Muzelle entre molin .. et J. — 1279, 15.
ms., gr., chanbre, praiel outre Saille 1285, 40.
pb. 35 s. pet. ms. outre Saille 1285, 71.
pb. gr. a Chailley, gerdin anc., 24 jorn. de t. ar., preis ou ban de Chailley, vg. et 2 s. tot l'er. 1285, 175.
pb. t. et pr. ou ban de Chailley 1285, 320a.
pb. 10 quartes de froment „ 1285, 320b.
pb. 2$^1/_2$ moies de vin a moust. „ 1285, 320c.
pb. ms. an Chambres et $^1/_2$ pet. ms. as Roches 1285, 355.
ms. an Ch. et $^1/_2$ pet. ms. as R. 1285, 356.
20 s. ms. (PM) 1288, 294.
ms. outre Saille 1288, 374.
pb. $^1/_4$ molin a Rive sus Moselle 1290, 340a.
pb. 10 quartes de froment 1290, 340b.

Faixins

1 Philippins — 1251/1267
= Philipes — 1275, sg. † 1277 [m. e. 1272] Ruecelate 2. fm. 1279. 1290

2 Jaikemins —	3 Colins	4 Garserias —	5 Philippin	6 Vguignon	7 Jehan	serors
1262/93, † 1298	Badaires	1278/1298	1290	1290	1290	1262,
d. Anel fm.	1262/79, † 1285	maires d'OM 1279				1279
1298	Marguerite fm. 1285					

8 Vguegnon — 1251, † 1278			10 Thieriat — d'Aipilley Merguerite
Marguerite	Bonefille	9 Poinsignons	† 1293 1293
1279	1279	1278	

pb. ms., gr., gerdin a Chailley 1290, 340c.
pb. ¼ molin sus Mozelle 1293, 420.
d. Anel, fm. Jaik. — †, pb. er. ou ban de Chailley, Chanpitlons, Stropes et Geucrey 1298, 8.
3. Colins Badaires (v. 2. 3. Jaikemins).
pb. 4½ s. jardin ou ban de Plapeuille 1275, Marguerite, fm. Colin B. †, ms. en [477. Chambres acensit a 1285, 21.
4. Garserias, f. sg. Felipe †, (v. 2. 3. 4. Jaikemins)
pb. 5½ s. ost. (PS) 1277, 295.
pb. ms. en Chambres et ½ molin en Boweteiteire 1278, 383.
— Garserias — (*Eintrag fehlt*) 1278, 330, 331.
pb. ms. devant lou Preit a Virduns 1279, 97.
maires d'Outre Muzelle 1279, 169*.
pb. ms. en Vizennuel 1279, 502.
pb. por S. Vitoul 1281, 534.
pb. 12 s. ost. dav. les Cordelieres 1285, 174.
pb. 5 s. ms. an la rowe dou Preit et 5 s. 4 d. moins ms. an la rue S. Laidre 1285,
pb. ms. an Visignuel 1285, 431. [283.
pb. ⅙ ms. enc. lui meimes (PM) 1288, 368.
ms. (PS) doit 25 s. 1288, 483.
en Chieuremont davant lai porte G. — 1290.
Symonas de Chambres et ... [313; 1298, 19. et G. — et ... pb. t. ar. en Hem, vg. en lui coste dou mont S. Quintin daier Longeuille 1298, 296 = 350.
pb. por lui et por ces fr. et por ces serors ke sont de Ruecelate, sa meire, ms. en Chambres 1279, 364.
4. 5. 6. 7. pb. por lui et por Philippin et Vguignon et Jehan, ces 3 fr., ms. as Roches en Chambres daier lour ms. meymes 1290, 341.
8. Vguegnon —,
2 pars ms. en Visegnuel 1251, 143.
boix entre Morcey et la grainge Vg. — (= *la Grange-aux-Bois?*) 1269, 484.
en Herberclos delez vg. 1275, 182.
grainge, bois, pr., ch. ke furent Vg. — devant Grixey 1278, 146.
Marguerite et Bonefille, f. Vg. —, er. (pr., ch., bos) ou ban d'Amanvilleirs
9. Poinsignons, f. Vg. —†, [1279, 296. gr., ch., pr., bois delai Grixey, vg. en Her-

bertclos 1278, 144.
5 moies de vin (OM) 1278, 209.
10. — d'Aipilley,
a Porte Serpenoize anc. l'ost. 1293, 504.
—, t. en la voie de Chamenat deleis 1285, 62ª.
Marguerite, fm. Thieriat — d'Aipilley †, pb. er. (PS) 1293, 561a.
pb. pr., ch., vg., bolz, gr. (PS) 1293, 561b.
Falkenel v. Fakenels.
Falkignon v. Fakignons.
Falcols v. Facols.
Falljers, Maiheus, torneires 1281, 226.
Paltuel, Lowi 1241, 143.
Falschalonge, Polin 1241, 70.
Fancin, Colin, anf. 1269, 253.
Colin —, Weiriat f. · 1281, 209.
Fantel, Pierixel 1245, 69, 154.
Fardel 1275, 1281, Ferdelz 1278.
— srg. Guelart le tannor 1275, 33.
—, er. ou ban de S. Julien 1278, 428.
Jennat — 1275, 109; 1281, 597.
Fasars, Jennas(v. V. Fazairtvigne) 1288, 259.
Faskenate de S. Climent 1269, 449.
Faukenels, Faukenez v. Fakenels.
Faukes v. Facon.
Faukignon v. Fakignons.
Faukin de Buxit, Ameline s. 1277, 103.
Faucons, Faukons v. Facons.
Fauconuers v. Faconvers.
Faupain, Colin, de S. Julien 1269, 39.
Fanquenel v. Fakenels.
Fauzconuers v. Faconvers. [1281, 574.
Fauate, Jehan, de Pierrevilleirs, Tierias f.
Panel[1]) (v. Fafel), les hoirs 1293, 509.
Fauerel 1279, Faiuerelz 1293.
Gererdas — de Stoxey 1293, 396.
Jennin — † 1279, 413.
Fauerjons, Hanrias, de Franconrue 1267, 506.
Faxin v. Faixins.
Fazairt v, Fasars.
Felepin, Feleppin v. Filipins.
Felios v. Filios.
Felipe, Felippe v. Filipes.
Felipin, Felippin v. Filipins.

---

[1]) *De Wailly 231 (1282)* Helowit, f. Gerardin Favel de S. Arnout †.

Felixate 1278, Felisate 1277, 1278, Felizate 1269, Filixate 1298, Filizate 1275.
. 1. – et Lowyns 1269, 116[13].
—, Guenordin f. 1277,107; 1278, 472.
5. Burtemins —. 1275, 226.
Guenordin — 1278, 500.
Tomessins ··· 1298, 344.
Felixe de Luppei, Alexandre f. 1290, 464c, d.
Felizate v. Felixate.
Felizon de Merdeney, Weirias f. 1278, 566.
Femedaite, Lowi 1241, 119.
Ferdelz v. Fardel.
Fernagut 1278, 1281, 1285, Fernagu 1267.
Fernaigut 1293.
Howignon — 1278, 370[12], 540, 624; 1281, 420.
Mergueron — (v. Fernaigue) 1293, 90a. [585.
Poencignon — 1267, 442.
d. Mergueron fm. 1281, 420, 585; 1298, 448.
Thiebaut — †, Ailexate. Afelix, Jehan euf. 1285, 50.
Thoumaissin — 1281, 60; † 1281, 522.
Fernaigne, d. Mergueron 1298, 448.
Fernaigut v. Fernagut.
Fernaise 1275, Fernaixe 1298.
Jennas — d'Airey 1298, 516.
Jennas — de Rouserueles 1275, 439.
Ferowel v. Furuels.
Ferrandel, Thieriat. de Domangeuille †, Gererdins f. 1293, 449.
Ferrans, Ferrant.
Johan — 1241, 402.
Simonins — d'Ars (OM) 1281, 567.
„ — f. Graiceteste d'Ars (OM) 1277, 424.
Theiriat —, ms. a Airs (PS) 1281, 84.
Ferrechait 1275, Ferrechaite 1278, 1279.
Simonat — 1275, 101.
Thiebaut —, Simonas f. 1278, 671.
„ —, Hanriat j. 1279, 19.
Ferri v. Ferris.
Ferrias, Ferriat 1262/1298.
1. —, ms. en Chaponrue 1293, 204[14] ·.
— f. Aberon (v. 4) 1293, 477. [284 = 349[14].
2. — d'Aiest, — (f. Nicolle) Girbont d'Aiest, — srg. Steuenin de Chastels, — de Florehanges, — de Montois, — d'Ostelencort. — f. Symonin de Sorbey, — srg. Jehan de Vrigney.
3. — bolengier de Nonuiant, — clerc, — corriers, — Fessalz draipiers, — hardier de Porte Serpenoize, — de Goens vieseir.
4. — Aberon de Maizelles, — de Chailley, — Chielairon, — (f. Jaikemel) Chiere, — Clairiet de Failley, — (f. Stenenin) de Coloigne, — Fessalz (draipiers), — Gerba. d'Aiest = — f. Nicolle Girbaut d'Aiest, Gol, — Haizairt, — Jeuwes, – de Florehanges f. sg. Maheu lou Mercier, — Moyxelz, — Moutas, — f. (Jennin) lou Praige (de Villeirs a l'Orme), — f. Sauaige, — Troixin.
5. Colins — (v. Jeuwes 6) 1298, 639.
Jehans -· (v. Jeuwes 5) 1293, 117, 679.
Ferrils tanneires de S. Auol 1251, 12.
- Ferris de S. Auol 1251, 13.
Ferrions, Ferrion.
— de Porte Serpenoise 1251, 23.
— dou Waide 1279, 64.
3. – bolangier, ms. au Stoixey 1298, 221[11].
4. — Brisepain, — Kentelawe, — f. Richairt Wairenel.
5. Colignon — 1288, 490, 578.
Steuenins f. Ydate dou Waide srg. 1290, Hanrias — 1298, 61, 440. [206b.
Ferris, 1251/1298, Ferrit 1277/1298, Ferri 1267, 1269, Ferrils 1251, 12. [237.
1. monsignor — et Wernier de Port 1285, sg. — (= sg. — de Porte Serpenoise) 1262,
2. — de Curlandac = — [167; 1267, 208. de Cullendal taineires, — f. Jehan de Fontois, — de Gorze, — f. Hanriat de Merdeney, — de Nowesseville, — de S. Arnolt, — t. Lowit de S. Auol, — (tanneires) de S. Auol, — f. Jehan de S. Vicent, — dou Waide.
3. — ardor, maistre — avocat, — boulangier maris la fm. Aurairt, — boulangier de Teheicourt, — celliers, maistres — clers, — corriers, — de Destrey corriers ke maint en Sanerie, — escuwiers sg. Rigal, sg. — preste f. Harmant de Morehangez, — de Cullendal taineires, — tanneires de S. Auol.
4. Maistres — advocas fr. Xandrin Boinvallat, — (f. Maheu) Cokenel, — f. Hanriat — (v. 5), — (f. Colin) lou Grant d'Outre Saille, sg. — de Porte Serpenoise, — f. sg. Poinson lou Trowant.

Ferruel–Filios

5. P.
Hanriat — (v. I. de Porte Serpenoise 3).
  Ferrit f.   1279, 256; 1285, 368.
  = Ferrit f. Hanriat fil sg. de Porte Serpenoise   1277, 63.
  Ysaibel et Perrin enf.   1278, 116.
  Jehan — de Porte Serpenoise 1288, 181.
    Colins fr., — fr.   1281, 72.
  Jenuat —   1278, 381; 1290, 70[11].
    Simonin fr.   1278, 381.
    †, Katherine fm.   1290, 20.
Ferruel, Feruelz v. Furuels.
Pescant lou masson, maistre 1281, 131.
Fessals 1278, 1285/1298, Fessalz 1290/1298, Fessal 1262, 1267, 1275/1298, Fessaus 1262.
P.? [1])
  1. Colins — cordewiniers
pb. ms. a S. Martin (OM)   1262, 98.
= Colin — de Staisons, 6 s. ms. (OM) 1262,
= Colin —, ms. en Chambres 1262, 133. [101.
Colin —, ...   1262, 272.
ms. en Staixons   1262, 336.
en la rue lou Voweit dev. l'ost. 1267, 492;
                    1277, 422; 1279. 301.
„ anc. l'ost.   1281, 97. 98.
antre l'ost. C. — et .. (OM) 1285, 552.
20 s. ms. en la rue lou Voweit enc. la rowelle a puix   1278, 192.
t. ou ban de Siey en Preires   1285, 253.
= Colignon —, en la rue lo Voweit en
l'angle ou li pus est ensom C. 1275, 453.
16 s. er. en Mes et ou ban de S. Martin
2 ms. (OM)   1298, 146. [1279, 295.
  2. Ferrias, f. Colin —,
ot Hermans li clers (de S. Geure 1285, 552),
ces srg., pb. $^1/_2$ ms. an la ruwe lou Voweit
antre ms. Colin — et ..   1285, 122.
= Ferrias — pb. t. ou ban de Jerney 1278, 338.
pb. ms. ou ban de Techiemont 1285, 515.
Thiebat Henmignon et Nicolle Baron et F. —
  et ..., ms. an la rue de Porte Serpenoize
                              1288, 263.
pb. t. an Goudrutchamp et foureire ansom
  ou ban de Droitamont   1288, 558.
F. — et Roillons Louse pb. vg. an Rollanmont   1290, 194.
pb. gr., pr., t. ar. a Techiemont et ou ban
                              1290, 249.
pb. 2 s. $^1/_2$ ms. en la rue S. Vy 1290, 250.
pb. er. a Brunville et en bans 1293, 120.
F. — et Bertrans, f. Jehan lou Borgon, pb.
14 s. ke geixent sus les $9^1/_2$ s. ms. ou
Halt Champel et sus les $9^1/_2$ s. ms. ou
Baix Champel   1298, 71.
pb. 2 ms. (OM)   1298, 146.
pb. 2 s. $^1/_6$ ms. dav. les Boins enfans 1298, 254a.
pb. 2 s. $^1/_6$ ms. sus lou tour davant les
  Boins enfans   1298, 254b.
pb. 5 s. ms. en Rommesale davant lou
  puix   1298, 318.
pb. vg. ou ban de Montigney 1298, 319.
pb. 4 s. ms. anc. lou puix (OM) 1298, 320.
pb. 12 d. $^1/_3$ ms. dav. les Boins enf. 1298, 483a.
pb. 4 s. $^1/_3$ ms. sus lou tour en lai Nueue
  rue   1298, 483b.
= Ferrias — li draipiers
pb. 2 s. ms. en lai Vigne S. Auol 1293, 75.
Fezee, Abert, Poirel f.   1285, 546.
Fezels 1281, 1285, 1298, Fezelz 1285, Fuzels 1290, Fusel 1281.   [93; 1298, 582, 583.
Jennas — d'Ars (OM) 1285, 115, 480; 1290,
Theiriat — d'Airs (OM)   1281, 212, 324.
Fichet, Pieron, Margueron fm. 1245, 154.
Fieretestepur, Girart   1220, 23.
Figuredeu, Gerardas   1279, 461.
Fildeu v. Filsdeu.
Filios, Filio 1279/88, Felios 1278.
— draipiers   1278, 408.

---

[1]) Die Familie Fessal gehört im 14. Jahrh. zu den Patriziern, im Jahre 1363 ist Pierre Fessal Schöffenmeister. Aber daß Colins — und sein Sohn Ferrias Patrizier waren, kann mindestens bezweifelt werden. Daß Ferrias 1293, 75 als Tuchmacher bezeichnet wird, hindert es nicht. Denn auch unter die Urkunde von 1250 hat ein drapiers seinen Namen gesetzt. Aber Colins, der Vater von Ferrias —, ist nach 1262, 98 cordewiniers, und daß ein solcher Patrizier gewesen wäre, ist nicht gerade wahrscheinlich. Unter den sieben Genossen des Ferriat — 1288, 263 sind nur drei sicher Patrizier, nämlich Thiebat Henmignon, Nicolle Baron und Jennat Houdebran.

Filipes–Fillipins   154   I. Personennamen

Filipins — 1279, 82; 1281, 577, 604.
Wiberate et Hawiate, les 2 suers F. —,
et Willemins li clers mainbor F. 1285, 568.
Wiberate et Hawiate, les 2 s. F. — †,
1288, 395, 531.
Filipes, Filipe 1278/85, 1298, Filippe 1281/
1288, Fillippe 1281, 1285, Fillipes, Fillipe
1285/98, Felipes, Felipe 1275, 1277, 1278,
Felippes, Felippe 1267/75, 1278/81, Philipes,
Philipe 1241, 1251, 1275, Philippes, Philippe
1241, 1279, 1285/98, Phillippe 1251, Phelippe,
1262, 1269. *Die Form* Philipes *kommt
mehr vor als jede der anderen (22mal), aber
im ganzen überwiegen doch die Formen
mit F.*
3. l'eveke —, — li Lous nateniers, —
preste de Lascey.
4. sg. — d'Aix, — lou Clope, — Colon, (sg.)
— Faixin, sr. — li Gronais, — li Lous
nateniers, sg. — Piedeschaus, sg. — de Rage-
cort, — Tiguienne li xavins = — Xaiuing.
Filipins, Filipin 1251, 1278/88, 1298, Filip-
pins, Filippin 1278/85, Fillippins, Fillippin
1285, Fillipins, Fillipin 1278, 1285/98, Feli-
pins, Felipin 1227, 1277, 1278, 1281, 1288,
Felippins, Felippin 1267, 1269, 1278, 1279,
Felepins, Felepin 1269/81, Felepin 1281,
Philipins, Philipin 1241/51, 1275, Philippins,
Philippin 1262, 1275, 1279/98, Phillippins
1251, 1267, Phelipin 1269, Phelippins, Phe-
lippin 1262/69, Phelepin 1269, 1281, Phe-
leppins 1262. *Wie* Philippes, *so ist die ent-
sprechende Form* Philippins *die gewöhnlichste
(47mal, besonders häufig von 1285 an), aber
auch hier sind im ganzen die Formen mit F
häufiger, unter ihnen kommt* Filipin *am meisten
vor (25mal).*
1. —, ms. davant S. George   1245, 55.
— avelet lou maior (de S. Julien) 1288, 369.
— f. Godin (v. 4)   1293, 493.
— f. Pierat   1269, 263.
— f. Thiefroit (v. 2 Juxey)   1278, 629.
Jennas f. —   1285, 95.
Cunin et —, son fr., anf. de Virdun 1277, 287.
= Cunin et — les salierz   1269, 78.
= — de Virduns li celliers   1278, 671.
2. — f. Symonin de Chaistelz, — f. Soiffri-
gnon de Cronney, — (f. Thiefroit) de Juxey,
— de Lai Nueueville (PM), — de Malleroit,
— de Manweit, — de Merdeney, — (f.
Deudeneit) de Merdeney, — de Moieneville,
— f. Jennin de Moince, — de Molins, —
de Chaman de Molins, — (f.) Meffroit de
Nonviant, — de Noweroit, — d'Ottonuille,
— de Peuelanges, — f. (Jaikemin) Godin
de S. Clemant, — lou Grant de S. Clemant,
— de S. Eivre, — f. sg. Aubert de S. Julien,
— srg. Poinsignon de Ste Rafine, — de
Scrouille, — de Vallieres, — de Vargnei,
— f. — de Vy, — j. Weiriat de Villeirs
a l'Orme.
3. — Belchamp bollengiers, — de Virduns
celliers, — clerc f. Cunon Lietalt, — Bou-
chate clerc, — corvexeir, — Brehier fornier,
— f. Bawier lou feivre, — f. Pielin lou
lavour, — maior, — maires de Maleroi, — per-
manteir, — poixor, — f. Benoitin lou poxour,
— salier, — taillor, — f. Guerairt lou
taillor, — lo Vadois, — Guele vieseir, (de
la Nueve rowe), — (Tiguienne) li xavins.
4. — fill. Pierexel l'Affichiet, — li Bagues,
— Belaseiz, — Belchamp bollengiers, — Bou-
chate (clerc), — Brehier (fornier), — Faixin,
— Filio, — Godin de S. Clemant, — Grancol,
— (f. Thieriat) lou Grant (de S. Clemant),
— fr. Huon Grassecher, — li Gronais, —
Haike, — Jaigin, — clerc f. Cunon Lietalt,
— Makerel, — fr. Thieriat Malebeste, —
Manegout, — Marcout, — f. Perrin Marcout,
— (f.) Meffroit de Nonviant, — (f. Jehau) lou
Mercier, — Monderan, — Nerlans, — Ostexel,
— Pannon, — Perrenel, — Petre, — Pistals,
— Potut, — Rossels, — (fr. Jaquemat) lou
Stout, — (f. —) Tiguienne = — (Tiguienne)
li xavins, — f. Filipe Tiguienne (lou xaving)
= — f. Felippe Tygienne maires de Porsail-
lis, — li Vackes, — Vailles.
5. Jehan —   1275, 321.
Filippe v. Filipes.
Filippins v. Filipins.
Filippon v. Filippons.
Filixate, Filizate v. Felixate.
Fillaistre, Jakemin   1285, 49.
Filleron, Colin   1245, 14.
Fillipes v. Filipes.
Fillipins v. Filipins.

Fillipons, Filippon.
Colins — de S. Clement   1267, 194.
Bertemin lo Bossu et — son fr. 1267, 194.
Fillippes v. Filipes.
Fillippins v. Filipins.
Fillon de Quensey, Hauriat f.   1298, 540.
Fillouze de Nonviant, Cunin, Richairs f.
Filsden, Fildeu.   [1277, 374.
Jennat —   1279, 570.
Jennas — permantiers   1279, 523.
Fimon, Symonin   1298, 270.
Finscuers 1251, Fincuer 1278.
Jennas li soieres j. —   1278, 164.
Tomacins —   1251, 267.
Fisson, Jenat. de S. Clement   1275, 360.
Fladone, ms. en Saunerie   1269, 171.
li **Flaimans** v. li Flamans.
Flairehaiste.
Odewain   1277, 191.
Odewignon — de Stoxey   1285, 304.
Flairejote, Symonin 1262, 317; 1281, 225, 240.
lou **Flaman,** lo **Flamanc** v. li Flamans.
la **Flamande,** vg. a Pertes   1279, 96.
Ameline —, ms. (PS)   1251, 135.
Flamandel, Colin (v. li Flamans).
vg. ou ban de Montigney doit $5^1/_2$ s. 1277, 45.
= lou **Flamandel,** Collin,
vg. en la Haute Pretelle   1278, 61.
li **Flamans** 1277, 1279, 1285, 1290, lou Flamant 1267, 1278, 1288, 1298, lou Flaman 1285, 1288, 1293, lo Flamanc 1241, lo Flammein 1227, li Flaimans, lou Flaimant 1281, 1293, le Flemans 1220.
Hvin — natener   1241, 198.
Willame — permantier   1298, 290.
P.
1. Baudewin —,
8 s. davant Sent Martin en Cortins 1220, 24.
Cholate, f. B. —, vg. en Desiermont 1227,
Willemin, avelet B. —,   [48.
4 lb. ms. en Visegnuel   1241, 99.
2. Colins —,
$^1/_3$ ms. en la Grant rowe   1279, 486.
pb. $25^1/_2$ s. ms. a tour dou Waide 1281, 413.
t. ou ban de Marley enc.   1285, 269.
3. Bauduyns, f. Colin —,
pb. vg. outre Saille en Cortes vignes 1278,
pb. ms. daier S. Eukaire   1281, 210. [67.

pb. gr. en lai rowe a chief dou Waide 1288, 45.
— Baudowins — pb. ms. outre Saille 1285, 43.
ms. daier S. Eukaire   1288, 426.
pb. $6^1/_2$ s. vg. au Planteires et en Desein-
mont   1290, 393.
pb. t. en Testemerrie (PS)   1293, 509.
4. Maheu — lo clerc
Symonas, f. d. Willans, pb. por lui et Richier Faucon, chanone de S. Thiebaut, et Joffroit de Chastels, chanone de S. Sauour, et Maheu — lo clerc sus lo champ a Pannes   1267, 98.
5. Colignon —,
moitiet des $7^1/_2$ s. vg. a Juxey 1288, 526.
6. Jennas —   [1277, 115.
pb. er. ou ban de Geramont et de Doncort
pb. vg. c'om dist dou Redeme de Planteires
pb. vg. en Corchebuef 1279, 468. [1277, 301.
7. Waleran —,
$6^1/_2$ s. vg. en Orkes et ms. a Juxey 1293, 676.
lo **Flammein** v. li Flamans.
Flandine de Chastelz s. Betenat 1269, 511.
Flandrine f. Werron Bicher   1251, 157.
— et Colatte sa s.   1251, 163.
Flawons.
Pieresons — et Goudefrins ces fr. 1278, 622.
le **Flemans** v. li Flamans.

[Bertrans — 1250 PS]
1 Baudewin — 1220/1241 [1])
Cholate 1227   ?
Willemin avelet B. — 1241

2 Colins — 1278/1285, † 1288
3 Bauduyns — 1278/1293 [2])

4 Maheu — clerc   5 Colignon
   1267   1288
6 Jennas —   7 Waleran —
   1277, 1279   1293

[1]) *De Wailly* 2 *J (1214)* escheving ... Badowins de Flandes.
[2]) *De Wailly* 327 *K (1294)* Baduwin, f. Colin lou Flaman ke fut, ... amins a parans a Thiebat f. Poinsignon ke fut fis Theirit Doumate.

Flocort–Forcons

Flocort (v. IV).
Baudowin — 1285, 404.
Florance de Montois, Simonel f. 1281, 360.
Symonin — de Montois 1298, 468a.
Florate, Euriat f. 1290, 507.
— fm. l'iereson dou Chaimin de Chacey 1298.
— de Montois 1298, 438. [92.
d. — de Rinport † t. Poinsignon fil Jehan de Metry 1281, 141.
d. — t. Ydate f. d. Poince la Bague de Rimport 1281, 290.
Flore (v. IV. Mes, rowelle Flore).
—, ms. outre Moselle 1269, 313.
— de Franconrue 1285, 493.
Floriate.
—, ost. (OM) 1293, 319. [527.
— d'Ars (OM), Hanriat f. 1279, 555; 1288,
— fm. Cunin f. Jennat de Chazelles 1298, 331.
Florie.
d. — de Vantous †, Burtignons f. 1288, 320.
Florion fm. Lowiat fil Jenat lou texerant de Nommeney 1285, 206.
Floris, Florit.
Jakemas — de Lorey (OM) 1298, 669.
Jaikemat lou Vadois f. Howin — de Lorey
Flour. [1298, 466.
d. — m. Willame lou Lombairt 1288, 69, 178⁴.
Poillat 1288, 1298, Folat 1288, Foulat 1269.
Jehans f. — 1288, 221.
Howignon — de Mercey 1298, 430.
Jennat — de Repigney, Suffiate fm. 1293,
Lambelat — 1288, 515⁰. [368.
Martin — 1269, 555¹⁷.
Foille v. Folei.
Folat v. Foillat.
Folei 1281, Foille 1290.
Jennin — 1281, 625.
„ — †, Wendremate fm. 1290, 315.
de la **Folie** (v. IV).
Jennin — 1290, 272.
Drudelan fm. 1281, 291.
Folmerons v. Formerons.
de la (lai) **Fontenne** 1288/1293, de la Fontainne 1262, 1278, 1279, 1298.
Burtrans li Petis — de Vallieres 1290, 282.
Hawit — de S. Clemant, Suffiate f. 1293, 553.
Jaikemel — de Nowesseuille 1293, 409.
Jennin — 1262, 353.

Marion — de Bronville 1298, 159.
Naiumeriat — 1278, 438.
Thiebaus — de Vantous 1279, 6; 1288, 4;
Thiebaut lou Petit — 1288, 352. [1290, 161b.
dou **For** v. don Four.
Forat v. Fouras.
Forkat de Ste Marie (a Chene), Garenas f.
Forke v. Forkes. [1288, 572.
Forcedeu, permantier, enf. 1281, 557.
Burtignon — 1279, 323.
Forkes 1245, 1298, Forke 1277, 47, 1298, 25, Forkon 1245, 1262/1269, Forcon 1279, 1281, Forquez 1251, Fourkes, Fourkon 1267, (= *Fulko*).
2. sg. — de Lescey 1281, 145.
3. maistres — li avokas 1298, 25, 30.
4. sg. — de Chastels, — (li Janres d'Espinals), sr. — (de Jeurue).
Forkignons Forkignon 1241, 1269/1298, Forquignons 1267, Fourkignons 1281, Forkinons 1227.
1. —, pr. ou ban d'Anerey 1278, 380.
2. — j. Bertree d'Ansey, — d'Erkancey, — f. sg. Poinson d'Erkancey, — f. Renaldin fil sg. Geruaise de Lescey, — f. sg. Richairt de Serieres, — maior de Wapey, — dou Ruxel de Wapey.
3. — de Rimport arceneires, — clarc f. Garsat Rosse, — corvexeir, — d'Ollacort draipiers ke maint an Rinport.
4. — f. Jaikemin Bellegree, — f. Symonel Bellegree, — Brochat, — Burnekin, — f. Jaikemin Chameure, — Danielate, — srg. Jaikemin de Heu, — (f. sg. Warnier) de Jeurue, — Mourat, — de la Place, — (f. sg. Jake) dou Pont (maires de Porsaillis), — f. sg Estene lou Roi, — clarc f. Garsat Rosse, — Ruece, — lo Xauing, — (f. Jennin lou) Xauing.
Forcon, Forkon v. Forkes *und* Forcons.
Forcons, Forcon 1275/98, Forkon 1275, Fourkons 1281.
P.
sr. Forkes de Jeurue (v. I. de Jeurue)

1 Jehan —	2 Yngrans —	3 Steuenins —	4 Thiebaus —
chanones	1267/98	1277/81, †1298	1281, 1290
1267/88	Treze	d. Izaibel fm.	
†1298	de Jurue *v. Ferry I. fol. 279 (1280)*.		

I. Personennamen   157   **Forcons–Formels**

Mairie —   5 Abriat —   6 Piereson —
1288   1293   1298

1. sg. Jehan, f. sg. — de Jeurue
mainbour lo chancelier †   1267, 119.
= Jehan le chanoinne, f. sg. — de Jeurue,
vg. sor le ru en Maisellez   1269, 95.
= sr. Jehans —, chanones de Nostre Dame
la Ronde de Mes, pb. por lui et por tous
les chanones de ND. 10 s ms. an Chambres
1281, 169.
= sg. Jehan — et... et... et... ke sont
chanones de ˙la Grant Eglixe de Mes, vg.
ou ban de S. Julien pris a quairt men a
1288, 338.
= sr. Jehans —, doiens de lai Grant Eg-
lixe, et sr. Jehans c'on dist li cerchieres
pb. 6 s. ms. a Porsaillis   1288, 70.
a tour devant la ms. (PM)   1298, 2043.
†, vg. outre Saille ou clo S. Pol, doneit en sai
devise a chaipistre de lai Gr. Egl. 1298, 410a.
2. Yngrans, f. sg. —,
pb. charree de vin ai Ancey   1269, 513.
pb. 20 s. ms. en Viez Bucherie 1269, 549.
= Yngrans — pb. partie en ms. desous la
chapelle outre Saille en reseige, en la
chapelle et ou trait de la chapelle 1267, 225.
Nicole de Weivre et Colin Ruece et Jennat
Chavreson et Y. — et..., 110 s. ½ mol.
a Nostre Dame a Chans   1275, 27.
„ , 6 ½ lb. ms. en Visegnuel   1275, 76.
„ , ms. et 2 ms. daier ke vont fuers a
Staixons   1275, 196.
et Hanrias de Champelz pb. por la ms. des
Bordes 1275, 28; 1277, 163; 1278, 8, 46,
419; 1279, 199, 352.
et Remions Ruece pb. por les Cordelieres
1279, 455.
charréie de vin ai Ansey   1277, 113.
pb. t. en Bordes desouz Vals   1277, 459.
pb. ⅕ vowerie dou ban Ste Glosanne en
Vals   1278, 195; 1285, 256.
pb. t. defuers l'aitre en Vals ou ban Ste
Glosanne   1279, 140.
et Hanriat, f. sg. Abert de Champels, vg.
ens Allues (PM)   1278, 412
et Vguignons Hunehour pb. 4½ s. ms. as
Roches an Chanbres   1288, 132.

an lai rowelle a Poncel anc. stuve Yn-
grant —   1288, 387; 1298, 252.
anc. vg., anc. t. ko fut Yngrant — (PM)
1293, 1997, 44.
3. Steuenins —, fr. Yngrant — 1277, 113.
pb. charreie de vin ai Ansey   1277, 113.
pb. er. ke... tenoient de lui a cens et lou
contrewaige (OM)   1279. 548.
pb. teil partie com Thiebaus, ces fr., avoit
ou grant pois de Porsallis[1])   1281, 41.
d. Izaibel, fm. Steuenin — †, mainbors
de la devise d. Perrate, f. Willame Naire
1298, 402.
4. Thiebaus —, fr.Steuenin —,
partie ou grant pois de Porsallis 1281, 41.
Yngrans Gole et Th. — pb. partie en
hommes d'aluet venus de part Forcou de
Lescey   1281, 145.
pb. vg. ou ban de Plapeuille   1290, 118.
d. Mairie —,
ms. et meis daier S. Ilaire a pont Reng-
mont doit 8 d. 3 chap.   1288, 143.
5. Abriat —,
en Morchamp deleis t., en Pullin anc. t., en
la voie de Mes anc. t.(PM) 1293, 199|19,20,31.
6. Piereson —
pb. vg., ch, arbres, meis, celliers, ms.,
chanevieres ou ban de Bronville 1298, 159.
pb. vg. en Planteis sus Musello 1298, 329.
pb. vg. ou ban de Nonviant   1298, 460.
Formels 1275/81, 1288, 1290, 1298, Formeit
1285, 1298, Formey 1288, Formeir 1281, 1290,
Formeirs 1298, Formerz 1251 (= *Folmar*).
1. —   1251, 191.
2. — f. Olivier d'Ars (OM), — (de Joicy)
f. Oliuier de Chaizelles, — de Vantous.
3. — cherpantiers ke maint an lai rue
des Allemans, — f. Howin lou corvexier
de S. Martin, — de la Cort draipier, sr. —
prestres.
4. — Vermeeo   1281, 352; 1290, 297.

---

[1]) *De Wailly 355 (1297)* des V pairs de
l'argent (dou pois) ... li femme Steuenin
Fourcon et Burtiguons Paillas lai quairte,
et de lai cinquime que demouret... (des
VII pairs) une. v. Colignons Berrois.

5. *P.*? [Perrin Formey 1404 C]
1 Formeit de Chastels

2 Jennins —	3 Pierexels	4 Richardins
de Chastels	1278/1293	1293/1298
1275/1298	5 ? Jaikemins n. Jennat et	
		Richardin 1298

1. — de Chastels 1293, 329, 331.
2. Jennins — de Chastels (v. 3. 4.)
pb. ms. a Chastels en Clarey, jard., t. 1275,
pb. t. en Vals desoz S. Germain entre [252.
sa t. 1277, 390.
pb. por lui et por ces fr. et ces s. vg. en
Vazeloimont 1279, 127.
2. 3. Jennins — de Chastels et Pierexelz, ces fr.,
pb. vg. et t. a Chastels ou ban l'Eveke 1278,
pb. er. ou ban d'Amanvilleirs en preis [169.
chans, bos 1279, 296.
pb. vg. a Chastels ou ban l'Eveke 1281, 575.
pb. vg. ou ban de Siey et de Chastels 1288,
3. Pierexels, f. — de Chastels, [243.
pb. vg. en Vazelles a Chastels 1293. 331.
2. 4. Jennins et Richardins, f. — de Chastels,
pb. vg. daier lou mostier a Lescey 1293, 329.
2. 4. 5. Jennas — de Chastels et Richardins, ces fr., et Jaikemins, lor niez,
pb. er. a Chastels, Amanvilleirs et Wernainville en bans, ch., pr., vg., awe, c., rantes, droitures, tailles, prises 1298, 323.
Formerin Molin 1245, 239.
Formerons, Formeron 1245/1269, 1278/1285.
Fourmeron 1262, Folmerons 1220.
1. — 1220, 30.
Simonin f. — 1281, 578.
2. — dou Champel, — de Chazelles.
3. — couteleir, — feivres, — marchant, — permantier.
4. — Roze.
5. Thierias — 1285, 328.
Formerz v. Formeis.
Forquez v. Forkes.
Forquignons v. Forkignons. [425.
Forreilliet †, Matheu, Sebeliate fm. 1290,
de la **Fosse** 1241, 1245, 1269, 1278, 1290.
de la Fosce 1277, 1278.
P.

1 Pieres — 1241/45 = sg. Pieron — [m. e. 1225]
= Perrins — 1241 1269, † 1278
Odiliate 1277

2 Willermin — 1269
3 Huart de Morey 1269

4 Bouchairt — 1279
Soiffiate 1278 Poensate 1278

anc. lou chakeur — (Lescey ? OM) 1290, 544.
1. Pieres —
pb. ms. en Viez Bucherie 1241, 18.
50 s. ost. en Visegnuel doneit a la chiese
Deu de Moremont 1241, 95.
et Colignon chevalier, ms. en Bucherie (PS)
= Perrins — pb. por la chiese [1245, 196.
Deu de Longeawe 1241, 35.
Odiliate. f. Perrin —,
pb. vg. en Fairecort ou ban de Siey 1277, 443.
Renaudius li Merciers pb. 25 s. k'il meismes
devoit sus sa ms. ou il maint ke fut sg.
Pieron — (OM), k'il at akasteit a Contesse, f. Aileit de Morei 1269, 330.
pr. desouz Cuuerey ke fut sg. P. —, aq. a sg.
Lowit de Jandelencort 1278, 278.
2. 3. Willermin —, Huart de Morey f.,
25 s. ms. Renaudin le Mercier asom Viez
Bucherie 1269, 334.
4. Bouchairt —, Soiffiate f.
pb. 110 s. er. (PS, OM) a la vie Poensate,
sa s. 1278, 563 = 658.
dou **Fosseit** 1293, 1298, dou Fousseit 1298.
Colignon — 1293, 690; 1298, 168.
Colin — de Chambeires 1298, 422b.
Fottoie, Simonin 1245, 237.
Fouchars, Fouchart.
— de Vaus 1267, 490.
— u. Richier de Vaus 1269, 115.
Foucherins, Coenrars, de Lucembor, j. Abert
des Aruols 1288, 513.
Foucheron. de Lescey f. Gerardat Colate
Fouchier d'Ansey 1279, 530. [1279, 563.
Foui, Fouille v. Fov....
Foulat v. Foillat.
Foullestrain.
ms. - outre Mosele 1251, 245.
dou **Four** 1298, dou For 1245.
Arnoult — dou Morier †, Lorans f. 1298, 486.

Domangins — S. Sauuor 1245, 53.
lou **Four** v. li Fours
Fouras 1278, 1288, Forat 1275. *P.* v. de Vy 5.
Fourkes, Fourkon v. Forkes.
Fourkons v. Forcons.
Foureis, Jehans, f. Willame de Luppey (v. I. de Luppey) 1288, 60; 1293, 500.
li **Fours** 1293, lou Four 1251, 1275, 1277, 1279, 1288, 1293, 1298.
 Simonat — 1275, 287; 1293, 79a, 204⁴⁴ = 284 = 349¹⁴; 1298, 279.
  Aburtius srg. 1288, 429.
 Waiterin — 1251, 133.
  Bietrit fm. 1279, 56.
  Bietrexate fm. 1277, 288; 1288, 454.
dou **Fousseit** v. dou Fosseit.
de Sus les **Fousseiz**, Mariate 1279, 223.
Foutas, Foutat 1269, 1281, 1285, 1290.
 Aubertin — 1269, 526.
 Colignons — de Chaizelles 1290, 537.
 Colignon f. Pieron — 1285, 561a.
 Tierion — et Jennat son fr. 1281, 581.
 Thierion et Jennin — son fr. de Chaizelles
Fonterel, Garceriat 1269, 147. [1281, 128.
 Garceriat — de Wapey, Perrin et Poinsignon f., et Colin Donat son j. 1288, 541.
Fovy 1275, 1293, Foui 1262.
 Jennin — 1262, 357.
 Waterin — 1275, 497; 1293, 622.
Fovilain, Aurowin, f. Steuene lou tuxeran 1277,
Foville 1277, 1278, Fouille 1298. [50.
 —, Crestine fm. 1278, 446.
 Colignon — 1277, 259; 1278, 257.
 Odeliate — fm. Abertin Sauegrain 1298, 505.
 Thieriat — †, Perrin f. 1298, 76.
la **Fowenasse** 1290, 113.
 Collate — 1293, 150.
Fracent seure Gerardin f. Rennillon de Bettilley 1275, 484.
Fraillart (v. Fraillas).
 — de Moncels, Adelins f. 1298, 612.
Fraillas, Fraillat 1275, 1288/1298, Faillart 1269.
 P. [1399 PS]
  1. 2. — de Franconrue, Pierexel f., t. ou ban d'Essey 1275, 476.
  = Faillart de Franconrue, Pierexel f., t. ar. ou ban de Thurey 1269, 126.

3. Jennas —
 et Jehans Burtadous pb. pr. en la fin de Noweroit (OM) 1288, 271.
 „ pb. ⅛ pr. dezous Noweroit 1288, 517.
 pb. 100 s. er. Alardin de Noweroit 1290, 570.
 pb. er. ou ban de Noweroit 1290, 571.
 pb. 2 pars d'une gr. a Noweroit, t. anc., jardin 1293, 586.
 pb. ¼ mol. a Preit, ch., jard., vg. 1293, 587.
 er. ou ban de Bronvalz 1298, 635.
Fraillins, Fraillin (v. Frelin).
 2. — de Molins 1281, 103;. 1285, 267.
 Guersirias de Molins et Fraukins fr. 1279,
 Colins Yderate de Molins fr. 1288, 552. [544.
 Jennat f. — de Molins 1279, 557.
 — de S. Martin. Sebiliate f. 1293, 157.
 4. — Grauneis 1288, 506, 507.
 — Lantille 1251, 248.
Fraixeawe v. Fraxeawe.
Framozel, dame 1241, 172.
Franke lou boulengier 1275, 71.
Frankelin, d. Armangar fm. 1227, 36.
 Waterin —, tannor 1267, 204.
 Jennin — †, Colignons Caitelz f. 1293, 371.
li **Franceois** v. li Fransois.
Frankignons, Frankignon.
 1. — 1241, 74a.
 — † (= — Migomart), Mergueron fm. 1290, 25.
 2. — de Vy, *verschrieben für* Fakignon
 4. [— f. M]ingomart Blanche de [1278, 314.
 Nonniaut, — Migomars.
 5. Jaikemins — v. Migomairs.
Frankins, Frankin.¹)
 1. Colignon f. —, t. en la fin de Chastels (v. 2) 1278, 342.
 2. — d'Ars (OM) 1298, 134.
 — de Chastels 1269, 112; 1278, 346.
 — de Jerney 1290, 99; 1293, 139.
 — f. la marasce de Jerney 1278, 188, 193.
 — f. Yderate de Molins 1288, 506.
 — fr. Guersiriat de Molins 1279, 541.
 3. — drapier 1277, 108.
 4. — lou Chet, Jennins Hocherels f. 1293,
Francois v. Fransois. [120.

---

¹) *De Wailly 283 (1288)* Frankins d'Orvals. v. *Bannrollen I, LXVIII, 19.*

Fransois *(auch im cas. obl.)* 1267, 1275/98, Fransoit 1288, 1298, Fransoi 1245, 1281, Francois 1269, 1275.[1]
[Fran]soi . . . . . . 1245, 100b.
1. — srg. Jennat et Jaikemin les 2 f. Jennat lou taborour 1298, 319.
2. — de Ruxit 1288, 351.
3. — f. Wernier lou corrier (de Sanerie), — corrier, — f. Hanrion l'espicier,
— mairechat † 1275, 307.
— maireschaus 1279, 267; 1290, 473.
4. — f. Pierexel l'Afichiet, —f. sg. Nicole Brulevaiche = — Brullevaiche, — f. Thiebaut Bugle.
5. Steuenin — mairexal, Sebeliate fm. 1281, 13, 35, 43.
Colin — f. — Brullevaiche v. Brullevaiche 3. Colignons — v. Brullevaiche 4.
li **Fransois** 1278, le Fransoiz 1251, lou Fransois 1285, 1293, le Francois 1269, li Franceois 1241.
Colart — 1269, 99.
Girait — de Moeuvre 1251, 253.
Jehan — d'Ansey 1293, 613.
Robers — de Franconrue 1278, 183.
Thomas — 1241, 4.
li anfant Thomes fil — 1285, 391b.
anfans Thomes les aveles — de S. Clemant 1285, 413.
Wiairt — 1285, 370, 387, 388.
oirs Wiairt — 1285, 388.
Anel f. Wiairt — † 1293, 538.
Fraxeawe 1278, 1279, Fraixeawe 1251, Frescheawe 1245.
Jakemin — 1251, 60.
Jennat — 1279, 536.
Jenniu — 1278, 597, 685.
Lorant — 1245, 236.
Freideris, Freiderit.
— corvexeirs 1279, 369; 1293, 434.
Freire, Colignon[2]) 1293, 209.

---

[1]) *De Wailly 357 (1297)* **Fransoise** f. sg. Jaike de Nonviant.
[2]) *Zu* Colignon Freire *v.* Piereson Peire *1262, 113, 1267, 23. Vielleicht ist aber zwischen* Colignon *und* freire *ein Name ausgefallen und zu lesen* a Colignon et a . . ., son freire.

Freirion v. Freriou. [252.
Freirit †, fm., meis ou ban de Gorze 1285,
Frelin dou Champel (v. Fraillins) 1220. 43.
de **Fremerey** 1251, 1262, de Fremerei 1251 (v. IV).
P. [1250 C Andruas de Frumerey].
1. Androwas —, meis en Hulouf 1251, 54.
pb. ms. devant la porte de l'ospital en Chambres 1251, 80.
ms. en la ruelle devant S. Croix (PM); Jenniu de Gorze, son j. 1262, 130.
Fremerions, Fremerion 1269, 492, 493.
Symonins — de la Vigne S. Avou 1275, 38.
Frerion 1245, Freirion 1281.
— de Haluestor 1245, 75.
— de S. Julien †, Sebeliate et Roillon enf.
Frescheawe v. Fraxeawe. [1281, 184.
Frexure v. Frixure.
Friandels 1278, 1285, 1293, Friandelz 1278, Friandel 1278, 1281, 1288, 1293, 1298.
1. — 1278, 428. [1293, 443.
5. Adenat — d'Anseruille †, Jennas f.
Jennat — 1278, 191, 645; 1288, 529; 1293, 690.
†, Sebeliate fm., Katerine s. J. — 1298, 168.
Jennas — de Chambieres 1285, 6.
Jenniu — 1281, 488.
Frixure 1277, 1290, 1298, Frexure 1251, 1278, 1298, Fruxure 1290, Frisure 1275.
Domangin — 1290, 359.
Godefroit f. 1290, 554.
Jehan —, 4 enfans 1298, 82.
Jennat — 1298, 498.
Symonin — 1251, 199; 1275, 415; 1277, 254.
Arambour fm. 1278, 286.
Frizant, ms. au Dairangerue 1298, 11.
— de Stoixey, Jaikemins f. 1267, 300.
Froideviande *P.* [m. e. 1337].
1. Bauduyns —
pb. ost. en la Mercerie 1267, 358.
15 d. geisent sus ms. B. — en Vezignuel 1275, 50, 410 b.
en Visegnuel enson l'ost B. — 1275, 199.
2. Parrins —
pb. ½ ms. en Vezignuel 1269, 472.

I. Personennamen 161 **Froimondel–Gaillairs**

Froimondel v. Frommodes.
Froimont v. Fromons.
From (Froin?), Symonin 1269, 173.
Fromant, Margueron 1251, 203.
Frommodes 1267, Froimondel 1281.
Burtemin — (v. Fromons) 1267, 500; 1281,
Fromons 1251, 1269, Fromont 1278. [232.
Froimont 1278, 1290.
  1. —, ms. en Sanerie 1278, 249.
Gelias fr. — 1275, 449.
  2. — d'Ars (OM), Gerardin f. 1278, 573.
  5. Burtemins — 1251, 197; 1269, 531;
    1278, 46, 258; 1290, 550.
ke maint a S. Arnout 1278, 328.
Frowin, ensom l'ostel (PM) 1241, 2.
les meizes — (PM) 1285, 30, 31, 34.
Fruxure v. Frixure.
Pulekel, Jennin 1288, 127.
Furluein, Hanri 1241, 32.
Furuels, Furuel 1241, 1245, les Furuels 1245,
Ferruel 1262, les Feruelz 1251, Ferowel 1279.
enson — (PM) 1241, 123 a.
davant l'ostel les — (PM) 1245, 64.
en Grans Meises ensom la ms. les — 1251, 3.
Jennins — 1245, 63; 1262, 378; 1279, 204.
Matheu — 1241, 68.
Fusaie 1293, Fusaiee 1290.
Abillate — 1290, 414c⁶.
Rembalt — 1293, 226.
Fusel, Fuzels v. Fezels.

G.

Gadat v. Gaidas.
Gadremelz 1290, Gatremelz 1293.
Jennas — 1290, 5.
Jennas — muniers 1293, 392.
Gai, Jaikemin 1278, 165.
Gaiat, Piereson, de Flurey 1293, 471.
Gaidas, Gaidat 1269, 1281, Gadat 1277, 1279
(v. Geudas).
P? [561.
sg. Girart —, vg. ou ban de Nouvyant 1269,
er. ou ban de Nonviant encheus de wageire
de pair sg. G. — 1277, 337, 449.
Jennins —, er. ou ban de S. Marcel 1281, 315.

Wesselin —, Jaikemin lou muneir f. 1279, 176.
Gaielas, Gaielat. [1267, 277.
Bacelin — de Malleroi, Bertrans li clers f.
Besselin — de Malleroit, anf. 1279, 188.
Burtran — 1290, 298⁵.
Burteran — li clars 1281, 409; 1298, 3?.
Jennat — de Malleroit 1293, 422; 1298, 7.
  Wiriat fr. 1298, 34.
Wiriat — de Malleroit 1290, 161a; 1298, 389.
Gaietel, Ancillon, de Taixey †, Jehans f.
Gaife, Jehans, Bertrans Huche- [1290, 382.
tels fr. 1290, 497.
Gailars, Gailart v. Gaillairs.
Gaillairs, Gaillairt 1277/85, 1290, Gaillars,
Gaillart 1245/69, 1278, 1279, Gailars, Gai-
lart 1227, Guallairt 1281, Gueillars, Gueil-
lart 1245, Guelars, Guelart 1251, 1267, 1269,
1275[1]), Vaillairs, Vaillairt 1275, 1290, 1293,
Vaillars 1251, Veillars, Veillart 1245, 1267,
1269, Vellars 1267. v. V. Gaillairtmont.
  1. —, maix. en Conchieeroele 1251, 193.
—, ms. a Leudonpnix 1267, 294.
  2. — dou Nuefpont †, Jakelo f. 1269, 329.
— d'Orgnei, enfans 1245, 22.
  3. — bochier 1245, 169.
— tannor 1275, 33.
  5. Adan — de S. Julien, Oleniers f. 1278,
li anfant Ancillon — fr. Poinsate fm. [406.
Watier lo bolangier 1275, 290.
Howignons — de S. Arnout 1290, 38; 1293,
†, Kaitherine fm. 1293, 96. [70, 96.
Gerairt f. H. — de S. Arnout 1293, 70.
P. ?

1 Matheus —	=? sr. Mateus	2 Garsire
m. e. 1227	de la Posterne	1227
	1227	
3 Waterins — 1245, † 1267		Marie 1277
5 chevaliers — 6 Theibaut	?	Colins
1262/1285	1278	1278 Dowaires
= Poinsignon —		
1281		
7 Symonin —	d. Jakemate	=d. Jaikemate
1251, † 1269	1269, 1279	la Gaillarde
		1285

---
[1]) *1275, 33 ist bei* Guelart *das G aus V verbessert.*

11

Gaillairs–Gallios

8 Colin — 1251
9 Poincignon 1267
10 Matheus — 1267

1. Matheus —
maistres eschavins 1227, 1*.
=? sr. Mateus de la Posterne pb. ms.
2. Garsire —, son fr. (PM) 1227, 11.
3. Waterins —
pb. ms. ensom la halle en Chanbres 1245, 1.
davant l'ost. (PM) 1245, 16.
enc. l'ost. (PM) 1267, 175.
ms. en Chanbres 1279, 403; 1281, 173.
anc. l'ost. W. — de Chambres 1285, 160.
vg. outre Salle sus la rouelle devant l'ospital des Allemans 1281, 207.
la femme Wauterin — †, a la rive as Roiches enson les maisons 1267, 179.
= Marie, fm. Watrin —, vg. outre Saille devant l'ospital des Allemans 1277, 97.
5. Chevaliers, f. W. —,
pb. por la frarie de l'ospital 1262, 182.
= chiveliers — pb. vg. ou Chapaige a Longeuille 1278, 186.
ms. chiv. — antre la posterne an Chambres et... 1285, 355, 356.
= Poinsignon chevellier, f. W. —,
vg. ou Chaipaige ou ban de Syei desor Longeville 1281, 113.
6. Theibaut, f. W. — de Chanbres †,
25 s. ms. W. — anc. ms. Thieb. et 5 s. 2 d. er. com Colins Dowaires, ces srg., ait de pair sa fm. 1278, 225.
7. Symonin —,
ost. en Chambres, devant, ancoste, antre 1251, 185; 1281, 389; 1290, 286.
ms. as Roches en Chambres 1290, 341.
d. Jakemate, fm. S. — †, pb. er. ou ban S. Pol et ou ban l'Aveske a Longeuille 7 s. 2 ms. as Roches 1277, 208. [1269, 552.
ms. en Chambres 1279, 364.
ms. a pont des Mors doit 2 estaies dou cens a J. et a l'ospital des clers 1279, 405.
32 s. ost. ou Champ a Saille et 20 s. gr. (PS) 1279, 481.
= d. Jaikemate la Gaillarde, ms. en Chambres doit 5½ s. a S. Laizre et a
8. Colins — [1285, 21.
pb. vg. en Lambertfossei 1251, 2.

9. Poincignon, f. Colin —,
ms. (PM) 1269, 376.
10. Matheus —
pb. t. ar. en Hein 1267, 469.
et Renals de Montignei pb. t. ar. en Genestroi 1267, 480.
la **Gaillarde**, d. Jaikemate (v. Gaillairs, 7 Symonin) 1285, 21.
Gaillars, Gaillart v. Gaillairs.
Gaille, Jakemin 1251, 170.
Gaircirias, Gairciriat v. Garcerias.
Gairoirion v. Garcerions.
Gairuaiche, Goudefrins, ke maint en Sanerie lai **Gaisse**, Pierel 1293, 550. [1298, 553.
Gaite, Gayte.
— d'Ars, Gerardin f. 1275, 449.
— fm. Simonin de Hennemont, Gerardin f. 1275, 429.
Gaivel, Howin, de Failley 1285, 37.
Galdewalle 1281, 1285, 1298, Caldewalle 1281.
Xandrins — 1281, 384, 504, 505; 1298, 631.
de Porte Muselle 1285, 194.
Gale v. Galle.
Galee v. Jallee.
Galepin v. Gallopin.
Galice, Luckenon 1262, 181.
Jennin — fr. Lukin 1269, 218.
Galiens, Galien v. Gallien.
Galios, Galiot v. Gallios.
Galle 1251, 1267, 1278, Gale 1241 (v. Roi de Galles).
Bertran — 1241, 84; 1251, 131; 1267, 33;
Hanri — lo clerc 1267, 83. [1278, 271.
Gallien 1290, 1298, Galiens 1269, Galien 1267.
Colin — 1267, 398.
Ancillon fr. 1269, 209.
Colin — d'Outre Saille †, Robert de Lioncourt j. 1290, 360.
Roubelin — ke maint an Maizelles 1298, 70.
Gallios 1278/1281, 1288, 1290, 1298, Gallioz 1267, Galliot 1278, Galios 1278, Galioz 1245, Galiot 1278.

P.

1 Aubertins — 1245, 1267	
2 Aubertins — 1267/1290 maires d'OM 1290	Blaucherons 1267
3 Jehans — 1298	

1. Aubertins —
pb. ms. en la ruele ensom Bucherie 1245.
2. Aubertins — [139.
pb. tel partie com Blancherons, sa s., avoit en la ms. ki fut Aubertin, lor p., et en 5 s. 4 d. meis daier S. Piere as Harennes 1267, 454.
8 s. 2 d. (PS) 1275, 171.
pb. 10 s. 4 d. ms. en Rimport 1278, 22.
pb. 10½ s. tavle a Vies Chainges, 6 s. ms. outre Saille, 3½ s. ms. an la rowelle Chaissevilain 1278, 95.
pb. tavle a Nues Chainges 1278, 96.
ensom ms. Ab. — (PS) 1278, 489.
pb. pr. ou ban de Cons 1278, 490.
pb. pr. deleis Cons sus Saille 1279, 275.
pb. ms. anc. lui meismes (PS) 1281, 36.
pb. vg. an Mallemairs et vg. sus Saille darier la Folie 1281, 517.
ait doneit dates a Bertran Gemel 1288, 509.
maires d'Outre Moselle 1290, 133*.
pb. tavle an Nues Chainges 1290, 204.
pb. 10 s. ms. en Pousalrue 1290, 533.
3. Jehans —
pb. er. ai Bamey et en tous les bans 1298,
Gallopin 1288, 1290, Galopin 1245, [412.
1281, Galoppin 1288, Galepin 1290.
—, ms. ou Champel 1290, 28a.
Jaikemin — d'Airey 1288, 204.
Niclodin — 1245, 37.
Piereson — 1281, 211; 1288, 386a; 1290, 499.
Gameis, Willemins,
Colignons Doignons et Jehans li Roucelz et Thiebaus ces 3 fr. 1298, 58.
Ganange, Gan*n*ange.
Alixon — 1267, 272.
—, Richart j. 1267, 273.
Ganechon, Garnechon.
Jaikemin — d'Abocort, Ailixon fm. 1298.
Gannange v. Ganange. [161, 246.
Gans, Ancillons, meutiers 1279, 227.
Garcelat Noixe (v. Garcerias 4) 1290, 502.
Garcelias, Garceliat v. Garcerias.
Garcelins de la Tour 1275, 195.
Garcerias, Garceriat 1269, 1279/1290, 1298, Garserias, Garseriat 1262, 1269, 1277/1279, 1288, Garseriaz 1269, Garsserias, Garsseriat 1278, Garseirias 1262, 1269, Garcirias 1285, 1298, Garsirias, Garsiriat 1262/1275, Garssirias 1278, Garcelias, Garceliat 1269, 1275, 1279, Garsilias, Garsiliat 1262/1269, Gaircirias, Gairciriat 1288, 1298, Guercerias. Gnerceriat 1281/1298, Guerserias 1277, 1278, Guercirias, Guerciriat 1285, 1288, 1298, Guersirias, Guersiriat 1277/1279, 1285.

1. —, ost. a Wapey 1278, 636.
2. — d'Ainerey ke maint an Stoxei, — f. Poencin de Champillons, — de Lietremanges, — de Molins, — f. Yderate de Molins, — f. Jennat de Molins, — de Prenoit, — de Wapey, — Fonterel de Wapey.
3. — Wesselins amans, — bordour (de Maiguey), — clerc f. Watier de Waire lou boulangier, — gippieres, — meutier, — recuvrour, — tenler, — (de Wieze) tonneliers.
4. — de l'Aitre, — (f. Jehan) Berbel, — Bochas, — f. Wernier Keutepoire de Chastels, — f. Jaikemel Chiere, — Danielate. — f. Deu de Furnerue, — (f. sg. Felipe) Faixin, — Fouterel (de Wapey), — lou Grant de Plapeville, — Haizars, — Juwet, - (Poterel f. Hanrit) Luekin, — f. Poinsate Mennegout, — (f. Jaike) de Moielain, — f. sg. Thiebat de Moielain, — (f. Bertignon) Noize, — de l'Orme, — Poterel, — Rabowan, — li Roucels, — (f. Forkignon) Ruece, — (f. Colin) Ruese, — Soppe, — (f. Godefroi) de la Tor, — (f. Jennin) Wesselin (amans.)
Garcerions, Garcerion 1269, 1279, 1285/93, Garserions, Garserion 1277/1279, Garsirions, Garsirion 1227/1245, 1262, 1269, 1275, Garssirions, Garssirion 1251, 1278, 1279, Garsilions, Garsilion 1262/1269, Garssilion 1251, Gaircirion 1288, Guercerions, Guercerion 1293, Guercirions, Guercirion 1288, 1298, Guersirion 1277, 1281, 1285.
1. — marit l'avelette Bonatte 1251, 2. gr. enc. — en Francourue 1277, 457.
2. — d'Anerey (ke maint en Stoxey). — de Chemanat, — de Perte, — de Staissons.
3. — tixeraut 1269, 374.
4. — lou Bagne, — Beudris, — Bouchat, — lou Gossat, — Hecke, — Ingrant, — Manegous, — Mauexin (de Nonviant), —

11*

Garcilles–Garsirias　　　　　I. Personennamen

fr. Poinsignon Mauexin, — Poillons, — Raiepierre, — Rousel, — lou Sauaige, — Teste, — f. Tierion Teste d'Arnaville.
5. Jennas — cordeweneirs de Rimport Thiebat —　　　　1290, 562. [1293, 200.
Garcilles, Garcires v. Garsires.
Garcirias v. Garcerias.
Garciriel †, Thiebaut et Nennerit anf. 1281, [382.
Garenas v. Warenas.
Garins v. Warins.
Garri v. Weiris.
Garriat v. Weirias.
Garite, Rainnier, de S. Priveit (OM), Jennate fm.　　　　1298, 176.
Garnechon v. Ganechon.
Garniers v. Werniers.
Garsals v. Garsas.
Garsant 1288, Guersant 1293.
—, Colius de Dornant j.　　1288, 497.
—, Vrowelate f.　　　　1293, 6.
Garsart v. Garsas.
Garsas, Garsat 1245/79, 1285/90, 1298, Garsaz 1269, Garssas, Garssat 1251, 1278, Garsals 1288, 343, Garsart 1269, 18, Garses 1245, Garsez 1241, 1269, Garset 1241, 1269, Guersas, Guersat 1275/78, 1281/98.
　1. ou ban S. Vincent (PS) antre t. — et Aiate　　　　1290, 355.
Symonin f. — †　　　　1285, 153³.
Odeliate s. —　　　　1293, 367.
　2. — d'Auancey, — d'Espenges, — de Glatigney, — fr. l'Abijois de Lescey, - f. Lowit de Maicliue, — de Maixeroit, — f. Jennin de Mercey (PM) = — d'Auancey, — de Mons, — f. Goudefrin lou maior de Nowilley, — de Renport, — Boutefeu de Siey, — Kaienat de Siey, — f. Hanrion lou Maiansois de Vallieres.
　3. — bolangier, — boulangierz de Pertez, — bolengiers ki maint en Chambieres, — clers (de Nikesinrue), — srg. lou fil Roillon lou corvexier, — masson, — mutier, — taillour.
　4. — fr. Jaikemin de l'Aittre, — Bairekel, — Bellegree, — f. Symonat Bellegree, — Boutefeu de Siey, — lou Bossut, — Bouxon, — Kaienat de Siey, — Chaingne, — Donekin, — Grassecher, — Guepe, — Massue, — f. Richairt

Moffle, — Monins, — li Petis de Malleroit, — Pouxon de S. Julien, — dou Puis, — Rabowan, — Roucels, — f. Colin lou Rouge, — fr. Ansillon Salleanbien de Montois, — f. Jakemin dou Weit, — Wixairs, — j. Abertin Xourdel de S. Clemant.
　5. Colin — de Nowaisseville 1298, 363.
Garseirias, Garserias v. Garcerias.
Garserions, Garserion v. Garcerions.
Garses, Garsez, Garset v. Garsas.
Garsile v. Garsires.
Garsilias, Garsiliat v. Garcerias.
Garsilions, Garsilion v. Garcerions.
Garsille v. Garsires.
Garsilons Sarie　　　　1220, 27.
Garsins, Garsin 1262, 1269, 1275, 1293, Guersins 1288, Guercins, Guercin 1293.
　2. — de Pregnoi　　　　1262, 362.
　3. — seur Hanrit lou hanepier, — li pezeires de Nonviant = — la pezeire, — de Desmez quartier.
　4. — f. d. Jaikemate fm. Maitheu Migomairt, — Pestalz.
Garsires, Garsire 1227/69, Garssires, Garssire 1251, Garcires, Garcire 1267, 1269, 1279, 1290/98, Garcirez 1269, Garsile 1267, Garsille, Garzille 1269, Garcilles, Garcille 1277/85, Guersires, Guersire 1275/81, 1288, Guercires, Guercire 1288, 1290, Guercile 1293.
　1. sg. — (devant dit)　　1262, 228
　2. f. Jenat dou Ru d'Ancei, sg. — preste de Chacey, — de Chailley, sr. — f. Poencin de Champillons, — de Guingelanges, sg. — de Gorze, Adenas de Villeirs j. —.
　3. abbes — de S. Symphorien, — bollangier, — chavrer, — gippour, maistre —, maistre — de Moielain, maistre — masson, — lou Parfeit, sg. — preste de Chacey, sg. — [preste] de S. Aman.
　4. — li Alemans, — Cher, — Cloudin, — Copel, — Gailart, — li Hongres, — Munegout, maistre (sr.) — de Moielain, — Monin (de Maiselles), — Naichart, — Noixe, — a Piet, — Pontes, — Poterel, — Ruecele, — Sope.
　5 Burtignon —　　　　1290, 407.
Matheus — de Chanbieres　　1298, 136.
Garsirias, Garsiriat v. Garcerias.

Garsirions, Garsirion v. Garcerions.
Garsole de la Tor, Bertignou f. 1245, 9.
Garssas, Garssat v. Garsas.
Garssel v. Guercelz.
Garsserias, Garsseriat v. Garcerias.
Garssillon v. Garcerions.
Garssires, Garssire v. Garsires.
Garssirias, Garssirions v. Garcer...
Garzille v. Garsires.
Gatier v. Watiers.
Gatremelz v. Gadremelz.
Gauthier, Gautier v. Watiers.
Gauale, Huygnon 1269. 405.
Gawain 1290, Gawein 1241. v. V. Gawainvigne. [1]
P?
sg. — †, d. Lucie fm., ms. sor lo Mur Jennas —, ms. c'on dist en lai [1241, 28. court S. Sauour, ou Champel 1290, 420.
Gebolier, Jaikemin 1288, 96.
Gebonez (v. Guebonas) 1227, 29.
Gehenne v. Jehenne.
Geilas, Geilat v. Gillas.
Geilon v. Gilles.
Geinecat v. Jennecas.
Geiselinchamp v. V.
Gelebers, Gelebert v. Gillebers.
Gelias, Geliat 1267/1278, 1281, 1288/1298, Gellias 1290, Giliat 1275, 1298, Gilliat 1267, 1288.
 1. —, vg. deleis (PS) 1298, 527 5, 6, 10.
Demanjat f. — † 1267, 493.
— f. Martin 1267, 177.
— et Hanrit les 2 fils d. Richardate 1290,
= — et Hauris li dui fil Renalt de [272. Porsaillis 1290, 259.
— f. Roillon (v. 2 de Chambres) 1288, 17.
— fr. Froimont 1275, 449.
 2. — f. Roillon de Chambres, — f. Mathion de S. Julien.
 3. — clerc, — f. Arnolt lou drapier de Davant S. Sauour, — feivres, — munier.
 4. — Maibelion d'Airei, — f. Renalt de Porsaillis, — Saiuetel, — srg. Jehan f.

Aburtin lou Sauaige de Valliere.
 5. Lowiat — 1288, 528.
Theiriat —, Mariate fm., Colin Teste srg.
Geliate fm. Herman † 1290, 346 [7]. [1277, 213.
Hauris Remaicle et — s. 1293, 473.
Gelim, Gelin v. Gelins.
Gelinate, Jenin, de Syci
Heluwit f. 1267, 166.
Armanjart f. 1267, 468.
Gelins, Gelin 1267, 1269, 1278, 1279, 1285, 1288, 1298, Gelim 1220, Gilin 1277, Gillins, Gillin 1277, 1279, 1285, Guelins, Guelin 1275, 1288/93, Guillins, Guillin 1269, 1275.
 2. — f. Poincignon de Chastels 1267, 479; 1277, 241.
— f. Matheu de Longeuille † 1285, 253.
— f. Rollan de Lescey 1285, 265.
— f. Rollant dou Mesnit de Lescey 1285, 509.
 4. — Guerbode 1288, 386c; 1298, 149.
P.
1 Gelim maior de Port Salis 1220
  2 Hanriat — 1267 [1])
3 Thiebat — 5 Simonin 6 Gillin
1279/1293 1279 1279
4 Burtran 1288
7 Jenins — d. Aileit —
1269 1275
 1. — maior de Port Salis 1220, 1*.
oirs —, sansal et ennalz deniers en Awigney ke pairt as 1278, 543.
 2. Hanrias —
pb. grant ms. en la Nueue rue 1267, 212.
Jehans li cawesins, j. H. — 1288, 253.
anfans Hanriat —, ms. (PS) 1277, 22.
 3. Thiebaus Guelins
pb. 2 pars ms. sa m. (PS), aq. a son fr. et ces 2 s. 1275, 56.
pb. t. ar. ou ban de Vallieres 1288, 134.
pb. vg. ou ban S. Pol et champ dav. les Bourdes 1290, 6.
pb. vg. ou ban de Vallieres 1290, 322a.

---

[1]) *Bannrollen I, LXV, 15. Schreinsbrief* Gawin le waingnemaille.

[1]) *1269, 415 ist der Name* Gelins *durchgestrichen, der Vorname läßt sich nicht mehr lesen.*

Gelion–Gemels   I. Personennamen

pb. vg. ou ban S. Pol anc. son ch. 1290, 322b.
pb. vg ens Allues deleis Chaistillons 1293, 18.
4. Burtran, f. Thiebaut Guelin, [412.
ms. an lai rowelle anc. S. Martin (PS) 1288,
3. 5. 6. Thiebat et Simonin et Gillin, les 3 f. Hanriat —,
er. entre Molins et Longeuille: vg., ch., ms., maix., meizes   1279, 322.
5. Simonin, f. Hanriat —,
t. ou ban de Marley   1279, 39.
7. Jenins Guillins
et Thierias Rauuille pb. 10 s. ost. outre Saille   1269, 82.
d. Aileit Guillin, $^1/_5$ ms. (PS) 1275, 337.
Gelion de Jerney fm. Olivier   1285, 477.
Gellat v. Gillas.
Gellias v. Gelias.
Gelo v. Gillolz.
Gemels 1267, 1278, 1281, 1288/1298, Gemelz 1278, 1281, 1290/1298, Gemel 1262, 1267, 1275/1278, 1281/1290, 1298, Gemes 1262, Gemeils 1262, Gimels 1251, 1269, Gummes 1278, 253⁵, Gomel 1285.
= li Gemels: Colins li Gimels 1245, 48, Thierions li Jumel 1262, 391, Thierias li Gemels, li Gemez 1267, 446; 1269, 112.

P.

1 Colins (Nicolle) — 1245/1281, † 1288

2 Bertrans — 3 Thiebaus — ¹) 4 Thierias — 1275/1298   1262/1298   1262/1275
maires de PS 1290 sg. Gobert de la Posterne
     lor ajuel 1262

5 Wairin —

Clemansate 1290

1. Colins li —
pb. 14 s. ms., meis, $^1/_2$ ms. daier S. Thiebaut   1245, 48. [1251, 18.
= Colins — pb. meis darrier S. Thiebaut
pb. meis sor la voie entre Nostre Dame aus Chans et S. Thiebaut   1251, 120.
ms. daier S. Thiebaut   1262, 187.

---

¹) *De Wailly* 327 (1294) Thiebaus et Marguerite, les II anfans Poinsignon ke fut fis Theirit Doumate ... per lou crant ... de Thiebat Gimel.

pb. por l'eglise de S. Martin en Cultis 1262, Banduyns d'Espinals et C. — ont 32 s. [375.
ms. au Quartal   1267, 376.
— Nicolle —, por tant com Jennas Chaiuresons dovoit a (PS)   1281, 76.
wageire a N. — et a Burteran, son f. 1278, en waige a N. — 1278, 427. [253³, 321, 358.
N. — †   1288, 109, 206, 225, 229, 481.
2. 3. 4. Burterans, Thiebaus, Thierias, li 3 f. Nic. —,
pb. ms. et 2 ms. daier ke vont fuers a Staixons   1275, 196.
2. Burtrans, f. Nic. — †,   1288, 225.
= Bertran —, ms. en la Wade davant les Proichors   1277, 117.
pb. 10 livrees de terre ou tonneur de Mes, ki est wageire a N. — et a B., son f.,
     1278, 253, 321, 358.
ms. ou Champ a Saille   1278, 287.
pb. por lui et por ces fr. vg. sus Muselle, en waige a. N. —   1278, 427.
ancoste lai gr. (PS)   1281, 11.
pb. er. en la mairie de PS   1281, 276.
pb. er. ai Amanvilleirs et ou ban et ou ban de Chastel   1281, 329.
pb. er. en la mairie de PM, PS, OM *(durchgestrichen)*   1281, 393, 536, 622.
pb. gr. enmey Molins   1281, 623.
enc. vg. ou ban de Montigney 1285, 361.
vg. et wairde a Chastels en Tros 1285, 554.
pb. er. a Cuvrey et a Quent et la moitiet de Prenoit   1288, 225.
er. ai Amanvilleirs et ou ban et a Chastels et en toz les bans   1288, 509.
maires de Porsaillis   1290, 133*.
pb. lai meite de Saibrie et dou ban 1293, 306.
mainbor de la devise sg. Jehan d'Airs, chanone de S. Thiebaut 1298, 392 ¹⁴ = 428 ¹⁵.
anc. vg. ou ban de Montigney 1298, 449.
3. Thiebaus, f. Nicole — †,
(v. 4 Thierias 1262, 365).
pb. 100 sodaies de terre ou grant tonneur de Mes   1288, 109 = 206 = 229.
ms. ou Nuefborc   1288, 421a.
15 s. des 30 s. ms. ou Nuefborc 1288, 421b.
= Thiebas — pb. er. ai Amanvilleirs et ou ban et a Chastels et en toz les bans 1288,
pb. er. ou ban d'Amanvilleirs 1290, 131. [509.

pb. meis arreis lou chamin dou Champ a
  Pannes   1293, 656.
pb. vg. daier S. Andreu   1298, 121.
pb. vg. ou champ c'on dist Lowit ou ban
  S. Clemant   1298, 122.
pb. 6½ s. et 5 moies de vin et vg. ou ban
  de Siey   1298, 198.
pb. 2½ s. ost. a Porte Serpenoise 1298, 199.
pb. 20 s. ms. a Quertal   1298, 292.
pb. lou tiers meu de vin vg. ou Champ
  Lowit   1298, 293.
  4. Thierions li —
pb. pr. en Flakart entre Wappei et lo boix
  S. Jorge   1262, 391a.
pb. er. ou ban de Ciey et de Longeuille
                                1262, 391b.
= Thierias (li) — et Thiebaus, ces fr., 2
  parties ms. sg. Gobert, lor ajuel, a la
  Posterne   1262, 365.
pr. en Flascart part a   1267, 264.
pb. 3 s. ms. a S. Piere as Haraiunes 1267,
pb. kan ke en c., en deniers et en pr. [446.
  en Plapeuille   1269, 112.
pb. 5 s. 4½ d. moins jardingnes a Pla-
  peuille   1269, 113.
pb. 20 s. ms. a feivrez a Quartal 1269, 486.
  5. Wairin —, Clemansate fm.
2 maix. et meis a S. Clemant   1290, 44.
li **Gemels** 1267, 1279, 1281, li Gemelz 1285,
lou Gemel 1281, 1288, 1293, li Gemez 1269,
li Gimels 1245, 1279, li Jumel 1262, 391,
v. Gemels.
Lambelins —   1279, 136, 318.
  de Lescey 1281, 132, 133; 1285, 100, 123.
  Odiliate fm. L. — de Lescey † 1293, 330,
  d. Odilie fm. Lambelin — † 1293, 654. [339.
  Jennas f. Lambelin —   1288, 519.
  Colignons f. — de Lescey   1281, 130.
la **Gemerasse** †, Jennate, Domangins li
  berbiers f.   1285, 73.
Gennin v. Jennins.
Geradin v. Gerardins.
Geradons, Geradon 1277, 1279/1293, Gerar-
dons, Gerardon 1245, 1285, Geraldon 1267.
Geraudons 1241, Giraldon, Giraudons 1269.
  f. ms. — (PS)   1245, 172; 1277, 73.
ms. otre Moselle enc. — 1285, 476; 1290, 260;
outre Saille ost. ke fut —   1290, 91.

ms. a Siey ou — maint   1281, 637.
Jehans et Collate, enf. — †   1290, 556.
Pierons f. —   1269, 151.
  2. Clemant f. — de Borney.
  3. — bouchiers, — charpantiers, — cher-
pentiers de la Creus, — potiers.
  4. — Mouton   1267, 472.
Gerairdin v. Gerardins.
Gerairs, Gerais v. Gerars.
Geraldon v. Geradons.
Gerardas, Gerardat 1251, 1262, 1269/1298,
Gerardaz 1269, Gererdas, Gererdat 1285/98,
Girardat 1267, 1269.
  1. — avelet Maanson   1288, 183.
  — f. Wernier   1275, 291.
  Colin f. —   1278, 194.
  — fr. Thiefroit   1275, 513.
  Hosel et — son fr.   1277, 246.
  entre lou preit les oirs — et lou boix de
  Champenois   1293, 637.
  2. — d'Allexey, — Baixat d'Ars (OM), —
  Malclarc d'Ars (OM), — de Chapelerrue, —
  de Desmes, — de Flavigney, — f. Jaikemate
  de Geuville, — f. Wyrion de Grisei, — de
  Juxey, — f. Colate de Lescey (v. 3 und 4),
  — f. Martin de Maleroit, — de Pumeruel,
  — de Rimport, — f. Odeliate des Roches,
  — de S. Julien, — de S. Martin, — de S.
  Piere, — f. Winart de Syei, — f. d. Isabel
  de Stoisey, — Faiuerelz de Stoxey, — srg.
  Jennat fil Matheu de Xuelles.
  3. — berbier, — boulangier, — chaiste-
lain de S. Piere, — lou Bossut chafornier
  de Grixey, — charpantierz, — f. Colate la
  cordeire, — cordeweneir, — j. Matheu lou
  corretier, — f. Abert lou feivre, — maior
  (de Maigney?), — f. Burtran Champel lou
  parmantier, — texerant, — f. Jennin lou
  tupinier.
  4. — li Bagnes de Maigney ke maint an
  Chambres, — lou Bague de S. Vincentrue,
  — Baixat d'Ars (OM), — lou Bossut (cha-
fornier de Grixey), — Chauin, — f. Kise,
  — Colate, — Cornaille, — Cramadel, —
  Custantin, — Dator, — Faiuerelz de Stoxey,
  — Figuredeu, — dou Waide lou Gronnaix,
  — f. Ailexate la Growe, — f. Jennat Guis,
  — Jarrier de Xonville, — Jouancel (de

Gerardelz–Gerardins

Maigney), — lou Louviguon, — Malclarc d'Ars (OM), — f. Hanrit dou Pont, — f. Domangin de la Porte, — fr. Renadel Soture de Maizelles, — Treborins, — f. Wernesou Visaie.

Gerardelz 1298, Gerardel 1262, Gererdel 1293, 1298.
  2. — de Couligney   1298, 226.
  3. — boulangier   1298, 242b.
  4. — de Maicliue f. Thieriat Noudeset
  5. Poensignon — 1262, 292. [1293, 546.

Gerardes, Gerardet 1245, 1269, Girardes 1267.
  1. ms. — a Porsarpenoise   1245, 160.
  2. — d'Alisey   1269, 356.
  — de Warc   1267, 470.
  4. — Chaboce   1245, 21.

Gerardins, Gerardin 1227/1245, 1262/1298, Gerardis 1227, Gerairdin 1288, 1293, Gerardin 1298, Gererdins, Gererdin 1285/1298, Girardins, Girardin 1267, 1269.
  1. — (devant dit)   1262, 215.
  —, t. a Borney   1290, 365b.
  —, t. ar. desor Senainvalz 1269, 346.
  — et Steuenin de Tol   1245, 74.
  — et Veuions ces niez   1269, 253.
  — j. Bouchairt   1278, 452.
  2. — f. la mairesse d'Alisey, — d'Ancey, — f. Hawit fm. Symonin dou Chene d'Ansey, — f. Fromont d'Ars (OM), — f. Gaite d'Ars (OM) = — f. Gayte fm. Simonin de Henmemont, — Barbe d'Ars (OM), — avelet sg. Jehan Hochedeit d'Ars, — d'Atorf, — d'Awigney, — Plaixance d'Awigney, — de Badrecourt, — f. Rennillon de Bettilley, — de Chastels, — lou Borgon de Chastels, — Morelz de Chaistelz, — de Chazelles, — Berniers de Chaizelles, — f. Piereson de Corcelles, — f. Colin d'Escey, — de Flurey, — de Grais, — srg. Jehan de Jerney, — Muerdameir de Jerney, — f. Guebour de Lescey, — li Penans de Lescey, — de Longeuille, — forniers de Lorey (OM), — Morelas de Lorey, — lou Bague de Maigney, — Wesse de Maingney, — de Maixeres, — de Moieinneuille, — j. Hawit de Molins, — j. la prevoste (de Molins), — de Montigney, — de Nonviant j. Doig-

non la Noire, — la Masange de Nonviant, — Migomairs de Nonuiant, — f. Watier lou ranclus de Nonuiant, Millas de Nonviant et — fr., — f. Waterin de Noweroit,
  f. Belion de Plapeuille, — f. Henmignon de S. Marcel, — f. Wenardat de Vignueles, — dou Viuier, — doien de Wapey, — de Wionville ke maint a Gorze.
  3. — barbier, — borrels, — boucheirs, — Chacei bouchiers, — f. Howignon lou Roucel lou bouchier de Porte Muzelle, — boulangiers de Nowesseuille, — Pouxerainne bolangiers, — fr. la s. Gererdel lou boulangier, — charrier, — Mouxins cherpantiers, — clerc, — forniers de Lorey (OM), — massons, — mastres, — f. Colin lou pairor de Dauant S. Jorge, — permantiers, — sainour, — li Bagues sergens Thiebaut Fakenel = valas sg. Thiebaut Fakenel, — tenneires f. Matheu de Ville sus Iron, — tripiers ke maint sus Saille, — wastilleirs, — wercolleir dou Quartal.
  4. — (d')Abeiville, — f. Waterel de l'Aitre, — Anchier, — li Bagues sergens Thiebaut Fakenel, — lou Bague (f. Ainglebert) de Maigney, — Barbe d'Ars, — Berbaiste (dou Waide), — Berniers, — Bichas, — lou Borgancel, — lou Borgne, — lou Borgon de Chastels, — (f. Richerdin) Boulepouxon, — Brustans, — Bugneboc, — Bunee, — Buxey, — lou Kair, — Chacey (bouchiers), — Chairlat d'Airey, — la Chiche, — Chopairt d'Erkansei, — Clement, — Colonbeirs, — Costantins, — f. Thieriat Ferrandel de Domangeuille, — li Gornexas, — Graixin de Fontois, — lou Gros, — Guelemant, — Guerlat, — Haireuaie de Lioncort, — Hairouwel, — Herecors, — avelet sg. Jehan Hochedeit d'Ars, — Jallee, — Jerney, — Lorgnal, — f. Waterin Mairasse. — Malchacies, — Malekoronne (de Warnainville), — Mapolat de S. Martin, — fr. Cunin Marion, — la Masange de Nonviant, — fr. Colignon Merchandel — = — f. Jennat Merchant, — Michiels, — Migomairs de Nonuiant, — de Moielain, — lou Moinne, — Mollas, — Mollate, — Morelas de Lorey, — Morels (de

Chaistelz), — Mouxins (cherpantiers), — Muerdameir de Jerney, — li Penans de Lescey, — Plaixance d'Awigney, — fr. Colin de Porsaillis, — de la Porte, — Pouxerainne bolangiers, — la Quaille de Tichiemont, — Rennaire, — Repigney, — Roicheforz, — Romebair de Malleroit, — f. Steuenin Roucel (de Stoixey), — f. Howignon lou Roucel lou bouchier de Porte Muzelle, — Soture, — Traicuisse, — Wacancel, Jeins Wauos fr. —, — Wesse (de Maigney).

Gerardons, Gerardon v. Geradons.

Gerars, Gerart 1227/1298, Gerarz 1251, Gerairs, Gerairt 1275/1298, Girars, Girart 1220, 1251/1275, 1278, Girairs. Girairt 1275, 1281, Guerars, Guerart *(vereinzelt)* 1241, 1245, 1262/1269, 1278, 1285, 1298, Guerairs, Guerairt *(vereinzelt)* 1275, 1278, 1281, 1288, 1290, 1298, Guerar 1227, Gerat 1227, Gerais, Gerait 1281, Girat 1267, Jerairt 1281, 1288. v. V. Gerairtchamp, Gerartnowe, Gerartvigne.

1. — et d. Juikemate   1281, 217.
— et Bertrans Dowaire   1278, 65.
—, ost. en Franconrue   1278, 341.
—, ms. sor lo Mur   1241, 77.
—, ost. a S. Clemant   1293, 236.
gr. — (S. Clemant)   1298, 67.
t. — (S. Clemant)   1293, 481, 482.
—, vg. en la Pretelle   1267, 205.
— f. Clemignon † (= de Chailey) 1293, 406.
— f. Maithelie   1298, 417.
Otthelo f. —   1290, 7.
— j. Huon   1285, 128b.
Jehan n. —   1278, 435.

2. — f. Lowiat d'Abes, — d'Aube, — d'Aix, — d'Alisei, — d'Alixey — d'Ansin, — d'Ars (OM), — des Rowes d'Ars, — de Belleuille, sg. — de Brunville, — de Buxi, — f. Clemignon de Chailey, — de Dalesten, — de Doncort, — de Duese, — de Felix, — vies maior de Geurey, — f. Colin de Haisanges, — f. Heilowit la mairasse de Lesses, sr. — fr. sg. Jaike de Lesses, — de Lorey (PS), — Mellairt de Lorey (PS), — f. Melesant de Maiselle, — de Maranges, — de Merdeney, — de Montigney, — de Mon- tois, — Uidat de Montois, — d'Orons, — d'Oxey, — de Pepinuile, — de Prenoit, — de Rezonville, — f Richart lou Gossut de Rixonville, — de Romebac, sg. — de S. Arnout, — f. Howignon Vaillairt de S. Arnout, — de S. Clemant, — f. Thomes de S. Clemant. — f. Weiriat (lou maior) de S. Clemant, — f. Jennat Penat de S. Clemant, — de Davant Ste Croix, — de S. Julien, — Cocanlorge de S. Julien, — doien de S. Martin, — f. Maithelie de Sambaing, sr. — de Sarley, — de Secours, — Jenin de Sciey, — f. Weriat Caienat de Sicy, — de Sirkes, — de Stucanges, — j. Robeuaiche de Talanges, — de Vallieres, — de Valtrauerz, — de Vignueles, — Lanbert de Vignuelles, — de Villeirs, — doien de Wapei, — de Warrise.

3. abbes — de Sainte Creux, — avocat. — bouchier, — boucheir dou Champ a Saille. — Magdalenne bouchier, — boucleir, — n. Jaikemate f. — boulangier, — bolangeir d'Aiest, — boulangier d'Anglemur, — boulangier de la Creuxate, — de Secours boulangiers, — bolangier de la Vigne S. Auol, — bolengiers d'Ansom Viez Bucherie, — lou Vadois boulangier, — Katerne bollengier, — boursier de S. Thiebaut, — bouuer, Aubers f. — cellier, — f. Abert lou celleir, — chanone n. l'official Weirit, sr. — Barons chanones de S. Sauuor, sr. — li Lombars chanonés de Mes, — chavrer, — cherpantier, — cherpantier ke maint en Rues, maistre — charpentier de Gorze, — clerc f. Symonin de Sorbey, maistres — li clers li anlumineires, — corvesier, — doien, — doien de S. Martin, — doien de Wapei, — eveskes de Mes. — feivre, — j. Wernier lou feivre, — fournier d'Aiest, — fornier de lai Creuxate, — habergeor, — fr. Colin lo haberiour, — lamier. — vies maior de Geurey, — f. Weiriat vies maior de S. Clemant, maistre —, maistres — (li clers) li anlumineires, maistres — avocas, maistre — charpentier de Gorze, maistre — d'Arches, maistres — de Verton, — masson, — parmantier de Buevanges, porrellier, — potiers (de Franconrue), (sg.) — preste, sg. — preste de lai chapelle (outre

Gerars

Saille). sg. — preste d'Ercancey, sg. — prestre d'Espanges, sr. — prestes de Mauwert, — quertier, — sailier, — taillor, — tennour, — tenneires f. Wairin Besant de Treingnuet, — Ruxe tenour, — tonneleir, — lou Vadois, — lou Vadois boulangier.

4. — f. sg. Cunon d'Airs, — Atus (de Piereuillers), — lou Bague f. Aieron de Quensey, — Barons (chanones de S. Sauour), — fr. Symonin Boillairt, — Bomont, — Bonefoit de Mercey, — lo Borgne de Lescey, — lou Borgon, — Brasdeu, — Buce, — (f. Weriat) Caienat (de Siey), — Kaignate, — Calenaire, — Katerne bollengiers, — Chadawe, — Chadiere, — Chaiveit, — Chainrate, — Cocanlorge de S. Julien, — de la Court, — Eudeline, — Fieretestepur, — le Fransoiz de Moeuvre, sg. — Gaidat, — Gerdel d'Alenmont, — Giton, — lou Gornaix de Chadeleirue, — f. Richart lou Gossut de Rixonville, — Gregot. — Grenion. — f. Lambert lou Gros d'Alencourt, — Guele de Wollestor, — Guidat de Pairguey. — Heirlange, — Herbo, — Herdeleis de Nonviant, — Hulanges, — Jenin de Sciey, — Jornee, — Lanbert de Vignuelles, — lou Lombart (chanone), — Lucion de Bui = — Lucion dou Waide, — Magdelenne bouchier, — Maliorge, — Manguiecheure, — Mariouse, — Mellairt de Lorey (PS), (sr.) — li Merciers, — f. Poincignon lou Mercier, — la Molle, — le Mouchous de Gernei, — (f. Warin) de Nonviant, — Patillon (d'Airs PS), — f. Jennat Penat de S. Clemant, — Piat de Longeuille, — Pifart, — f. (Merguerate) lai Prinsiere de Frontigney, — Quentin de Pontois, — lou Riche d'Ansey. — Roucel. — f. Thierion Roucel de Maicline, — Rowe, — de la Rowelle, — Ruxe tenour, sg. — de Sorbey, — Troche de Flurey, — f. Howignon Vaillairt de S. Arnout, — Vairel, — Uidat de Montois. — fr. Heiluyt fm. Bescelin Wandelart, — Winnebret, — srg. Aurowin Xollebran.

5. Colignons —, vg. antre Siey et Lescey. Ancillons li clers f. Col. —, ms. [1281, 124. davant lai court lou princier 1293, 403. [29. Haurit —, Maiche fm., ms. ou Champel 1290,

Jennas — aveles Peccate, ms. en Chieuremont 1290, 313.
= Jennat — munier, 3 s. ms. en Chieuremont 1298, 19. [381.
Jakemin —, ms. desoz les Cordelers 1269, ms. sus Muzelle an Glaitigney 1281, 371.
P.

1 Jennins — 1262/1288	4 Thiebaus —
2 Joiffrois — 3 Jenas 1277/78 1277	maires de PM[1]) 1285/1290

5 — de Vallieres 1275, † 1298

6 Howignon —	Clomansate 1278
1278/90	av. Poensat Facon

1. Jennins —

pb. ms. (PS) 1262, 30.
13 s. 3 d. ms. en Chaureirue 1262, 352.
enson l'ost. J. — (PS) 1267, 80.
anc. ms. J. — (PS) 1278, 132.
c. ms. J. — an Visignuel 1278, 138; 1281, 537.
entre ms. Nicolle Brullevaiche et J. — en la plaice en Visignuels 1278, 155°.
pb. 16 s. ms. Colin dou Pux (PS) 1278, 501.
pb. 27 s. 3 d. moins sus sai ms. ou il maint anc. ms. Clemignon lou Mercier 1281, 535.
ms. ke fut J. — antre l'ost. Clemignon lou Mercier de Vesignuelz et ms. Lowiat, son fr. 1288, 62.
ms. ke fut J. — an Vesignuelz antre l'ost. Joffroit Bellegree et ms. Yzaibel Lukin 1288, 80; 1290, 479; 1293, 68.
4 s. ms. en Chambres delivres en plait per lou crant de J. — 1288, 311.
32 s. ost. Colin dou Puix,
5 s. st. an Vesignuelz,
6 s. 2 chap. st. an Vesignuelz,
26 s. 2 ms. an Chaiureirue,
ms. ou Champel delivre en plait per lou crant de J. — 1288, 403.
4 s. 2 d. 1 chap. ms. otre Muselle,
8 s. 6 d. 2 chap. ms. daier S. Marc,
7 s. ost. an la rue lou Uoweit,

---

[1]) *Bannrollen I, LXVI, 17. Schreinsbrief* = *1285, 309.* De cest plait et de ceste delivrance fut maires Thiebaulz Gerars et Arnoulz Poujoize eschavins.

14 s. 6 d. 2 chap. ost. an Frauconrue delivreit an plait per lou crant de J. —
2. Joiffrois, f. Jenin —,   [1288, 515.
pb. ms. en Chapeleirue   1277, 302.
= Joiffrois — pb. vg. a Awigney 1278, 290.
3. Jenas, f. Jenin —,
pb. vg. a Chesne outre Saille   1277. 304.
4. Thiebaus —
maires de Porte Muselle   1285, 1*.
j. Vguignon Pettairt, pb. 10 s. vg. amont lou terme a Maigney   1290, 79.
pb. la moitiet de l'er. ke fut Arnout lou Roi   1293, 302, 357.
pb. 2 s. et 2 s. 2 ms. a Maigney 1298, 115.
pb. 4 s. ms. et meis a Maigney et vg. sus Laiveires   1298, 116a.
pb. 2 s. ms. a Maigney   1298, 116b.
pb. t. amont lou terme a Maigney anc. lui meymes et 12 d. vg.   1298, 117.
pb. 4 s ms. a Maigney   1298, 288.
pb. 8 s. gerdin a Maigney et vg. ou ban de Maigney   1298, 535a.
pb. 20 s. vg. et t. amont lou terme a Maigney, t. an Howignonchamp, t. an Beuoir, ms. a Flurey   1298, 535b.
pb. t. ou ban de Maigney, 30 s. ms. a Maigney, t. anc. lai t. S. Piere, vg. et t. en l'Alluet ou ban de Maignei   1298, 536.
pb. 32 s. t. ou ban de Maigney 1298, 537.
pb. 16 s. vg. et ms. a Maigney 1298, 538a.
pb. 2½ s. et 2 chap. vg. an Thiebert commune   1298, 538b.
pb. 16 s. gr., t., vg. a Maigney 1298, 539a.
pb. vg. ou Terme a Maigney   1298, 539b.
pb. t. ou ban de Maigney   1298, 540.
pb. 16 s. vg. ou Terme a Maigney 1298, 541.
pb. 32 s. vg. an Mallemairs et t. ou ban de Maigney   1298, 542a.
pb. 32 s. t. an Benoir et t. sus lou weit a Maigney et t. sus Chainoit et t. an Hondreitchamp   1298, 542b.
5. — de Vallieres
pb. vg. an Cugnes ou ban S. Pol 1275, 300.
6. Howignons, f. — de Vallieres,
pb. vg. ou ban de Vallieres et de Vantous, escheutes Clomansate, sa fm., de pair Poensat Facon, son awel   1278, 379.
pb. vg. ou ban de Vantous   1279, 392.

pb. vg. ou ban de Vallieres   1288, 5.
pb. t. ar. sus Grosavle (PM)   1298, 208.
= Howignon —, anc. ms. a Vallieres 1298, 31.
11 s. 4 d. ms. en Rinport   1298, 395.
Gerat v. Gerars.
Geraudons v. Geradons.
Gerba, Gerbaut v. Girbaus.
Gerdel, Gerart, d'Alenmont, Hawis f. 1293, 138.
Gererdas, Gererdel, Gererdin v. Gerard.
Gerins, Hanrias   1269, 205, 236.
Germains, Germain 1267, 1269, 1290/98, German 1285.
 1. —, meis (S. Clemant)   1298, 273.
    vg. (S. Clemant)   1285, 373, 413.
 2. — f. Lowiat de Racort   1290, 256.
 3. — feivre   1267, 514⁰; 1269, 204.
 5. Clemignons — ke maint en Maizelles   1293, 223.
Maitheus — de Pertes †, Androwins f. 1298,
Gerneis, Gernei v. Jerney.   [466, 468b.
Gerode v. Geroude.
Gerol, Jennat, ms. en Chaponrue 1293, 204^{b2}
Geroude 1245, Gerode 1298. [=284 = 349^{51}.
Hawiate —   1245, 217.
Merguerate —   1298, 72.
Geroudel, ms. en Chaponrue 1293, 204^{17} =
Gerrant v. Jarrant.   [284 =349^{17}.
Gersanne de Chastels fille Viuion † 1281, 617.
Gertru, Gertruit v. Guertrus.
Geruaises, Geruaise 1262, 1269, 1275, 1277, 1279, 1281, Geruaisez 1275, Geruaixe 1279, 1290, 1298, Giruaise 1245, 1269, Giruaixe 1278/1285.
P?
1 sr. Geruaises de Lescey 4 Jehan 1245, 1281
    1262/77, † 1279   = Jennin — † 1269
2 Renaldins — 1275/90   5 Colin 1278
3 Forkignon 1281

1. sr. — de Lescey
pb. er. lo preste de Lescey   1262, 92.
Jaikemins li bolangiers j. 1262, 23 = 138.
ou ban de Lassei delez vg.   1269, 312.
er. a Maupas et an la mairie de PS 1275, 59.
3 s. ms. en la Vigne S. Marcel, tot l'er. a Lessey et ou ban, gr. a Chanterainne et t. en pr., ch., bos; er. a Batilley, er. dela Moselle   1275, 115.

Gervou–Gillas

en Praelle ou ban sg. — (OM) 1277, 392.
devant l'ost. — (PS) 1279, 445.
2. Rénaldins, f. sg. — de Lessey,
pb. er. (OM) 1275, 124, 236.
pb. por les 3 f. lou Poscant de Lescey 1277, 445.
pb. t. ar. et pr. devant Malpas 1279, 443.
pb. ms. Foucheron de Lescey 1279, 563.
pb. er. echeus a Forkignon, son f., de pair Baduwin Ysambairt, gr. darier S. Eukaire, 16 s. er. (PS), t. ar. a l'orme a Montois, t. en la Pertelle, chambre daier S. Eukaire 1281, 230.
er. a Malpais 1285, 411.
= Renaldins — pb. maix. a Lescey 1290, 261.
ou Dulixe a Lescey ou ban R. — 1290, 512; 1298, 585.
3. Forkignon, f. Renaldin 1281, 230.
4. Johan —,
vg. en Scorchebuef 1245, 130.
= Jennin — †, devant ms. (PM) 1269, 368.
enc. ms. en Chieuremont 1281, 346.
devant l'ost. (PM) 1281, 355 = 564.
5. Colin, f. Jehan —,
$^1/_5$ ms. ke fut Jeh. — en Chieuremont 1278, 424.
Gervon 1288, Gervout 1267, Girvout 1279.
— parmantier, anf. 1267, 356.
Jennin — permantier 1279, 118.
Jehan — 1288, 181.
Gesperon (v. Gueperon) fm. Jakemin Carquel 1227, 12.
Geucels, Geucel 1277, 1290, Gueusel 1290, Jennas — 1277, 452; 1290, 511. [301
Jennat — de Lescey 1290, 301, 504.
Geudas 1288, Guendat 1298 (v. Gaidas).
Jehans li poxieres f. — 1298, 678.
Poinsignons — 1288, 97; 1298, 344.
Geude 1275, 1288, Gneude, Gevde 1275.
Jennas — f. Hanrit l'Aleman de S. Julien
Jenat —, Ydate fm. 1275, 292. [1288, 120 ¹⁰.
Jennat — de S. Julien, Idate fm. 1275,
li **Geus** ¹) [138; 1288, 149.

---

¹) li Geus = *le Gneux, der Bettler. Die Laute Ge und Gue wechseln, z. B. in* Geucel *und* Gueusel, Geudas *und* Gueudas, Geude *und* Gueude, Gerars *und* Guerars. Li Geus

Symons — de Plapeuile 1293, 609, 610.
Geustore, Jennat 1278, 188, 628; 1279, 289.
j. la marasce de Jerney 1279, 315.
Geuancel v. Jouancel.
Gibon.
Jehans f. — li erchillieres de Chadeleirue
Gigans, Gigant (v. Agigant). [1290, 305.
1. — fr. Auel (Chastels) 1279, 127.
2. — mares de Chastels 1281, 571.
3. — tanour de Noweroit 1290, 276.
5. Piereson — de Chastels 1279, 127; 1288, 254; 1290, 542; 1298, 188, 614.
Gilbers, Gilebers, Gillbers v. Gillebers.
Giles, Gilet v. Gilles.
Giliat v. Gelias.
Gilin v. Gelins.
Gillas, Gillat 1251/98, Gilas, Gilat 1269/78, Gilaz 1241, Geilas, Geilat 1281, Gellat 1267.
v. Gilles.
1. ... — et Colignons, ses fr. 1262, 247.
— n. Perrignon ke maint a Vy 1281, 44.
2. — de Meramont, — de S. Piere (as Harennes), — f. Burtemin de Stoxey = — Hertewis de Stoxey, — f. Werion de Wappei.
3. — berbier, — clers, — clars f. Theirit lou Janre, — corvesier, — draipier, — draipier d'Aiest, — draipiers de Rimport, — f. Alart lou gaieneir, — haubergieres, — menteir, Hennelos texerans n. —, — vieseir (de S. Martinruwe).
4. — li Bels = — li Bels (f. sg. Gillon) de Heu = — li Belz dou Nuefborc = — li Belz dou Quertal, — f. Jaikemin Bertran, — Blanchairs, — Brullevaiche, — Kaies, — Coius, — f. Colignon Drowant, — Faconuers, — f. Baudouin Gilbert, — Haike (maires de Porte Mosselle), — (f. Burtemin) Hertewis de Stoxey, — Makaires, — f.

lässt sich auch als juif Jude erklären. v. Roquefort I, 684 Geu *und Godefroy X, Supplement unter juif. Aber dann darf doch* Symons li Geus de Plapeuille *nicht als Jude angesehen werden (denn Juden durften Grundbesitz nicht erwerben), höchstens als ein zum Christentum übergetretener Jude. Er war Christ und führte den Beinamen* li Geus.

Gillate–Girairs

Weriat Poirel de Bronvals, — Poujoizes limaires de Porsaillis, — lou Roucel de Maizelles, — (f. Colin) Ruece, — f. Vguin Seunillin, — Soifrignon, — de Vals.
Gillate.
— f. Guercirion Mauexin 1288, 234; 1298, 97.
— f. d. Lorate Pobelle † 1293, 27ᵏ.
Gille v. Gilles.
Gillebers, Gillebert 1267, 1275/81, 1288/98, Gilebers, Gilebert 1245, 1269, 1275, Gilibers. Gilibert 1241, Gelchers. Gelebert 1262, 1267, Gilbers, Gilbert 1281, 1285, Guillebers 1281, Guibers, Guibert 1279, 1285, 1288, 1290. v. V. Gilbertpreit.
1. —, ms. en Nikesierue 1298, 346.
— mairis Marguerate ke vant lou pain devant Ste Croux 1281, 109.
2. — srg. Escelin fil Howart d'Arnaville, — dou Chanpel, — de Gorze, — (c'on dist) de Nonviant (j. sg. Thierit), — de Votuanges, — de Wergaville.
3. maistre — masson, — taneires (de Chapponrue).
4. — f. Colin Griuel 1288, 461a; 1290, 76.
5. P.

1. sg. Gilibert 1241
d. Contesse 2 Willemins — 3 Bauduyn —
1241 1241/81 1241/75, † 1281
srg. Werion 1275 4 Gillat 5 Simonat
srg. Lowyt de Vigei 1281 1281

1. 2. 3. Willemins, f. sg. —, et Balduins, ses fr., d. Contesse, lor s.
pb. ms. davant lo Tonbout 1241, 128.
2. Willemin —(v. 3).
gr. davant la posterne a Saille 1245, 167.
et Anceils pb. jard., meyx devant Nostre Dame as Chans 1262, 376.
et Ancel de la Tor, jard. devant Nostre Dame as Chans 1269, 443.
er. ou ban de Chamenat 1275, 39, 78.
ms. ou Tonboit devant outre lou grant ost.
W. — 1275, 323.
ms. ou Tonboit 1278, 361.
$1/_2$ charree de foin taixerasse an preis l'Eueske (PS) 1281, 532.
= ? Willame — maior S. Saueor, vg. an Vaizelles a Chastels 1281, 121.

— ? Willame — de Chastels, boix en Liuciers 1293, 636.
pr. daier Warnainville 1298, 630.
3. Bauduyn — (v. 1), 1241, 128.
ms. en Sauncrie enc. le puiz 1269, 366.
pb. er. Willemin —, son fr., et er. Werion, son srg., et er. Lowyt de Vigei ou ban de Chamenat 1275, 39.
er. Willemin —, son fr., et er. Lowit de Vigey, son srg., ou ban de Chamenat 1275, 78.
8 s. geissent sus ms. B. — devant la stuve ou Tonboit¹) 1277, 231
4. 5. Gillat et Simonat, les 2 f. Baudowin — †,
20 s. ms. an Sanerie 1281, 160.
Gillebin 1275, 1277, Guilbin 1245.
—, ms. en Sanerie 1275, 143.
— cherpanteir 1277, 199.
Simon — 1245, 150.
Gilles, Gillet 1285, 1290, 1298, Giles 1290. Gilet 1241, 1269. *Die obliquen Formen* Gille 1269, 1*, Gillon 1262, 1275, 1278, 1279, 1293, Gilon 1278, Geilon 1281 *kommen nur vor bei sg.* Gillon de Heu. *Die erst genannten Formen werden von denselben Personen gebraucht, die gewöhnlich Gillas heissen.* v. Guele, Guille.
2. — fevre 1241, 151.
— meuteirs ke maint an la rowelle davant S. Ferruce 1285, 158.
4. — li Belz dou Quertal 1290, 342.
— Haike; sr. 1290, 342; 1298, 657.
— f. Burtemin Hertewit de Stoxey 1290, 426.
— Ruece 1269, 331. [380.
(sg.) — (de Heu 1262, 380; 1269, 1*; 1275, 212; 1278, 493, 509; 1279, 500; 1281, 520.
Gillat v. Gelias. [521; 1293, 272.
Gillins, Gillin v. Gelins.
Gillolz 1293, Gelo 1293. v. V. Gelochamp. Jennas — de S. Clemant 1293, 483, 553.
Gillon, Gilon v. Gilles.
Gimels, li Gimels v. Gemels, li Gemels.
Girairs v. Gerars.

---

¹) *De Wailly* 254, B (1286) ou Tonboit uireis la stuve ke fut Badouwin Gillebert.

Giraldon v. Geradons.
Girardat, Girardes, Girardin v. Gerard ..
Girars, Girart, Girat v. Gerars.
Giraudons v. Geradons.
Girbaus, Girbaut 1262, 1269, Girbal 1267, Gerbaut 1267, Gerba 1285.
— dou Waide 1269, 208.
P¹)
1 Thiebaus — 2 Nicolle — 1267, † 1269
    1262   Ferriat — d'Aiest 1269
                 Aingebour fm. 1285

1. Thiebaus — doit c. 1262, 279.
2. Nicolle —,
ms. et meis en Aiest 1267, 155, 167.
3. Ferriat, f. N. — d'Aiest †,
t. et pr. ou ban d'Arcancei 1269, 15.
Aingebour, fm. Ferriat — d'Aiest †,
pb. por contrewaige t. en Maixeruelles a Terme, ms. a Champillon, t. an Maixeruelles et an Boinrut 1285, 303.
Girbeirge d'Awigney 1281, 361.
Girbert. v. V. Gibernowe, Girbertchamp.
— covresier 1251, 99.
Girbordins de Stoncort 1269, 208.
Girons, Giron. v.V. Geronchamp, Geronvigne.
—, ms. en Chaponrue 1269, 391.
Jennas —, ms. en Chaponrue 1279, 223.
Giton, Gerart 1241, 100.
li **Glatous,** lou Glatous.
Colins — (maint en Chaponrue) 1293, 40.
Jehan — de Maigney 1298, 462a.
Jennas — de Pertes 1298, 546.
Jennin — 1245, 63.
Gloriate, Houwin f. 1281, 489.
Glorieul.
—, ms. en Frenelrue 1269, 58.
Simonin —, ms. en Furneirue 1278, 140.
Teiriat — 1278, 291.
Gloudant de Lescey, Abertius j. 1298, 165.
Go v. Gos.
Gobe, Jehan, d'Ostelencort, Clemansate s.
Gobers, Cobillon v. Goub.... [1275, 83.
Gocenee 1275, Goceneic 1288.
Jennat — 1275, 491.

¹) *Ben. III, 151 (1190)* Bertrannus Girbaz.

Thiebaus f. 1288, 87.
Gocewins, Gocewin 1277, 1281, Gochewins, Gochewin 1275, 1279, Gossuin 1241.¹)
1. Symonin et Colin les 2 f. d. Yde f. —
2. — de Namur 1277, 446. [1279, 394.
3. — corretier 1241, 129.
— n. maistre Richart lo fezisien 1275, 100.
— marchant 1281, 572.
Gochewins v. Gocewins.
Godairs, Godairt 1279, 1288, 1298, Godart 1279, 1293.
1. —, ost. ou Petit Waide²) 1288, 442.
2. — f. Waterin de Noweroit 1293, 681 ⁹,¹⁴.
3. — cherbonier 1279, 321.
5. Colignon — f. sg. Richairt de Sus lou Mur P. v. I. de Sus lou Mur.
Godefrins — de lai rue des Allemans 1298, 75.
Jennat —, Colignon et Goudefrin, ces 2 fr. 1279, 266.
Godechaus 1275, Godexal 1293, Goudexal 1267.
— li fevres qui fait les coutes 1275, 70.
Jenas f. — 1267, 493.
Jennas f. Abert — 1293, 689.
Godefrel chaforneir de Nowesseuille †, 6 enfans 1293, 367.
Godefrin, Godefrois v. Goudefr..
Godeires, Godeire.
—, osteit enc. Ste Creux (PS) 1278, 544.
Colignon —, vg. ou ban S. Arnout a Puix 1290, 52.
Jaikemins —, ms. dav. S. Vincent 1281, 308.
= li **Godeires** 1269, lou Godour 1285, 1298.
—, a Pux enc. la vg. (PS) 1285, 207.
Colignon —, ms. desous l'orme a Ste Creux 1298, 57.
Jaikemins —, ms. en Chambres 1269, 25.
Godel v. Godelz.
Godelo v. Goidelos.
Godelz, Godel.
Colin — 1288, 13.

¹) *De Wailly 212 (1280 a. St.)* Gosouwius de Maisre.
²) *De Wailly 254 F(1286)* Weirias Godairs, ms. ontre Saille ou Petit Waide per dever S. Mamin.

Goudefrins — de Nowilley 1288, 122.
Jaikemins — deChaizelles 1293, 211¹¹=358¹⁰.
Jennas — de S. Julien, Marguerite fm. 1298,
Symonin — 1290, 563. [469.
Godereie. Collin, chandelier 1290, 98.
Godexal v. Godechaus.
Godiers, Watiers, charpanteirs 1275, 298.
Godignon. [299.
  1. —, Ysabel fm., enf. 1269, 471.
  —, Maithion srg. 1281, 429.
  3. — espicier 1281, 79, 239. 429; 1290,
Godins, Godin. [488; 1293, 575.
  1. lai mairs — ou ban de Nonviant
    1298, 97.
  2. — de Haueconcort, Peskins f. 1281, 580.
  — de Hunbecort permauteirs 1281, 372.
  5. Goudefrins — permantiers 1285, 3.
Jaikemin —, Ermanjairs fm. 1285, 376.
  „ — de S. Clement 1267, 191.
    Philippin f. 1293, 514.
Philippin f. — de S. Clemant † 1293, 493, 523a.
Jaikemin f. Philippin — de S. Clemant et
  Steuenat son srg. et Hawiate sais. 1293, 440.
lou **Godour** v. li Godeires.
Gohier 1267, 1275, 1281, 1298, Goihier 1267.
Jaikemin — †, Aranbor fm. 1298, 364.
= Jaikemin de Nowaiseville, Aranbor fm.
Jennat — 1267, 334, 388. [1298, 362.
  Paillairt f. 1281, 1.
  Thieriat f. 1275, 53.
Goibles, Goible (v. Choible). [1298, 46.
  1. —, ms. en lai ruwe des Allemans
  2. — d'Allegranges, Jennas j. 1290, 256.
  3. — cherpantier de S. Julien 1290, 293.
  — covrexiers de Porte Muzelle 1288, 111.
  — merchan 1293, 439.
  — „ de lai rue des Allemans 1288, 430.
  5. Godefrin — 1293, 484.
  „ — bergiers Jennat de Grixei 1290, 485.
Goidealone 1275, Goudalone 1267.
Thierion — masson 1267, 474.
  „ —, Hanriat f. 1275, 295.
Goidela, dame 1278, 24, 226; 1279, 383.
Goidelos, Goidelo 1281, 1293, Goidelolz
1293, Godelo 1251 (v. Guedelo).
  1. — †, Jennas li clars f. 1293. 67.
  2. — de Guenewilre 1281, 463; 1293,
    204³³, 55, 65 = 284 = 349³³, 54, 64.

3. — boucheirs dou pont Renmont 1281,
  — charpentiers 1251, 100. [183.
Goidemans 1293, Goideman 1288. Goidemant 1269, 1275, 1281, Goydeman 1269.
  1. —, ost. en la ruelle Willaume le Vaudois 1269, 261.
  — ms. en Saunerie 1275, 58.
  2. — f. la mairasse d'Ukanges, Petreman fr. 1293, 371; 1298, 222.
  3. — awillier 1281, 85; 1288, 174; 1298, 95a.
  — braieleir de Sanerie † 1298, 499, 500.
  5. Thierion — 1269, 270.
Goihier v. Gohier.
Goixe, Hawiate 1262, 161.
Gol v. Gos.
Gole v. Goule.
Golias (v. Gouliairt, Goulies).
  sg. Jehan — 1269, 211.
Gollies v. Goulies.
Golon, Roolun 1220. 6.
Golz v. Gos.
Gomerels 1267, 1278, Gomerelz 1275, 1290.
1293, Gomerel 1251, 1269, 1275, 1279, Gomeres 1269¹).
  Colles — 1267, 311, 326; 1269, 8; 1278.
    de Vesignuelz 1290, 205. [282; 1279, 109.
  Colins — 1269, 258; 1275, 401.
  Pierexel — 1251, 142; 1275, 199; 1293, 68.
  merciers de Vesignuelz 1290, 479.
Gonai, Gonay.
Colin — de Maigney, Jaikemins f. 1298, 540.
Jaikemin — de Maigney 1298, 535b.
Gonat, Piereson. f. Robelat d'Ars 1293, 165.
Gondal 1251, 1262, 1267, 1293, Gondaut 1245. v. V. Gondalvigne.
  P?
  1. —, ms. (PM) 1245, 65; 1251, 83.
  —, ms. en Stoixey 1262, 140a.
  2. Poencignon —, f. —, j. Poencignon
    lou Preste fil sg. Howon Graecher
  ms. (PM) 1267, 176. [206.
= Poincignon —, er. ou ban de Vigey 1293.
Gondebers, Jennas, Yderon fm. 1293, 467.
Gondou 1241, Gondoul 1262.
  1. d. Maence et — sa s. 1241, 110.

---

¹) Gomerals *1267, 326 ist Druckfehler.*

5. Poensat — 1241, 162; 1262, 370.
Gondrei 1269, (Goudree 1298.
Jenat — 1269, 208.
Simonin — 1298, 150
Gontiers, Gontier 1245/1262, 1288, 1290, 1298, Goutierz 1269, Goutier 1275.
  2. — de Florey 1262, 210.
 — de Porsarpenoise 1245, 147.
  3. — wanteirs 1290, 176.
 — wantiers de Sanerie 1293, 468.
P.

  1 Jaikemins — [1250 C]
        1251/75

Pantecoste	Oliue	2 Jennas —	Sebeliate
1275	1275	1251, †1288	1288
		3 Jaikemins	
		1290, 1298	

  1. Jaikemins —
doit 22 s. t. en Beluoir 1267, 36.
vg. ou ban de Creppey 1269, 240.
d. Pantecoste, er. de par Jaquemin —, son p., et d. Oliue, sa s. 1275, 60.
  2. Jennat, f. Jaikemin —,
ms. en Maisele a crant de son pere 1251, 127.
pb. ms. enson son ost. (PS) 1262, 339.
Vguignons Hunebors, Poincignons Chalons et J. — pb. ms. et gr. (PS) 1269, 477.
Sebeliate, fm. J. — †, t. a lai Pale outre Saille 1288, 213b.
  3. Jaikemins, f. Jennat — †,
pb. ms. a Pontois 1290, 468.
= Jaikemin —, 16 s. geixent sus ms. ke fut (PS) 1298, 545.
Gonval v. Gouval.
li **Gornais**, lou **Gornaix**, v. li Gronais.
lai **Gornaixe**.
Mairiate — 1288, 203.
d. Pantecoste — (v. li Gronais 7) 1293, 39.
li **Gornexas**, lou Gornexat.
Gererdins — 1293, 308; 1298, 556.
li **Gorre**, Jehans 1278, 54.
de **Gorze** (v. IV).
P.
  1. Garsires —
pb. por la chiese Deu de Moremont 1241, 95, 113; 1251, 189.
mainbor Martin lo parchemenier 1262, 114.

ms. en Chapelleyrue 1262, 340.
mainbour d. Bietris f. Jaikemin Fackenel 1267, 320.
4 s. ms. ou Nuefbourc 1267, 483.
en S. Martinrue dev. l'ost. ke fut G. — 1277, davant S. Martin en Curtis ancoste sg. [51.
G. — † 1288, 154.
an S. Martinrue dav. l'ost. G. — † 1290, 175.
autre ms. G. — † et .. (PS) 1290, 181.
anc. l'ost. ke fut G. — 1290, 474.
  2. Symonin, f. sg. Garsile —,
menandie ou bourc S. Arnout 1267, 196.
  3. Jennin —, j. Androwat de Fremeroy,
ms. en la ruelle devant S. Croix 1262, 130.
ms. a la Posterne 1262, 366.
pb. 3½ s. ms. a S. Clement 1279, 65.
enc. l'ost. J. — (OM) 1281, 642.
= Jennins — li amans pb. ½ ms. et cort en Rommesale 1281, 563.
Marguerate, f. Jenin —,
pr. desouz Cons 1275, 355.
ms. a chief de Rommesale 1285, 468.
= Marguerate d'Ansei li beguine, li nesse sg. Guercire — ke maint a Mes,

        ?

1 Garsire — 1241	3 Jennins — 1262/81
sg. 1251/67, †1288	amans 1281
2 Symonin	Marguerate 4 Jaikemin —
1267	1275, 1285 1288
	= Marguerate d'Ansei
	li beguine 1290/93

5 sg. Jaike — chanone de S. Piere a Vout 1290 (= 4?)
        ?

6 sg. Willame — 1285, 1293	7 sg. Martin —
chan. de Sauor 1298	1285, 1290

8 Willame — Ailixate t. Colignon
        1298   Chameure
9 sg. Pieron — chaipelain l'abbeit de S. Simphorien 1285

10 Rocin — srg. Coligon	11 Werneson —
1279 Pierexol	1279/81
	chivelier 1281

I. Personennamen 177 Gos–Goubers

pb. 16 quairtes de fromant de clostre $^1/_2$ molin sus Moselle 1290, 306.
= Marguerite d'Ansey, n. sg. Garcire —.
pb. 2 $^1/_2$ moies de vin a mostaige er. (OM)
4. Jaikemins, f. Jennin —, [1293, 613.
pb. ms. on Champel anc. lui 1288, 165.
= Jaikemin —, 7 s. geisent sus l'ost. en la rue lou Uoweit 1288, 515.
5. sg. Jaike —, chanone de S. Piere a Vout (= 4?),
gr. et meis otre Muselle 1290, 242.
6. sg. Willame —,
vg. davant lai porte S. Arnout 1293, 450.
et sg. Martin, son fr., 2 ms. en Rommesale 1285, 469.
=? sr. Willames —. chanones de S. Sauor, ait doneit 11 s. ms. a Gorze as pucelles de lai Vigne S. Marcel 1298, 313.
7. sr. Martins — (v. 6 sg. Willame —)
pb. gr. et meis otre Muselle 1290, 242.
8. Willame —, Ailixate fm., tante Colignon et Jehan Chameure, partie en 5 s., 5 s., 26 s., 14 s., 3 s. (OM) 1298, 322.
9. sg. Pieron —, chaipelain l'abbeit de S. Simphorien, mainbor d. Ermanjairt fm. Euriat de Villeirs 1285, 66.
10. Rocin —, srg. Colignon Pierexol (v. Chameure 9—12), 1279, 350.
11. Werneson —,[1])
20 s. geixent sus l'ost. an la droite rowe de Porte Serpenoize 1279, 479.
pb. 2 s. meis en Andevas (PS) 1281, 458.
ms. en Coperclrue 1281, 615.
= Werneson chivelier —, t. an Hem 1281, 50.
Gos 1267, 1281, Goz 1269, 1275, Golz 1279, Gol 1269, 1285, Go 1281, 1285, 1298, Gous P. [1241.
1. Jennins —
pb. ms. delez S. Nicolai lo Petit 1241, 161.
ms. (PS) 1275, 55.
2. Poencin — †, d. Poense fm.,

pb. ms. en Chambres 1267, 299.
3. sg. Huon — †[1]), Odeliate f., ms. et gr. en Chambres 1269, 186.
vg. ou ban de Plappeville et de S. Martin 1269, 307.
4. Ferrias —:
Burtignons Wielz et F. — pb. gr. as Roches daier ms. F. 1279, 185.
maires de Porte Muzelle 1281, 156.*
$4^1/_2$ s. geixent sus gr. F.—as Roches 1281, 356.
as Roches davant l'ost. 1285, 156[10] = 186[10].
pb. ms. an Chambres anc. la posterne 1298, 3.
Gossat, Piereson 1269, 86.
lou **Gossat** 1269, 1278, li Goussas 1293, lou Goussat 1298, lou Gossut, lou Goussut 1298[2]).
Garsirion — 1269, 459; 1278, 73.
Jennas — 1293, 271.
Pierexel de l'Aitre aijuel 1298, 254b.
Jennat — †, Ailexon f. 1298, 483a.
Richart — de Rixonville, Gerart f. 1298, 580.
Gossel, oirs 1241, 173a.
Odelie — 1241, 173a.
Gossuin, corretier (v. Gocewins) 1241, 129.
lou **Gossat** v. lou Gossat.
Goubers, Goubert 1262, 1269, 1275, 1278, 1279, 1285/93, Gobers, Gobert 1269, 1278, 1281, 1293, 1298, Gober 1262. v. V. Gobertchamp, Goubertnowe.
1. Fakignon f. 1298, 616.
2. — srg. Humbert fil Yzambairt de Lemoncort 1290, 392.
— de Lorey (OM) 1293, 642.
— de Nancey (v. 3) 1279, 341.
3. maistres — avocas 1278, 662.

---

[1]) De Wailly 205 (1279). Bannrollen I, LXI an la droite rue de Porte Serpenoize ancoste l'osteil Werneson chivalier de Gorze sus lou tour de la rue.

[1]) Hugo Gos *Schöffenmeister 1215/16 nach der Urkunde des Bischofs Konrad (Ben. III 179/80* Hugonis Gos scabini majoris . . . MCCXV quarto Nonas Martii), *1216 nach der Schöffenmeisterliste 155 und nach der Chronik Praillon. Den Irrtum der Chronik von Phil. de Vigneulles (Huguenin S. 24), nach der* Howons Golz 1193—1195 *Schöffenmeister gewesen wäre, hat schon Voigt, Jahrbuch V. S. 15—19, berichtigt.*

[2]) lou Gossat = lou Gossut, *nfrz.* goussant *und* goussant *ml.* gossus = *kurz, gedrungen.*

12

Goubillons–Goudefrois 178 I. Personennamen

— charpantiers 1262, 347; 1278, 313; 1285, de Pontois 1269, 489. [236.
— clerc, Colins Barous srg. 1269, 448.
— clers chanones de S. Piere 1275, 233. maistre — fr. sg. Pieron lou chanone de S. Sauor 1281, 584; 1288, 217b.
— de Nancey taneires (v. 2) 1279, 219.
4. sg. — de la Posterne 1262, 363/366.
5. Jennas — de Flurey 1293, 252.
Goubillons, Goubillon 1278, 1281, 1290/98, Gobillon 1275.
1. — †. vg. (PM) 1275, 308.
—, ms. a S. Julien 1275, 320.
2. — de Lorey (OM) 1298, 645.
— de Vignueles 1281, 303.
4. — Champions 1278, 194.
5. Colignons — de S. Julien 1290, 294;
Gouboie, Renbaut 1288, 5, [1293, 19.
Goudalone v. Goidealone.
Goudefrins, Goudefrin 1251, 1267, 1275/98, Godefrins, Godefrin 1220, 1241, 1245, 1262/ 1275, 1288, 1293, 1298.
1. — lo..... 1262, 112.
— et ces freres, ms. (PS) 1267, 54.
—, vg. (PS) 1267, 55.
— †, Aleixate fm. 1262, 373.
2. — f. Baudowin de Borgney, — de Chadeleirue, — j. Jehan de Chaminat, — lou Duc de Failley, — f. Yzaibel fm. Jennin lou Tawon de Failley, — Berlo de Longeuille, — f. Jaikemin la Briche de Longewille, — Moutat de Longeuille, — de Lorey (OM), — f. Jennat lou vies maior de Mercilley, — f. Ameline de Montois, — de Nowilley, — Cherdel de Nowilley, — Godelz deNowilley,—Longuelz de Nowilley, — f. Otthin de Nowilley, — f. Richairt de Nowilley, — f. Wairin de Nowilley, — maior de Nowilley, — f. Robin d'Onville, — de Vallieres, — f. Lowion de Vallieres, — de Villeirs, — de Wainvas.
3. — awilliers de Saunerie, — Goibles bergiers Jennat de Grixei, — l'Alleman chadeleir, — charpentiers, — f. Guerekin lou cherpantier, — f. Lorant lou cherpantier, — charreton, — de Bazoncourt cordewenior, — cordewenier de Dairangerue, — corrior,— coutelers, — furbeires,— f. maistre

Lorant, — olier, — oliers d'Outre Saille, — olieirs dou Waide, — j. Albert le penirs, — permantier, — Godins permantiers, — li Vadois permantiers, — taillieres, — Boutedeu tenneires de la Vigne S. Avol, — tonnelier, — li Vadois, — li Vadois permantiers, — valat sg. Thierit Corpel, — vieseirs, — li Allemans vieceirs.
4. — li Alemans, — f. Adan l'Aleman, — li Allemans vieceirs, — (f. Alert) des Aruols (maires d'Outre Mosselle), — lou Bagne, — Berlou (de Longeuille), — (f. Ancel) Boilawe (de Collamheirs), — Boutedeu (tenneires) (de lai Vigne S. Avol), — Bouchas = — Bouchate, — f. Jaikemin la Briche de Longewille, — Brussade, — fr. Theiriat Burelute, — Burnat, — Chaipelain, — Charriande, — (f.) Cherdel de Nowilley, — Choible (de Staisons). — Coural, — f. Raimbat Deformes, — lou Duc de Failley, — fr. Piereson Flawon, — Gairnaiche, — (fr. Jennat) Godairt (de lai rue des Allemans), — Godelz de Nowilley, — Goible (bergiers Jennat de Grixei), — de Heu, — Jambedepaixel de S. Arnoult, — Longuelz de Nowilley, — Malroit d'Ars (PS), — fr. Jennat Menneit, — Moutas = — Moutas de S. Clemant, — Moutat de Longeuille, — Olee, — Paperel, — Poirel de Vignucles, — (f. Jehan) de lai Porte, — Quarteron de Montois, — Raieboix, — Repigney, — de S. Polcort, — li Stous, — f. d. Yzaibel fm. Jennin lou Tawon de Failley, — f. Thiebaut Viey, — Wynat, — Xourat de Quensey.
Goudefrois 1278, 1285, 1290, Goudefroit 1251, 1262, 1275/1281, 1288/1298, Godefrois 1220, 1241, 1293, Godefroy 1220, 1275, Godefroi 1245, 1262, 1269, Godefroit 1269, 1279, 1290, 1293.
1. — 1220, 22.
sg. —, Ansilons f. 1220, 36.
— †, Poinsate fm. 1290, 298[16].
—, Parise f. 1275, 191.
2. — de Maignei, — f. de Maigney, — de Mons, — de Poirs.
3. — awillier, — charpantier, — celleir, — cler f. Domangin Frixure —, maior,

maistre —, maistre — de Conflans, — olier, sg. — preste, — quartier.
4. — f. Ancel Boilawe, — Carital, — (cler) f. Domangin Frixure, — de Heu, — p. Roillon Repigney = — Repigney d'Atrerowe, — li Stous, — de la Tor, sg. — Xoltesse.
   5. Colin —, Sebeliate fm.   1290, 509.
   Ailixate f.   1290, 509.
   Poinsate Belleron f.   1290, 510.
Goudexal v. Godechaus.
Goudree v. Gondrei.
Goue... v. Gove...
lou **Gouge** v. li Gouges.
Gougenel, Lietal, de S. Arnoult †, Lorate f.
li **Gouges,** lou Gouge.   [1298, 81.
— de la Nueue ruwe, Colignons f. 1281, 415.
Jennat — parmantier   1290, 181.
„ — et Colignons f.   1288, 154.
„ —, Colignon lou parmantier f. 1290, 154.
Gouget, Colignon   1288, 194b.
Goulart v. V. Goulartplanteit.
ost. — ou boure S. Arnolt   1293, 327.
Goule 1267/1298, Goullo 1251, 1290, Gole 1269/1275, 1278.
    P.
1 Jaikemins — ‿ d. Luckate
1251, † 1267   1267, 1278
2 Ingrans — 1267/90   5 Jennas — 1269/90
3 Jaikemins   4 Abriat = Jennecas — 1288
   1290   1290   = sr.Jehans —1293/98
= sr. Jaikes —   [m. e. 1292]
  m. e. 1298

1. Jaikemins —
pb. vg. (PM)   1251, 74.
vg. sus la Pasture de S. Julien 1267, 178.
†, d. Luckate fm.,
pb. vg. ou ban de Longenille 1267, 122.
pb. vg. ens Allues entre les 2 pieces d. L. meymes   1278, 34.
2. Ingrans, f. Jakemin — †,
pb. er. ou ban de Longenille, de S. Martin et de Turey en vg., ms., jard. 1269, 333.
= Ingrant —, ms. en Raimport 1267, 13.
pb. $\frac{1}{2}$ tor, $\frac{1}{2}$ ms., $\frac{1}{2}$ foura Vantouz 1269, 375.
Philipes Faixins et Thiebaus li Maires et Bertadons Pietdeschaus et Yngrans — pb.

ms. et gr. sg. Thierit de Laibrie en Aiest, vg. ou ban de S. Julien et Vallieres, kant k'il avoit a Aiees, Tremerey et Ostelaincort, ms. en Dairangerue, er. en la mairie de PM[1])   1275, 17.
„ pb. kan ke sr. Thieris de Labrie ut a Crepey, Aisins, Silliers, Abes et Helestor, et molin de Blasey et er. en la mairie de PS[1])   1275, 63.
„ pb. la charree de vin d'Ars et la charree de vin de Siey, can ke sr. Thieris de Laibrie ait a Richiermont, Vcanges et delai Orne, er. en la m. d'OM[1]) 1275, 127.
pb. por lui et por ces enfans ½? ms. d'Anout et fosseis, encontre hoirs de part sa fm.   1275, 478.
$\frac{1}{2}$ dou quairt dou pois de PM 1277, 228.
pb. partie en hommes et femmes de Lescey. Tignomont, Siey, Noweroit, Ste Marie a Chene   1278, 646.
dovoit 40 s. de cens (OM)   1279, 162.
pb. box, t. ar., pr. entre Wernainville et Haboinville et Anout   1279, 330.
pb. vg. entre Longeuille et Siey 1279, 331.
pb. partie en ms. d'Anout, bergerie, fosseiz et ou porpris et en aquast, eschenge et commonteit   1281, 144.
et Thiebaus Forcons pb. partie en hommes d'aluet (OM)   1281, 145.
pb. por lou chaipistre dou Grant Mostier et sr. Bertals Piedeschalz pb. [1281, 195.
$\frac{1}{2}$ wowerie de Pupinville   1281, 601.
vg. a Wapey   1281, 603.
pb. ms. an la Vigne S. Auol   1285, 68.
mainbor Matheu de Plapeuille   1290, 96.
mainbor Lowiat lou clerc de Sanerie 1290.
         147, 148, 346[12], 439[19], 582.
a lai porte a Saille dav. chak. Y. — 1290, 350.
2. 5. Ingrans — et Jennas, ces fr.,
pb. 25 s. ms. asom Viez Bucherie 1269, 334.
pb. vg. a Longeville   1279, 344.
pb. ms. daier Ste Croix   1285, 447.
pb. por lai commune frairie des prestres de Mes   1288, 161.
pb. gr. et ms. anc. oulz meymes (PS) 1288, 219.

---

[1]) *Die drei Einträge sind durchgestrichen.*

Gouleie–Governe

pb. ms. a pont Rengmont 1288, 340.
pb. t. ar. a Bafontenne (PM) 1288, 341.
pb. ⅕ ms. dev. lou Grant Mostier 1290, 275.
ms. a la porte a Saille (PM) pris a [576.
cens pm. 15 s. de Y. — et J. 1290, 350.
3. Jaikemins, f. Yngrant —,
Hanrias Thomessins et Merguerite Amaic
et J. pb. grant ms. outre Saille 1290, 91.
= sr. Jaikes — maistres eschevins 1298, 1*.
4. Abriat, f. Yngrant —:
Yngrans — pb. a la vie Abriat, son f., lou
gros demme de Greheires, 2 moies de
bleif c'on doit sus ms. de Tantelainville,
2 moies de bleif et cant ke a Xouville an
ban et en justice (PM) 1290, 127.
5. Jennas, f. Jaikemin — †, (v. Ingrans —)
pb. er. ou ban de Maiey, Mercey, Sanrey
et Vigey, c. en Stoixey, gr. en Dairan-
gerowe 1279, 383.
= Jennas — pb. er. ou ban de Wappey
pb. hommes et femmes d'alluet [1278, 665.
a Bethilley 1285, 286.
Vguignons Hennebors et Symon Paipemiate
et J. — pb. er. sg. Huon Barbe en Mes
et fuers de Mes[1]) 1285, 350, 458, 544.
= Jennecas — (v. Yngrans et J.) 1288,
pb. 4 s. pet. halle des vieciers [340, 341.
an Chanbres 1288, 23.
= sr. Jehans —[2])
pb. por les malaides de S. Laidre 1293, 93.
sus lou tour de l'aitre de Sainte Creux
davant l'ost. (PS) 1293, 577.
pb. ms. antre les II pons de Maizelle 1298, 501.
Gouleie 1290, Goullee 1288.
Jennas — de Lorey (OM) 1290, 525.
Jennin — de Lorey (OM) 1288, 247.

---

[1]) *Der Eintrag ist durchgestrichen.*
[2]) *Bannr. I. LXXII (1293)* Et c'il ne li
randoit, li sires Jehans Goulle et Jehans
Roillons et Renals, li filz lou signor Thei-
rit de Laibrie ke fut, li randeroient com
droit dator.
Li sires Thiebaus li Gronais doit a sg.
Jehan Goulle et a Jehan Roillon et a Re-
nalt, f. sg. Theirit de Laibrie ke fut, x_{IIII}^{XX}
lb. de mt.

Gouliairt (v. Golias, Goulies).
Burteran —, ost. en Stoxey 1275, 1, 13.
†, Jaikemate fm. 1290, 158*.
Goulies 1298, Goullies 1298, Gollies 1293.
Haibert — 1298, 13.
„ f. Thieriat — 1298, 26, 438.
„ f. „ — de Nowesseuille 1293, 363; 1298,
Thieriat — 1298, 369. [205.
Goulle, Goullies v. Goule, Goulies.
Gourdat lou clerc, Martenate la meire 1288.
P.? [1388 C] [86.
Gous v. Gos.
lo **Gous** 1245, 1269, 1285, lo Goz 1245. (v. Gos).
Martin —, Herowin lo p[armantier?] j. 1245,
enc. ms. Martin — (PM) 1269, 38⁶. [18.
ruelle Martin — (PM) 1269, 38⁸,¹².
ruelle deleis Martin — (PM) 1269, 38¹¹.
fm. Martin —, 12 d. ms. ou Veueit 1285, 178.
Waterin —, vg. en plantei Malroi (OM)
1245, 195.
li **Goussas**, lou **Goussut** v. lou Gossat.
Goutier v. Gontiers.
Gonval 1267, Gonval 1275.
Jennin — de S. Ylaire 1267, 276.
Jenin —, Arambor fm. 1275, 282.
Gouverne, Gouvion v. Gov....
Gouenat, Jennat, de S. Arnout 1293, 219.
= **Gouenel**, Jennat, de S. Arnolt 1290, 527.
Gouerne 1267, 1269, 1290, 1293, Governe
1288, Gouverne 1279, 1281, 1290, 1298.

P.	?	
1 sr. Jehans — d. Louve		2 Perrius
1267/69, † 1279	1278/81	1290
	Androwat 1278[1])	
	?	
3 Perrins	4 Colignons —	5 Burtran —
Heilaichair	1288	1288/93
1288		
6 Jehan —	7 sr. Nicolles — prestes	
1293	1298	

---

[1]) Androwat *ist nur als Sohn von* dame
Louve *bezeichnet, nicht als Sohn von* sg.
Jehan Gouerne. Vguignons Louvate *ist
vermutlich sein Bruder. Beide können Söhne
der* dame Louve *aus erster Ehe sein.*
v. Louvate.

I. Personennamen 181 **Govions**

1. sr. Jehans — [1267. 154.
pb. ¹/₄ ms., ¹/₄ chak., ¹/₄ meis a S. Julien
et Poincignons Ceruelz de S. Julien pb. er.
ou ban de Choibey et de S. Julien 1269, 877.
†, partie en l'ost. an Aiest 1288, 313; 1298, 398.
d. Louve, fm. sg. Jehan — †, pb. er. ou
ban d'Erkancey et d'Antilley 1279, 381.
t. ar. ou ban d'Ercancey 1281, 387a.
= d. Louve pb. 10 lb. ke geissent sus tout
l'er. ke fut Androwat, f. d. Louve, ou
ban d'Ercancey, Vignueles et de Bui 1278,
2. Perrins, fr. sg. Jehan — †, [19.
cau ke a Bui et ou ban, en lai fort ms.,
bergerie, gr., buveries, gerd., vg., signe-
raiges, t., pr., awe *etc.* 1290, 326.
**3. 4. 5. Perrins Heilaichair et Coli-
gnons — et Bertran**, su 2 fr.,
partie en ms. sg. Jehan — en Eest 1288, 313.
5. Burtran —,
ou ban de Mairuelles anc. vg. 1290, 405.
tient vg. ou ban de Mairuelles 1293, 107.
6. Jehan —,
vg. ou ban de Juxey 1293, 599.
7. sr. Nicoles — prestes [1298, 398.
pb. partie en l'ost. sg. Jehan — an Aiest
Gouions, Gouion 1241, 1245, 1267/1277,
1281, 1285, 1293, Govions, Govion 1251,
1262, 1275, 1279, 1298, Gouvions, Gouvion
1267, 1277, 1281, 1293, 1298.
Hanrit — taillor 1285, 366.
Pieresons — d'Ars (OM) *P.?* 1281, 322, 562.
P.

1 Isenbars — [m. e. 1238] ⌐ d. Amie
1241/1251, sg. 1277 1277

2 Nicoles — [1250 PS; m. e. 1267]
1245/1251, sr. 1262, † 1269

Poinsate 1279, 1298	Amee 1281	?
= d. Poince — 1298	Colignon Wachier 1275	

3 Steuenins — 4 Colignons —
1267/1298 1293

1. Isenbars —
pb. por la chiese Deu d'Outre Moselle de
S. Martin 1241, 38.
ms. dav. S. Johan outre Mosele 1241, 120a.

pb. por les Prochors 1241, 195; 1245, 285.
Jakemins Fankenels et Y. — pb. 5 s. 6 d.
1¹/₂ ms. as Roiches 1251. 183.
pb. ms. as Roiches 1251, 184.
a fare ay sg. Ysambart - et d. Amie, sa
fm. 1277, 172.
2. Nicholes —
pb. ms. en Dairangesrue 1245, 162.
pb. vg. a Wappei 1251. 66.
= sr. Nicoles - pb. ms. et un chainge a Porte
Mosselle 1262, 158.
= Colin — †, enc. vg. (PM) 1269, 158.
Nicole —, ¹/₂ ms. en Geurue 1275, 164.
¹/₂ ms. et gr. en Jeurue, aq. a Colignon
Wachier, l'avelet N. — 1275, 350.
Poinsate, f. N. —, pb. vg. en Dales 1279,
ait doneit as Proicherasse 24 s. ms. [157.
en Vies Bucherie, 11¹/₂ s. 2 ms. ou lai
rue S. Gengoult 1298, 423.
= d. Poince — ait doneit en sai devise
au chaipistre de la Grant Eglixe de Mes:
40 s. (PS) 1298, 410. [1298, 672.
40 s. 6 d. (OM) a l'uevre de la Grant Eglise
Amee, f. sg. Nicolle — †, pb. 8 quartes
de froment 4 d. moins (PM) 1281, 403.
3. Steuenins —
pb. 16¹/₂ s. ¹/₂ molin en Seuerainueteire,
ms. outre Mosselle daier S. Jehan, vg.
en Lambelinchamp 1267, 142.
pb. 4 lb. et 2 wastels 12 d. sus 2 ms. au
pont a Moszelle, 20 s. vg. a Villers a
l'Orme, 20 s. ms. en Remport et sus l'awe
a S. Julien, 7 s. ms. (PM) 1267, 324.
pb. vg. a Wappeit, 11¹/₂ s. ms. en Cham-
beires sus lo Rone, 10 s. ms. en Cham-
beires; 33 jorn. de t. ar. a Thurey, vg. en
la ruelle de Fricres, 15 s. ms. a Porte
Serpenoise, 15 s. 2 d. ms. devant S. Jorge
1267, 511a.
pb. ms. et saveur daier (OM) 1267, 514b.
pb. vg. ou mont S. Cointin 1267, 515.
pb. meis a Pont de Niet enc. son jard. 1269,
pb. 25 s. 4 ms. outre Saille 1275, 416. [19.
pb. gr. (PS) 1277, 33.
pb. 1277, 474. [287a.
pb. t. ou ban de Borney anc. lui meymes 1298.
pb. t. ar. ou ban S. Pierc a Borney 1298, 287b.
4. Colignons —

pb. ½ meu de vin de cens vg. ou ban de
  Mairuelles   1293, 107.
pb. ½ meu et ⅓ meu de vin de cens vg.
  ou ban de Mairuelles   1293, 301.
½ cherree de foin sus lou broil et lou preit
  les signors de Loueney   1293, 305.
Goz v. Gos.
lo **Goz** v. lo Gous.
Gozemose, Huon   1227, 54.
Gracecharz, Gracecher v. Graicecher.
Gracia, Gracial v. Graicialz. [1293, 106.
lai **Graice**, Ailexon, seure Hanriat Chermat
Graicecher 1251, 1277, 1279/1298, Graise-
cher 1278, 1288, Gracecher 1267/1275, 1293,
Grassecher 1241, 1245, 1269, Gracechar
1262, Gracecharz 1269, Gracechart 1227.
P.
1. Huin —,
ason la ms. (PM)   1227, 35. [1241, 106.
= Hves — pb. ½ ms. daier S. Simplise
= sg. Huon —, celiers et meis (OM) doient
  2 s.   1251, 63.
2. Philipin, fr. H. —,
½ ms. daier S. Simplise   1241, 106.
3. Jennins, f. sg. Huon —,
pb. wagiere ke Bertremins, ses suirs, avoit
  a Jussei et a Roserueles   1241, 184.
4. Garset —,
ms. en la place (PM)   1241, 5.
pb. vg. (PM)   1241, 56.
pb. ½ gr. et voie en Saunerie   1245, 14.
5. Alexandrins (Xandrins) —
pb. 12½ jornals de t. ar. en la fin de Mo-
  lins   1267, 309.

et Thierias de Liehons pb. vg. et t. ai Ars
  (OM) et t. ou ban de Groney 1267, 509.
5. 6. 7. Alexandrins, f. Garsat —,
et Jehans, ces fr., pb. quan que Howi-
  gnons, lor fr., avoit en tous les bans de
  Jussey, Ste Rafine et Vaus en signorie
  et vouerie   1267, 462.
7. Howignon, fr. Alexandrin f. Garsat —,
quan que en bans de Jussey *etc.* 1267, 462.
= Howignon, n. Poinsignon (?) —, ¼ ms.
  sg. Huon   1267, 22.
= Howignons — pb. ms. en la rue lo
  Voweit   1275, 501.
pb. 7 livreies de t. ke geisent sus can ke
  Bertrans Boilo, ces n., ait ou ban de
  Ville sus Yron   1279, 525.
= Huwes — maistres eschavins 1278, 253.
8. Barekel, f. Huon —,
vg. a Mamit   1262, 388.
= Badewin Bairekel, f. sg. Huon — †,
⅓ ms. Drowat (PM) pris a cens de 1290, 285.
= Bauduyns Bairekels
pb. ms. Drowat (PM)   1275, 278.
ms. et meis ou ban de Juxey   1275, 485.
Howignon de l'Aitre et B., ms. en la rue
  lou Voweit   1277, 422.
pb. t. en Bordes ou ban de Juxey 1277, 453,
pb. 8 s. ms. a Ville sus Yron   1278, 604.
t. ar. ou ban de Juxey   1281, 101.
pb. vg. enc. Jehanvigne (OM)   1281, 559.
vg. an Bouwes, vg. an Taixey, gerd. et t.
  (OM)   1285, 98.
vg. ou ban de Siey 1285, 138; 1290, 513.
pb. vg. outre (delai) lou rut ou ban S.

Graicecher
?

1 Huin — 1227	2 Philippin
= sg. Huon — 1241/51, † 1267 [1250 PM]	1241

3 Jeunins	4 Garses —	8 Badewin Bairekol	9 Perrins —	10 Poinsignons (li Prestes) —
1241	1241/45, † 1279	1262/1293	1269/1279	1267/1293
5 Alexandrins —	6 Jehans	7 Howignons —	= sr. Pieres m. e. 1281	11 Jehans 1298
1267	1267	1267/1279	= Perrin Chaingne 1269	Anel n. Poins. 1279
		[m. e. 1286]	Guersat Chaingne	Poencignon Gondal
		= Huwes m. e.	f. ? 1298	j. Poins. 1267
		[1282] 1278, 253		
		Bertrans Boilo n. 1279		

Arnolt (OM) 1285, 488, 489.
pb. la moitiet des 7½ s. k'il mcimes dovoit sus vg. et er. k'il ait a Juxey 1288, 526.
vg. a Juxey et maxenate 1293, 651.

9. Perrins, f. sg. Howou —,
pb. por sg. Symon, lo grant doient de Mes t. enc. la Roine, vg. en Cugnes, [1269, 7. (PM) 1275, 28.
= Perrin Chaigne, f. sg. Huon — †, ms. en Franconrue 1269, 518. [306.
= Perrin Chaingne, ms. en Franconrue 1269,
=? osteil Channe en Franconrue 1293, 603.
mainbor d. Merguerite Roze 1278, 8.
Guersat Chaingne [f. ? Perrin].
t. ou ban de Mairlei antre .. et G. 1298, 523.
= Perrins — pb. er. ou ban de Ste Rafine et de Juxey 1275, 502.
ms. a dexandre de S. Ferruce 1279, 384
pb. vg. sus Muzelle c'ou dist Hawitvigne 1279, 420.
= sr. Pieres — maistres eschavins 1281, 1*.
pb. 18 s. vg. en Hawitvigne et vg. a Poncel 1288, 370 = 575.
vg. en Hawitvigne sus Moselle 1290, 21.

10. Poencignons, f. sg. Howon — †, 1267, 508; 1285, 150, 291.
= Poincignons — 1267, 22(?); 1269, 152; 1277, 76, 77, 234, 333; 1279, 396, 489, 527, 567, 577; 1285, 568.
= Poencignons li Prestes,[1]) f. sg. Howon —†, 1267, 176; 1275, 512; 1281, 58, 522.
= Poinsignon lou Preste — 1290, 101, 111; 1293, 134, 135; 1298, 576.
pb. ¼ ms. sg. Huon, son pere, aq. a Howignon, son n. 1267, 22.
pb. 56 s. 1 et 2/2 ms. en Stoixey, aq. a Poencignon Gondal, son j. 1267, 176.
pb. vg. ai Ars (OM) en Malterne 1267, 508.
pb. ½ ms. devant S. Marie as nonains 1269.
pb. er. ou ban de Flanigney 1275, 512. [152.
pb. por les Cordelieres 1277, 76, 77; 1279, 396, 489, 577; 1281, 58, 552; 1285, 150,

maistres de l'ospital de Porte Muselle [568.[1])
pb. er. a Juxey 1279, 527. [1277, 234, 333.
et ai Anel. sa n., 6 s. er. a Plapeuille 1279,
pb. er. (a Flanigney? OM) 1285, 291. [567.
vg. ou ban d'Ars (OM) 1290, 101.
pb. por les Grans pucelles de la Vigne S. Marcel 1290, 111.
vg. ou ban de Juxey 1293, 134, 135.

11. Jehans, f. Poinsignon lou Preste —.
pb. ms., meis, court a S. Marcel 1298, 576.
Graiceole 1290/1298, Graisoie 1288, 1298.
— de Dornant, Ameruele fm. 1298, 330.
— de Maigney, Domange fr. 1298, 585a,
—, Arnoulz f. (Maigney) 1298, 83b. [544.
—, ost.; vg. a Maigney 1293, 456b; 506.
Howignon — 1290, 79.
Jennus — de Vigey 1288, 297.
Graiceteste.[2])
Simonin Ferrant f. — d'Ars (OM) 1277, 424.
Graichol, Theiriat 1285, 62³⁵.
Graicialz 1285, Graicial, Gracial 1278, Gracia 1298.
Jenuin — 1278, 278, 539; 1285, 72.
† , Sebeliate fm. 1298, 425.
Graidoubuef.
Renadins muniers f. Roillon — 1293, 224.
Graindamor 1281, Graindamors 1269.
Abertins — 1281, 439.
Jennat — 1290, 338.
Graindechaineviere, l'airexas 1293, 517.
Graineis v. Graisneis.
Grainer, Jennin (v. Graisneis) 1290, 319.
de lai **Grainge**.
Merguerate — de S. Julien 1293, 13, 205.
Thomes — † 1293, 421.
lou **Grais** 1277/1279, 1290, 1293, lo Gras 1267, li Gras 1241.
Jennat — tennour, Sebile fm. 1290, 364.
Jennin — tennour, Sebeliate fm. 1293, 50.
P. [Guenordins li Gras 1250 C!

---

[1]) *Es ist unklar, ob* Poinsignons, *nachdem er verheiratet war*, Priester *geworden ist oder ob er nur den Beinamen* li Prestes *geführt hat.*

[1]) *De Wailly* 254, 255 (1286) l'oinsignons li preste Graisecher, li maires les Cordelieres dou covant de Mes.
[2]) *De Wailly* 350 (1297) a Airs... un Vigueivas antre la terre Abert Graiseteste et ...

Graisecher–li **Grans**

1. 2. Burteignon —, Symonat. Samonate, Martenate anfans,
ms. que fut Burteignon — enson l'ost. Jenin Girart (en Visegnuel) et ¼ ms. que fut Guenordin — 1267, 80.
li anfant Burtignon, ½ ms. anc. S. Seplixe
3. Guinordins — [1277, 40.
pb. 2 pars ms. en Visegnuel 1241, 79.
¼ ms. que fut G. — enson l'ost. Nicole Brullevaiche (en Visegnuel) 1267, 80.
hoirs G. — et hoirs Hanriat Bataille, tavle en Nues Chenges 1277, 19.
anf. Burt. [et......] f. G. —, ¼? ms. anc. S. Seplixe 1277, 40.
Pantecoste, f. G. — †,
pb. ¼? ms. anc. l'aitre S. Seplixe 1278, 310.
pb. er. ou ban de Montigney et de Longeuille 1279, 95.
pb. vg. en Clostre a Siey 1279, 167.
Graisecher v. Graicecher.
Graisneis 1285, Graisneiz 1275, Graineis 1285, 1290, Graneis 1275, Granneis, Graunies 1288, Grasneiz 1269, Grasnes 1220.
Colin — †,[1] Bietrit f. 1285, 340.
Fraillins — 1288, 506, 507.
Jakemin — 1220, 9.
†, Jenins li clers f. 1269, 143.
Jenas — li clers 1275, 286; 1281, 605.
Jennins — li clers 1275, 430.
Jehan —[1] 1290, 67d.
Piereson — de Lorey (PS) †, Aidelate fm.
Graisoie v. Graiceoie. [1288, 488e.
Graitepaille, Graittepaille v. Gratepaille.
Grainisse 1278, Graivisse 1290, Grauice 1275.
Burtran — 1290, 135.
„ — clerc; sr. 1278, 373; 1275, 61.
Graixin, Gerardin, de Fontois 1269, 332.
Gramare, Pieron, de Nonviant 1275, 130.
Grancol, Grancolz v. Grantcol.
Grandeu v. Grantdeu.
la **Grande**, d. Aleiz 1245, 106.
†, d. Abillete f. 1275, 146.
Ydate — d'Ansey 1298, 133.

Grandins, Aurowins, de S. Julien 1279, 388.
Graneis, Granneis, Grannies v. Graisneis.
li **Grans** 1269, 1281, 1288, 1290, li Granz 1269, lou Graut 1275/1298, lo Grant 1245, 1275, le Graut 1269.
Burtemin — 1285, 254.
de Chambeires 1278, 14.
Burteran — de Chaubeires 1279, 356.
Colin — de Chanbeires 1277, 116; 1281, 134.
Colins — poxieres 1281, 351; 1290, 15.
Philippin — (v. Thieriat) 1281, 152. [49.
Felippin — de S. Clemant, Benoite f. 1279,
Garceriat — de Plapeville, Howins f. 1288,
Hanrit —, Sufiate fm. 1275, 20. [521.
Jehan — 1293, 153.
de Poirs, Ancillons f. 1285, 37.
Jennin — †, Eudelins f. 1269, 425.
Thieriat —, Felepin f. 1275, 45.
„ — de Maisellez 1269, 412.
Weri — 1245, 247.
Weiriat — 1288, 427; 1290, 199.
Mateus f. 1298, 299[16].
Weirion — et Jaikemin fr. les 2 f. d. Afe[t] lix de Pargney 1298, 142.
Bertaudons Piezdeschauz — 1269, 3, 269, 270.
Poinsignon —, f. Bertadon,[1]) v. Piedeschals 5 1275, 66, 222.
Colate, f. Poinsignon — d'Outre Saille[1]), pb. ms. en la rue lou Voweit 1277, 403.
P.
1. Colin:[2]) —
Colins Mallebouche pb. por lui et C. — gr. et jard. outre Saille 1277, 98.
pb. por lui et Poinse de Coulougne et ... et ... ms. a Porsaillis 1281, 429.
= Colin — d'Outre Saille[1]), ¼ ms. a

---

[1]) *Wenn* Poinsignon lou Grant d'Outre Saille *und* Poinsignon lou Grant, f. Bertadon, *ein und dieselbe Person sind, so ist vielleicht auch* Colins li Grans d'Outre Saille *ein Sohn von* Bertadon Piedeschals.

[2]) *De Wailly 355 (1297)* ... des V pairs de l'argent (don pois) doit avoir ... Colins li Grans li seconde ... et des VII pairs de lai cinquime que demouret ... une et demee.

---

[1]) *De Wailly 330 (1294)* Thiebaus Baizin, f. Hanriat Baizin †, doit a Jehan Graineis, f. Collin Graineis †, XLV s. et demey de nut.

Granscols—Grantdeu

l'orsaillis 1290, 488d.
1. 2. et Ferris, ces f., can ke a Sillei
et a Ancin et en bans 1290, 384.
2. [Ferris], f. Colin — d'Outre Saille,
maires de Porte Moselle 1290, 1*.
vg. en Cherdenoi doit 3 mailles a Ferrit,
f. C —, 1290, 385c.
Maiheu, fillaistre Ferrit — d'Outre Saille,
vg., pr., ms. a Bouxieres 1298, 263.
Granscols v. Grantcol.
lou **Grant** v. li Grans.
lou **Grantboinson:**
Lowias d'Antillei j. — 1288, 33.
Grantcol 1220, 1269, 1275, 1278, 1281, 1285,
Granscols 1279, Granscolz 1277, 1285,
Granscos 1285, Grancol 1279, 1285/1290,
Grancolz 1285, 1288, 1293.
P.

1 Simon — 1220
2 Colin — 1269/1281, 1285

?	?	?	
Yzabel pucelle de Manse 1285	Simonat Guevadre n. Simonin, 1285/88	3 Matheus — 1277/93¹)²) f. Poinsat Facon 1278	4 Jennas — 1279/90¹)

5 Filipin — d. Peskate —
1288 1269/88

1. Simon —, ¹/₃ ms. 1220, 38.
2. Colin —,
devant l'ost. (PS) 1269, 471.
ms. ke fut (PS) 1288, 411.
dev. ms. ou Nuefbourc 1275, 186.
grant ms. ou Nuefbour 1285, 227.
chambre an Visegnues 1281, 226.
er. en la mairie de PM, PS, OM 1285, 317.
Vguignons Griuelz pb. por Yzabel, [450, 520.
l'avelette Colin — †, ke maint a pucelles de Manse, sus 40 s. de c. ke Symonins

---

¹) *De Wailly 252 (1285 a. St.)* Jennat Grancol et Mateu, son fr., amins Jaikemin, f. Jennat Facon, de part son peire.
²) *De Wailly 372 B (1298)* .. Et cest vaudaige ont fait (Jaikemins et Poinsate) li anfans (Jennat Facou) ... per lou craut ... de Maitheu Grancol.

Facons dovoit a Colin — 1285, 164b.
Vguignons Grivelz pb. por les pucelles de
Mances er. escheut a Yzaibel de pair
Colin —, son awel (PS) 1285, 229.
Symonat Guevadre, escheute de pair
Colin —, son awel (PS) 1285, 228.
„, aivelet Nicolle —, ms. ke fut N. — 1288, 411.
3. Matheus —
pb. 7 cesteires de vin k'il meymes dovoit
sus sa vg. a Feyt 1277, 359.
pb. vg. ou ban de Fayt, aq. Simonin, son o.,
f. Poinsat Facon 1278, 108.
pb. pr. en Trezapreit ou ban de Fayt anc.
M. meymes 1285, 81.
pb. gerdin a Fayt 1293, 102.
= Matheus, aveles —, ait 40 s. 2 ms. et
gr. a monteir de Sus lou Mur 1279, 518.
3. 4. Jennas — et Matheus, ces fr..
pb. grant ms. Colin —, lor awel, ou Nuefbour 1285, 227.
Matheus — pb. teil partie com Jennas,
ces fr.. avoit en lai ms. Colin —, lour
avieul, ou Nuefbour 1288, 222.
4. Jennas —
pb. t. daier sa ms. a Grixey 1279, 254.
anc. pr. J. — ou ban de Grisey 1281, 231*.
antre ch. J. — ou ban de Grisey 1281, 475.
tout l'er. ou ban de Grisey et de Virkilley
en gr., ms., t., pr. 1281, 525.
pb. ms. ou Nuefborc 1288, 200.
pb. teil escheute com il est escheus a Symonat Guevadre de pair Colin —, son
awel 1285, 228.
et Burtrans Facons pb. ms. et gr. davant
les Agustins 1288, 385.
„, ms., meis, gr. sus lou tour davant les
Augustins 1290, 367.
5. Filipin —,
anc. vg., an Sourels ou ban de S. Julien
d. Peskate —, [1288, 338.
¹/₂ ms. devant l'ost. Colin — ke part a 1269.
pb. 15 s. ms. ou Champ a Saille, 8 s. [471.
ms. les pucelles de Sus lou Mur 1278, 109.
ms. atour de Chaiureirue 1288, 155.
Grantdeu 1269, 1277, 1278, 1279, 1285,
Grandeu 1281, 1288, 1293.
P. [Jaques Grantdeu 1250 C]
1. Jaike —,

= ? —, Colin Chamuxit j. 1288, 563.
4. Jehans, f. Jaikemin —,
2½ moies de vin vg. daier lou mostier a Siey 1277, 391.
5. Jaikemins, f. Jaikemin —,
pb. ms. sus lou Terme outre Muselle 1293, 340.
ms. sus lou Terme otre Moselle 1298, 311.
6. Colignons —,
Colignons Seruels et, pb. vg. en Sorels 1267,
= Colins — pb. t. desor Valieres [25.
desous vg. C. meimes 1267, 304.
pb. vg. ou ban de Syei c'on dist en Pomeroit 1267, 472a.
pb. vg. a Syei desous Preelle 1267, 472b.
pb. vg., chaukeur et kan ke ou ban de Syei 1269, 154.
pb. vg. ou ban de Syei 1269, 155, 156, 157.
pb. 6 s. des 16 s. que sa ms. devoit (OM)
= Colin, fr. Jaikemin —, main- [1269, 290.
bours frere Heinme des Cordelles 1267, 499.
7. Jaikemins, f. Colignon —,
pb. boix en Lineires 1293, 636.
pb. boix en Lineires et ⅕ pr. entre ... et lou boix de Champenois 1293, 637.
8. sr. Willames li prestes, f. Colin—,
pb. ms. (OM) Colin, son p., aq. Wiberate, sa t. 1288, 535.
= sr. Willames — li prestes pb. 6 s. ost. a Ars sus Muselle 1298, 304.
8. 9. sr. Willames li prestres et Symonas li clers, li dui fil Colignon — †,
pb. pension de 6 quartes de wayn moitainge et de 2½ moies de vin (PM) 1293, 413.
10. Jennin —,
ms. (PM) 1241, 60.
11. Luckins li espiciers, f. Jenn. — †,
pb. ms. et chambrate dav. S. Sauor 1281, 295.
= ? Lukins li espiciers [31.
pb. 4 quartes de vayn moitainge (PS) 1290.
pb. t. en Blairenchamp anc. lui (PS) 1298.
pb. t. an Girbertchamp anc. lui (PS) [79a. 1298, 79b.
12. Jehans Lukins li espiciers
pb. maix. sus lou tor (d'Anglemur) desoz S. Hylaire a Xauleur 1298, 326.
13. Perrin —,
30 s. ms. en la ruo de la Craste 1285, 83.
pb. vg. dav. lou chakeur les Rines 1290, 96.

18 d. vg. (dav. lou chakeur les Rines) k'il meimes dovoit 1290, 529.
10 s. geisent sus ms. ke fut P. — (OM) 1298,
10 s. geisent sus ms. P. — dav. S. [179.
Sauor 1290, 308. [1298, 676.
20 s. geisent sus ms. P. — dav. S. Sauor
P. — et Arnols Herbo li permantiers, li IImaistres de la frairie S. Girgone 1298, 19.
= Perrins — li permantiers pb. vg. a Chene (OM) 1288, 543.
5 s. ms. en Chaipeleirne 1298, 290.
Grauice v. Graiuisse.
Grawe, Ancillon, clerc 1288, 131, 324; 1290.
Grefon v. Grifons. [297.
Gregelin, Lowiat, de Maigney 1298, 537,
Gregoire 1241, Gregore 1293. [538, 541.
sg. — chanone 1241, 15.
Warin —, Hanrion f. 1293, 589.
Gregot, Gerairt 1290, 239.
Greillat v. Grillas.
Greinaires v. Enginaires.
Grejolas 1279, Grejollat 1290.
Steuenat — 1290, 314.
Steuenins — boulangeirs 1279, 408.
Gremier, Domangin 1278, 491.
Gremolz. v. V. Gremapreit, Gremalvigne.
Waterins — corriers de Sanerie 1293, 246.
Grenelz, Grenel.
Thierias — 1288, 205.
„ — de Maizelles 1285, 192.
„ — de Vantous †, Abillate fm. 1288, 325.
lou **Grenet,** Viuion 1290, 117.
Grenille.
Burtran — poxor, Weriat et Bauduyn f. Poinsignon — 1278, 70, 431, 480. [1281, 137.
Grenion v. Grennion.
Grennelos, Grennelo.
Lowias j. — 1262, 120.
Lowias — 1279, 376.
Grennion, Grenion.
Gerart —, Hanriat lo clerc et Margueron enf. 1267, 321.
Grenol, Martin, fr. Geliat f. Martin lo bouchier 1267, 177.
Grenole, Lowyat 1269, 160.
Grenon (Grenou?)
Poinsignon — 1288, 319.
†, d. Collate fm. 1285, 314b.

Grantneis–Gratepaille

ms. (PS) 1277, 38, 285.
en lai plaice devant l'ost. (PS) 1277, 77.
= Jaikemin †, „ 1279, 446; 1293, 214.
d. Aileit fm., ms. ouillemaint (PS) 1269,
 2. Richier —, [231.
70 s. ms. ke fut Jaike — 1277, 285.
30 s. geisent sus la ms. R. — a la Pos-
 terne 1278, 89.
ms. a la Posterne et son autre ms. a tour
 delivres an plait et per lou crant de R.
enfans Richier —, [1285, 448.
ms. a tour de Chaiureirue 1288, 155.
Grantneis.
Stevle —, Poinsignon f. 1277, 368.
Stenene —, Poincin f. 1281, 210.
a **Grant neis.**
sg. Jehan — lou preste 1293, 324.
li **Granz** v. li Grans.
li **Gras**, lo Gras v. lou Grais.
Grasneiz, Grasnes v. Graisneis.
Grassecher v. Graicecher.
Gratepaille 1241, 1251/1275, 1278/1298,
Gratepalle 1267, 1293, Graitepaille 1275/85,
1293, 1298, Graittepaille 1285.
 P.
 1. Abert —, davant l'ost. (PM) 1241, 6.
 2. 3. Nicole —, Jakemins f.
pb. 24 s. ms. (OM) 1251, 157.
 3. Jaikemins —
pb. 2 ms. en la Vigne S. Marcel 1262, 96.
pb. moulin Jaikemin lo Conte, son seur,
 en Longeteire 1262, 163.
[pb. .... s. de cens .... Jaikemin l]o Conte
 ... dont J. — est bien tenans 1262, 279.
pb. 10 s. molin ai Ancey que Jaikemins li
 Contes, ses seurs, li at donneit 1262, 389.

pb. 7 s. ms. en la rue dou pont des Mors
 1267, 126.
pb. vg. a Maigney deleis la soie 1267, 345.
16 s. 5 ang. ost. au chief de Nekecerue 1267,
pb. ms. en la ruelle deleis lo Grant [487.
 Mostier 1267, 499.
pb. er. ou ban de Syei 1269, 131.
pb. por Colin, son fr. 1269, 154, 155.
pb. vg. davant lo chakeur les Rinnes ou
 ban de Plappeville 1269, 515.
pb. t. sus Moselle delai lou pont des Mors
pb. t. sus Moselle en la voie de [1275, 96.
 S. Martin 1275, 491, 492.
4 s. gr. a S. Piere as Arainnes 1277, 88.
14 s. ms. en Hunbertcort 1277, 173.
pb. por les Proicherasses 1277, 293; 1278,
 255, 611; 1279, 488. 556; 1285, 89.
29 jornals de t. davant lou pont des Mors
ms. en S. Vicentrue c'on dist a [1278, 353.
 la porte Patart 1278, 654. [1279, 295.
pb. 16 s. er. en Mes et ou ban de S. Martin
vg. a la mars ou ban de Siey 1279, 524.
ms. et chambrate dav. S. Sauor 1281, 295.
ait contrewaige ms. Colin — 1288, 535.
mainbor sg. Willame de Marranges 1288, 543.
pb. maix. en la Vigne S. Marcel 1290, 528.
pb. 12 d. ms. otre Muselle deleis Mongaguier
 apres l'ux de la ms. ou J. — [1293, 116.
 maint (OM) 1293, 141.
pb. droit et raison en vg., chak., t. anc.
 lou chakeur les Rines 1293, 334.
7¹/₂ s. ost. (OM) 1293, 626.
meis (OM) 1293, 627a.
ms. et meis davant S. Marcel 1293, 648.
= —, en la Vigne S. Marcel entre l'ost.
 1285, 264.

		Gratepaille		
1 Abert — 1241	2 Nicole — 1251			
	3 Jakemins — 1251/1293 j. Jaikemin lo Conte 1262		6. Colins (Colignons) — 1257/1269, † 1293	
4 Jehans 1277	5 Jaikemins 1293/1298	7 Jakemins 1293	8 sr. Willames — Wiberate t. 1288	li prestes 1288/1298	9 Symonas li clers 1293

P? 10 Jennin — 1241, † 1281
 11 Luckins li espiciers 1281   *P.?* 13 Perrins — 1285/1298
 12 Jehans Lukins li espiciers 1298 li permantiers 1288, 1298

Grifons–Groignas

Matheus fr. 1269, 45, 357.
Matheu — 1269, 386.
†, Goudefroit de Maigney j., et Collate f. 1298, 291.
Grifons, Grifon 1262, 1267, 1277, 1278, 1281, Griffons. Griffon 1262, 1269, Grefon 1288.
Burtemas — 1262, 368.
Jaikemin — 1277, 462; 1278, 212.
Jehans — 1262, 31.
Jennas f. Colin — 1267, 484.
Jennas — 1269, 326, 327, 538.
Watrins — 1281, 411; 1288, 161.
Weirion — 1262, 413.
Grignons, Grignon.
Perrin — d'Antilley, Lowias f. 1285, 23.
Watrins — de Vermiey 1293, 368.
Grillas, Grillat 1267, 1269, 1277/88, 1293, 1298, Greillat 1290, 1293.
  1. —, a Baitelenville anc. 1288, 364.
—, ost. a Gorze 1285, 558.
—, Parrins Broscars srg. (v. 5) 1269, 447.
  2. — de Pertes 1267, 102.
— de la Posterne 1278, 89, 501; 1290, 381.
— de Vairney †, Arnoulz li boulangiers f., et Willames ces fr. 1290, 310.
  5. Aburtin — de Maigney 1279, 501. Gererdat Jonancel f. 1293, 581 b.
Baiselin — †, Willemins f. 1298, 386.
Jehans — 1277, 51, 324.
„ — de la Posterne, Perrin srg. 1278, 392.
„ —, Perrin lou clerc et Jehan, les 2 f. 1293, 82.
Jennas — bouchier, Jennate fm. 1298, 493.
Poinsignons — de Ste Rafine 1281, 320.
Symonat — de Maicliue 1293, 578b.
Grippe, freire Simon 1279, 19.
le **Gris,** Hanrekel 1269, 498.
Grisel 1241, 1267, Grixel 1290. v. V. Grisevigne.
Domangin — 1290, 244.
Thomassin — 1241, 95.
Paillat fr. 1267, 51.
li **Grive,** la(i) Grive, lai Griue.
  1. —, t. (PS) 1298, 41a.
—, Howignon f. 1293, 482.
Jaikemate fm. H. 1290, 374; 1293, 481.
  2. — de S. Clemant, Wairins f. 1285, 389.
  4. Wairins — de S. Clemant † 1298, 492.

Symonin — 1262, 312.
Heilowis fm. 1278, 441.
„ — de S. Clemant, Heilowis fm. 1281, 451.
—, Heilowis fm. 1285, 374, 376; 1290, 374; 1293, 481.
Griuelz 1279, 1281, 1293, Griuel 1262, 1267, 1279, 1288, 1290, Grivels, Grivelz 1285, Grivel 1279. [1279, 573.
ms. en Couperelrue ke fut —, aq. as hoirs —
—, Baudowin et Domangin fr. 1267, 149.
Bauduyn —, Jennas de Rosseruelles j. 1262, Agnels fm. 1262, 171; 1267, 347. [109.
Colin — †, Gillebert et Colignon f. 1288, Colignon — 1279, 495, 503. [461a; 1290, 76.
Vguignons — 1281, 350; 1285, 164, 229.
Grixel v. Grisel. [551; 1293, 40, 41.
Groignas, Groignat 1262, 1267, 1277/98, Groingnat 1285, Groignaiz 1269.[1])
Jennins de Nonviant, f. —, pb. 2 ms. a Nonviant an Clastre 1288, 545.
Joffrois —, f. Xandrin Mourekin † 1298, 89. P.

  1 Colin — 1262, 1279, † 1285

2 Wichardins —	= Wichairs —	= Wichairs —[2])
1267/93	1285/93	amans 1298

3 Jennas —	= Jenins —	= Jehans —
1269/93	1277, 1279/81	1293/98

                       4 Colignon 1288

5 Howairs —	6 Symonas — 1285
1285/98	j. Thieriat Raifal

1. Colin —,
t. devant les Bordes (OM) 1262, 384.
sus lou Mur devant l'osteit 1279, 69.
2. Wichardins —
pb. 4 s. ms. devant la cort de Fristor 1267, ms. sus lo Mur 1267, 210. [195.
pb. er. a Ruxit et ou ban d'Anerey, de Borray et d'Arcancey 1275, 137.

---

[1]) *De Wailly 345 (1295 a. St.)* por les Grongnaz quinze livres de meceins, *die dem Herzog von Lothringen geliehen waren, sind zurückgezahlt.*

[2]) *Bonnr. I. LXXIV/ V. 24* Wichairs Groignas l'escrit.

pb. ms. et meis a Porte Muzelle 1275, 313.
pb. 13 s. 4 d. ms. en Visignuel 1278, 138.
entre Dous chamins (PM) anc. vg. 1278, 404.
t. ar. ou ban d'Ercancey 1281, 387a.
ms. an Vesignuelz doit 13 s. 4 d. 1288, 80.
t. ar. anc. W. — (Antilley? PM) 1293, 390°.
ou ban d'Erçancey anc. la crowaie Wicher-
dinん —   1293, 422.
= Wicherdin — de Porte Mosele, 13 s.
4 d. ms. en Vesignuelz 1293, 68.
=Wichairs, f. Colin— †, pb. ms. (PS) 1285, 245.
et Colignon, f. Jehan —, lou daier des III
chainges, les loies desor, soulier et selier
desous a Porte Muzelle asancit pm. 25 s.
= Wichairs — tient ms. eu lai [1288, 111.
Halte Sanerie   1290, 20.
pb. ½ ms. en Chadeleirue 1293, 412.
— Wichairs — li amans
pb. 12 s. ost. et er. ou ban de Blaibueville
et 22 s. 8 d. ost. an Rinport 1298, 394.
pb. 11 s. 4 d. ost. an Rinport 1298, 395.
3. Jenas —
pb. ms. en Saunerie 1269, 159.
pb. t. ar. ou ban d'Ercancey 1278, 395.
en Sanerie davant l'osteit 1293, 21.
= Jennins — pb. la meite dou mur ms.
(PM)   1277, 220. [387.
pb. t. ar. ou ban d'Erkancey 1279, 178; 1281,
= Jehans — pb. vg. ou ban de Lorey
(OM)   1293, 341.
pb. t. ar. ou ban d'Erkancey 1298, 368.
4. Colignon, f. Jehan —,
v. 2 Wichairs, f. Colin —, 1288, 111.
5. Howairs —
pb. t. ou ban d'Arcansey 1285, 4.
ms. sus lou Mur   1285, 51.
a Porte Muzelle antre ... et lou chainge
H. —   1288, 111.
pb. vg. en Chenals 1288, 357, 358.
pb. ¼ maix. ou H. meimes ait ¼ maix.
(PM)   1288, 359.
pb. ms. (PM)   1288, 360.
pb. t. ar. a Morinville 1288, 481.
½ ms. daier Ste Creux 1290, 36.
pb. 4 chapons ms. (PS) 1290, 495.
pb. ms. a Chastels   1298, 188.
pb. 2 d. ms. otre Moselle davant les mo-
lius a Longeteire   1298, 189.

6. Symonas —:
50 s. geisent sus l'ost. S. —, j. Thieriat
Raifal, davant lai posterne an Sanerie
an Sanerie dev. l'ost. 1285, 326. [1285, 150.
pb.½ ms. daier St. Creux 1285, 423.
li **Groinas** v. li Gronais.
Groingnat v. Groignas.
li **Gronais** 1220, 1269/1298, li Gronaiz 1269,
li Gronaix 1269, 1*; *casus obliquus:* le
Gronais 1269, 82, 489, lo Gronais 1275,
147, 263, 419, lou Gronais 1275, 342, 1278,
180, 190, 632, 652, 1279, 574, 1290, 591,
le Gronais 1269, 372, 437, 465, 555, 1275,
64, lou (lo) Gronais 1262/1275, 1285/1298.
   li Gronnais 1241, 1245, 1275/1285; *cas. obl.:*
lo Gronnais 1241, 22, 1245, 108. 243, 246,
lou (lo) Gronnaix 1269, 1277, 1279/1285.
   li Gronas, li Groinas 1220.
li Gornais 1227, 1251, 1275, 1281/1298; *cas.
obl.:* lou Gornais 1298, 205, lou Gornaix 1251,
1275/1298, lou Gornay 1293, 506.
   lai Gornaixe 1288, 203; 1293, 39.
—, Guepperon fm..[1])
   t. ou ban de Vallieres   1269, 14.
Abertiu —, an Chaipeleirue ancoste l'osteit
                        1288, 194a.
Aburtin —, f. Colin — de Nowaiseville
†. vg. a Nowaiseville 1298, 391.
Colignon —, f. Drowignon de S. Thiebaut
†, 5 s. 2 ms. anc. l'escolle de S. Thie-
baut   1293, 511.
= Colins — de S. Thiebaut pb. ms. anc.
l'escolle de S. Thiebaut 1293, 221.
Colin — cherpantier de S. Clement,
Ailexon fm.   1285, 412; 1298, 67.
Domangius — quarteirs, ms. an S. Nico-
laisruwe   1281, 495; 1285, 365.
Gerairt — de Chadeleirue, f. Colin lou
poxour [de Chamejnat †, et Cunegate,
sai fm.   1290, 216.

---

[1]) *Ob von den zunächst aufgezählten li Gro-
nais einer oder der andere der Patrizier-
familie* li Gronais *angehört hat, z. B.* Jennin
— d'Anglemur *(v. P. 20)*, Renbaut *und* Steue-
nin — de Vallieres *(v. P. 24), das läßt sich
aus den Bannrollen nicht feststellen.*

li **Gronais** 190 I. Personennamen

Gerardat dou Waide —, ms. en la rowe des molins a Saille 1277, 20.
Hanriat — de Chambiercs, Poinsate f., t. ou ban d'Arcansey 1278, 180.
Howignon — taillor, f. Gererdin Wesse de Maigney 1293, 506; 1298, 117.
Huignon —, f. la mairasse de Pertes †
Jehans —, nies Burtoul, pb. vg. [1275, 342. moiterasse S. Clemant ou clo S. Clemant
Jennas, f. Tierion —, pb. ms. [1290, 389.

son p. en la Vigne S. Auol 1262, 40.
= ? Jennas — corrieirs pb. ms. en Sanerie 1285, 189.
= ? Jennat — †, ou Champel antre ... et ms. 1290, 381.
= ? Jennat —, en Sanerie anc. l'ost 1293, 83.
Jennas —, cr. ou ban de Siey et ou ban S. Pou de Chaizelles et ou ban S. Vincent
= Jennas — de Chazelles, [1288, 232. vg. a Siey ou clo S. Pou 1290, 524.

---

li **Gronais**

1 Colins — = Nicholes — = sg. Nicolle — † = ? Colin (Nicole) chevalier[1])
1220, fr. 1227 1241/51 [m. e. 1230] 1278/81 1241/67, † 1275

2 sr. Joffrois — m. e. 1269 chivelier 1293, † 1298	5 Thiebaus — 1267/81, srg. maires de PM 1269 [m. e. 1287] sr. Th. —[2])	Hanriat de Champes 1269 chiveliers 1288/93	Jaikemate Sufiate 1275 1279/85 Yzaibel fm. Perrin de Cliguey
Marguerite 3 Colignon 4 Jehan nonain de (lou Jal) 1298 S. Glosenne 1298	Lorate 6 Colignon 1269 1281, 1298	f. Hanriat Burnekin enfans 1293	
	7 Jakemins —[3]) Mathiate 1220/51, † 1275 1267, 1279		

Contasse 1275/85 Pantecoste (sr.) 1281/93 [m. e. 1270]	8 Colignon —[3]) 1269 Nicoles — 1275/93 9 Jaikemins 1293	10 Jehans —[3])[4]) 1275/78 sr. 1281/90 m. e. 1275 Bietris 1293 11 Colignons 1293/98 12 Jaikemins maires de PS 1298	13 Jakemins —[3])[5])[6]) 1269/78 sr. Jaikes — 1285/93 m. e. 1285 14 Perrin, Mathlate 1290	15 Poencignon 1275/68 sr. Poinces — m. e. 1290 des Chainges 1293 eschavins 1293/98 I. fm. Louvate † f. Bauduyn Louve 1277 anfans 16 Jehans et freres et serors 1277 1290	17 Felipins — 1278/90 sr. Philippes — 1293/98 [m. e. 1291] Jaikes — m. e. 1299[6]) 2. fm. Contasse 1281	18 Thiebaus — 1278/85 11 Jones 1288

19 Thiebaus — maires de PS 1281 =? Th — proveor des freres Menors 1281	20 Weriat — [1250 C] d'Anglemur 21 Bertremin — 1269	22 Arnous — [m. e. 1305]	23 sg. Jofroit — chanone 1293	24 Thieriat — de Vallieres 25 Badewins 1285

---

[1]) *Die Vermutung, daß* Colins li Gronais *und* Colin chevalier *ein und dieselbe Person sind, gründet sich darauf, daß die Lebenszeit beider genau zusammenfällt, (1275 gehen ihre Besitzungen in andere Hände über), und darauf, daß die zwei Söhne von* Colin lou Gronaix, sr. Joffrois *und* sr. Thiebaus, *ebenfalls* chevaliers *gewesen sind.*

[2]) *Bannrollen I, LXXII/III (1293)* sr. Thiebaus li Gronais doit a sg. Jehan Goulle et ... et ... XX/XIIII lb. de mt. ... Et c'il ne lor paievet a jor, Jaikes li Gronais et Filippes li Gronais, ses freires, et Haurias Burnekius lor randeroient com droit dattor, chescuns por lou tout.

[3]) *De Wailly 89 (1264)* Nos Guillaumes par la grace de Deu evesques de Mez

¹/₂ ms. a Chazelles 1290, 526, 532.
vg. ou ban S. Pon 1290, 577.
Jennas — de Fremerey
pb. vg. sus Culloit 1298, 86.
Jennas — bollengiers
pb. 10/? s. ms. davant S. Sauor 1298, 308.
Jennat — cherpentier,
tenlerie ai Ars (OM) 1278, 190.
en Nikesinrue davant l'ost. 1278, 632.
Jennin —, 6 s. ms. (OM) 1245, 243.
10 s. ost. outre Saille 1269, 82.
= Jennin — d'Anglemur, ms. ki fu 1245,
Pieres — de S. Arnoult [246.
pb. ms. a S. Arnoult, ¹/₄ vg. S. Benoit 1281,
pb. vg. en Maretelclo (OM) 1281, 616. [280.
Renbaut — de Vallieres
t. ar. dezour Vantous 1281, 369.
Richairt — fezicien, maistre,
ms. en Chanbres 1279, 416.
Roillon —,
ou ban de Vallieres anc. 1288, 114⁷.
= Roillons, f. Steuenin — de Vallieres †,
pb. 2 s. vg. an Corchebuef 1293, 545a.
pb. t. a Borney 1293, 545b.
Simonas — (Symias li poxieres et) pb. ms.
en Chambieres, vg. ou ban de Plapeville
et de Tignomont 1279, 319.
= Symonat — de Chambeires et Jaike-
mate, Yzaibel, Merguerite, ces 3 f., ¹/₂ ms.
en Chadeleirue 1293, 412.
Steuenins — de Vallieres
pb. vg. en Domange a Vallieres 1277, 193.

†, Roillons f. v. Roillons 1293, 545.
Thieriat — de Mairuelles. Steuenins f.,
pb. ms. a Mairuelles 1288, 166.
Tieriat — de Wapey, sr. Pieres li prestes
f., vg. ou ban de Wapey 1298, 139.
Tierion — Jennas f. (v. Jennas) 1262, 40.
P.
1. Colins —
pb. gr. ou Champiassaile 1220, 14.
vg. los oirs sg. Naimeri de Joenei 1220, 32.
pb. por lui et por son frere ms. (PS) 1227, 23.
= Nicholes —, enson gr. (PS) 1241, 22.
pb. tavle au Viez Chainges 1245, 82a.
pb. 20 s. er. a S. Piere aus Areines 1245, 82b.
gr. daier S. Simplise 1245, 108.
pb. gr. que fut N. — dev. outre gr. Jehan
Daniel 1275, 64.
hoirs N. —, ms. (PS) doit 72 s. 1269, 59.
= sg. Nicolle — † 1278, 524; 1279, 286;
=? Colin (Nicole) chevalier, [1281, 190.
ms. en Visegnuel 1241, 79.
Pieron de la Fosse et C., ms. en Bucherie
(PS) 1245, 196.
ms. ou Nuefbourc 1267, 34.
tenivet 2 ms. en Viez Bucherie 1275, 132.
ms. ou Nuefbourc qui fut N. 1275, 186.
†, Jaikemate f., 20 s. ms. (PS) 1275, 230.
Sufiate, f. N. (= fm. Perrin de Cligney
v. 1279, 189, 334.)
vg. ou ban de Lesccy contrewaige por 45 s.,
er. ou ban de Glatigney 1279, 334.
Jaikemins Bellegree et Sefiate, f. C. chive-

façons savoir a touz que nos devons a Colignon et a Jennat et a Jaquemin, les anfans Jacquemin le Gronnais qui fu, cinc cens livres de fors. . . .

⁴) *De Wailly 345 (1295 a. St.)* quatorze livres de meceins, *die dem Herzog von Lothringen von Jehan lou Gronaiz geliehen waren, werden zurückgezahlt.*

De Wailly 366 (1298) Jehan lou Gronnais mainbor de la devise Nichole Ottin ke fut doiens de S. Savour de Mes.

⁵) *De Wailly 280 (1287 a. St.)* Dou plait ki estoit dou signor Thiebaut lou moinne de S. Siforiein et de Gillat de Valz d'une pairt, et de Yngrant lou freire Colin Naizat d'atre pairt . . . . De ceu fut maires Thierias Pajus de Valz et Jakes li Gronais eschevins.

De Wailly 339 (1295) Poinsegairs de Vals ait cranteit an plait . . . . De ceu fut maires . . . et . . . et Jaikes li Gornais et . . . eschevins.

⁸) *De Wailly 372 (1299)* . . . Li bans de cest aquast furent pris . . . a tans ke li sires Jaikes, li filz Philippe lou Gornaix, estoit maistres eschavins de Mes.

lier, pb. partie an 23½ s. k'il dovoient por la sote de l'er. d'Ancerville 1281, 268.
vg. en la fin de Lescey 1285, 505.
2. sr. Joffroiz — maistres esch. 1269, 1*.
pb. por lui et Huguignon Danielate et Steuignon, f. Wautier Bellegree, grant ms. enc. l'ospital, ms. au Kartal, 23 s. ms. en Chapelerrue, vg. en Reual et en Penrelle = sg. Jofroit — chivelier, [1269, 439.
vg. (OM) ke fut 1293, 355.
5 moies de vin et 2 cherres de vin en Burleivigne (OM) ke li sr. J. — chiveliers avoit a toz jors 1298, 657.
suer Marguerite, f. sg. Joffroit — †.
qui est nonain de Ste Gloseune, pb. ms. gr., jard. a Maigney 1298, 69.
3. Colignons, f. sg. Joffroit †,
avoit pertie en 100 s. k'il meymes doit de sai ms. ou il maint, et an 44 s. ms. (PS) et en 2 st. en lai halle desour l'escolle an Chainges 1298, 93. [336.
¼ t. antre Molins et Longeawe 1298, 126, = Colignon lou Jal, f. sg. Jofroit —, 6½ s. (OM), 5 moies de vin en Burleivigne, vg. ou ban de Siey 1298, 198.
4. Jehan, f. sg. Jofroit — †,
¼ t. antre Molins et Longeawe 1298, 335.
vg. ou ban de Siey 1298, 340.
5 moies de vin en Burleivigne 1298, 657.
5. Thiebaut —,
Bertaldon Piedeschas et Jennat Chaureson et Th. — et Joffroit Bellegree, tavle as Vies Chainges 1267, 384.
maires de Porte Moszelle, fr. Joffroit maistre eschevin 1269, 1*.
Jennat Chaureson et Th. — et Joffroit, f. sg. Wautier Bellegree, grt. ms. enc. l'ospital, ms. au Kartal, 23 s. ms. en Chapelerrue, vg. en Reual et en Penrelle 1269, srg. Hanriat et Jennat de Champes, [439º.
er. de par Lorate, sa f. 1269, 465.
= Thiebaus, f. sg. Nicolle — †, pb. 30 s. sus sa ms. ou il maint ou Champ a Saille pb. 13 s. sus la Follie 1279, 286. [1278, 524.
pb. sus Auancey por teil wageire et por teil don com sr. Renals dou Nuefchaistel ait fait a Th. — et a Colignon, son f. = sr. Thiebas — chiveliers [1281, 190.

pb. er. ai Ars et an toz les bans et an toz les bans de Rixonville, S. Martin davant Mes, Lorey et delai Muselle 1288, 274.
pb. 6 lb. an tous les bans d'Airey 1288, 435.
a la Pousterne (PS) entre l'ost. 1293, 82.
t. antre Molins et Longeawe apres lou quart ke sr. Th. — i ait davant 1298, 126, 335.
Cuncls maint en l'ost. sg. Th. — 1290, 210. [336.
Alexons li Vadoize maint en l'ost. 1293, 445.
Remions Burnekins pb. por les enfans ke li sr. Thiebaus — ait et aveireit de d. Yzaibel, f. Hanriat Burnekin, grant ms. et meis a Crepey, er. a Crepey, Pertes, Chainney, Maigney et en bans 1293,
6. Colignon, f. Thiebaut lou f. sg. [574.
Nicolle — †, v. 5. Thiebaut — 1281, 190.
pb. er. ou ban de Luppey 1298, 125.
7. Jakemins —
pb. ⅓ ms. qui fut Simon Grantcol 1220, 38.
pb. 20 s. ms. et for (PS) 1241, 22.
pb. 4¼ s. gr. et for a Saille 1245, 136.
ms. ou Champel 1251, 204.
gr. ke fut J. — deleis lou Preit 1277, 381.
d. Mathiate, fm. J. — †, ms. en S. Nicolasrue 1267, 390.
ms. outre Saille doit 10 s. 6½ d. a d. Mathiate 1279, 88.
pb. ms. an la Bucherie a Porte Muzelle 1279, Contasse, f. Jaikemin, [394.
pb. ms. d. Collaite des Aruols (PS) 1275, 230.
= Coutaise, s. Nicole —, ms. (PS) 1285, 455.
Pantecoste, f. Jaikemin (Jaike) — †,
pb. 12 d. ms. an la Vigne S. Auol 1281, 467.
½ ms (PS) 1290, 49. [1290, 62.
pb. 60 s. ost. anc. l'ost. sg. Nic. — (PS)
60 s. ost. anc. l'ost. sg. Nic. — (PS) 1290, 82.
= d. Pantecoste lai Gornaixe,[1]) vg. sus Saille deilai lai Follie 1293, 39.
8. Colignon —,
a S. Piere as Roches (PS) d'une part et d'autre la fosse C. — 1269, 437.

---

[1]) M.-Bez.-A. Ste Croix Nachtrag, Bannrollen I, LXIX, 29 (= 1293, 80) II s. doit li maires de Ste Creux pourteir chesc'an a dame Pantecouste la Gournaixe, ke maint ancoste les Proichors.

pb. por l'abbei et le convent de Gorze 1269,
= Nicoles — (sr. N. — 1285, 317; [451.
1288, 488d; 1290, 21, 75).
pb. 70 s. ms. en Visegnuel, aq. a Poencignon, son fr. 1275, 31.
pb. por l'eglise de Gorze 1277, 465.
et Jaikemins, li mares S. Vicent, pb. vg.
en la coste S. Quintin 1277, 158.
„ pb. vg. ou ban de Longeville 1278, 355.
„ pb. 24 s. ms. ou Champel, 19 s. 3 d. 4 ms.
en la ruelle Canelle 1281, 269.
„ pb. por Poinsignon — et Contasce,
sa fm. 1281, 332.
pb. ¹/₂ ost. d. de la Bairre anc. l'ost. Jaikemin, son p., (PS) 1285, 225.
pb. 12 s. ms. d. de la Bairre 1285, 226.
et Philippes Tiguienne pb. tout l'er. ke
Colins Grancolz avoit an la mairie de
PM, PS, OM 1285, 317, 450, 520.
Hanris de Bair, srg. Nicolle — 1285, 465.
pb. por waigeire cant ke sr. Jehans, f.
monsg. Jaike dou Nuefchaistel †, ait
d'er. en tous les bans de Burtoncort et
de Virey 1288, 148.
desous lai crowaie sg. N. — ou ban d'Awigney 1288, 488d.
pb. por les Cordelieres 1290, 21, 75.
Willames ke fut valas Nicolle — 1290, 55.
anc. l'osteit (PS) 1290, 62, 82.
pb. 25 s. ms. (PS) 1293, 214.
pb. tavle en Vies Chainges 1293, 215.

9. Jaikemins, f. Nicolle —,
pb. ms. en la rue lou Uoweit 1293, 348.

10. Jehans, f. Jaikemin —, maistres
eschavins 1275, 1*, 171.
pb. pour la chiese Deu de S. Arnout 1275, 171.
pb. 20 s. k'il meymes dovoit sus ms. ou
il maint (PS) 1278, 562.
= Jehans —:
sr. Jehans de la Cort et ... et J. — et
... pb. ¹/₄ ms. et gr. daier en Jeurue 1275, 350.
et Simonins Papemiate pb. 1278, 329.
pb. ms. ou il maint (PS) 1278, 529.
= sr. Jehans —
pb. ¹/₄ tavle an Nues Chainges 1281, 265.
pb. ms. a Porsaillis et la voie darrier ke
vait fuers an Visegnues, gr. anc. 1281, 530.
pb. ms. a Gorze 1285, 558.

pb. vg. ou ban de Dornant 1285, 559.
pb. partie an ms. et gr. an lai rue S. Laidre
et an 10 s. 1288, 58.
sus Lubipreit (OM) anc. vg. 1288, 87.
pb. er. a Bouxieres et a Charey et en bans
pb. partie en ms. et gr. en lai rue [1288, 92.
de Porte Serpenoize et en 10 s. 1290, 453.
Bietris, f. sg. Jehan —,
pb. 5 moies de vin a moustaige dou crut
des vignes de la frarie de Juxey 1293, 162.

11. Colignons, f. sg. Jehan —,
pb. ¹/₃ cherree de foin sus lou broil et lou
preit les signors de Loueney 1293, 305.
44 s. geisent sus ms. ou il maint (PS) 1298, 93.

12. Jaikemins, maires de Porsaillis, f.
sg. Jehan — 1298 1*.

13. Jakemins, f. Jakemin —,
pb. er. ou ban de Syey et de Longeville
(grant ms., 2 chakeurs, vg. a Longeville,
cens) 1269, 555.
pb. 32 s. ost. a la Posterne, 22 ¹/₂ s. ms. en
Chaipelleirue 1277, 71.
pb. vg. a Montigney 1278, 522
= sr. Jaikes —, maistres eschevins 1285, 1*,
a Montigney anc. sg. J. — 1288, 43. [146.
pb. tavle an Nues Chainges 1288, 410.
pb. vg. en Abeson (PM) 1290, 145.
pb. vg. ou ban de Vantous 1293, 2.
pb. droit et raixon en vg. (OM) 1293, 355.
pb. vg. an Puluche Geline (PS) 1293, 572.

14. Perrin et Mathiate, enf. Jaike —:
Jaikemin Jallee (et Yzaibel, sai s.,) et
P. et M., 4 lb. ms. en Vesignuez 1290, 68.
„ pb. 100 s. ms. en Vesignuelz 1290, 81.
„ pb. 60 s. ms. Jaikemin meymes (PS) 1290, 82.

15. Poencignon, fr. Nicole —,
70 s. ms. en Visegnuel 1275, 31.
= Poinsignons, f. Jaikemin — †:
Vguignons Hunebors et Collins d'Espinals
et P. pb. partie ou grant tonneur et ou
petit tonneur de Mes 1275, 147, 162, 263.
pb. por ces anfans k'il ait de Louvate,
sa fm. †, escheute de pair sg. Bauduyn
Louve † et sg. Nicolle Burlevaiche †
= Poincignons—: [1277, 32.
Vguignons Hunebors et P. —, li dui jaure
Bauduyn Louve, pb. 1 st. en la place
devant les Nues Changes 1269, 478.

li **Gronais**   194   I. Personennamen

en la halle des permanteirs ensom l'ost P. —
(PS) 1275, 339.
enc. l'ost. P.— 1281, 40, 464; 1285, 427;
devant l'ost. P. — en Visegnuel [1293, 498.
1275, 419; 1285, 239; 1290, 55.
Maheus Hessons et P. — pb. vg. en Dales
„ pb. 15 meues de vin, 10 d., 20 [1278, 648.
s. a Loreit desour Merdeneit 1281, 279.
„ pb. er. ou ban de Mairanges et de Piere-
villeirs 1281, 341, 624.
„ pb. 20 s. vg. a Wapey 1281, 627.
„ pb. ms. OM antre lour 2 ms. 1285, 139.
„ pb. vg. en Geuchamp (OM) 1285, 287.
pb. ms. ou Champel, 10 s. ms. anc., ms. ou
Champel, 9 s. 3 d. moinz an la halle as
draipiers an Vizignuel 1279, 273.
et Wienas li feivres pb. er. en ms., vg., c.
(OM) 1279, 292. [1279, 367.
pb. 2 st. halle des draipiers en Chambres
er. (OM) ke Winas li feivres tenivet 1281, 138.
20 s. des 40 s. vg. ou ban de Wapey et
de Felieres ke P. — tient, aq. por P. et
por Contasce, sa fm. 1281, 332.
pb. 20 s. des 40 s. k'il meimes dovoit sus
vg. ou ban de Felieres et de Wapey 1281,
et Steuenins de Chaistelz pb. er. Coli- [333.
gnon Ferrion (PS; OM) 1288, 490; 578.
= sr. Poinces — maistres eschavins 1290,1*.
= sg. Poinson (Poince) — 1290, 55, 591.
= Poinces — 1293, 352, 668, 669.
= sr. Poinces — des Chainges 1293, 103.
= sr. Poinces — li eschavins 1293, 298, 299,
498; 1298, 202, 685.
dou cens sg. P. — 1290, 591.
pb. ms. daier S. Seplixe 1293, 103.
pb. 50 s. des 70 s. k'il meymes doit sus
ms. daier lou mostier a S. Seplixe 1293,
pb. en leu de waigeire ½ er. Arnout lou [298.
Roi (PS; OM) 1293, 299; 352.
pb. t. (Longeville, Longeawe) 1293, 668.
pb. 2 s. chak. a Longeville 1293, 669.
pb. tout l'er. Poinsignon, f. Steuenin Bille-
ron de Chastels † 1298, 202.
pb. 20 lb. de boins petis tornois er. en toz
les bans de Nonviant, Gorze, Tronville,
Rixonville 1298, 685.
anfans de Louvate, sa fm. †, 1277, 32.
Contasce fm. 1281, 332.

16. Jehans, f. sg. Poinson —,
pb. por lui et ces freres et ses serors
vg. an Ste Creuxvigne 1290, 126.
„ ms., jard., vg. a Longeville 1290, 273.
„ vg. a Longeville (Jehanvigne) 1290, 274.
17. Felipins, f. Jakemin —,
pb. ms. a la Posterne 1278, 136.
pb. pet. ms. (PS) 1278, 570.
= Philipins —
pb. 5 s. vg. en Culloit, 10 s. vg. en Bachie-
terme 1275, 353.
pb. er. ou ban de Noweroit, relaiet pm.
40 s. 1277, 149.
pb. 1278, 150. [1278, 309.
pb. 17 s. 4 d. moins sa ms. a la Posterne
er. en hans de Noweroit et de S. Remey
pb. 7½ s. 2 st. (PS) 1285, 239. [1279, 587.
pb. droit et raixon et aquast ou gros deim-
me de Virey et de redeimme de Virey,
15 quartes de wayn moitainge, 15 quar-
tes d'avoinne 1285, 351.
au Wirkilley anc. t. 1285, 372. [1285, 457.
pb. grant ms. devant S. Martin enc. sa ms.
pb. tavle au Chenges (PS) 1285, 460.
Colignons Facols doit a (v. Thiebaus) 1288,
pb. er. a Rouvre deleis Nommeney et [274.
en tous les bans (signeraiges etc.) 1290,
= (sr.) Philippes — [486.
pb. 29 s. sai ms. daier S. Martin en Curtis
pb. er. ou ban de Mowaville et [1293, 112.
de Belchamp 1293, 180.
a Borney anc. t. 1293, 545b.
pb. ms. entre sai ms. et gr. Colignon Mer-
chant (PS) 1293, 580.
pb. 12 lb. sus er. a Ancerville et en tous
les bans et sus lai senexaserie d'Anser-
uille 1298, 120.
sus lou chamin de Grais anc. t. 1298, 205.
pb. pr. daier lou molin d'Alenmont 1298,
pb. ms. a Alenmont 1298, 552b. [552a.
pb. 30 lb. de petis tornois er. en toz les
bans d'Arnaville 1293, 457.
pb. vg., t., arbres en la fin d'Ars (OM) 1298.
18. Thiebaus, f. Jaikemin — †, [681.
pb. vg. a Waizaiges 1278, 530.
pb. vg. (OM) 1278, 652.
pb. vg. en Pixevaiche deilay Croney 1279,
pb. ms. a Quartal 1279, 514. [513.

pb. vg. en la voie de Gorze et a la Louviere a Nonviant 1279, 574.
pb. t. (Chamenat) et gr. a Morville 1285, 237.
= Thiebans — li J o n e s , fr. sg. Jehan --,
pb. ms. ou il maint a Porsaillis 128S, 74.
=? **19.** Thiebans — maires de PS 1281, 156.
=? Thiebaut — proveor de freres Menors
20. W e r i a t — d'Anglemur, [1281, 552.
tont l'er. en la mairie d'OM 1262, 411.
21. B e r t r e m i n , f. Weiriat —,
¹/₄ ms. (PM) 1269, 372.
22. A r n o u s - -
pb. can ke Werniers de Port ait an l'awe de Morville 1293, 559.
23. sg. J o f r o i t c h a n o n e ,
cnc. l'ost. (OM) 1293, 169.
= sg. Jofroit , en la rue lou L'oweit dav. l'ost. 1293, 348.
24. 25. B a d e w i n s , f. Thieriat — de Vallieres:
Colins, f. Matheu D r o w a t †, et B. pb. vg. a monteir de Desertmont 1285, 324.
li **Gronnais**, lou Gronnaix v. li Gronais.
Gropain, Jennin, de Malencort, Mahous li Vadoize f., pb. por Aileit et Heiluyt, ces 2 serors 1293, 153.
li **Gros**, lo, lou Gros.
Burtemat — 1288, 161.
Gerardin —, Warin f. 1298, 619.
Hanri — 1245, 196.
  de Viez Bucherie 1241, 18.
Lambert — d'Alencourt †, Gerairt f. 1298,
sg. Lowit — de Lussambor †, [345.
  Jehans f. 1279, 27.
Matheu — 1267, 301.
  enfans 1277, 7.
  Jennate fm. 1290, 394. [217b.
sg. Pieron — coustour de S. Sanour 1288,
sg. Pieron —, Steuenins de Croney f. 1288, 234.
„ „ — de Croney †, Symonins f. 1293, 259.
Poencignons de Raigecort — 1269, 198;
  1275, 382; 1277, 63; 1278, 288, 345;
  1285, 165a, 200.
Roubert 1293, 456a.
Wernier — 1288, 412.
Xaigal — 1298, 539a.
Groselle v. Grozelle.
Grosels 1275, Grozel 1298.

Aruols — 1275, 441.
Colin — †, Ysabel fm. 1298, 627.
Grosmoinne, Hanriat 1293, 663; 1298, 662.
Grosrien, Symon, d'Outre Mosele,
  Thieriat et Sibiliatte anf. 1251, 61.
Grosse.
Lorate f. d. — et Annelz sa s. 1241, 67.
li, (la, lai) **Grosse**. [1298, 468a.
Yzaibel — dou Champel 1290, 168, 353;
  Mairiate — 1281, 441; 1293, 45.
Grosseherre 1267, Grosserre 1277.
Colin — 1267, 378.
— lo vieceir 1277, 315.
Grosseteste, Huat 1251, 217.
Thierions — cherpantiers 1278, 671.
Grosveit 1241, 1267, 1269, 1285, Groueit 1262, 1277.
P.
1. J a c o b - maires d'Outre Mosele 1241, 1*.
2. T h i e r i a t —,
5 s. 4¹/₂ d. moins jard. a Plapeville 1269, 113.
9 s. ms. et gr. (OM) 1269, 297.
t. ou ban de Maixeres 1277, 129.
ms., cellier et meis davant la Folie (OM)
3. W a t e r i n s — [1285, 513.
pb. meis davant la cort Alexandre de Weiure (OM) 1262, 107.
doit 15 s. 2 d. ms. dev. S. Jorge 1267, 514¹⁰.
Groueit v. Grosveit.
la **Growe**.
Ailexate —, Gerardas f. 1279, 423
d. Poinse — 1275, 153.
Growelaire, Jennat 1298, 249.
Grozel v. Grosels.
Grozelle 1288, 1298, Groselle 1293.
Waterin — 1293, 594.
  bolangier 1298, 379.
  Wiars f. Waterin — 1288, 508.
  Pierexel f. Waterin — 1298, 604.
Gru, Poince, de Lassey 1269, 547.
Gruces, maistre Abers 1281, 455.
Guallairt v. Gaillairs.
Guebonas, Burtemins (v. Gebonez) 1267, 348.
Guebours, Guebour 1290, 1293, Guebor 1298.
ms. — en Chaponrue 1290, 239.
— de Lescey ke maint an Furneirue et Gererdins et Thierions et Lorate seu troi enfant 1293, 86.

13*

Gueceris–Guepe

— f. Richardin Chanpion de S. Martin 1298, 592.
Gueceris 1288, Guicerit 1277, Guscerit 1278.
Aburtas — de S. Julien 1277, 169; 1278, 398.
Abertels — de S. Julien 1288, 123.
Guecins 1241, 186.
Guedelo (v. Goidelo) fevres 1269, 90, 456.
Guedre, Jennin 1267, 473.
Gueillars, Guelars v. Gaillairs.
Guele 1290, 1293, Guelle 1285, Gueile 1281.
v. Guille, Gilles.
Guerairt — de Wollestor j. Petre de Rinanges 1290, 158[11].
Felepins — vieceirs 1281, 21; 1290, 396; de la Nueve rowe 1285, 235. [1293, 489.
Guelemans 1288, 1298, Gueleman 1290, Guelemant 1277, 1281, 1298, Gueremans 1262, 1267, 1288, Gueremant 1278.
  1. —, ost. (OM) 1290, 156.
  2. —, ost. davant S. Ferruce 1290, 285.
  — de Devant S. Ferruce 1288, 3, 257.
  Jaikemins f. 1290, 10. [397.
  — fr. Guertrut f. Evrecol de Stoxey † 1298, 4. j. Thierion Coustant 1262, 116; 1267,
  5. Gerairdin — 1298, 403ᵃ. [279.
  et Colignon et Jennat ces 2 fr. 1278, 29.
  srg. Theiriat f. Watier de Nowilley 1277,
  Jennin —, Odeliate s. 1281, 183. [167.
Guelins, Guelin v. Gelins.
Guemuelz 1279, 41, Gueremuet 1279, 429.
— fm. Willame Honec † 1279, 41, 429.
Guenardre (v. Guevadre).
Ysabelz f. — 1275, 422.
Guenordins, Guenordin 1227, 1267, 1277/1285, 1290, 1298, Guinordins, Guinordin 1241, 1245.
  1. — 1227, 4.
  —, ms. ou Champassaille 1245, 27.
  — f. Felisate 1277, 117; 1278, 472, 500.
  2. — de Bunees 1290, 442.
  — f. Hanrit de Bunaies 1290, 47, 431a.
  — et Poinsignon enf. la dame de Buneie
  3. — f. Bietrexate lai hairan- [1281, 271.
  gueire 1298, 481.
  — li merciers de Visignuel 1278, 105, 107,
  — lou tanor † 1285, 433. [494.
  — lou tainor de la Vigne S. Auol 1281, 62.
  4. — li Gras 1241, 79; 1267 80; † 1278, hoirs 1277, 19. [310.

li fis 1277, 40.
Pantecoste f. 1279, 95.
Guepe *(Frauenname)*
  1. d. — † 1275, 315; 1279, 177.
  2. — de Colligney 1298, 65. [278.
  d. — de lai Laike de Luppei, Wiriat f. 1298,
  d. — f. sg. Poinson d'Otre Muselle † 1279,
  d. — fm. Martignon [151; 1285, 120, 286.
  de Porte Cerpenoise † 1281, 432.
  — fm. Wiriat dou Waide † 1285, 211.
  4. d. — fm. Hanri Moretel † 1245, 43.
Guepe *(Familienname)* 1277/1288, 1293, 1298, Gueppe 1251/1267, 1278, 1281.
  P.
1 Baudowin — 1251

2 Colin — 1285

3 Drowas — Merguerite 1298 = Mergueron 1293
1262/1293 maires d'OM 1285

?

4 Burtignons —   Jaikemate
  1262/1288   1281

5 Garsat — † 1279

Clemance   6 Jehans —   7 Colignons
1285   1285   1285

Weirias j. G.   8 Weirias —
1285   1279/1285

1. Baudowin —,
devant l'ost. (PS) 1251, 133.
  2. 3. Colin —, Drowas — f. 1285, 467.
  3. Drowas (Andrewas) —
20 s. geisent sus ms. en Vigsenuel 1262, 369.
pb. ms. en Vigsenuel 1262, 370.
vg. arreis Dr. — ou ban d'Ars (OM) 1277, 467.
vg. en la Bruero (OM) arreis Dr. — 1278, 204.
sg. Jehan de Raigecort et Dr. — et Weiriat —, ms. en Rimport 1279, 348.
pb. 10 s. er. ai Airs sus Muselle 1285, 144a.
pb. can ke en toz les baus de Roseruelles, jardin a Noweroit 1285, 144b.
maires d'Outre Mozelle 1285, 146*.
pb. 18 s. er. ou ban de Chacey, Corcelles, Landonvilleirs, Chavillons, Frecourt, Maixeroit et d'Eurville et deilai S. Aignien
an Chapeleirue atour Dr. — da- [1285, 467.
vant les Proicherasses 1288, 172.

Gueperate–Guerebode

ms. ke fut Audrewat ot pet. ms. sus lou tour de lai rowelle davant les Proicherasses 1293, 258.
d. Marguerite, fm. Drowat — †, 30 s. ms. et masenate en Chaipeleirue 1298, 103.
= Mergueron —, 2 s. ms. atour dou Waide
4. Burtignon — 1262, 274. [1293, 90c. droiture ou ban de Fraignoi sanz lo deime de Chavillon 1262, 356.
quan que ou ban de Plapeuille 1267, 496.
32 s. geisent sus 2 ms. (PS) 1278, 110.
er. ou ban de Romilley 1278, 526.
2 ms. outre Saille, vg. ou ban de Montigney, droiture ou ban d'Espainges, er. ou ban d'Apilley 1278, 553.
ait fait don des 100 s. 1278, 558.
ms. (PS) 1279, 413.
vg. ou ban de Morville et d'Apilley 1285, ms. outre Saille 1288, 218. [62, $^{39,\,42}$.
Jaikemate, s. Burtignon —,
12 s. 2 chapons ms. ou Waide 1281, 549.
5. Garsat —,
32 s. geisent a la Posterne sus l'ost. 1277, 71.
a la Posterne anc. ms. 1279, 100.
Clemance, f. Garsat —,
pb. ms. (OM) 1285, 288.
Weirias, j. Guersat —, doit 10 s. er. ai Airs sus Muselle 1285, 144a.
6. 7. Jehans et Colignons, li dui fil Garsat —,
18 s. (v. Drowas —) 1285, 467.
8. Weirias —,
ms. en Rinport (v. Drowas —) 1279, 348.
pb. ms. en Visegnues 1281, 546.
pb. partie de cens de vin et d'argent ou ban de Chastels 1281, 628.
18 s. (v. Drowas —) 1285, 467.
Gueperate 1279/1298, Gueperette 1275, Guepperate 1267.
1. — f. dame Blanche 1267, 399.
Matheus f. — (v. 5) 1275, 49.
2. — f. Willemin d'Antilley †, — dou Champel fm. Gerart de Belleuille.
3. — f. Lowit lou Parfeit † 1290, 530.
4. — fm. Matheu Boukel, — f. Allexandre Bouxon, — Lowit, — fm. Aburtin Mancontel, — f. Gerairt Patillon.
5. Matheu — (v. 1) 1290, 436; 1298, 513.

Margueron fm. 1298, 71.
Gueperons, Gueperon 1275, 1277, 1279, 1285, 1290, 1293, Guepperon 1269 (v. Gesperon).
1. —, t. au la voie de Chamenat 1285, 62^{10}.
2. — de Nonviant 1279, 542.
3. — lai Vadoize 1290, 492c.
4. — fm. Watrin Amarriat † 1293, 313.
— fm. lo Gronaix 1269, 14. [1275, 283.
5. Colin — d'Arcancey †, d. Aileit fm.
= Colin — d'Allexey †, d. Aileit fm. 1277.
Gueppe v. Guepe. [220.
Guepperate v. Gueperate.
Guepperon v. Gueperons.
Gueram, Guerairs v. Gerars.
Guerbode v. Guerebode.
Guercelz, Guercel 1288/1298, Guersel 1298, Garssel 1275.
1. — †, ms. an la Vigne S. Auol 1275, 229.
5. Colignons — 1288, 419; 1290, 201; Jaikemins — 1293, 49. [1298, 52, 247.
Guercerias, Guerceriat v. Garcerias.
Guercerions, Guercerion v. Garcerions.
Guercile v. Garsires.
Guercins, Guercin v. Garsins.
Guercires, Guercire v. Garsires.
Guercirias, Guerciriat v. Garcerias.
Guercirions, Guercirion v. Garcerions.
Guerebode 1267, 1275/1279, 1288, 1290, Guerbode 1277, 1285, 1288, 1293, 1298, Gueribede 1245.

P.

	?	
1 Gueribede 1267	?	
j. Mingomart,	2 Bernowis	3 Guerebode
sg. Bernoit o.	1279	1279
1245	Mairiate 4 Jaikemins – 5 Gelin –	
	1275 1277/1285 1288,1298	
Colate – 6 Mathions – 7 Guerebode li Petis		
1275 1290, 1293	de Chapeleirue	
	1277, 1288, 1298	

1. Gueribede, j. Mingomart,
pb. ms. en Chapillerrue ki fu sg. Bernoit, son o. 1245, 36.
— et Poensate Dedyest, 12 s. ms. enson la ms. de Belpreit 1267, 57.
2. 3. Bernowis, fr. Guerebode,

Guerekin–Guille   198   I. Personennamen

pb. ms. —, son o., et er. ou ban de Cha-
 minat   1279, 44.
Mairiate, f. —, ms. ke fut Colate — 1275,
 4. Jaikemin, f. —,   [18.
 ms. enc. Ste Creux   1277. 12.
= Jakemin —, 17 s. ms. enc. Ste Creux
 dovoit 27 s. ¹/? ms. en la rue [1278, 544.
 des Proichors   1285, 274.
 5. Gelin, f. —,
vg. a Rozerueles   1298, 149.
= Gelin —, t. ar. an lai fin de Chaimenat
 6. Mathions —   [1288, 386c.
pb. ms. sus lou tour de lai rowelle de S.
 Martinrue   1290, 213.
pb. ms. (OM)   1293, 169.
ms. en la ruelle ke vait ver les Proichors
 7. — li Petis de Chapeleirue [1293, 317.
pb. champ en Genivals, vg. en Chermel, en
 Planteres, en Brueres   1277, 111.
= lou Petit —, an lai rowe de lai Craste
 anc. l'osteit   1288, 425.
= —, 6 s. geisent a Ars sus Muselle sus
 l'ost.   1298, 304.
Guerekin, ms. en Renport   1267, 162.
 — cherpantier, Goudefrin f.   1288, 368.
Guerecols 1281, 1293, Guerecolz 1293.
 — covresiers   1281, 443.
 — f. lou maior de Xouces 1298, 204 ³¹ =
Guerelat v. Guerlas.   [284 = 349 ³¹.
Gueremans, Gueremant v. Guelemans.
Gueremuet v. Gemuelz.
Guereval corrieir de Sanerie 1298, 355.
Gueribede v. Guerebode.
les **Guerlaides**.
ms. — en Grans Meises   1277, 205.
Guerlas, Guerlat 1278, 1285, Guerlairs 1278,
 Guerelat 1298.
 — et Otins   1278, 140.
 Burterans — de S. Arnout   1285, 361.
 Gerardin —, Burtemins de S. Arnout f. 1278,
 Piereson — de Noweroit 1298, 349. [239.
Guernier v. Werniers.
Guero lo torselier   1245, 255.
Watrin — boucheir   1278, 406.
lou **Guerre**, Jennin, d'Aipilley †, Symonin
 f.   1293, 561a.
Guerri, Guerrit, v. Weiris.
Guerriat v. Weirias.

Guersant v. Garsant.
Guersas, Guersat v. Garsas.
Guerserias v. Garcerias.
Guersins v. Garsins.
Guersires, Guersire v. Garsires.
Guersirias, Guersiriat v. Garcerias.
Guersirion v. Garcerions.
Guersons, Jennas   1288, 454.
Guertrus, Guertrnt 1279, 1281, 1288/1298,
 Gertruit 1251, Gertru 1275.
 1. d. —, ms. en Chappelerrue   1251, 94.
 —, ms. en Stoisey   1251, 190.
 Jennas f. —   1279, 56.
 2. — de Sanerie (v. 3)   1293, 475.
 — f. Evrecol de Stoxey †   1298, 397.
 3. Thierias maris — chandelière, Goibles
 li marchans de lai rue des Allemans por
 — f. de sai premiere fm., — saniere de
 Sanerie (v. 2), — fm. Jennin lou tour-
 selier †, — li Vadoize de Bunaies, — li
 Vadoize f. Coinse lou cherpantier de lai rue
 des Allemans †.
 4. d. — fm. Lowiat de Chailley †, —
 s. Ancillon Wessel.
Guerualt l'Aleman   1245, 71.
Gueudat v. Gaidas.
Gueude v. Geude.
Gueusel v. Geucels.
Guevadre 1285, 1288, Gueuaude 1275 (v.
 Guenardre).
 P.
Symonat — et sa s.
 ms. a S. Piere   1275, 168.
 escheute de pair Colin Grantcol, son awel
 Symonat —, aivelet Nicolle Gran- [1285, 228.
 col, ms. ke fut Nic. Grancol   1288, 411.
Guezont, Guezon.
Suffiate — = li fm. — 1293, 204 ¹⁵, ¹⁹, ⁸⁸, ⁴⁰, ⁴³
                = 284 = 349, ¹⁵, ¹⁹, ³⁷, ⁴⁰, ⁴³.
Gui, Guy v. Guis.
Guibers v. Gillebers.
Guicerit v. Gueceris.
Guidaie, Weiriat   1290, 199.
 Weirias — de Bouxieres   1288, 427.
Guidat, Gerairs, de Pairgney 1277, 374.
Guilbin v. Gillebin.
Guille (v. Guele, Gilles).
 Symonin — de S. Arnol   1269, 493.

Guillebert v. Gillebers.
Guillerin, Domangin, de Vesons †, Margueron fm.   1298, 549.
Guillins, Guillin v. Gelins.
Guinordins, Guinordin v. Guenordins.
Guios, Guiot.
1. ost. — (OM)   1288, 535.
— nies l'ersediacre Abrit   1298, 380.
3. — l'espicier,
20 s. ms. en la ruelle devant lou Mostier (OM)   1262, 392.
pb. por Poinsignon de S. Arnolt 1275, 505.
ost. devant lou Moustier   1281, 270.
ms. davant lou Grant Mostier   1281, 326.
   Thiebat — l'espicier,
$^1/_5$ ms. davant lou Grant Mostier 1290, 576.
5. Jennat — (v. Guis 5, P.?),
vg. ou ban S. Martin   1285, 530.
P.
(v. I. de Porte Muselle 12)
1 Guios f. d. Claradine de PM 1267
= Guios Claradine 1275, 1285
= Guios de Porte Muselle ͜ Merguerite 1269/85
2 Collignons 3 Willemins — 1285/98
    1285   srg. Watrin Chauerson 1289
1. Guios, f. d. Claradine de PM,
pb. ms. en Renport   1267, 291.
= — Claradine
pb. t., vg., pr. ou ban d'Arcancey 1275, 22.
pb. pr. (OM)   1275, 238.
ou ban d'Arcancey arrois t.   1285, 4.
= — de Porte Muselle,
ms. an Rimport   1269, 337.
pb. 2 s. ms. (PM) apres les 16 s. ke Gnios i ait davanterienemant   1277, 166.
ms. an Bucherie a Porte Muselle 1281, 396.
$^1/_2$ molin a Alexcy partet a G. 1285, 347.
   Merguerite, fm. — de Porte Moselle,
ms. an lai Vigne S. Auol   1288, 36.
2. Collignons, f. — de Porte Muzelle,
$^1/_3$ ms. daier Ste Creux   1285, 423.
3. Willemin, fr. Collignon,
ms. pairt a   1285, 423.
= Willemins — de Porte Muselle
pb. jard. en Francorue enc. sa gr. 1293, 122.
= Willemins — pb. $^1/?$ ms. daier Ste Creux ke partet a W. meymes   1290, 36.

pb. por waigeire er. Waterin Chauerson, son srg.   1298, 265.
et Arnols Barbe pb. er. (OM) 1298, 310.
Guis 1267, 1279, 1293, Gui 1262, 1281, 1285, Guy 1288.
3. maistre — fezisien j. Philippin lou Stout   1262, 305.
Andreus j. maistre — 1281, 340; 1285, 14, 529.
Andreus de Hampon j. maistre — 1288, 255.
maistres — prestres de S. Hylaire au pont Rainmont   1267, 287.
5. Jennat — (v. Guios 5, P.?) 1279, 233.
Peckas f. Jennat — et Gererdas ces fr. 1293,
Guise, Matheu   1251, 14. [453.
= **Guisel,** Matheu
3 filles   1267, 25.
les anfans   1269, 192.
Guiselate v. Guizelate.
Guizamber, Guizambour.
Boilo n.   1293, 204^{21} = 284 — 349^{21}.
Guizebor srg. Jenat lou fil Simon d'Ostelencort†   1277, 218.
Guizelaire, Abillate f.   1267, 277.
Guizelate 1275, 1277, 1285, 1293, Guiselate 1278, 1288.
1. —, ms. enc. la cort d'Oire 1275, 14.
d. —   1278, 261; 1285, 105.
3. — fm. Jehan lou cordier† 1290, 294.
5. Jennas — 1275, 499; 1285, 188; 1293, ke maint an Aiest   1288, 387. [185.
Symonas — boulangiers ke maint davant S. Sauour   1293, 368.
Simonin — bolengier, en la voie dou des Mors enc. l'ost.   1277, 145.
Guizelins, Guizelin.
— j. Erfe de Sanerie 1277, 297; 1285, 380;
—, ms. en Sanerie 1298, 95 b. [1288, 144.
— de Sanerie†, d. Iderons fm.   1298, 4.
Gummes v. Gemels.
Gurdin, Jehan   1288, 67.
Jennat — de Staisons   1277, 122.
Jennin —   1290, 372.
Willemin —, Katerine fm.   1288, 417.
Guscerit v. Gueceris.
Gusure 1298, Guzure 1288.
Jennat —, Colignon f.   1288, 437.
Jennin — de Maiselles, Colignon f. 1298,
Gwerions v. Weirions.   [557.

H.

Habers, Habert v. Haibers.
Habignon, Jenin f. 1269, 352.
Haboudanges (v. IV.)
Colin — wastelier 1279, 493.
Habrans, Habran 1275, 1293, Habram 1275, Haibrans 1279, Abraham 1269, Abrahans 1288.
 1. —, ms., gr., vg. a S. Julien 1269, 382.
 2. — de Leirs 1293, 663, 664, 665.
 — f. sg. Jehan de Moaville 1275, 254, 435;
 3. — clerreirs de Mai- [1279, 171, 298. selles f. Odelie de Badrecourt 1288, 163.
Hacke, Hake v. Haikes.
Hacecole, Nicoles 1220, 86.
Hacel v. Hescels.
Hacelin v. Escelins.
Hakerel, Hakeres v. Haikerelz.
Hachate v. Haichate.
li **Hache** v. li Haiche.
Haguenowe, Hawit 1262, 337.
Haibelins, Haibelin.
 1. —, t. ar. en Wikeilley 1262, 320.
 —, ms. atour dou Waide 1298, 87.
 4. — f. Alairt 1298, 484. [1293, 548.
 — f. Jennat Alairt 1288, 440; 1290, 354;
Haibers, Haibert 1285, 1288, 1293, 1298, Habers, Habert 1251, 1269, 1278, Heibers 1269, Herbert 1277/79, Herbes 1298, Herbet 1281. v. V. Herbertclos.
 1. —, t. (PM) 1288, 303.
 —, ms. a Quensey 1285, 297.
 Colin f. — (v. 5) 1251, 252.
 3. — lou keu 1251, 187.
 sr. — prestres de Flurey 1298, 443.
 4. — f. Thieriat Goulies 1298, 26, 438.
 de Nowesseuille † 1293, 363; 1298, 205.
 — Goulies 1298, 13.
 — fr. Aburtel Morel de Nowesseuille, Marguerite f. Euriat lou Moinne † fm. 1285, 338.
 5. Avruyns — (v. Herbel, Herbo) 1269, 406;
 Cayn — 1269, 490[13]. [1278, 64, 268; 1281, 5.
 Colin — †, Jaikemins f. 1288, 416.
 Jaikemin — 1277, 248; 1278, 92.
 Weiriat — de Maiey 1279, 197.
Haibrans v. Habrans.

Haike v. Haikes.
Haicelas v. Hesselat.
Haikerelz, Haikerel 1290, 1298, Hakeres 1262, Hakerel 1288.
Hanrias — 1262, 401; 1290, 76; 1298, 423.
 bouchier 1298, 240.
 de Viez Bucherie, Baduyns f. 1288, 101.
Haikes, Haike 1262, 1275/98, Heke 1241, 1245, Hecke 1251, 1267, Hacke 1251, Hake 1220, 1278.
P.
 1. Bertrans —,
 sansal sus Seille 1220, 41.
 2. Philipin —,
 enson la vg. (PS) 1241, 125.
 er. en la mairie de Porsaillis 1245, 85.
 t. entre les Bourdes et lou pont Thieffroit 1251, 254.
 t. sor lou chamin dou Chasne (OM) 1251, 265.
 . . . . . 1262, 265.
 3. Garsilions —
 pb. vg. sus Mosselle ai Arambatro 1267, 268.
 4. Gillas —, maires de PM 1262, 115*.
 pb. ms. sus Parnemaille, meis sus Muzelle,
  vg. en Lanbertfoce, 7 s. ms. en Stoixey
 3 maisonselles sus lo cors de la [1275, 24.
  fontainne de Parnemaille 1275, 150.
 vg. sus Mozelle en Lambertfoce 1275, 280.
 pb. $^1/_2$ ms. (PS) 1277, 38.
 pb. vg. enc. sa vg. (S. Julien?) 1277, 174.
 vg. en Deseirmont 1277, 223.
 pb. 1 st. en la vies halle ensom la halle
  des permantiers en Visignuel 1277, 284.
 pb. 70 s. ms. (PS) 1277, 285.
 $10^1/_2$ s. geisent sus la tavle G. — a Vies
  Chainges 1278, 95.
 pb. 3 st. en la vies halle des draipiers an
  Visignuel 1278, 303.
 pb. vg. ens Allues (PM) 1278, 412.
 pb. molin sor Muzelle en Boweteiteire 1279,
 ms. a pies des degreis de la porte a [194.
  Spairnemaille 1279, 207.
 pb. 1 st. en la vies halle des draipiers an
  Visignuel 1279, 263.
 pb. ancor 1 stal 1279, 264.
 ms. outre Saille doit 40 s. 1279, 460.
 pb. 3 st. an la vies halle des draipiers an
  Visignuel 1279, 474.

Haichate–Haizairs

pb. ancor 1 stal 1279, 475.
pb. ancor 1 stal 1279, 476.
ms., 9 s. ms. sus Pairnemaille 1281, 176.
ms. en Chaudeleirue 1281, 397.
anc. meis G. — (PS) 1285, 55.
pb. t. ar. dezous S. Andreu 1285, 222.
pb. vg. an Hals Allues (PM) 1285, 299.
pb. 3 grais chappons et 9 d. ms. ou Haut Champel 1285, 422.
pb. 60 s. ms. en Aiest 1288, 150.
pb. por la chiese Deu de Fristor 1290, 276;
sus Moselle an Baweteiteire anc. [1293, 351.
    molin G. — 1290, 342.
sr.[1]) Gilles — et sr. Thiebans de Moielain pb. 5 moies de vin en Burleivigne 1298, 657.
5. J e n n a t —,
4 lb. ms. les freires de Nostre Dame dou Kairme, vg. a Chene (PM) 1288, 120 [3,6].
= Jennin —, 14 d. pr. en Prawous (PM)
Haichate, Hachate. [1290, 298⁰.
Ysanbairt — d'Airs (OM) †, Jenat f. 1281,
Waterin — 1281, 562, 567. [104.
Haiche v. li Haiche.
li **Haiche** 1269, 1277, 1293, li Hache 1262, la Haiche *(cas. obl.)* 1298, Haiche *(cas. obl.)* 1269, 2, 1281, 49.
[P.? 1388, 1404 C]
Aubertins —,
3½ s. cloweire outre Mosselle 1262, 394.
Wauterins —,
20 s. geisent sus ms. en Chambres 1269, 2.
pb. ms. as Rochez en Chambrez 1269, 371.
pb. er. ou ban de Haboinville 1293, 173.
= Watrins — de Chanbres pb. ms. en Chanbres devant sa ms. 1277, 215.
= Watrins — li chaivreirs de Chambres pb vg. enc. lou mostier de Maicliue et ms. en Maizelles 1293, 105.
= — lou chavrier, ms. (PS) 1281, 49.
Hanrit, f. Waterin — †,
as Roches an Chanbres anc. ms. 1298, 17.
li **Haie** 1275, 1290, la Heie *(cas. obl.)* 1290.
    Jennas — 1290, 186.
    Warins — 1275, 473.
    Jehans f. 1290, 588.

---

[1]) Gilles Hacque maistres eschevins 1295.

de la **Haie** [P.? 1399 OS] [284 = 349 [10].
Thiele —, ms. en Chapourue 1293, 204 [10] =
de **Haienges** 1241, d'Aianges 1293. v. IV. P.
Alixandres —, maires de PM 1241, 1*. P.?
Hanriat —, f. Eurit, t. et tornelle (OM) 1293, lou **Hailleit** v. li Hallois. [117.
Hainchelos v. Henchelos.
Hainelo v. Hennelos.
Hainmignons, Haynmignons v. Henmignons.
Hainmonas v. Henmonas.
Hainnios, Jennins 1245, 251.
Hairecort, Hairecours v. Harecort.
Haireusie, Gererdin, de Lioncort 1288, 438.
Hairewain v. Hairowain.
lai **Hairewainne**, ms. ou Nuefborc 1293, 281.
Hairons, Harons. v. V. Hairansairt.
Colignons — de Nowesseuille 1293, 410.
Domangins — 1293, 204 [18,22] = 284 = 349 [18,22].
Hairowain 1278, 1293, Hairewain 1275, 1288, Harowain 1288, Harowen 1251 = *Erwin, Ebroin?* v. Aurowins. v. V. Hairowainchamp.
1. —, ost. en Pucemaigne 1251, 117.
ban — a S. Clemant 1293, 519.
—, ms. devant S. Martin (PS) 1275, 209.
4. Aburtin —, ms. devant S. Martin 1278, 137.
Burtignon — †, Mairiate f. 1288, 173, 290.
Jaikemin —, ms. en S. Nicolaisrue 1275, 212.
Hairouwel v. Harowels.
Hairtenpiet, Perrins, muniers 1293, 698.
Haisart v. Haizairs.
Haisat v. Hessat.
Haise v. Haize.
Haisons v. Hessons.
Hayt v. Hawis.
Haivelins 1285, 1290, Haueline 1278.
Petres — de S. Julien 1278, 248; 1290, 143.
    boulangiers 1285, 172; 1290, 289.
Haixairs v. Haizairs.
Haizairs, Haizairt 1262, 1277, 1279, 1288, Haizars, Haizart 1262, Haisart 1281, Haixairs 1262, Hesxars 1267, Hazart 1262, Hasart 1275, Hazairt 1277.
— de Maixeroit †, Alexandre f. 1277, 102.
Abillate — 1262, 346.
s. Ferriat — 1288, 57.

Haize–Hanrias

Colin — et Domangin et Jenin les 3 anf. Ysanbairt de Bixe † 1281, 106.
Ferrias — (v. Jakemin) 1262, 140a, 307; 1288, 57, 140.
Garsilias — (v. Jakemin) 1262, 346.
Jakemin — †, Ferriat — et Garsiriat anf. 1262, 140a.
d. Blanche fm. J. — † et ces enf. 1262, 304.
Poinsignons — 1279, 418.
et Aurowin, son fr. 1277, 165, 168.
Richardin — 1262, 286.
Symonas — 1267, 233; 1275, 44b.
Thomessat — 1279, 106.
Thomescins — 1262, 307, 346.
......]ins — 1262, 332.
Haize 1278, Haise 1275.
Brokairt — 1275, 294.
„ — boulangier de Rimport †, Jakemate fm., Jennat f. (= Broukairt lou boulangeir 1278, 35) 1278, 34.
Haldore v. Hedore.
Hallegontins, Hallegoutin.
Wateras — 1278, 364; 1281, 364.
Hallois v. Hallowis.
li **Hallois** 1290, lou Hailleit 1281 (v. lai Hellee).
Steuenins — de Flurey 1281, 283; 1290, 188.
Hallowis, Hallowit 1262, 1275, 1279, Halowit 1251, 1269, Halonwit 1281, Hallois 1245. (v. Heilowis, Helloy).
1. —, vg. a Sorbeit 1281, 480.
—, ost en Stoxey 1275, 8, 20.
2. — de Crume 1269, 362³.
3. — fevres 1245, 83; 1251, 46.
Symonin j. — feivre 1262, 357.
j. — feivre † 1281, 225.
Symonas f. — feivre et Jakemin son fr. 1279, 521.
Haltroigniet 1290, 1293, Haroigniet 1281.
—, ost. dav. l'ospital en Chambres 1281, Jehan — clerc et Mairion [386; 1290, 283. fm. 1293, 429.
Handeleure.
—, ms. an Rowes a S. Julien 1298, 382.
Burtemins — vignieres 1290, 319.
Hanebors v. Hennebours.
Hanekins, Hanekin 1279, 1285, Hennekins 1293.

2. — de Sanerie 1279, 218.
3. — et Hanris ces fr. ke sont cordeweneir 1293, 106.
5. Jehan — corrieir 1285, 189.
Hanelo, Hanelolz, Hanelos v. Hennelos.
Hanemant v. Hennemans.
Hanons f. lou Liejois 1288, 83.
Hanrekelz, Hanrekel 1269/1278, 1281/1298, Hanrekez 1269, Hanrikel 1267.
2. — d'Airey, — f. lou prevost de Chastels, — de Joiey f. Milat, — fr. Weiriat lou Bossut de Montois, — de Seruignei.
3. — tennour de Pairgney (de lai Vigne S. Auol).
4. — le Gris, — Museraigne (de S. Julien), — Naie.
Hanrecon 1279, 432; 1290, 56.
Hanreton srg. Thiebaut Morin 1267, 466a.
Hanri v. Hanris.
Hanrias, Hanriaz, Hanriat.
1. —, ost. au lai court a S. Julien 1293,
—, ms. en Staison 1251, 105. [28.
— f. sg. Ferri 1267, 208.
= — sg. Ferri de Porte Serpenoise 1269,
— f. Harbin 1267, 317. [50.
— f. Pieron 1298, 473.
2. — d'Abocort eschaving de Nommeney. — d'Aianges, — d'Araucort, — d'Airs formegiers, — f. Floriate d'Ars (OM), — d'Auancey, — Sallebruche de Borney, — de Briey, — de Chacey, — de Chastels, — f. Clodin de Chenney, — de Chieuremont, — f. Aileit de Chieuremont, — Pelpaigniet charpentier de Chieuremont, — de Chievremont tanor, — de Colanbeir, — de Cuxey, — maires de Flanville, — de Fraine, — de Gandres, — f. Wibour de Grixey, — de Lescey, — de Longeville, — Chiueliers de Longeuille, — mares de Lorey (OM), — Burewars de Lorey, — f. Henmerit de Mairuelles, — Roucel de Mairuelles, — de Maisierez, — de Maizelles, — f. Simon de Mazelles, — de Merdeney, — de Montigney, — de Montois, — f. Jennat Raixewin de Montois, — f. Lucate d'Oxey, — maires d'Oxey, — de Pairgney, — f. Baillat de Pairgney, — f. Fillon de Quensey, — de S. Arnoult, — li Velz de S. Clemant, — doiens de S.

Julien, — maires de S. Julien, — Miche de S. Julien, — Museraigne de S. Julien, — Salaidin de S. Julien, — li Tawons de S. Julien, — f. Otenat de Sirnigne, — de Sorbey, — de Sulligney, — de Vallieres, — f. Jennat de Vallieres, — Vertons de Vallieres, — f. Jaikemin (lou tanor) de la Vigne S. Auol, — chavreis de la Vigne S. Auol, — de Xuelle.

3. — = Hanrit arcenor, — barbiers, — Haikerelz bouchier, — f. Howignon lou Roucel bouchier de Porte Muzelle, — Sucre bouchiers, — boulangier, — de Florey bolangiers (de la Nueve rowe), — bolangiers de la rive a Poxons, — Baigas bolangeirs de Flurey, — Bouenat boulangier, — srg. Colin f. Symon lou chapeler, — chapponier, — charpatiers, — f. Colin lou cherpentier, — j. Colin lou charpantier de Saunerie, — cherpentier de Chanbres, — Pelpaigniet charpantier de Chieuremont, — chavreis de la Vigne S. Auol, — clerc f. sg. Richairt lou prestre, — clerc f. Gerart Grenion, — cordewenier, — corduenier de Porsaillis, — Musairs corduenoirs, — corvoisier, — corvexiers de Porsaillis, — f. Ysambairt lou corvexier dou Quartal, — doien, — doien de S. Julien, — d'Abocort eschaving de Nommeney, — espi[ci]er, — feivre, — Bernart feivre, — d'Airs formegiers (ke maint a pont des Mors), — fornier, — hardeir, — f. Jennin lou lavour, — maires de Flanville, — mares de Lorey (OM), — de Noweroit maires de l'ospital ou Nuefborc, — maires d'Oxey, — maires de S. Julien, — f. Hanri lo manson de Chadelerrue, — masson, — lou Bossut masson, — Hainchelos muniers, — Monions muniers, — orfeivres (ke maint au Furneirue), — maris Mertenate la paingnerasse, — f. Jehan lou poxour, — taillieres, taillieres de Ticheicort, — taneres, — f. Jaikemin lou tanor, — de Chievremont tanor, — de Vyterei tainour, — telliers (ke maint daier S. Sanour), — uxier, — lou Vadois de Chanbres, — valas lou grant doien de la Grant Eglise de Mes, — vales fm. Lorel, — vieceir, — vieceirs de Herney, — j. Viuion lou vieceir, — warcolier, —

wastelier, — Boudas wasteliers, — Muza wastelier.

4. — de l'Aitre, — l'Amiral, — f. 1 Bague, — srg. Jennat Baicel = — srg Jennat Baissey d'Ercancey, — Baigas bo langeirs de Flurey, — Baizin, — f. Vgui Barrois, — Baston, — Bataille, — Beckel — Bellegoule (maires de Porte Muzelle), - Bernairt, — Bernart feivre, — Billeroc d Vantous, — Blorus, — Bokeson ke mair a Quartal, — f. Symon Boiat de Maicliu — f. Philippin Bouchate, — Borron, — lo Bossut masson, — Bouchat, — Bouchier — Boudas (wasteliers), — Bouvenat (bou langier), — Burewart (de Lorey), — Burne kins, — Cayns de Joiei, — Kenne. — Cha bosse, — de Champelz = — f. sg. Abe de Champelz, — f. Colin de Champel = — Roucelz, — f. Thomessin de Champel = — Thomessin, — Chappeit, — Chaste lain, — Chermat, — Cheuance, — Chio — Chinelier (de Longeuille), — f. Gere din Chopairt d'Erkansei, — Cocherel d Cologne, — la Curle, — Eurairt, — Faue jous de Franconrue, — j. Thiebaut Ferre chaite, — Ferrion, — Ferrit, — Gelins, — Gerins, — f. Thierion Goideaone, — cle f. Gerart Grenion, — lou Gronais de Cham bieres, — Grosmoinne, — Haikerel (de Vie Bucherie) = — Haikerel bouchier, — Hai chelos muniers, — Haradon de Marange — Herbin, — Herral (f. sg. Jaike de Chan bres), — Hertowis (de Stoxey), — Lamber — Maillat de Techiemont, — f. Mairasc — Maixefer, — f. Symonin Malglaue, — Arnoult Malletraisse de Ste Raifine, — Marrie, — f. Jennat Menneit, — Miche d S. Julien, — li Moinnes d'Ansey, — Monion muniers, — f. Colin Montat, — (f.) Morel, — Murdissons, — Musairs corduenoirs, — Muse raigne de S. Julien, — Muzart wastelier, — Nai — Nockaire, — Nockas de S. Piere, — Noiro — de Noweroit (maires de l'ospital ou Nuef bourc), — Paien, — Parenon, — Pelorit, — Pelpaigniet charpantier de Chieuremont, — don Pont, — f. Gerairt de Porsaillis, — f. sg Ferri de Porte Serpenoise, — Potier, - Puriepoure, — Raignelenelz, — f. Jenna

Hanrikel—Hanris   204   I. Personennamen

Raixewin de Montois, — Rekeus, — Robin, — Romexin, — Rotier, — lou Rocel, — f. Howignon lou Roucel lou bouchier de Porte Muzelle, — Roucelz (f. Colin de Champelz), — Roucel de Mairuelles, — lou Saive, — Salaidin de S. Julien, — Sallebruche de Borney, — de Strabor, — lai Strassouze, — Sucre (bouchiers), — li Tawons (de S. Julien), — (f.) Thomessin (de Champelz), — lou Vel (de S. Clemant), — Vertons de Vallieres, — Veuien, — f. Thiebaut Viey, — Vilains (f. sg. Matheu de Chambres), — Waignevolantiers, — f. Richairt Wairenel, — Xalogne, — fr. Howenat Xauenel, — Xillepaiste.

Hanrikel v. Hanrekels.

Hanrions, Hanrion.

1. ...... —   1262, 319.
—, ms. a Hausanges   1262, 298.

2. — d'Ars (OM), — dou Mont d'Ars (OM), — de Basoncort, — de Marcillei, — de la Mars, — de Ranseires, — de S. Martin.

3. — bollangier, — corrier, — espicier, — teixeran, — f. Anel lai Vadoize de Luppei.

4. — Baitois, — Berbel, — Boukerel, — Bouchat, — Chamagne, — Cokin de S. Julien, — f. Warin Gregore, — Hariei, — Lousol, — lou Lumeson, — lou Maiansois (de Vallieres), — Marlot, — dou Mont d'Ars (OM), — Moretel, — Potier, — Xaloigne.

5. Watrins Hanrions   1293, 442.

Hanris 1220, 1241/1298, Hanriz 1227, 1269, Hanrit 1251, 175, 1262, 123, 138, 1267, 283, 1269, 258, 1275/1298, Hanri 1227/1275, 1288, 466, 1293, 294, 1298, 237, Henris, Henri, 1220, Henri 1290, 342. v. V. Hanritbouxon, Hanriuigne.

1. —, gr. (PM)   1251, 175.
—, ms. darrier S. Illaire (PM)   1251, 176.
—, pr. en Bouverel (PS)   1298, 80.
— f. Jehan †   1281, 424.
— f. d. Richardate   1290, 272.
— j. Xobairt †   1298, 250.

2. — d'Alondres, — d'Ameleicort, — Bair, — de Bergues, — de Bistor, — de Bunaies, — j. Coinsce de Chaponrue, — de Cuxey, — de Davant Nostre Dame as Chans, — prestes de Failley, — de Gramecey, — de Liestor, — de Maizelles, — n. Arnout de Maizelles, — de Montigney, sg. — d'Oriencort, — f. Simonin de Pairgney, sr. — de Pairgney chanones de S. Thiebaut, — de Riste, — f. Joiat de Romont, — de Sallebruche ke maint a Burney, — de Trieures, — de Uaives, — de Wies, — de Xulles.

3. abbes — de Hatesalne, — arcenor de Buedanges, — berbier de Chanbres, — boucheir, — conpans Goidelo lou bouchier dou pont Renmont = — bouchier dou pont Rengmont, — boulangier, — braieleir, — kartis, sr. — (de Pairgney) chanones de S. Thiebaut, — charpantiers, — charpantiers de Rimport, — charretons d'Anglemur, — Galle clerc, — cordeweneir, — corvexier, — couteleirs, — espicier, — feivres, — n. Arnout lou feivre, — feivres de Morehanges, — feivres d. S. Arnout, — hanepiers, — hainepiers de Sanerie, — huvier, maistre — Bernart, maistre — Jordain, — manson de Chadelerrue, — marechal, — masson, — olieir, — poxour f. Richairt d'Erkancey, sr. — prestes de Failley, sg. — preste de S. Eukaire, — Gouion taillor, — tixeran, — tixerans de Reinport, — tonneleir.

4. — de l'Aitre, — l'Aleman, — li Alemans de S. Climent, — l'Alemant de S. Julien, sg. — Baitaille, — f. Hanriat Baizin, — de la Barre, — Bellenee, (maistre) — Bernart, (sr.) — Blondels, — lou Boistous, — f. Jaike de Chambres, — Chiemanceonge, — Coinrart, — Crokel, — Cuerdefer, — f. Deu de Furnerue, — f. Waterin Faikier de Rommebar, — Furluein, — Galle clerc, — Gonion taillor, — lou Grant, — lo Gros (de Viez Bucherie), — Guerairt, — f. Waterin la Haiche, (frere, maistre) — Jordain, — Luckin, (sg.) — de Montois (chivelier), — Morel, — Moretel, — Moutat = — n. sg. — Motat chanone (de la Grant Eglixe de Mes), — Paissel, — f. Vguin Patart d'Ansei, — f. Renadin Poignel, — dou Pont, — f. Renalt de Porsaillis, sg. — de Porte Mosselle, — Remaicle, — lou Saiue, — de Strabor, — (f. Poince) de Strabor (maires de Porte Muzelle), — f. Roillon de

Haradon–Hawiate

Strabor, — Tarteleit, — srg. Jennat Teste.
— f. Perrin lou Vake, — de Valz.
Haradon, Hanriat, de Maranges 1293, 177.
Haral v. Harrals.
Haran 1269, Haranc 1269.
—, ost. (PS) 1269, 406.
Rechardin — tonnellier 1267, 334.
Wychardin — 1269, 400, 466.
les **Harardes.**
daier S. Mamin anc. — 1293, 271.
Harbelin 1267, 450.
Harbin v. Herbins.
Harecort 1278, 1293, Hairecort 1269, Hairecours 1298, Herecors 1267, Herrecourt 1290. v. IV.
  1. — ost. a Porte Serpenoise 1290, 132, 186.
—, ost. (OM) 1278, 170; 1293, 662.
—, Jennat j. 1278, 38.
  5. Girardins — 1267, 68.
Jennas — berbiers ke maint ou Champ a Saille 1298, 470.
Wauterin — 1269, 492, 493.
Haremant v. Hermans.
Hargaut, Oliuiers f. 1269, 324.
Hariet. v. V. Harichamp, Hariclo.
Hanrion —, Coinselois j. 1262, 77.
  Coince j. 1269, 142.
Harignon, Jennat 1298, 136.
Harman, Harmans, Harmant v. Hermans.
Harmenas v. Hermenas.
Haroignet v. Haltroignet.
Harols, Harol.
—, vg. enmei Longeuille 1275, 440.
Jennin — 1278, 583.
Harons v. Hairons.
Harowain, Harowen v. Hairowain.
Harowels 1298, Hairouwel 1281. (v. Aurowel).
Gerardin — 1281, 550.
Pieresons — de Buxieres 1298, 686.
Haroweus, Colins 1269, 449.
Harrals, Harral 1241, 1290, 1293, Haral 1267, Herralz, Herral 1288/1293.
  1. — 1241, 39.
Colignon j. — 1267, 465.
  5. Colin — †, Mathelie f. 1290, 158⁴.
Hanriat — (P. v. de Chambres 2) 1293, 607.
  f. sg. Jaike de Chanbres † 1288, 113.
  mairit Wiborate s. Mahen Morel 1293, 29b.

Vguignon — 1290, 240.
Harsant v. Hersaut.
Hartous, Harton. v. V. Hartonparteit.
— charpanteir 1275, 293.
Aburtins — cordeweniers de Staixons 1285,
Thieriat — parmantier 1267, 471. [339.
Hartowy, Hartowit v. Hertewis.
Hasart v. Haizairs.
Hasons, Hasonz v. Hessons.
Hassebolle.
Hawiate — de Leirs 1293, 665.
= Hawiate — de Maxieres 1293, 632.
Hasson v. Hessons.
Hatin f. Werneson de l'Alluet d'Ars (OM)
Haudecuer v. Hautdecuer. [1290, 115.
Hautchaistel, Remey 1279, 46.
Hautdecuer, Haudecuer.
Domangin — 1277, 70, 310.
Hauwy v. Hawis.
la **Hauarde** 1298, 299⁵.
Haueline v. Haivelins.
Haui, Hauyz v. Hawis.
Hawela li buveire li domexalle dame Poince
Hawelo v. V. Hawillonchamp. [1293, 197.
— li kenciere 1288, 300.
  Thierion f. 1293, 687.
— fm. Tierion lou Rocel cherpantier de
  Franconrue 1298, 638.
Hawi v. Hawis.
Hawiate 1245, 1262, 1267, 1275, 1278/1298, Hawyate 1269, 1275, Hawiante 1267, Howiate 1298, 148.
  1. — fm. Borrin 1293, 462, 482.
— fm. Eurecol 1293, 204¹² = 284 = 349¹².
— f. Herman 1298, 519.
— f. Millat 1285, 436.
Crokelas et — sa s. 1267, 229.
  2. — d'Arnaville, — f. Jaikemin de Bertranmeis, — de Chapelleirue, — la Corte de Chastels, — f. Garri de Haute Riue, — Lowit de Lucembor, — de Merdenei fm. Colin †, — la bergiere de Moulins, — la hardeire de Molins, — d'Onville, — f. Heilewit fm. Salemon de Prays†, — de Pertes, — fm. Aubertin de Pertes, — f. Thierrit de Prennoit, — de Retonfais, — f. Arnoult de Sallebour fm. Howignon d'Outre Saille, — de S. Arnout, — de S. Clemant, — f. Phi-

Hawion–Heilesalz

lippin Godin de S. Clemant, — fm. Poinsin Dabeit de S. Martin, — fm. Thiebaut j. Humbert de S. Piere, — n. Guertrut de Sanerie.
  3. — la bergiere de Moulins, — la bouwerasse fm. Hanriat lou Vadois de Chanbres, — f. Rolin lou clerc de Chanbres †, — la deschauce, — la hardeire de Moulins, — fm. Colignon parmantier, — fm. Vion taillor = — fm. Vion viesier prem. fm. Jennin Pierairt, — li Vadoise, — li Vadoise li escolliere.
  4. — fm. Theirion Alairt †, — fm. Hanriat Bouvenat, — f. Abillon lai Bouxenerasse, — f. Lowiat de la Chenal, — la Corte de Chastels, — f. Jehan Descours, — fm. Poinson Dabeit (de S. Martin), — s. Filipin Filio †, — Geroude, — f. Philippin Godin de S. Clemant, — Goixe, — Hassebolle de Leirs = — Hassebolle de Maxieres, — f. Avruyn Malnouel, — fm. Jakemin Nicolat, — f. Jennat Noiron †, — f. Richairt dou Pux de Malleroit †, — la Russate, — f. d. Odelie de S. Pocort, — Samonate, — seure Bertran lou Vieil Chien, — fm. Renbaut Waixe, — f. Colin Watier (de Nowilley) †, — Wessel.
  5. Piereson —   1281, 590.

Hawion.
  1. — . . . . .   1245, 172.
  — vg. desous Mons sor Mosele 1251, 173.
  2. — de Juxey, Waterins f.   1293, 134.
  3. — fm. Poincet l'asnier   1241, 13.
  — fm. Jennat wastelier   1298, 653.
  4. — fm. Jennat lou Rocel   1293, 321.

Hawis, Hawit 1262, 1267, 1275/1298, Hawi 1241, Haui 1227, Hauyz 1269, Hauwy 1275, Hayt 1251. v. V. Hawitvigne.
  1. — . . . . , ms. a la Posterne 1262, 65.
  d. —, t. ai Ouville   1288, 88⁷.
  —, t. ou ban de Ruxit   1290, 348.
  —, vg. (Vals)   1293, 657.
  — fm. Mathiat, ms. a Montigney 1290, 199.
  d. — et Ancillon son n.   1241, 61.
  2. — fm. Jehan d'Ainerey, — fm. Drowin d'Anglemur †, — fm. Symonin dou Chene d'Ansey, — d'Aspremont, — de Baremont, — de Bemont, — fm. Jennat de Briey, — de Chailley, d. — fm. Akehart de Gankirke †, — de Merdenei, — de Molins, — dou Mont de Molins, Jaikemenel f. — la Tiemerasse de Molins, d. — de Nonviant, — dou Preit de Pertes, d. — de Sus lo Mur, Suffiate f. — de lai Fontenne de S. Clemant, Marguerate f. — de S. Julien, — s. Warin de S. Syphorien, — de Valz, — fm. Drowin de Vanderes, — s. Gerart lou doien de Wappey.
  3. — s. d. Colate fm. Howignon l'aman. — fm. Goideman braieleir de Sanerie †, d. — fm. Burat chadelier, Symonin f. — la telliere.
  4. d. — fm. Vguiu Bagart, — la Blanche, — Brusade, — f. Lowiat Karital, — f. Poinsignon Chalons, d. — fm. Hanri Crokel, — f. Gerart Gerdel d'Alenmont, — fm. Wairin f. lai Griue, — Haguenowe, — la Hireciee, — dou Mont de Molins, — s. Mariate fm. Jennat Thiebat, — la Tiemerasse de Molins, — dou Tour, — lai Vaue, — fm. Lowion Waistel de Flanville †, — f. Jennin Wiskeman.
  5. Jaikemins —   1290, 421, 425.

Hazairt, Hazart v. Haizairs.
Heckars, Heckart v. Eckart.
Hecke, Heke v. Haikes.
Heckehart v. Eckart.
Hector, Hetor.
  sg. —   1267, 81, 213.
  sr. — li chevaliers   1267, 413, 414.
  fillastres sg. Arnout lo Sauaige 1267, 467.
Hedore,[1] Arnout   1285, 158.
Heibers v. Haibers.
la **Heie** v. li Haie.
Heilachair 1278, Heilachar 1293, Heilaichair 1288.
  Marsilions — muneirs 1278, 238; 1293, 592.
  Perrins — fr. Colignon Governe 1288, 313.
Hellemans li tonneleirs (v. Hennemans)
Heilesalz 1290, 1293, Heilesaus [1279, 495. 1275, Heilezas 1269.
  1. —, Armantrut f.   1269, 490*.
  —, Armaugette f.   1275, 169.

---

[1] *M.-Bez.-A. H 4197, 1 (1279)* Arnout Haldore, *v. Bannrollen 1, LX. De Wailly 203 (1279)* devant S. Ferruce aireis la maxon Haldore.

Heilewate–Henmesate

5. Wirias — 1290, 358.
Hermantrut sai fm. 1298, 474.
Heilewate v. Heilowate.
Heilewi, Heilewis, Heilewit v. Heilowis.
Heilezas v. Heilesalz.
Heilout, Chardat 1298, 596.
Heilouwate v. Heilowate.
Heilouwis, Heilouwit v. Heilowis.
Heilowate 1275, 1278, 1279, 1285, 1288, Heilouwate 1281, Heiluwate 1298, Heilewate 1288, 1290, 1298, Heiluate 1278, 1279, 1298, Helowate 1267, Hellowate 1245. v. Heilowis.
2. — d'Ars (OM). — s. Domangin Pillat d'Ars (OM). — f. Drowignon de Chapes, -- de Maiclive, serg. Roillon f. Berrel de Maigney, — f. Poinsate de Molins, — f. Symonin de Montois. — de Pertes, — fm. Xoratde Quensei †, — s. Howin de Roszeruelles, — s. Piereson f. Wernier de Rouzeruelles †, — fm. l'Amiral de Ste Rafine, - - f. Hesselat de Staisons.
4. -- s. Pierexel Boutedeu, — la Cornuate, — f. Cortepanne, — fm. Jennat Sarrazin (de Vantous), — fm. Bertol Wandart. **Heilowis,** Heilowit 1275, 1278, 1290, 1298, Heilewis, Heilewit 1288/1298, Heilewi 1285, Heilouwis, Heilouwit 1281, Heiluwis, Heiluwit 1288, 1293, 1298, Heluwit 1267, Helowit 1262, 1267, Heiluys, Heiluyt 1277, 1281, 1288/1298. v. Hallowis, Heilowate.
2. — fm. Jennin d'Auilleis, — fm. Jennat de Baizaille, Symonin j. — de Burtecort, — s. Matheu d'Essey, — s. Piereson de Fuligney, — la mairasse de Lesses †, d. — de Marlei, — f. Jennin lou voweit fm. Jennat de Pairgney, — f. Burtemin Chaizee de Plapeuille, -- fm. Ysambart de Plapeuille, — fm. Salemon de Prays †.
3. — f. Howignon lou Roucel bouchier de Porte Muzelle, d. — f. Gerairt cellier, — fm. Thiefroit corvexier, — li escolliere (ke maint as Bordes), — fm. Arnoult masson, — f. Hanriat masson †, — fm. Lambert mentier †, — fm. Martin Crochart poxour, d. — la Vadoise, -- li Vadoize f. Vluien de Raimanges †, d. — li Vadoize f. Gerart cellier.

4. — f. Steuenin lou Bague de S. Vincentrue, — f. Burtemin Chaizee de Plapeuille, — fm. Covaie, -- fm. Thiebaut Creature (de Sauerie), — fm. Martin Crochart poxour, — f. Jenin Gelinate de Syei, — li Grive = — fm. (Simonin) lai Grive (de S. Clemant), — f. Jennin Gropain de Malencort, — Jhesu, — Maille, — f. Thiebaut Mairasse †, Lowions li Noirs et -- sa fm., — f. Burtadon de Noweroit †, — f. sg. Jaike dou Pont, — la Roiene de Vallieres - f. Howignon lou Roucel bouchier de Porte Muzelle, — Touzate, — de Lescey fm. Bescelin Wandelart, — f. Colin Watier de Nowilley †, — s. Wessel.
Heiluate, Heiluwate v. Heilowate.
Heiluys, Heiluwis v. Heilowis.
Heimonat v. Heumonas.
Heinme v. Henme.
Heinmignons v. Henmignons.
Heinnebours, Heynnebors v. Hennebours.
Heirlange, Gerart 1269, 538.
Heldel (forjugies) 1227, 66.
Heliat, Helyas, Helyat v. Eliat.
lai **Hellee** (v. li Hallois, Helleit).
lou — fil d'Antilley 1293, 390[11].
Helleit (v. li Hallois, lou Hailleit, lai Hellee).
Jennat —, ms. en Stoxei 1290, 300.
†, Odelie fm. 1298, 356.
Jennat — d'Antillei 1290, 300.
Maitheu — 1298, 361.
Helloy (v. Hallowis), la stuve (PS) 1245, 116.
Hellowate, Helowate v. Heilowate.
Helowit, Heluwit v. Heilowis.
Henchelos 1278, Hainchelos 1288.
— taillieres 1278, 463.
Hanrias — muniers 1288, 318.
Henmbelat v. Humbelas.
Henme 1241, Heinme 1267 (v. Henne).
frere — des Cordelles 1267, 499.
Jakemins — 1241, 6.
Henmerit v. V. Henmerichamp.
— de Mairuelles 1279, 256.
Jehan f. 1290, 875.
— de Virey, Houwin f. 1288, 297.
Henmesate.
—, ost. en Chaponrue 1293, 204[36]=284=349[65].

Henmexon–Hennebours

Jehan avelet — 1293, 222.
Henmexon, Jennin, de Sanrey †, Mergueron fm. 1293, 1994.
Henmignons,[1]) Henmignon 1275/78, 1281, 1288/98, Hainmignons, Hainmignon 1279/90, Haynmignons 1269, Heinmignons 1267.
  1. — de S. Marcel, Gerardin f., ms., meis, court a S. Marcel (OM) 1298, 576. P.[2])

1 Thiebaus — 1275/90			
hoirs 1298	2 Willames 1277/90	Marguerate 1277	Sebeliate 1277

  3 Wauterins — 1267/93 († 1275?)

  1. Thiebaus —
pb. t. defors les meises de Blorut et t. entre Dous chamins 1275, 208.
pb. t. ou ban de S. Clemant 1278, 135.
pb. t. ar. ou ban de Mairley 1278, 515.
pb. t. ar. ou ban S. Clemant 1278, 516.
pb. vg. davant Chezelles et ¹/₂ ms. a Chezelles 1279, 528.
pb. t. ou ban de Mairley et t. desour Olerey 1281, 94.
pb. ms. et meis Werion Sabine (OM) 1285, 290.
et Nicolle Baron *etc.*, ms. an la rue de Porte Serpenoize (OM) 1288, 263.
an Wacon devar Blorut anc. 1288, 450b.
pb. ms. defuers Porte Serpenoise (OM) 1288,
pb. t. ou ban de Maigney 1290, 482. [562.
vg. et t. ou ban de Nonviant 1290, 499.
anc. les hoirs Th. — (t. PS, Blorut?) 1298, 530.
Th. — et Willames, ces f., pb. por lui et por Marguerate et Sebeliate, ces s., 16 joru. de t. sus les preis de Blorut 1277, 326.

---

[1]) *In der Vorlage steht statt* nm *gewöhnlich* m *mit dem Abkürzungsstrich darüber,* nie m m, *selten* nm: Henme 1241, 6; Heinme 1267, 499; Hainmignons 1267, 111; Henmise 1267, 277; Henmonas 1262, 353; Henmouins 1275, 360.

[2]) *De Wailly 168 (1275 a. St.)* = *Bannrollen I, LVII, 5. Schreinsbrief:* Colignons Hemmignon l'escrit.

Thiebaus — et Willames, ces f., pb. droitures ou ban de Moncels et de Louaincort 1281, 608.
  2. Willames, f. Thiebaut —, (v. 1.)
pb. vg. desour Mallemairs 1288, 467.
pb. pr. ou ban d'Awigney 1290, 483.
  3. Wauterins —
pb. 1 st. en la halle des vieceys (PS) 1267, 111.
pb. por les frerez de S. Augustin 1269, 211.
1 ¹/₄ st. en la halle des parmanteirs (PS) 1275, 16 s. geisent en Chaureirue sus ms. ke [340.
fut W. — 1277, 68.
ms. en Chaureirue ke fut W. —, ki est escheute a la chieze Deu de Nostre Dame as Chans 1277, 84.
ms. an Chaiuerelruwe ke fut W. — 1281, 26.
an Chaiuerelruwe anc. l'ost. W — 1281, 247.
ms. an Chaiuerirue ke fut W. — 1293, 445.
Henmise, Henmisse.
Thomescin f. dame — 1267, 277.
Henmonas 1262, 353, Henmonas, Henmonat 1275, 1278, 1285, Hainmonas 1288, Heimonat 1245.
  2. — de S. Arnout 1262, 353.
— de S. Clemant 1275, 417; 1278, 266.
— l'esxaving de S. Clemant 1285, 428.
  3. — chapiller 1245, 88.
— feivres d'Otre Muselle 1288, 577.
Henmonel, Lorins f. 1293, 390¹, 653.
Henmonins de S. Piere 1275, 360.
Henne (v. Henme).
— fr. Ancel de Curlandal 1267, 6.
Hennebor v. Hennebours.
Henneborget v. Hennebours.
Henneborjas, Hennebourjas v. Hennebours.
Hennebours, Hennebour 1267, 1275, 1278, 1279, 1288/98, Hennebors, Hennebor 1267, 1269, 1285, 1290, 1293, Hunebors, Hunebor 1269, 1275, 1279/88, Hunebour 1278, 1285, 1288, Hunnebors 1279, Hanebors 1275, Heinnebours 1267, Heynnebors, Heynneborc 1269. Hennebour, Hunebor, Huuebour *stehen im Nominativ ohne* s 1275, 1281, 1288. Henneborjas 1277, 345, Hennebourjas 1267, 81, 224 = Vguignons Hennebours; Henneborget 1290, 203 = Vilain Hennebour.
P. [1363 OS)

I. Personennamen **Hennebours**

```
              1 Jehan — † 1293
d. Bietrit    2 Vguignous       3 Jenin
 Poujoise          1267/93         Villain
1279/93    j. Bauduyn Louve 1269  1275
           Renals de Laibrie j. 1288
4 Vilaius  - (= 3?)      5 Colin   Aileit
1279, 1290               1267/98    1278
            6 Steuenin — 1285, † 1288
7 Thiebat    8 Badewin   9 Colin (= 5?)
  1288         1288         1288
```

1. Jehan — †,
d. Bietrit Poujoise f., pr., t. en lai
fin de Maigney, de Pertes et de Mes 1293.
= Biatrit, s. Vguignon —, vg. ou [508]¹,
ban de Siey   1279, 594.
er. de pair Poujoise, son marit † (PS. OM)
(v. Ponjoizes 6)   1281, 61 = 148.

2. Vguignons — ¹)
pb. vg. en Veudeborse, 17 chapons en Dai-
rangerue et avec chescun chapon 3 d.,
10 s. ms. en S. Polcort, 12 s. ms. en
Chainges   1267, 72.
pb. vg. (PS)   1267, 81.
pb. 7 s. ms. outre Saille   1267, 224.
pb. 21 s. ms. en Stoixey   1269, 32.
pb. 9½ s. ms. les pucelles au pont Thie-
froit   1269, 117.
outre Saille entre l'ost. Heynnebore et 1269,
et Poincignons Chalons et Jennas Gou- [401.
tierz pb. ms., gr. (PS)   1269, 477.
et Poincignons li Gronais, li dui janre
Bauduyn Louve, pb. 1 st. devant les
Nues Chainges en Vezignuel 1269, 478.
et Collins d'Espinals et Poinsignons, f. Jai-
kemin lo Gronais, pb. partie ou grant
tonneur et ou petit tonneur de Mes 1275.
pb. 6 lb. ke sa ms. ou il [147, 162, 263.
maint (PS) dovoit   1275, 383.
pb. 15½ s. ms. et vg. outre Maizelles 1277, 345.
pb. 6 lb. ms. et meis (PM) 1279, 417.
pb. ms. Burtignon Guepe (PS) 1279, 432.
pb. er. Bietrit, fm. Poujoise † 1281, 61 = 148.
pb. t. ou ban d'Awigney, droit et raison

---
¹) *De Wailly 134 (1270)* Uguignons Hune-
bors con drois datres por Jakemin lou Roi.

an la foce a fomeroit an Rowat 1285, 92.
pb. ms. a Auglemur   1285, 136.
pb. 12 s. 2 ms. a S. Julien 1285, 179.
et Symon Paipemiate et Jennas Goule pb.
  er. ke sr. Huwes Bairbe ait an Mes et
  fuers de Mes *(durchgestrichen)* 1285, 350.
pb. 10 s. ms. (PS)   1285, 445. [458, 544.
Ingrans Forcons et Vg. — pb. 4½ s. ms.
  a Roches an Chanbres   1288, 132.
pb. 4½ s. ms. an Chanbres 1288, 133.
pb. cant ke Renals de Laibrie, ces j., ait
  a Vallieres et ou ban   1288, 296.
  a Crepey et aillours   1288, 384a.
  a Richiermont et ou ban 1288, 559.
¾ ms. an Chaitreirue redoient 12 s. 1288,
vg. en Martinchamp quair meu S. Pol [403 ᵇ.
pris a cens de Vg.   pm. 16 s. 1290, 354b.
er (PS) en waige   1290, 436.
er ou ban de Borney   1290, 457b.
gr. et ms. a Awigney doient 11 s. 1293, 300.
pb. 10 s. t. c'on dist en lai Croweire (PS) 1293,
vg. outre Saille doit 8 s. 1293, 477. [310.
pb. 22 s. ms. en lai rowelle de Goubercort
  en Furneirue, 6 s. ms. daier S. Sauour sus
  lai rowelle des Barons   1293, 581a.
pb. t. en Bowillon et t. en lai Crowaie (PS)
                            1293, 581b.

3. Jenin Villain, fr. Vguignon —,
6 lb. ms. ou Vg. - maint (PS) 1275, 383.

4. Vilains (= 3?)
pb. vg. an S. Niclochamp (PS) 1279, 491.
pb. por lai Belle Stainche   1290, 64.
ms ou Waide doit 6 s. a Henneborget 1290,
ms. ou Waide Bugle doit 6 s. 1290, 387. [203.

5. Colin (= 9?),
tavle as Vies Changes en Vizennel 1267, 88.
pb. ms. outre Saille   1267, 110.
at doneit por les pucelles de la Vigne 50 s.
ms. ou Champ a Saille   1267, 227.
er. ou ban de Colanbeirs eschent a Aileit,
sa fm., de pair d. Kateline, f. sg. Bau-
duyn lou Roy †,   1278, 128.
an la fin d'Abigney delcis boix C. — 1281, 55.
pb. er. a Florey et Pauwilley et ens bans
rosoi deleis C. — et 1 jor- [1285, 238.
nal en Flaixairt anc. C. — (a Orons? PS)

6. Steuenin   [1298, 80⁴, ᵈ.
enc. l'ost. (PS)   1285, 445.

14

7. 8. 9. Thiebat, Badewin et Colin (= 5 ?), les 3 anf. Steuenin — †.
44 s. maxons en Staixon   1288, 300.
Hennekins v. Hanekins.
Hennelos 1267, 1275, 1278, 1279, Hennelo 1241, 1267, 1269, 1277, 1279/1293, Hennelolz 1288/1293, Hennilo 1267, Hennillo 1277, Hanelos, Hanelo 1269/1288, 1298, Hanelolz 1290, Hanelot, Hainelo 1281. (v. Jehans, Jennas).
2. — de Bouzonville, — de Brikelanges, — de Katanges, — de Cusamborc, - de Grucelanges, — maior de Guenanges, — f. Herman de Guerselanges, — Robins de Haisanges, — f. Bronval de Hencanges, de Stoisei, — de Thiekestor.
3. — awilleir, — j. Gueraírt lou boucleir, — boulangiers, — (de Saunerie) charpantiers, — j. Mercerion lou corvexier de Stoxey, — feivre (de lai rue des Allemans), mortelier, — texerans.
4. — l'Aleman, — lou Buef, — Corbels, — Credelaire, — f. Colin Pentes, — Robins de Haisanges, — Roichas, — Serlangue, — Tribolat, — (f.) Waze, — f. Simon Xelerde de Boenville.
Hennemans 1279, Henneman 1288, 1293, 1298, Hennemant 1288, Hanemant 1281.
1. — srg. Poincin lou f. Steuene Grautneis   1281, 210.
2. — f. Hertewit de S. Avol † 1288, 125.
— f. Jaikelo des Rowes de S. Julien †   1293, 198.
3. — tonnelier 1279, 451; 1298, 56, 444a.
— vignour   1288, 426.
Hennilo, Hennillo v. Hennelos.
Henris, Henri v. Hanris.
Hensceman 1290, Hensemans 1293.
— f. Gerairt de Stucanges   1290, 158¹⁰.
— clers f. Claimela de Braitenakes 1293, 6.
Herbel (v. Haibers, Herbo). v. V. Herbalmont, Herbelrowelle.
Aurowin — †, Jennate fm.   1288, 26.
Colin — †, Merguerate f.   1290, 414d.
Herberans de Maixieres   .   1269, 313.
Herbert, Herbes, Herbet v. Haibers.
li **Herbiers** v. li Erbiers.
Herbillons, Herbillon.

2. - f. Burtemate de Chastels 1298, 596,
- de Conflans   1241. 45. [597, 598.
Wiars f.; Colins de Marsal f. de la s.
    Wiart   1275, 489.
Willermins f.   1281, 294, 442.
3. — parcheminier   1269, 92.
Herbins, Herbin 1241/1251, 1275/1278, 1281/ 1298. Harbin 1267.
1. —, Aubor et Poincete f.   1245, 50.
—, Hanrias f. (v. 5)   1267, 317.
2. — srg. Faixin d'Aipilley, — d'Ancey, — maior de Maranges.
3. — merciers, — meuteirs, — stuveires de Chambres.
4. — Baillat, — f. Howin Nerlan, — Rochefort, Wachier.
5. Hanriat —, Thiebaut f. (v. 1) 1290, 40.
Herbo 1262, 1269, 1279, 1288, 1290, 1298, Herbols 1251, 1298, Herbolz 1293, Herbou 1245, Herbous 1269, Herbout 1251, Herboix 1288.   [182; 1269, 38¹³, ¹⁶, 185.
1. —, ms. PM (= — parmantier) 1251,
2. —, stuve en Chambres (v. Herbin) 1279,
— de Viez Bucherie   1293. 142. [170.
3. — bochiers   1293, 693.
— musnier (en Chambres)   1245, 2.
— parmantier 1251, 76; 1269, 214; 1288, 301.
- tennour   1290, 65.
— tanor de Curlandac   1290, 248.
- tanor de Curlandal dou Champel 1288, 318.
5. Arnols — permantiers   1298, 19.
Avruyns — (v. Haibers, Herbel) 1269, 405.
Gerart —   1262, 119.
Herboix, Herbolz, Herbous v. Herbo.
Hercenin   1298, 527¹¹.
Hercenon   1293, 117.
Hercon.
— †, Arambor fm.   1290, 387.
Symon —   1267, 305.
Herdeleis, Gerars, de Nonviant 1293, 174.
Herdowit v. Hertewis.
Herecors v. Harecort.
Hergualz, Alexandres, boulangiers, f. Jennin de Demes   1290, 378.
Herlanguel v. Hullanguel.
Herlin, Adan   1290, 433.
Hermans, Herman 1245, 1251, 1275/1298, Hermant 1298, Harmans, Harman 1262/75,

1279. 1281, Harmant 1267, 1269, Haremant 1269.
v. V. Hermanfontainne, Hermanlexeires.
 1. —. pr. ou ban de Luppey anc. 1290, 464c.
—, ms. ou Waide (v. 2) 1290, 444.
Geliate fm. — † 1290, 346⁷.
Symonin f. — 1259, 41.
Hawiate f. — 1298, 519.
Poinsignon j. — 1279. 79.
oirs —, ms. devant Longeteire 1281, 156.
 2. — d'Awigney, — de Barus, — de Batilley, — de Guerselanges, — (f. Jakelo) de Metri, — de Morehangez, — de Penil, Lorate dou Quertal fm. —, sg. — de Richiermont, — clers de S. Jeure (ke maint davant S. Vy), — f. Bruneco de S. Julien, - f. Weirit de Theheicort, — dou Waide, — f. Howin de Wacremont, — lou Polut de Wackremont, — u. lou viel preste de Wapey.
 3. — bouchier (de Chastels), — boulangeirs, — charpantier, — clers (de S. Jeure), — de Xonville draipiers, — feivre, — j. Poinsate la forniere (boulangere) de Chambres, — furbour (de Furneirue), — parmantier (de Chieuremont), — tennour, — taneres de Noweroit (ke maint en lai Vigne S. Auol), — taneres d'Otre Muselle, — vajlet l'ercediacre Watier.
 4. — Chapart, — Coppons, — f. Lowion Naie.
 5. Jaikemin —, Lietals f. 1278, 270.
Thieriat — de Stoxey †, Mathions f. 1298.
Hermantrut v. Armantrut. [212.
Hermenat 1267, 1290, Harmenas 1275.
— j. Chauin 1267, 448.
— de Champel 1275, 172.
—, ost. ou Halt Champel 1290, 197.
Hermenelz, Colins 1285, 39.
Herney (v. IV.), Pieresons 1278, 504.
Hernouz, Jenins, de Dornanc 1269, 283.
Herowin v. Aurowins.
Herralz, Herral v. Harrals.
Herre.
Symonin 1267, 103.
Symon —, Jacomate f. 1275, 69.
Herrecourt v. Harecort.
Herro, Jennat, de Sanerie 1293, 91.
Herrowin v. Aurowins.

Hersant 1241, Harsant 1277.
— fm. Renalt cherpentier 1277, 447.
Colin — 1241, 186.
Hersennon la huviere 1245, 140.
la **Hertekine,** lo four 1267, 78.
Hertewin v. Hertewis.
Hertewis, Hertewit 1275, 1285/1293, Hertowis, Hertowit 1267, 1275/1281, 1288, Herdowit 1262, Hertouwit 1281, Hertoy 1251, Hartowit 1241, 1245, Hartowy 1269, Hertewin 1290.
 1. la fm. —, ms. (PM) 1241, 60.
—, en Sanerie ensom 1251, 96.
Jennat f. — (v. 5) 1245, 200.
 2. — de S. Avol † 1288, 125.
 — de Stoxey †, Burtemins f. 1262, 128.
 5. Burtemins — (v. 2) 1275, 149, 150;
ke maint defuers [1278, 400; 1279, 16.
 la porte a Pairnemaille 1285, 305.
 †. Mairiate fm. 1293, 394.
Gillat f. 1290, 885a.
de Stoxey, Giles f. 1290, 426.
Gillas — de Stoxey 1293, 382¹.
Hanrias — 1269, 362⁸; 1275, 280; 1279,
de Stoxey 1293, 387. [395; 1281, 176.
Jennas — (v. 1) 1267, 450; 1281, 421;
 1288, 489.
Hertoy, Hertowis v. Hertewis.
Hescel v. Hescels.
Hescelat v. Hesselat.
Hescelin v. Escelins.
Hescelos v. Hesselat.
Hescels, Hescel 1267, 1278, 1279, Hessel 1281, Hacel 1269.
 1. Waterin f. — (v. 5) 1279, 28.
Waterin f. —, Burtemin j. — 1267, 320.
 3. — natenier 1269, 361.
— tignieres 1278, 509.
 5 Watrin — (v. 1) 1281, 167.
Hessat 1267, 1269, 1285, Haisat 1269.
 3. — barbier 1267, 409; 1269, 523; 1285,191.
 5. Ancillons — 1269, 316.
Hessel v. Hescels.
Hesselat 1279, 1281, 1298, Hescelat 1278.
Haicelas 1288, Hescelos 1267, 255.
 1. —, ms. daier S. Eukaire (v. 4) 1279,451.
 2. — f. Renal d'Auancey 1288, 6.
— de Staisons, Helluate f. 1279, 542.

14*

Hesselenat–Hessons

4. — f. Adan Brisechamin 1267, 255; 1278, 186; 1281, 357b.
Hurel, ost. daier S. Eukaire 1298, 56.
Jehan f. 1298, 444a.
Hesselenat, Colignon, d'Onville, Eudelate fm.
Hesseline v. Esceline. [1298, 180.
Hessons, Hesson 1267, 1275/1298, Haisons 1281, Hasons 1227, Hasonz 1269, Hassonz, Husson 1245, 1269.

P. [1363 OS]
1 Colins - 1227 2. Bonamin –
              d. Biatri 1245
                 ?
3 Thiebaus – 1267/69   5 Maheus –
Contasse srg. Maheu 1267/98[m.e.1301]
1275 fm. Thieb.?   ? – Thiebas de
4 Vguignons n. Maheu   la Cort j.
  1275 f. Thieb.?   1290

1. **Colins** —
pb. ms. (PS) et lo censal de S. Thiebaut
2. **Bonamin** —, d. Biatri f., [1227, 24.
chak., manantie, vg. ou [ban de ....], vg. en Dailles, manantie desoz l'Orme (OM) [1245, 228.
3. **Thiebaus** -
pb. ms. a Rimport, vg. a Vairnei 1269, 189.
3. 5. et Maheus, ces fr.,
pb. ½ molin daier S. Jehan outre Moselle
„ pb. vg. en Gerichamp 1269, 298. [1267, 491.
„ pb. t. ar. suz le chemin de la Borde en droit le poncel (OM) 1269, 299.
4. 5. **Maheus** — et **Vguignons**, ces n. [f. Thiebaut?]
pb. vg. a Wapey 1275, 113.
5. **Maheus** — (v. 3. 5.)
et Contasse, sa srg. [fm. Thiebaut?], pb.vg. en Dales, t. ou ban de S. Martin 1275, 257.
pb. t. enc. la croweie Ste Creus (OM) 1277.
pb. gr. (OM) 1278, 649. [159.
et Poinsignons li Gronais pb. vg. en Dales enc. ous meimes 1278. 648.
„ pb. 15 meues de vin, 10 d. de contrevin, 20 s. a Loreit desour Merdeneit 1281, 279.
„ pb. er. ou ban de Mairanges et de Pierevilleirs 1281, 341 = 624.
„ pb. ms. outre Mozelle antre lour 2 ms.
„ pb. vg. en Genchamp enc. [1285, 139.
ous meimes 1285, 287.

vg. ou ban de Longeville 1279, 138.
pb. t. ou ban de Wappey 1279, 585.
ms. a Waippey 1281, 105.
et Clemignons li Merciers et Forkignons Xavins pb. tot l'er. Jenin de Bixe de Waippey, partout ou k'il soit 1281, 136.
pb. vg. desor l'aitre de Waippei 1281, 137.
pb. 12 s. ms. devant Longeteire et ms. an Chambres 1281, 395.
pb. 18 jorn. de t. au la fin de Weppei et an S. Martinchamp, ½ meu de vin, boix et ⅓ meis ke partet a M. meymes 1285, outre Muselle anc. l'ost. M. — 1285. 143. [140.
ausom l'ost. — otre Muselle 1290, 240.
en S. Vincentrue anc. l'ost. — 1298, 191.
pb. 8 quartes de soile ou ban de Wapei Jehans de Helfedlanges et M. — [1288, 576.
pb. Forconmolin et Nuef molin deleis Maxieres et er. ou ban de Maxieres 1290.
„ pb. 4½ s. sus Forconmolin, 16 s. [556, t. davant Forconmolin 1290, 557.
„ pb. 18 d. sus Forconmolin et t. et avenant ans arbres daier Forconmollin 1290.
„ pb. t. et avenant ens arbes daier F. [558.
„ pb. 1 quarte de soile et 3 [1290, 559, chapons sus pr. davant Forconmolin 1290,
pb. 22½ jorn. de t. ar. ou ban de [560.
Maxieres 1290, 561.
Thiebaus de la Cort, j. Maheu — 1290.
sr. Abers li Xauins et M. — et Per- [562. rins de la Cort pb. er. sg. Watier lou Louf (OM) 1290, 569.
pb. t. anc. sa t. davant lou Nuef molin, jard. deleis molin a Maxieres, pr. en preis de Leirs 1293, 178.
a Wapey antre gr. M. — et... 1293, 671.
pb. 3½ s. ms. et meis a Wapei en Airsey
pb. pr. davant Forconmolin anc. [1293, 684.
lui 1293, 685.
pb. boix as Forches, en la Brouweire, ou Cuiguat anc. Faroitboix 1293, 686.
pb. ms. a Leirs, t. davant Notanbrou, pr. en Aironcort 1298, 192.
pb. 1 meu de vin ou ban de Wapei k'il dovoit a la frarie des chadeliers 1298, 193.
pb. 3 varges de boix en Tailleurs de Wapei
pb. t. desoz lou Jurietboix et [1298, 661.
pr. a Aroncort 1298, 662.

Hesxars v. Haizairs.
Hetor v. Hector.
de **Heu** 1262/1298. de Hoy 1245, de Hui 1293.
  1. Jennat — (†), d. Ysabels fm., pb. maisonceles (PS)   1245, 182.
at aquiteit ms. en S. Nicolasrue 1267, 391.
  2. Liebert — (v. 7. Rogier) 1277, 76.
  3. sg. Gillon —,
8 s. ms. devant S. Glosenain   1262, 380.
daier S. Nicolais antre l'ost. ke fut Gillon - et ms. Symonat Hunguerie 1293, 272.
d. Clemance, f. sg. G. , ms.(PS)1278, 509.
  4. Jennas, f. Gille -, maires de PS 1269.
pb. ms. en S. Nicolaisrue   1275, 212. [1*.
  5. Gillas li Belz, f. sg. Gillon — †,
             1279, 500; 1281, 520.
= Gillas li Bels 1277, 286; 1278, 143; 1281, 4; 1288, 224; 1293, 309.
= Gillas li Bels ---   1285, 554.
= Gillas li Bels dou Nuefborc 1281, 324, 598; 1285, 137; 1290, 270; 1293, 179.
= Gillas li Belz dou Quertal 1290, 229, 342.
= lou Bel 1281, 87, 221; 1290, 281; 1293, 579a.

pb. t. en Virkilley 1277, 286; 1278, 143; 1279, 500.
pb. t. sus lou chaimin Saueras   1281, 4.
a Grant chamin deleis t. (PS)   1281, 87.
Jaikemin - et a Bel. son fr., ms. sus Salle   1281, 221.
pb. 1½ muen de vin ai Ars (OM)1288, 284.
pb. ms. et meis ai Ars (OM), vg. ou ban
pb. gr. an Hulou   1281, 520. [1281, 324.
pb. t. en la fin de Graviers   1281, 598.
et Jennas li Lous d'Airs pb. er. ai Airs(OM) et Vguignous Roncels pb. vg. [1285, 137.
a Chastels   1285, 554. [1293, 179, 309.
pb. por la chieze Deu de Cleirvalz 1290, 229;
pb. por l'abbeit de Cleirvalz   1290, 342.
ms. ai Ars (OM)   1290, 270.
ou ban de Chaistelz arreis vg. 1290, 281.
davant l'ost. lou Bel (a Quertal v. 1298, 238 t6, 28)   1293, 579a.
  6. Jaikemins, f. Gilon   †,
pb. vg. outre Saille   1277, 244.
pb. vg. sus Hate Rine   1278, 493.
pb. 45 s. sai ms. ou Cham a Salle devant la xippe   1281, 521.

de Heu[1])

1 Jennat — d. Ysabels † 1267 1245, 1267					
2 Liebert - 1277, 76					
3 (sg.) Gillon 1262, † 1277, 244 [1250 C]				7 Rogier — 1277, 76	
d. Clemance 1278	4 Jenas maires de PS 1269, 1275	5 Gillas li Bels 1277/93 de Heu 1285, 554 dou Nuefborc 1281/93 dou Quertal 1290	6 Jaikemins - 1277/93 Watrin, Forkignon, Bietrexate srg. 1285	8 Colignon 1285 Maheus Vogenels, f. Abert Clariet, srg.	9 Thiebaus -- 1298
	10 Godefrin (Goudefroit) —†		[m. e. 1302]		
11 Colignons 1293/98 Perrin Bellamin srg.	12 Wirias — 1293		13 Lanbers -- 1278	14 (?) Jaikemin lou Bel[2]) 1298	

[1]) *Die Verwandtschaft von 3 sg. Gillon, 9 Thiebaus und 12 Wirias ergibt sich nicht aus den Bannrollen, sie ist aber bekannt aus der „Généalogie de la maison de Heu." v. Musebeck, Jahrbuch XVII², S. 97 ff., 1905. mit Stammtafel. Auf dieser fehlen* 1 Jennat *und* 13 Lanbers.

[2]) *Ob Jaikemin lou Bel (14) den de Heu zuzuzählen ist, erscheint zweifelhaft. Da er 1298 wohl noch gelebt hat, so wird man in ihm nicht* Jacquemin lou Bel de Heu, *den Stiefbruder von Rogier, sehen dürfen. Dem sogenannten Zweige der* le Bel de Heu *gehören an 10—12, aber keiner von diesen führt in den Bannrollen den Zunamen* le Bel.

= Jaikemin —
et a Bel, sou fr., ms. sus Salle 1281, 221.
Nicoles Fakenelz et J. — pb. 15 s. ost.(PM)
et meizes Frowin, 5 s. er. ni Antilley
gr. lo Janre d'Espinalz (PS) doit [1285, 31.
20 s. a. J. — et a Watrin et Forkignon.
ces 2 srg., et a Bietrexate, sa srg. 1285.
pb. ¹/₂ molin sus lou rut de Longeawe, [425.
¹/₄ gr. et pr. 1290, 583.
pb. ms. en Chaipeleirue 1293, 289.
   7. Rogier, f. Liebert —,
ost. ke fut R. ou Nuefborc 1277, 76.
   8. Colignon, f. Rogier —,
5 s. ost. (PM) et meizes Frowin; Maheus
Vogenels, f. Abert Clariet, srg. C.
   9. Thiebaus — [1285, 31.
pb. ¹/₄ meu de vin k'il meymes dovoit sus
sai plante de vg. ou ban d'Airey 1298, 270.
pb. 12 d. meis davant lai creuxate daier
S. Piere (PS) 1298, 429.
   10. 11. Colignons, f. Godefrin (Goude-
froit) — †,
pb. 25 s. vg. en Waistenoi (PS) 1293, 250.
pb. ms. a Quertal 1298, 107.
pb. vg. en Broil ou ban S. Martin outre
Muselle 1298, 160.
pb. 20 s. ms. outre Saille, 5 s. ms. en Jeu-
rue et ms. davant la cort de Fristor;
Perrin Bellamin, son srg. 1298, 451.
pb. 11 jorn. de t. en Abertchamp ou ban
de Wapey; Perrin Belamin, son srg.1298,
   12. Wirias — [622.
pb. t. et mur fuers de t. davant les molins
a Champ a Saille 1293, 65a.
pb. menandies en lai rowelle devant lai
xuppe 1293, 65b.
   13. Lanbers —
pb. ms. en Furneirue (PS) 1278. 302.
   14. Jaikemin lou Bel,
11 s. geisent sus ms. J. a Gorze a pont
Arnalt 1298, 313.
Hydous, Colin 1278, 473.
i **Hidous,** Jaikemin 1267, 494.
a **Hidouse** 1269, 74.
Himbelat, Hymbelat v. Humbelas.
  a **Hireciee,** Hawit 1281, 15.
Hochas, Domangins 1293, 625.
Hochedeit 1277, Hoichodeit 1251.

sg. Jehan —, er. en tous les bans d'Ars,
Grauers, Flauigney et Risonvile 1251, 69.
Gerardin, avelat sg. Jehan — d'Ars, vg.
en Fairecort ou ban de Siey 1277, 443.
Hocherels, Jennin, f. Frankin lou Chet
Hodebran v. Houdebrans. [1293, 120.
Hodiart v. Houdiairs.
Hodiate, Hodiete v. Houdiate.
Hodiez de S. Piere aus Areines 1241, 74b.
de **Hoy** v. de Heu.
Hoichedeit v. Hochedeit.
Hombers v. Humbers.
les **Homgres** v. li Hungres.
Honec 1279, Honech 1277.
Willames — 1277, 13.
†, Guemelz fm. 1279, 41, 429.
li **Hongres** v. li Hungres.
Honguerie 1275, 1277, 1288, 1293, Hunguerie
1277, 1288, 1293. [230.
Collignons — li clers 1277, 109, 110; 1288,
Symonas — 1275, 442; 1277, 91; 1288, 292.
  293; 1293, 272, 567, 583, 608, 619, 620,
Colignons et Theirias, sui 2 [695, 696.
  fr., et Marguerite, lor s. 1277, 91.
de **Honguerie** 1275, de Hunguerie 1277.
Pasquete — 1275, 442.
Marguerate f. Simonin — 1277, 92.
li **Horces** 1293, lou Horsset 1279, lo Hour-
set 1285. v. li Huresas.
Theiriat — 1279, 37.
Thierias — de Molins 1285, 224a; 1293, 323.
Hosel et Gererdat, son fr., er. ou ban de
Bu 1277, 246.
Hotou †, Ermenjatte fm. 1277, 370.
lou **Hotton** †, Jehan, de Pumeruelz, Do-
manges f. 1298, 502.
Houdebrans 1269, 1278, Houdebran 1241,
1277, 1285, 1288, 1298, Houdebrant 1279,
1285, 1293, Hodebran 1251, 1298.[¹)
   1. —, ost. (OM) 1285, 290.
—, Poencins f. 1251, 52.
   2. — de Bretenakes 1278, 2; 1293, 6.
— de Siey, Colin f. 1285, 99.

---

¹) Ob die *Patrizierfamilie* Houdebran [1386,
1533 J] *von einem der unter 1 bis 5 genannten
abstammt?*

3. — feivre 1298, 628.
— tanneirez 1269, 444.
5. Colin -- 1241, 146.
Jennas — 1269, 534; 1277, 226; 1278, 389; 1279, 28; 1288, 263.
Colate Rays sa seure 1277, 226.
Ysabel fm. 1298, 162.
Houdiars 1293, Houdiairs, Houdiairt 1293. Hodiart 1285. v. V. Houdiairttriex.
- la seure Cornemant 1285, 485.
- fm. Doignon de Nonviant † 1293, 280, 344.
Houdiate 1267, 1277, 1279, 1288, Hodiate 1262, 1267, 1298, Hodiete 1241.[1])
1. . 1267, 340.
et Domengin son f. 1241, 120b.
Collins li Roucels j. -- 1277, 3.
Bouvas et Symonas et — lor s. 1262, 361.
4. — de Longeville fm. Goudefrin Berlou, d. -- fm. Thierion Boneraixon †, - fm. Howenat Mokin, — fm. Weiriat lo Nain. — Poirate.
Houdions, Houdion 1245, 1251, 1267, 1281.
3. -- meire sg. Symon lo prestre 1267, 76.
4. — fm. Cherdignon lou Kamus d'Eurecort 1281, 130, 133.
5. Colin — 1245, 156; 1251, 165.
li **Hougues** 1288, lou Hougue, lou Hugue 1293.
Abertins — de Chazelles 1288, 506, 507.
Poinsignon — de Chazelles 1293, 140, 672.
Houygnon v. Howignons.
la **Houpate**, Jennat, de Noweroit 1298, 635.
Houwairt v. Howars.
Houwas, Houwat v. Howas.
Houwesons, Houwignon, Houwins v. How ...
Houzars, Houzart 1298, Houzairt 1293.
Jennins — d'Ansey 1298, 132, 133, 324.
Bietrit fm. 1298, 132.
Ydate f. 1293, 417.
Houzat, Thieriat 1293, 605.
avelet sg. Gerart de Brunville 1290, 109.
la **Houzate** 1245, 232.
Howars, Howart 1267. 1275/1279, 1285/90, 1298, Howairs, Howairt 1278/1298, Hou-

wairt 1288, Hvars, Hvart 1245, Huars, Huart 1262/1275, Huairs, Huairt 1275, 1278, Huar 1227. v. V. Howairtchamp.
1. --, stuve as Roches (v. 3) 1279, 355.
Colignons f. — 1275, 452.
Esselin f. - 1285, 128b. [680.
-- Esselins f. — d'Arnaville 1288, 95; 1298,
2. — d'Arnaville, — de Nonviant. — de Siruigney, -- de Vigey.
3. Pieresons f. — stuvour (v. 1) 1293, 869.
4. — srg. Jakemin Baron. — de Morey f. Willermin de la Fosse, — Groignas, — Jalee, — le (la) Veule, sg. - de Uirei.
Howas, Howat, 1269, 1278, 1285, 1290/98, Houwas, Houwat 1275, 1279, 1281, 1298, Huat 1245, 1251, 1269. v. Vguas.
1. Isenbart f. — 1245, 80.
2. — de Commercey, — d'Eurecort, — f. Thieriat lou xaivig de Nowaiseville, — de S. Clemant.
3. -- bouchier, - lou Vadois bouchier de Porsaillis, — bourcierz de Paris, -- charreton, - cherpentier de S. Arnolt, — d'Estons cordeweniers, - olier, — valat Jennat Fakenel.
4. — Grosseteste, — lou Roucel de Maizelles, — Stondee.
5. Jennas — de Noweroit 1298, 568, 569.
Theiriat — 1281, 2.
Theirion — fr. Paikin 1285, 364.
Howe v. Hues.
Howele d'Ars (OM) 1281, 619.
Howel, Sebeliate fm. 1298, 50b.
Jennat -- 1288, 266.
Howelo (v. Huguelo), les anfans 1281, 368.
Howenat 1267, 1278, 1279, 1288/98. v. Vguenas.
1. —, vg. a Gorze 1288, 221.
4. — lou Louf de Rozerueles, - Mokin, — (f. Poinsignon) dou Fux (de Francourue), — f. Jehan dou Sap de Rozerueles, — Xauenel.
Howesons, Howeson 1262/1269, 1278, 1281/ 1288, 1293, 1298. Howessons 1285, Howissons 1278, 1281, 1285, Houwesons 1288, Huweson 1298, Huesons 1269, Huissons, Huisson 1272.
1. a Ernaville arreis — 1285, 128b.
en Vals deleis — 1293, 171.

---

[1]) *Bannr. I, LXXIX, 27 (1275)* Houdiatte, s. Colin Nichat.

Howignons   216   I. Personennamen

— maires Bellesuer 1298, 27⁴².
2. — ...... de Chaudeleirue, — d'Ernaville, — de Merdeney, - f. Deudeneit de Merdeney, — de Toul.
3. — berbier, — bolengier, — Buras chadeliers, — corveisiers, - f. Yzanbairt lou corvexeir dou Quartal. — Blanpain loremier, - parmantier, Symonat poxour j. - .
4. - Blanpain (loremier), Buras chadeliers, — Noxe, — Polin.
Howignons, Howignon 1267/1298, Howygnon 1269, Houwignons, Houwignon 1278, 1281, 1288, 1298, Hvignons, Hvignon 1245. Huignon 1262, 1275, Huygnons, Huygnon 1251, 1269, 1275, Houygnon 1251. v. Vguignons. v. V. Howignonchamp.

1. — ...   1262, 71.
—, ms. (OM)   1251, 62.
— et Martignon   1245, 240.
— c'on dist Hugo et Poinsate sai fm.
   f. Ancel †   1288, 78. [1290, 391.
= — f. Ancel de S. Arnout   1285, 182.
— f. Aubrit   1251, 109.
— fr. Thomessat   1269, 495.
= — cellieres fr. Thomessat   1281, 578.
— fr. Watrin   1281, 414.
— j. Bonemarz   1245, 255.

2. — f. Jennat de l'Aitre d'Ars (OM), — f. Hanrion dou Mont d'Ars (OM), — f. Brokart de Chastels, — de Chastillons, — de Domangenile, — f. Howat d'Eurecourt, — de Maicliue, — dou Weit de Montois, — f. Badore de Nonviant, — f. Symon de Nowesseville, — dou Tro de Nowesseville, — de Nowilley, — d'Outre Saille f. Arnoult de Sallebour, — d'Oixey, — f. Collairt d'Oxey, — f. Lanbert d'Oxey, — de Pawilley, — dou pont a Mosele, — de Rogieville, — f. Ancel de S. Arnout, — f. Ernelin de S. Arnout, — Vaillairt de S. Arnout, — de Ste Rafine, — f. lai Rouce de Ste Rafine, de S. Steule, — f. Geraint de Vallieres, — de Villeirs ke maint a Vallieres, — f. Simonin de Werrixe, — aveles Richairt lou maior de Werrixe, — clers de Werrixe, — de Werrixe.

3. — aman, — bollengier, — f. Jehan lou Bague lou bollengier, — f. Richart lou bolengier, — lou Roucel bouchier de Porte Muzelle, — cawecenes de Longeuille, cellieres fr. Thomessat, - cherpanteirs (de Chambres) = — (charpantier) f. maistre Abrit de Chambres, — clerc, — clers de Werrixe, daien, - feivre, — feivres de Maizelles, f. Lambelin lou feivre, haburgieres, — permantier, parmantiers de S. Glosseleinne, - lou Gornaix taillor (de Maigney).

4. — de l'Aitre, — f. Jennat de l'Aitre d'Ars (OM), - f. Remion l'Apostole, — li Bagnes de Rouzerueles, — f. Jehan lou Bague lou bollengier, — Bajo de Vals, — Barrel. — Beudat, — li Bossuz, — Boucheruels. — lou Chauerlor de Noweroit, — f. Jakemin Chiualleir de S. Julien, — li Coillus de Lescey, — Coillute de Flurey, — Fernagut, — srg. Ferrit f. Hanriat Ferrit, - Foillat de Mercey, — Gauaie, — Gerairt (de Vallieres), lou Gornaix f. la mairasse de l'ertes, — lou Gornaix taillour (de Maigney), — (f. Garsat) Graicecher, — Graiceoie, — f. lai Griue, — f. Jaikemin lou Jal, f. Hanrion Lousol, — f. Hanrion dou Mont d'Ars (OM), — Noirdal, — Oxelas de lai Chenal, — lou Poscant de Lescei, — Raivel, — (de lai Creux f. Burtemin) Roucel (d'Outre Saille), — lou Roucel bouchier de Porte Muzelle, — f. sg. Alexandre de Sus lou Mur (maires de Porsaillis), — Taillefer de S. Martin, — (f. Piere) Thomes, — dou Tour (f. Filipin de Molins), — f. lou Traiant, — dou Tro (de Nowesseville), — Vaillairs (de S. Arnout), — f. Symonin de la Vigne, — dou Weit de Montois, — (f. Colin) Willerit (de Chazelles), — f. Jennat Xillepaiste.

5. Jennat — de Lorey (OM) 1298, 659. P.

1. Howignon l'aman †   1277, 34.
d. Colate fm.
pb. vg. desous lou lairis de Vals, k'elle ait aquasteit a Hawit et Anel, ces 2 s. 1277, 384.
pb. pr. a Flurey ou ban Ste Glosenue ke partet a lei meymes   1288, 213.
en la Meize anc. la fm. H. l'aman 1298, 299¹¹.

2. Jenas, f. Howignon l'aman †,
pb. vg. en la Haute Mallemairs (PS) 1277, 34.

I. Personennamen 217   Howillon–Hues

pb. por lui et l'oinsiguou Chalon lou Jone
et Colin Cobet 22 s. 1 d. moins vg. ou
ban de Plapeuille   1278, 206.
  3. Jaikemins, f. Howignon l'aman (†).
pb. vg. ou lairis de Vals   1278, 205.
pb. gr. et chakeurs, vg., t. jard., ½ meu et
  ½ meu de vin en Vals   1293, 170.
pb. t. ou ban de Virkilley   1293, 512.
pb. 16 s. ms., 5 s. 5 ang. vg., 12 d. et 10 d.
  (PS)   1298, 545.
et Suffiate Sauegrain pb. vg. ou ban de
  Crepei   1298, 546.
Howillon. v. V. Houwillonchamp.
  de Felieres, Ancillon f.   1277, 150.
  Ancillon lou clerc f.   1288, 546, 547.
  Bowel de Felieres, Ancillon f. 1277, 144.
  de Maixeires †, Steuenins f. 1288, 360.
Steuenins de Maixieres f.   1293, 696.
Howins, Howin 1262/98, Howyn 1269, Hou-
wius, Houwin 1281/88, 1298, Huwyns 1269.
Huins, Huin 1220, 1227, 1245, 1251, Hvins,
Hvin 1241, 1245, 1275, Huyns, Huynz, Huyn
1251/75, Huyms 1251, Huis 1220. v. Vguins.
  1. — pb. por la chieze Den de Gorze 1241.
—, Colate fm.   1269, 52, 53. [66.
  f. Gloriate   1281, 489.
  2. — d'Aioncourt, d'Ars, fr. le
preste d'Ars (OM). — de Bertranges, — de
Buxit, — de Cerlei, — de Chaivillons, —
de Chare, — dou Four de Clostre, — (f.
Poencin) de Gorze, — maior de Grisey,
  p. Thiebaut de Grisey. — de Her-
ney, — de Louinnei, — de Macliue, — f.
(Ysanbart) de Maleroit, — f. Badore de Non-
viant, — f. Margueron de Nonviant, (ke
maint a Chastels), — f. Garceriat lou Grant
de Plapeville, — de Preis, — feivres de
Racort, — maior de Racort, — de Rosze-
rnelles, — de Rouvre, — de Valierez, — f.
lai Roine de Vallieres, — de Villeirs,
f. Henmerit de Virey, — de Wacremont.
  3. — bolangier. — (de Prenoi) chaire-
tons, — cherpantier (de Sanerie), — clers,
— clers de Ste Glosenne, — clerc de Malen-
cort, — clerc de Nekesierue, — Mainjue-
chieure clerc, — de Homborc corvexeirs,
— corvexier de S. Martin, — feivre, — feivres
de Racort, — maior de Grisey, — maior

de Racort, — masson, — mazuer, — mene-
streis do l'eglise de Juxey, — Chadawe
munier, — lo Flamanc natener, — perman-
teirs de Preys, — stuvor, Otins taillieres
de Genaville f. —, — toudeires, — j. Willame
le tornour, — vieseirs de Herney.
  4. — l'Alemant, — Bazin, — Blanchart,
— Cerkeuz, — Chadawe (munier), — Coille,
— Cowedemoton, — Crochairt, — lo Fla-
manc natener, — Florit de Lorey (OM),
— Gaivel de Failley, — Gracechart,
Jordain, — Mainjnechieure clerc, — Maleur-
teit, — Migneron, — Nerlans, — fr. Pier-
son Paireuon, — li Pages, — Paperel, — li
Quaille, — Rauat, — f. Odeliate la Rigade,
— f. lai Roine de Vallieres, — Romebar,
— lou Roucel de Lescey, — de S. Polcort,
— f. Simon Sordel, — Stargiz, — Taillefer,
Vadel, — Velin, — li Waluz.
Howissons v. Howesons.
Howon v. Hues.
Huairs, Huairt v. Howars.
Huars, Huart, Huar v. Howars.
Huat v. Howas.
Huchat, Abertin 1275, 110; 1277, 409; 1278,
  Weirion f.   1279, 147. [165, 596.
lou **Huchat** de Bui, Wirias li cordeweniers
  f. de lai suer   1290, 140.
Huches, Colins   1269, 58.
Huchetels, Huchetel.
Abertin   1288, 237.
Bertran   1288, 97; 1290, 497.
  Jehans Gaife ces fr.   1290, 497.
Huedate fm. Thieriat Tunnelouf de Non-
  viant   1269, 519.
Huede, maistre   1269, 128.
Hues 1227, 1262, 1281, 1285, 1290, Huez
1251, Hves 1241, 1245, Hvon 1241, Huon
1227, 1251/1275, 1281, 1285, 1290, 1293,
Huwes 1278, 1285, Huwon 1281, 1285, Ho-
won 1267/1279, 1285, 1288, Howe 1277,
1278, 1298. v. Huuez, Vgnes.
  1. Rainbat f. (Talanges) 1298, 6665, 11.
Gerairt j.   1285, 1286. [6673, 12.
  2. sg. — de Mirabel, — de Rozerneles, sg.
— de S. Arnout, — de Talanges, — de
Verdun.
  3. maistre , sg. — preste (de Vallieres).

Huesons—li Hungres

4. (sg.) lou Bagne, sr. Barbe. Bazin, sg. — de Chastels, — Cole, — Couvedemouton, sg. — de la Croix outre Moselle, sg. — Goz, — Gozemose, (sg.) — Graicecher, — Graisechor maistres eschavins, sg. — de Porte Serpenoise.
Huesons v. Howesons.
Huez v. Hues.
la **Huge**, Jehan, de S. Martin †, Martenate fm. 1298, 662.
Huginon v. Vguignons.
Hugins v. Vguins.
Hugo, Howignon c'on dist 1290, 391.
Hugon v. Vgues.
lou **Hugue** v. li Hougues.
Huguelo (v. Howelo).
Piereson — de Borgney 1251, 196.
Huguenat v. Vguenas.
Huguignons v. Vguignons.
Huguin v. Vguins.
de **Hui** v. de Heu.
Huignon, Huygnons v. Howignons.
Huyms, Huins, Huyns, Huis v. Howins.
Huissons, Huisson v. Howesons.
Hulanges, Girart (v. IV.) 1267, 324.
Hullanguel 1290. Herlanguel 1275.
—, ms. a Pairnemaille 1290. 163.
—, ms. defuers la porte de Parnemaille
Hulo lou tixeran 1293, 187. [1275, 26.
Humbelas, Huubelat 1269, 1279, 1293, Hunbelat 1298, Himbelat, Hymbelat 1267, Henmbelat 1293.
1. —, ost. (PS) 1267, 163.
2. — f. Remion de Porte Moselle 1293, 698.
3. — f. Remion lou boulangier, — corveizier, — olieir, — olieir d'Anglemur, — olier de Lorcy.
5. Jaikemin —, Yzambairt n. 1293, 374.
Humbers, Humbert 1267, 1275, 1279, 1290/ 1298, Humber 1267, Hunbers, Hunbert 1285, 1288, Hombers 1267. v. V. Humbertclos.
1. —, ms. davant S. Martin 1298, 551.
2. — de Chailley, — f. Badewin Chaingnairt de Lemoncort, — f. Yzambairt de Lemoncort, — de Longeawe, — de (Davant) Nostre Dame as Chans, sg. — de S. Laddre, — de S. Piere.
3. sg. — lou Lonbairt chanone de la Grant Eglixe de Mes, — clerc, — covresier, — fourbeires, — viecey.
Humelas li Boiestous 1298, 527ᵐᵇ.
Humesate, Watrins 1298, 10.
Hunbelat v. Huubelas.
Hunbers, Hunbert v. Humbers.
Hunebors, Hunebour v. Hennebours.
li **Hungres**, (le, lo) lou Hungre 1251, 1269/ 1279, 1290, 1298, li Hongres, (le, lo) lou Hongre, 1241, 1251, 1267, 1277, 1278, 1288, 1293, les Homgres 1267.
P. [m. e. 1347; PS 1388, 1404]

1 Garsire — 1227/1241
2 Warin — † d'Aileit Paskate 1241
    3 Allexandrin † 1251

Colatte 4 Colin d. Ysabel 1275
1251 1251, † 1279, Willemins Bardius u.
= Colignon — 1267/79 1275
= Nicolle — † 1298

Colate Mergnerate Piercsons 5 Xandrin Lorate 1277, 1290 Wallans
1279, 1290 de S. Julien
                        1290, 70
6 Jehan — 1267
      7 Jakemin — † 1269

8 Warin — 9 Jennin 10 Alixandrins
1251, 1269 1251 1269
Poincignons Chardeiz srg.
    11 Joffroit — Jaikemate 1267

Sybeliate 1275	Collate 1275	Lorate 1275
Alixate 1278		

12 Willemins — 1277/78, 1290
fillaistre Baiart 1298

columbier les Homgres ou ban S. Clemant
molin lou Hongre ou ban de [1267, 64.
  Wapey 1288, 256.
1. Garsires —
pb. ms. (PS) 1227, 56.
pb. ¼ ms. en S. Martiurne 1241, 33.
pb. lo sazime de Haueconcort 1241, 50.
davant l' ost. (PS) 1241, 158.
2. Warin — †. d. Aileit Pascate fm., ms. et gr. (PS) 1241, 26.
3. Allexandrin — † 1251, 83, 88.
Colatte f., 25 s. vg. (PM) 1251, 83.

Hungres—Hurelz

4. Colin, f. Allexandrin — .
ms. et vg. (PM)   1251, 88.
— Colins — et Willemins Bardins, ces n..
pb. 10 s. lor ms. (PS)   1275, 188.
30 s. gisent sus ms. C. — et Willemin, son
n. (PS)   1275, 189 = 203.
= Colignon — , ¹/₄ ms. ke fut Jehan 1267.
32 s. geixent sus l'ost. C. ou Champ [243.
a Saille   1279, 481.
d. Ysabel, fm. Colin —, 3 s. vg. en Coroit,
20 d. 1 chapon ms. en Maisellez 1275, 67.
„ et Xandrins (= 5) et .... ns.
li j. d. Yzaibel, et Lorate, sai fm., et
Pieresons Wallaus de S. Julien et Mer-
guerate, sai fm., et ... ont aquiteit vg.
outre Saille en Bachieterme   1290, 70.
Colate et Lorate, f. Colignou —, t. ou
ban S. Clemant   1277, 300.
Merguerate, f. Colin — †,
vg. en Bachieterme an Maizelles 1279, 454.
vg. outre Saille en Bachieterme 1290, 702, 10.
5. Xandrins, f. Nicolle †, 1298, 62.
= Alexandre, f. Nicolle   †.   1298, 411.
= Xandrins — pb. 4 s. vg. en Tignomont
k'il meimes dovoit   1298, 121.
12 d. 2 st. an Vesignuelz   1298, 62.
4 s. ost. outre Saille sus lou tour de lai
rowelle S. Estene lou Despaineit 1298, 411.
6. Jehan —,
ms. ou Champ a Saille   1251, 25.
gr. ou Champ a Saille   1267, 115.
t. en Genestroit ou ban S. Clemant 1267, 241.
ms. ou Champ a Saille   1267, 242/245.
7. 8. Warin, f. Jakemin   †,
10 s. 2¹/₂ d. ms. a Porte Sarpenoize; l'oin-
cignons Chârleiz srg.   1269, 548.
t. decei le pont a Maignei   1269, 422.
= Warins — pb. ms. (PS)   1251, 30.
9. Jennin, fr. Warin — —, ms. (PS) 1251, 30.
10. Alixandrins, f. Jaikemin —,
pb. t. decei le pont a Maignei 1269, 422.
11. Joffroit —, Jaikemate fm.,
¹/₄ ms. ou Champ a Saille   1267, 245.
Sybeliate, Colate, Lorate, f. Joffroi —.
pb. 30 s. ms. C. — et Willemin 1275, 189 = 203.
Alixate, f. Sibiliate la f. Joiffroit ,
pb. ms. daier S. Sauor   1278, 631.
12. Willemins —

pb. ¹/₂ tavle en Vies Chainges   1277, 39.
pb. ¹/₂ tavle en Vies Chainges ke pairt a
 lui   1278, 538.
pb. ms., meis, gr. sus lou tour davant les
 Augustins   1290, 367.
W. — fillaistre Baiart †. 40 s. kant ke en
 la ville et on ban de l'ermiey 1298, 387.
Hunguerie v. Honguerie.
Hunnebors v. Hennebours.
Huon v. Hues.
Hure v. Hurelz 5.
Hurelz, Hurel 1267, 1269, 1288/98, Hure 1285.
P. [m. c. 1422; OS 1363, 1404]

Odelie	1 Thierit	— = Thieriat
fm. — 1269	1288, 1293	1288
	2 ?	

3 Thierias — d'Outre Saille 1288/98
4 l'oencignon — 1267, de Faillei 1269

5 Bescelin	7 Joffroit —	8 Hesselat
6 Colignon 1285	1290/98	† 1298
		9 Jehan 1298

Odelie, fm —,
pb. meiz a Maiserei   1269, 219.
1. Thierit — †.
davant S. Eukaire anc. l'ost   1288, 159.
¹/₂ ms. ke fut Thieriat - dav. S. Eukaire
grt. ms. ke fut Thieriat   outre [1258, 190.
Saille   1293, 542.
2. Thierias —
pb. ¹/₂ ms. Thieriat , son a viel. davant
S. Eukaire   1288, 190.
¹/₂ ms. outre Saille   1288, 407.
antre lai t. (Grixey)   1293, 278*ª.
daier S. Eukaire anc. l'ost.   1298, 236.
= Thierias — d'Outre Saille
pb vg daier l'ospital des Allemans 1293, 79a.
pb. t. en lai fin de Grixey   1293, 79b.
4. Poencignon —,
vg. ou ban de Brouney   1267, 209.
= P. — de Faillei, t. desor Bienuoi (PM) 1269,
5. 6. Colignon, f. Bescelin —, [348.
ms. en Chambieres   1285, 254.
7. Joffroit — .
t. ou ban de Mercei   1290, 361.
en Rollanmont anc. vg.   1298, 437.
desour vg. (PS)   1298, 468 a

li **Hureses–Yderate** 220 I. Personennamen

S. Hesselat — †,
daier S. Eukaire anc. l'ost.   1298, 56.
9. Jehan, f. Hesselat —, n. Abertin fil
 Roubelin de Maixerey.
½ ms. daier S. Eukaire   1298, 444a.
li **Hureses**, Jennas (v. li Horees) 1285, 17.
Hurias (v. Eurias).
 de S. Nicolais   1275, 184.
Hurillons, Domangins   1298, 192.
Hurtal de Monteignei   1267, 114.
 Richar f.   1267, 469.
 Jennas f.   1278, 685; 1279, 524.
Hurtechanne, vg. (PM) ki fu   1245, 65.
Hurternel
 Jennin —   1251, 143.
 Jennat —, Katerine f.   1279, 151.
Huuez 1269, Huveit 1277 (v. Hues).
 Jenas —   1269, 221; 1277, 57.
Huwes v. Hues.
Huweson v. Howesons.
Huwyns v. Howins.
Huwon v. Hues.

I. Y.

Ydate 1275/1278, 1281/1298, Ydatte 1279,
Idate 1278, 1281, 1288, 1298. Idatte 1285,
Ydete 1275, 1277, Idete 1227.
 1. en la place ator de S. Alare (OM)
 arreis l'osteil —   1293, 151. [377.
Steuenius f. — 1279, 226; 1281, 452; 1288,
 2. — de Bomont, — lai Vadoise fm.
Thiebaut de Chaistelz, — s. Loion de
Flouille, — fm. Drowin de Juxei,   f.
Lowit de Lucembor, — avelate Bertran lou
maior de Mondelanges, — dou Waide, —
fm. Theirion de Waixey.
 3. d. — s. l'abbeit de S. Vincent, — f.
Howignon lou Roucel bouchier de Porte
Muzelle, Petres li muniers et — sa fm., — la
Vadoise (fm. Thiebaut de Chaistelz).
 4. — fm. Jennat Alart de Lorei, — f. d.
Poince la Bague de Rimport †, — fm. Co-
lignon Beradel †, — f. Jehan lou Borgne †,
— fm. maistre Piere Chailley †, — f. Ar-

noult Chaineneire, — s. maistre Poince
Chalongel — — f. Chalongel = — Cha-
longelle. — f. Steuenin Fakenel. — fm.
Jenat Geude (de S. Julien †). — la Grande,
 fm. Jennin Houzairt d'Ancey †, — f. Per-
rin Jacob †, — f. sg. Hanrit de Montois †.
— fm. lou Nial, — fm. Guerein l'esta †.
— s. Jehan Thomes, — li Traiande = d.
— fm. (Jennin) lou Traiant.
 5. Steuenius —¹) 1277, 248. 270; 1285,
          87, 399; 1288, 438.
— Steuenius f. — 1279, 226; 1281, 452;
          1288, 377.
— Steuenius f. — dou Waide 1278, 476; 1290,
 Steuenius f. — dou Waide† 1293, 60. [206,
— Steuenins — dou Waide   1298, 489,
— dou Waide   1278, 477. 488.
Yde 1267, 1279, Ide 1241, 1278, 1281.
 1. d. — f. Gochewin, Symonin et Colin
 enf.   1279, 394.
 2. d. — d'Allexey, Willemin et Renadin
 enf.   1279, 178.
 d. — fm. sg. Symon de Brades 1281, 91.
 — li Tuxate de S. Julien   1278, 241.
 3. d. — fm. Andreu lo texerant †, Bas-
 celins f.   1267, 298.
 4. d. — fm. Wichart Tolose 1241, 163.
Yderate 1269, 1275, 1288, 1293, 1298, Yde-
ratte 1279, Iderate 1251.
 1. Girbert le covresier et —   1251, 99.
 2. — de Molins, Frankin f.   1288, 506.
 Guersirias f.   1285, 267.
 3. — la buerasse, — fm. Esselin lou
chaivreir †, — f. Humbelat l'olier fm. Bur-
temin Cuignefestut lou cherpentier, — fm.
Fransois lo mairechat.
 4. — f. Jennat Dautdaine d'Outre Saille
†, — f. sg. Boinvullat de Porsaillis †, d.
— fm. Jehan Soupe †.
 5. Colignon —   1293, 541.
Colin —   1298, 523.
 „ — de Chazelles   1298, 157.
 „ — de Molins, Fraillin fr.   1288, 552.

---

¹) *De Wailly* 254 F *(1286)* ou Grant
Waide ... antre l'osteil Steivenin Ydate
et lou pux an l'angle.

Yderons, Yderon 1262/1269, 1278, 1298, Iderons, Ideron 1245, 1262, 1298.
  1. — ms. en Franconrue   1245, 238.
—, vg. (OM)   1262, 90.
  2. — de Doncort, — fm. Piereson de Hombor, — f. Steuenat de Rozerucles, - f. Aurowin de S. Julien †, d.   fm. Guizelin de Sanerie †.
  3. — la boulangiere de Nowaiseville 1298. — la sanere   1269, 32. [13.
  4. — fm. Aburtin Braikillon de Ste Rafine, — fm. Gerart Kaynat, — fm. Jakemin Crestinon, — d'Espinals — — fm. Colin d'Espinals †, Jennas Goudebers et sai fm., — fm. Besselin Jarrant †. — n. Jakemin Martin, Cunins li Xors de Nonviant et — sa fm., — fm. Godefrin Xourat de Quense.

Idete, Ydete v. Ydate.

Yeble fille Felepin de Scronille (fm. Jaikemin Maillat?)   1275, 268.

Ymerz, sr., prestez de S. Gergone 1269, 175.

Yngebour, Jennin (v. Aingebor) 1262, 313.

Yngle de Gamelanges   1262, 321. [28].
— maior de Gamelanges, Crestine fm. 1275, li **Ynglois** 1245, 1262, 1288, 1293, l'Englois 1278, li Engleis 1220.
[1404 C].
Adans —   1220, 47*.
Allexandre —   1262, 308.
Jehans — potiers   1293, 615.
de Franconrue   1288, 94.
Steuenins — don Champel (forjugie) 1245,
Thomes — taillor   1278, 631. [255.

Yngrans, Yngrant 1267/1298. Ygrant, Yuguerans 1269, Ingrans, Ingrant 1227, 1251, 1269, 1288, Engrant 1281.
  1. — srg. Hanriat Chiuelier de Longeville
  2. — de Vals   1285, 533. [1281, 287.
  4. — Forcons, - Goule.
  P.¹)

  1. **Garsirion —,**
ms. au Change a Porsaliz   1227, 8.
  2. sg. **Ingrant.** Jakematte fm., at donei por Deu 30 s. ms. en Chambres 1251, 78.

  3. **Aubrias** —
pb. por tous les prestres parroichauz 1251.
en Planteis a Longeawe deleis l'orde- [78.
neit A.   1267, 147.
ou Vinier daier ms.   1267, 158.
devant l'ost. (PM)   1269, 6; 1277, 195³.
pb. por Nostre Dame la Ronde 1269, 118.
et d. Lukate, sa s., pb. por les Cordelieres   1267, 252.
„ pb. 5 s. vg. en chemin Sauneras 1267, 363.
„ pb. por S. Clement   1267, 364.
„ pb. 20 s. ms. en Chambres   1269, 2.
anfans A. et anf. Roillon Makerel et anf. Jaikemin de Chambres, deime (PM) que lor est escheus de par Symonnire lou clerc, lor oncle   1269, 5.
- sr. Aubris et d. Leukate, sa s., ont doneit a la chieze Deu de Fristor 30 s. ms. devant les Grant Meises, 20 s. ms. et 12 s. ms. en Dairangerne   1267, 23.
ait sa voie permey la ms. por ailleir veoir ou meis en Aiest   1267, 155.
pb. ms. en Chambres   1269, 186.
pb. vg. ou ban de Plappeville et de S. Martin   1269, 307.
maistre de l'ospital dou Nuefbore 1275, 258.
ou ban de Siey enc. vg.   1277, 404.
pb. 2 ms. (OM) et vg. en rowe desor Tignomont   1277, 428.
d. Merguerite, fm. sg. Abrit †.
pb. vg. en la Donnowe (PM)   1279, 418.
vg. moiterasse d. Marg. (OM)   1293, 140.
  4. **Joffrois,** f. sg. Abrit —.
pb. ½ dou quairt dou pois de Porte Muselle   1277, 228.
pb. t. ar. antre la grainge de Haute Rine

1 Garsirion	2 sg. — Jakemate
1227	1251

3 Aubrias —	sr. Aubris 1267/77	Lukate
1251/69	d. Merg. 1279, 1293	1267/69

4 Joffrois 1281/88	5 Borgons	Collate
= ? Joffroit Abrit	1288/90	Abrit
1279, 1293		1277
d. Poince — 1279		

---

¹) *Ben. III, 151 (1190)* Tirricus Yngrans.

Ysabels

et lai grainge de Malpais 1281, 545.
pb. vg. daier lou molin a vant (PM) 1285,
vg. desous Awigne daier lou moliu a [26.
vant 1288, 152.
- ? Joffroit Abrit. a Chezelles ou ban
ait laieit a Aileit, f. Colin [1279, 512.
Ruese †, ms. sus lou tour de l'aitre de
Ste Creux 1293, 577.
Collate Abrit, ms. en Chambres 1277, 204.
5. —, f. sg. Abrit — †,
ms. en Dairangeruwe doit 2 d. 1 chap.
— — Borgon, f. sg. Abrit — †, [1288, 144.
60 s. ms. en Aiest 1288, 150.
— — Borgons pb. grant ms. Colin Ruese,
son seur, en Jeurne 1290, 85a.
pb. ? lb. ke li ms. desour dite doit a Philippin, f. Symonin de Chaistels †, son
conserorge 1290, 85b. [1290, 568.
pb. er. de part Colin Ruece, son seur
ms. en Aiest doit 3 m. et 2 chap. 1290, 144.
60 s. (PM) 1290, 343.
d. Poince —,
ms. outre Saille 1279, 227.
Ysabels, Ysabel 1262/1298, Ysabelz 1262,
1275, 1298, Ysabeis 1267, Ysabes, Ysabez
1269, Isabels, Isabel 1251, Yssabels, Yssabel 1288, 1293, Issabel 1227, Yzabelz 1269,
1277, 1285, Yzabel 1245, 1275, 1277, 1279,
1285, 1290, 1293, Izabels 1281, Izabel 1281,
1298, Yzaibels 1278, 1279, 1288/1293, Yzaibelz, Yzaibel 1277/1298, Izaibels 1298,
Izaibel 1285/1288, 1293/1298, Ysaibelz 1279,
Ysaibel 1277/1281.
. 1. —, c. ms. a Valierez 1269, 347.
d. —, pr. en la Praie (PS) 1275, 223.
— fm. Ancillon † 1251, 256.
— fm. Godignon 1269. 471.
d. — fm. Poinsegairt † 1285, 346.
— et Lorate sa f. 1277, 263.
— f. d. Merguerite 1281, 640; 1298, 378.
— srg. Burtheuin 1281, 94.
— s. Bietrisate 1262, 374.
— s. Cezelie 1269, 74.
2. — f. Margueron la fm. Chardat d'Abes,
— d'Airs (OM) fm. Wernier boulangeir,
— fill. Gerardat Malclare d'Ars (OM), —
fm. Aurowin des Rowes d'Ars (OM), d. —
d'Ascey, d. — d'Aurisei, — f. Thieriou de

Boullay † ke maint outre Saille, — f. Maheu
Bellebarbe fm. Ralat lou prevost de
Briey, — f. Theiriat de Chaistelz. — f.
Piereson Billerou de Chastels, — de Cons.
f. sg. Lowyt s. Albeliu de Fayz, d. -
fm. Burtoul de Guinanges, — f. Colin de
Haisanges, — f. Lowit de Lucembor, —
fm. Chardat de Maixieres, d. — de Mons.
— f. Veuion de Montigney, d. — de Montois, — f. Burtemel Bailluet de Montois †.
— de Nommeney, — f. Jaikemel de lai
Fontenne de Nowesseville, — f. Goudefrin
lou maior de Nowilley, — f. Colin Watier
de Nowilley†. — d'Onville†. — f. Heilewit
fm. Salemon de Prays †. — fm. Arnoult de Pepinville, — de Port. — fm.
Domanjat de Roupeuey, — f. Domangin
tenour de Sairlei, d. — s. sg. Gerairt de
Shirley †, — fm. Renbaut de Sanrey,
Gerardas f. — de Stoisey, — de Valierez, —
f. Heilowit la Roiene de Vallieres, d. — de
Vals, d. — fm. Symonat de Vals †.
3. — f. Jehan ardour †, — s. maistre
Nicole Morel avocat f. d. Marguerite.
fm. Menel bouchier. - d'Airs (OM) fm.
Wernier boulangeir, — fm. Piereson Brouvals chaivrier, — fm. Goudefrin de Bazoncourt cordeweneir, — f. Danielate la
fm. Garriat corduencir. — f. Arnolt
draipier de Davant S. Sauour †. — f.
Gilat hauberiour, Colignons habergieres et
sai s., — fm. Wernier fil Nicolle lou meutier de Stoxey, — fm. Lukin muneir †,
— fm. Thieriat ponteuier de Molins, —
srg. sg. Othon preste de S. Gergone, — f.
Drowyn talier (dou Quertal), — fm. Thierion taillour (de Porte Mosselle), — f. Domangin tenour de Sairlei, — Blancars li
Vadoise. — li Vadoise avelette Abert Clairiet †. — li Vadoise s. maistre Nicole Morel.
- s. d. Heilouwit la Vadoise, — la verriere.
— la riecere, — fm. Colignon vieseir, —
fm. Goudefrin vieseir, - fm. Perrin vieseir.
4. — s. l'Abijois de Lescey, — fm. Ferriat Aberon de Maizelles, d. — fm. Lowiat
Baguairt, — f. Burtemel Bailluet de Montois†, — s. Perrin Behart, — f. Maheu Bellebarbe, — f. Willermin Berdin, — fm. Jeu-

nat Bernart, — f. Piereson Billeron de Chastels, - f. Piereson Blanchairt d'Outre Saille †, — s. Colignon Blancart — — Blancars li Vadoize, Maiheus li Blans et — sai fm. avelette Symonin de Sorbey, f. Stenenin Bobon, fm. (Garnier) lou Borgon, — fm. Piereson Bronvals chaivrier, d. — la Broskarde, de Nancey f. Jennat Brocairt †, — f. Jeunecat Bruainne, fm. Burnekin, d. — f. Hanriat Burnekin fm. Thiebaut lou Gornaix, fm. Ancillon Burney, — f. Stenenat Chakaie de Wapey, — f. Gerart Chadiere, — s. Abertin Chafolat de Roncort. — f. Thomessin de Champels †. — Chandelate, fm. Willame Chardevel, d. — fm. Chauin †, d. — (fm. Jenat) Cheneuiere, — srg. Symonat Chivallat, — li Vadoise avelette Abert Clairiet †, — la Deaulasse, d. - Denielate †, — fm. Colin d'Espinals, — f. Badonwin d'Espinals, f. Hanriat Ferrit, d. — fm. Steuenin Forcon †, — f. Symonat lou Gornaix de Chambeires, d. — fm. Colin Graisneis †, — avelette Colin Grancol (ke maint a pucelles de Manse), — lai Grosse dou Champel, fm. Colin Grozel †, — f. Guenardre, — srg. Maithen Gueperate, d. — fm. Jennat de Hen †, fm. Jennat Hodebran, d. — fm. Colin le Hungre, d. — fm. Howairt Jallee †. - f. Jaikemin Jalleie = s. Jaikemin Jallee, f. Jaikemin lou Jal, d. — f. Jacob de Jeurue, — f. Thiebat Joute, — f. Colin Joutelate † (ke maint daier Ste Creux), — u. Steuenin lou Louf, — fm. Watrin Lousce, d. — fm. Hanri Luckin — — ; Lukin, — fill. Gerardat Malclarc d'Ars (OM), — srg. Thieriat Malebouche, — fm. Symonin Maletrasse, — fm. Symonat fil Meuteneire †, fm. Abrion Mokin, — de Moielen, — s. maistre Nicolle Morel, — f. Willame Naire. — li Noire, — fm sg. Thierit de Nonviant, — avelate (Bertran) Osson, — u. Jennin Osson, — Osson. — f. Jennat la Peirche †. — fm. Hanrion Petier, - fm. Poinsignon Peuchat †, — fm. Jennat dou Pont ke maint a Lorey (PS), — f. Hanriat fil sg. Ferrit de Porte Serpenoise †, — f. Poensate dou Puix, Mergueron dou Nuefchaistel f. Poincignon

Quairemel et sai f., la Raictaille. f. (Heilowit) la Roiene de Vallieres †, Rossin, d. la Rouce. — f. Guerairt de la Rowelle, f. Goudefrin de S. Polcort, — s. Thieriat Seruin, fm. Joiffroit fil sg. Gerairt de Sorbeis †, - fm. Jehan lou Moinne de Strabour, d. - fm. Jennin lou Tawon de Failley, f. Jaicop lou Tawon de S. Julien †. - f. Piere Thomes † - — s. Jehan Thomes. d. — la brus la Tirande de Sanerie, — fm. Colignon Vilain †, fm. Weirion Walleran †.

f. Colin Watier de Nowilley, f. Jennat dou Weit fm. Abertin. Xallebouton. f. Domangin Zondac †.

Ysabillon de Nowasseville ki maint en Aiest.
Jakemins f. 1269. 351.
de Rozerucles 1281, 318.

Ysacart.
P.[1])
1. 2. Poinsignon. f. Nicolle[2]) -.
vg. en Gyronchamp (PM) 1269. 350.
2. Poinsignon -
vg. suz Muselle (PM) 1269. 158.

---

[1]) *M.-Bez.-A. Clerf 11 b (14. II. 1262) Abschrift 14/15.Jahrh. Rolleneintrag 1262. 42.* Conue chose soit a tous que messires Jaques Boilawe et Thiebault Blanchairt ont aquasteit a Bietrix et a Wiairt et a Colin et a Loraite et a Margueron, les anffans Gnersire Chert que fuit, tous l'eritaiges qu'il avoient en la fin de Perte et en la fin de Creppey ens champs et ens vignes . . . . . Et cest vandaige ont fait li anffans devant dis per le crant et per le loz de lor amis, c'est assavoir de signour Nicole Mairasse, lor oncle, et de Poinson de Strabourch et de Poinsairt le Blanc et de Poincignon Ysacart . . . .

Aus dieser Urkunde geht hervor, dass nicht nur Ysacart, sondern auch Guersire Cher mit seinen Kindern zu den Patriziern zu zählen ist, ebenso der in der folgenden Anmerkung genannte Bebelin. *Zu* le Blanc: *r. die Anm. auf S. 55 zu* li Blans.

[2]) *Prost V. 1222* Nicholez Isacairz, oncles Jehan f. Richairt Bebelin.

Ysambars, Yuenelz

Ysambars, Ysambart 1251, 1267/1285, 1290, 1293, Ysambert 1251, Ysambairs 1277, Ysambairt 1281, Yssambars, Yssambart 1267, 1275, Yssambairs 1279, Ysanbart 1298, Ysanbairs, Ysanbairt 1275, 1281, Yzambairs, Yzambairt 1279/1298, Yzanbairs, Yzanbairt 1279, 1285, 1288, Yzanbars 1278, Izanbairs, Izanbairt 1288, 1298, Isambairs 1278, Isambars, Isambart 1220, 1251, Isenbars, Isenbart 1241, 1245.

  1. — pb. por S. Climent   1220, 12.
sg. —, ms. (OM)   1241, 116.
sg. —, ms. a pont a Mosele   1251, 259.
sg. — †, Jehans de Heis f.   1285, 353.
—, ms. en Aiest   1251, 6.
— f. Huat, ms. a pont a Mosele 1245, 80.
rowelle — (v. IV. Mes) 1298, 55, 280.
  2. — de Bixe, — de Burëy, — maires de Cons, — f. Aburtin de Glaitigney, — de Lemoncort, — f. Aingebert de Maignei, — de Maigney, — de Maleroit, — de Montigney, — d'Outre Saille, - - de Plapeuille, - j. Bessat de Vermiey, — de Xnelles.
  3. — bolangier, — charreton, - corveisier (dou Quartal), — drappiers de Lucembourc, sg. — marchant, — f. Rollan l'olier, — peniers, — permanteirs, — potiers (de Chadeleirue), sr. — prestes, — tailor, — xavins (v. 4) = — f. sg. Abert lou xaving.
  4. — lou Bague, — Bandelz de S. Julien, — Bardel, — Bardon, — Berreit, — Burley, (sg.) — Govion, — Haichate d'Airs (OM), — n. Jaikemin Humbelat, -- Roussel de Vantouz, - - Truillars, — Xauins (v. 3), — Xillat, — Xilleromans, — Xohairs (de lai Vigne S. Auol).
  P. [1250 Ysambars li drappier C]
1 — li drappiers de Lucemboure 1267
= ? sg. — lou marchant
Bietris 1275

2 Bauduyns —	d. Odelie
1277, † 1279	1279/81
3 Thieriat —	5 Jennin — †
4 Perrin 1281/98	Katherine 1285

  1. — li drappiers de Lucemboure pb. ms. enson Vies Bucherie 1267, 471.

= ? sg. — lou marchant. Bietris f.,
pb. ms. a la Hardie Piere   1275, 232.
  2. Bauduyns —
et Simonius de Werrixe pb. er. ou ban de Villeirs et de Loiscy   1275, 366.
pb. t. ar. en la Pertelle (PS)   1277, 58.
d. Odelie —, s. Bandowin —.
ms. en Chapponrue doit 3 s.   1279, 484.
— Odeliate, s. Badouwin — †,
vg. et t. ar. ou ban de Vantous, 11 s. au Chaponruwe, 3 s. ms. (PS), 12 d. ms. (PS), er. ou ban de Crepey et de Pertes oirs Bauduyn —.   [1281, 455.
ms. en Furneirue doit 16 s. 1285, 429; 1290, Renaldins, f. sg. Geruaise de [411.
Lescey, pb. er. escheut de pair Baduwin — a Forkignon, son f., gr. davier S. Eukaire, 16 s. er., f. ar. a Montois, t. en la Pertelle, chambre daier S. Eukaire.
aq. a Perrin, f. Theiriat —   1281, 230.
  3. Thieriat —, rowelle   1288, 418.
= rowelle —   1298, 55, 280.
  4. Perrin, f. Theiriat —,
(v. Bauduyns —)   1281, 230[12].
= Perrin —, ms. en lai rowelle — 1298, 280.
  5. Jennin — †, Katherine f.,
pb. por la chieze Deu de Fristor 1285, 120.
pb. vg. et t. an Baiennowe ou ban de Nowilley   1285, 153.
Ysangrin 1269, Yzangrin 1285.
P ?
sg. Arnout —, Bietris f.,
ms. en Chieuremont   1269, 13.
Theiderit —,
ms. sus lo Mur   1285, 50.
Ysantrus, Ysantrut 1278/1281, Yssantrus 1275, Ysantruiz 1245.
d. —   1245, 78.
Roillons — 1275, 312; 1278, 420, 521, 586; 1279, 354; 1281, 482.
Isenbars, Isenbart v. Ysambars.
Ysoreit 1279, Yzoreit 1293.
—, ost. en lai Nuene rue   1293, 232.
Colin — clerc   1279, 260.
Yssabels, Issabel v. Ysabe's.
Yssambairs, Yssambars v. Ysambars.
Yssantrus v. Ysantrus.
Yuenelz 1285, Yuernel 1245.

Weriat j. — 1245, 133.
Poincignons — de S. Julien 1285, 331.
Izabels, Yzabelz v. Ysabels.
Yzaibelat la huveire 1281. 410.
Izaibels, Yzaibels v. Ysabels.
Yzambairs, Yzanbairs v. Ysambars.
Yzangrin v. Ysangrin.
Yzoreit v. Ysoreit.

J.

Jacas, Jakas v. Jaikas.
Jake v. Jaikes.
Jakelos, Jakelo v. Jaikelos.
Jakemas, Jakemat v. Jaikemas.
Jakemate, v. Jaikemate.
Jakemels, Jakemel v. Jaikemelz.
Jakemenels, Jakemenel v. Jaikemenelz.
Jakemete v. Jaikemete.
Jakemins, Jakemin v. Jaikemins.
Jakes v. Jaikes.
Jakiers, Jakier v. Jaikiers.
Jacob 1241, 1262/98, Jacos 1288, 1293, Jacot 1275, 513, Jacob 1251, 1279, 1285, Jaicop 1298, Jaicos 1278, 1281. v. Jaikas.
 1. —, ms. a Morville 1290, 177.
 —, t. (Saurey) 1293, 199ᵃˢ.
 - f. sg. Simon 1251, 246.
 2. — d'Airey, — de Cons, — de Lorey (PS), — de Prouins, Colate de Vigey fm. — †.
 3. Poinsignon lo corvesier j. — 1275, 13.
 4. — lou Cousson d'Orsevalz, Grosveit maires d'OutreMosele, de Jeurue, Perraixon, — dou Pont, — li Tawons (de S. Julien).
 5. Jennat d'Ars (OM) 1285, 248, 261.
Jennat — draipier 1288. 551.
 P.
 1. 2. —, f. sg. Simon,
t. outres les Eires et ou ban d'Escey (OM)
 3. Jennin —, [1251, 246.
pr. ou ban de Maixieres 1275, 259.
pb. droit et raison ¹/₄ ms. otre Muselle autre son ost. et … 1290, 260.
pb. t. ou ban de Maixieres et contrewaige 1293, 166.
pb. vg. davaut lou chakeur les Rines 1293, 631.

pb. t. en Kacenacle ou ban de Maxieres
 = Jennins d'Otre Moselle [1293, 632.
pb. 2 s. ms. en Rowes a Plapeville 1298, 644.
et .. et .. pb. er. ou ban de Lorey (OM) 1298.
 Burtemins, j. Jennin —, [645.
pb. ¹/₂ meu de vin a mostaige (OM) 1298, 572.
pb. 2 s. sa ms. a Vignueles 1298, 573.
 4. Perrin †. Ydete f.,
t. dezour lou Chauol de Vantous 1277, 170.
 5. Pierexel, f. Perrin — †,
ms. a tor de Porsaillis 1279, 452.
pb. 6 s. er. a Plapeuille 1279, 567.
 6. Perrins —
pb. vg. a l'Ormixel (PS) 1279, 433.
pb. vg. ou ban S. Clemant c'on dist an Planteit d'Ernauille 1281, 17.
pb. ms. a chief de Rommesale 1285, 468.
pb. 2 ms. en Rommesale daier ms. desordite 1285, 469.
= Perrin —, j. Roillon Morel. [1288, 451.
vg. an Planteis d'Ernauille ou ban S. Clemant
= Perrin, j. Roillon Morel, vg. a Haute Rive 1288, 484.
Jacomate v. Jacoumette, Jaikemate.
 - f. Symon Herre 1275, 69.
Jacos, Jacot v. Jacob.
Jacoumette.
 - fm. Colin de Champez 1269, 54; 1269, 38
Jagin v. Jaigin. [*Anm.*
Jaikas, Jaikat 1262, 1279/85, Jaicas, Jaicat 1277, 1281, 1290, Jakas 1269, Jacas, Jacat 1275, 1281. v. Jacob.
 2. — de Prouins, — de Vals, — de Waigney.
 4. — Perraixon, — f. (Tierion) Raieboix.
Jaicate fm. Willemin Paien de Lai Nueueville† 1298, 42.
Jaikelos, Jaikelo 1267/75, 1279, 1281, 1288/93, Jaikelot 1278, Jakelos, Jakeloz 1269, Jakelo 1269, 1278, 1290.
 1. —, ost. au Chambieres 1290, 100.
 · marit la Bossuwe 1290, 514.
 2. — (f. Ancel) de Corlandac, — f. Bertran de Failley, — f. Guelart dou Nuef pont, — des Rowes de S. Julien.
 3. — awilliers de Sanerie, — bouchiers.
· fr. Willame lo bolangeir de Stoixey, —
j. Colate fm. Remion lou poxor de Rim-

15

port, — de Corlandac tainour.
  4. — de Metri,   dou Rait.
Jaikemas, Jaikemat 1262, 1267, 1275, 1279/98, Jakemas, Jakemat 1251, 1269/79. 1293, 1298, Jaquemat 1245.
  1. —, pr. ou ban de Mairuelles 1290. 491.
  f. Renairt (v. 4)   1275, 316.
  2. - d'Ansey, - maior d'Ansey, — de Hastrise, — de S. Arnout, — de S. Arnol f. d. Annez de Rozeruelez, — de Ste Rafine, -- de Siey, — li Couperels de Siey, — f. Girart Jenin de Siey, — de Sulignei, — de Wauille, — de Wenualz ke maint ou Champel.
  3. — f. Raimbaudin le bouchier, — srg. Lorancin lo bochier, — boulangier, — d'Ouaville cherpantierz, — paror, — f. Perrin lou permantier de Retonfaix, — Boukel potier, — vieseirs.
  4. — f. Wautrin Agase, — j. Burtemel Bailluet de Montois, — Bichas de Juxey, — Boukel potier, lou Boudre, - (li) Couperels (de Siey). — Doucerons de Vignuelles, — (lou Vadois f. Howin) Florit de Lorey (OM), — f. Girart Jenin de Siey, — Loihiers (maires de PM), — f. Jennat Maton, — lou Nain de Vals, — (lou) Porrel, — Renart, — Rogier (d'Arnaville), — lou Stout, — lou Strasous de Failley, — Thiecelin.
  5. Xandrin —   1281, 15.
Jaikemate 1251/98, Jaikematte 1275, 1279, Jaikemete 1275, Jakemete 1241, Jakemate 1269/85, 1293, Jakematte 1251, 1279. v. Jacomate, Jacoumette.
  1. d. —, cort daier l'ospital en Chambres d. —, ms. en Stoixey 1279, 408. [1293, 374. Gerairt et —, ms. en lai Nueue ruwe 1281, 217.
  — fm. Ancillon fil Saueri   1269, 28.
  — fm. Brokart †, Jennat f.   1279, 358.
  — fm. sg. Ingrant   1251, 78.
  — fm. Ricart   1269, 390.
  — s. frere Andreu   1267, 184, 429.
  — s. Marguerate   1281, 495.
  — s. Renaut   1269, 68.
  2. — fm. Cunin d'Ainerey †, Colignons f. — d'Ansey, - fm. Roubert d'Aubes, — de Chambres, — f. Lorel dou Champ a Saille,   (f. Baduyn) de Flocort, - hoirs

Gontier de Florey, Gerardat f. — de Geuville,   f. Jennat de Goens, — f. Warin de Juxey, — s. Sibiliate de Lescey, — fm. Thieriat de Lieons †, — fm. Filipin de Maleroit †, — fm. Jaikemin de Maxieres †, — f. Burtemin de Mercilley, Jennat f. — de Montigney, — de Nansey, — de Nonuiant, — fm. Thieriat radour d'Orgney, fm. Jennat fil Yzambairt d'Outre Saille, — f. Howin de Preis, — f. d. Mabelio (v. 4) de Rimport †, — de Rouppeney, d. — de S. Julien fm. Philippin de Maleroit, — srg. Hanriat lou doien de S. Julien, — Doree de S. Julien, — f. Symonin de Sorbey †.
  3. — s. Odin armoiour de Furneirue, — f. Gerart bollengier, — fm. Broukairt Haize boulangier de Rimport, — fm. Howignon cherpentier (de Chambres †), — fm. Richart charpantier †, — f. Colin chevalier †, — f. Poinsin drapier, — f. Hanrion espicier †, — fm. Lukin espicier, — fm. Piereson feivre de Molins, — fm. Steuenin frutier, — la frutiere fm. Stuvart, — la frutiere de Chambres == d. — la frutiere ke maint a pont des Mors, — fm. Waterin hainepier, — f. Clemansate lai fm. Thomesson lou huchour, — f. Wirion mairexal †, — fm. Aburtin Atus masson, — f. Herboix permantier †, — fm. Thieriat radour d'Orgney †, — f. Drowyn talier, — Damaie f. Drowin telleir dou Quertal †, — la telliere (de Chambres), d. — li Vadoise de Chambres, — la Vadoise f. Bescelin de Chambieres, — lai Vadoise f. Wirion mairexal dou Champ a Saille †, — lai Vadoise s. Hanriat Burnekin, — fm. Goudefrin valat sg. Thierit Corpel, — la vieseire, — f. Colin wastelier.
  4. — f. Jehan l'Alleman, — fm. Aburtin Atus masson, — fm. Poinsignon de la Barre, — f. Steuignon Bellegree, — Berlixe de S. Clemant, — f. Thiebat Bernage, — f. Jaikemin Bicheir, — fm. Abertin Birzee † == d. — Brizee, — fm. Thieriat Bitenat, — fm. Burtemin Blanchairt de Mairuelle †, — fm. Jennat fil Aubertin Boilo, d. — Brisee, — la Vadoize s. Hanriat Burnekin, — f. Lowiat de Chailley †, — s. Ferriat

Chielairon, d. — fm. Maheu Cokenel †, — fm. Coiat, — (fm. Poensignon) Coieawe, — f. Jaikemin de Cologne †, — Damaie f. Drowin telleir dou Quertal †, — Damerel, — fm. Fackant, — f. Johan Falkenel, — f. sg. Thiebat Fakenel = — fm. Arnout de Porsaillis = — s. Jehan Fakenel, f. Poinsat Faukon, — tante Jehan Ferriat, d. — fm. Symonin Gaillart † = la Gaillarde, — f. Symonat lou Gornaix de Chambeires, — fm. Burtran Gouliairt †, — fm. Howignon fil lai Grive, — s. Burtignon Gueppe, — fm. Joffroit lo Hongre, — fm. Burtemin Jornee de Stoxey †, — fm. Colignon lou Lovet, — Mabelie (de Rimport) = — Mabelion, — la Magusse, — fm. Poinsat Malingre, — la Malle, — f. Jennin Merrie †, d. — fm. Maitheu Migomairt †, — fm. Burtignon Noise, d. — Paillate, — fm. Jennin Pesnt de Longeville, — fm. Colignon Poignel, — fm. Burtemin Remilley (de Maizelles †), d. — Rennaire, — f. Piereson Rochefort, — fm. Jennat le Rot, — f. Tieriat Roucel †, — f. d. Odelie de S. Pocort, — meire Jehan Soigne fil Chalon, — Steuol, — fm. Howignon Taillefer de S. Martin, — fm. Gerardin Traicoixe, — f. Warin de la Vigne, — fm. Joffrignon Villain, — n. Suffiate lai Vrowate de Porte Moselle †. — lai Watrelle.

Jaikemelz, 1277, Jaikemel 1275/79, 1285/93, Jaikemes 1262, Jaikemels, Jakemel 1251. 1269, 1279, 1285, Jaquemel 1245.

1. —, vg. en Martinchamp 1245, 177. —, vg. mouterasse S. Glossenne 1245, 220. Barrois et — et oirs Thieri Malglaue 1245, 36.

2. — de lai Fontenne de Nowesseuille.

3. — bouchier (de Porsaillis), — celliers.

4. — Kaiemel de Maiey, — Chiere.

Jaikemenat f. Jennin lou Roucel 1288, 450b. **Jaikemenelz** 1285, Jaikemenel 1293, 1298, Jaikemenes 1267, Jakemenels 1293, Jakemenel 1269, 1278.

1. — †, Mairiate f. (v. 2.) 1298, 492a.

2. — f. Hawit dou Mont de Molins, — f. Hawit la Tiemerasse de Molins, Mairiate fm. — de S. Clemant, — de Vesignuez.

3. — f. Clodaiche lo bocheir, — tanor.

4. — (f. sg. Matheu) de Chambres. **Jaikemes** v. Jaikemelz. **Jaikemete** v. Jaikemate. **Jaikemins**, Jaikemin 1251 *(8)*[1]), 1262 *(40)*. 1267 *(73)*, 1269 *(10)*, 1275 *(29)*, 1277 *(40)*, 1278 *(51)*, 1279 *(45)*, 1281 *(73)*, 1285 *(65)*, 1288 *(93)*, 1290 *(93)*, 1293 *(100)*, 1298 *(105)*, Jaikemis 1262, Jakemins, Jakemin 1220/1245, 1251 *(30)*, 1262 *(2)*, 1269 *(86)*. 1275 *(33)*, 1277 *(7)*, 1278 *(47)*, 1279 *(31)*, 1281 *(6)*, 1285 *(10)*, 1288 *(5)*, 1290 *(5)*, 1293 *(9)*. 1298 *(5)*, Jakemis 1227, Jakeminz 1269, Jakmins 1285, 71, Jaquemins, Jaquemin (meist abgekürzt Jaquemin) 1241, 1245, 1275.

1. — (— Jakemas de S. Arnol) 1269, 318.
- …… 1245, 100.
- ……, ms. en Chambeirez 1269, 524.
- , ms. (OM) 1245, 253.
- et Colin f. Morel Torcul, ms. en Aiest 1227, 34.
- f. d. Aleit fm. Herrowin 1267, 127.
- f. d. Armanjart 1267, 93.
- f. Aurart 1241, 8, 160.
- f. sg. Bertran 1267, 77.
- f. Gnerebode 1277, 12.
- f. d. Pavie 1285, 88.
- f. Renardim 1220, 1.
- et Joffrois fr. 1293, 419, 564. Pieresons et — li hoir Collenat 1298, 527. Jaikiers pb. por — son srg. et Marguerate f. sg. Filippe de Ragecort 1281, 261.

2. — Ganechon d'Abocort, — f. Cunin d'Ainerey, — d'Airey, — f. Vguin d'Airey, — Galoppin d'Airey, — Chardon d'Airs (PS), — Nauel d'Airs (PS), — (vies) maior d'Allexey, — Chabornat d'Ansey, — l'Espaignois d'Ansey, — f. Herbin d'Ancey, — f. Renart d'Ansei, — (f.) Mennat d'Arcansey, — f. Howart d'Arnauille, — d'Ars, — f. la Nonne d'Ars (OM), — f. Rolat d'Ars (OM), — j. Rolat d'Ars (OM), — maior d'Awigney, — de Bertranmeis, — f. Symonin de Blammont, — de Borney, — de Briey, — f. Sy-

[1]) *Die eingeklammerten Ziffern geben an, wie oft die Namenform in der Rolle des Jahres vorkommt.*

Jaikemins

monat de Bu, — de Champignueles, — de Chanbille, — f. Richardin de Chans. — fill. Quertal de Chaistels, — Prouancels de Chastels, — n. Jennat Formeit de Chastels. — de Cillei. — avelet Drowin de Clarei, — de Coincey, — (f. d. Poince) de Croney, — fr. Jenat de Cuxei, — f. Gueleman de Devant S. Ferruse, — de Donpiere (f. Jennin Mallegoule), — baillit de Dornant, — f. Gerart de Duese, — j. Albelin de Fays, — f. Burtemeu de Flanville. — (f. Jennin) de Gorze, — tennour de Gorze ke maint ou Champel, — (f. Gererdin) de Grais. - de Hem, — de Jarney, — baillit de Jerney. — de Lescey, — massons de Lescei, — f. Burtemin de Longeuille. — f. Rainbaut de Longeuille, — la Briche de Longeuille, — f. Euriat de Lorey (OM), — f. Jennate de Lorey (OM), — f. Berrel de Maigney, — Gonay de Maigney, — lou Jeuwet de Maigney. — Morelas de Maigney. — Morelz de Maigney, — de Maixieres, — corvesier de Maixeres, — feivre de Maixieres, — de Maixieres maior de S. Vincent, — f. Colat de Malencort, — Talons de Malencort, — de Marley, — de Mercey. — j. Sebelate dou Mont de Molins, — de Nommeney, — f. Sebeliate de Nommeney fm. Thiebaut lou Chien, — f. Marguerite de Nouviaut. — Jalat de Nonviant, — f. Garcerion Manexin de Nonviant, — de Nowaiseville. — f. Ysabillon de Nowasseville, — f. Ferrit de Nowesseville, — f. Berneson dou Nuefborc, — d'Orseualz, — prevos d'Outre Muselle, — f. Joutelate d'Outre Muzelle, — chandelier d'Outre Saille, — de Pairgney, — f. d. Afelix de Pairgney, — f. Simonin de Pairgney, — de Pairgney tenneires de la Vigne S. Auol, — f. sg. Symon de Pontois ke maint a Burney, — j. Wibour fm. Symonat de Repigney, — f. Perrin de Retonfayt, — f. Watier lou Sauaige de Retonfayt, — Lombairt de Rimport, — f. Jennin Morekin de Rimport, — Praielz de Rixonville, — f. Joiat de Romont, — de Rozeruelez, — de Ruet, — tenneres de Rue, — de S. Arnout, — f. Colignon de S. Arnolt, — f. Hawiate de S. Arnout, — f. Weirit de S. Arnolt, — f. Jehenne de S. Clemant, — Beudins de S. Clemant. — Godin de S. Clemant, — Perree f. Wairin de S. Clemant, — charreis de S. Julien, — quarteir de S. Julien. li Uogiens de S. Julien, — Chenal de S. Julien, — Cristinons de S. Julien, — f. Jennin Oson de S. Julien, — de S. Laidre. — de S. Martin devant Mes, — f. Richardin Chanpion de S. Martin, — de Sanrey. — f. Felepin de Serouille, — f. Thiebaut de Siey, — maior S. Pou de Siey, — Picos de Siey, — f. Lambert de Silleirs, — f. Symonin de Sorbey, — srg. Marcilion de Staixons, — f. Frizant de Stoixey, — Poierel de Stoxey, — f, Drowin de Suligney, — j. Hanriat de Sulligney. — de Thionuile, — (f. Piereson) de Ticheircourt, — de Valieres f. lo Bague de Maleroi, — f. Abert de Vallieres c'on dist de la Cort, — f. Colin lou Conte de Valliere, — Challemes de Vallieres. — de Vantous (ke maint a S. Arnoult). — f. Willame de Vantous, — de Verchole, — Clemignon de Vesignuelz, — Mouretelz de Vesignuelz, — Petreman de Vesignuelz, — de la Vigne S. Auol, — f. Gerairt lou boulangier de lai Vigne S. Auol. — f. Lowiat lou tennour de lai Vigne S. Auol, — srg. Lowiat f. — tanour de la Vigne S. Auol, — de Pairgney tenneires de la Vigne S. Auol, — Chapas de la Vigne S. Auol, — de Viguey, — de Vigueles. — maires de Ville sus Yron, — f. Warin de Wauille, — de Xueles.

3. — Befilz aboulestriers de Chambres, — f. Howignon l'aman, — amans f. Thieriat de Maizelles, — Bellegree aman, — ardor, — baillit de Dornant, — baillit de Jerney, — berbier, — fr. Symonat lou berbier f. Willemat de lai Stuve, — bochiers, — f. Hanri lo bochier, — Burterans boucheirs de Porte Muzelle, — Chaneviere boucheirs, — Malrainaule bouchier, — boulangier, — bolangiers fr. Lorausat, — j. Alexandre lou boulangier ke maint outre Saille, — bolengiers f. Piereson de Clostre, — bolangiers j. sg. Geruaise de Lascey, — bolengier j. Waterin Marion, — lou Borgon boulangier de Chambres, — bollengiers

I. Personennamen 229 **Jaikemins**

de Franconrue, — de Viguei bollengiers. - Picho boulangeirs dou pont a Muzelle. — f. lou Roucel lou boulangier d'Aiest, - f. Gerairt lou boulangier de lai Vigne S. Auol. — f. Howeson lou bolengier, — f. Jehan lou Bague lou bollengier, — f. Watrin de Waire lou boulangier, (de Noweroit) cellerier l'abbeit de S. Vincent, — chandelier (d'Outre Saille), — f. Willemin lou chaponier, charpentier, f. Lowion lou charpantier de Chanbeires, — charreis de S. Julien. — Xadaigaisse cherbonier, — clers, — clers (f. Pompelin) dou Pont (a Monsons), — clers (f. Willemat) de la Stuue, — Barons clers, — Bernaiges clers, — Bureis clers, — Ruedanguels clers, — corrier, — corvesier de Maixeres, — srg. Marserion corversier de Staisonz, — doien, — doiens de Dauant S. Sauour, — fr. lo doien de S. Sauuor, — f. Jennin lo doien, — Doiens maires de Porte Mosselle, — srg. Fransoi fil Hanri l'espicier, — de Chalons feivres, — feivre de Maixieres, — f. Hallowit lou feivre, — srg. Watreman lou feivre, srg. maistre Poinse lo fixicien, — maires, - maires Badoche, — maior d'Allexey, — maior d'Awigney, — Jallee maires d'OM, — Malrewars maires d'OM, f. sg. Jehan lou Gornais maires de PS, — de Raigecourt maires de PS, — de Chambres maires de PM, — li Doiens maires de PM, — maior S. Pou de Siey, — maires de S. Vincent, — mairexalz ke maint davant lai xuppe, — f. maistre Gerart, — massons, - massons de Lescei, — Borjois masson, — f. Arnout lou masson, — massons f. Jehan lou Vadois, — Biatri merciers, — messuier, — meutier, — f. Balduin lo mutier, — n. Herbin lou meuteir, — mostardiers, — munier f. Wesselin Gadat, — Raitexel munier, — muniers f. Jennin de la Mars, — Turey muniers, oxelour, — permantier, poixour, — Cain poixor, — Maillate poxour, — Mifolas poxieres, — li Rois de Chambres poixieres, — potier, sg. — prestre, prevos, — prevos d'Outre Muzelle, — ke maint davant S. Vincent = — prevos (de S. Vicentrue), — avelet lou prevostel, —

quartier, — quarteir de S. Julien, — Matheus retondeires fr. —, - f. Jennat lou tahorour, — taillour, — Saterelz taillieres, — tanneires, — taneires fillastres Quartal de Chastels, tennour de Gorze, — tenneres de Rue, f. Domangin tenour de Sairlei, — (de l'airgney) tanor de la Vigne S. Auol, f. Lowiat tennour de lai Vigne S. Auol, srg. Lowiat fil tanour de la Vigne S. Auol, — Chenals taneires, - telleirs, — lou Vadois, — Roucel vieseir, maris Lorate la wasteleire dou pont a Muzelle.

4. — marit Marguerite fille de la s. Pieresin fil Thieriat Abel, — l'Aine, — de l'Aitre, — f. monsg. Filippe d'Aixe — Auerel, - Bachin, — Bague, — lou Bague d'Oixey, - f. Jehan lou Bague lou bollengier, — Baillon (de Chambieres), — f. Gnersat Bairekel, Bardel, — Baret, — Baron (clers), — Barrel, — Bazins, — Befilz aboulestriers de Chambres, — lou Bel, — Bellegoule, — f. Garsat Bellegree, — f. Poincin Bellegree, — f. Symonat Bellegree, — Bellegree amans, — Bellegree maires d'OM, — Berbion dou Quertal, — Bernaige (clerc), — Berrois (dou Champel), — f. Ancillon Bertal de Franconrue, — Bertran, — (f. sg.) Bertran de Jeurue, — Burterans boucheirs de Porte Muzelle, — Beudin (de S. Clemant), - f. Jenin Beudin, — f. sg Lowit Beudin, — Biatri merciers, — Bicheir, — Blanchairt, — li Blans, — Blondel, — Bokeres, — Bokesons, — Boelo f. Thomessin de Pierevilleirs, — Boielawe, — Bonechose, — Bonin, — Borgon, — lou Borgon (boulangier de Chambres), — li Borgons f Mahout de Chastels, — Borjois masson, — Borrel, — Boukel, — Bouchas, — Boufat dou Champel, — f. Aburtin Boufat, — la Briche de Lougeuille, — Diokairt, — Brullin, — Bureis (clers), — Burlin, — Cain poixor, — Camelin, — Karital. Carquel, — Cervel, — Chabornat d'Ansey, — f. sg. Chaie, — Challemes de Vallieres, — Chamberlans, — de Chambres maires de PM, — Chameure, — Chaneviere (bouchier), — f. Bertran Chanon, — f. Richardin Champion de S. Martin, — Chapas de la Vigne S. Auol, — Chardins, — Chardon d'Airs

Jaikemins 230 I. Personennamen

(PS), — Chauin, — Chenal, — Chenal de S. Julien, — Chenal dou Waide, — Chenals taneires, — Chiualleir de S. Julien, — Clabairt, — Clairiet, — Clemignon (de Vesignuelz), — Cokan de Ste Rafine, — f. Poinsignon Coieawe, - (f. Remion) de Coloigne (de Sus lou Mur), — Colon, — f. Poujoise Coulon, — lo Conte, — f. Colin lou Conte de Valliere, — Corjeu, — f. Auber de la Cort, — f. Abert de Vallieres c'on dist de la Cort, — Costantins, — Couperel, — lou Cousson d'Orseualz, — Creton, — f. Poinsin de la Creux, — Criepain, — Cristinon, — srg. Jenin fil Ancel le Croisiet, — Kukelujalz, — Cunin de Flurey, — Daigairt de Cons, — Dainne, - f. Thomessat Danallaiglixe, '— li Doiens maires de PM, — Eckart, — l'Espaignois d'Ansey, — Fakenel, — Facol, — Facon, — aveles Poinsat Facon, — (f. Pheleppin) Faixin, — Fillaistre. — n. Richardin Formeit de Chastelz, — Fraixeawe, — Frankignons. — f. Frizant de Stoixey, — muneir f. Wesselin Gadat. — Gai, — Gaille, — Galoppin d'Airey, — Garnechon d'Abocourt, - Gebolier, — li Godeires, — Godelz (de Chaizelles), — Godin (de S. Clemant), — f. Philippin Godin de S. Clemant, — (f. Colin) Gonay de Maigney, — Gontier, — f. Jennat Gontier, — Goule, — f. Yngrant Goule, — Grantdeu, — Grasnes, — Gratepaille = - f. Nicole Gratepaille, — f. Colignon Gratepaille, — f. — Gratepaille, — Grifon, — li Gronais, — f. — le Gronaiz, — f. Nicole lou Gronaix. — f. sg. Jehan lou Gornais, — Guerart, — Guercelz, — Guerebode, — f. Colin Haibert, — Hairewain, — Haizairt, — Hawit, — Heume, — Herbert, — Herman, — (f. Gilon) de Heu, — lo Hidous, — srg. Theirion Howat, — Humbelat, — le Hungre, — lou Jal (f. Collenat de Vy), — Jalat de Nonviant, — Jallee, — f. — Jallee = Jallee maires d'OM, — lou Jeuwet de Maigney, — f. Jozel, — f. Languedor, — Lohier, — Lombairt (de Rimport), — f. Roillon Makerel, — Macowart, — f. Burtemin Maillairt de Mercilley, — Maillat, — Maillate poxour, — Maingnart, — Mairasse,

— li Maires, — f. Domangin Mairexal, — f. Mathion Maithelo, — Malakin, — f. Simonin Malglaue, — f. Lowion Mallewegne, — Malrainaule, — Malretel, — Malrowars (maires d'OM), — Maltailliet, — Mandewerre, — f. Mangin, — Marcousel de Montignei, — f. Jennin Maretel, — Marion, — Martin (drappier), — f. Garcerion Mauexin, — f. Mennat, — Mennas d'Arcansey, — f. Poinsate Mennegout, — Merchandel, — lo Mercier, — Mersabille, — Mifolas poxieres, — f. Frankignon Migomart, — f. Millat. — Minne, — de Moielen, — lou Moinne, — Montois = — de Montois, — f. sg. Bertran de Montois, — f. Jennin Morekin de Rimport, — f. Xandrin Morekin, — Morey, — Morel (de Maigney), — Morelas de Maigney. Moretel (de Vesignuelz), — Mouxetes, - Muerdaixe, — Musart, — Mustel, — Naivel d'Airs (PS), — Nicolat, — Noixe, — Olivier, — (f. Jennin) Oson (de S. Julien), — Otins, — f. lou Paige, — f. sg. Jehan Paillat, — dou Paire, — Pallerin, — Panceron, — Patart, — li Perche, — Perraixon, — Perree f. Wairin de S. Clemant, — Petitvake, — Petreman de Vesignuelz, — Peuchas, — Picho boulangeirs dou pont a Muzelle. — Picos de Siey, — fr. Colignon Pierexol, — Pigort, — Plaitel, — (f. Jenin) Poirel (de Stoxey), — dou Pont, — Porcel, — Porree, — Potier, — Pouxon, — Praielz de Rixonville, — Preuostel, — (lou) Prouancels de Chastels, — li Prune, — Puignant, — (lo) Purit, — f. Lowiat dou Pux, — avelet Renalt dou Pux, — f. Richairt dou Pux de Malleroit, — Quaille, — Quaremel = Quarisme, — Raboan, — f. sg. Jaike Raboau, — Rabustel, — f. Jennin Raidenel, — de Raigecourt maires de PS, — f. sg. Jehan de Raigecourt, — Raipine, — Rait, — f. Besselin dou Rait, — Raitexel munier, — lou Rauat, — Rekeut, — f. Richelin Remacle, — Renals, — Ribe, — Richairt de Malleroit, — Robevaiche, — Roillon, — (f. Bauduyn) lou Roi, — li Rois de Chambres poxieres, — Romesale, — Rosel f. Nicole Baron, — Rossel, — Roucel vieseir, — f. lou Roucel lou boulangier d'Aiest, — f,

I. Personennamen   231   **Jaikes–Jaigin**

Steuenin Rocel d'Aiest, — f. Steuenin lou Roucel, — Roze, — Ruedanguels (clers). — f. sg. Jehan de S. Polcort, — f. Colin S. Quentin. — Sairiate, f. Hanriat lou Saive, Sarrazin de Champelz, Saterelz taillieres, — f. Thomessin Sauaige, — f. Watier lou Sauaige de Retonfayt, Serians, — Symairs, Sohiers (= Lohiers?), Sollate, — Somier, — Sorel de Chamberez, — avelet Jehan Soupe. — Steuene, — Strassous, — Talons de Malencort, — Tarte, Tavels de Coulanbiers, — f. Jennin lou Tawon de Failley, — Tempelon, — Tenoire, — Tortebarbe, — fr. Abriat Traivaille de Luppei, — Tralin, — Truillairt, — Turey muniers, — Turillon, — Vehelins, — Veuien, — Vilain, — lou Vogien (de S. Julien). — Wachier, fr. Jennin Wairin de S. Clemant, — Waistel. — Wallekins, dou Weit. Wikernel, — li Moines f. sg. Jehan Wichart, — Willebour, — Xaduigaisse cherbonier, Xuiro, srg. Colin Xandrat, Xardeis. — Xobins, Xolaire, li Xours (de S. Piere as Harennes. Xuflas.

Jaikes, Jaike 1262/98, Jakes, Jake 1269/75, 1278/1279, 1285/88, 1298.

2. — d'Airey, d'Ames clers, monsignor — de Houstaf, sr. — de Lesses, sr. — de Montenier Lombairs, sg. — dou Nuefchaistel, — de Prouins, — de S. Clemant, maistre — de Tiaucort.

3. — abeit de S. Pieremont, sg. chancillier de la Grunt Eglise de Mes, sg. de Gorze chanone de S. Piere a Vout, — Bernaiges clers, sr. — d'Ames clers, maistre — de Tiaucort, maistre — clochenier, maistre — escrevain, — Rousel porveour des freres Menours, sr. — prestes, sr. c'on dist d'Onville prestes, sg. — preste f. d. Belle, sg. — prestre f. Adan lo tupenier, sg. — prestre f. Jeudon d'Airei, sr. prestres de Gorze, sr. prestes de Nostre Dame la Ronde, sr. — prestres des Proicherasses, sg. — preste de Retonfeyt, sr. prestes de S. Marc, sr. prestes de S. Medart, sr. — prestre de Ste Seguelenne, sr. — prestes de Siey, — prevost,

sg. — prior de Lay.

4. — Bazin, — j. Garsilion lou Begue, — Beudin, sg. Boilawe, sg. — de Chambres, sr. — Fakenels (maistres eschavins), — Facol, sr. Goule maistres eschevins, — Grantdeu, sr. — li Gronais (maistres eschevins), sg. Makerel, — de Moielain, sr. — de Nonviant, Parraison, sr. — dou Pont, sg. — Rabowan, (sg.) — Roucel, — de Weiure.

Jaikiers, Jaikier 1251, 1267, 1277/1293, Jakiers, Jakier 1241, 1275, 1290, 1298, Jakierz 1269.

1. — pb. por Jaikemin son srg. et Marguerate f. sg. Filippe de Rugecort 1281, 261.

3. — espicier 1241, 192; 1251, 54; 1290, 275, 576.

4. — Bouchart, (f. Warin) de Nonviant (li amans), (la) Pezeire de Nonviant.

5. Arnouls li clers 1290, 403. Colin — 1269, 309; 1277, 29; 1278, 468; „ — dou Champ a Saille, Poin- [1288, 171. sate f. 1293, 289.

Jennat — srg. maistre Nicole Morel 1281, 638.

Jaicob, Jaicop, Jaicos v. Jacob.

Jaigin 1278, 1279, 1293, Jagin 1277, 1278. *P.*

1 Jehan —Aileit 1278
† 1277 er. escheut a Jennat Ferrit Abillante 1278

2 Simonin Poinsate f. Lowiat de n. — sg. Mathen Chailley 1278 preste de S. Hylaire 1277/78

3 Philippin — †

4 Jennas 1293

1. Jehan — †,
enc. ms. (PM)   1277, 285[7].
daier S. Hylaire daier ms.[1])   1279, 204.
et Aileit, sa fm., Jennas Ferris pb. er.
escheut de pair (PM)   1278, 381a.
„, Jennas Ferris pb. er. escheut a Simonin,
son fr., de pair (PM)   1278, 381b.

---

[1]) *Banur. I, LXXXI, 30 (1285)* la maison lou preste de S. Hylaire, ke fut Jehan Jaigin.

Jailee–Jallee 232 I. Personennamen

Abillate, f. Jehan — †, er. de pair p. et
m. (PM) 1278, 415.
2. Simonin —:
sr. Matheus, prestes de S. Hylaire, pb. 16 s.
4 d. ms. en Grans Meises, 12 s. ms. en
Dairangerowe, 12 s. ms. (PM), 12 s. ms en
Stoixey, 3 m. ms. (PM), aq. Simonin —.
son n. 1277, 205.
„ pb. 40 s. ms. en Sanerie aq. a. S. -.
son n. 1277, 242.
Poinsate, f. Lowiat de Chailley †, fm.
Simonin —, 4 s. et 3 quartes de wayn
moitenge a Montigney (PM) 1278, 420.
Poinsate, fm. Simonin —, 18 s. 3 st. en la
halle des tanors ou Champ a Saille 1278.
7 s. ost a S. Arnolt 1278. 586. [521.
3. 4. Jennas, f. Philippin — †.
pb. 1 st. en lai grant halle des tennours
ou Champ a Saille 1293, 536.
Jailee, Jaileie, Jaillee v. Jallee.
lou **Jal** v. li Jals.
Jalat v. Jallat.
Jalee, Jaleie v. Jallee.
Jallat 1241, 1285, 1290, 1293, Jalat 1279.
1. ms. lai fm. en Bucherie (PS) 1293, 254.
3. — boucheir 1285, 216.
Jote fm. 1290, 366.
5. Jakemin — de Nonviant 1279, 85.
Jennat — 1293, 247.
Wichart — 1241, 104, 105.
Jallee 1275/1298, Jalee 1245/1275, 1279.
1281, Jalleie 1288, 1290, Jaleie 1277, 1279,
Jaillee 1288, 1298, Jaileie 1293, Jaileie 1281,
Galee 1269, 361.
1. Jennat j. —, ms. en la rowelle Flore
an Franconrue (v. Huars — 1262, 406) 1290.
3. Jennat — boulangier, [549.
ms. a pont a Muzelle 1281, 368.
20 s. ms. 1288, 110.
— le musnier, ½ ms. en Chaudrelerrue 1251,
P. [79.
1. Rennaldin —,
t. a Grisei 1245, 21.
2. Jakemins —,
¼ ms. daier S. Simplise 1245, 109.
pb. ms. en Viseignuel 1262, 66.
et li anfant Colin de Vy pb.
6 s. ensom Vies Bucherie 1262, 67.

partie en la halle des drappiers a Quart. 1262,
20 s. ms. en Vigsenuel 1262, 369. [368.
ms. en Viseignuel 1262, 370.
d. **Martenate**, srg. Girardin —,
eschainge 55 s. encontre une ms. (PS) 1267,
= d. Martinate, fm. Jak. — †, [108.
pb. 40 s. ms. outre Saille 1269, 239.
ms. ke fut Jakemin — ensom l'ost. Jake-
min le Jal (PS) 1269, 241.
pb. 20 s. ms. en Chaipeleirue 1277, 364.
ms. en Vizignuel 1278, 514.
pb. 30 s. ms. arreiz la porte des Allemans
pb. 100 s. 3 s. moins 13 ms. et [1279, 93.
1 gr. ou bour S. Arnout 1279, 487.
en la rowe des Proichors anc. l'ost. 1285, 570.
Thiebaut c'on dist Strabour, f. d.
Martenate — †, (v. I. de Strabor 7)
ms. daier S. Seplixe 1293, 103.
Ysabels, f. Jaikemin —,
pb. 50 s. er. (OM) 1288, 502. [68.
4 lb. ms. an Vesignuez (v. 3. Jaikemin) 1290.
3. Jaikemins, f. Jaikemin — † 1290,
81, 82, 219.
= Jaikemins — pb. 11 s. 2 st. an lai halle
des pernanteirs (PS) 1281, 40.
ms. outre Saille 1285, 42.
pb. 7 s. ms. a Montigney 1288, 43.
pb. 5½ s. ms. an Sanerie 1288, 214.
et Yzaibel, sai s., et Perrin et Mathiate,
enf. Jaike lou Gornaix, 4 lb. ms. an Vesi-
gnuez 1290, 68.
et Perrins et Mathiate, enf. Jaike lou Gor-
naix, pb. 100 s. ms. an Vesignuelz 1290,
„ pb. 60 s. ms. Jaik. meymes (PS) 1290, 82. [81.
pb. 3½ s. ms. an Sanerie 1290, 219.
pb. vg. sus Saille deilai lai Follie 1293, 39.
maires d'Outre Moselle 1293, 183*.
pb. ms. daier S. Nicolai lou l'etit 1293, 292.
pb. er. an tous les bans de Bameis et de
Genancey et de Lymeu 1293, 293.
pb. partie en 100 s. ms. ou il maint, en 44 s.
ms. (PS), en 2 st. en lai halle an Chainges
pb. 3 ms. an Chambres 1298, 217. [1298, 93.
pb. 17 s. st. de draipier an Vesignuelz 1298,
pb. 55 s. ost. en Vesignuels 1298, 463. [256.
= Jaikemin Minne et auf. de son fr., ost.
d. Minne en la Mercerie 1267, 358.
pb. vg. en la Haute Pretelle 1267, 396.

I. Personennamen 233 **Jallee**

pb. partie d'un jardin devant Nostre Dame
  as Chans   1269, 443.
60 s. geixent sus l'ost. (PS) (v. 1290, 82).
  4. Girardins —,   [1290, 62.
pb. eschainge a d. Martenate, sa serorge.
  55 s. encontre une ms. (PS) 1267, 108.
1, ms. en la Nuene rue   1269, 216.
et Colignons de Merdeney pb. vg. et meis
  a S. Arnout   1275, 80.
1 st. en la halle des permantiers (PS) 1275.
  ms. (PS)   1277, 61. [339.
  5. Jofrois. f. Gerardin   †.
pb. vg. ou ban de Siey. 6½ s. 3 moies de vin
  6. Huars   [1298, 340.
pb. ms. darrier S. Sauuor   1245, 20.
et Perrins Thomas pb. vg. a Wapei 1245.
pb. ms. en Fraconrue 1262, 406. [76, 150.
pb. ms. en Chapelleirue   1267, 198.
et Nicole Brulevaiche et 3 auf. sg. Huon
  le Bague, ms. (PS)   1269, 46.
50 s. ms. en Vezignuez   1269, 260.
10 s. ms. en Chaudelierrue   1269, 382.
20 s. ms. en Vezignuelz   1269, 437.

40 s. vg. ai Auccy, 1 meu de vin en
  Vauz, 20 s. vg. a l'Ormixel 1269, 553.
et 3 enf. sg. Huon lou Bagne, er. Nicole
  de Chastelz ou ban de Syey et de Longe-
  ville   1269, 555²ᵐ.
en Weritmont entre vg.   1275, 102.
davant Longeuille ensom la crowee 1275,505.
  d. Yzabel, fm. Howart — †.
tavle a Nuelz Chainges   1275, 281.
pr. (OM)   1275, 238.
pb. 12 d. t. en Hem   1277, 325.
24 s. ms. en Chapeleirue   1278, 139.
ms. en la rowelle daier S. Marc doit 6 s.
  3 d. 1 chapon   1279, 535.
pb. ms. outre Moselle en la ruelle daier
  S. Marc   1279, 571.
sus Muzelle enc. ms.   1281, 391.
ms. devant les molins de Bowetei teire 1281.
an Weritmont anc.   1288, 563. [406.
vg. a Longeville   1290, 274.
  Thiguienne, f. Howart — †.
pb. ms. (OM)   1285, 293. [1290, 342.
= Tiguienne fm. maistre Henri Jordain

Jallee

1 Rennaldin — 1245
?

2 Jakemins	1. ? d. Minne	2. d. Martinate	4 Girardins
1245, 1262, † 1269	1267	1269/85. † 1298	1267/75, † 1298
Ysaibel 3 Jaikemins	Jaikemins Minne	Thiebaut c'on dist	5 Jofrois
1288/90 1281/1298	1267/69, v. 1290, 62, 82	Strabour 1293	1298
maires d'OM 1293			
6 Huars — 1245/1269, † 1275¹)	d. Yzabel 1275/1290		

Thiguienne	Biatri	7 Poensignons	9 Androwas	10 Jehan	11 Joffrois — ²)
1285	1290	1267/69, † 1290	1279/1298	1288, 1290	1290/1298
fm. maistre	fm. Jofroit				
Henri Jordain	j. Howart	8 Perrin			
1290	1279, 1288	1288/1293			

12 Jennat —	13 Remiat — †	Ameline	14 Aburtin	15 Thieriat
1262, 1269	1278		1288	1298

¹) *De Wailly 152 (1272 a. St.)* Boiemons li boulangiers ke maint ancoste l'osteil Huairt Jallee ke fut … (An l'airche S. Jaike).

²) *De Wailly 347 (1296 a. St.)* Et an cest aquast ont il (les prestes bairechans de Mes) mis VI livres et V s. de meceins des XX livres de meceins k'il ont resut de Joffroit Jallee por les XX s. de meceins de cens ke maistres Hanris Jordains qui fut douvoit as prestes perrochalz de Mes.

li **Jals**–li **Janres** 234 1. Personennamen

Jofroit, j. Howart —,
er. a Juxey 1279, 527.
er. ai Amanvilleirs et ou ban et a Chastels
et un toz les bans 1288, 509.
7. Poencignon .
Poencignon de Chasteis et sg. Rechart,
prestre de S. Gengoul, et P. . . , 2 ost.
(PS) 1267, 45.
— Poensignons, f. Howart .
pb. 50 s. 2 ms. en Rainport 1267, 320.
pb. por Moremont 1269, 521.
8. Perrin, l'avelet Howart —.
t. ou ban d'Ansey 1288, 249, 499.
— Perrin, f. Poincignon — †, u. enfans
Howairt 1290, 342. [104.
= Perrins pb. 18 jorn. de t. an Hem 1293,
**8. 9. 10. 11. Andrewat et Jehan et
Joffroi et Biatri**, enf. Howart †,
et maistre Henri Jordain, lour srg., et
Thiguienne, .sai fm., et Perrin, lour
n., et Howignon et Colignon et Jehan
et Yzaibel et Bietrexate. enf. Jaikemin
lou Jal †,
molin et port sus Moselle au Baweteiteire
9. Androwas — [1290, 342.
(f. Howart — 1290, 342).
pb. vg. ou ban de Plapeville 1277, 456.
ms. outre Saille 1279, 88.
pb. 32 s. ost. ou Champ a Saille, 20 s. gr.
et ressaige daier la gr. (PS) 1279, 481
pb. vg. ou ban de Plapeuille 1281, 134.
t. ar. en Hem 1290, 462.
pb. 5½ s. vg. en lai rowelle de Pertes 1293.
pb. 14 s. ms. (PS) 1293, 294. [93.
desous les preis de Montigne anc. t. 1293,
et Joffrois Roucelz pb. por Hanrekel de [562.
Seruignei 1298, 124.
mainbor sg. Werrit de Nonviant 1298, 163.
10. Jehan —,
ms. an Maizelles 1288, 468.
11. Joiffrois, f Howairt — †,
pb. 36 s. t. ar. an Hem 1290, 462.
= Joffrois — pb. 18 jorn. de t. deleis Cor-
buefousseit (PS) 1293, 101.
pb. 15 s. stuve davant lai porte en Cham-
bres 1293, 207.
pb. t. ar. desous les preis de Montigney
anc. t. Andrewat, son fr. 1293, 562.

pb. ms. a S. Arnolt anc. sai gr. 1298, 44.
pb. 18 d. ms. daier S. Arnoult anc. sai gr.
12. Jennat . [1298, 297.
(10 Jehan — *oder* Jennat — boulangier?)
ms. en Chambres 1262, 131.
pb. 28½ s. ms. devant la rive au Poixorz
13. Remiat — † d. Ameline fm.[1269, 361.
ms. sus Mozelle 1278, 242.
14. Aburtin .
an la rowelle Thieriat Yzambairt anc. l'ost.
15. Thieriat —, [1288, 418.
t. ou ban de Mairlei 1298, 523.
li **Jals** 1278, li **Jas** 1269, (le. lo) lou Jal
1267, 1269, 1285/1290, 1298.
Colignon — f. sg. Jofroit lou Gronaix 1298,
Jaikemin — (v. I. de Vy) 1269, 241. [198.
Jaikemin - f. Collenat de Vy 1278, 339;
(v. I. de Vy) 1285, 431; 1290, 81.
Bertran — de Maignci, Lowiat, Symonat,
Adenat enfans 1288, 29.
Jenat —, ost. (OM) 1269, 132.
Martin f. —, ms. a S. Clemant 1285, 190.
P.
1. 2. 3. Howignon et Colignon et Je-
han et Yzaibel et Bietrexate, enf.
Jaikemin †, (*verwandt mit der Familie
Jallee* v. Jallee 8/11) 1290, 342.
4. 5. Wichart — et Willermin, son f.
3½ s. er. (PS) 1267, 109.
Wichars —, j. Nicole Robouan,
vg. et er. ou ban de Joiey 1269, 445.
Jambe de paixel.
Goudefrin — de S. Arnoult 1298, 528.
lou **Janre** v. li **Janres**.
Janremaire.
Bertran — 1267, 399; 1277, 276.
Colins 1278, 295.
li **Janres** 1267, (lo) lou Janre 1277/81 [1]).
Fourkes d'Espinals (v. I. d'Espinals) 1267.
— Forkon — 1279, 265. [444; 1277, 47.
= d'Espinalz 1285, 425.
P.
1. Theirion —,
½ dou quairt dou pois de Porte Muselle
ke fut 1277, 228.

---

[1]) *v. Anmerkung zu* 1. d'Espinals.

2. Gillas li clars, f. Theirit (Theirion) — †.
pb. er. ou ban d'Aiees 1278, 367.
pb. 4 s. et 4 chapons k'il meymes dovoit sus. t. ar. et pr. a Aiees et a Tremerey
Jaquemat, Jaquemel, Jaquemin [1279, 349.
Jarans v. Jarrant. [v. Jaikem ...
Jarney v. Jerney.
Jarrant 1290, 1293, Jarran 1278, Jarans 1251, Gerrant 1290. v. V. Jarranmeis, Jarronvigne.
  1. —, Steuenin j. 1278, 271.
  5. Besselin — 1290, 203; 1293, 485.
    †, Yderon fm. 1293, 57.
  Lowiat Seruin j. Besselin 1290, 389.
  Thieriat Seruin j. Besselin — 1290, 373.
Steuignons - 1251, 131.
Jarrier, Gerardat, de Xonville 1288, 82.
Jarrillat, Auburtin, de Wappei 1269, 508.
li **Jas** v. li Jals.
Jazel, ms. en Aiest 1251, 1.
Jehanne v. Jehenne.
Jehans, Jehan 1220/1241, 1251/1298, Jehant 1269, Johans, Johan 1227, 1241, 1245.[1]) v. V. Jehanchamp, Jehantrou, Jehanvigne.
  1. a Maigney anc. 1298, 538a.
en Nainmeritplanteit anc. vg. 1293, 385.
Colin et — et Buewignon 1267, 431.
Jenas Creature pb. por lui et — et Thomais 1277, 297.
— avelet Henmesate et Merguerate sai fm.
— f. Bertadeie 1277, 145. [1293, 222.
— f. Durant 1279, 289.
— f. Gerardon 1290, 556.
— f. Pieron 1298, 473.
— f. Richelin 1281, 505.

[1]) *Prost XVIII, 1232* Jehannez t. Richairt Babelin. *Prost LXXVII, 1290 liest* Chaus *und erklärt es für eine mundartliche Form von* Jehans. *Er hat sich aber beim Lesen geirrt, indem er übersehen hat, daß auf dem beschädigten Rande des Pergaments noch ein Teil des J erhalten ist. Das folgende e hat er dann für c genommen. Die Rolle hat also ganz richtig* Jehans *und nicht* Chaus. (*Bannrollen II, 1290, 30*).

Hanrit f. - † 1281, 424.
— fillaistre Aurowel 1293, 377.
— n. Gernirt (tonnelier 1278, 552) 1278, 435.
sg. —, vg. (PS) 1288, 371.
  2. — j. Lowiat d'Abes. - d'Ainerey,
f. Tierion d'Airey. j. Piereson lou clerc d'Ancey, — de la Chaminee d'Ansey, lou Fransois d'Ansey, d'Ancey f. Mathion Malakin, Odierne d'Ansey, - fr. monsg. Bertran d'Auserville, feivres d'Ars (OM).
  f. Werneson de l'Alluet d'Ars, — f. sg. Cunon d'Airs chanone de S. Thiebaut, sg. Hochedeit d'Ars, - f. lou Louf d'Ars, — li Louais d'Ars, f. Pairixate fm. Colin d'Auancey, — de Bair, — de Berains, — de Billei, — de Bleno (f. sg. Burnike). — f. Liejart de Bomont, - de Boutemont. — de Burey, — de Chalons, de Chaminat, — f. Pierat de Chambres, f. Thomais de Champels, — f. Roillon de Clowanges, - de Couflans, f. - de Cromy. — de Crusselanges, — f. d. Odelie de Davunt Ste Crois, de Dompiere, — de Doneivre, sg. — preste de Drowenei, sg. des Estans (f. sg. Jaike dou Nuefchaistel), sg. preste de Failley, — f. sg. Gerart de Felix, clerc f. Steuenin lou maiour de Felix, - f. Thiebaut de Florehanges, - c'on dist de Verdun de Flurey, - f. Howignon Coillute de Flurey, — de Fontois, — de Genestroit, — f. Ermanjart de Gorze, — de Huisanges (boulangier), f. Guerri de Haterine, sr. - de Heis, de Helfedanges. — de Hemmigney, — de Humbercourt, — de Jerney, - f. la mairasse de Jerney, — fr. sg. Renmont lou preste de Jopertcort, sr. - prestes de Juxei, lou Liejois, sr. - prestes de Longeawe. - f. Fakignon de Longeuille, — li Brichelz de Longeuille, — de Lorey (OM), - de Lorei, sg. — prestre de Luppey, — f. Willame de Lupey, — f. sg. Lowit lou Gros de Lussambor, - de Maigney, — f. Jennat (= sg. Jehan) de Maigney, — lou Glatous de Maigney, — f. Perrin de Mainin. — f. Henmerit de Mairuelles, — f. Jaikemin de Maixieres, — de Maizelles, f.

Jehans

Hauriat de Maizelles, — Aberon de Maizelles. — f. Arnout de Malencourt, — de Meirvalz, sg. — de Moaville, — f. Poinsate de Molins, — f. Rolat de Molins, — f. Bertran lou maior de Mondelanges, — de Monfaçon, — lou Moinne de Montois, — f. Burtemel Bailluet de Montois, franc monsignor — de Morey, de Nancey, — j. Soifrignon de Nommeney, — tixerans de Nomenei, — f. Anrowin de Nouviant, — f. Gerart de Nonuiant, — f. Marguerite de Nonviant (ke maint a Chastels), — f. Tumelouf de Nonviant, — don Molin de Nonviant, — t. Otthin de Nowilley, — f. Colin Watier de Nowilley, (sr.) — (f. sg. Jaike) dou Nuefchaistel, — d'Onuile, sg. — preste d'Orcevals, sg. — d'Ottanges, — f. Waicelin d'Outre lou pont Rennuont, — Jehan Barbe d'Outre Muselle, — Jehan Belebarbe d'Outre Mozele, — li Kairs d'Otre Moselle, — f. Colin Wachier d'Outre Muzelle, — f. Ollenier d'Outre Saille, — f. Androwat Morat d'Outre Saille, — Burtous d'Outre Saille, — de Perieu, sr. — prestres de Perpont, — li Borgons dou pont des Mors, — feivre dou pont des Mors, — f. Symon de Pontois, sr. — Chainerles prestres de Port, sr. — Baitaille de Porte Muselle, — f. Theirion lou cordeir de Porte Muzelle, — f. Heilewit fm. Salemon de Prays, — f. Jacob de Prouins, — cordiers f. Colin dou Quertal, — Daniel dou Quertal, — f. Aburtin Murie dou Quertal, — de Quensey, — de Rakesanges, — f. Colin de Racort, — de Reimonuile, — de Repigney, — Blammare de Richiermont, — f. Arnolt Willekin de Richiermont, — f. Colin lou cherpentier de Rimport, — Bresaie draipiers de Rimport, — f. Jaikemin Lombairt de Rimport, — de Rinel — dou Sap de Rozerueles, — f. Colin des Rues, — f. lou Vel de Ruxit, — de S. Arnout, — f. Burtemel de S. Arnoult, — li Allemans de S. Arnout, — Coustans de S. Arnout, Hanrias li Velz et — ces j. ke sont de S. Clemant, — f. Steuenin lou maior de S. Clemant, — Nockat de S. Clemant, — (f.) Otignon de S. Clemant, — f. Ottignon Burtille de S. Clemant, — maires de S. Julien, — Co-

killate de S. Julien, — Loveus de S. Julien, — fr. Haurekel Muzeraigne de S. Julien, — Painine de S. Julien — — Pesnis de S. Julien, f. Poinsate fm. Colin Persepiere de S. Julien, — f. Colin lou maistre xaviug de S. Martin, — la Huge de S. Martin, — de S. Nicolais, — f. Colin Judes de S. Priveit (OM), — Maclars de S. Priveit (OM), — Berlo de Ste Rafine, — f. Arnoult Malletraisse de Ste Raifine, maistre — de S. Vy, — f. — de S. Vy, — de S. Vicent, — f. Brun lou maior de S. Wafroit, — Creature de Sanerie, — Winoble de Sanerie, — f. sg. Richairt de Serieres, — f. Pieresate de Siey, sg. — de Cyei, — boulangiers de Stoxey, — j. Burtignou lou boulangier de Stoxey, — Makexade de Stoixey, — f. Jaikemin Poierel de Stoxey, — massons de Taisey, — f. Ancillon Gaictel de Taixey, — f. Pierexel de Thionville, — de Trechiecort, — de Urselai, — f. Maithen de Vairney, sr. — prestes de Vallieres, f. Aburtin lou Sauuige de Valliere, — f. Symoniu Monaire de Vallieres, — (f. Pierexel) de Vals, — de Vandeires (maires S. Sauour), — de Venemont lou Borgon, — de Verdun, sg. — de Vergney, — Bessat de Vermiey, — li Alemans de la Cigne S. Auol, — f. Vgnignon Rembalt de lai Vigne S. Auol, Xairolz de la Vigne S. Auol, maistres — de Vilameis, — li Dus dou Vinier, — muniers ke maint ou Vinier, — de Vouier recovatour.

3. — ki fait les alones, — li Merciers amans, — Papemiate amans, — li arcediacres (f. Richairt de Sus lou Mur), sg. Berbate aiceprestre de S. Mamin, — (f. Jakemin l') ardor, — Jeuwes avocas, — f. Howat lou Vadois lou bouchier de Porsaillis, — j. Menel lou bouchier, — bolangeirs, — f. Symonat lo bolangier, — f. Bertelo lou boulangeir de Chappourue, — de Hessanges bolengiers, — boulangiers de Stoxey, — j. Burtignon lou boulangier de Stoxey, maistre — l'Aleman bollengier de S. Arnolt, — lou Bagne bollengier, — Morel boulangier, — cawesins, — f. Ancillon lou cellier dou Waide, — keus l'aibeit de S. Vincent, — f. Ancillon lou chaivreir, — de Sambaing chaivreir, sg.

chancelier de Mes, sr. — Forcons (= f. sg. Forkon de Jeurne) chanones de Nostre Dame la Ronde (chanone de la Grant Eglixe), — Bruenne chanones de Nostre Dame la Ronde, sr. — c'on dist li chanceliers chanones de l'Eglixe de Mes, sr. — c'on dist li cerchieres chanones de Mes, — Colou chanone de Mes, — chanone de S. Thiebaut, sg. — Baizin chanone de S. Thiebaut. sr. — de Laibrie chanones de S. Thiebaut, sg. — (f. sg. Cunon) d'Airs chanone de S. Thiebaut, — chanone de S. Thiebaut f. sg. Cunon dou Nuefchaistel, sr. — de Syei chanoinne de S. Thiebaut, sg. — chapelain de l'abeit S. Vincent a Grant Mostier, — charretons lou grant doien, — lou Duc charreton, — n. Theiriat lou chasour, — li Alemans chaverteires, maistre — cherpentier, — cherpantier j. Jehan c'on dist de Verdun de Flurey, — f. Colin lou cherpantier de Rinport, sg. — chivelier, — j. Piereson lou clerc d'Ancey, maistres — d'Avignons clers, — clerc f. Steuenin lou maiour de Felix, maistre — clerc ke maint a Rains, — clers de Rocheranges ki maint en la cort de S. Pieremont, — clers f. Alairt lou guieneir, — clerc f. Euriat lou maignien, sr. — Boinvallas clars d'Outre Saille, — Brebairs clers, — Corbels clers, maistres — Doulossignor clers, — Haltroigniet clerc, maistres — Jeuwes clers, — clers f. Symonat Leudin, — Lorate clerc, — Moutas clars, — clers c'on dist li Rois des Jalz, — Symairs clers, — Tacons clers, freires — convers des Cordelieres, freires — convers de la Craste, — cordier, — cordiers f. Colin dou Quertal, — courdeirs f. Colin de Secours, — f. Theirion lou cordeir de Porte Muzelle, — cordeirs li Allemans, — de Nancey cordewenier, — f. Colin lou cordewinier, — Hanekin corvieir, — corveisiers, — l'Olleman corvexies, sr. — Sanguevins cureirs de S. Estene lou Despaineit, sr. — Forcons doiens de la Grant Eglize de Mes, — domixor de Lucey, — Bresaie draipiers de Rimport. — f. Gihou erchillieres de Chadeleirue, Rennolz escaillieres fr. —, — Louve eschaving, — Lukins espiciers,

— feivre, — feivres d'Ars (OM), — feivre dou pont des Mors, maistres — feivres de Troisfontainnes, — li Alemans feivres, maistre — de Kaistre fezizien, frere — de l'ospital, freires — c'on dist de Mairs en Borgoigne, — srg. Poinsate fille Herman lou furbour de Furneirne, sr. — grans prestres de S. Martin, sg. — grant prestre de S. Martin, — grenetier, — hanepier, — f. — ymaigeneir, — lavor, — Pawillon dou Pont loremier, — vies maior de Maiey, — f. Bertran maior de Mondelanges, — maires de l'ospital dou Nuefbourc, — Lowis maires de l'ospital dou Nuefborc, — Bertrans maires d'OM, — Rafaus maires de PS, — Chaderons maires de PM, — Wichart maior de PM, — f. Steuenin maior de S. Clemant, maires de S. Julien, — de Vandieres maires S. Sauour, — f. Brun maior de S. Wafroit, maistres — , maistres de Vilameis, maistres — l'Aleman bollengier de S. Arnolt, maistre — cherpentier, maistres — d'Avignons clers, maistre — clerc ke maint a Rains, maistres Doulossignor clers, maistres — Jeuwes clers, maistre — j. Arnolt lou drapier de Davant S. Sauour, maistres — feivres de Trois fontainnes, maistre — de Kaistre fezizien, maistre - masson, maistre — meutier, maistres — perchameniers, sg. — de S. Gengoult maistre de la frairie des prestres parrochalz, freires — maistres de l'ospital en Chambres, maistre — f. Colin Chasemal, maistre — Dowon, sr. — Corbels maistres eschavins de Mes, — li Gronnais maistrez xavins, sr. — Piedeschans maistres eschavins de Mes, — f. Colin lou maistre xaving de S. Martin, — masson, maistre — masson, — f. Arnoût lou masson, — massons de Taisey, — Belpaignies massons, — meutier, — j. Barangiel lou meutier, — muniers ke maint ou Viuier, — Jerney muniers, — f. Cunin l'olieir, — (c'on dist l')orfeivre, — li Parfeiz, maistres — perchameniers, — permantiers, — li Ynglois potiers, — poxour, — f. Benoitin lou poxour, — f. Geudat poxieres, sg. — prestre, sg. — prestre maistre Abrit, sr. — prestes saleriers l'arcediacre Bertoul, sg. — preste de Drowenei, sg. —

Jehans

prestre de Failley, sr. — prestes de Juxei, sr. — prestes de Longeawe, sg. — Bone prestre de Loppei, sg. — prestre de Luppey, sg. — preste d'Orevals, sr. — de Perpont (prestres), sr. — Chaiuerles prestres de Port, sr. — prestes de Vallieres, sg. — prestre de S. Esteine lou Deplanneit, sg. — prestre de S.Gengoult, sr. — prestes de S. Jorge, — Blanche prestre de S. Gergone, sr. — prestres de S. Jehan lou Petit, sr. — Lowis prestes de S. Laizre, sr. — prestres de S. Mamin, sg. — Barbatte preste de S. Mamin, sr. — prestes de S. Martin en Curtis, sr. — prestres salleriers de S. Piere as nonnains, sr. — prestes f. Jaikelo de Metri, sg. — prestre f. Piereson lou taillor, sg. — Burtemate preste, sr. — Corbelz prestres, sg. — a Grant ueis preste, sr. — Maiguetins prestres, sr. — Nerlans prestes, sg. — preste c'on dist lou Roi de Galles, sr. — prevos de l'ospital des clers, freire — de Chaistelz priour de la chieze Deu dou Preit c'on dist Vdun, sr. — priors de Ferrates chanones de S. Bernart de Monjeu, — f. Jouwate la queleire, — de Veuier recovatour, — retoudeires f. Piereson lou Boistous, — saibleir, — o. — fil Euriat lou saiblieur, — saieleires fr. sg. Simon de Sallebor, — soiour, — taillieres de Daier S. Sauour, — Oilescos tenneires, — Xairolz tenneires de lai Vigne S. Auol, — tixerans de Nomenei, — tonnelers, — tonnelier f. Guerceriat lou meuteir, — u. Gerairt lou tonnelier, — de Suligney tonneleir, — (torneres) f. — lou tornor, — lou Vadois (f. Symon de Pontois), — d'Erlons vieseirs.

4. — Aberons (d'Outre Maizelles = de Maizelles), — Abrions, — l'Afichiet, — f. Maiheu des Airuolz, — f. Arnolt Aixiet, — f. Remion Alart, — li Alemans, — li Alemans, — f. Jennin l'Alleman, — li Alemans dou Champ a Saille, — li Allemans de S. Arnout. — li Alemans de la Uigne S. Auol, maistre - l'Aleman bollengier de S. Arnolt, — li Alemans chaverteires, — li Allemans cordiers, — l'Olemant corvexies, — li Alemans feivres, — f. Werneson de l'Alluet d'Ars (OM), Ancels, lou Bague bollengier, f. Burtemel Bailluct

de Montois, — f. Guersat Bairekel, — Bamin, Barangier, sg. — Barbatte (arce) preste de S. Mamin, — Barbe, Barbe (d'Outre Moselle), — Barbel (d'Aiest), sg. — Barnewit. — (f. Poincignon) de la Barre, — m. Mastout s. Martin lou Barrois, — Basius, sg. — Bataille, — Begrant, — Belcoueines, - Bellamin, sg. — Bellebarbe (d'Outre Mozele), - f. Jaikemin Bellegoule, — f. Poinsin Bellegree, — Belpaignies massons, — Berlo de Ste Rafine, — Bernage, — Bertadons, — Bertal (de Lorey OM), — Bertrans (de Jeurue), — Bessat de Vermiey, — Bice, — Bikelus, — Blammare de Richiermont, - Blanche. — Blanche prestre de S. Gergone, — Bobert de Wauille, — Boilo, — j. Lambelin Boinsuel, sr. — Boinvallas clars d'Outre Saille, — Boix, — lou Borgne, — Borrel, — li Borgons dou pont des Mors, — lou Borgon ke maint defuers lai porte des Allemans, — de Venemont lou Borgon, — Boubance, — Boucel, — lo Bouat, — Brehairs clers, — f. Symonin Brehel, - Brichanbal de Lorei, — li Brichelz de Longeuille, — Brizaie (draipiers de Rimport), - Bruenne, — Bruenne chanones de Nostre Dame la Ronde, — Bugles, — f. Thiebaut Bugle, — Burewairt, sg. — Burtemate preste, — f. Ottignon Burtille de S. Clemant, — (f. Wirion) Burtous (d'Outre Saille), — f. Thiebaut Kaibaie, — li Kairs d'Outre Moselle, — Cal, — Kauelle, — Chadeire, — Chaderons (maires de PM), — f. Lowiat de Chailley, sr. — Chaiuerles prestres de Port, — f. Poinsignon Chalons, — Chamaigne de Dornanc, — j. Poincignon Chamaigne (de S. Clemant', — f. Jaikemin Chameure, — de la Chaminee d'Ausey, — f. Pierexel Chaneuiere, — Chanuel, — f. Thomessin Chapelz = — f. Thomais de Champelz= - Thomessin, Charetit, maistre f. Colin Chasemal, — Chauerson, — f. Wairin Cherruwe, — Chiotel, — Claradine, — Cokillate de S. Julien, — f. Howignon Coillute de Flurey, sr. — Corbels (maistres eschavins), — Corbels clers = ? sr. — Corbelz prestres, — Cornal, sg. — de la Cort, - f. Wichairt de lai Court, — Constans

de S. Arnout Creature de Sauerie.
srg. Jenat Creature, f. Wiriat Crestine.
Crotte. Kunemant. Daniel (dou
Quartal). Descours. Deuamins,
f. Abert Deumont, maistres Dolosignor
(clers), Dousat, f. Watier Dowart,
Dowon, lou Duc cherreton. li Dus
dou Viueir, li Erbiers. f. Baudowin
d'Espinals, Fakenel. Fakenel f. sg.
Thiebaut, f. Nicolle Fakenel. f. Steue-
nin Fakenel, f. (?) Poinsat Facon,
Faconuers, f. Watrin Faikier de Romme-
bar, fr. Guerceriat Faixin. Fauate
de Piereuilleirs, f. Thiebaut Fernagut,
Ferrant, Ferrias, Ferrit de Porte
Serpenoize, f. Foillat, sg. Forcon
(chanone) doien de la Grant Eglixe, lou
Fransois d'Ansey, f. Katerine s. Jennat
Friandel, Frixure, f. Ancillon Gaietel
de Taixey, Gaife, Gallios, Gervou,
Giruaixe, lou Glatous de Mnigney,
Gobe d'Ostelencort, sr. Golias, li
Gorre, sr. Goule, sg. Gouerne,
Gouerne, f. Garsat Gracecher, f. Poinsi-
gnon lou Preste Graiceeher, Graineis,
f. Jaikemin Graitepaille, sg. a Grant neis
preste, lou Grant. lou Grant de Poirs,
f. Greillat, Grillas de la Posterne,
Grifons, Groignas, li Gornais n. Burtoul,
f. sg. Jofroit lou Gronaix, f. Jaikemin
lou Gornaix = sr. li Gronais. f. sg.
Poinson lou Gronaix, f. sg. Lowit lou
Gros de Lussambor, f. Garsat Guepe,
Gurdin, Haike, Haltroigniet clerc,
Hanekin corrieir, f. Warin la Heie,
Hennebour, sg. Hochedeit (d'Ars),
le Hongre, lou Hotton de Pumeruelz,
f. Hesselat Hurel, li Ynglois potiers
(de Franconrue), Jaigin, f. Jaikemin
lou Jal, f. Howairt Jallee, Jenat,
Jerney (muniers), f. sg. Forcon de Jeu-
rue, f. Ferriat Jeuwet, maistre Jeu-
wet (clerc, avocas). f. Colin Judes de S.
Priveit (OM), clers f. Symonat Leudin,
Lieboin, Loy, f. Jaikemin Lom-
bairt de Rimport, Lorate clerc, f. lou
Louf d'Ars, Louve (eschaving), li
Louais d'Ars, Loveus de S. Julien,
Lowit, Lowis mares de l'ospital ou Nuef-
bore sr. Lowis prestes de S. Laizre.
Lukins espiciers. Mukexade de Stoixey.
sr. Maignetius prestres, Maillate,
Maille, f. Ancillon Mainchelo. n. sg.
Thiebat lou Maior, Mairasse, d'Ansey
f. Mathion Malakin, Malelarc de Cha-
nillons, Maleders de S. Priveit (OM).
f. Piereson Malcors (de Chastels), Mat-
gurdit, f. Arnoult Malletraisse de Ste
Raifine, f. Lowion Mallewegne, Mauce-
val, fr. Perrin Marcout. Martin.
Mathelie, f. Poincignou Mauexin, f.
Jennat Menneit, sg. lo Mercier, li
Merciers, li Merciers (amans) f.
Renadin lou Mercier, de Metri, sr.
prestes f. Jaikelo de Metri, sr. Mente.
sg. Miesade. f. Gerardin de Moielain.
f. Thiebaut de Moielain. lou Moinne
de Montois, Moisins. Mole, dou
Molin de Nonviant, f. Symonin Monaire
de Vallieres, f. Androwat Morat d'Outre
Saille, f. Forkignon Mourat, Morel
(boulangier), f. Maiheu Moretel,
f. Rembalt Morville, Moulat, Mou-
tas clars, f. Abert Mouxe, f. Abur-
tin Murie dou Quertal, fr. Hanrekel
Muzeraigne, sr. Nerlans (prestres),
Niuart. Nockat de S. Clemant, sg. Noixe,
Odierne d'Ansey, Oilescos tenneires,
Ottignon (de S. Clemant), la Paie, dou
Puige, sg. Paillat. Paineguel,
Painine l'esnis de S. Julien, Pairain,
(sg.) Papemiate, fr. Lowit Papemiate
Papemiate (amans), f. Weirint de
la Pargiee, lo Patart, Pawillon dou
Pont loremier, Pentecoste, f. Colin
Persepiere de S. Julien, lou Petit,
Petitmaire, Petitvake (de Sus lou Mur),
Philipin, Pikadee, sr. (f. Burta-
don) Piedechalz (maistres eschavins), fr.
Piereson Pillaisce, f. Renadin Poignel,
Poinsairt, f. Jaikemin Poirel (de
Stoxey), de la Porte, f. Ancillon Pre-
uostel, Jou Proudomme de Franconrue, sg.
la Quaile, Quarteron, Rabowan,
Rafals (maires de Porsaillis), Raie-
paxel, sg. de Raigecort, aivelet

Jehenne–Jennas

Raiuetel, — Randon, — Rekeus, — f. Vguignon Rembalt de lai Vigne S. Auol, Rembeuilleirs, — Rohairt, — (f. Jaikemin) Roillon, — clers (preste) c'on dist li Rois des Jalz. — Rondat. — f. Formerion Rose, — Rossel, -- li Roucelz de Merdeney et — fr., — (Rovat) f. Aburtin lou Sauaige de Vallieres, sr. — de S. Polcort. — Sambaig, — Sandelin, sr. — Sanguewins cureirs de S. Estene lou Despaineit, — dou Sap de Rozerueles, — f. Jennat Sargent, — f. Joffroit Sauegrain, — Symairs (clers). — Soibers de Plapeuille, — Soigne f. Chalon, -- Soupe, — aveles — Soupe, — (li Moinnes) f. sg. Poinson de Strabour, — Roillon de Strabor, arcediacre — f. sg. Richart de Sus lo Mur, — Tacons clers, -- f. Jennat Teste, — (f. Piere) Thomes, — Thomessin = — f. Thomais de Champelz, sg. — de la Tor, — f. Ancel de la Tor, — Trabuchat. — f. Euriat Traivaille (de Wittoncourt, — f. Wiriat Traivaille, —) Tratin, — f. Ferriat Troexin, — f. sg. Werrit Troixin, — Trou, sg. — lou Trowant, — f. sg. Poinson lou Trowant, — Truillairt, — f. Tumelouf (de Nonviant), — Turkin, — (f. Perrin) lou Vake, — Vallas, — Vallin, — (f. Pierexel) de Vals, — f. lou Vel de Ruxit, Hanrias li Velz de S. Clemant et -- j., -- (f. Colleuat) de Vy, sg. — Vigour, — lo Vilein de Lineiuile, –Viuien, — li Vogiens de la Vigne S. Marcel, — (f. Nicolle) Wachier d'Outre Muzelle, — Waistel, — Wateron, -- f. Colin Watier de Nowilley, — Waze, — de Weiure, — Wernier, — fr. Jennat Wernier, — Werrel, — Wiborate, (sg.) — Wichart (maior de PM), — f. Arnolt Willekin de Richiermont, — Winoble (de Sancerie), — Xairolz (tenneires de lai Vigne S. Auol), — Xarrei, — Xauing, — srg. Colignon Xordel.

Jehenne 1275, 1293, 1298, Jehanne 1269, Gehenne 1277, 1285, 1288.

2. Jaikemins de Briey mairis d. —. -- de S. Clemant. — f. Poensat lou Bague de S. Clemant, — de Vals.

3. — fm. maistre Jaike lou clochenier = d. — fm. Eurion lou maignien †.

4. — f. Lowion Malart 1269, 487.
Jeinat v. Jennas.
Jeinin, Jeins v. Jennins.
Jenas, Jenat v. Jennas.
Jenesson v. Jenneson.
Jenet Culetel 1275, 50.
Jenins, Jenin, Jenis v. Jennins.
Jennante v. Jennate.
Jennas, Jennat 1245/1298, Jennaz. Jennat 1241, Jennatt 1288, Jenas, Jenat 1267/1288, 1298 *vereinzelt*, 1275, 1277 *gewöhnlich*: Jeinat 1285, 431a, Jenna 1281, 219.

1. Jenn.... 1262, 78.
— 1267, 172: 1269, 343; 1278, 389; 1293,
— ...ite 1267, 36. [270.
— f. Agatte 1285, 382.
— f. Clemin 1279, 339.
— f. Fillippin 1285, 95.
— f. Guertrut 1279, 56.
— f. Jaikemate fm. Brokairt 1279, 358.
— f. Maiance 1279, 464.
— f. Mignos 1293, 474.
— f. Moiens 1281, 454.
— f. Morat 1278, 468.
— f. Renbaut 1281, 67.
Maiheu f. — † 1293, 14b.
Wirias f. — 1298, 71.
— j. Harecort 1278, 38.

2. — d'Abigney, — Terteley d'Aiest, — f. Lowit Wesselin d'Aiest, — Fernaixe d'Airey, — Bolesse d'Alexey, — j. Goible d'Allegranges, — f. Adan d'Anerey, — f. Armaniart d'Ainglemur. — j. Gerairt lou boulangier d'Auglemur, — Arnalt d'Ansey, — Morclas d'Ansey, — la Paie d'Ansey, — Ravat d'Ansey, — f. Renart d'Ansei, — dou Ru d'Ancei, — Semetone d'Ansey. — f. Wichart d'Ansey, — f. Rainnier lou prevost d'Ars (OM), — de l'Aitre d'Ars. — Blanchars d'Ars, — Brolairs d'Ars, -- f. Poinsignon Chaneuiere d'Ars. — Fezelz d'Airs, — f. Ysanbairt Haichate d'Airs, — Jacob d'Ars, — li Lous d'Ars, — f. Richart Mauaixeteste d'Airs, — dou Mont d'Ars, -- Pichons d'Ars, — Richart d'Ars, — Ronbelat d'Ars, — lou Viel Ribat d'Ars, — Paillas d'Airs (PS), — d'Atorf, — Corbel d'Awigney, — f. Marcout d'Awigney, - Thie-

bandat d'Awigney, — f. Matheu de Baineis, de Baizaille, — Chawetel de Borney, — Joiat de Borney, — de Briey, — f. Clemignon de Chailey, — Cherriande de Chaponrue, — Syuerel de Chaponrue, — f. Burteran de Chaistels, — fr. Drowignon de Chastels, — f. Morel de Chastelz, — f. Waterin de Chastels. Formeis de Chastels, — de Chazelles, — li Grouais de Chazelles, — de Corcelles, corrierz de Corcellez ke maint en Saunerie. — Bruillairs de Corcelles, de Cronney, de Cronney ke maint a Porte Serpenoise. (f. Vguignon) de Cuxey, — (f. Thiebat) de Daier S. Jehan, d'Erkancei, f. Colin d'Arcancei, (f.) Baissey d'Ercancey, Boulesse maires d'Ercancey, — de Failley f. Thiebaut lou Borgon, — f. Weirion de Failley, lou Tawon de Failley, — f. Colin Vailat de Failley, de Fauz, — de Felieres, — f. Lukin (Lukignon) de Flanville, — Ruillat de Flanville, de Flocort, charpantier de Flurey, Goubers de Flurey, Nicbat de Flurey, f. Hanriat de Fraine, — de Frieires, — f. Burtemat de Generey, — f. Gerairt lou vies maior de Geurey, de Goens, de Grixei, j. Jakemin lou baillit Wibor de Grixei, de Jerney, de Juxey, — f. Hawion de Juxey, — f. Perrin de Juxey, li Box de Juxey, — de Landes ke maint a Lorey (OM), — Xilleromans de Leirs, Gencel de Lescey, Lambelins de Lescey, f. lou Poseant de Lescey, de Loixey, Curladel de Longeuille, l'esut de Longeuille, — Wason de Longeuille, de Lorey (OM), — j. Gobert de Lorey, f. Martin de Lorei, Alart de Lorei, Gouleie de Lorey, de Lukeunesey, de Maigney, — f. Berrel de Maigney, celleriers de Maigney, feivre de Maigney, f. Reualt lou feivre de Maigney, Boudins de Maigney, Wiborate de Maigney, — f. Henmerit de Mairuelles, Kniterne de Mairuelles, — fr. Jaikemin de Verchole de Mairuelles, f. Martin dou Mait = de Mart ke maint ai Ars (OM), — f. Symon de Maiselle, — Baimiu f. Hanriat de Maizelles, — lou Bossut de Maizelles, Menneit de Maizelles, — Seruant de Maizelles, — Watier de Maizelles, — Gaielut de Malleroit, Murlin de Malleroit, f. Colin Saillat de Malleroit, f. Burtemev de Mascres ke maint en Stoxey. de Mercey, de Mercilley, mares de Mercillei, de Molins, f. Fraillin de Molins, f. de Molins, Sarrazin de Molins, f. Abertin de Moncels, de Moncels j. Jakemin de Jerney, de Monfacon, — f. Renbaut de Mons, f. Hanrit de Montigney, — f. Hurtal de Montigney, — f. Jaikemate de Montigney, — fill. Willemin lou Borgon de Montigney, la Houpate de Noweroit, — Howas de Noweroit, de Nowesseuille, — Naivel de Nowillei, — Watier de Nowilley, — f. Howignon d'Oixey, — f. Vguignon d'Oixey, — d'Orceualz ke maint a Maicliue, — f. Jaikemin lou Coussou d'Orseualz, — f. Simon d'Ostelencort, f. Yzaumbairt d'Outre Saille, — olijers d'Outre Saille. — Cornnat d'Outre Saille, — Dantdaine d'Outre Suille, — Poires d'Outre Saille, — Xillekeur d'Outre Saille, — de Pairgney, — Fackan de Plapeuille, — Pichart maior de la confrarie de Plapeuille, — (f.) Renmonin de Plapeuille, — dou Pont ke maint a Lorey (PS), — dou Pont de Niet, — de Puxues, — berbiers dou Quartal, — Bouchate dou Quartal, — f. Teiriat de Quencey, — f. Waterat de Quensei, — f. Baicelin lou vies maior de Repiguey, Foillat de Repigney, — f. Broukairt Haize lou boulangier de Rimport, — Gnercirias cordeweneirs de Rimport, — marchans de Rimport, — de Roserueles, — de Roseruelez corvisier, — Fernaise de Rouzerueles, — f. Robin Malegraice de Rouzerueles, f. Baicelate de Ruxi, — de S. Arnout, f. Colignon de S. Arnout, f. Hanriat de S. Arnout, — boulangier de S. Arnout, cherpantier de S. Arnout, — Kaira de S. Arnout, — Cuignas de S. Arnout, Gouencl de S. Arnolt, f. Ferrit de S. Avol, de S. Clement, do S. Climent bolangierz, — Choflier de S. Clemant, — Cral de S. Clemant, Fisson

Jennas

de S. Clemant, — Gillolz de S. Clemant, — Othignon de S. Clemant, — Penat de S. Clemant, — Waterel de S. Clemant, — de S. Julien, — f. Clemant de S. Julien, — f. Colairt lo herdeir de S. Julien, — f. Ancillon Baikillon de S. Julien, — Bomere de S. Julien, — f. Jakemin Chiualleir de S. Julien, — Geude de S. Julien, — Godelz de S. Julien, — Maiguetin de S. Julien, — fr. Haurekel Muzeraigne de S. Julien, — Paikier de S. Julien. — f. Pachin de S. Julien, — dou Weit de S. Julien, — li Boins Crestiens de S. Marcel, — de S. Martin, — f. Richardin Chanpion de S Martin, — Merelz de S. Piere, — Putefins de S. Piere, — maires de la mason S. Priueit, — f. Chardat de S. Priveit, — Wichars de S. Priveit, — de Ste Rafine, — fr. Wescelin de Ste Rafine, — de Ste Rafine charpantiers, — Cowion de Ste Rafine, — f. Drowignon de S. Thiebaut, — de Sauerie, Herro de Sanerie, — Mercelin de Sanerie, — Mercerious de Sauerie, — Waterons de Sanerie, — de Serouille, — f. Ancel Maillairt de Seruigney, — massons de Siey, l'Apostole de Siey, — de lai Barre de Siey, — f. Martin lou Xume de Siey, — Bokel cordeweneir de Staixons, — Chose cordeweniers de Staixons, — Wastels drappiers de Stoixey, — pairieires de Stoxey, — de Sullignei ke maint a Maizelles, — de Tignoumont f. Werion de Flabay, — de Tinkerey, — de Vallieres, — f. Abert de Vullieres c'on dist de la Cort, — f. d. Bietrit de la Cort de Vallieres, — li Bagnes f. Aidelate de Vallieres, — de Valz, — Sarrazin de Vantous, — Trailin de Vantous, — de Verdun orfeivre, — Palleis de Virduns, — f. Ancillou de Vigey, — Graisoie de Vigey. — Xairol tennour de lai Vigne S. Auol, — clers f. Eurecho de lai Vigne S. Auol, — f. Clemeut de Villers, — f. Weiriat de Villeirs a l'Orme, — fr. Euriat de Wittoncort, — f. Mathion de Xuelles.

3. — f. Howignon l'aman, — ascrowier, — j. Jaikemin lou baillit de Jerney, — berbiers, — barbierz f. Cayfaz, — berbier de Porte Muzelle, — berbiers dou Quartal, — Hairecours berbiers, — bouchier, f. Jaikemel lou bouchier de Porsaillis, — Grillas bouchier, — Murlins bouchiers, — f. Broukairt lou boulangeir, — f. Howesou lou boleugier, — j. Gerairt lou boulangier d'Anglemur, — d'Onville boulangier, — boulangier de S. Arnout, — de S. Climent bolangierz, — Baikelz boulangier, — Brihiers boulangierz, — li Gronais bollengiers, Jallee boulangeir, — Jenwerelz boulangiers, — Xerdas bolangeirs, — cawesin, — celleriers de Maigney, — chandeliers, — f. Bauduyn lo chandelier, — chaponier, — Poirel chaponier, — charretons, — cherpentier, — f. Parixat lou cherpeutier, — j. Alexandre lou cherpantier, — cherpantier de Flurey, — cherpentiers de Nikesinrue, — cherpenteir de S. Arnout, — (f. Thieriat) de Ste Rafine cherpantiers, — lou Gronais cherpantier, — cherreirs, — f. Gererdin lou cherreir, — de Grixei cherreir, — cherreirs de Runconvalz, — Wairin cherreir, — clerc, — cler f. Jennin Burtemate, — clers f. Eurecho de lai Vigne S. Auol, — clars f. Goidelo, — clers f. Ruccelin dou Champel, — Graisneiz clers, — Official clerc, cloweteirs dou Vinier, — Bokel cordewencir de Staixons, — Chose cordeweniers de Staixons. — Guercerius cordeweneirs de Rimport, — corrierz de Corcellez ki maint en Saunerie, — li Gronnais corrieirs, — corvexier, — de Roseruelez corvisier, Callefuirt corvexier, — li Creusies maistre des drapours, — Jacos draipier, — Wastels drappiers de Stoixey, — escuwier, — Lowias espiciers, — feivre, — feivre de Maigney, — f. Renalt lou feivre de Maigney, — feivres de S. Nicolais, — f. Wiriat lou feivre, — forneir, — f. Colairt lo herdeir de S. Julien, — Boulesse maires d'Ercancey, — f. Gerairt lou vies maior de Geurey. — (vies) maior de Mercilley, — Facquenes maires d'OM, — Pichart maior de la confrarie de Plapeuille, — Barbe maires de Porsailliz, — Clowauges mares de la frarie des massons dou Tample, — maires de la mason S. Priueit, — mairexal, — li Creusies maistre des drapours, — marchans de

Rimport, — masson, — f. Poensat lo masson, — masson de Sus lou pont a Saille, — massons de Siey, Belpaigniet masson, Luckel masson, — Roirias massons, — merciers, — j. Simon lou menteir, Gatremelz muniers, — Gerneis muneirs, Guerairt munier, — Melotins muniers, — Strontpont muneir, — Doucechose natenier.
olijers d'Outre Salle, f. Remion l'olier, Rollan olier, orfeivre, de Verdun orfeivre, — (f.) Lambert oxelour, f. Poinciu lou paignor, pairiour (de Stoxey), f. Alixandre le parmautier, permantiers maris l'ouxenate, fill. Lietal lo permantier, permantiers de Menville, Blondelat permantier, Corsiers permantiers, Filsdeu permantiers, lou Gouge permantier, li Nains permantiers, Otthignon permantier, Wiars permantiers, avelet Wiart lou permantier, poxour, de Rixonville poixour, f. Colin le porrelleir, prevost d'Ars (OM), f. Rainnier lou prevost d'Ars (OM), quertier, — Putrouwes recuvreires, — Cugnat roweir, fr. Euriat lou saiblier, — salier, soieres, — f. Lowion lou sodour de Chadeleirue, — f. — lou tabourour, — f. Felepin lou taillour, — Renmonas taillieres, f. Lowit lou tannour, f. Louuyat le tanour, srg. Lowiut f. Jakemin lou tanour, — f. Renaldin lou tainor, de Briey taneres. de Burtoncort taneires, Buerneis taneres, lou Grais tennour, Xairol teunour, tixerans de Nomeuei, — lou Vadois, maris l'oxenate la vieceire, — Broiefort vieseirs, Torteluve viecer, wastelier.

4. Akar...., Aierons de Chaipeleirue, u. Aierou, Ailleris, (f. Thiebaut) de l'Aitre, de l'Aitre d'Ars (OM), Aixies, Aluirt. Alart de Lorei (OM), li Alemans, Amblevaille (de lai ruwe des Allemans), li Ameras, l'Apostole de Siey, Armantrut, Arnalt d'Ansey, des Aruolz, Aurairs, Bacal = Backaus f. Odeliate la merciere, li Bagnes (f. Aidelate de Vallieres). Baikelz boulangiers, — f. Ancillon Baikillon (de S. Julien), Baimin f. Hanriat de Maizelles, Barangins, Barbe d'Outre Muselle = Barbe maires de Porsailliz. de lai Barre, de lai Barre de Syei, Butaille, Beltamin, (f. Garsat) Bellegree, Belpaignies massons, Bernart, Berterias, Besse = Baicel = Baissey d'Ercaucey, Beudins (Bondins) de Maigney, Billo de S. Martin, f. Vguin Blanegrenou, (f. Burteran) Blanchairt d'Ars (OM), Blanche, — f Weirit Blondel de Bouxeires, Blondelat (permantier), Bobilles, Bokel cordeweneir de Staixons, (f. Auburtin) Boilo, li Boins Crestiens de S. Marcel, Bomerelz de S. Julien, Bonehaiche, Bons, f. Jenin lou Borgne, fill. Willemin lou Borgon de Montigney, Bossonneis, lou Bossut de Maizelles, Boukel de Maixieres, Boukerel, Bouket, Bouchat, Bouchate (dou Quartal), Boudat, Boulesse d'Alexey, Boulesse maires d'Ercaucey, Boutons, li Bouwas, li Box du Juxey, f. Arnout lou Brehon, Bredins de Maigney, Brihiers (boulangierz). Brocuirt, Broiefort vieseirs, Brolairs d'Ars, Bruke, Brucelet, Braillairs (de Corcelles), Brunboix, Brusadel, — Buerneis (taneres), li Bues, (f.) Bueuelat. Buhiers (=? Brihiers), f. Jennin Burtemate, Caienel, — Caignon, li Caimus, Kayns, la Kainne, Kaira de S. Arnout, — Kuirin f. Lowit lo tanor, Kuiterne de Mairuelles, Callefairt (corvexier), Caloigne, Ceunatte, (f. Weiriat) Chabosse, Chabouscel, Chaderon, fr. Steuenat Chaikaie de Wapey. Chaimenaie, Chaines, Chainois, Chaital, Chamornel, f. Thomassin de Champes. la Channe de Doncort, Chaneviere. (f. Poinsignon) Chaneuiere (d'Ars OM), f. Richardin Champion de S. Martin, Chapate, (f. Thieri) Charenxal, Charenxou, — f. Watrin Chastron, Chauin, — Chauresson, Chawetel de Borney. f. Drowin de la Chenal, Chenes de Coullambeirs, Chenon. Chermat, — Cherriande de Chapon-

16*

Jennas 244 I. Personennamen

rue, — f. Robin dou Chesne, — Cheualeir. f. Jakemin Chiualleir de S. Julien, — j. Chichedane, — Chicheus, — Chielairon de Merdeney, — Chipot de Gorze, — Choflier de S. Clemant, — Chose cordeweneirs de Staixons, — Killier, — Kize, — Clemignons, — f. Clemignon, — Clowanges mares de la frarie des massons dou Tample, — Cockelorge, — Cokenas, — Coldoie, — srg. Lukin Coldoie, — srg. Colignon Colemes, — de Coloigne, — f. Nicole lo Conte, — j. Mathion lo Conte, — Conversat, — Corbel d'Awigney, — c'on dist Corcelles, — Cornas (d'Outre Saille), — Corneaillie, — Cornixelz, — Corrion, — Corsiers permantiers, — f. Abert de Vallieres c'on dist de la Cort, — f. d. Bietrit de la Cort des Vallieres, — f. Jaikemin lou Cousson d'Orseualz, — Cowerel, — Cowion de Ste Rafine, — Crafillon, — Crailechet, — Cral de S. Clemant, — Creature, — li Creusies maistre des drapours, — f. Weirion Crohairt de Chairley, — Croitre, — Crote, — Cugnat roweir, — Cuignas de S. Arnolt, — Curladel de Longeuille, — f. Gererdat Custantin, — Daiguenel, — f. Dantdaine d'Outre Saille, — srg. Gererdat Dator, — Denise, — Deuamin, — Domangels, — Doucechose natenier, — Douville, — f. Burtemin Drowat, — Drudel, — f. sg. Lowit l'Erbier, — Eurrion, — Eurairt, — Fakenel (maires d'Outre Moselle), — (f. Jaikemin) Facon, — Fardel, — Fasars, — f. Abertin Fauconuers, — Fernaixe d'Airey, — Fernaise de Rouserueles, — Ferris, — Fezelz d'Ars (OM), — Fildeu (permantier), — Fisson de S. Clemant, — li Flamans, — Foillat de Repigney, — Formeis de Chastels, - f. Tierion Foutat, — Fraillas, — Fraxeawe. — Frexure, — Friandel de Chambieres, — f. Adenat Friandel d'Anseruille, — Gadremelz (muniers), — Gaielat (de Malleroit), — Garins, — Gawain, — f. Lambelin lou Gemel, — f. Jenin Gerairt, — Gerneis muneirs, — Gerol, — Geucel (de Lescey), — Geude de S. Julien, — Geustore, — Gillols (Gelo) de S. Clemant, — Girons, — li Glatous de Pertes, — Gocenee, — Godairt.

— Godelz de S. Julien, (f. Abert) Godexal, — Gohier, - Gondrei, — (f. Jaikemin) Gontier, — Goubers de Flurey, — Goudebers, — lou Gouge (permantier), — (f. Jakemin) Goule, — Gouleie de Lorey (OM), — li Goussas, — Gouenel de S. Arnolt, — Graindamors, — Graineis clers, - lou Grais tennour, — Graisoie de Vigey, — Grancolz. - (f. Colin) Grifon, — Grillas bouchier, — Griuelz, — Groignas, — li Gronais, - f. Thierion lo Gronaix, — li Gronais de Chazelles, — li Gronais de Fremerey. - li Gronais bollengiers, — lou Gronais cherpentier, — li Gronnais corrieirs, — Growelaire, — Guerairs aveles Peccate, — Guerairt munier, — Guercerias cordeweneirs de Rimport, — fr. Gerardin Gueremant, - Guersons, — Guiot, — Guis, — Guizelate, — Gurdin de Staisons, — Guzure, — Haiko, — li Haie, — f. Ysanbairt Haicbate d'Airs (OM), — Hairecours berbiers, — f. Broukairt Haize lou boulangier (de Rimport). Harignon, — Helleit (d'Antillei), — Herro de Sanerie, — (f.) Hertowit, - de Heu, - f. Gillon de Heu, — Houdebrans, — lu Houpate de Noweroit, — Howus de Noweroit, - Howel, — Howignon de Lorey, - li Hureses, — Hurternel, — Hunez (Huveit), - Jacob d'Ars (OM), — Jaikier, — Jaigin, — le Jal, — Jallat, — Jalee, — j. Jalleie, — Jallee boulangeir, — Jeuwerelz (boulangiers), — Joiat (de Borney), — Jordin, — Josillon, — Jonte, — Laffrairt. - Lambelins (de Lescey), — Lambert oxelour, — Lannou. — fr. Colin Lietal, — Lohier, — n. Domenjart Lohier, — Longeville, — Lorey, - Louguel, — li Lous (f. Simon) d'Ars (OM), — n. Thiebaut Louve, — Lowias (espiciers), — Luckel masson, — (f. Thiebaut Makerel), — Macors, — Maiguetiu de S. Julien, — Maigus de Nostre Dame a Chans, — f. Aucel Maillairt de Seruigney, — f. Poensate Maingoude, — Mainneual, — (fr. sg. Thiebaut) lou Maior, — f. Robin Malegraice de Rouzerueles, — (f. Androwin) Malglaue, — Mallerbe f. Thiebaut Angueuel, — Malnoues, — Marchant, — Marcowairs, — Mariou, - Martin,

— Mastillon. — Matekin, — Mathelie de la rue dou Preit, — Maton. — f. Bellamie fm. Richairt Mauaixeteste d'Airs (OM), — Melesant, — Melotins muniers, — f. Colin Mennegont, — Menneis, — Mercelin de Sanerie, — Mercerions de Sanerie, — Merel (de S. Piere), — Merlo, · f. Androwat Modesse, — Molin, — dou Mont (d'Ars OM), — f. — dou Mont (d'Ars), — Moras, — Morcelas, — Morcy, — Morel, — f. Hanriat Morel, — Mourel ke fait les pourpoins, — Morelas (d'Ansey), — Morisas, — lou Mossut (don Waide). — Mouxius, — (f. Thierit) Murlin (bouchier). — Murlin de Malleroit, — fr. Hanriat Museraigne de S. Julien. — li Nains (permantiers). — Naivel (de Nowillei). — Nerlans, — Nichat de Flurey, — Niennels, — lou Noir. — Noirons, — f. Burtignon Noisci, — f. sg. Thierit de Nouviant. — Official (avelet Soibert) (clerc). — Otignons (de S. Clemant) (permantier), — j. — Othignon, — Paikier (de S. Julien). li Paie d'Ansey, — Paignol, — Paillas d'Airs (PS), — lou Pain, — Palleis de Virduns, — Paneguelz. — Paraige, — l'atrouyves recuvreires, — Patuel, — la Peirche, — Penat (de S. Clemant), — l'esnt de Longeuille. — Petisvakes, — Pettart, — Petrecol, — Peuchas (dou Champ a Saille) = — Pouchas, — Pichars, — Pichole, — Pichons d'Ars (OM), — Pietel, — Poirel chaponier, — Poires d'Outre Salle, — f. Herman lou Polut de Wackremont, — Porree, ·· Porteasne, — Poubele, — Poxerainne. — Prevotez, — lou Prince d'Arnaville, — Prodomme, — li Prouancels de Seuerey, — Pullekel, — Putefins de S. Piere, — Quequier, — f. (Theirion) Raieboix, — Raignelenel. — Raixewin de Montois. — Ransebacon. — Ravat (d'Ansey), — Rauetez, — Rekeus. — Renmonas taillieres, — Renmonius de Plapeuille, — Renbaut, — Rennier (t. Renbaut de Mons), — Rennolz, — Ribout (de Chapponrue), — Ricairs, — Richart d'Ars (OM), — Rigal f. Androwat Modesse, — Robin, — lou Roge, — lou Roi, — Roirius massons, — Rollans (olier), — Romaicle, — le Rot, — Roubelas (d'Ars OM), — lou Rocel, — lou Roucel f. Hauriat de Montigney, — Roncel, — Ronsse, vaillet sg. Thierit de Laibrie, — Roucillon de Maiey, — Rouzeruelles, — Roze, — Ruckas. — Ruillat de Flanville, — f. Colin Saillat de Malleroit, — Sairie, — Saiuetel, — Sargent, — Sarrazin de Molins, — Sarrazin de Vantous, — Sauignons, — Semetone d'Ansey, — Semion, — Sennate, - Seruant (de Maizelles), — Symairs, — Simeon, — Syuerelz (de Chaponrue), — aveles Jehan Soupe, — Spillebone, — Stenelat, — Stokainne de Fays, — Stockairt, — Strontpont muneir, — Suerate, — paraistre enf. Tago, — Tallelaigne, — lou Tawon de Failley, — Tertelcis (d'Aiest), — Teste, — Thiebat (de Daier S. Jehan), — Thiebaudat d'Awigney, — Tortehuve (riecer), — Trailin de Vantous, — lou Traiant, — Traivaille (f. Eurion de Wittoncourt), — Trestel, — Trichas, — Tro, — Trotel, — li Trowans, — Vguignou, — li Vakes (de la Vigne S. Auol), — f. Aburtin Vaichate, — f. Colin Vailat de Failley, — Vazelles, — lou Vetre, — f. Huart le Veule, — lou Viel Ribat d'Ars (OM), — Vigey, — Wairin (cherrier), — Wason (de Longeuille), — Wastels (drappiers de Stoixey), — Waterel (de S. Clemant), — Waterons (de Sanerie), — Watier de Maizelles, — Watier de Nowilley, — dou Weit (de S. Julien), — f. Mathen Wernaire de S. Julien, — Wernier, — Wessel, — Wesselins. — f. Jennin Wesselin (d'Aiest), — f. Lowit Wesselin, — Wiars permantiers, — Wiborate de Maigney, — Wichars (f. Colin Judes) de S. Priveit, — Willemat, — Witiers, — lou Xaibe, — Xairo (tonnour de lai Vigne S. Auol), — Xerdas (bolangeirs de S. Martinrowe), — Xillekeur d'Outre Saille, — Xillepaiste, — Xilleromans (de Leirs), — Xonekin, — Xordels (fr. Jaikemin lou prevost), — li Xours. — f. Martin lou Xume de Siey, — f. Domangin Zondac.

5. Jehant — 1269, 514.
Maheu — (v. Maheus Jeuwes) 1269, 161.
Jennate 1245, 1269/1298, Jennatte 1251, Jennante 1262.

1. — f. Afelix 1278, 37.
— f. Afelixil 1281, 592.
— fm. Pierel 1269, 470.
2. — d'Anwerey, — de Badrecort, — fm. Bertran au Groseuz. — de Gercy, — de Lorey (OM). — f. sg. Abert de Verey.
3. — fm. Jennat Grillat bouchier. — f. Yzanbairt corvexeir dou Quartal, — fm. Marcire feivre. — fm. Richairt feivre de Maizelles †. — s. Jaikemin mairexal, — fm. Perrot maizuwier, — f. Benoitin poxour †, — la Uadoise.
4. — Blanche (la Vadoize). d. — f. sg. Jaike Boilawe †, — fm. Thiebaut Borgant, — f. Guersat Bouxon, — fm. Lambelin Briat †, — hoir Colin Bruee, — f. Colin Kairin, — f. Burteran Charrate †. — fm. Jennat Croitre † = — (fm. Jehan) Crote †, — f. Jennat Dantdaisne, — f. Symon Faucon † = d. — s. Poensat Faucon, — fm. Rainnier Garite de S. Priveit (OM), — la Gemerasse, — fm. Jennat Grillat bouchier, — fm. Matheu lou Gros, — fm. Aurowin Herbel †, — f. Colin Poirel.

Jennecas, Jennecat 1278, 1288, 1290, Geinecat 1277.
— Bruainne 1278, 334.
— f. Jenat Dantdaine 1277, 272.
— Daudaine 1290, 365a.
— Goule 1288, 23, 340, 341.

Jennelz, Jennel.
— f. Arnalt d'Ansey 1288, 514.
— de Bezeicort 1290, 414d.
— d'Espinalz chaivreteires 1288, 41.

Jennerel (verschrieben für Jennetel?)
— f. Drowin de la Chenal 1298, 614.
= Jennat f. Drowin de la Cheual 1293, 654.

Jenneson 1285, 1293, 1298, Jenesson 1275.
1. —, t. ou ban de Malleroit 1285, 161. Hanris li hanepiers srg. — 1275, 54.
3. — potier 1298, 193.
4. — Coueit 1293, 208.

Jennetels, Jennetel 1285/98, Jennetes 1281.
1. —, c. molin a Abecort 1281, 78.
2. — f. Symonin de Montois 1293, 447.
— de Waipei 1285, 140.
4. — Wesselin 1290, 150; 1293, 17; 1298, d'Aiest 1293, 196. [383, 487.

— f. Lowit Wesselin d'Aiest 1288, 367.

Jennins, Jennin 1241/1298, Jennis 1241, Jenins, Jenin 1279/1298 *vereinzelt*, 1267. 1269 *nicht selten*. 1275, 1277 *gewöhnlich.* Jenis, Jeins 1227, Jeinin 1275, 335, Gennin 1285. 213.
1. —, ms. en Frenelrue 1269, 58.
—, t. en la voie de Chamenat 1285, 62.
—. vg. (Chamenat? Nommeney?) 1285, 62.
— f. Arnoult 1281, 542.
— f. Habignon 1269, 352.
— f. Jordenat 1288, 235.
— f. d. Marguerite 1267, 164.
— f. Riole 1241, 119.
— fr. Werrel 1278, 504.
— j. Menegout 1267, 473.
— j. Porirel 1245, 42.
2. — Bruyne d'Aiest, — Chasemal d'Aiest, — Wesselin d'Aiest, — f. Anchier d'Ansey. — (f.) Berdin d'Ansey, — Chopart d'Ansey. — Houzars d'Ansey, — la Paie d'Ansey, — d'Ariance, — Cornenierans d'Ars (OM), — Jolenas d'Ars (OM), — d'Auilleis, — f. Ysanbairt de Bixe, — de Champillons, — de Chastels, — f. Waterin de Chastels, — de Chastels wastelier, — (f.) Formeit de Chastels, — de Chazelles, — de Couperelrue. — f. sg. Huon de la Croix ontre Mosele, — de Demes, — de la Folie, — de Fraine, — de Gorze, — de Gorze amans, — Dadat de Gorze, — Steuolz de Gorze, — de Lay, — Braie de Longeuille, — Pesut de Longeuille, — li Ruillais de Longeuille, — Gusure de Maiselles, — lou Saine de Maizelles, — de Marlei, — de la Mars, — de Mercey, — de Moince, — f. Hawit dou Mont de Molins. — Seriate de Molins, — de Mons, — maior de Montois, — de Morei, — de Morville, — de Nancey, — de Nonviant, — d'Otouuile, — Boudat fornier d'Outre Musele, — Jacob d'Outre Moselle. — Andreus clers d'Ontre Saille, — f. Androuwat Monrat d'Outre Saille, — Poires d'Outre Saille, — le Villat d'Outre Saille, — de Pargney, — f. Domangin de Pertes, — f. Renmonin de Plapeuille, — f. Colin Facan de Plapeville, — de Porcheis, — f. Watherin de Porchies, — dou

Quertal, — wercollier dou Quertal, — Morekin de Rimport, — f. Colin de Roncort, — de Roseruelles. — de Rupigney, — maires de Ste Barbe, — de S. Clemant, — f. Wairin de S. Clemaut, — mairlier de S. Clemant, — Budin de S. Clemant, — Laicholle de S. Clemant, — Bakillon de S. Julien, — Bonnel de S. Julien, — Josterel de S. Julien, — Oson de S. Julien, — de Sanerie, — f. Robert de Sanerie, — cherpentiers de Sanerie, — Aberons de Sanerie, — Winoble de Sanerie, — f. Coweit de Siey, — lou Porcelat de Siey, — lou Vassal de Siey. — Clemins de Siey, — Gelinate de Syei, — Waro de Siey, — de Trieues, — Kaillerdel de lai Vigne S. Auol. — Coillairt de lai Vigne S. Auol. — Xairol tennour de lai Vigne S. Auol. — fill. Escelin de Viguueles, — de Villers, — lou Praigue de Villeirs a l'Orme, — de Wacremont, — f. Barran de Wapey, — de Wapey f. Colliu, — et Bertins de Wapei. — de Bixe de Waippey, — Roucel de Wapey, — de Witoucort.

3. — de Gorze amans, — bochiers, — Charrate bochiers, — bolangiers, — Bouchate bolangiers. — Chaie boulangier, — de Goins chaponniers, — charpantiers, — charpentier fr. Symon lou Blanc, — de Cuuerei charpantierz, — cherpentiers de Sanerie, — clers f. Felepin de Serouille, — Andreus clers d'Outre Saille, — (f. Jakemin) Graneis clers. — cordier, — Ponrenmont cordewenier, — doien, — doien dou pont Rainmont, — escrowier, — espinciers, — feivre de Chambres, — feivre de Porte Serpenoise, — Boudat fornier d'Outre Muselle, — grehier, — huchier, — lavour, — magnien de Sor lo Mur, — maior de Moutois, — maires de Ste Barbe, — mairlier (de S. Clemant), — Gernei munier, — mutiers, — oliers, — permantier, — permantiers f. Heilowate de Maicliue, — Robenat et — les olieirs c'on dist ke sont parmantier, — Girvout permantier, — Minnerel parmantier, — pisor, — prevost, — quartier, — fr. Euriat lou saiblier, — Cairin tennour, — lou Grais tennour, — Xairol tennour, — tournor, — tourseleir, — tupinier, —

li Vadois. — voweit, — wasteley, — wastelier de Chastels, — wercollier, dou Quertal.

4. — Aberons (de Sanerie), — l'Afichiet, — Aileit, — l'Alleman, — Andreus clers d'Outre Saille, — Aurair, — Awedeux, — Bakillon (de S. Julien), — lou Bague, — Bairetels, — Barbels, — Baron, — Barrois, — Baudesons d'Aboucort, — Belamin, — Bellegoule, - fr. Tieriat Benoite, — Berdins d'Ansey, — Besselin, — Beudin, — Billon. — Blanche, — Bokel, — Bokeson de S. Martinrue, — Bolande, — Bonins, — Bonnel (de S. Julien), — Bonsuelle, — lou Borgne, — Boukechegne (de S. Julien), — Bouchate (bolangiers), — Boudat fornier d'Outre Muselle, — Braie de Longeuille. — Brichambaus, — Bruainne (d'Aiest), — Brullairs, — Brulleville, — Budin de S. Clemant, — Budri, — Bugles, — Bullie, — Burnat, — Burtemate, — Cabo, — Cabutel de Chieuremont, — Kaillerdel de lai Vigne S. Auol, — Cairin tennour, — Kalus. — f. lou Camus, — Kaneuelle, — Kareheu, Chabosse, — Chaie boulangier, — Chairaidine (= Clairaidine?), — Chaizelles, — Chanet, — Charrate (bochiers), — Charreton (de Vies Bucherie), — li Charrois, — Chasemal (d'Aiest), — Chastron, — Chernaige. — Chiotel, — Chonel, — Chopart d'Ansey, — Claradine, — Clemins de Siey, — Coillairt (de lai Vigne S. Auol), — lou Conte de Saney, — Cornonierans (d'Ars OM), — de la Cort, — lou Cortois, — Cotterels, — Couvee, — Cowe, — Cowions de Ste Rafine, — Creature, — Cristine, — f. Ancel le Croisiet, — Cullarde, — Culletel, — Cunemans, — Cunin, — Dadat de Gorze, — Daigairs d'Alexey, — lou Degoutel de Noweroit, - Deuloufist, — Doreit, — Eurechos, — f. Colin Facan de Plapeville, — (f. Johan) Fakenel, — Faucrel, — Foille, — Folei, — de la Fontenne, — Forneis de Chastels, — Fontat de Chaizelles, — Foui, — Frankelin, — Fraxeawe, — Friandel, — Fulekel, — Furuels, — Galee, — Galice, — Gaidas, — Gelinate de Syei, — Gerairt, — Gernei munier, — Geruaise, — Girvout permantier, — lo Glatous, — Goullee de Lorey (OM),

Jennins–de Jeurue   248   I. Personennamen

— Gous, — Gouval (de S. Ylaire), — Gracialz, — lou Grais tennour, — Graivier, — (f. Jakemin) Graneis clers, — le Grant, — f. sg. Huon Grassecher, — Gratepaille, — Groignas, — lo Gronnais (d'Anglemur), — Gropain de Malencort, — Guedre, — Guelemant, — lou Guerre d'Aipilley, — j. Symonin Guille de S. Arnol, — Guillins, — Gurdin, — Gusure de Maiselles, — Haike, — Hainnios, — Harol, — Henmexon de Sanrey, — Hernouz de Dornanc, — Hocherels, — fr. Warin lou Hongre, — Houzars d'Ansey, — Hurteruel, — Yugebour, — Yzambairt, — Jacob (d'Otre Moselle), — Joleuas d'Ars (OM), — lou Jolif de Haboinville, — Josterel (de S. Julien), — Juliaz, — Juwes, — Laicholle (de S. Clemant), — Langue, — Loue, — Lucie, — le Maal, — Malglaue, — Mallegoule, — Malnouelz, — Marcowairt, Maretel, — Marrie, — Marroit, — Mercille = — Mersire, — li Mies, — Minnerel (parmantier), — Moysel, — Mole, — f. Hawit dou Mont de Molins, — (f. Androwat) Morat (d'Outre Saille), — Morekin (de Rimport), — Morel, — Murie de Vallieres, — Navel de Chairley, — lou Noble, — Noiroil, — Novelet, — Oliue, — Oson (de S. Julien), — Oxey, — Pagaine, — la Paie d'Ansey, — Paingne, — Panceron, — Paneguel f. Adant d'Anerey, — Pargeire, — Pastels, la Perche, — Pesteit, — Pesut de Longeuille, — Petel, — Petitvacke, — (li) Picairs, — Picotin, — (f. Bertadon) Piedeschals, — Pierars, — Pillebone, — Pistal, — Pixart f. Bugnat de Longeawe, — Poirel (d'Outre Saille), — Ponel, — Ponrenmont cordewenier, — lou Porcelat de Siey, — lou Praigue de Villeirs a l'Orme, — Prenostel de Macleve, — Raidenal, — de Raigecort, — Rauetez, — Riole, — Rohairt, — Rosin, — lou Roucel (de Chaminat), — Roucel, — Roucel de Wapey, — Ruke, — Ruillais de Lougeuille, — Ruterel de Chailley, — Saieschauce, — lou Saive de Maizelles, — Sarie, — Sauerit, — Sauingne, — Seriate de Molins, — lou Sogue, — Soppe, — Steuolz de Gorze, — Strasous, — Tago, — lou Tawon de Failley, — Teste,

— Thievelins, — (f. Bertrant) de la Tour, — lou Traiant, — f. Burtremin Trauers de Maiey, — lou Troueit, — Truillart, — li Truans, — lou Turelat, — lou Vassal de Siey, — Vigey, — lou Vilat (d'Outre Salle, — Villain, — Waboriou, — Wallandel, — Walleran, — Waro de Siey, — Wauos, — Werrel, — Wesselin (d'Aiest), — Winobie (de Sanerie), — Wiskeman, — Xairol tennour de lai Vigne S. Auol, — Xaixol, — (lo) Xaning, — Xaiving de Maigney, — Xawecotte, — Xerde de Juxey, — Xissot.

5. Girart — de Sciey, Jakemat f. 1251, 63.
Jennolles, Jennolle 1275, 1279, 1285, 1290, 1293, Jennole 1288, 1293, 1298.

4. — Mallebouche 1275, 357; 1279, 425; 1285, 124; 1288, 81; 1290, 204; 1298, 96.
5. Colignons   1293, 237, 521a.
Jennon de Moince   1241, 166.
— de Rozerueles, Burtemat f.   1293, 653.
Jerairt v. Gerars.
Jerney 1290, Gerneis, Gernei 1281, 1290, Jarney 1262. v. IV.
Jaikemin —   1262, 326.
Jehans — muniers   1290, 99, 543.
Jennas — muneirs   1281, 391.
Jennin — munier   1290, 320.
Jeudon d'Airei †, sg. Jaike lou preste f.
Jeuet v. Jeuwes.   [1288, 51.
de **Jeurue** 1241/1279, 1285, 1288, 1293, 1298, Jeuruwe 1278, 1285, Juerue 1227, Jueruwe 1281, Jurue 1251 (v. IV. Mes, Jeurue).

P.[1])

1 sg. Warnier — 1241

2 Forkignon	— = sr. Forkes	— d. Colate
1227, 1241	1245/51 [1250 C]	1262/69

Jehans	Yngrans	Steuenins	Thiebaus
Forcous[2])	Forcous	Forcons	Forcons

3 Remions —	= Remeis —	— d. Anels
1227/41	maires de l'S 1241	1275
	[1250 J], sg. 1269/93	

---

[1]) *De Wailly 2 K (1214)* Li uons des escheving ke furent presen...... Abers de Jeuruwe ....

[2]) v. Forcous.

I. Personennamen 249 de **Jeurue**

Ancels j. d. Anel = Ancel f. sg. Pieron de
1275. 438   Sanerie 1290, 245

4 Jacob — 1262/79 [1250 C]   5 Mahen —
Poinsate   Ysabels   6 Wichars
1269/98   1269/98   1262

7 Pieros — 1262/81 [1250 J]

? fm.   8 Thiebans 9 Bauduyn Clemensate
Aburtin   1278   1278   s. Poin-
Lohier   = Thieb.   = Baud.   signon
1278/79   Pierolz   Pierolz   la Peirche
          1281/1298 1278/85   1298
Poinsate, fm. Jennin Piedechans,
f. Pierol — ? 1281. 551

10 sg. Bertran —[1] † 1269 [1250 J]

Margueron 11 Jakemin Sairie 13 Jehans
1262   1267/69 1279/81 Bertrans —
Anel   = J. Bertran   1275/93
1293   1269, † 1279   maires d'OM
          12 Gillat 1290   1285
Joffroit de Chastels avelet sg. Bertran —
                               1277/85
d. Aileit — 1267

1. sg. Warnier —, Forkignon f. 1241, 41.
2. Forkinons —
pb. ms. (PS)   1227, 4.
pb. vg. au Mainil (OM)   1227, 15.
= Forkignon, f. sg. Warnier —, ms. en
  Chambeires   1241, 41. [60.
= sr. Forkes — pb. ms. ensom lui (PM) 1245,
plantei (OM) ki est don ceusal sg. F. 1245, 152.
pb. por la chieze Deu de Chastillons 1251, 175.
d. Colate, fm. sg. Forkon,
pb. t. daier les planteis a pont Thiefroit 1262,
ms. en Rainport   1267, 278. [404.
ms. outre Muselle   1269, 286.
  les enfans sg. Forcon (v. I. Forkons),
en Planteis davant lou pont Thiefroit entre t.
vg. a Mesnit (OM) enc. 1281, 334. [1279, 586.
3. Remions —
pb. ms. (PS)   1227, 63.

---

[1] *Prost VI, 1223* Bertrans li filz dame
Odelie de Jeurue.

er. a Wapei   1241, 54.
= Remeis — maires de Porsaillis 1241, 56*.
= sg. Remei, desor Bienuoi enc. t. (PM) 1269,
  la moitiet dou quairt dou pois de [348.
  Porte Muselle ke pairt a   1277, 228.
†, en Jeurue anc. ms.   1293, 530.
= sg. Remei, ensom la gr. (PM)[1] 1251, 188.
  areis la t. (PM)   1262, 123.
a Ste Rafine ou ban sg. R.   1277, 441.
ou ban d'Escey enc. sg. R. 1278, 594, 642.
on Rouwal lonc sg. R. (OM)   1285, 98.
dav. la gr. sg. R. a Chaistillons (PM) 1285, 312*.
devant Grumont anc. la t. sg. R. 1288, 312.
en Jeurue antre l'ost. ke fut sg. R. et...
                                  1290. 465.
Jehans Bertrans et d. Anels, fm. sg. Remei
  —, et Ancels, ces j., et Gillas de Valz
pb. 9 mues de vin ou ban de Rousernetes
  4. Jacob — († 1279, 492)   [1275, 438.
pb. vg. a Manit (OM)   1262, 388.
daier Ste Creux ms. ke fut J. — 1285, 428.
en Jeurue grant ms. ke fut J. — (PS) 1293.
  Poinsate et Ysubels, f. Jacob —. [530.
pb. 11 s. ms. en S. Martinrue   1269, 288.
pb. 30½, s. 2 ms. en Staizon   1269, 430.
pb. 11 s. ms. (PS)   1275, 369.
pb. ms. et cort Jenat Bouchate (PS) 1277, 322.
pb. 11 s. ms. ke fut Jennin Bouchat en S.
  Martinrowe   1279, 492.
ms. ke fut Jennin Bouchate (PS) 1279, 507.
pb. 4 s. 3 d. moins ms. au Sanerie 1285, 56.
en Lenbinpreit enc. vg. les filles J. — (OM)
                                 1285, 126.
vg. desous Montigney et fose   1288, 64.
vg. sus Lubipreit (OM)   1288. 87. 105.
pb. meis en Nikesierne   1293, 148.
pb. 4 lb. ms. daier S. Nicolais 1293, 272.
pb. por les Proicherasses dou Vinier davant
  Sallebour   1298, 257.
pb. por Ste Glosenne   1298, 514a.
5. 6. Wichars, f. Maheu —.
pb. vg. ou ban de Syei   1262, 89.

---

[1] *De Wailly 334 J (1294 a. St.)* la grainge
de Grumont ... siet antre les vignes de
Mes et la grainge sg. Remei de Jeurue
de Mes.

de **Jeurue**

pb. vg. (OM) 1262, 90.
7. Pieros —[1])
pb. t. desous S. Audreu 1262, 178.
43 s. t. en Belnoir 1267, 36.
cort que fut lo senexal (PS) 1267, 70.
12 d. ms. on pont des Mors 1267, 138.
ait aquiteit (a Thiebaut de Moielen) la date et la wageire des 200 lb. ke Joiffrois li Bagues li doit. 1277, 344.
kant ke P. — † tenoit a Silleirs et ou ban, aq. Thiebant, f. P. — 1278, 43.
kant ke a Nowilley et ou ban, kant ke en la droiture de Choibey, $2^{1}/_{4}$ moies de vin, aq. Bauduyn, f. Pierol 1278, 44.
104 s. geixent sus ms. Pierol en la plaice en Jeuruwe, aq. Thiebaut et Baudowin, les 2 f. Pierol 1278, 83.
$11^{1}/_{2}$ s. sus la gr. ke fut P. — et sus les chans daier S. Andreu, aq. Thiebaut, f. Piero 1278, 126.
er. (PS) com Aburtins Lohiers ait de par Pierol, son seur, aq. Bauduyn Piero 1278,
Aburtins Lohiers pb. er. eschent de pair [148. Pierol, son seur, por tant com Ab. ait paict por Pierol 1279, 83.
ms. anc. Ste Creux (PS) 1281, 533.
ms. et gr. ke fut Pierol — (PS), aq. Abertin Lohier 1281, 539.
Jennins Piedechaus pb. ms. ke fut Pierol an lai plaice an Jeuruwe (PS) venue de pair Poinsate, sa fm. 1281, 551.
26 jorn. de t. ar. dezous S. Andren ke furent Pierol -, aq. Abertin Lohier 1285, 222.
8. Thiebaut, f. Pierol —,
v. 7. Pieros — 1278, 43, 83, 126.
= **Thiebaus Pierolz**.
$23^{1}/_{2}$ s. por la sote de l'er. d'Anceruille 12 lb. er. a Ancernille et en [1281, 268. tous les bans 1298, 120.
9. Bauduyn, f. Pierol —,
v. 7. Pieros — 1278, 44, 83.
= **Bauduyn Piero**, v. 7. Pieros 1278, 148.
20 s. chak. et vg. lou xenexal 1281, 189.

---
[1]) *De Wailly 171 (1276)* maison outre Saille a nuef pont redoit 6 d. et 2 chapons a Pierol de Jeurue.

250   I. Personennamen

23 s. ms. en Chambieres 1281, 328.
vg. ou ban de S. Julien 1285, 170.
Clemansate, s. Poincignon la Peirche, fm. Badewin Piero 1298, 96.
10. sg. Bertran —, Margueron f., gr., 2 ms., meis en Humbercort 1262, 287.
Jofroit (de Chastels), avelat sg. Bertran — † 1277, 72^{12}, 141; 1281, 276; 1285, 447, 554.
11. Jakemin, f. sg. Bertran — †, et Maheu Malakin et Maheu Jenat, vg. en Vendeborse ou ban de S. Julien 1269, 161.
= Jaikemins, f. sg. Bertran, pb. t. et er. ai Owigne et en tor Awigne 1267, 77.
= **Jakemins Bertrans** et Bauduyns Louve pb. tout le ban et toute la centainne d'Awygneit et toute la justice de la centeinne 1269, 266.
„ pb. pr. en Rowal ai Awygneit 1269, 468.
ms. an Jeuruwe ke fut J. B. 1285, 298.
= Jaik. B. de Jenrue, a Awigney enc. l'ost. ke fut J. B. 1293, 300.
d. Sairic, fm. Jakemin Burteran — †, pb. ms. en Chadeleirne devant les molins 1279, ou ban de Mairley deleis la fm. J. B. [35.
12. Gillat. f. Jakemin Bertran †, [1281, 94.
12 d. vg. ou ban de Rozerueles 1290, 566.
13. Jehans Bertrans (de Jeurue 1285, 173).
et d. Anels, fm. sg. Remei —, et Ancels, ces j., et Gillas de Vals pb. 9 mues de vin ou ban de Rouserneles 1275, 438.
pb. ms. daier Ste Creux 1278, 115.
pb. sansal et ennalz deniers en Awigney 1278.
pb. 17 s. ms. enc. Ste Creux 1278, 544. [543.
pb. ms. sus lou Mur 1281, 273.
maires d'Outre Muselle 1285, 1°. [1285, 74.
pb. maisonselle daier sa ms. daier Ste Creux 2 pairs don quart ou pois c'on dist de Porte Muzelle 1285, 173.
pb. vg. entre Ste Kafine et Juxey ou ban S. Arnolt 1285, 514.
pb. ms. en Chaubres et ms. as Roches 1288.
pb. 3 s. ms. sus lou Mur 1290, 236.]305.
pb. er. Anel, sai s., de pair p. et m. 1293,
pb. 2 pairs des 2 pairs ms. [411, 526, 650.
daier la Monoie 1293, 527.
d. Aleit —,
vg. a Wappeit 1267, $514a^2$.

Jeuwait, Jeuwe v. Jeuwes.
Jeuwerelz, Jeuwerel.
Jennas — boulangiers 1298, 95a, 248.
Jeuwes, Jeuwet 1267, 1275/1298, Jeuwait 1298. Jeuwe (nom. ohne s) 1285, 258, Juwes, Juwet 1251, 1267, Juves 1267, Juez, Juet 1275, Jeuet 1275, Jeuat 1269, 161[1]), Jewat 1269, 430.

P.

1 Jennins — 1251   2 Garsiliat — 1267

3 Maheus — 1267/1288

Anel 1278 fm.	Marguerite 1278/1281
Thiebaut Baizin	srg. Poinsignon Simon
4 Ferrias —[2]) 1267/1293	Merguerite 1279

enfans 5 Jehans 1288/98 6 Colins
1298   = Jehans Ferrias   Ferrias
              1293[3]) (f. Ferriat —?) 1298
     Jaikemate t. Jehan Ferriat 1293

7 maistres Jehans — li clers 1275/1293

1. Jennins —
pb. gr. ou pont Thieffroit   1251, 68.
2. Garsiliat —.
vg. ens Abues, vg. desor Valieres, 2 s. vg.
en Acelinvigne   1267, 4.
ms. daier Ste Crux, 2 ms. en Staisons 1267, 371.
3. Maheus —,
$^1/_2$ chakeur a Nouillei   1267, 15.
ms. en la ruelle daier S. Marc 1267, 259.
pb. ms. daier Ste Crux, 2 ms. en Staisons
Jakemin, f. sg. Bertran de Jeu- [1267, 371.
  rue †, et Maheu Malakin et Maheu —, vg.
en Veudeborse ou ban de S. Julien 1269, 161.
en Staizon daier la gr.   1269, 430.
ms. et 2 ms. daier ke vout fuers a

---

[1]) *Im Textband ist Jenat gedruckt.*

[2]) *Die Schreinsurkunde 30. XI. 1277 (M. Bez.-A. H. 3118) trägt den Vermerk* Ferriat Jeuwet l'escript. *Also war Ferrias Jeuwes Aman.*

[3]) *Die Schreinsurkunde 20 I. 1298 a. St. (M. Bez.-A. Ste Croix Nachtrag) = Rolleneintrag 1298, 648 trägt den Vermerk* Jehans Ferriat l'escrit. *Also war auch Jehans Ferriat Aman.*

Staixons   1275, 196.
vg. entre Villers a l'Orme et .. 1275, 284.
vg. ou ban de S. Julien 1275, 322.
kant ke a Nowilley et a Nowesseville 1275, 325.
pr. ou ban de Cuvercy ke fut M. — 1277, 81.
tout l'er. a Flauey ke fut M. — 1279, 26.
ms. outre Moselle en la ruelle daier S.
  Marc   1279, 571.
er. de Quent et de Prenoit dovoit 30/$_2$ s.
  a M. —   1288, 225[20].
Anel, f. Maheu —, fm. Thiebaut Baizin
Marguerite, f. Maheu —. [1278, 311.
pb. ms. a la Creus outre Muselle 1278, 666.
ms. a la creus outre Moselle 1279, 112.
Poinsiguons Simons pb. er. Marguerite,
  sa srg. (OM)   1281, 556.
4. Ferrias —
pb. maix. outre Moselle dav. la porte 1267, 459.
pb. vg. ou ban de S. Julien   1275, 322.
pb. 35 jorn. de t. et box ou ban d'Ango-
  danges   1277, 425.
pb. 1 meu de vin a Malpartux entre Ma-
  ranges et Pierevillers   1277, 426.
et Colignons Mourelz pb. $^1/_3$ ms. en Chic-
  uremont   1278, 424.
pb. $^1/_2$ molin daier S. Jehan. 15 s. ms. da-
  vant Longeteire et en Glatigney 1278, 664.
pb. ms. en S. Vincentrue et vg. en Felieres
   1279, 158.
pb. 2 pieces de vg. a Chesne a S. Julien
  ke furent sg. Jehan Bellebarbe, k'il
  ait pris en mariage en Merguerite,
  sa fm.   1279, 190.
pb. ms., maix. 2 chak. outre Moselle 1279, 328.
ms. outre Moselle   1279, 329.
Ferrias — et Colins Morels 1279, 342.
ms. en S. Vincentrue 1281, 298.
ms. outre Muselle doit 25 s. 1290, 247.
et Deumnin et Violate, en fm., sigue-
  raige de la santaime de Maixieres et de
  Leirs, bois et hommes et femmes ou ban
  de Maxieres et de Leirs, venus de part
  sg. Werrit Troixin et l'arixe, sa
  premiere fm.   1290, 278.
mainbors F. —, 7 quartes de wayn moitange
  er. de Gandelauges 1293, 181.
les enfans F. —, ou ban de Maxieres enc.
ou ban de Fremeicort anc. lou [1293, 664.

lou **Jeuwet–Joiat**

joncrit et la t. 1298, 634.
5. Jehans, f. Ferriat —,
pb. vg. ou ban de S. Julien 1288, 365.
pb. t. ou ban de Maxieres 1298, 636.
pb. er. ou ban de Fremeicort 1298, 637.
pb. gr. et meis daier S. Vincent 1298. 638.
Thiebas Bertadons et Colins Ferrias et
J., f. F. —. pb. er. ou ban de Rommebar
– Jehans Ferrias |1298, 639.
pb. por la chiese de Deu de Justemont 1293,
mainbors maistre Jehan — 1293, 679. [117.
6. Colins Ferrias (v. 5. Jehans) 1298,
7. Jehan — lo cler [639.
vg. antre Dous chamins. vg. (OM) 1275, 289.
gr., meis. estainche en S. Vincentrue 1285, 249.
= Jehans — li avocas pb. 6 s. ms. outre
Moselle ensom S. Jehan lou Petit 1277, 144.
= maistres Jehans — li clers
pb. ms. a Porte Cerpenoise 1281, 282.
pb. ms., gr., court outre Moselle et voie
ke vait sus les murs 1285, 258.
ms. en Anglemur 1285, 536.
pb. vg., ms., meis, maix. (PM) 1290, 328.
Jehans Bertadons, Jehans Ferrias et Jaike-
mate, sa tante, mainbor maistre Jehan —,
pb. 2 s. ms. otre Muselle 1293, 679.
lou **Jeuwet**.
Jaikemin — de Maigney 1298, 104, 115, 116b.
Jenat, Jeuet, Jewat v. Jeuwes.
Jhesu, Heilewi 1285. 306.
Joffrignons, Joffrignon 1267. 1269, 1285,
1290, Joiffrignon 1277. 1278, Joiffroingnon
1278.
1. — n. Roillon de la Porte 1285, 110.
3. — bouchier 1269, 563.
— draipiers n. Roillon de la Porte 1290, 417.
4. — Bonairt 1278, 470.
— Villain 1267. 423; 1277, 84.
Joffrois 1241, 1251/98, Joffroiz 1269, Joffroit
1251/98, Joiffroi 1241, 1269, 1275. 1290,
Jofrois 1227, Jofrois, Jofroit 1262. 1275/98,
Joiffrois, Joiffroit 1251, 1262, 1275,90, 1298,
Joiffroiz 1279, Joifrois. Joifroit 1278, 1281.
1. — t. (PS) 1267, 218.
Jaikemins et — ces fr., t. a Alexey 1293, 419.
gr. a Airs deleis Abigney 1293, 564.
— M.... 1262, 87.
oirs – – . . . . . 1262, 132.

2. — d'Amanvilleirs, — voweis d'Aman-
villeirs, — (f. Symon) d'Aspremont, —
mesires — de Bertranges li Jones, — de
Chastels, — f. Steuenin de Chastels, — (de
Chaistelz) aveles sg. Bertran de Jeurue,
de Chastels chanone de S. Sauour, — f.
Guibert de Gorze, — f. Vguignon de Li-
eous, — de Prays, — avelat Chiot de S.
Martin, — f. sg. Werrit de Sanei, — de Siey.
3. — arcenour, — de Chastels chanone
de S. Sauour, sr. — (Boullate) chanones de
S. Piere a Uous, sr. — Aixiez chanones de
Mes, sg. — lou Gronaix chanone, — clerc
fr. Arnoul Aixiet, — feivres, — avelet d.
Hawit lai telleire, — dou Preit vieceirs.
4. — Abris, — Aisiet, — f. sg. — Aixiet,
— Aixies chanones de Mes, — Auchies, — (f.
sg. Huon) lou Bague, — Barekez, — Beiars,
— Bellegree, — f. Poinson Bellegree,
(f. sg. Wautier) Bellegree, — d'Ansey f.
Martin Blanchate, — Boilawe, (f. —)
Boinvallat (maires d'Outre Moselle), — Bo-
nars, — Boukin, sr. — Boullate chanones
de S. Piere a Uous, (f. Arnout) Chane-
ueire, — Corbel, — f. sg. Nicolle Coulon
= — fr. Jehan Colon chanone de Mes, —
(f. Steuenat) Cuerdefor, — Domate, — Eu-
rielz, — (f. Jenin) Gerairt, — Groignas,
sr. — li Gronais (maistres eschevins), sg.
— lou Gronaix chanone, — lou Hungre, —
Hurel, — f. sg. Abrit Yngraut, — (f. Gerar-
din) Jallee, — (f. Howart) Jallee, — j. Ho-
wart Jallee, — (de Chastels) avelet sg.
Bertran de Jeurue, — Joute, — Makerel,
— Malcheual, — Malrewars, — le Mercier
= — Boinvallat, — f. Jehan lou Mercier,
Milikins, — f. Xandrin Morekin. — f. Ma-
heu Moretel, — f. Bauduyn Muneir, — f.
Aburtin Murie dou Quertal, Vguignons
Pettars f. —, — Pietdeschaus, — f. Poince
Richart, — (f. Jaike) Roncel. — f. Hauriat
lou Saive, — Sauegrain, — f. sg. Gerairt
de Sorbeis, — de Suz le Mur, — de lai
Tour, — f. sg. Poinson lou Trowant.
Johans, Johan v. Jehans.
Joiat de Romont †, Hanris f. 1293, 261.
Jenuat 1293, 448.
de Borney 1293, 459.

Joiffrignon, Joiffroingnon v. Joffrignons.
Joiffrois, Joifrois v. Joffrois.
Jolenas,[1]) Jennins, d'Ars (OM) et Rollans
 ces f.   1293, 143.
lou **Jolif**, Colin   1293, 596.
Jennin — de Haboinville   1293, 637.
Jones, maistre Simon   1279, 291.
 Bertrans n.   1279, 531.
li **Jones** 1275/1279, li Jone 1278.
mesires Jofrois de Bertranges — 1275, 267.
Reinnaires — arceneires   1275, 173.
Poincignon Chalons —   1278, 206, 293.
Thiebaus li Gornais —   1288, 74.
la **Jordainne** v. la Jordeine.
Jordains, Jordain 1241, 1262, 1269/1281,
1290, Jordein 1269, Jordin 1278.
  3. fm. — lo bochier   1241, 147.
maistre -, Maffroit le fillastre 1269, 121.
fm. maistre — et Maffroit son f. 1269, 558.
  4. — Marrois massons   1290, 69b.
  5. frere Hanrit —   1279, 157.
maistre Hanrit —[2]) 1278, 199; 1281, 604.
 erg. les enfans Howairt Jallee et Tiguienne
 sai fm.   1290, 342.
Howins —   1262, 82; 1269, 284.
 Claresate fm.   1275, 241.
Jennat —   1278, 350.
la **Jordeine** 1241, la Jordainne 1251.
Aileit —   1241, 95.
—, ms. ensom Viez Bucherie   1251, 65.
Jordenat 1275, 1277, 1285, 1288.
  1. —, Jennin f.   1288, 235.
—-, Symouins j.   1275, 390.
  2. — de Wapey, Avrairs f. 1277, 160; 1288,
  3. — tanor. Vguignons f. 1288, 20. [256.
  5. Stenenat —   1285, 551.
Jordin v. Jordains.
Jorgenat l'avelait Collemann   1293, 679.

---

[1]) *De Wailly 350 H (1297)* deleis la terre Jenat Jolevat au Vigueivas sus lou chamin (Ars OM).

[2]) *De Wailly 347 G (1296 a. St.)* por les XX s. de meceins de cens ke maistres Hanris Jordains qui fut douvoit as prestes perrochalz de Mes sus IIII jornals ke geisent ou ban S. Martin devant Mes.

Jorgin, Colle   1267, 131, 134.
Jornee 1227/45, 1267, 1277, 1279/1290, 1298.
Jorneie 1279. Jornaie 1285, 1293.
Abillate —   1277, 223; 1279, 374.
Balduins —   1241, 121; 1245, 102.
Burtemin —   1277, 223.
 de Stoxey   1285, 299.
 †, Jaikemate fm.   1298, 409.
Gerars —   1227, 48.
Poensate —, Steuenas f.   1267, 273.
 „ — dou pont Rainmont, Steuenas f. 1267.
Poinsignon —   1281, 165. [282.
Poinsins — 1279, 273, 566; 1288, 2; 1293, 18.
 ke maiut an Stoxey   1290, 307. [459.
Steuenat —   1267, 272.
Weiriat — 1279, 361; 1285.-306, 314a, 324;
Josel v. Jozelz.   [1288, 19.
Joseph lo poissor   1241, 191.
Josillon, Jennat   1281, 334.
Josselat, cellier a Nouviant   1293, 692.
Josselins, Josselin 1285, 1293, 1298.
  1. —, vg. en lai Chenal   1298, 527[4].
— et Marcat et Thierit ces 2 fr. 1293, 180.
  2. — de S. Clemant   1293, 440.
  3. — boulangier   1285, 231.
Jossels v. Jozelz.
Josterelz, Josterel 1275, 1277, 1279/1285,
Jostere 1285, 311, Joterels, Joterel 1262, 1267.
Jennin — de S. Julien   1262, 300.
 †, Renadin f.   1281, 170, 381b.
 Theirias f. 1277, 184; 1278, 391; 1279, 2.
Poencignons — de S. Julien   1267, 292.
 fr. Poinsate   1275, 292.
Renadins — (v. Jenniu) 1279, 23; 1285, 165c.
 de S. Julien, fr. Thieriat — 1285, 311.
Tieriat — (v. Jennin, Renadin) 1285, 11.
Jote, Jothe v. Joute.
Jotelate, Jotelatte v. Joutelate.
Joterels, Joterel v. Josterelz.
Joute 1267, 1275/1288, 1293, 1298, Jouthe.
Jothe 1251, Jote 1227/1245, 1262, 1269, 1275,
1281, 1285, 1290, 1293.
  a) Frauenname:
  1. —, ms. en Chaponrue 1293, 204[34] = 284
  — fm. Odin   1251, 119, 235. [= 349[a].
  3. — fm. Jallat lou bouchier 1285, 216;
              1290, 366.
  — la chaudeliere   1281, 510.

Joute–de Jueruwe

b) Familienname:
P.
[Joffrois — (7) m. e. 1312].
1. Thierions —
pb. ms. au Change a Porsaliz   1227, 8.
2. Jennaz —
pb. ms. sor lo pont Reimout   1241, 9.
2 lb. ms. an Furneirue   1281, 254.
3. Thiebaus —
pb. 2 ms. en Saunerie   1245, 67.
ms. en Sancrie   1262, 283.
pb. maisons a Porte Mosselle   1267, 165.
ms. en Furneirue   1278, 483.
12½ s. vg. au Culloit   1285, 195.
ms. an Chadeleirue asancit a   1288, 339.
ait laieit a cens ms. en Viez Bucherie, pia.
14 s. 4 d. a Ysabel, sa f.   1298, 334.
=? Thiebaut — d'Outre Saille, ms. (OM)
4. Thierias —,   [1251, 156.
8½ s. 1¼ ms. (PS)   1269, 87.
pb. 12 s. 4 chap. jardin en la voie de Molins. 4 s. 6 d. et 6 quartes de bleif, 3 de soile, 3 d'avoinne t. ar. ou ban de Montigney et de Longeuille, ms. et jard. a Longeville, vg. en la coste S. Quentin   1275, 471.
pb. vg. ens Allnez sus Muzelle   1277, 165.
pb. er. en tous les bans de Juxey, de Vals et de Ste Rafine   1279, 579.
vg. ens Allues (PM)   1281, 165.
73½ s. 3 ms. (PS)   1281, 255.
Ailixate, fm. Thieriat — († 1298),
pb. vg. ou ban de Wapey   1293, 635.
t. ou ban d'Escey   1298. 615.
2 s. su vg. ou ban de Wapei   1298, 659.
5. Colin —,
vg. ou ban de Montignei   1275, 44a.
6. Perrin —,
5 s. geixent sus l'ost. a Porte Muzelle 1288,
10 s. ms. eu Aiest   1293, 435. [334.
7. Joffrois —
pb. 2 st. an Visegnues   1281, 450.
pb. vg. au Freires   1288, 557.
pb. 4 s. 7½ d. vg. en IIII Queles ou ban S. Clemaut   1293, 46.
Jontelate 1267, 1278, 1279, 1285, Jotelate 1245, Jotelatte 1251.   [332.
2. — d'Outre Muzelle, Jaikemins f. 1285,

5. Colignon —   1267, 280.
Colin —   1278, 394; 1279, 130.
Reunier son seur   1278, 428.
Yzaibelz f. C. — †   1285, 8, 149.
Piericeon — 1245, 69, 154; 1251, 92, 269.
Jouthe v. Joute.
Jouwate la queleire, Jehan f.   1298, 403.
Jouancel 1290, 1293, Geuancel 1288.
Gererdat —   1288, 459.
ke maint en lai grainge S. Piere 1290, 429.
f. Aburtin Grillat de Maigney 1293, 581b.
Gererdat — de Maigney. Colin Cortebraie et Aurowin ces 2 fr.   1293, 534.
Jozelz, Jozel 1278, 1285, Josel 1281, Jossels 1288, 1293.
P.
1 Jozel †
———————————————————
2 Jaikemins   3 Arnols — 1278/1293
   1285   j. sg. Jehan de S. Pocort
           1281, 1288
1. 2. Jozel †, Jaikemins f.,
pb. 40 s. ms. (OM), vg. a Alexey, 12 s. gr., jard. et vg. a Alexey, 6 s. t. a Alexey et ou ban d'Alexey, aq. Arnout —, son fr.
3. Arnols —   [1285, 105.
fr. Jaikemin f. Jozel   1285, 105.
sr. Jehans de S. Pocort, ses seurs 1281, 577; 1288, 531.
pb. vg. a Alexey   1278, 423.
31 s. ⅓ ms. davant S. Sauor ke fut Jaikemin lou Doien   1281, 577.
43½ s. ⅔ ms. ke fut Jaikemin lou Doien (OM)   1288, 531.
10 s. geist sus ms. ou il maint davant S. Sauor (OM)   1293, 146.
Jozienne.
Pieresou lou clerc d'Ancey et Mation sou f. et Jehan sou j. et Alixon — sa f. 1293.
Judes.   [660.
Nicolle · · †, Colin Bouton avelet 1281, 274.
Colin — de S. Priveit (OM)
Howin f.   1298, 349.
Thiebat f.   1293, 680.
Thiebat et Jehan f.   1293, 609.
Jennat Wichart f.   1285, 546 Anm.
Wichart f.   1298, 675.
Thierias — bouchiers   1298, 111.
de **Juerue**, de **Jueruwe** v. de Jeurue.

Juez, Juet v. Jeuwes.
Juliaz, Jennins 1245, 158.
Juliene, d. 1245, 95.
Kathelie f. d. — 1241, 2.
Werion f. — de Wapei 1241, 54.
li **Jumel** v. Gemels (4 Thierions) 1262, 391.
de **Jurue** v. de Jeurue.
Juves, Juwes v. Jeuwes.

K. v. C.

L.

Laberal, ms. (PM) 1269, 386.
de **Labrie** v. de Laibrie.
Lachebarbe, ms. (PS) 1245, 172²⁶.
four — outre Saille 1278, 503.
Laches 1285, Lachet 1278, Loichas 1277.
la seure — 1278, 620.
Colins — d'Outre Muzelle 1277, 317; 1285,
Lacillons v. Laicillons. [126.
Laffrairt, Jennat, Odeliate fm. 1285, 369.
Steuenat — de S. Clemaut 1293, 523b.
lou **Laffrait,** Domange, de Maigney, Poin-
 cignon f. 1290, 401.
de **Laibrie** 1267, 1275/1279, 1288/1293, de
Labrie 1267/1275, 1288. v. IV.
 P.
 d. Beliart dou pont Rainmon 1267

1 sr. Thieris —	4 Poencignons —
1267/79, † 1288	1267/79, † 1290

2 Renals —	3 sr. Jehans —	Beliart	5 Colignons
1288/90	chan. de S. Merguerite		1293
	Thiebaut 1288 1290/93		

6 Alixandre — 1269

1. sr. **Thieris** —, fr. Poencignon fil d.
 Beliart dou pont Rainmon 1267, 9, 37.
10 s. ms. (PS) 1267, 235.
et Bertaldon Piedeschas de Jeurue, vg. desor
S. Julien 1267, 269.
at asseneit 40 s. ms. (PM) 1269, 164.
ms. et gr. en Aiest. vg. ou ban de S. Julien
et de Vallieres, kant k'il avoit a Aiees
et Tremerey et Ostelaincort, et ms. en

Dairangerue, por tant com il doit¹) 1275, 17.
kan k'il at a Crepey, Aisins, Silliers. Abes
et Helestor et le molin de Blasey, por
tant com il doit¹) 1275, 63.
la charree de vin d'Ars et de Siey, can k'il
ait a Richiermont, Vcanges et delai Orne,
por tant com il doit¹) 1275, 127.
Jennat Roussel, vaillet sg. Th. — 1275, 344.
ou ban sg. Thierit — (Vallieres) 1277, 164.
enc. vg. (ou ban de Vallieres) 1278, 421¹⁴.
ms. en la rowelle en Rimport doit 3 d. et
 1 chappon 1279, 187.
ou ban Laibrie (Vallieres) 1279, 378.
pb. la corcelle dou Cairue en Rimport 1279,
ou ban les oirs sg. Thierit — (Val- [419.
 lieres) 1288, 114⁶.
enc. vg. (PM) 1288, 357.
en Chenalz enc. vg. (PM) 1288, 358.
 2. Renals —²), f. sg. Thierit — † 1288,
 [383, 384a.
j. Vguignon Hunebour 1288, 296, 384, 559.
cant ke d'er. a Vallieres et . ou ban, por
 tant com Vg. Hunebour ait en waige
 por sg. Thierit — 1288, 296.
er. ke sr. Thieris — avoit ou ban de Cil-
 leirs et d'Ansins 1288, 383.
kan ke d'er. a Crepey et aillours, por tant
 ... en waige .. 1288, 384a.
demme de Richiermont part a 1288, 513.
tout l'er. a Richiermont et ou ban, por
 tant ... en waige 1288, 559.
a Vallieres an Seneivalz ou ban Renalt —,
 aq. a Rembalt de Vallieres, lou maior
 Renalt — 1290, 282.
 3. sr. Jehans —, chanones de S. Thiebaut,
pb. er. de pair peire et meire 1288, 211.
 4. Poencignons, f. d. Beliart dou pont
 Rainmon, pb. grant ms. enc. lo mostier
 de S. Hylaire que fut d. Beliart, sa

---
¹) *Der Eintrag ist durchgestrichen.*
²) *Bannrollen I. LXXII, (1293)* Et c'il ne
 randoit, ... et Renals, f. sg. Theirit de
 Laibrie †, li randeroient com droit dator.
 Li sires Thiebaus li Gronais doit a ...
et Renalt, f. sg. Theirit de Laibrie †,
 $\overset{XX}{XIIII}$ lb. de mt.

m., et vg. sus Desermont et $^1/_2$ molin en Longeteire, k'il at espartit encontre sg. Thieri, son fr.[1]) 1267, 9.
pb. er. que d. Beliars avoit a Crepei et ou ban. k'il at espartit encontre sg. Thieri —, son fr., et 20 s. ms. outre Saille et $^1/_2$ ms. a Porsaillis et droiture sus Praels[1]) 1267, 37.
en Aiest enc. l'ost. Poinsignon, fr. sg. Th. — 1275, 17.
= Poensignon —. a Porsaillis enc. ms. 1279, Beliairt et Merguerite, f. Poin- [452. cignou — †, ms. a Porsaillis 1290, 202. Merguerite, f. P. — †, t. ar. en Hem 1293.
5. Colignons, f. Poinsignon —, [573b. grant ms. a Crepey et meis et er. a Crepey, Pertes, Chainney et en bans 1293, 574.
6. Alixandre —.
Matheuz Makaires pb. er. ou ban de Laibrie (OM) por 1269, 503.
de lai **Laike**, d. Guepe, de Luppei, Wiriat f. 1298, 278.
Laicholle, Jennin, de S. Clemant, Pierreson f. 1290, 530.
Laicillons 1245, Lacillons, Lacillon 1241, 1245. Poincignons — 1241, 72; 1245, 12, 75, 159.
Laignel lou charreton 1269, 176.
Lairden, Burtemin 1293, 432.
Lambelas, Lambelat 1251, 1262, 1288/98, Laubelat 1279.
1. —, ms. en S. Jehanrue 1293, 515.
fm. — 1262, 225.
3. — boulangeir, — chaponiers, — convers, — orfeivre, — taillieres n. sg. Willame de Hombor.
4. — Folat, — (f.) Malroit (d'Airs PS) = — Marroit.
Lambelins, Lambelin 1251/75, 1278/98, Lanbelins, Lanbelin 1241, 1245, 1275/85, 1298. v. V. Lambelinchamp.
1. — et Pielin 1251, 229.
2. — d'Ameles, — de Berlise, — de Crepey, — f. Willame de Lorei (OM), — **de Maixeroi**, — f. Weiriat de Maizelles, — de Morinville, — f. Maithen de Vairney,

— dou Waide.
3. — arcenor, — berbiers (ke maint sus lou pont a Saille), — bolangiers, — boullangier de Burlixe, — boullangeirs dou Waide. — fr. Abertin de Taixey lou bolengier, — feivres, — mairliers d'Airey, — permantier de Couperelrue, — permantier j. Willame lou feivre, — pezour, — recuvetor de la rue lo Voeit, — tornour, — tripier.
4. — Boinsuel, — Briate, — f. Symonin Cayn, — Chabontel, — Chaufelawe de Pontois, — li Gemels (de Lescey), — Narion, — Royx, — Ravat, — f. Jennat Raivat, — la Staiche, — Trauaille.
5. Jennas — 1290, 266, 267; 1293, 625. Jennas — de Lescey 1290, 109, 517, 518; 1293, 338, 655; 1298, 169.
Lambers, Lambert 1262/98, Lanbers, Laubert 1245, 1278/88, 1298. v. V. Lanbertfoce. Lanbertvalz.
1. champ — ou ban de Luppey 1290, 464c. — et Avroyns fr. 1267, 219.
2. — (f. Clemance) de Dornant, — escheving de Dornant, — f. Collat de Maigney, — de Noweroit, — de Nowilley, — d'Oixey, — de Rixonville, — de S. Julien, — de Silleirs.
3. — boulangier, — chadeliers, — de Rembuecort cherpentiers, — clars de Remilley, — couteir, — feivres de Sanerie, maistre — (lo meie), — meutier, — oixillour, sg. preste des Bourdes, — fr. Colignou lou taillor, — tixeran, — vallez les anfanz Huon le Begue.
4. — l'Ardenois, — Katelic, — lou Gros d'Alencourt, — de Heu, — Taixairt.
5. Benoit [Lan?]bert 1245, 180.
Gerait — de Vignuelles 1281, 102.
Jennat — oxelour†, Lowias et Symonas enf. Mariate f. l'oixillour 1262, 137. [1290, 11.
Wasas f. — l'oxilour 1262, 136; 1267, 293.
Jennas fr. Wasat 1267, 293.
Thomessins — 1285, 117b, 481.
f. — d'Airs† 1285, 116.
— d'Airs 1285, 121; 1288, 510.

P. [in. c. 1349].
1. sg. — de Porte Mosselle, d. Ossanne fm. —,

---

[1]) *Der Eintrag ist durchgestrichen.*

ms. ensom la ms. Adan le tepenier 1262, 295.
2. Witiers — maires d'OM 1267, 151*.
pb. 2 s. ms. en Sanerie 1275, 304.
pb. teil rante et droiture com Poinsignons
—, ces fr., avoit a Ste Rafine 1277, 419.
pb. 10 s. ms. outre Moselle 1277, 420.
pb. 4½ s. vg. en Planteiz (PS) 1278, 289.
pb. 4 s. gr. dav. lou molin a Wapey et t.
pb. 20 s. nueve ms. en Sanerie [1278, 334.
enc. la tupeneire 1279, 346.
pb. vg. ans Allues (PM) 1281, 165.
pb. er. a Ruxit 1281, 351.
pb. 2 chap. et 6 d. 2 ms. (PM) 1281, 352.
pb. 2 st. an la halle des tenours ou Champ
a Saille 1281, 482.
anc. l'ost. lai tuppeneire davant l'ost. Wi-
tier — † 1293, 7.
Clairaidine, fm. Witier — †, au Staixon
antre ms. les signors de S. Pol et 1298, 18.
ms. an Sanerie doit 23 s. 1298, 231.
3. Poencignons —. fr. Witier 1277, 419.
pb. 12 s. ms. en la Vigne S. Marcel 1267, 456.
et Abrions Domate pb. por l'ospital de Porte
Moszelle 1269, 43.
en Sanerie enc. P. — 1269, 159.
ms. en Sanerie doit 23 s. 1269, 171.
rante et droiture a Ste Rafine 1277, 419.
5 s. ms. (OM) 1278, 579.
droit et raixon ou tonneur (PM) 1279, 414.
4. Hanrias —, fr. Poinsignou 1279, 414.
ms. en Chaipeleirue doit 4 lb. et 12 d. 1278, 255.
pb. partie en 41 d. 2 st. en la halle des
permanteirs en Chambres 1278, 411.
pb. teil droit et raison com Poinsignons,
ces fr., avoit ou tonneur 1279, 414.
pb. ½ molin a Alexey 1285, 347.

pb. vg. a chief de la Paisture a S. Julien 1288.
pb. 10 s. ms. a pont a Moselle 1293, 201. [19.
5. Thiebaus —
(de Porte Muzelle 1277, 186).
er. de par Poixenatte, sa sure 1267, 145.
ms. Adan lo tupenier siet devant l'ost Th. —
pb. 110 s. ost. en Jeurne 1267, 171. [1267, 170.
pb ms. en Chambres 1267, 512.
pb. ms. en Saunerie 1269, 357.
pb. vg. sus Champonfontenne ou ban de
S. Julien 1277, 186.
pb. 25 s. ost en Franconrue 1278, 633.
pb. 8 lb. 2 ms. et gr. en Sauerie 1279, 372.
pb. 4 lb. ms. (PM) et vg. antre Longeville
et Siey 1981, 355 = 564.
devant l'ost. Thiebant — (PM) 1288, 359, 360.
6. Poincignons, f. Thiebaut — †,
pb. ms. en Sanerie 1293, 21.
7. Colignons —
pb. 7½ s. t. en Willamechamp devers lou
poncel de Wapey 1293, 677.
otre Muselle anc. l'ost. C. — 1293, 679.
pb. t. outre Muselle daier les Dames 1298, 668.
Lanbillon 1288, 1298, Lanbillon 1298.
1. vg. — davant S. Laidre 1298, 98.
Domangin f. — 1288, 503.
2. — de Juxey, Gerardin Bunee j. 1298.
Lambresat Clarie, Maheus f. 1267, 346. [620.
Lampres 1277, Lamprez 1269, Lamprest
1298, Lanprest 1298.
2. — de Mommestorf 1277, 48.
3. — arceneres 1269, 398.
-- cherpantier 1293, 33.
5. Thiebat —, Anel fm. 1298, 597.
Lanbelat, Lanbelin v. Lamb....
Lanbers, Lanbillon v. Lamb....

Lambers

1 sg. — de Porte Muselle¹) ~ d. Ossanne 1202

2 Witiers — ²) ~	Clairaidine	3 Poencignons —	4 Hanrias —	5 Thiebaus — ³)
1267/81, † 1293	1298	1267/79	1279/93	1267/88, 1293
maires d'OM 1267				j. Poixenatte 1267

7 Colignons — 1293/98

6 Poincignons 1293

¹) v. I. de Porte Muselle, *Anmerkung* 4.
²) *De Wailly* 254/255 (1286) S. 180 C and J Witier Lanbert amin les anfans Thie-
baut Kaibaie.
³) *Bannr. I, LXVIII*, 18 (= 1285, 497) Thiebaut Lambert l'escrit, de l'airche Wielz.

17

Langue–Lieborate

Langue, Jennins 1278, 644.
Symonins — 1290, 541; 1293, 667.
Languedor.
.... — pb. 1262, 308.
Et pb. — 1262, 310.
Jaikemin f. — 1267, 326.
Piere — 1277, 242.
Willermins — 1262, 34; 1267, 355; 1277,
Lannon v. Lasnon. [299; 1278, 289.
Lanprest v. Lampres.
Lantille, Fraillin 1251, 248.
Larrivelt 1293, 126.
Lasnon, Lannon (= l'ânon).
Jennat — 1245, 69. 154.
Laschepronne, Colin 1267, 330.
Laudia, Roillon 1277, 235⁰.
Lawaite (la waite = la garde: v. V. la Waite).
Huguignon — 1269, 556.
Lecate, Lekate v. Lucate.
Lecelin, Colin fr. 1275, 418.
Lecherie v. Licherie.
Lescharse, d. Ermengete 1275, 458.
Leucairt, Leukairs v. Leucart.
Leucardon d'Airey, Perrin f. 1279, 104.
Leucart 1275, 1278/79, 1288, 1298, Leucairt 1277, 1279, 1293, Leukairs, Leukairt 1275, 1279, 1285, Leuchar 1262, Luckart 1251 (*Frauenname*).
1. —, ms. (PS) 1251, 126.
—, ms. en Sanerie doit 20 s. a 1285, 380.
—, ms. ai Faillei 1262, 121.
—, ost. a. Juxey 1275, 485.
2. — de Juxei, Baduyn f. 1298, 595.
Rolas f. 1278, 179; 1279, 576.
d. — fm. Ancel de Taney † 1279, 244, 450.
d. — de Verduns 1277, 106.
3. — ke vant lou mairien 1293, 465.
- - li Vadoise 1275, 494; 1288, 515ᵇ.
Leukate v. Lucate.
Leuchar v. Leucart.
Leucherin de Lorey 1298, 43.
Leudanguer (v. Luedanguel).
Burtemin — †, Colignon f. 1293, 201.
Leudas de Hageuille 1275, 452.
Leudignons, Leudignon.
— et Lucate sa fm. 1293, 681³.
Colignons f. Jaikemate d'Ansey et — ces
srg. 1279, 312.

Leudins, Leudin 1285/1298, Lendinz 1269.
1. — (= — lou taillour),
ost. ou Champel 1290, 29.
— j. Symoniu Brehel 1285, 60; 1290, 60.
2 — premier marit Agate fille Vguin
lou Patart d'Ansey 1293, 359.
3. — taillour, ms. a l'antree dou Champel 1288, 376; 1298, 54a.
5. Symonat — 1285, 23.
de Chailey 1269, 348, 349.
†, Jehans li clers f. 1293, 1.
Libewin, la fm. sg. 1220. 14.
Licate, Likate v. Lucate.
Like v. Luke.
Licherie 1267, 1269, 1277, 1281/1288, 1298, Lichierie 1275. Lecherie 1267.
Boinsvallas — 1275, 217.
Margueron — 1267, 405.
Roillons — de Vallieres 1288, 335.
Waterat — 1288, 14.
†, Marguerate fm. 1285, 316.
Willermin — 1267, 405; 1277, 343; 1281, 91.
li orfeivres 1285, 437, 438.
Marguerite f. W. — fm. Hanrekel do
Seruignei 1298, 124.
Jehans li orfeivrez j. W. —¹) 1269, 536.
Likins v. Luckins.
Liebans, Liebaut.
—, fiz 1220, 17.
Mertignous — de Maizelles 1298, 247.
Colignon l'olier j. 1298, 259.
Liebert²) de Heu 1277, 76.
Lieboin, Jehan 1227, 23; 1245, 48.
Liebor v. Liebors.
Lieborate 1298, Liebourate 1285.
— de Chaizelles 1298, 523.
— f. Poinsate de Molins 1298, 331.
— fm. Jennat lo boulangier de S. Arnout †
1285, 231.

---

¹) *Bannr. I, LXVII, 10* (= *1285, 437*)
Jehan de Verdun (= Jennat de Verdun l'orfeivre) lou jaure Willemin Lichirie qui fut.

²) *Prost XLVI, 1255* Waterat lou freire Liebert la demec maxon... au la ruelle d'Anglemur.

Lieborjon, Colignon 1293, 128; 1298, 578.
Liebors, Liebor (*Frauenname*).
—. Bacelins f. 1241, 109, 190.
— de Molins 1285, 230b.
Jeinius li espinciers, Arnols et Pieresons seu fr., Ermangete et — lor s. 1275, 116.
— fm. Doignon Crochart de Nouniant 1275,
Liebourate v. Lieborate. [256.
Liedoit[1]) de Pompaig 1245, 172²⁴.
Liedrias, Liedriat.
Perrins f. — 1298, 559.
Perrins — de Chastels 1298, 584.
— Marrois de Chastels 1298, 593.
Liejars, Liejart (*Frauenname*).
Jehans f. — de Bomont et Robins ces srg., Richardin et Domanjat fil — desor dite
Lienairs, Lienairt. [1298, 148.
— de Sanei 1290, 320.
— chavreis 1279, 8.
— chaivriel de Chambres 1281, 421.
Lietairt 1281, 1285, Lietair 1281, Lietars 1267. = Lietal, v. Lietal boulangier, stuvour.
1. — et Mairiate (v. 3) 1281, 475.
2. — de Maizelles † 1285, 201.
— d'Outremaizelles 1267, 92.
3. — boulangier de Maizelles, Mariate fm. (v. 1) 1281, 231².
— de la Sture (PS) 1281, 53.
Lietals 1220, 1278, Lietalz 1278, 1285, 1290, 1293. Lietal 1267, 1277/1298. Lietalt 1241. 1278, Lietas, Lietax Lietaz, Lietauz, Lietaut 1269, Lietaus 1269, 1275, 1277, 1279, 1281, Lietaulz 1277. (v. Lietairt).
1. pet. ms. en lai rowelle dav. l'ost. — daier ms. en S. Martinrue 1290, 175.
—, st. de lai halle des permantiers en Visegnues (v. 3) 1281, 286.
—, ost. outre Saille (v. P.) 1290, 91.
2. - et Colignons de Chapponrue 1277, 276.
3. — boulangiers, — boulangeirs de Maizelles, — boweir, — doien, — permantiers, — Merchan lou parmantier, — stuvour.
4. — Bordon, — Gougenel de S. Arnoult, —

f. Jaikemin Herman, — fr. Colignon Lucate.
— fr. Mertignon Lucate, — Marchant (parmantier).
P. [— 1250 C][1])
1. Hugins — [m. e. 1223]
pb. aluez ou ban de Uilers 1220, 40.
2. 3. Cunon —, Philipin lo clerc f., vg. en Abues (PS) 1241, 20.
4. Colins — [1269, 107.
et Jennins Rauetez pb. partie en 2 ms. (PS)
pb. 15 s. ms. daier S. Eukaire 1269, 245.
pb. por l'ospital des Allemans 1269, 246.
pb. por sg. Thomas preste de S. [427, 428.
Eukaire 1269, 247.
et Giles Kaies pb. vg. en Herberclo 1275.
5. Jenat, fr. Colin —, [182.
t. ar. ou ban de Borney 1277, 247.
Lietars v. Lietart.
Lietas, Lietaulz, Lietaus v. Lietals.
Lieurecho lou cherpantier 1293, 382¹⁵.
Lieuerit 1290, Lieverit 1288, Lieurit 1281.
— de Chaponrue, Crestenue fm. 1290, 150.
— seur Burtignon de Wermeranges 1288, Maithen — 1281, 250. [125.
Lihart, Thieriat, f. Malebeste 1269, 303. de **Linei** P.[1])
Thiebaut —, ms. (OM) 1245, 231.
Lisote, Clodin 1245, 172²².
Lodeman, Lodemant.
— et Domangin de Bouxeires 1278, 477, 486.
Lodewis, Lodewit 1275, 1293, Loudewit 1290.
—, ms. (PS) 1275, 398.
— lou Mowel 1293, 469,
— Weingnemaille 1290, 352.
lou **Lof** v. li Lous.
Lohiers, Lohier 1267/1298, Loihiers, Loihier, Loihers 1251 (v. Sohiers).
P.
1. Naimeris —
pb. 7 lb. halle des chavrers ou Champ a Saille, ms. et ressaige jusc'a Nueborc, 60 s. ms. en Chaurerrue 1251, 16a.
pb. ms. outre Saille 1251, 16b.
pb. er. ou ban de Flannile et entresca S.

---

[1]) *Prost LXIII, 1300* les anfans Marguerite Liedewy ki fut .... la maison .... en la ruwe lou Vouweit.

[1]) *Ben. III, 199 (1250)* cil des Lietalx et cil de Liney a la Posterue.

17*

Lohiers

Aignien et desca la crois desor Silliers et descai Retonfay 1251, 17.
ms. sor Mosele 1251, 86.
enc. ms. Neumerit — (PS) 1277, 38.
ms. ke fut Nainmerit — (PS) 1278, 529.
  2. Jakemas —
maires de Porte Mosele 1251, 70*.
vg. en S. Martinchamp 1251, 42.
  3. Thiebaus —
pb. vg. a la Vanne sus Saille 1267, 105.
pb. pr. ou ban de Monteignei 1267, 251.
  d. Clemance, fm. Thiebaut †.
et Aburtins, ces f., pb. por S. Clemant
pb. vg. an Keupoi, t. ar. a Grant [1279, 91.
  chamin (OM) 1281, 87.
ms. atour de Chainreirne doit 4½ d. a lai fm. Th. — 1288, 155.
  4. Aburtins —,
f. Thiebaut —†, 1281, 539; 1285, 222.
11½ s. geixent sus er. de par Piero, son seur 1278, 148.
pb. er. de pair Pierol, son seur, por tant com il ait paiet por Pierol 1279, 83.
ms. anc. Ste Creux 1281, 533.
ms. et gr. Pierol de Jeurue 1281, 539.
26 joru. de t. ar. dezous S. Andreu ke furent

```
                    ?
┌─────────────┬──────────────────┐
1 Naimeris —    2 Jakemas —
1251, 1277/78      maires de PM 1251
[1250 OS Naimeris Lohiers, Jaques ces fr.]
                    ?
┌──────────────┬──────────────┬──────────┐
3 Thiebans _ d. Clemance    5 Jennas —
   1267          1279/88        1267
4 Aburtius — 1278/85        6 Nenmerias —
j. Pierol de Jeurue          _ Poensate 1267
                             Poensate 1269, 1281

             7 Richardin — 1275

8 Pierissel — 9 Jaikemins 11 Nenmeriat  ?⌣
1269/98   (Jaikemat—)   1269  Rochefort
             1269/75, 1290      1269/1275
10 Thiebans (de Fayt) 12 Perrius 1288/1298
  _ Ainel      1285      Merguerate f. Colin
 · 1281                  Xalle de S. Julien srg.
13 Werniers —          14 Domenjat —
   1278/79               Jennas n. 1290
```

Pierol de Jeurue 1285, 222.
  5. Jennas —, fr. Thiebaut —.
vg. a la Vanne sus Saille 1267, 105.
pb. 11 lb. ms. Jehan lo Hongre ou Champ a Saille et ms. et gr. (PS) 1267, 242.
pb. ¼ ms. Jehan lo Hongre enc. son ost. 1267, 243/245.
pr. ou ban de Monteignei 1267, 251.
  6. Nenmerins, f. Jennat —,
l'eutisme de Flanville et kant ke d'er. ki apant a ban de Flanville 1278, 362. 545.
2 ms. ou Champ a Saille 1279, 434.
Poensate, fm. Nainmeriat,
pb. 100 s. ms. dou Preit et jardin ke fut Thieriat Moxin, son ajuel 1267, 374.
Poensate, f. Nainmeriat,
100 s. gr. et t. enc. les murs dou Nuefbourc 1269, 48.
15 quartes de wain mointsainge a sa vie (PS) 1281, 550.
  7. 8. Pierexelz, f. Richardin — †.
pb. vg. en Mainhorvalz ou ban de Mairuelles et 1 meu de vin a moustaige 1290, 405.
= Pierexelz — pb. t. ke fut Jehan Nockat de S. Clemant 1298, 543.
  8. 9. 11. Pierissel — et Jakemin et Nainmeriat, ces fr., et Rochefort, lor srg., 30 s. ost ou Nuefborc 1269, 93.
  8. 11. et Neumeriat, son fr.,
et Albert, f. Colin Xalle de S. Julien, et Katerine et Jaikemate, les 2 f. Piereson Rochefort, vg. en Sourelz 1290, 317.
  9. Jaikemins, f. Richardin —,
er. ou ban de S. Julien, Vallieres et Vantous; Piereson Rochefors, ses srg. 1275, 151.
= Jakemat —, en S. Martinrue anc. l'ost.
  10. Thiebaus. f. Jaikemat —, [1290, 423.
er. ou ban de Fais, Cronney, Sommey et Mairley, de pair Ainel, sai fm. 1281, 82.
= Thiebans de Fayt, f. Jaikemat — †,
er. ou ban de Mairley et de Molins, de pair Bietris, sa fillaistre 1285, 230a.
vg. ou ban de Siey et Chazelles 1285, 276.
  11. Nainmeriat, fr. Pierissel 1269, 93;
  12. Perrins, f. Nenmeriat — †, [1290, 317.
pb. vg. en Sourelz ou ban de S. Julien 1290,
srg. Merguerate, f. Colin Xalle de S. [312.

Julien, 9½ s. des sotes 1290, 325.
pb. vg. ou ban de Maigney 1290, 401.
ms., gr. jard a Maigney 1298, 69.
= Perrin —, a weit a Maiguey anc. t. 1298.
droit et raixon t. (PS) 1293, 310. [491a.
en Beuoir anson t. 1293, 456b.
ou ban de Maigney anc. t. 1293, 492.
 13. Werniers —.
pr. et sausis sus lou port et lou weit d'Airs (OM) 1277, 336.
et d. Aileit d'Ansey,
Heiluyt fm. Bescelin Wandelart et ces enf. et Gerart fr. Heiluyt et la moitiet de ces enf. et Ailison s. Heiluyt et la moitiet de ces euf. 1277, 463.
1½ moies de viu, ½ molin a Rongueuille, demme de bleif ai Ansey. 7 s. 2 chap. et t. ai Ansey et tot l'er. ke W. — ait en bans d'Ansey 1278, 587.
vg. et ½ meu de vin ou ban d'Ars 1279, 565.
9 s. et kant ke ai Ars (OM) 1279, 578.
 14. Domenjat —. Jennas n.,
pb. ms. anc. l'ost. Dom. — (PS) 1290, 193.
an Rollaumont antre vg. D. — 1290, 194.
Loy v. Lowis.
Loichas v. Laches.
des **Loies**, Sebelie 1293, 352.
Loihers, Loihiers v. Lohiers.
Loion, Loyons, Loyon v. Lowions.
Loya v. Lowis.
Loixate f. Garcerion Mauexin de Nouviant 1288, 234.
li **Lombairs**, lou Lombairt 1278, 1288/93, lou Lonbairt 1281, 1288, li Lombars 1275, 1288, lou Lonbart 1278, Lonbar 1275, Lombairs, Lombairt 1279, 1298.¹)
P.
 1. sr. Gerars li —, chanones de Mes, pb ms. en la ruelle ensom l'ost de Clerleu 1275, 490.
enc. G. lou — (OM) 1278, 603.
pb. corcelle et menoirs bais et halt en Nekesierue 1288, 79.

---

¹) Hoeniger, *Kölner Schreinsrollen II 2, S. 245 Reg.* Theodericus Met. Romanus fr. Petri Longobardi.

sr. Regalz coustres de lai Grant Eglixe de Mes et sr. G. li —, ces conchanones, pb. 13 s. ost. en lai Vigne S. Auol 1290, 215a.
„ pb. 16 s. ms. ou Paire (PS) 1290, 215b.
„ pb. 15 s. ms. en Anglemur 1290, 272.
„ pb. 4 s. ms. en Rimport 1293, 378.
 2. sg. Hunbert lou —, chanone de lai Grant Eglixe, et 3 conchanone,
vg. ou ban de S. Julien a quairt meu 1288.
 3. sr. Jaikes de Montenier — [338.
pb. 2 ms. et gr. a monteir de Sus lou Mur 1279, 518.
 4. 5. Poincignou —, Willemin f.,
6 d. ms. arreiz la porte dou Champel 1275, 62.
 5. Willames li —, j. Jennat lou Roi.

1 sr. Gerars li —	2 sg. Hunbert lou —
chanoues de Mes	chanone de lai
1275/1293	Grant Egl. 1288

3 sr. Jaikes de Montignei — 1279 ¹) ²)
4 Poincignou — d. Flour 1288

5 Willemin —	= Willames li — ¹) ³)
1275	j. Jennat lou Roi 1278, 1290

Perrin n. Willa-	sg. Matheu de Chambres
me lou — 1281	d. Poinse 1288
= Perrins li — ¹)	Merguerite
1288. † 1293	1293

7 Jaikemins de Rimport — 1298
8 Jehans 1298

¹) *Ben. III, 233 (1288 a. St.)* Et est a savoir ke Willames li Lombairs, ne seu hoir, ne Perrins li Lombairs, ne seu hoir, ne maistres Jaikes li Lombairs, ne Jehans ces freires, ne lour hoirs ke sont nostre mennant de Mes et nostre citain, ne pueent avoir ke trois osteilz an Mes, chacuns lou sien, pour waingnier et por marchandeir an la maniere k'il waingnent et k'il marchandent.
²) *Ben. III, 252 (1299)* Maistres Jaikes com dist de Montenier li Lombairs qui fut et Jehans fr.
³) *Ben. III, 253 (1299)* Willames li Lombairds et li autre Lombairt, notre citain.

Lonbar–Lorate   262   I. Personennamen

pb. ms. a Porsaillis 1278, 572.
¹/₄ ms. a Porsaillis 1290, 488c.
   d. Flour, meire Willame lou —,
pb. ms. an Chaipeleirue 1288, 69.
¹/₂ ms. an Chaipeleirue 1288, 178.
   6. Perrins, n. Willame lou —,
pb. ms. a Porsaillis 1281, 79.
= Perrins li —, j. d. Poinse f. sg. Mathen de Chambres †.
pb. ¹/₂ ms. an Chaipeleirue 1288, 178.
   Merguerite, fm. Perrin lou — †,
pb. 40 s. gr. sus lou Mur, vote etc. 1293, 56.
   7. Jaikemins — ke maint en Rimport
pb. ms., maix., gr. a Porte Muselle 1298, 233.
   8. Jehans, f. Jaikemin — de Rimport,
pb. vg. sus Laiveires (PS) 1298, 462a.
pb. vg. a Chene (PS) 1298, 462b.
Lonbar, lou **Lonbart** v. li Lombairs.
Longeuille, Jennas (v. IV.) 1285, 954.
Longuels 1278, Longuelz 1288, 1290, Longuel 1279, Longuel 1298.
Colignous — 1278, 53.
Goudefrins — de Nowilley 1290, 4.
Jennat — 1298, 328.
Mertins f. — 1279, 431.
„ f. Colin — ⸗ 1279, 426.
Mertins — 1288, 30, 31.
Lopairt 1277, Loppairt 1290.
Watrin — † 1277, 218.
.... ekin — †, Henuelo et Choible f. 1290, 10.
Loranee fm. Doignon Pillat d'Ars 1278, 161.
Burtemin — 1275, 271, 314; 1277, 185.
„ — de S. Julien, Richairs f. 1298, 425.
Lorancins, Lorancin —
   1. ms. — en la Vigne S. Marcel 1251, 159.
   2. — de Serouville 1281, 338.
   3. — bochier 1245, 82. 225; 1279, 96.
— corduenier 1277, 139.
— maceon 1245, 149.
Loranguel, ms. en Aiest 1298, 435.
Lorans, Loraut 1241, 1245, 1262, 1267, 1275, 1278, 1298, Lorens 1227, Lorent 1269.¹)
   1. ms. — davant les deus molins dales

¹) *Bannrollen I, LXII, 10. Schreinsbrief (= Rolleneintrag 1279, 489)* Lorrant de Staixon ke fut, Bietris fm.

Saint Vincent 1227, 37.
   2. — d'Anrecort. — n. Abillate de Chazelles, — d'Erkansey, — f. Arnoult dou Four dou Morier, — de Luckenexi. — de Xanuille dou Champel.
   3. — aboulestriers de Merdeney, — Mainville bolangiers, — chaucieres. — cherpanteirs, — clerc, — cordoenniers, — feivre, maistre —, — recovreires, — tenneires de lai Vigne S. Anol.
   4. — Frescheawe, — Mainville bolangiers, — Moute, — Panceron, — aveles Burtemin Pin.
   5. Burtemins — 1275, 288.
Colignou — srg. Piereson f. Thieriat dou Pux d'Ars 1278, 595. [1298, 404.
Wichairs — 1279, 11; 1290, 161; 1293, 2;
Loransas, Loransat, 1267, 1278/81, 1288/93.
   1. —, ost. a Flurey 1293, 48.
Symonas et — 1281, 31.
   3. — bolengiers, — fornier, — drappiers (de Chambres), — tixerans f. Jaikemin dou Paire.
Loransate 1275, 1298, Lorensate 1269.
— fm. Simonin fil Willame de la Cort de Lorey 1298, 645.
— d'Onville 1269, 295.
— fm. Henrit de Trieures 1275, 397.
Lorate 1241, 1267/98, Loratte 1251, 1269, Lorette 1275.
   1. d. —, 50 s. 3 ms. en Staizons 1267, 67.
— f. Yzaibel 1277, 263.
— f. Odiliate 1298, 312.
Richerdin f. — 1288, 293; 1293, 218.
   2. — fm. Hanriat fil Clodin de Chenney,
— f. Forkignon d'Ercancey, — fm. Jaikemin Mennat d'Erkancey, — f. sg. Poinson d'Espainges, — f. Baudnyn d'Espinax, — d'Essei, — f. Yzambairt de Lemoncort, — f. Guebour de Lescey, — f. Steuignon de Mairis†, — f. Gerart de Maranges, — lai d'Odenowe, — fm. Waiterin d'Oisey, — f. sg. Hanrit d'Oriencort, — de Prenoit, — fm. Gerairt de Prenoit, d. — de Prenoit de Staixons, — fm. Richelat de Pumeruet †, — dou Quertal, — f. Felepin de Seronille, d. — (fm. Gerart) de Vigneles.
   3. — brus Waterin berbier, — fm. Steuenin j. Baduyn lou bouchier, — fm. Guereval

corrier de Sanerie, — fm. Jehan lou srg. Poinsate f. Herman lou furbour de Furneirue, — fill. d. Gehenne la fm. Eurion lou maignien. — fm. Perrot mercier, — li proicherasse. — f. Drowyn talier, — fill. Hanrion f. Jaikemin lou tanor de la Vigne S. Anol, — srg. Mariate lai Vadoise, — fm. Lowiat wastelier. — la wasteleire (dou pont a Muzelle).
4. — f. Nicolle Bazin † = d. — Bazin, f. (Vguin) Blangrenou †, — fm. Willermin fil Poinsignou Brehel, — f. Thiebaut Kaibaie. d. — Chabosse, — s. Ferriat Chielairon, — f. Joffroit Corbel. — f. Jennin Cowc. d. — fm. Berteran Domal, — f. Lietal Gougenel de S. Arnoult †, f. Thiebaut le Gronais, — f. d. Grosse, — f. Colignon lou Hungre, — fm. . . . . . j. Colin lou Hungre, — fm. Colin Mairien, — f. Maheu Moretel, — fm. Poinsignou Noirart, — Noiron, d. — (fm. Poincignou) de la Paillole †, d. — s. Johan Petitmaire, d. Pobelle, — fm. Villain Quarteron †, — f. Arnout lou Roi, — fm. Steuenin Roussel, — s. Thieriat Seruin, — f. Collenat de Vy †, — fm. Erairt de Weiure †, — Xourdelle.
5. [1]) Colignon — †. d. Aileis fm. 1298, 88. Jehans — clers[2]) 1293, 444; 1298, 8.
Lorey, Jennat (v. IV.) 1285, 98.
Lorel, 30 s. ms. en Saunerie 1245, 70.
la fm. — 1267, 50; 1275, 422.
Martin de Troies j. — 1290, 521.
2. — dou Champ a Saille 1279, 243.
5. Colin — †, Ailexate f. 1279, 353.
Lorens v. Lorans.
Lorensate v. Loransate.
Lorette v. Lorate.
Lorgnal, Gerardin, hoirs 1275, 481.
Lorins, Lorin
1. —, t. desour lai Horgne 1290, 410[10].
—. vg. a Maigney 1290, 79.

[1]) De Wailly 335 (1294 a. St.) Jakemins Lorate l'escrit. P. S. Juliani. 347 (1296 a. St.) Jaikemins Lorate l'escrit. P. S. Viti.
[2]) De Wailly 303 G (1290 a. St.) Jehans li clers, t. d. Lorate Roze.

— f. Henmonel † 1293, 390, 653.
— j. Ernalt 1241, 171.
2. — de Mercey, Mertins f. 1290, 303.
Vguas f. 1298, 402.
3. — lou clerc 1262, 168.
4. — j. Domangin Murguenit † 1293, 523 c.
— Xadeit de Maignei 1298, 539 b.
Loste, Poincest. de Stoisei 1241, 57.
Louce 1267, 1275, 1277, 1279/85, Lousce 1278, 1285, Lousse 1278. Louse 1290.
Collins — forjugies 1278, 671.
Lowion —, Thierias n. 1267, 275.
Roillons — 1290, 194.
Thielos — 1275, 26; 1277, 230; 1279, 32, 411; 1281, 370; 1285, 29, 277, 309.
Watrin —, Ysaibelz fm. 1278, 367.
Loudewit v. Lodewis.
Louguel v. Longuels.
li **Lous**, lou **Louf** 1267, 1269, 1278/81, 1288/98. lou Lof 1269.
Filipes — nateniers 1281, 291.
Howenat — de Rozerueles 1298, 641.
Renaldin — de Vals 1279, 142.
Steuenin — 1269, 201, 486.
Armanjate f., Colate s., Ysabel n. 1267, 876.
Thiebat — 1293, 681 [1].
Troexin f. — de Baixei 1288, 452.
P.
Jennas — v. I. d'Ars 3.
sr. Watiers —
pb. chak. a Longeuille et e.r de part Boukin, son seur 1278, 589.
70 s. pr. ou ban de Pierevilleirs, vg. a Mairanges, 9½ s. a Mairanges, er. ou ban de Mair. et de Piereuilleirs 1281, 154.
tot l'er. (OM) per tout ou k'il soit 1290, 569.
chak. a Longeville ke fut sg. W. — 1292, 669.
Lousce, Louse v. Louce.
Lousol, Hanrion, Howignon † 1281, 514
Lousse v. Louce.
lai **Loutre**.
Richairt — de Nonviant, Burtemin d'Airei f. 1288, 39, 49.
Louvate, Louuate 1275, 1277, 1281, 1288, 1298, Louvatte, Louuatte 1251, 1298, Lovate, Louate 1285/1298 *(Frauen- und Familienname)*.
— † fm. Poinsignon fil Jaikemin lou Gornaix,

Louve

(fille sg. Bauduyn Louve?) 1277, 32.
— f. sg. Jehan lou Trowant 1290, 103; 1298, 105.
= — s. Poincignon lou Trowant 1288, 409. P.

1. Androwat et son fr., anf. —,
celiers, meis, nower et t. (OM) 1251, 63.
= Andrewat, f. d. Louve:
d. Louve pb. tout l'er. ke fut Androwat, f. d. Louve, ou ban d'Ercancey, Vignueles et de Bui[1]) 1278, 19.
2. Vguignons — (fr. Androwat?)
partie en l'ost. Philipe Tiguienne, k'il ait espartit ancontre Colignon Mairasse 1275,
gr. et jardin outre Saillc 1277, 98. [359.
pb. t. ar. ou ban de Bui 1281, 163.
ms. an Visegnues 1281, 226.
pb. t. ar. ou ban d'Antilley et de Strapes
pb. er. ou ban de Vezon, jard. [1281, 366.
a Lescey et maix. ou ban de Siey 1285, 275.
ms. ou Champel doit 32 s. 1288, 165.
pb. partie en ms. ke fut sg. Jehan Governe en Eest 1288, 313.
pr. en Genivals 1293, 149.
pr. ou ban de Bu et d'Erkancey 1298, 29.
vg. outre rut ou ban d'Erkancey 1298, 404.

Louve, Louue 1251/1298, Love, Loue 1241/1251, 1278, 1285, *(Frauen- und Familienname)*.
d. — fm. sg. Jehan Gouverne †[1]) (v. Vguignons Louvate 1288, 313) 1279, 381; 1281, 387a.
= d. —, Androwat f. (v. Louvate) 1278, 19. P.

1 Jennins —	2 Colin —	3 Thiebaus —
1241	1241	1245/1278
	?	Jenat n. 1275

4 Baudowins — [1250 SM]	5 Poencignon
1251/69, † sg. 1277 [m.e. 1271]	1275

Aileit	?⌣Vguignons	?⌣Poincignons
1285	Hunebors 1269	li Gronais 1269

6 Jehans — 1281/98	7 Perrins — 1285/98
eschaving 1288[2])	maires de PS 1285

---

[1]) v. *Anmerkung zu* Gouerne.
[2]) *Bauwr.* I, *LXVII*, 17 (= 1285, 309)

1. Jennins —
pb. ms. (PS) 1241, 173a.
pb. vg. (PS) 1241, 173b.
2. Colin —,
vg. (PS) 1241, 173b.
3. Thiebaus —
pb. ms. ensom Viez Bucherie 1245, 25.
pb. ms. en la ruele au Puix 1245, 141.
pb. por maistre Gerart d'Arches ms. aq. a Jenat, n. Thiebaut — 1275, 88.
ms. en Nikesinrue 1278, 163.
4. Baudowins —
pb. ²/₃ ms. ensom la halle des parmentiers en Viseguuel et les stalz devant 1251, 143.
pb. ¹/₅ ms. et les stals devant 1251, 144.
Nicoles Brullevaiche pb. por lui et Nicole de Chastelz et B. — er. ou ban de Marley, d'Awigney et de Genestroit jusc'a pont a Molins 1251, 207.
pb. por ceos de S. Laddre 1262, 382.
halle des vieceys enson l'ost. (PS) 1267, 111.
Willemins li Rouez et B. — pb. 25 s. ms. (PS) 1269, 66.
sg. Nichole de Blouru et sg. Huon Barbe ... et B. — et ..., ms. ke fut Colignou Mauglaine (PS) 1269, 94.
„ , 40 s. ms. outre Saille 1269, 239.
devant l'osteit B. — (PS) 1269, 244, 437.
Jakemins Bertrans et B. — pb. ban et centainne d'Awygneit et la justice de la centeinne d'Awygneit 1269, 266.
„ pb. pr. ai Awygneit 1269, 468.
pb. t. et 1 fosseit ai Awygneit 1269, 469.
pb. 2 ms. ai Awygneit 1269, 470.
Vguignons Hunebors et Poincignons li Gronais, li dui j. B. — 1269, 478.
ms. ki fut B. — en Viseguuel 1275, 31
éncheute de pair sg. B. — † et sg. Nicolle Burlevaiche † as anf. Louvate, fm. Poinsignon, fil Jaikemin lou Gornaix † 1277, 32.

De ceu fut mares Colins Merlo et Filipes Tiguienne et Jehans Loue eschering.
De Wailly 339 (1295) De ceu fut maires Colleces, li maires dou ban de Vexin de Vals, et Richerdins de Rouzerueles et Jaikes li Gornais et Jehans Loue eschevins.

halle des permanteirs anc. ms. 1278, 277, 281.
halle des cotteleirs ensom ms. 1278, 507.
la fm. B. —. ou ban de Mairley deles 1281,
Aileit, f. sg. B. — †, t., droit et raison [94.
an la foce a fomeroit en la fin d'Awigney
5. Poencignon, fr. B. —. [1285, 92.
ms. en Visegnuel 1275, 31.
6. Jehans —
pb. 20 s. (PS) 1281, 93.
vg. outre Saille 1288, 38.
pb. 10 s. ost. en Vesignuelz et droit et raixon en lai voie ke vait permei lai ms. 1293, 303.
ou ban S. Arnoult anc. vg. 1298, 528. [440.
= Jehan — l'eschaving, vg. outre Saille 1288,
7. Perrins — maires de PS 1285, 146*.
pb. 20 s. vg. en Halte Riue 1298, 114a.
pb. t. dav. lou gerdin de lai Horgne 1298, 114b.
pb. vg. ou closel sus Halte Rive 1298, 114c.
pb. 2 d. meis dedans lai closure de lai Horgne 1298, 525a.
pb. t. davant lai Horgne 1298, 525b.
lou Vel v. li Velz.
Louvelz, Louves v. Louveus.
Louveus 1285, 1290/1298, Louvelz 1277, Louves 1290, Lonus 1275/79, Loveus 1262, 1267, 1275, 1279, Louent 1227.[1])
P.
1 Aubertien — 2 Bascelin — d. Sebelie
 1227 1267
3 Pieresons — de S. Julien 1262 [1250 (?)
4 Jehans — de S. Julien 1279
 c'on dist Mervals 1290, 1298
5 Colins — de S. Julien 1262, 1275
= Colignon (de S. Julien) 1275/1298
6 Theirias — 1277
— Theiriat — de Pontois 1290
7 .....? 1290 8 Burtemins 1290

1. Aubertien —,
ms. (PS) 1227, 10.

---

[1]) *Prost XXVI, 1238* Thierriz Louelz ait acensit a signors de S. Sauor lor maison ke fut Colin le masson ke siet an som la soic por X solz de met. de cenz.

2. Bascelin —, d. Sebelie fm.,
pb. 16 s. ms. (PM) 1267, 289.
3. Pieresons — de S. Julien
pb. 5 s. ms., vg. ai Faillei et censal ke muet de S. Julien 1262, 121.
pb. vg. desor lo molin a Valieres 1262, 127.
4. Jehans — de S. Julien
pb. vg. ou ban de Mairuelles 1279, 250.
= Jehan de Meirvalz, f. Piereson — de S. Julien†, vg. ou ban de Mairuelles et meu de vin 1290, 405.
= Jehan c'on dist Mervals, f. P. — de S. Julien†, ms. ke fut Willame de Mervals an Aiest 1298, 30.
5. Colins — de S. Julien
pb. vg. ou ban de S. Julien 1262, 146.
ms., meis a la porte a Saille en Chadeleirowe 1275, 10.
pb. por Theiriat, f. Jennin Josterel de S. Julien† 1277, 181.
= Colignou —, meis Simonin Mercille, son srg., pertivet a (PM) 1275, 159.
et Colignons Ceruel et Lowias l'iorce pb. vg. en Dezeirmont et an Cumines tercerasses S. Vincent 1278, 405.
an Chainestraie (PM) anc. vg. 1285, 311.
en Sourelz anc. vg. C. davant lou moulin a S. Julien 1290, 317.
ou ban de S. Julien ou Rowal anc. vg. 1293.
= Colignons — de S. Julien [373.
pb. er. ou ban de Chailley 1279, 393.
pb. por S. Nicolais ou Nuefbore 1285, 302.
6. Theirias —
pb. vg. en Herbertclos (PS) 1277, 296.
7. ....., f. Thie]riat — de Pontois
et Domangelz, fr. Petit d'Aubes, pb. er (PS) 1290, 184.
8. Burtemins, f. Thieriat de Pontois, er (PS) 1290, 184.
lou Louvignon, Gererdat 1293, 492.
Lounions = Lowions.
Lounit = Lowis.
li **Louais** v. lou Lovet.
Lovate, Lonate v. Louvate.
Love, Lone v. Louve.
Lovet, li fm. 1275, 471[2].
lou **Lovet** 1275, lou Louet 1288. li Lonais 1298.

Loveus–Lowias

Coliguon —, Jakemate fm. 1275, 509.
Jehans — d'Ars (OM) 1298, 562.
Martin — 1288, 279.
Symonin — de Droitamont 1288, 558.
Loveus, Loucnt v. Louveus.
Louns v. Louveus.
Lowat, Colin 1275, 307.
Lowi, Lowy v. Lowis.
Lowias, Lowiat 1251/1298, Lowiaz. Lowiat 1241, Lowyas, Lowyat 1269.
1. Felizate et — 1269, 116[14].
—, sture en Chambres (v. 3 stuvour) 1279,
— f. Martenate 1285, 62[20]. [176.
— f. Peckate 1293, 473.
— j. Ruecelin 1269, 254, 425.
= — cordewinier 1267, 401, 403.
2. — d'Abes, — f. Buenelat d'Aubes, — d'Abes bolangier, — cherpantiers d'Aubes, — f. Jennetel Wescelin d'Aiest, — f. d. Wielant d'Aiest, — f. Amarriat d'Airey (v. 4. — Amarriat), — j. Colin d'Airs, — d'Antillei, — f. Reunier d'Autilley, — f. Perrin Grignon d'Antilley, — de Basoncourt, — f. Adan lou clerc de Bazoucourt, — f. Ricart de Chamberes, — de Chaistels, — de la Chenal de Chaistels, — f. Drowin de la Chenal, — Raifalz de lai Chenal, — de Croney, — f. Burteran de Donpierre, — d'Erkancey f. Corchat, — de Lescey, — f. Colignon fil Howignon de Maicline, — Gregelin de Maigney, — f. Bertrau lou Jal de Maignei, — Saikat de Maigney, — f. Phelippin d'Ottonuille, — f. Wescelin d'Outre lou pont Renmout, — de Racort, — f. Baicelin lou vies maior de Repigney, — Bacheleir de S. Martin, — seur Colignou de S. Martin, — de S. Thiebaut, — f. Jehenne de Vals.
3. — arcenor, — boulangier, — d'Abes bolangiers, — chandeliers, — chassor, — cherpantier, — cherpantiers d'Aubes, — cherpantier dou pont des Mors, — f. Hanrit lou cherpantier, — clerc, — clers de Sauerie, — f. Adau lou clarc, — cordoweniers, — srg. Abert lou corvexier, — f. Ancel l'espicier, — hairaugnier (de Porsaillis), — mairexal, — menestreir, — f. Jennat Lambert l'oxelour, — fr. Abert lou poxor, — prevost, — Kairetaulz retondeires, — soudor, — stuveires (de Chambres). — taillieres de Penil, — tanour, — taueires f. Jakemin, — tennour de lai Vigne S. Auol, — f. Jennin Cairiu lou tenuour, — l'estee li taneres li vallas Feirit de Curlandat, — tixerans f. Jaikemin de Nommeney, — f. Jenat lou tixerant de Nommeney, — veguieres, — waignemaille, — (f. Hanriat) waisteleir.
4. — Amarriat, — Anguenel, — Awilluele de S. Clemant, — Bacheleir de S. Martin, — Bagart, — Bloudel, — f. Allexandre Bouxou, — f. Jaikemate Bresaie, — Brulleit, — Burtignon, — f. Jennin Cairin tenuour, — Kairo d'Allexey, — Karital, — Kairetaulz retondeires, — srg. Piericeon Karitat, — (f. Simon) de Chailley, — f. Chairctcit, — Chameure, — f. Richardin Chanpion de S. Martin, — Charrue, — de la Chenal (de Chastels), — Cockille, — Corchat, — f. Gerairt de lai Court, — Crotei, — Geliat, — Gregelin (de Maigney), — Grennelos, — Grenole, — f. Perrin Grignon d'Antilley, — f. Bertrau lou Jal de Maignei, — f. Jennat Lambert l'oxelour, — Maiguetin, — f. Burtemin Maillairt de Mercilley, — Manegous, — li Merciers f. Gerart lo Mercier, — li Merciérs (de Vesiguuelz) = — f. Lowit lou Mercier (de Vesignuel), — Monins, — lo Noir, — (f. Symonin) Noiron, — Oizelas, — (f.) Paillat (de Maizelles), — f. sg. Jehan Paillat, — (f. sg. Jehan) Paillat de Nouviant, — Pestee taneires, — Pierce, — Pioree (de S. Julien), — srg. Thiebaut Pistal, — de lai Porte, — f. Poinsignon Potairt, — Proneis (de Francourue), — dou Pux (en Chambieres), — f. Jennin Raidenel, — Raifal (de lai Chenal), — Ricars (de Chambieres), — Saikat de Maigney, — Sauegrain, — Seruiu, — o. Martenate fm. Jehan Symairt lou clerc, — Tallons, — Toulate, — f. Burtignou de lai Tour, — Trabuchas, — f. Jaikemin Truillairt, — f. Colignon Vieuon, — lou Vilain (d'Outre Saille) = (f. Jennin) lou Vilat, — Waistel de Flauville, — Werrokier, — Wesselins, — f. Jennetel Wesselin

(d'Aiest) = — f. Jennat fil Lowit Wescelin,
— f. Wescelin d'Outre lou pont Renmont,
Xarrans (de Chaizelles). [335.
5. Jennas — 1277, 418; 1281, 325, 326,
Jennas — espiciers 1275, 218, 374; 1298,
Lowiate. [179, 676.
Lorans li aboulestriers de Merdeney et —
sa fm 1281, 73.
Lowions, Lowion 1241/1269, 1277, 1278,
1281/1298, Lowyon 1269, Lounions 1220,
Loyons, Loyon 1251, 1262, Loion 1227.
   1. —, ms. (PM) 1251, 179.
— f. sg. Matheu 1220, 31.
— j. Grennelo 1262, 120.
   2. — d'Airey, — de Basoncort, — de
Bicei, — de Boulay, — f. Coincelo de
Coumes, — de Flouille, — de Lucey, — de
Maigney, — f. Bertran de Memberfonteue,
— de Mongagnier, — de Nomneney, — f.
Evrecol de Stoxey, — de Vallieres, — maris
Armengette do Waide, — prevost de Wol-
meranges.
   3. — boulangier, — charpantier de Chan-
beires, — charreton, — feivre, — forniers,
— marchans ke maint daier S. Eukaire, —
marexal, — masson, — musnier, — per-
mantier, — sodour de Chadeleirue, — tanor,
— wastelier.
   4. — Aie, — Briselate, — Louce, —
Malart, — Mulewaigne, — lo Mercier (de
Visegnuel), — Muerdamer, — Naie, — li
Noirs, — Wastel (de Flanville).
Lowis, Lowit 1262/98, Lowis, Lowi 1245,
1251, Lowi 1241, Lowys, Lowyt, Lowy
1269, Louuit 1220, Loys, Loy 1251.
   1. — fr. Richart et Agnes 1267, 350.
sg. — , wagiere a Jussei et a Roserueles
sg. — (de Maigney?) 1269, 480. [1241, 184.
   2. — de Bui, sg. — de Cligney (chanone
de Montfacon), — d'Excm fr. sg. Thierit
Rogier, sg. — de Jandelencort, — de Lucem-
bor, sg. — lou Gros de Lussambor, — de
Maicliue, — de Noweroit, — de S. Auol,
sg. — de Tassey, — de Vigey.
   3. arcediacres — (de Jandelaincort), sg.
— de Cligney chanone de Montfacon. —
charpantier, — clerc de Chadeleirue, —
clers de Sanerie, mastre —, — maireschaul,

— masson, — meutier, — lou Parfeit, sg. —
preste, sr. — prestes des Repanties, — tanor.
   4. sg. — Baron, sg. — Beudin, — f.
Willermin Clariet, — j. Abrion Domate,
sg. — l'Erbier, — Faliuel, — Femedaite,
— Luce, (sg.) — (f. sg. Gerart) lo Mercier
(de Vesignuel), — f. Colin Panceron, —
Papemiate, — Wesselin, — Wesselin
(d'Aiest).
   P.
1 Thieris — m. e. 1241 ⌣ d. Pantecoste
1241/51, † 1262 [1250 OS] ● 1262
awel les anfans Bauduin Belleneie 1267

2 Jehan — 1251

3 Theirias = Thierias — li amans[1])
   1277/78   1298

4 Jehans — maires de l'ospital
       au Nuefborc 1281
= sr. Jehans — prestes de S. Laizre 1288

5 Colin — escheving 1262/78

6 Benoitins   7 Thiebans
   1277   1293

8 Maheus   Guoperate —
   1267/93   1285

1. **Thieris** — mastres eschevins 1241, 1*.
ou Champ a Saille ensom gr.[2]) 1245, 136.
pb. ms. sor la place a Porte Mosele 1251, 75.
ms. outre Saille 1251, 98.
d. Pantecoste, fm. Thieri — †,
pb. 8 s. ms. devant S. Glosenain 1262, 380.
Phelippins Thigueime pb. por lui et por les
hoirs Thieri — 3½ meues de vin a mos-
taige vg. a Longeawe. 5 s. gr. et ms.
a Syei 1267, 147.
aufans Bauduin Belleneie, ⅓ ms. sus lo
Champ a Saille, de par Thierl —, lor
awel 1267, 370.
au Kartal enc. l'ost. Thieit — † 1269, 230,
                      237.

[1]) *Prost LXII, 1295* Tierias Lowis
l'escris.

[2]) *De Wailly 149 (1272)* la halle des
marchans an Visegnuel ancoste la mason
Thierit Lowit.

Lucambalt–Luckins

2. Jehan —,
½ ms. ke fut J. — en la Draperie (PS)
3. Thieriat, f. Jehan — †, [1251. 116.
7½ s. vg. desor Longeawe a la Roche 1277.
70 s. ms. ou Champ a Saille eschengiet [147.
contre ceu k'il avoit a Champels 1278, 112.
= Thierias li amans ait aq. et mis en
waige 2 ms. (OM) 1298, 146.
4. Jehans —,
maires de l'ospit. S. Nicolais ou Nuefborc,
pb. por l'ospital 1281, 379/382. 489/493, 572.
= sr. Jehans ⚥, prestes de S. Laizre, pb.
er. ai Ansey et ou bau 1288, 285.
5. Colin — l'escheving.
40 s. halle des vieseirs areis S. Vitor 1262, 149.
= Colignon — l'esxaving, 50 s. gr. (PS) 1262.
= Colin lou xaving, gr. (PS) et salle [185.
desour et toute la partie venue de par
son p. 1267, 365.
= Colin —, gr. (PS) 1267, 366.
doit 5 d. sus la merchaucie (PS) 1275, 213¹⁹.
pb. ms. ou Haut Champel 1278, 294.
6. Benoitins, f. Collin —,
pb. por Piereson de la Porte et por Cnuin
f. Aileit ke sont de Champelz sus Mo-
zelle 1277, 303.
7. Thiebaus, f. Colin — †,
pb. pertie en lai ms. ou Halt Champel ke
Colins laieit a cens 1293, 261.
8. Maheus —,
4 lb. lo ches de la graut ms. son peire (PS)
1267, 419.
20 lb. geissent sus ms. M. — ou Champ
a Saille 1278, 112.
t. ar. au la fin de Maiguey 1285, 417.
lai chaipelle de Chenney siet ou resaige de
lai ms. Maheu — (PM) 1290, 133; 1293,
4 ms. en Chieuremont 1290, 146. [184.
100 s. sus er. ke Maheus — ait a Cham-
pelz sus Moselle et ou bau et sus 2 pairs
dou chennel de la ville de Mes et sus vg.
sus Moselle et sus l'awe de lai Mairs
1290, 321, 402, 567.
3 s. ms. a Quertal 1290, 435b.
ms. ou Champ a Saille 1290, 448b.
Gueperate —, entre l'ost. (OM) 1285, 288.
Lucambalt, Thierit 1288, 203.
Lucat 1290, 1298, Luccat, Luckat 1269.

Amelinne f. — 1269, 20.
— PaindeMes 1290, 419; 1298, 475.
Lucate 1275, 1278, 1288/1298, Lukate 1267,
1269, 1278, Luckate 1267, 1275, 1278, Luc-
katte 1251, Lucketé 1275, Leukate 1267,
Licate, Likate, Licatte 1278, 1281, Lecate
1278, Lekate 1278, 1285, Lekatte 1279.
1. Leudignon et — fm. 1293, 681⁵.
2. — de Bunees, — f. Hanrit de Bunees,
Thierias f. Baduyn de Flocort et — sa s.,
— d'Oixey, — fm. Thiebaut de S. Clement.
3. — lai huveire, — lai vieseire, — f.
Lowiat lou waistelier.
4. — fm. Jennat de la Barre, — fill.
Thieriat Basoncort, — fm. Jennat Bon, —
srg. Hanriat Borron, — f. Poinsat Creton,
d. — fm. Jaikemin Goule †, sr. Aubrias
Yngrans et d. — sa s., d. — m. Colin Mai-
resse, — f. Arnoult Marron de S. Nicolais-
rue, d. — fm. Jennin Morekin †, — s. Mahen
Poictel, — f. Herman lou Polut de Wackre-
mont †, d. — fm. Garsat Rousse. d. — fm.
Colin Thiehairt †, Jennas Trichas et — sa
s., — s. Jenat Wernier.
5. Colignon — 1278, 463; 1285, 358.
Lietalz fr. 1290, 418.
Mertignon fr. 1290, 365a.
Lietalz fr. Mertignon — 1293, 238.
Luckart v. Leucart.
Luccat, Luckat v. Lucat.
Luckate, Luckatte v. Lucate.
Luckel v. Lukelz.
Luckenon v. Luckignons.
Luckete v. Lucate.
Luckignons, Luckignon 1251, 1277, 1278,
1281, 1285, 1298, Lukignon 1279, 1298,
Luckenon 1262.
1. —, ms. en la rue des Alemans 1251, 46.
2. — de Flanville 1298, 369.
3. — li terrillons 1278, 671.
4. — Dautdaine 1279, 57.
— Galice 1262, 181.
— de la Porte † 1277, 378; 1285, 459.
— Wade 1277, 281; 1281, 232.
de lai ruwe des Allemans 1298, 124.
Luckins, Luckin 1251/98, Lukins. Lukin
1245, 1267/98, Likins 1275.
1. gr. — en Aiest 1290, 144.

ms. — au pont des Mors 1245, 7.
ms. — davant les Prochors 1245, 249.
— ms. ke fut — a Roches en Chambres Sairiatte et — son f. 1251. 205. [1251, 91.
- maris Ysabel 1278, 6.
2. — de Champels, — de Flanville, — de Montois, — f. Warin de Puligney, — f. Besselin de Quencey ke maint a S. Julien, — Descours de Retonfayt, — de S. Julien, - f. Jakemin lou quartier de S. Julien, — f. Abert de Vallieres c'on dist de la Cort.
3. — chausour, — clerc, — espiciers, — munier, — f. Jakemin lou quarteir, — tonnelier ke maint en Chanbres.
4. — srg. Perrin Aieron, — d'Aiest, — n. d. Poince Alons, - Chameure, - Coldoie, — fr. Jennin Galice, — espiciers f. Jennin Graitepaille.
5. Jehans — espiciers (v. Gratepaille) 1298, P. [Luquins 1250 C] [316.
= Luckin d'Aiest? v. I. d'Aiest.
?
1 Hanri — d. Ysabel 1262
† 1262
2 Guerserias 1277/78 — 3 Vguignon 1277/78
= Guerciriat Poterel f. Hanrit — † 1290/93
4 Theirias — d. Clomance 1279
=? Thicrias f. — d'Aiest

1. Hanri — †, d. Ysabel fm.,
pr. en la fin de Cuuereit 1262, 383.
Yzaibel —. en Visignuel entre ms. 1279, 62, 1288, 80; 1290, 479.
= Yzaibel de Cons. en Vesignuelz antre l'ost. 1293, 68.
2. Guerserias, f. Hanrit —,
pb. pr. et sausis sus lou port et sus lou weit d'Airs 1277, 336.
pb. er. ke Vguignons, ces fr.. ait ou ban de Lescey et de Chastels 1277, 460.
pb. 2 s. ost. enc. l'osp. en Chambres 1278, 373.
pb. ½ chakeur a Lescey 1278, 598.
pb. vg. et ½ chak. a Lescey, aq. a Vguignon, son fr. 1278, 599.
110 s. ke geissent sous tout l'er. k'il ait aq. a Vguignon, son fr., (OM) 1278, 563, 658.
= Guerceriat Poterel, f. Hanrit — †,

2 s. ms. en Chambres davant l'osp. S. Jehan vg. au Abouwes (PS) 1290, 408. [1290, 135.
14 s. ms. (PS) 1293, 294.
3. Vguignon, fr. Guerseriat —, 1277, 460; 1278, 563, 599, 658.
4. Thoirias Luckins
pb. lou douzime d'Anceruille, signerage, vowerie *etc.*, et kant kil ait a Silleirs,Manit et Failley, de pair d. Clomance, sa fm. 1279,81.

Luce, Lowy, anfans 1269, 60.
Luke 1245, Like 1278.
d. —, ms. sor lo Mur 1245, 110.
— de Borgney 1278, 69.
Lukelz, Lukel 1290/98, Luckel 1269.
2. — de Borney 1290, 436.
— f. Colin lou maior de Borney †, 1293, 521; 1298, 266.
— d'Outre Saille 1298, 277.
5. Jenat — le masson 1269, 120.
Lukerel, Poincet 1241, 10.
Lucheman de Stoixey 1267, 206.
—, ost. en Stoixey 1293, 382[10].
Luciate.
1. —, t. en lai fin d'Airs ou ban de Chaigney 1290, 414c[s].
— fm. Doreit 1285, 179.
Pierat f. — 1285, 62[20].
2. — de S. Clemant 1285, 373.
— f. Colin lou maistre xaving de S. Martin 1293, 131.
3. — fm. Domauget lou cellier † 1290, 205; 1298, 18.
— fm. Bauduyn lou tanor 1278, 229.
4. — f. Jaikemin Boielawe 1293, 241.
— n. Hawiate Samonate 1285, 496.
Lucie.
1. d. — 1241, 154; 1269, 342, 399.
d. — fm. sg. Gawein † 1241, 28.
2. d. — fm. Vgniguon d'Oixei 1267, 289.
3. d. — la Vadoise 1281, 618.
4. d. — d'Aix 1279, 25.
5. Colignon — 1290, 456.
Colignons — clers 1290, 39; 1293, 55, 373, 394, 494; 1298, 417, 421.
ke maint outre Saille 1293, 382[20].
Jennin — 1269, 203, 406; 1293, 385a.
Poincignons — 1269, 434; 1275, 347; 1277, 264; 1278, 142; 1281, 478; 1285, 223,

Lukignon–Mabeliate

399; 1288, 354¹⁷; 1290. 385a ; 1293, 250.
Guerriat f. Poincignon — 1298, 482.
lai fm. Poincignon — 1290, 459.
Anel de Bacort lai brus Poinc.— † 1290, 302.
Poincignon — lou clerc 1293, 79b. [413.
Lukignon v. Luckignous.
Lukins, Lukin v. Luckins.
Lucion, Gerairs, dou Waide 1277, 246.
Gerairs — de Bui 1279, 423; 1285, 408a.
Luedanguel (v. Leudanguer) 1279, 28.
lou **Lumeson,** Hanrion 1288, 413.
de **Luppey** 1278, 1285/98, de Lupey 1275/1278, 1281.

1. Willames —
et Gerars Barons (chanone de S. Sauour)
 pb. 11/₂ s. ms. en la cort d'Oire 1275, 14.
„ pb. 30 s. ms. en Vezignuel, 15 d. ms. (PS) . 1275, 50.
„ pb. 7 s. 4 d. vg. a l'Ormesel, 44 d. vg. (OM) 1275, 118.
„ , 30 s. ms. en Visegnuel. 11/₂ s. ms. enc. la cort d'Ores, 7 s. 4 d. vg. a Petit Chanol, 44 d. vg. a l'Ormisel, 30/₂ d. ms. en Visegnuel 1275, 410.
er. escheus de pair W. — † a Luppei et a Pontois et en tous les bans 1290, 220.
er. escheus de pair W. — † a Luppei et ou ban 1290, 221a.

2. Collins, f. Willame —,
pb. partie en la gr. et ms. et voie ke dessent en Visegnuel 1275, 412.
= Colignons, f. Willame —,
pb. ms. et meis ennui Longeuille 1275, 440.
vg. en Aivr (PS) 1290, 221b.
= Colignons — pb. ¹/₂ ms. qui fut Nicole de Chastez, ¹/₂ gr. et voie qui va en Vezignuel, venu de par Bietrisate, sa fm. 1275, 51.
pb. vg. en Martiuchamp 1277, 348.
pb. vg. a Grantchamin outre Saille 1277, 349.
pb. er. ou ban de Lupey en bois, pr., ch., c. 1278, 76.
t. en Mallemars 1278, 436.
pb. 50 s. k'il meisme dovoit (PS) 1281, 502.
pb. er. ou ban de Luppey 1285, 236.
15 jorn. de t. ar. au Hem ke C. — ait ent de pair d. Bietrit, fm. Steuignon Bellegree † 1298, 53b.

Bietrexate, fm. Colignon — †,
30 s. 15 jorn. de t. ar. en Hem 1298, 242a.
= Bietrexatte, avelete Nicole de Chastel,
= Bietresatte, f. Maheu [1275, 14, 50, 118.
 Petitvake † 1275, 410, 412.

3. Jehans, f. Willame —,
pb. gr.,ms., jard., t. ou ban de Lupey 1281, 503.
= Jehans Foureis, f. W. —, pb. vg. ai Bui ou ban de Luppey 1288, 60.
et Aburtins. ces srg., pb. ms. et gr. et 2 ms. apres et paire, meis, jard., pr. (Luppey) 1293, 500
Aburtins Burnas, j. W. — † 1290, 221a.
Androwas Burnas j. W. — † 1290, 220.
Luxies, sg. Pieron,
en Chieuremont anc. ms. 1290, 26.
et sai f., 37¹/₂ s. ost. a Quertal, 10 s. a Espainges 1290, 217a.
Collate, f. sg. Pieron, 37¹/₂ s. ost. a Quertal 1290, 217b.

M.

le **Maal,** Jennin, Odeliatte fm. 1251, 58.
Maance 1220, Maence 1241, Maiance 1279.¹)
d. — 1220, 47.
Nicole fr. d. — 1220, 34.
d. — et Gondou sa s. 1241, 110.
d. — fm. Willame lou pavor 1279, 154.
Jennat f. — 1279, 464.
Maanson,²) Gererdat avelet 1288, 183.
Mabeliate 1278/1281, 1290, Mabiliate, Mabelate, Mebelate 1278.
 1. molin — deleis Nowesseville 1281, 360.
 2. — s. Matheu d'Escey 1278, 22, 95.
 — f. Steuignon de Mairis † 1279, 475.
 — de Noweroit 1278, 646.
 4. — srg. Vguignon Harral 1290, 240.
 — brus Jehan de Metri 1278, 80, 81.

---

¹) *De Wailly 172 (1276)* Maianse, li fille Beleairt ke fut. *De Wailly 231 (1282)* dame Maianse de lai Nueue ruwe.

²) *Prost LVI, 1272* Werrious li Pairriers et dame Mensan sa feme. *v. Anm. zu Ossou.*

Mabelie 1269, 1275, 1298, Maibelie 1288, 1298.
  2. — de Marlei 1275, 49.
  d. — de Rimport †, Jaikemate f. 1269, 28.
  — de Villeirs a l'Orme 1288, 152; 1298, 365,
  3. — s. sg. Arnoult lou prestre 1298, 491.
  — la tornerasce 1269, 53.
  5. d. Jaikemate — (v. Mabelion) 1275, 11.
    de Rimport (v. Mabille) 1288, 18, 147.
Mabelion 1277, Maibelion 1298. v. V. Mabelionvigne.
Jaikemate — (v. Mabelie) 1275, 294.
Geliat — d'Airei 1298, 276.
Mabiliate v. Mabeliate.
Mabille de Rimport, d., Jaikemate f. 1269, 372.
Makaires, Makaire 1245, 1267/1275, 1278, 1281, Macaire 1278, 1285, Mackaires 1262. Maikaires, Maikaire 1285, 1290, 1298, Maicaire 1288, 1290, Makare 1290, Macare 1279, 1298, Markaire 1245, 66.[1]
  P.[2]
  1. — (= 2 ?),
  ms. a Stintefonteine 1245, 66.
  pb. por la chese Deu de Chasteillons 1262, 56.
  a Mons entre .... et lou pr. — 1278, 418b.
  t. ou ban — (OM) 1290, 99.
  2. Maitheu —,[3]
  meis deca lo fossei a Stintefonteine 1245, 120.
  Thieris Domate et M. — pb. 8 s. ms. en Chadeleirue 1267, 315.
  pb. por Alixandre de Labrie 1269, 503.
  autre la ms. M. — (PM) et 1275, 301.
  cr. ou ban d'Erkancey, de Bui, d'Anerey et de Haueconcort 1278, 9.
  an Aiest devant l'ost. M. — 1281, 180.

---

[1] *Prost, XLVI, 1255, LI, 1259* meis la Maikaire.
[2] *Ferry, Observ. sécul. I fol. 279 (1280)* de Porte Muzelle Makaire Treze.
[3] *De Wailly 254, S. 180 C (1286)* Matheu Maikaire et Geillat, son fil, amins Thiebaut Kaibaie de pair Sufiate, sa femme. *De Wailly 327 (1294)* Mateu Makaire et Gillat, son fil, amins a parans a Thiebat et a Marguerite, les anfans Poinsignon ke fut fis Theirit Doumate.

en lai Donnowe anc. vg. M. — (PM) 1293, 366.
  3. Gillas —
  pb. por la chieze Deu de Chastillons et por les pucelles de la Vigne 1278, 243.
  pb. por Chastillons l'abie 1279, 522.
    1285, 1, 97; 1288, 147, 329; 1290, 332; 1298, 1, 110, 183, 351.
  pb. ms. a tour de Hunbecort 1285, 315.
  pb. vg., pr., ms., jard., 3 s. a Maranges ou clo S. Jehan a S. Clemant anc. [1285, 498.
    vg. G. — 1290, 54.
  4. Thiebaus —
  maires de Porsaillis 1275, 1*.
  ms. (PM) 1290, 328⁰.
  5. sr. — li prestres
  pb. por lai compaignie des VII prestres 1298. ou clo S. Symphorien anc. vg. sg. — [261.
    lou prestre 1298, 457.
Makerels, Makerel 1241, 1262/1275, 1278, 1281, Mackerels 1251, 1267, Maikerel 1285.
  P. [Isambar — m. e. 1236]
  1 Bertrans — 1241
  2 Matheus — 1251
  3 Allexandrins — 1267/69, maires de PS 1262
  = Alexandres — 1267/69

4 Roillon —	= sg, Raoul —
1262/69	† 1269

5 Jaikemins	7 Aubertin	8 Colin Merguerite
1262	1269/75	Roillon Roillon
= J. Roillon	= Ab.	1293
† 1285	Roillon	9 Colignons
Jehans	1275/79	1267
Roillons		= C. Roillons
1285/98		1278, 1288

10 Thiebaut — 1267, † 1281

11 Jenas — 1281	12 Colignons Cretons 1285

13 Felepin —

Colate Alisate	14 Thierias de Maiserey
1269 1269	1269

15 sg. Jake —	16 Jofroit —
1269	1275

1. Bertrans —
a done 2 s. ms. (PS) por la chieze Deu de Lougeawe 1241, 35.
2. Matheus —

Makerels—Macors

pb. ms. en Maisele 1251, 127.
  3. Allexandrins —
maires de Porsaillis 1262, 115*.
t. ar. ou ban de Plapenille 1267, 261.
t. ar. en Genestoi (OM) 1269, 124.
= Alexaudres —[1]
pb. por les Boens aufans 1267, 70.
pb. por Perrin de Chastels 1267, 71.
maimbour d. Bietris f. Jaikemin Fakenel
 „ maistre Lambert 1269, 128. [1267, 320.
 „ Garceriat de l'Aitre 1269, 134, 135.
 „ sg. Jehan de Syei chanoinne de S. Thiebaut 1269, 154.
2 ms. (PS) 1269, 464.
  4. Roillon —
et Jehan Bruenne, ms. a Ciey, vg. ou mont
 S. Quointin, vg. enson Jehanvigne 1262, 413.
= sg. Roul —†, en Aiest anc. ms. 1278, 31.
anfans Roillon — et anf. Abriat Ygrant
et anf. Jaikemin de Chambres, deime (PM)
ke part as 1269, 5.
  5. Jaikemins. f. Roillon —.
pb. 4 s. ms. en Stoixey 1262, 126.
pb. ms. a S. Julien 1262, 289.
  6. Jehans, f. Jaikemin Roillon †,
pb. por waigeire sus tout ceu ke sr. Jehans
de Heis ait a Heis et ou ban, por tant
com li sires duit et doit a sg. Roul —,
son aveul † 1285, 353.
= Jehan Roillon,[2])
t. desour la cherreire de Valliere anc. 1285, 307.
ms. davant S. Ilaire a pont Renmont doit
13 s. 1 d. 1288, 136.
vg. en Mallemairs anc. 1298, 542 a.
  7. Aubertin. f. sg. Raoul —†.

---

[1]) *De Wailly 133 (1270)* Et cest vandaige
ait fait Jaikemins (li Rois) per lou crant
et per lou los d'Arnolt et de Jenat et de
Jofroit, ses III freires, et dou signor Alixandre Makerel.

[2]) *Bannr. I, LXXII (1293)* Et c'il ne li
randoit, li sires Jehans Goulle et Jehans
Roillon et ... li randeroient com droit
dator.
  sr. Thiebaus li Grouais doit a sg. Jehan
Goulle et Jehan Roillon et ... $\frac{XX}{XIII}$ lb. de mt.

vg. en Orsain, srg. Jakemin Fakol 1269, 384.
pb. ms., meis, vg. en Aiest 1275, 9.
pb. ms. et meis a la porte a Saille en
 Chadeleirowe 1275, 10.
= Abertins Rollons
pb. meis (PM) 1275, 159.
pb. 15 s. 3 mailles moins ms. Eurit des
 Roches 1279, 196.
  8. 9. Collignons, f. Colin Roillon,
pb. ms. (PS) 1267, 355.
= Colignons Roillons
pb. 16 jorn. de t. ar. en la fin de Flirey
desour Houwaville 1278, 308.
au S. Thiebautrue anc. l'ost. 1288, 28
Merguerite Roillon
ait doneit as Cordelieres (ancontre ces
freires) pet. ms. (PM), vg. et ms. a Malleroit 1293, 399.
  10. Thiebaut —, anfans.
ms. (PS) 1267, 32.
  11. Jennas, f. Thiebaut —†,
partie ou menut daimme de Vantons 1281, 194.
= Jenat —, 2½ s. jard. a. sorbey a l'Apenille, 2 s. jard. as peirches, 18 d. 2 ms.
a Plapeville 1281, 339.
  12. Colignons Cretons, f. Thiebaut —†,
er. ou ban de Villeirs a l'Orme an ch., pr.,
vg., gerdins, ms., chakeurs, droitures,
rantes 1285, 318.
  13. Felepin —, Colate et Alisate f.
ms. (PS) 1269, 70.
  14. Thierius de Maiserey, f. Phel. — †.
ms., er. ai Oizei et ou ban 1269, 258.
vg. et er. ou ban de Coincey 1269, 433.
  15. sg. Jake —,
la moitiet de la tor, ms. et dou four a
Vantouz 1269, 37³.
  16. Jofroit —,
ms. ke fut J. — en Nikesinrue 1275, 503.
Makexade, Jehans, de Stoixey 1267, 272.
Maches v. Meche.
Macheual v. Malcheual.
lai **Machenallerouse** v. lai Malchenallerouse.
Maclars, Maclers v. Malclare.
Macors 1269, 1293, 1298, Malcors 1293, 1298.
Jehan — 1293, 331.
  de Chastels 1298, 609.
Jennat — 1293, 276 a.

1. Personennamen   **Macouvart–Maheus**

Piereson — de Chastels, Jehans f. 1298, 144.
Weirias —   1269, 342.
Macouvart, Makowart v. Marcowairs.
Maence v. Maance.
Maffroit 1267, 1269, Maifroit 1275, 1281, Maiffroit 1275, Meffroit 1277, 1288, 1293.
   1. —, ms. a Porsaillis   1275, 218, 374.
   — f. d. Cunesate   1267, 325.
Piereson f. — (v. 2.)   1288, 49.
— f. la fm. maistre Jordain   1269, 558.
— fillastre maistre Jordain   1269, 121.
   2. Felepin f. — de Nonviant (v. 5.) 1277, 398.
Piereson f. — de Nonviant   1281, 515.
— marit Parisate des Roiches 1267, 470.
   3. Collignon   1288, 434.
Fillipin — de Nonviant   1293, 608.
Magdelenne, Gerart, bouchier 1262, 235.
Magin, ms. a la l'osterne   1277, 298.
= **Magis**, ms. a la Pousterne 1267, 48, 232.
Maglaive, Maglane v. Malglanes.
Magnart, v. Maingnairt.
Magne 1251, 1267, 1275, 1285, 1290, Magues 1262 *und* Maigus 1293 *als cas. obl.*
Anschier —   1251, 188; 1267, 264.
    enfans   1285, 334. [1290, 158.
Perrins f. A. — † 1281, 378; 1285 161;
= Perrins Anchiers 1285, 20; 1293, 485.
Burterans —   1275, 350.
Jennat — de Nostre Dame a Chans 1293,
Piereson —, anfans   1262, 417. [227.
Thiebas — massons   1275, 483.
Maguelo, Maguelot v. Maignelot.
Magueron v. Marguerons.
Magnes v. Mague.
la **Maguesse**, la Magusse 1262.
[enfan]s Jaikemate — (fm. Piereson Mague?)   1262, 243.
Costantin et Colate anfans — 1262, 327.
Mahaut v. Mahous.
Mahelat fil Vguignon Roncel 1275, 99.
Maheus, Maheu 1227, 1245, 1262/1298, Maheut 1267, Maheuz 1269, Maihens, Maihen 1281, 1293, 1298, Maiheut 1281.[1])

   1. Poinceignons et — et ... 1262, 31.
   — f. sg. Ancher   1227, 14
   — f. Jennat † (v. 4.)   1293, 14b.
   2. — f. Simonin d'Ajoncort, — d'Erey, — de Lieons, — f. Colin lou clerc de Liehons, sg. — de Marley, — de Molins, — Noiron de Molins, — de Noweroit, — f. Burtadon (v. 4.) d'Outre Muzelle, — f. sg. Jehan de Vergney.
   3. — aillier, — chanberlain, — Clairies clers, — lo Flamant clerc, — frutier, — permantier de lai Vigne S. Auol, — queleir, — srg. Lowiat fil Jakemin lou tanour de la Vigne S. Auol, — Falijers torneires, — le Vaudoiz de S. Ladre.
   4. — des Aruols, — f. sg. Huon lou Bargne, — Barbe, — Bertadons, — li Blans, — f. Joiffroit Boinvallat, — Burleuache, — f. Lambresat Clarie, sg. — Clariet, — Clairies clers, — Cokenels (d'Outre Moselle), — Cowerels, — Domals, — n. Pierexol l'Effichiet, — Falijers torneires, — lo Flamant clerc, — fill. Ferrit lou Grant d'Outre Saille, — Hessons, — Jenat (Jeuat?), — de Jenrue, — Jeuwes, — Lowis, — Malakins (mares de Porsaillis), — Malebouche, sg. — lo Mercier, — f. Renadin lou Mercier, — Merlolz, — Morels, — Moretel, — Monguel, — Noiron de Molins, — f. Jennat Noiron, — Paillat, — Pairetel, — Petitvacke, — f. Jehan Petitvacke de Sus lou Mur, — Poietel (d'Allexey), sr. — de Porsaillis mastres escheuins, — lai Quaile, — f. Huguignon Roucel, — (f. Jenin) de la Tour, — Vogenelz (f. Abert Clairiet).
   5. Thiebant —   1298, 16.

---

heus des Aruols, Bertadons, Hessons, Jeuwes *heißen nur* Maheus, *dagegen* Matheus de Plapeville, sr. Matheus de Chambres *und andere nur* Matheus. *Auch ist* Maheu *einmal in* Matheu *verbessert* (1269, 172). *Vereinzelt kommen aber doch Vertauschungen vor, z. B. ist* Matheus f. sg. Pieron de Porsaillis — sr. Maheus de Porsaillis; Vogenel, *der gewöhnlich* Maheus *heißt, wird* 1290, 439 Matheus *genannt.*

---

[1]) *Die Namen* Maheus *und* Matheus *werden im allgemeinen streng unterschieden. Personen, die oft genannt sind, wie* Ma-

18

Mahillons, Mahillon.
— fille Burtalt de Brunville † 1298, 197.
— fille Andreu de Feivres et Androwin son f. 1298, 634.
Mahons, Mahont 1245, 1262, 1267, 1277, 1279/1288, 1293, 1298, Mahou 1275, Mahaut 1269, Maholt 1241, 1245.
  1. d. — 1262, 254.
  — et Simonin son f. (v. 4. dou Rut) 1245, 153.
  2. — fm. Abertin d'Alanges ke maint en Chaponrue, — de Chastels (ke maint a Siey). — de Chazelles, — fm. Maithion de Conmercey, Thiebaus f. — de Flurey, — f. Bertout de Fremerey, — f. Gerart de Maranges, — f. Stenenat de Rozerneles, — de Siey (f. Drouyn de Chastelz).
  3. — f. Nainmerit lou draipier, — fm. Baiselin lou lavour, — la merciere, — fm. Piereson lou recuvrour de Ste Rafine, — li Vadoize f. Jennin Gropain de Malencort.
  4. — f. Colin Berrois de Vizignuel, — Boutecorroie, — fm. Pierexel Briats, — Chautpain, — fm. Poinsart Mallegraice de S. Souplat, Simonius f. — dou Rut, — s. d. Odelie la Soiberde, — fm. Colignon Xordel.
Mahowas, Mahowat.
—, ost. outre Muselle 1290, 247.
— taneres d'Outre Muselle 1281, 298.
Maiance v. Maance.
Maiansate 1279, Maiensate 1278, Maienssate 1278, Meansate 1278, 1279.¹)
  1. —, er. a Plapenille ke fut 1279, 567.
  2. — de Montois 1278, 284; 1279, 445.
  3. — fm. lou pavor, Colignon lou pavour f. 1278, 507, 637.
lou **Maiansois** 1278, 1285, 1298, lou Maiansoit 1298, 31.
Garsas f. Hanrion — de Vallieres 1278, 407; 1285, 307; 1298, 10.
Thiebaut — de Vallieres 1298, 31.
Maibelie, Maibelion v. Mab....
Maicaire, Maikaire v. Makaires.
Maikerel v. Makerels.
Maiche v. Meche.

---

¹) *De Wailly 351 (1297)* Maiausate fm. Goudefrin lou tainor ke maint ou Champel.

Maichegart, Domangin, de Maranges 1293,
Maidelo, Adan 1275, 276. [351.
Maiensate v. Maiansate.
Maiffroit, Maifroit v. Maffroit.
Maigate fm. Jennin Ponrenmont lou cordewenier † 1293, 12.
de **Maigney** (v. IV.)

P.

	?	
1 Willermins li voueis —	?⌣ Jaikemin	
1267/78, † 1281 [m. e. 1239]	Chameure	
Merguerite fm. 1281/93	1267	
2 Thiebaut Poinsate Poujoize Clemansate		
1290 1290 1290 1290		
3 sg. Lowit —	= ? sg. Lowit 1269, 480	
4 Theiriat —	Albelinz	Ysabel
1269, 1278	de Fayz¹)	
5 Jennas — 1267/79, † 1285		
= sg. Jehan — † 1288		
6 Jehans — 1281/88		
u. Howignon Thomes 1285		

1. Willermins li voueis —
= Willermins li voueis 1267, 394, 420. [534.
= lou vouweit — 1288, 63; 1290, 429; 1293.
pb. gr. outre Mosselle que fut sa m., aq. a Jaikemin Chameure, son srg. 1267, 256.
pb. 5 s. ms. ou Waide 1267, 394.
pb. por les anfans ke Jaikemius Chameure at de sa s. 1267, 420/422.
pb. partie de fiez et d'allues venus consuiant de pair sg. Pieron Mauexin 1278, 393 = 496 = 640.
gr., meis, estainche en S. Vincentrue 1285, 249.
desous vg. lou voweit (Maigney) 1288, 63.
a Maigney anc. chak lou voweit — 1290, 429;
Merguerite, fm. Willermin, [1293, 534.
tout l'er. ke Willermins li voueys avoit de Pawilley, signerage, vouwerie *etc.* 1281, 526.
= lai vowerasse, t. anc. (PS) 1293, 471, 505.
2. Thiebaut, Poinsate, Poujoize, Clemansate, enf. W. lou voweit —†.
vg. ke fut lai vowerasse ou ban de Maigney
3. sg. Lowit —, [1290, 466 a.

---

¹) v. Albelinz.

I. Personennamen lou **Maigre–Mainville**

Jakemin, f. Remion de Colloigne, et Lowiat Blondel, son srg., er. escheut de pair sg. Lowit — 1278, 81.
4. Theiriat, f. sg. Lowit —, er. ou ban de Troignuel a Maigney 1278, 80.
= Thieriat —, t. (PM) 1269, 172.
5. Jennas — pb. ms. (PS) 1267, 32.
pb. vg. outre Saille, 20 s. ou Champel 1275, 228.
70 s. ms. a Porsaillis 1279, 493.
6. Jehans, f. Jenat —, pb. vg. desour Mollins, 5 s. meiz, 2 fosseiz a Mollins 1281, 147.
13 lb. er. ou ban de Trugnuet, ms. ou ban S. Clemant a Maigney, ms. a tour S. Sauour 1285, 424.
pb. t. eu Chaicey a Awigney 1293, 491.
= Jehan, f. sg. Jehan —†. 50 quartes de wayn (PS) 1288, 227. [1285, 333.
u. Howignou Thomes, vg. sus Muzelle „ t. ar. antre Turey et la greinge as Dames, ms. au Chanbeires, 5 s. meis an Chanbeires 1285, 569.
lou **Maigre**, Colignon, f. Waterin Matampreit † 1281, 517; 1293, 477.
Maiguelot 1288, 1290, 1298, Maguelot 1275, Maguelot 1277, 78.
Burtran — d'Orgney 1288, 397.
Mathen — 1275, 399; 1277, 253; 1278, 520; 1290, 437; 1298, 76.
Maiguetins, Maiguetin. [1290, 474.
— †, sr. Jehans prestres et Colignons enf.
Lowiat — †, sr. Jehans prestres f. 1293, 233.
sr. Jehans — prestres 1298, 63, 64, 268, 448.
Jennat — de S. Julien, Thieriat et Renalt enf. 1288, 298.
Maigus v. Mague.
Maiheus, Maiheu, Maiheut v. Maheus.
Mailin, Thieriat —, Renalt f. de lai s. 1298, 564.
lo **Mailla**, Naiumeri, de Valieres, anf. (v. Maillate) 1269, 12.
Maillars, Maillart 1245, 1267, Maillairt 1293, 1298, Malart 1269. v. Mellart.
Adan — 1245, 55.
Ancel — de Seruigney †, Jennas f. 1293, 372.
Burtemin — de Mercilley †, Eudelate fm., Jaikemins, Steuenins, Thiebans, Lowias

enf. 1298, 37.
Lowion —, Jehanne f. 1269, 487.
Pieres — 1267, 109.
Maillas, Maillat.
Hauriat — de Techiemont 1288, 288.
Jakemin — j. Felepin de Serouille, (Yeble fm.?) 1275, 268.
Steuenas — de Lorey 1285, 41.
Maillate 1245, 1288/1293, Maillatte 1251.
Jaikemin — poxour 1290, 529.
Jehans — 1288, 201; 1293, 189, 195, 245.
Colin, son n., f. Ferrit de S. Auol †, 1288,
Naimeri — 1245, 71, [201.
Poencin — 1251, 58.
Maille, Helowit 1262, 310.
Jehan —, Perrins j. 1262, 21, 135.
Roillons — li messecleis 1288, 512.
Maillefer, Colins 1267, 178; 1269, 1.
Mainchelos, Mainchelo.
P.
—, ost. au lai Vigne S. Auol 1288, 36.
1. Ansillons — [509.
pb. ms. anc. Symonin Mallebouche (PS) 1281,
2. Jehan, f. Ancillon —, srg. Poincignon lai Peirche (Poinsate fm.?) 1298, 96.
Mainechiet v. Meneschiet.
Maingnairt 1267, Mainjairt 1293, Magnart 1241.
Werion lo seriant — 1241, 203.
Colin — permantier 1293, 197.
Jaikemin — fr. Avroyn Chabosse 1267, 78.
Maingoude v. Manegoude.
Mainjairt v. Maingnairt.
Mainiuchieure 1245, 1267, Mainjuechieure 1269, Mainnjechieure 1267, Mainguchieure 1269, Manguiecheure, Maniuecheure 1220.
Burtran — 1245, 33.
Poensate f. 1267, 409; 1269, 179.
Poinsate — 1269, 362⁷.
Girart — 1220, 2.
Huginon — 1220, 39.
Howin — clerc 1269, 4.
Mainnardin de Mairangez 1269, 332.
Mainnas v. Mennas.
Mainnegout v. Manegous.
Mainneis, Mainneit v. Menneis.
Mainneual, Jennas 1281, 419.
Mainville (v. IV.)

18*

Lorans — bolangiers 1262, 400.
lou **Maior** v. li Maires.
Mairasse 1275/1293, Mairasce 1267, 1281, Mairase 1262, 1267, Mairesse 1275, Marasse 1269, 1288, 1293, Marasce 1267, 1279, 1281. *P.*

1 Nicole — [1250 OS] ⌣ d. Marguerite 1262, † 1267   1267/1269

2 Bauduyns — 3 Jehans 4 Hanrias Wiborate
1277/79   1277   f. — ⌣ Guersat
Ailexate fm.   1267   Rabowan
1279/1281   1277, 1290

5 Perrin — ⌣ Sufiate
† 1275   1275/1290
     d. Luckete

6 Colins — 1275/78   ?
= Colignon —   7 Jehans —
1275   1278

8 Thiebaut —† 9 Jaikemins — 10 Willames —
Heilowis   1278/90   1278/88
1281, 1290

11 Pierexel — 12 Waterin —   Anelz —
1281/93   13 Gerardin 1281   1293

1. Nicole —,
2 ms. devant chak. N. — (PS) 1262, 358.
d. Marguerite, fm. Nicole — †,
50 s. 3 ms. en Staixons   1267, 317.
7 s. ms. en Ymbercort   1267, 318.
16 s. 3 ang. moins ms. les Repanties 1267,
4 s. ms. en Sanerie   1267, 447. [383.
6 s. (PS)   1269, 428.
Guersat Rabowan j. N. —   1290, 334.
Garsas Robowans avoit a Colanbeirs er. de pair Wiborate, sa fm.   1277 90.
oirs Nicolle —,
vg. a Chamin outre Saille   1277, 305.
= oirs —,
vg. a tiers meu (PS) ke fut   1279, 77.
2. Bauduyns, f. Nicolle — †,
tout lou signeraige de Bamey et kant ki apant en pr., boix, t., homes, femes, saus

¹) *M.-Bez.-A. Clerf 11b, 14. 2. 1262 = Rolleneintrag 1262, 42 Nicole Mairasse oncle les anffans Guersire Chert.* v. Ysacart.

les 30 s. ke Jehans —, ces fr., i ait.
Garsas Rabowans pb.   1277, 2.
vg. tiers meu de B. — (PS) 1277, 43, 44.
Weiriat lou Bossut de Montois ki fut de l'alluet B. —   1277, 314.
Weiriat lou Bossut lou bergier 1278, 293.
40 s. (OM) ke Yngrans Goule dovoit a B. — et ai Ailixate, sa fm.   1279, 162.
¹/₂ ms. anc. S. Seplixe   1279, 272.
forjugies por la paix   1279, 596.
Ailexate, fm. B. —, et sr. Ysanbars li prestes, ces fr., toz les homes d'aluet venues de pairt sg. Forcon de Lescey et sa fm.   1281, 145.
3. Jehans, fr. Bauduyn f. Nicolle — †
4. Hanrias, f. —.   [1277, 2.
ms. sus lo cors de la Vies Bucherie 1267, 62.
5. Perrin — †, Sufiate fm.,
pb. 11 s. vg. delai lou Grant Chaunot, vg., t. (PS)   1275, 161.
pb. 16 s. ms. outre Saille   1255, 380.
pb. vg. en Cherdenoit 1275, 381; 1277, 86.
pb. 18 s. ms. (PS)   1278, 297.
pb. 2 s. vg. deilay lou Grant Chauol 1279,
pb. ms ou ille maint (PS) 1281, 88. [497.
pb. 40 s. grant ms. a Porsaillis 1288, 466.
¹/₁₀ ms. (PM)   1290, 149.
6. Colignon —,
¹/? ost. (PS)   1275, 359.
= Colins —, f. d. Luckete, pb. ¹/₂ ms. (PS)   1275, 371.
pb. kant ke a Auancey et ou ban 1278, 231.
pb. vg. en la Douceawe   1278, 487.
7. Jehans —, n. Colin —,
kant ke a Auancey et ou ban 1278, 231.
vg. en la Douceawe   1278, 487.
= Jehans — pb. vg. en la Douceawe 1278.
pb. ms. ou Haut Champel 1278, 280. [279.
pb. 2¹/₂ s. vg. sus la Pixate   1278, 527.
8. Thiebant — †, Heilowis f.,
pb. er an la fin d'Oixey, Coligney, Maixerey, Quencey et Mercilley   1281, 394.
45 s. ¹/₂ molin sus Moselle   1290, 138.
9. Jaikemins —
pb. vg. daier Borney ou ban S. Vincent et Goudefrins de lai Porte doient [1278, 117.
12 s. ms. outre Saille   1288, 414.
16 ¹/₂ s. ms. en Chaipeleirue   1290, 207.

I. Personennamen   Mairc–li Maires

10. Willames —
pb. ms. outre Saille   1278, 296.
pb. er. on ban des Chastels   1279, 143.
ms. outre Saille   1279, 460.
pb. vg. an Sourels desor Vallieres **1288**, 15.
ou Wade anc. gr. W. —   1288, 224.
11. Pieroxel —,
t. davant la Mars (OM) 1281, 312. [1293, 594.
vg. an Briey (OM) anc. P. —   1288, 508;
12. 13. Waterin — †, Gerardin f.,
ms. an Staison, 30 s. ms. enc. la ms. 1281, 257.
10 s. ms. an Staison   1281, 258.
Anelz —
pb. grant ms. outre Saille   1293, 542.
Mairc Verton lou poindor   1290, 137.
Mairesse v. Mairasse.
li **Maires** 1275, 1278/88, 1298, li Mares 1275/
1278, 1281/88, 1293. lou Maior 1277, 1279,
1285, 1293, 1298, lou Maor 1269; li maires
1281, li mares 1277, 1278, 1281, lou maior
1275, 1281, 1285, lo maiour 1267.[1])
Jennas Roirias li masson c'on dist — de

Borney   1298, 237, 248
Colignons — li olieirs de S. Martinruwe
P.   [1298, 64 b.
1. Jaikemins — de S. Vincent
pb. por S. Vincent[1]) v. III.
vg. en Brie   1267, 475.
vg. en Weritmont   1275, 109.
Nicolles li Gronais et J. —
pb. vg. en la coste S. Quintin 1277, 158.
pb. vg. ou ban de Longeuille 1278, 355.
pb. 24 s. ms. ou Champel, 19 s. 3 d. 4
ms. an la ruelle Canelle   1281, 269.
pb. 20 s. vg. ou ban de Wapey 1281, 332.
= Jakemin de S. Vincent, ou ban d'Ercancey
entre la t.   1281, 367.
= Jaikemin de Maixieres maior S. Vincent:
Poinsignons Rekeus pb. por J. t. en la fin
de Maixieres   1285, 506.
= Jaikemins li prevos
pb. ¹/₂ ms. davant la porte S. Vincent 1262, 95.
pb. t. ar. en Goubertnowe (OM), enc. lui
pb. vg. en Wacons 1275, 466. [1269, 125.

li **Maires**
1 Jaikemins — de S. Vincent = Jaikemins li prevos (de S. Vincentrue)[1])
     1267/85   1262/85

2 Thiebaus —[2])	Merguerite	3 Jennat 1279	?	6 Colins —	
1269/93, sg. 1293	1279/85	=J.Saiuetel 1278	5 Jehans	1281/93	Jofrois f.
[Jofroit] [3])		4 Perrins 1293	n.Thiebaut—	Steuenat Cuerdefer	
		maires d'OM 1298	1277, 1293	Abrions de la Tor srg.[3]) 1285	

[1]) Jaikemins *ist Maier von S. Vincenz gewesen. Die Söhne führen die Amtsbezeichnung des Vaters als Eigennamen.*

[2]) *Ferry, Oberr. sécul. I fol. 279 (1280)* de S. Martin Thiebaus li Maires Treze, *Ben. III, 226 (1282)* de S. Martin Thiebalz li Maires Treze.
De Wailly 350 (1297) dame Poinse, li feme sg. Thiebaut lou Maior ke fut, ait laiet a sans IIII pieses de terre k'ille ait a Airs . . . . per lou crant de Jofroit, son fil, et de Forkignon, son janre.
In allen Schöffenmeisterlisten und so auch bei Huguenin, les chroniques messines, ist für das Jahr 1288 Thiebaus li Maires, *für 1289* Thiebaus Fouras *als Schöffenmeister genannt, nach der erhaltenen Bannrolle von 1288 (v. Bd. II, S. 171) ist aber in diesem Jahr* Thiebaus Fouras *Schöffenmeister gewesen. Also war* Thiebaus li Maires *es 1289?*
Sauerland, Vatikanische Urkunden und Regesten. Quellen zur Lothr. Gesch. I, no. 10 (1295) Bonifatius VIII episcopo Metensi mandat, quatinus corpus Theobaldi Li Maires civis Metensis usurarii in cimeterio Predicatorum Met. sepultum exhumari et procul ab ecclesiastica sepultura iactari faciat.

[3]) *Bannrollen I, LXXIV, 24 = 1298, 9 b* Abrions, li janres Jaikemin lou maiour de S. Vincent ke fut.

li **Maires—Mairie**

pb. 1277, 161.
pb. ms. en S. Vicentrue enc. lui meimes et 20 s. vg. a Mesnit 1279, 145.
Werneson lou vallat J. 1290. 264.
= Jaikemins li prevos de S. Vicentrue pb. 36 jorn. de t. en preis de Mes 1275. 86.
= J. — ke maint davant S. Vicent.
pb. ms. daier S. Hylaire (PM) 1285, 176.
= Jaikemins li prevos d'Outre Muselle
pb. 20 s. molin a Waippey 1281, 106.
 2. Thiebans —
ke maint en Chambres 1278, 12; 1279, 30, 208, 412a; 1288, 151.
de Chambres 1278, 225; 1288, 356.
sg. 1293, 258, 316, 496, 662; 1298, 203.
teire devant l'ost. Th. — 1269, 198.
Philipes Faixins, Th. —, Bertadons Pietdeschaus et Yngrans Goule pb.[1]) 1275, 17, 63. 127.
pb. vg. ou ban de Nouviant 1277, 398.
pb. chak. et ms. dev. lou pont a S. Julien
pb. por Justemont 1278, 214. [1278, 12.
pb. 25 s. ms., 5 s. 2 d. er. (PM) 1278, 225.
pb. ms. ou Venier daier son ost. 1278, 228.
pb. vg. daier lou mostier a Siey 1278, 333.
ait aquiteit ms. ou Viuier 1279, 18.
pb. 20 s. ms. an Rimport devant la rive as Cheualz 1279, 30, 413.
pb. chak. devant lou pont a S. Julien 1279,
pb. er. ou ban de Vigey 1279, 412a. [208.
pb. 20 s. ms. dev. la rive a Cheualz 1279,
pb. 10 s. ms. a S. Julien 1279, 413. [412b.
an Chambres anc. ms. Th. — 1281, 173.
pb. por la chiese Deu de S. Clemant 1281,
pb. la charree de foin taixerasse an [531.
preis l'Eveske (PS) 1281, 532.
pb. vg. en Ausienchamp ai Ars (OM) et t. daier lou molin Weriat de Croney 1281, 558.
pb. 2 s. ms. ou Veueit daier son ost. 1285, 178.
pb. pr. dev. Airs sus Muz. en Cunonpreit 1285, 221.
pb. 6 s. ms. ou Viuier daier son ost. 1288,
pb. vg., t., $^1/_2$ sestier de vin ou ban [151.

d'Ars sus Muselle[1]) 1288, 280.
pb. ms. ou Vivier 1288, 356.
pb. 5 s. k'il meimes dovoit sus 1 boix ou ban d'Ars sus Muselle 1293, 516.
daier lou mostier a Siey antre vg. ke fut sg. Th. — et ... 1298, 203.
 3. d. Merguerite, s. Th. —, et Jeunat, son fr.,
mainbors d. Merguerite Roze 1279, 384.
= d. Merguerite, fm. Frankignon Migomart ... et Jeunat Sainetel, mainbors d. Merguerite Roze 1278, 8.
Marguerite f. Jaikemin — 1285, 285.
 4. Perrins, f. Jennat ki fut fr. sg. Thiebaut —,
pb. ms. et pet. ms. sus lou tour de lai rowelle devant les Proicherasses 1293, 258.
pb. 20 s. er. a Bouxieres et en bans 1293, 496.
= Perrins, f. Jeunat —, maires d'OM 1298,
 5. Jehans, n. sg. Thiebat —, [1*.
pb. vg. davant lou chak. la Rine(OM) 1277, 423.
pb. 3 s. ost. Lowiat d'Abes (OM) 1293, 662.
 6. Colins, f. Jaikemin — de S. Vincent,
pb. t. a Mesnit on ban de Plapeuille 1281.
= Colins — et Jofrois, f. Steuenat [594.
Cuerdefer, et Abrions de la Tor, sen 2 srg., pb. er. Marguerite, f. Jaikemin —, de part son p. 1285, 285.
= Colignons — de Dauant S. Vincent pb. ms. et meis en la Vigne S. Marcel ke fut Jaikemin, son p., aq. Abriat Burtignon, son srg. 1290, 581.
Mairetels, Maretel 1288, les Mairetelz 1293.
v. V. Maretelclo, Martelvigne.
Jennin — et Colate sa fm. 1288, 260/262.
Renadins, Wernesons, Jaikemins f. 1288,
Wernesons et Jaikemins f. 1288, 262. [261.
Warins j. 1288, 260, 261.
Renaldins — 1288, 259.
vg. an Corchebuef (PS) anc. les — 1293, 545a.
Mairexal, Domangin, Jaikemin f. 1279, 79.
Mairguerate v. Merguerate.
Mairiate, Mairie v. Mariate, Marie.

---

[1]) Die Einträge sind durchgestrichen. v. Philipes Faixins.

[1]) = De Wailly 283 (1288). v. Baunrollen I, LXVIII, 19. Thiebas li Maires ke maint an Chanbres.

Mairiens, Mairien.
Clodin — †   1262. 188.
Colins —; Lorate fm. 1262, 307; 1279, 60.
Mairion v. Marions.
de **Mairs en Borgoigne,** freires Jehans
c'on dist *(Templer)*   1293, 87.
Maiselin d'Airey, Poinsate fm. 1298, 405.
Maiserin, vg. sus Maizelles 1298, 452.
Maistillon v. Mastillon.
Maisne, Maisuwe v. Masne.
Maitelos, Maitelo v. Maithelo.
Maitexelz li vignieres, Belion s. 1277, 200.
Maithelie v. Mathelie.
Maithelo 1281, 1290/1298, Maitelos, Maitelo
1281, Mathelo 1267/1277.
  1. —, ms. ensom ms. de Belpreit 1267, 57.
— †, Colins de Sanerie f. (v. 4) 1275, 141.
  2. — de Luestangez   1269, 362.
  3. — awilleir †, Colignon lo charpantier f.
  — feivre de Stoxei 1290, 318. [1275, 304.
  4. fr. Thiebaut f. Vylain de Chanbres 1298,
  5. Colin — tonnelier de Sanerie. Mai- [6.
     riate fm.   1298, 4.
Maitheu —   1281, 21.
Maithions —   1277, 125.
  permantiers   1281, 33, 37.
  Arnoudat f. Maithion — †   1293, 95.
  Jaikemin, Arnoudat, Perrin, Colignon,
  Merguerite enf. Mathion — † 1293, 255.
Maitheus, Maitheu, v. Matheus.
Maithias, Maithiate, Maithions v. Math…
Maixefer, ost. an Furnerrue   1293, 51.
Hanrias   1278, 300, 301.[1]
Majonas, maistre Symon   1279, 15.
Malakins, Malakin 1251/1277, 1281/1288,
Malaikins, Malaikin 1279, 1285, Malekin
1285/1290, Melekin 1285.[2]

P.	?
1 Maheus — [1250 PS]	4 Jakemin —
1251/1288, mares de PS 1251	1251
2 — 1267 3 Symonas —	1279/1281

[1] *Bannr. I, LXXXI, 31 (1293)* an Staixon encoste la maixon Aburtin **Maizeroit** (v. IV. Maixeroit).

[2] *Prost XXIII, 1235* jardin en Arxey ke part a Malakin.

5 — d'Ansey	7 Mathion —
6 Burterans —	8 Jehans d'Ansey
1277/1288	1288

vg. — (Longeuille)   1269, 555⁰.
vg. en la coste S. Quentin c'on dist les II
  jornals de vg. —   1275, 471⁰.
1. Maheus — mares de PS 1251, 1*.
pb. toutes les vg. Jakemin —, son fr., en
  Dailles   1251, 266.
pb. 3½ s. cloweire et t. outre Moselle 1262,
Jakemin, f. sg. Bertran de Jeurue, et [394.
Maheu — et Maheu Jeuat, vg. an Veude-
  borse ou ban de S. Julien   1269, 161.
pb. t. ar. a la fontenue a Burtamont ou ban
  de Feyt   1285, 58.
an la corcelle pres de la plaîce a Porsaillis
  arreis ms. M. —   1285, 89.
en lai court de lai plaice a Porsaillis anc.
  l'ost. M. —   1290, 78.
moies a moustaige de vin er., (OM) 1285, 114.
meu de vin a moustaige ameu d'Ernauille
                                1285, 128a.
10 s. ost. an Vesignuelz   1288, 422.
outre Saille entre ms. la fm. — 1285, 43.
  2. —, f. Maheu —,
  20 s. ms. devant S. Johan (OM) 1267, 143.
  3. Symonat, f. Maheu —, 7 s. ms. ou
    Viuier   1281, 408.
  = Symonas — pb. les 2 pairs dou boix c'on
  dist Thiemonpreit, anchaingiet contre 12 s.
  ms. ansom Vies Bucherie 1279, 280, 284.
  4. Jakemin —, fr. Maheu —,
  vignes en Dailles   1251, 266.
  5. 6. Bertrans, f. — d'Ausey,
  pb. ms. et gr. ai Ansey dav. son ost. et vg.
    ou ban d'Ansey   1277, 438.
  pb er. a Ansey   1285, 567.
  = Bertrans — d'Ansey pb. t ou ban d'Ansey
                                1288, 249.
  7. 8. Jehans d'Ansey, f. Mathion —,
  pb. vg. et t. ou ban d'Ansey et de Dornant
Malaixiet, Thiebaut 1281, 116. [1288, 269.
Malart v. Maillars.
Malbaillet †, Thieriat, Abillate fm. 1290, 32.
Malkent, Burteran   1278, 535.
Malchacies 1281, Malchasiet 1298.
  Gerardin —   1281, 339.

Malcheual–Malglaues 280 I. Personennamen

Renadin — 1298, 464.
Malcheual 1275, 1278, 1281, Macheualz, Macheual 1285, 1293.
P.
Joiffroit —, [230.
ms. ke fut d. Collaite des Artuols (PS) 1275.
Poence de Colloigne et J. —, er. (PS) 1278, 123.
30 s. ms. (PS) 1281, 59.
ms. ke fut — (PS) 1281, 253.
vg. an Orsain 1285, 146.
¹/? ou.pois c'on dist de PorteMuzelle 1285, 173.
ms. ke fut Joffroit — a l'orsaillis 1293, 80.
Malcheualier 1245, Maischeualiers 1241, Maucheualier 1269.
P.
sr. Matheus —
pb. ms. defors la Nueve porte (PS) 1241, 32.
d. Poince, fm. lo — pb. ms. (PS) 1245, 111.
= d. Poince, fm. sg. Mathou — †, pb. t en la Maisiere (PM) 1269, 172.
lai **Malcheuallerouse**, lai Macheuallerouse. v. Malcheualier.
d. Poince — ¹)
t. c'on dist en lai Croweire (PS) ke fut 1293,
t. en Bowillon et t. en lai Crowaie [310.
(PS) ke fut 1293, 581b.
Malclairiet lou boucheir 1279, 490.
Werion — 1275, 35.
Werrion — le bouchier 1269, 284.
Malclarc 1277, 1288, 1298, Malclers 1277, Maclers 1285, Maclars 1290.
Gerardat — d'Ars (OM) 1288, 269.
Ysabel fillaistre 1298, 583.
Jehan — de Chauillons 1277, 363.
Jehans — de S. Priveit 1277, 131; 1285,
Malcors v. Macors. [501; 1290, 262.
Malduit, Steuenin 1267, 2.
Malebeste v. Mallebeste.
Maleboche, Malebouche v. Mallebouche.
Malekin v. Malakins.
Malecoronne, Malekoronne, Malekeronne.

---

¹) *Bannrollen I, LV, 2. Schreinsbrief* (= *1267, 79*) maison que fut d. Colate de Vy, que siet enson l'osteil la Malgheualerouse. *Der Rolleneintrag hat statt dessen* que siet enson l'ostel Symoniu de Chastels.

Gerardin —, Richart f. 1281, 313.
Gerardin — de Warnainville, Tieriat et Colait f. 1281, 625.
Maledanreie, Tierias 1285, 20.
Malefin v. Mallefin.
Maleglaue v. Malglaues.
Malegraice v. Mallegraice.
Maleherbe v. Mallerbe.
Malehonte, Rennalt 1245, 117.
Malerbe v. Mallerbe.
Malesenvres 1262, 1267, Mallescuvres 1275.
Pieresin — de Chazelles 1262, 397.
Piereson — de Chazelles, Abillate f. 1275, Weiri — 1267, 136. [239.
Maletraice, Maletrace, Maletrasse v. Malletraixe.
Maleurteit, Howin 1267, 464.
Poinsignon — 1275, 482.
Malevoie, ms. ou ban de Nonviant 1277, 448.
Malewaigne v. Mallewegne.
Malglaues, Malglaue 1245, 1262, 1275, 1278, 1279, 1293, Malglaine 1227,1245, 1262, Malglaive 1262, 1267, 1277, Maglaive 1290, 1293, Maglaue 1298, Mauglaine, Mauglaive 1269, Maleglaue 1220.

P.

1 Tiris — 1220/45	2 Thieriat — Poinsignon 1262

4 Simonin ⌣ Aingebor 1245	

5 Hanrias 1262	6 Jakemin — 1278 Poincignon Barnaige srg. 1269

7 Audrowin — de Chambeires	

8 Jennas — 1262/77	9 Perrins — 1267/98

10 Colignon — 1269/93, poxour 1293

1. Tiris —
pb. 4 ms. d. Susane de Champel 1220, 11.
pb. gr., ms. et 5 reseges an Waide 1227, 59.
Barrois et Jaquemel et oirs Th. —, ms.
sg. Bernoit en Chapillerrue 1245, 36.
2. 3. Thieriat —, Poinsignon f.,
vg. sus Mosselle 1262, 129.
4. Simonin —, Aingebor fm.,
pb. vg. en Ozpreit (PS) 1245, 119.

5. Hanrias, f. Symonin —,
tont l'er. ke H. avoit ou ....[1]) 1262, 43.
6. Jakemin, f. Simonin —,
22 s. 1 d. moius vg. ou ban de Plapeuille
5 s. 4 chap. sus t. en Besson [1278, 206.
(OM) ke furent Jakemin —, aq. a Poincignon Barnaige, son srg. 1269, 517.
7. 8. Jennas, f. Androin —,
pb. por Mathelie, f. Girart lo bolangier
pb. ms. en Chambieres 1275, 107. [1262, 358.
= Jenat —, vg. en Ste Maritchamp ou ban de S. Arnout   1277, 236.
= Jennin —, ms. en Chambieres ke fut
9. Perrins, f. Androwin — [1279, 141.
de Chambeires,   [308.
pb. vg. sus Mosselle desor lo poncel 1267,
15 s. ms. en Chambieres ke fut Jennin —,
aq. a Perrin — et Jaikemin Baillon 1279, 141.
= Perrin - , t. sus la mars a chief ke geist daier la chastel a Turey   1298, 341.
10. Colignon —,
ms. (PS)   1269, 94.
pb. ms. en Chambieres   1275, 109.
vg. sus Moselle anc. Colignon — (lou poxour)   1298, 27[11] = 175[11].
vg. ke fut — en Rollanmont (PS) 1290, 457a.
Malgourdit, Malgurdit.
Jehan —   1281, 348, 533.
Malie, les oirs   1293, 623.
Malingre, Poinsat, Jaikemate fm. 1262, 254.
Maliorge, Gerart   1262, 30.
Mallan, Mallant.
Perrin —   1281, 142.
la **Malle,** Aileit, Merguerite f. 1278, 502.
Jakemate —, li enfant   1293, 589.

Mallebeste 1281/1288, 1293, Malebeste 1267, 1269.
v. IV. vg. an — ou ban S. Clemant 1281,
—, Thieriat Lihart. f.   1269, 303. [523.
Thieriat —, Felippin fr.   1267, 260.
Thomessin —   1285, 45²; 1288, 451.
de S. Clemant   1293, 462.
Thieriat f.   1293, 499.
Watrin j. Thonmaisin —   1281, 451.
Mallebouche 1267/1285, 1290/1298. Malebouche 1220, 1267/1275. Malleboche 1293. Maleboche 1245, 1275, 1288, les Maleboches 1279.
P.[1])
1 Tiris — 1220
    2 Balduin — † 1275²)

d. Angebor	Sefiate	3 Colins
1245	1275	1269/1278

4 Mahen —, Odeliate 1267
5 Symonin — dou Nuef pont a Saille
    1267   † 1269

6 Thierias —, Katelie frere Th.	?
1267/1298 1275 1293	
Ysabel f. Willame Naire³)	Simonat u.
srg. 1269	Theiriat —
?	1279

7 Jennolles⁴) Aingebor
  1275/1279   1275   Coutasse —
8 Colignons 1285/1293   1293

les —, vg. ou ban de Wapei deleis 1279.
1. Tiris —   [147.
pb. vg. Jehan d'Onuile   1220, 18.
2. Balduin — (sg.   1275, 192).
†, ms. (PS)   1275, 371.

---

[1]) *M.-Bez.A. Clerf 11c, 21. 3. 1262 Abschn. 14/15 Jahrh.* — *Rolleneintrag 1262, 43* Conue chose soit a tons que messires Jaiques Boilawe et Thiebault Blanchairt ont acquasteit a Hanriat, le fil Symonin Malglaiue, quant qu'il avoit d'eritaige ou ban de Perte et a demey luwe pres, en Toussant, ens champs, ens preis, ens vignes, ens toutes altres choses, permey ung meu de vin et VIII d. et maille que cist heritaige doit de cens. . . .

[1]) *De Woilly 2 K (1214)* Li nons des eschevinz ke furent presen.... Simon Mallebouche.
[2]) *Prost XIX 1232* Bauduins Mallebouche et Bauduins Chabosse et Thierriz li Blanz et Coinrarz dou Pont randeroient.... com droit datour.... por dame Ysabel, la fame Nichole Bairbe d'Outre Saille.
[3]) *De Wailly 209 (1280)* Nenat (st. Jenat) Maleboche, jantre Willame Vaire (st. Naire).

d. Angebor, f. Balduin —,
pb. ms. en Chazolles et vg. en Malemarz maisiere daier S. Mamin 1245, 122. [1245, 104.
3. Colins —
pb. teil partie com Sefiate, sa s., avoit en l'ost. sg. Bauduyn, son peire (PS) 1275, 192.
pb. por Ste Croiz a Waire 1269, 544.
pb. ¹/? ost. Jennolle — outre Saille 1275, 357.
pb. ¹/? ost. Philipe Tiguienne (PS) enc. Colin 1275, 359.
pb. por lui et por Collin lou Grant gr. et jardin outre Saille 1277, 98.
pb. vg. a la Pixate (PS) quars meus S. Pol, aq. a Sefiate, sa s. 1278, 461.
4. Maheu —, Odeliate fm.,
3¹/₂ meues de vin a mostaige vg. a Longeawe, 5 s. gr. et ms. a Syei 1267, 147.
5. Symonin —,
vg. daier la Folie (PS) 1267, 56.
anc. ms. Symonin — (PS) 1281, 509.
= Symonin — dou Nuef pont a Saille † (v. 6.) 1269, 5, 148.
6. Thierias —, fillastres de Werit de S. Arnout,
20 s. eus premieis chatels ai Espainges 1267,
= Thierias, f. Symonin dou Nuef [385. pont a Saille †, pb. teil partie com Ysabes, sa srg., avoit ou deime (PM) 1269, 5.
pb. vg. a Longeawe et a Ste Rafine, ak. a Ysabel, sa srg., la f. Willame Naire
= Thierias — pb. ms. devant [1269, 149. S. Martin 1275, 209.
30 j. de t. dav. Ste Creus as signors 1275,
pb. 7 s. ms. devant S. Martin 1278, 137. [458.
pb. teil partie com il est ancheus a Willame Naire de pair d. Poince, sa m.. ou pois de Porsaillis, vg. an Dailles, delivres por tant com Willames Naires dovoit a Simonat, n. Theiriat 1279, 68.
mainbor la fm. Viat 1279, 276.
teil droit, raixon, avenant com Th. — avoit por lui et son frere en ms. a Wapey en Aixey 1293, 670.
= Thierias — d'Outre Saille, vg. outre Saille 1290, 70ᵇ.
Katelie, fm. Th. —, partie en 20 s. de fiez en chateis de Sanoy, er. a Lorey et ou ban et ou signerage et en justice 1275, 269.

7. Jennolles —
et Aingebor, sa s.. partie en l'ost. lor peire outre Saille 1275, 357.
ms. devant lou puix S. Jegout 1279, 425.
en Grauvigne (PS) anc. vg. ke fut J. —
8. Colignons, f. Jennolle —, [1298, 96.
pb. vg. a Wessues et vg. ou Corxame (OM) 1285, 124.
15 lb. ms. Abert des Arnols 1288, 81.
tavle en Nues Chainges ke fut Jennolle —
= Collignons — doit 4¹/₄ s. pr. [1290, 204.
en lai Jonkiere (PS) 1293, 533.
Contasse —,
vg. sus. Mazelles anc. 1293, 548.
Mallerbe 1285, 1290, 1293, Malerbe 1275, 1285, 1293, Mallerbe 1277, 1278, Maleherbe 1267, 1278.
Colin —, d. Aleit fm. 1267, 178.
Jennat — f. Thiebaut Anguenel † 1290, 349;
1293, 398.
Perrins — 1275, 428; 1278, 645; 1285, 302;
1293, 373.
de S. Julien 1277, 252; 1278, 377; 1285, 319.
Remias f. — de Noweroit 1293, 648.
Mallefin 1281, 1288, 1298, Malefin 1245, 1275.
—, ms. a Porsaillis 1245, 135; 1288, 226;
—, maixeire a Molins 1275, 457. [1298, 238²⁰.
Martin f. — 1281, 449.
Mallegoule.
Jennin —, Jakemins de Doupiere f. 1285, 44.
— de Vigey, Remeis f. 1281, 163.
Symon — de Vigey, Remeis f. 1290, 153, 300.
Mallegraice 1298, Malegraice 1288.
Poinsart — de S. Souplat, Mahout fm. 1298.
Robin — de Rouzucreles, Jennat et [145.
Matheu f. 1288, 560.
Mallelangue.
Weirias — de Brunville 1285, 294.
Mallepote, Pierel 1285, 62²¹.
Malleseuvres v. Maleseuvres.
Malletraixe 1285, 1293, Malletraisse 1293, Maletraice 1278, Maletrace 1275, 1277, Malotrasse 1293.
Arnolt — 1278, 614; 1285, 98.
de Ste Rafine 1275, 500; 1277, 392, 444.
Abertins f. 1293, 549.
Abertins, Hauriat, et Jehan f. 1298, 473.
Symonin — et Ysabel fm. 1293, 158.

Mallevaiche, Besselin 1285, 392; 1290, 374.
de S. Clemant 1293, 481.
Mallewegne 1285, Malewaigne 1269.
Lowyon — 1269, 315.
Jaikemin et Jehan f. 1285, 561a.
Malnouel 1275, 1277, 1279, 1281, Malnouelz 1275, Malnovel 1285, Malnoues *(casus obl.)* 1275, Manouel 1288.
Avruyn — (v. Blanchars 6, *P?*)
Hawyate et Colate enf. 1275, 182.
Jenat —, Thierias de Mercey fr. 1275, 404.
Jennins — 1275, 415.
Weirion — †, Collate fm. 1277, 9, 85; 1279, 477; 1281, 456, 459, 520; 1285, 65; 1288, 73.
Jenat Blanchairt fr. Colate fm. W. 1277, 85.
Malnouelle, Colate 1281, 496.
Malpais, Mapais 1279, Malpes 1277.
Colignons — 1277, 243; 1279, 222, 424.
Malrainaule, Malrainnaule.
Jakemin — bouchier 1269, 474.
Malretel, Jaikemin 1262, 302.
Malrewars, Malrewart 1227, 1245, Malrowars, Malrowart 1251, 1262, 1267, Malrowairt, Malrouwairt 1281, Malroart 1251, Marrewart 1241, Marowarde 1262.
P.
1. Jofrois —
pb. ms. sus Sale an la rue de Caudeliers 1227,
pb. ms. en Caudelerrue 1227, 51. [50.
pb. er. ou Wuide et a Wichelanges 1227.
four en Chaudelerrue 1251, 82. [65.
vg. en Oriouclous (OM) 1262, 87.
ms. que fut J. — en Chadeleirue 1267, 2;
meis ke fut J. — (PS) 1281, 235. [1281, 188.
2. Jakemins —
pb. ms. outre Mosele 1241, 202.
maires d'Outre Mosele 1245, 1*.
pb 5 s. sa ms. (OM) 1251, 253.
pb. vg. en Oriouclous (OM) 1262, 87.
Colate —pb. 14 s. 2 ms. (PM) 1245, 62.
= Colate Marowarde,
ms. en S. Vincentrue 1262, 104.
Malroart v. Malrewars.
Malrois, Malroit 1245, 1251, 1267, 1269, 1278/1285, Malroi 1246, Marois, Maroit 1251/1267, 1275, 1278, 1288, 1293, Marrois, Marroit 1251, 1275, 1277, 1279, 1285/1290, 1298, Marroi 1290, Mauroi, Mauroit 1269.

— lo masson, en Anglemur enc. ms. 1267,
Jordains — massons doit 60 s. sus sai [121.
ms. ou il maint en S. Nicolaisrue 1290.
Colin — poisour, t. ar. as Bourdes [69b.
desour Vals 1267, 490.
P.[1])
1 Mathion — 1251/1278 [1250 J]
= Matheus 1275/1279
2 Colins Bacals
1269/1293, amans 1293

vg. en plantei — (PS) 1245, 195; 1269, 404;
outre Saille 1288, 38. [1275, 331.
1. Mathion —.
ms. (PS) 1251, 40.
pb. 10 s. ms. devant S. Saluor 1251, 255.
pb. por Ste Marie as nonnains 1251, 256.
vg. ans Allues tiercerasce M. — (PM) 1262, 120; 1269, 160; 1278, 410.
17 s. geisent sus ms. (PM) 1269, 368.
2 st. en la vies halle des draipiers en Vizignuel 1278, 303.
= Matheus 1275, 284; 1277, 434; 1279, 590; 1285, 78; 1290, 326.
en la Donnowe auc. vg. M. — (PM) 1279, 5.
2. Colins, f. Mathion (Matheu) —,
pb. ms en Chieuremont 1269, 13.
Garsat Donekin, Vguignon Danielate, Colin, f. M. —, et Savaige, 30 s. vg. entre Villers a l'Orme et vg. Colin Ruece 1275, 284.
pb. ½ chak. a Rongneuille ou ban d'Ansey
pb. er. ou ban de Prenoit deleis [1277, 434.
Orcevalz et ou ban d'Orcenalz, Vrigney, Charixey 1285, 78.
= Colin Bacal, f. Mathion —:
Gerardins de Moielain pb. teil partie d'er. com il ait anpartit ancontre Colin Bacal ke li est eschens de pair Mathion — (PM, PS) 1279, 415, 519.
Gerardins de Moielain pb. tout l'er. ke Matheus — avoit en la mairie d'OM, k'il ait espartit contre Colin Bacal com hoirs 1279, 590.

---

[1]) *Für die Verwandtschaft der* Malrois 3—11 *ergibt sich aus den Bannrollen nichts, auch nichts für ihre Zugehörigkeit zum Patriziat.*

pb. 3 parties en ms. sg. Pieron lou chaipelain 1290, 17 a b c.
pb. ¹/₁₀ ms. sg. Pieron lou chaipelain (PM)
pb. can ke a Bui et ou ban, [1290, 149.
fort ms., bergerie, gr. etc. (PM) 1290, 326.
= Colin Beckal (v. Bacals):
Nicole de Weivre, Colin Rueve..... C. B.
..., 110 s. ¹/₂ molin a Nostre Dame a Chans, 18 s. ms. a la porte en Chambres 1275, 27.
„. 16¹/₂ lb. ms. en Visegnuel 1275, 76.
„, ms. et 2 ms. daier ke vont fuers a Staixon 1275, 196.
Garsat Donekin et C. B. et.. et . , vg. a Chaponfontainne ou ban de S. Julien 1275, 322.
„, kant ke a Nowilley et Nowesceuille 1275,
Garsat Donekin et C. B. et Thomessin [325.
Sauaige, pr. ou ban de Cuverey 1277, 81.
„, 20 lb. er. a Flauey 1279, 26.
pb. ms. a la Posterne por les 17¹/₂ s. ke li ms. li dovoit¹) 1277, 298.
17¹/₂ s. ms. a la Posterne 1278, 147.
pb. ¹/? ms. outre l'outclostre (PM) 1285, 27.
pb. ¹/? chak. ai Ausey ke part a lui 1285, 508.
Jehan Chaiverson et C. B., vg. ke fut Garsat Donekin ou ban de l'ertes 1288, 202.
„. vg. ke fnt Garsat Donekin (OM) 1288, 556.
pb. ms. a Ansey 1290, 117.
ms. anc. lai halle de S. Victour 1290, 134.
et Jehans, f. lou Louf d'Ars, pb. er. a Ansey
= Colins Beccalz li amans pb. [1293, 359.
sorvowerie d'Erkancey 1293, 23.
pb. er. a Antilley, Mercey, Erkancey, Alexey 3.²) Godefrin — d'Ars (PS), [1293, 24.
2¹/₂ mue de vin en Malemarz 1245, 210.
4. Lanbelat. f. — d'Airs,
eschenge (PS) 1279, 98.
= Lanbelat —, t. (PS) 1279, 421.
en Maizelle autre .. et ms. lai fm. L. — 1290,
5. Jenin —. [187a.
5 s. geisent sus ms. J. — (PS) 1275, 384.
6. Steuenat —.
vg ou ban d'Erkancey, t. ar. et t. a Erkancey, t. en Maialle 1279, 409.

---

¹) Der Eintrag ist durchgestrichen.
²) v. die Anm. auf der vorigen Seite.

7. Aburtin —,
outre Saille apres vg. 1279, 464.
vg. pres la rnelle de Pertes 1281, 208.
8. Thiebaut —, anf.,
vg. ou ban de S. Julien anc. 1288, 337.
9. Badewin — de Vallieres
pb. t. ou ban S. Vincent a Borney 1293, 476.
10. Wirias — de Vallieres
pb. vg. lone lui sante de Genochamp et 9 d. champ anc. les trezes Ste Lucie (PM) 1285,
pb. 6 s. ms. ou il maint (PM) 1288, 8. [316.
pb. vg. ou ban de S. Julien 1288, 9.
11. Liedrias — de Chastelz
pb. er. ou ban de Chastels 1298, 593.
Malrouwairt, Malrowars v. Malrewars.
Malsanne 1241, Maseneit 1298.¹)
Pierexel — 1241, 73; 1298 221⁴.
Malscheualiers v. Malcheualier.
Maltaillie, Maltailliet.
Jaikemin †, Warinnat et Allexandrin f.
Alixandre f. Jaikemin — et [1269, 47.
Warnat son fr. 1269, 220.
Maltampreit 1288, 1298. Maltempreit 1288, Maltranpreit 1245, Maltrapreit 1281. Matanpreit 1293.
—, ou ban de Quesney anc. 1298, 548.
Piero — 1245, 113.
Waterin — †. Colignon lou Maigre f. 1281,
517; 1293, 477.
Thieriat de Molins j 1288, 475.
Thieriat Renairt j. 1288, 488d.
Maltondus de S. Clemant 1241, 204.
Maltranpeit v. Multampreit.
Malvesin, Malvexin, Malvoisin v. Mauexius.
Mancoutel.
Aburtin —, Gueperate fm. 1288, 118.
Mandewerre.
Aileis — 1279, 573; 1281, 297.
Jaikemin — 1277, 325, 388.
Manegairs 1285, Manegal 1277, Mennegal 1279.
Burtemin — 1277, 210.
Theirias — de S. Piere 1279, 480; 1285, 370.

---

¹) De Wailly 363 S. 265 d (1298) Pierexel Malseneit; ebenso M.-Bez.-A. H 4202, 1, v. Bannrollen I, LXXVI rechts.

Manegoude 1279, Maingoude 1267. v. Manegous.
Poinsate — 1279, 363b.
   Jennat f. 1267, 26.
Manegous, Manegout 1245/1262, 1275/1281, 1298, Manegoul 1281, Maiunegout 1262, Mennegout 1279/1288, 1293, Menegont 1251, 1269. v. Manegoude.[1]
   P.
1 Garsirions — ⌣? d. —-? Poinsate —
1251/1269, maires   1245   1279.+1293
d'OM 1262   2 Jennat 3 Jaikemins 4 Guercirius
             1267   1293   1293
5 Lowias —   6 Philipin —   7 Colins
   1279   1275/1288   1278/79
                8 Jennas   Marguerate
                 1285   1285
   9 Burtemin — 10 Cherdat — de Stoxey
de Valieres 1279/81   1285/1298

1. Garsirions —
pb. por la chieze Deu de Fristor 1251, 187, 219.
maires d'Outre Mosselle   1262, 115.
= Garsires — pb. por lui et por ces compaignons ½ ms. en Stoixey 1262, 117.
= Garsilion —, ½ ms. en Stoixey 1269, 30.
= ? —, Jenin j., ms. en Vies Bucherie 1267, 478.
d. —, 21½ s. ms. et chak. en Stoisei 1245, 168.
= ? Poinsate Manegoude, ½ ms. en Stoixey
                         1279, 363b.
2. Jennat. f. Poinsate Maingoude.
12 s. 2 d. moins ms. au pont Rainmont
                           1267, 26.
3. 4. Jaikemins et Guercirias, enf. Poinsate — †,
5 s. ms. en lai rue de Stintefontene 1293, 195.
pb. vg. (PS) encheute de pair Poinsate —
5. Lowias —,   [1293, 245.
½ ms. Poinsate Manegoude en Stoixey, por tant com L. doit   1279, 363b.
6. Philipin —.
8 jorn. de t. (PS)   1275, 409.
t. ar. a Colanbeir   1277, 312.
ms. an lai rue S. Eukaire   1288, 458.

7. Colins —
pb. t. ar. a Colanbeirs   1277, 312.
pb. ms. outre Saille, vg. a Grant Chauol,
 ms. a Oixey, er. a Purs   1278, 561.
ms. en Aiest   1279, 363a.
vg. en Mallemairs   1279, 510.
8. Jennas, f. Colin —,
pb. ½ ms. outre Moselle, aq. a Marguerate,
  sa s.   1285, 476.
Marguerate. f. Colin —,
droit et raison ½ ms. outre Moselle 1290, 260.
9. Burtemin —,
a Vallieres enc. ms.   1279, 378.
= Burthemin — de Valiere, meis en Chaponruwe   1281, 544.
10. Cherdat —,
½ ms. an Stoxei, t. ar. a Ruxei, meis daier Parnemaille   1285, 335.
12 s. ms. outre Saille dav. S. Eukaire 1288,
— Cherdat — de Stoxey, 10 s. ms. [414.
  (PM)   1298, 14.
Maneval 1279, Maneual 1245.[1])
Jehan —   1279, 198.
Poincignon — d'Anserville 1245, 255.
Manouel v. Malnouel.
Mangin de S. Martin   1275, 492.
Jaikemin f. —   1293, 396.
Manguiecheure v. Mainiuchieure.
Manjat fr. Colin f. lou tupenier 1285, 547.
Maniuecheure v. Mainiuchieure.
lou **Maor** v. li Maires.
Mapais v. Malpais.
Mapolat, Gerardin, de S. Martin 1298, 643.
Marasce, Marasse v. Mairasse.
lou **Marax.**
Abertins —   1279, 534; 1288, 266.
Baduyn —   1285, 553.
Markaire v. Makaires.
Marcat.
Josselin et — et Thieriet ces 2 fr. 1293, 180.
Marcelion v. Marcerions.
Marcerions, Marcerion 1269, 1293, 1298.
Marserions, Marserion 1269, 1277, Marsiriou 1245, Mercerions. Mercerion 1288/1293, Mer-

---

[1]) *Prost XII, 1228* la fame Manegout doit X chappons suz sa maison d'autre pairt le pont Raimont.

---

[1]) *De Wailly 38 (1252 a. St.)* sires **Manessiers** li chevaliers de Montois.

cirion 1288, Marcelion 1293, Marcilions, Marcilion 1267, 1281, Marsilions 1278. Marsiliun 1267, Mercilion 1281, 1298.
    1. . 2 cloweres (PS)   1245, 172⁰.
—, enc. l'ostel (PS)   1267, 333.
    2. — de Merdeney, — j. Colignon de Merdeney u. sg. Ferrit de Porte Serpenoize, — de Staixons.
    3. — corduuenierz de Staizons, — corversierz (de Staisonz), — corvexier de Stoxey, — faixeir, — meutier. — munier, — Heilachair munier.
    5. Colignons — clers   1298, 628.
Jennas — de Sanerie   1290, 219.
Marchan v. Merchans.
Marchandate 1298. Marchandete 1245, Merchandate 1298 (v. Merchans, Merchandas, Merchandels).
Colignous —   1298, 142.
    de Vesignuelz   1298, 97.
Margueron —   1245, 25.
Marchandels, Marchandel v. Merchandels.
Marchandete v. Marchandate.
Marchans, Marchant v. Merchans.
lou **Marchant**. *P.*
sg. Ysambart —, Bietris f.
ms. a la Hardie Piere   1275, 232.
Marcilions, Marciliou v. Marcerions.
Marcilies, Marcires v. Mercire.
Marcous, Marcout 1241, 1245, 1262, 1269/1298, Markout 1262, 1267, 1288, Markouz 1269, Marcoul 1227, Marcoz 1241, 1269, Markos 1269, Marqous 1251, 122, Mergot 1288, 74, Marcouse 1262, les Marcouzes 1290.
— d'Awigney, Burtemin f.   1277, 320.
    Burthemeu f.   1278, 74.
    Burtremin et Jennat f.   1278, 515.
— d'Awigney †, Jennat f.   1279, 45.
Colignons — f. Richelin Romaicle (v. Romaicle)[1]) 1281, 166, 377; 1288, 45; 1290, 6.
P.
1 Nicolle — 1227
2 Arnoudins — 1262 maires de PM 1241

3 sg. Pierou - 1245
Margueron ? Thiebaut d'Acci 1245
4 Colins — 1241/62   maires de PM 1245
=Nicole— 1267/98 [1250 PM] ? d. Colate —
Colate   Marguerate = filles   1262/69
1277/79   1277/78   1293
    ?
5 Perrins — 1275/90   9 Jehan
6 Fillippin   7 Perrin   8 Maheu   1290
  1298   1298   1298
10 Philippin — † 1285
11 Colignous 1285/98

les vignes les Marcouzes (OM) 1290, 115.
    1. Nicole —, [1])
l'aluet a Sorbei, ms., homes. pr., treres 1227, 61.
    2. Arnoudins —
maires de Porte Mosele   1241, 56*.
? .... que siet en Sanerie   1262, 303.
    3. sg. Pieron —, Margueron f.:
Thiebaus d'Acei pb. ¹/? ms Marg. ou il maint (PS)   1245, 124.
Marg. pb. ¹/₂ ms. Thiebaut d'Acei, son srg., ki part a lei (PS)   1245, 128.
    4. Colins —
pb. por la chiese Deu des Bordes 1241, 36.
maires de Porte Mosele   1245, 60*.
pb. ms. sor lou Mur   1251, 122.
Jakemin Macowart et C. —, ms. en la Bucherie de Porte Mosselle et er. 1262, 154.
= Nicole —, devant l'ost. (PM) 1267, 22.
vg. entre les Conuers et lo chemin a la crux (PM)   1267, 30.
pb. t. c'on dit Trois jornax en la fin de Grizei   1269, 199.
pb. por lui et por Drowygnon er. [ou ban] de Montiguei   1269, 234.
pb. tout l'er. k'il et en wage de Mainnardin de Marangez et tout l'er. ke fut Gerardin Graixin de Fontois   1269, 332.

---

[1]) *Die* Romaicle *und* Marcous *scheinen rerwandt gewesen zu sein, aber einen bestimmten Anhalt geben die Bannrollen nicht.*

[1]) *Prost XXXI, 1242* li sires Giraits de Lustanges doit a Nicole Marcout et a Warnier Auerel de Porte Mozelle cc lb. de messainz.

vg. outre Saille ke furent N. — 1279, 488.
sus lou Mur anc. l'ost. ke fut N. — 1293, 566.
ms. ke fut N. — a Porte Muzelle, maix. anc. et gr. 1298, 233.
d. Colate Markouse (fm. N. — ?)
en Sanerie devant l'ost. ke fut 1262, 303.
= d. Colate —, en Saunerie ms. ke fut 1269, 357.
Colate et Marguerate, f. Nicole —,
vg. sus Muzelle dezous lou collanbeir a Mons et ⅓ daimme ke ceste vg. doit 1277, 203.
er. ou ban d'Ansey 1278, 171.
les filles N. — † ont rantes a Colambeirs, Montois, Abigney, Borney, Airs delcis Collambeirs, Quensey et en tous les bans 1293, 531.
Colate, f. N. —, doneit as Proicherasce vg. a Wappey 1279, 556.
5. Perrins —
pb. 7½ s. 2 st. en Visignuel et 3 s. 3 d. moins ms. dessous les Cordeliers 1275, 419.
pb. 36 jorn. de t. ar., 4 pieces de pr., gr. et meis a Vigey 1278, 1.
t. ou ban d'Auancey 1278, 10.
4 s. 3 d. moins ms. an Sanerie 1285, 56.
7½ s. 2 st. (PS) 1285, 239.
vg. et t. et ½ sestier de vin ou ban d'Ars sus Muselle 1288, 280 ¹).
15 jorn. de t. ar. ou ban de Vigey ke furent P. — 1290, 157.
6. 7. 8. Fillipin, Perrin, Maheu enf. P. —,
6 s. ost. a Ars sus Muselle 1298, 304.
9. Jehan, fr. Perrin —,
15 jorn. de t. ar. ou ban de Vigey 1290, 157.
10. 11. Philippin —†. Colignons f.
pb. ost. an Aiest 1285, 313.
ms. ke fut Nicolle — a Porte Muzelle, maix. anc. et gr. 1298, 233.
Markouse, d. Colate, (v. Marcous 4) 1262, 303.
Marcousel.
Jaikemin — de Montignei 1288, 555.
Marcowairs, Marcowairt 1279, 1281, 1290, Marcouairt 1281, Macouvart, Macowart 1262.

¹) = *De Wailly 283 (1288)* v. *Bannrollen I, LXVIII, 19.*

Makowart 1269, 1275.
—, ost. daier S. Glossenain 1269, 447.
hoirs — 1275, 329.
Jakemin — 1262, 154.
Jennas — 1279, 66; 1281, 246.
Jennin —, Borjoize sai s. et Thieleman son marit 1290, 493.
Vguignon —, Bietrit son avuelle 1281, 346.
Willame — 1262, 380.
Marcoz v. Marcous.
Mardenel (v. IV. Merdeney).
Colignons — 1275, 57.
Marerite v. Marguerite.
li **Mares** v. li Maires.
Maretel v. Mairetels.
Marguerate v. Merguerate.
Marguerel v. Merguerel.
Marguerete f. Johan Barangier 1241, 85.
Marguerite 1241, 1267/1298, Margueritte 1251, Marerite 1220, 44, Merguerite 1277/ 1298.

1. d. — fm. Adan, Jennin f. 1267, 164.
d. — fm. Coence 1241, 190.
d. — f. Doignon 1288, 314.
— f. Odiliate 1298, 312.
— f. de la s. Pieresin, fil Thieriat Abel, et Jaikemin son m. 1290, 574.
2. — d'Ansey n. sg. Garcire de Gorze.
— srg. Warin d'Aubini, — f. Hanriat de Chacey, d. — de Chailey, — f. la maistrase de Chaifley, — fm. Colignon de Chaistelz, — de Faillei, — f. Thiebaut de Florehanges, — f. Bietrit fm. Colignon fil Howignon de Maicline —, — f. Jaikemin de Maixieres, — de Nonviant ke muint a Chastels, — f. Burtran de Nowillei †, — f. Yzabel d'Onville†, — fm. Wairin fil Cunin d'Onville, — f. Wesselin d'Outre lou pont Renmont †, d. — fm. Mateu de Plapeuille, — fm. Guiot de Porte Moselle, d. — f. Colin de S. Arnolt †, d. — fm. Clemant de S. Julien †, — f. Jaicop lou Tawon de S. Julien †, — fm. Jennat Godel de S. Julien, — f. Colin maistre xaving de S. Martin, — f. Symonin de Sorbey †, — m. Jehan Trauaille fil Euriat de Wittoncourt, — fm. Weirit de Xuffledanges.

3. — f. Ancillon bouchier dou pont Ren-

Marguerons

mont, — f. Lowiat d'Abes bolengier, — f. Pierat bollengier, — f. Theiriat boulangeir. — la chadreliere. — fm. Buenelat charpantier, — f. Godart cherbonier. — f. Colignon Barroit drapier, — f. Gilat hauberionr, — f. Jaikemin maior, — f. sg. Joffroit lou Gornaix † qui est nonain de Ste Glosenue. — fm. Hanriat orfeivre, — li Vadoize f. Colin Fransois, — s. Sebeliate la Vadoize, — ke vant lou paiu devant Ste Creux, — f. Vion vieseir †.

4. — d'Aix, — Alous, — Amaie f. Colin Ruese, — f. sg. Cunon d'Ars, — f. sg. Simon d'Ars, — fm. Colin Badaire †. — f. Guersat Bairekel †, d. — fm. Jennin Baron †. — f. Colignon Berrois (draipier) de Visiguuel, — fm. Colignon Banderienme, — Blanche d'Outre Saille, — f. Vguin Blangrenou, — fm. Boenpere, — s. Matheu Bonat, — s. Abert Brasdeu, d. — srg. Thieriat Briselate, — f. Domangin Burchiet, d. — (fm. Aubert) de Champels †, — f. Colin lou Conte †, — f. sg. Jehan de la Cort †. — la Couvate. — f. Jennat l'Erbier †, — fm. Thieriat Faixin d'Aipilley †. — f. Vguignon Faxin, — li Vadoize f. Colin Frausois, — fm. Jennat Godel de S. Julien, — f. Joffroit lou Gornaix † qui est nonain de Ste Glosenne. — f. Symonat lou Gornaix de Chaubeires, d. — fm. Drowat Gnepe †, — s. Simonat Hungnerie, d. — fm. sg. Abrit Yngrant †, — fm. Ferriat Jeuwet, — f. Maheu Jeuwet, — f. Poincignon de Laibrie †, — f. Willemin Licherie fm. Hanrekel de Serniguei, — fm. Willermin lo voeit de Maigney, d. — s. Thiebaut lou Maior = d. — fm. Frankignon Migomart, d. — fm. Nicole Mairase †, — f. Mathion Maithelo †, — f. Aileit la Malle, d. — fm. Aubertin Mathelie, d. — fm. Frankignon Migomart, — f. Euriat lou Moinne † fm. Haibert fr. Aburtel Morel de Nowesseuille, — fm. sg. Hanrit de Montois †. — Morel s. Collairt Morel, — f. Roillon Morel, — meire maistre Nicole Morel, d. — s. sg. Hanrit Motat, — fm. Colin Namur †, — f. Thiebaut Navel, — s. Hanriat de Noweroit, d. — fm. sg. Badowin d'Oixey, d. —

fm. sg. Thierit d'Oixey †, — fm. Wairin fil Cunin d'Onville, d. — f. sg. Jehan Papemiate †, d. — s. sg. Jehan Papemiate, d. — Paipemiate, d. — fm. Luckignon de la Porte †, — fm. Guiot de Porte Moselle, — f. Gairciriat Poterel, d. — fm. sg. Jehan de Raigecourt, d. — f. sg. Filipe de Raigecort †, — fm. Jennat Richart d'Ars (OM), — Roillon, — fm. Jaike Roucel, — f. Formerion Rose†, d. — Roze, — f. Lowiat Sauegrain, — Scrolleboix, — f. Hanrit de Strabor †. — f Jaicop lou Tawon de S. Julien, — f. Jennin lou Vassal de Siey, — (f. Alexandre) de Weinre, d. — fm. Herbin Wachier †, — s. Stenenin Watier, — fm. Thieriat Wessel, d. — fm. Johan Wichart, d. — fm. Badewin Wichairt †, — f. Domangin Zondae †.

Marguerons, Margueron 1241/1278, 1281/1298, Marguerouz 1269, Marguero 1262. Magueron 1269, Mergnerons, Merguerou 1278/1298.

1. —, ms. a Gerey 1293, 67. fm. Frankignon † (= Frankignon Migomart) — f. Richart fm. Renaldin 1278, 5. [1290, 25. — f. Suwart 1245, 15.

2. — fm. Chardat d'Abes. — d'Ansei lai beguine, — fm. Jennin la Paie d'Ansey, — des Bordes, — de Buneies, — de Chaillei, — f. Symon de Chailley, — la Vadoise f. Escelin de Dornant, — de Gerey, — de Longeville fm. Colin de S. Kointin, — f. Steuignon de Mairis †, — de Nonviant, — dou Nuefchaistel, — fm. Colignon fil Perrin de Retonfa t, — fm. Clomant de S. Julien †, — fm. Jennat Paikier de S. Julien.

3. — = Merguerate d'Ansei li beguine n. sg. Guercire de Gorze †, d. fm. Stenenin bergier, — fm. Stainare bolangier. — fm. Colin charpantier (de Rimport), — fm. Lorant cherpantier †, — srg .... charpantier marit Odeliate de Blorut, — fm. Lowiat fil Adan lou clerc, — meire Ferriat Fessal draipier, — l'espiciere, — la forniere, — li merciere f. Rolin †, — fm. Ottinat poissor, — fm. Vignelat pottier, — brus Wautier tixeran, — li Vadoise, — la Vadoise f. Escelin de Dornant, —

la Vadoize f. Piereson Xerreit poxor de Chambeires, — srg. Martin vignor, — la wantiere.

4. — s. fm. Jennin Bakillon, — fm. Steuenin lou Bague de S. Vincentrue, — f. Jehan Barbel (d'Aiest) †, — f. Theirion Belleron, — f. Bertadon d'Outre Moselle, — (fm. Jenat) Blanche, — f. Vguin Blangrenon, — fm. Hanrion Bouchat, — t. Aubertin Boufat, — fm. Renaldin lou Bourgon †, — f. Weriat Kaynat, — Chabosse, — f. Bertremin Chaiteblowe, — fm. Colin Chapon †, — fm. Warin Costantinoble, — fm. Thiebaut de lai Court, — f. de la s. Jennin fil sg. Huon de la Crois outre Mosele, — fm. Poencin de la Crux, — fm. Colin Facan, — fm. Aburtin Faconners †, — fill. Lowi Faliuel, — fm. Poincignon Fernagut, d. — Fernaigne, — meire Ferriat Fessal draipier, — fm. Pieron Fichet, — Fromant, — f. Gerart Grenion, — Guepe, — fm. Maitheu Gueperate, — fm. Domangin Guillerin de Vesons †, — fm. Jennin Henmexon de Sanrey †, — srg. Jennat j. Jalleie, — f. sg. Bertran de Jeurue, — Lecherie, — s. lou Louf d'Ars f. sg. Simon d'Ars, — Marchandote, — f. sg. Pieron Marcout, — dairienne fm. Garsat Massue, — f. Jehan Mole †, — fm. Jennat Paikier de S. Julien, — fm. Jennin la Paie d'Ansey, — Paignate, — f. Jenin Panceron, — f. Symonin Parraison don Quartal, d. — f. Jehan de la Porte, — fm. Jakemin Quaille, — dou Nuefchaistel f. Poincignon Quairemel, — fm. Willimin Raboan, — f. Colignon dou Rait, — fm. Burtemin Remilley †, — fm. Waterin lou Saive de Vallieres †, — Siwade (de Stozei), — fm. Colignon dou Tro de Nowaiseville †, — f. Gerart Vairel, — lai Valleree, — fm. Velowel, — la Vilainne de Merdeney, — srg. Jaikemin lou Vogien, — f. Jehan Xauing †, — la Vadoize f. Piereson Xerreit poxor de Chambeires, — fm. Werneson Xeudetreue.

Margueruelle 1285, 1293, Merguernelle 1278. d. — de Chailley 1293, 15a. — f. sg. Symon de Chailley † 1285, 64. — fm. Jakemin Osson 1278, 57.

Marguiloul. d. Wibors fm. Fafel † por ses aveles le anfans — 1227, 57.

Mariate 1262/1269, 1277/1298, Mariatte 1251, Mairiate 1275, 1278, 1281, 1288/98.

1. Lietairt et — 1281, 475.
— f. Jaikemenel † 1298, 492a.
— fm. Jaikemenel (de S. Clemant) 1298, 478.
— f. Peskin † 1278, 23.

2. — de Baizelle, — fm. Ancillon de Flanville, — fm. Gerardin de Longeuille, — fm. Jakemin de Montois †, — de Roncort fm. Mertin Alainne, — f. Martin de Roseruelles, — de S. Arnout, — fm. Jaikemenel † de S. Clemant, — f. Sebelion fm. Colignou lai Vaille de S. Clemant, — f. Jakemin Chiualleir de S. Julien, — f. Jaikemin Merchandel fm. Jennat de S. Julien, — f. Jaicop lou Tawon de S. Julien, — fm. Badewin Wallant de S. Julien, — f. Bueuelat de Taixei †, — fm. Colin de Turey, — fm. Theiriat fil Siguairt de Vallieres, — f. Piereson de Virey †, — de Xuocourt.

3. — f. Alexandre bollengier, — f. Watrin de Chalons fm. Lietairt boulanger de Maizelles, — s. Symonin fil Symon lo chapellier, — damisselle Colin lo maistre, — la forniere, — la mairleire, — f. Lambert l'oixillour, Watrins li paignieres mairis — ke maint an Sanerie, — f. Renaldin tainor fm. Odin feivre, — s. Jaikemin tennour de Gorze ke maint ou Champel —, la taverneire, — li tellerie f. Lowit meutier, — fm. Colin Maithelo tonnelier de Sanerie, — f. Symonat lou Bague tonnelier †, — li Vadoise, — la Vadoise f. Peskin.

4. — f. Pierexel l'Afichiet †, — de l'Aingle, — f. Symonat lou Bague tonnelier †, — fm. Steuenin Budin, — fm. Gerardin lou Borgancel, — f. Jakemin Chiualleir de S. Julien †, — fm. Theiriat Geliat s. Colin Teste, — lai Gornaixe, — la Grosse, — f. (Colate) Guerebode, — f. Burtignon Hairewain †, — fm. Burtemin Hertowit †, — fm. Colin Maithelo tonnelier de Sanerie, — f. Jaikemin Merchandel fm. Jennat de S. Julien, — de lai Porte fm. Symo-

Marie–Martinete 290 I. Personennamen

nin Vienon †, — Poterelle, — f. sg. Estene lou Roy †, — de Sus les Fousseiz, — f. Jaicop lou Tawon de S. Julien †, — fm. Jennat Thiebat (de Daier S. Jehan) †. — fm. Thieriat Tribodaine, — f. Sebelion fm. Colignon lai Vaille de S. Clemant, — fm. Badewin Wallant de S. Julien †.
    5. Burtemin — 1290, 6, 282.
        de Vallieres 1290, 322b.
        Rembalt fr. 1293, 402.
Marie 1241, 1251, 1267, 1277, 1285, 1290, Mairie 1288, Marrie 1267, 1277, Merrie 1285. v. Murie.
    1. d. —, for en Chieuremont 1241, 132.
    2. — de Nominei 1241, 129.
    d. — dou Nuefchastel 1267, 364.
    3. d. — abause de Ste Glosanne 1290, 502.
    — fm. Girart habergeor 1251, 213.
    4. d. — Forcon 1288, 143.
    — fm. Watrin Gaillairt 1277, 97.
    5. Abert — de Lorey (OM) 1285, 521.
Hanrias — 1277, 372.
Jennin — 1267, 58; 1277, 372.
    Jaikemate f. Jennin — † 1285, 398.
Marions, Marion 1267/1279, 1285, 1293, 1298, Mairion 1293, Marrion 1293.
    1. —, ms. (S. Clemant) 1293, 483.
    — s. Girardin et Cunin 1267, 258.
    2. — de la Fontainne de Bronville, — fm. Rollant de Lescey, — s. Hawit de Merdenei, — f. Waterin Faikier de Rommebar.
    3. — s. Clemansate f. Waterin berbier de Chanbres †, — fm. Jehan Haltroigniet clerc, — f. Arnolt drapier de Dauant S. Sauour † fm. maistre Jehan, — fm. Abrion feivre.
    5. Beacerin —, fm. 1269, 116⁹.
Jaikemin — 1277, 150; 1278, 217; 1285, 270.
Jennat — 1269, 497; 1275, 476.
Waterin — 1277, 447.
Jakemin bolengier j. 1298, 201.
Mariouse 1267, Marjouse 1262.
Gerart — 1262, 352.
    Colin fr. 1267, 72.
Marlot, Hanrion 1288, 533.
Marois, Maroit v. Malrois.
Marot v. Maroz.
Marote, meis a S. Arnout euc. 1275, 80.

Maroz, Marot.
— de Fayz 1269, 473.
Marowarde, d. Colate (v. Malrewars) 1262,
Marqous v Marcous. [104.
Marrewart v. Malrewars.
Marrie v. Marie.
Marrion v. Marions.
Marroi, Marrois, Marroit v. Malrois.
Marron, Arnoult, de S. Nicolaisrue, Lucate f. 1298, 457.
Marsabile 1278, 1285, Mersabile 1275.
    Werion f. — 1285, 542.
    „ f. — d'Ansey 1278, 178.
    Jakemin — 1275, 154.
Marseriate fm. Sigart de Valieres 1269, 173.
Marserions v. Marcerions.
Marsilions v. Marcerions.
Marsille, Marsire v. Mercire.
Marsirion v. Marcerions.
Martellaire, Richier 1245, 106.
Martenat.
ou ban de Vairney anc. lou pr. — 1290, 298¹⁰.
Martenate 1262, 1267, 1275/1278, 1281/88, 1298, Martinate 1267, 1269, Martinatte 1251, 1267, Martinete 1245, Mertenatte 1275, Mertenate 1277/1288, 1293, 1298.
    1. — pb. 9 d. ms. (PM) 1251, 182.
les anfans —, en la voie de Chamenat t. deleis 1285, 62⁹.
Lowiat f. —, an la voie de Sal (OM) t. deleis 1285, 62⁸⁵.
    2. d. — fm. Jennat d. Croney, — s. Burtemin de Valleres.
    3. — f. Willemin chaponier †, — m. Gourdat clerc, Jehans Symairs clers et — fm., — la paignerasse, — la wantiere, — fm. Pieron wantier.
    4. — fm. Jennin Bellegoule †, — fm. Howairt Groignat, — f. Burteignon lo Gros, — fm Jehan la Huge de S. Martin †, d. — fm. Jakemin Jallee †, — f. Jennat la Peirche †, — f. sg. Conrart dou Pont, d. — fm. Jaikemin Villain.
    5. Colignon — 1275, 346; 1277, 350; 1293, Thierions — de lai rowelle de Chai- [103. peleirue 1288, 186.
Martignons, Martignon v. Mertignons.
Martinate, Martinete v. Martenate.

Martins, Martin 1220, 1241/1298, Martis 1227, Mertins, Mertin *(vereinzelt)* 1251, 1277, 1279, 1285/1298. v. V. Martinchamp, Mertinchene, Martinmars.

1. —, co que tint el ban de Fileres 1220, — f. Renalt 1278, 202. [37.

2. — d'Ais, — d'Ancey, — d'Apremont, Paikignon d'Ars (OM) fm. — †, — de Bomont (boulangiers), — de Desmes, — de Doncort, — d'Eurecort, — f. Renart de Lescey, — de Lorei (PS), — maires de Mairuelles, — de Mait, — de Maleroit, — f. Lorin de Mercey, — de Nowilley, — f. Berneson dou Nuefborc, — de Pierevilleirs, — de Roseruelles, — f. Gillat de S. Piere, — f. Howe de Talanges, — Roucel de Talanges, — de Toul, — de Troies, — de Verduns, — de Ville sus Oron.

3. — arcenor, — bochier, — de Bomont boulangiers, — charpantiers, — espiciers (ke maint devant lou Grant Mostier), — Bouxons espiciers, — corvesier, — escrivain, — imagenier, — maires de Mairuelles, — parchemenier, — f. Allixandre lou permantier de S. Julien, — f. Perrin lou permantier de Retonfaix, — Crochart poxour, sr. — prestes, sr. — prestes d'Eurecort, — soieres, — lou Vadois, — vieceir, — vignor.

4. — f. Amiat, — li Barrois, — Blanchate, — f. Steuenin Bobon, — lou Borgon, — Bosseron, — lai Bowe, — Kayn, — lou Chet, — lou Chien de Dornant, — srg. Simonin Corssenzairme, — Coupat, — Crochart poxour, — lou Diavle, — Foulat, sr. — de Gorze, — lo Gous, — Grenol, — f. lo Jal, — (f. Colin) Longuel, — lou Louet, — f. Mallefin, — Meche (d'Outre Saille), — f. lai Preseire de Frontigney, — Roucel de Talanges, — Torche, — f. Weraie, — lou Xume (de Siey).

5. . . . . . . — 1281, 514.

Jaikemins —, Yderons n. 1262, 114; 1269, 133.
Jaikemin — drappier 1267, 247.
Jehan — 1298, 454.
Jennat —, Marguerate fm., Wiberate et Clemansate f. 1285, 36.
Symonas — de S. Arnout 1288, 40.
la **Masange,** Gerardin, de Nouviant 1298, 570.

Maseneit v. Malsanne.
Massue v. Masue.
Mastillon 1245, Maistillon 1288.
— ms. . . . . Mazelles 1245, 172[15].
Baicelin — †, Colins li permantiers f. 1288, Jennat — 1245, 97. [321.
Mastout.
— de Chaipeleyrue, Steuenin j. 1278, 386.
— s. Martin lou Barrois, fm. Jehan 1288, **Masue** 1262, 1269, 1298, Massue 1251, [523. 1278, 1279, Maisue 1285, 1290, 1298, Maisuwe 1288. [1285, 335.
Garsat — 1251, 10; 1262, 152; 1269, 35;
Mergueron sai dairienne fm. 1278, 236.
Odeliate f. Garsat — † 1288, 396.
Avroyns j. G. 1269, 34; 1278, 235.
Aurowin lo bolangeir j. — 1279, 408.
Euris li oliers j. G. — † 1290, 2.
Euris de Stoxey j. G. — † 1298, 367.
Wairin — d'Alenmont 1298, 552b.
Matampreit v. Maltampreit.
Matekin, Mathekin.
Jenat — 1269, 189.
Mathelie 1251/1267, 1275/1279, 1285, 1290, Matelie 1275, 1288, Maithelie 1288, 1293, 1298, Mettelie 1293.

1. deleis (= — d'Aipillei) 1285, 62[28]. Gerart f. — (= — de Sambaing) 1298, 417.
d. —, ms. en Aiest 1290, 158[8].

2. Euriat f. — d'Aipillei, — fm. Hanriat fil Henmerit de Mairuelles, Gerairs f. — de Sambaing.

3. — f. Gerairt boulangier (d'Aiest) = — f. Girart fournier (d'Aiest), — f. Gerairt lou Vadois †.

4. d. — awelle Jehan et Perrin et Francois f. Thiebaut Bugle, d. — fm. Pierexel Chaineviere †, — s. Burtemin Fromont, — f. Colin Herral †, — f. Vergondel.

5. Alibertin — 1215, 313; 1258, 385.
d. Marguerite fm. 1267, 161.
Jehans — 1277, 235[a], 368; 1279, 204; 1288, Jenas —[1] 1275, 190. [443.

---

[1]) *De Wailly 359 (1279 a. St.), 381 (1300)* meis ke geist au lai Raivinne ancoste Jennat Matelie.

de la rue dou Preit 1279, 50.
ke maint a S. Arnout 1285, 47.
Mathelo v. Maithelo.
Matheus, Matheu 1220/1298, Matheuz 1269, Mathevs, Mathev 1241/1251, 1275. 1277, Mateus, Mateu 1227, 1277, 1278. 1281/1288, 1298, Maitheus, Maitheu 1281, 1288, 1293, 1298. (v. Maheus).
1. — = sg. — de Chambres 1220, 17;
sg. — ..... 1262, 64. [1275, 30.
„ —, er. ou ban d'Ercancey (v. 2.) 1275, 279.
— f. Chardenel (v. 4.) 1277, 464.
— f. Gueperette (v. 4.) 1275, 49.
Louuions f. sg. — 1220, 31.
— f. sg. Pieron (v. 4. de Porsaillis) 1241, 39,
— f. Remion 1262, 348. [201.
2. — fr. Lowiat d'Abes, — d'Abocourt ke maint an Vesignuelz, — maistre d'Aransey, — de Bameis, — de Borney, — de Chairley, sg. — d'Erkancey, — d'Essey, — de Flurey, — de Frainoit, — de Genestroit, — de Gorze, — fill. Colin de Hennacort, — de Longeuille, — f. Houwin de Malleroit, — f. Philippin de Malleroit, — de Marlei, sg. — de Marley, — de Molins, — (f. Goudefroit) de Mons, — de Morville, — f. Burtran de Nowillei, — f. Wairin de Nowillei, — f. Sebeliate de Nommeney, — fm. Thiebaut lou Chien, — de Pertes, — Germain de Pertes, — de Plapeuille, — f. Burtemin Chaizee de Plapeuille, — de Praijs, — Chardenel de Rozerueles, — f. Robin Malegraice de Rouzerueles, — de S. Clemant, — Besselins de S. Clemant, — f. Jennat Choflier de S. Clemant, — f. sg. Werrit de Sanei, — de Siey f. Chardenel, — fill. Willermin de Sorbey. — de Vairney, — f. Aicelin de Vallieres, — f. Jennin Murie de Vallieres, — de Vantous, — f. Bouairt de Vesignuelz, — f. Weiriat de Villeirs a l'Orme, — de Ville sus Iron.
3. — arcenor, — f. Jaikemenel lou bouchier de Porsaillis, — boulangier, — boweir, — f. Ancillon lou cellier dou Waide, sr. — chapelains de la chapelle S. Pou de Mes, — charboneir, — charpantiers, — clers (f. Symon de Pontois), — corretier, — corvexeir, Watrins feivres f. —, — feivre, — laveires, — loremiers, — [maior] de Oltre Mosele, — maor de l'ospital des Alemans, — maistre, maistre — d'Aransey, — maistres des arcenors, — masson, — paignour, — permantiers f. Renaldin lou masson, sr. — prestres fr. Jennin Strasous, sg. — preste Nicole Chapesteit, sg. — dou Champel prestre, sr. — prestes de S. Alaire a pont Renmont, sr. — prestes de Warmeranges, — recuvror, — retoudeires, Jaikemin taillour f. —, — tannor de Stintefonteine, — li Vadois (f. Wesselin lou waistelier). — vieceirs.
4. — n. Poinsate Alons, — Bacheleir, — Barons, — (f. Willermin) Baizin, — Bellebarhe, — Bellebrasse, — Besselins de S. Clemant, — Biasceteste, — Boinpere, — f. Johan Borrel, — Boukel, — fr. Ruecelin Boukel de Maignei, — Bouchat, — Bouznie, — Bouas, — fr. Baudowin Bugle, — (fr. Jennat) Chaderon, — f. Burtemin Chaizee de Plapeuille, sg. — de Chambres, — f. Chardenel de Rozeruelles, — de Siey f. Chardenel, — fr. Jaikemin Chardon d'Airs (PS), — Charrue, — f. Jennat Choflier de S. Clemant, — Clarei, — fr. Colignon Colemel, — lo Conte, — f. Nicolle lo Conte (de Chambres), — Cunegon, — lou Curla de Croney, — Danielate, — Drowas (d'Aiest), — f. Colignon Drowat, — f. Jennat l'Erbier, — Forreilliet, — Furuel, — Gailars, — Garcires de Chanbieres, — Germain de Pertes, — Grancolz, — f. Weriat lou Grant, — Grenon, — lou Gros, — Gueperate, — Guise == — Guisel, — Helleit, — Lieurit, — Makaires, — Mackerels, — Maiguelot, — Maithelo, — f. Robin Malegraice de Rouzerueles, — Malroit, sr. — Malscheualiers, — f. Perrin Marcout, — Menneit, — f. Jennat Menneit (de Maizelles), — f. Wauterin lou Mercier, — Migomart, — Monel, — Montenat, — Muelle, — f. Jennin Muric de Vallieres, — Noblat, — Pecherise, — Pesnit, — f. sg. Pieron de Porsaillis, sr. — de la Posterne, — Roguenel (d'Outre Saille), — f. Weriat lou Roucel de Chezelles, — lou Saiue, — li Sauuages, — f. Jennin de la Tor, — aveles Jaikemate fm.

Gerardin Traicoixe, — Vellars = — Gailars, — f. Thieriat lou Vel de lai Vigne S. Auol, — Vogenclz, — Waicelins, — f. Weraie, — Wernaire de S. Julien, — fr. Burtignon Wiel.

Mathias, Mathiat 1269/1279, 1285/1298, Matias, Matiat 1298, Maithias, Maithiat 1281. 1288. 1293, 1298.

1. Hawit fm. —(ms. a Montigney) 1290, 199.
— fr. Rollan (= — de S. Martin) 1298, 143.
— j. Roboan 1281, 8.
2. — de Chacey, — f. Simonin de Lescey, — f. Jehan de Perieu, — de S. Arnout, — Cainche de S. Julien, — Michelas de S. Julien, — (fr. Rollan) de S. Martin, — de Semeicourt, — fr. Formeit de Vantous.
3. — clers f. Symon de Pontois, — feivre d'Awigney, — poxieres de Sus Saille.
4. — (f. Poincignon) Cainche de S. Julien, f. Howin Crochairt. — fr. Steuenat Cnerdefer, — Michelas de S. Julien, — Noblas, — Rabowans, — f. Adan lai Vaille.

Mathiate 1267/1277, 1279, 1285, 1290, 1293, Mathiatte 1288, Matiate 1288, 1298, Matiete 1278, Maithiate 1293, 1298.

1. —, ms. en Stoixey 1275, 160, 311.
— f. Effrignon † 1278, 411.
2. — fm. Wairin de Plapeuille, — fm. Howin fil Garceriat lou Grant de Plapeville.
3. — f. Burchiet tanor d'Outre Muzelle.
4. d. — fm. Jennin Bellegoule †, — s. Perrin Broscart, — f. Domangin Burchiet, — (f. Poensat) Chaneviere, — f. maistre Nicolle Deudeneit †, — fm. Jaikemin lou Gornaix †, — f. Jaike lou Gornaix.

Mathions, Mathion 1251, 1269/1298, Mation 1288, Maithions, Maithion 1281, 1293.

1. — srg. Godignon 1281, 429.
= — srg. Godignon l'espicier 1290, 488b.
2. — de Conmercey, — de S. Julien, — de Xuelles.
3. — f. Piereson lou clerc d'Ansey, — Maithelos permantiers.
4. — Cornat, — Cornate. — Cunemans, — Drude de Vals, — Guerebode, — f. Thieriat Hermant de Stoxey, — Maithelo (permantier), — Malakin, — Malrois, — (f. Jenat) la Peirche, — Roguenel, — lou Saive, — f. Jennin lou Tawon de Failley.

Matias, Matiate, Mation v. Math....
Maton, v. V. Matonville.
Abriat — 1279, 482.
Jennat —, Venion et Jaikemat f. 1298, 309.
la **Matrauerse**, d. Clomance 1279, 210.
Mauchenalier v. Malcheualier.
Mauglaine v. Malglaues.
Maurol, Mauroit v. Malrois.
la **Mauaise**, Colate 1279, 589.
Richerdin f. 1281, 464.
Mauaiseteste 1277, 1278, Mauaixeteste 1281.
Richart — d'Ars (OM), Belleamie fm. 1277, 468; 1278, 203, 585; 1281, 108.
Jennat f. 1281, 108.
Mauexins, Mauexin 1278/1290, 1298, Mavesin 1262, Mauesins, Mauesin 1275/1279, Mauuezins 1227, Malvesin 1269, Maluexins, Maluexin 1278, 1279, Malvoisin 1275, Maluoisins, Malnoisin 1262, 1267.

P.

........s — pb. ½ ms. Burtemin lo bouchier enc. lui (PS) 1262, 330.
1. sr. Richars —
pb. ms. en Vezinouel 1227, 1.
2. — de Maisseres,
t. ou ban de Maiseres 1262, 94.
ensom l'ostel — (PS) 1267, 90.
3. sg. Pieron —,
1 alautrers de Chastelz 1269, 511.
bois en Anuertmont desoz Lorei part a
4. Watrin —, [1269, 532.
½? de fies et d'allues de pair sg. Pieron —, son fr. (PM, PS, OM) 1278, 393, 496, 640.
pb. er. ou ban de Silleirs 1278, 531.
pb. ms. et gr. a S. Steule 1278, 638.
5 s. en chaitciz de Xuelles 1279, 379.
er. ou ban de Vigey 1279, 412a.
½? c. de vin et d'argent ou ban de Chastels 1281, 628.
5. Poinsignons —
pb. ms., court, meis, chak. a Nonviant sus Gorge 1275, 117. [388.
pb. vg. en la coste dou chastel (PS) 1275,
pb. 100 s. 2 ms. et cort daier S. Sauor 1277,
pb. 6 s. ms. ensom ViezBucherie 1278, 351. [388.
pb. ms., gr., meis, court, maixenate a Nonviant 1279, 148.

pb. ms. a Nonviant, vg. ou ban de Nonviant, vg. ou ban de Wasages 1285, 562.
pb. ms. en la rowelle ansom Viez Bucherie
6. Jehan, f. Poinsignon —: [1290, 258.¹)
Poinsignons — pb. por Jehan, son f., er. ou ban de Merdeney   1298, 446.
7. Garsirion, fr. Poinsignon —,
ms., court, meis, chak. a Nonviant sus Gorge   1275, 117.
8. 9. 10. Gillate, Loixate, Colignons, Poinsignons, Jaikemins, enf. Garcerion — de Nonviant,
et Jaikemins, f. sg. Jehan Paillat, lor srg., 3 pars des 5 moies de vin ou ban de Nonviant   1288, 234.
oirs Guercirion — de Nonviant, 13 steires de vin vg. a Airey, ½ meu de vin vg. ou ban de Waizaiges, 3 homees de vg. ou ban de Waizaiges   1288, 413.
Gillate, f. Guercirion —,
a Nonviant desous lou meis   1298, 97.
Mawain, Wiriat   1293, 9.
Mauuezins v. Mauexins.
la **Meade,** Odelic   1288, 524.
Meansate v. Maiansate.
Mebelate v. Mabeliate.
Meche 1277, 1281, 1288, 1298, Maiche 1290, Maches 1267.
— fm. Hanrit Guerairt   1290, 29.
Martin —   1281, 87, 375; 1298, 88.
d'Outre Saille   1277, 183; 1288, 342.
srg. Symonin Corssainsarme   1288, 450.

¹) *Bannr. I, LXXX, 29 (1285)* davant l'osteil Poincignon Mauexin (enson Vies Bucherie).

Symonins —   1267, 317.
Meffroit v. Maffroit.
Meinart lo maceon   1241, 186, 189.
Meinnerel v. Minnerel.
Melas, Melat.
— lou Brais   1290, 238b.
— munier   1290, 88.
de Nonviant   1288, 49.
Pierel —   1290, 385c.
Pierexelz —   1288, 59a.
Melekin v. Malakins.
Melesant 1288, 1290, Milesant 1293.
— de Maiselle, Gerairs f.   1288, 452.
— de Vals   1293, 673.
Jennat —   1290, 450a.
Melie, Poinsate, Thomessin lou clerc f. 1298,
Mellart 1281, Mellairt 1288. v. Maillars. [355.
Gerairt — de Lorey (PS), Poincignon f.   1288, 488b.
Piereson — dou Pont, Pantecoste f. 1281, 606.
Melotins, Melotin 1285, 1288, Milotin 1293.
les enfans —   1285, 312²⁹.
Domangin —   1293, 663.
Jennas — muniers   1288, 299.
Mendreuille, Suffiate, li fille (v. IV.) 1298, 469.
Menegout v. Manegous.
Meneit, Menel v. Menneis.
Meneschiet 1277, Mainechiet 1288.
sg. — de Forchiet, 60 s. 12 d. moins ou ban de Moulins et de Siey   1277, 469.
Alexandre, f. sg. — de Forchiet †, a Morinville daier la gr.   1288, 481.
Mengo, Poinsat   1293, 304.
Mennas, Mennat 1278/1281, 1293, Mainnas, Mainnat 1281, 1298.
—, Jakemin f.   1279, 409.
— d'Ercancey   1278, 14.

Mauexins

1 sr. Richars —	2 — de Maisseres	3 sg. Pieron —	4 Waterins —
1227	1262	1269	1278/81

5 Poinsignons —	7 Garcerion — de Nonviant
1275/98	1275, † 1288

6 Jehan —	Gillate	Loixate	8 Colignons	9 Poinsignons	10 Jaikemins
1298	1288, 1298	1288	1288	1288	1288

Jaikemins, f. sg. Jehan Paillat, lor srg. 1288

I. Personennamen 295 Menne–li Merciers

Jaikemins f., et Lorate sa fm. 1281, 367.
Jaikemin — 1281, 387b; 1298, 872.
  d'Erkancey 1293, 208, 611, 612; 1298, 378.
  Lorate fm. 1293, 8.
Menne v. Menneis, Minne.
Mennekin †, fm. 1281, 45.
Mennegal v. Manegairs.
Mennegout v. Manegous.
Menneis 1281, Menneit 1288, 1290, 1298, Meneit 1277, Maiuneis 1279, Mainneit 1298, Menneil 1290, Mennelz 1277, 1279, Mennel 1281, Menel 1290, 1298, Menne 1269, 1275! 1278, 1293, Minne 1278, 121. (v. Minne).
—, Thiebaus li bouchiers fil. 1281, 396.
— lou bouchier †, Jehans j. et Izabel sa fm. 1298, 210.
Jennas — 1269, 452; 1275, 213⁴; 1277, 43, 248, 306; 1278, 121, 306; 1279, 77, 226; 1281, 238; 1288, 438; 1290, 437; 1293, 38.
  Matheu p. Jennat — 1279, 77.
  Goudefrins fr. Jennat — 1298, 429.
  Thonmaissin srg. Jennat — 1281, 238.
  Odeliate fm. Jennat — † 1298, 422a.
  Hanriat f. Jennat — † 1298, 40, 108, 420.
  Jehans et Symons enf. J. — † 1298, 452.
  Matheu f. J. — 1290, 162, 295; 1298, 61,
  Thomessins f. J. — † 1298, 458. [458.
Jennat — de Maizelles †, Maitheu f. 1298,
  Matheu — 1290, 395a. [439.
Remias — 1288, 48; 1290, 201, 395.
  de lai Vigne S. Auol 1298, 66.
Symonas — 1288, 439.
  de Fremerei 1290, 174.
Menon de Talanges 1298, 665.
Mensenate de S. Priueit (OM), Abillate f. 1262, 114.
Mercelin, Jennat, de Sanerie 1288, 214.
Mercerions, Mercerion v. Marcerions.
Merchan v. Merchans.
Merchandas, Merchandat (v. Marchaudate, Merchandels, Merchans).
Colignon — 1288, 486.
  ke maint daier les Chainges 1293, 280.
Merchandate v. Marchandate.
Merchandels, Merchandel 1251, 1279, 1288, 1298, Merchandelz 1278, Marchandels, Marchandel 1251, 1281, 1298. [134, 135.
— pb. por les malades de S. Priueit 1251,

Colignons — et Tiguienne sa maraistre, Gerardin fr. Colignon (v. Merchans) 1278,
Domangin — 1298, 59. [320.
  de Ste Marie 1298, 178.
Jakemins — 1251, 239; 1279, 476.
  Alixandres f. 1281, 613.
  Xanderins f. J. — † 1298, 218.
Mairiate fm. Jennat de S. Julien et Sufiate f. Jaikemin — † 1288, 347.
  Sufiate — li Vadoize (f. J. —†) et Sufiate sa s. 1298, 218.
Jennat Rennier j. Jaik. — 1298, 229.
Merchans, Merchant 1277/1285, 1293, Merchan 1288, 1293, Marchan 1288, Marchans, Marchant 1267, 1269, 1278, 1281, 1293, 1298. (v. Merchandas, Merchandels).
Abertin — de Howawille 1298, 586.
Burtemins — 1279, 596.
Colin — 1267, 386, 444; 1269, 403; 1278, 525; 1281, 281³; 1293, 459.
  †, d. Sefie fm. 1278, 275, 465; 1281, 281⁷.
Nicolle — 1277, 18.
Colignons — dou Nuefbour¹) f. Colin — 1285,
Colignons f. Jennat — 1293, 343. [85.
  et Tyguenne sa mairaistre, Gerardin fr. Colignon 1278, 249.
Colignons — 1281, 438, 510; 1288, 434; et Tignienne sa mair., Gerar- [1293, 580.
  din fr. Colignon — 1278, 352.
Lietal — lou permantier 1288, 486.
Colate n. 1269, 325.
Kaitherine fm. Lietal — † 1293, 404, 498.
li **Merciers**, lou (lo, le) Mercier 1227/1298, li Mercierz 1269, lou Mersier 1275, 12, lou Merceir 1277/1285. (v. III. li merciers, IV. Grainge lou Mercier).

P.
       ?
1 sr. Jehans —⏜— d. Climence 2 sg. Maheu
1227, † 1269   1269   1245, † 1262
[1250 PS]   [1250 PS]
           3 Ferriat de Florehanges
                   1298

¹) De Wailly 373 (1299) Colignons Merchans ke maint devant lai fontainne de l'ospital.

li **Merciers**

```
            4 sr. Girars — 1251 [1250 C] ¹)
5 Lowias — 1262        8 Poencignons —
= Lowious — de Vizenuel    1267, † 1293
= Lowis — de V. 1262/77    9 Vguignons
= sg. Lowit — † 1279      10 Gerart
  Aileis (Fackolz)        Symonas Facolz
6 Clemignons —²) 7 Lowias —   srg. 1293
1275/81, † 1288  1277/88, † 1290
  Perrate 1288/93   Clemansate 1290
Jaikemin       Jennas        Thiebas
Clemignon³)    Clemignon³)   Clemignon³)

11 Boenvaleit 1262/1275, † 1285
12 Joiffroit — = Joiffroit Boinvallat
   † 1275              † 1277
13 Boinvallas — = Boinvallas, 16 Joiffrois
   1275/98        j. A. lou Roi Boinvallas
j. Arnout lou Roi   14 Maheus  1277/93
   1275, 1293       15 Burtemins
                       1277/79
                       ?
17 Renaldins — 1267/88⁴)  20 Perrin † 1269
j. Hanriat Robin 1269    Sebeliate 1269/98
18 Jehans — 1288, 1290   19 Maheus
= Jehans — li amans         1290, 1298
   1290/98
   21 Jehans — 1269/1275, † 1277
22 Joffrois 1278  23 Filipin — 1279/1290
                  sr. Jofrois d'Aicst o. 1288
                  24 Jaikemin — †
                  25 Colignons 1275/78
```

¹) *Ben. III, 199 (1250)* cil de Virey des la maison Girart lou Mercier jusc'a la maison Jacquemin la Perche qui fut.

²) *Ben. III, 226 (1282)* dou Comun Clemignons *(Ben.* Coliwignons) li Merciers Treze.

³) Jaikemins *hat ein Haus in Vesignuelz,* Jennas *Besitz in Wapey, wie* Clemignons li Merciers. *Daher ist es wahrscheinlich, daß sie und mit ihnen* Thiebas *Söhne von* Clemignon lou Mercier *sind.* v. Clemignons *P.*

⁴) *De Wailly 975 (1279)* Bannr. *I, LX/LXI* suer Marguerite (Cordeliere), f. Renaldin lou Mercier, niece Ruecelate, f. sg. Garcire Ruece ke fut.

1. sr. Jehans —
pb. vg. et maisieres a Siei   1227, 39.
devant l'ost. (PS)   1267, 32.
anc. gr. ke fut sg. J. — (PS)   1293, 81.
d. Climence, fm. sg. Jehan —†, pb. t. au pont a Maignei   1269, 220.
2. sg. Maheu —,
davant l'ost. (PS)   1245, 111.
hoirs sg. Maheu —, ms. (PS)   1262, 367.
3. Ferriat de Florehanges, f. sg. Maheu — †,
vg. daier lo mostier a Siey   1298, 203.
4. sr. Girars —
pb. vg. outre Saille en droit lou pont S. Piere   1251, 145.
5. Lowius —, f. Gerart — †,
pb. ms. (PS)   1262, 64.
= Lowis, f. Girart —, pb. t. ar. daier S. Piere as Arainnes   1267, 86.
pb. t. ar. sus Saille desous S. Andreu 1267, 362; 1269, 88.
pb. vg. daier S. Clement   1269, 467.
= Lowious — de Vicenuel pb. 22 s. vg. an Paperide (PM)   1262, 136.
pb. 6 s. 1 st. en la grant halle des tannours ou Champ a Saille   1262, 378. [381.
vg. daier la Folie sus Saille doit 15 s. 1262, en la Mercerie entre la ms. L. — 1267, 402.
= Lowis — de Vizenuels pb. 12 s. 2¹/₂ d. ms. ou pont Rainmont   1267, 26.
ms. en Staison   1267, 42.
= Lowit —, dev. la gr., (PS)   1277, 381.
d. Aileis (Fackolz), fm. sg. Lowit — †,
pb. ms. devant l'osp. ou Nuefborc 1279, 515.
pb. 70 s. ms. a Quartal   1281, 274.
6. Clemignons, f. Lowit —,
Arnoulz li Rois et Cl. pb. ms. (PS) 1275, 398.
= Clemignons, f. Lowit — de Visignuel †,
pb. 12 s. 2 ms. en Visignuel   1277, 290.
pb. 2 ms. en Visignuel   1278, 500.
pb. 60 s. ms. en la rowe dou Sac 1279, 60.
pb. ms. au lai Vigne S. Auol   1279, 61.
2 ms. an Vizignuel permey 8 lb. de cens
= Clemignons — et Maheus Hes- [1279, 62.
sons et Forkignons Xavins pb. er. Jenin de Bixe de Waippey   1281, 136.
maires d'Outre Muzelle   1281. 156*.
pb. 5 s. ms. a Porsaillis   1281, 518.

I. Personennamen   297   li **Merciers**

anc. ms. (PS)   1281, 535.
a Sorbey apres vg. Cl. — †   1293, 238.
 Perrate, fm. Cl. — †,
ait laieit a moitiet vg. sus Moselle 1293.
= Perrate, fm. Clemignon de Vesi- [383.
gnuelz†, ms. an lai Vigne S. Auol 1288, 419.
 6. 7. Clemignons et Lowias, les 2 f.
Lowit — de Visignuel †   [222.
pb. vg. en Chenals enc. vg. lor p. (PM) 1277.
pb. 3 pairs grant ms. et la pet. ms. enc.
an la plaice en Visignuelz 1278, 132, 155.
pb. ms. en Aiest,   1279, 363 a.
pb. ½ ms. en Stoixey 1279, 363 b. [510.
pb. vg. a Sorbeir et an Mallemairs 1279,
antre l'ost. Cl. — de Vesignuelz † et ms.
Lowiat, son fr. (PS)   1288, 62.
 7. Lowias, f. Lowit — †,
pb. por sg. Eurit de Fontois   1281, 317.
= Lowias de Vesignuels, ms. a Stente-
fontenne   1288, 2.
pb. 4 s. ms. (PM)   1288, 311.
pb. 32 s. ost., 5 s. 1 st. en lai halle des parm.
an Vesignuelz, 6 s. 2 chap. 1 st. dav.
lai halle des parm., 26 s. ²/₃, ms. an Chai-
vreirue, ms. ou Champel   1288, 403.
pb. 4 s. 2 d. 1 chap. ms. outre Muselle 1288, 515.
pb. 8 s. 6 d. 2 chap. ms. daier S. Marc „
pb. 7 s. ost. an la rue lou Uoweit „
pb. 14 s. 6 d. 2 chap. ost. an Franconrue „
 Clemansate, fm. Lowiat — †,
ms. ou Baix Champel   1290, 65.
 8. Poencignons. f. Girart —,
pb. vg. desor la Folie   1267, 200.
†, ms. an S. Martinrue 1293, 283; 1298. 269,
 9. Vguignons, f. Poinsignon —, [415a.
pb. vg. desor Robartvigne c'on dist Outre
rue   1293, 164.
pb. 2 sest. de vin vg. desor Robartvg. 1293.
 10. Gerairt, f. Poincignon —,   [165.
ms. et gr. en S. Martinrue, srg. Symonas
Facolz   1293, 99.
 11. Boenualeit —   † 1285, 466.
ms. (PS) doit 9 s. 4 chap.   1262, 183.
ms. en Sanerie doit 10 s.   1262, 303.
ms. (PM) doit 50 s.   1269, 193.
ms. en Saunerie doit c.   1269, 258.
= Boinvalat — de Visignuel, ms. an Buche-
rie a Porte Muzelle   1281, 385.

 12. Joiffroit — (v. 13. = Joiffroit Boin-
valat v. 14),
devant ms. (PS)   1278, 434.
 13. Boinvallas. f. Joffroit — †,
pb. 7 lb. 4 s. 2. d. grant hale au drapiers
au Quartal, 18 s. 1 d. ms. en Vesignuez,
15 s. ms. en Saunerie. encontre Roinete,
sa. srg.   1275, 58.
pb. 50 s. (PS)   1277, 42.
pb. er. ou ban de Colaubeirs   1278, 128.
= Boinvallas, aveles Boinvalat —, Roie-
nate, f. Arnout lou Roi, sa srg. 1275, 15.
pb. 30 s. ms. en Aiest   1275. 15.
pb. vg outre Saille   1285, 466.
= Boinvallas — de Vesignuelz
pb. vg. et ms. a Vallieres   1290, 141.
= Boinvallat — et Jehan, f. Pierexel de
Vals, les 2 j. Arnolt lou Roi, 8 s. ms.
a la porte en Anglemur   1293, 172.
„ 7 quertelles de seil sus lai halle daier les
Chainges, 5½ s. ms. ou Champel, ½ mo-
lin a Limeu, vg., pr., c., t. ar. a Anceruille
ou ban l'Avecke   1293, 297.
ms. an Sanerie doit 15 s.   1298, 499, 500.
½ er. Arnout lou Roi, teil pertie com B. —,
j. Arnout lou Roi, i ait (PS, OM)
 1293, 302 = 357.
 13. 14. 15. 16. Boinvallas, f. Joiffroit — †,
pb. 50 s. des 10 lb. ke Maheus et Burte-
mins et Joiffrois, anf. Joiffroit Boin-
valat. ont aq. a Arnout lou Roi 1277, 42.
= Boinvallas, j. Arnolt lou Roi. pb. 50 s.
k'il ait aq. a Maheu et Burtemin
et Jofroit. ces 3 fr., des 10 lb. k'il ont
aq. ai Arnolt lou Roi   1277, 135.
2 ms. er gr. a monteir de Sus lou Mur
doient 7 lb. a Boinvallat, Maheu.
Burtemin et Joiffroit, anf. Joiffroit
Boinvallat †   1279, 518.
 16. Jofrois Boinvallas
pb. meis otre Muselle   1290, 534.
maires d'Outre Moselle   1293, 1*.
menandies, meis, resaiges outre Muselle 1293.
 17. Renaldins —   [147.
pb. por les pucelles de la Vigne 1267, 227.
devant l'ost. (PS)   1267, 354; 1275, 65.
j. Hanriat Robin, pb. vg. desous lo chene
en Chenals (PM)   1269, 8.

li Merciers—Mercire

et Colins Ruece et Rueselate, sa s., pb. ms. et pet. ms. en Aiest, ms. a Rimport 1269, 188.
„ pb. ms. an Estaizon et 4 st. en Vesignuez 1269, 271.
„ pb. la tour et lou vivier en Einglemur 15 s. ensom Viez Bucherie ms. [1269, 331.
ou il maint (OM) 1269, 323.
25 s. geisent sus ms. R. — asom Viez Bucherie 1269, 334.
pb. 25 s. su ms. ou il maint (OM) 1269, 336.
doit 65 s. a Sebeliate, f. Perrin — 1285, er. en la mairie d'Otre Muselle ki est [409. contrewaiges des 65 s. 1285, 560.
ou ban de Plapeuille enc. R. — (vg.) 1288, 85.
dev. l'ost anson Viez Bucherie (PS) 1288, 164.
pb. la moitiet de tout lou Halt preit a Plapeuille 1288, 278.
a Meurpaireit (PM) anc. vg. 1288, 355.
18. Jehans, f. Renadin —,
pb. 10 s. ost. an Vesignuelz 1288, 422.
pb. les ms. ke furent Adan lou bouchier (PS) 1288, 463.
pb. vg. an Weritmont (OM) 1288, 563.
pb. 10 s. ms. enc. l'osp. des Allemans 1290, = Jehans — pb. por lou prior et les [216. freires de Clairvalz 1290, 472.
pb. por S. Sauour 1293, 296, 563.
entre t. J. — et (PS) 1285, 392.
lettres ke geixent en l'airche Jehan — a S. Jaike 1290, 438¹⁴.
= Jehans — li amans pb. vg. en Weirimont 1290, 124.
pb. 20 s. ms. en Putierrowelle anson Viez Bucherie 1290, 125.
pb. 11 jorn. de t. ar. an Hem 1298, 53a.
pb. 15 jorn. de t. ar an Hem 1298, 53b.
pb. 30 s. 15 jorn. de t. ar. en Hem 1298, 242a.
pb. ms. anson Vies Bucherie 1298, 242b.
pb. pr. ou ban de Sorbey 1298, 414.
19. Maheus, f. Renadin —,
er. si com de l'entisme des strucey de Marsal et des strus deniers 1290, 84a.
pb. er. (PS) 1298, 111.
pb. 10 s. ms. (PS) 1298, 282.
pb. ms. a S. Clemant 1298, 445a.
pb. er. (PS) 1298, 445b.
20. Sebelie, f. Perrin — †.
pb. 15 s. ms. Renaudin, son oncle, ensom

Viez Bucherie 1269, 323.
= Sebeliate, f. P. —,
ait doneit a l'ospital ou Nuefbourc 60 s. ms. (PS) et 65 s. ke Renadins — doit a Seb. sa vie 1285, 409.
65 s. rante de pair Renaldin — 1285, 560.
pb. er. (PS) 1298, 491.
21. Jehans —
pb. t. desai lou pont a Maigney 1269, 47.
enmei Longeville enc. ms. 1269, 555¹¹; 1275, en Chapeleirue daier ms. J.—† 1277, 302. [454.
22. Joffrois, f. Jehau —,
¹/? signerage et vowerie de Sanei 1278, 660.
23. Filipin, f. Jehan — †,
vg. en la Donnowe sus Muzelle 1288, 314.
= Filipin —, enc. vg. entre Longeville et Siey 1279, 331.
ms. (PS) 1285, 409.
pb. hommes et femmes ke sr. Jofrois d'Aiest, ces o., avoit a Lescey et a Rouserueles 1288, 281.
pb. 3 s. ms., meis, vg. (OM) 1288, 566.
2 ms. en Furneirue doient 25 s. 1290, 452.
24. 25. Colignons, f. Jaikemin — †, et Hanrias de l'Aitre pb. er. a Nowilley et ou ban 1275, 12.
„ pb. er. ou ban de Vignueles et Lorey ms. en Chaipeleirue 1278, 255. [1275, 121.
Mercilion v. Marcerions.
Mercille v. Mercire.
Mercire 1267, 1275, 1290, 1293, Mersire 1281, 1298, Marcires, Marcire 1298, Marsire 1241, 1267, 1298, Mercille 1262, 1275, 1277, Marcilles 1267, Marsille 1267, Marsillez 1269.
— cordeweniers 1269, 221.
maistres — feivres j. Willame feivre † 1298, Jennate fm. 1298, 325. [310.
P.
1. —, ou Champel ensom 1241, 170.
2 ms. ke furent — dou Champel 1275, 406.
ou Baix Champel auc. l'ost. sg. — 1290, 65.
2. Jennin —,
en Dairengerue areis ms. 1262, 119.
pb. por la chieze Den de Fristor 1267, 23, 24, 217, 415.
12 s. geisent sus ms. J. — (PM) 1277, 205.
3. Simonins —, arg. Colignon Loveus,

meis (PM) 1275, 159.
et Arnoulz, ces srg., et Steuenas Cuerdefer
pb. er. ou ban de Noweroit et S. Remey 1281,
entre meis S. — et (PM) 1293, 394. [152.
=? Symonin, f. Jennin — †, 15 s. geisent
sus ms. et meis an Dairangerue 1298, 21.
Anel —, an Dairangerue antre ms. 1298, 25.
Mercirion v. Marcerions.
Merelz, Merel.
Jennat — 1298, 429.
de S. Piere 1298, 268.
Mergot v. Marcous.
Merguerate 1278/98, Mairguerate 1281, Marguerate 1275/78, 1281/90, 1298. v. Marguerite.
  1. — fm. Jehan l'avelet Henmesate 1293,
— f. Bertadon 1285, 283. [222.
— s. Jaikemate 1281, 495.
  2. — fm. Colignon de Chaistelz, — f. Pierat de Chambres †, — f. Lorel dou Champ a Saille, — fm. Steuenan de Chieuremont †, — fm. Jehan de Dompiere †, — f. Waterin d'Elkezinges, — fm. Waterin de Flurey, — f. Jennin de Gorze, — (lai Vadoize) f. Jaikemin de Mercey, — f. Gerart Bonefort de Mercey, — s. Hanriat de Noweroit, — f. Theiriat de Nowilley, — f. Hawit de S. Julien, — fm. Piereson Wallant de S. Julien, — f. Colin Xalle de S. Julien.
  3. — fm. Colin l'anluminor, — d'Ansei li beguine, — fm. Jennat Murlin bouchier. — lai celleire, — fm. Hanriat l'orfeivre (ke maint au Furneirue), — ke vant lou pain devant Ste Creux, — lai Vadoise f. Jaikemin de Mercey, — s. Sebeliate la Vadoise de Sanerie, — srg. Colignon vieseir, — la wenpliere.
  4. — f. Jennin l'Alemant, — Baron, — f. (Vguin) Blangrenon †, — f. Gerart Bonefort de Mercey †, — fm. Thomessin Bouvairt (de Maizelles †), — f. Avrouwin Chaiboce †, — f. Wairin Cherruwe, — f. Jennat Coldoie †, — fm. Jennin Couvee †, — fm. Badeson Dediest, — f. Berteran Doumal †, — Gerode, — f. Thiebaut Henmignon, — f. Colin Herbel †, — f. Colin lou Hungre †, — f. Simonin de Hunguerie †, — fm. Waterat Licherie †, — fm. Perrin lou Lombart †, — f. Nicole Marcout, — fm. Jennat Martin, — f. Colin Mennegout, — f. Roillon Morel, — fm. Jennat Murlin bouchier, — lai Priusiere de Frontigney, — fm. Jaikemin Quaille, — f. sg. Filippe de Ragecort, — fm. Thieriat Raville †, — Rogier, — f. Symonat Roucel de Rimport †, — Symon, — f. Aburtin de Vy, — f. Vion, — fm. Piereson Wallant de S. Julien †, — f. Colin Xalle de S. Julien.

Merguerel 1288, 1290, Marguerel 1281.
  2. — s. Odin l'arnoiour de Furneirue 1288,
  4. — f. Jaikemin Bicheir 1281, 26. [189.
— f. Colin Blanche † 1290, 467.
Merguerite v. Marguerite.
Merguerons v. Marguerous.
Merguerueile v. Margueruelle.
Merlin.
Domangin — 1298, 478.
†, Pantecoste fm. 1298, 245.
Merlolz, Merlo 1279/88, 1293.
P.

	1 Jennat — d. Belle
	† 1279 1285
Wiborate Hanriat Herral	2 Maheus —
1279/85 1293	1285, 1293

3 Colignons — f. Weirit de S. Arnout 1281/88
maires de PM¹) 1285
j. sg. Renalt lou Sanaige 1288

a chief de lai Paisture de S. Julien anc. —
(vg.) 1288, 333.
  1. Jennat — †, Wiborate f.,
10 s. 2 ms. an la roweluite devant S. Ferruce 1279, 396.
10 s. ms. en Franconrue 1279, 577.
pb. vg. an Leubinpreit (OM) 1285, 126.
pb. 70 s. ke Maheus, — fr. Wib., li ait essis sus vg. an l'Awillon et vg. ou Cuignat et vg. devant lou Cuignat (PM) 1285,
70 s. vg. en l'Awillon 1293, 29a. [154.

---

¹) *Bannr. I. LXVII, 17 (= 1285, 309)* De ceu fut mares Colins Merlo et Filipes Tiguienne et Jehans Loue escheving.
Ben. III, 234 (1289 a. St.) Colignon Merlo citain de Mets.

Mermeran–Mettelle

4½ lb. er. Maheu —, fr. Wiborate, fm.
Hanriat Herral 1293, 29 b.
2. Maheus —,
fr. Wiborate 1285, 194; 1293, 29.
40 s. ms. d. Belle, sa m., a monteir de S.
Ferruce 1285, 164 a.
pb 70 s. et 4½ lb. k'il dovoit a Wiborate,
sa s. 1293, 29 a, b.
3. Colignons —, f. Weirit de S. Arnoult,
pb. ost. an la rouwe dou Preit 1281, 206.
pb. 20 livraies de t. er. ke sr. Renalz li
Sauaiges, ces seurs, avoit a Louveney 1288,
= Colins — pb. 1½ meu de vin a [401 a.
Longeville 1285, 473.
= Colignons —
maires de Porte Muzelle 1285, 146*.
ou Nuefborc anc. l'ost. 1288, 200.
2 s. t. an Goubernowe (OM) 1288, 267.
= Colignon — ke maint ou Nuefborc, ms.
an lai ruwe dou Preit 1288, 398.
Mermeran, Colignon, de S. Clemant 1298, 447.
Merrie v. Marie.
Mersabille v. Marsabile.
Mersire v. Mercire.
Mertenate, Mertenatte v. Martenate.
Mertignons, Mertignon 1277/79, 1285/98,
Martignons, Martignon 1245/69, 1281/88.
1. —, vg. (PS) 1290, 418.
Colignonpreit — (v. 5) 1285, 209.
Hvignon et — 1245, 240.
Symonins de Morinville et - 1281, 232.
— j. Adan lai Vaille 1288, 175.
3. — tainour 1281, 462.
de Gorze 1290, 380.
4. — Liebaus de Maizelles, — Lucate, —
Picheron, — de Porte Serpenoise, — Re-
pigney, — f. Godefroit Repigney d'Atrerowe.
5. Colignon — v. I. de Porte Serpe-
noise 10.
Mertins, Mertin v. Martins.
Messat, ost. a Lescey 1290, 261.
entre ... et —, ou ban de Siey 1285, 275.
Metenne, Miteinne 1275.[1])
Steuenin — 1275, 46, 331.

de **Metri** 1269/88, de Metry 1281, de Metris
1288/1293 (v. IV).
P. [m. e. 1343]
1 Jehans —⌒Poinsate   3 Jaikelo —
1269/78   1278/79   † 1275
2 Poinsignons —   4 sr. Jehans   5 Hermans –
1278/90   prestes   1278/93
Mabeliate sa brus   1275   ⌒Poincete
1278   1293

1. Jehan —,
enc. l'ost. (PM) 1269, 385.
22 s. geisent sus ms. J. — (PM) et ms.
enc. 1275, 4.
pb. 24 s. ms. sus lou Mur 1275, 351.
pb. ms. a Porte Serpenoise 1275, 352
pb. er. (PS) 1277, 329.
pb. vg. ou ban de S. Julien 1278, 3.
pb. por Poensignon, son f., et Mabeliate,
sa brus, er. sg. Lowit de Maigney 1278, 80,
9 s. 3 d. ms. en Rimport 1278, 378. [81.
Poinsate, fm. J. —, et Poencignons,
ces fill., pb. ½? ms. en Rimport 1278, 372.
„ , ms. en Sanerie 1279, 70.
2. Poinsignons, f. Jehan —†,
pb. ms. en la rowelle en Rimport 1279, 172.
pb. er. Hanriat de Gandres, son o., de part
d. Florate de Rimport, sa t. 1281, 141.
= Poinsignons — pb. t. ar. ou ban de
Maigney 1281, 283.
pb. 18 s. 2 chap. ms. an Rimport 1285, 177 a.
pb. por l'eglixe de S. Ferrusce 1285, 177 b.
pb. 12 s. tavle an Vies Changes 1285, 203 a.
pb. 6 d. t. ou ban de Trugnuet 1285, 203 b.
deleis P. — (t., Maigney) 1288, 63.
pb. ms. an Vesignuelz 1288, 80.
pb. ms. anc. lui meimes (PM) 1288, 149.
rowelle davant l'ost. P. — (PM) 1290, 16.
ms. en Vesignuelz pris a cens de P.— 1290, 479.
3. 4. sr. Jehans li prestes, f. Jaikelo – †,
pb. 22 s. ms. Jehan — et ms. enc. 1275, 4.
pb. 8 s. ms. en la rue des Baudeis 1275, 276.
5. Hermans, f. Jakelo —,
pb. ms. en Rimport 1278, 378.
pb. ms., gr., vg. a Loignes 1293, 434.
et Poincete, sa fm., pb. er. ou ban d'Au-
tilley, de Champillons et d'Erkancey 1279, 7.
Mettelie v. Mathelie.

---

[1]) Prost LVII, 1276 pieces de preit a
Daiguirt a Noeroit ke furent **Metenat.**

Meudevin 1262/1269, 1277, 1278, 1293.
Mevdevin 1251.
—, ost. en Anglemure 1267, 478.
Colin — 1262, 182; 1269, 21: 1293, 257, 295.
  Colate fm. 1277, 194.
  la fm. 1278, 141.
Poensat — 1251, 192.
Meute, sr. Jehans, er. ou ban de Vigey, ch., pr., t. ar. 1293, 206.
Meutenaires, Meutenaire.
—, ost. en Chaponrue 1288, 71, 389.
Symonat f. — † et Yzaibel sa fm. 1290, 28 a.
Symonelz — de Chambeires † 1298, 406.
Weirias f. Werit — 1269, 230.
Weirias — 1285, 241.
Weiri —, Coinrairs li peseires j. 1288, 75.
Miche 1269, 1290/1298.
Hanriat — de S. Julien, Anguenel fm. 1293,
Steuenat .— 1298, 359. [191.
  de S. Julien, Ailexon fm. 1290, 317.
  „, Ancillon f. 1298, 666 ³, ¹⁰.
Watre — de S. Julien 1269, 277.
Michelas.
Mathias — de S. Julien 1277, 187; 1285, 16.
Michiels 1241, 1245, Michiez 1277, 1279, Michiel 1277, 1279, 1285, 1293, 1298, Michie 1278, Michuel 1251.
  1. — fr. Waterin (= — Charrue) 1245, 39.
  2. — de Goramont 1298, 305.
  — de Longeuille 1285, 556.
  4. — Charrue 1251, 150; 1277, 247, 319; 1278, 446, 484; 1279, 217, 236; 1285, 466;
  5. Gerardins — 1241, 85. [1293, 239.
li **Mies** 1241, li Mueis 1269.
Arambaus — 1269, 293.
Jennins — 1241, 76.
Miesade, sg. Jehan, ms. enc. l'escolle de S. Thiebaut, Domangin fr. 1293, 221.
Mifolas, Jaikemins, poxieres 1293, 168.
Migneron, Howin 1288, 233.
Mignorat, Thiebaut 1288, 221.
Mignos, Mignot.
—, Jennas f. 1293, 474.
= — de S. Nicolaisrue 1293, 474.
Migomairs, Migomairt 1277, 1281, 1285. 1293, Migomars, Migomart 1267, 1278/81, 1290, Mingomart 1245, 1251.
P.

1 —, Gueribede j. 1245
— Blanche de Nonuiant
2 Frankignons — ⌣ Merguerite s. Thiebaut 1245, 1267, 1285   lou Maior 1278/79, 1290
3 Jaikemin 1278
= Jaikemins Frankignons 1275/98 ¹)
j. Steuenin Fakenel 1281
4 Thierrit — 1251
5 Matheus — ⌣ Jaikemate
1267/85, † 1293   Theirias Bugles n. 1279
6 Thiebaus   7 Guercins   ? ⌣ Ferrias
   1290   1293   Moyxels
8 Gerardins   — de Nonuiant   1285
   1281

1. Gueribede, j. —,
pb. ms. en Chapillerrue ke fut sg. Bernoit, son o. 1245, 36.
2. [Frankignons, f.]—Blanche de Nonviant, pb. ms. (OM) 1245, 247.
= Frankignons — pb. vg. et er. ou ban de Nonviant 1267, 482.
pb. vg. en Tignoumont 1267, 483.
an la rue de la Craste devant ms. 1285, 88.
ms. an Chapeleirue devant la ms. de la Craste 1285, 204.
d. Merguerite, fm. Frankignon —, mainbors d. Merguerite Roze 1278, 8
= d. Merguerite, s. Thiebaut lou Maior 1279, 384.
= d. Mergueron, fm. Frankignon †, mainbors d. Merguerite de Weinre 1290, 25.
3. Jaikemin, f. d. Merguerite, fm. Frank. —, mainbors d. Merguerite Roze
= Jaikemins Frankignons [1278, 8.
pb. por S. Thiebaut 1275, 146.
pb. t. en la voie de Cuuerey 1278, 130.
mainbors d. Merguerite Roze 1279, 384.
pb. 20 s. ms. devant la fontainne, gr., tavle an Nues Chainges de pair Steuenin Fa-

---

¹) *De Wailly 49 (1255), 219 (1281)* Jaikemins Frankignons ait l'escrit.
Bannr. I, LXV (= 1281, 548) Jaicomain Franquignon l'escript. *(Abschrift des 14. Jahrhunderts).*

Milat–Minne

kenel, son seur 1281, 47.
pb. pr., ch., vg., ms., gr., t. (PS) 1281, 550.
pb. er. a Lescey, Sciey, Warnainville 1281,
pb. por Ste Glosenne 1298, 68. [561.
4. Thierrit —,
davant l'ost. (PS) 1251, 107.
5. Matheu —,
devant l'ost. (PS) 1267, 445.
et Thiebaus Bugles pb. ms. a la porte des
  Allemans 1277, 67.
en Borguignonrowelle entre meis (PS) 1277,
pb. 2 ms. anc. la sienne (PS) 1281, 46. [99.
an Bonenixe deleis M. — (PS) 1285, 62¹⁰.
an Rowes areis M. — (PS) 1285, 382.
Theirias Bugles, n. M. — 1279, 228.
Ferrias Moyxelz, j. M. — 1285, 459.
6. Thiebaus, f. Matheu —,
molin desour Wapey, cant ke ou ban de
  Wapey pris a cens de Th. por 100 s.
7. d. Jaikemate, fm. M. —†, [1290, 254.
50 s. er. ke Guercins, ces f., ait a
  Chaimenat et en tous les bans 1293, 265.
8. — de Nonviant,
Hawiate d'Onville seure 1281, 610.
=? Gerardins — de Nonuiant, doit 25 s.
  son er. (PS) 1281, 528.
Milat v. Millas.
Mile lo cherpanteir 1277, 205.
Milekins v. Milikins.
Milesant v. Melesant.
Milikins, Milikin 1241, 1251, Milekins 1227,
1269, Millekin 1293.
P.
1. Colins —
pb. ms. an la place an Juerue (PM) 1227.
  2. Joffrois —¹) [44.
pb. por la chiese Deu de Villers 1241, 23;
pb. ms. en Chanbres 1241, 73. [1251, 15, 81.
les ms. a Porsarpenoise 1241, 177.
pb. 25 s. vg. (PM) et vg. dessous le mos-
  tier de S. Julien 1251, 83.
pb. 14 s. ms. darrier S. Eukaire 1251, 132.
pb. 9 s. 3 d. ms. (PS) 1251, 133.

---

¹) *Prost, XXXI, 1242* terre a Lustanges en contre Joffroit Milikin ki en waige la tenoit.

3. — maires d'Outre Muselle 1269, 158*.
Suffiate, fm. — d'Outre Saille †,
ms. outre Saille 1293, 257.
Millas, Millat 1277, 1285/1290, Milat 1269, 1281.¹)
1. — †, Hanrekelz de Joiey f. 1281, 9.
—, Hawiate et Jakemin enf. 1285, 436.
—, Poinsate fm. 1281, 302.
2. — de Nonviant 1277, 455.
3. — boulangier 1269, 139.
— clars 1288, 501.
5. Pieresons — boulangiers j. Hanrecon
Millekin v. Milikins. [1290, 56.
Milotin v. Melotins.
Mine, Myne v. Minne.
Mingol, Colin, Thieleman de Thyouuille f.
Mingomart v. Migomairs. [1269, 359.
Minne 1267, 1269, 1279, 1290, 1293, Mine
  1277, 1281, Myne 1281, Menne 1293.²)
P.
1 Poinsignon — † 1279
2 Androwat 1279   3 Poinsignon Pantecoste
= Andreu clerc 1290   1281   1281, 1293
= Andreus chanones 1293   Colate — 1277
  Jaikemin — v. Jallee 3.

1. 2. Androwat, f. Poinsignon —,
et Poince de Coloigne, 13 s. sus la Follie
= Andreu lou clerc, f. P. — †, 35 s. [1279, 286.
  ms. an Vesignuelz 1290, 69a.
= Andreus —, chanones de Mes, pb. grant
  ms. a lai Herdie Piere 1293, 428.
3. Poinsignon, f. Poinsignon — †,
20 s. ost. Thonmaissin Fernagut (PS), vg.
et 12 d. t. an Mallemairs 1281, 60.
Panthecouste. f. P. — †,
15 s. ms. Thonmaisin Fernagut 1281, 522.
= d. Pantecoste — pb. por lei et por Ydate,
  f. Jenin Houzairt d'Ancey †, 13 quartes

---

¹) *Prost, XXIV, 1236* Johan Milet . . . maison devant Sainte Croix.

²) Minne *ist wie* Menneis *abzuleiten von dem Stamme* magan, mein = Kraft *(Meinhard, Meinhold, abgekürzt Meino). Die Patrizierfamilie hat die Namenform* Minne *bevorzugt.* v. Menneis.

I. Personennamen   303   **Minnerel**–de **Moielain**

  de wayn moitainge de pension 1293, 417.
pb. 18 s. ms. a Quartal   1293, 547.
Colate — pb. 3 s. ms. en la rue des Prochors   1277, 120.
Minnerel 1269, Meinnerel 1275.
Jenin —   1275, 184.
  parmantier   1269, 321.
Miole, Abertin   1277, 472.
Mirel de Chambres, Remiat f.   1278, 626.
Miteinne v. Metenne.   [1290, 363.
Mokin, Abrion, Ysabel fm. et Thomessin f.
Howenat —, Houdiate fm.   1279, 552.
Modesse 1262/69, Modaisse 1269.
Androwat —, Jennat Rigal f.   1267, 174.
  †, Jennas f.   1269, 29.
Androwas — li bouchierz   1269, 364.
Jennat —   1262, 268.
li **Moennes**, lou Moenne v. li Moinnes.
Moffle v. Mouffle.
Mognel v. Mouguel.
Mogue — (v. Mouguel).
Pierexel —   1290, 358.
Pierexel — de Maizelles†, Clemansatte fm.
Clemansate —   1928, 52. [1298, 74.
de **Moielain** 1269/98, de Moielein 1275, de Moielen 1277/79, 1285, de Moihelain 1267, 1269. v. IV.
    P.[1])   1 Jaike — 1279[2])

2 Thiebaus – 1267/79[3]) 6 mstr. Garzille – 1269 sr. 1285/93 [m. e. 1284][3]) = sr. Garcilles 1277[2])

3 Jehans   4 Garserias —   5 Perrin   enf. 1279
   1279/90   1279/88   1298   de Briate
                                     f. Doreit de PM

---

[1]) *Prost XVI, 1230* li sirez Gerairz de Moielein doit as signors de S. Sauor XXXV sol de met. de cens... sus les II maisonz ke sient au tor devant S. Sauuor aprez la maison Gerair de Moielein.

[2]) *De Wailly 171 (1276)* Et cest aquast ont fait li signours de S. Thiebaut des deniers ke.... et Jaikes de Moielain et Thiebaus, ces filz, lor ont donneit pour Deu et en almone, pour faire chasc'an l'anniversaire sg. Garcire de Moielain doien de S. Thiebaut ki fut.

[3]) *De Wailly 242 (1284)* Thiebaus de Moelain li maistre eschavins.

7 Jaikemins —   8 Gerardins — Sibiliate
    1278   1278/88, † 1298   1290
Poinsate —   Jehans 1298
1278

1. Jaike — (v. 3 Jehans)   1279, 103.
2. Thiebaus —
pb. ms. en la place a Porsaillis, 5 s. ost. (PS)
pb. por lui et Hanriat, f. Thomescin [1267, 438.
  de Champels, er. (PS)   1267, 439.
pb. por les pucelles de la Vigne 1269, 6.48,
tient ½ molin ke part a Nostre   [116.
  Dame a Chans   1275, 27.
entre l'ost. (PS)   1275, 51.
pb. 6 lb. ost. (PS), 4 s. vg. ou ban de
  Joiey   1275, 65.
pb. por les malaides de S. Laidre 1275, 229.
pb. por lui et por 1 Roussel 2 tavles en
  Nues Chainges   1275, 372.
pb. 100 s. er. ou ban de Merlley et er. en
  Mes et fors de Mes   1275, 373.
an la plaice enc. l'ost. (PS)   1275, 412.
enc. ms. (PS)   1277, 96.
pb. ms. et 6 d. ms. (PS)   1277, 343.
Robins et Th. —   1278, 154.
ms. a Porsaillis   1278, 572.
en Sourelz ou ban de S. Julien deleis vg.
en Sorel desoz vg.   1285, 6. [1279, 12.
pb. ms. an Bucherie a Porte Muzelle 1285,
    38, 134.
pb. er. ou ban de Villeirs a l'Orme 1285, 318.
pb. ms. ou Nuefborc   1288, 77.
ms. anson Vies Bucherie pris a cens de 1288,
pb. tavle an Nues Chainges 1288, 472. [164.
pb. er. au toz les bans de Longeuille 1288,
pb. 6 lb. ms., gr., chak., court en lai [574.
  plaice a Porsaillis 1290, 78; 1293, 274a.
ms. ou Nuefborc doit 60 s.   1293, 281.
pb. 2½ moies de vin ces vg. de Longeuille
ms. (PS) permei 60 s. 1293, 584. [1293, 356.
pb. 8 lb. et 7 s. 4 d. moins gr. de Praielz,
  14 s. lou treszime de ms. ou Nuefborc 1298,
pb. 33 s. son gerdin da-   [393 = 503 = 656.
  vant Nostre Dame as Chans 1298, 504.
et sr. Gilles Haikes pb. 5 moies de vin vg.
  de Burleivigue (OM)   1298, 657.
3. Jehans, f. Thiebaut —,
pb. por lui, por ces fr. et les anf. ke Th.,

ces p., ait de Briate, f. Doreit de Porte Muzelle, er. ke Garcerias, ces o., f. Jaike —, avoit an toz les baus de Vigney 1279.
pb. ms. daier S. Sauour 1290, 80. [103.
4. Garserias, f. sg. Thiebat —,
pb. vg. a Longeuille 1288, 571.
= Garcelias — pb. ms. et gr. a Mairley et ou ban 1279, 509.
pb. 7 s. ms ou Vinier 1281, 408.
pb. vg. ou ban de Longeuille 1285, 556.
5. Perrin, f. sg. Thiebaut —.
60 s. ms. a lai Pousterne 1298, 106.
6. maistre Garzille —
mainbor maistre Lambert 1269, 128.
en la rue S. Vy ensom l'ost. 1277, 153.
= mastre Garcire, ruelle, en la Vigne S. Marcel 1290, 528.
= sr. Garcilles — ait doneit as pucelles de la Vigne 6 quartes de wayn moitenge et 6 gelines 1277, 303.
= Garcerias, f. Jaike —, (v. 3 Jehans) 1279.
= Garcerias, fr. sg. Th. —, ait doneit [103. 20 s. vg. ou ban de Tignomont a Nostre Dame de Fristor 1298, 194.
7. Jaikemins —
pb. ms. (PS) 1278, 149.
Poinsate — pb. 1278, 219.
8. Gerardins —
pb. 8 moies de vin. 8 s. et er. ou ban de Ronzeruelles 1278, 661.
pb. er. anpartit ancontre Colin Bacal en la mairie de PM, PS, OM 1279, 415, 519, 590.
c. de vin et d'argent ou ban de Chastels a tour S. Sauour dev. ms. 1285, 424. [1281, 628.
20 s. molin a Longeawe et atre er. 1288, 291.
Sibiliate, fm. Gerardin —,
ms. a. la creux otre Moselle 1290, 553.
9. Jehans, f. Gererdin —†.
pb. 53½ s. grant ms. a Porsaillis 1298, 298.
pb. vg. en Braies a Chastelz 1298, 653.
pb. ms. an Chapes a Chastels et vg. desor lou **Moienne** v. li Moinnes. [1298, 654.
Moiens, Moien.
—, Jennas f. 1281, 454.
Abriat — 1277, 378; 1281, 488; 1290, 35.
Moille v. Mole.
li **Moines** v. li Moinnes.
Moinjat, ms. en Sanerie 1262, 328.

li **Moinnes,** lou Moinne 1275/98, li Moines 1245, 1269, lou Moienne 1285, li **Moennes,** lou Moenne 1281.
—, ost. en Franconrue 1275, 488.
—, ms. outre Saille (v Jaikemin—) 1279, 460.
Bertrans — de Chalons 1288, 458.
Coenrairs — de la Nueve rue 1277, 15.
Coenrairs — de Sallebour 1277, 49.
Vrriat — 1262, 343.
Euriat — †, Merguerite f., fm. Haibert fr. Aburtel Morel de Nowesseuille 1285, 338.
Gerardin —, Theirion f. 1281, 519.
†, Thierion d'Orgney f. 1285, 215.
Gererdin — d'Orgney †, Thierion f, 1288, 153.
Hanrias — d'Ansey 1298, 684.
Jaikemin —, ms. outre Saille 1278, 296.
Colate fm. 1281, 509.
Jaikemins — f. sg. Jehan Wichart 1267, 445;
Jehans — f. sg. Poinson de Stra- [1269, 192. bourc, d. Aleit sai seure 1281, 537.
Jehan — de Strabour, Yzaibel fm. 1290, 58.
†, Hanrit f. 1298, 160.
Jehan — de Montois 1290, 177.
Perrin — (de Montois) = Perrin, f. sg. Bertran de Montois, v. I. de Montois 5.
sg. Poenson — 1267, 196.
Simonins — li seliers 1245, 4, 234.
Moysel 1269, 1290, Moyxelz 1285.
P.
1. Ferrias —, j. Matheu Migomairt, et Theirias Xallowis de S. Julien pb. vg. ou clo de Montois, pr. an Frainoit dezour Flanville, t. ar. an la fin de Flanville, 18 d. et 2 chap. vg. a Montois 1285, 459.
2. Jenin —,
vg. au Haibertcloz (PS) 1269, 61.
3. 4. Otenat, f. Thierion —.
vg. en Rollantmont (PS) 1277, 338.
vg. an Challocit outre Saille 1290, 195.
Moisins, Moixin v. Mouxins.
Moineron (v. IV).
Simonin — de Mairley 1278, 443.
Mole 1245/51, 1277, Moille 1267, 1288[1]).

---

[1]) *Voigt, Bischof Bertram, Jahrb. V, S. 25* Rodulphus Mole, *einer der Dreizehn, Zenge in der Urkunde von 1207.*

P.
1. Jennin —,
18 d. sor la ms. (OM) 1245, 253.
pb. ms. en Aiest 1251, 1.
Margueron, f. Jehan — †, nesce Forkignon lou clerc fil Garsat Rosse †, 50 s. (PS) 1277, 76.
2. Poincins — de Chambres
pb. por l'anglise S. Jorge 1267, 505.
3. Jehan —,
ms. en Chambieres 1288, 236.
Molene, ost. a S. Arnont 1267, 63.
Molins, Molin.
Colin — 1251, 22, 28.
Formerin — 1245, 239.
Jennat — 1298, 140.
dou **Molin** 1279, 1285, dou Molins 1267.
Colins de Maigney — 1267, 94.
Cunin —, Ailixon fm. 1285, 562.
Jehan — de Nonviant, Renadins f. 1279, 85.
Mollas, Gererdins 1290, 414d.
Mollate, Gererdins 1288, 434.
la **Molle**.
Gerairt — 1277, 279; 1279, 484; 1281, 480.
Soibor fm. 1279, 523.
Monaires, Monaire 1269, 1279/1288. Monnaire 1277.
Symonin — 1279, 345; 1281, 369.
de Vallieres 1269, 33; 1277, 164; 1285, 307; 1288, 53, 114³, 326, 327, 335, 337.
Aurowins f. 1285, 304.
Avrewin et Jehan f. 1288, 308.
Monderan, Philipin 1275, 274.
Monekin, ost. darrier S. Estaine lou Depanneit 1251, 239.
Symonin — 1251, 134.
Monel, Maitheu 1293, 483. [1298, 515.
Symonin — de S. Clemant, Abillate fm.
Monier de Hermeiville †, Colin f. 1285, 300.
Monins, Monin 1278/1281, 1288/1293, Mouniu 1281.
P.
1. Garssas —
pb. ms. an Maizelles anc. la soie 1278, 142.
2. Lowias —
pb. er. ou ban de Frontigney 1279, 94.
pb. t. ar. an Virkilley anc. lui 1281, 63.
3. Guercires —, seurs(?) Colignon Bellegoule,
pb. pr. an Chardonpreit, t. ar. sus lou Saneratchamin, t. sus Chadronpreit 1288, 56.
= Guercires — de Maiselles, filz(?) Colignon Bellegoule, pb. gerdenel et t. a Maiclive
= Guercire —, ms. et gr. anc. l'ost. [1288, 408.
fm. Poinsignon Lucie (PS) 1290, 459.
anc. la gr. — (PS) 1281, 260.
Odelie, fm. —, pb. 5 s. ms. (PS) 1281, 445.
d. Odelie fm. — de Maicliue †, 10 s. ms. ou Waide 1293, 537a.
Monions, Haurias, muniers 1267, 168.
Monnaire v. Monaires.
dou **Mont**.
Jenat —, ms. ai Ars 1281, 100; 1285, 485.
„ d'Ars (OM) 1277, 424; 1281, 9; 1285,
Jennin f. 1285, 511. [117; 1290, 101.
Hanrion — d'Ars (OM)
Howignons f. 1285, 528.
Howignons et Roubelas f. 1285, 118.
Roubelat — d'Ars, Steuenins j. 1298, 563.
Hawit — de Molins, Thierions, Jakemenels, Jennins enf. ms. ou Mont a Molins 1293, 132.
Sebeliate — de Molins, Jaikemin j. 1290, 586.
Eudate — de Noweroit 1298, 568.
Montas v. Moutas.
Montenat, Matheu, fr. Wairenat lou wercollier et Badewin lou Page 1288, 193.
de **Montenier** v. li Lombairs 3.
Montois, Jaikemius (v. de Montois) 1262, 392.
de **Montois** (v. IV).
P.[1]
1. Jaikemins Montois
pb. por les signors de S. Poul 1262, 392.
= Jaikemins — pb. por les Bourdes 1267, 74.
pb. t. a Luppei 1267, 392. [75, 76, 160.
pb. maisere en Froitmont 1267, 393.
pb. t. en Virkilley 1269, 257, 454.
Mariate, fm. Jakemin —, er. ou ban de Luppey 1278, 76.
40 s. ms. Jakemin — † outre Saille 1278, 134.
2. sg. Hanrit —,

---

[1] *De Wailly* 37 (1252 a. St.) sr. Manessiers chevaliers de Montois at donei au covant de Vileirs 5 s. de cens por faire son anniversaire et l'anniversaire sa feme.

20

en Chapponrue enc. ms. 1275, 83.
dezour vg. (Montois) 1285, 459ª.
= sg. Hanrit — chivelier, vg. daier l'ospital des Allemans 1293, 79a.
Marguerite, fm. sg. H. — chivelier †, 20 s.
ms. pres de lai porte de Chaponrue 1298,
ms. en Chaponrue 1298, 243. [237.
Idate, f. sg. Hanrit — †, er. ou ban et en la fin de la ville de Montois ke d. Marguerite, sa m., ait aquiteit 1298, 371.
3. sg. Bertran —,
vg. daier lou mostier a Siey 1278, 333.
tant com sr. B. — doit a Sefiate, fm. Perrin Mairasce †, 1281, 88.
cant ke messires B. — ait a Mercilley et a Manit deleis lou pont a Chacey 1279, 92.
kant ke mess. B. — et Jaikemins et Perrins, sui dui f., ont a Montois et an toz les bans 1279, 92.
4. Jaikemins — et Perrins li Moinnes, ces fr. (v. 3 sg. Bertran — 1279, 92.)
kant ke ou ban de Montois et de Colanbeirs, Hanris f. Poence de Strabour srg. pb. 1278,
pb. ms. ou Waide Bugle 1290, 178. [91.
5. Perrin lou Moinne, f. sg. B. — †, (v. 3, 4.)
er. (OM) partout ou ki soit 1293, 137.
= Perrin lou Moinne, vies tavle an Vies Chainge 1281, 42.
ms. an Chieuremont 1281, 346.
pb. por Ste Creux devant Mes 1281, 354.
daier la gr. (PM) 1281, 384.

---

1 Jaikemins — [1250 C] ⌣ Mariate
1262/1269, † 1278   1278

2 sg. Hanrit —   ⌣ Marguerite
1275/1293, † 1298   1298
‾‾‾‾‾‾‾‾‾‾‾‾‾‾‾
Idate 1298

3 sg. Bertran —   ⌣ li meire Perrin lou
1278/1281, † 1293   Moinne 1278

‾‾‾‾‾‾‾‾‾‾‾‾‾‾‾‾‾‾‾‾‾‾
4 Jaikemins —   5 Perrins li   6 Thiebaut
1278/1290   Moinnes 1278/1293 1279
              ⌣ Suffiate 1285
Hanris f. Poence de Strabour srg. 1278

7 Jehan lou Moinne — 1290

antre la gr. et .... en Chieuremont 1290, 146.
li meire Perrin lou M. maint en Chieuremont Suffiate, fm. Perrin lou M., ait [1278, 224.
donneit 16 s. as Proicherasses 1285, 135.
6. Thiebant, f. sg. Bertran —,
et Hanrit de Strabour et Pallerin de Croney, Euriat et Sufiate enf. Lanbelin de Crepey *(hörig)* 1279, 282.
7. Jehan lou Moinne —, ms. a Morville
Monton, Geraldon 1267, 472. [1290, 177.
Morans, Thiebaus 1275, 204.
—, vg. ou ban de Waisaiges 1288, 413.
Moras, Morat 1267, 1269, 1278, 1279, 1290, 1293, Mourat 1281, 1288.
Androwat — 1267, 424.
  d'Outre Saille, Jennin f. 1281, 239.
  „   , Jehan f. 1293, 10a.
Crestiain — de S. Martin 1269, 525.
Forkignon —, Jehans f. 1288, 209.
Jennas — 1278, 468; 1279, 42.
Jennin — 1290, 395b.
Morcelas, Jennas 1279, 31.
Mordans, Mordant.
Huguin — 1275, 172; 1277, 245.
Thierias — 1241, 147; 1245, 172ˢ; 1262,
  la mere Thieriat — 1245, 227. [188; 1281, 80.
Morekins, Morekin 1245, 1251, 1269, 1275, 1279, 1281, Mourekin 1288, 1298.
1. —, ms. sus Saille 1275, 82.
3. — bouchier 1251, 48.
Jennins — 1245, 29; 1251, 7; 1288, 347.
  d. Lekatte fm. J. — † 1269, 211, 385.
Jennin — de Rimport †, Jakemins f. 1269,
  Xandrin — †   [383.
  Jaikemins et Joffrois f. 1281, 160; 1288,
  Joffrois Groignas f. 1298, 89. [124.
Morey (v. IV).
Jakemin — 1262, 349.
Jenat — 1275, 417.
Morel v. Morels.
Morelas.
Gerardins — de Lorey (OM) 1298, 303.
Jaikemins — de Maigney 1293, 534.
Jennas — d'Ansey 1285, 471.
Jennas — et Colignons fr. 1285, 508.
Morels 1269/81, 1288, 1293, 1298, Morelz 1279/98, Morel 1227, 1245, 1251, 1267/98, Morez 1269, Mourels 1281, Mourelz 1277/

1288, Mourel 1275, 1281, Moures 1281.
v. V. Mourelchamp.
    1. les enfans —, a Chastels anc. (v. 2)
anc. — (Maigney, v. 5) 1298, 539a. [1293, 330.
Hanrias f. — (v. 5)   1245, 252.
    2. — de Beonville †, Pierissels li clers j.
— de Chastelz, Waterins f., et [1269, 282.
Gerairdin, Poinsignon, Jenat, ces fr.
(v. 5)   1281, 123, 579.
— de Lescey   1290, 544.
    3. — parmantier   1267, 319.
— fr. lo prestre des Bordes   1245, 58.
    4. — Arab....   1245, 253.
— Barekel, fm.   1227, 52.
— Torcul   1227, 34.
    5. Aburtelz — de Nowessenille 1285, 337.
Aburtel —, Haibers fr., et Merguerite sa
    fm. fille Euriat lou Moinne † 1285, 338.
Burtemin — d'Abigney   1285, 212.
Gererdins — de Chaistelz et fr. (v. 2) 1288,
„ —   1290, 292; 1298, 367. [181.
et Richerdins, ces srg.   1290, 292.
„ — maires de Ste Creux dav. Mes 1293, 30.
Hanri —   1227, 42.
Hanriat —, Jenas f.   1269, 141.
Jakemin —   1293, 336.
    Poensignon lou clerc f.   1279, 402.
    „ — j. Adan de Maigney   1288, 162.
    „ — de Maigney   1293, 61.
Jehan — boulangier   1298, 483b.
frere Jehan —, Poinsate Roienate la f. 1298,
Jenas f. Hanriat —   1269, 141. [676.
Jenat f. — de Chastelz (v. 2) 1281, 123.
Jennas —   1275, 260, 456; 1281, 52.
    „ — fr. maistre Nicole   1278, 356.
    „ — ke fait les pourpoins   1281, 27.
Jennin —   1298, 133. [1285, 495.
Nicoles —, maistres 1279, 149; 1281, 646;
    li avocas   1278, 356; 1281, 638, 639.
Jennat — son fr.   1278, 356.
Jennat Jaikier son srg.   1281, 638.
Ysabel et Sibiliate ces s., Marguerite
    lor m.   1281, 640.
†, Bietrit et Sebiliate s.   1298, 179.
†, Ysabels li Vadoize s.   1298, 299².
Ysabel s.   1298, 325.
li oir maistre Nic. — 1298, 676. [1298, 207.
Pieresons — f. Gillat lou draipier d'Aiest †

Poinsignon —   1281, 181.
    de Chastels (v. 2)   1298, 187.
Symonin — orfeivre de Uesignuelz 1298, 267.
Steuenin —   1269, 44.
Vlrit —, prestre   1251, 169.
Waterins — de Chastels (v. 2) 1285, 141;
        1288, 252; 1290, 97; 1293, 666.
Willermin — de Fremerey   1267, 369.
Wirias — de Vermiey   1298, 370.
    P.¹)

           1 Baudoyn — 1251

2 Roillon — 1251.85 4 Simonins —²) de PM
= sr. Rous — 1281   1275

3 Colignons —²) Marguerite   ?
    1278/98   1298   Perrin Jacob j.
                                            1288
5 Jennin — † 1269

6 Collairs —   Merguerite   7 Maheus —
   1277/98   1293   1269/90

    1. 2. Roillon, f. Baudoyn —,
meiz et voie entre Nostre Dame aus Chans
et S. Thiebaut   1251, 120.
    2. Roillon —,
outre Moselle entre l'ost. . . . et 1285, 258.
Perrin Jacob j.   1288, 451.
Perrin j.   1288, 484.
Marguerate, f. Roillon —,
pb. 15 s. sa ms. davant les Proichors en
    la Wade ou elle maint   1298, 185.
Marguerite, f. R. —,
pb. ¹/? ms. et marchacie en la Wade 1298,
= Rous — et Wiennas li feivres pb. [655.
    ms., gr., meis entre lor 2 ost. (OM) 1281, 626.
= sr. Rous — pb. ms. et 2 gr. a Mai-

---

¹) *Ben. III, 143 (1186)* Henricus Morellus.
Ben. III, 151 (1190) Philippus et Richardus filii Morelli. Ob von den oben unter
2 und 5 aufgezählten Personen eine der
Patrizierfamilie Morel angehört hat, läßt
sich aus den Bannrollen nicht ersehen.
²) *De Wailly 254, 255 (1286), S. 180 B*
Roillon Mourel et Seimonin, son
freire, et Collignon, son fil, amins de
Thiebaut Kaibaie. *Ferry, Observ. sécul.
I fol. 327 (1281)* Roillon et Collignon Mourel.

20*

xieres 1281, 632.
3. Colignons —:
Ferrias Jeuwes et C. — pb. ⅓ ms. en Chieuremont 1278, 424.
ms. davant S. Vincent, vg. en Dailes, jardin a Plapeuille 1288, 524.
pb. ms., jard., vg., c. ou ban de Noweroit, pr. antre Hameicort et Haboinville 1293,
pb. t. et pr. en Meriville (OM) 1298, 675. [354.
= Colins —, Ferrias Jeuwes et, pb. 1279, 342.
4. Simonins — de Porte Muselle
pb. ms. ou Tonboit 1275, 323.
5. Jennin — †.
ms. (PS) 1269, 460; 1279, 74.
ost. en Vesignuez 1269, 462.
6. Collairs —
pb. vg. (PS) 1277, 43, 44.
pb. vg. a Chamin outre Saille 1277, 305.
pb. vg. en Gremalvigne en Po- [306, 307.
meroit 1278, 663.
pb. 40 s. ms. Jenin —, son p. †, et 23 s. 4 d. ms. (PS) 1279, 74.
pb. grant boix de Suligney 1279, 75.
pb. ⅓ st. devant la halle des boulangeirs an Visignuel 1279, 76.
pb. vg. (PS) 1279, 77.
pb. vg. ou ban de Siey enc. sa vg. en Gremalvigne 1279, 339, 594, 595.
pb. tous les preis de Cons ke furent monsg. Jehan de Mouaville 1281, 547.
pb. tont l'er. ke li signor dou Tample ont ou ban de Vals, et droit et raison com il ont ou molin a Waigneville, en la vg. daier lou mostier a Siey et en 5 quartes de bleif sus lou molin a Lougeawe, k'il ait en waige des signors desor dis 1281,
pb. droit et raison com li signor dou [635.
Tample ont en tot l'er. de Baignuels et ou demme de Nonwesceville, k'il ait en wage 1281, 636.
pb. ms. a Siey 1281, 637.
pb. er. an bans d'Ansei 1285, 133.
pb. ⅓ st. devant la halle a l'uxuwe des boulangeirs (PS) 1285, 462.
ms. en Vesignuelz 1293, 455.
er. ou ban de Morinville 1293, 578a.
ms. devant l'ost. lou Bel (PS) 1293, 579a. [256.
17 s. st. de draipier an Vesignuelz 1298;
55 s. ost. an Vesignuelz 1298, 463.
Merguerite, s. Collairt —,
18 s. ms. a Quertal 1293, 547.
7. Maheus —
pb. 8½ s. (PS) 1269, 87.
pb. por la chiese Deu dou Tample 1277, 462, 463, 464; 1278, 212, 213; 1279, 162; 1281, 154, 194, 286, 339, 548, 549.
pb. por Hanriat l'orfeivre 1279, 177, 251; 1281, 182; 1290, 399.
an Visegnues antre l'ost. 1281, 226.
outre Maizelles enc. gr. 1285, 64.
Morenquins 1220, 6.
Moretelle v. Moretels 1.
Moretels 1275, 1298, Moretelz 1285, 1293, 1298, Moretel 1227/45, 1278/81, 1298, Mouretels 1281, Mouretelz 1278, 1288, 1290, 1298, Mouretel 1278, 1281, 1290, 1293, les Moretelles 1293, Moretelle 1278, li Mouretelle 1281.
P. [m. e. 1375]

1 Hanrion — = Hanri[1]⌣ d. Guepe
   1227   1241, † 1245   1245
              Ailexate 1279/81
         = Aileit Moretelle 1278

2 Bertremins —   Perrins Baguairs
   1269/81   srg. 1281
3 Perrins — 4 Jaikemins — Perrin B.
 1293/98   1275/98   o. 1285

    5 Maheu — 1278, † 1298

6 Colignon — 7 Joiffroit Lorate 8 Jehans
 1278/81   1278   Poinsate 1298
                    1278

1. Hanrion —,
50 s. giesent sus ms. an Vezineul 1227, 52.
= **Hanri** —,
50 s gisent sus l'ost. en Visegnuel 1241, 95.
†, d. Guepe fm., ms. a Porsaillis 1245, 43.
Ailexate, f. Hanrit —†, et Poinsate, f. Colin Bertadon, pb. vg. an Bachieterne an Maizelles 1279, 454.
= d. Ailesate li Mouretelle pb. 7 s. 3 m. moins gr. devant Nostre Dame as

---
[1]) De Wailly 9 (1235) dame Hawis li fille Hanri Moretel ke fut.

Chans 1281, 417.
= d. Aileit Moretelle pb. 16 s. ms. en
Humbecort 1278, 23.
7 s. geisent sus l'ost. les Moretelles
devant les Proichors 1293, 146.
2. Bertremins —:
Hanriz li hanepierz et B. pb. $^1/_2$ ms. en Ve-
signuez devant S. Supplize 1269, 441.
11 s. 2 d. moins et 2 chap. ms. (OM) 1278, 170.
ms. (PS) 1281, 11.
pb. 30 s. ms. anc. sa ms. (PS) 1281, 59.
pb. 20 s. ost. (PS) et vg. an Mallemairz, 12 d.
t. an Mallemairs 1281, 60.
30 s. ms. (PS) 1281, 253.
60 s. ms. (PS); Perrin Baguairt son srg.
3. Perrins, f. Burtemin — †, [1281, 263.
et Matheus li Vadois pb. ms. a lai Pou-
sterne 1293, 82.
„ pb. er. ke Jehans, f. Maheu — †, ait en
la mairie de PM, de PS, d'OM 1298, 360.
„ pb. $^1/_2$ ms. a Dornant 1298, 652. [416, 651.
4. Jaikemins —
pb. vg. a Siey 1275, 240.
pb. vg. en Rollantmont 1278, 319.
pb. 15 s. ms. (PS) 1281, 522. [1285, 219.
pb. 40 s. er. (PS); Perrin Bagairt son o.
pb. por Colin lou Gornaix cherpanteir 1285, 412.
pb. ms. anc. l'aitre de S. Simplice et 18 s.
celier desous 1288, 473.
70 s. ost. au Vesignuelz 1290, 73.
pb. 4 lb. 5 s. moins qu'il meymes dovoit
sus 2 ms. daier les Chainges entre son
ost. et l'aitre S. Sepluce 1290, 179.
5 s. ms. a Porte Serpenoise 1290, 186.
= Jaikemins — de Vesignuelz pb. 100 s.
grant ms. en Sanerie, vote desous, praiel
daier et gr. ou Champel 1290, 431.
et Merguerite, f. Colignon Berrois, pb. can
ke ou grant pois de Porsaillis[1]) 1293, 97.
pb. grant ms. a Porsaillis 1298, 109.
pb. 53$^1/_4$ s. grant ms. a Porsaillis 1298, 281.

---

[1]) *De Wailly 355 (1297)* ... des V pairs
de l'argent (dou pois) doit avoir ... Coli-
gnons Berrois et Jaikemins Moretel la tierce
... et des VII pairs de lai cinquime que
demouret ... une et demee.

pb. $^1/_5$ ms. en Chanbieres, $^1/_3$ vg. ou ban
de Wapei 1298, 315.
pb. $^2/_3$ ms. en Chanbieres, $^2/_3$ vg. ou ban de
Wapei 1298, 316.
5. Maheu —,
ms. a la Posterne ke fut 1278, 309.
6. 7. Colignon, Joiffroit, Lorate,
Poinsate, enf. M. — †,
ms. a la Posterne 1278, 136.
6. Colignon —,
por tant com Colins Burtadons dovoit a 1281,
8. Jehans, f. Maheu — †, [96.
er. en la mairie de PM, de PS, d'OM 1298,
360, 416, 651.
Moretons, Moreton 1245, 1251, 1267, 1277/79,
Moureton 1262.
P.? v. Clairanbaus.
Colin — 1245/67

Burterans	Poinsignon —	Poinsate
Clairanbaus	1267/78	1277
1278/98	= Poinsignon	
	Clarambat 1278/79	

Colin — v. Clairanbaus 2.
Poencignon, f. Nicole —, 1267, 18.
= Poinsignon —,
vg. ou ban de Plapeuille 1277, 456.
= Poinsignon Clarambat v. Clairanbaus 4.
Poinsate, f. Colin —,
vg. en Foillut, vg. desoz Tignomont, vg.
en Planteit, vg. en la Chalaide, jard. a
Plapeuille 1277, 430.
—, en rowe desor Tignomont arreis 1277, 428.
—, ms. en Rimport 1279, 29.
Morexat v. Morisas.
Morez v. Morels.
Morillons.
Symonas — et ... ke sont recovatour 1293, 81.
P.
1. 2. Weirias, j. Berrois dou Champel,
pb. teil partie con Arnouls —, ces fr.,
avoit sus la ms. lor p. en Visignuel 1278,
pb. 1 stal (PS) 1278, 94. [97.
pb. ms. (PS) 1279, 244.
pb. 2 s. stal (PS) 1279, 496.
Morins, Morin 1227, 1267/75, 1278, 1290,
Mourin 1298.
Pieron — 1227, 35.

Thiebaus — 1269, 312; 1275, 261; 1278, 459, 460; 1290, 243; 1298, 486.
de Vizegnuel 1275, 141.
Hanreton srg. 1267, 466a.
Morisas 1281/88, Morizas 1288, Morizat 1269, Morexat 1288, 1290, 1298.
— de Hulouf 1281, 5; 1290, 360; 1298, 432b.
fr. Burtelo 1288, 493.
—, ms. en Hulof 1269, 490¹⁰.
— ke maint an Hulouf 1288, 445.
— fr. Bertelo de Hulouf 1288, 433a.
— fr. Bueuelat de Hulouf 1290, 371.
Jennas — 1285, 369.
Morre, Rembaut 1277, 91.
Morville, Moruille (v. IV).
Rembaut —, Jehan f. 1285, 59, 202; 1298,
lou **Mossu** 1281, lou Mossut, lou [86.
Moussut 1285.
Jennat — 1281, 10.
dou Waide 1285, 48, 206.
Mostelate, ms. en Chambres 1279, 203.
Motas, Motat v. Moutas.
Mouchas, Mouchat.
—, ms. en Nikesinrue 1278, 651.
— parmantier 1267, 296.
Bauduyns — 1262, 418; 1278, 201; 1288, permantier 1290, 531. [230.
Mouchous 1293, le, lou Mouchous, 1269, 1290.
Girart le — de Gernei, Chardignon f. 1269,
Poinsat (lou) — de Maigney 1290, 79; [503.
Mouffaire, Thiebaus 1293 421. [1293, 492.
Moufle 1290, 1293, Moufle 1285, Moffle
—, les enfans 1290, 467. [1298.
Richairt — 1285, 358.
†, Odeliate f., et Guersat son fr. 1298, 455.
Thiebaus — 1285, 461; 1290, 47; 1293, 585;
† 1298, 99.
Mouguel 1288, 1290, Moguel 1288 (v. Mogue).
Maheu — 1288, 476; 1290, 231.
Collate f., fm. Jaikemin Porree 1288, 482.
Moulat, Jehan, Thomacin j. 1251, 38.
Mounin v. Monins.
Mourat v. Moras.
Mourekin v. Morekins.
Mourels, **Moures** v. Morels.
li **Mouretelle** v. Moretels 1.
Mouretels, Mouretel v. Moretels.
Moureton v. Moretons.

Mourin v. Morins.
lou **Moussut** v. lou Mossu.
Moustoile, dame 1290, 213.
Moutas, Moutat 1277, 1278, 1285, 1288, 1293, 1298, Motas, Motat 1241, 1275, 1298.
P?
1. Colignons —
pb. por lui et ces s. ms. daier S. Sauour
1. 2. Colin —, Hanriat et [1285, 82.
Katerine enf., et Colin Raijs, lour srg.,
ms. an S. Martinrue 1288, 65.
3. Goudefrin — de Longeuille,
vg. ou ban de Longeuille 1288, 534.
4. Godefrins — (de S. Clemant)
pb. ms. a S. Climent et vg. daier 1275, 47.
pb. t. ar. ou ban S. Clemant 1277, 261.
pb. vg. ou ban S. Clemant 1278, 438.
pb. meis a la fontenne S. Aman 1285, 396.
antre t. Jaike de S. Clemant et G. 1298, 114b.
5. Hanrit —,
anc. l'ost. (OM) 1288, 290.
=? sg. Hanrit —, chanoine de la Grant Eglixe de Mes, Merguerite, la s. sg. H., et Hanrit et Izaibel, ces anf., t. ar. ou ban d'Erkancey 1298, 378.
6. 7. Jehans — clars
pb. er. ke Ferrias —, ces fr., avoit ou ban de Moruille 1293, 437.
8. Roillon —, Colins j.
pb. ms. daier S. Simplise et chanbre ansom
9. Thiebaus — [1241, 90.
doit 10 s. sa ms. a l'orte Muzelle 1285, 340.
Moute, Lorant 1288, 384b.
Mouxas, Richairs, j. Burson 1279, 483.
Mouxe, Abert, Jehan f. 1279, 219.
li **Mouxe**, Arnols, de Juxei 1293, 150.
Mouxel, les enfans 1285, 339.
Mouxetes, Jaquemins 1275, 46.
Mouxins, Mouxin 1251, 1267, 1269, 1275, 1281/1290, Moxin 1267, 1275, 1285, Moixin 1241, 1245, Moisins 1220.
—, Baudesons aveles 1267, 120.
— de Ste Barbe 1275, 145.
Arambalz — 1285, 175; 1290, 340c.
Aubertin — 1245, 118.
Gerardins — 1281, 6.
cherpantiers, Colignon srg. 1290, 454.
Jehans — 1220, 21.

li **Mowelz–Muzeraigne**

Jennas — 1269, 241; 1275, 144; 1285, 403, 431; 1290, 24.
Renbaut — f. Burtemin de Ruxit 1288, 330.
Thieri — 1241, 121.
Thieriat — 1251, 236.
 ajuel Poensate fm. Nainmeriat Lohier 1267.
li **Mowelz**, lou Mowel 1293, 1298. [374.
Lodewit — 1293, 469.
Steuenius — de S. Clemant 1293, 488.
 fr. Colignon lai Vielle 1298, 525b, 529.
Mucer, Mucet.
—, ost. en Saunerie 1245, 24, 206.
Muchewal, Colin 1285, 568.
Colin — poxor 1293, 168.
li **Mueis** v. li Mies.
Muelle 1275, 1298, Muele 1298.
Maitheu — 1298, 238[15].
d. Poince — de lai rue des Allemans, Lowias Tallons j. 1298, 46.
d. Poince —, Roienate f. 1298, 266 b.
Weiriou —, Roynon f. 1275, 405.
Muerdaixe, Jaikemin 1298, 516.
Muerdameir 1278, Muerdamer 1241.
Gerardin — de Jerney 1278, 338.
Lowion — 1241, 103.
Muisiquaraule v. Musiquaraule.
Mulenaire 1245, Mullenaire 1278.
d. Odelie — 1245, 31; 1278, 107.
Muneir 1275, 1285, Muniers 1251, 1262, Musnier 1275.
—, Jaikemin f. (st. en la halle des vieceirs en Visegnuel) 1275, 392.
— lou vicier 1285, 462.
Bauduyn —†, Joffrois et Contesse enf. 1275, Steuenins — 1251, 124. [279.
pb. por lui et por les viesers 1262, 150.
dou **Mur**, Thieriat, de Chastelz 1269, 157.
de Sus lou **Mur** v. Sus lou Mur.
Murdepain v. Murdrepain.
Murdissons, Hanrias 1281, 385.
Murdrepain 1278, 1279, Murdepain 1281, 1298.
Abertin — 1278, 449/452; 1279, 215; 1281, masson 1298, 435. [470.
Murguenit, Domangin, Lorins j. 1293, 523c.
Murle, Aburtin, dou Quertal †, Jehan et Joffroit f. 1288, 429.
Jennin — de Vallicres, Wirias f. et Matheus ces fr. 1285, 327.
Weirias — peinierz de Saunerie 1269, 181.
lou **Murlait**, vg. ancoste (OM) 1298, 572.
Murlat, ost. en Stoxey 1293, 394.
li **Murle**, la Murle.
— de Gorze, Jehans f. Aurowin de Nonviant j. 1285, 114.
Symonins — de Gorze 1288, 221; 1293, 692.
Murlins, Murlin 1245, 1267, 1285, 1290/98, Murllin 1251.
Ancel — 1251, 139; 1267, 393.
Jennat — 1285, 161; 1298, 344.
 de Malleroit 1290, 161a.
 bouchiers, Marguerate fm. 1298, 334.
Richart — 1245, 194.
Thierias — de Bacort 1293, 495.
Thierit —, Jennas f. 1285, 345.
Musairs, Musart v. Muzairs.
Museraigne v. Muzeraigne.
Musiquaraule 1251, Muisiquaraule 1241, 1245, Muxiquaraule 1279. Muxitquaravle 1267.
—, ms. outre Selle 1267, 37.
—, anfanz 1251, 226.
Ancel —, anfanz 1251, 202.
Simonins — 1241, 145, 178; 1251, 109.
Sufiate — 1279, 271.
Thomassin — 1245, 178.
Musnir v. Muneir.
Mussat, Piereson, Colignon f. 1298, 175.
Mustelz, Mustel.
Aubrion — . 1245, 255.
Colins — de Montois ke maint au Burey a S. Julien 1293, 395.
Jakemin — 1285, 48, 377; 1288, 30; 1293,
Muxiquaraule v. Musiquaraule. [463, 485.
Muxis, Colignons 1277, 396.
Muxitquaravle v. Musiquaraule.
Muzairs 1288, Muzart 1290, 1298, Musairs 1277, Musart 1241, 1278.
Chardat — de Gorze 1298, 318.
Colins — f. Jaikemin lou maior d'Allexey, Jennas Boulesse fr. 1288, 127.
Hanrias — corduencirs 1277, 23.
Hanriat — wastelier 1290, 107.
Jakemin —, d. Affelix fm. 1241, 194.
Steuenin — 1278, 644.
Muzeraigne 1285, 1288, 1293, Muzeraingne

1275, **Muzeregne** 1278, Museraigne 1269.
Hanrekel — 1275, 136; 1285, 165d; 1293, 6.
  de S. Julien   1278, 392.
  Jenas fr.   1269, 160; 1275, 134.
  Jehan fr.   1288, 116.
Hanrias — de S. Julien, Jennat fr. 1269, 340.

N.

Naichart, Garsille, auuel Poinsate f. Jehan
  Barbel   1269, 96.
Naie, Hanrekelz   1288, 460.
Hauriat —   1277, 193.
Lowion —, Harmans f.   1262, 133.
Naimeri v. Nainmeris.
Naimerion 1251, Neimerion 1245.
—, ms. outre Saille   1245, 191.
Becelin —   1251, 209.
Naimeris, Naimerit v. Nainmeris.
lo **Nain** v. li Nains.
Nainmeri v. Nainmeris.
Nainmerias, Nainmeriat 1251, 1278, 1281,
Nenmerias, Nenmeriat 1278, 1279, 1285,
1290/1298.
  1. — j. Thieriat Mouxin   1251, 236.
  —, ms. (PS)   1262, 312.
  2. — de Maignei   1275, 42.
  — de S. Clemant   1278, 51.
  3. — lo maistre   1281, 270; 1285, 67.
  4. — Bellegoule, — de la Fontainne. —
  (f. Jennat) Lohier, — (f. Richardin) Lohier.
Nainmeris, Nainmerit 1267, 1278, 1285, 1293,
1298, Nainmeri 1262, 415, Nai*n*meri 1267,
1269, Nenmeris 1285, 354, Nenmeris, Nen-
merit 1277, 1278, 1281, 1285, 1298, Nemme-
rit 1293, 428, Nei*n*merit 1285, Neimeris
1245, Naimeri 1220, 1245, 1251, Naimeris,
Naimerit 1251.[1]) v. V. Nainmeriplanteit.
  1. — pb. ms. Pierel de Sanerie 1245, 90.
  —, t. (Maigney)   1285, 381a[4].
  —, vg. en Mons (OM)   1298, 592.
  — et Thiebaut fr., anf. Garciriel † 1281, 382.

---

[1]) *De Wailly* 2 S. 16 *(1214)* Nainmeris et
Thiedit ces filz.

  2. sg. — de Joenei, Veuion de Montigney
f. —, — de S. Eure, — de Valieres, — lo
Mailla de Valieres, — de Wappei.
  3. sg. — Badoche chanone, — cherpen-
tier, — f. Howat lou cherpentier de S.
Arnolt, — (draipiers) ke maint davant Ste
Creus = — (merchans) de Ste Creux, de
Davant Ste Creux, maistres —, maistres
— cherpentiers, sg. — preste de S. Martin,
— taillor.
  4. — (f. Colignon) Badoche (chanones),
— Coences de Dauant Ste Creux, — Lohier,
— lo Mailla de Valieres, — Maillate, —
Noiron, — Saicat, — (f. Colin) Tauerne
(de S. Clemant).
li **Nains**, lou (lo) Nain 1267, 1281, 1293,
li Neins 1275.
Jakemat — de Vals, Werniers f. 1293, 657.
Jenas —   1267, 168; 1275, 37.
 · permantiers   1281, 215.
Symonel — de Sanrey   1293, 86.
Nairadin 1279, Noiradin 1269, Narardin 1269.
Colin —   1269, 337.
  d. Bietris fm., Katheline f.   1269, 7.
†, Katheline f.   1279, 420.
Naires 1279, Naire 1269, 1278, 1279, 1293,
1298, Nare 1269.
  P.
anc. vg. — en Perdut Pawilley (PS) 1293,
  1. sg. Simon —,   [471.
charree de vin ai Ancey   1269, 513.
Simon —, enc. vg. ou ban de Fayt 1278, 108.
  2. Willame —,
10 s. ms. (PS)   1278, 79.
t. (ou ban de Pawilley?)   1293, 73b.
partie ou pois[1]) de Porsaillis de pair d.
  Poince, sa m., et vg. au Dailles, por tant
  com W. dovoit a Simonat n. Theiriat
  Mallebouche   1279, 68.

---

[1]) *De Wailly* 209 *(1280)* Burteignons
[Paillas] ait aquasteit a Willame Vaire
(*st.* Naire) la moitiet de teil partie com
Willames Vaire ait ou grant pois de Mes
.... Cest vandaige ait fait Willames desor
dis per lou crant de Nenat (*st.* Jenat *oder*
Simonat?) Maleboche, son junre.

Ysabel, f. Willaume —, srg. Thieriat f.
  Symonin Malebouche, vg. a Longeawe
  et a Ste Rafine   1269, 148.
Perrate, f. Willaume —, t. ar. en la fin
  de Vantouz ou ban S. Martin 1269, 344.
maiseire a Ventouz, vg. ou ban S. Pol et
  ou ban S. Julien   1269, 345.
½ (or, ms., four a Vantouz   1269, 375.
vg. ou ban de Vantouz, t. ou ban de Maiey;
  Izaibel, fm. Steuenin Forcon, mainbors
  de la devise Perrate   1298, 402.
Naivel v. Navel.
Naizo,[1]) Thiebaut, de Flanville, et Odeliate
  fm.   1293, 377.
Najart, Androwin   1267, 190.
Namur†, Colin, Merguerite fm. 1298, 223.
Narardin v. Nairadin.
Nare v. Naires.
Narion, Lanbelin   1241, 169.
Naue (v. Navel), Simonins 1220, 32.
Navel 1277, 1279, 1288, Nauel 1285, 1290,
  Naivel 1285, 1288 (v. Naue).
Jaikemin — d'Airs (PS)   1290, 414c[12].
Jennat —   1285, 321; 1288, 142.
  de Nowillei   1285, 337.
Jennin — de Chairley, Symonas f. 1288, 298.
Thiebaut —   1277, 412.
  Merguerite f.   1279, 252.
Neckerdat, Domangin   1293, 243.
Neimerion v. Naimerion.
Neimeris, Neinmerit v. Nainmeris.
li **Neins** v. li Nains.
Nemmerit v. Naiumeris.
Nenmerias, Nenmeriat v. Nainmerias.
Nenmeris, Nenmerit v. Naiumeris.
lou **Nerf,** Colin   1279, 506.
Nerlans. Nerlant 1262, 1267, 1275/1298,
  Nerllans 1275, 1279, Norlant 1279. P?
Colignons — 1277, 25, 236; 1279, 433, 503;
  1285, 207, 384; 1288, 170; 1290, 52, 230,
                        396; 1293, 450.

---

[1]) *De Wailly* 280 (1287 a. St.) Don plait
ki estoit dou signor Thiebaut lou moinne
de S. Siforien et de Gillat de Valz,
d'une pairt, et de Yngrant lou freire Colin
Naizat, d'atre pairt ....

Felepins — 1275, 334, 335. 442, 443, 444.
Howins — 1262. 359/362; 1267, 189; 1275,
  79; 1278, 531; 1279, 168; 1285, 235, 405,
  538; 1293, 36, 285; 1298, 299[10], 524.
  Herbins f.   1298, 520.
sr. Jehans — prestes   1285, 45.
  maistres de la frairie des prestres de
  Mes   1288, 68, 248; 1290, 500.
Jenas —   1277, 50; 1288, 483.
Nessate, ms. a la Pousterne enson 1262, 60.
lou **Nial,** Ydate fm.   1293, 686.
Nikela fil Bertran lou maior de Monde-
  langes   1298, 337.
Nikelolz 1298, Nikelo 1281, Niclo 1275.
— de Moledanges, Colin f.   1281, 443.
— arcenor   1275, 227.
— tonneleirs   1298, 56.
Nichat,[1]) Jennat, de Flurey   1298, 517.
Nicholes, Nichole v. Nicoles.
Niclo v. Nikelolz; v. V. S. Niclochamp.
Niclodin.
— Chapon   1241, 101.
— Galopin   1245, 37.
Abertin — d'Erkancey   1293, 208.
Nicolat, Jakemin, Hawiate fm. 1278, 534.
Nicole 1262, 1267, 1277/1279, 1285, Nicolle
  1277/1279, 1290.
  Frauenname:
d. — de l'Aitre   1267, 34.
d. —, ms. en Bucherie a Porte Muzelle 1279.
d. —, Parins f.   1267, 385. [398a.
= d. — de Porte Mosselle, Perrin f. 1262, 172.
d. — f. sg. Pieron de Sanerie 1279, 194, 372.
= d. — de Sanerie (v. I. de Sanerie).
= d. — de Sanerie †. sg. Pierou f. 1285,
                        153[a]; 1290, 231.
= d. —, sr. Pieres j. sg. Jehan lou Tro-
  want f.   1278, 82.
=? d. —, sg. Pierou lou Niet f. 1285, 265.
Nicoles, Nicole 1220/1288, 1293. Nicholes,
  Nichole 1227, 1241, 1245, 1269, 1275, Ni-
  choles 1269, Nicolles, Nicolle 1267, 1269
  (je cinmal), 1275/1298.
  Männername:

---

[1]) *Bannr. I, LXXIX, 27 (1275)* Houdiatte,
s. Colin Nichat.

Nicolle–Noirons 314 I. Personennamen

1. — fr. d. Maance 1220, 34. sg. — fr. l'abbeit de S. Arnout mainbour lo chancelier 1267, 119.
2. — d'Aspremont, sg. — de Blouru, — de Chastels, sg. — fr. Poinsignon f. Jennin lou wastelier de Chastels, — de Dauant S. Croix, sr. — d'Espainges, — de Liewons, sg. — dou Nuefchaistel.
3. sg. — fr. l'abbeit de S. Arnout, abbeit — de Chaiherei, abbes — de S. Martin davant Mes, maistres — de Bormont avocas, maistres — Morels avocas, — chandelier, sg. — chanone de S. Sauuor, sr. — de Preney chanones de Mes, sr. — chapelains lou costor de la Grant Eglise, — cherreton, — chevalier, — clerc de la Tor, fr. — convers de Villeirs, sr. — (Otins) doiens de S. Sauor, — maires de S. Vinsant, mastre —, maistre — Deudeneit, maistres — Morels (avocas), — meutier (de Stoxey), — parmentiers, fr. — pitanciers (de S. Pieremont), sg. — prestre, sr. — prestres de lai cymetiere, sr. — prestes de Baiznille ki maint a Nostre Dame as Chans, sr. — prestes de Jerney, sr. — prestes de Juef, sr. — prestes de S. Alare, sr. — prestres de Ste Crux, sr. — prestez marlierz de S. Estene, sr. — prestres de S. Seplixe, sg. — Barbiz preste, sr. — prestes f. Theirion Canelle, sr. — Gouverne prestes, sg. — procurour de Nostre Dame as Chans.
4. — Aixies, — Barbe, sg. — Barbiz preste, — Barnakins, — Baron, — Bazin, — Belebarbe, — Braideu, (sg.) — Brullevuiche, sr. — prestes f. Thierion Canelle, — Chameure, — Chapesteit, — de Chastels, — Clairiet, — Coez, — lou Conte (de Chambres), sg. — Coulon, — Creton, maistre — Deudeneit, sr. — Dores, sg. — Fakenel, — Gemel, — Girbaut (d'Aiest), — Grancol, sr. — li Gronais (1), sr. — li Gronais (8), sr. — Gouverne prestes, — Gouions, — Gratepaille, — Hacecole, — lou Hungre, — Ysacart, — Judes, — Mairasse, — Marcout, — Merchant, maistres — Morels (avocas), — Moreton, sr. — Otins doiens (de S. Sauour), — dou Puix, — Raboan, — Remey, — clerc de la Tor, sg. — de Strabor, — lo Vake (d'Aiest), — Wachier, Hanrias Waigne f. —, — de Weiure.

Nicolle v. Nicole, Nicoles.
Niennels, Jennas 1278, 484.
Nietenrowe.
Colignons — de S. Martin 1293, 659.
Nigre, Burtemin 1267, 305.
Nion, Thieriat 1269, 17; 1277, 328.
Niuart, Jehan, la fm. 1227, 7.
Niuelins de S. Arnout 1288, 441.
Noblas, Noblat.
gr. a Montigney ke fut —; Theiriat j. 1277, Mathias 1278, 471; 1279, 362. [89.
Mathen — 1285, 152.
lou **Noble,** Jennin 1279, 218.
Noblet, Colignon 1269, 243.
Nockaire, Hanriat 1290, 209.
Nockas, Nockat.
Hanrias — de S. Piere 1293, 286.
Jehan — de S. Clemant 1298, 543.
Nochier, Baudowin, de Puxuelz, ke maint a S. Clement 1279, 65.
Noieleit, Colin, d'Airey 1290, 37.
lou **Noir** v. li Noirs.
Noiradin v. Nairadin.
Noirans, Ancillons, frutiers 1279, 543.
Noirart, Crestenat 1285, 470.
Poincignon — 1290, 320.
Lorate fm. 1298, 307.
Noirdal, Howygnou 1269, 369.
li (la) **Noire.**
Willemins maris — 1275, 177.
Abillon — 1277, 282; 1281, 203.
Doignon —, Gerardins de Nonviant j. 1293, Isabels 1251, 102; 1281, 469. [645.
Poinsate — de Nonviant 1293, 144.
Noiroil, Colignon 1290, 354a.
Jennin — 1290, 192.
Noirons, Noiron.
P. [1363/1404 OS, 1338 m. e.]
Colate — 1269
Loratte — 1269
1 Hanriat — 1241
2 Arnols 1251, 1267
3 Symonin — 1269
4 Lowias 1269/90
= Lowias — d'Outre Maizelles 1288

		?		
5 Maheus (—) de Molins			6 Thiebaus	
1267			1267	
Bietrit		7 Jennas — n. Maheu		
1288		1278/88. † 1298 1267		
	8 Maheus	Hawiate	Collate	
	1298	1298	1298	

9 Nainmeris — 1278
10 Abert — 1278
11 Thiebaus — 1279, Wichairs de la Tour srg.

12 Jennat Coldoie † 1278

13 Arnout — 1278   Merguerate 1278
=? Arnouls — de Vesignuelz 1298

an Forneyruwe devant l'ost. les — 1281, 506.
  Colate —,
½ ms. ou Petit Waide   1269, 483.
  Loratte —,
ms. en Vezignuel part. a   1269, 252.
1. Hanriat —,
vg. (OM)   1241. 125.
2. Arnols —
pb. ostel (PS)   1251, 47.
ostel en Gobertcort (PS)   1267, 74.
3. Symonin —,
t. ar. en la fin de Maisieres   1269, 127.
pb. t. ar. a Maizierez   1269, 512.
4. Lowyas, f. Symonin —,
pb. vg. an Haibertcloz   1269, 61.
et Colignon Chazee, er. en la fin de Borney
Renadelz Soture de Maizelles pb. [1285, 93.
  por lui et por Gererdat, son fr., et por Lo-
  wiat — er. ou ban de Borney 1290, 457 b.
= Lowias — d'Outre Maizelles pb. 4 d.
  et 4 d. et 1 d. vg. an Mallemairs 1288,
pb. gr. an Hulouf   1288, 59 b. [59 a.
5. Maheu — de Molins, Bietrit f.,
vg. an la planteire (OM)   1288, 552.
5. 6. 7. Maheus de Molins —
pb. por lui et por Jenat —, son n., tout
  l'er. que Thiebaus, fr. Mahen, avoit
  (OM)   1267, 510.
7. Jennas —, n. Maheu de Molins 1267, 510.
pb. vg. en la coste de Chezelles 1278, 193, 619.
pb. 17. jorn. de t. ar. entre Saille et Mu-
  zelle ou ban de Mairley   1278, 274.
pb. vg. (OM)   1278, 592.

vg. a Siey moiterasce J. —   1278, 622.
pb. vg. ou ban de Molins   1285, 255.
anc. l'ost J.   outre Saille   1288, 374.
8. Maheus, f. Jennat —†.
pb. ms. et gr. a Molins   1298, 150.
et Hawiate et Collate. ces 2 s.,
pb. vg. an Corchebuef   1298. 70.
9. Nainmeris —
et Lowias li clers de Sauerie tienent ms.
  en la rue S. Vy   1278. 210.
10. Abert —:
7 s. geisent sus l'ost. Ab. — devant S.
  Thiebaut   1278, 517.
11. Thiebaus —
et Philippins li Bagues ont aq. vg. an la
  Baixe Pert. et vg. a Pallerin (PS) 1279, 261.
partie an vg. an la Baixe Pretelle et an
  vg. a Pallerin   1279, 485.
Wichairs de la Tour pb. toutes les cences
  et tout l'er. ke Thiebaus —, ces srg.,
  avoit en la mairie de PM, de PS, ke
  W. ait au waige   1279, 193, 281.
12. 13. Arnout — et Merguerate, sa
  s., anf. Jennat Coldoie †, (P?)
17 s. 4 d. moins ms. a la Posterne 1278, 309.
=? Arnouls — de Vesignuelz pb. vg. et
  meis ou ban S. Arnoult   1298, 528.
li **Noirs**, lo, lou Noir[1])
— de Semeicort, Poinsignon de Rommebar
  srg.   1293, 628.
Colin —   1267, 477.
Jennat —   1293, 439.
Lowiat —   1267, 129.
Lowious — et Heiluys fm.   1281, 609.
Thomessat —   1277, 468.
Wateron —   1227, 28.
Noise 1241/1251, 1267, 1277, Noixe 1262,
1277/1281. 1290, Noize 1269, 1281, Noisei
1267, Noxe 1288, 1290, 1298.
P.
1 Garsire — 1241/45 [m. e. 1212][2])

Alaiz — 1241/62
= Ailexon — 1277

---

[1]) *De Wailly 166 (1275)= Bannr. I. LVI, 4* Aubrion lou Noir.
[2]) *De Wailly 2 K (1214)* G..ercelin Noxe.

Noixe–de Nonviant

?
2 Bertignons — 5 sg. Jehan — 6 Perrins —
1245 [1250 PS]   1251/78   1251 [fr. Bur-
Jakematte 1251   tignon — 1250 PS]

3 Jennat — 1267/77   4 Garceriat —
enfans 1277   1267/98

7 sg. Pieron — chanone 1262   8 Jaikemin —
prevost de S. Sauor 1281   1277

9 Watrin — 1277   10 Howeson — 1288

1. Garsire —,
enc. l'ost. (PS)   1245, 98, 121.
en la Nueve rue en Rimport maix. et meis
 ke furent Garcire —   1279, 175.
outre Moselle daier S. Marc meizes ke furent
 Guersire —   1279, 288.
Alaiz, f. Garsire —. ms. (PS) 1241, 75.
devant l'ost. (OM)   1262, 114.
= Aleit —, ms. en Maisellez   1251, 139.
= Ailexon —, ms. ke fut (PS) 1277, 372.

2. Bertignons —
pb. por les signors de S. Piere au Volz 1245,
Jakematte, fm. Burtignon —, meis [59.
 darriers S. Thiebaut   1251, 18.
hoirs Burteignon — (v. 5 Jehan —) 1267, 211.

3. 4. Jennat et Garsiliat, anf. Burt. —,
t. ar. en Genestroi   1267, 480.

3. Jennat — et ces enfans,
ms. et gr. ai Ansey, vg. ou ban d'Ansey

4. Garceriat, f. Burtignon —, [1277, 439.
10 s. vg. ai Awignei   1269, 259.
= Guercerias — pb. por S. Arnoult 1281, 242;
  1290, 146.
vg. a Awigney ke furent G. — 1298, 238⁴⁰.
= Garcelat —. un Couperelrue arreis l'ost.

5. Jehan —,   [1290, 502.
vg. a Grant Chauol tier meu   1251, 203.
a puix davant outre l'ost. (OM) 1277, 418.
davant l'ost. (OM)   1278, 356.
= sg. Jehan — et hoirs Burteignon, son
 fr., 12 d. vg. en Ospreis   1267, 211.
tout l'er. ke sr. Jehans — avoit ou ban
 de Faiz   1269, 84.

6. Ferrins —
pb. maisiere en Pucemaigne (PS) 1251, 117.

7. sg. Pieron — chanone 1262, 231.
= sg. Pieron, prevost de S. Sauor,

vg. en Jehanvigne (OM)   1281, 559.

8. Jaikemin —,
ms. en la rue lou Voweit   1277, 124.

9. Watrin —
et Thomessin Richelat, ms. sus Muzelle

10. Howeson —.   [1277, 224.
10 s. geisent an Vesignuelz sus l'ost. 1288,
 an Vesignuelz anc. l'ost. 1288, 471b. [422.

Noixe v. Noise.
Noixel, er. ai Ernauille   1267, 116.
Noize v. Noise.
la **Nonne,** Jaikemin, d'Ars (OM) 1285, 260.
de **Nonviant,** de Nonuiant (v. IV).

P.

1 Thieriaz — 1241
= sg. Thierit — † 1288 d. Yzabel 1281/85

2 Colignon   3 Jennas   ? Guibert —
 1288/93   1277, 1298   1279/88

5 Warin

6 Gerars - 1267   9 Jakiers —
= sg. Gerart —   j. Nicole Colon 1267
avelet Nicole   amans de S. Vy
Sclariet 1277   1277/88¹)

7 Jehans Sufiate 8 Warenat   ? Symonas
 1279   1279   1279   1290
   = Warenas li maires —
    1288/90

10 sr. Jakes —²) srg. 11 Burtemin —
 1275/77   1278
12 Howart — srg. Jakemin Baron 1245
13 Colignons 1277
  14 sg. Ancel — † 1279
15 Pieresons 1277/85   16 Thierias
= sg. Pieron — 1298   1298

17 sg. Werrit — 1298

---

¹) *Der Schreinsbrief (Bannrollen I, LVI.
= 1275, 181) hat in der Abschrift von de Wailly
(166) den Vermerk* Jaiques de Noubrant
l'escrit. De l'airche S. Vy. *Es muß heißen*
Jaikiers de Nonviant.
 Bannrollen I, LXIII, 12 de l'airche Jac-
quier de Nonviant l'escript.

²) *De Wailly 357 (1297)* Collate, la fm.
Huwignon Tomes de Porte Muzelle ke fut,
ki est mainbor de la devise Fransoise, sa

I. Personennamen — de **Nonviant**

1. Thieriaz —
pb. por lui et sa m. ms. ou Willemins de Noweroi maint (PS) 1241, 165.
d. Ysabel. fm. sg. Thierit —. gr.. meis et cort a Nonviant 1281, 610.
et Guibert, son j., vg. ou ban de Nonviant 1285, 517.

2. Colignon, f. sg. Thierit — †,
pr. ou ban de Nonuiant 1288, 46.
vg. en la voie de Gorze desous la creux vg. ou ban de Nonviant 1293, 174. [1290, 506.

3. Jennus, f. sg. Thierit —,
pb. 14 hommeies de vg. ou ban de Nonviant 1277, 399.
chaneviere et 5 nowiers davant lou molin a Onville 1298, 184.

4. Guibert —, j. sg. Thierit — (v. 1),
vg. ou Parous ou ban de Nonviant 1288, 233.
pb. 1279, 337.
= Guibert c'on dist —, meis ou ban de Gorze 1285, 252.

5. 6. Gerars, f. Warin —,
pb. ms. en Borguignonruelle (OM) 1267, 129.
= Girars — pb. er. en tous les bans de Syei et de Chastels 1267, 458.
= sg. Gerart —, avelat Nicole Sclariet, 30 s. er. (OM) 1277, 143.
hoirs Gerart —, ms. en la rue de Porte Serpenoise (OM) 1281, 607.

7. 8. Jehans, f. Gerart —,
pb. por lui et Sufiate, sa s., et Warenat, lor fr., tout l'er. ke Gerars, lor p.. lor laieit 1279, 580.

8. Warenas li maires —
pb. 5 hommeies de vg. ou Pairous et 7 ou ban de Nonviant 1288, 106.
pb. ms. a Nonviant anc. lui, ms. apres et meis davant 1288, 273. [1290, 506.
pb. vg. en la voie de Gorze desous la creux

9. Jakiers, f. Warin —, [1275, 256.
et Howars d'Arnaville pb. 25 s. er. (OM)

suer ke fut, les x s. de cens ke Fransoize sor ditte ait sus la grant chanbre ... ke ciet an S. Mertinrue. ancoste lou grant osteil ke fut lou signor Jaike de Nouviant, lor peire.

= Jaikiers —. j. Nicole Colon, pb. er. (OM) 1267, 130.
et Howars d'Arnaville pb. ms. et er. k'il ont relaixiet por 15 s. 1278, 181.
pb. vg. ou ban de Nonviant enc. lui 1285, 517.
Symonas, j. Jaikier —, pb. vg. a Airey
= Jaikiers —, amans de S.Vy. [1290, 37.
pb. vg. en Jovenat ou ban de Nonviant arreis. sa vg., k'il ait relaiet permey 60 s.
pb. 4½ moies de vin a mostaige [1277, 396.
a Nonuiant 1278, 336.
pb. ms. Colignon lou Boistous —, k'il li ait relaiet permei 20 s. 1278, 641.
pb. 3 vg. ou ban de Nonuiant et 2½ moies de vin et 4 s. 2 d. 1279, 325.
pb. cellier daier lou mostier a Nonviant
pb. 2 moies de vin et 1 d. de [1279, 326.
chateil (OM) 1279, 582.
pb ms., gr. et ressaiges deleiz sa ms. an Coperelrowe (OM) 1281, 107.
pb. er. a Nonviant et ou ban 1288, 565.
pb. vg. deleis Waizaiges 1290, 88.

10. sr. Jakes —
pb. 2 ms. a Nonviant 1275, 509.
pb. er. ou ban de Nonviant 1277, 337.
pb. t. et 1 meu de vin ke geist sus ms. ou ban de Nonuiant 1277, 448.
pb. er. escheut de wagiere ou ban de Nonviant 1277, 449.

11. Burtemin —, srg. sg. Jake —.
18 hommeies de vg. (OM) 1278, 652.

12. Hvart (—):
Jakemins Barons pb. por H., son srg., ms. (OM) 1245, 148.

13. Colignons, f. Howart —,
Thierious Barons pb. vg. que Colignons. f. H. —, ces n., avoit en la fin de Wasaiges et de Cronnei et er. en la mairie de PS 1275, 43.
„ pb. 9 s. vg. ou ban de Nonviant, ms. a Nonuiant et 8 hommees de vg. ou ban de Nonuiant et tot l'er. ke Colignons, f. H. —, ait en la mairie d'OM 1275, 119.
tot l'er. ou ban de Nonuiant fuers une piece de vg. en Gerartnowe 1275, 452.

14. 15. Pieresons, f. sg. Ancel — († 1279, 85),
pb. vg. a S. Pierechamp ou ban de Non-

viant 1277, 450.
vg. ou ban de Nonviant 1279, 85.
pb. pr. ou ban de Nonuiant 1288, 46.
— Pieresons — pb. tot l'er. Tieriat lou pator — ke li doit 50 s. de c. 1285, 516.
pb. 3 moies de vin ms. a Nonviant et 6 pieces de vg. ou ban de Nonviant 1285, 545.
= sg. Pierou — mainbor sg. Werrit —
16. Thier ia s, f. sg. Ancel — †, [1298, 163.
pb. boix anc. lou boix de Nouviant 1298, 130.
17. sg. Werrit —,
ms., gr. et meis anc. les Graus pucelles de la Vigne et 8 s. ms. anc., aq. mainbors sg. W. — 1298, 163.
Norlant v. Nerlans.
Noudeset, Thieriat. †. Gererdel de Maicliue f. 1293, 546.
Novelat.
Jennin —, Bietrit fm. 1275, 148.
Warin —, Odeliate fm. 1277, 327.
la **Nouelate**, Abillate 1281, 75.
de **Noweroit** (v. IV).
P.
1. Willemins —:
ms. (PS) ou W. — maint 1241, 165.
pb. por les signors de S. Arnoal 1245, 24.
Clomignons li taillieres pb. por lui et por W. 100 s. ms. daer S. Simplise 1251, 130.
enson la porte W. — (PS) 1267, 97, 404.
asom l'osteit W. — (PS) 1269, 210.
2. Burtadon — 1288, 517, † 1290, 409.
= sg. Bertal — 1298, 137.

3. Thieriat, f. Burtadon —,
1/8 pr. dezous Noweroit 1288, 517.
= Thieriat —, er. en bans d'Airs (OM) 1293.
4. Alerdin, f. Burtadon — †, et [342. Poinsate et Heilewit, ces s.,
6 s. ms. daier S. Sauour escheus de pair sg. Lowit de Cligney † 1290, 409.
= Alardin, f. sg. Bertal —, pb. 18 d. vg. et gerd. et t. an Nowe (OM) 1298, 137.
= Alardin —. 100 s. er. (OM) 1290, 570.
= Alardin —, avelait sg. Jehan la Quaile, 1/4 molin a Preit, ch., jard., vg. desous et desour lou molin 1293, 587.
5. Lowy —,
mainbor Garceliat de l'Aitre 1269, 124, 134.
mainbor Poinsignon Calowin 1275, 99. [135.
et Jenat Chaderon, ms. ke fut Cosin (PS)
et Jennas Bernars pb. 14 d. t. en [1278, 62.
la voie Ste Creus (OM) por fare l'anniversare Ysabel, fm. J. B. 1278, 609.
lui femme L. —, a Lorey desous Froimont anc. t. 1290, 368b.
Clemansate, fm. L. —, pb. er. ke fut Thieriat —, son srg., en bans d'Ars (OM) 1293, 342.
6. Hanrias —
pb. por S. Syphoriain 1267, 496.
pb. vg. ou clos S. Laidre (PS) 1278, 495.
pb. ms. en Anglemur desoz les Proichors
pb. 20 s. ms. (OM) 1278, 575. [1278. 574.
pb. 18 s. ms. (OM) 1278, 576a.
pb. ms. (OM) 1278. 576b.

	de **Noweroit** [sg. Thiery —][1]					
	1 Willemins —[2] 1288, 1293	2 Burtadon[1])[2] — † 1290 = sg. Bertal — 1298				
3 Thieriat — 1288, 1293	4 Alerdins — 1290/98 avelait sg. Jehan la Quaile ?	Poinsate 1290	Heilewit 1290	5 Lowy[3] — 1269/78		Clemansate 1290/93
6 Hanrias — 1267/98 maires de l'ospital ou Nuefborc 1285/98			Merguerite 1278/90			

[1]) *Prost XXIX, 1240* Bertadons li filz signor Thiery de Noeroyt.
[2]) *Ben. III, 200* (1250 PS) Burtandons de Noweroit, Willermins ces freires.
[3]) *De Wailly 205 (1279)* = *Bannrollen I, LX, 9* C'est tancris de l'arche S. Jehan. Lowis de Noweroit les prist (*statt* l'escrit).

mainbor frere **Hanrit Jordain** 1279, 157.
ms. en Chambieres 1281, 592.
ms. et gr. a Merdeney et t. ans Andanges daier S. Sauour anc. gr. 1285. 208. [1285, 61.
ms. et meis (OM) 1285, 290.
pb. por les Cordelieres 1290, 156, 211, 269.
60 s. geisent sus ms. ou H. — maint daier S. Sauour 1298, 274.
er. a Villeirs, Flavigney, Graiviers, Rixonville et S. Marsel et en tos les bans 1298,
Hanriat — et Merguerite, sa s.: [664.
tavle en Nues Chainges 1278, 471.
part an lai halle an Visegnues 1281, 56.
$^1/_2$ pairt an la halle des drapiers (PS) 1281,
pb. ms., gr., meis anc. les Grans pu- [436.
celles de la Vigne et 8 s. ms. anc. la dite ms. 1298, 163.
= Hanrias — li maires de l'ospital ou Nuefborc 1285, 5, 54, 55, 165, 200, 408, 409, 439, 560; 1288, 210, 269, 291; 1290, 160, 811.

Noxe v. Noise.
Noxout, Domangin[1]) 1285, 430a.
dou **Nuefborc** (v. IV. Mes). *P.*
 1. Bernards —
pb. la manantie Frelin deu Chaunpel et ms. en la place 1220, 43.
 2. Bernissons, f. sg. Bernart —,
pb. ms. ou Nuefbourc 1267, 342.
 3. 4. Martin et Jaikemin, les 2 f. Berneson —,
ms. ou Nuefborc 1288, 200.

O.

Ocdins v. Odins.
Oceons v. Osson.
Odaie de Nowesseuille 1285, 312.[30]
Odairs 1281, Odars 1241.
— cordoeniers 1241, 183.
Symonas — 1281, 406.

---

[1]) *De Wailly 254 S. 179 G (1286)* une maxon ou Petit Waide ke fut Domangin Noixoirt.

Odas, Odat.
—, ms. ou Viuier 1279, 21.
— f. Vguignon lou feivre 1279, 327.
— bollengiers d'Ars (OM) 1288, 525.
— de Merdeney, Deudeneis f. 1298, 446.
Odeliate 1220, 1245, 1262/69, 1277/98, Odeliatte, Odiliatte 1251, Odiliate *(viel seltener als Odeliate)* 1275/98.
 1. Colin (srg. Adan) et — 1251, 113.
— et Windremuet 1251, 155.
— et Chipole 1279, 37.
— et Contasse et Ailexate enf. Euriat de Baieuville, — lour aijuelle 1298, 510.
— fm. Remey 1293, 252.
— f. Effrignon 1277, 233.
— s. Guersat 1293, 367.
 2. — f. Euriat fr. Richairt de Baieuville,
— fm. Jehan de Billei, — de Blorut, — de Borney, — fm. Lowit de Bui†, — de Chasey, — s. Abillate f. Wescelin de Chastels, — d'Erkancey, — f. Baduyn de Flocort, — fm. Cherdat de Florey†, — fm. Burson de Flurey†, — de Gorze, — f. Ailexon de Luscey†, — fm. Huyn de Macliue, — de Maizelles fm. Maitheu de Pertes†, — de Mons, — srg. Bertran et Howignon les f. Badore de Nonviant†, — de Nowesceuille, — f. Aileit de Nowilley†, — srg. Jennat Naivel de Nowillei, — f. Garseriat de Prenoit, — des Roches, — f. Richart de S. Julien, — fm. Colignon Ceruel de S. Julien†, — f. Colin de S. Thiebaut†, — de Valieres.
 3. — fm. Ferrit l'ardor†, — fm. Lambert boulangier †, — Doussate f. Ottin celleir †, — fm. Jehan clerc, — s. Poensignon clerc, — li fromegiere, — li huviere, — s. Wantier le mercer, — la merciere, — m. Maiheu permantier de lai Vigne S. Auol.
— fm. Colignon permantier †, — fm. Thieriat trezelour de S. Vy †, — li Vadoize f. Colin Coinrairt parmantier†, — li Vadoise.
— de Vy li Vadoize, — fm. Hanriat warcolier.
 4. — fm. Goudefrin lou Bague, — fm. Thiebaut Baitaille, — f. Jehan Bairbel d'Aiest †, — s. Gairciriat Berbel, — f. Poincin Bellegree, — f. Vilein Belegree, — fm. Richairt Beral, — fm. **maistre Hanrit Bernart,** — la Bicheire, — la Borguignate, —

Odelie–li Oie

f. Nicolle Braideu † = — s. Abert Brasdeu, — f. Abert Cabaie fm. Poinsignon de Haikelanges, — (fm. Colignon) Ceruel (de S. Julien), — de Chambeires fm. Gerardin Clement, — fm. Jofroit Corbel, — Crowillon, — fm. Wairin Culleit †, — Donekine, — Doussate f. Ottin celleir †, — fm. Colin l'Esclaive de Vigey, — li Fainerasse. — f. Perrin de la Fosce, — Fouille fm. Abertin Sauegrain, — fm. Lambelin lou Gemel de Lescey †, — f. sg. Huon Gol †, — s. Jennin Guelemant, — s. Badouwin Ysambairt †, — fm. Jennat Laffrairt. — fm. Jennin le Maal †, f. Guersat Maisuwe †, — fm. Maheu Malebouche, — fm. Jennat Menneit †, — f. Richart Moffle †. — srg. Jennat Naivel de Nowillei, — fm. Thiebaut Naizo de Flanville, — fm. Warin Novelat, — f. Bertran Oixel †, — f. d. Collate d'Oxey †, — f. Hunrion Potier †, — la Rigade, — f. d. Yzaibel la fm. Jennin lou Tawon de Failley †, — f. Thiebaut Viey †, — fm. Warin lou Vilat †, — seure Matheu la fm. Pierexon Weidart †, — fm. Jaikemin Xolaire †.
Odelie 1220, 1241/51, 1267/81, 1288/98. Odilie *(je einmal)* 1275, 1279, 1288, 1293.
1. d. — fm. Burtadon 1279, 422. Poencignon j. — 1278, 77. d. — seure .... 1290, 49.
2. — de Badrecourt, — fm. Jehan de Billey, d. — de Grais, d. — de Meirvalz, d. — de Mons, — fm. Maitheu de Praijs †, — dou Quertal, d. — de Dauant Ste Crois, — de Strabor fm. Otthe de Frankenain, — s. Constant de Wallestor, — fm. Richairt maior de Werrixe †.
3. Burteraus li clars f. d. — de Mons, d. — fm. Gillat draipier d'Aiest †, — d'Espiualz maistrasse de lai maxon des Beguines de Vy, — fm. Renalt mmeir †, d. — fm. Warnier peignier †.
4. d. — Belegree, — f. Poincin Bellegree, d. — fm. Jofroit Bellegree †, — li Blanche, — de Maigney f. Jaikemin Boukel †, — fm. sg. Chaie †, — fm. Roillon Crokedeu, d. — fm. Lambelin lou Gemel †, — Gossel, — fm. Jennat Helleit †, — fm. Hurel, d. — s. Baudowin Yzanbairt, d. —

anuele Colin Malebouche, — la Meade, — fm. Monin (de Maicline †), d. — Mulennaire, d. — Papemiate, d. — fm. Parage, — fm. Weirion lou Preixiet, d. — fm. Raiepaxel, d. — de S. Pocort, d. — la Soiberde, d. — (fm. Hanriat) de Strabor, — s. Jakemin Tempelon, — la Tixatte, — f. Colin Xalle.
Odelielz 1293. Odiliel 1288.
—, Enrrias j. 1288, 258.
Symonelz et Borcairs et Odelions et — lor douz femmes 1293, 86.
Odelions (v. Odelielz) 1293, 86.
Odewain.
— f. Steuenin Boudernee 1279, 360.
— Flairehaiste (v. Odewignon) 1277, 191.
Burtignon — d'Aiest †, d. Colate fm. 1279,
Odewignon. [359; 1285, 351.
—, ms. en Stoixey 1275, 281.
— Flairehaiste de Stoxey (v. Odewain) 1285,
Odierne, Jehans, d'Ansey 1288, 250. [304.
Odiliate, Odilie, Odiliel v. Odel...
Odins, Odin 1251, 1275, 1277, 1279, 1281, 1288/1298, Oedins 1285 (v. Otins).
1. — et Jothe sa fm. (v. Otins) 1251, 119.
2. — armoiers de Furneirue 1285, 429; 1288, 189.
— de Rains armoiour de Furneirue 1290, 411.
— f. maistre Watier de Rains 1277, 287.
— armeor f. maistre Gautier de Rains †
— espiciers 1277, 401; 1281, [1279, 251. 254; 1293, 283; 1298, 564.
ke maint an Furneirue (PS) 1290, 166.
de Furneirue et Clemans n. 1290, 411.
et Contasse srg. 1275, 456.
— feivre 1277, 178.
— dou Pont vieseir 1290, 463.
4. — f. Jacob dou Pont 1290, 166.
Odon srg. Henri lou bolangier 1220, 8.
Official, Jennat, clerc 1293, 378.
Jennat — avelet Soibert † 1288, 138.
Ogier f. Ernalt de Maigney 1298, 424.
li **Oie,** l'Oie.
Abert — 1241, 38.
Balduin j. 1241, 195.
Poinsignons — 1267, 232; 1269, 248; 1278, 17, 239; 1279, 386; 1281, 142; 1285, 156, 186, 500; 1288, 300; 1290, 129, 261; 1293, 3, 687.

Oicelin (vigne) v. V. Esselinvigne, I. Escelins.
Oilescos v. Eurechos.
Oirias, Oiriat v. Eurias.
Oirit v. Euris.
d'**Oixey** 1262, 1277, 1278, 1281, d'Oisei 1241,
d'Oisey 1251, 1267, d'Oxey 1288, 1290, 1298,
d'Ozey 1281. (v. IV. Oixey).
P.[1])
1 Werias — 1241, 1251, 1278 [1250 C]
Burtemins j. 1251

2 sr. Thieris — 1262/67 ⌣ Marguerite 1277
─────────────────────────
3 Ancillons   4 Pieresons
1288/90   1288, 1298

5 sg. Badouwin — 1281 ⌣ Marguerite 1278
d. Colate — 1281
─────────────────────────
Odeliate 1298   Aileit 1298

1. Werias —
pb. ½ ms. (PS) 1241, 143.
pb. por lui et Baudowin de Malleroit 38 jorn.
de t., ms. et meis (Oisey) 1251, 39.
6 s. geiseut sus ms. ke fut W. — outre
Saille 1278, 95.
Burtemins, j. W. —,
pb. ms. outre Saille a la croix 1251, 216.
2. sr. Thieris —
at doneit 40 s. a Jennin Cuneman en fies
et en plain homaige, ke geiseut en la
Menoie 1262, 125.
= Thieriat —, 10 s. geisent sus ms.
(outre Saille) 1267, 406.
d. Marguerite, fm. sg. Thierit — †,
pb. wageire et contrewaige por les 20 quartes
de wayn moitenge ke sr. Poinces d'Es-
penges li doit por lou molin d'Espenges
1277, 377.
3. 4. Ancillons et Pieresons, f. sg.
Th. — †, [1288, 354.
pb. ms., meis, pr., t. ar. en bans d'Oxey
3. Ancillons, f. sg. Thierit — †,
pb. er. a Oxey, Quencey, Mercillei et en
tous les bans, et 2 s. a Maixerei 1290, 302.

4. Pieresons, f. sg. Thierit — †,
pb. er. ou ban et en la fin de la ville de
Montois 1298, 371.
5. sg. Badouwin —,
pr. enc. (PS) 1281, 471.
d. Marguerite, fm. sg. Badowin —,
pr. sus Niet ke part a 1278, 387⁴.
d. Colate —
pb. vg. a Coincey 1281, 15.
3 meues de vin a Ancey 1281, 155.
Odeliate, f. d. Collate — †,
pb. ms., meis, court a S. Clemant davant
Nostre Dame as Mairtres 1298, 478.
Aileit, f. Collate — †,
vg. a Quensey anc. 1298, 548.
Oixel 1269, Oxey 1298, Osel 1227.
Bertran — †, Odeliate f. 1269, 554.
Jennin —, Rekisse fm. 1298, 59.
Poncet — 1227, 20.
Oizelas 1281, Oxelas 1288.
Howignons — de lai Chenal 1288, 192.
Lowias — 1281, 600.
Olee, Godefrin 1269, 496.
l'**Olemant** v. li Alemans.
Oleuiers, Oleuier v. Oliuiers.
Oliuate tante Howignon de S. Steule 1298,
Oline 1267, 1275, 1288, 1290, Olive 1280,
Olliue 1285.
2. — de Girey 1267, 367.
3. Jaikemins clers et — fm. 1290, 364.
— s. Howin clerc de Nekesierue 1288, 480.
4. d. — f. Jaquemin Goutier 1275, 60.
— Sauegrain 1285, 434; 1288, 184, 185.
5. Jennin —, Roszelate fm. 1267, 106.
Oliuiers, Olinier 1262/1269, 1285, 1293,
Olivier 1285, 1293, 1298, Olliuiers, Olliuier
1288, 1290, Ollivier 1278, 1285, 1290, 1293,
Oleuiers, Oleuier 1278, Olleuiers, Olleuier
1281, 1293, 1298, Ollevier 1278[1]).
1. en Chaponrue anc. — = — saiveteir
1293, 204²⁶,³⁸,⁴⁵ = 285 = 349²⁶,³⁸,⁴⁵.
— f. Hargaut 1269, 324.

---

[1]) *Ben. III, 151 (1190)* Otto de Osei,
Henricus frater eius.

[1]) *De Wailly 280 (1287 a. St.)* Olivier,
scrorge Yngrant lou freire Colin Naizat.

21

2. — d'Ars (OM), — de Chaizelles, Gelion de Jorney fm. —, — de Lassei, — f. Hanriat de Lescey, — de Longeuille = - fr. Hauriat Chiuelier f. Jennat Wason de Longeuille, — d'Outre Saille, — f. Bouerdat de Ste Rafine.
3. — saiveteir (Chaponrue) 1298, 294.
4. — des Aruols, — f. Adan Guillairt de S. Julien.
5. Jaikemins — 1288, 518; 1298, 163.
l'**Olleman** v. li Alemans.
Ollenlers, Ollevier v. Oliuiers.
Olline v. Oliue.
Olliuiers, Olliuier v. Oliuiers.
Omont de Mairley, Richelas et Aburtins f. d'**Onville** (v. IV). [1293, 471.
  P. [1440, 1444, 1449 PM]
  1 sg. Cunon — † 1288
  2 Cunins — 1288/1298
  ─────────────────────────
  3 Wairin Merguerite 4 Colins li clers
     1293/1298   1293/98

1. sg. Cunon
Grant preit (ou ban d'Onville) ke fut 1288, 88¹¹.
= sg. Cunon —, en l'aitre d'Onville ¹/₄ cellier ke fut 1298, 619.
2. Cunins — ⋆
pb. t. ar. en la fin de Puxuels 1288, 82.
pb. vg. et ¹/₂ meu ai Onville, ¹/₄ parier de Bemont, ¹/₄ cellier en l'aitre, t. daier S. Piere, partie en bos d'Onville, t. davant Bolant, 6 nowiers dedans, partie ou Grant preit ke fut sg. Cunon — 1288, 88.
pb. 2 s. ¹/₂ ms. (OM) 1290, 268.
pb. 7 s. 3 d. ost. (OM) 1290, 540.
daier lai grainge C. — (t. PS) 1298, 530.
a Onville anc. lou cellier 1298, 618.
ait ¹/₄ cellier en l'aitre d'Onville 1298, 619.
davant l'osteit (OM) 1298, 628.
3. Wairin, f. Cunin —, et Merguerite fm.:
Hanris de l'Aitre et Haurias Roucelz pb. por W. et M. vg. en Sorelz et vg. ou Fontenis (PM) 1293, 22.
„ pb. 25 s. ms. en Furneyrue, 19¹/₂ s. gr. en S. Martinrue 1293, 283.
pb. l cellier en l'aitre a Onville 1298, 618.
pb. ¹/₄ cellier ke fut sg. Cunon — 1298, 619.

4. Colins li clers, f. Cunin —,
pb. 25 hommees de vg. ou ban d'Onville = Colignons li clers, f. Cunin —, [1293, 118.
pb. partie ou cellier en l'aitre 1298, 180.
pb. vg. ens Allues ou ban — anc. lui 1298, 601.
as **XI doies**, Symonin 1279, 18; 1285, 130.
Openel v. Ospenelz.
Orable,¹) d., de Morei 1245, 127.
Orban d'Ames 1245, 251.
— de Mairuelles †, Aidelenatte fm. 1293.
— corretier 1275, 453. [573a.
de l'**Orme**, Guerciriat, Lukin Descours de Retoufayt f. 1288, 395.
Oroille, Simonin 1245, 253.
Orriat v. Euris.
Orrit v. Euris.
Osel v. Oixel.
Oson v. Osson.
Ospenelz, Ospenel 1279, 1285, Openel 1279.
—, ms. en Stoixey 1279, 1.
Richerdin —, Poinsate fm. 1279, 547.
Richairs — d'Outre l'aclostre 1285. 119.
Ossanne fm. sg. Lambert de Porte Moselle 1262, 295.
Osson 1262/1269, 1277. 1278, Oson 1269, 1288, 1293, 1298, Oceons 1245.²)
 Bertrans — 1245, 32. 130; 1277, 355.
  Symonas f. 1262, 36.
  avelate Bertran — 1267, 389.
  Ysabel avelate B. — 1267, 302, 398².
  Ysabels — 1269, 490².
 Jakemin —, Merguerelle fm. Pie- 1278, 57.
  rexel l'Afichiet † 1298, 403⁴.
 Jennin — 1269, 14; 1288, 127.
li fm. Jennin Bakillon de S. Julien, Jennin — son fr. et Margueron lor s. et Ysabel

---

¹) *De Wailly 246 (1284)* a Symonin, fil monsignor Weiry d'Enflenville chivelier ki fut, et a Orable sa feme.

²) *Prost LVI, 1272* Werrions li Pairriers et dame Mensan, sa feme, Habrans, Symonins, Balduins, madame Sebile, damoiselle Mensan, Alixons, li autre Alixons c'on apelle Katherine, li VII enfant dame Mensan davant dite ki sont anfant mon signor Symon Oison ki fut.

I. Personennamen 323 **Ostexel–Otins**

lor nessien 1267, 322.
Jennin — de S. Julien, Jaikemin f. 1293, 373.
Steuenin — 1298, 22.
Ostexel, Philippin 1262, 301.
†, Collate f. 1290, 284.
Ote v. Ottes.
Otenas, Otenat 1251, 1267/1278, 1288, 1290, Othenat 1267, 1269, Ottenat 1245, 1269, 1293, Othinat 1269, Ottinat 1245, (v. Otenel).
  1. Colin f. — 1251, 258.
  — f. Moysel (v. 4.) 1277, 338.
  2. — de Macline, — de Puxnels, — de S. Laddre, — de Sirvigney.
  3. — bolengier, — d'Alencort bolengiers, — j. Vguenat lo masson, — mersier. — meutier, — poxor (de Chambieres).
  4. — f. Thierion Moysel, — li Petis, — f. Willemin le Porc, — lou Prodome.
Otenel 1267, Othenelz 1279, Ottenelz 1278.
  3. — corretier 1267, 425; 1278, 466.
  4. — j. Jenin Cowe † 1279, 88.
Otenes li muetiers (v. Otenas) 1227, 55.
Otes v. Ottes.
Othenat v. Otenas.
Othenelz v. Otenel.
Othignon v. Otignons.
Othinat v. Otenas.
Othins, Othin v. Otins.
Otignons, Otignon 1269, 1275, 1277, 1279, 1285, 1288, Ottignons, Ottignon 1220, 1288, 1290, Othignon 1293, Otthignons, Otthignon 1281, 1290/1298.
  1. la fm. — 1220, 19.
  —, vg. ou clo S. Jehan (PS) 1288, 448.
  2. — d'Airey, Ruece d'Airey fm. — de Prenoit, — de S. Clemant, — xavins de S. Clemant, — Burtille de S. Clemant, — Roucelz de S. Clemant, — de Xocort (ke maint en Maizelles). [114a, 497².
  5. Jehan — 1285, 374; 1288, 42; 1298, Jehans — de S. Clemant 1285, 391; 1288, 465; 1290, 494; 1293, 481; 1298, 114b.
= Jennat — de S. Clemant 1293, 482.
Jennas — 1269, 417; 1279, 43; 1293, 461, Jennas j. 1290, 228. [565.
Jennat — parmantier¹) 1293, 233.

  ¹) *De Wailly 302 (1290 a. St.)* XV s. de

Bertrans f. 1298, 90.
Otins, Otin 1262, 1269, 1277/1281, 1288, 1290, 1298, Othins, Othin, 1251, 1267, 1269, 1288, 1293, 1298, Ottins, Ottin 1241, 1262, 1275, 1278, 1285. Otthins, Otthin 1290, 1293 (v. Odins).
  1. —, meis a Valieres 1288, 511.
Domanjat et — son srg. (Vallieres) 1277, 250.
Guerlairs et — (ms. en Furneirue) 1278, 140.
  — maris Jothe (v. Odins) 1251, 235.
  2. — d'Awigney, — de Champillons, — f. Jehan de Conflans, — de Coutures, — de Gerairtrue, — de Nowilley, — de Pertes, — j. Aubertin de Prinei, — f. Aurowin de S. Julien, — avelet Oirit de Vigey.
  3. — cellier (v. 5), — clers de Molins, — srg. Colin l'olier, — porpignieres, — tailleres de Genaville.
  4. — Andrepant de Wies, — Bon, — j. Aburtin Boutecorroie.
  P.
1 Otin lou cellier = sg. Otton lou cellier
  † 1278   1275
Douce 1275   2 Jaikemins — 3. sr. Nicoles — ¹)
= Odeliate   1262/69   doiens de S.
Doussate 1278   † 1275   Sauour 1279/98
  1. Otin lou cellier.
ms. en Forneirue 1281, 193.
anfans — le salier,
ms. daier S. Sauuor 1269, 424.
d. Douce, s. sg. Nicolle doien 1275, 16.
= Odeliate Doussate, f. — lou cellier †, pb. er. ou ban de Montigney 1278, 565.
  2. Jaikemins —
pb. ms. as Roiches 1262, 157.
pb. ½ chak. a Chazelles et vg. daier 1262, 402.
pb. t. ar. en la fin de Mairuelles 1267, 238.
pb. ½ ms. et vg. ou ban de Chazelles 1267,
pb. vg. an Chauuis (OM) 1269, 135. [464.

cens geisent sus la maison Jennat Otignon lou parmantier an S. Martinrue, sus lou tor de la rowelle.

  ¹) *De Wailly 366 (1298)* Je Nicholes dis Ottins, ke fut doiens de S. Savour de Mes, fais ma devise …

21*

Oton—Paikiers 324 I. Personennamen

pb. ms. en la rue S. Vy arreiz lou puiz 1269,
pb. vg. ou Chesne (OM) 1269, 559. [558.
pb. vg. ou planteit deleiz lou Chesne (OM)
ms. en Celleyrue anc. ms. sg. [1269, 560.
Otton lou cellier, son p.; sg. Nicolle
doien de S. Sauor et d. Douce, oirs et
mainbors J. —, lor fr. 1275, 16.
gr., corcelle, praiel, uzewaire an la cort c'on
dist ke fut Jaikemin Rabustel (PM) 1281,
8. sr. Nicoles —, doiens de S. [193.
Sauor (v. 2. Jaikemins —) 1281, 193.
er. (OM) 1279, 333.
er. ou ban de Prenoit, Orcevalz, Vrigney,
Charixey an t. ar., pr., ms., c. 1285, 78.
pb. teil aquast com ..., et t. ar. en la fin
de Prenoy et pr. desous Orgney 1285, 215.
pb. 60 s. er. (PS) 1288, 153.
pb. ms. en la rue de Porte Serpenoize (OM)
pb. 12 lb. er. a Mairley et en la fin [1290, 132.
de Mairley, Maigney, Powilley 1290, 165.
ms., jard., vg. a Longeuille 1290, 273.
censal de 25 lb. de mt. de cens et des 5 moies
de vin er. a Airs (OM) 1298, 348 5, 9.
Oton, Otte v. Ottes.
Ottenat v. Otenas.
Ottenelz v. Otenel.
Ottes 1262, 1277, Otte 1285, 1288, Otton 1245, 1275, 1281, Otthes 1293, Otthe 1281, 1293, Otes 1278, Ote 1277, Oton 1277, 1279, 1293 (v. Odon).
1. —, ost. en Sanerie 1293, 91.
Poincin f. — 1290, 316.
2. sg. — de Coligney, — de Frankenein, — de Sanerie, — dou Val de Cologne.
3. sg. — arceprestre de Theheicort, sg. — lou cellier (v. Otins 5), — cordeweneir, — corvexier, sr. — prestes de S. Girgone, sg. — preste de S. Hylaire (PM).
4. — de Porsaillis, — lou Roucel.
Ottenat v. Otenas.
Ottenelz v. Otenel.
Otthe v. Ottes.
Otthelo f. Gerairt. 1290, 7a.
Ottheman mairlt Roze 1293, 449.
Otthes v. Ottes.
Otthignons, Ottignons v. Otignons.
Otthins, Ottins v. Otins.
Ottinat v. Otenas.

Otton v. Ottes.
d'**Ottonville** (v. IV).
P. [sr. Aubers d'Otouville 1250 SM]
1. 2. Renaldin, fr. sg. Abert —,
¹/₂ vowerie dou ban de S. Pieremont (PS)
d. Bietrit fm. sg. Abert—†,[1278, 90, 316.
6 lb. ms. et meis (PM) 1279, 417.
6 lb. grant ms., gr. et meis en Rimport 1281.
d'**Outre Moselle** v. Bertadons *P.* [349 a, b.
Oxey v. Oixel.
d'**Oxey** v. d'Oixey.
Oxelas v. Oizelas.
Oxeldawe, †, Ozelie fm. 1278, 466.
d'**Ozey** v. d'Oixey.
Ozelie —, vg. au Chauol (OM) 1245, 209.
— fm. Bauduin 1267, 10.
— fm. Oxeldawe† 1278, 466.
Willames li conreires dou Champel maris —
Ozenate li couserasce 1278, 632. [1290, 419.
— seure Weriat Poirel de Bronvals 1285.
— f. Jennin Ruterel de Chailley fm. [535
Burtran f. Jennesou Coueit 1293, 208.
— f. Burtemin Cafaire de S. Piere † 1298, 122.
— fm. Thieriat Xufflairt de S. Piere† 1298, 255.

P.

Pakat v. Peckas.
Packin v. Peskins.
Pachin de S. Julien, Jenus f. 1277, 185.
Pakier v. Paikiers.
Paenatte v. Paignate.
Pagaine, Jennin 1245, 193.
Pages v. Paige, Pajas. [v. II.
li **Pages** 1293, lou Page 1288, lou Paige 1293.
Parixate fm. — et Jakemin son f. 1293. 623.
Badewin — fr. Wairenat lou wercollier Howins — 1293, 569. [1293, 193.
Pagetels, Pagetel 1245, Paietels 1241.
Willemius — 1241, 138; 1245, 172⁴, 193.
Paikas v. Peckas.
Paicate, Paikate v. Peccate.
Paichat, Renadins de Wionville f. 1298, 571.
Paikiers, Paikier 1285, 1288, Paikiet 1285, Paikeit 1279, Paikeir 1285, Pakier 1269, Peskier 1277 1285.

P?[1])
an Mallemairs ou clos —   1279, 96^b.
  1. Burtemin —:
  a S. Julien ou B. — maint   1285, 179.
  2. Jennat —,
  sus Desermont areis vg.   1269, 18.
  en Deseirmont enc. vg. 1277, 217; 1285, 304.
  en la Wate en Geiselinchamp arreis J. —
  a S. Julien enc. J — 1285, 16. [1285, 6.
  ou ban de S. Julien enc. J. — 1298, 344.
    Mergueron, fm. Jennat — de S. Julien,
  tout l'er. en la fin de Sanrey en pr., ch.,
  gerdingnes, gr., maix., bolz, aq. a main-
  bors   1288, 343.
  3. Theirias —
  et Lowias de S. Thiebaut et Thiebaus
  Drewignons tienent 6 eires de meis daier
  S. Thiebaut   1285, 181.
Paikin v. Peskins.
Paikignon d'Ars (OM) fm. Martin † 1285,
li **Paie** 1277, 437, la Paie 1277, 1298. [142.
  Jehan — f. Aileit   1277, 439.
  Jennas — d'Ansey   1277, 437.
    et Colin fr.   1277, 405.
  Jennin — d'Ansey, Margueron fm. 1298, 154.
Paiemal, Thomessin
    †, d. Poince fm.   1281, 153; 1285, 268.
    Blancherons f.   1293, 176.
  Blancheron —   1293, 81.
Paien v. Paiens.
Paiennel, ms. en la ruelle a la porte a la
  Saz (PM)   1267, 29.
Paiens, Paien.
  —, ost. an Sanerie 1262, 328; 1269, 397, 485.
  — fr. Pieron la Ruste   1298, 128.
  Collin —[2]) de Sanerie   1293, 359.
    „ — corrieirs   1279, 16.
    „ — corrier de Sanerie   1293, 156.
  Hauriat —   1293, 370.
  Tieriat —   1298, 128.

---

[1]) *Ben. III, 151 (1190)* Tirricus Pasker; *Jahrb. V S. 7 Anm. 2 (nach 1204)* Petrus Paskerus.
[2]) *De Wailly 301 (1290 a. St.)* une maxon a S. Juliein devant lai fontaiune a poixon, ke fut Colin Paiein. *De Wailly 381 (1300)* ms. ke fut Colin Paien ke siet a S. Jeulien.

Willemin — de Lai Nueueville †,
    Jaicate fm.   1298, 42.
Paietels v. Pagetels.
Paige (v. Pajns).
  Waterin —   1298, 666[12], 667[10].
  dou **Paige,** Jehan   1267, 89.
  lou **Paige** v. li Pages.
Paignate 1285, Paenatte 1251.
  Margueron —   1251, 56; 1285, 62[12].
Paigne v. Paingne.
Paignol, Jennat   1298, 472.
Paillas, Paillat 1241, 1267, 1275/1298,
  Paillars, Paillart 1267, 1269, Paillairt 1281,
  Pallas 1267 (v. Baillat, Paillate).
  1. — f. Jennat Gohier   1281, 1.
  — fr. Thomescin Grisel   1267, 51.
  5. Bertremin —[1]) (forjugie) 1245, 255.
  P. [Pierre — m. e. 1320]
  1 Paillat 1241
  2 Lowias = Lowiat — de Maizelles
    1241/90   3 Colignon 1290
  4 sg. — de Nonviant = sg. Jehan —
  ? Symonin   5 Lowiat   6 Jaikemins
  d'Essey 1293   1279, 1288   1288
                = Lowiat —
  7 Robin — 1267   de Nonviant 1298
  8 Thieriat — d'Airs (PS)
  9 Adan   10 Poincignon   11 Thierias
  1290, 1298   1290   1298
  = ? Adenat — 1267, Arambor s. 1267
  12 Jennas — d'Airs (PS) 1298
  13 Burtignons —   14 Maiheu — †
    1267/93[2])[3])   15 Colignons 1293
  1. 2. Lowiaz, f. —,
  pb. vg. en Bachieiterme (PS)   1241, 176.
  an Bachieterme an Maizelles deleis vg. —
  outre Saille en Bachieterme anc vg. [1279, 454.
  Lowiat —   1290, 70⁴.

---

[1]) *Lesung von* Paillat *unsicher.*
[2]) *Ben. III, 226 (1282)* dou Comun Burtignons Paillas Treze.
[3]) *De Wailly 376 (1299)* Burtignons Paullas et Perrins ses fis, citein de Mez.

Paillas 326 I. Personennamen

3. Colignon, f. Lowiat — de Maizelles †,
vg. en Rollanmont (PS) 1290, 194.
4. sg. — de Nonviant (= sg. Jehan —
1279, 325; 1288, 234, 273).
Symonin d'Essey j. 1293, 343.
5. Lowiat, f. sg. Jehan —:
Hawiate, meire Abillon d'Arnaville, et L.
et atres hoirs de Hawiate, vg. ou ban
de Nonviant, 2¹/₂ moies de vin et 4 s. 2 d.
ms. a Nonviant et ms. apres et [1279, 325].
meis davant ke furent Thiebat Baillat
= Lowiat — de Nonviant, tout [1288, 273.
l'er. (OM) por 2 estaies trespassees demo-
rees a paier 1298, 631.
6. Jaikemins, f. sg. Jehan:
enf. Garcerion Mauexin de Nonviant et Jaik.,
lor srg., 3 pars des 5 moies de vin ou
ban de Nonviant 1288, 234.
7. Robin —
et Weriat Roscel, son srg., vg. ou ban
de Syei 1267, 472.
8. 9. 10. Poincignon et Adan, les 2
f. Thieriat — d'Airs (PS),
boix ou ban de Chaigney, pr., traix 1290, 434.
9. 10. Thierias et Aidans, li enf. —
d'Airs,
er. ou ban d'Airs et de Chaigney en pr.
et ch. 1298, 123.
Adenat — (=? Adan) et Arambor, sa s.,
t. an S. Pierepreit (PS) 1267, 143.
12. Jennas — d'Airs
pb. gr., ms. et meis a Ars (PS) 1298, 430.
13. Burtignons — ¹)

---

¹) *De Wailly 209 (1280)* Conue chose soit
a tous ke Burteignons ait aquasteit a
Willame Vaire *(st.* Naire) la moitiet de
teil partie com Willames ait ou grant pois
de Mes.
De Wailly 355 (1297) ... des v pairs de
l'argent (dou pois) doit avoir ... li femme
Stevenin Fourcon et Burtignons Paillas
(pour sa brus Poinsate) lai quairte ... et
des VII pairs de lai cinquime que demou-
ret ... li femme Stevenin Fourcon et Pail-
las pour sa brus une.
De Wailly 264 (1286 a. St.) Burtignons

pb. tavle en Vizenuel 1267, 88.
pb. ms. ou Nuefborc 1269, 450.
pb. vg. en Burlevigne arreis la soie et pr.
desoz Ollerey 1275, 128.
pb. 10 s. vg. ens Allues a Chastillons 1275,
pb. can ke ou val de Mosele en ch., [287.
pr., vg., c., hommes, femmes, ms. 1275, 465.
pb. vg. en Burleivigne areis la soie 1277, 28.
pb. por Jaikemin Steuene ms. ou Champ
a Saille 1277, 29.
pb. ms. ou Champ a Saille 1277, 30.
pb. pr. en Genestroit dezous la ms. les
dames de Fristorf 1277, 241.
tot l'er. ou ban de Nonviant en vg., c., ms.,
meis 1277, 455.
pb. 4 lb. 5 s. moins ost. a la Posterne et
30 s. ms. a tour 1278, 89.
ensom l'ost. B. — (PS) 1278, 121.
pb. 8 s. ms. (PS) 1278, 518.
pb. 1 st. en la viez halle des drapiers en
Vizignuel 1278, 519.
pb. vg. en Vazore et fosce daier lou mostier
a Siey 1278, 610.
pb. 2 st. en la vies halle des drapeirs an
Visignuel 1279, 262.
pb. la moitiet de Maiey et dou ban, 13 s.
ms. en Bucherie a Porte Muzelle 1279, 398a.
pb. 10 lb. er. ens bans de Vallieres, Van-
tous, Nowesseville et de Borney 1279, 398b.
pb. 15 s. ms. a Nuef pont 1279, 470.
pb. pr. c'on dist en Preis de Mes (OM) 1279,
pb. 4 lb. sa ms., 23 s. 2 chap. ms. [581.

Paillas, citeins de Mes, eit recogneu ke
nobles barons Ferris, dus de Lorreigne et
marchis, l'eit bien paiet entierement de
toutes les dettes k'il li duit.
De Wailly 345 (1295 a. St.) Je Burti-
gnons Paullas, citeins de Mes, fais savoir
a tous que je ai receu et pris mon crant
por noble baron mon amei seignor Ferri,
duc de Loreigne et marchis ...
De Wailly 376 (1299) Nous Burtignous
Paullas et Perrius ses fis, citein de Mez,
faisons savoir a tous que nobles hons no-
stres chiers sires Ferris, dus de Lorreigne
et marchis, nous eit bien paiei ...

outre Saille. 20 s. ost. devant lo Moustier, 20 s. gr. devant Ste Mairie au Boix, 28 s. 4 d. ost. ou Champ a Saille 1281, 270.
pb. t. ar. antre S. Priueit et lou gibot 1281, 271.
pb. er. ou ban de Grisey et Virkilley 1281,
pb. er. ou ban de Pawilley, signerage, [525.
vouwerie *etc.* 1281, 526.
pb. 5 s. ms. ou Quertal 1281, 527.
tient gr. et maix. deleis la porte de Repanties 1285, 84.
pb. ms. a la Posterne et ms. a tour[1]) 1285, 448.
dovoit 12 s. sus lai t. d'Espainges 1290, 77.
ms. an Chaiureirue doit 16 s. 1290, 191.
ait c. sus vg. ou ban de Chaistelz 1290, 281.
ou ban de Pawilley enc. t. 1293, 73 b.
pb. 4 lb. er. a Praielz 1293, 287.
50 s. ms. daier S. Seplixe 1293, 298.
sus Grosavle anc. B. — (PM) 1298, 208.
pb. por wagiere er. a Airs et en bans (OM) 1298, 348.
ou clo de Granvigne (PS) anc. vg. 1298, 438.
= —? a Longeville daier lou chakeur — 1293, 159.
an Leueires anc. t. — (PS) 1293, 278 ^{3,7,9,11,12}.
14. 15. Colignons, f. Maiheu — †, pb. 4 lb. ms. (PS) 1293, 100.
Paillate 1267, Pellatte 1269 (v. Pallate).
P. (v. Paillas).
d. Jaikemate —
pb. 10 s. ms. Jeunin Gouval de S. Ylaire (PM) 1267, 276.
pb. 6 s. ms. daier S. Hylaire (PM) 1267, 325.
pb. ms. en Stozei, at relaissiet pm. 20 s. 1269. 162.
de lai **Paillole** 1277, 1278, 1285/93, de lai Paillolle 1290, 458.
P.
la fm. Poincignon —,
en Rimport enc. chak. 1278, 372.
= Lorate. fm. Poinsignon —,
et Steuenas Tornemiche pb. vg. en Deseirmont 1277, 191.
d. Lorate. fm. Poincignon — †,
pb. por waigeire ms. a Porte Muselle 1285, 336.
pb. ms. en Bucherie a monteir de Chieuremont 1290, 19.
et Vguignons de l'Aitre pb. por waigeire can ke a Leuwes et ou ban, et partie de deimne de Grais et de Glaitigney 1290, 338.
„ pb. er. en la mairie de Porsaillis 1290, 458.
= d. Lorate — et Vguinons de l'Aitre pb. er. a Lorey et ou ban (OM) en signeraige, vowerie *etc.* 1290, 565.
sus. Moselle anc. vg. 1293, 27 ^{3,5} = 1753, 4.
Jaikemins Wallekins, j. d. Lorate — 1293, 204 = 284 = 349.
lou **Pain**, Jenat, hoirs 1278, 432.
Arambor fm. 1275, 406.
PaindeMes, Lucat 1290, 419; 1298, 475.
Paineguel v. Paneguelz.
Paingnairt †, Arnoult f. 1298, 242 b.
Paingne 1281, Paigne 1251.
Jennins — 1251, 175; 1281, 532.
Paininc v. Pesnis.
Paipemiate v. Papemiate.
Paiperelz v. Paperels.
Pairaige v. Parage.
Pairain, Jehan 1285, 324.
dou **Paireit** v. dou Pairier.
Pairenon 1293, Parenon 1279.
Hanriat — (de Siey) 1279, 339.
Piereson — et Howin son fr. (de Siey, *hörig*) 1293, 211 ^{3} = 358 ^{3}.
Pairesel (v. Pierexels).
ms. — † lou fournier a tour dou Waide
Pairetel, Maiheu[1]) 1288, 127. [1231, 413.
Pairexas, Pairexat v. Parixas.
Pairexate 1275, 1279, 1290, 1298, Pairixate 1298, Pairissate 1279, Parixate 1293, 1298, Parisate 1267, Parisete 1275 (v. Pairixe).
1. ensom —, ms. (PS) 1275, 394.
anc. —, ms. a S. Martin (OM) 1298, 610.
2. — fm. Colin d'Avancey †, — fm. Domangin fil Richier de Montois, — des Roiches fm. Maffroit.
3. — li Vadoize 1293, 611, 612.
4. — f. Bertran l'Apostole, — fm. Symon lou Bague ke maint a Vigney, — f. An-

---

[1]) Maiheu Pairetel *verschrieben für* Maiheu Poietel? v. 1293, 419. *Beide wohnen in* Allexey.

---

[1]) *Der Eintrag ist durchgestrichen.*

Pairexon—Pairixe

cillon Bousse, — Brusade, — fm. lou Paige.
Pairexon la Vadoize 1285, 68.
de **Pairgney** 1275, 1277, 1279/85, 1290/98,
de Pairgnei 1288, 1290, de Pairney 1281,
de Pargney 1262,1267, 1288/98. (v. IV. Pairgney = *Pagny bei Goin*).
P.[1])
    1 Symonin —, hoirs 1262
2 Burtignons — 3 Jaikemins — 4 Hanris —
   1275/85   1277/98   1277, chan. de
                            S. Thieb. 1293
1. Symonin —:
Thierias Brisepain pb. por les hoirs S.
— gr. a Porte Serpenoise (OM) 1262, 100.
a Porte Serpenoise devant l'ost. (OM) 1267,
2. 3. 4. Burtignon, Jaikemin, [125.
Hanrit, anf. Simonin —,
t. ar. ou ban d'Alenmont   1277, 375.
2. Burtignon, f. Simonin —,
t. ou ban S. Vincent a Borgney 1275, 348.
gr. a l'antree de la rue dou Benitvout 1275,
= Burtignons — ait mis en contre- [473.
waige 6 s. ms. pres de la porte Ste Marie
as nonains   1279, 153a.
menandies en la rue de Porte Serpenoise
entre la porte Ste Marie as nonains et
lou mostier S. Jehan   1279, 153b.
a Awillonfontenne deleis B. — (Apilley?
Nommeney?)   1285, 62[56].
3. Jaikemins —
pb. ms. Willemin Brehel (PS)   1277, 96.
ms. Willame Brehel (PS)   1277, 343.
pb. ms. et gr. Arnout Chaneueire 1277, 371.
10 s. geisent sus ms. ou il maint (PS) 1281, 255.
pb. er. a Pumeruel et Apilley et en bans 1281,
pb. chak. et gr. et ms. a Apilley et [432.
  toutes les t. ar. ke Colignons, f. sg.
  Werrit Barbe, avoit ou ban d'Appilley,
  Chamenat, Morville, Racourt et Nommeney, boix, vg., pr.   1285, 62.
Jennins Bruleuille et J. — pb. vg. sus Lubipreit (OM)   1288, 105.
ms. et marchacie a Porte Serpenoize a

pux   1288, 253.
pb. 24 s. ost. (PS)   1288, 461a.
pb. celier an l'aitre d'Aipilley 1288, 461b.
vg. ou ban de Nonviant   1290, 95, 257.
en la rue de Porte Serpenoize dav. l'ost.
  Jaikemin — (OM)   1290, 102.
pb. ms. en lai rowelle anc. gr. Colignon
  Nerlant (PS)   1290, 230.
pb. selier anc. lui en l'aitre d'Aipilley 1290,
pb. 11 s. ms. otre Muselle 1293, 123. [461.
pb. er. a Choibey et ou ban, en bans, en
  justices, en signeraiges, ch., pr., bolz,
  rantes, c., droitures de bleis, vins, deniers,
  oies, chapons, gelines, en awe et fuers
  d'awe, ms., gr., homes, femmes, prevandes
  venus consuant de pair Perrin de Seruigney†   1293, 188.
davant l'ost Jaik. — (PS)   1293, 226.
pb. 2 ms. en Borguignonrowelle daier lou
  meis Jaik. meymes (PS)   1293, 227.
a Awigney sus lou preit J. — (vg.) 1293, 491.
pb. t. ou Juriet anc. lui (PS)   1298, 50a.
pb. 20 d. vg. en Benair a Apilley 1298, 50b.
pb. t. otre Muselle en la voie de Ste Creux
                                 1298, 135.
pb. $^1/_6$ ms. et gr. a Porte Muzelle 1298, 219.
pb. vg., pr., t., ms. a Bouxeires 1298, 263.
pb. partie en 5 s., en 5 s., en 26 s., en 14 d.
  por l'er. et preit Wahin et en 3 s. et
  can ke a Dornant   1298, 322.
ms. et gr. a Porte Muzelle doit 17$^1/_2$ d. 1298,
pb. vg. ou ban de Bouxieres anc. [403°.
  lui   1298, 511.
4. sr. Hauris —, chanoues de S. Thieb.,
pb. t. ar. en lai fin de Moinse 1293, 256.
dou **Pairier** 1290, dou Paireit 1288, dou
  Pareir 1279.
Symonas —[1]) 1279, 266; 1288, 17; 1290, 55.
Pairissate v. Pairexate.
Pairixat v. Parixas.
Pairixate v. Pairexate.
Pairixe 1293, 1298, Parixe 1279, 1290,
  Parise 1275.

---

[1]) *Prost IV, 1221* Phelepins de Ragecort ait vesti Symon de Pairgney por l'aglize de S. Glossine.

[1]) *Ben. III, 275 (1305 a. St.)* en la Plaice de Chambres ... des l'osteit Symonat dou Paireir an jusc'ai l'Hospital an Chambres.

I. Personennamen   329   de **Pairney–Pallerins**

1. —, ms. (PS) 1279, 266.
—, gr. a Airs deleis Abigney 1293, 564.
— f. Godefroy 1275, 191.
2. — avelaite Pairexate fm. Colin d'Arancey 1298, 382.
3. — fm. Colin boulangier d'Auancey † (v. Parexate) 1293, 202.
4. d. — premiere fm. sg. Werrit Troixin de **Pairney** v. de Pairgney. [1290, 278.
Pairtecher 1285, 1290, Partlaichar 1281.
Colin — †, Poencignons et Poinsate enf. 1285, 306.
Collairt — †, Poincignon f. 1290, 332.
Renadin — 1281, 100.
Paissel, Hanri 1241, 33.
Paitairs, Paitairt v. Pettairs.
lou **Paitenat** †, Thierion f. 1293, 582.
Paitin v. Patin.
Paiviate 1285, 1293, Paiuiate 1285, 1290, Pauiate 1277, Pauiatte 1269.
2. — f. sg. Joffroi d'Aiest 1269, 179.
3. — la Vadoize 1285, 320c.
— f. Colin lou Vadois † 1290, 1, 18.
4. — Bourraiche de Chaillei 1285, 348.
— fm. Aburtin Bureton de lai rue des Allemans 1293, 405.
— la Poulue 1277, 80.
Pajas, Pajat 1278, 1279, 1288, 1298, Pages 1277, (v. Paillas, Paige).¹)
P.
d. Wilant (d'Aiest) 1262, 1293, † 1298

1 Symonas 1267	2 Lowias
= Simonins Pajas 1277/1298	1285

d. Willans pb. t. en Merlanc (PS) 1262, 44.
anc. vg. d. Wilant (PM, S.Julien?) 1293, 184.
ou Champel en lai court S. Sauour anc. l'ost.
d. Wilant 1293, 441.
d. Wilant d'Aiest 1285, 343 = 432; 1288, 8.
1. Sy monas, f. d. Willans,
pb. por lui et por Richier Faucon, chanone de S. Thiebaut, et ... et ... lo chanp a Pannes 1267, 98.

¹) *De Wailly 280 (1287 a. St.)* De ceu fut maires Thierias Pajas de Valz et Jakes li Gronais eschevins.

= Simonins —, f. d. Wilant († 1298, 886),
pb. ½ meu de vin a Wapey 1277, 387.
pb. ms. a Vallieres 1278, 240.
vg. a Wapey doit ½ meu de vin 1279, 556.
6 s. ms. a Vallieres 1288, 8.
grant ms. a S. Julien et meis 1288, 123.
5½ s. ms. an Burey a S. Julien 1298, 386.
2. Lowias, f. d. Wielant d'Aiest,
pb. tout l'er. ke Jaikemins, f. Ferrit de Nowesseville, ait ... por tant com il ait paiet por lui (PM) 1285, 343 = 432.
Palerins, Palerin v. Pallerins.
Pallas v. Paillas.
Pallate 1293, Parlate 1293 (v. Paillate).
Symonins — vignieres 1293, 30.
Symonin — et Abillate sa fm. 1298, 337.
Pallefroit, Abertin 1277, 240.
Palleis¹), Jenas, de Virduns 1275, 345.
Pallerins, Pallerin 1275/81, 1288/98, Palerins, Palerin 1251, 1275/1281, 1288, 1293, Pellerins 1285.
2. — de Chiercort 1251, 221.
3. — parmentier 1275, 245.
*P.*²)

1 Palerius 1275/1293

2 Symonas — 1277

3 — de Croney 1277/1279

4 — d'Awigney 1295

5 Jakemins — 1275/1288

6 Symonat 1290/1298

¹) *Prost XVII, 1230* Burtemat Paleit.
²) *Ben. III, 160 (1193)* Peregrinus mag. scab. *Die Verwandtschaft dieses Peregrinus mit der Familie* Pallerin *ist freilich recht zweifelhaft. Vielleicht sind aber mit* Pallerin de Croney *auch die anderen* Pallerin *zu der Familie de Croney zu rechnen. Wenn* dame Poince de Croney *dieselbe ist wie* dame Poince, fm. Jaikemin Palerin † *(De Wailly 359, 1297 a. St.), so sind ihre Söhne* Jakemins *und* Waterins *Brüder von* Symonat, f. Jaikemin Pallerin, *gewesen. Es ist auch nicht ausgeschlossen, daß von den* Pallerin *1 und 2 = 5 und 6 sind.*

Panceapois—Pantecoste

1. —
tient vg. a l'Ormesel (OM) 1275, 118.
doit 7 s. 4 d. vg. a Petit Chauol (PS) 1275, en Couperelruelle enc. — 1281, 297. [410ᵃ.
tient jard. a sorbey a Plapeville 1281, 339.
en Andreualz ou ban de Montigney enc. vg. — 1293, 70.
en lai Vigne S. Auol antre ms. — et ..
2. Simonas, f. —, [1293, 75.
pb. por la chieze Deu de la Craste 1277, 320.
3. — de Croney
pb. er. a Manit ke fut les senexaulz d'Aucerville (PS) 1277, 363.
et Hanrit de Strabor, ceu ke li d. de l'Aitre ot en Maheu f. Cherdenel 1277, 464.
„ et Thiebaut, f. sg. Burteran de Montois, Euriat et Sufiate, anf. Lanbelin de Crepey
4. — d'Awigney: [1279, 282.
por waigeire tot l'er. k'il ait ou ban de Cronney 1285, 75a.
5. Jakemins — ¹) († 1298, 68)
dovoit 4¼ s. a la frarie de Plapeuille 1275,
t. en Bordes ou ban Ste Glosanne [477.
(OM) 1278, 179.
½ molin sus Mozelle en Seueneteire 1278, 238; 1288, 113; 1290, 306.
pb. ms. a S. Arnout 1278, 510.
pb. vg. vers lou preit a S. Martin 1278, 650.
pb. er. ou ban d'Ars (OM) 1279, 591.
8 s. 3 d. moins 2 ms. (PS) 1281, 53.
vg. an l'Anoit ou ban de Lorey (OM) 1281, 125.
pb. vg. ai Ars (OM) tiercerasse S. Pou 1288,
6. Symonat, f. Jaikemin —, [102.
a chief dou champ S. Arnout anc. vg. ke fut J. — 1290, 390.
6½ s. meis a chief dou champ S. Arnout Symonas — = 2 oder 6? [1298, 68.
6 s. geisent sus ms. ou il maint (PS) 1290, 492b.²)

Panceapois, Domangin 1281, 479.
Pancerons, Panceron 1241/1251, 1269, 1278, 1281/1288, 1298, Panserons, Panseron 1267, 1281, 1288, 1293, 1298, Pansseron 1278.
Colin —; fm. 1269, 206; 1281, 452.
Lowis f. 1285, 385; 1298, 494.
Domaniat — 1281. 105.
Jakemin — 1241, 157; 1245, 42.
Jennin — 1251, 103; 1267, 33, 40.
Mergneron f. 1278, 84.
Loraut —; fm 1267, 369; 1269, 404.
Simonas — 1278, 486; 1288, 30, 431b.
Steuenin — 1288, 30; 1298, 474.
Steuignon — 1298, 451.
massons 1293, 260.
Paneguelz 1277, Paneguel 1298, Paineguel 1293.
P. ?
Jenas —:
100 s. ke Mathions, f. Jenat la Peirche†, et ces 4 serors et J. —, lor srg., avoient sus ms. en Chambres 1277, 172.
= Jehan —, en Aiest anc. l'ost. 1293, 197.
= Jennin —, f. Adant d'Anerey †, ke maint an Aiest, er. ou ban de Vigey an ch., pr., boix, ms., maix. 1298, 23.
= Jennat, f. Adan d'Anerey †, ms. defuers la porte a Spairnemaille 1279, 411.
Pannon 1281, Pennon 1298.
Euriat — de Tikerei 1298, 522.
Feleppin — 1281, 278.
Panpelune, Colin, Cardate fm. 1298, 429.
Panserons, Panseron, Pansseron v. Pancerons.
Pantecoste 1241, 1262, 1269/1277, 1279, 1281, 1290/1298, Pantecouste 1278, 1293, Panthecouste 1281, Pentecoste 1269, Pentekoste 1227.
2. — d'Ancey, Escelin f. 1293, 359.
— fm. Chardat de S. Priveit (OM) 1298, 633.
3. — f. Jaikemate la telliere de Chambres 1281, 310.
4. — srg. Hauriat Bataille, — fm. Colin Domate, d. — f. Jaquemin Goutier, — f. (Guenordin) lou Grais †, d. — f. Jaikemin lou Gornaix † = d. — lai Gornaixe, d. — fm. Thieri Lowit †, — f. Piereson Mellart dou Pont, — fm. Domangin Merlin †, —

---

¹) *De Wailly 357 (1297 a. St.)* dame Poinse, li feme Jaikemin Palerin ke fut, ait laiet a Buevelat Wastel une eire de meis ke geist an lai Raivinne ancoste Jennat Matelie.

²) *De Wailly 381 (1300)* Simonat Pallerin VI s. de saus ... ke geixent sus lai maxon ke fut Colin Paien ... a S. Jeulien.

I. Personennamen 331 **Papemiate**

f. Poincignon Minne † = d. — Menne, —
f. Jehan Rossel, d. — fm Pieron Thomes †.
5. Jehan — 1227, 44.
Papemiate 1245, 1262/1269, 1277/1279, 1285/
1298, Paipemiate 1281/1288, 1293. 1298.
    P. [m. c. 1389]
    d. Odelie — 1245
           ?

1 Jehan — 1262	d. Merguerite —
sg. † 1277	1262/1293
d. Merguerite	Ansillons de Venise
1277/1279	aveles d. Merguerite
	1281
2 Simonins — 1267/1285
= Symon — 1285/1288

3 Bertrans 4 Poinsignons[1]) d. Merguerate
1285, 1298 Symons 1277/93 Symon
        Ansillons de Venixe n. 1288
5 Xanderins — 1288/93 ⌒ Anel
  maires de PM 1288   1293
    Poincerel 1293
          ?
6 Lowis —   7 Jehans — 1285/1298
1285/1290 = Jehans — li amans 1298

d. Odelie —,
ms. davant Ste Croix (PM) 1245, 160.
  1. Jehan —,[2)][3)]
... per lo crant de 1262, 291.
pb. por lui et por Marguerite, sa s., vg.
a Perrelis en Andreuax (PS) 1269, 235.
d. Merguerite —, vg. an Waistenoy (PS)
d. Merguerite, f. sg. Jehan [1293, 242.
  — †, pb. 34 s. ms. en la Vigne S. Auol
pb. 4 lb. ms., gr., apandixes de [1277, 376.
l'ost. (PM) 1279, 27.
Ansillons de Venize, aiveles d. Marguerite la s. Jehan — †,pb. 25 s. ms. an Forneyruwe 1281, 239.

Poinsignons Symons et Ansillous de
Venise, aveles d. Marguerite lai s. sg.
Jehan — †, pb. ½ pairt an la halle des
draipiers (PS) 1281, 435.
2. Symonins — 1267, 28, 96.
pb. 4 lb. vg. sus Mosselle en la Grauiere.
5 meues de vin a Lorey, 20 quartes de
blef ke geisent sus molin en Longeteire
1267, 1 = 148.
pb. vg. en la Graniere suz Muselle 1269, 195.
pb. por Symon le preste, chanone 1269, 317.
pb. 35 s. ost. a Quartal 1277, 104.
pb. 1 part de la halle des draipiers a
Quartal[3]) 1278, 113.
et Jehans li Gronnais pb. 1278, 329.
pb. ms. ou Nnefborc 1279, 80.
pb. ½ molin an Boweteiteire 1279, 174.
pb. ms. dairier Ste Creux ke fut Symonin
Chaiteblowe[3]) 1281, 92.
pb. kan ke an la vowerie de Malleroit et
an l'awe de Malleroit et ou pr. an Luxure,
et 7 s. 2 chap. vg. davant les molins
d'Alexey et t. ar. ou ban de Malleroit
1285, 344.
pb. awe c'on dist an Ancrofose des les
molins d'Alexey an jusc'a bonnes desour
a l'antreir de Malleroit et kan ke ou
brais anc. l'awe 1285, 345.
= Symon —:
Vguignons Hennebors et S. et Jennas
Goule pb. er. sg. Huon Bairbe an Mes
et fuers de Mes 1285, 350 = 458 = 544.[4])
anc. lai nueve ms. S. — (PS) 1288, 219.
an lai rowe S. Thiebaut davant les Augustins anc. gr. 1288, 436.
3. Bertrans, f. Symon —,
pb. vg. ou ban de Siey et de Chazelles 1285,
= Burterans — pb. er. ou ban de [276.

---

[1]) *Die Familie* Symon *stammt demnach von den* Papemiate *ab.* Jaicque Symon m. e. 1439.

[2]) *De Wailly 147 (1272)* sr. Jehans Papemiate ait aquasteit ... 30 s. de cens sus .. maison ... daier S. Alaire a pont Renmont.

[3]) *De Wailly 149 (1272)* Semonins Papemiatte ait aquastet ... a Semonin Chatebloe 20 s. de cens sus sa mason ou il maint ke siet daier Ste Creus ... et una pairt an la halle des merchans au Visegnuet ... permei 15 s. de cens ke ceste pairt doit a signor Jehan Papemiatte.

[4]) *Die Einträge sind darchgestrichen.*

Paperels–Parisate   332   I. Personennamen

Mairley et Molins 1285, 230a.
pb. Liebor de Molins et ces hoirs 1285, 230b.
pb. vg. a Mons (PM) 1298, 359.
4. Poinsignons Symons
et Jakemins li telleirs pb. ms. devant la
Fontenne 1277, 59.
ont doneit et aquiteit don et date et esploiz
sus ms. devant l'ospital ou Nuefborc 1279, 515.
et Ansillons de Venise pb. ½ pairt an la
halle des drapiers (PS) 1281, 435.
pb. vg. en Dales et 27½ s. 3 ms. a la
creux outre Muselle et er. Marguerite,
sa srg., f. Maheu Jenwet 1281 556.
et Ansillons de Venixe, ces u., pb.
pairt an la nueve halle des marchans an
Visignuel 1285, 395.
an Chaipeleirue (anc. l'ost. d. Merguerate
Symon 1288, 187) davant l'ost. 1288, 186,
ms. otre Muselle doit 12 s. 1288, 577. [187.
pb. ms. en Chaipeleirue 1290, 447.
pb. ms. a la creux otre Muselle 1293. 678.
5. Xanderins — maires de PM 1288, 1*.
pb. 20 s. ms. a pont a Muzelle 1288, 110.
pb. vg. ou Famairt a Airey 1293, 115.
ait laieit ms. en Rimport pm. 25 s. 1293, 200.
pb. 1 meu de vin vg. desous lou Dowaire
et ½ meu vg. desous lai voie de Jaze
(PS) 1293, 313.
pb. por Anel, sa fm., et Poincerel, sa
f., 5 moies de vin a mostaige er. (OM)
6. 7. Lowit — et Jehan fr., [1293, 697.
daimme ke lor est venus conxeuwant de
pair lor p. a Rymeranges et c. a Ramus
6. Lowis — [1285, 563.
pb. c., rantes. droitures de bleif, de deniers,
de chapons, de gelines ou ban de Mondelanges 1288, 231.
pb. er. ou ban de Siey et ou ban S. Pou de
Chaizelles et ou ban S. Vincent 1288, 232.
pb. vg. en Planteres ou ban S. Pou, droit
ou vg. u Tro moterasse S. Vincent 1290,
7. Jehans — [577.
pb. tavle an Nues Chainges an Vesignuelz
pb. 2½ s. ms. davant la porte [1288, 476.
S. Vincent 1290, 108.
ait 40 s. 3 ms. devant lou Grant Moustier
(PM) 1298, 204[12].

en Waistenoi anc. vg. 1288, 484.
= Jehans — li amans
pb. 10 s. ms. (PM) 1298, 14.
pb. 9 s. ms. a Vallieres et vg. en Bernierrowat 1298, 225.
pb. 7 s. ms. en la rouwe de la Salz a S.
Julien 1298, 226.
pb. vg. en lai Baixe Bertelle (PS) 1298, 259.
en Chans ou ban de Siey anc. — 1290, 513.
Paperels, Paperel 1245, 1251, 1267, 1275,
1293, 1298, Paiperelz 1288.
P. [m. e. 1361)
1. Huin —:
ms. ke fut Huyn — (PS) 1275, 334.
[Co]lete, f. Huin —,
ms. en la Vigne S. Auol 1245, 103.
2. Godefrins —
pb. ms. (OM) 1275, 138.
devant l'ost. G. — (PS) 1251, 223.
13 s. geisent sus la gr. G. — (PS) 1267, 95.
2 filz G. —, ms. ke fut Huyn —1275, 334.
3. Howins —
pb. 1 meu de vin a Retonfaijs 1288, 475.
pb. ms. anc. lui meimes et t. en Hem et
er. (OM) 1293, 346.
pb. por S. Piere as nonains 1298, 182, 312.
Papoiure v. Paspoivre.
Parage 1241, 1275, Paraige 1275, 1277,
Pairaige 1285.
ms. — en Chievremont 1275, 152.
ms. ke fut — a tour de Humbecort 1285.
d. Odelie fm. — 1241, 127. [315.
Ailexate — et ses anfans 1275, 145.
Jenas — 1277, 279.
Parate v. Perrate.
dou Pareir v. dou Pairier.
Parenon v. Pairenon.
Pargeire, Jennin 1293, 343.
de la **Pargiee** 1288, de la Pargie 1275.
Weriat — d'Ars (OM), enf. 1275, 240.
Weiriat —, Jehans f. 1288, 516.
Parigon.
P. [Poencignons — 1250 08)
Gillat, f. Vguin Sennillin, et —, son o.,
eschainge de 2 cesses a Vy 1262, 382.
Parins v. Perrins.
Parisat v. Parixas.
Parisate v. Pairexate.

Parise v. Pairixe.
Parisete v. Pairexate.
Parixas, Parixat 1278, 1285, 1288, Parisat 1251, Parissas 1251, Pairixat 1285, Pairexas, Pairexat 1285, 1290/1298.[1])
  1. Aubertin f. —   1251, 125.
Poinsate f. —   1298, 457.
— n. Alainme   1285, 362.
  2. — de Loueney, — de Maisele, — de Ste Rafine, — fr. Aurairt de Villeirs.
  3. — cherpentier, — feivres.
  4. — Graindechainveire   1293. 517.
Parixate v. Pairexate.
Parixe v. Pairixe.
Parlate v. Pallate.
de **Pargney** v. de Pairgney.
Parraison v. Perraixon.
Parrins, Parrin v. Perrins.
Parroche
ms. ke fut — (OM)   1288, 515².
Colin j. —   1279, 534.
Partlaichar v. Pairtecher.
Pascate, Paskatte, Paskete v. Peccate.
Paskins, Paskin v. Peskins.
Paspoivre 1262, 1267, Papoiure 1279.
Avroyn —   1262, 296.
= Erowin —   1267, 23; 1279, 410.
Pasquete v. Peccate.
Passeit 1298, Pesseit 1275.
— ms. ou Champ a Saille   1275, 213⁶.
Robin —, Jaikemins Cheuals li taneires j.
Pastels, Jennins 1245, 133. [1298, 308.
Patairs, Patars v. Pettairs.
lo **Patart** v. lou Pettairt.
Pate. P? [Patay 1388 SM]
Perissel —, vg. oltre Seile   1220, 3.
Patillon. v. V. Petilloclos.
Gerairt — d'Airs (PS) 1278, 326; 1279, 421.
Gerairt —, Gueperate f.   1285, 371.
Patin 1269. 1278, Paitin 1285, 1293.
— berbier   1278, 544.
Symonat —   1269, 64.
de Maizelles   1285, 129.
Symonin — maior de Grixey 1293, 278¹⁶,²⁰.

---

[1]) *Prost XLIII, 1253* Domanjas li filz Pairexat.

hoirs Symonin —   1293, 278²².
Patrouwes, Jennas, reçuvreires 1281, 245.
Patuel, Jennat   1267, 394.
Pauiate, Pauiatte v. Paiviate.
Pauie 1267, 1269, Pavie 1279, 1285.
d. —, ¼ ms. a la Posterne, ¼ stal au Quartal (= d. — la huveire) 1267, 106.
Jakemins f. d. —   1285, 88.
d. — fm. Ancillon bolengier † 1269, 378.
d. — la huveire avuelle Ysabel f. Goudefrin de S. Polcort   1279, 255.
Pauion.
— srg. Colignon fil Lowi l'Erbier 1245, 179.
Pawenel.
en Chaponrue anc. l'ost. ke fnt — 1290. 214.
Pawillon.
Jehan — dou Pont loremier   1293, 111.
Pekate v. Peccate.
Peckas 1293, Peccas 1298, Paikas 1285, Pakat 1269 (v. Bacals).
— f. Jennat Kise   1285, 193.
— f. Kise de lai ruwe des Allemans 1298.
— f. Jennat Guis   1293, 453. [102.
— Suruel   1269, 16.
Peccate 1281, 1290/98, Peckate 1285, 1293, Pekate 1269, 1293, Paicate 1298, Paikate 1279, 1285, Pescate 1278, Peskate 1279, 1288, Pascate 1241, Paskatte 1269, Paskete 1245, Pasquete 1275.
  1. —, Lowiat f.   1293, 473.
Symonin et — sa fm. fille Gatier 1279, 572.
  2.   fm. Thiebaut fil Arnout d'Airs
— de Honguerie 1275, 442. [1293, 295.
Ysabels li bruis la Tyrande (de Sanerie) et
— sa f.   1293, 628; 1298, 206.
— f. Weiriat fil la Teirande, aivelete Erfe de Sanerie   1281, 481.
— avelete d. Aleit lai Tirande † 1288, 425.
  3. — la huviere   1245, 16.
  4. — Avri   1269, 490⁵.
— Chaneueire   1285, 246
= — f. Arnout Chaneueire † 1279, 188; 1281, 85, 86; 1285, 244.
= — s. Thiebat Chaneuiere clerc, fm. Poinsignon la Bosse de Briey 1288, 573.
d. — Grancol 1269, 471; 1278, 109; 1288, 155.
Jennas Guerairs aveles —   1290, 313.
  5. d. Aileit — fm. Warin lo Hongre †

Peckin–Pelpaigniet

(v. 2. — de Honguerie) 1241. 26.
Peckin v. Peskins.
Pecherise v. Pocherise.
Pedanwille v. Peldanwille.
li **Peirche,** la(i) Peirche 1275/79, 1288, 1298,
li Pierche, la Pierche 1267, 1269. la Perche
1245, 1251, 1267, 1269.
P.
1 Jakemin — 1245/79 ⌣ d. Clemanse 1278
2 Arnout 3 Poincignon Poinsate Cleman-
1278, 1298   1288. 1298   1277/78   sate⌣
             ⌣Jehan f. An- Badewin
              cillon Main- Piero
              chelo 1298   1298

4 Jennin — = Jennat —
   1251   1267/75, † 1277
5 Mathions Mertenate Odeliate Suffiate,
1277/79, 1298 1277/79   1277   Yzaibel
                                  1277/79

1. Jakemin —:
li mainbor J. — ont assannei a Jennin de
Ragecourt 30 s. ms. en Saunerie en
son mariage 1245, 70.
pb. er. sg. Jehan Noize ou ban de Faiz 1269,
t. en Cortez vignez (PS) 1269, 264. [84.
10 livrees de t. ou tonneur de Mes 1278,
253, 321 = 358.
„ de pair d. Clemanse, sa fm. 1278, 253⁷.
pb. grant ms. et pet. ms. (PS) 1279. 248.
2. Arnout, f. Jaikemin —,
5 livrees de t. ou grant tonneur de Mes
venut de pair d. Clemanse, sa m. 1278,
fr. Poincignon — 1298, 96. [253ᵇ.
3. Poincignons, f. Jaikemin — †,
100 sodaies de t. ou grant tonneur de
Mes 1288, 109 = 206 = 229.
et Arnoult, son fr., et Poinsate et
Clemansate, lor s., et Jehan, f. Ancil-
lon Mainchelo, et Badewin Piero,
lor srg., t. en Granvigne, t. en Orpesse
ou ban de Joei, 5½ steires de vin 1298, 96.
Poinsate, f. Jaikemin —,
pb. ms. et meis en Andrevalz defuers Porte
Serpenoize 1277, 335.
ms. d'Andrevals et meis 1278, 288.
4. Jennin —:
champ ke fut J. — a la Pale (PS) 1251, 208.

=? Jennat —, t. ar. a Welkilley et a
Beluoir 1267, 99 = 382.
er. en la mairie de Porte Muzelle ke li
est escheus de pair Matheu (de Chambres)
5. Mathions, f. Jenat — †. [1275, 30.
et Mertenate, Suffiate, Odeliate,
Yzaibel, ces s., et Jenas Paneguelz,
lor srg., 100 s. ms. en Chambres 1277, 172.
Mertenate, f. Jenat —, et Soiffiate
et Yzaibel, ces s., t. ar. entre Dous
chamins ou ban de S. Martin (PM) 1277, 207.
Mertenate, f. Jennat — †, vg. en Chie-
vaiche ou ban de S. Julien 1279, 362.
Mertenate, Mathion, Suffiate, Yzai-
bel, enf. J. — †, t. an Borguelles, an
Champignnelles et anc. t. J. R. de Maiey
(PM) 1279, 399.
Maithion et Bertran Gemel et Gerairt
lo clerc, mainbors de la devise sg. Jehan
d'Airs 1298, 392[15] = 428[15].
Peire, Piereson 1262, 115; 1267, 23.
†, Colignous f. 1277, 188.
Pedanwille 1275, 1279/88, 1298, Pedanwille
1285/98.
P. [1388 OS].
Poinsignons —
pb. ½ ms. et vg. en la Pretelle (PS) 1275, 349.
16 s. ms. outre Saille 1275, 380.
7 s. ms. an la rue des Allemans 1279, 229.
8 s. ms. an la rowe dou Saic outre Saille 1281,
pb. 5 part. ms. ou Waide 1290, 421. [548.
pb. por les Proicherasses de Mes 1285,
135, 368; 1288, 217, 334; 1290, 152, 420;
1293, 30, 257, 513.
de lai Cort de Vy de Mes 1288, 471.
por les pucelles de Sus lou Mur 1288, 93;
por les dames de Cleirvals des [1293, 606.
Repanties 1298, 174.
por lai chieze Deu de S. Auol 1298, 280.
maires les dames de lai Belle Stainche 1293,
muior des prestre parrochalz de [30.
Mez 1293, 427.
Pelesenelz, Colignons, orfeivres 1293, 544.
Pellatte v. Paillate.
Pellerins v. Pallerins.
Pelorit 1298, Pillorit 1293.
Hanriat — 1293, 477; 1298, 238[35].
Pelpaigniet v. Belpaignies.

Pelut, Thieriat 1269, 227.
li **Penans,** Gerardins, de Lescey 1290, 504.
Penas, Penat 1290/98, Pinas 1275, Spenas 1285.
Aburtins —. Alexon f. Symonin Crichat
sai fm. 1290. 54.
Jennat — 1290, 406; 1293, 488.
de S. Clemant 1275, 42; 1285, 364.
†. Gerairs f. 1298, 447.
Pennon v. Pannon.
Pentecoste, Pentekoste v. Pantecoste.
Pentes, Colin, Hanelo f. 1288, 310.
la **Perche** v. li Peirche.
lou **Perdut,** Thieriat, de Chaiureirue 1290.
Perins v. Perrins. [51a.
Perissel v. Pierexels.
Permanselle, Pierexel 1298, 443.
Perraixon 1277, 1279, 1288, 1293, 1298,
Perraison 1241, 1279, 1281, Parraison 1267/75.
—, ms. a Quertal 1298, 238 [^83]
Simonins — 1241, 101.
dou Ouartal, Orriat et Margueron enf.
Jaikes — 1267, 254. [1267, 91.
Jaicas — 1269, 440; 1275, 448; 1277, 372;
1279, 249, 452; 1281, 419.
Jaikemin —, ost. a Quartal 1277, 104.
= Jacob — [^1]) 1288, 43; 1293, 235, 288.
Troexin et Thiebaut les 2 f. 1293, 104.
Perrals 1281, Perralz 1298, Perras 1279,
Perral 1275, 1277, 1290/98.
1. — ost. en Franconrue 1275, 92.
—, ost. en Stoxey 1290, 344.
3. — cherreton de Stoxey 1290, 345;
— feivre 1277, 189; 1298, 212. [1298, 215.
— stuveires 1279, 170.
— taillieres 1281, 569; 1293, 631.
Perrate 1269, 1278, 1281, 1288/98, Parate
1262, 102, 108, 140.
2. — f. Colin d'Auancey † 1298, 382.
3. — f. Bertran feivre, — s. sg. Symon
preste, — li Vadoize de Vallieres.
4. d. — fm. Nicole Aisiet †, — f. Jake-
min Brokairt †, — fm. Thieriat fil Weirion
Burtout, — f. Steuenin Fakenel, — fm.
Clemignon lou Mercier † = — fm. Clemi-

gnon de Vesignuelz †, — f. Willame Naire,
— fm. Jaikemin Rekeut †. — f. d. Collate
lai Symairde †.
Perree, Jaikemins, f. Wairiu de S. Cle-
mant 1293, 493.
Perrenat 1281, 1290/98, Perrennas 1251.
1. —, ms. a Porsallis 1281, 252.
anc. —, vg. ou ban S. Felix 1290, 348.
2. — f. la Blanche de Sanpigneicort
3. — massons 1251, 62. [1298, 173.
4. -- f. Allexandre Bouxon 1281, 31.
5. Vguignon — 1293, 19.
Perrenel, Philippin 1290, 225.
Perrennas v. Perrenat.
Perrignon ke maint a Vy 1281, 44.
— srg. Renmont prestre de Jopertcort 1288,
Perrins, Perrin 1241/98, Perins 1227, [565.
Parins 1267, Parrins, Parrin 1269, 1275.
1. —, ms. au Quartal 1275, 194.
— f. Liedriat (v. 4.) 1298, 559.
— f. d. Nicole [de Porte Muselle] 1267, 385.
2. — f. Leucardon d'Airey, — Grignon
d'Antilley, — Vrtrie d'Antillei, — de Chas-
tels, — f. Gerardin de Chastels, — Liedrias
de Chastels, — taillieres de Franconrue. —
l'Apostole de Franconrue, — de Juxey, —
f. Boielo de Lieons, — de Mainin, — de
Mennit, — f. Richairt de Montigney, — de
Noweroit, — d'Oxey, — f. Maitheu de Pertes,
— de Retonfayt, — permantier de Reton-
faix, — f. Fransoit de Ruxit, — de S. Cle-
mant, — de S. Julien, — de S. Julien avo-
cas, — Aieron de S. Julien, — Mallerbe de
S. Julien, — de Seruigney, — de Thie-
kestor, — f. Aburtel de Vairney, — de
Villeirs, — lou Virdenois, — de Waixey,
— f. Garceriat Fonterel de Wapey.
3. — de S. Julien avocas, — berbiers, —
f. Gerardin lou berbier, — a Cul bouchiers,
— boulangier, — boulangier de Chaponrue,
— cawesin, — clerc. — de Marsal clers,
— clars de S. Julien, — clers f. Constan,
— Porchieres clers f. Doreit d'Aiest, —
corveisier, — escrivain, — feivre, — f.
Vguignon lou feivre, — f. Colin lo juvlor,
— mares de S. Marcel, — masons f. maistre
Thierit de Wadonville, — muneir, — Hair-
tenpiet muniers, — olieir, — permantier,

[^1]: *Bannr. I, LVII, 5* Jacob Perraixou = *1275, 448* Jacas Parraison.

Perros–Pestalz 336 1. Personennamen

— permantier de Retonfaix, — f. Alexandre lou permanteir, — Gratepaille permantiers. — recovatour, Wiars recuvreires et — f., — f. Gerardin lou sainour, — taillor, — taillieres de Franconrue. — fr. Otin lou taillour de Genaville, — tondeires, — lou Vadois, — f. Jaikemate la vieceire = — vieseirs, — waisteliers, — wantier, — li xavins f. sg. Pieron Thomes.

4. Aierons (de S. Julien), — f. Theiriat l'Alemant, —Anchiers, —l'Apostole (de Franconrue) = — f. Remion l'Apostole, — Babol, — Bacal, — fr. Matheu Bacheleir, — (f. Colignon) Badoche, — (f. Lowiat) Bagairt, — la Baille, — f. Howon Bazin, — (f. Willemin) Bazin, — Barbate, — Beliart, — Bellumin, — j. Aburtin Boufat, — Brocairs, — Brussaude, — f. Thiebaut Bugle, — Chaingne, — de Cligney = — chevalleirs, — f. Philippin lou Clope, — Corbelz, — (f. sg. Jehan) de la Cort, — Kussenel, — f. Jehan Dousat. — (f. sg. Thiebaut) Fakenel, — f. Hauriat Ferrit, — f. Garceriat Fonterel de Wapey. — de la Fosse, — f. Thieriat Fouille, — ˙fr. Jennat Friandel, — Froideviande, — f. Jaike lou Gornaix, — fr. sg. Jehan Gouerne, — (f. sg. Howon) Graicecher = — Chaingne, — Gratepaille (permantier), — Grignon d'Antilley, — srg. Jehan Grillat de la Posterne, — Hairtenpiet muniers, — Heilaichair, — li Herbiers, — (f. Theiriat) Yzambairt, — Jacob, — f. Poincignon = avelet Howart) Jallee, — Joute, — Liedrias de Chastels, — (f. Nenmeriat) Lohier, — li Lombairs = — n. Willame lou Lonbairt, — Louve (maires de Porsaillis), — f. Anchier Mague, — j. Jehan Maille, — Mairasse, — f. Jennat lou Maior, — f. Mathion Maithelo, — (f. Androwin Malglaue (de Chambeires), — Mallant, — Mallerbe (de S. Julien), — f. — Marcout, — lou Mercier, — f. sg. Thiebaut de Moielain, — li Moinnes (f. sg. Bertrau de Montois), — j. Roillon Morel = — Jacob, — (f. Burtemin) Moretel, — Noise, — f. Jehan Petitvake (de Sus lou Mur), — (f. sg. Philippe) Piedeschaz, — f. d. Nicole (de Porte Mosselle), — f. Hauriat fil sg. Ferrit de Porte Serpenoise, — Pote, — f. sg. Poinse de Ragecort, — Raibues, — f. Colin Rolan, — f. Bertadon Roucel, — Semurdie, — f. Jennin lou Tawon de Failley, — Thomas, — li xavins f. sg. Pieron Thomes, — Trabuchas, — Vrtrie (d'Antillei), — lou Vake, — f. lou Verret, — f. Hanriat Vylain de Chambres.

Perros, Perrot.
— maizuwier, Jennate fm.   1293, 337.
— merciers, Lorate fm.   1298, 51b.
— ploiour   1288, 489.
Persepiere v. Pircepiere.
Pescate, Peskate v. Peccate.
Peskier v. Paikiers.
Peskins, Peskin 1278, 1281, 1285, Peckin 1290, Paikin 1281, 1285, Packin 1269, Paskins, Paskin 1241, 1245, 1267.
1. —, ms. (PS)   1245, 38.
—, li fille   1269, 38⁹.
2. — de Chanbres   1241, 130.
— f. Godin de Haueconcort   1281, 580.
— fr. Howenat Xauenel et Hanriat que sont de Haueconcòrt   1267, 2.
3. — †, Mariate f.   1278, 23.
Mariate la Vadoize f. — 1281, 177; 1285, 3.
4. — fr. Theirion Howat   1285, 364.
= — fr. Thieriat f. Howat de S. Clemant †   1290, 406.
la **Peseire** v. la Pezeire.
Peses, Colignons   1293, 41.
Pesnis, Pesnit 1285, 1293, Painine 1288. ¹)
Jehans — de S. Julien 1285, 9; 1288, 115.
Matheu — f. Thierit Domate 1285, 278; (v. Domate 4.)   1293, 629, 677.
Pesseit v. Passeit.
Pestalz, Pestal 1285/1293, Pesta 1293.
—, stuve en la Nueve rowe   1285, 63.
Guersins —   1288, 177.
†, Ydate fm.   1293, 224.
Willemin — de S. Clemant   1290, 363.
†, Ameraie fm.   1293, 488.

___
¹) *De Wailly 254 S. 180 C (1286)* Matheu Paininc. *De Wailly 327 (1294)* Mateus Pains. *Bannrollen I, LXXIII, 24 (1298)* Matheu Panit.

Pestee, Lowias, taneires li vallas Ferrit de Curlandat 1298, 686.
Pesteit, Jennin 1285, 271, 497.
Pestou, Domaugin 1278, 396.
Pesut, Jennin, de Longeville, Jaikemate fin. 1288, 566.
Petal, Bertran le filastre 1269, 262.
Petart v. Pettairs.
Petel, Jennin 1288, 295.
Peterouse, Thomas, Colete et Poincete f.
Petideu v. Petisdeu. [1245, 54.
Petier v. Potiers.
Petis, Petit.
  2. — d'Arey 1269, 488.
  — d'Aubes, Domangelz fr. 1290, 184.
  3. — li bergiers 1285, 534.
  — li bochiers 1245, 77.
li **Petis,** lou (le) Petit.
Bauduyn — 1278, 40.
Burtrans — de lai Fontenne de Vallieres
Garsas — de Malleroit maires [1290, 282.
  de la chiese Den de S. Morixe de Malleroit 1298, 389.
Guerbode — de Chapeleirue 1277, 111.
= — Guerebode 1288, 425.
Jehan —, Alison de Montois fm. 1275, 494.
Otenas — 1251, 258.
Pieresons — de Chastels 1290, 545, 546.
Renadas — de S. Clemant 1288, 451.
Renadelz — de S. Clemant 1288, 450.
Thiebaut — de la Fontenne 1288, 352.
Thieriat — 1275, 210.
de la Vigne S. Avot 1269, 213.
Petisboins, Wernesons, de Vignueles 1293,
Petisdeu 1290, Petideu 1288. [593.

Pieresons — de Nowilley 1288, 307; 1290, 295.
Petismaheus 1298, Petitmaheu 1278, 1281,
Petismaiheus, Petismaiheu 1298. v. de la Tor 4, 5.
Petisvakes, Petizvakes 1269, Petitvake 1275, 1278, 1285, 1298, Petitvacke 1290/98, Petitvaike 1290, Petisvaskes 1267, Petitvaske 1262, 1279, Petiveskes 1267, Petitveske 1281.
  P.
...... — 1262, 265.
— = Jehan — 1290, 176, 222.
  1. Jennas —
pb. 4 s. vote en Sanerie 1267, 226.
pb. ms. sus lo Mur enson sa ms. et vote devant en Sanerie 1267, 405.
pb. 6 s. ¹/₂ ms. en Sannerie 1269, 89.
la fm. Jennat —,
ms. defuers Porte Serpenoize 1279, 238.
= Jehans — et Aubertins de Vy et Steuenins Bellegree pb. 50 s. ms. en Vesignuez et la voie parmei la ms. 1269, 260.
anc. l'ost. (PS) 1285, 70.
sus lou Mur anc. l'ost. 1290, 222, 395a.
vote au Sanerie 1285, 456; 1293, 266.
vote en Sanerie anc. lai vote — pris a c. de Jehan — 1290, 176.
en Sanerie anc. lai vote 1293, 468.
  2. Perrins, f. Jehan — (de Sus lou Mur †),
pb. vg. sus Maizelle 1281, 422.
pb. 10 s. k'il meymes dovoit sus er. de pair peire et meire, raicheteit a Wiborate, sai s. 1293, 84.
pb. 4 s. k'il meymes dovoit sus t. an Hem sus Wadrimnowe 1298, 101.

Petisvakes¹)

1 Jennas — 1267/79 = Jehans — 1269/93

2 Perrins	Wiborate	3 Maiheus	4 sg. Thiebaut — clerc 1293 chanone 1298	5 Colignons — 1298
1281, 1293, 1298	1293	1293		
6 Maheu — † 1275				
Bietresatte av. Nicolle de Chastels 1275 fm. Colignon de Lupei 1275, 1298		7 Simonas 1275	8 Jakemin — 1278	

¹) Bonus amicus Parvus episcopus v. *Ben. III, 151 (1190)* und *Voigt, Bischof Bertram, Jahrb. V (1893), S. 7 Anm. 2, S. 25 im Text und in Anm. 6 und S. 26 Anm. 1.*

Petit—Peuchas

3. Maiheus, f. Jehan — de Sus lou Mur †, ait essis 40 s. gr Jehan, son p., sus lou Mur, vote, chaimeneie, solier, degreis, corcelle 1293, 56.
4. Thiebaut lou clerc, f. Jehan — (de Sus lou Mur), gran vote en Sanerie ke fut son p. pris a cens de 1293, 262.
= sg. Thiebaut —, chanone de S. Thiebaut, vote en Sanerie 1298, 553, 554.
5. Colignons, f. Jehan — †, pb. 60 s. et 20 s. 2 ms. daier S. Sauour
= Colignons, f. Jennin —†, [1298, 274. pb. ms. a Porsaillis 1298, 558.
= Colignon —, a Porsaillis autre ms. 1298, 267.
6. 7. Bietresatte (Biautris) et Simonas, anf. Maheu — †, pb. 30 s. ms. en Visegnuel, $^{11}/_2$ s. ms. enc. la cort d'Ores, 7 s. 4 d. vg. a l'petit Chauol. 44 d. vg. a l'Ormisel. $^{30}/_2$ d. ms. en Viseguuel 1275, 410.
partie en gr. en la plaice et ms. et voie ki dessent en Visegnuel 1275, 412.
= Bietrexatte, l'avelete Nicolle de Chastel, $^{11}/_2$ s. ms. enc. la cort d'Oire 1275. 14. 30 s. ms. en Vezignuel, 15 d. ms.(PS)1275,50. 7 s. 4 d. vg. a l'Ormesel, 44 d. vg. (PS) 1275, 118.
= Bietrisate, fm. Colignon de Lupei, $^1/_4$ ms. Nichole de Chastez, $^1/_3$ gr. et partie en la voie qui va en Vezignuel 30 s. t. ar. en Hem 1298, 242a. [1275, 51.
8. Jakemin , anc. lou Saic et anc. l'ost. (PS) 1278. 86.
Petit v. Petis, lou Petit v. li Petis.
Petite.
ost. — on bonre S. Arnolt 1293, 327.
Richars — 1227. 28.
lai **Petite.**
Armangete — de S. Clemant 1288, 52.
Petitmahen v. Petismabens, v. de la Tor 4, 5.
Petitmaire, Johan, Lorate s. 1241, 11.
Petitvake, Petitveske v. Petisvakes.
Petitnallet, gr. a Turei 1241, 49.
— mutier 1241, 187.
Petiveskes, v. Petisvakes.
Petre v. Petres.
Petrecol 1277. 1278 Petresco 1277.

Jeunat —, 2 filles 1278, 434.
Martenel et Jaikemate, les 2f. 1277, 24.
Petremans, Petreman.¹)
—, ost. en Rimport 1293, 378.
— f. la mairasse d'Ukanges 1293, 371; 1298, Jaikemin — de Vesignuelz 1298. 504. [222.
Petres, Petre 1251, 1269/1298.
2. — de Chapponrue, — de Rinanges, — de Thionuille.
3. — Haivelins de S. Julien boulangiers, — keu l'avaike Filipe, sg. — chanone de Ste Glosenain, — clers f. Lowion lou prevost de Wolmeranges, — muniers, — tenneires de Chapponrue.
4. — lou Buef, — Haivelins de S. Julien (boulangiers).
5. Philipe — 1251, 87.
Pieresons — de Chaipeleirruwe 1281, 497.
Petresco v. Petrecol.
Pettairs, Pettairt 1288/1298. Pettars. Pettart 1267, Petart 1269, Paitairs, Paitairt 1281, 1285, 1298, Patairs. Patairt 1278, 1279. 1288, 1298, Patars. Patart 1278, 1279. 1298.
—, t. anc. (OM) 1298, 299[13].
Jaikemin — 1279. 294.
Jeunat — 1267, 387.
avelat Hanri l'Aleman 1267, 380.
Piereson — 1298, 118, 527[22].
d'Airey 1298, 526.
Simonin — 1278, 407; 1285, 62[25].
Thieriat — 1288, 518.
Vguignons — f. Joffroit Aixiet v. Aixies 11.
Vguin — d'Ansei, Hanrit f. 1298, 134.
lou **Pettairt** 1285. lou (lo) Patart 1245, 1293.
Johan — 1245, 172[20].
Vguin — d'Ansey (v. Pettairs) 1285, 127, 133.
Agate f. 1298, 359.
Penchas, Peuchat 1262/1269. 1278/1298. Pouchas, Pouchat 1245, 1251, 1275. 1278. Pouchet 1278, Pochat 1269.
—, vg. (OM) 1293, 329.

¹) *Banvr. I. LXXXI, 30* Petremans li cleirs, f. Howignon lou tanor †; Margueron et Ailekin ces 2 serors, sr. Matheus li prestes ces oncles.

I. Personennamen Peuchetel–Piedeschals

—, Symonat lou taillour f. 1288, 501.
Colignon — 1290, 203. 206a; 1293, 57.
Collins — 1275, 330.
  dou Champ a Saille[1]) 1293, 90b.
Jaikemins — et Colins ces fr. 1278, 258.
Jennas — 1267. 424; 1275, 73; 1278, 328.
  dou Champ a Saille 1293, 65a.
Pierixel — 1245, 116.
Poencignons — 1251, 22, 28; 1262, 93; 1269, 10. 368; 1278, 342, 346, 347; 1279, 144; 1281, 110.
  †, Ysabels fm. 1285, 566; 1290, 286. 586; 1293, 658; 1298. 679.
Weiriat —, Armaujairt f. 1288, 397.
Peuchetel, Burtemin 1298. 388.
lou **Peule**.
Piereson — de Chastels, Thieriat f. 1298.584.
Pezeire, Jaikier, de Nonviant 1279, 136.
la **Pezeire** 1277. la Peseire 1293 (v. II. li peseires).
Garsin — (ost. a Nonviant) 1293, 588.
Jaikier — de Nonviant 1277, 395.
Phelippe, Phelippin etc, v. Filip....
Philipe, Philipin etc. v. Filip....
Piart lou feivre, Steuenin f. 1251, 255.
Piat f. lai Bone de Fayt 1298, 295.
Coinrairt — 1281, 20; 1288, 555.
Gerairt — de Longeuille, Roillons f. 1277.
Pikadee, Jehan 1227, 15. [126.
li **Picairs** 1277, 1279, lou Picairt 1290, le Picart 1269, li Pickairs 1290.
—, ms. ensom Viez Boucherie 1269, 551.
Ancillons — 1279, 22.
Jennins — 1277. 289; 1290, 168, 353.
la **Picarde**, ost. en Viez Bucherie 1279, 592.
  ost. ensom Viez Bucherie 1281, 300.
Colin f. — 1275, 241.
Domangin f. — 1288, 101.
Pikars, Jennins (v. li Picairs) 1278. 444.
le **Picart**, li **Pickairs** v. li Picairs.
lou **Piccois**, Richerdin, de Faijz 1290, 400.
Pichars, Pichart.
Jennas — 1281, 330, 331.
Jennat — maior de la confrarie de Plape-

uille 1275, 477.
Picheron, Martignon 1285, 62[17].
Picho, Jaikemins, boulangeirs dou pont a Muzelle 1281, 368.
Pichol, 1267, Pichos 1269.
Poencignon — f. Warrel 1267. 395; 1269, 303.
  Thiebaut fr. 1269, 303.
Pichole, Jennat 1281, 94.
Pichons, Pichon.[1])
— †, vg. sus Maizelles 1298, 119.
—, Arnolt f. 1285, 484.
Colignons — 1288, 496.
  d'Ancey 1293, 660.
Jennas — d'Ars (OM) 1275, 511.
  Simonat f. Jennat — 1298, 565.
— d'Ars, Bennier lou clerc f. 1293, 164.
Pichos v. Pichol.
Picos, Jaikemins, de Siey 1285, 499.
Picote, Watier, d'Ars (OM), Vlrias f. 1241,
Picotin, Jennin 1241, 124; 1269, 368. [52.
Piebeu, Colin 1288, 89.
Piebol, Poencignon 1269, 51.
Piedechalz, Piedechaus v. Piedeschals.
Piedelouf, ost. (PS) 1267, 75.
Piedeschals 1241, 1275/79, 1285, 1290, Piedeschas 1281, Piedeschas 1262, 1267, Piedeschaz 1251, 1267. 1269, Piedeschaus 1251, 1277, 1293, Piedechaus 1281, Piedechalz 1285, 1288, 1293, 1298, Piedechalt 1293, 358[17], Pietdechas 1285, Pietdeschals 1288, Pietdeschaus 1275/85, Piezdeschauz 1269, 1275.

P.

1. Aubert —, fm..
2. ms. (OM) 1241, 187.
2. sg. Phillippe — 1251, 36 (93); 1262. Cunegon, sa fm. 1293, 211 = 358. [379.
3. Perrins, f. sg. Phillippe —,
pb. por lui et por Bertran, son fr., tavic en Nuez Chainges 1251, 36.
= Perrin —, 3 ressaiges de maisons eu Hembercort 1251, 178.
4. Bertrans — (v. 3. Perrins)
pb. vg. dessous Mons sor Moscle 1251, 173.
pb. ms. en Chambieres 1277. 127.

---

[1]) Prost LXI, 1294 Colin Peuchat lou tonnelier dou Champ a Saille.

[1]) Prost XXXIX, 1249 Auberz Piions.

22*

Piedeschals

ms. en Chambieres asansit a B. — 1278, 669.
vg. et jard. a Tignoumont 1285, 510.
er. ou ban de Plapenille 1288. 542.
= Burtaudons, f. Philipe —, pb. 2 ms.
devant la cort le princier (PM) 1251, 93.
pb. 24 s. ms. desor Sanerie 1262, 379.
= Bertaldons — pb. ¼ mol. sus Musele
ms. ou Nuefbourc 1267, 34. [1267, 27.
et Jennat Chaureson et Thiebaut lo Gronnaix
et Joffroit Bellegree,
tavle as Vies Chainges 1267, 384.
Philipes Faixins et Thiebaus li Maires et
B. — et Yngrans Goule pb. er. sg. Thierit
de Laibrie en la mairie de PM, PS, OM
(durchgestrichen) 1275, 17, 63, 127
pb. ms. a. Siey 1275, 126.
pb. er. ou ban de Nowilley et de Nowesse-
ville 1277, 165.
pb. er. (Nowesseville? PM) 1277, 177.
pb. kant ke an Planteires (PS) 1278, 82.
pb. 104 s. ms. en la plaice en Jeuruwe 1278,
pb. t. ar. en Chambieres 1278, 337. [83.
en Arvals (OM) enc. B. — 1278, 645.
pb. 2 ms. ensom Bucherie a Porte Muzelle,
30 s. ms. (PM), 2½ s. 2 ms. devant la
rive a Kaiste, 1 st. en Visegnuel, 1 st.
en Chambres *(durchgestrichen)* 1278, 28.
et Thiebas Bernage pb. 1279, 164.

a Montois anc. Bertadon — 1281, 230 s.
= Bertaldon — de Jeurue et sg. Thieri
de Laibrie, vg. desor S. Julien 1267, 269.
= Bertaldons — li Grans pb. 60 s. ms.
outre l'anclostre 1269. 3.
pb. ms. a Porsailliz 1269, 269.
pb. por Hanriat Bataille 1269, 270.
= sr. Bertals — (v. 6. Jehan 1293, 211 = 358)
en Aranbatro sus Muzelle anc. vg. 1281, 398.
et Yngrans Goule pb. les 3 pars de la moi-
tiet de la wewerie de Pupinville 1281, 601.
pb. t. ou ban de Wapey 1285, 539.
= sr. Burtalz — de Jeurne pb. vg. an
Orsain anc. la soie vg. 1285, 146.
5. Poincignon lou Grant, f. Bertaudon,
vg. a Pertes ou ban de Crepey 1275, 66.
= Poinsignon lo Grant, n. Collin Baiart,
vg. sus lo rut de Maizelles 1275, 222.
= Poinsignons — pb. ms. a Siey 1288, 550.
Colate, f. Poinsignon lou Grant d'Outre
Saille, pb ms. en la rue lou Voweit 1277,
6. Jehan, f. Burtadon —, [403.
ms. en Staixon 1278, 323.
= Jennins, f. Bertadon, pb. Martin f. Re-
nart de Lessey 1278, 580.
= „Jennins — pb. ms. au lai plaice an Jeu-
ruwe, venue de pair Poinsate, sa fm.
et Colignon de la Cort, maix. en [1281, 551.

		Piedeschals		
1 Aubert — 1241 [m. e. 1203]		2 sg. Philipe — 1251/62		
	3 Perrins — 1251	4 Bertrans — 1251/88 = Bertaldons — 1251/81 li Grans 1269, de Jeurue 1267 = sr. Bertals — 1281/85 ⌣ Cunegon 1293 de Jeurue 1285		
5 Poinsignons — 1288 = Poincignon lou Grant[1]) (d'Outre Saille) Colate 1277	n. Collin Baiart 1275	6 Jehan 1278 = Jennins — ⌣ Poinsate 1278/81 = sr. Jehans — m. e. 1293[2])	7 Werrias — 1285/93 = sr. Weiris — 1298 [m. e. 1294]	Bietrit 1293
8 Joiffroit — 1251, 1293 ⌣ d. Sairiate 1278 9 Abertins — 1277, 1285				

[1]) *v.* li Grans *Anm. 1.*

[2]) *De Wailly 355 G (1297)* li sires Jehans Pietdeschaut en wairdet 1 teil percha-
min (de l'argent dou pois).

la rowe an Chambieres 1290, 100.
— sr. Jehans —, maistres eschavins de Mes 1293, 1*.
et Werrias. ces fr., pb. ms. en Jeurne, Piereson Pairenon... de Siey *etc.*, vg. en Nomenat, 2 ms. a Siey, 15 s. vg. a Lescey, 6 s. ms. a Siey et censalz et allues ke sont encheus a Bietrit, lor s., de part sg. Bertal —, son p.. et de part d. Cunegon, sa fm. 1293, 211 = 358.
„ pb. vg. en lai coste de Chaistillons 1293, 576.
7. Werriat, f. sg. Burtal —, (v. 6.) por tant com Petres li Bues doit a 1288, 77.
= Werrias — pb. 8 s. ost. an Chapeleirue 1285, 463.
= sr. Weiris — pb. vg. daier lou mostier a Siey 1298, 203.
pb. 30 s. ms. en Sanerie 1298, 500.
8. Joiffroit —,
ms. en Franconrue 1251, 60.
ms. en Jeurne 1293, 211² = 358².
d. Sairiate, fm. Joiffroit —,
pb. 32 s. 2 ms. (PS) 1278, 110.
9. Abertins, f. Joiffroit —,
pb. 16 s. ms. en Chaurerrue 1277, 68.
= Aburtin —, ms. daier Ste Creux 1285, 218.
Pielin.
Lambelin et — 1251, 229.
—, Eranbors fm. 1241, 110.
— de Doncourt, fm. 1279, 528.
— de Mancei 1220, 39.
— lou lavour, Feleppin f. 1281, 512.
Pierabai v. Piereabay.
Pierairs, Pierairt 1275, 1278, 1279, 1285/98, Pierart 1269, 1288.
1. —, ms. (OM) 1290, 268.
—, Felippin f. 1269, 263. [1278, 567.
2. — de Chambres (v. Pieras) 1275, 224;
3. — de Chacey boulangeirs, — fr. Gererdel lou boulangier, — permantier.
4. — (f. Garserion) Bouchas, — f. Thiebaut Putevenwe.
5. Jennins — 1279, 368.
fr. et s. 1285, 88.
f. Piereson Convers 1298, 148.
premiers maris Hawiate fm. Vion lou taillor 1298, 17, 148.
Pieras, Pierat 1245, 1267, 1269, 1278, 1279, 1285/1298.
1. — f. Luciate 1285, 62ᶻⁿ.
2. — d'Awygneit. — de Chambres, — de Haboinville, — f. Aingebert de Maignei (v. 4), — d'Outre Saille, — de Vrigney.
3. — bollengier. — srg. Lietal lou boulangeir, — masson. — valas Hauriat de Champelz.
4. — Aingebert (v. 3), — Wichart de Lorey (OM).
Piereabay 1277, 1279, 1281, 1288, Piereaubay 1281. Piereaubai 1269. Pierabay 1277. Pierabai 1262. v. Tireabay.
ms. — (OM) 1277, 428.
ost. — en Chambieres 1262, 400.
ms. ke fut — en Chambieres 1279, 319.
sg. Richart preste, f. — 1277, 472.
= sg. Richart — 1279, 135.
Sephiatte fillastre — 1269, 379.
Thiebas fr. sg. Richart 1277, 472.
= Thiebat — 1277, 430; 1281, 118, 135;
li (la) **Pierche** v. li Peirche. [1288, 238.
Piere v. Pieres.
PiereceneIz v. Pieresenels.
Pierecons, Pierecon v. Pieresous.
Pieree v. Pioree.
Pierel v. Pierels.
Pierelius, Pierelin 1227, 1277, 1278, 1288, 1293, Pierellins 1267.
1. — (= — de Chailley) 1288, 10.
— et Garsas li olieirs 1277, 223.
2. — de Chailley 1278, 243; 1288, 144.
— de Sus lo Mur 1227, 66.
— fr. Hanri de Xulles 1267, 30.
— f. Yzambairt de Xueles 1293, 98.
Pierels 1267, 1279/85, Pierelz 1290, 1293, Pierel 1245, 1267, 1269, 1281/98.
1. —, ms. (PS) 1267, 180.
—, Jennate fm. 1269, 470.
2. — f. Roillon d'Abes. — de Barney, — srg. Hauriat de Colanbeir, — eschaving de Merdenei, — f. la dame de Malencort, — de Saunerie —, de Vallieres.
3. — boulangier (de Chanbeires).
4. — li Affichies, — lai Gaisse, — li Gronais de S. Arnolt, — Mallepote, — Melat, — f. Jennin Preuostel de Macleve, — Remiat de Maigney.

Pieres–Pieresons 342 I. Personennamen

5. Colignons — 1285, 566.
Waiterins — 1251, 209.
Pieres 1227/45, 1262/75, 1278/81, 1288/98,
Pieris 1245, Pierres 1251, 1275, Piere 1269/
1288, 1293, 1298, Pierre 1275, Pieron 1227/
1298, Pierom 1227, Pierron 1251.[1]) v. V.
Pierevigne, S. Pierepreit.

1. —on, ost. en Anglemur 1290, 244.
—on f. Escelate 1281, 596.
Jehan et Hanriat f. —on 1298, 473.
sg. —on (de Porte Mosele?) 1245, 169.
sr. —es (= de Porte Mosele) f. sg. Rou 1241,
Matheus f. sg. —on (= sg. —on de [134.
Porsaillis) 1241, 39, 201 (1241, 117).
sr. — es f. d. Nicole (de Sanerie) 1278, 82.
—on . . . . ms. en Chapillerrue 1245, 84.
2. sg. —e de Bu, —e de Lay, —om de
Maenges.

3. —on arcediacre, sg. —on chaipelin,
sg. —on de Gorze chaipelain l'abbeit de
S. Simphorien, sr. —es chaipelains de S. Sa-
uour, sg. —on chanone de S. Sauor, sg.
—on de Chastels chanone, sg. —on de
Verey chantor, maistre —es de Suercuers
clers, sg. —on lou Gros coustour de S. Sa-
nour, maistre —es escolliers ke maint
au Chaipeleirue, sr. —es marleis de S. Sa-
uor, maistre —e Chailley, mastre —e
de la Vigne, maistre —e masson, maistres
—es massons de Chanbres, —es masson,
—on lo l'arfeit, sr. —es prestres f. Alexandre
lou permantier, sr. —es prestes f. Tieriat
lou Gronaix de Wapey, sr. —es prestres de
S. Aman deleis S. Clement, sg. —on preste
de S. Marcel, sr. —es —on preste de Sainte
Segolenne, sr. —es preste de S. Supplise,
sg. —on Noixe prevost de S. Sauor, —e
—on wantier.

4. sg. —on de l'Aittre, —ou Baleine de
Cheminat, —e Buxey, sg. —on Chabotel,
maistre —e Chailley, —es de Chastels, sg.
—on de Chastels (chanone), —on f. Drowin
de la Chenal, —on de Cligney, —es Fau-
cons, —on Fichet, —on Foutat, —es —on
(sg.) de la Fosse, sr. —es —on Graicecher,
—on Granare de Nouviaut, —es li Gron-
nais de S. Arnoult, sg. —on lo Gros (de
Croney), sg. —on lou Gros coustour de S.
Sauour. —e Languedor, sg. —on Luxies,
—es Maillars, sg. —on Marcout, sg. —on
Manexin, —on Morin, sg. —on Noixe prevost
de S. Sauor, sg. —on de Nonniant, sg. —on
de Porsaillis, sr. —es de Porte Mosele, —is
Ranuerdis, —on la Ruste, sg. —on de Sa-
nerie, sr. —es f. d. Nicolle de Sanerie =
—es avelaz sg. —on de Sauerie = sr. —es
j. sg. Jehan lou Trowant = sg. —on lou
Xiet f. d. Nicole, —es —e —on (sg.) Tho-
mes, - es f. Johan Xarrei.

Pieresat.
fm. — de Siey 1293, 211[4] = 358[4].
— Cheual 1293, 204[av] = 284 = 349[as].
— Couairt de S. Clemant 1285, 389; 1293,
Pieresate. [517, 519.
— de Siey 1279, 339; 1288, 532.
Jehans f. 1290, 522.
Pieresons Raibiere de Siey srg. 1288, 548.
Pierescon v. Pieresons.
Pieresel v. Pierexels.
Pieresenels 1293, 1298, Pierecenelz 1285.
— fr. Jennetel de Waipei 1285, 140.
— Poietels de Wapey 1293, 671; 1298, 138.
Pieresin.
— corvexier de Noweroit 1290, 276.
— f. Thieriat Abel 1290, 574.
— Crolat 1262, 69, 70.
— Maleseuures de Chazelles 1262, 397.
Pieresons, Piereson 1227, 1251/98, Pieris-
sons, Pierisson 1278, Pieressons, Pieresson
1275, 1278, Pierressouz, Pieressou, Pierexon,
Pierescon, Piereconz, Piereconz, Pierecon 1269,
Piericeons, Piericeon 1241, 1245.

1. — et Aubertins Tornemiche de S.
Julien 1251, 167.
Sebeliate fm. — 1241, 153.
— f. Meffroit 1288, 49.
— f. Rogier 1269, 68; 1277, 17.
— hoir Collenat 1298, 527.
2. — d'Airei de lai Vigue S. Auol, —
— Pettairt d'Airey, — Putaire d'Airei, —
Xallat d'Airey, — d'Allexey, — f. Gerart
d'Alisei, — f. Gererdat d'Allexey, — d'Ang-

---

[1]) Pieron *kann auch cas. obl. von* Pierons *sein.*

I. Personennamen 343 **Pieresons**

lemur, — bolengiers d'Anglemur, — charreton d'Anglemur, — clerc d'Ansey, — d'Anweirecort, — f. Roubelat lou maior d'Airs (OM), — f. Thieriat dou Pux d'Ars (OM), — Gouions d'Ars, — d'Ascey, — de Buxey ke maint a Longeuille, — vieceir de Chambeires, — Xerreit poxor de Chambeires, — maires de Chamenat, — de Chastels, — cherpantiers de Chastels, — de Chastels mares S. Sauor, — Billeron de Chastels, — Gigans de Chastels, — Malcors de Chastels, — li Petis de Chastels, — lou Peule de Chastels, — f. Mahout de Chazelles, — f. Symonin de Chaizelles, — l'Aleman de Chasellez, — Clarteit de Chazelles, — Malleseuvres de Chazelles, — de Clostre, — f. maistre Goudefroit de Conflans, — de Corcelles, — de Croney f. Symonin de Chaizelles, — f. Symonin de Croney, — f. Rolier de Fayt, — de Fuligney, — f. Plaixance de Gerey, — de Girei, — de Hombor, — de Homont, — f. Burtelo de Hulouf, — f. Rollan de Lescey, — li Roucels de Lescey, — Wandart de Lessey, — de Longeville (OM), — de Longeville deleis Chamenat, — Ailexate de Mairuelles, — f. Burtemev de Mascres ke maint en Stoixey, — de Montigney, — de Nouviant, — f. sg. Ancel de Nonviant, — f. Maifroit de Nonuiant, — li Rocels de Nonuiant, — de Noeroit, — Guerelat de Noweroit, — de Rozeruelles, — f. Wernier de Rouzeruelles, — f. Luciate de S. Clemant, — fr. .... de S. Clemant, — f. Jenin lou mairleir de S. Clemant, — f. Jennin Laicholle de S. Clemant, — Couvai de S. Clemant, — Putaire de S. Clemant, — Loveus de S. Julien, — f. Hanriat Salaidin de S. Julien, — Wullant de S. Julien, — f. Weirieul de Saintois, — Raibiere de Siey, — Rokan de Siey, — li Treue de Siey, — de Sus lo Mur, — de Ticheicourt, — de Virey, — f. Howin de Wacremont.

3. — f. Howignon lou Roucel lou bouchier de Porte Muzelle, — boulangiers, — bolengiers d'Anglemur, — de Gernei boulangiers, — Millas boulangiers, — Rohairs boulangeirs, — charreton, — charreton d'Anglemur, — chavrier, — Bronvals chaivrier, — cherpantier, — fr. Jennin lou charpentier, — cherpentiers de Chastels, — cherpantiers de la ronwe dou Preit, — clerc, — clerc d'Ancey, — f. Gillat lou draipier, Jenius li espinciers et — fr., — f. Warnier lo fevre, — feivres de Molins, Hermans li forbeires srg. —, — forneirs d'Outre Saille, — maires de Chamenat, — de Chastels mares S. Sauor, — f. Jennin lou mairleir de S. Clemant, — masson, — munier, — oliey, — li Borgous permanteirs, — f. Gererdin lou permantier, — poingnor, — poixor, — Baranjon pouxor, — Xerreit poxor de Chambeires, — recuvrour de Ste Rafine, — f. Howairt lou stuvour, — taillierez, — taneires de Rommebar (ke maint a Stintefontenne), — tenneires de lai Vigne S. Auol, — tixerans de Demes, — tonneleirs, — j. Symonat lou Bagne lou tonnelier, — vieceir de Chanbeires, — Dieuloufist viescir.

4. — Aberon, — Ailexate de Mairuelles, — f. Colin Aillie d'Outre Muselle, — l'Aleman de Chasellez, — Amon, — lo Bagne f. Warin (= Wauterin Plaisance), — j. Symonat lou Bague lou tonnelier, — Baranjon pouxor, — Buretel, — Barroche, — le Bawier, — Billeron de Chastels, — Blanchart (d'Outre Saille), — Boinsemel, — li Borgnes, — li Borgons permanteirs, — Bouke, — Bronvals (chaivrier), — Brue, — Bursei, — Burtemel, — Buxei (v. 2), — Karital, — dou Chainin de Chacey, — Chaitals de Vantous, — Chastelas, — Chiorey, — Clarteit de Chazelles, — Convers, — Copechien, — Couvai de S. Clemant, — Kouedepelle, — Creneit, — Kussenel, — Deuloufist (vieceir), — Esueillechien, — Flawons, — Forcons, — Gaiat de Flurey, — Gallopin, — Gigant de Chastels, — Gossut, — Gouat, — Gouions d'Ars (OM), — Grannies de Lorey (PS), — Guerelat de Noweroit, — Harowels de Buxieres, — Hawiate, — Herney, — Huguelo de Borgney, — Ja...., — Jotelate — f. Jennin Laicholle de S. Clemant, — Loveus de S. Julien, — Magues, — Malcors de Chastels, — Malleseuvres de Cha-

zelles, — Mellart dou Pont, Millas boulangiers, — Morels, — Mussat, — f. sg. Ancel de Nouviant, — f. sg. Thierit d'Oxey, — Pairenon, — Peire, — li Petis de Chastels, — Petisdeu de Nowilley, — Petre de Chaipeleirruwe, — Pettairt (d'Airey), — lou Peule de Chastels, — Pigourt, — Pillaisce, — Plaites, — f. Plaixance de Gerey, — Poirelz (de Roncort), — de la Porte de Champelz sus Mozelle, — Premey, — Putaire d'Airei, — Putaire de S. Clemant, — Putteune, — f. Thieriat dou Pux d'Ars (OM), — Raibiere de Siey, — Raijat, — Rikeut (Rukout), — Rokau de Siey, — Rochefors (f. Jehan l'Alleman), — Rohars (boulangiers), — li Roucels de Lescey, — li Rocels de Nonviant, — Roxe de Solleuanges, — Ruke, — f. Hanriat Salaidin de S. Julien, — avelet Jehan Souppe, — Sturbaz, — dou Terme, — Tortebarbe, — li Treue (de Siey), — Trobat, — de la Vigne, — Villaiu (de S. Arnout), — (f. Bauduyn) Wallant de S. Julien, — Wandart de Lescey, — Weidart, — f. Weraie, — seurs Burtignon Wiel, — Xallat d'Airey, — Xate, — f. Ancel Xate, — Xerreit poxor de Chambeires, — Xenmedepres, — Xillekeur, — Xocort.

Pierexels, Pierexelz, Pierexel 1241. 1251. 1267, 1275/98, Pierixels, Pierixel 1241. 1245, 1269, Pierixes, Pierixez; Pierissel 1269, Pieresel 1275, 1279, Perissel 20.

1. —, ms. davant S. Ferruce 1245, 157.
—, ms. en Sanerie 1251, 72.
Vguenas et — et Allexandres 1267, 312.

2. — f. Gerairt d'Ansin, — de Baionuille, — de Chastelz, — Cuitepoire de Chastels, — f. Formeit de Chastels, — f. Jehan de Doneivre, — f. Fraillat de Franconrue, — de Florei, — Mogue de Maizelles, — f. Otenat de Puxuels, — de Romme, — de Staixons, — de Thionville.

3. — cordewiniers, — cordier, — clers, — formeir, — frutiers, — lignelers, — Gomerelz li merciers de Vesignuelz, — f. Rollan l'olier, — permantier, — tellier, — Bouchate telliers ke maint a Quertal, — tonneliers.

4. — li Afichies, — de l'Aitre, — Benoiton, — Bernart, — lou Boistous, — Boucenin, — (aveles) Bouchate (telliers), — Boutedeu, — Briate, — Chabosse, — Chaneviere, — srg. Burteran Clairanbaut, — f. Steuenin de lai Court, — Cuitepoire de Chastelz, — Failletel, — Fantel, — f. Formeit (fr. Jennin Formeit) de Chastels, — Gomerelz merciers de Vesignuelz), — f. Waterin Grozelle, — f. Perrin Jacob, — (f. Richerdin) Lohier, — Malsanne = — Maseneit, — Marasse, — Melas, — Mogue (de Maizellas), — Pate, — Pouchat, — Permanselle, — Sodas, — Tortebarbe, — de Vals.

Pierexolz, Pierexol.

4. — l'Effichiet 1281, 97.
5. Coliguons — (v. Chameure 10) 1290, 67a. avelet Nicolle Chameure 1279, 350.

Pierexon v. Pieresons.

Piericeons, Piericeon v. Picresons.

Pieris Ranuerdis (v. Pieres) 1245, 98.

Pierissel v. Pierexels.

Pierison, Pierissons v. Picresons.

Pierixels, Pierixes v. Pierexels.

Piero v. Pierols.

Pieroche, ms. a Noweroit 1293, 586.

Pierols 1277, 1281, Pierolz 1278, 1298. Pierol 1278/85, Pieros 1262, 1277, 1281. Pieroz 1269, Piero 1245, 1267, 1275, 1278, 1285, 1298.

1. — pb. por les anf. Lowy Luce 1269, 60.
— (= — de Jeurue) 1278, 83; 1281, 551.
— seur Aburtin Lohier (= — de Jeurue 1278, 148; 1279, 83.
2. — f. Renier de Namur 1275, 72; 1281.
4. — de Jeurue. — Maltanpreit. [111.
5. Bauduyn — (v. I. de Jeurue 9) 1278, 148; 1281, 189, 328; 1285, 170; 1298, 96. Thiebaus — (v. I. de Jeurue 8) 1281, 268;

Pierom, Pieron v. Pieres. [1298, 120.

Pierons (v. Pieres, Pieron).

1. — f. Giraldon 1269, 151.
2. — d'Ansei f. Adeliu de Puxues † 1285, — de Puxues 1285, 111. [111.
3. — permantiers 1281, 583; 1293, 163. de Porte Serpenoise 1290, 41; 1298, 650.

Pierres, Pierre, Pierron v. Pieres.

Pieson (*verschrieben für* Pieron *oder* Piereson?).

I. Personennamen			345			a **Piet–Poencete**

— de Jussei f. Lowiat Cockille † 1269, 152.
a (au) **Piet,** Garcire 1269, 292; 1278, 616.
Pietdeschals, Pietdeschaus v. Piedeschals.
Pietel, Jennat			1290, 455.
Piezdeschauz v. Piedeschals.
Pifart, Guerar			1227, 33.
Pigort 1288, Pigourt 1293.
Jaikemins —			1288, 20.
Pieresons —			1293, 552.
Pilaitre 1281, Pylaitre 1279, Pilate 1298.
P.
1. **Steuenin** —, $^1/_3$ ms. (PS) 1279, 107.
2. sg. **Wernier** —, Jehans Soigne f. Chalon, avelas			1281, 599.
=? —, ms. an S. Martinrue 1298, 392^5=428^5.
Pillaisce, Pieresons, et Jehans li dui fil Margueron fm. Colin Facan 1277. 471.
Pillas, Pillat 1278, 1293, Spillait 1281.
Doignons — d'Ars (OM)	1293, 126, 127.
Lorance fm.			1278, 161.
Domangins — d'Ars (OM)	1281, 100.
et Abertin fr. et Heiluate s.	1278, 161.
Pillebones, Pillebone 1275, 1285, 1288, 1298.
Spillebone, 1267, 1277, 1279.
Jennat —			1277, 188.
Jennins — 1267, 164; 1275, 293; 1279, 31; 1285, 296; 1298, 11.
Burtignon fr.			1288, 145.
Pillorit v. Pelorit.
Pin, Burtemin, Abilatte de Chazelles et Lorant son n. les aveles	1275, 74.
Burtemin — permantier †	1288, 151.
Pinas v. Penas.
Pinaudel, ms. en la Nueve rue 1269, 399.
Pioche, Colin		1293, 382$^{12, 16}$.
Pioree 1267, 1275/85, 1293, Pyoree 1278.
Pioreie 1267, 1285. Pioraie 1293, 1298,
Pieree 1269. v. Porree.
Colignons — 1267, 271; 1277, 184; 1278, 422; 1279, 380; 1285, 9, 165c; 1293, 32; 1298, 408b.
de S. Julien 1285, 165d, 319; 1293, 370.
Colignons — et Lowias ces fr.	1281, 353.
Lowias — 1269, 278; 1275, 285, 288, 289, 300; 1277, 185; 1278, 36, 405, 422; 1278, 20; 1281, 407; 1285, 165c. 179.
de S. Julien			1267, 4.
pb. por lui et Colignon son fr. 1277, 182.

Lowias — et Collins ces fr.	1275, 284.
Steuenin —, Colin j.		1267, 487.
Pircepiere, 1281, 1293, Persepiere 1298.
Colignons — de S. Julien	1293, 184.
Colin —			1281, 381a.
de S. Julien †, Poinsate fm. 1298, 405.
Pistals, Pistal 1267, 1275, 1279, 1281, Pista 1275.
Jennin —, Abertin f.		1281, 616.
Phelippins —			1267, 389.
Thiebaut —		1275, 27, 76.
Richelos srg. et Aileit et Katherine ces s.
Pitous.			[1279, 24.
P.^{1})
Poincenons — pb. ms. Tieri de Preney
Pixart, Jennin. f. Bugnat de Lon- [1220, 26. geawe			1293, 588.
Pixat, Thieriat, de Lorey, (OM) 1290, 114.
Pixot, Thieriat		1279. 541.
de la **Place** v. I. li Xauins, IV. Mes.
Plaisance v. Plaixance.
Plaites 1281, Plaitez 1288, Plaitel 1285, 1288.
—, vg. en Orsain		1285, 331.
Jaikemins — fr. Lowiat Chaimeure v. Chameure 4.		1288, 50, 212.
Pieresons —			1281, 213.
Plaixance 1285, 1293, Plaisance 1267.
— de Gerey, Piereson f.	1285, 52.
Gererdin — d'Awigney, Thierion f. 1293, 491.
Wauterin (Warin) —, Piereson lo Bague f.			1267, 307.
Plaixansate meire Jaikemate la fm. Thieriat lou radour d'Orgney †	1290, 188a.
Pobele 1227, Pobelle 1293, Poubele 1262.
Colin —			1227, 3, 5.
Jennas —			1262, 49, 50.
d. Lorate —†, Gillate f.	1293, 278^{25}.
Thiebaut —			1293, 63.
Pochat v. Peuchas.
Pocherise 1293. Pecherise 1269.
Matheu —	1269, 490^5; 1293, 543b.
Poemsars v. Poinsairs.
Poence v. Poince, Poinces.
Poenceon, Foences v. Poinces.
Poincete v. Poinsate.

---

^{1}) Ben. III, 151 (1190) Pitos.

Poencignons, Poencignon v. Poinsignons.
Poencins, Poencin v. Poincins.
Poensas, Poensate v. Poins. . . .
Poense, Poenses v. Poinc. .
Poensignons, Poensignon v. Poinsiguous.
Poensin v. Poincins.
Poenson v. Poinces.
Pofins 1269. 103.
Pogne, Pognelz v. Poignelz.
Poierel v. Poirels.
Poietels 1275, 1279, 1298, Poietelz 1278, 1285, 1288, Poietel 1275/79, 1293, Poietes 1281, Poiestels 1293, 671. v. Pairetel.
— de Montigney 1281, 19.
Colignons — 1275, 5, 324; 1277, 232; 1278, 375; 1279, 366; 1288, 218.
Colin — 1278, 553.
†, d. Poince fm. 1293, 282, 384.
Maheu — 1275, 22; 1278, 395; 1285, 105; (1288, 127); 1293, 419.
Licate s. 1278, 423.
Maheu - d'Allexey 1279, 11, 178.
Pieresenels — de Wapey 1293, 671; 1298, 138.
Poignant, Waterin, de Suelenanges 1277, 425.
Poignelz 1298, Poignel 1277, 1279, 1281, 1288, 1293, 1298, Pognelz 1285, Pogne 1275.
, ms. en Visegnuel 1275, 76.
Colignon —, Jaikemate fm. et Poensate f.
Poinsignon — 1279, 502. [1293. 44a.
Renaldin - 1277, 170; 1281, 578; 1298, 201.
de Vesignuelz 1285, 312²⁰; 1298, 493.
Jehans et Hauris f. 1288, 354²¹; 1293, 199.
Poinsignon Choibelo j. 1288, 354.
Poillate.
Sibiliate fm. Bertran — † et Steuenin son marit 1288, 90.
Poillons, Garsirious 1245, 65.
Poince (*Männername*) v. Poinces.
Poince(*Frauenname*)1241/51, 1269/98, Poinse 1275, 1281/88, 1298, Poence 1267, Poense 1262, 1267.
1. d. —, 21 s. ms. Colin Walle (PS) 1262,
d. - , ms. en Anglemur 1267, 478. [324.
2. d. — d'Amanse, d. — fm. Formeron de Chazelles, d. — de Mardenei, d. — d'Oxey.
3. d. — fm. Wieunat feivre (d'Otre Muselle†), d. — fm. Colin Mainjairt permantier, d. — la poxerelle.

4. d. — Alons, d. — la Bague de Rimport, d. — de Chambres, d. — f. sg. Matheu de Chambres†, d. — fm. sg. Jehan Corbel, d. — f. Cowedemouton, d. — de Croney, d. — la Crotose, d. — la Cunemande, d. — Dediest, d. — fm. Nicolle Fakenel †, d. — fm. Poencin Gos†, d. — Govion, d. — la Growe, d. — Yngrant, d. — f. Jacob de Jeurne, d. — fm. (sg. Matheu) Maucheualier, d. — lai Malcheuallerouse, d. — m. Willame Naire, d. — Muelle (de lai rue des Allemans), d. — fm. Thomessin l'aiemal †, d. — fm. Colin Poietel†, d. — fm. Robin dou Pont† et Baudowins ces fillaistres, d. — fm. Garceriat Poterel, d. — fm. Badowin Robin†, d. — Garsire Ruecele.
Poinceignons v. Poinsignons.
Poincelo 1278, 1290, Poncelo 1278.
—, ms. ou Waide 1278, 56.
—, vg. en Montain (PS) 1290, 61.
— f. Enrit† 1278, 513.
Poincenons v. Poinsignons.
Poinceon v. Poinces.
Poincerel 1293, Poinserel 1298.
— fille Thieriat lou xaivig de Nowaisseville 1298, 205.
— fille Xandrin l'apemiate 1293, 697.
Poinces (*Männername*) 1245, 1277, 1279, 1285/98. Poince 1269/81, 1288, 1298, Poincet 1241, 1245, Poincest 1241, 57, Poinses 1277. Poinse 1281/88, 1298, Poinson 1275, 1277, 1279/85, 1290, 1298, Poinceon 1241, 1245. Poences 1251, 1277, 1278, 1285, Poence 1278/81, Poenceon 1245, Poenses 1267, 1269, Poense 1267, Poenson 1251, 1267, 1277/79, Poncet, Ponson, Ponceon, Poucon 1227.
1. —on, ms. an Caudelerrue 1227, 51.
sg. —ou (= sg. on lou Grouaix) 1298, 253.
sg. —on, Bertandon f. (= sg. —on d'Outre Moselle) 1245, 60a; 1251, 245.
sg. —on, er. a Joiey ke muet des quarteirs 1298, 283.
2. sg. —on de Cons, sg. — ou d'Erkancey.
sr. —es —on d'Espainges, —e de Chaigneirue de Nonviant, sg. —ou de S. Arnout.
3. —et asnier, maistre —e, maistres —es — c phisicien, mastres —es —e Chalongel, sg. —on preste f. Gerart Chadiere

I. Personennamen 347 **Poincete–Poinsate**

= sg. —on preste de S. Vy = sr. —es —on Chadiere prestes de S. Vy.
 4. freire —e Bellegree, sg. —on de Chastels, —on Chateblowe. —et Cokin dou pont Remont, sr. —es —e —on de Cologne, —et Cortepanne, — et Faucon, —e Gairt, —et Gondou, sr. —es —e —on li Gronais (des Chainges, eschavins, maistres eschavins), —e Gru de Lassey, —est Loste de Stoisei, —et Lukerel, sg. —on lo Moinne, —et Osel, sg. —on (chivelier) d'Outre Muselle (v. Bertadons), sr. —es —e de Raigecort, —e Richart, —et f. Jehan Rosel, —es Rouscels, sr. —es —e —on de Strabor, sr. —es —on Troixin, sg. —on lou Trowant, —es Wicelins.
Poincete v. Poinsate.
Poincignons, Poinciguon v. Poinsignons.
Poincins, Poincin 1241, 1269/98, Poinsins, Poinsin 1275/88, 1298, Poencins, Poencin 1251/67, 1278, 1279, Poencim 1251, Poensin 1262, Ponsin 1278.
 1. —, champ en Geniualz 1285, 109.
 — f. Hodebran 1251, 52.
 — f. Othe 1290, 316.
 2. — f. Choible de Blabueville, — de Champillons, — de Doncort, — de Gorze, — f. Michiel de Longeville, — de Ste Raifine, — lou Creuxiet de Vallieres.
 3. — berbiers de Juxey, — bouchier = — f. Gerairt lou bouchier dou Champ a Saille, — clerc, — drapier, — escrivain, — follon, — forniers, — maceons, — paignor.
 4. — Bellegree. — Challon, — Chobey = — Cobei, — fr. Jaikemin Creton, — de la Creux, — lou Creuxiet de Vallieres, — Dabeit (de S. Martin), — f. Thomessat Danallaiglixe, — Gos, — f. Steuene Grantneis, — Jornee (ke maint an Stoxey), — Maillatte, — Moille de Chambres, — Steuenel de Lorey (OM), — Vaillete, — de la Vigne, — Wacherin.
 5. Andrewat — 1278, 435, 552; 1298, 37. = Androwat f. — l'escrevain 1267, 336.
Poinsairs, Poinsairt 1277, 1288/93, Poinsarz 1269, Poinsart 1269, 1288, 1298, Poensars 1251.
 1. —, ms. en Saunerie 1269, 69.

 — srg. Thieriat 1269, 63.
 2. sg. — de Chauancey 1275, 438.
 — de Groxuelz 1293, 96.
 — de Visignuel 1277, 31.
 3. — charretons de S. Suplat 1293, 322.
 — merciers 1251, 141, 142; 1269, 431.
 4. — Agigant 1288, 495.
 — Mallegraice de S. Souplat 1298, 145.
 5. Guernier — 1290, 49.
 Jehan — 1288, 491b.
Poinsaite v. Poinsate.
Poinsarz, Poinsart v. Poinsairs.
Poinsas, Poinsat 1262, 1269/98, Poensas, Poensat 1251/1267, 1278, 1279, Ponsas 1227.
 1. — f. Abertel (v. 2. d'Ars) 1281, 319.
 — †, Richart f. 1275, 41.
 2. — d'Arnaville, Burtins d'Ernaville f.
 — †, — f. Abertel d'Ars (OM), — Condut d'Ars, — f. Aingebert de Maignei (v. 4.), — (lou) Mouchous de Maigney, — j. Symon de Pontois, — de Rixonville, — de Valierez.
 3. — n. l'arcediacre Abrit, — masson, — taiveruier.
 4. — Aingebers (v. 2. Maignei), — lou Bague de S. Clemant, — Chaneveire. — Condut d'Ars, — Creton, — Facon. — Gondoul, — Malingre, — Mengo, — Mevdevin, — (lou) Mouchous de Maigney, — Roncel.
Poinsate 1269/1298, Poensate 1262/1275, 1278, 1279, Poensatte 1251, Pousate 1227, Poinsaite 1285, Poincete 1245, 1279, Poencete 1281, Poncete 1227.
 1. —, ms. (PS) 1227, 10.
 — fm. Goudefroit † 1290, 298.
 — fm. Howiguon c'on dist Hugo 1290, 391.
 — f. Abertat † (v. 3. Vadoize) 1288, 84.
 — f. Herbin 1245, 67.
 — f. Pairexat 1298, 457.
 — f. Renion 1290, 26.
 2. — seure Jaikemin fil lou vies maior d'Allexey, — lai Catferasse d'Allexey. — fm. Weriat d'Ars (PS), — fm. Richier d'Erkancey †, — f. Berrel de Maigney, — de Molins, — s. Poinsignou Josterel de S. Julien. — fm. Colin Persepiere de S. Julien. — fm. Hanriat lou Tawon de S. Julien. — f. Jaicop lou Tawon de S. Julien, — fm. Burtel de

Poinse–Poinsignons

Vesignuelz.

3. — la boulangeire de Chambres, — fm. Watier bolangier, — fm. Ancillon Chopairt chandeleir, — s. Euriat cherpantier de Sauerie, — f. Garriat cordueneir, — fm. Hanelo feivre, — la forneire (de Chambres), — f. Herman turbour de Furneirue, — la jouteleire de Porsaillis, — la juvlerasse, — f. lai suer Jehan Jerney munier, — fm. Jakemat paror, — la provandiere de S. Laddre, — la sainnerasce, — fm. Herbo tanor de Curlandac (dou Champel), — fm. Renadin tanor, — la Vadoize, — la Vadoize f. Abertat †, — li Vadoise f. lou Wixel de Chadeleirue †, — fm. Coinse vieseir. — fm. Lowiat fil Hanriat wasteleir, — lai xowerasse de keuverchies.

4. — fm. Jennin l'Alleman †. — Alous, — f. Jehan Barbel, — fm. Jaikemin Bellegoule †, — s. Steuignon Bellegree, — Belleron, — Berbion, — f. Colin Bertadon, — fm. Thomessin lou Blanc †, — f. Symonin Bokel, — Boilawe, — f. Otin Bon, — fm. Fransois Brulevaiche †, — f. Colin Burtadon, — fm. Jennin Cabutel de Chieuremont, — lai Cafferasse d'Allexey, — f. Piereson Kairetal †, f. Chalons, — f. sg. Maitheu de Chambres †, — f. sg. Abert de Champelz †, — f. Thomascin dou Champez, — f. Nicole Coulon fm. Burtremin fil Jakemin Boufat dou Champel, — f. Thiebaut Creature de Sanerie, — f. Poinsat Cretou, — fm. Jehan Kunemant, — f. maistre Nicolle Deudeneit †, — Dedyest, — f. Bouchart de la Fosse, — f. sg. Nicolle Govion †, — f. Hanriat lou Gronais de Chambieres, — fm. Burtemin Heckart, — f. Colin Jaikier dou Champ a Saille — (f. Lowiat de Chailley †) fm. Simonin Jagin †, — f. Jacob de Jeurue †, — Jornee, — s. Poinsignon Josterel de S. Julien. — f. Nainmeriat Lohier †, — f. Willemin lou voweit de Maigney †, — Mainiuchieure, — Manegoude = — Mennegout, — Melie, — fm. Harman fil Jaikelo de Metri, — fm. Jehan de Metri, — fm. Milat, — de Moielain, — f. Maheu Moretel, — f. Colin Moreton, — la Noire de Nonviant, — f. Burtadon de Noweroit †, — fm. Richerdin Ospenel, — f. Colin Pairtecher †, — f. Jaikemin la Peirche, — fm. Colin Persepiere † = — fm. Maiselin d'Airey, — f. Thomas Peterouse, — fm. Jennin Piedechaus, — f. Colignon Poignel, — f. Aburtin Porteabay, — fm. Arnol de la Porte †, — Poxerelle, — dou Puix, — f. Werion dou Pux, — f. Colignon dou Rait, — f. Bascelin Rauetel, — fm. Thieriat Riole, — Roienate, — fm. Jehan Roudat, — s. Jehan Soigne, — fm. Hanriat lou Tawon de S. Julien †, — f. Jaicop lou Tawon de S. Julien †.

Poinse v. Poince, Poinces.

Poinsegart 1275, Poinsegairt 1285.[1])
— de Lessey, Buevelas f.   1275, 484.
— †, Yzabel fm.   1285, 346.

Poinsenas avelas Colate de Lescey 1277, 452.

Poinserel v. Poincerel.

Poinsignons, Poinsignon 1262, 1269/1298, Poincignons, Poincignon 1241, 1245, 1269, 1275, 1279/1298, Poensignons. Poensignon 1262, 1267, 1275/1279, Poencignons, Poencignon 1251, 1267/1275, 1278, Poencigno 1269, Poensseignon, Poinceiguous 1262. Poncignons 1269, Poincenons 1220.

1. —   1262, 284.
— devant dit (nicht genannt) 1279, 29; 1293,
— et Maheus et ....   1262, 31. [212.
— et Thierion Chieenchenal   1245, 78.
.... et — ces fr.   1290, 150.
— f. Bertran (v. 2 bollangier)   1245, 136.
— j. Herman   1279, 79.
— j. Odelie   1278, 77.

2. — d'Abiguey (j. lou Verderet), — d'Ansey, — Dahiel d'Ansey, — fr. Poensate fm. Weriat d'Ars, — f. Thieriat Paillat d'Ars (PS), — Poulain d'Airs (PS), — Chaueviere d'Ars (OM), — f. Jennat Roubelat d'Ars (OM), — f. d. de Buneie, — de Chaillei, — de Champignueles, — de Chastels, — f. Jennin de Chastels lou wastelier, — f. Morel de Chastels, — f. Steuenin de Chastels, — (f. Steuenin) Billeron de Chastels,

---

[1]) De Wailly 339 (1295) Poinsegairs de Vals.

— de Chaucey avolet Hanrit de Bunee, — f. Jaikemin lou baillit de Dornant, — de Duedelanges, — f. Sufie de Failley, — Hurel de Faillei, — f. Wibour de Grixey, — f. Weiriat de Grosue, — (f. Colin) de Haikelanges, — de Jalacort, — maires de Joiey, — srg. Phelippin f. Thieffroit de Jussei, — Boukelz de Maigney, — f. Domange lou Laffrait de Maigney, — de Nancey, — f. Goudefrin lou maior de Nowilley, — f. Wesselin d'Outre lou pont Renmont, — f. Fackan de Plapeuille, — f. d. Beliart dou pont Rainmon, — f. d. Amelinne dou Quartal, — f. Jennin dou Quertal, — de Rommebar. — (f. Colignon) de S. Arnout, — de S. Clemant, — f. Wiriat lou vies maior de S. Clemant, — Chaimaigne de S. Clemant, — cherriers de S. Julien, — f. lo maiour de S. Julien, — Ceruelz de S. Julien, — Josterelz de S. Julien, — Yuenelz de S. Julien, — Walleran de S. Julien, — de Ste Rafine, — f. Jaikemat de Ste Rafine, — Grillas de Ste Rafine, — Troixins de Ste Rafine, — f. Jaikemin lou maior S. Pou de Siey, — f. Abriat de Turey, — vies maior de Vesous.

3. — bouchier, — Weixe bouchier, — boulangeir, — f. Bertran lo bollangier. — celliers, — f. Goudefroit lou cellier, — Saterels celliers, — de la Tour cellier, — chastelain, — f. Rogier chaudrelier, — cherpantiers, — cherriers (de S. Julien). — clers, — de Gorze clerc, — Lucie clerc, — clerc f. Jakemin Morel, — Wesselins clers, — corvesier j. Jacob, — drapiers ke maint davant lou Grant Mostier, — feivres, — f. Jenin feivre (de Porte Serpenoise), — follon de la Sauz en Rimport, — maires de Joiey, — vies maior de Vesons, — Xairolz massons, — muniers, Jenuas li pairieres de Stoxey et — fr., — de S. Martin poixieres, — parmantier, — potier, — preste, — preste de Porte Muselle, — prestes f. sg. Huon lou Bague, — taillor (de Devant lou Grant Mostier), — lou Vadois, — f. Colin lou Vadois, — Cotterel vieseir, — fr. Jakemin marit Lorate la wasteleire dou pont a Muzelle, — f. Jennin de Chastelz lou wastelier.

4. — f. sg. Huon lou Bague, — Baillat d'Ansey, — Barnaige, — de la Barre. — Bellenee de Juxey, — Belosse. — Billeron (de Chastels). — Blanchairt. — Blatel, — Bolande (maires de Fristor), — la Bolle, — la Bosse de Bricy, — Boukelz de Maigney, — Boucherue de la Nuene ruwe, — la Bouteilliere. — (f. Willame) Brehel, — li Bues, — Calowins. — Kenche. — (f. Jakemin) Ceruel (de S. Julien), — Chaimaigne (de S. Clemant). — Challemelz. — Chalons (lou Vel). — (f. Colin) Chalons li Jones. — Chameure, — (f. Aubert) de Champels. — f. Colin de Champelz. — (f. Arnolt) Chaneuiere (d'Ars OM), — Chapeblowe, — Chawaistel. — f. Drowin de la Chenal, — Choibelos. — Clairies. — Clarambaus. — Cokan, — Coieawe, — de Cologne (maires de Porsaillis), — Colon, — Corbels (maires de Porte Mosselle). — (f. Steuenin) de la Cort (de Valz), — Cotterel (vieseir). — lou Creuxiet, — Custantins (de Chambeires). — li Cuxes. — Donate, — Dorelos (de S. Julien), — lou Duchat. — (f. Steuenin) Fakenelz, — (f. Abertin) Faconvers, — f. Clodat Faillo, — f. Vguignon Faixin, — Fernagut. — f. Garceriat Fouterel de Wapey, — chevellier f. Waterin Gaillairt. — Gerardel, — Geudas, — Gondal, — (li Prestes f. sg. Huon) Graicecher, — lou Grant f. Bertadon = — lou Grant d'Outre Saille. — f. Stevle Grantneis. — Grenille. — Grenon. — Grillas de Ste Rafine. — li Gronais. — Haizairs, — Heckehart, — lou Hugue de Chazelles, — Hurel (de Faillei). — (f. Nicole) Ysacart. — Yuenelz de S. Julien, — (f. Howart) Jalee, — Jornee, — Josterelz de S. Julien. — f. Domange lou Laffrait de Maigney, — (fr. sg. Thieri) de Lairbic, — Laicillons, — Lambers, — f. Thiebaut Lambert. — Lonbar, — fr. Baudowin Lonne. — Lucie (clerc). — Maleurteit, — f. Thieriat Malglaiue, — Manenal d'Anseruile, — Mauexins, — f. Garcerion Mauexin de Nouviant, — f. Gerairt Mellairt de Lorey (PS). — (f. Girart) lou Mercier, — n. Jaikennate fille Jennin Merrie, — (f. Jehan) de Metri, — f. — Minne, — Morel

Poinsins–Ponson   350   I. Personennamen

(de Chastels), — clerc f. Jakemin Morel,
— (f. Nicole) Moreton, — Noirart, — li
Oie, — f. Thieriat Paillat d'Airs (PS). —
de lai Paillole, — f. Colin Pairtecher, —
(f. Jaikemin) lai Peirche, — Peldanwille,
— Peuchas (Pouchas), — Pichol f. Warrel.
— Piebol, — Pietdeschals, — Pitous, —
Poignel, — Potairt, — Poujoise, — Pon-
lain (lou Roucel d'Airs PS), — don Pux,
— Quaremels, — j. Jaikemin Rabustel,
li Gros de Raigecort, — Rekeus, — Ri-
chart, — lou Roge, — f. Jennat Ronbeiat
d'Ars (OM), — Rocel de Rimport, — Rou-
cel, — Saterels (celliers), — Symairs, —
Symons, — de Strabour, — de la Tour
(celliers), — Troixins de Ste Rafine, —
(f. sg. Jehan) lou Trowant, — Vaillans, —
f. Colin Veillart, — j. lou Verderet de
Collambeirs (= — d'Abigney), — Walle-
ran (de S. Julien), — Weixe honchier, —
f. Wesselin d'Outre lou pont Renmont, —
Wesselins clers, — Xairolz massons, —
Xicot.

Poinsins, Poinsin v. Poineins.
Poinson v. Poinces.
li **Pointe** 1288, la Pointe 1285.
Colignons — d'Ancey   1288, 496.
Colignon — escheving de Dornant 1285, 549.
Colin —   1285, 542.
Poioise v. Poujoizes.
Poirate, Hodiate   1298, 351.
la **Poire,** Watier, Bescelins de Nonviant
et Colignons f.   1290, 499.
Poirels 1288, Poirelz 1275, 330 Ann., 1279,
1288, Poirel 1275, 1278, 1279, 1285/1298,
Poires 1281, Poierel 1290/1298.
1. pr. — ou ban de Maranges 1293, 177.
2. — d'Ajoncort†, Cunegons fm. 1293, 454.
— de lai Porte de Champels, Donat f. 1298.
— dō Champignueles   1285, 527. [511.
3. — aillier   1293, 167.
— corvexeirs   1279, 106.
4. — f. Abert Fezee   1285, 456.
5. Colignon — 1288, 98 [3, 10], 200, 284; 1290,
don Quartal   1275.103. [217; 1293, 5.
Colin —   1293, 72a.
srg. Theiriat de la Stuve   1278, 287.
Ameline, Jennate, Katherine enf. de la

premiere fm.   1285, 150.
Goudefrin — de Vignueles   1279, 537.
Jaikemin —   1293, 405.
    Jehan f.   1298, 46.
    de Stoxey, Jehans f.   1298, 431.
Jennas — d'Outre Salle   1281, 225.
Jennat — chaponier, Steuenin et Colin fr.
Jennins — d'Outre Salle 1281, 240. [1293, 575.
Jenin -, Jaikemins f.   1278, 87.
Piereson — de Roncort   1288, 520.
Weriat — de Bronvals et Ozenate sa seure
et Gillat sou f.   1285, 535.
lou **Poivre,** Steuenin   1293, 639.
    de Longeville   1285, 101.
Poixenatte, Poixonnate v. Pouxenate.
Pol v. III. S. Pol, V. Pofontenne.
Polains, Polain v. Poulain.
Poles, sr. Thieris   1298, 64.
Polin Falschalonge   1241, 70.
Howeson —   1281, 344, 506.
Symonat —, Domangins Bouas de Longe-
    uille srg.   1288, 539.
Simonat — de Longeville   1298, 329.
li **Pollus,** lou Pollut 1293, lou Polut 1275.
1285, li Poullus 1298, v. la Poulue.
ms. — (PS)   1293, 489.
Herman — de Wackremont †, Richairt,
    Jenat, Burtemin, Thieriat, Luckate enf.
Watrins — 1285, 376; 1293, 46. [1275, 225.
    de S. Clemant   1298, 506.
Pome, Colignon   1293, 621.
Steuenin —   1281, 586.
Tieriat —   1281, 586.
Pompelin 1298, Pouperin 1290.
— don Pont (a Monsons)†, Jaikemins li
    clers f.   1290, 441; 1298, 479, 527 [51].
Poncelo v. Poincelo.
Ponceon, Poncet v. Poinces.
Poncete v. Poinsate.
Poncignons v. Poinsignons.
Poncon v. Poinces.
Ponel, Jennin   1269, 388.
Ponperin v. Pompelin.
Ponrenmont, Jennin, cordewenier †, Mai-
gate fm. (v. IV. Mes, pont Renmont) 1293,
Ponsas, Ponsate v. Poins....   [12.
Ponsin v. Poincius.
Ponson v. Poinces.

dou **Pont** (v. IV. Pont a Mousons; Mes, pont des Mors, pont a Muselle, pont Renmont).
Badat — 1275, 99.
Richiers li holiers — 1279, 8.
Odin f. Jacob — 1290, 166.
Odin — vieseir 1290, 463.
Piereson Mellart —, Pentecoste f. 1281, 606.
Jehan Pawillon — loremier 1293, 111.
P.
1 Jakemis — = sr. Jaikes — [1250 C]
   1227   1262, † 1275

2 Forkignons — [1])   Heilewit
1275/90, maires de PS 1293   1293

3 Bertaldons — 1245   4 Aubrit — 1251

5 Hanrias — 1262   8 sg. Conrart —[2])

6 Baduyn   7 Gererdat   Martenate 1267
  1293   1293

9 Robins —[3]) 1267/81, † 1281 ⌐ d. Poince 1281
Anelz   10 Baudowins   11 Hanriat
1288   1278/88   Robin 1267
= Anel Robin maires de PS 1278
  1298   = B. Robins 1288/93, † 1298
          ⌐ d. Poince 1298

1. Jakemis —
pb. vg. sus la rive de Mozele 1227, 8.
= sr. Jaikes — pb. $^1/_4$ molin sus Moselle 1262, 143.
2. Forkignons, f. sg. Jake —†,
pb. por Weriat, f. Forkignon lou Xaning †,
= Fourkignons — pb. ms. an S. Pol- [1275, 326. cort, 7 s. ms. outre Maizelles, maix., chak.
S. Laidre, 12 d. ms. an S. Polcort 1281, 249.
maix. an Maizelles 1288, 210a.
ms. ou Baix Champel doit 27$^1/_2$ s. 1290, 65.

---

[1]) *Ferry, Observ. sécul. I fol. 279 (1280)* du Commun Forquignons dou Pont Treze.

[2]) *Prost XIX, 1232* Bauduins Malebouche et Bauduins Chabosse et Thierriz li Blanz et Coinrarz dou Pont randeroient... com droit datour... por dame Ysabel, la fame Nichole Bairbe d'Outre Saille.

[3]) *Prost LVIII, 1278* Robin dou Pont ami de Renalt, f. sg. Arnoult de Porsaillis.

pb. 20 s. ms. en S. Polcourt 1290, 367
maires de Porsaillis 1293, 183[*]
  Heilewit, f. sg. Jaike —.
$^1/_2$ molin a Limen partet a 1293, 297[5]
  3. Bertaldons —
pb. ms. ou pont a Saille 1245, 33
  4. Aubrit —,
vg. outre Saille ki fut 1251, 145.
  5. Hanrias — [29
pb. por sg. Thieri prevost de S. Anoual 1262,
  6. 7. Baduyn et Gererdat, f. Haurit —.
vg. a Tro en Bordes (OM) 1293, 127.
vg. ou ban d'Ars (OM) 1293, 129.
  8. sg. Conrart —, Martenate f.,
ms. (PS) 1267, 87.
  9. Robins —[1])
pb. 3 meues de vin vg. en Maizelles et vg. c'om dist a la Barre 1267, 381.
pb. 20 s. ost. en la rue dou Sac 1269, 86.
ms. a S. Climent 1269, 99.
pb. por la chieze Deu de S. Pol de Mes 1275, 225.
maistres de l'ospital ou Nuefborc 1275, 258.
pb. por l'abbeyt de Ste Marie a Boix 1278, 11.
mainbor sg. Theirit lo prestre 1278, 111.
enc. vg. Robin — a Santal et en Trauersaumont (PM) 1278, 380.
sus Muzelle arreiz vg. R. — dezous Mons anc. l'ost. (PS) 1279, 107. [1278, 391 b
pb. $^1/_4$ ms. en la plaice en Rimport, ms. en Stoixey, ms. daier S. Hylaire 1279, 204.
ou ban d'Ercancey entre la t. 1281, 367.
ou ban d'Anerey arreiz lou champ 1281, 387 b.
d. Poince. fm. Robin —†, et Baudowins. ces fill., pb. vg. a Buzoncort 1281, 553.
Anelz, f. Robin — †, pb. por la maistrasse et les pucelles de Vy 1288, 184, 185.
= Anel Robin, en Ospreit anc. vg. 1298, 73.
  10. Bauduyns, f. Robin —,
maires de Porsaillis 1278, 1[*].
pb. ms. outre Saille 1285, 180.
= Baudowins, fill. d. Poince fm. Robin —†, v. 9. 1281, 553.
= Badewins Robins pb. 31 s. en tous

---

[1]) *Bannr. I. LXXIX, 27 (1275), M.Bez.-A.* H 3178 Robins dou Pont ait aquasteit a Colin Brixelaite 9 s. ms. an la ruwe a Poncel.

Ponterel–de **Porsaillis**

les bans d'Airey 1288, 485.
pb. 6 s. ms. a Airey 1290, 484a.
pb. 40 s. er. a Awigney 1290, 484b.
a Meurpaireir anc. vg. 1293, 27¹¹=175¹⁰.
d. Poince, fm. B. Robin †. pb. ms. a monteir de Porte Muzelle 1298, 400.
11. Hanriat Robin (f. Robin —?),
 enc. ms. (PM) 1267, 31.
¹/₂ vg. en Chenal (PM) 1267 311.
Ponterel v. Poterelz.
le **Porc**, Willemin, Ottenat et Colignon enf.
Porcel, Jakemin 1269, 288. [1269, 385.
lou **Porcel** v. li Porcez.
lou **Porcelat**, Jennin, de Siey 1298, 629.
li **Porcez** 1269, lou (le) Porcel 1269, 1281.
Jaikemat — 1281, 555.
Richardins — 1269, 131.
Symonin — f. Steuenin le fevre de Molinz 1269, 318.
Porchieres, Perrins, clers. f. Doreit d'Aiest †
Pordom v. Prodomme. [1285, 157.
Porirel, Jennins j. 1245, 42.
Porree 1269, 1288, 1290, Pouraie 1288. (v. Pioree).
Colignons — clers 1290, 470.
Jaikemins —, Collate f. Maheu Moguel fm. et Jennas ces fr. 1288, 332. [1288, 482.
Jennat — 1269, 76.
lou **Porrel**, Jaikemat 1293, 64. 573a.
de **Porsaillis** (v. IV. Mes.)
 P. [Poince — m. e. 1210] ¹)
1 sg. Pieron —
2 Matheus = sr. Maheus — 1241 m. e. 1251

3 sg. Boenvallat — † 1267 [m. e. 1228]
 oirs Agnes Yderate ⌣ Jehan Soupe
1267/69 1262/67 1275 1288
4 sg. Arnolt — † 1251
5 Renalt — ⌣ Richardate 1290 ²)
 † 1278 = Richerte 1278
6 Gelias²) 7 Hanris²)
1278, 1290 1278, 1290
 ?
8 Gerardins 9 Colin —
 1262 1262
10 Arnous — ²)⌣Jaikemate f. sg. Thiebaut
n. sg. Thiebaut 1288 Fakenel
de Luestanges 1281

11 Otte – 1288 12 Gerairt —
Thiebaut Bugle j. 13 Hanriat ⌣ Anel
 1290

---

ke fut, et a Colin et a Jakemin ses afans,
.... kau k'il avoient a Batelenvile et en toté la vile de Hasenges et a Haix et a Hostelencort .... en voeries et en homes ....

²) Prost LVIII, 1278 Nos Lorens par la volentei nostre signor eveske de Mes faisons conoissant a toz cialz ke ces presantes letres vairont et oirront ke Gelias et Hanris, li aufant Renalt lo fil signor Arnoult de Porsaillis ki fut, en nostre presance establis, ont confesseit et reconut k'il ont vandut a toz iors au ein et au trefonz a l'abbey et a covant de S. Vincent de Mes la voerie de Chailley suz Nyet .... par lo crant et par lo los de lor amis de part peire et de part meire, ce sont a savoir d'Arnoult de Porsaillis et d'Ugnignon Borgniere et de Jennat Chaureson et de Colin Bertaldon et de Robin dou Pont et de Hanriat Burnekin ki sont de part lo peire, et dou signour Nicoles chanone de la Grant Eglize de Mes, lo freire dame Richardete, et de Jehan lo chancelier chanone de la Grant Eglize de Mes et de Jaikemin, lo fil lo Borgon d'Ancey ki fut, et par lo crant et par la volenteit de dame Richardate. lor meire, et de lor II freires, c'est a savoir

---

¹) *Voigt, Jahrbuch S. 7 Anm. 1. (1194)* Nicholaus de Porta Saliae et nepotes eius Otto et Matheus ... Henricus de Porta Saliae et Ugo nepos eius. *Anm. 2* Otto de Porta Saliae.
De Wailly 2 J (1214) Li nons des escheving .... de Porsaillis, Poinsignons ces filz = *Meurisse, hist. des évesques de Metz 443* Henricus de Porta Saliae et Pontius filius suus.
De Wailly 11 L (1235) ... aquasteit a Arambor, la femme Bertadon de Porsaillis

de **Porsaillis**–de la **Porte**   353   I. Personennamen

1. 2. Matheus, f. sg. Pieron,¹)
pb. kan ke ou ban de Mairanges 1241, 39.
pb. ms. en Possalruele   1241, 201.
= Matheus, f. sg. Pieron —, pb. 2 ms. en Possalruele   1241, 117.
= sr. Maheus — mastres eschevins de Mes   1251. 1*.
3. sg. Boenvallat — †, oirs,
ms. (OM) doit cens   1267, 247; 1269, 133.
d. Agnes, f. sg. Boenvallat —, pb. ms. sus lo Mur   1267, 426.
= Anel, f. sg. B. —, er. en S. Polcort doit 14 s.   1277, 62.
Yderate, f. sg. Boinvallat —, 20 s. ms. (PS)   1275, 356.
= Yderate, meire Richairt fil Jehan Soupe †,
4. sg. Arnolt — †,   [1288, 199.
ensom l'ost. (PS)   1251, 115.
5. Renalt, f. Arnoult — †,
er. ou ban de Courcelle et ou ban S. Remey
d. Richerdate, fm. Renalt — †, [1281, 76.
doit tenir toute sai vie 5 s. 4 ms. en Chieuremont   1290, 146.
6. 7. Gelias et Hanris, li dui f. Renalt — †, et Richerte, lor m..
kant ke en la vowerie de Chailley sus Niet ou ban ²)   1278, 556.
Gellias et Hanris, li dui f. R. —, pb. ms. en la rue lou Uoweit   1290, 259.
Geliat et Hanrit, les 2 f. d. Richardate, 15 s. ms. en Anglemur   1290, 272.
8. 9. Gerardins, fr. Colin —.
pb. t. ar. en Hen   1262, 417.
10. Arnous —
pb. wageire dou sg. Thiebaut de Luestanges, son oncle, an la chaistelerie de Luestanges   1281. 358.

---

dou signor Jaike, chanone de la Grant Eglize de Mes, et d'Arnout, chanone de S. Saluor de Mes.
¹) *Die Ergänzung der Lücke im Text 1245, 225 [a Matheu, lo fil Pier]ol de Porsaillis ist schwerlich richtig. Pierol und Pieron sind sonst nicht verwechselt.*
²) *Prost LVIII, 1278 v. Anm. 2 zur Stammtafel.*

pb. er. Jaikemate, sa fm., de pairt sg. Thiebaut Fakenel, son p., et d. Anel, sa m.   1288, 363 = 479 = 568.
vg. a Longeuille   1288, 571.
11. Otto —,
ms. a tour de Sanerie ke fut, pris a cens de Thiebaut Bugle, j. O.   1288, 390.
12. 13. Hanriat, f. Gerairt —, et Anel, sa fm., 2 s. ms. ou Waide 1290, 187b.
Portabay v. Porteabay.
de la **Porte**.
d. Arambort — fm. Thieriat, oirs 1269, 506.
Arnol —, Poinsate fm.   1269, 298.
Colignons — vieceirs   1288, 505.
Domangin —   1267, 221.
    viceir   1285, 82.
Colignou vieseir f.   1298, 368.
Gerardat Domangin —   1279, 366.
Gerardin —   1267, 201.
Lowias —   1298, 527.
Luckignon — †, d. Merguerite fm. 1277, 378.
Roillons de Montois fr.   1285, 459³.
Mariate — fm. Symonin Vienon † 1288, 207.
Pieresons — de Champelz sus Moz. 1277, 303.
Poirel — de Champelz, Donat f. 1298, 511.
Richairt —   1293, 45.
P.?   Colate — 1285
       1 Burtemin 1298
2 Jehan
3 Goudefrins — Berte Margueron Sebeliate
   1267/98   1277/85   1298   1285/98
4 Roillons — 1269, † 1298
5 Colignons 1298
    [1298, 78.
daier S. Eukaire anc. lai porte d. Collate
=? Colate —, ou ban de Plapeuille enc. vg.   1285, 532.
1. Burtemin, f. d. Collate —,
ou ban S. Martin (OM) anc. vg. 1298. 160.
2. 3. Goudefrins, f. Jehan —,
apres la vg. (PS)   1267, 407.
Goudefrins, f. Jehan — †, et Margueron sai s., pb. er. Sebeliate, lour s., la fm. Jennin Gracia †, pm. 21 d. de rante chescune semainne a Sebeliate 1298, 425.
Margueron, f. J. — †, pb. 2 ms. en Hulouf   1298, 426, 427.

23

Berte, s. Goudefrin— pb. vg. en la Haute Pretelle (PS) 1277, 342.
Berte — et Sebeliate. sa s.. ont laiet a tienneu vg. an la Pertelle 1285, 72.

3. Goudefrins —
pb. 2 s. ms. en la rue des Allemans 1277, 341.
pb. t. ou ban S. Vinceut (PS) 1281, 483, 484, 486, 487.
pb. t. ar. ou ban S. Piere (PS) 1281, 485.
pb. 8 s. ms. an la ruwe des Allemans 1281, 488.
sus lou tour dou Waide anc. l'ost. G. —1288,179.
pb. t. deisai Benoir a lai mairs et t. ou ban de Maignei 1288, 404.
Jaikemins Mairasse et G. — doient 12 s. ms. davant S. Eukaire 1288, 414.
Poincignons, f. Colin de Champelz, et G. — pb. vg. en Mallemairs 1290, 237.
pb. vg. en Vaironvigne et t. en Bemont (PS) 1290, 365 a.
pb. t. a Borney ou ban S. Vincent 1290, 365 b.
en lai rowelle Repigney antre gr. G. — et pb. 2 s. jard. daier l'ospital des [1293, 239.
Allemans 1298, 279.
en lai Bertelle anc. vg. 1298, 489.

4. Roillons —
pb. ms. (PS) 1269, 109.
pb. ms. a la porte des Allemans 1269, 233.
pb. pairt en la halle des draipiers a Quartal 1279, 498.
pb. partie an aquast (PS) 1281, 232.
pb. vg. delai lou Grant Cheuol 1281, 465.
Hanrias de l'Aitre et R. — pb. vg. a Vallieres et demine a Retonfays 1285, 167.
er. ou ban de Remilley 1288, 169.
Joffrignons (li draipiers) n. R. 1285, 110.
pb. ms. devant l'ost. R. — (PS) 1290, 417.

5. Colignons, f. Roillon — †, [568.
pb. er. encheut de pair p. et in (PS) 1293.
Porteabay 1275, 1277, Porteaubai 1269, Portabay 1288. v. Belamins[1])
Abertin —, f. Jenin Belamin †, vg. ou ban de Montigney 1277, 45.
= Aubartins — pb. vg. ou ban de Montigney 1269, 419.

---

[1]) Hier wiederholt, weil bei Belamin zwei Angaben aus dem Jahre 1277 fehlen.

pb. gr. a Wapey 1275, 235.
er. ou ban de Wapey 1277, 125.
pr. ou ban de Wapey 1277, 397.
= Aburtin, f. Jennat Bellamin †, n. Colignon de la Cort, 23 s. 3 m. ost. et 12 d. 4 chap. gr. (PM) 1298, 388.
23 s. (PS) 1298, 518.
Ailexate et Poinsate, f. Aburtin —, 10 s. pet. ms. (PS) 1288, 488c.
Porteasne, Jennat 1241, 199.
Portebien, ms. (PM) 1245, 9.
Portemandeu lou recouvatour 1293, 249. de **Porte Muselle** (v. IV. Mes).

P.[1])

1 Troisin — m. e. 1220, sr. 1227/41

2 sg. Wichart —[2])	4 Thomas —[3])
3 Rainbaut 1227	Colete 1241
5 Boinuallin — 1241	6 sg. Rou 1241
	7 sr. Pieres — 1241/45
d. Nicole —	9 Doreit —
8 Perrin 1262/67	Briate ⌣ Thiebaut de Moielain 1279

---

[1]) *Voigt, Jahrbuch V, 7 (1205, 1207)* Rodulphus scabinus de Porta Mosellae. *De Wailly 2 J (1214)* ... escheving ... Ottes Roillon de Porte Muzelle. *Prost, Patriciat S. 225, trennt in der entsprechenden lateinischen Urkunde die zwei Namen wohl richtiger durch ein Komma* Otho, Rodulphus de Porta Mosellae.

[2]) *Jehan Wichart maior de Porte Mosele könnte ein Sohn von* sg. Wichart — *gewesen sein.* v. I. Wichars P.

[3]) *Pieres Thomes (m. e. 1262) ist vielleicht Sohn von* Thomas de Porte Mosele *gewesen. Das läßt sich zwar aus den Bannrollen nicht nachweisen, aber da in der Familie* de Porte Muselle *noch zweimal der Name* Pieres (Perrin) *vorkommt und* Pieres Thomes *ein Haus sor lou Mur und Weingärten in der* Mairie de Porte Muselle *besitzt, erscheint es immerhin nicht unwahrscheinlich.*

I. Personennamen   355   de **Porte Muselle**

?
10 sg. Hanri — 1269 11 Drnat — 1245/90
[Henris. Druvez ces fr. 1250 PM]
= sg. Druwe — 1288
12a d. Claradine —   v. Androwas P.¹)
1245/69

12b Guios —   13 Jennis   = Jehans
v. Guios P.   Claradine   Claradine
1241, 1290   1279/88
15 sg. Lambert — ⏑ d. Ossanpe 1262
v. Lambers P.⁴)

1. Troisin —, maistre escheving 1220, 1³.
= sr. Troexins pb. ms. a Porte Mozele en la place et 22½ s. ms. au pont a Mozele et vg. an ban S. Julien 1227, 43.
enfans sg. Troissin, ms. (PM)   1241, 4.
2. 3. Rainbaut, f. sg. Wichart —,
t. au pont Thiefroit   1227, 14.
4. Thomas —, Colete f.,
ms. davant Ste Segoleine   1241, 1.
5. Boinvallin — :
Colin Colon et B. —, ms. (PS) 1241, 175.
6. 7. sr. Pieres, f. sg. Rou,
pb. ms. en Waranclous (PM)   1241, 134.
= sr. Pieres —, ms. sor lo fossei et ms. en Possalruele (OM)   1245, 187.
pb. 21½ s. ms. et chak. en Stoisei 1245, 168.
cens en Saunerie   1245, 169.
pb. chak., manantie, vg. (OM), vg. en Dailles, manantie desoz l'Orme 1245, 228.
pb. ms. sor lo fossei outre Mosele, 15 s.

---

¹) *Daß die* Drowas *Nachkommen von* sg. Druwe — *sind, geht mit Sicherheit aus dem Verkauf des Hauses* ancoste Garsiriat Poterel 1275, 278, 1288, 108, 1290, 285 *hervor; und daß die* Lambers *Nachkommen von* sg. Lambert — *sind, ist mindestens sehr wahrscheinlich wegen ihres Besitzes in der* mairie de Porte Moselle *und wegen der Ankäufe neben dem Hause von* Adan le tepenier 1262, 295, 1279, 346, *seines Hanses selbst* 1267, 170 *und des Hauses seiner Frau* 1293
⁷. *Dazu kommt, daß die Frau von* Witier Lambert *den seltenen Namen* Claradine *führt, wie die Mutter von* Guiot de Porte Muselle.

2½ d. ms. en Possalruele   1245, 229a.
pb. 12 s. ms. davant S. Leueir 1245, 229b.
8. Perrin, f. d. Nicole — :
sr. Nicoles d'Espainges pb. por Remion, son n., et por l'. voucrie don ban d'Espainges   1262, 172.
= Parins, f. d. Nicole, pb. 20 s. ens premieis chatels ai Espainges 1267, 385.
9. Doreit —, Briate f., fm. Thiebaut de Moielain   1279, 103.
10. sg. Hanri —,
ms. en Rimport   1269, 41.
11. Drnat —
et Aubri Clarembaut, ms. eu Rimport acensi a   1245, 159.
— Drowat. ms. anc. l'ost. Garsiriat Poterel (PM), aq. Collin Drowat 1275, 278.
— Drowat, avieul Colignon Drowat d'Aiest, ⅓ ms. anc. Guerceriat Poterel
= sg. Druwe —, ⅓ ms. erreis [1290, 285.
ms. Gairciriat Poterel   1288, 108.
12a. d. Claradine
pb. 3 jorn. de t. ar. devant les Bordes outre Mosselle et un tries en la Donnowe desor Mosselle   1262, 384.
= d. Claradine pb. 14 jorn. de t. ar. outre lo pont Thiefroit   1245, 163.
pb. 3 jorn. de t. ar. sor lou chamin des Bordes entre les suens chans   1251, 160.
pb. ms. (OM) et vg. ou Rowal de Freires 4 s. ms. en Chambres 1269, 363. [1251, 247.
12b. Guios —, f. d. Claradine —, v. 1. Guios P.
13. Jennis Claradine
pb. gr. enson sa ms. (PS)   1241, 16.
=? Jennin Clairadine, en lai Halte Sanerie anc.   1290, 20.
= Jehans Clairadine pb. 35 s. ms. an Rimport   1279, 10.
a Porte Muzelle antre ms.   1288, 111.
ait laiet ms. an Franconrue   1288, 512.
15. sg. Lambert —, v. I. Lambers P.
Portesal, Aeliz fm.   1220, 3.
de **Porte Serpenoise** (v. IV. Mes).
P.¹)

---

¹) *Ben. III, 151 (1190)* Ancelmus de Porta Serpentina.

23*

de **Porte Serpenoise**

1. sg. Huon —,
ms. ou il menoit (PS) 1227, 19.
..... — parmei 11 d. de c. as signors de
Marley 1262, 212.
2. Ferrions —
pb. ms. ensom lui (PS) 1251, 23.
= sr. Ferris, vg. en Malemars 1262, 167.
= sg. Ferrit —, ms. ke fut (PS), venue a
Jennat de la Bairre de pair Lekate, sa.
fm. 1278, 497.
devant l'ost. sg. F. — † (PS) 1277, 311;
Colignon de Merdeney n. 1290, 306. [1281,21.
Amee, f. sg. Ferrit — †, er. a Mairuelle
doneit a la chieze Deu des Proicherasses
dou pont Thiefroit 1277, 293.
3. Hanrias, f. sg. Ferri —.
pb. er. ou jardin a Mardeney daier lo molin
Hanriat meimes 1269, 50.
ms. ke fut (PS) 1277, 63.
= Hanrias, f. sg. Ferri pb. 1½ meu de vin,
une gelinne et quan que a Merdeney ou
jardin daier lo molin 1267, 208.
= Hanriat Ferrit 1278, 116; † 1279, 256;
4. Ferrit, f. Hanriat Ferrit †, [1285, 368.
er. ou ban de Mairuelles 1279, 256.
et Howignon, son srg., t. a Pairuel (PS)
4. 5. Ferrit et Yzaibel et [1285, 368.
Perrin, anf. Hanriat f. sg. Ferrit —,
ms. ke fut lor p. 1277, 63.
5. Yzaibel et Perrin, anf. Hanriat
Ferrit, ms. (PS) 1278, 116.
6. Jennas Ferris
pb. er. de pair Jaigin et d. Aileit, sa fm.
vg. outre Saille en Bachieterme [1278, 381a.
doit c. 1290, 70¹¹.
= Jehan Ferrit, ms. an lai rue S. Vy 1288.
Katherine, fm. Jennat Ferrit †, [181.
7 s. ms. en lai Halte Sanerie 1290, 20.
6. 7. Jennas Ferris
pb. er. escheut a Simonin, son fr., de pair
Jehan Jaigin et d. Aileit, sa fm., et er.
de pair sg. Symon de Hombour, son
o., aq. a Simonin 1278, 381b.
6. 8. 9. Jehans Ferris et Colins fr.,
pb. teil partie com Ferris, lour fr., avoit
an 12 s. 2 st. en la halle des tainours
ou Champ a Salle et d'er. a S. Auol et d'er.
ou ban de Malvileirs et ou preit d'Alte-
wilre 1281, 72.
10. Martignon —, 9 d. ms. (PM) 1251,
antor vers ms. M. — (PS) 1262, 171. [182.
atour de la rue M. — (PS) 1267, 347.
ensom la vg. (PS) 1267, 381.
ensom l'ost. (PS) 1269, 256.
en Borguignonrowelle entre meis M. — (PS)
d. Guepe, fm. Martignon — †. [1277, 99.

---

de **Porte Serpenoise**

1 sg. Huon — 1227
?

2 Ferrions — 1251 [1250 SM]   ?
= sr. Ferris — 1262, † 1277   Colignon de Merdeney 1290

Amee 1277   3 Hanrias 1267/69   6 Jennas Ferris²)   7 Simonin   8 Colins   9 Ferris²)
= Hanriat Ferrit † 1279   1278   1278   1281   1281

4 Ferrit   Yzaibel   5 Perrin   Katherine   sg. Simon de
1277/85   1277/78   1277/78   1290   Hombour o.
Howignon   = Jehans Ferris —
srg. 1285   1281/88

10 Martignon — 1251/69, † 1281 ⌣ d. Guepe 1281
11 Colignon 1278 =? Colignon de Merdeney n. sg. Ferrit — 1290
= Colin Mertignon 1278
= Colignon Mertignon 1278/88, maires de PM 1293

²) *Dass* 6. 7. 8. *und* 9. *Söhne von* sg. Ferrit de Porte Serpenoise *sind, ist nur eine Annahme.*

er. a Pumeruel et ou ban et a Apilley et ou ban 1281, 432.
11. Colignon, f. Mertignon —,
ms. outre Saille, gr. enc., 21 s. 2 ms. ou Waide 1278, 513.
= Colin Mertignon, 4 lb. 5 s. moins ost. a la Posterne, 30 s. ms. a tour 1278,
= Colignon Mertignon, tavle a [89. Nues Chainges 1278, 96.
18 s. ms. an la droite rowe de Porte Serpenoize 1279, 455.[1])
20 s. ms. an la droite rowe de Porte Serpenoize 1279, 479.
ms. ke fut C. M. an la rowe lou Voweit 1281, an la voie de Chamenat deleis C. M. [98. (PS) 1285, 62 II, 24.
anc. lo Colignonpreit Mertignon an l'ille desouz Pumerues 1285, 209.
meis an la Rauine (PS) 1285, 182.
pr. a Flurey ou ban Ste Glosenne 1288, 213a.
vg. outre Saille 1288, 445.
14 s. vg. outre Saille 1288, 493.
maires de Porte Moselle 1293, 183*.
Poscant, Howignon, de Lescei, Androwas f. 1298, 585.
lou **Poscant** de Lescey, enf. 1278, 202.
Jennat, Stenenin, Domangin les 3 f. 1277, de la **Posterne** (v. IV. Mes). [445.
P.
1. sr. Mateus —,[2]) fr. Garsire Gaillart (v. Gaillairs).
ms. (PM) 1227, 11.
2. sg. Gobert —,[2])
ms. a la Posterne 1262, 363/366. [364.
ajuel Colignon et Jaikemin Fackol 1262,
ajuel Thieriat et Thiebaut Gemel 1262, 365.
Potairt, Poensignon, Lowiat f. 1279, 436.
Pote, Perrin 1241, 135.
Poterel v. Poterelz, Poterelle.

Poterelle 1267, 1269, 1277/1279, Poterel 1269, 111. (v. Poterelz).
d. Colate —,
gr. en Franconrue 1267, 463.
vg. ou mont S. Cointin escheute por la datte C. — 1267, 515.
10 s. gesent outre Muselle ost. d. C. 1269,
ms. en Saunerie 1269, 171. [111.
d. Clemance — (= Climansate, f. Garsire Poterel), 14 d. t. en la voie Ste Creus (OM) 1278, 609.
Mariate —,
vg. et ms. outre Muselle delivreit en plait ms. en S. Vicentrue et vg. en [1277, 162.
Felieres 1279, 158.
Poterelz 1278, Poterel 1245, 1269/1293, Pontserel 1262, Poutrelz 1293, Poutres 1227. (v. Poterelle).
Guerceriat —, f. Hanrit Lukin †, 1290, 135,
v. Luckins. [408; 1293, 294.
P.
1 Abert — 1245
2 Garsires — 1227

Climansate = d. Clemance Poterelle
1262, 1269   1278
?

3 Garsirias — d. Poince   4 Vguignon
1275/1290   f. Watier   1278
= Garsserias   Bellegree
de la Plasse 1278 1281, 1290
Merguerite 1288

5 Watier =? Watrins — de S. Clemant
1288   1293

d. Colate Poterelle   Mariate Poterelle
1267/69   1277/79

1. Abert —,[1])
ms. ou Champassaille doit 25 s. 1245, 27.
2. Garsires —
pb. ms., gr., 2 ms. ason la Menoe 1227, 32.

---

[1]) *De Wailly 205 (1279)* = *Bannr, I, LX.*
[2]) *Voigt, Jahrb. V, 7 Anm. 2 (1204)* Testes ... Gobertus de Posterna ... Matheus de Posterna ... omnes scabini.
De Wailly 2 J, A (1214) Li nons des escheving .... Goubert de lai Posterne ... Maitheu de lai Posterne.

[1]) *Prost IX, 1226* la maison signor Rembaud lo chivalier a S. Juliayn doit VII d. de cens a S. Clemant et II chappons a Aubert Poterel.

Climansate, f. Garsire (v. Poterelle),
ms. (PS) 1262, 132.
ms. en Pousalruelle 1269, 293.
  3. Garsiriat —,
anc. l'ost. (PM) 1275, 278; 1290, 285.
arreis ms. (PM) 1288, 108.
50 s. ms. G. — anc. ms. lou preste de S.
  Ferruce 1278, 18.
ms. ke fut G. — anc. l'ost. lou preste de
  S. Ferruce, aq. Merguerite, f. G. —, 1288,
= G. —, j. Watier Bellegree, 70 s. [336.
ost. an la plaice a Porsaillis 1281, 229.
= Garsserias — de la Plasse pb. tavle
  ens Chainges et vg. outre Saille 1278, 546.
d. Poince, fm. G. —, ms. eu Romesale
  pris a cens de 1290, 92.
  4. Vguignon. fr. G. —,
tavle ens Chainges et vg. outre Saille 1278,
  5. Watier —, [546.
(vg.) daier S. Andreu anc. 1288, 447.
=? Watrins — de S. Clemant, vg. en IIII
  Queles 1293, 46.
devant S. Mamin anc. chak. — 1288, 30.
anc. chak. — 1288, 175.
Potiers, Potier 1251, 1267, 1279, 1290, 1298,
Pottier 1298, Petier 1277.
Hanrias — 1251, 29; 1267, 33, 197.
Hanrion — 1298, 61.
  Yzaibel fm. 1277, 244.
  Thomessin et Odeliate enf. 1279, 388.
Jaikemin — 1290, 203; 1293, 90b, 485.
Potion, Cunnin —, ms. a Vy 1262, 382.
Thieriat — de Nonviant 1275, 256.
Pottier v. Potiers.
Potut, Felipin 1278, 370⁴.
Poubele v. Pobele.
Pouchas, Pouchat, Pouchet v. Peuchas.
Poujoizes 1285, 1293, Poujoize 1278, 1279,
1285, 1290/1298, Poujoise 1267, 1275, 1281,
Pouioise 1251, 1269, Poioise 1245, 1269,
Poujoze 1275.
  2. — f. Willemin lou voweit de Maigney †
  3. sg. — preste de Siey f. — [1290, 466a.
  Colon 1290, 259.
  4. — Colon, — Truillairt.
  5. Vguignon — (v. Colons P. 11) 1298, 527⁴⁵.
  P.
1 Cunat — 1245

2 Symonins — 1251[1]) [1250 J]
= sg Simon † 1278
Ailexate = Aileis   3 Poincignon —
  1278   1279   1269
d. Sophie — 1267   5 Gillas —
4 Arnous — 1267. † 1298[2])   maires de PS
   1293
6 † Bietris f. Jehan Hennebour
  1281 = Bietris — 1290/93

  1. Cunat —,
ms. en Pucemagne 1245, 185.
  2. Symonins —
pb. 3 ressaiges de maisons en Hembercort
= sg Simon — †, Ailexate f., [1251, 178.
  er. sg. Matheu d'Erkancey 1278, 233.
Aileis, f. sg. S. — †, ait doneit as Proi-
  cherasses vg. outre Saille 1279, 488.
  3. Poincignons —
pb. ms. ou Manil a Lassey 1269, 533.
12. d. ms. au pont des Mors 1267, 138.
  4. Arnous —
pb. por lui et d. Soffie, sa m., 27 livrees
  de t. assis a Retonfay en l'awe de Mos-
  selle por l'eschange de Lustremanges 1267,
pb. kaut ke a Aies et en [310 = 1267, 435.
  Tramerey et a Anerey et en buns 1275, 21.
awe entre Alexey et Malleroit partet a
  Arnout — 1285, 345.
an la fin de Malleroit anc. lou champ
  Arnout — † 1298, 357a.
d. Sophie — (v. 4 Arnous)
pb. 22 s., 10 ½ s., 10 ½ s. t. en Beluoir 1267, 36.
pb. 12 d. ms. au pont des Mors 1267, 138.
  5. Gillas —, maires de PS 1293, 1*.
  6. — †, Bietris fm., s. Vguignon Henne-
  bour, er. (PS, OM) 1281, 61 = 148.
= Biatrit, s. Vguignon Hunebor, vg. ou
  ban de Siey 1279, 594.

---

[1]) *De Wailly 48 (1225)* Jakes eveskes de
Mez doit 200 livres a Simonin Poujoise
citein de Mez.

[2]) *Bannrollen I, LXVI, 17. Schreinsbrief*
= *1285, 309.* De cest plait et de ceste
delivrance fut maires Thiebaulz Gerars et
Arnoulz Poujoize eschavins.

I. Personennamen   359   **Poulain**–lai **Prinsiere**

= Bietrit —, atonr dou Waide anc. l'ost.
= d. B. —, f. Jehan Hennebour†. [1290, 426.
 pr. var Pertes, t. en lai fin de Maigney,
 t. en lai crowe c'on dist S. Laidre en lai
 fin de Mes   1293, 508¹⁵.
Poulain 1275, 1279, 1281, 1290, Polains,
 Polain 1262.
Colins —   1262, 391 b.
Poinsignon — 1275, 107; 1281, 84.
 lou Roucel d'Airs (PS) 1279, 257.
 d'Airs, Colin fr. 1290, 414 b,
Steuenin —   1262, 177.
Poullon, Symonat 1281, 476.
li **Poullus** v li Pollus.
la **Poulue**, Pauiate 1277 80.
Pouraie v. Porree.
Pourel, Pieresson, Aubertins de S. Arnol f.
Pourrate, Steuenins, boulan- [1269, 510.
 giers 1288, 167; 1298, 282.
Poutrelz, Poutres v. Poterelz.
Pouxenas, Renalz 1298, 439.
Pouxenate 1267, 1278, 1293, Poxenate 1290,
 Poixenatte 1251, 1267, Poixonnate 1269.
  1. —, ms. (OM) 1251, 240.
  2. — de Jerney 1278, 338.
  3. Jennas permantiers maris — 1293, 167.
 Jennas maris — la vieceire 1290, 508.
  4. d. — auuele Poincignon Barnaige 1269,
 = d. — m. Thiebaut Blanchart 1267, 171. [250.
 = d. — sure Thiebaut Lambert 1267, 145.
Pouxerainne 1275, Poxerainne 1298.
 Gerardins — bolangiers 1275, 294.
 Jennat —, Willames bollengiers j. 1298, 578.
Pouxon.
 Jaikemin —   1275, 300.
 Garsat — de S. Julien 1277, 174.
Poxenate v. Pouxenate.
Poxerainne v. Pouxerainne.
Poxerel, ost. en la rue lo Voweit 1275, 506.
Poxerelle, Poinsate, Colate s. 1298, 330.
la **Poxerelle**, d. Poince 1298, 652.
Praielz, Jaikemins, de Rixonville 1298, 579/
lou **Praige**, lou Praigue 1293. [581.
Ferriat f. —   1290, 298¹⁴.
Jennin — de Villeirs a l'Orme, Ferriat f.
       1293, 20.
dou **Preit**, Hawit, de Pertes 1298, 545.
Jofrois — vieceirs 1293, 319.

lou **Preixiet**, Weirion, Odelie fm., et sui
 enfant   1290, 384⁷.
Premey, Pieresons 1278, 359, 669.
lai **Preseire** v. lai Prinsiere.
li **Prestes**, li Prestres (v. II. li prestes).
[Burtignous li Prestres 1250 C]
Clemignons — de Vallieres 1279, 13.
 c'on dist — de Vallieres 1288, 325.
Poensignons — f. sg. Howon Gracecher †
 v. I. Graicecher 10.
Preuostels, Preuostel 1277, 1279, 1285/90,
 Preyotez 1269. v. II. lou prevostel.
  P.¹)
ms. a Porsaillis doit 40 s. dont on redoit
 aier 4 s. as pucelles de lai Vigne S.
 Marcel a lai fille — 1290, 488a.
  1. A b u r t i n —,
a S. Julien ms. ke fut 1277, 169.
  2. A n c i l l o n — †,
daier S. Ilaire a pont Renmont anc. ms.
  3. J e h a n, f. Ancillon — †, [1288, 324.
ms. daier S. Hylaire (PM) 1290, 297.
  4. D o m a n g i n — de Ste Rafine,
vg. a Ste Rafine   1279, 303.
pb. vg. a Ste Rafine, vg. ou ban de Rouze-
 rueles, ms. anmei la ville de Rozerueles
  5. J a i k e m i n — ²), [1288, 98.
davant lou pont des Mors anc. t. J. ou ban
 S. Martin   1288, 240.
=? Jaikemin, avelet lou —, ms. an lai ro-
 welle ou Tombait doit 3¹/₂ s. 1293, 388.
  6. J e n n a s —,
partie en 2 ms. (PS) 1269, 107.
  7. 8. P i e r e l, f. J e n n i n — de Macleue,
t. ar. ou ban de Claivine (PS) 1285, 243.
lou **Prince**, Jennat, d'Arnaville 1298, 642.
lai **Prinsiere** 1298, lai Preseire 1293. ²)
Merguerate — de Frontigney, Gerairs f. 1298,
Gerairs et Martins, enfant — de Fron- [557.
 tigney   1293, 546.

---

¹) *Prost LIII, 1262* ... mis en waige tout
ceu k'il ont an la disme de Mondelanges a
Jaikemin Preuostel, citain de Mes, por
30 lb. de met. ke il lour ait presteit.
²) *De Wailly 350 H (1297)* Jenel lou
prinsier.

Prions–dou Pux

Prions 1288, Prious 1285.
— d'Ansey 1288, 499.
— de l'Aitre d'Ansei 1285, 96.
Priuelt, preste 1281. 159.
Prodomme 1275. Pordom 1251.
— meutier 1251, 128.
Jennat — m. Clemensete la f. Benoitin Quaremel 1275, 486.
lou **Prodomme** 1293, lou Proudomme 1298, lou Prodome 1269 *(Eigenname oder Amtsbezeichnung?)*
en Vals enc. la ms. c'on dist — 1293, 170¹.
Jehan — de Franconrue 1298, 195.
Othenat — 1269. 546.
Prouancels 1298, li Prouancels 1293, lou Prouencel 1281. (v. II. li provancels).
Jaikemins · de Chastels 1281, 110; 1298, 613.
Jennas — de Senerey 1293. 335.
Proueis, Proueit.
Lowiat — 1290, 539.
de Franconrue 1290, 505.
lou **Prouencel** v. Pronancels.
li **Prune,** Jaikemins 1298, 527⁴⁰.
Pugnat, Willimin 1251, 227.
Puignant.¹)
Jakemin —, Colignon (Blaucars 1298, 316) son fr. et Ysabel sa s. 1298, 815.
Ysabels Blancars li Vadoize s., Weberate fm. Jakemin — 1298. 817.
dou **Puis** v. dou Pux.
Puitaise, Colin, bolangier 1269, 355.
dou **Puiz** v. dou Pux.
Puligney (v. IV).
Ancillons — de S. Julien 1275, 320; 1285,
Pullekel, Jennat 1279, 496. [11.
Puriepoure, Hanrias 1245, 79.
Puris, Purit 1245, 1279, lo Purit 1245, 3.
Arnolt — 1279, 137.
Jakemins — 1245, 3, 17.
Pusin, Colin 1290, 866.
Putaires, Putaire.
Piereson — d'Airei 1298, 479. [445, 490.
Piereson — de S. Clemant 1293, 515; 1298,

la **Pute,** Weriat 1251, 108.
Putefins, Jennas, de S. Piere 1298, 64a.
Puteveuwe 1288, Putteune 1241.
Piericeon — 1241, 46.
Thiebaut —, Pierairt, Thieriat, Colignon enf. 1288, 450c.
dou **Pux** 1275/79, 1288/98, dou Puix 1267/ 1275, 1281, 1288, 1293, dou Puiz 1269, dou Puis 1227/62.
d. Becele ·· 1227, 60.
Burtemin —, Renaudin j. 1290, 139.
Garsat — 1251, 8.
Howenat — (v. Poencignon —) 1290, 533.
de Franconrue 1293, 606. [286, 430.
Lowyat —, Jakemin f. 1269, 143, 544; 1275, l'oencete · . a Bertremin lo f., et a sa fm. et a l'oincete et Biatri ses 2 f. 1245, 245.
Poensate —, Alixate et Ysabel f. 1267, 163.
Poencignon — 1267, 265.
Howenat f. 1278, 217; 1279, 588; 1293, 600.
Renalt —, Jakemin avelet 1279, 80.
Renuaudin — 1245, 10.
Richairt — de Malleroit †, Jaikemin f. 1298, 7.
Hawiate f. 1298, 357b.
Roillon — 1262, 419.
Thieriat — d'Ars (OM), Piereson f., et Ailison sai s. 1278, 595.
Werion —, Cunin f. 1277, 396.
Poinsate f., et sg. Bertran son o. 1288, 106. P.¹)
Nicholes - -, maires de Porsaillis 1241, 1*.
= sg. Nicolle —, Colignon Bouton aivelet ·1281, 269.
= Colins — pb. ½ ms. ou il maint 1241,156.
16 s. geisent sus ms. ke fut (a la Posterne) 1278, 501.
32 s. geisent sus l'ost. ke fut (PS) 1288, 403².
a lai Pousterne antre . . et ms. ke fut 1293, arreis vg. (PS) 1251, 194. [82.
Clomenson, fm. Colin —, ms. ki fut C. 1251,26.

---

¹) De Wailly 166 (1275) = Bannr. I, LVI, 4. Schreinsbrief Poincignon **Puigni,** srg. Wairin de S. Simphorien.

¹) Wer oder ob überhaupt einer von den vorher aufgezählten zu der Patrizierfamilie dou Pux gehört hat, läßt sich aus den Bannrollen nicht bestimmen.

Q.

Quadit.
Colin —, Clomansate f. 1279, 205; 1281, 404.
la **Quaile** v. li Quaille.
Quaille 1269, 1277, Qualle 1279. v. Coille.
Jakemin —[1])   1279, 24.
  Margueronz fm.   1269, 231.
  Marguerate fm.   1277, 38.
li **Quaille** 1262, laQuaille 1278, la Quaile 1293, 1298, la Qualle 1241, 1293.
—, lou fil   1293, 656.
Gerardin — de Tichiemont 1278, 308.
Huyns —   1262, 398.
sg. Jehan —, Alardin de Noweroit avelait
Maiheu —   1298, 268. [1293, 587.
Werion —   1241, 146.
Quairemel v. Quaremels.
Quaitremaille v. Quatremaille.
[**Qualabre** 1250 OS] v. Calabre.
li **Quallais**, Weirias, de Vals, et Colignons
  ces fr.   1293, 599.
la **Qualle** v. li Quaille.
Quaradel et Androwat fr.   1262, 341.
Quaraule v. Musiquaraule.
Quaremels, Quaremel 1241, 1245, 1262, 1267, 1275, 1277, 1290, 1293, Quaremelz 1285, Quairemel 1290, Quaremes 1275, Quarisme 1275.
Andrewas — 1290, 536; 1293, 119; 1298, 670.
  Thierias Quatremaille j.   1290, 549.
Benoitin —, Clemansate f., fm. Jennat Prodomme   1275, 486.
Burteignons — 1267, 45, 212; 1277, 232a.
Jaikemins — 1245, 129; 1262, 166; 1267, 411; 1275, 55, 486; 1285, 79; 1290, 69.
Poincignons —   1241, 25, 167.
  Mergueron dou Nuefchaistel f., et Yzaibelz sai **¿**   1290, 169.
Quares, ost. (PS)   1275, 389.
Quarisme v. Quaremels.
Quartal 1298, Quertal 1298.
— de Chaistelz †, Jaikemins fill. 1298, 80.

---

[1]) *Ben. III, 165 Anm. (1205)* dame Soibor doit a Jaikemin Quaille VI 16. de met. *etc.*

Jaikemins li taneires fill. et Sebeliate
  sai fm.   1298, 167.
Quarterons, Quarteron.
Goudefrin — de Montois   1277, 283.
Johan —   1241, 5.
  Vilein f.   1241, 4.
Vilains —   1278, 577.
  Lorate fm.   1279, 561.
†, d. Lorate fm.   1281, 157.
Quatremaille 1281, 1285, Quaitremaille 1281.
Colin —   1285, 393, 396.
  de S. Clemant   1281, 491.
Thierias — j Androwat Quaremel 1290, 549.
  muneirs   1281, 371.
Quentin, Gerairt, de Pontois 1285, 394.
Quequier, Jennat   1281, 10.
Quertal v. Quartal.

R.

Rabairs 1277, Raibay 1279, Raibairt 1288.
Colignons —   1277, 43; 1279, 222.
  de Hulouf   1288, 438 b.
Rabiere 1267, Raibiere 1288.
— fille Willermin Bazin 1267, 420.
Piéresons — de Siey   1288, 548.
Rabowans, Rabowan 1267, 1277/81, 1288/98, Rabowant 1281, Rabouwans, Rabowans 1279, Robowans 1277, 90, Rabouans, Rabuan Robauan 1269, Raboans, Raboan 1241/51, 1267, Roboan 1281.
1. Maithais j. — (v. 5)   1281, 8.
2. — f. Hanriat de Chacey   1293, 524.
4. — fr. Ferriat Chielairon   1279, 283.
— fr. Thiebaut Domal   1281, 243.
— Domal   1288, 85.
5. Jehans — f. Burtran Domal 1290, 351.
Abertin —[1])   1298, 666 [6, 9], 667 [4, 7].
Colin —[1])   1298, 666 [11], 667 [9].
Maithias —[1])   1298, 61, 422a.

---

[1]) *Ob Abertin, Colin und Maithias der Patrizierfamilie zuzuzählen sind, ist zweifelhaft. Rabowan war Vorname und kann Zuname verschiedener Familien geworden sein.*

P.
1 Willemins ‿ Merguerous
   1241/45   1251
2 Nicole — 1241, † 1245
$\overline{\text{Sairiate 1245}}$ Wichars li Jas
   $\overline{\text{fille}}$ j. Nicole — 1269
3 Balduin — 1245
4 Jakemin — 1245/67
= sg. Jaike — † 1281
5 Jaikemins — 1269/90

6 Garsiliat — 1267
= ? Garsat ‿ Wiborate f.
   1269/98   Nicolle Mairasse 1277, 1290

7 Arnouls ‿ Kaitherine   8 Jehan —
   1298   1298   1281, 1298

1. Willemins —
pb. ms. et gr. (PS)   1241, 26.
Colins Bazins et Willames — pb. por Sairiate, f. Nicole — †, et por sa f. 8 s. ...
   ms. (PM)   1245, 13.
Merguerous, fm. Willimin —, pb. ms. vers les molins dou Champ Nainmerit
2. Nicole —,   [1251, 49.
ms. daier S. Simplise ki fu   1241, 90.
Sairiate, f. Nicole — †. (v. 1.)   1245, 13.
Wichars li Jas, j. Nic. — †, er. ou ban de Joiey   1269, 445.
3. Balduin —,
gr. daier S. Simplize   1245, 108.
4. Jakemin —,[1])
davant l'ost. (PS)   1245, 105.
vg. en Rollantmont que fut   1267, 373.
= sg. Jaike — 1281, 327, † 401, 540, 541.
5. Jakemins —[1])
pb. vg. et t. en Corchebuef (PS) 1269, 466.
pb. vg. en Sourelz, vg. en Cortis, a Champ, en Orkes. devant lou molin de Valieres, 7 s. meizes sus lou rut de Vallieres, vg. deleis les meizes   1278, 421. [489.
pb. ms. ensom ms. Aburtin Galliot (PS) 1278,
pb. 5 s. ms. en Hulouf   1278, 569.
pb. ¹/₃ ms. et ¹/₃ tavle a Nues Chainges 1279,
pb. vg. et 6 s. 1 d. moins ou ban de [107.
   Juxey   1279, 575.
Abertins Gallios pb. ms. anc. lui, k'il eit en waige de J. —   1281, 36.
= Jaikemins, f. sg. Jaike — (†),
pb. ¹/₄ er. ou ban de Wapey, Turey, Staples, ¹/₄ vg. en Ferrecort desoz Siey, ¹/₄ vg. ou ban de Chastels, ¹/₄ er. et ¹/₄ des 24 s. (OM)   1281, 327.
pb. vg a chafor desoz Nowesseville 1281, 401.
pb. ¹/₄ ms. outre Salle   1281, 540.
pb. 12¹/₂ s. ms. a pont a Porsallis 1281, 541.
= Jakemin —, 6¹/₂ s. (OM)   1288, 540.
vg. as Chans desour Vallieres   1290, 12.
6. Garsiliat —,
¹/₄ vouerie de Coincey   1267, 416.
= Garsas —, meiz a Maiserei 1269, 219.
pb. signeraige de Bamey, kant ke en pr. boix, t., homes, femes   1277, 2.
chakeur en Maizelles   1277, 4.
er. a Colanbeirs de pair Wiborate, sa fm.
                                   1277, 90.
j. Nicolle Mairasse †, Symonboix (PM)
7. Arnouls. f. Guersat †,   [1290. 334.
er. a Bamey et en tous les bans 1298, 412a.
et Kaitherine, sai fm., ¹/₂ ms. daier S. Eukaire   1298. 444b.
8. Jehan —,
7 s. ms. (PS)   1281, 507.
= Jehan, f. Guersat — †, er. a Bamey et en tous les bans   1298, 412b.
Rabusteis 1251, Rabustel 1251, 1262, Raibustel 1281/1288.
Jakemins —   1251, 93, 201; 1281, 193.
et Symonin fr.   1251, 102.
Poinsignon j. J. —   1262, 273.
cort (c'on dist) — v. IV. Mes, Staixons.
Rafals 1275, Rafalz 1277, 1278, Rafal 1279, Rafalt 1290, 1298, Rafaus, Rafaut 1269/78, 1281, 1285, Raffalz, Raffal 1281, Raifalz. Raifal 1285, 1290/98.
P.[1])

---

[1]) *Vater und Sohn* Jaikemin *sind kaum zu unterscheiden; zwischen beiden ist mit den Jahren 1267 und 1269 nicht ohne Willkür die Grenze gezogen.*

[1]) *Ben. III, 226 (1282)* de Porte Muzelle Theirias Raifal Treze.

I. Personennamen 363 **Rafals—de Raigecort**

1 Thierias — (d'OM) 1269/90, † 1298
A͞nel   Symonat Groignat j. Th.
1298   1285
              ?

2 Jehans — 1275/93   3 Bertadon Roucel
maires de PS 1285   ┌──────────────┐
                     4 Perrin 1281
5 Lowias — (de lai Chenal)
   1290/98

—, en Franconrue devant l'ost. 1278, 183.
1. Thierias —
et Pierons, f. Giraldon, pb. er. 'ou⁼ban de Lascey et de Chastez   1269, 151.
a Longeuille anc. Tir. — (vg.) 1278, 174.
pb. meiz ontre Muselle anc. sa ms. 1281, 129.
pb. partie an la chanbre anc. l'ost. Th. — et corcelle anc. et la moitiet dou mur antre la chanbre et la ms.   1281, 149.
Symonat Groignat, j. Th. —   1285, 150.
sus Willerey ou ban de Talanges anc. pr. (OM)   1298, 666¹⁰, 667¹⁴.
= Thierias — d'Outre Moselle pb. vg. sus Moselle   1290, 1.
Anel, f. Tieriat —†. 5 s. ms. en Furneirue   1298, 647.
2. Johans —
pb. vg. a Chenne (OM)   1275, 85.
pb. vg. en Werimont (OM)   1275, 264.
Jennas Bataille et J. — pb. 20 s. ms. en Stoixey, 10 s. ms. a la rive as Poxons, 3 pairs ms. (PM), ¹/₄ grant ms. en la plaice en Rimport   1277, 235.
„ pb. 20 s. ms. davant S. Mamin, 20 s. ms. daier S. Eukaire. 4 s. ms. en Visignuel   1277, 368.
pb. kant ke a Silleirs et ou ban   1278, 43.
pb. kant ke a Nowilley et ou ban, en la droiture de Choibey, 2¹/₂ moies de vin u chaistelz   1278, 44.
et Coliguons Sodas et... et... et... pb. er. ou ban de S. Julien   1278, 428.
Jennat Bataille et J. —, ¹/₄ ms. en la plaice en Rimport. ms. en Stoixey, ms. daier S. Hylaire   1279, 204.
pb. ms. daier S. Jorge   1281, 336.
maires de Porsaillis   1285, 1*.
ms. davant S. Jorge   1290, 246.

vg. sus Moselle   1293, 10b.
3. 4. Bertadon Roucel, fr. Jehan —, et Perrin, f. Bertadon.
ms. daier S. Jorge   1281, 336.
5. Lowiat —.
en lai Chenal anc. l'ost.   1290, 373.
ou clo S. Clemant anc. vg.   1290, 389.
ms. et meis en lai Chenal anc.   1298, 48.
L. — ke maint a lai Chenal outre Saille. t. daier S. Andreu   1293, 457.
L. — de lai Chenal pb. vg. en Waistenoy (PS)   1293, 242.
Rafine, Colins   1285, 95⁶.
de **Ragecort** v. de Raigecort.
Raiat v. Raijat.
Raibay, Raibairt v. Rabairs.
Raibaut v. Rembalz.
Raibeuf v. Raibues.
Raibiere v. Rabiere.
Raibor, Custignon, de Dornant 1298, 129.
Raibues 1288, 1293, Raibue 1285, 1288, 1293, Raibuet 1288, 116, Raibeuf 1288, 83. Perrins — 1285, 315; 1288, 22, 38, 56, 116; 1293, 8, 10, 22, 212.
Raibustel v. Rabusteis.
Raidenel, Jennin, †, Jaikemins f. 1290, 190.
Raieboix 1281/98, Raiebox 1279, 1281, 564.
Abriat —   1288, 268.
Goudefrin —   1288, 129; 1293, 427.
Renadins — (v. Thierion)   1298, 147.
confreres de la frarie des chadeleirs 1298.
Thierion —   1279, 331. [193.
†, Jenat f.   1281, 545.
Jacat, Renaldin, Seziliate enf. 1281, 355, 564.
— — †, Jenat f.   1281, 150.
Jaikas, Renadins, Sezeliate enf. 1285, 135.
Raienavel, Colignons, de S. Julien 1298, 13.
Raiepaxel, d. Odelie fm. 1279, 299. [391.
Jehans —   1279, 130; 1288, 236.
Raiepierre, Garssirion   1251, 241.
Raiesoche, ou Waide anc. l'ost. 1290, 89, 421; 1298, 90c.
la **Raietaille**, Yzaibel   1285, 365.
Raifalz, Raifal v. Rafals. [1290, 524, 537.
Raifes, Colignons, de Chazelles 1279, 539;
de **Raigecort** 1262, 1269/1279, 1285, 1288, de Raigecourt 1279, 1288, 1293, 1298, de Ragecort 1241, 1245, 1269, 1278/81, 1298. v. IV.

de **Raigecort–Raiguelenelz**

P.

1 sr. Philippes — [1250 PS][1])
 1241, † 1269 [m. e. 1243]

Marguerite   2 Jennins —   5 sr. Poinces —[3])
1269/81   = sr. Jehans —[2])   1285/98
           1245/85   [m. e. 1280]
           [m. e. 1264]
           ⌣ Merguerite 1293   6 Perrins
                               1298
3 Jaikemins —[4])   4 Thiebaus[5])
maires de PS 1279   1288/93
                    1288/93

7 Poencignons — 1262/69
= Poencignon — lou Gros 1269/85
= Poinse — ⌣ d. Aileit
 † 1288   1288
.... — pb. 4 ms. ensom son
ost. (PS)   1245, 181.
1. sr. Philippes —,
10 s. por l'eschange (PS)   1241, 74a.
d. Marguerite, f. sg. Phelippe — †,
pb. 2 ms. devant l'ost. les Prechors 1269, 302.
ms. davant les Proichors   1279, 336.
Jaikiers pb. por Jaikemin, son srg., et
 Marguerate, f. sg. Filippe —, ms. en
 Visegnues   1281, 261.

---

[1]) *Prost IV, 1221* Phelepins de Ragecort ait vesti Symon de Pairgney por l'aglize de S. Glossine.
[2]) *Ben. III, 234 (1289 a. St.)* sg. Jehan de Raigecourt.
De Wailly 355 (1297) et des VII pairs de lai cinquime (de l'argent dou pois) que demouret ... doit avoir ..... li hoirs lou sg. Jehan de Raigecort une.
[3]) *Ferry, Observ, sécul. I. fol. 279 (1280)* de Portsailly sr. Poinces de Ragecort Treze.
[4]) *Ben. III, 226 (1282)* Jaikemins de Raigecourt Treze.
[5]) *M. Bez.-A. S. Vinc. Ntrg. 1363 (24. 2. 1291)* Tiebaus de Ragecort ait les letres.
Dieser Thiebaus *ist zu unterscheiden von dem älteren* Thiebaut de Raigecort, *der 1241/42 Aman von S. Martin war. Bannr. I, LIV, 1 = 1241 136; M. Bez.-A. H 4107 (1242).*

= d. Marguerate, s. sg. Jehan —, pb. 6 lb.
2 ms. an Visegnues   1281, 91.
2. Jennins —
30 s. ms. a la clowere en Saunerie 1245, 70.
= sr. Jehans — pb. vg. et er. ou ban
 de Joiey   1269, 445.
vg. ou ban de Nouvyant   1269, 561.
ms. en Rimport   1279, 348.
pb. chak. a Joiey (v. 5. Poinces) 1285, 244.
3. Jaikemins — maires de PS 1279, 169*.
3. 4. Jaikemins, f. sg. Jehan — et
 Thiebaus, ces fr.,
pb. ms. et four dou Morier   1288, 223.
pb. por sai waigerie teil pertie com Thie-
 baus, ces fr., ait de pair d. Mergue-
 rite, lor m., en vg. en Chantecleirruelle
 sus lou Saneratchamin (PS) 1293, 558.
4. Thiebaus, f. sg. Jehan — †,
pb. t. en Granvigne, t. en Orpesse ou ban
 de Joiei, 5½ steires de vin   1298, 96.
5. Poinces —
pb. por lui et por sg. Jehan, son fr.,
 chak. a Joiey   1285, 244.
= sr. Poinces — pb. er. a Joiey ke muet
 des querteirs sg. Poinson   1298, 283.
6. Perrins, f. sg. Poinse —,
pb. vg. en Mabelionvigne (PM) 1298, 234.
7. Poencignons —
pb. 1 molin en la premiere teire des 12
 molins   1262, 144a
pb. 40 s. en lai halle des viesceis an Cham-
 bres   1262, 144b.
Nicole Brulcuaiche et ... et . . . et P. —,
 ms. (PS)   1269, 46.
= Poencignon — lou Gros, molin en la teire
 devant l'ost. Thiebaut lo Maor 1269, 198.
pb por la chieze Deu de Chaherei 1275,
  382; 1277, 63; 1278, 345.
pb. ms. d'Andrevals et meis 1278, 288.
= Poinces li Gros —, 10 s. en lai halle
 des vieseirs an Chambres   1285, 165a.
ait doneit 25½ s. a l'osp. ou Nuefborc 1285,
= Poinse — †, d. Aileit fm., 2 st. [200.
 en lai halle des draipiers en Chambres
Raignelons v. Rennillons.   [1288, 112.
Raiguelenelz, Raiguelenel.
Colignon — d'Outre Saille 1293, 522. [441.
Hanrias — 1290, 362, 444; 1293, 314; 1298,

Jennin — 1285, 214.
Raijat 1278, Raiat 1245.
—, ms. daier S. Esteine lo Depannei 1245, Piereson — † 1278, 297. [172³⁵.
lou **Raille**, Thiebaut 1279, 196, 369.
Raimbadin v. Raimbaudin.
Raimbat v. Rembalz.
Raimbaudin 1269, Raimbadin 1293, Rainbaudin 1262, Rainbadin 1278, Renbadin 1288, 1298, Renbaldins 1275, Rembaldins 1251.
1. —, ost. en la ruelle en S. Vinsantruc Clemant f. — 1288, 352. [1262, 86.
2. — berbier 1298, 38.
— bouchier, Jakemus f. 1269, 81.
— boulangier 1251, 67; 1269, 502; 1275, 237;
— fornier 1262, 164. [1278, 158; 1293, 123.
Raimbaut v. Rembalz.
Raimbort de Pertes 1275, 47.
Raimmonet v. Renmonas.
Rainbadin, Rainbaudin v. Rainbaudin.
Rainbat, Rainbaut v. Rembalz.
Rainillon v. Rennillons.
Rainmer v. Reinars.
Rainmonet v. Renmonas.
Rainmonins v. Renmonins.
Rainnare v. Rennaire.
Rainniers v. Renniers.
Rainnillons v. Rennillons.
Rainnous v. Rennolz.
Raipine, Jaikemin 1293, 501.
Thieriat — †, Richelat de Prays f. 1293, 561b.
Rais, Rays v. Rayx.
Rait, Jaquemin 1245, 69, 154.
dou **Rait**.
Becelins — 1251, 161; 1278, 370⁵.
Jaikemin f. 1277, 177.
Colignon — 1277, 413; 1279, 532; 1281, 554.
Poinsate et Mergueron f. 1285, 22, 149.
Colin — 1278, 626.
Jaikelo — 1293, 168, 181.
Raitexel, Jaikemin, munier 1298, 153.
Raivat v. Ravat.
Raivel, Howignon 1298, 160.
Raivetel v. Rauetels.
Rayx 1277, 1278, 1279, 1285, Raix 1288, Rais 1269, 1288, Rays 1277, 1293, Raiz 1251, Rayz 1269.

1. —, ost. en Bucherie (PM) 1269, 370.
—, les anfans 1251, 77; 1269, 364.
3. — olier 1288, 147.
5. Colate — 1277, 196, 235⁵.
seure Jenat Houdebran 1277, 226.
Colins — 1285, 534, 535; 1293, 155, 280, 231.
Hanriat et Katerine enf. Colin Moutat et Colin — lour srg. 1288, 65.
Domangins — 1251, 77; 1269, 378; 1279, 28.
Domanjat — 1278, 374.
Lambelins — 1278, 4.
Raixewin, Jennat, de Montois †,
Hanriat et Steuenin f. 1298, 485.
Hanriat et Steuenin et Ailexate anf. 1298,
Raiz, Rayz v. Rayx. [45.
Ral v. Roul.
Ralat (v. Rolat) lou prevost de Briey, Ysabels f. Mateu Bellebarbe fm. 1298, 646.
Ralz v. Roul.
Randon, Jehan 1293, 619.
Ransebacon, Jennat 1293, 58.
Ranvaillechien, en la Vigne S. Marcel ms. ke fut 1290, 514.
Ranuerdis, Pieres 1245, 98.
Raouls, Raoul v. Roul.
Raul v. Roul.
Raule v. Rave.
Raulz v. Roul.
Rauuille v. Ranille.
Ravat 1267, 1279. Rauat 1275, Raivat 1293.
Huyn —, anf. 1275, 183.
Jennat — 1279, 442.
d'Ansey 1279, 553.
Lambelin f. 1293, 70.
Lambelin — 1267, 356.
lou **Rauat**, Jaikemin, Abertin lou bollengier f. 1290, 132.
Rave 1275, Raule 1285.
Renbaut — 1275, 19; 1285, 14.
Rauetels 1251, Rauetel 1267, 1269, Rauetez 1269, Raivetel 1285, Raiuetel 1288.
—, Jehan aivelet 1288, 156.
Becelins — 1251, 217; 1288, 414.
†, oirs 1285, 386.
Poensate f. 1267, 400; 1269, 457.
Jennas — o. Poinsate 1269, 457.
Jenins — 1269, 107.
Rauille 1281, 1288/1293, Raville 1277, 1279,

Razeur–Reinbaut

1288, 1290, Ranuille 1269.
Thierias — 1269, 82; 1277, 280; 1279, 269.
  †, Merguerate fm., et sr. Weiris li prestes
  ces f. 1288, 118.
sr. Weiris li prestes f. — 1281, 448.
sr. Weiris li prestres f.Thieriat – 1277, 281;
  1290, 214, 446.
sr. Weiris — li prestes 1288, 511; 1293, 446.
sr. Weiris — et Collate sa n. de Vallieres
  1290, 105.
Razeur, Stenenin, de Ste Marie a Chene †
Razeure, Thiebaut 1278, 370⁵. [1278, 646¹⁰.
Reboliez 1241, 151.
Rekece v. Rekisse.
Rekens 1275/85, 1298, Rekeut 1298, Rekeu
1279, Rikeus 1269, 1277, 1288, Rikeut 1278,
1281, Recout, Rukout 1269.
  P.
1 Hanrias — 2 Piereson —
  1269/81 1269, † 1281
  ?
3 Jennas — 4 Poinsignons —
  1279/98 1285/88
= Jehans — j Stenignon Bellegree 1298
5 Jaikemin — †⌣ Perrate 1298

1. Hanrias —,
¹/? ms. (PM) 1269, 387.
pb. pr. en Plainne, ch. en Crusenascre(OM)1269.
pb. 12 jorn. de t. sus Pionfosseit, 3 jorn. [505.
  de t. en Loke ou ban d'Essey et de Turey
pb. 14 s. ms. en Bucherie a Porte [1275, 445.
  Muselle 1277, 177.
pb. 3 jorn. de t. ou ban de Turey enc. lui
  meimes 1277, 417.
a chief dezous Bucherie a Porte Muzelle
  enc. ms H. — 1278, 374.
pb. 3 jorn. de t. ou ban d'Escey 1278, 588.
pb. 2 jorn. de t. daier Chambieres 1279, 159.
pb. 4 jorn. de t. a Poucel deleis Wapey
  1279, 160.
pb. 5 jorn. de t. ou ban de Maixeres 1279, 332.
pb. 3 jorn. de t. ou ban d'Escey enc. sa t.
  1279, 588.
pb. 1½ jorn. de t. ou ban d'Escey 1279, 589.
pb. 1 jorn. de t. ou ban d'Escey enc. sa t.
2. Piereson —, [1281, 342.
ensom l'ost. (PM) 1269, 193.

an Bucherie a Porte Muzelle anc. ms. P. — †
3. Jennat —, [1281, 385.
5 jorn. de t. ou ban de Maixeres 1279, 332.
pb. por lui et por Jaikemin de Maixeres er.
  Werit de Maixeres 1279, 333.
dates ke Lambelins (li permanteirs) doit a
  J. — et a sa meire, 1298, 325.
= Jehans — pb. er. (OM) ke li est escheus
  de part Stenignon Bellegree, son seur
  1298, 200.
3. 4. Jennas et Poinsignons, ces fr.,
pb. ¹/? ms. an Chievremont ke pairt a J. et P.
4. Poinsignous — [1288, 130.
pb. por Jaikemin de Maixeres lou maior
  S. Vincent 1285, 506.
5. Jaikemin — †, Perrate fm.,
er. a Luppei en tous les bans 1298, 278.
Rechairs, Rechardin, Rechars v. Rich....
Rechelas v. Richelas.
Recherin, ms. sor la place a Porte Mosele
  — de S. Piere 1262, 183. [1251, 75.
Rechler v. Richiers.
Rekisse 1290, 1298, Requisse 1293, Rikisse
1279, Rekece 1267.
—, ms. a Luppey 1293, 500.
— f. Hanrion d'Ars † 1267, 396.
— de Mercilley 1279, 466.
— f. Burtemin Bukehor de Luppei 1290,
— fm. Jennin Oxey 1298, 59. [464b.
Recout v. Rekeus.
Recuins, Rekuyn v. Rikewins.
Regals 1290, Regalz 1298, Regalt 1279,
1293, Rigalz 1293, 1298, Rigal 1267, 1298,
Rigant 1281. [1298, 2.
1. sg. — (= 3?) Ferris escuwiers lou
2. de Chastels, Colignon f. 1279, 289; 1293,
3. sr. — (chanone) coustres de lai [644.
Grant Eglixe de Mes 1281, 76; 1290, 215,
272; 1293, 378, 428; 1298, 39, 236, 237.
5. Jennat — f. Androwat Modesse 1267, 174.
Regnaire, Regnier, Regnillons v. Renn....
Reignowars, ms. ou Petit Waide 1269, 483.
Reimars 1245, Reinmer 1269, Rainmer 1267.
— -, hoirs 1267, 59.
— de Filierez 1269, 306.
— li stuveires 1245, 46.
Reimont v. Renmont.
Reinbant v. Rembalz.

Reiniers v. Renniers.
Reinmer v. Reimars.
Reinnaires v. Rennaire.
Reinnillon v. Rennillons.
Remacle, Remaicle v. Romacles.
Rembaldins v. Raimbaudin.
Rembalz, Rembalt 1245, 1285/1298, Rembaus, Rembaut 1275/1285, 1298, Renbaus, Renbaut 1262, 1275, 1279/1288, 1298, Rembat, 1281, 1293, Reinbaut 1241, Raimbaut 1269, 1281, Raibaut 1269, Rainbaut 1227, 1279, 1281, 1285, Raimbat 1281, 1293, Rainbat 1298, v. V. Rainbautpareir, Rembavigne.

  1. — ost. ai Awygneit   1269, 470.
—, t. (Sanrey PM)   1293, 199[16].
— f. Howe (Talanges) 1298, 666[5, 14], 667[3,12].
Jennat f. — †   1281, 67.
  2. — d'Aireincort, — de Chambres, — de Frainoy, — de Lessey, — masson de Lescey, — de Longeville, — de Lupey, — f. Ailexon de Luscey, — de Macres, — de Mons, — de Nowaisseville, — de Retonfays, — f. Perrin lou permantier de Retonfaix, — de Sanrey, — fr. Bertemin Mairiate de Vallieres, — de Vallieres maior Renalt de Laibrie, — lou Gornaix de Vallieres.
  3. — awiller, — boulangeirs, — Wase boulangier, — corvexeir, — de Vallieres maior Renalt de Laibrie, — masson de Lescey, — f. Perrin lou permantier de Retonfaix, Colignons Rewairs li poxieres f. —, — tanor de la Vigne S. Auol, — tondour de Rimport, — traifillier.
  4. Buxelo, — Couart, — Desformes, — li Dowesies, — Fusaie, — lou Gornaix de Vallieres, — Gouboie, — fr. Bertemin Mairiate de Vallieres, — Morre, — Moruille, — Mouxin f. Burtemin de Ruxit, — f. sg. Wichart de Porte Mozele, — Raule = — Rave, — Reullairt de Remilly, — f. Martin Roucel de Talanges, — Trabuchat, — Waixe = — Wase boulangier, — (f. Waterin) Witton (de S. Clemant).
  5. Jennat —   1288, 317.
Vguignons —   1275, 210; 1285, 52.
  de la Vigne S. Auol   1278, 532.
    Jehans f.   1293, 698.

Vguignon — tennour 1281, 430; 1290, 379.
Rembeuilleirs. v. IV.
Jehan —   1298, 467.
Rembour v. Arambor.
Remeis, Romei 1241, 1267/75, 1278, 1281, 1290, 1293, Remey 1251, 1262, 1269, 1277, 1279/93.

  1. Odeliate fm. —   1293, 252.
sg. — v. I. de Jeurue 3.
  2. — d'Arz, — d'Auancey, — f. Domaugin lou doien de Montigney.
  3. maistre — de Porte Mosele (clerc), maistre — escolier, — menteir.
  4. — Hautchaistel, sg. — de Jenrue, — f. (Symon) Mallegoule de Vigey.
  5. Nicole —, ruelle 1269, 6; 1277, 195[10,11].
Remias, Remiat.
  2. — f. Mirel de Chambres, — f. Thomessat de Lescey, — f. Parixat de Ste Rafine.
  3. — f. Domeniat olier, — Parfeit.
  4. — Jallee, — f. Malerbe de Noweroit, — Menneit (de lai Vigne S. Auol), — lou Roi, — f. Jehan dou Sap de Rozerueles.
  5. Pierel — de Maigney   1298, 538 u.
Remilley 1281/88, Remillei 1288, Rimilley 1288, Rimilles 1277. v. IV.
Burtemins —   1278, 66; 1281, 425.
  Jaikemate fm.   1285, 402.
†, Mergueron fm.   1288, 163.
Burtemins — de Maizelles 1277, 274, 275.
†, Jaikemate fm.   1288, 460.
Remions, Remion.
  1. — ms. a Porte Mosselle   1262, 135.
Matheus f. —   1262, 348.
Renaldin f. —   1251, 211.
  2. — n. sg. Nicole d'Espainges, — f. Lucate d'Oixey, — de Porte Moselle.
  3. — boulangier (de Porte Muselle), — de Tiechecort feivres, — Burnekins mares de S. Vincent, — olier, — parmantier, — poxour (de Rimport).
  4. — Alars, — (f. Watier) l'Apostole, — Burnekins, — de Coloigne, — de Jeurue, — lo Rine, — Ruece.
  5. Colignons — 1285, 298; 1290, 26, 77, 146; 1298, 38[10], 227.
sa fm.   1285, 298.
Poinsate sai s.   1290, 26.

Remmonas, Remmonin, Remmont v. Renm....
Renadas, Renadat 1288, 1290, Renaldas, Renaldat 1267, 1279.
  2. — f. Jaikemin lou vies maior d'Alexey † 1279, 409.
  — de Lorey (PS) 1290, 469a.
  — li Petis de S. Clemaut 1288, 451.
  5. Auburtins — 1267, 210.
Renadelz 1288, 1290, Renadel 1293, 1298, Renaldes 1267.
  2. — de Merdeney 1293, 113.
  3. — cordewiniers de Chambres 1267, 290.
Gererdins permantiers f. — 1298, 272.
  — taillor 1293, 538.
  4. — li Petis de S. Clemant 1288, 450.
  — Soiture 1288, 431.
  de Maizelles 1290, 457.
Renadins, Renadin v. Renaldins.
Renairs, Renairt 1275, 1281, 1288/1293, Renart 1251, 1269, 1278, Rennart 1245. v. V. Renairtchamp.
  1. enfans —, ms. ou Petit Waide 1245,
  2. — d'Ansei 1278, 653. [172^15.
  — de Lescey 1278, 580.
  3. — feivre de Chambres 1251, 189.
  — parmantier 1245, 207.
  4. — fr. Jakemin Wikernel 1275, 316.
  5. Jakemat — 1269, 420.
Thiebaus — 1281, 373, 374; 1290, 340a;
feivre 1293, 391. [1293, 420.
Theirias — 1277, 330.
Thieriat — j. Waterin Maltempreit 1288,
Renal, Renald v. Renals. [488d.
Renaldas, Renaldes v. Renadas, Renadelz.
Renaldins, Renaldin 1251/1298, Rennaldins, Rennaldin 1241, 1245, 1267, Renaudins, Renaudin 1267/1275, Rennaudin 1245, Renadins, Renadin 1277, 1279/98..
  1. —, ms. (PS) 1262, 332.
Marguerons fm. — 1278, 5.
  — f. Esselin 1298, 533.
  — f. Remion 1251, 211.
  — fr. lou preste de S. Gergone 1278, 615.
  — fr. sg. Oton preste de S. Gergone 1293,
  — fr. Willermin 1267, 508. [334.
= — fr. Willemin f. d. Yde d'Allexey Aburtins fr. Borjois et — ces [1279, 178.
  arg. 1290, 374.

  2. — f. d. Yde d'Allexey, — f. la (viez) mairasse d'Alixey, — f. Jaikemin lou maior d'Alexei, — de Bertranneis, — de Bous, — f. sg. Poinsart de Chauancey, — de Flauignei, — de Lescey, — f. Rembat de Lessey, — f. sg. Gernaise de Lessey, — de Macres, — f. Rembalt de Macres, — de Marsal, — fr. Hanriat d'Abocort l'eschaving de Nommeney, — d'Oron, — f. Bouchart de S. Martin, — f. Symonin de Sorbey, — (f. Odiliate) de Valieres, — de Vans, — lou Louf de Vals, — de Wionville.
  3. — bochier, — bolangier, — charpentier, — masson, — muniers f. Roillon Graidoubuef, — fr. Colin lou pairor de Denant S. Jorge, — parmantier, — taillieres, — taillieres de S. Clemant, — tanor, — tixerau, — valas Nicolle Fakenel.
  4. — li Bagnes, — Bouchart, — lou Bourgou, — Bramant, — Chaketerre, — Dencemere, — Gernaixe, — muniers f. Roillon Graidoubuef, — Jalee, — Josterelz (de S. Julien), — lou Louf de Vals, — Mairetels, — Malchasiet, — li Merciers, — f. Jehan dou Molin de Nonviant, — fr. sg. Abert d'Ottonville, — Partlaichar, — Poignel (de Vesignuelz), — dou Puis, — j. Burtemin dou Puix, — (f. Tierion) Raieboix, — fr. Jennat Teste.
Renals 1251, 1267, 1277/1288, 1293, Renalz 1251, 1269, 1278/1298, Renalt 1251, 1275/ 1298, Renal 1285, 1288, Renald 1220, Rennalt 1241, 1245, Renaus, Renaut 1267, 1269, 1281, Renaulz 1279. v. V. Renalclo.
  1. —, ms. outre Moselle 1277, 144.
Martin f. 1278, 202.
Jakemate fr. — 1269, 68.
  2. — d'Auancey, — de Chainney, sg. — de Charisey, — f. Poinsairt de Groxnelz, sg. — de Jandelaincort, — de Lonbu, — de Lorey (PS), sg. — de Marsal, — de Monteignei, sg. — dou Nuefchastel, — de Perjeu, sg. — de Rozernelss, — f. Jehan dou Sap de Rozernelss, — de S. Arnoult, sg. — f. sg. Lonuit de Tassey, — f. Weiriat de Villeirs a l'Orme.
  3. — bochier, — chamberlains, — chanone de S. Estaine, — charpantier, — clers f.

Fakignon de Vy, — clers d'Outre Saille, — clers de S. Mamin, maistres — li clers, fr. — comandeires de lai maxon dou Temple de Mes, — feivre de Maigney, — muneir, sr. — prestez de S. Ferruce.
4. — f. Abert des Aruolz, — li Bagues, — f. Arnout Chaneueire, — (f. sg. Thierit) de Laibrie, — f. Jennat Maiguetin de S. Julien, — f. de lai s. Thieriat Mailin, — Malehoute, — (f. sg. Arnonlt) de Porsaillis, — Pouxenas, — dou Pux, — f. Jehan dou Sap de Rozerneles, sr. — li Sauaiges. — lou Tendut.
  5. Jakemins — 1245, 157, 245; 1251, 57, 58, 259.
Renardim et son f. Jakemin 1220, 1.
Renart v. Renairs.
Renaudins, Renaudin v. Renaldins.
Renaulz, Renaus, Renaut v. Renals.
Renbadin, Renbaldins, v. Raimbaudin.
Renbaus, Renbaut v. Rembalz.
Rengniers, Renier v. Renniers.
Renillons v. Rennillons.
Renmon v. Renmont.
Renmonas, Renmonat 1251, 1288, 1290, Rainmonet 1262.[1])
  1. —, ms. a tour de Chamberes 1251, 243.
  —, meis (OM) 1262, 107.
  2. — taillor, Toullouse f. 1290, 144.
  5. Jennas — taillieres 1288, 240.
Renmonins, Renmonin 1275, 1277, 1279, 1288, 1290, 1298, Remonin 1293, Rainmonins 1290[1]).
  2. — d'Arcansei 1275, 428.
  — de Malleroit 1275, 337; 1277, 20, 64, 133, 268, 270; 1279, 169; 1288, 33, 190.
  — de Plapeuille 1275, 500. [382.
    Jennat f. 1293, 638.
    Jennin f. 1298, 156.
  5. Jennas — de Plapeuille 1290, 94, 264.
Renmont[1]) 1275, 1288, Renmon 1278, 1285.

---

[1]) *Die Namen* Renmonas, Renmonins, Renmont *sind in der Vorlage immer abgekürzt geschrieben mit* m *und dem Strich darüber. Im 1. Textbande ist dafür* mm *gedruckt, im 2. nm. v. die Anmerkung zu* Henmignons.

Reimont 1245, Romon 1275, 1298. v. IV. Mes, pont Renmont.
  2. — de Juxey, Drowat fill. 1285, 492; 1298,
  — de Thiecort 1278, 445. [595.
  3. sg. — preste de Jopertcort 1288, 565.
  — tannor 1245, 5.
  4. — f. sg. Pieron Chabotel 1275, 465.
  5. Steuenin — de Thionville 1275, 129.
Rennaire 1267, 1277/1279, Rennare 1281, Reinnnires 1275, Rainnare 1277, Regnaire 1285, 1288. [1277, 350.
  1. —, ms. en la rowelle (de Chapeleirue)
  3. — li Jones arceneires 1275, 173.
  5. Colignon — 1288, 194a.
  Gerardin — 1267, 143; 1281, 583.
  d. Jaikemate — 1277, 120; 1279, 15; 1285, Thiebaut —, Richerdin srg. 1278, 485. [97.
Rennaldins, Rennaldin v. Renaldins.
Rennalt v. Renals.
Rennart v. Renairs.
Rennaudin v. Renaldins.
Rennecaire 1293, Rennekaire 1290.
—, ost. an Vies Bucherie 1290, 425; 1293, 62.
Renniers, Rennier 1275, 1277, 1278, 1281/1298, Renier 1269, 1275, 1293, Reiniers 1241, Rainniers, Rainnier 1277, 1281, 1288/1298, Regnier 1285/1290, Rengniers, Rengnier 1288. v. V. Rainnierchamp.
  1. —, sus Vallieres deleis lou molin 1285, 151.
  Rainnillon f. — (v. Rennillons 1.) 1293, 634.
  vin de cens ai Ars (OM) c'on dist dou plait 1288, 284.
  2. — f. Clemansin d'Aibeiville, — d'Antilley, — clerc (f. Pichon) d'Ars (OM), — f. Ronbelat lou maior d'Airs (OM), — prevost d'Ars (OM), — de Felieres, — de Malleroit, — f. Harmant de Morehangez, — de Namur, maistre — de S. Auol, — de la Rowelle de S. Julien, — de Sairley (ke maint en Maizelles, outre Saille), — de Vals chiveliers (ke maint a Moncleir), — de Viez Bucherie.
  3. — abbes de S. Vincent, sr. — chanones de S. Thiebaut, — f. Gerairt lou cherpantier, — clerc (f. Pichon) d'Ars (OM), maistre — (de S. Auol), — portier, — permantiers, — poxour, sr. — prestes de S. Vy, — prevost d'Ars (OM), — rievers.

24

4. — Garite de S. Priveit (OM), -- seur Colin Joutelate. — Tiguiene, — Wacemois, — Waxey.
5. Jennat — 1298, 57.
f. Renbaut de Mons 1298, 359.
j. Jaikemin Marchandel 1298, 229.

Rennillons, Rennillon 1251, 1262, 1275, 1285, 1290, 1298, Renillons 1269, Reinnillon 1269, Rainnillons, Rainnillon 1279, 1281, 1288, 1293, Rainillon 1281, Regnillons 1288, Raignelons 1275.
1. —, ms. a Porte Serpenoise 1269, 557.
— f. Rainnier (= — de Vals) 1293, 634.
Werrels et — 1251, 118.
Colate fm. — et Abertin f. 1281, 434.
Colate fm. — et Burthemin f. 1281, 439.
2. — de Bettilley, — (f. Rennier) de Vals.
— de Wigneiuille.
3. — permantier, — vignor de Chaponrue.
4. — li Bagnes, — Tiguienne maires de Porte Muzelle.

Rennolz 1293, 1298, Rennolt 1279, Rennous 1293, Rainnous 1293.
2. — f. Roillon de Guinanges 1293, 661.
3. — escaillieres 1298, 413.
— valas Roillon Ysantrut 1279, 354.
5. Jennas — 1293, 27^{10} = 175^{10}.

Renoledeu, Vguignon 1281, 6; 1290, 339.
Repigney, 1281, 1290/1298, Repignei 1290. v. IV.
P.?

	1 Goudefroit — 1281, 1298
2 Mertignon — 1281/98	3 Roillons — 1290/98
Godefrins Godairs n. 1298	
4 Gererdin —, Thierias Bouchas	
1290/98	srg. 1298

1. Goudefrins —
pb. pr. an la fin de Montois et vg. an Stac anc. vg. de S. Aignien 1281, 471.
= Goudefroit —, ms. en lai rowelle —
2. Mertignon, f. Godefroit — [1298, 99. d'Atrerowe,
vg. en lai Bretelle (PS) 1293, 52.
= Martignons — pb. vg. a Grant Cheuol 6 s. geixent sus ms. M. — en [1281, 470. lai rue des Allemans c'on dist en lai rowelle — 1293, 43.

pb. meis en lai rowelle — 1293, 239.
Godefrins Godairs de lai rue des Allemans pb. t. en lai Baixe Burtelle (PS), aq. M. —, son o. 1298, 75.
ms. Goudefroit, son p., et $^1/_4$ meis 1298, 99.
3. Roillons -,
6$^1/_2$ s. gcixent sus vg. an Planteires et an Deseirmont 1290, 393.
= Roillons — ke maint en lai rue des Allemans pb. ms. Goudefroit, son p., en lai ruwe — et $^1/_2$ meis en lai rowelle —, aq. a Mertignon —, son fr. 1298, 99.
4. Gererdin —,
6$^1/_2$ s. vg. en Planteires et an Deseirmont 9$^1/_2$ s. vg. quair men S. Pol (PS), [1290, 393.
Thierias Bouchas srg. 1298, 119.

Restoreit, Thomessin, Ailixon fm. 1290, 252.
Reukier, ms. a S. Julien 1278, 422.
Reullairt, Rembalt, de Remilley 1288, 452.
Rewairs, Colignons, poxieres ke maint en Chambeires. f. Rembalt † 1290, 304.
Ribat v. Viel Ribat.
Ribe, Jakemin 1269, 197.
Ribous, Ribout. v. V. Ribautvigne.
Jenas — 1277, 7, 8.
de Chappourne 1277, 65.

Ricars, Ricart 1269, 1281, 1290, Rikars, Rikart 1275, 1278, 1279, Ricairt 1293, Rikairs, Rikairt 1277, 1298.
1. Jakemate fm. — 1269, 390.
— †, ost. (PM) 1277, 199.
2. — de Chamberes, Lowyas f. (v. 5.) 1269,
3. — cherpanteir 1278, 282. [506.
5. Jennas — 1293, 383; 1298, 222.
Lowias — (v. 2.) 1281, 554; 1290, 530.
de Chambieres 1275, 110; 1277, 203; 1279,

Rikesate, *im Text durchgestrichen und* [319. *durch* Raiesoche *ersetzt* 1290, 421.
Ricete fm. Willaume munier de Chieuremont † 1269, 326.
Rikeus v. Rekeus.
Rikewins, Rikewin 1281/1288, 1298, Ricowin 1275, Recuyn 1251, Rekuins 1227.[1])

---

[1]) *De Wailly* 147 *(1272)* Colin Recouwin lou tennor .... maison ou il maint ke siet daier S. Alaire a pont Renmont.

1. —, ms. (PS) 1227, 53; 1251, 35.
2. — d'Erlons, Bernart avelat 1278, 166.
— de Rinport j. Villain 1285, 165b.
3. — bolengier, — cherboneir, — corvexeirs (ke maint devant Longeteire), — quarteirs de l'ospital, — quertier d'Ukanges.
4. Wirias Willechols j. — 1288, 312.
Richairs, Richairt, Richar v. Richars.
Richardate, Richerdate (v. Richerte).
d. — fm. Renalt de Porsaillis † 1290, 146.
= d. —, Geliat et Hanrit f. 1290, 272.
Richardins, Richardin 1241/1277, 1279, 1281, 1290/1298, Richerdins, Richerdin. 1278/1298, Rechardin 1267.
1. — f. Lorate 1288, 393; 1293, 218.
— j. Roillon (v. 4. de la Croix) 1245, 250.
2. — f. Liejart de Bomont, — de Chans, — f. Formeit de Chastels, — f. Philippin de Molins, — Chardenel de Rouserueles, — de Rouserneles ki maint en Vals, — srg. Wiriat lou maior de S. Clemant, — f. Wiart de Wapey.
3. — de Chambres chanone (de S. Sauor), — chavreiz (de Chambres), — clerc, — feivre, — feivre d'Airey, — f. Alixate la huviere, — permantiers d'Anglemur, — prevost, — prevost des Astans, — Haran tonnellier.
4. — f. Poinceignon de lai Bairre, — fr. Hanriat Bellegoule, — Boulepoxon, — Burewal, — Chaigaie de Chairley, — f. sg. Matheu de Chambres = — chanone (de S. Sauor), — Chanpion de S. Martin, — Chardenel de Rouserueles, — Charexey, — f. Bietrit de la Corcelle, — j. Roillon de la Croix, — Haizairt, — Haran tonnellier, — Lohier, — f. Colate la Manaise, Gererdins Morelz et — srg., — Ospenel, — lou Piccois de Faiis, — li Porcez, — srg. Thiebaut Rennaire, — la Vaichate de Siey, — li Vauais, — Xanville.
Richars, Richart 1227/1288, 1293, 1298, Richar 1267, Richarz 1251, Richairs, Richairt 1275/1298, Rechars, Rechart 1267, 1269, Rechairs, Rechairt 1279, 1288, 1293. v. V. Richartchamp, Richartpreit.
1. —, ms. en Sanerie 1251, 171.
fm. —, maix. en Saunerie 1269, 397.
sg. — = sg. — de Sus lou Mur 1277, 154;
1278, 588; 1288, 174; 1290, 357; 1293, 475.
—, Anrowins et Marguerons enf. 1278, 5.
— f. Poinsat † 1275, 41.
— f. Wiart † 1281, 116.
Lowis et — fr. et Agnes lor s. 1267, 350.
— et Abertat d'Eurecourt 1298, 577.
2. — de Baieuville, — de Bourney, — de Charixey, — d'Erkancey, — de Fays. — de Flurey, — de Frontigney, — srg. Weriat de Goens, — de Macliue, — de Maus, — de Mons, — f. Hnrtal de Monteigney, — de Montigney, — f. Roubelin de Montois, — de Montois, — de Nancey, — de Nowesseville, — de Nowilley, — d'Onville, feivre d'Onville, — de Poirs, — de Rixonville, — lou Gossut de Rixonville, — de S. Julien, — f. Burtemin Lorance de S. Julien, — f. Bietrit de S. Martin, — f. Colin de S. Martin, sg. — de Serieres, — de Soignes. — f. Weirit de Weppei, — (maires) de Werrixe (ke maint en Aiest).
3. — bolengier (de Chanbres), sg. — chanone de Ste Marie as nonains, sg. — chanone de S. Sauour, -charpantier, – d'Abes cherpantier, — clerc f. Lambelin lou boullangier de Burlixe, maistres — clers de Nancey li escoliiers, sr. — doiens de S. Thiebaut, — feivre de Maizelles, — feivre d'Onville, maistre — (lou Gronnaix) fisicien, frere — de la court de Villeirs, — furbeires, — maior (a Rozeruelez), — maior de Werrixe (ke maint an Aiest), maistre —, maistres — de Nancey, — masson, — permantier, — poissor, sg. — preste f. Piereabay, Hanriat clerc f. sg. — prestre, sg. — prestre de S. Gengoult, sr. — prestes de S. Jehan a Nuefmostier, — rekuvreires de Chaudeleirrue, — tennour, — vailet les signors de Chaistillons.
4. — Agueline, — l'Aleman, — de la Barre, — Beral, — Chagaie, — de Champels, — Clemant, — Croillairt de Ripigney, — f. Cunin Fillouze de Nonviant, — j. Gannange, — lou Gossut de Rixonville, maistre — lou Gronnaix fezicien, — f. Burtemin Lorance de S. Julien, - lui Loutre de Nonviant, — f. Gerardin Malecoronne, — Mauaiseteste d'Ars (OM), sr.

24*

— Manuezins, — Moufle, — Mouxas, — Murlin, — Ospenelz d'Outre l'aclostre, — Petite, sg. — Piereabay, — de lai Porte, — f. Herman lou Polut de Wackremont, — dou Pux de Malleroit, — Rokans de Siey, — f. Jehan Soupe, — de Sus lou Mur (mastres eschevins), — Wairenel (d'Outre Saille), — fr. Abertin Winart, — fr. Xerbot, — Xuflas.
5. Aburtin — de S. Julien 1293, 28, 382²⁶. Jaikemin — de Malleroit 1298, 357a. Jennat — d'Ars (OM), Marguerite fm. 1298, Poince —, Joffroit f. (v. I. de Sus [324. lou Mur 4. 5.) 1269, 377; 1281, 629. Poincignon — 1269, 66.
lou Riche d'Ansey, Gerart, Arnols f. 1277, **Richelas**, Richelat 1241, 1262, 1269, [439. 1277, 1278, 1285/1298, Richelaz 1269, Richelet 1277, Rechelas 1269, 1277.
2. — f. Omont de Mairley, — de Prays f. Thieriat Raipine, — de Pumeruet, Symonin de Retoufaijs f. —, - de Staison, — de Taixey (ke maint a S. Clemaut).
3. — hardeis de Franconrue 1290, 539. P.
1. 2. Thomassins, f. —,
pb. ms. sor lo Mur 1241, 167.
2. Thomessins —
pb. vg. en Montain (PS) 1262, 313.
pb. vg. en Sorel areis sa vg. (PM) 1269, 24.
pb. ¹/₄ ms., meiz et vg. daier a Valierez ensom sa gr. 1269, 177.
pb. ms. suz le Mur asom lui meimez 1269, heritaiges (ou ban de Vallieres) doit [423. faire alluet lou meiz ke Th. — ait aquasteit 1277, 164.
et Watrin Noixe, ms. sus Muzelle 1277, 224.
pb. jardin daier molin a Vallieres 1278, 13.
pb. meis deilay Vallieres enc. son jard. 1278,
pb. chakeur an la cort a Vallieres et [232. meis daier 1288, 323.
tavle an Vesignuelz an Vies Chainges 1290.
3. Arnouls, f. Thomessin — †, [50 pb. ms. et gr. enc. et jard. daier a lai court a Vallieres 1290, 13.
gr. a Vallieres et vg. daier ke fut Thomessin — 1290, 337.
= Arnous — et Jehans li saibleis pb. ms.

daier Ste Creux (PS) 1285, 218.
Richelins, Richelin 1245, 1275, 1281, 1288, 1290, Richillin 1251.
1. —, ms. davant la cort lo Voei 1245, 151.
Abillate f. — 1251, 104.
Colignons Marcous f. — (v. 4.) 1281, 377.
Jehan f. — 1281, 505.
4. — Romacle 1251, 98; 1275, 193.
Colignons Marcous f. — Romaicle 1281, 166; 1288, 45; 1290, 8.
Richelos srg. Thiebaut Pistal 1279, 24.
Richerdate, Richerdius v. Richard...
Richerte = Richardate.
— fm. Renalt de Porsaillis †, Gelias et Hanris f. 1278, 556.
Richiers, Richier 1227, 1245/1269, 1277/ 1298, Rechier 1262. [1278, 380.
1. —, chaneveire ou ban d'Ercaucey (v. 2.) fm. — doit 14 s. ms. an tor S. Jorge 1269, 116ᵇ.
2. — de Clemerey, — d'Erkancey, — de Flauigney, — de Montois, — srg. Jaikemate fm. Thieriat lou radour d'Orgney, — de la Chenal de Ste Rafine, — de Vaus.
3. — arceneires de Xonville, — Faucon (chanone) doien de S. Thiebaut, — cherpantier, — courdeir, — feivres de Maiselles, — holiers dou Pont, — j. Escelin lo masson, — parmantiers, sg. — prestre de Chairley.
4. — Bellegree, — de Champels, — Faconvers, — Facon (chanone) doien de S. Thiebaut, — Grantdeu, — Martellaire.
5. Aburtin, — (v. 5. Richars) 1293, 364.
Richillin v. Richelins.
Richous, Richout 1251, 1288/1293, Richouz 1220.
1. — 1220, 13.
d. —, ms. en Aiest 1251, 1.
2. — f. Anchier de Croney 1293, 276a.
— fm. Jehan de Huubercourt 1290, 291.
4. — f. Gerart Vairel 1288, 292.
Rikisse v. Rekisse.
Ricowin v. Rikewins.¹)
la **Rigade**, Odeliate, Howin f. 1279, 49.
Rigalz, Rigal, Rigaut v. Regals.

---

¹) *Prost LV, 1270* Hanelo **Riffe.**

Rigole, Abert 1241, 82; 1245, 93, 105.
Rimilley, Rimilles v. Remilley.
lo **Rine** 1275, 477, les Rines 1275, 1288/98, les Rinnes 1267, (1269?).[1])
  1. —, chakeur ou ban de Plapeuille 1267, 123; 1269, 515; 1275, 111; 1288, 524;
                1290, 96; 1293, 334, 592, 631.
—, clos (OM)   1275, 441; 1298, 345.
  5. Remion lo Rine   1275, 477.
Riolant, Colart   1251, 161.
Riole, Jennins f.   1241, 119.
= Jennin —   1279, 437.
Thieriat —, Poinsate fm., Colignon f. 1285,
Theirias — de Gerney   1278, 671. [107.
de **Riste.**
  P.[2])
Hanrit —[3]), ms. sus lou tour de lai Grantrue ke tornet ver lou pont a Saille doit 12 d. et 4 chap.   1290, 397.
molin a Orceualz ki est sg. Jehan de Vergney et Hanrit —   1290, 477.
Rixemant de Talanges   1298, 665.
Robauan v. Rabowans.
Robelat, Robelin v. Roubel..
Robenat 1277/1279, 1290, Robinat 1275.
— cellier avelet maistre Roubert lou haubergour †   1279, 177, 251.
— parmantier 1275, 187; 1277 49; 1290, 398.
— et Jennin les olieirs c'on dist ke sont permantier   1278, 624.
Robers, Robert 1227/1245, 1262, 1267, 1278, 1281, 1288/1298, Roubert 1251, 1262, 1277, 1279, 1285, 1293, 1298. v. V. Roberquarteis, Robertnowe, Roubertpreit.

---

[1]) *Prost XIII, 1229* .... li chapitres S. Sauor ait aquestei a Alexandre li Reisne de Plapeuile et a Toulouse, sa fame, toute la vigne k'il ait ou planteit desuz le chaine.
De Wailly 254 S. 179 D (1286) davant lou chakenr les Rinties outre Muzelle.
[2]) *Prost XXIX, 1240* Je li sires Conrars de Riste .... tout ceu ke je et mes freres Haurys li chantres de Mez ke fut aviens a Noeroit davant Mez ...
[3]) *Ben. III, 226 (1282)* d'Outre Saille Hanris de Riste Treze.

1. Waterins j. —   1262, 175.
2. — fr. Frankin d'Ars (OM), — de Chazelles, — de Criencort, — de Doncort, — de Faukemont, — de Lioncourt, — de Paris, — de Sanerie.
3. sg. — fr. l'abeit Jake de S. Pieremont, — bolangier, — chapeler, — charpantier, mastres — habergieres, — munier (de S. Julien), sr. — prestes l'arcediacre Lowit, — de Criencort tainor, — n. — lou tennour de lai Vigne S. Auol.
4. — li Fransois de Francourue, — lou Gros, — fr. Jennat Wiborate de Maigney.
5. Symonin — fr. Collel de Gorze 1288,
Robevaiche.[1])   [385.
— de Talanges, Guerart j. 1298, 666[17], 667[18].
Jaikemins —   1262, 145.
Robin v. Robins.
Robinat v. Robenat.
Robins, Robin.
  1. — = Hennelolz — (v. 5.) 1290, 7a.
vg. — (= — dou Pont, v. 1278, 391b) 1278,
—, ost. a S. Arnout (v. 3.) 1288, 40. [380.
Arnous Aixies et — et Thiebaus de Moielen
  2. — de Daier S. Saluor, — [1278, 154.
fr. Drowat fill. Renmon de Juxey, — de Lieons, — de Lorey (OM), — d'Onville, — d'Onville bolengiers, — prevost d'Onville.
— de Ste Rafine.
  3. — barbiers, — bouchier, — d'Onville bolengiers, — celliers, — chavrey, — cherpentiers de S. Arnolt, — clers c'on dist de lai Barliere, — munier, — prevost d'Onville.
  4. — f. Hawit la Blanche, — f. Hanriat Burewart, — dou Chesne, — Cullart, — Malegraicc de Ronzerueles, — Paillat, — Passeit, — dou Pont (maistre de l'ospital).
  5. Anel —, Bauduyns —, Hanriat — v. I. dou Pont *P.*
Hennelolz — de Haisanges, Abillate s. (v. 1.) Thierias f. — de Lorey (OM) [1290, 289.
  pb. por Jennat — et Abillon sa fm. 1290,
Roboan, Robowans v. Rabowans.   [114.
Rokans, Rokan.

---

[1]) *De Wailly 257 (1286)* Simon Robewaiche de Talanges.

Rocel—Rogiers

Piereson — de Siey 1298, 509.
Richars — de Siey, Piereson fr. 1288, 533.
Rocel v. Roucels.
li **Rocels,** lou Rocel v. li Roucels.
Rochat v. Rochet.
de la **Roche,** monsignor Arnout, †, messires Werris de Bolai fr. 1275, 21.
Rochefors, Rochefort 1241, 1269/1279, 1290, Roichefors 1275, Roicheforz 1269.
P.?
1. Herbins —
pb. 2 ressages davant S. Thiebaut 1241, 21.
2. Gerardins
pb. maix. en Sannerie 1269, 397.
P.

1 Jehans li Alemans—d. Abillate
   1251/67, † 1275, 205   1279, 93
2 Arnols 3 (Pieresons) 4 Ancillon Jaikemate
1251   Rochefors   1275/81 Abillate
        1269/90, srg.   1275, 1279/81
                    Jaikemin Lohier
─────────────────────────────
Katerine   Jaikemate
1290   1290

1. Jehans li Alemans
pb. 9 s. ms. (PS) 1251, 34.
pb. 7 s. ms. (PS) 1251, 35.
pb. vg. en Chardenoi (PS) 1262, 37.
pb. 17 s. ms. en la Vigne S. Avol 1262, 315a.
pb. 6 s. 3 d. ms. ou Petit Waide ou il maint 1262, 315b.
pb. t. ar. en Wikeilley et fosseit 1262, 320.
pb. t. ar. a Welkilley et a Beluoir 1267, 99.
ost. que fut Jehan l'Alemant (PS) 1267, 100.
d. Abillete, fm. J. l'Al., 30 s. ms. outre Saille arreis la porte des Allemans 1279, 93.
2. Arnols, f. Jehan l'Aleman,
pb. ms. en Visegnuel ou il maint 1251, 225.
3. Rochefors:
Pierissel Lohier et Jaikemin et Nainmeriat, ces 2 fr., et —, lor srg., 30 s. ost. ou Nuefborc 1269, 93.
pb. ms. daier Ste Creux 1275, 386.
pb. **vg.** en **Mallemars** 1275, 387.
en la rowelate enc. l'ost. (PS) 1275, 408.
45 s. geisent sus ms. ou Champ a Saille devant la xippe 1279, 101.
= Piéresons — pb. er. ke Jaikemius, f.

Richardin Lohier, ses srg., ait ou ban de S. Julien, de Vallieres et de Vantous 1275, 151.
pb. vg. en Pawillonchamp 1275, 202.
pb. vg. en Sourel et jard. ou ban de S. Julien en Burey 1275, 309.
pb. 7 s. 4 d. moins ms. en Maizelles et vg. a Awigney, aq. a Ancillon, son fr.
= Piereson —, f. Jehan l'Al- [1278, 298. lemant †, 16 s. ms. (PM) 1279, 390.
Perrins, f. Nenmeriat Lohier †, pb. vg. an Sourelz ou ban de S. Julien, aq. a Piereson — 1290, 312.
Pierexel Lohier et Neumeriat, son fr., et … et Katerine et Jaikemate, les 2 f. Piereson —, vg. en Sourelz 1290. 317.
4. Ancillon, fr. Pierisson —, 1278, 298.
= Ancillons, f. Jehan l'Alemant,
pb. vg. en Belmont (PS) 1275, 33.
32 s. 2 ms. en la Vigne S. Avou 1275, 36.
23¹/₄ s. 2 ms. (PS) 1275, 205.
8 s. ms. an lai Vigne S. Auol 1275, 229.
5 s. vg. en Culloit, 10 s. vg. en Bachieterme 1275, 353.
10 s. ms. en la Vigne S. Auol 1275, 377.
8 s. 5 d. ms. (PS) 1275, 384.
4 s. 7 d. ms. en Maizelles 1275, 399.
vg. outre Saille en Glorieul 1278, 292.
12 d. ms. an la Vigne S. Auol 1281, 467.
Jaikemete, f. Jehan l'Alleman, ¹/₂ ms. son p. 1275, 217.
Abillate, f. Jehan l'Aleman, pb. jardin en Vals enc. lei meimes 1279, 311.
20 s. ms. ke fut Jehan l'Alemant 1281, 51.
= fm. Bonnel, 15 s. gr. et ms. anc. S. Estene lon Depaineit 1281, 71.
Rochet 1269, Rochat 1277.
Hauelo — 1269, 356; 1277, 200.
Rocins, Rocin v. Rossin.
de la **Roele** v. de la Rowelle.
Roenate v. Roienate.
lou **Roge** 1290, 1298, lo Rouge 1269.
Colin —, Colin et Garsart euf. 1269, 18.
Jennat —, fm. 1298, 49.
Poincignon — 1290, 19.
Rogeron lou cellier 1279, 505.
Rogiers, Rogier 1241, 1269, 1275, 1277, 1285/1298.

1. —, ms. eu la rue des Allemans 1275, 390.
Pieresons f. — 1269, 68; 1277, 17.
2. — de Baionuile, — de Feivres.
3. — chaudrelier, eveske — de Tol, — tandeires des Rois.
4. — (f. Liebert) de Heu 1277, 76; 1285. 31.
5. Burtemin — de Lorey (PS), Drowin f. Coliu — 1285, 21. [1288, 488a.
Jaikemat —, Colins f. 1285, 128.
d'Arnaville, Colin f. 1293, 171.
Marguerate —, Durans li boulangiers j. (— son seur) 1298, 286.
sg. Thierit —, Lowis d'Exem fr. 1290, 173.
Roguenels, Roguenel 1269, 1277/1281, Rogueuel, Rougeuel 1293, Rougevel 1293, 284.[1])
—, ms. en Chaponrawe 1281. 434; 1293, 204⁴⁴ = 284 = 349⁴³.
Matheu — 1269, 237; 1278, 67, 304, 506.
d'Outre Saille 1279, 484.
Mathion — 1277, 35. 46, 280; 1278, 49, 68,
Rogueuel v. Roguenels. [498.
Rohairs, Rohairt 1278, 1279. 1288, 1293, Rohars, Rohart 1275. 1278. v. V. Rohartvigne.
3. — clars 1279, 357.
5. Abertin — 1278, 357.
Jehan — 1293, 585.
Jennin — 1288, 419, 439.
Pieresons — 1275, 153.
boulangeirs 1278, 264.
lou Roi, lou **Roy** v. li Rois.
Roichas, Hennelos 1267, 321.
Roichefors v. Rochefors.
Roienate 1275, 1281, 1285, 1290, 1298, Roenate 1278, Roienete 1275.
4. — f. Aurowin Bokel†, — srg. Boinvalet f. Joffroi le Mercier †, — f. d. Poince Muele, — f. Arnout lou Roi.
5. Collate — fm. Jehan fil Pierexel de Valz 1285, 235.
Poinsate — f. frere Jehan Morel 1298, 676.
la **Roiene** 1298, lai Roine 1275/1290. [28.
1. t. enc. — daier lo meis des Bordes 1275,
2. — de Sanrei †, Borcairt f. 1290, 480.
— de Vallieres †, Izaibel f. 1298, 38.

---
[1]) v. die Anmerkung zu Chardenel.

Howins f. 1290, 337.
4. Heilowit — de Vallieres†, Izaihels f.
Thiebaus f. 1298, 32. [1298, 31.
Roienete v. Roienate.
Roillemaille v. Ruillemaille.
Roillenat de Longeuille 1285, 555; 1288.
Roillins, Roillin v. Rolins. [270; 1293. 158.
Roillons, Roillon 1241, 1245, 1262/1298, Rollons 1269, 1281.
1. —, ost. a Quertal 1290. 376.
—, ms. en la Wade (v. 2.) 1279, 305.
— (de Ste Marie a Chene) 1278, 646¹¹¹.
—, enc. les eufans (S. Martin OM) 1298, 166.
— f. Archenbaut 1241, 108.
Gilliat f. — 1288, 17.
— fr. Kallison 1269, 490²⁰.
— fr. Colleson (v. 4. de lai Chenal) 1278, 503.
Richardins j. — 1245, 250.
2. — d'Abes, — d'Ames, — Taibay de Burey, — de Chambres, — coutelier de Chambres, — feivre de Chanbres, — de Clikenges, — de Clowanges, — de Demes, — de Guinanges, — de Haueconcort, — de Macres, — de Macres cordueniers, — xaving de Maigney, — f. Berrel de Maigney. — Badewenel de Maigney, — de Montois, — j. Warin de Nowillei ki maint a S. Julien, — de Ripigney, — f. Freirion de S. Julien, — de Staixons, — de Tehecort, — Licherie de Vallieres, — f. Steuenin lou Gornaix de Vallieres, — f. Willame de Vantous, — (taillieres) de la Wade.
3. — bolangiers f. Warnier de S. Julien, — clers de Bunaies, — cordewiniers de Cirkes, — de Macres cordueniers, — cordier, — corvexier. — coutelier de Chambres, — doien (de Haueconcort), — feivre de Chanbres, — furberes, — maceon, — Maille messecleis, — f. Steuenin lo munier, — poixour. — taillieres de la Wade, — tanor, — vieceir, — xaving de Maigney.
4. — Badewenel de Maigney, — (f.) Berrel de Maigney, — Chabosse, — fr. Colleson de lai Chenal, — f. Colleson de lai Chenal, — de la Cort, — Crokedeu, — de la Croix, — Graidoubuef, — lou Gornaix, — f. Steuenin lou Gornaix de Vallieres, — Ysautrus, — Laudis, — Licherie de Val-

lieres, — Louse, — Makerel, — Maille messecleis, — (f. Bauduyn) Morel, — f. Gerart Piat de Longeuille, — Motat, — de la Porte, — dou Puis, — Repigney, — Ruedol, — de Strabor, — Taibay de Burey.
5. Aubertins —, Colin —, Colignons —, Jaikemins —, Jehans —, Merguerite —, v. Makerels 5/9.[1])

lai **Roine** v. la Roiene.

Roynon f. Weirion Muelle 1275, 405.

Roirias, Roiriat 1275, 1293, 1298, Roriat 1267.
3. — mairexal 1293, 38, 72a.
— masson 1267, 11; 1275, 405.
5. Jennas — massons c'on dist li maires de Borney 1298, 237, 243.

Roiris, Roirit 1285, 1290, Roris, Rorit 1241, 1267, 1293.
1. —, ms. ou Champ a Saille 1241, 179.
—, censal, eu Dairangerue 1285, 15.
—, ms. daier S. Madart 1293, 612.
2. — dou Champel 1290, 65.
3. — charpantier 1267, 12.

li **Rois,** lou Roi 1251/1298, lou Roy 1278, 128.
ms. — en Chambieres 1281, 328.
Jaikemins — de Chambres li poixieres pb. ms. en Chambres 1267, 134.
Rogiers li tandeires des — (forjugie) 1241, P. [204.
1. sg. Baudoyn —,
outre Saille ensom l'ostel 1251, 16 b.
ensou l'ost. (PS) 1262, 185.
partie eu la vouerie de Plapeuille 1267, 496.
ms. a Porsaillis ke fut 1277, 344; 1278, 572.
outre Saille entre ms. 1285, 180.
Kateline, f. sg. Bauduyn — †, er. ou ban de Colanbeirs escheut a Aileit, fm. Colin Hennebour 1278, 127.
d. Katheline, s. Arnout —, er. ou ban de Colanbeirs 1278, 128.
2. Arnous, f. sg. Bauduyn —,
pb. 15 d. sa ms. a Molins 1267, 479.
= Arnous — pb. por S. Arnout 1267, 414.

pb. ms. les Repanties desai lo pont a Molins, t. ar. ou ban de Marlley et de Siey pb. vg. en Gerartvigne, 4¹/₂ s. [1269, 102.
ms. a Molins 1269, 138.
ms. en Chaponrue 1269, 391.
pb. 15 d. t. daier sa ms. u Molins 1275, 396.
et Clemignons, f. Lowit lou Mercier, pb. ms. (OM) 1275, 398.
10 lb. (OM) 1277, 42, 135.
er. ou ban de Colanbeirs de pair d. Kateline 17 s. molin a Lumeurs deleis [1278, 127.
Ancerville, 8 s. 3 ms. en Anglemur 1278.
8 s. ms. en Anglemur 1278, 182. [131.
t. ar., pr., boix deleis Awigney 1279, 520.
ms. a Molins pris a cens de A. — 1285, 267.
boix S. Jehan daier Awigney, t. ar. davant lou boix, pr. desous lou champ, 1 quarte de vin 1288, 198.
Boinvallas, f. Joffroit lou Mercier †, j. Arnolt — 1277, 135.
Boinvallat lou Mercier et Jehan, f. Pierexel de Valz, les 2 j. A. — 1293, 172.
Jehans de Valz, j. A. —, ¹/₄ er. ke fut A. —, por les dates ke A. — doit a Arnout Aixiet (PS, OM) 1293, 299 = 352.
Boinvallas li Merciers, j. A. —, ¹/₂ er. ke fut A. —, por les dates ke A. — doit a Arnout Aixiet (PS, OM) 1293, 302 = 357.
Roienate, f. Arnout —:
Boinvallas, aveles Boinvalat lou Mercier, pb. 30 s. ms. eu Aiest, k'il ait anpertit ancontre Roienate, sa srg. 1275, 15.
ms. an Chaineretruwe doit 14 s. a R. 1281,
Poencignous li prestes, f. sg. Howou lou [26.
Bague, pb. por Roeuate, sa n., f. Arnout —, 17 s. molin a Lumeurs deleis Ancerville et 8 s. 3 ms. en Anglemur 1278, 131.
„ pb. por Lorate, sa n., f. A. —, 8¹/₃ s. ms. ou Champel et er. ou ban de Colanbeirs 1278, 127.
Fillipe Tiguiaime li eschavins pb. por Jehan, f. Pierexel de Valz et Collate Roieuate, sa fm., et lour auf. 6 s. ms. (PS) 1285, 235.
3. Jenat —,
a S. Arnout enc. 1278, 50.
Willames li Lombairs, j. J. — 1278, 572; 1290, 488c.

---

[1]) *De Wailly 2 (1214)* Li nons des escheving .... Ottes Roillon de Porte Muzelle. v. I. de Porte Muselle, *Anm. 1.*

4. Jaikemins, f. Bauduyn — †,
ait doneit a la chieze Deu de S. Pol 5 cnf.
Herman lou Polut de Wackremont 1275,
= Jaikemin —. [225.
en Maumers enc. vg. (OM) 1267, 118.
partie en ms. desous la chapelle outre Saille
  et en la chapelle et on trait de la cha-
  pelle 1267, 225.
21 s. ms. an Stoixey 1269, 32.
9 s. ms. les pucelles au pont Thiefroit 1269,
20 s. 2 ms. en Vies Bucherie 1269, 549. [117.
pb. 21 s. 3 d. et 3½ muez de vin a Molins,
  d. Biliart, sa srg. 1269, 564.
pb. gr. en Vals a monter de l'aittre 1269, 565.
meis a la Chanal aquiteit en plait as dames
  de la Belle Stainche por les 6 s. 1277, 60.
pb. er. a Colanbeirs 1277, 90.
kant ke ou ban de Mairuelles 1277, 105.
1 maille vg. devant la Belle Stainche 1278,
an la Pertelle anc. t. (PS) 1281, 230ᵉ. [499.
Collate, fm. Jaikemin — †, 22 s. ms. en
  lai rowelle de Goubercort en Furneirue

et 6 s, ms. daier S. Sanour sus lai rowelle
  de Barons 1293, 581.
5. sg. Esterne —,
partie en la vouerie de Plapeuille 1267, 496.
  d. Beliart, fm. sg. Esteuene — †,
t. ar. et pr. devant Malpas (PS) 1279, 443.
55 s. t. ar. a Malpais 1285, 411.
= d. Biliairt, srg. Jaikemin — 1269, 564.
Mairiate, f. sg. Estene — †, ms. daier
  S. Hilaire (PM) doit 6 d. 4 chap. 1298, 409.
6. Forkignon, f. sg. Estene —,
55 s. t. ar. a Malpais (PS) 1285, 411.
et Hanriat Bellegoule et Ailexate, lour srg.,
  50 s. ms. en Chambres et ms. as Roches
7. Aucel —, [1285, 342.
22½ d. gissent sus ms. en Fromont 1269,
8. Remiat —, la fm. [490³⁵.
vg. en Herbeclos (PS) 1279, 471.
li **Rois des Jalz** 1293, lou Roi de Galles
  1298.
Jehans li clers c'on dist — 1293, 34.
sg. Jehan lou preste c'on dist — 1298, 628.

---

li **Rois**
1 sg. Bauduyn — [m. e. 1249]
1251, † 1275

Kateline	2 Arnous —¹)⁴)	3 Jenat —¹)⁴)	4 Jaikemins —¹)⁵)⁴)	5 sg. Estene —¹)
1278	1267/93	1278	1267/81, † 1293	1267, † 1279
Roienate³) Lorate²) Collate		Willames ⌣ Collate 1293		⌣ d. Beliart 1269/85
1275/81 1278 Roienate⌣		li Lombairs j.		Mairiate 6 Forkignon
Boinvallas		Jehan de Valz 1278, 1290		1298 1285
li Merciers et	1285			
Jehans de Vals j. A.		7 Aucel — 1269	8 Remiat — 1279	
1275/93				

¹) *Bannrollen I. LVI, 3. Schreinsbrief* (= 1267, 496a). Et cest vandaige eit fait
li sires Estene (li Rois) per lou crant d'Ernout et de Jenat et de Jaikemin, ces
III freires.

²) niece Poincignon lou preste, fil sg. Howon lou Bague 1278, 127, 131.

³) *De Wailly 107 (1265)* Lowis de Cligney chanones de Monfaucon ait donneit
.... des XXII s. de cens ke Jaikemins li Rois, ces seroges, li doit sus l'eritaige ke geist
ou ban de Mersei, ke fut lou signor Pieron de Clignei, son peire.

⁴) *De Wailly 133 (1270)*... li priors dou Prei de Mes ait aquasteit ... ai Jakemin
lou Roi la maison Uguignon lou clarc son freire, ke siet areis la porte S. Thiebaut, et
la cort et lou meis.... Et cest vandaige ait fait Jakemins davant dis per lou crant
et per lou los d'Arnolt et de Jenat et de Jofroit, ses III freires, et dou signor Ali-
xandre Makerel... v. *De Wailly 134 (1270)*.

Rolant v. Rollans.
Rolas, Rolat 1275/1279. 1285, 1288, 1293, 1298, Rollat 1278.
  2. — d'Ars (OM), Richairs de Fays fill. —, — de Juxey, — f. Leucart de Juxey, — Desier de Juxey, — de Molins.
  3. — cherpantier dou pont a Molins, — corretier (dou Quertal), — corvexier.
Rolier de Fayt   1285, 453.
Rolins, Rolin 1269, 1281/1290, 1298, Rollins, Rollin 1267, 1285, Roillins, Roillin 1277, 1298, Roolun 1220.
  3. — cherpanteir, — clerc = — clers de Chambres = — clers sg. Nicole de Nuefchastel, — Aillas clers, Marguerons li merciere f. — †.
  4. — Golon   1220, 6.
Rollans 1269, 1278, 1293, Rollau 1267, 1275, 1278, 1285, 1290/1298, Rollant 1279, 1285, Rolaut 1275, 1281. v. V. Rollanchamp, Rollanmont, Rollantpaireit, Rollennars.
  1. Matiat fr. — (= de S. Martin) 1298, 143.
  2. — de Lescey, — dou Mesnit de Lescey, — de S. Martin.
  3. — cordewinier, — f. Tieriat lou corvezier, — f. le maior de S. Martin, — olier.
  4. Jennins Jolenas d'Ars (OM) et — f.
  5. Colin —, Perrins f. 1275, 514. [1293, 143.
Jenas —   1275, 193; 1278, 261.
Jennat — olier   1290, 427.
Rollat v. Rolas.
Rollins, Rollin v. Rolins.
Rollons v. Roillons.
Romacles, Romacle 1251. 1275, Romaicle 1277, 1281, 1285, Remacle 1290, Remaicle 1288, 1293 (v. Marcous).
Richillin — [1]) 1251, 98²; 1275, 193. [1290, 8.
  Colignons Marcous f. 1281, 166; 1288, 45;
  Colignons Marcous f. Richelin 1281, 377.
  Jaikemin, son fr.   1290, 8.
Jenat — †, Wiborate f. 1277, 292. [473.
Hanris — et Geliate sai s. (Awigney) 1293,

---

[1]) *Bannrollen I, LXIII, 12. Schreinsbrief (= 1281, 278)* ou Halt Champel et ou Baix Champel ... erreiz la maison que fuit Rechelin Roumacle.

li anfant — d'Awigney   1285, 95³.
Romebar 1267, Romebair 1288, Rommebac 1290. v. IV.
  Collignon —   1290, 533.
  Gerardins — de Malleroit   1288, 18.
  Howin —   1267, 135.
Romesale. v. IV. Mes.
  Jaikemins —   1288, 483.
Romexin, Hanriat   1293, 191.
Rommebac v. Romebar.
Romon v. Renmont.
Rondat, Jehan, Poinsate fm.   1298, 601.
Rondel j. Euriat lou vieseir dou Quertal
Ronve (= de Ronvre?)   [1288, 447.
  Symon —   1267, 186.
Roolun v. Rolins.
Rorias, Roris v. Roirias, Roiris.
Roscel v. Roucels.
Roszelate v. Rozelate.
Rose v. Roze.
Rosel v. Roucels.
Rosin v. Rossin.
Rossate v. Rousate.
Rossce v. Roucels.
Rosse v. Roucels *und* Roze.
lou **Rossel** v. li Roucels.
Rossels, Rossel v. Roucels.
la **Rosse** v. lai Rousse.
Rossin 1281, 1293, 1298, Rosin 1298, Rocins 1277, Recin 1279, Rozin 1298.
  2. — de Gorre   1279, 350.
  — de Jerney   1277, 408. [242 b.
  3. — fr. Gererdel lou boulangier 1298,
  4. — Dawin †, Alexandre f.   1298, 532.
  5. Ysabel — 1281, 633; 1293, 169, 317.
  Jennin —   1298, 180.
Roszelate v. Rozelate.
le **Rot.**
  Jennat —, Jaikemate fm. 1281, 484, 486.
Rotier.
  Hanriat —   1269, 505.
  Weriat — (v. II.)   1278, 182.
Rou v. Roul.
Roubat lou tainor   1267, 451.
Roubelas, Roubelat 1281/98, Robelat 1281, 1285, 1293.
  2. — d'Ars (OM)   1293, 165.
  3. — feivre d'Ars (OM), — (maior)

d'Ars (OM), — f. Symonat lou maior de Chamant.
4. — dou Mont d'Ars 1298, 563.
— f. Hanrion dou Mont d'Ars (OM) 1285, 118.
5. Collignons — d'Ars (OM) 1288, 527.
Jennat — 1285, 490.
Colignons f. 1281, 318.
Jennat — d'Ars (OM)
Abertins f. 1285, 121, 260.
Colignons f. 1285, 261, 487.
Poinsignons f. 1285, 526.
Roubelins, Roubelin 1285, 1298, 1298, Robelin 1281, 1293.
2. — f. Burtemen de Flanville, — de Maixerey, — de Malleroit, — de Montois.
3. — cherpantier de Montois 1281, 431;
4. — Gallien 1298, 70. [1293, 556.
Roubert v. Robers.
lai **Rouce** v. lai Rousse.
Roucels[1])[2]) 1251, 1267, 1278, 1285, 1288, Roucelz 1269, 1285, 1290/98, Roucel 1262/98, Rousels, Rousel 1262, 1267, Rouscels 1251, Rouscelz 1278, Roussels, Roussel 1251, 1275, Rousse 1267, Rouse 1298, Rouces 1281, Roucez 1269, Rocel 1279, 1293, Rosel 1227, Roscel 1267, Rossels, Rossel 1241, 1245, 1267, Rosse 1277, Rossce 1251.
Bertadon — P. v. Rufuls 3. 1281, 336.
Burtemin — 1293, 382".
Howignons f. 1278, 49.
†, Howignons de lai Creux f. 1288, 159.
Weirias f. 1281, 209, 440.
= Burteran —, Howignons f. 1279, 78.
d'Outre Saille, Howignons f. 1278, 467.
Clodin — 1241, 201.
Domangin — 1262, 416.
Garssas — 1251, 64; 1269, 332.
fm. 1269, 332.
Luckatte fm. 1251, 74.
et son f. 1267, 230.
†, Forkignon lou clarc f. 1277, 76.
†, Lucate fm., et maistre Forke l'avokat son f. 1298, 25.
Garsilion — 1262, 306.
Gerart —, Androuat f. 1269, 291.
Hanrias — P. v. I. de Champelz 9.
Hanriat — (Mairuelles),
Aburtin f. 1288, 166.
= Hanriat lou — de Mairuelles †,
Aburtin f. 1290, 491.
= Hanriat — de Mairuelles,
Collairs f. 1290, 356.
Huguignon — de Rimport †, Maheu et Gilet f. 1269, 380.
= Vguignon —, Mahelat f. (ms. en Renport) 1275, 29.
Ysanbairt — de Vantouz 1275, 23.
Jakemin — (v P¹ und Barons 2.) 1227, 2.
Jaikemin — vieseir 1290, 213; 1293, 233.
Jaikes — v. P¹ 1.
Jenat — vaillet sg. Thierit de Laibrie
Jennat — 1290, 150. [1275, 344.
Jenin — †, Colignon f. 1269, 168.
Jaikemenat f. 1288, 450b.
Jennin — (Wapey) 1293, 671.
de Wapey 1293, 635.
Joffroit — v. P.¹ 2. [667.
Martin — de Talanges, Rainbat f. 1298,

---

[1]) Der Name Roucels (Rot) oder li Roucels (der Rote) ist oft Einzelpersonen als Beiname gegeben. So heißt der Bruder von Jehan Raifal: Bertadon Roucel, der Sohn von Colin de Champelz: Hanrias Roucels, der Sohn von Nicole Baron: Jakemin Rosel. Auch Familienname ist er geworden, Joffroit Roucel ist der Sohn von Jaike Roucel, aber da die Angaben über die Verwandtschaft meist fehlen und da es ja, was bei der Bedeutung des Namens begreiflich ist, sehr viele Roucels gegeben hat, so sind diese hier nur zum Teil in Familien, sonst aber nach der alphabetischen Reihenfolge ihrer Vornamen aufgezählt. Nicht einmal bei denen, die als Patrizier erkennbar sind, läßt sich die Zusammengehörigkeit oder der Verwandtschaftsgrad feststellen, und ebenso ungewiß bleibt es, ob sich unter ihnen ein Abkömmling findet von den in der Urkunde von 1190 (Ben. III, 151) genannten Hugo, Otto, Matheus, filii Matthaei Rufi, oder von Albertus Rufus, Pontio, Johannes filii ejus. Henry Roucel, der Schöffenmeister von 1308, könnte Hanrias Roucels de Champelz sein.

[2]) Prost XXIII, 1235 Colins Rouses li mayres S. Vincent.

Roucels 380 I. Personennamen

Otignons — de S. Clemant 1285, 387.
Philipins — 1241, 172.
Poensas — v. P^2 2.
Poincignon — de Rimport v. P^2 2.
Poinsignon — v. P^2 4.
Simelo — covresier 1275, 413.
Symonat — de Rimport v. P^2 3.
Symonin — musnier 1251, 166.
Steuenin — 1267, 367; 1269, 360; 1275, 24, 150, 280; 1277, 79; 1281, 176.
    Loratte fm. 1251, 257.
[Steuenin?] — de Staixon 1288, 5.
Steuenin — de Stoixey, Girardin f. 1267,
  „ —, Gerardins f. 1269, 352. [153.
Steuenin — d'Aiest,
  Jakemin f., et Katerine sa fm. 1293, 662.
Theiriat — 1281, 416.
  †, Jakemate, Thomassat, Sezenate, Colin,
  Gerart anf. 1269, 438.
Thierion — de Maicline, Gerairt f. 1293, 77.
Vguignon — v. P^3.
Weriat — v. P^4.
P.
Thiebaus de Moielain pb. por lui et por 1 — 2 tavles en Nues Chainges (v. P^1. Jaikes —, P^2 Poensas —, P^3 Vguignon —) 1275, 372.
P^1.

1 Jaikes — [m. e. 1261] [1]) ⌣ Bietris
1267/78, † 1279, sr. 1277   1281/93

2 Joffrois — ⌣ Merguerite
1278/98   1278

1. Jaikemin —,
2 ms. (PS) 1267, 44.

---

[1]) *Der Schöffenmeister des Jahres 1261 heißt in den Listen* Jacque Creton, *aber in einer Urkunde aus dem Jahre 1261 a. St.* Jaiques Roucelz *(M.-Bez.-A., Clerf 11 b, v. I. Ysacart). Es ist in diesem Falle nicht nötig, einen Irrtum in den Listen anzunehmen (v. Bannrollen I, XXXV Anm.), mit* Jaike Creton *und* Jaike Roucel *kann ein und dieselbe Person bezeichnet sein, wenn man annimmt, daß der Familienname* (Creton *1251 und 1262*) *durch den Beinamen (seit 1267) verdrängt worden ist.*

= Jaikes — pb. por Poensate la provandiere de S. Laddre 1267, 101.
pb. por l'ospital et por S. Laddre 1267, 267.
porveours les freres Menours 1267, 511.
pb. tavle a Nuelz Chainges dev. S. Simplise · 1275, 231.
daier l'ost. (PS) 1278, 254d.
pb. 30 lb. kant ke a Florey et ou ban et cences dedens et fuers de Mes 1278, 368.
†, a monteir de Sus lou Mur entre [559, 657.
  l'ost. 1279, 518.
an Sanerie antre la vote 1285, 456.
a Saneratchamin anc. vg. (PS) 1288, 431a.
= sires Jaikes pb. er. ou ban de Mes et de Maigney et de Colanbers 1277, 366.
a Grant chamin anc. vg. (PS) 1298, 40.
d. Bietris, fm. Jaike — †,
pb. er. an la mairie de Porsaillis 1281, 233.
½? ms. a Porsaillis 1285, 438.
pb. 30 lb. kant ke a Chaucey, Birlixe, Bazoncort et en bans 1285, 451.
c. ms. (PM) 1290, 22.
[vote?] antre les 2 votes J. — †, pris a cens de d. Bietrit, fm. J. — 1290, 46.
pb. en leu de waigeire por lei et por les mainbor sg. Jaike kan ke a Guenanges et ou ban 1293, 26.
pb. en leu de waigeire ms. an lai court a S. Julien et vg. ou ban de S. Julien 1293, 28.
pb. ½ ms. daier sa ms. (PS) 1293, 109.
gr., t., court (PS) 1293, 307.
1. 2. Jaikes — pb. por Joffroit, son f., et Merguerite, sa fm., 10 s. en la rue S. Mamin outre Saille 1278,
2. Joffroit —, [560.
en Mallemars anc. vg. (PS) 1288, 432.
et Andrewas Jallee pb. por Haurekel de Seruignei 1298, 124.
P^2.

1 Jehan —⌣ d. Bele
  † 1227

Pantecoste	2 Poincignon —	3 Symonat —
1241	= Poensas —	de Rimport
	1227/77	† 1279
	=?P. - de Rimport	
	† 1279	Merguerate
		1279

4 Poinsignon — 1298

1. 2. Jehan —†, d. Bele fm., et Poncet, son f.,
60 s. antor S. Piere, 9 s. 4 d. antor S. Andreu 1227, 57.
Pantecoste, f. Johan —,
ms. en la Wade 1241, 195.
2. Poincignon —,
ms. (PM) 1245, 75.
= Poences — pb. grant ms. en Staison
= Poensas — pb. 20 s. 2 ½ d. [1251, 174.
clos a Maigney 1251, 201.
meix en Renport 1262, 145.
enc. tavle ke fut 1277, 39.
=? Poincignon —, ms. an Rimport ke fut
= Poincignon — de Rimport†, ms. [1279, 30.
devant la rive a Chevalz ke fut 1279, 412 b.
3. Symonat — de Rimport†,
Merguerate f.,
20 s. ms. an Rimport ke fut Poincignon —, son o. 1279, 30.
4. Poinsignon —,
ms. sus lou Rone doit 7 s. a.. et P. 1298, 136.

P3.
1. Vguignon— (v. Huguignon —), [74.
en Chainges en Visignuel deleis tavle 1277,
Lietaus li permantiers et Jaikemins li taileirs et Vg. — et Colignons Merchans pb. pour la confrairie de S. Piere aus Airaines 1281, 510.
Gillas li Bels de Heu et Vg. — pb. vg. et la wairde a Chastels en Tros 1285, 554.
meis a S. Arnout 1288, 40.
ms. daie S. Ilaire a pont Renmont devers Saille doit 6 d. et 2 chap. 1288, 361 s.
grant champ a chief dou Champ a Pannes pb. lai dairienne ms. et meis daier [1290, 66.
S. Thiebaut ver lo champ a Pannes 1290,
ms. a monteir de Jeurne 1290, 478. [430.

P4.
1. Weriat — (v. Burtemiu —):
Robin Paillat et W. —, son srg., vg. ou ban de Syei 1267, 472a.
li **Roucels** 1275, 1277, 1279, 1288, li Roucelz 1288, 1293, 1298, lou Roucel 1262, 1275/1298, li Rouscelz 1277, li Rouces 1269, lo Roussel 1275, lo Rossel 1245, li Rocels 1290, 1298, lou Rocel 1285, 1290/1298.
— de Mairuelles, Thieriat f. 1293, 570.

— boulangier d'Aiest†, Jaikemin f. 1290,
Aurowins frutiers 1275, 242. [298.
Burtemin — de Borney f. Jaikemin de Vantous 1298, 287b.
Colignon — 1298, 170. [324.
Colignon — d'Airs (OM) 1288, 160; 1298,
Colin — de Marley tanor 1279, 113, 115.
Collin — de Virdnns 1275, 395.
Collins — j. Houdiate 1277, 3.
Gaircirias — et Jehans Jerney ke sont maistres de la compaignie des muniers de sus Muzelle 1288, 117.
Gillat — de Maizelles (v. Houwat) 1278,
Hanriat — 1290, 240. [591.
Hanriat — de Mairneles, Aburtins f. (v. Roucels) 1290, 491.
Houwat — de Maizelles, Gillas fr. 1275,
Howignon — bouchier de Porte [475. Muzelle, Piereson, Heilowit, Hanriat, Idate, Gerairdin enf. 1288, 353.
Howin — de Lescey 1298, 171.
Jehans —¹) de Merdeney et Jehans ces fr. 1293, 583.
Colignons Doignons et Willemins Gameis et Jehaus — et Thiebaus ces 3 fr. 1298, 58.
Jennat —, Hawion fm. 1293, 321.
Jennat — f. Hanriat de Montigney 1281,
Jennins — de Chaminat 1277, 269. [280.
Otthe —, Baiscelin f. 1281, 497.
Pieresons — de Lescey 1279, 569.
Pieresons — de Nonviant et Vguins ces fr. 1290, 257.
Poinsignon Poulain — d'Airs 1279, 257.
Symonas — 1269, 291; 1279, 549.
Symonin — † 1285, 97.
Symonins — j. Richairt d'Abes lou cherpantier 1298, 207.
Steuenin — †, Jaikemins f. 1290, 310.
Steuenin — 1298, 244.
Steuenin — de Valieres 1285, 273.
Steuenin — tellier 1278, 544.
Thieriat — d'Orgney†, Colins f. 1293, 48.
Tierion — cherpentier de Franconrue et Hawelo sa fm. 1298, 688.

---

¹) *De Wailly 350 (1297)* Rolat et Guiot, les 2 f. Jehan lou Rosel d'Airs ke fut.

Rouces–Roze 382 1. Personennamen

Thomes — d'Orgney 1288, 408.
Thomescin — 1262, 139.
Weiriat — 1290, 415.
Werias — de Chezelles 1277, 391; 1279, Matheus f. 1279, 552. [124.
Werneson — 1293, 643.
Wernier — cherreton 1293, 133.
Warnier — mutier 1245, 255.
Rouces, Roucez v. Roucels.
li **Rouces** v. li Roucels.
Roucillon, Jennat, de Maiey 1279, 399.
lo **Rouge** v. lou Roge.
Rougevel v. Roguenels.
Rouguelle, Aubartin 1269, 413.
Roul 1275, 1278, 1281, 1285, 1293, Rou 1241, 1245, 1262, Rous 1281, Raouls, Raoul 1269, 1281, Raulz, Raul 1293, Ralz, Ral 1293. [118.
 1. vg. desor — ou ban de Plapenille 1281, sr. Pieres (= de Porte Muselle G. 7.) f. sg. — 1241, 134.
 — d[e....], ms. en Anglemur 1262, 77.
 2. — de Paris, sg. — de Theheicort, sr. — de Wermeranges (chiveliers).
 3. sr. — clers de Chambres 1281, 173, 207.
 4. sg. — Makerel, (sr.) — Morel, — Trabuchat.
Rouperel, ost. en Rimport 1275, 295.
Rous v. Roul.
Rousate, Rossate.
 — f. Steuenin lo munier 1267, 412.
 Baudyn — 1267, 288.
Rouse v. Roucels.
lai **Rouse** v. lai Rousse.
Rouscelz, Rousels v. Roucels.
Rousse v. Roucels.
la(i) **Rousse** 1279, 1293, 1298, la(i) Rouse 1262, 1288, 1293, la(i) Rouce 1277, 1281, 1293, la Rosse 1277, 1279.
Coenrairs f. — 1279, 213.
Coenrairt f. — d'Outre Saille 1277, 55.
Coinrairt — 1293, 452.
Colate —, Thierias j. 1262, 51.
Colins f. — 1277, 288.
Colin — 1288, 416; 1293, 278[14]; 1298, 75.
 Steuenins 1288, 417.
Howignons f. — (de Ste Raifine) 1293, 549.
d. Izabel — 1277, 317; 1281, 252.

Watrel — 1279, 375.
lo **Roussel** v. li Roucels.
Roussels, Roussel v. Roucels.
Rouvel 1267, Rouel 1281.
 Clôdin — 1267, 89; 1281, 49.
 de la **Rouwelle** v. de la Rowelle.
 des **Rouwes** v. des Rowes.
Rouzeruelles, Jenas (v. IV.) 1281, 150, 400.
 Budewenat f. — et Aileit sai fm. 1288, 154.
Rovas, Jehans, f. Aburtin lou Sauaige de Vallieres 1298, 225.
Rouel v. Rouvel.
li **Rouez**, Willemins (P?) et Banduyns Louve de **Rowe** v. des Rowes. [1269, 66.
Rowelenne, Wirias 1298, 467.
de la **Rowelle** 1251, 1278, 1293, de la Rouwelle 1298, de la Roele 1251, de la Ruelle 1262.
 Biautrit — 1251, 164.
 Colin — 1262, 291.
 †, Collate fm. 1293, 22.
 d. Colate de S. Julien, ke maint daier S. Girgone, fm. 1298, 18.
 Girart — 1251, 205.
 Aileit fm., Ysabel f. 1278, 651.
 Renniers — de S. Julien 1278, 36.
des **Rowes** 1281, 1290/1298, des Rouwes 1290, des Ruwes 1290, des Rues 1293, de Rowe 1298, de Rue 1227, de Ruet 1251. v. IV.
 Aurowins — d'Ars (OM), Ysabel fm. 1298, Colin —, li hoir 1290, 340b. [681.
 Jehan — 1293, 365.
 Colin — de Chaillei, Symonat f. 1290, 331.
 Gerart — d'Ars (OM),
  Aurowins f. 1281, 641; 1293, 652.
  Drowins f. 1290, 270; 1293, 652.
 „ - d'Ars f., et Clemansate sa fm. 1298, Jakemis li tenneres — 1227, 42. [566.
 Jaikemin — 1251, 58
Roxe, Pieresón, de Solleuanges, Sinowate fm. 1293, 664.
Roze 1241, 1275, 1278, 1279, 1288/1293, Rose 1245, 1251, 1298, Rosse 1262.
 1. d. — 1278, 243.
 mainbors d. — 1278, 245.
 Ottheman lou marit — 1293, 449.
 2. — d'Ansey, Colignon de Joiey j. 1288,
 — f. Waiterin d'Oisey 1251, 39. [496.

Rozelate–Ruece

3. — f. Bertran lou feivre 1293, 353.
— fm. Howin Chadawe lou munier † 1290,
5. Abillate —, Aburtins f. 1278, 15. [394.
Colins — 1241, 63; 1245, 170.
Formerons — 1262, 171; 1267, 186; 1278,
450, 555; 1279, 36. 41.[1])
† Marguerite f., et Jehans ces f. 1298. 497.
Jaikemin — 1293, 199.
Jennat — 1293, 199.
d. Merguerite — 1275, 138; 1278, 8, 366,
Rozelate, Roszelate. [412; 1279, 384.
- - de Longeuille 1267, 113,
— f. Jennin Oline 1267, 106.
Rozin v. Rossin.
Ruckas, Jennas, hoir Doignon Pillat d'Ars
(OM) 1278, 161.
Ruckels, Aubertins 1251, 245.
Ruke.
Drowins — de Viez Bucherie 1298, 332, 673.
Jennins — 1267, 51; 1269, 81·
Piereson — 1241. 44; 1262, 106.
Rukout v. Rekeus.
de **Rue** v. des Rowes.
Ruece 1267/1290, Ruese 1285, 1290/1298,
Ruesce 1262.
a) Frauenname:
1. d. —, oirs 1279, 353.
d. —, Troixin f. (v. Ruecelate) 1275, 500.
2. d. — fm. Gerart d'Ars †, — d'Airev,
(fm. Otthignon de Prenoit)†, — de Prenoit, d. — de Jeurue.
3. — fm. Herbin menteur † 1298. 275.
b) Familienname:
P.
1. Gilat — † 1269. 188, 271, 331.
2. li [s. ?] Burtemin —
doit 8 d. et 2 chap. maisoncelles en la ruelle
Martin lo Gous; gr. ke fut B. — en la
ruelle Martin lou Gos 1269, 38 [7, 13].
3. 4. Garserius, f. Forkignon — †,
ms. et pet. ms. en Aiest, ms. a Rimport et
remenant de l'er. en la mairie de PM por
440 (260?) lb. k'il doit a Gilat — 1269,
ms. en Estaizon et 4 st. en Vesignuez [188.
et remenant de l'er. en la mairie de PS
por 260 lb. k'il doit a Gilat — 1269, 271.
tour et vivier en Einglemur et remenant
de l'er. en la mairie d'OM por 260 lb.
k'il doit a Gilet — 1269, 331.
= Garsiliat —, 16 s. ms. (PM) 1267, 289.
5. Remions —
pb. cant ke a Talanges et a Montigney et
ou ban 1279, 171 = 298.
20 s. des 40 s. ms. ator de Forneirue 1279, 220.
et Yngrans Forcons pb. 18 s. ms. an lai
droite rowe de Porte Serpenoise 1279, 455.
pb. vies tavle an Vies Chainge 1281, 42.
pb. vg. en la Hate Pertelle et 2 ordres de
vg. (PS) 1285, 90.
li enfans Remion —† ont 4 ½ s. ms. en
Chanbres 1288, 133.
6. Colins —
pb. er. en la mairie d'OM 1262, 411.
pb. er. ou ban de S. Julien et de Valieres,
3 s. planteit de vg. en Orsain enc. lo planteit Colin meimes 1267, 312.

1 Gilat — † 1269	2 Burtemin — 1269
3 Forkignon — † 1269	
4 Garserias 1267/69	5 Remions — 1279/85 [1]) enfans 1288
= sg. Garcire — † 1279 [1])	
6 Colins —[2]) 1262/85, † 1288	Rueselate [1]) 1269
Aileis (Merguerite) 1288 Amaie 1290 1293	7 Gaircirias — Beliairs 1298 [m. e. 1310]	8 Gillas 1298

Yngrans Borgons j. Colin —
Philippin f. Symonin de Chaistelz j. C. — 1290

[1]) *De Wailly 205 (1279)* Yngrans Forkeus
(= Forkons) et Remions, li fils Forkignon Ruece ke fut, li mainbors Ruecelate,
la fille signor Garcire Ruece ke fut...
[2]) *Bannrollen I, LXXX, 28. Schreinsbrief
(1278)* Colins Ruese ait fait eschainge (terre
aireure an Frankignonchamp).

---

[1]) *De Wailly 302, 303 (1290 a. St.)* Thiebas li drapiers, li janres Formeron Roze ke
fut, ... dame Lorate Roze, sa seure, et
Jehans li clers, f. d. Lorate, ... droit
dators.

pb. 3 s. planteit en Orsain enc. sa̍ vg. 1267,
pb. 5 s. 1 m. moins et 4 chap. 2 ms. [323.
en Anglemur, ms. et maisoncelles et gr.
en la ruelle Martin lo Gous et 3 ms.
(PM?) 1269, 38.
Renaudins li Mercierz et Colins — et Ruese-
late, sa s., mainbor Gilat —, pb. tout
l'er. Garceriat, f. Forkignon — †, en la
mairie de PM, PS, OM 1269, 188, 271, 331.
Nicole de Weivre et Colin — et Jenat
Chavreson et....., 110 s. ¹/₂ molin (PM),
18 s. ms. a la porte en Chanbre 1275, 27.
„ , 6¹/₂ lb. ms. en Visignuel 1275, 76.
„ , ms. Maheu Jenwet, 2 ms. daier ke vont
fuers a Staixons 1275, 196.
pb. er. en la mairie d'OM .. 1275, 260.
antre Villeirs a l'Orme et vg. C. — 1275, 284.
ms. en Humbecort doit 2 s. 1278, 23.
enc. ms. (PS) 1278, 126.
pb. ms. sus lou Mur 1278, 283.
an Orsain voie pernnei lou trex 1285, 165d.
ms. en Sanerie ke fut Colin — 1288, 124.
60 s. ms. en Aiest ke furent C. — 1288, 150.
en Monsieres (PM) anc. t. C. — 1290, 298¹⁰.
les hoirs Colin — †, vg. anc. (PM) 1290, 328⁴.
Aileit, f. Colin — †,
gr. et les ms. (PS) 1288, 219.
pb. ms. sus lou tour de l'aitre de Ste
Creux 1293, 577.
Yngrans Borgons pb. grant ms. ke fut
Colin —, son seur, en Jeurue, aq. a
Merguerite Amaie, sai srg., f. Co-
lin — 1290, 85a
„ pb. .... lb. ke li ms. desour dite doit a
Philippin, son couserorge f. Symonin
de Chaistelz † 1290, 85b.
„ pb. er. escheut de part Collin —, son s.
Colignon de lai Cort et Amee, [1290, 568.
f. Colin —, vg. et ms. ke fut Colin — a
Vallieres 1290, 141.
7. 8. Gaircirias et Gillas fr., f. C. —.
pb. 4 ms. an Gran Meizes 1298, 407.
7. (Garsirias — ¹) et Beliairs, sai fm.,

pb. ms. davant les freres Menors (PS) 1298, 547.
Ruecelate 1267/1275, 1279, 1298, Rueselete
1269.
1. —, ms. a l'antree dou Champel 1267,
— et Ancillon et Jennate hoirs Colin [193.
Bruce 1298, 519.
2. — fm. Boinvallat de Ste Rafine, Troixin
f. (v. Ruece 1.) 1275, 510.
4. Garcelias Faixins pb. por lui et ces fr.
et ces s. ke sont de — sa m. 1279, 364.
— s. Colin Ruece 1269, 188, 271, 331.
Ruecela, Garsire, d. Poince fm. 1241, 133.
Ruecelins, Ruecelin 1267, 1269, 1278, 1281/
1288, 1293, 1298, Rueselin 1293.
1. —, ms. en la Vigne S. Auol 1267, 188.
—, ms. ou Champel 1269, 461.
—, vg. ou ban de Maigney 1288, 459.
Lowyat j. — 1269, 254, 425.
2. — d'Angoudanges, Adans f. 1293, 398.
— dou Champel † 1285, 420. [73, 543a.
— de Maigney 1285, 187; 1288, 379; 1293,
— Boukel de Maignei 1298, 541, 542b.
3. — boulangier 1278, 294, 504; 1281, 28;
— cherpantier 1288, 504, 505. [1288, 103.
Ruedanguels, Ruedanguel.
Jaikemin — 1267, 66.
Jaikemins — clars 1277, 56.
Thierion — 1251, 53.
Ruedolz, Ruedol.
— de Longenille desoz S. Martin a la
Glandere 1285, 536.
— tripiers 1279, 200, 398a.
Roillon — 1241, 171.
de la **Ruelle** v. de la Rowelle.
Ruellemaile v. Ruillemaille.
des **Rues** v. des Rowes.
Ruesce, Ruese v. Ruece.
Rueselete v. Ruecelate.
Rueselin v. Ruecelins.
Rufin(clo) v. V.
li **Ruillais,** Jennius, de Longeville 1298, 611.
Ruillat, Jennat, de Flanville 1298, 20.
Ruille, Colart 1288, 97.
Thieriat j. 1288, 89.

---

¹) *De Wailly 366 (1298)* [Je N]icholes dis
Ottins, ke fut doiens de S. Savour de Mes,
fais ma devise.... De ceste devise fai je
mainbors et. et. Guerseliat Ruece et.
qui sont citains de Mes.

Ruillemaille 1251, 1281, 1290, Ruellemaile 1262, Roillemaile 1267, Rullemaille 1275.
  1. —, vg. ou ban de Borney 1267, 209.
  5. Colignon — [1])   1281, 124.
    de Siey   1290, 538.
Colins —   1251, 168; 1262, 410.
Weirias — d'Abocort   1275, 81.
la **Russate**, Hawyate   1269, 427.
la **Ruste**, Pieron, Paien fr.   1298, 128.
Ruterel, Jennin, de Chailley, Ozenate f., fm.
  Burtran fil Jenneson Coueit 1293, 208.
Ruteure, Thiebaut, de Chailley 1277, 216.
des **Ruwes** v. des Rowes.
Ruxe, Geraint, tenour   1290, 215a.
don **Ruxel**.
Sefions fm. Abertin — de Wapey 1288, 256.
Forkignou — de Wapey   1298, 589.

S.

Sabelle v. Sebelie.
Sabine, Werion (v. Sauine)   1285, 290.
Saicat 1293, 1298, Saikat 1285.
—, vg. (PS)   1293, 570.
Lowiat— (de Maigney), Watiers f. 1285, 194.
Nenmerit — (Maigney)   1298, 116a, 537.
Saiechance, Jenin   1275, 40.
Saifrignon v. Soifrignon.
Saillambien 1298, Saillenbien 1290, Salleanbien 1281.[2])
—, t. (PS)   1298, 485. [428.
Ancillons — de Montois, Guersas fr. 1281,

---

[1]) De Wailly 252 (1285 a. St.) meis ke geist daier S. Thiebat, ke Colins Ruillemaille tient. De Wailly, 371 (1299 a. St.) 5 s. de met. de cens ke Colignon Rullemaille doit. De Wailly 372 G (1299 a. St.) 5 s. de met. de cens ke Colignons Rullemaille li maizouweirs de S. Thiebaut doit sus 8 eires de meis k'il ait daier S. Thiebaut.

[2]) Jahrbuch V (1893), S. 7 letzte Zeile, Voigt. Bischof Bertram, Urk. 1204 Testes: ... Nemericus Saltans in bonum ...

Colignons f.   1298, 45.
Renaldins boulangiers fill.   1290, 239.
Colignons —   1293, 458.
Saillat.
Colin — de Malleroit†, Jennat f. 1288, 18.
de **S. Julien** (v. IV.).
  P. [sr Jehans de S. Julien m. e. 1246]
  [Jennins de S. Juliens 1250 C]
  [li maire dez S. Julien 1250 C]
Colin Xalle maior de S. Julien v. Xalle.
  1. Jehans li maires —
pb. vg. oltre Salle   1227, 22.
= sr. Jehans ke fut maires — pb. vg. a
la Piere a Chazelles, ½ chak. ...., er. a
Nonnoiant   1262, 110.
  2. 3. Filipin, f. sg. Aubert —,
15½ s. ms. a pont a Mosele 1251, 259.
  4. Filipin, avelet lou maior,
a S. Julien anc. l'ost.   1288, 369.
  5. Abert, f. lou vies maior — †,
anc. vg. (PM)   1290, 328.
  6. sg. Ancel —, menandie (PM) 1262, 270.
  7. Poincignous, f. lo maior —.
et Colignons Sirvels pb. vg. en Orsain et
trex   1267, 271.
  8. Haurias li maires —
et Jaikemate, fm. Filipin de Maleroit, ms.
a S. Julien   1285, 16.
et Aurowins, f. Symonin Monaire de Vallieres, pb. vg. en Desermont 1285, 304.
a Bafontenne anc. H. —   1288, 341.
et Colins Cuerdefer pb. por Jennat — 1288,
pb. por S. Vincent   1288, 355. [347.
ms. a Pairnemaille   1290, 163.
et Colignons de lai Court pb. por Steuenat
Miche —   1290, 317.
et Perrins Raibues pb. vg. en Geronchamp
et vg. sus Moselle   1293, 10.
pb. vg. desour Vallieres   1293, 424.
de **S. Martin** v. IV.
[Vguenons de S. Martin 1250 C][1])

---

[1]) Ben. III, 151 (1190) Terricus de S. Martino. Meurisse, Hist. des Evesques S. 443 (= Prost. Le patriciat dans la cité de Mes S. 275) Remigius de Saucto Martino, in der entsprechenden französischen Urkunde bei

de **S. Polcort** 1245/1279, de S. Polcourt 1281, 1290, 1293, de S. Pocort 1278/1293. de S. Poucort 1269. (v. IV. Mes).

P.

1 Huin — 1245

2 Waiterin — 1251   3 sg. Aubri — 1267
  enfans 1293   4 Willermin 1251

5 sr. Jehans — ¹) 1275/85, † 1290 [m. c. 1274]
6 Jaikemins 1290   ? Arnols Jossels 1281/88

7 Godefrin — 1269   d. Aileit —
Ysabeis 1267/93   8 Theiderit 1279
           d. Odelie —
      Jaikemate et Hawiate 1288

1. Huin —,
vg. sor Saille   1245, 19.
2. Waiterin —,
ms. en Chaponrue   1251, 101.
enfans Waterin —, en lai Vigne S. Auol
  antre ms.   1293, 75.
3. sg. Aubri —, hoirs   [1267, 397.
ms. ke fut sg. A. — outre Saille et 15 d.
4. Willermin, f. sg. Aubrit †,
ms. en S. Polcort   1251, 104.
= Willermin, f. Aubrit —. vg. outre Saille
5. Jehan —,   [1251, 145.
vg. en la Pretelle (PS)   1275, 349.
pb. ms. enc. sa ms. (PS)   1277, 61.
= sr. Jehans — doit 10 s. vg. en Cortes
  vignes (PM)   1278, 408.
devant lou molin de Vallieres enc. vg. 1278,
pb. vg. dezour Vallieres enc. la soie [421b.
  vg.   1279, 387.
pb. part an lai halle an Visegnues 1281, 56.
pb. 31 s. ¹/₃ ms. davant S. Sauor, aq. a Arnolt Josel, son j.   1281, 577.
outre Saille entre .. et ms.   1285, 180.

De Wailly 2 (1214) Remeis de S. Martin. *Die in den Bannrollen vorkommenden nach S. Martin benannten Personen* (v. IV. S. Martin) *scheinen alle nicht zu der Patrizierfamilie* de S. Martin *gehört zu haben.*

¹) *Ferry, Observ. sécul. I fol. 279 (1280)* d'Outre Seille Jehan de S. Pocort Treze.

Arnols Jossels pb. ⁴³/₂ s. k'il et sr. Jehans
  —, ces seurs, dovoient   1288, 531.
6. Jaikemins, f. sg. Jehan — †,
pb. 16 d. vg. a Ruxit   1290, 15.
pb. lai tour et lou meis defuers lou mur
  de lai citeit antre lou pont a Maizelles et
  lou pont a lai Chenal   1290, 218.
pb. 30 s. ms. ou Champ a Saille 1290, 235.
30 s. ost. ou Champ a Saille   1290, 448a.
7. Godefrin —,
12 d. gesent sus l'ost. (PS)   1269, 87.
Ysabeis, f. Godefrin —,
pb. ¹/₄ ms. a la Posterne et ¹/₄ st. en la
  nueve halle au Quartal   1267, 106.
50 s. ms. ou elle maint, an S. Pocort, et la
  moitiet de sa ms. a la Posterne 1279, 255.
4 lb. 2 s. (PS)   1279, 462.
ms. a lai Posterne   1293, 487.
8. Theiderit, f. d. Aileit —,   [289.
ms. an la rowe des Suis outre Saille 1279,
d. Odelie —, Jaikemate et Hawiate,
  les 2 f., ¹/? ms. au Chievremont 1288, 130.
S. Quintin 1279, S. Quentin 1293, de S. Kointin 1269. (v. V.)
Colin —,
Marguerons de Longeville fm. 1269, 333.
Jaikemins, Bertrans, Adelate enf. 1279, 134.
Jaikemius f.   1293, 639.
Saire.
1. —, ms. sus lou Mur   1285, 51.
2. d. — de Cronney   1277, 49.
3. d. — li Vadoise   1275, 319.
4. d. — m. Chiuallat   1277, 15.
  m. Symoniu Cheualat   1281, 48, 49.
  m. Symonat Cheualat   1290, 398.
Sairiate 1275/1278, 1281, 1293, Sairiatte 1251, Suiriete 1245, Seriate 1293, Siriate 1275.
1. — et Luckin son f.   1251, 205.
2. — fm. Jehan de Croney   1275, 187.
3. — s. la fm. Matheu charboneir 1281, 365.
4. d. — fm. Joiffroit Pietdeschaus 1278,
-- f. Nicole Raboan   1245, 13. [110.
5. Jaikemiu —   1281, 411.
Jennin — de Molins 1275, 335; 1277, 392;
                                 1293, 541, 549.
Sairie 1269, 1279, Sairei 1275, Sarie 1290, 1269, Xarie (Zarie *durchgestrichen*) 1269, 431.

Sairiete–de Sanerie

4. d. — fm. Jakemin Burteran de Jeu-
   rue † 1279, 35.
5. Garsilons — 1220, 27.
Jennat — 1269, 472.
Jenins — 1269, 59, 431; 1275, 58.
Sairiete v. Sairiate.
Sairraizin v. Sarrazin.
li **Saive**, lai Saive.
Bietris — de Maizelles 1288, 184.
lou (lo) **Saive** 1275/1279, 1290/1298, lo (le)
Saiue 1227, 1245, 1267, 1269, lou Saue
1251, 1275.
Aubert — 1227, 33.
Colat — 1275, 416.
Hanriat — 1245, 96; 1251, 40; 1267, 142.
   enfans 1275, 511.
   oirs 1277, 45.
   Burtignon et Thiebaut enf. 1278, 325, 474.
   †, Jakemins et Joffroiz enf. 1279, 105.
Jennin — de Maizelles †, Thierias f. 1298,
   Matheu — 1269, 223. [73.
   †, Bietrit f. 1279, 221.
Mathion —, Bietrit f. 1278, 93.
Thiebaut —, Burtignon lou clerc fr. 1278, 60.
Waterin — de Vallieres † 1290, 308.
   Merguerou fm. 1293, 459.
Saivegrain v. Sauegrain.
Saluetel.
Geliat —, Thieriat f. 1269, 351.
Jennat —(v. I. li Maires 3.) 1278, 8.
Salaidin, Hanriat, de S. Julien †,
   Pieresons f. 1290, 318.[1])
Salemons, Salemon 1267, 1269, 1275, 1293,
Sallemons, Sallemon 1277, 1281, 1298.
   1. —, ms. ou Waide 1267, 236.
   fm. —, ost. a Rimport 1269, 189.
   2. — de Prays †, Heilewit fm., Jehan,
      Yzaibel, Hawiate enf. 1293, 256.
   — de Rimport 1281, 197.
   3. — feivre 1275, 488.
   4. — f. Ancel Boilawe de Colanbeirs †
      1277, 366; 1281, 233.
   5. Audrewat — boulangier 1298, 542a, b.
Sallebruche. (v. IV.)

---

[1]) *Prost LXII, 1295* Jehan et Hanriat et
Thiebaut les III fis **Salebran** lou feivre ke fut.

Hanriat — de Burney 1281, 483.
   Badewins et Colins f. 1293, 550.
= Hanrit de — ke maint a Burney et Ar-
   manjate sa fm. 1281, 55.
de la **Sals** 1245, 1267, de la Saz 1267, de
   la Saus 1279.
Collate — 1279, 97.
Steuenins — 1245, 28; † 1267, 187.
Stevle — 1267, 391.
Sambaig (v. IV. Sambaing).
Jehan — et Badewin fr. 1293, 220.
Hawiate —, Luciate n. 1285, 496.
Samonate 1267, 1285, Saumonete 1241.
— f. Johan Barangier 1241, 85.
— f. Burtignon lo Gras 1267, 80.
Sanconat 1288, Sansonat 1281.
— f. Adan lai Vaille 1281, 63; 1288, 175.
Symonat — f. Adan lai Vaille 1288, 377.
Sandelin, Johan 1241, 69.
de **Sanerie** (v. IV. Mes, Sanerie).
P.
   1 sg. Pieron — 1262, † 1269
   d. Nicole — 1278/79, † 1285
   2 sg. Pieron f. d. Nicole 1285/90
   = Pieres avelaz sg. Pieron 126 7/69

1. sg. Pieron —,
devant ms. (PM) 1262, 132.
a Rimport enc. l'ost. sg. Pieron — † 1269,
   d. Nicolle, f. sg. Pieron — †, [188.
molin sor Muzelle en Boweteiteire 1279, 194.
8 lb. 2 ms. en Sanerie ou elle maint, gr.
   enc. 1279, 372.
= d. Nicolle —, sus Muzelle (PM) enc. vg.
26 d. ost. (PS) 1278, 59. [1277, 190.
22 d. ms. (PS) 1278, 64.
32 s. 2 ms. (PS) 1278, 110.
62 s. ms. outre Saille 1278, 118.
5½ s. une ang. moins ms. (l'S) 1278, 260.
18 d. ms. (PS) 1278, 297.
22 d. ms. (PS) 1278, 314.
7 s. ms. de la Trinitet outre Saille 1278, 315.
6 s. ms. et maix. a devalleir de Sanerie 1278,
12 s. ms. outre Moselle 1278, 335. [318.
vg. en Bones vignes (PM) 1278, 391a.
12 s. ou Chanpel 1278, 430.
26 d. four outre Saille 1278, 503.
18 d. ms. en la Vigne S. Anol 1278, 503.

lou **Sanexien–Sauaige**

3. m. vg. en Bietritrowelle 1278, 503.
70 s. et 3 m. 3 ms. (PS) et er. en Abouwes 1278, 523.
10 s. en la rue S. Mamin outre Saille 1278,
25 s. ost. en Franconrue 1278, 633. [560.
35 s. ms. an Rimport 1279, 10
25 s. ms. et meis an Rimport 1279, 191.
et a ceulz de S. Laidre, ms. au Bucherie a Porte Muzelle 1279, 200.
4 s. ost. ou Haut Waide 1279, 216.
20 s. ms. davant ms. d. N. — (PM) 1279, 346.
51 s. chak. an Stoixey et gr. 1279, 376.
15 s. ms. a Nuef pont 1279, 470.
40 s. en premiers chaiteiz de Frainoit deleiz Forchiez 1279, 508.
15 s. ms. en Franconrue 1279, 532.
3 s. t. en Girbernowe (OM) 1279, 532.
pr. c'on dist en Preis de Mes 1279, 581.
2. sg. Pieron, f. d. Nicole † ,
t. au Baiennowe (PM) doit 2 s. 1285, 153º.
sr. Allexandres de Sus lou Mur et sr. Pieres, f. d. Nicole – †, et Jennas Aixies pb. 30 s. ost (PS) 1290, 231.
= sr. Pieres, j. sg. Jehan lou Trowant †. et d. Nicolle, sam., kaut ke an Planteires (PS) 1278, 82.
= Pieres, li avelaz sg. Pieron — †,
pb. ½ chak. a Nouillei 1267, 15.
pb. vg. en Orsain 1269, 384.
=? sg. Pieron lou Xiet, f. d. Nicole, ms. au Mesnit de Lescey et 2 vg. 1285, 265.
lou **Sanexien** 1293, 204 14, 16, 51 = 284 =
Sanguewins, sr. Jehans, cureirs [349 14, 16, 50.
de S. Estene lou Despaineit 1293, 50.
Sanshuve 1288, 1293, Sanshuue 1281, Senshuue 1241.
fm. Simon — 1241, 29.
Symonas — 1281, 434; 1288, 424; 1293, 204 41 = 284 = 349 41.
Sansonat v. Sancenat.
dou **Sap**, Jehans, de Rozerueles, Renals, Howenat, Remiat enf. 1288, 560.
Sarain, Colin 1245, 253.
Sargent v. Serians.
Sarie v. Sairie.
Sarpate, Simonin 1277, 131.
Sarrazin 1277, 1279, 1293, 1298, Sairraizin 1288.

Jakemin — de Chaupelz et Watrin fr. 1277,
— de Molins 1298, 150. [52.
Jennat — de Molins 1293, 253.
„ — de Vautous, Heilowate fm. 1279, 351.
„ —, Heilowate fm. 1288, 320.
Saterels, Saterelz, Saterel.
Jaikemins — taillieres 1290, 223.
Poinsignons —¹) 1290, 550; 1298, 149.
celliers 1290, 572; 1293, 111.
Saumonete v. Samonate.
de la **Saus** v. de la Sals.
li **Sauuages**, lo Sauuage v. li Sauaiges.
la **Sauvaige**, d. Colate (v. li Sauaiges), 1269,
Sauvegrain v. Savegrain. [275.
Sauaige 1275/79, ˙1285/90, Savaige 1275, Sauage 1275, 447.

P.
1 Ferriat
‾‾‾‾‾‾‾‾‾‾‾‾‾‾‾‾‾‾‾‾‾‾‾
2 Savaige = Thomessin — 1275/79, 1290
1275 3 Jaikemins 1285/88

1. 2. Savaige, f. Ferriat:
Garsat Donekin et ... et ... et —, 30 s. vg. autre Villers a l'Orme et 1275, 284.
„ . vg. a Chaponfontainne ou ban de S. Julien 1275, 322.
2. Thomessin — = — v. 1275, 322, 325.
Nicole de Weivre et .... et Th. — et ..,
110 s. ½ molin (PM), 18 s. ms. a la porte en Chanbres 1275, 27.
„ . 6½ lb. ms. en Visignuel 1275, 76.
„, ms. Maheu Jeuwet, 2 ms. daier ke vont fuers a Staixons 1275, 196.
Garsat Donekin et ... et Th. — et .., kant ke Maheus Jues avoit a Nowilley et a Nowesceville 1275, 325.
Guersat Donekin et Th. —, 30 s. ost. a pont a Moselle 1275, 447.
Garsat Donekin et .. et Th. —, pr. ou ban de Cuverey 1277, 81.
„, 20 lb. er. ke Maheus Jeuwes avoit a Flauey 1279, 26.
Mathelie, f. Colin Herral †, et .. et Th. —

---

¹) *De Wailly 366 B (1298)* la grainge que siet an la cort Raibuste, que Poinsignons Satereil tient.

ke maint an Chieuremont et ......, ms.
et meis en Aiest 1290, 158.
3. Jaikemins, f. Thomessin —,
pb. ms. a monteir de Chieuremont davant
Ste Creux 1285, 349.
pb. gr. a Awigney 1285, 449.
pb. 3½ moies de vin ai Airs sus Muselle
pb. 2 ms. en la ruelle a l'ux dou [1285, 550.
pux daier les Bandeis et er. a Fristor
1288, 366.
li **Sauaiges**, (lo) lou Sauaige 1267/1298, li
Sauages 1220, li Sauuages 1241, lo Saunage
1227, 1245, la Sauvaige 1269.
 P.
1 Amsilons — = Ancel — 1227[1])
    1220   [m. e. 1226, sr. 1250 OS]
              ?
2 sr. Arnous — 3. Guersirion — †[2]) ⏝ Abillate
sr. Hector fill.   1285
    1267   4 sr. Renalz —
              ? ⏝ Colignons Merlolz 1288

1. Amsilons —
pb. ms. 1220, 16.
= Ancel —. a tens [m. e. 1226] 1227, 9.
2. sr. Arnous —,
er. a Maiseres et en tous les baus 1267, 150.
sr. Hector li chevaliers, fill. sg. A. —,
quan que d'autre part Mosselle 1267, 467.
3. Guersirion — †, Abillate fm.,
½? ms. outre l'outclostre (PM) 1285, 27.
4. sr. Renalz —:
Colignons Merlolz, f. Weirit de S. Arnont †. pb. 20 livraies de t. ke sr. Renalz —, ces seurs, li ait essis sus can k'il ait a Louveney et ou ban 1288, 401a.

---

[1]) *Prost XI, 1228* ... que li chapitrez de S. Sauuor de Mes ait aquesteit a signor Poinson de Chambrez, le fil signor Matheu .... li sirez Matheus de Chambrez, cez peires, et Anselz li Sauaigez randeroient a chapitre ... comme droit datour.

[2]) *De Wailly 219 (1281)* Garsiliat, lou freire signour Arnoul lou Sauaige que fut, amis Thiebant, lo fil lou signour Symon d'Airs qui fut, de part sa femme.

P.?
Aburtin —, vg. ou ban de Vallieres 1278,
= Burtin — de Vallieres 1279. 13. [382.
Jehans f. Aburtin — de Vallieres, Aileit fm., Guersat f. Roillon lou corvevier srg. 1293, 409.
= Jehan Rovat f. Aburtin — de Vallieres
1298, 225.
Colate —, 5 s. en Baz Champel ost. 1269,
Colin —, vg. sus Maizelle et ms. ou [275.
    Waide 1275, 330.
Mathevs — pb. vg. et t. en Malemarz 1241,
Stenenins — pb. vg. tier meu S. Cle- [169.
mant ou clo S. Jehan (PS) 1288, 448.
Jaikemins, f. Waterel — de Retonfayt,
    et .. pb. t. en lai fin de Flanville 1293,
„ pb. vg. a Flanville 1298, 20. [364.
„ pb. t. ou ban de Retonfayt 1298, 26.
„ pb. por Domangin f. Richier de Montois
lou **Saue** v. lou Saive. [1298, 438.
lou **Saueget**, Colignon 1293, 578a.
Sauegrain 1285/88, 1293/98, Sauvegrain
1267, Saivegrain 1288.
 P.[1])
1 Joffroit — ⏝ Colate 1267
  2 Jehan   3 Wiriat
1288, 1293   1293
4 Lowiat —
Marguerite et Anels 1293
5 Abertins —⏝Odeliate Fouille
1298 †   1298
                       ?
Suffiate —   Olive —   Clemansate
1298   1285/88   1285

1. Joffroit —, Colate fm.
17 s. et m. geisent outre Saille sus ms.
2. Jehan, f. Joffroit — †, [1267, 379.
ms. a pont Rengmont 1288, 340.
2. 3. Jehan, f. J. —, et Wiriat, son fr.,
t. et pr. ou ban d'Aix 1293, 433.
4. Lowiat —, Marguerite et Anels f.,
er. ou ban de Jerney 1293, 641.

---

[1]) *Jahrbuch V, 25, Urkunde von 1207:* Jurati tredecim..., Warnerus Salvegrain,...

Saueri–Sebelie

5. Abertins —
pb. vg. quair meu S. Pol en Herbeclo (PS),
aq. a Perrin, son srg., f. Thieriat
Fouille † 1298, 76.
Odeliate Fouille pb. vg. an Peuenelles
(PS) ke Abertins —, ces m. †, ait aq.
Suffiate —: [1298, 505.
Jaikemins, f. Howignon l'aman †, et S. —
pb. vg. ou ban de Crepei 1298, 546.
Olive —:
Anelz, f. Robin dou Pont †, et O. — pb. por
la maistrasse et por les pucelles de Vy
Burtignons Burnas et Anelz, f. [1285, 184.
Robin dou Pont †, et O. — pb. ms. atour
dou Waide 1288, 185.
Olline — et Clemansate, sa s.,
ms. au la rowelate anc. S. Mamin 1285, 434.
Saueri 1269, Sauerit 1275.
Ancillon f. — 1269, 28.
Jenin —, enf. 1275, 109.
Sauignons, Sauignon 1241, 1275, Sawignon 1262.

1. delez —, t. (OM) 1241, 55.
3. — charpantier, Colignon f. 1262, 224.
5. Jennas — 1275, 474.

Sauine 1241, 1245, Sauingne 1262, Sabine 1285.
Jenin — 1245, 40; 1262, 1272.
Werious — 1241, 136, 157; 1285, 290.
Sawignon v. Sauignous.
de la **Saz** v. de la Sals.
Scas, Steuenius 1290, 344.
Sclaries, Sclariet v. Clairies.
Scrolleboix, Mergnerite 1279, 247.
Sebelate dou Mont de Molins, Jaikemiu j.
Sebelel, anc. (Luppey) 1293, 501. [1290, 586.
Sebeliate 1241, 1267, 1275/77, 1281/98, Sebiliate 1285, 1288, 1293, 1298, Sebiliatte 1275, Sibiliate 1275/81, 1288, 1290, 1298, Sibiliatte 1251, Sybiliate 1298, Sybeliate 1275.

1. — fm. Howel 1298, 50b.
=? — fm. maistre Howe 1277, 278.
— fm. Piericeon 1241, 153.
2. — fm. Gerairt f. Lambert lou Gros d'Alencourt †, enf. — d'Ansin †, — f. Piereson d'Anweirecort, — f. Colin d'Auancey †, — fm. Roillon fille Berrel de Maigney, — fm. Jaikemin de Mercei †, — fm. Viat (de Morville) †, — de Nommeney fm. Thiebaut lou Chieu †, — de Puxuels, — fm. Collin de Racort, — f. Freirion de S. Julien †, — f. Fraillin de S. Martin.
3. — fm. Collin cellier †, — fm. Badewin cherreir †, — fm. Alexandre cordeir, — la conserasce, — l'escolliere, — fm. Stenenin Fransoi mairexal †, — fm. maistre Howe, — fm. Jennin lou Grais tennour, — fm. Jaikemin tanour, — fm. Jennin tournor, — li Vadoize, — lai Vadoise de Sauerie, — la Vadoise avelate sg. Vgon lou voweit.
4. — fm. Jennat de l'Aitre d'Ars (OM), — fm. Jakemin Bardel, — Bardel, — fm. Gerart lo Borgne de Lescey, — Boukaice de Franconrue, — f. Philipin Bouchate, — Burtemin Chaizee de Plapenille, — fm. Symonin Cheualleir †, — Clairice, — Contasse f. Burtignon Wiel, — f. Jennin lou Coute de Saney, — f. Warin Costantinoble, — f. Pieresou Creueit, — f. Jennat l'Erbier †, — fm. Matheu Forreilliet †, — fm. Steuenin Fransoi mairexal †, — fm. Jennat Friandel †, — srg. Hanri Galle clerc, — fm. Jennat Gontier †, — fm. Collin Goudefroit, — fm. Jennin lou Grais tennour, — f. Symon Grosrien d'Outre Mosele, — f. Thiebaut Hennignon, — f. Joffroit lou Hongre, — f. Perrin lou Mercier, — fm. Gerardin de Moielain, — s. maistre Nicole Morel †, — fm. Bertran Poillate † et Steuenin son m., — s. Berte de la Porte, — f. Jehan de la Porte †, — f. Jennin lou Tawon de Failley †, — f. Jaikemin Tralin, — fm. Viat (de Morville) †.

Sebelie 1241, 1267, 1269, 1277, 1279, 1298, Sebilie 1293, Sibilie 1275, 1277, Sabelie 1227.

1. d. —, ms. outre Salle 1227, 25.
—, ms. ou Champ a Saille 1241, 136.
d. —, ms a la porte en Chambres 1269, 166.
2. d. — li marasce de Jerney, — fm. Gerairt de Merdeney, — m. Rennier de Viez Bucherie.
3. d.—s.Lowit lou clerc de Chadeleirue1279, — la lamiere 1269, 541. [71.
4. — fm. Simoniu Bardel, d. — Berdel. d. — la Contasse de Chambres, d. — fm. Nicolle lou Conte †, — des Loies, d. —

fm. Bascelin Loueus, — f. Perrin lou Mercier †, — Vachate.
Sebelion fm. Colignon lai Vaille de S. Clemant et Mairiate sai f.   1298. 447.
Sebile 1267, 1277, 1290, Sebille 1269, 1278, Sibille 1277, Sibile 1220.
   1. les ors d. —, $^1/_2$ molin   1220, 21.
— , ost. en Viez Bucherie 1267, 246; 1269,
   2. d. — de Vy   1277, 292. [562.
   3. — fm. Lietal doien †   1278, 561.
— fm. Jennat lou Grais tennour 1290, 364.
   5. Theirias — d'Oixey   1277, 80.
Sebiliate, Sebilie v. Sebel...
Sedenate fm. Wenardin de Lorey (OM) 1298.
Seffiate, Seffie v. Suff...   [648.
Sefiate, Sefie, Sefions v. Suff....
Segars v. Sigars.
Semetone, Jennas, d'Ansey   1298, 617.
Semion, Jennat   1288, 467.
Semonin v. Symonius.
Semonaire v. Symonaire.
Semurdie, Perrin   1293, 115.
Sennat, poxour, Violate fm.   1290, 161a.
Sennate 1275, 1277, 1288, Cennatte 1279.
Jenas   1275, 327; 1277, 170; 1279, 410;
Sennillin. P ? v. Parigon.   [1288, 315.
   1. 2. Gillat, f. Vgnin —.
et Parigon, son o., echainge de 2 cesses
a Vy   1262, 382.
Senshune v. Sanshune.
Senuis, d., la vieceire   1241, 53.
Sephiatte, Sephiete v. Suffiate.
Serians 1245, 1269, Serjans 1293. Sergent 1279, Sargent 1251, 1288.
   1. —, ms. (OM)   1251, 157.
   3. — permantier   1279, 116.
   5. Jaquemins —   1245, 254.
Jennat —, Jehans f.   1288, 453
Wesselins — permantiers 1269, 136; 1293,
Seriate v. Sairiate.   .   [474.
de **Serieres.** v. IV.
P.? [m.e. 1466]
sg. Richairt —, Forkignons et Jehans f., pb. 23 jorn. de t. ou ban de Luoncourt et de S. Martin et de Fouille, maix. et chaineveire a Luoncourt   1298, 512.
Serlangue, Hennelos   1279, 195.
Seroudate de Flurey †, Wairins f. 1298, 456.

Seruant 1279, Sirnant 1281.
Jennat —   1281, 231 [5].
   de Maizelles   1279, 457.
Seruels, Seruel v. Ceruelz.
de **Seruigney.** v. IV.
   P.
   Perrin —:
ms. ke fut P. — davaut lou pont a S. Julien et vg.. aq. u Willemin Brehel 1290, 330.
tout l'er. ke Willemins, f. Poincignon Brehel †, avoit a Choibey et ou ban ... eu bans. justices, signeraiges, ch., pr., bolz, rantes ... homes, femmes ... ke li est escheus de pair P. — †   1293, 188.
Seruins, Seruin.
Lowiat — j. Besselin Jarrant 1290, 389.
Thieriat   j. Besselin Gerrant 1290, 373.
Thierias —, Lorate et Yzaibel ces s. 1298, 48.
Sewindac 1288, 1293, Suydach 1279.
Abers — 1279, 240; 1288, 171; 1293, 65a.
Sezainne v. Susane.
Sezeliate 1262, 1277, 1281, 1285, Seziliate 1281, Cezeliate 1281, Ceziliate 1269, Ceziliatte 1251.
   1. —, ms. ensom Bucherie (PS) 1251, 235.
—, ost. daier S. Marc   1262, 396.
   3. — f. Jehan ardour †   1285, 69, 70.
— s. Symonat tornor   1269, 52.
= — s. Simonin tornor   1277, 31.
= — f. Mabelie la tornerasce   1269, 53.
= — f. Lambelin tornor †   1281, 35, 170,
   4. — f. Raieboix   1285, 135. [219, 494.
— f. Tierion Raieboix †   1281, 355, 564.
Sezelie 1245, 1262, Cezelie 1269.
   1. Ysabez s. —   1269, 74.
d. — fm Denise   1245, 57.
   2. d. — la Sockere de Saneric 1262, 156.
Sezenate, vg. a Maigney   1298, 535b.
— f. Tieriat Roucel †   1269, 438.
— fm. Thieriat Tureulle d'Outre Saille 1290,
Seziliate v. Sezeliate.   [482.
Sezille, d., ms. (PM)   1269, 365.
Sibile, Sibiliate, Sibilie v. Sebel....
Sibode 1285, Sybodes 1293.
— permantiers   1293, 47.
Willemin —   1285, 188.
de **Siey.** v. IV.
   P.

Siffiate–Symonas 392 I. Personennamen

1. sg. Jehan —,
$^{1}/_{2}$ ms. areis l'aitre S. Euchaire 1267. 219.
= sg. Jehan —, chanoinne de S. Thiebaut, vg., chak., kan ke ou ban de Siey 1269, 154.
2. sg. Pieron —:
quan que d'autre part Mosselle areis l'omaige sg. P. — 1267, 467.
3. Ancel, f. sg. Pieron — †,
20 s. en premiers chateis de Ronzerueles
= Ancel, j. d. Anel, fm. sg. [1290. 245.
Remei de Jeurne 1275. 438.
Siffiate v. Suffiate.
Sigardins 1241, Sygardin 1288.
— d'Ars (OM) 1288, 102.
— de Saunerie 1241, 203.
Sigars, Sigart 1241, 1245, 1269, 1275, 1278/1281, Sigairt, Sygairt 1293, Siguairt 1281, Segars 1227, Segart 1220.[1] (v. Suwart).
 1. —, vg. en la Pelize (PM) 1275. 277.
— marit Ailison 1278, 605.
Watrin f. — 1293, 540.
 2. — d'Ars (OM) 1279, 554.
— de Saunerie, fm. 1245, 201.
— de Valieres, Marseriate fm. 1269, 173.
Theiriat f. 1281, 359.
 3. — bolangiers 1281, 607; 1293, 226.
 4. Vrri — 1220, 41; 1227, 62; 1241, 134.
l'avelet Vlri — 1241, 8.
Signisson v. Siguisson.
Siguairt v. Sigars.
Siguisson[2]) lou Bossut 1275, 382.
Sillat, Sillet v. Xillas.
lai **Symairde** v. Symairs.
Symairs, Symairt 1281, 1288, 1290, 1298, Simairs, Simairt 1275, 1288, Symars, Symart 1267/75, Simars, Simart 1251, 1275, Cymarz 1269, 210.
 1. — et sa s. (ms. en Chapelerrue) 1251, 95.
 5. Colignons — de Chaipeleirue 1288, 194.

Colins — 1251, 126, 230; 1267, 97, 404; la fm. C. — 1275, 425. [1269, 439⁶.
= Colate fm. C. — 1275, 191.
= Colate — 1269, 210.
Aileit f. 1281, 501.
= Colate lai Symairde 1288. 186, 187.
†, Perrate f. 1290, 207.
Jaikemins — 1281, 500.
Jehans — 1288, 307.
clers - - 1281, 498; 1290, 395; 1298, 408a.
Martenate sa fm. 1298, 408b.
Jennas — 1290, 421.
Poincignous — 1298, 58.
Simonins — d'Oixey 1275, 316.
Symelolz, Symelo 1288, 1293, 1298, Simelo 1245, 1275, 1298.
 1. —, vg. a Chene (PS) 1298, 480.
 2. — fr. Guerceriat de Lietremanges 1293,
— de Werrise 1245, 234 [251.
 3. — Roussel covresier 1275, 413.
— doien (ms. a Talanges) 1298, 665.
— faixier 1288, 329.
— f. Bertran lou maior de Mondelanges
— Tronc tixerans 1288, 425. [1298, 337.
Simeon, Jennat 1298, 203.
Symias 1279, Simiat 1269.
— poxor 1269, 521; 1279, 319.
Symolns Champest li bollengiers 1267, 262.
Symon v. Symons.
Symonaire 1269, 1298, Semonaire 1281.
 2. — f. Gerairt de Villeirs † 1281, 196.
— de Villeirs (a l'Orme) 1298, 366.
 3. — clerc o. anf. Roillon Makerel et anf. Abriat Ygrant et anf. Jaikemin de Chambres P. 1269, 5.
Symonas, Symonat 1262/75, 1279/98, Simonas, Simonat 1245, 1275/88, 1298.
 1. —, t. ar. (PS) 1277, 238. [491.
— et Jaikemat, pr. ou ban de Mairuelles 1290, et Loransas, vg. au Pretaille 1281, 31.
Bouvas et — ces fr., er. ou ban de Pomeruel 1262, 361.
 2. — f. Lowiat d'Abes, — d'Ancei, — de Bouxieres, — de Bu, — f. Colin de Ruwes de Chaillei, - - Leudinz de Chailey, — maior de Chamant, — f. Ailixate de Chanpillons, — de Coincey, — de Cons, — de Frainoy, — de Gramecey, — de Lorey, — f. Wiriat

---

[1]) *Prost XI, 1228* signor Wirit Sigairt maior de S. Saunor.

[2]) *Im Text ist gedruckt* Signisson, *richtig ist aber* Siguisson. *Denn wie der Vergleich mit* Bernars Bernisson, Howars Howisson *ergibt, gehört* Siguisson *zu* Sigars, *Stamm ist* Sig.

Symonas–Symonins

de Mairuelles, — de Maizelles, — f. Symon de Maiselle, — Paitin de Maizelles, — d'Oixey, — f. Howignon de Pawilley, — de Repigney, — f. Odeliate des Roches, — permantiers des Roches, — de Rouvre, — fr. Howin de Roszeruelles, — f. Hertewit de S. Avol, — de S. Martin, — de S Piere, — de Vairney, — de Vals, — de Virey, — de Virey draipiers ke maint en Stoxey, — aivelet Chopindou Waide, — f. Lanbelin dou Waide, — f. Colin de Wapey.

3. — boulangier, — boulangiers de Dauant S. Eukaire, — Guizelate boulaugiers, — cherpentiers de l'ospital, — clerc, — clerc de Lorey, — clerc f. Symon lo chapellier, — clers f. Colignon Graitepaille, — corretier dou Champassaille, — de Virey draipiers ke maint en Stoxey, — escuier, — maior de Chamant, — de Chambres maires de Porsaillis — meuteir, — de S. Julien f. Roubert lou muneir, — mostardier d'Anglemur, — olier, — f. Jennat Lambert l'oxelour, — permantier, — permantiers des Roches, — f. Colin le parmantier, — potier de Franconrue, — poxour, — quartiers de l'ospital, — raillour f. Peuchat, — Boudas taneires d'Outre Moselle (de S. Vincentrue), — texerans, — li Bagues tonneliers, — torneres.

4. — li Bagnes tonueliers, — Bellegree, — Blondelz, — Bobille, — Bolande, — f. Jennin Boullande, — Boudas taneires, — Bowels, — Brisepain, — Kaibelin de Leirs, — f. Jennin Kaillerdel de lai Vigne S. Auol, — Chacey, — Chaitalz de Vantous, — Chaman, — de Chambres (eschaving, maires de Porsaillis), — Chivallas, — (f. Jennin) Coillairt (de lai Vigne S. Auol), — f. Wiriat Crestine, — li Creuxies, — f. Arnoudat Dornan, — (f. Jake) Facol, — Facolz f. d. Brie, — (f. Thiebaut) Ferrechait, — lou Four, — f. Baudowin Gilbert, — clers f. Colignon Graitepaille, — f. Burteignon lo Gras, — Grillat de Maicline, — Groignas, — lou Gornaix — de Chambeires, — li Gronais, — Guevadre, — Guizelate boulangiers, — Hasart = — Hesxars, — Honguerie, — f. Bertran lou Jal de Maignei, — f. Jennat Lambert l'oxelour, — Leudin (de Chailey), — (f. Maheu) Malakin, — n. Theiriat Mallebouche, — Martius de S. Arnout, — Menel de Fremerei, — Menneit, — f. Meutenaire, — Morillons, — f. Jennin Navel de Chairley, — j. Jaikier de Nouviant, — Odairs, — f. Bertrau Osson, — dou Pairier, — (f. Jaikemin) Pallerin, — Panseron, — Paitin de Maizelles, — f. Maheu Petitvake, — f. Jennat Pichon, — l'olin de Longeville, — Poullon, — Roucel de Rimport, — li Roucels, — f. Colin des Ruwes de Chaillei, — Sancenat f. Adan lai Vaille, — Sanshuve, — f. Margneron Siwade de Stozei, — lou Soignet, — Tagolz, — Toirgnart, — Viguelas, — (f. Jaikemin) Vinien, — f. d. Willans, — Willame.

Symonate, d., fm. sg. Poinson lou Trowant † 1290, 165.

Symonelz, Symonel 1281, 1290/98, Simonel 1281.
1. — et Odelielz fm. 1298, 86.
2. — de Bacort 1290, 174.
— f. Florance de Montois 1281, 360.
— lou Naiu de Sanrey 1293, 86.
3. — f. Robert lou munier de S. Julien
4. — Bellegree 1267, 384. [1293, 414.
— Codel 1298, 475.
— Meutenaire de Chanbeires 1298, 406.

Symonins, Symonin 1251/75, 1279/98, Symonis 1285, 232, Simonius, Simonin 1220/51, 1269/81, 1298, Semonin 1290, 557.

1. ou Mont a Molins arreis — 1293, 132.
— et Peskate fm. 1279, 572.
— f. Formerou 1281, 578.
— f. Guersat † 1285, 153³.
— f. Herman 1251, 49.
— f. Maholt 1245, 153.
— f. Steuenel 1269, 494.
— f. Willame 1251, 52.
— j. Dudinat 1269, 411.
— j. Hallowit 1262, 355.

2. — f. Lowiat d'Abes, — de Chieuestraie d'Aipilley, — f. Jennin lou Guerre d'Aipilley, — d'Ajoncort, — d'Anceuille, — dou Chene d'Ansey, — f. l'Espaignois d'Ausey, — f. d. Aingebor dou Terme d'Ancey, — Cayns d'Ars (OM) — Ferrans d'Ars, — de Blain-

Symonins — mont. — de Bu, — j. Heilowit de Burtecort, — de Chaizelles, — fr. [Haw]iate de Chapelleirue, — de Chastels, — f. Nichole de Chastelz, — f. Poensignon de Chastels, — de Chastels corvesiers, — de Clostre, — do Cronney, — f. sg. Pieron lou Gros de Croney, — Chinallas de Cronney, — d'Essey, — de Generey, — f. sg. Garsile de Gorze, f. lou maior de Gorze, — de Gorze tennour, — li Murle de Gorre, — de Hans, — de Heunemont, — f. Colin f. Monier de Hermeiville, — de Hungnerie, — de Jallacort, — de Jarney, — de Lescey, — f. Thomessat de Lescey, f. la marliere de Lorey (OM) — f. Willame de la Cort de Lorey (OM), — de Mailley, — de Maisellez, — de Maiseroi, — f. Burtignon de Molins, — f. Poinsate de Molius, — de Montois, — Baiselate de Montois, — Florance de Montois, — de Morinville, — de Pettes, — de Porte Sarpenoise, — de Retoufays, — de Ronvre, — lai Griue de S. Clemant, — Monel de S. Clemant, — Befis de S. Julien, — Begois de S. Julien, — f. Thiebant de Siey, — de Sorbey, — f. Menon de Talauges, — srg. Clemignon fil Godefrin de Villeirs, — de Virey, — f. Lambelin dou Waide, — f. Barran de Wapey, — de Warmeranges, — de Werrixe, — de Xuelez.

3. — berbiers f. Willemat de lai Stuve, — boulangier, — de Clostre bolangier, — boulangeirs de Dauant S. Eukaire, — boulangier j. Howin lou masson, — boulangiers u. Perrin lou boulangier de Chapourue, — Guizelate bolengier, — chamberlains, — — f. Symon lo chapellier, — charpentiers. — srg. fille Rorit lo charpantier, — de Landes cherpentier. — chavrier, — cordeweneir f. Baron, — Xaderos cordeweneirs de Staixous, — de Chastels corvesiers, — corvesier de Nonviant, — Brehel covresier, — corvesier j. lou Villat, — srg. Marseriou lo corversier de Staisonz, — fornier, — foullon, — f. lou maior de Gorze, — Paitin maior de Grixey, — maior f. Florate de Montois, — f. la marliere de Lorey (OM), — massous. — meutiers, — Roussel musnier, — Morel orfeivre de Uesignuelz, — permauteir, — pottier, — prevost d'Espainges, — li Moines seliers, — talier, — f. d. Hawit la telliere, — de Gorse tennour (c'on dist de Gorze, ke maint ou Champel), — torneires, — f. Lambelin lou tornor, — srg. Hanriat l'uxier, — de S. Martin vignor ki maint an la Vigne S. Marcel, — Pallate vignieres, — vieseirs de Chieuremont.

4. — (f. Joffroit) Aixiet, — l'Aleman, — Amion, — Anguenelz, — Rackillons, — lou Bague, — Baiselate de Montois, — Bardel, — Baxowate de Valz, f. Willermin Bazin. — Befis de S. Julien, — Beguin, — f. Jaikemin Bellegree, — Berate, — Bigois (de S. Julien), — f. Thieriat Blanchairt de Nowaisseville, — Bobilles, — Bokel, — Boillairt, Bote de Bouxieres, — Bovel, — Brehel (corvesier), — fr. Theiriat Burelute, — Kayfes (de Muxieres), — Cayns (d'Ars OM), — Kenubelin de Leirs, — Chaignairt, —, Chamberlains, — Chapebloe — j. Hanriat Chastelain, — Chustelain, — Chateblowe. — Chenallas (de Croney), — Cheualleir, — li Chiens. — f. Colignou Choibelo de Sanerie, — Clin, — Corssansarme, — f. Willame de la Cort de Lorey (OM), — Crichat, — Kunemant, — le Drut, — Emblevelle, — f. l'Espaignois d'Ausey, — (f. sg. Thiebaut) Fakenel, — (f. Poinsat) Facon. — Fauconners. — Ferrans (f. Graiceteste) d'Ars (OM), — fr. Jennat Ferrit. — Fimon, — Flairejoute. — Florance de Montois, — Fottoie, — Fremerions de la Vigne S. Avou, — Frixure, — From, — Gaillart, — f. Hanriat Gelin, — Glorieul, — f. d. Yde fille Gochewin, — Godel, — f. sg. Garsile de Gorze, — Goudree, — lai Griue de S. Clemant, — f. Jennin lou Guerre d'Aipilley. — Guille de S. Arnol, — Guizelate bolangier. — Herre, — de Hungnerie, — Jagin. — j. Jordenat, — Langue, — lou Louet de Droitamont, — Maches, — Malglane, — Mallebouche (dou Nuef pont a Saille), — Malletrasse, — Mersire, — li Moines seliers, — Moinerou de Mairley, — Monaire (de Vallieres), — Monekin, — Mouel de S. Clemant, — Mourel de Porte Muselle, — li Murle de Gorze, — Musiquaraule, — Naue,

— Noiron, • — as XI doies, — Oroille, — Pages = — Pajat (f. d. Wilaut), — de Pairgney, — Paitin maior de Grixey, — Pallate(vignieres), -Papemiate, —Parraison (dou Quartal), — Patairt, — fr. Colignon Pierexel, — le Porcel, — f. Steuenin le fevre de Molinz, — Pouioise, — fr. Jakemin Rabustel, — Robert, — lou Roucel, — li Roucelz j. Richairt d'Abes lou cherpantier, — Roussel musnier, — f. Mahout dou Rut, — Saushuve, — Sarpate, — Simairt d'Oixey. — lou Soignet, — j. Apel la Taiche, — f. Jennat Trestel, — Troche, — Vienon, — de la Vigne, — Viot, — Wiborate de Maigney, — Willame, — Xaderos cordeweneirs de Staixons, — Xouiou dou pont des Mors.

Symons, Symon 1251/75, 1278/98, Symout 1288, 125, 328, 338, Simons, Simon 1220/51, 1275/81, 1293, 1298.

1. Alixon f. — †   1267, 133.
Colignon f. —   1278, 375.
Jaicob f. sg. — (v. I. Jacob)   1251, 246.
Jennas li Lous d'Airs f. sg. — (v. I. d'Ars) 1285, 133.

2. — d'Antilley, — j. Hauriat d'Arancort, — d'Aspremont, sr. — cureis de Bazoucort, — de Bystorf, sg. — de Brades, sr. — de Criencourt, — f. sg. Hvou de la Croix outre Mosele, sg. — de Crosnei, sg. — de Hombour, — de Liewons, sg. — de Luverdun. — de Maixeroit, — de Maizelles, — feivres de Maizelles, — de Nowesseville. — d'Ostelencort, — de Pontois, — de Pontois ke maint a Burney, — maires de Pontois, — de Pouuille, — de Riuanges, — de Rouvre, — srg. Hennemant et Symonat les anf. Hertowit de S. Auol, sg. — de Ste Marie, sg. — de Sallebor, — de Wies.

3. sr. — arceprestes de Teheicort, maistre — armoiour, mastre — de Veranges avocat, — fill. Perrin lou boulangier, sr. — chaipelains en lai Grant Eglixe de Mes, sr. — d'Arnaville chanones de Mes, sr. — Bellegree chanones de l'aiglixe de Verdun, sr. — Warans chanones de Ste Glosenne, — chapellier, — charpantier, clerc, maistrez — clerz, — clerc f. mastre Bernart = — Bernart clerc, sg. — clostrier de S. Sauour,

sr. — cureis de Bazoncort, sg. — de Chastels doien (dou Grant Moustier) de Mes = sg. — grant doient de Mes, maistre — escollier, — feivre, — feivres de Maizelles, — feivres j. Piereson Strubat (d'outre Muselle), freire — Grippo, — maistre, maistre — armoiour, mastre — de Veranges avocat, maistrez — clerz, maistre — escollier, maistres — de S. Saluour, maistre Chalemel, maistre — Jones, maistre — Majonas, maistres — Stokairs, — f. Othenat lou meutier, — meutiers, sr. — Bellebarbe moines de S. Simphorien, sg. — preste, sr. — prestres ke fut chaipelains sg. Nicolle dou Nuefchaistel, sg. — preste de Nekisselrue chanone de Ste Marie as nouains, sr. — prestes de la rue lou Uoweit, sr. — prestres de S. Ferruce, sr. — prestes de Ste Glosenne, sg. — prestre de S. Jehan, sr. — prestez de Ste Signelainne, — tanor, — tornor, — tuxerans.

4. — l'Alemant, — Angvenel, sg. — d'Ars, — lou Bague ke maint a Viguey, sr. — Bellebarbe moines de S. Simphorien, sr. — Bellegree chanones de l'aiglixe de Verdun. — Bernart (clerc), — lou Blanc, — Boiat de Maicliue,—lou Borgne, — Calabre, — Chaipeblowe, — Chaitebloe, (sg.) — de Chailley, maistre — Chalemel,—Coleuret, — f. sg. Hvon de la Croix outre Mosele, — Facol, — Facons, — li Geus de Plapeuille, — Grantcol, freire — Grippe, — Grosrien d'Outre Mosele, — Guilbin, — Herre, — Hercou, maistre — Jones, maistre — Majonas, — Mallegoule de Vigey, — f. Jennat Menneit, (sg.) — Naire, — Papemiate, sg. — Poujoise, — Rouve (= de Ronvre?), — Senshune, — Sordel, maistres — Stokairs, sr. —' Warans chanones de Ste Glosenne, — Xelerde de Boenville.

5. d. Merguerate —   1288, 187.
Poinsignons — v. Papemiate 4.
Thicrion — vies maior de Maicliue 1290,
Singuewin v. Ziuguewins.   [489b.
Sinowate fm. Piereson Roxe de Solleuanges
Siriate v. Sairiate.   [1293, 664.
Siruant v. Seruant.
Sirvel v. Ceruelz.

Syuerelz, Syuerel, 1288, 1290, 1298, Sinerelz 1279.
— de Chaponrue. Watremans f. 1288, 179;
Jennat — de Chaponrue 1288, 424. [1290, 417.
Jennas — 1298, 72.
— f. Adant l'Allemant et Waterins ces f.
Siwade, Margueron 1275, 24. [1279, 428.
Margueron — de Stozei,Symonat f. 1269, 176.
la **Siwade**, ms. en Stoixey ke fut 1279, 370.
la **Sockere**, d. Sezelie, de Sanerie 1262, 156.
Sodas, Colignons 1278, 428.
Colignons — boweirs 1293, 698.
Colins — 1281, 334.
Pierexels — 1251, 269.
Soffie v. Suffie.
Soffrignon v. Soifrignon.
Sofie v. Suffie.
lou **Sogne**, Jennin, de Siey 1279, 339.
Sohiers *(Schreibfehler für Lohiers?)*.
Jaikemins — 1275, 32.
Soiba 1285, Soibalt 1290.
Thieriat — 1285, 192; 1290, 354a.
la **Soiberde** 1269, la Soiberte 1279.
—, ms. an Rimport 1279, 191.
d. Odelie — 1269, 349.
Soibers, Soibert 1277, 1288, Soybers 1269.
— de Plappenille 1269, 494; 1277, 148.
Jehans — de Plapenille 1288, 553.
— †, Jennat Official avelet 1288, 138.
la **Soiberte** v. la Soiberde.
Soibillons, Soibillon.
— de Plapenille 1275, 112.
— chavertiers 1279, 547; 1285, 119, 570.
Soibors, Soibor.
— dou Champel 1241, 92.
— fm. Gerart la Molle 1279, 523.
Soiffrignon, Soiffroit v. Soifr....
Soiffiate, Soifiate v. Suffiate.
Soifrignon 1281, Soiffrignon 1251, Soffrignon 1245, Saifrignon 1285.
1. —, ms. (PS) 1245, 172²⁷.
2. — de Cronney, Filipin f. 1251, 44.
— de Nommeney, Jehan j. 1285, 565.
5. Gillat — 1281, 114.
Soifrois, Soifroit 1267, 1288, 1293, Soifroiz 1269, Soiffroi 1269, Soiffroit 1262, 1269.
sg. — † 1288, 388.
— sg. — de S. Thiebaut 1262, 168; 1267, 503.

= sg. — chanone de S. Thiebaut 1269, 20, 154, 229.
— f. Adan l'Alleman 1290, 391; 1293, 452.
Colignon — 1269, 490²⁵; 1293, 222.
Soigne, Jehans (v. I. Chalons 2.) 1281, 599.
lou **Soignet**, Symonat 1285, 478; 1298, 663.
Symonin — 1293, 158.
Solture v. Soture.
Solas, Solat.
Thierias — 1290, 392; 1293, 470.
Sollate.
P. [1363, 1388, 1404 OS, 1388, 1404 C].
Jaikemins —
pb. vg. sus Muzelle 1279, 374.
pb. ms. otre Muselle davant outre son ost.
Somier. [1288, 244.
Jaikemin —, Colignous f. 1298, 136.
Sope, Soppe v. Soupe.
Sophiate, Sophie v. Suff....
de **Sorbey**. (v. IV.)
P.
1 sg. Gerart — [1250 SM]
1245, † 1281

2 Willemins 1278/88   4 Joiffroit 1281
3 Matheus li clers fillaistres 1288
5 sr. Alexandres — chiveliers 1290

1. sg. Gerart —,
21½ s. ms. et chak. en Stoisei 1245, 168.
35 s. manantie ..., 22 s. 2 ms., 17 s....,
6 s. cloweire ou Champel, ... cloweire
.... 2 cloweres, 26 s. 3 m. ms....,
12 s. ms. davant S. Manin, 14 s. ms....,
5 s. ms. on Petit Waide, 4½ s. ms......
4 s. ms. ou Petit Wade, 20 s. et 2 d.
1 ang. moins chak. au Nuepont a Saille et
vg. en Scorchebue, 21 s. et m. ms. ....
Mazelles et vg. en Abues, 8 s. ms. ou
Petit Wade, ... ms. desor S. Manin.
18 d. ms. daier S. Esteine lo Depannei.
... ms., 26 d. ms., ... ms., 8 d. ms., 22 d.
ms. ..., 8 d. ms. (PS) 1245, 172.
ms. sor lo fossei outre Mosele, 15 s. 2½ d.
ms. en Possalruele, 12 s. ms. davant S.
Leueir 1245, 229.

2. Willemins, f. sg. Gerart —,
pb. er. ou ban de Lorey et er. ou ban de
Vignueles, sauf lou droit de la vowerie,

et meis 1278, 620.
pb. ms. anc. l'ost. lou prestre de S. Gir-
gone 1285, 310. [543.
mainbors sg. Willame de Marranges 1288.
  2. 3. et Matheus li clers, ces fill.,
pb. t. ar. ou ban de Virkilley 1288, 35.
  3. Matheus, fill. Willemin —,
pb. vg. ou ban de Lorey (OM) 1288, 544.
  4. Joiffroit, f. sg. Gerairt — †,
  et Yzaibel, sa fm.,
er. an la fin d'Oixey, Coligney, Maixerey,
Quencey et Mercilley 1281, 394.
  5. sr. Alexandres — chiveliers
pb. pr. a Ancerville 1290, 183.
$^1/_2$ broil a pont a Ancerville 1290, 212.
Sordel, Simon, Huins f. (v. Xordels) 1220, 4.
Sorel, Jakemin, de Chamberez 1269, 308.
de **Sor lo Mur** v. de Sus lou Mur.
Soture 1288/1293, Soiture 1288.
Colin — 1288, 185.
Gerardins — 1277, 5.
  ke maint en Maizelles 1293, 223.
Renadelz — 1288, 431.
  de Maizelles, Gerardat fr. 1290, 457.
Souflairs, Abertins 1277, 251.
Soupe 1279, 1281, 1288, 1290. Souppe 1262,
Soppe 1262, Sope 1241.
  P.
  1 Garsire — 2 Garsirias —
  Vguignons j. 1241 1262

6 Jehan — Yderate¹) f. sg. Boinvallat
1267/79, † 1281 1288 de Porsaillis 1275
―――――――――――――――――――――――
4 Boinvallat 1281 5 Richairt 1288
 ?
―――――――――――――――――――――――
aveles 6 Piereson 7 Jehan 8 Jaikemin
Jehan —: 1262 1288/90 1290

  1. Garsire —, Vguignons j.,
pb. t. a Turei 1241, 49.
  2. Garsirias —
pb. t. ou ban de Maiseres 1262, 94.
  3. Jehan —,

¹) Yderate, m. Richairt f. Jehan Soupe †,
= Yderate, f. sg. Boinvallat de Porsaillis †,
v. 1275, 356; 1281, 259; 1288, 199.

$3^1/_2$ s. geiscnst sus la cloweire (OM) 1262,
partie en la halte ms. a Maxeres, en la [394.
  maix. et t. et pr. ou ban de Maixeres ke
  furent Jehan — 1277, 471.
en Chambieres ensom l'ost. J. — 1279, 130.
ms. davant S. Jorge ke fut J. — 1290, 246.
— Jennin —, ruelle euc. gr. (Chambieres)
  4. Boinvallat, f. Jehan — †, [1262, 408.
20 s. ms. ou Haurias Burnekins maint 1281,
  5. Richairt, f. Jehan — †, [259.
50 s. 2 ms. anc. Hanriat Burnekin ke furent
  d. Yderate, sa m., et 20 s. des 40 s.
  ke Hanrias Burnekins dovoit 1288, 199.
$22^1/_2$ s. ms. an Franconrue, 6 s. ms. sus
  lou Terme 1288, 282.
  6. Piereson, avelait Jehan —,
ms. en la Vigne S. Marcel 1262, 416.
  7. Jehans, aveles Jehan —,
et Jehans Soibers de Plapenille pb. er. a
  Plapenille et ou ban 1288, 553.
  7. 8. Jennat et Jaikemin, les 2 ave-
  les Jehan —,
vg. et t. ou ban de Lorey (OM) 1290, 525.
Soxdel v. Xordels.
Spenadel, Baudowin 1278, 86.
Spenas v. Penas.
Spillait v. Pillas.
Spillebone v. Pillebones.
la **Stalche**.
Lanbelin —, Watrat f. 1277, 256, 257.
Watrat f. — 1277, 318.
lou **Staige**, Chardat 1298, 97, 142.
Stainare (v. Stenars).
  — bolangier, Marguerons fm. 1262, 112.
de la **Stainche**, Thieriat 1251, 136.
Stargiz, Huynz 1269, 297.
Stefo, ost. en Sanerie 1293, 246, 273.
Stenars 1267, Stennairt 1275, Steinart,
Steinnairt 1269 (v. Stainare).
  1. —, ms. daier S. Marc 1269, 114.
  —, ms. a pont a Muselle 1275, 318.
  5. Bauduins — 1267, 278; 1269, 41.
Steve lo corretier 1267, 89, 377.
Stenelat, Jennat 1298, 593.
Steuenart, ms. a Longeuille 1278, 621.
Steuenas, Steuenat 1262/1298, Steuenait
1262, 395.
  1. Doignes f. — 1285, 108.

Steuene–Steuenins 398 I. Personennamen

2. — de Bellawe, — f. Poinsin de Doncort, — de Lorey ke maint a S. Clemant, — le Bagne de Lorey (OM), — Maillas de Lorey, — maior de Plapeuille, — de Rozeruelles, — srg. Jaikemin lou fil Philippin Godin de S. Clemant, — Laffrairt de S. Clemant, — f. Margueron fm. Clomant de S. Julien, — Miche de S. Julien, — f. Hawit de Stoixey, — f. Vguin de Vallieres, — f. sg. Vgon de Vallieres, — (f. Vguin) de la Cort de Vallieres, — f. Perrin de Waixei, — de Wappe, — Chaikaie de Wapey.
3. — f. Houwat (lou Vadois) lou boucheir (de Porsaillis), — Vigont chavreir, — Werrate clerc, — de Losei cordueniers de Staizons, — f. Hanrion l'espicier, — li Vadois valeis l'abbeit de S. Pieremont.
4. — lou Bague srg. Thiebat Garcerion, — lou Bague de Lorey (OM), — Baneis, — Bernier, — Chakaie (de Wapey), — Cochat, — (f. Vguin) de la Cort de Vallieres, — Cuerdefer, — srg. Jaikemin lou fil Philippin Godin de S. Clemant, — Grejollat, — Jordenat, — (f. Poensate) Jornee, — Laffrairt de S. Clemant, — Maillas de Lorey, — Malroit, — Miche (de S. Julien), — Oson, — Tornemiche, — Trejals de Wappey, — Triborin, — Vigout (chavreir), — Werrate clerc.
Steuene.
3. — tuxeran 1277, 50.
4. — Boixart de Ui 1227, 46.
— Grantneis, Poincin f. 1281, 210.
5. Jaikemin — 1277, 29.
Steuenel.
1. —, Symonin et Willemat f. 1269, 494.
—, ms. en Sanerie 1298, 95b.
3. — corrier de Sanerie 1298, 499.
5. Poinsin — de Lorey 1288, 541.
Steuenins, Steuenin 1241/1298, Stevenins, Stevenin 1277, 289; 1285, 456; 1288, 226.
1. — f. Aurowel 1293, 377.
— f. Brunat 1262, 335.
— f. Clowat 1298, 83a.
— f. Ydate 1279, 266; 1281, 452; 1288, 377.
— fr. Balduin 1245, 77.
— mairis Clarice 1275, 48; 1281, 235, 506. Sibiliate fm. Bertran Poillate † et son marit 1288, 90.
2. — f. Jennat lou prevost d'Ars (OM), — j. Roubelat dou Mont d'Ars (OM), — j. Mastout de Chaipeleyrue, — de Chastels, — f. Abert de Chastels, — f. Piereson (Billerou) de Chastels, — f. Poinsignon Billeron de Chastels, — fr. Bitenat de Chastels, — de Chieuremont, — de Colligney, — de Croney f. sg. Pieron lou Gros, — maiour de Felix, — de Fremerey, — maior de Gorze, — fr. Tomessat de Laigneiville, — de Longeuile, — marlier de Longenille, — lou Poivre de Longeville, — f. Thieriat lou Gornaix de Mairuelles, — f. Wiriat de Mairuelles, — f. Howillon de Maixeres, — srg. Ferriat de Montois, — f. Burtemel Bailluct de Montois, — f. Jennat Raixewin de Montois, — f. Renaldin d'Oron, — f. Howin de Preis, — mairit Benoiton de S. Arnolt, — tixerans de S. Arnolt, — de S. Clemant, — p. Weiriat lou maior de S. Clemant, — p. Weiriat lou (vies) maior de S. Clemant = — maires de S. Clemant, — j. maistre Abrit de S. Clemant, — li Bagnes de S. Clemant, — Bugot de S. Clemant, — li Mowelz de S. Clemant, — de S. Pieremont, — mairis Clairisse de Sanerie, — de Tol, — Bouroi de Valieres, — Charbonel de Vallieres, — lou Gornaix de Vallieres, — lou Rocel de Valieres, — f. d. Ysabel fm. Symonat de Vals, — boulangier de Valz, — de la Cort de Valz, — f. Arambor de Virei, — lo voe de Virei, — f. Ydate dou Waide, — f. Perrin de Waixey, — maior de Wauille.
3. — bergier, — boucheir, — bouchier f. Ameline de Suz Saille, — j. Baduyn lou bouchier, — holengier, — boulangiers de Valz, - Grejolns boulangeirs, — Pourrate boulangiers, — f. Lambelin lou boulangeir dou Waide, — fr. Jennat Poirel lou chapounier, — Wikelaus chapouniers, — cherretons de Ste Glosenne, — clerc f. l'anlumenour, — Werrate clerc, — courriers, — de Flainuille corrierz, — corvexiers de Luppey, — escuers l'arcediacre Lowit, — f. Hanrion l'espicier, — faixeir, — f. Piart lou feivre, — fevre de Molinz, — frutiers,

— maiour de Felix, — maires de S. Clemaut — ˙f. Wiriat lou (vies) maior de S. Clemant, — maires de Wanille, — Baiars maires de Porsaillis, marechas, — Fransoi mairexal, — marlier de Longeuille, — mercier de Laibrie, — munier, — mutier. — f. Cakin lou poxour de Mairlei, — f. Jennat lou prevost d'Ars (OM), — f. Colin lou soionr, — telleirs, — Roncel tellier, — tixerans de S. Arnolt, — f. Mairiate lai Vadoize, — lo voe de Virci.

4. — lou Bagne, — li Bagnes de Glaitigney, — li Bagnes de S. Clemant, — lou Bagne de S. Vincentrue, — Baiars, — (f. Burtemol) Bailluet (de Montois), — Bellegree, — f. Poinsignon Belosse, — Bietrexate, — Billeron de Chastels, — Blorut, — Bobon, — Boillis, — lou Borgon, — Bouderuee, — Bouroi de Valieres, — Budin (de Maigney), — Buget de S. Clemant, — Bureteil, — Burnas, — fr. Symonin Kayfas, — srg. Colignon Chabosse de Borney, — Charbonel de Vallieres, — Chermat, — de Coloigne, — Conuers f. Clowat, — Copechol, — Corssenzarme, de la Cort, — de la Cort de Valz, — Cretons, — Kuillart de Pawilley, — Cullete, — f. Burtemin Cunin d'Abigney. - Dabanton, — Enginaires, — Fakenel, — Forcon, — Fransoi (mairexal), — f. Thieriat lou Gornaix de Mairuelles, — lou Gornaix de Vallieres,— Gouvions, - Grejolas boulangeirs, — li Hallois de Flurey, — Hunebour, — Ydate (dou Waide), — lo Ynglois dou Champel, — j. Jarran, — lou Louf, — j. Burtran Maiguelot d'Orgney, — f. Burtemin Maillairt de Mercilley, — Malduit, — Metenne, — j. Roubelat dou Mont d'Ars (OM), — Morel, — li Mowelz de S. Clemant, — Muniers, — Musart, — Panceron, — Pylaitre, — Pioreie, — Poirel chaponnier, — lou Poivre (de Longeville), — Polain, — Pome, — f. lou Poscant de Lescey, — Pourrate boulangiers, — f. Jennat Raixewin de Montois, — Razeur de Ste Marie a Chene, — Romon de Thionville, — Roucel, — Rocel d'Aiest, — Rossels de Stoixey, — Roucel tellier, — lou Roucel, — lou Rocel de Vallieres, — fr. Colin lai Rousse, — de la

Salz, — li Sanaiges, — Scas, — (de) Thiemonville (mares d'Outre Mosele). — de la Tour, — Triche, — f. Ferriat Troixin, — Troexin d'Alexey, — Troixin d'Ercausey, — f. sg. Baudowin le Truant, — la Vigne, — Vizons, — Wachiers, — Watier (de Siey), — Werrate clerc, — Wikelans chaponniers, — lou Xairt.

Stenignons, Steuignou 1241/1251, 1267/1279, 1285, 1290/1298.

2. — d'Ancey, — de Mairis.
3. — Panserons massons   1298, 260.
4. — (f. Wantier) Bellegree, — fr. Symonin Corssanzairme, — Jarrans, — Panseron, — Vachate.

Steule 1290, 1293, Stevle 1267, 1277.
1. —, ost. ou Champ a Saille 1290, 235.
3. — corretier 1290, 448a; 1293, 204ᵃ =
4. — Grantueis 1277, 368. [284 = 349ᵃ.
— de la Saz   1267, 391.

Stenolz, Steuol 1278, 1298.
1. - mairis Clairisse   1298, 257.
2. — d'Ercancey   1278, 9.
— fr. Roillon de Montois   1278, 448.
5. Jaikemate —   1298, 472.
Jennins — de Gorze   1298, 570.

Stinkelaires, ... airs 1262, 314. [1281, 514.

Stokainne, Jennat, de Fays, Basceline fm.

Stokairs, Stokairt 1288, 1290, Stockairt 1279.
—, lai stuve (PS)   1290, 403.
Jennat —. Esseline fm.   1279, 67.
maistres Symons —, Abillate fm. 1288, 182.

Stondee, Howat   1285, 210.
li **Stous** 1269, 1278, li Stouz 1269, lou Stout 1245, 1262, 1277, 1279, 1285, 1290/93.
Alixandrins — de Rimport 1269, 380 ; 1277,
= Xandrin —   1279, 181. [346.
= Allexandrin —   1293, 121.
Godefrins —   1269, 4.
= Goudefrois — 1278, 227; 1279, 181; 1290,
Jaikemat —   1285, 1. [156.
et Philipin son fr.   1245, 51.
Philippin —, maistre Gui lo fezisien j. 1262.

Stovairt v. Stuvairt.   [305.

Strabade, ms. (OM)   1269, 817.

Strabor 1275, 1279, Strabour 1293.
Thiebaus c'ou dist — f. d. Mertenate Jallee, ms. daier S. Seplixe   1293, 103.

de **Strabor**

Thiebaus — (v. de Strabor 7).
de **Strabor** 1262, 1267, 1275, 1277, 1279/1298, de Strabour 1275, 1278, 1281/1298, de Straboure 1262, 1281, de Straborc 1269, de Stranbor 1267, de Straubore 1275, de Straubour, de Straubourc 1267. v. IV.

P.
.... — (= 1? 2?)
pb. 20 s. ms. outre Saille, vg. deleis Bernartfontainne, vg. en Harbertclos 1262,
1. Hanrias — [311.
pb. ms. outre Saille daier la nueve gr.
Poensignon — 1262, 377.
= Hanrit — †, d. Odelie fm.,
ms. en Chadeleirue 1281, 188.
d. Odelie —, ms. en Chadeleirue 1288, 304.
2. Poensignous —
pb. 20 s. 2 d. ms. (PS) 1262, 170.
outre Saille daier la nueve gr. 1262, 377.
= Poenses — pb. 13 s. gr. et er. (PS) 1267,
pb. 12 d. vg. en Ospreis 1267, 211. [95.
pb. vg. outre Saille en Hospreit 1267, 322.
outre Saille cusom gr. 1275, 70.
pb. chakenr en Maizelles 1277, 4.
er. ancheus a Abertin Aquilee de pair
Poince —, son awel 1281, 499.

= sr. Poenses — pb. 12 s. 1 d. ms. (PM),
10 s. ms. a la rive as Roiches 1267, 179.
outre Saille ansom gr. 1279, 227.
ms. ke fut sg. Poinson —, gr. anc., chanbre
et praiel daier, outre Saille 1285, 40.
laixeit a cens ms. an la Vigne S. Auol 1285,
vg. en Broil ou ban S. Martin outre [52.
Muselle ke fut 1298, 160.
3. 4. 5. 7. sr. Nicolles — et Hanris
et Jehans et Thiebaus, li enf. sg.
Poinson —,
pb. (PS) 1281, 38.
3. 4. sg. Nicole — et Hanris —,
grant ms. en Jeurue 1293, 530.
4. Hanris. f. (sg.) Poence —,
pb. kant ke Jakemins de Montois et Perrins li Moinnes, ces fr., sui srg., avoient
ou ban de Montois et de Colanbeirs 1278, 91.
maires de Porte Muzelle 1278, 223*; 1279, 1*.
pb. vg. a S. Julien dezour Burey, ms. anc.
l'aitre a S. Julien, 3 s. 1 chap. vg. deleis
Villeirs a l'Orme et er. 1279, 192.
pb. ms. daier Ste Creux 1279, 478.
pb. vg. a Paireit ou mont a Montois 1281,
pb. tavle an Nues Chainges an Vesi- [431.
gnuelz 1288, 157.

de **Strabor**

1 Haurias — 1262 [1250 J] = Hanrit — † 1281⁀Odelie 1281/88
2 Poensignous — 1262 = sr. Poenses -¹) 1267/77, awel Abertin Aquilee 1281

3 sr. Nicolles — 1281, 1293	4 Hanris —²) 1277/88, † 1293 maires de PM 1278/79	5 Jehans⁀Yzaibel (li Moinnes —) 1290 1281/88	7 Thiebaus — 1269/90
Merguerite 1293	Armanjars 1293	6 Hanrit 1298	
	Jakemins de Montois et Perrins li Moinnes srg. Hanrit — 1278		

8 Roillon — †³)⁀Burtemate 1285
9 Hanris 1288   10 Jehans³) 1293

¹) *M.-Bez.-A. Clerf 11b (14. II. 1262)* sg. Poinson de Strabourch amis les anffans Guersire Chert que fuit.
²) *De Wailly 265 B (1286 a. St.)* cent sodaies de terre a mescen sus Pargney deleis Goens . . . . apres les annees ke Hanris de Strabour i ait.
³) *Ben. III, 165, letzter Absatz der Anm. (1295)* . . . aquasteit a Joffroy, lou fil Roillon de Strabour qui fut, une table de changeour que ciet ou Nuef Chainge, qui li est escheus et venus conxnant de par Roillon de Strabour, son pere, qui fut . . . . . Et cest vendaige ait fait Joffroy desour dit par le crant de Jean Roucillon, son frere.

pb. 44 s. maxons en Staixon en la cort Raibustel 1288, 300.
= Hanrit — et Palerin de Croney, ceu ke li dame de l'Aitre ot en Maheu f. Chardenel 1277, 464.
et Pallerin de Croney et Thiebaut, f. sg. Burteran de Montois, 2 enf. Lanbelin de Crepey 1279, 282.
en Ospreis anc. vg. 1290, 75.
a Montois anc. vg. 1293, 556.
en Jenrue anc. Ste Creux daier l'ost. 1298, 451.
Marguerite et Armanjars, f. Hanrit — †, [144.
pb. 2½ moies de vin a mostuige (OM) 1293,
pb. ancor 2½ moies de vin a most. 1293, 145.
pb. 5 moies de vin a most. (OM) 1293, 590.
pb. ancor 2½ moies de vin a most. 1293, 591.
5. Jehan, f. sg. Poinson —. 1281, 38.
tavle au Nues Chainges (PS) 1288, 157.
vg. a Rompont, vg. an Hermeivigne, vg. au la voie de Gorze 1288, 276.
= Jehans li Moinnes — pb. 53 s. ke d. Aileit, sai seure, avoit sus ms. au Visegnues et ms. sus lou Mur 1281, 537.
et Yzaibel, sai fm., gr. ou Nuefborc 1290,
6. Hanrit, f. Jehan lou Moinne — †, [58.
vg. en Broil ou ban S. Martin outre Muselle 1298, 160.
7. Thiebaus, f. sg. Poinson —, 1281, 38.
vg. en lai Prele (PM) 1290, 308.
pb. grant ms. en Jenrue 1293, 530.
= Thiebaus — pb. ms. en Vezignuez 1269,
pb. 30 s. et 3 m. sa ms. ou il maint [431.
daier S. Suplixe 1275, 214.
et Francois Brullevaiche pb. ms. et gr. (PS) 1275, 354.
an Ospreis outre Saille anc. vg. 1290, 466b.
ait laieit ms. et marchacie en la rowelle de Ste Marie as nonains 1290, 523.
= Thiebaus Strabor
et Hanelos Corbels pb. ⅕ ms. en Renport
pb. 6 s. ms. pres de la porte Ste [1275, 29.
Marie as nonains 1279, 153a.
pb. menandies en la rue de Porte Serpenoise
8. Roillon — †, [1279, 153b.
en montcir de Jenrue enc. l'ost. 1290, 478.
d. Burtemate, fm. Roillon — †,
pb. 14½ s. ost. en Rinport 1285, 24.

pb. 2 parties de 2 ms. en Anglemur 1285, 125.
9. Hanris, f. Roillon — †,
pb. 50 s. k'il meymes dovoit sus 2 ms. et 20 s. (PS) 1288, 199.
22½ s. ost. en Franconrue et 6 s. ms. sus lou Terme 1288, 282.
10. Jehans, f. Roillon — †,
pb. menandies et meis outre Muselle anc. lou chakeur Ste Glosanne 1293, 147.
Strassous 1245, 1279, Strasons 1269.
Aubertin — 1245, 15.
Jaikemin —, fm. et 2 fis 1279, 51.
Jennin —, sr. Matheus prestres fr. 1269, 37.
lou **Strasous**, Jaikemat, de Failley †, Wiriat f. 1293, 425.
lai **Strassouze,** Hanriat 1298, 118.
Strillecheval, Theirias, valas Felipe Faixin
Stroimarchiet, ost. en la rue lou [1277, 334.
Voweit 1278, 340.
Stroitcul, Thiebaut, de Quencey 1285, 77.
Strontpont, Jennat, muneir 1281, 182.
Strubat 1275, 1288, Sturbaz, Sturbat 1269, 1281.
—, ms. an Franconrue 1288, 93.
— d'Outre Muselle, Simons feivres j. 1281,
Piereson — 1269, 297. [127.
Simons feivres j. 1275, 98. [486.
lou **Sturlat,** Domangin, de Howanille 1285,
Stuvairt 1285, Sturart 1281, Stouairt 1278,
(= Steuenin v. 1279, 9; 1281, 602).
— marit Jakemate la frutiere 1281, 602.
— dou Trol 1285, 62.
— srg. Garsat fil Hanrion lou Maiansois de Vallieres 1278, 407.
de la **Stuve,** de la Stuue.
Coenrairs — ou Champ a Saille 1278, 468.
Lietair — 1281, 53.
Theirias — 1278, 287; 1288, 171.
Thierion —, Thierias avolas 1279, 303.
Willemat — †,
Jaikemins li clars f. 1281, 178.
Symonas li berbiers f., fr. Jaikemin 1293,
Jaikemins li clers — 1281, 218. [407.
Sucore, Sucre.
Hauriat — 1293, 254.
Hanris — bouchiers 1293, 235.
Succurras, Succurrat.
ou ban d'Airey anc. vg. — 1298, 479.

26

t. deleis — (PS) 1298, 527^18.
Watrins — 1298, 527^24.
Suerate 1285, 1288, Snerathe 1279
Jennat — 1279, 58; 1285, 445; 1288, 31.
Suffiate 1277, 1279, 1285/1298, Suffiatte 1285, Sufiate 1275, 1278, 1279, 1285, 1288, 1298, Soiffiate 1277, 1278, Soifiate 1278, Siffiate 1275, Seffiate 1277, Sefiate 1275, 1278, 1281, 1285, 1290/1298, Cefiate 1275, Sephiatte, Sophiate 1269, Sephiete 1227.

2. — fm. Lowiat d'Abes †, — f. Willemin d'Antilley, — f. Pierexel de Chastels. — f. Lanbelin de Crepey, — (fm. Goudefrin) de Lorey (OM), — fm. Maithen de S. Clemant †, — fm. Maitheu Bousaie de S. Clemant, — f. Hawit de lai Fontenne de S. Clemant, — f. Symonin de Sorbey, — f. Willemat de Vermiey fm. Jennat Foillat de Repigney.

3. — fm. Loransat bollangier †, d. — fm. Nicole chandelier, — fm. Lowiat cherpantier dou pont des Mors, — f. Rikart cherpanteir, — fm Jennat fil Wiriat lou feivre, — Merchandel li Vadoize et — s., — li Vadoise li xenweire.

4. — fm. Maithen Bonsaie (de S. Clemant), Colins Bruillairs de Lorey (OM) et — s., — fm. Thiebat de Champels †, — f. Nicole chevalier (v. li Gronais 1.), — fm. Perrin de Cligney, — fm. Corssensairme, — fm. Jeunat Foillat de Repigney, — f. Bonchairt de la Fosse, — fm. Haurit lou Grant, — Guezout, — fm. Perrin Mairasse †, — s. Colin Malebouche, — Mendreville, — (f. Jaikemin) Merchandel li Vadoize et — s., — fm. Millekin d'Outre Saille †, — fm. Perrin lou Moinne, — Muxiquaranle, — f. Gerart de Nonniant, — f. Jennat la Peirche †, — f. Colin Persepiere de S. Julien †, — filleastre Piereaulai, — Sauegrain, — f. Tirenbay, — lai Vrowate de Porte Muzelle, — fm. Jehan Winoble.

Suffie 1241, 1298, Sufie 1288, Soffie, Sofie, Sophie 1267, Seffie 1278, Sefie 1267, 1269, 1278, 1281.

1. d. —, gr. en la Vigne S. Anol 1269, d. —, ost. en Chaponrue 1298, 477. [490^23.
2. — de Failley † 1298, 370.
4. d. — Agline, d. — fm. Colin Merchant †, d. — Poujoise, d. — de Sor lo Mur.

Suffion 1245, Sefions 1288.
— fm. Colin Baart † 1245, 126.
— fm. Abertin dou Ruxel de Wapey 1288.
Suydach v. Sewindac. [256.
Supplice, d. 1241, 7.
Surnel v. Ceruelz.
Susane 1220, Sezainne 1293.
d. — de Champel 1220, 11.
— de Feivres 1293, 618.
de **Sus les Fousseiz**, Mariate 1279, 223.

de Sus lou Mur

1 Daniel —	d. Hawi —			d. Suffie —
1220	2 Wichart 1227, † 1241	Ameline 1241		1241
	3 (sr.) Richars (—) m. e. 1245, † 1278 [1]			
eufans	4 Poince Richart[2]	6 Jehan	7 Colignon Godairt	8 sr. Alexandres —[3] 1290/93
1275/78	1269, 1281	arcediacre o. Jehan f. Thiebaut	Afelix f. sg. Huon lou
	5 Joffroit —	1275/90	de Florehanges 1279	Bague † 1293
				9 Howignons Aileit —
				maires de PS 1288/93
				1290

[1]) *De Wailly 74 (1261)* Richaut desuz le mur citain de Mez.
De Wailly 129 (1269) Richairs chivailiers de sus lou mur.

[2]) *Nach den Listen ist* Poince f. Richaird do dessus le mur *1255 Schöffenmeister gewesen.*

[3]) *Ben. III, 222 (1277)* sg. Alixandre Richard Treze.
Ben. III, 226 (1282) de Porte Muzelle sr. Alexandres de sus lou mur Treze.

de **Sus lou Mur** (v. IV. Mes, Mur).
P.
1. Daniel —,
¼ ms. (PS) 1220, 12.
2. Wichart, f. d. Hawi —,
t. (OM) 1227, 31.
†, Ameline fm., gr. (PS) 1241, 16.
d. Suffie —:
sr. Philippes de Ragecort et d. S. —, 10 s.
por l'eschange (PS) 1241, 74a.
3. sr. Richars — †1278, 254c.
mastres eschevins 1245, 1*.
= Richairt —, molin (a rive) sus Moselle
ke partet a 1290, 340a; 1293, 420.
=? Richairt, ms. en Sanerie 1251, 171.
la fm. Richart, maix. en Sauncrie 1269, 397.
= sg. Richairt, en Sauerie dav. vote 1288,
en Sanerie autre l'angleir de lai grant [174.
vote ke fut sg. R. et ... 1293, 475.
en Sanerie, anc. lui petite vote ke fut 1290,
enfans sg. Richart —. [357.
doient 6 s. ms. Adan lo sainnor 1275, 213 [13].
30 s. ½ molin sus Muzelle ke fut sg. R.
— anpartit ancontre les anf. 1279, 209.
= enf. sg. R.,
ou ban d'Escey arreis t. 1278, 588.
4. 5. Joffroiz, f. Poince Richart,
er. ou ban de Choibey et de S. Julien 1269,
la moitiet dou molin de Chapes 1281. 629.[377.
5. Joffroit —,
40 esmas de bleif a Mornille delez Vy 1269,451.
6. Jehan, f. sg. Richart —, arcediacre,
vg. en Briey 1275, 434.
25 s. ms. en Forneirue 1278, 254c.
= arcediacre Jehan —,
2 ms. 3 meis a molin lou Duc 1290, 510.
= arcediacre Jehan, ms. en Nikesinrue 1277,
pb. ms. en Nikesinrue 1277, 154. [112.
ms. en Nikesinrue 1278, 632.
doit 2½ s. ms. a Molins lou Duc 1290, 509.
7. Colignon Godairt, f. sg. R. — †,
Jehans et Merguerite, anf. Thiebaut de Flo-
rehanges, pb. 12 s. ms. ansom Vies
Bucherie, ke Symonas Mulaikius lor ait
auchaingiet contre les 2 pairs dou boix
c'om dist Thiemonpreit, ke fut sg. Richairt
—, ke lor vint de pair Colignon Goduirt,
lor o. † 1279, 280, 284.

8. sr. Alexandres —
pb. 40 s. ost. a Porsaillis 1277, 351.
et sr. Pieres, f. d. Nicolle de Sanerie, et
Jennas Aixies pb. 30 s. ost. (PS) 1290, 231.
ait laieit vote en Sanerie pm. 30 s. 1293, 475.
9. Howignons, f. sg. Alexandre —,
maires de Porsaillis 1290, 1*.
13 lb. 9 s. 8 d. (PM, PS, OM) de pair Afe-
lix, sui m., lai f. sg. Huon lou Bague
†, Aileit sai s. 1293, 204 [3], 66 = 284 =
349 [3], 65.
d. Aileit —, chakeur a Nowilley 1288, 122.
Suwart, Margueron f. (v. Sigars) 1245, 15.

T.

Tacons, Jehans, clers 1281, 386; 1290, 283.
Tagolz, Tago.
anf. — et Jennat lor paraistre 1278, 94.
Euriel — [1]) 1275, 368.
Jennin — 1262, 373.
Symonas — 1298, 295, 464.
Thierias — 1290, 57; 1293, 293.
Taibay, Roillon, de Burey 1293, 194.
li (la) **Taiche.**
Anel — 1278, 177; 1279, 310.
Taillefer, Howin 1290, 547.
Howignon — de S. Martin 1285, 529.
Jaikemate fm. 1298, 151.
Tairteles v. Terteleis.
Taixairt, Lambert 1278, 109.
Tallelaigne, Jennas 1281, 29.
Talons 1288, 1298, Tallons 1298. [141.
Jaikemius — de Malencort 1288, 504; 1298,
Lowias — j. d. Poince Muelle de lai rue
des Allemans 1298, 46, 47.
Tartarin v. Tarterins.
Tarte, Jaikemin, Anceillons f. 1262, 160.
Tarteleis, Tarteleit v. Terteleis.
Tarterins 1267, Tartarin 1278.
— cherpentier 1278, 63.
Thierias — 1267, 209.
Tatte, Thiefroit 1245, 172 [?].

¹) *De Wailly 383 J (1300)* Uriat Tagol.

Tavels, Jaikemins, de Coulanbiers 1288, 308.
Tauerne.
Colin —, Nennerit f. 1285, 190.
  de S. Clemant, Neumerit f. 1278, 516.
Nenneris — 1278, 77.
  de S. Clemant 1277, 257; 1278, 265.
li **Tawons,** lou Tawon. [205.
Jennat — de Failley †, Yzaibelz fm. 1293, Godefrins, Jaikemius, Maithious, Colins et Perrins seu 5 fil et Odeliate, Sebeliate, Bietris, Aileis ces 4 filles 1293, 417.
Hanrias — 1278, 241.
  de S. Julien 1281, 184, 350; 1285, 11.
  †, Poinsate fm. 1298, 22.
  et Jacos fr. 1281, 171; 1293, 184.
Jacob — †, ost. a S. Julien 1290, 318.
  de S. Julien † 1298, 10, 226.
  Izaibel, Merguerite, Poinsate, Mairiate f.
Thomes — † 1293, 27⁷ = 175⁷. [1298, 32.
  de S. Julien 1290, 14.
la **Teirande** v. la Tirande.
Teirias, Teirions, Teiris v. Thieri...
Tellehuve, la fm., ms. en Dairaugerue 1277,
Tempelon, Jakemin, Odelie s. 1220, 15. [205.
lou **Tendut,** Renal 1285, 62²⁰.
Tenoire, Jaikemin 1288, 424.
dou **Terme** (v. IV. Mes, Terme).
Piereson —, Jaikemins li mares de Ville sus Yron f. 1298, 309.
Terteleis 1288, 1293, Terteley 1298, Tairteles 1281, Tartelcis, Tarteleit 1262, 1281.
Hanrit — 1262, 305.
Jennas — 1281, 187, 275; 1288, 294, 295;
  d'Aiest 1298, 383. [1293, 431.
Teste.
Colins — 1277, 212, 213; 1278, 237; 1288, 310; 1290, 316; 1298, 388.
  d'Aiest 1293, 542.
  srg. Theiriat Geliat 1277, 213.
Garssirion — 1251, 15.
  †, Mairiate f. 1277, 214.
  = Mariato fm. Theiriat Geliat 1277, 213.
Jennat — mainbor d. Kathelie 1277, 214.
  Renaudins fr., Hanri lour srg. 1267, 283.
  fr. Colin — 1277, 212.
  †, enfans Jennat — 1288, 407.
  Kaiterine et Jehan enf. 1288, 190.
Jennins — 1262, 148.

Collate fm. 1279, 61, 472.
Tierion — d'Arnaville, Garcerions f. 1293.
Theibaut v. Thiebans. [695.
Theiderit v. Thiedris.
Theirias, Theirions, Theiris v. Thieri...
Thibaulz, Thibaut v. Thiebans.
Thiebaudat.
Jennat — d'Awigney 1293, 114.
Thiebaus, Thiebaut 1227/98, Thiebas, Thiebat (*viel seltener*) 1275 98, Thiebanz, Thiebax 1269, Thiebaulz, Thibaulz 1281, Theibaut 1278, Thibant 1245, Tiebaus, Tiebant 1269, 1275, Tiebanz 1269, Tiebas, Tiebat 1298, v. V. Thiebautsairt.
1. . . . . . — 1262, 327.
—, cloweire (PS) 1245, 172⁶.
—, ms. a S. Arnout 1277, 16.
—, ost. a Chastels 1278, 385.
— f. Garcirial † 1281, 382.
— f. Odeliate' 1298, 312.
— f. Pierol (de Jeurne) 1278, 83, 126.
— f. Warrel 1269, 200.
— †, d. Anguenel fm. 1275, 275.
2. — d'Appillei, — de Chastels, — f. Poinsignon de Chastels, — d'Essey, — de Fayt, — de Florehanges, — f. Mahout de Flurey, — Badoit de Florey, — de Genaville, — de Grisey, — de Liewons, — f. Fakignon de Longenille, sg. — de Luestanges, — de Mercey, — f. Aideline de Mercey, — f. Colin de Molins, — fr. Mahen de Molins, — de Murewal, — f. Otthin de Nowilley, — de S. Clemant, — de Daier S. Johan, — j. Humbert de S. Piere, — de S. Vicentrue, — de Sicy, — f. Symonin de Sorbey, — de Turci, — f. Wernier lou maior de Vallieres, — lou Maiansoit de Vallieres, — f. Heilowit la Roiene de Vallieres, — de Villeirs a l'Orme, — f. Wiriat de Villeirs a l'Orme, — f. Kayn de Waipey. — Donas de Waipey.
3. — barbier, — boucheirs fill. Mennel, — boulangier, — boulangier j. Domangin de Grixei, sg. — chambrier de S. Symphorien, — chaponier dou Champel, sg. — Petitvacke chanone de S. Thiebaut, — cherpantier de Dairangerue, — clerc, — clerc f. Jehan Petitvacke, — Chancviere clers, —

srg. Martin lo corvoisier, — Guiot espicier, — Renaire feivre, — Petismaheus maires des Cordelieres, — Kabaie maires d'OM, — f. Ancel de lai Tour maires d'OM, — li Gronais maires de PS, — Makaires maires de PS, — Gerars maires de PM, maistre — de Genaville = — de Genaville lou moie, — Faukenels maistres eschevins, sr. — Fouras maistre eschevins, — massons f. Weiriat de Gorze. — Mague massons, sr. — moinnes de S. Symphorien, — nutier, sr. — prestes (c'on dist) de Brionne, — lou Gronnaix proveor de freres Menors, — taillor, — talier, — d'Escey vicceir, — le Besgne wastelier.

4. n. Pierexel l'Afichiet, — de l'Aitre, — Aixies, — Ancels, — Anguenels, — d'Ars, — Badel, — Badoit de Florey, — f. Renadiu lou Bague, — le Besgne wastelier, — Baillat (de Nouviant), — Bataille, — Bazius, — Becouainne, — Bernaige, — Bertadons, — Bessat, — Blanchars, — Blocketel, — Borgancel, — Borgans (d'Outre Saille), — lou Borgue, — lou Borgon, — Borriel, — fr. Colin Bruee, — Bugles, — Burrie, — Kabaie (maires d'OM), — f. Cardate, — de Chambres, — f. Vylain de Chambres, — dou Champel, — de Champelz, — dou Champel, — Chamusis, — Chaneuiere clers, — Chanon, — Charenxal, — lou Chien, — Clemignon, — (f. Steuenin) de Coloigne, — Contasse, — (f. Auber) de lai Cort, — Creature (de Sanerie), — j. Waterin Creature, — de la Creux, — f. Vguignon Cunemant, — fr. Colignou Doignon, — Domal, — f. Poinsignon Domate. — Donas de Waipey, — Drowignous, sr. — Fakenels (maistres eschevins), — Facols, — Fernagut, — Ferrechaite, — de la Foutenne, — Forcous, — Fouras. (f. Collenant de Vy) (maistre eschevins), — f. Watrin Gaillairt de Chanbres, — Garcerion, — (f. Nicole) Gemel, — Gerairs (maires de PM), — Girbaus, — f. Jennat Goceneie, sr. — li Gronais (f. sg. Nicolle) (maires de PM) (chiveliers), — f. Jakemin lou Gronais = — li Gronais li Jones, — li Gronais maires de PS = ? — lou Gronnaix proveor de freres Menors, — Guelius, — Guiot l'espicier, — Henmignons, — f. Hanriat Herbin, — Hessons, — de Heu, — f. Steuenin Hunebour, — f. Piero de Jeurue, — Joute (d'Outre Saille), — f. Colin Judes de S. Priveit, — Lambers (de Porte Muzelle), — Lauprest, — de Linei, — Lohier, — lou Louf, — Louve, — f. Colin Lowit, — Makaires (maires de PS). — Makerel, — Mague massons, — lou Maiausoit de Vallieres, — f. Willemin lou voweit de Muigney, — Maihen, — f. Burtemin Maillairt de Mercilley. — Mairasse, — li Maires (de Chambres), — Malaixiet, — Marroit, — Mignorat, — f. Mathen Migomart, sr. — de Moielain, — f. sg. Burteran de Montois, — Morans, — Morins de Vizegnnel, — Mouffaire, — Moufflo, — Moutas, — Naizo de Flanville, — Navel, — Noirons, — f. Jacob Perraixon, — lou Petit de la Fontenne, — Petismaiheus (maires des Cordelieres). — clerc f. Jehan Petitvacke = sg. — Petitvacke chauone de S. Thiebaut. — fr. Vguignon Pettart, — Piereabay, — Pierolz, — Pistal, — Pobelle, — Puteveuwe, — f. sg. Jehan de Raigecourt, — lou Railie, — Razeure, — Rennaire, — Renairs (feivre), — f. Heilowit la Roiene de Vallieres, — Enteure de Chailley, — (f. Hanriat) lou Saive, — lou Sanexien, — c'on dist Strabour f. d. Mertenate Jallee, — (f. sg. Poinson) de Strabor = — Strabor, — Stroitcul de Quencey, — (f. Aucel) de la Tor (maires d'OM), — li Truans, — (Fouras) f. Collenat de Vy, — Vielz (de la rowe des Allemans), — Warrel = — Werre, — (f. Jehan) Wichart, — Xillekeur.

5. Jennat — 1278, 656.
de Daier S. Jehan 1285, 482.
Mariate fm. 1285, 482; 1288, 86.

Thiebert v. V. Thieberchamp, Thiebertcommine.

Thiecelas, Thiecelat.
— chavreis de Chambres 1279, 176.
— chaivreis ke maint as Roches 1288, 119.
— olier 1245, 79.

Thiecelins, Thiecelin 1251/1269, 1277, 1285/1290, Thieselin 1293, Tiecelins 1251. v. V. Thiecelinpiece.

1. — 1262, 206.
—, ost. a la porte d'Espairnemaille 1267.
— †, ost. en Rimport 1269, 184. [275.
2. — d'Aucey, — de Mercey.
3. — chaivreir, — marechas, — muniers,
— olier, — tixerant.
4. — Agaice 1288, 240.
5. Ailexate — 1277, 24.
Jaikemat —, maistre Poeuse srg. 1267, 21.
Jennins — 1251, 140; 1262, 69.
Thiecete 1245, 28.
Thiedris 1245, Theiderit 1279, 85.[1])
1. — maix. daier S. Mamin 1245. 122.
2. — f. d. Aileit de S. Polcort 1279, 289.
4. — Yzangrin 1285, 50.
Thieffroit 1245, 1267, 1275/1279, 1290, 1293,
Thieffroiz, Thieffroit 1269.
1. Filipin f. — (v. 2. Juxey) 1278, 629.
Gerardat fr. — 1275, 513.
2. — de Juxey 1269, 540; 1277. 151, 440,
453; 1278, 577; 1279, 309, 561.
Domangin f. 1279, 576; 1290, 112; 1293,
Fillipins f. 1269, 539; 1293, 158. [113.
3. — corvisier 1267, 187.
Heiluyt fm. 1290, 106.
4. — Tatte 1245, 172[10].
Thiegerate fm. Jehan Vinieu † 1298, 461, 489.
Thiehairt 1288, 1290, 1298, Thiehart 1269.
1. —, ost. a S. Clemant 1269, 395. [228.
5. Colin —, d. Lucate fm. 1288, 446; 1290,
de S. Clemant †, Bietrit f. 1298, 41a, 60.
Waterin f. 1298, 67.
Waterin — de S. Clemant, Bietrexate s.
Thiele v. Thieles. [1298, 531.
Thielemans, Thieleman 1269, 1275, 1285,
1290/1298, Thiellemans 1269, Tielemans 1298.
2. — j. Vernat de Feivres et Claresons
sa fm. 1298, 637.
— f. Wesselin d'Outre lou pont Renmout 1293.
— f. Willame de Rezanges † ke maint [17.
an Rowes 1298, 382.
— de Thyonuille f. Colin Mingol 1269, 359.
3. — fr. Hennelo lo charpantier 1269, 16.
— Brou meutiers 1275, 158.

— fr. Badewin lou parmantier 1290, 356.
4. — Brouc 1285, 13.
Jennin Marcowairt et Borjoise sa s. et —
son marit 1290, 493.
— f. Waterin Wixol 1293, 694.
— Wixol de Maixieres 1298, 667.
Thieles, Thiele 1275, 1278, 1293, Thielles
1267. (v. Thielos).
2. — de Chapourue 1281, 67.
— de Fakemont 1279, 234.
— de Huisauges 1290, 143.
— fr. Herbin lou maior de Maranges 1288.
— de Thionuille 1267, 425. [538.
3. — corvexier 1281, 12; 1293, 204[20] =
4. — li Allemans 1278, 376. [284 = 349[20].
— de lui Huie 1293, 204[20] = 284 = 349[20].
Thiellemans v. Thielemans.
Thielles v. Thieles.
Thielos, Thielo 1275, 1277, 1279/85; Thieles
1275, 26; 1285. 309. (v. Thieles).
— Lonce 1275, 26; 1277, 230; 1279, 32,
411; 1281, 370; 1285, 29, 277, 309.
Thiemon v. V. Thiemonpreit.
Thiemonville 1290, 268, de Thiemonville
1251, 1290. (v. IV.)
P.
Stenenius — mares d'Outre Mosele 1251,
pb. por S. Piere as nonains 1251, 210. [1*.
en la rue S. Vy arreis l'ost. 1290, 250.
autre Pierart et St. — (ms. OM) 1290, 268.
Thieres marrastre Felepin fil Thieriat le
Grant 1275, 45.
Thieri v. Thieris.
Thierias, Thieriat 1241/98, Thieriaz 1241,
Tierias, Tieriat 1269, 1281, 1285, 1290, 1298,
Theirias, Theiriat 1275/85. Teirias, Teiriat
1278, 1279.
1. —..., ost. (PS) 1262, 68, 241.
— lo.... 1245, 250; 1262, 115.
— f. sg. Ancel (= de Nouviant) 1278, 221;
1288, 413; 1298, 97.
— j. Arnoudin 1267, 247.
Poinsarz srg. — 1269, 63.
— et Jennat lou clerc 1279, 134.
2. — f. Margueron fm. Chardat d'Abes, —
f. Weiriat de Laivalz d'Aipilley, — Faixin
d'Aipilley, — f. Berdin d'Airey, — d'Ancins,
— Benoite d'Ansey, — f. Jennin Chopart

---

[1]) *De Wailly 2 S. 16 A (1214)* Nainmeris
et Thiedit ces filz (escheving).

d'Ansey, — d'Ardenne, — Cuignat d'Ars (OM), — Fusel d'Airs (OM), — don Pux d'Ars (OM), — fr. Clemignon d'Airs (PS), — f. Paillat d'Airs (PS), — f. Hawit de Baremont =? — f. Hawit de Bemont ke maint en lai rue des Allemans, — de Bu de S. Clemant, — de Buj, — lou Vadois de Chambres, — de Chastelz, — f. Mahont de Chastels, — f. Piereson lou Penle de Chastels, — Billeron de Chastels. — don Mur de Chastelz, — de Clemercy, — fr. Otin de Contures. — maior de Dornant, — f. Poinsignon fil Sufie de Failley. — lou Vaudoiz de Failley, — f. Baduyn de Flocort, — f. Jennate de Gerey, — f. Mergueron de Gerey, — de Grais, — fr. Jaikemin de Grais, — de Grissecort, — Wibor de Grizey, — fr. Bueuelat de Hulouf, — fillaistre Jehan de Humbercourt, — f. Jaikemin de Jerney, — fr. Symonin de Jarney, — de Jernei feivre, — Riole de Gerney, — (f. Symon) de Liewons, — f. Robin de Lorey (OM). — Pixat de Lorey (OM), — lou Gornaix de Mairuelles, — f. lou Roucel de Mairuelles, — de Maizelles, — Aberons de Maizelles, — le Grant de Maisellez, — Grenelz de Maizelles, — f. Jennin lou Saive de Maizelles, — de Mercey, — f. Jennat de Mercilley, — de Molins, — baillis de Molins, — li Horces de Molins, — pontenier de Molins. — f. Ysanbart de Moutigney, — de Montois, — de Nonviant, — f. sg. Ancel de Nonviant. — pator de Nonviant, — l'otion de Nonviant, — Tumelouf de Nonviant, — xaivig de Nowesseville, — lou Bruant de Nowesseville, — Blanchairt de Nowaisseville, — Crepate de Nowesseville, — Gollies de Nowesseville, Colignons Hairons de Nowesseuille fr. —, — dou Tro de Nowesseville, — de Nowilley, — de Nowillei ke maint a S. Julien, — (f. Colin) Watier de Nowilley. — d'Oisey, — Sibille d'Oixey, — radour d'Orgney. — lou Roucel d'Orgney, — j. Burteran Maiguelot d'Orgney, — f. Guercerion Bouchat d'Ontre Saille, — Hurelz d'Outre Saille. — Mallebouche d'Outre Saille, — Tureulle d'Outre Saille, — de Pontois, — Louves de Pontois, — f. Garseriat de Prenoit, —

de Quencey, — bailit de Retonfays, — de Bu de S. Clemant, — f. Howat de S. Clemant, — f. Thomessin Mallebeste de S. Clemant. — f. Jennin Josterel de S. Julien, — f. Jennat Maiguetin de S. Julien, — Xallewit de S. Julien, — Chanillon de S. Piere, — Manegairs de S. Piere, — Xufflairt de S. Piere, — de Ste Rafine. — f. Rennier de Sairlei ke maint en Maizelles, — de Sanrei, — permantiers de Sanrey, — de Seruigney, — f. Siguairt de Vallieres, — f. Wernier lou vies maior de Vallieres, — f. Colin lou Conte de Valliere, — lou Gornaix de Vallieres, — Grenel de Vantous, — f. Wessel de Vantous, — f. Bietrit fille Weiriat de Villers a l'Orme, — tanor de la Vigne S. Anol, — — le Petit de la Vigne S. Avot, — lou Vel de lai Vigne S. Anol, — f. Herman lou Polut de Wackremont. — f. Mairiate de Xnocourt.
3.— aman. — Lowis amaus, — awilleirs (de Sanerie), — (Bitenas) baillis (de Molins = dou Val), — bailit de Retonfays, — boulangier de lai ruwe des Allemans, — chacieres, — maris Gertru la chandeliere, — charpantier, — clerc, — f. Colin lo cordewinier, — Bawiers corriers (de Sanerie). — corvezier, — f. Martin lo corvisier, — Champignuelle covresier de S. Arnoult, — cruwiers, — fr. Vinat l'escollier, — escrivain, — espinciet, — de Jernei feivre, — haubergeor, — maior de Chapoi, — maior de Dornant, — maires de Grais, — massons, — d'Abocort masson, — de Molenes massons, — f. Bertran lou masson, — f. Piere lo masson, — Brizee massons, — Boudat munier, — Quatremaille muneirs, — olier, — pator (de Nonviant), — permantiers de Sanrey, — Harton parmantier, — pontenier de Molins, — radour d'Orgney, — salteriers de Porte Serpenoize, — stuveires (ke maint devant la xipe ou Champ a Saille), — tannor de la Vigne S. Auol, — f. Lambelin lou tornor, — trezelour de S. Vy, — lou Vadois de Chanbres, — lou Vaudoiz de Failley, — Strillecheval valas Felipe Faixiu, — vignour, — xarneires, — xaving de Nowesseville, — f. Aubert lo xaving (de la Place).

4. — Abel, — (f. Jehan) Aberon (de Maizelles), — l'Abijois, — f. Luckin d'Aiest, — l'Alemant. — (f. Colignon) Badoche, — (f.) Bardon, — Basoncort, — Bawier (corrier de Sanerie), — Becol, - f. d. Odelie fille Poencin Bellegree, — f. Bellenee, — Benoite d'Auscy, — Besselin, — Billerou (de Chastels), — Bitenas (baillis de Molins = dou Val), — Blanchart de Nowaisseville, — f. Stenenin lou Borgon, — Borrial, — Bouchas = — f. Garcerion Bouchat (d'Outre Saille) = — Bouchate, — Boudat (munier). — Boutefeu, — f. Allexandre Bouxon, — Briselate, — Brisepain, — Brizee massons, — Brufadelz, — Buderit, — Bugles, — Burelute, — Burtelo, — (f. Weirion) Burtout, — j. Jehan Chadeire, — Chamaigne, — Champignnelle covresier de S. Arnoult, — Chamusit fr. Colin, — f. Colin Chamuxit, — srg. Mathiate Chaneviere, — Charrue, — f. Lowiat Charrue, — Chauillon de S. Piere, — Chenalleirs, — fr. Colin Chiexen, — f. Jennin Chopairt d'Ansey, — Clowas, — Coille, — f. Colin lou Conte de Valliere, — Copeipiet, — Crepate de Nowesseuille, — Crokel, — Crokelet, — Cuignat d'Ars (OM), — Cullus (de Chamenat), — Daigairt, — Dediest, — Derdel, — Domate, — j. Burteran Dowaire, — Faixin d'Aipilley, — f. Jehan Fauate de Piereuilleirs, — Ferrandel de Domangeuille, — Ferrant, — Formerons, — Fouille, — Fusel (d'Airs OM), — Geliat, — f. Nicole Gemel = — li Gemels, — Glorieul, — f. Jenat Gohier, — lou Gornaix de Mairuelles, — lou Gornaix de Vallieres, — lou Gronaix de Wapey, — Goulies (de Nowesseuille), — Graichol, — le Grant (de Maizelles), — Grenelz de Maizelles, — Grenel de Vantous, — f. Symon Grosrieu, — Grosveit, — Hairons de Nowesseuille, — Harton parmantier, — Hermant de Stoxey, — li Horces (de Molins), — Houwat, — Houzat, — fr. Simonat Hunguerie, — Hurel (d'Outre Saille), — Yzambairt, — Jallee, — (f. Jennin) Josterel (de S. Julien), — Joute, — Judes bouchiers, — Lihart f. Malebeste, — n. Lowion Louce, — Louves (de Pontois), — (f. Jehan) Lowit (amans), — Luckins = ? — f. Luckin d'Aiest, — de Maiscrey f. Phelepin Makerel, — (f. sg. Lowit) de Maiguey, — j. Burteran Maiguelot d'Orgney, — f. Jennat Maignetin de S. Julien, — Mailin, — Malbailliet, — Maledanreio, — f. Gerardin Malekoronne de Warnainville, — Malglaine, — Mallebeste, — f. Thomessin Mallebeste de S. Clemant, — (f. Simonin) Malleboche (d'Outre Saille), — Manegairs de S. Piere. — Mordant. — Mouxin, — dou Mur de Chastels, — Murlins de Bacort, — Nion, — j. Noblat, — Nondeset, — de Nonuiant, — f. sg. Ancel de Nonviant, — (f. Burtadon) de Noweroit. — d'Oisey, — Paikiers, — Paien, — Paillat d'Airs (OM), — Patairt, — Pelut, — lou Perdut de Chainreirue, — le Petit (de la Vigne S. Auol), — f. Piereson lou Peule de Chastels, — f. Guersire a Piet, — Piexat de Lorey (OM), — Pixot, — Pome, d. Arambor de la Porte fm. —, — Potion de Nonviant, — f. Thiebant Putevenwe, — dou Pux d'Ars (OM), — Quatremaille (muneirs). — Rafalz (d'Outre Moselle), — Raipine, — Ranille, — Renairs, — Riole (de Gerney), — Roucel, — f. lou Roucel d'Orgney, — j. Colate la Rouse, — j. Colart Ruille. — f. Jennin lou Saive de Maizelles, — f. Geliat Sainetel, — Seruins, — Soibalt, — Solas, — de la Stainche, — de lai Stuve, — Tagolz, — Tarterins, — Thomessin, — Tribodaine, — dou Tro de Nowesseville. — Tumelouf (de Nonviant), — Turenlle (d'Outre Saille), — la Vachate de Syei, — li Vaskes, — lou Vel de lai Vigne S. Auol, — Vellowel, — f. Burthemin lou Verderet de Collambeir, — Uiole, — (f. Colin) Watier, — dou Weyt, — Wesselz (de Vantous), — Wibor de Grizey, — Xallewins (de S. Julien), — li Xermois, — Xufflairt (de S. Piere), — Zangowin = — Zinguewins.

5. Colignons — tailliere   1279, 112.
Thieriel d'Ardenne   1298, 280.
Thieriole de Wittoncort   1288, 480.
Thierions, Thierin 1227/98, Tierions, Tierion 1220, 1281, 1293, 1298, Theirions. Theirion 1277/85, Teirion 1281.
1. — . . . .   1245, 255.

I. Personennamen 409 **Thierions–Thomes**

—, ms. dessandre de Chieuremont 1251, 9.
—, ms. en Stoizey 1251, 190.
2. — d'Albe, — d'Airey, — Teste d'Arnaville. — d'Ernaville srg. sg. Guersire lo preste de Chacey, — de Boullay, — de Chapeleresrue, — arceneires de Chapeleirue, — fr. Jenin (Foutat) de Chazelles, — f. sg. Poinsou de Cons, — de Fakemont, — f. Gnebour de Lescey ke maint an Furneirne, de Maicliue, — Symon vies maior de Maicliue, — Roncel de Maicliue, — de Mascre, — f. Hawit dou Mont de Molins, — de Nomeney, — (f. Gererdin lou Moinne) d'Orgney, — de Port, — de Rottoufait, — de Villeirs, — de Waixey.
3. — arceneires (de Chapeleirue), — barbier, — boulangier de Wairc, — f. Hawelo la kenceire, — chaderlor, — chapeler, — f. Willemin lou chaponier, — cherpantier, Grosseteste cherpantiers, — lou Roucel cherpentier de Franconrue, — clerc, — cordeirs, — cordier de Porte Moselle, — Fagos cordiers, — corvezier de Porsailliz, — mairexal, — Goudalone masson, — messuier, — permanteir, — fr. Harman lo parmantier, — seinor, — taillour de Porte Mosselle, — li Vadois taneires (ke maint en la Vigne S. Auol).
4. — Alart, — Barons, — Belleron, — (f. Jakemin) Beudin, — Bou, — Boneraixon, — Bouchas, — Canelle, — srg. Thiebaut dou Champel, — Chieenchenal, — Constant, — Deudoneis, — Domate, — Fagos cordiers, — Foutat, — Goidealone (masson). — Goydeman, — lo Gronaix, — Grosseteste cherpentiers. — Howat, — lou Janre, — Jote, — li Jumel, — Mertenate de lui rowelle de Chaipeleirue, — f. Gerardin lou Moinne (d'Orgney), — Moysel, — f. Hawit dou Mont de Molins, — f. lou Paitenat, — f. Gererdin Plaixance d'Awigney, — Ruieboix, — Roucel de Maicliue, — lou Roncel cherpentier de Franconrue, — Ruedanguel, — Symon, — de la Stuve, — Teste d'Arnaville, — lo Vel, — Warins, — Wiger.
Thieriotels.
— f. Badnyn d'Aixey de Wapey 1293, 670.
Thieris 1241/98, Thieriz 1227, Thieri 1241,

1245, 1262/75, Thierit 1267/98, Thierrit 1251, Tieris. Tierit 1275, 1281, 1285, 1298, Theiris. Theirit 1278/85, Teirit 1278, Tiris. Tirri, Tieri 1220.
1. Josselin et Marcat et — ces 2 fr. 1293. sg. — (= de Nonviant). Guibert de [180. Nonviant j. 1288, 233.
2. sg. — de Hatanges, — de Momestor. — den pount Remont, — de Prency, — de Prennoit, — de Ste Rafine, — f. Watier lou maior de Siruigney, — de Viniers.
3. — arcenor de Stroitpei, maistres — de Mirabel clers, maistre — escrivain, maistre — maiguien, maistre — de Wadonville, maistres — ke fut officials l'arcediacre Watier, maistre — masson, sg. — prevost de S. Anoual, sg. — preste, sg. — preste d'Ansey, sr. — prestes de Croney. sg. — preste de Millerey, sg. — preste de Thionville.
4. sg. — Brisepain, — Burtous, — Charenxal, sg. — Corpel, — de la Croix, sg. — Descors, — Domate, — Hurel, — lou Janre, sg. — de Laibrie = sg. — f. d. Beliart dou pont Raimon, — Lowis (mastres eschevins), — Lucambalt, — Malebonche, — Malglaiue, — Mingomart, — Moixin, — Murlin, sg. — de Nonviant, sg. — d'Oixey, sr. — Poles, sg. — Rogier.
Thieselin v. Thiecelins.
Thigueigne, Thiguienne v. Tiguienne.
Thobis.
— de Gamelanges †, d. Aileit fm. 1275, 312.
Thomacins v. Thomessins.
Thomais, Thomas v. Thomes.
Thomascins, Thomascin v. Thomessins.
Thomassat, Thomassin v. Thomess . . .
Thomes 1262, 1267, 1277/98, Thome 1281, Thomas 1241/51, 1269, 1277, 1285, Thomais 1275/78, Thonnais 1281, 284, Thonmes 1281, 513, Tomes 1281. 1288, Tonmas (Tommas) 1262, 303. v. V. Thomessairt.
1. en la Salz enc. gr. — 1285, 331. Jennas Creature pb. por lui et Jehan et —
2. — de Chainey, — f. Richairt [1277, 297. de Nowilley, — de S. Clemant, — f. Burtemat lou masson de S. Clemant, — j. Girart de Sirkes.

Thomes   410   I. Personennamen

3. sr. — arceprestes de Mes, sr. — chanones de S. Thiebaut, (maistre) — corretier (de la Vigne S. Avol), sg. — cureir de Ste Creux, — f. Burtemat lou masson de S. Clemant, sr. — prestres de Ste Creux, sr. — prestes. sr. — prestes de S. Eukaire, — rueirs, — l'Englois taillor.
4. — la Kengue, — de Champelz, — li Franccois, — f. lou Fransois, — de lai Grainge, — Peterouse, — de Porte Mosele, — li Roncelz d'Orgney. — li Tawons (de S. Julien).

P.
1. Perrins —
et Hvars Jalee pb. vg. a Wapei 1245, 76, 150.
pb. 20 s. (PM) *(durchgestrichen)* 1245, 81.
pb. ms. sor lou Mur   1251, 138.
= Pieres — pb. ms. en Francourue 1251, 60.
pb. 40 s. (OM)   1251, 61.
pb. ms. de Bossonville ke siet enson la cort..... (PS)   1262, 33.
sus Mosselle areis vg. Pieron — 1262, 129.
[ms.?] en Sauerie doit 12 s.   1262, 303.
li bans de l'ancie sg. Pieron — 1262, 419*.
sus Mosselle desor lo poucel enc. vg. 1267.
la fame sg. Piere — †,   [308.
ms. (PM) asansit a   1269, 178.
= d. Pantecoste, fm. Pieron — †,
pb. ms. a Porte Muselle   1269, 169.
pb. 3½ s. et 1 chap. k'elle dovoit sus sa gr. outre Moselle   1277, 155.
2. Thomassins. f. sg. Pieron — †,
pb. t. ar. ou ban de Thurei   1269, 126.
3. Perrins li xavins, f. sg. Pieron — †,
pb. vg. en Aranbatro sus Muzelle 1281, 398.
pb. ms. et gr. Pierol de Jueruwe anc. lui meisme (PS)   1281, 589.
= Perrius — li xavins pb. por l'ospital de Porte Muselle   1279, 493.
4. Xandrius, f. Piere (sg. Pieron) — †,
pb. 2 s. ms. en la rowelle daier l'ost. d. Belle (PM)   1278, 417.
pb. er. ou ban de Maigney et de Flirey en pr., vg., ms. et gr.   1278, 533.
ms. a Chievremont   1288, 117.
4 lb. ms. ke fut Maiheu Paillat 1293, 100.

Thomes

1 Perrius —	= Pieres — [1])	= sg. Pieron —	d. Pantecoste
1245/51	1251/67	m. c. 1262[2]). † 1269	1269, 1277
2 Thomassius	3 Perrins —	4 Xandrius	5 Howignons —	6 Jehans —	Yzaibel 1288/93
1269	li xavins 1279/81	1275/93	1275/85, † 1288 ⌣Collate[3]) 1288/93	1275/98	Ydate † 1293 Ailixate 1269/81,† 1288
7 Abert —	de S. Julien		Jehan de Maigney		= Aileis — 1277/78
anfans 1278	hoir 1293		u. How. 1285		

[1]) Pieres Thomes *ist vielleicht Sohn von* Thomas de Porte Mosele *gewesen. v.* I. de Porte Muselle *Anm. 3.*

[2]) *In den Schöffenmeisterlisten ist als Amtsjahr des Piere Thomes bald 1262, bald 1263 angegeben. Die in der Einleitung Band I der Bannrollen S. XXXV Anm. ausgesprochene Annahme, daß 1262 das richtige Jahr sei, hat sich inzwischen bestätigt. Es sind nämlich im Metzer Bezirksarchiv (Clerf 11b,c) zwei Schreinsbriefe (in später Abschrift) aufgefunden, die den verstümmelten Einträgen 42 und 43 der Rolle von 1262 entsprechen. Sie sind zum Teil abgedruckt in diesem Band III in den Anmerkungen zu* Isacart *und* Malglaues. *Die Briefe sind ausgestellt am 14. Februar und 21. März 1261 a. St. Der nächstfolgende Banntag war der nach Ostern 1262. Damit ist bewiesen, daß die Rolle in das Jahr 1262 gehört und dieses Jahr das Amtsjahr des* Piere Thomes *gewesen ist.*

[3]) *De Wailly* 357 (1297) Collate la feme Huwignon Tomes de Porte Muzelle ke fut, ki est mainbor de la devise Fransoise sa suer ke fut, ... signor Jaike de Nonviant lor peire.

4. 6. Xandrin et Jehan, auf. Piere —,
vg. outre Saille, 20 s. ou Champel 1275, 228.
5. 6. Howignons et Jehans, f. Piere —,
pb. chak., ms., 2 jard., vg. a Wapey 1275, 122.
5. Howignons, f. Piere —,
pb. vg. ou ban d'Ars (OM) en Aienchamp
= Howignons — pb. vg. sus Mu- [1278, 668.
zelle, aq. a Jehan de Maigney, son n.
pb. 20 jorn. de t. ar. autre Turey [1285, 333.
et la Grenge as Dames et ms. sus lou
Roue au Chaubeires, aq. a Jehan de
Maigney, son n. 1285, 569.
Collate, fm. Howignon — †,
pb. vg. a Rompont, vg. en Hermeivigne, vg.
au la voie de Gorze 1288, 276.
pb. ¹/₄ celleir en l'aitre S. Genoit a Non-
viant 1293, 692.
6. Jehans, f. Piere — †,
pb. t. ar. ou ban S. Arnolt ai Ars 1281, 641.
pb. ms. et gr. a Porte Muzelle 1298, 403.
= Jehans — pb. pr. an Lixeires ou ban de
Staples et vg. ou ban de Wapey 1290, 590.
et Yzaibel, sai s., 24 s. ms. en Chaipe-
leirue 1288, 471a.
„ 60 s. ms. an Vesignuelz 1288, 471b.
„ mainbors Ailixate —, lor s., 5 s. ost.
a Porte Muzelle 1288, 334.
„ mainbors Ailixate, 50 s. er. ke vienent
de part Ailixate 1288, 502.
„ mainbors des devises Ailexate et Yda-
te, lour s., ms. anc. l'ost. la tuppeneire
(PM) 1293, 7.
Alizate, f. sg. Pieron — (Piere — †),
pb. ms. sor le Mur 1269. 442.
pb. ¹/? ms. a Porsaillis 1281. 252.
ait doneit 10 s. ms. a la rive en Rinport
a Chaistillon l'abbie 1288, 329.
= Aileis, f. Piere —,
pb. ¹/? ost. a l'orsaillis 1277, 317.
pb. 24 s. ms. en Chapeleirue 1278, 139.
les anfans Piere —, t. sus Mus. enc. 1285.
7. Abert —, [278.
vg. en Cumines enc. les anfans 1278, 405.
li hoir Abert — de S. Julieu tienent vg.
an Lambelinchamp (PM) 1293, 382⁴.
Thomescins, Thomescin v. Thomessins.
Thomessas, Thomessat 1267, 1275/90, 1298,
Thomassat 1269, Tomessas, Tomessat 1298.

1. en Burnelrowal (PM) anc. vg. — 1275, 3.
deleis vg. — (Ste Rafine) 1285, 109.
— fr. Howygnon (v. 3) 1269, 495.
2. — de Laigneiville, — de Lescey, —
de Ste Rafine.
3. — bouchier, Howignons celliers fr. —,
— cordeweniers de S. Arnout, — doien, —
f. Burtemin lou masson, — muniers de S.
Julien.
4. — Crafillons, — Daunallaiglixe, —
Haizairt, — lou Noir, — f. Tieriat Roucel.
les **Thomesses,** entre l'ost. (OM) et ... 1285,
Thomessins, Thomessin 1275/98, Tho- [288.
mescin, Thomescin 1262/1269, Tomessins,
Tomessin 1278, 1288, 1298, Thomassins,
Thomassin 1241, 1245, 1269, 1275, Thomas-
sinz, Thomassyn 1269, Thomascins, Thomas-
cin 1269, Thomacins 1251, 1293, Thoumais-
sin 1281.
1. devant S. Marcel anc. — 1293, 648.
—, 7 s. de c. ms. en Chaponrue 1267, 202.
sante (OM) ke - avoit par suz lou cellier
Clemignon 1269, 322.
Bauduyns f. — 1262, 99.
— f. d. Hemnise 1267, 277.
— f. Richelat (v. 4.) 1241, 167.
— et Ansillons et Coulons lor s. 1275, 328.
Colate s. — 1278, 523.
Willemin et — son srg. 1281, 318.
2. — d'Airs (?), — f. Lambert d'Airs
(OM), — de Blorut, — de Burey, — de
Dornaut, — de Laualz, — f. Richairt de
Noweszeville, — de Pierevilleirs, — f. Sy-
monin de Porte Serpenoise, — f. Rechairt
de S. Julien, — f. sg. Roul de Thoheicort.
3. — Boudat bolangier, — clerc (f. Poin-
sate Melie), — fevre, — forniers ke maint
davant S. Marcel, — huchour, — olier, Coin-
rairs li olieirs fr. —, — portiers de Porte
Sarpenoize, — taillieres, — tixerans, —
vieseir.
4. — Bacon (de Vantous), — Baiegoule,
— f. Poincignon de lai Bairre, — li Blaus,
— Boudat bolangier, — Bouvairt (de Mai-
selles, d'Outre Saille), — (f. Jenin) Caine-
velle, — de Champelz, — Chamussit, —
Cornille de lai Chenal, — Cuertouche, —
Cunevaille, — Deulloseit, — Fernagut, —

Tiebas–Tiguienne   412   I. Personennamen

Filixate, — Finseuers, — Grisel, — Haizars, — Lambers (d'Ars OM), — Mallebeste (de S. Clemant), — f. Jennat Menneit, — srg. Jennat Menneit, — f. Abrion Mokin, — j. Jehan Moulat, — Muisiquaraule, — Paiemal, — f. Hanriou Potier, — Restoreit, — Richolas, — srg. Colignon f. Jennat Roubelat, — lo Roucel, — Sauaige, — f. sg. Pieron Thomas, — Wairade.
    5. Haurias — [1]), Jehans —, Thieriat — v. 1. de Champelz 12/14.
Hanriat — et Jehan, son fr., 4 lb. ms. Poince de Coloigne (PS)[2])   1277, 383[3]).
Tiebas, Tiebans v. Thiebaus.
Tiecelius v. Thiecelins.
Tielemans v. Thielemans.
la **Tiemerasse**, Hawit, de Molins, Jaikemenel f.   1298, 150.
Tierias, Tierion, Tieris v. Thier...
lou **Tignous**, Colignon   1298, 74.
Tiguienne 1275/1279, 1285/1298, Tiguyenne 1278, Tygnienne 1278, 1281, Tiguiainne 1279, 1285, Tiguyainne 1279, Tiguiene 1241, Tiguenne 1262, Tegnienne 1269, 1285, Thiguienne 1285, Thigneiune, Thigueigne, Thigueue 1267.

    a) *Frauenname*:
— fm. Abert Braden   1288, 202, 493.
— f. Howairt Jallee †   1285, 293.
= — fm. muistre Henri Jordain 1290, 342.
— maraistre Colignon (f. Jennat) Merchant   1278, 249, 352.
= maraistre Colignon Merchandel 1278, 320.
    b) *Familienname*:
    P.
[Piere — m.e. 1250]
1 Reiniers — [m.e. 1215] 1241, 1269, 1285.

2 Raingnelons — maires de PM 1275

3 Philipe — [m.e. 1244, 1250 OS]   1275, 1278

4 Pheleppins (—) li xavins 1262/90[1])
= Phelippins — 1267/79
= Felipes — 1275/93
= Philippe Xaining 1288, 381.
- sr. Philippes — 1288, † 1298.

5 Felepins	6 Colignous
f. Filipe (—) lou xaving 1277/81	f. Phillppe — l'escheving 1293
= Felipin f. Felipin — 1277	= Colignons
= Felipins f. Felippe — 1278/81	f. Philipe — 1293
maires de Porsaillis 1278/79	= Colignon — 1293

7 sg. Arnolt — 1293

1. Reiniers —
a doue por la chiese Deu de Longeawe 10 s. gr. eu la rue Garsire lo chavrer 1241, 35.
oirs Renier —, er. (PS) redoit 2½ s. as ms. ensom Viez Bucherie (OM) [1269, 437[12]].
ke fut R. —   1277, 152.
ms. ke fut Rennier — (OM)   1285, 293.

2. Raingnelons —
maires de PM   1275, 1*.

3. Philipe —,
ost. (PS) ke fut Ph. —   1275, 359.
ms. outre Saille ke fut Felipe — 1278, 513.

4. Pheleppius — li xavins
pb. 30 s. ms. (OM)   1262, 88.
pb. gr. et salle desour (PS)   1267, 365.
pb. 100 s. gr. (PS) eschangiet a l'ospital dou Nuefborc   1267, 366.
40 s. 2 ms. au tor de Staixons, 20 s. 4 d. ost., 34 s. ost. et 8 s. 4 d. (PS) eschangiet por les 100 s.   1267, 367.
pb. vg. ou ban de Lescey   1267, 466a.
pb. vg. ou ban de Siey 1267, 466b. [468.
pb. por la chieze Deu dou Temple 1267, 467.
pb. por Jehan f. Pierexel de Valz 1285, 235.
pb. vg. ens. Aluez (PS)   1285, 242.
pb. 60 s. ost. an S. Martinrue   1290, 496.
= Phillippins li xavins   1267, 367.
100 s. des 11 lb. que Ph. avoit sur l'ost. de Fristor   1267, 415.
vg. ou ban de Lassei   1269, 312.
ms. ou Champel   1278, 122; 1285, 184.

---

[1]) *Ferry, Observ. sécul. l fol. 279 (1280)* du Commun Henrias Thomassins Treze.
[2]) *Zu S. 92 de Champelz 12. 13.*
[3]) *De Wailly 345 (1295)* **Thovenin** vaillet Burtignon Paillat.

---

[1]) *Bannr. l LXVII, 17 (= 1285, 309)* De ceu fut mares Colins Merlo et Filipes Tiguienne et Jehans Loue escheving.

I. Personennamen 413 li **Tirande**–de la **Tor**

an Visignaes anc. Ph. 1281, 56.
= Phelippius — pb. por lui et por les hoirs Thieri Lowit 3¹/₂ meues de vin a mostaige vg. a Longeawe, 5 s. gr. et ms. a Syei 1267. 147.
pb. chak. et ms. a Siey 1275, 468.
pb. vg. defuers Siey 1275, 469.
pb. por S. Pieremont 1278, 218.
mainbor frere Hanrit Jordain 1279, 157.
= Felipes — et Jehans de la Cort pb. por les Prochors et por les Menors 1275, ms. et meis an la rue des Preechors [262. ascensit a 1285 145, 543.
mainbor Jennate Blanche la Vadoize 1285, sr. Nicolles li Gornais et Ph. — pb. [262. er. en la mairie de PM, PS, OM 1285, 317, pb. 30 s. 2 ms. (OM) 1288, 290. [450, 520. halle des draipiers enc. Ph. — 1293, 204⁷, = sr. Philippes — [284, 349⁷.
pb. por les Proicherasses de lai cort de Vy hoirs sg. Filipe — †, ms. et gr. [1288, 217a. a Porte Muzelle doient 6 lb. 1298, 403¹³.
= Philippe Xaining, au Vesignuelz apres l'ost. 1288, 381.
5. Felipins, f. Filipe — lou xaving.
pb. 30 s. ms. (PS) 1278, 121.
= Feleppins, f. Felippe lou xaiving, pb. ms. devant la cort de Fristol 1281, 426.
= Felipin, f. Felipin —, gr. ke fut Forke lou Janre d'Espinalz 1277, 47.
= Felipius, f. Felippe —, maires de Porsaillis 1278, 223*; 1279, 1*.
pb. por S. Pieremont 1277, 381; 1278, 374;
5. 6. et Colignous ces fr., [1281, 612.
pb. tavle an Vies Chainges 1279, 511.
6. Colignous, f. Philippe —,
pb. ms. ou Champ a Saille antre lai gr. Philippe — et ... 1293, 38.
= Colignon, f. Philippe — l'eschaving, 5 s. des 25 s. ms. a Quertal 1293, 72c.
= Colignon —, en lai rowelle a Poncel anc. l'ost. 1293, 563.
7. sg. Arnolt —
mainbor Odiliate la Bicheire 1293, 160.
li (la)**Tirande** 1269, 1278, 1288, 1298, li (la) Tyrande 1267, 1269, 1293, la Teirande 1281. (v. Tirant). [1278, 414.
ms. ke fut — en la Haute Sanerie (PM)

ou ban de Semeicort anc. — 1293, 618.
Peccate f. Weiriat¹) fil —, aivelete Erfe de Sanerie 1281, 481.
d. Yzaibel la brus — 1278, 468.
et Pekate sa f. 1293, 628.
Izaibel la brus — de Sanerie et Paicate sa f. 1298, 206.
d. Aleis — 1267, 424; 1269, 11, 12, 365; de Saunerie 1269, 168. [1278, 251.
Peccate avelete d. Aileit — † 1288, 425.
Tirant (v. la Tiraude).
la fm. — 1245, 166.
Tireabay (v. Piereabay).
Sufiate f. —, ms. a pont des Mors 1279, 405.
ms. a pont des Mors ke fut — 1290, 501.
Tiris, Tirri v. Thieris.
la **Tixate** v. la Tuxate.
Toirgnart, Symonat 1269, 559.
Tolose, Tolouse v. Toullouze.
Tomes, Tomessas, Tomessins v. Thom...
Topas, Topaz v. Toupas.
de la **Tor** 1227/1269, 1277/1285, 1298, de la Tour 1251/1267, 1275/1281, 1298, de lai Tour 1290/1298, de la Tort 1267.
Poensignons — li celliers pb. ¹/? ms. en Rimport, ke fut Thiebaut —, et ¹/? maix. a la porte a la Sals 1278, 244.
P.
1. 2. Bertrant —, Jenis f.,
pb. ms. an Riport 1227, 45.
2. Jenin — †,
a Arambatro entre vg. 1278, 370⁷.
= sg. Jehan — 1269, 368.
3. Colignons, f. sg. Jehan —,
et Poincignons Peuchas pb. 17 s. ms. (PM)
4. Matheus, f. Jennin — †, [1269, 368.
pb. 8 s. ms. en Renport 1267, 306.
= **Maheu, f. Jenin** — †,
vg. au Tignoûmont, 6 s. vg. 1281, 143.
= **Maheu** —: Paikate, f. Arnout Chaneueire †, pb. 20 s. ms. en Stoixey, et 10 s. preis ou ban de Mons, k'elle ait eschengiet a Maheu —, son srg. 1279, 188.

---

¹) *Ben. III, 215 (1262)* Wirietus filius la Tisande (= Tirande) de Salueria ius tenet vendendi vomeres.

de la **Tor**   414   I. Personennamen

= Petitmaheu, f. Jennin — †,
pet. ms. (PS) 1278, 570.
2 chap. et 6 d. 2 ms. (PM) 1281, 352.
= Petitmaheu, vg. en Dailes 1278, 199.
20 s. 3 d. ms. en Chambieres 1278, 214.
5. Thiebaus Petismaiheus,
li maires des Cordelieres pb. por les Cordelieres 1298, 9, 170, 214, 221, 238, 239, 301, 302, 354, 484, 603, 604.
pb. 3 s. vg. en Poulexieu (OM) 1298, 602.
6. Waterin —
et aus signor de Nostre Dame la Ronde, ms. (PM) 1241, 7.
= Watiers — pb. vg. au Chanol desor Lanbertfosse (PM) 1245, 171.
7. Nichole le clerc —,
25 s. en Rinport ensom la tour 1251, 81.
8. Steuenin —,
les dous parties de la tour et de la place ke fut St. 1251, 170.
9. Godefrois —:
¹/₈ ms. ou G. maint ki fut Bertran de Hans (PS) 1241, 138.
22 s. geisent sor ms. G. et ms. Willemin Pagetel (PS) 1245, 172⁴.

10. Garseriat, f. Godefroi —,
¹/₄ ms. ke fut Godefroi — (PS) 1262, 331.
= Garcelias — pb. kau que a Baixey et ou ban 1275, 195.
pb. t. ou ban S. Vincent a Borgney 1275, 343.
pb. t. et bois ou ban de Borgney, 2¹/₂ s. tout son er. de Chaucey 1275, 344.
pb. 15 s. 4 d. vg. en Maiteney (PS) 1277, 271.
pb. vg. a Grant Chavol enc. G. meymes
pb. vg. ou ban de Nowesseville, [1277, 272.
ch. a Vallieres, ch. a Nowesseville 1278, 425.
a Grant Chauol deisai les Bordes enc. vg. (PS) 1285, 420.
11. Goudefroit —,
2 ms. daier les Bandeis, er. a Fristor por tant com .... doit a G. — 1288, 366.
6 s. 3 d. moins an Vesignuelz 1290, 67d.
hoirs — †,
20 s. ms. en Rimport 1293, 14a.
en lai plaice en Rimport anc. l'ost. 1293, 192.
= Joffroit —, en lai Vigne S. Auol entre ms. 1293, 69.
Drude, f. Goudefroit, — et Ailixate, saf., meis en Anglemur 1298, 177.
12. 13. Bertignon, fil Garsole —,

```
                              de la Tor
                          1 Bertrant — 1227
         2 sg. Jehan — = 2 Jennin — 1227, † 1267
         3 Colignons    4 Matheus   = Maheu (—)   = Petitmaheu
             1269          1267       1279/81          1278
                         srg. Paikate f.   5 Thiebaus Petismaiheus
                         Arnout Chaneneire  maires des Cordelieres 1298

6 Waterin —    7 Nichole le clerc —    9 Godefrois — 1241/45    11 Goudefroit —
   1241             1251                10 Garceriat 1262              1288/93
= Watiers —    8 Steuenin —          = Garcelias — 1275/85        Drude 1298
   1245             1251                                          Ailixate 1298
                              12 Garsole —
                     13 Bertignon — 1245, † 1277, 310 = Burtremin — † 1278

14 Lowias 1269/79   15 Abrions (—) 1285/98   Domate 1277/90    Bonesuer 1298
= Lowiat Burtignon   = Abriat Burtignon      li Vadoize 1293   li Vadoize 1298
      1278/93              1290
                     16 Ancels — 1262/69
                                                19 Wichars — 1267/79
           17 Jehans 1285   18 Thiebaus — 1278
                            maires d'OM 1290     Thiebaus Noirons srg. 1279
```

60 s. ms. (PM) 1245, 9.
14. Lowias, f. Bertignon —,[1])
pb. ms. antre ms. Abrion Domatte et ms.
  son pere (PM) 1269. 376.
pb. er. ou ban de Turey et d'Escey 1277, 142.
pb. 5 s. ms. ator de Ste Glossenain 1277, 310.
pb. t. ou ban de Turey enc. lui 1277, 386.
= Lowias, f. Burtremin — †,
pb. ms. en Rimport devant la soie ms. 1278.
pb. 1 st. en la halle des drapiers en [245.
  Chambres 1278, 246.
pb. ms. a dexandre de S. Ferruce 1279, 384.
= **Lowiat Burtignon**,
t. ou ban d'Escey. 1278, 597.
pb. t. davant' la Mars 1281, 312.
a lai tour en Rimport anc. l'ost. L. — 1293,
  15. Abrions, f. Burtignou —, [213.
½ vg. et pr. ou clo les Rines 1298, 345.
pb. t. ou ban d'Escey 1298, 670.
= **Abrions** —:
Colins li Mares et Jofrois, f. Stenenat
  Cuerdefer, et Abr. —, seu dui srg., pb.
  er. (OM) 1285, 285.
— **Abriat Burtignon:**
Collignons li Mares de Dauant S. Vincent
  pb. ms. et meis daier jusc'a murs de la
  citeit, ceu ki apant en la Vigne S. Mar-
  cel, aq. a Abr. B., son srg. 1290, 581.
Domate, f. Burtignon — †,
pb. por lei et sa m et ces fr. et ces serors
  31 s. 2 d. 2 ms. outre Saille et vg. en
  Mallemairs, 5 s. vg. a la bairre en Mai-
  zelles, 6 s. ms. en Maizelles, 18 d. ms.
  en Maizelles devant la Triniteit et 5 s.
  ms. ou Champel 1277, 72.
pb. por ley et sa m. et ces fr. et ser. 16 s.
  3 ms. (OM) 1277, 141.
pb. 40 s. ms. en Rimport 1279, 385.
et Merguerons, f. Aburtin Faconuers †, 20 s.
  ms. devant la rive a Chenalz 1279, 412b.
ms. (OM) 1279, 543. [349.
pb. ms. an Rimport a lai porte a la Salz 1290,

= Domate li Vadoize, f. B. — †,
pb. 25 s. ms. a lai tour an Rimport anc.
  l'ost. Lowiat Burtignon 1293, 213.
= Domate, s. Lowiat Burtignou,
vg. a lai barre (PS) 1290, 238a.
Bouesuer li Vadoise, f. Burtignon — †.
pb. er. de pairt peire et meire 1298, 12.
= Bouesuer, f. B. —. pb. er. de pair peire
  et meire et de Lowiat, son fr., et Do-
  mate, sai s., (PS, OM) k'elle ait espertit
  contre ces hoirs (ces fr. et ces serors)
  1298, 77, 158.
pb. 2 s. ms. an Stoxey 1298, 397.
16. Ancels — † 1290, 1*.
pb. 2 pars de tout l'er. ki est escheus Ale-
  xandrin Archenbaut (PS) 1262, 59.
pb. t. ar. ou ban S. Clemant (PS) 1267, 64.
Thiebaus Bernaiges et A. pb. por Jehan,
  f. sg. Weri Troisin 1267, 150.
et Ysabels, fm. Thierion lo tailluur †, pb.
  ms. (PM) 1267, 170.
pb. por les freres des Ses 1267, 185 = 431.
l'ost. de Fristor enson l'ost. A. — (PS) 1267,
pb. t. ar. en Chambeires et 5½ s. sus les [415.
  meizes en Chambeires 1267, 461.
pb. por lui et Colin le Francois ms. a S.
  Climent desoz l'orme 1269, 99.
Willemin Gilebert et A., ½? jardin devant
  Nostre Dame as Chans 1269, 443.
17. Jehans, f. Ancel —,
pb. t. outre Lixieres (OM) 1285, 295.
18. Thiebaut, f. Ancel —,
et Colignon Vairnetel, 1 st. en la halle des
  drapiers en Chanbres 1278, 246.
maires d'Outre Moselle 1290, 1*.
= Thiebaut —, ms. en Rimport 1278, 244.
19. Wichars —
pb. gr.. jard., t. ar. a Wappei 1267, 117.
pb. vg. desor S. Julien 1267, 269.
pb. 4½ s. vg. en Orsain (PM) 1267, 270.
vg. en Champonfontainne 1269, 340.
pb. ms. en Sanerie ki est sa wageire 1277,
pb. er. a Roveroit et ou ban 1277, 380. [225.
a colanbeir a Mons enc. vg. 1278, 27.
gr. (PS) 1278, 259.
pb. censes et er. ke Thiebaus Noirons,
  ces srg., ait en la mairie de PM et PS
  1279, 193, 281.

---

[1]) *De Wailly 185 (1277 a. St.)* Lowias, li fis Burtignon de la Tor ke fut, doit defaire la maiprise k'il ait fait ou mur ki est keumenavie antre lu et Lowi de Lusanbor.

dou **Tor** v. dou Tour.
Torche, Martin 1245, 223.
  Witiers f. 1281, 66.
  Witier — 1277, 338; 1290, 392.
Torcul, Morel, Colin f. 1227, 34.
Tornai, en Saunerie l'ost. ki fut 1269, 432.
Tornat, Colignon 1293, 631.
Tornecul, la fm. 1281, 455.
Tornemiche.
Pieresous et Aubertins — de S. Julian 1251,
Steuenin — 1277, 191, 192. [167.
Watrel — 1277, 192.
Tortebarbe.
Jakemin — 1251, 152.
Pieresou — 1251, 152.
Pierexel —, Abillon f. 1251, 29.
Tortehuve.
Jennat — 1277, 461; 1293, 350; 1298, 177.
  viecer 1267, 422.
de **Toul.** (v. IV.)
  P.? [Wairy de Toul m. e. 1415][1])
  1. Martins —
pb. ms. en S. Martinrue 1220, 42.
  2. (Gerardin) et Steuenin —, [74.
maix. dev. la nueve stuve aus Roches 1245,
  3. maistre Abris —, preste de S. Leuier,
pb. 2½ s. pr. ou ban d'Amelanges 1262, 113.
= sr. Abris prestes —
pb. 12 d. ms. en S. Viusautrue 1262, 395.
pb. 5 s. 3 ms. daier S. Marc 1262, 396.
  4. Domangin —,
devant l'ost. (PS) 1267, 357.
ms. en S. Martinrue 1275, 333.
ms. an la rowelate daier S. Martin 1285, 85.
  5. Howisson —:
Thiebaut Rennaire et Richerdin, sou srg.,
  et H. —, ms. en Forneirue 1278, 485.
Toulate, Lowiat 1288, 154.
Toulemans f. Rembalt de Macres 1293, 16.
Toullouse 1290, Toullouze 1285, Tolouso
1245, Tolose 1241.[2])

a) *Frauenname*
—, c. en Chambeires 1245, 248.
— de Ste Rafine, enf. 1285, 109.
— s. Reumonat lou taillour 1290, 144.
b) *Familienname*
Wichart —, d. Ide fm. 1241, 163.
Toupas, Toupat 1269/1275, 1279, 1288, 1290,
Topas 1288, Topaz 1241.
Colignons — boulaugiers 1288, 361.
  P.? [m. e. 1335].
  1. Clemignons —
pb. ms. en la ruele Chaceuilein 1241, 180.
  2. —
pb. ms. ensom Vies Bucherie 1269, 279.
pb. 16 jorn. de t. ou ban de S. Saluor (PS)
= — de Faijs, defuers Vies [1269, 280.
  Bucherie enc. l'ost. 1288, 402.
= Burtemins — pb. ms. Acelin de Faijs
  et 2 vg. 1275, 167.
ms. ensom Vies Bucherie 1275, 421.
a Faijs enc. gr. 1290, 400.
= Burtemin — de Fayt, 12 s. geixent sus
  ms. ansom Vies Bucherie 1279, 280, 288.
de la **Tour** v. de la Tor.
dou **Tour** 1277, 1278, 1288, dou Tout 1290,[1])
don Tor 1279.
Colins — cordueniers de Staixons 1277, 83.
Colignons — cordneneir de Staixons 1290,
Hawit — 1278, 218; 1279, 545. [230.[1])
Howignon — 1288, 529.
  f. Filipin de Molins 1288, 507.
la **Touse,** Domangin f. 1298, 153.
Touzate, Heilewit 1293, 88.
Trabreize.
Chardat — de Nonviant 1267, 130.
Trabuchas, Trabuchat 1262/75, 1278, 1281,
1285, Trabuchaz, Trabuchat 1241/51.
  P. [Gillet Trabuchat 1311].
  1. Balduins —
pb. gr. en S. Martinrue 1241, 91.
pb. ms. ensom Viez Bucherie 1241, 115.
pb 40 s. ms. (PS) 1251, 115.
pb. ms. fors de Porte Serpenoise 1251, 128.

---

[1]) *Stadtarchiv 92, 4 (1363/64) = Ben. IV, 210 Lorans de Toult .... de la brainche des Roboans.*
[2]) *Prost XIII, 1229 Alexandre li Reisue de Piapeuile et Toulouse sa fame.*

[1]) *v. I. Doutout. Daß dou Tour richtig ist, wurde bewiesen erst durch die später bekannt gewordene Rolle des Jahres 1277.*

gr. (OM) 1251, 223.
areis ms. B. — a la Posterne 1262, 363.
devant l'ost. (PS) 1262, 367.
anc. ms. (PS) 1278, 570.
2. Rou —,
en Visegnuel enson l'ost. 1245, 106.
3. Colins —
pb. ms. (PS) 1251, 37.
4. Jehan —,
gr. au pont Thieffroit 1251, 68.
5. Lowias —
pb. 6 s. t. (PS) 1262, 63.
pb. vg. en Spinoit (OM) 1267, 476.
ms. ensom Viez Bucherie 1269. 279.
6. Colignons, f. Lowiat —,
pb. ms., cellier desoz, meis davant la Folie (OM) 1285, 513.
7. Rembaut —,
meis daier S. Thiebaut 1275, 379.
8. Perrins —:
4 moies de vin a Dornant, por tant com Perrins — doit 1281, 582.
li **Traiande**, Ydate 1290, 29.
lou **Traiant**, d. Ydate fm. 1281, 213.
Howignon f. — 1290, 428.
Jenat — 1277, 382.
Jennin —, Ydate fm. 1293, 494.
Traicuisse 1269, Traicoixe 1281.
Girardin — 1269, 203.
Jaikemate fm., Maitheus aveles 1281, 57.
Trailin 1281, Tralin 1267.
Jaikemin —, Sebeliate f. 1267, 174.
Jenat — de Vantous 1281, 125.
Traivaille 1290, 1298, Trauaille 1285, 1298, Traualle 1285.
Abriat — de Luppei, Jaikemin fr. 1290, 464c.
Euriat — 1285, 167.
†, Jehan f. 1298, 71, 236.
Jehans — f. Eurriat de Wittoncourt, Marguerite sai m., Jennat — son o. 1298, 55.
Jennat — f. Euriat de Wittoncourt † 1298,
Jennat — 1285, 461. [249.
Lambelin — 1298, 549.
Wiriat —, Jehans f. 1298, 392[11] = 428[11].
Tralin v. Trailin.
Tratin, Jehan 1227, 58.
Trauaille, Traualle v. Traivaille. [29.
Trauers, Burtremin, de Maiey, Jennin f. 1278,

Treborins 1269, Triborin 1293.
Gerardaz — 1269, 526.
Steuenat — 1293, 691.
Trejals, Colignons 1275, 497.
Steuenins — de Wappey 1290, 251.
Trestel, Jennat, Symonins f. 1298, 586.
li (la) **Treue** 1279, 1285, 1298.
Piereson f. — 1279, 339.
Piereson — de Siey 1285, 250; 1298, 156.
Tribodaine.
Thieriat —, Mairiate fm. 1275, 273.
Tribolat, Hanelot 1281, 68.
Triborin v. Treborins.
Trichas, Jennas, Lucate s. 1298, 471.
Triche, Adenat 1241, 148.
Collairt —, Aidelins f. 1288, 312.
Steuenins — 1262, 57.
Tristans, Tristan. [456; 1288, 65.
Colignons — 1267, 112; 1278, 104, 207, 281, permanteirs 1277, 316; 1293, 404, 498.
Colin Fagon seur 1290, 180.
Colins — 1275, 340.
dou **Tro** 1288, 1293, 1298, dou Trol 1285.
Colignon — 1293, 375.
de Nowaiseville †, Merguerons fm. 1298,
Howignon — 1298, 363. [364.
de Nowesseville 1288, 317; 1293, 377;
Stuvairt — 1285, 62[23]. [1298, 213.
Thieriat — de Nowesseville, Abertins et Colins f. 1288, 6.
Trobat, Pierriceon 1241, 117.
Troche, Ancillon 1278, 212.
Gerairs — de Flurey 1293, 442.
Symonins — 1269. 557.
Trode, la maniee (a Nowaiseville) 1298, 213.
Troexins, Troiexins v. Troixins.
Trois, Abers, de Nonviant 1285, 114.
Troixins, Troixin 1262, 1267, 1275, 1278/ 1293. Troiexins, Troiexin 1281, 1288. Troexins, Troexin 1227, 1285/93, Troisin 1220, 1267, Troissin 1241.[1])

---

[1]) *Ben. III, 126 (1161)* Troissinus Paganus de S. Martino. *M.-Bez.-A. H 672, 1 (1182)* Trecasinus laicus, Warnerus de Ultra Saliam frater eius. *Ben. III, 151 (1190)* Troisinus, Warnerus, Symon filii Garneri.

Troixins   418   I. Personennamen

2. — f. lou Louf de Baixei 1288, 452.
— de Flocourt 1293, 268.
4. — et Thiebaut les 2 f. Jacob Perraixon P. [1293, 104.

1 — de Porte Mosele = sr. — 1227
   m. e. 1220   enfans 1241
2 sg. Werit —¹) ⌣ d. Parixe
   1262, 1275   1. fm. 1290
3 Jehan   Violate ⌣ Denamins
1267, 1275   enfans 1285   1290
4 sg. Poinson — 1275/90
5 Boinvallat de Ste Rafine²) ⌣ d. Ruece 1275
6 — de Ste Rafine 1275/79
7 Poinsignons —
de Ste Rafine 1275/93   srg. Domangin 1288
8 Ferriat — † 1288
9 Steuenin 1285/90   10 Jehan 1288
11 Steuenin — d'Allexey²) 1285
= ? Steuenin — d'Arcansey 1285, 1288

1. — de Porte Mosele
maistre escheving   1220, 1*.
= sr. — pb. ms. a Porte Mozele en la place, 22 ½ s. ms. au pont a Mozele, vg. ou ban S. Julien   1227, 43.
enfans sg. —, ms. (PM) ki fu les 1241, 4.
  2. sg. Werit —,
[ms.?] doit 25 s. (PM)   1262, 262.
molin a Chenne (OM) ke fut   1275, 270.
d. Parixe, sa premiere fm. (v. 3.) 1290, 278.
  2. 3. sg. Werrit — et Jehan, son f., vg. en Werimont (OM)   1275, 264.
  3. Jehan, f. sg. Weirit —,
¼ mol. sus Musele   1267, 27.
t. et er. ai Owigne et entor Awigne 1267, 77.
t. ar. daier S. Piere as Arainnes 1267, 86.
Thiebans Barnaiges et Ancels de la Tor pb. por Jehan er. a Maiseres et en tous les bans   1267, 150.

---

¹) *Ben. III, 234(1289 a.St.)* sg. Wery Troixin.
²) *Ein Zusammenhang zwischen den* Troixin de Ste Rafine, Troixin d'Alexey *und der Metzer Familie* Troixin *läßt sich aus den Bannrollen nicht nachweisen.*

vg. a la crois a S. Julien   1267, 159.
  Violate, f. sg. Werrit —, et enf.:
Jehans Barbe et Jennas Aixiez pb. por Violate 38 s. 6 d. et 10 chap. en Dairangerue, 30 s. 6½ d. sus les eires de Gran Meizes   1285, 15.
  „ pb. por V. 40 s. gr. outre Muselle 1285, 103.
signeraige de la santainue de Maixieres et de Leirs, bois, hommes et femmes ke Ferrias Jeuwes et Denamins et Violate, sa fm., avoient ou ban de Maix. et de L., de part sg. Werrit — et d. Parixe, sa premiere fm.   1290, 278.
  4. sg. Poinson —:
vg. ki est partie a sg. P. — ke geist en Briey   1275, 434.
cant ke ai Auxievilleirs, Anxeranges et Fontois   1281, 317.
ou ban de Malleroit enc. t. ke fut 1290, 161a.
  5. 6. —, f. Boinvallat de Ste Rafine,
¼ er. ke fut Boinvallat de Ste Rafine et Ruecelate, sa fm., ou ban de Ste Rafine   1275, 510.
er. (OM) ki est escheut ai Arnolt Maletraice de part —   1278, 614.
= —, f. d. Ruece:
Arnols Maletrace de Ste Rafine pb. er. ke fut d. Ruece et —, son f.   1275, 500.
= — de Ste Rafine, er. (OM) 1279, 540.
  7. Poinsignons, f. — de Ste Rafine,
pb. er. ou ban de Ste Rafine 1275, 103.
= Poinsignons — de Ste Rafine.
pb. t. ar. ou ban de Juxey, en Bordes sus lou Peckit a la Salz anc. t. P. 1281, 101.
pb. t. an Bordes, plantiet sus Muselle, vg., ch. au la Folie (OM), aq. a Domangin, son srg.   1288, 544.
pb. 18 d. t. an la voie de Joiey 1290, 233.
pb. pr. a Graviers   1290, 277.
pb. t. ar. ou ban de Graviers 1290, 573.
pb. pr. en Genivals antre les 2 bois 1293,
pb. 6½ s. vg. en Orkes et ms. a [149.
Juxey   1293, 676.
  8. 9. Steuenin, f. Ferriat —,
ms. en la Vigne S. Marcel   1285, 264.
pb. vote an Sanerie   1285, 456.
pb. 15 s. ms. an la Vigne S. Marcel 1288, 107.
pb. 11/₂ s. ms. a Porsaillis   1288, 226.

I. Personennamen   419   dou **Trol**–li **Trowans**

pb. ¹/₄ demme gros et menut et can ki apant daier Chambieres et outre Muselle 1288,
pb. partie ou deyme dou boix, et vg. [289.
ou ban de S. Julien por tant com Jehans, ces fr., li doit   1288, 362.
pb. 1 st. en la halle des draipiers en Chambres   1290, 24.
ms. as Roches sus Moselle 1290, 136. [575.
pb. er. ou ban de Gorze et de Nonviant 1290,
10. Jehan, fr. Steuenin, f. Ferriat —,
¹¹/₂ s. ms. a Porsaillis   1288, 226.
partie ou deyme dou boix, et vg. ou ban de S. Julien   1288, 362.
11. Steuenin — d'Alexey,
t. ar. a l'uxir de Ruxit   1285, 325.
=? Steuenin — d'Arcansey, t. ou ban d'Arcansey   1285, 4.
vg. ou ban d'Erkansei   1285, 334.
pb. vg. ou ban d'Ercancey   1288, 141.
dou **Trol** v. dou Tro.
Tronc, Symelolz, tixerans   1288, 425.
Trotel, Jenat   1267, 300.
ke maint en Rues   1293, 382 ¹⁶, ²⁴.
Troueit lou chavreteir   1277, 197.
— ke fait la chavrate   1281, 372.
lou **Troueit**, Jennin   1290, 291.
li **Trowans**, lou Trowant 1275/79, 1288, lou Trowan 1277, 1290, 1298, lou Trouwant 1281, li Truans, lo Truant 1241/62, 1275, 1278.
P. 1 Balduin — 1241
    = sg. Baudowin — 1251 [1250 OS]

2 Andruaz	3 Steuenins	4 Arnout
1241	1251, 1275	1251

    = sg. Esteuene — † 1279

5 Thiebaus — 1245

6 Jennins	— = Jehan	— = sg. Jehan	⌣ d. Nicolle
1241	1251	1262, †1275	1278
		[m. e. 1263]	

7 Poinsignons — 1275/88	Louate sr. Pieres
= sg. Poinson —† 1290	1288/90 j. sg. Jehan
⌣ d. Symonate 1290	1278

8 Jehans 1290	9 Ferris	10 Joffrois
= Jennas — 1288/90	1290/98	1290

1. sg. Baudowin —,
devant l'ost. (PS)   1251, 112.

2. Andruaz, f. Balduin —,
pb. 20 s. ms. en Visegnuel   1241, 82.
3. 4. Steuenins, f. sg. Baudowin —,
pb. por Arnout, son fr., ms. a S. Arnout
= Estene —, ms. sus lo Mur [1251, 99.
ke fut   1275, 213 ¹.
= sg. Esteeune —†, a monteir de Sus lou Mur entre... et l'ost.   1279, 518.
5. Thiebaus —
pb. tavle an Nues Chainges davant S. Simplise   1245, 113.
6. Jennins —
pb. 7 lb. ms. en Visegnuel   1241, 34.
= Jehan —, devant ms. (PS) 1251, 111.
ms. en Sanerie   1251, 209.
= sg. Jehan —, 50 s. geisent sus gr. (PS)
pb. ms. outre Saille 1262, 188. [1262, 185.
†. 5 d. geisent sus merchaucie (PS) 1275, 213¹⁶.
62 s. geissent outre Saille sus ms. 1278, 118.
ms. ou Nuefbourc doit 4 s.   1281, 281⁰.
la femme sg. Jehan —,
li ville de Lorey doit 20 s. fiez a 1278, 643.
= d. Nicole, fm. sg. Jehan —†, ms. (PS)   1277, 118.
pb. 20 s. stuve en la Nueve rue 1277, 353.
pb. 7 s. (PS) k'elle ait aquasteit a Poinsignon, son f.   1277, 354.
pb. 7 s. ms. de la Triniteit outre Saille, aq. a d. Nicolle de Sanerie   1278, 315.
sr. Pieres, j. sg. Jehan — †, (d. Nicole sa m. = d. Nicole de Sanerie) 1278, 82.
oirs Jehan —, ms. ou Nuefborc doit 6 d.   1288, 200.
7. Poinsignon, f. d. Nicolle fm. sg. Jehan — †, 7 s. (PS)   1277, 354.
= Poinsignons — pb. ms. outre Saille 1275,
pb. 7 s. ost. en Sanerie 1275, 216. [215.
pb. er. escheut a Jenat lou Louf et a Margueron, les enf. sg. Simon d'Ars, por tant com Poinsignons est randeres por lor p. outre Saille anc l'ost. 1288, 218. [1275, 498.
20 s. an chateils les signors de Lorey 1288, 561.
pb. er. Louvate, sai s., ou ban de Rauille et de Beeuville   1288, 409.
Louate, f. sg. Jehan —,
¹/₂ Bouxerat molin desous Mances, boxat davant   1290, 103.
pb. 70 s. ms. ke fut sg. Poinson — outre

27*

Saille, aq. a Ferrit, f. sg. Poinson —,
son n. 1298, 105.
8. 9. 10. d. Symonate, fm. sg. Poinson —†,
et Jehans, Ferris, Joffrois, sui 3 f.,
12 lb. er. a Mairley et ou ban et en lai fin de
Mairley, Maigney et Powilley 1290, 165³,¹³.
22 quairtes de bleif sus molin a Orceualz
8. Jennas — [1290, 477.
pb. ms. an lai Vigne S. Auol 1288, 420.
et Haibelin, f. Alairt, vg. eus Abouwes
en Maizelles 1298, 484.
9. Ferrit, f. sg. Poinson —,
70 s. ms. outre Saille 1298, 105.
li **Truans** v. li Trowans.
Truillars, Truillart 1241, 1277, 1279, 1285,
Truillairt 1290, 1298, Trullairs, Trullairt
1281, 1285.
P.
1 Jennin — 1241
= Jehan — 1290, † 1281 [1250 J]
2 Poujoise — 1281/98
3 Ysambars — 1277/79   4 Jaikemin — †
                        5 Lowiat 1288
1. Jennin —,
¹/₄ ms. (PM) 1241, 133.
= Jehan —, en Jeurne anc. l'ost. ke fut
2. Poujoise —, f. Jehan —†, [1290, 85a.
ms. (PS) 1281, 38.
er. ou ban de Saney 1285, 132.
kan ke an la vowerie de Malleroit et en
l'awe de Malleroit et ou preit an Luxure,
vg., kan ke ou ban de Malleroit 1285, 344.
vg. entre Ste Rafine et Juxey 1285, 514.
en Jeurne autre ms. ke fut P. — 1290, 465.
pr. an lai Praille (PS) pairtet a P. — 1298,
3. Ysambars — [527³⁶.
pb. ms. en Chambieres 1277, 472.
ms. en Chambieres sus l'awe 1279, 135.
4. 5. Jaikemin —†, Lowiat f.,
8 d. partie de l'awe de Malleroit 1298, 28.
Tumeloui.
Abertius et Jehans enf. — de Nonviant
1277, 385; 1278, 208.
Domangins — 1298, 457.
Thieriat —, fm. 1288, 49.
de Nonviant, Huedate fm. 1269, 519.
Turkin, Jehan,

Androes f. 1227, 24, 65.
Aubertins f. 1227, 33.
Turey (v. IV.), Colins 1281, 603.
Turelat, Jenin, Abillon fm. 1277, 374.
Tureulle v. Turuille.
Turillon, Jaikemin 1290, 400.
Turuille 1288, Tureulle 1290.
Thierias — 1288, 59a.
d'Outre Saille, Sezenate fm. 1290, 482.
la **Tuxate** 1278, la Tixate 1251.
—, terre ke geist deleis (PS) 1278, 258.
Ide — de S. Julien 1278, 241.
Odelie — 1251, 138.

V = U.[1])

Vdun.
fr. Jehan de Chaistelz lo prior de la chieze
Deu dou Preit c'on dist — 1285, 217.
Vgat v. Vguas.
Vguin v. Vguins.
Vginuns (v. Vguignons) 1220, 20.
Vgon v. Vgues.
Vguas, Vguat 1277, 1290, Vgat 1277, 1281,
1288. v. Howas.
2. — de S. Julien, — f. Thiebat de S.
Vicentrue.
3. — chandeliers, — vailes les Proichors.
4. — Verton 1281, 631.
Vgue v. Vgues.
Vguegnons v. Vguignons.
Vguenas, Vguenat 1267, 1275, 1288, 1293,
Huguenat 1269. v. Howenat.
1. — et Pierixels et Allexandres 1267,
2. — masson 1267, 46; 1269, 236. [312.
4. — Aierous de S. Julien 1293, 184.

---

[1]) *Am Anfang der Namen ist der Vokal
U regelmäßig, der Konsonant V gewöhnlich
mit V bezeichnet, also Vgon und li Vakes;
li Uakes, Uidat, Uiole bilden Ausnahmen. Im
Inlaut steht das Zeichen* v *für den Vokal
selten, z. B. Hvon, für den Konsonanten
wird es oft durch* u *verdrängt, z. B. Auro-
win, Chauerson, Rauetel, Sauignon, Viuion.*

I. Personennamen 421 **Vguenel—Vrtrie**

— Doreis 1275, 308.
de S. Julien 1288, 333.
Vguenel de Sairlei 1290, 457a; 1298, 550.
Vguenin n. Warenat de Bouaus 1293, 332.
Vgues 1281, Vguet 1241, Vgue 1251, 1285/ 1290, Vgon 1251, 1267, 1275/81, 1288, Hugon 1220, 1262, 1269, Hugo 1290, 391. v. Hues.²)
 1. d. Blanche fm. — † 1241, 40. Howignon c'on dist Hugo et Poinsate sai fm. 1290, 391.
 2. sr. — prestes de Chastels, — d'Oixey, — deu Quartal, sg. — de Vallieres.
 3 maistres Richars li fisiciens pb. por maistre — son fr., maistre — masson.
 4. — Brisepain, sg. — Colon.
P.
1. 2. Colins, f. sg. Vgon lou voe, maires d'Outre Mosele 1251, 70.*
3. Werion, f. sg. Vgon lou voweit, er. de part W. escheut a Contasce, fm. Steuenin Beart, ke geist ou ban de Saney Sibiliate la Vadoise, l'avelate [1277, 109. sg. Vgon lou voweit, er. ou ban de Saney 1277, 110.
Vguignons, Vguignon 1241/45, 1267/98, Vguegnons, Vguegnon 1251, 1269, Vguinons, Vguinon 1227, 1267, Vginuns 1220, 20, Huginon 1220, 39, Huguignons, Huguignon 1269, 1275. v. V. Vguignonrut. v. Howignons.
 1... — (?) 1267, 21.
— 1220, 20.
Werneson f. — 1275, 449.
 2. — de Bui, — dou Champel, — de Chastels, — de Cuxey, — de Lieons, — xavins de Mairuelles, — de Moustiers, — d'Oixey.

---

²) *Die Formen für den Namen* Hugo *mit und ohne* w (Hues, Huon, Howes, Howe, Howon) *und mit* g (Vgues, Vgue, Vgon, Hugon) *sind streng geschieden, kein* Howes *wird* Vgues *genannt. Ebenso ist es mit den verwandten Namenformen* Howas *und* Vguas, Howenat *und* Vguenat, Howignon *und* Vguignon, Howin *und* Vguin. *Es scheint, daß die Trennung der Formen beeinflußt ist durch den Namen* Eugen.

 3. — cherpentier de la rue S. Vy, — clers de Bioncort, — feivre, — f. Jordenat lou tanor, — (f.) Rembant lou tauor (de la Vigne S. Avol).
 4. — (f. Thiebaut) de l'Aitre, — li Bagues, — Barekels, — (f. Watier) Bellegree, — Borgujere (maires d'Outre Muzelle), — Burnekins, — Champenois, — (f. Poinsignon) Coieawe, — Colons, — f. Poujoize Colon, — Conuat, — Cunemans, — Danielate, — Faixin, — Griuelz, — Harral, — Hennebours, — n. Maheu Hesson, — Lawaite, — Louvate, — f. Hanrit Luckin, — Maniuecheure, — Marcowairs, — f. Poinsignon lou Mercier, — Perrenat, — Pettairs f. Joffroit Aixiet, — fr. Garsseriat Poterel de la Plasse, — Poujoize, — Rembaut (tanor, de la Vigne S. Auol), — Renoiedeu, — Roucel de Rimport, — Roucel, — j. Garsire Sope, — (f. Colin) Vizekin, — Wachies, — Xolin.
 5. Jennat — 1285, 121.
Vguinons v. Vguignons.
Vguins, Vguin 1241, 1269, 1277/98, Vgin 1267, Hugins 1220, 1240, Huguin 1269, 1275. v. Howins.
 1. — et Mahout (ms. PM) 1269, 349.
 2. — d'Airey, — f. Symonin de Generey, — de Maisellez, — de Moiveron, Pieresons li Rocels de Nonviant et — fr., — de Pontois, — de Vallieres.
 3. — barbier, — corbillier, — tanneres, — f. Jennin lou voweit.
 4. — Bagart, — Barrois, — Blancgrenon, — f. Jennin Boukechaigne de S. Julien, — de la Cort de Vallieres, — Doreit de S. Julien, — Lietals, — Mordant (d'Outre Saille), — (lou) Patart d'Ansey, — dou Rut, — Sennillin.
Virias, Virions v. Eur...
Viris v. Euris.
Vrbains li clers li escrivains 1288, 372.
Vrri v. Euris.
Vrrias, Vrriat v. Eurias.
Vrris, Vrri v. Euris.
Vrtrie.
Perrins — d'Antillei 1275, 428.
 Colin Vailat n. Perrin — 1277, 183

V.

li **Vackes,** lou Vacke v. li Vakes.
li (la) **Vakenasse** 1269, 1288, 1290, lai Vackenasse 1290, 1298.
— d'Aiest, Doingnon f. (v. li Vakes 2.) 1269,
...... — d'Outre Saille 1290, 89. [504.
d. Aileis — (v. li Vakes 5.) 1288, 241.
d. Aileit lai Vadoise c'on dist —, Philippins li Vackes fr. 1290, 142.
d. Ailixate — (v. li Vakes 5.) 1288, 136.
fm. Steuenin de Colligney † 1298, 65.
li **Vakes,** lou (lo) Vake 1275, 1277, 1279, 1281, 1288, 1298, li Uakes 1285, li Vackes. lou Vacke 1285, 1290, 1293, lo Vaque 1275. lou Vasque 1267, li Vaskes, lou (lo, le) Vaske 1262, 1269, 1277, li Veskes, lo Veske 1262/1269, lo Ueske 1267. v. V. Vakerue, Vakevigne.
Colignon — 1267, 349; 1275, 61; 1279, 465.
 cordewenier   1290, 196.
 covresier   1281, 34.
Colin — corvexeir   1279, 438.
 P.
1 Thieriaz — 1241
 la Vakenasse d'Aiest
2 Doignons — 1262/69
3 Jennas — (de la Vigne S. Auol) 1262/90
4 Nichole — d'Aiest, † 1275
Alisate 1269   5 Philipins —
= Aileis (Ailexate) 1275/90
li Vakenasse 1288/98
   6 Perrin — 1267/79, † 1288
7 Hanris   8 Jehans —   9 Colignon
1281/88   1288/98   1288

1. Thieriaz —
pb. vg. en Abues (PS)   1241, 20.
2. Doignons —
pb. 15 s. ms. en Chadelerrue 1262, 151.
= Doingnon, f. la **Vakenasse d'Aiest,**
¹/₂ molin suz Muselle   1269, 504.
3. Jennat —,
ms. en la Vigne S. Avol et t. en Powillon-champ   1262, 318.
pb. vg. en Glairuelez (PS)   1269, 273.
t. ar. a Beluoir   1277, 265.
vg. en la Pretelle (PS)   1277, 369.
pb. t. deleis lou preit a Beluoir 1285, 202.
pb. vg. sus Haute Riue   1285, 401.
et Jaikemate, fm. Burtemin Remilley, pb. vg. en Cherdenoit, vg. an la Corte Roie, vg. a Saneraschamin et vg. an Glairuelles (PS)   1285, 402.
a Grant chamin en lai Courte Roie anc. vg. Jennat —   1290, 371.
= Jenat — de la Vigne S. Auol, vg. en Glairueles, t. a la mairs a Belvoir, t. daier la Belle Stainche et t. sus lou rut de Maizelles   1277, 362.
4. Nichole — d'Aiest, Alisate f.,
pb. ms. dev. ms. Joffroi d'Aiest (PM) 1269,
5. Philipins, f. Nicolle — †,   [179.
pb. ms. ke fut Perrin, f. Howon Bazin, et meis (PM)   1275, 301. [298.
= Philipins — pb. 100 s. an Jeuruwe 1285,
pb. 35 s. ms. dav. l'orme Ste Creux en Jeurue, aq. a. d. Aileit lai **Vadoise,** sai s., c'on dist lai Vackenasse 1290, 142.
Aileis li Vakenasse pb. ms. daier S. Madart outre Muselle   1288, 241.
= Ailixate li Vakenasse pb. ms. davant S. Ilaire a pont Renmont   1288, 136.
=? Ailexate lai Vackenasse, fm. Steuenin de Colligney †, pr. a lai fontene en l'Anoi de Coligney   1298, 65.
6. Perrin —,
ou ban de S. Julien enc. vg. 1267, 19.
Jennas li Herbiers, f. sg. Lowit l'Erbier †, pb. ms. que fut maistre Gillon de Priney, lo chancellier, por tant com maistre Gilles li doit et por tant com Jennas at paiet a Perrin — por lui 1267, 151. [360.
sus Desermont areis vg. P. — 1269, 18; 1279,
en Deseirmont ou ban Perrin — 1277, 191.
pb. pr. daier Malleroit   1279, 371.
davant l'ost. ke fut Perrin — (PM) 1293, 399.
7. Hanris, f. Perrin —,
pb. 6 lb. grant ms., gr., meis en Rimport pb. meis an Rimport 1281, 349b. [1281, 349a.
8. Jehans, f. Perrin — †,
pb. 4 lb. 5 s. moins ms. les freires Nostre

Vachate–de Vals

Dame dou Kairme et pr. de Pouligney et vg. a Chene en la voie de Chaistillons et 4 chap. vg. sus Muselle 1288, 120.
= Jehans — pb. t. ar. ou ban et en la fin de Malleroit 1298, 357a.
pb. t. en la fin de Malleroit 1298, 357b.
7. 8. 9. Hanrit, Jehan et Colignon, anf. Perrin — †,
vg. en lai Challaide ou ban de Vallieres
vg. ou Fontenis ou ban' de S. [1288, 320.
Julien 1288, 344.
Vachate v. Vaichate.
la **Vachate** v. la Vaichate.
Vadel, Howin 1267, 224.
Vaichate 1267, 1281, Vachate 1241, 1262, 1267.
les oirs — 1262, 186; 1281, 247.
Auburtins — 1267, 307.
Sebelie — 1267, 503.
Steuignons — 1241, 137.
la **Vaichate,** 1269, 1277, 1278, la Vachate 1269.
— de Syei, la fm. 1269, 294.
†, Annel fm. 1269, 327.
Richardin — de Siey 1277, 444.
Thieriat — de Siey † 1269, 155; 1278, 602.
les **Vaichates**
en S. Martinrue anc. ms. — 1290, 423.
la (lai) **Vaiche.**
Aidelin — 1290, 304.
Adelin — de S. Julien 1298, 377.
Vailat (v. Vallas).
Colin — n. Perrin Vrtrie 1277, 183.
Colin — de Failley, Jennas f. 1298, 7.
Vaillairs, Vaillairt v. Gaillairs.
Vaillans (v. Vaillon).
Clemans — f. Gerart Chadiere 1275, 105.
Poinsignons — 1298, 175.
Vaillars v. Gaillairs.
Vailles, Vaille 1285, Veille 1262.
Colin — 1262, 314.
Burterans li tenneires j. 1285, 46, 205.
Fillippins — 1285, 46.
li **Vaille,** lai Vaille 1281, 1288, 1290/1298, la Veille 1245, 1278, la Velle 1278, lai Vielle 1298. (v. le Veule).
Adan — 1245, 172[20]; 1278, 314.
Mathiat f. 1278, 476; 1290, 464a.

Sansonat f. 1281, 63.
Symonat Sancenat f. 1288, 377.
Mathiat et Sancenat f., Mertignon j.
Adan — 1288, 175.
Colignon — fr. Steuenin lou Mowel 1298, ke sont de S. Clemant 1298, 529. [525b.
Sebelion fm., Mairiate f. 1298, 447.
Colins — de S. Clemant 1293, 462.
Vaillete, Poincins 1241, 130.
Vaillon, Colignon 1277, 300.
Vairel v. Werrels.
Vairnetel 1277/81, Wernetel 1269.
—, ost. (OM) 1269, 534.
Colignon — 1278, 230, 246; 1281, 404; 1290, f. Wesselin † 1277, 217; 1279, 76. [153.
dou **Val,** Othes, de Cologne 1251, 221.
Valeteil, Burtemin 1262, 396.
Vallas, Vallat (v. Vailat).
— boucher 1262, 154.
P.[1])
Jehans — pb. vg. enc. la soie arreis lo preit a S. Martin (OM) 1275, 250.
pb. can ke en toz les bans d'Ars et de Grauei en ms., vg., ch. 1278, 161.
pb. t. ver Ste Creus (OM) entre sa t. 1278.
lai **Valleres,** Mergueron 1288, 377. [185.
Vallerans, Jennins 1279, 375.
Valleret.
an Mallemairs (PS) vg. antre Bendrit et —
Vallin, Jehan, anf. 1267, 348. [1279, 510.
Valours, Colins, parmantiers 1262, 85.
de **Vals** 1279/98, de Valz 1277/98, de Vaus, de Vauls 1267, de Vauz 1269, de Vaulz 1279. v. IV.
P.[2])

1 Hanrit — (†) 1277/78 ⌒ d. Bietrit 1278
2 Gillas — 1267/93
3 Pierexel —1277/93
4 Jehans — ⌒ Collate Roienate
1285/98 f Arnout lou Roi
anfans 1285 1285, (1293)

---

[1]) *De Wailly 185 (1277)* signor Jehan Vallat. *Ferry, Observ. sécul. I, fol. 279* de Porte Muzelle Jean Valas Treze.
[2]) *De Wailly 242 (1284)* Gerars de Vaus ait reconut ... ke il ne seu hoir n'ont nul

de **Vals=Vazelles** 424 I. Personennamen

1. Hanrit —,
gr. et jard. outre Saille 1277, 98.
Bietrit, fm. Hanrit —, (v. 2. Gillas) 1278,
=? d. Bietrit, fm. lou voweit —, jard. [458.
en Vals defuers l'aitre 1279, 311.
2. Gillas —:[1]
9 s. geisent ou Waide sus la grant ms. 1267,
pb. lo four de Vals et ms. 1267, 329. [417.
pb. er. ou ban de Charisei 1269, 72.
$^1/_2$ ms. entre ms. d. Luckete, m. Colin
Mairesse, et ms. Baudowin Mallebouche †
(PS) 1275, 371.
Jehans Bertrans et d. Anels, fm. sg. Remei
de Jeurue, et Ancels, ces j., et G. — pb.
9 mues de vin ou ban de Rouserueles 1275,
ms. daier S. Mamin 1277, 66. [438.
15 s. 4 d. vg. en Maiteney (PS) 1277, 271.
8 s. ost. dev. l'ospital des Allemans 1277, 309.
vg. en la rowelle de Pertes 1278, 99.
pb. 28 lb. $2^1/_2$ s. k'il meymes dovoit a
Bietrit, sa m., por les fiez et les alluez
a sa vie, k'il ait acheteit a ley, ke furent
Hanrit —, son p. 1278, 458.
$^1/_2$ pr. ou ban de Cons 1278, 490.
30 s. grant boix de Suligney 1279, 75.
10 s. 2 ms. an Maizelles 1279, 78.
vg. outre Saille 1279, 86.
5 s. ms. an la rowelle devant la ms. Bugle
1279, 90, 91.
er. a Hanacort et ou ban 1279, 268.
pr. deleis Cons sus Saille 1279, 275.
mairechaussiee ou Champel 1279, 279.
pb. 20 s. en premiers chateis de Rouze-
rueles 1290, 245.
ou lairis anc. vg. (OM) 1293, 170[6].
3. Pierexel —, [389.
a S. Pofontainne lonc l'ordineire (OM) 1277,
ou ban [de ......] (PS) vg. anc. 1288, 392.
en Chaipeleirue anc. l'ost. ke fut 1293, 312.

---

droit en deismes gros et menuz ne ou don
de l'agleyse de Lustanges.

[1]) *De Wailly 280 (1287 a. St.)* Dou plait
ki estoit dou signor Thiebaut lou moinne
de S. Siforiein et de Gillat de Valz,
d'une pairt, et de Yngrant, lou freire Colin
Naizat, d'atre pairt.

la femme P. —, ms. devant S. Martin
(PS) doit 12 s. 1285, 54[10].
4. Jehan, f. Pierexel —:
Fillippe Tiguiainne li eschavins pb. por
Jehan, f. P. —, et por Collate Roienate,
sa fm., et por lour a nf. 6 s. en la Nueve
rowe 1285, 235.
pb. er. a Airey et en tous les bans 1290, 30.
Boinvallat lou Mercier et J., les 2 j. Ar-
nolt lou Roi, ms. a la porte en Angle-
mur 1293, 172.
„, 7 quertelles de seil sus lai halle daier
les Chainges, $5^1/_2$ s. ms. ou Champel, $^1/_2$
molin a Limeu, vg., pr. et c. a Ancer-
uille, 16 jorn. de t. ar. a Anceruille ou
ban l'Avecke 1293, 297.
= Jehans —, j. Arnout lou Roi,
de l'er. ke fut Arnout lou Roi teil pertie
com J. i ait (PS, OM), por les dates ke
Arnous li Rois doit a Arnout Aixiet 1293,
vg. a la Montaingne (OM) anc. [299, 352.
vg. Hawit 1293, 657.
vg. en planteis Allenne ou ban S. Clemant
=? Jehans, avelais Hawit —, [1298, 85.
pb. vg. ou ban S. Simforien en Vals 1298,
de **Valtrauerz.** [606.
Girart —[1]) 1269, 403.
Vancent 1245, Vansant 1278, Vicent 1275.
— srg. Colin Boudat (forjugies) 1245, 255.
ms. — davant lou Mostier 1275, 456.
ms. — davant lo Grant Mostier 1278, 352.
Vantous. (v. IV).
Jaikemin —, Burtemin f. 1293, 476.
lo **Vaque** v. li Vakes.
Varel v. Werrels.
li **Vaskes,** lo Vaske v. li Vakes.
lou **Vasque** v. li Vakes.
lou **Vassal,** Jennin, de Siey 1285, 509.
li **Vauais,** Richardins 1290, 516.
la **Vauaise,** Colate 1275, 96.
la **Vaue,** Hawit 1290, 515.
Vazelles (v. IV).
Jennat — 1293, 689.

---

[1]) *Prost XL, 1249* Watiers d'Espinalz et
Gerairz Vatrauers randeroient 30 lb.
de met., chascuns por le tout.

Vehelins, Jaikemins (fourjugies) 1267, 516.
Veillars, Veillart v. Gaillairs.
Veille v. Vailles.
la **Veille** v. li Vaille.
Veillel, Colin 1269, 82.
lou **Vel** v. li Vels.
Velin, Huyn, anfanz 1267, 453.
Vellars v. Gaillairs.
la **Velle** v. li Vaille.
Velowel 1293, 1298, Vellowel 1298, 527.
— 1293, 174.
Mergueron fm. — 1298, 270.
Thieriat — 1298, 527 18, 21, 41.
li **Vels** 1285, lou (lo) Vel 1277, 1279, 1285, 1290, 1298, li Velz 1288, 1298, li Uelz 1288, lo Uel 1245.
Hanriat — 1298, 492b.
  fr. Steuenin de S. Clemant 1285, 384.
Hanrias lou Vel de S. Clemant 1285, 390.
Hanrias li Velz de S. Clemant 1288, 52, 451.
  Jehan j. 1298, 515.
Jehans f. — de Ruxit 1290, 348.
Thieriat — de lai Vigne S. Auol, Maitheu f.
Thierion — (P?), ms. a Por- [1298, 112b.
  sarpenoise (PS) 1245, 219.
  fr. sg. Matheu de Marley, ms. (PS) 1277,
Werniers — faixiers 1285, 13. [118.
Poinsignon Chalons — 1279, 490.
de **Venise** 1241, 1245, 1275, 1281, de Uenise 1245, de Venize 1281, de Venixe 1285, 1290.
  P.
  1. Ansel —, [1241, 165.
ms. ou Willemins de Noweroi maint (PS)
pb. ms. ki fu lo Bague d'Anglemur (OM)
pb. por sg. Bertran de Wolme- [1245, 49.
ranges ms. au tor de Romesale 1245, 50.
  2. Ansillons —, aiveles d. Marguerite,
    la s. Jehan Paipemiate †,
pb. 25 s. ms. an Forneyruwe 1281, 239.
et Poinsignons Symons pb. $^2/_3$ pairt an la halle des drapiers (PS) 1281, 435, 436.
= Ansillons — pb. 10 s. ms. desor pairt l'ospital des Allemans 1281, 437.
Poinsignons Symons et A. —. ces u., pb.
1 pairt an la nueve halle des marchans an Visignuel 1285, 395.
an Chaipeleirue anc. l'ost. 1290, 447.
  Clemence —

pb. gr. et ms. a Maignei, ch., pr. et vg. ou ban de Maignei et de Poillei 1275, 175.
lou **Verderet.**
—, Poinsignons d'Abigney j. 1285. 17.
— de Collambeirs, Poincignons j. 1285, 297.
Berthemin —, Jennas Chenes de Coullambeirs f. 1298, 47.
Burthemin — de Collambeirs, Jennas Chaines et Thierias f. 1298, 510.
de **Verey** v. I. de Virey.
Vergondel, Mathelie f. 1251, 149.
Vermeco 1279, 1281, 1290, Vermecol 1275.
— tanor 1275, 319; 1279, 444.
Formeir — 1281, 352; 1290, 297.
Vernat de Feivres (v. Warenas) 1298, 637.
lou **Verret.**
Aurowin — 1278, 227.
—, Perrin f. 1290, 143.
Versteule 1277, 220.
Vertons, Verton.
en la rue lou Uoweit enc. — 1293, 350.
— li valas les Treses 1279, 146.
Hanrias — de Vallieres 1275, 277; 1279, 391.
Mairc — poindor 1290, 137.
Vgat — 1281, 631.
li **Veskes,** lo Veske v. li Vakes.
lou **Vetre.**[1])
Jennat — 1288, 203.
Xandrin — 1281, 594.
Vetrekin.
Burtran — de S. Julien 1285, 348.
le **Veule** 1269, la Ueule 1277. (v. li Vaille).
Huart —, Jennat f. 1269, 519.
Howart —, Wiborate fm. 1277, 124.
Veureu lou wastelier 1285. 200.
Veuiens, Veuien v. Viuiens.
Veuions, Veuion v. Viuions.
de **Vy** 1262/93, de Vi 1245. (v. IV).
  P.
  1. Colinaz —
pb. $^1/_2$ ms. daier S. Simplise 1245, 109.
desour lai grainge Collenat - (PS) 1290. 39.
en lai fin de Pertes dav. lai gr. C. — 1293, 508b.
= Colin — † 1275, 333.

---

[1]) *Prost XII, 1228* **Vestrelins** d'Aiest et Merguerate sa fame.

de **Vy**   426   I. Personennamen

Jaikemins Jalee et li **anfant** Colin — pb.
6 s. enson Vies Bucherie 1262, 67.
„ pb. partie en la halle des drappiers a Quartal 1262, 368.
„ pb. 20 s. ms. en Vigsenuel 1262, 369.
2. Aubertins — (v. 5. Thiebas Fouras) pb. por lui et por ces freres ¹/₃ ms. daier S. Supplixe 1267, 52.
pb. t. entre les II Belsuoirs 1267, 53.
Jehans Petisvakes et A. — et Steuenins Bellegree pb. 50 s. ms. en Vezignuez 1269,
Merguerate, f. Aburtin —, partie a [260. Belvoir ke li est escheus de pair Aburtin, son p. 1278, 541.
pb. 50 s. ms. et gr. ke fut Jennin Bellegoule (PS) 1281, 200.
50 s. (PS) ke Colignons de Lupey dovoit
3. Colignons, f. Aburtin —†, [1281, 502.
10 s. ost. en Vesignuelz 1293, 303.
4. Colignons, f. Colenat — †,
pb. 27 s. k'il meisme dovoit sus 4 ms. anc. la soie (PS) 1281, 90.
= Colignons — pb. 3 ms. atour enc. son ost. vers Saille 1267, 378.
doit 20 s. sus 2 ms. enc. la soie (PS) 1275, 213⁵.
pb. 4 ms. sus Saille enc. la soie 1275, 341.
pb. t. ensom la gr. Thiebaut Forat (PS)
pb. 20 s. 2 ms. (PS) 1277, 315. [1275, 342.
5. Thiebas Fouras, f. Collenat — †.
pb. partie com Merguerate, f. Aburtin —, son fr., avoit a Belvoir 1278, 541.
= Thiebaus Fouras maistre eschevins de Mes 1288, 1*.
= Thiebaus, f. Collenat — †, doit 100 s. ms. ke fut Jaikemin lou Jal, son fr.,
en Vesignuelz 1290, 81.
6. Jakemins li Jals, f. Colenat —,
pb. ms. dav. l'ost. l'arcediacre Werit (OM) ms. au Visignuel 1285, 431. [1278, 339.
ms. ke fut J. lou Jal, fr. Thiebaut f. Collenat — † 1290, 81.
= Jakemin lou Jal, ensom l'ost. (PS) 1269. 241.
7. 8. 9. Howignon, Colignon, Jehan, Yzaibel, Bietrexate, enf. Jaikemin lou Jal †, (v Jallee 8. 9. 10. 11).
molin et port sus Moselle en Baweiteire
10. Jehan, f. Collenat — †. [1290, 342.
ms. au Visignuel doit 100 s. 1285, 431.
100 s. ms. ke fut Jaikemin lou Jal en Vesignuelz 1290, 81.
= Jehan —, en la Vigne S. Marcel enc. l'ost. 1293, 362.
Lorate, f. Collenat —,
pb. ms. (PS) 1267, 430.
20 s. ost. en la Draiperie en Visignuel 1278.
er. et 60 s. (PS) 1279, 517. [100.
= Lorate, f. Collin — †, ms. en S. Martinrue 1275, 333.
11. Arnolt —. oirs,
ms. ke fut A. (PS) 1275, 226.
12. sg. Aubert, prestre de Landes. f. sg. Arnout —,
pb. ms. dev. l'ost. sg. Symon de Chastels. doien de Mes (OM) 1267, 247.
d. Colate —, ms. enson l'ost. Symonin de Chastels (PS) 1267, 79.
d. Sebile —. vg. sus Maizelles 1277, 292.
Viat, la fm. 1279, 276.
†, Sebeliate fm. 1293, 50.
de Morville †, Sebeliate fm. 1290, 364.

---

de **Vy**
1 Colinaz — = Colin — † 1275
1245 (1290/93) anfant 1262

2 Aburtins —	4 Colignons —	5 Thiebas Fouras	6 Jakemins	10 Jehan —	Lorate
1267/78	1267/81	1275/90, m. e. 1288	li Jals	1285/93	1267/79
			1269/85, † 1290		
Merguerate	3 Colignons				
1278/81	1293	7 Howignon	8 Colignon	9 Jehan Yzaibel	Bietrexate
		1290	1290	1290 1290	1290

11 (sg.) Arnolt — 1267/75

12 sg. Aubert prestre de Landes 1267   d. Colate — 1267   d. Sebile — 1277

Vicent v. Vancent.
Uidat, Gerairt, de Montois   1285, 159.
Viel, Viey v. Viels.
lou **Viell Chien**, Bertran, f. Hawit d'Aspremont   1298. 577.
lai **Vielle** v. li Vaille.
lou **Viel Ribat**, Jennat, d'Ars (OM) 1290. 116.
Viels, Vielz 1275, Viel 1245, 1290, Viei 1285, Viey 1293. (v. Wiels).[1]
—, ou Waide Bugle auc. l'ost. 1290, 178.
Thiebaus f. —   1245, 95.
Thiebaus —   1285, 242.
de la rowe des Allemans 1275, 206, 427.
†, Hanrias, Godefrins, Odeliate enf. 1293, 446.
Vienat v. Wiennas.
Vienon (v. Vinons).
Colignon — †, Lowias f.   1290, 383.
Symonin — †, Mariate de lai Porte fm. 1288,
Vigey 1277, 1279, Vigei 1269. (v. IV). [207.
Jenat —   1269, 228; 1279, 70.
Jenins —   1277, 329.
la **Vigne**.
— de Valieres, Ansels f. (v. li Waigne) 1269,
Steuenin —   1269, 33. [14.
de la **Vigne**. (v. IV. Mes, Vigne S. Auol, Vigne S. Marcel).
Pieresons — seur (Burtignon) Wiel (P?)
    1278, 26, 102, 162.
mastre Piere —   1298, 163.
Poinsin —, Biatrit fm.   1277, 451.
Symonin —, Huygnon f.   1269, 315.
Warins —   1267, 202.
Jaikemate f.   1290, 130.
Vignelat v. Viguelas.
Vigour.
sg. Jehan —, ms. areis la ms. lo prestre de S. Gergone (PM)   1267, 151.
Vigout.
otre Muselle anc. -   1290, 106.
Steuenat —   1298, 327.
chavreir   1293, 315.
Viguelas, Viguelat.
— pottier †, Mergueron fm.   1293, 21.
Symonas —   1279, 572.
Vilain v. Vilains.

[1]) *Prost XX, 1253* Hanrions Vieis.

lou **Vilain** 1278, 1281, li Villains 1293, lo Vilein 45. (v. lou Vilat).
Johan — de Lineiuile   1245, 26.
Collas — d'Outre Saille   1293, 522.
Lowiat —   1278, 319; 1281, 5.
d'Outre Saille   1278, 493.
la **Vilainne**.
Margueron — de Merdeney   1275, 370.
Vilains, Vilain 1251, 1267, 1269, 1277/85, Vylains, Vylain 1298, Villains, Villain 1267/ 1275, 1279, 1285, 1290, Vileins, Vilein 1241, 1245 (v. Villat).
1. —, Rikewin de Rimport j. 1285, 165b.
2. — de Chambres (v. I. de Chambres 10).
4. — Belegree, — Hennebours, — f. Johan Quarteron, — Quarterons.
5. Hanrias — de Chambres (v. I. de Chambres 6), Jennin — (v. I. Hennebours 3).

P.
              ? [1])
1 Jakemins — 1241/88   2 Joffrignon — † 1277
    [1250 SM]   [1250 SM]
    Martinate 1267   Jaikemate 1267
3 Colignons —. 1277, † 1285   Ysabel 1285
4 Piereson — de S. Arnout 1267/81
5 Hanrias — (= ? Hanrias — de Chambres)
sg. Nicole chanone de S. Sauour son o. 1269
6 Androwas — 1279

1. Jakemin —,
vg. a Quincei   1241, 30.
pb. 15 s. ms. (PS)   1245, 88.
pb. 15 s. er. (PS)   1245, 89.
pb. er. en tous les buns d'Ars, de Gravers Flauigney et Risonvile   1251, 69.
t. ou ban de Weppey   1269, 568.
an Chaipeleirue anc. gr.   1288, 471a.
d. Martinate, fm. Jaikemin —,
vg. outre Saille en Hospreit   1267, 332.
2. Joffrignon —, Jaikemate fm.,

─────────
[1]) *De Wailly 56 (1256)* Ferris dus de Loiereine doit trois cens livres de mecens a Jaikemin Vilein et Joifreignon, son frere, citeins de Mes. *De Wailly 103 (1265)* Jofrignon et Jacomin Villains, citains de Mes.

li **Vilas**–de **Virey**

vg. en Pauillonchamp (PS) 1267, 423.
3. Colignons, f. Joiffrignon —†,
pb. por la chieze Deu de Nostre Dame as Chans 1277, 84.
= Colignons — pb. por la chieze Deu de Nostre Dame as Chans 1278, 262.
Yzabel, fm. Colignon —†,
½ gr., la partie devers lou Nuefbour 1285, 425.
4. Piereson — de S. Arnout.
4 s. vg. devant S. Laddre 1267, 101.
6½ s. ms. ou ban S. Arnout 1267, 139.
9 s. ms. P. — de S. Arnout 1267, 368.
a S. Arnolt ms. ke fut P. — 1281, 572.
5. Hanrias —
pb. por sg. Nicole, son o., chanone de S. Sauuor, 2 maix., jard. enc. l'ost. l'aveske Felippe (OM) 1269, 522.
6. Androwas —
pb. ms. sus Saille devant les molins (PS) 1279, 274.
li **Vilas**, lou Vilat 1277/79, 1285, le Villat 1281. (v. lou Vilain).
—. Simonin covresier j. 1277, 385. [440.
Jennin —, Collas, Warin, Lowiat enf. 1285, d'Outre Salle, Colignon f. 1281, 231¹¹.
Lowias — 1277, 361, 362.
Warin —†, Odeliate fm. 1278, 520; 1279, 437.
lo **Vilein** v. lou Vilain.
Vileins, Vilein v. Vilains.
Vilenel.
— lo clerc 1262, 407.
Colignon — 1262, 403.
Villains, Villain v. Vilains.
li **Villains** v. lou Vilain.
le **Villat** v. li Vilas.
Villat, Colignon 1278, 143.
Vinat, Vynas v. Wiennas.
Vincent v. Vancent (v. III. S. Vincent).
Vinons (v. Vienon).
— fm. Bauduyn le boucheir 1269, 193.
Vinun lou messuer 1269, 448.
Violate 1278, 1285, 1290, Violette 1285, (v. Vollate).
2. — s. Hanriat de Longeuille 1278, 307.
= s. Hanriat Chiuelier f. Jennat Wason de Longeuille 1278, 355.
3. — fm. Pairexat cherpanteir 1285, 87.
— fm. Sennat poxour † 1290, 161a.

I. Personennamen

4. — fm. Deuamin 1290, 278.
= — f. sg. Werrit Troixin 1285, 15, 103.
Uiole, Thieriat 1267, 17.
Violette v. Violate.
Vion.
1. Marguerate f. — 1288, 104.
3. — srg. Clemant lou clerc 1293, 109.
Hanrias vieceirs j. — 1293, 621.
— vieceir †, Marguerite f. 1293, 392, 622.
— viesier de Chanbres, Hawiate fm. 1298,
— taillor, Hawiate fm. 1298, 148. [17.
Viot, Symonin 1285, 541.
de **Virey** 1251, 1288, 1298, de Virei 1241, de Uirei 1227, de Verey 1279/85 (v. IV).¹)
P. [1386 J]²)

1 sg. Huar — 1227
2 Steuenin lo voe — 1241
3 sg. Werrit —   5 sg. Pieron —
4 sg. Arnolt 1251   chantor 1279
6 sg. Abert —

2 filles Jennate 7 Werrion = sr. Werris —
1281   1285   1288   chivelliers 1298

1. sg. Huar —,
ms., er. an la rue S. Ui 1227, 30.
2. Steuenin lo voe —
et ses oirs, t. a Turei 1241, 49.
3. 4. sg. Werrit —, sg. Arnolt f., ms. vers les Praicheors 1251, 163.
5. sg. Pieron — chantor:
ms. en la ruelle devant la grant porte sg. P. devers S. Halare (OM) 1279, 133.
devant outre l'ost. lou chantor — (OM)
6. sg. Abert —, Jennate f., [1279, 547.
pb. charreie de vin er. ai Ancey a sa vie
= ? sg. —, 2 filles, ms. et gr. [1285, 512.
a Porsallis 1281, 530.
7. Werrion, f. sg. Abert —†,
tavle an Nues Chainges 1288, 410.
= sr. Werris — chivelliers
pb. 3 s. ms. davant lou Preit 1298, 241.

---

¹) *Ben. III, 199 (1250)* cil de Virey des la maison Girart lou Mercier jusca la maison Jacquemin la Perche qui fut.

²) *Stadtarchiv 92, 7, Ben. IV, 372* de Jurue brainche de la Court: Werris de Verey.

Visaie 1290, Vizee 1298. (v. Wicee).
Collignons f. Werneson — 1298, 686.
Gererdat f. Werneson — 1290, 407.
Viuias, Viuiat.
— corrier de Sanerie 1293, 246.
Viuiens, Viuien 1278, 1279, 1288/98, Veniens.
Veuien 1269, 1288.
  2. — de Raimanges † 1290, 350.
  — j. Ancel de S. Arnol 1269, 492. [479.
  3. maistres — de Bouxieres avocas 1293.
= sr. — de Bouxieres prestres 1298, 41.
= maistres — clers 1288, 27; 1290, 42.
  5. Hanriat — 1288, 453.
Jakemins — 1269, 209, 212.
  Simonas f. 1278, 69.
Jehan — †, Thiegerate fm. 1298, 461, 489.
Symonas —[1]) 1279, 489.
Viuions, Viuion 1241, 1278, 1281, 1290, 1293, Veuions, Veuion 1269, 1278/88, 1298.
Vevions 1269, Ueuion 1285.
  1. —, ms. en Sanerie 1279, 218.
Gerardins et — ces niez 1269, 253.
  2. — de Basoncort 1241, 17.
—, Gersanne de Chastels f. 1281, 617.
— de Maigney 1285, 162, 187.
— de Montigney f. Neumerit † 1278, 565.
  Yzaibelz et Contasse f. 1279, 95.
— de Sanerie 1279, 70.
  3. — cherpantier 1285, 130.
    Clemansate fm. 1285, 162.
    dou Viueir 1281, 168.
— corrierz de Domangeville 1269, 228.
— corrier de Sanerie 1293, 83.
— eschaving de Lorey (PS) 1278, 475.
— maistre xaving de Lorey † 1278, 554.
— vieceir, Hanriat j. 1281, 437.
— waisteleirs 1278, 443.
  4. — lou Grenet 1290, 117.
  — f. Jennat Maton 1298, 309.
  5. Colins — cherpentiers 1278, 190.
Vizekins, Vizekin.
Colin — 1275, 403; 1277, 219.
Colin — †, Vguignon f. 1278, 387[2].

Vguignons — 1278, 411.
Vizee v. Visaie.
lou **Vizerat,** Colignon 1279, 261.
Vizons, Steuenins 1288, 316.
Vogenels 1285, Vogenelz 1278, 1279, 1285, 1290, 1293, Vogenel 1285, 1288, Vogenes 1267.
—, vg. an Baixe Mallemairs 1288, 491b.
Colignons f. — pb. ms. sus Saille 1278. 481.
(Maheus) — f. Abert Clairiet, P. v. Clairies 4.
Weirias — 1267, 270.
  de S. Julien 1290, 328[11].
li **Vogiens** 1293, li Uogiens 1279, lou Vogien 1288,[1])
Jaikemins — de S. Julien 1279, 356.
Jaikemin — ke maint devant l'osteit Maiheu Cokenel outre Muzelle, Mergueron, sa srg. 1288, 144.
Jehans — de la Vigne S. Marcel 1293, 614.
Vollate (v. Violate).
—, vg. (PS) 1293, 301.
la **Vrowate** 1288, 1293, la Urowate 1293, 260.
Suffiate — de Porte Muzelle 1288, 301; †1293, Jaikemate li nesse 1293, 7. 260. [185.
Vrowelate f. Guersant 1293, 6.
Undeborsse, Arembor (v. V. Veudeborse)
Vueiris v. Weiris. [1251, 27.

W.

Waborion, Jeunin 1241, 44.
Wacancel, Gerardin 1293, 337.
Wacel v. Wesselz.
Wacelat v. Wesselas.
Wacelin v. Wesselins.
Wacemois, Wacemoit 1285, 1288, Wascemois 1285.
Rennier — 1285, 30, 31; 1288, 366.
Wacherin lou charreton 1267, 296.

---

[1]) *De Wailly 119 (1268)* Jeu Agneis de Haboudanges, femme lo signour Huart lo Vogien ki fut, et Huars mes fiz.... dou saiel nostre signour Werri lo Vogien woié de Denouvre.

[1]) *Ben. III, 251 (1299)* outre Saille antre ... et lai grainge Symonat Veniein (*statt* Veuiein).

Wachiers

Poencin — 1267, 134.
Wachiers, Wachier 1241/1267, 1275/1293, Wachies, Wachie 1281/1288, Waichier 1281, Wauchier 1275.

P.
1 Jakemin 1241 [1250 SM]
2 Colin (Nicole) — d'OM 1241, † 1279

3 Colignons — et freres   4 Jehan —[1])
   1275   1277/93

   Colignons — 1275/88 = 3 oder 6?

5 Herbins — 1245/85.† 1288.⌣ d. Marguerite
─────────────   1288
6 Colignon 1275

7 Steuenin —   8 Vguignons —
  1278/81   1281

1. Jakemin —,
vg. a Ars (OM) en Borde   1241, 52.
2. Colin —,
outre Mosele enson l'ost.   1241, 202.
desai Longeville outre vg. C. — 1262, 105.
ost. a S. Arnout   1267. 63. [480.
daier S. Madart entre meis C. — et . . 1275,
outre Muselle ms. ke fut C. — 1278, 647.
pb.   1279, 165, 338. [117.
daier S. Marc daier ms. ke fut C. — 1281,
— Nicole —, daier S. Marc dev. la cort 1262,
3. Colignons —, f. Colin —.   [396.
pb. por lui et por ces fr. mol. a Chenne
(OM)   1275, 270.
Colignon (= 3 oder = 6?), avelet Nicolle Govion, ¹/₂ ms. et gr. en Jeurue 1275, 350.
= Colignon — (= 3 oder = 6?),
15 s. ms. en Chievremont   1275, 152.
¹/₂ ms. Nicole Gouion en Genrue 1275, 164.
vg. entre Longeville et S. Martin et 2¹/₂ mues
de vin de c.   1275, 237.
vg. en la coste S. Quintin   1277, 158.
pb. er. (OM) ke Jennus Fakenels tenivet de
part Anel, sa fm.   1278, 639.

───────
[1]) Ben. III, 259 (1303 a. St.) chaukeur a S. Julien ke est venus as pucelles de la Vigne S. Marcel de pair Demance, la fille Jehan Wachier, l'avelete Fransoi, lou fil signor Baudowin lou Roi, ki fut.

vg., pr., ms., jard., 3 s. a Maranges 1285, 498.
meis a S. Arnout   1288. 40.
4. Jehan, f. Colin — d'Outre Muzelle †.
100 s. 3 s. moins 13 ms. et 1 gr. ou bour
S. Arnout   1279, 487.
= Jehans, f. Nicolle — †, pb. ms. et gr. ou
Nuefbourc   1293, 87. [25.
= Jehan —, gr. en la rowe S. Arnout 1277.
t. davant lou pont Thiefroit 1279, 583, 586.
5. Herbin —,
t., maisons et ressages defors les murs de
la citeit delai la Vigne S. Marcel doient
17 s.   1245, 149.
et Jakemin Gaille, 2 parties de la tour et
de la place (PM) ki fut Steuenin de la
Tour   1251, 170.
ms. et meis a Porte Muzelle   1275, 313.
6 lb. geissent sus tout l'er. ke Herbins —
ait ou ban de Chiney et d'Airs deleis
Colanbeirs   1277, 11
15 s. ms. ensom Vies Bucherie 1278, 542.
4 s. pet. ms. a pont Thiebat et meis et jardin (OM)   1281, 316.
sr. Jehans Baitaille pb. vg. desor mol. a
Vallieres et vg. an Longe Roie desor
Vallieres, delivre por les 100 s. ke Herbins — doit   1285, 35 = 131.
sr. Jehans Bataille pb. tot l'er. Herb. — a
Hadanges, por les 100 s. ke H. — li devoit et por une estaie trespassee de 50 s.
d Marguerite, fm. Herbin — †, [1285, 86.
15 s. an la Vigne S. Marcel 1288, 107.
vg. en Chenalz (PM)   1298, 358.
6. Colignon, f. Herbin —,
vg. et 4 s. 3 d. moins vg. en la Pelise (PM)
7. Steuenin —:   [1275, 277.
Colin d'Espinals pb. ms. ke fut Colin —
outre Muselle, k'il ait aq. a St. —, son
srg.   1278, 647; 1279, 584.
15 meues de vin, 10 d. ke chescuns meus
doit de contrevin et 20 s. a Loreit desour
Merdeneit   1281, 279.
er. ou ban de Mairanges et de Pierevilleirs
en pr., ch., vg., ms., jard., c., bos 1281,
8. Vguignous —,   [341 = 624.
moitiet de la vouwerie d'Alainmont et tout
l'er. ou ban d'Alainmont   1281, 531.

Wade, Luckignon 1277, 281; 1281, 232.
 de lai ruwe des Allemans, hoirs 1298, 124
Wafroit d'Eurecourt 1298, 169.
Wahin 1298, 322 4, 5, 7, 9.
Waicelins, Waicelin v. Wesselins.
Waichier v. Wachiers.
Waidel de Stansons 1279, 48.
li **Waigne,** la Waigne 1269, 1278, 1288/93,
li **Waingne** 1275, li Wegne, la Wegne 1275/
1281. v. la Vigne.
 Ancel — 1278, 15, 421"; 1279, 169, 400;
  1288, 326, 335; 1293, 401.
 Ancels — de Vallieres 1269, 346; 1275, 157,
  211; 1277, 210, 221; 1278, 365, 371; 1281,
  383; 1288, 13, 327, 337; 1290, 307.
Waignevolantiers 1267, Waingnevolantiers
1279.
 Colignon — 1279, 478.
 Hanrias — f. Nicole † 1267, 240.
li **Waingne** v. li Waigne.
Waingnevolantiers v. Waignevolantiers.
Wairate, Burtadon f. (v. Werrate) 1288, 438.
 Thomessin —, Burtadons f. 1278, 455.
Wairenat v. Warenas.
Wairenelz, Wairenel 1279/1298, Warenelz
1285, Warennes 1278.
 1. —, t. en S. Jehancumenelle (PS) 1288,
 —, vg. a S. Clemant 1293, 519. [52.
 2. — d'Abigney 1298, 47.
 5. Richars — 1278, 276; 1279, 58; 1281,
  456; 1285, 372; 1290, 385b, 395b, 456;
  1293, 278ᵇ; 1298, 437, 439.
 Hanrias et Ferrions f. 1298, 82.
 Richairs — d'Outre Saille 1285, 59.
Wairins, Wairin v. Warins.
Waisel v. Wesselz.
Waiselas v. Wesselas.
Waiselin v. Wesselins.
Waistelz 1285, Waistel 1288, 1293, 1298,
Wastels 1269, Wastel 1275, 1278, 1298. [1])

---

¹) *De Wailly 359 (1297 a. St.)* ... ait
laiet a Buevelat Wastel une eire de meis
ke geist an lai raivinne permei 7 d.
 De Wailly 381 (1300) Buevelas Waistel
doit sus une eire de meis ke geist an lai rai-
vine 7 d.

1. —, ms. a S. Clemant 1298, 497.
5. Jaikemin †, Abillate f. 1288, 176.
Jehan — 1288, 37.
Jennat — 1275, 160; 1278, 246.
 drappiers de Stoixey 1269, 18.
Lowias — de Flanville 1285, 159; 1293, 555a.
Lowion — 1298, 20.
 de Flanville †, Hawis fm. 1298, 376.
Waiterins, Waitrins v. Waterins.
Waixe (v. Weixe).
 Renbaut —, Hawiate fm. 1262, 279.
Waizon v. Wason.
Walandel, Wallandel.
 Jennin — 1269, 257, 408.
Walant v. Wallans.
Waleran v. Wallerans.
Wallan v. Wullans.
Wallandel v. Walandel.
Wallans 1288, 1290, Wallan 1278, 1279,
Wallant 1293, Walant 1275.
 Baudowin — † 1278, 404.
 Piereson f. 1275, 289. [11.
 Badewin — de S. Julien, Mairiate fm. 1293,
 Pieresons — de S. Julien 1279, 350; 1288,
  et Merguerate sai fm. 1290, 70⁷. [338.
 Piereson — de S. Julien †, Merguerate fm.
Wallantruit, anfans 1267, 50. [1293, 11.
Walle, Colin 1262, 224.
Wallekins, Jaikemins, j. d. Lorate de lai
 Paillole, *P.*
 pb. 13 lb. 9 s. 9 d. ke sont venus consu-
 want a Howignon, f. sg. Alexandre de
 Sus lou Mur, de pair Afelix, sai m., lai
 f. sg. Huon lou Bague †, dont il en geist
 62 s. sus lai halle des draipiers, 60 s.
 ms. ou Champ a Saille etc. 1293, 204 =
  284 = 349.
Wallerans 1279, Walleran 1262, 1278, 1281/
1293, Wuleran 1293.
 1. —, ms. sur Saille (PS) 1281, 221.
 4. — lou Flaman 1293, 676.
 5. Adenat — 1293, 371.
Jennin — †, Adenat et Aurowin f. 1290, 296.
Poinsignon — 1262, 276; 1278, 248, 398;
 de S. Julien 1285, 172. [1279, 378.
Weirion — †, Yzaibel fm. 1288, 444.
la **Walluce** v. la Waluce.
Waltres 1241, Waltre 1275. (v. Watiers).

la **Waluce–Wateras** 432 I. Personennamen

— bochiers 1241, 81; 1275, 407.
la **Waluce** 1269, la Walluce 1279.
Colate — 1269, 165; 1279, 206.
li **Waluz**, Huin 1220, 16.
Wandars, Wandart.
Bertol —, Heilowate fm. 1275, 125.
Colignons — 1281, 320.321, 606, 620; 1290,
Colins — 1290, 579. [583.
Piereson — de Lessey, Colignon f. 1275, 122.
Wandelart, Bescelin. Heiluyt fm. 1277, 463.
Warans, sr. Symons, chanone de Ste Glosenne 1293, 62.
Warenas, Warenat 1267, 1279, 1288/1293, Warinnat 1269, Warnat 1269, 220, Wairenat 1288, Garenas 1288, 572. (v. Vernat).
   1. Jenas et — 1267, 172.
   2. — de Bouaus 1293, 332.
   — f. Cunin de Nonviant 1293. 337.
   — f. Gerart de Nonuiant 1279, 580. [506.
   — maires de Nonviant 1288, 106, 273; 1290,
   - f. Forkat de Ste Marie (a Chene) 1288, 572.
   3. — wercolleir 1288, 193.
   4. — Chofairt 1279, 34.
   - f. Jaikemin Maltaillie † 1269, 47, 220.
Warenelz, Warennes v. Wairenelz.
Warin v. Warins.
Warinnat v. Warenas.
Warins, Warin 1220, 1241/1281, 1288/1298, Wairins, Wairin 1278/1298. Garins 1279.
   1. — devant dit = Wauterin Plaisance
—, t. (OM) 1293, 668. [1267, 307.
an la crowee de S. Clemant arreiz — 1279,
lo fil —, vg. sus Mosselle (PM) 1267, 280. [435.
areis lo champ sg. — (PS) 1267, 218.
— †, Clemansate fm., ost. a S. Clemant 1290,
   2. — d'Aubini, — f. Drowyn de [410.
Bruney, — de Busei. — de Charisey, — de Chieuestree, — f. Serondate de Flurey, — tavernier de Flurey, — de Jallacort, — de Joiey, — de Juxey, — de Longeuille, — f. Sefiate de Lorey (OM), — de Mailley, — de Molins, — de Morville f. Jennin lou Bague, — de Nowilley, — d'Outre Maiselle, — de Plapeuille, — de Puligney (de S. Julien), — de S. Clemant, — esxavins de S. Clemant, — f. la Grive de S. Clemant, — de S. Syphorien, — (maires) de Wauille.
   3. — srg. Warniceon lou corrier, — fromegiers de Valeroit, — maires de Wauille, — masson, — poxor (de Chambieres), — de Chapourue tanneires, — tavernier de Flurey, — tonnelier.
   4. — de Morville f. Jennin lou Bague, — Besant de Treignuet, — Buignas de Longeauwe, — Cherruwe, — Chiotel, — Cointerel, — Costantinoble, — f. Richairt Croillairt de Ripigney, — Culleit, — Cunels, — Gemel, — Gregore, — f. la Grive (de S. Clemant), — f. Gerardin lou Gros, — li Haie, — li Hongres, — f. Jakemin le Hungre, — Maisue d'Alenmont, — j. Jennin Marctel, — de Nonviant, — Novelat, — f. Cunin d'Onville, — de la Vigne, — lou Vilat, — f. Jennin lou Vilat.
   5. Jennas — 1279, 534; 1290, 485; 1293, cherreir 1288, 431b. [278ᵃ.
Jennin — de S. Clemant, Jaikewin fr. 1298,
Thierions — 1262, 298. [445b.
Warnat v. Warenas.
Warneceons v. Wernesons.
Warnemens, Waruement.
Ancillons — 1269, 100, 892.
Warnesons v. Wernesons.
Warnesper †, ... 1288, 3.
Warnessons, Warniceon v. Wernesons.
Warniers, Warnier v. Werniers.
Warnisson v. Wernesons.
Waro, Jennin, de Siey 1290, 512.
Warrels, Warrel v. Werrels.
Warri v. Weiris.
Wasas, Wasat.
— f. Lambert l'oxilour 1262, 136; 1267, 293.
Wascelins, Wascelin v. Wesselius.
Wascemois v. Wacemois.
Wase v. Waze.
Wason 1278, Waizon 1281.
Jennat — de Longeville,
Hauriat Chiuelier, Ollivier, Violate auf.
†, Olleniers f. 1281, 113. [1278, 355.
Wassel v. Wesselz.
Wasselat, Wasselins v. Wessel...
Wastels, Wastel v. Waistelz.
Wateras, Waterat 1269, 1278, 1281/1288, 1293, Watras. Wotrat 1277, 1281, 1285, 1293.
   1. —, meis ensom Chape (OM) 1293, 597.
   2. — de Bacourt, — de Quencey.

4. — Katelie, — Hallegoutin, — Licherie, — f. (Lanbelin) la Staiche.
Waterel 1241, 1245, 1275, 1288/98, Watrel 1277, 1279, 1293, **Watrels** 1285, Wauterel = Watre 1269, 277.
　1. antre Geroudel et — 1293, 204 [17], [47] = anc. —, ms. (PS) 1293, 249. [284 = 349 [17], [47]. anc. —, vg. desor lou mostier de Lescey 1293, — et Ermengart sa srg.　1275, 126. [689. Colin f. —　　　　　　　1290, 483.
　2. — de l'Aitre d'Awignei, — f. Werneson de l'Alluet d'Ars (OM), — de Chanbres, — de S. Clemant, — de Wideimont de S. Clemant.
　3. — cherpantier de Maignei, — cowesin, — fevre de Saunerie.
　4. — de l'Aitre (d'Awignei), — li Curles, — Miche de S. Julien, — la Rosse, — lou Sauaige de Retonfayt, — Tornemiche.
　5. Jennat —　　　　　　1293, 236.
de S. Clemant 1290, 432 (433); 1293, 270.
Waterins, Waterin 1245, 1262/1298, Wateris 1262, Watrins, Watrin 1251, 1277, 1279/1285, 1293, 1298, Watterins 1288, Watherins, Watherin 1279, 1281, Waiterins, Waiterin 1251, 1269, Waitrins 1251, Wauterins, Wauterin 1267/1275.
　1. — ms. devers S. Ferruce　1251, 186.
—, ms. a Porsaillis　　　　1267, 335.
— f. Sygairt　　　　　　　1293, 540.
— fill. Roubert　　　　　　1262, 175.
Houwignons et — fr.　　　 1281, 414.
Michiels fr. —　　　　　　 1245, 39.
　2. — Amarriat d'Airey, — Xufflat d'Airey, — d'Arancey, — d'Arencort, — d'Awigney, — d'Awigney clers, — de l'Aitre d'Awigney, — de Brehain, — de Burtoncort, — de Canteuanne, — de Chalons, — de Chaponruwe, — de Chastels, — mares de Chastels, — Morel de Chastels, — maires de Chauillons, — d'Elkezinges, — j. Widresco de Flaistranges, — de Flurey, — fr. Ancillon de lai Horgne, — de Hulouf, — Burtelos de Hulouf, — f. Hawion de Juxey, — f. Perrin de Juxey, — f. d. Esceline de Lescey, — f. Roubelin de Malleroit, — f. Gerart de Maranges, — f. Adeline de Mercei, — f. Bertran lou maior de Mondelanges,

— de Noweroit, — tanneires de Noweroit, — f. Goudefrin lou maior de Nowilley, — li Curle de Nowilley, — d'Oixey, — d'Ostelaincort, — de Porchiers, — de Rokesanges, — f. Theiriat de Bu de S. Clemant, — lou Cornut de S. Clemant, — li Poullus de S. Clemant, — Poutrelz de S. Clemant, — Tiehairt de S. Clemant, — (f.) Witon de S. Clemant, — f. sg. Werrit de Sanei, — de Taney, — f. Wernier lo maior de Vallieres, — maior de Vallieres, — lou Saive de Vallieres.
　3. — berbier (de Chambres), — bergier, — Guero boucheir, — Grozelle bolangier, — li Haiche chaivreirs de Chambres, — chantor, — chaponier, — charpantier, — cherpentier f. Chiotel, — de Remilley cherpentiers. — clers f. Hanriat lou cordewenier, — d'Awigney clers, — Gremolz corriers de Sanerie, — corvesiers de Vals, — corvexeirs de la Vigne S. Auol, — f. Hanriat lou corvexier de Porsaillis, — coutelier, — drapiers (de Rimport), Colignons feivres f. —, — feivre, — feivres f. Matheu, — fevres dou Champ a Saille, — Bulecolz feivres, — ferbor, — frutier, — hainepier, — f. Hanrit lou hainepier de Sanerie, — .....maires de Porte Mosele, — mares de Chastels, — maires de Chauillons, — maior de Vallieres, — massons de Valz, — mercier, — f. Giliat lou munier, — paignieres, — permantier, — permantier de Siey, — ranclus de Nonviaut, — taillour, — tanneres, — tanneires de Noweroit, — Frankelin tannor, — f. Willemin lou texeran, — traiffilliers de Mirabel, — vallas sg. Joffroit Aixiet, — wanteirs, Gontiers li wanteirs et — ces fr.
　4. — de l'Aitre d'Awigney, — f. Siuerel fil Adant l'Allemant, — Amarrias (d'Airey), — (f. Remion) l'Apostole, — l'Asne, — Belegree, — Bigode, — Boieri de Rochelangez, — Boieus, — lou Borgne, — lou Borgon, — Borjois, — Boukerels, — Bouton, — Bresee, — Bulecolz feivres, — Burtelo, — Burtelos de Hulouf, — Burthelo dou Waide, — Camusat, — Kathelie, — Chaiureson, — Chanpion, — Charrue, — Chastron, — Chipos, — lou Cornut de S.

28

Clemant, — Corssenzairme, — Creature, — (f. d. Poince) de Croney, — li Curle de Nowilley, — f. (Hanriat) lai Curle, — Daboree, — Dator, — Dediest, — Faikier de Rommebar, — lou Four, — Fovy, — Frankelin tannor, — Gaillart (de Chambres), — lo Gous, — Gremolz corriers de Sanerie, — Grifon, — Grignons de Vermiey, — Grosveit, — Grozelle (bolangier), — Guero boucheir, — Haichate, — Haiche, — li Haiche (chaivreirs de Chambres), — Hairecort, — Hanrions, — Henmignons, — (f.) Hessel, — srg. Jaikemin de Heu, — Humesate, — Lopairt — Lousce, — Mairasce, — j. Thonmaisin Mallebeste, — Maltampreit, — Marion, — Mauexins, — Morel de Chastels, — Noixe, — Page, — Pierel, — Plaisance, — Poignant de Suleuanges, — Poutrelz de S. Clemant, — li Pollus (de S. Clemant), — de S. Polcort, — lou Saive de Vallieres, — fr. Jakemin Sarrazin de Champelz, — Succurras, — (f. Colin) Thiehairt de S. Clemant, — de la Tor, — Wessel, — Willo, — Winterels, — Witon (de S. Clemant), — Wixol, — Xallewit, — lou Xourt, — Xufflat d'Airey.

Waterons, Wateron 1227, 1245, 1262, 1278, 1290/1298, Watheron 1278, Watron 1281.

3. — mairexal 1290, 404.
— masson 1262, 310.
4. — lo Noir 1227, 28.
— Wolf 1245, 172[16].
5. Jehan — confrere de la frarie des chadeleirs 1298, 193.
Jennas — 1278, 472, 551; 1281, 214; 1290, 309; 1293, 266, 380, 468.

Watherins, Watherin v. Waterins.
Watheron v. Waterons.
Wathiers, Wathier v. Watiers.
Watiers, Watier 1241, 1245, 1262, 1275/98, Wathiers, Wathier 1278/1281, Wautiers, Wautier 1220, 1262/1269, Gautier 1279, Gauthier 1251, Gatier 1279, 1293. v. V. Watiermeis.

1. ...... anf. — devant dit 1262, 585.
—, ms. en Franconrue 1251, 244
Symonin et Peskate sa fm. f. — 1279, 572.
2. — de Lorey (OM), — de Lorey (OM) permantiers, Arnout de Nowesseuille f. —, — de Nowilley, — d'Osteleincort, Cunegate de Plapeuille fm. —, — de Puxnels, (maistre) — de Rains, — de Ste Marie, — maior de Siruigney, — maior de Vantous, — de Warc (bolangier).

3. arcediacre —, — bolangier, — de Wairc boulangier, — Godiers charpanteirs, — fevres, — maior de Siruigney, — maior de Vantous, maistre —, maistre — de Rains, maistre — feivre, maistre — sururgien, — mercer, — de Lorey permantiers, sg. — preste, — ranclus de Nonuiant, maistres — sururgiens, — tixeran, — tornor, — wantiers.

4. — Aguse, — l'Apostole, (sg.) — Bellegree, — lo Clope, — Godiers charpanteirs, — la Poire, sg. — lou Louf, — Picote d'Ars (OM), — Poterel, — f. Lowiat Saikat de Maigney, — lou Sauaige de Retonfayt, — de la Tor.

5. Arnolt 1298, 399.
de Nowilley ke maint a Nowesseuille 1293
Colin —, Thieriat, Burtemin, Hawiate, [376.
Ermaujate anf. 1298, 399.
Jennat — de Maizelles et Badewin son fr. Steuenin — 1290, 500. [1293, 480.
et Marguerite sa srg. 1290, 513.
Steuenin — de Siey 1293, 601.
Thieriat —[1]) 1298, 36.

Watras, Watrat v. Wateras.
Watre, **Watrels**, Watrel v. Waterel.
lai **Watrelle**, Jaikemate 1298, 115, 116b.
Watremans, 1262, 1288, Watreman 1279/1285, 1290, Watremant 1275, 1277.

1. —, vg. outre Saille 1277, 244; 1281, 444.
2. — f. Syuerel deChaponrue 1288, 179; 1290,
3. — feivres 1262, 381; 1279, 276. [417.
Jaquemin srg. 1275, 45.
— mairexal 1285, 79, 223.

Watrins, Watrin v. Waterins.
Watron v. Waterons.
Watrasse, Wiriat 1285, 297.
Watterins v. Waterins.
Wauchier v. Wachiers.

---

[1]) *Prost LIX, 1292* Uguignon Wathier... ait aquasteit .. l'eritaige de Chaigneicort.

I. Personennamen   Wauterel–Weirias

Wauterel, Wauterins, Wautiers v. Wat....
Wauos, Jeins, Gerardis fr.   1267, 41.
Waxey (v. IV.), Rainnier   1281, 139.
Waze 1267, 1279, 1285, Wase 1288.
—, Hennelo f.   1267, 305.
Hennelo —   1285, 176.
Jehan —   1279, 353.
Renbaut — boulangier   1288, 361 ³.
Weberate v. Wiborate.
Wecherdin v. Wicherdins.
li **Wegne,** la Wegne v. li Waigne.
Weidart.
Odeliate la seure Matheu, la fm. Pierexon
— †   1269, 151.
Weignemaille, Loudewit   1290, 352.
Weiri v. Weiris.
Weirias, Weiriat 1241, 1267/1298, Werias, Weriat 1241/1285, 1290, 1298, Weriaz 1241, Werrias, Werriat 1285, 1288, 1293, Wirias. Wiriat, 1245, 1285/1298, Wyrias 1269, Guerriat 1279, 1298, Garriat 1298, 343.
   1. —, ms. (OM)   1245, 253. [200.
   — et Warnier, ms. davant S. Vi ki fu 1241,
   — f. Jehenne (= de S. Clemant) 1285, 393.
   — f. Jennat   1298, 71.
   — et Aileit sa s.   1277, 21.
   2. — d'Abocort, — Rullemaille d'Abocort, — de Houzain d'Ars (OM), — de la Pargie d'Ars (OM), — d'Ars (PS), — de Brelise, — srg. Pierat de Chambres, — j. Berrois dou Champel, — de Croney ke maint ai Ars (OM), — f. d. de Failley, — f. Jaikemat lou Strasous de Failley, — de Goens, — de Goens bollengiers, — de Grisei, — de Grosue, — de Jerney, — (f. Thomessin) de Laualz (d'Aipilley), — clerc de Lorey, — f. d. Guepe de lai Laike de Luppei, — de Mairuelles, — vies maior de Mairuelles, — de Maizelles, — naiteniers de Maizelles, — f. Felizon de Merdeney, — f. Thieriat lou xaivig de Nowaiseville, — d'Oixey, — f. Richairt d'Onville, — f. Symon de Pontois, — de Rouppeney, — f. Piereson de Rozeruelles, — de S. Arnolt, — charpantiers de S. Arnout, — de S. Clemant, — f. Gehenne de S. Clemant, — (vies) maior de S. Clemant, — maior de S. Syphorien, — de Sorbey, — f. Weirit de Theheicort.
   — f. Euriat de Vairney, — Willike de Vairney, — Marrois de Vallieres, — f. Jennin Murie de Vallieres, — de Vantous, — f. Matheu de Vantous, — f. Hanriat Bideroc de Vantous, — maior de Vignueles, — de Villeirs a l'Orme, — dou Waide.
   3. — lou Bossut bergier, — boulangier, — de Goens bollengiers, — charpantiers de S. Arnout, — cherreton d'Alenmont, — f. Adan lou clerc de Basoncort, — de Burtoncort clers, — clerc de Lorey, — clerc de Wernainville, — cordeweniers, — corvesier, — Crepat corvesier, — f. Jenin lou doien dou pont Rainmont, — feivre, — feivre de Mairley, — feivre de Stoixey, — lodier de Nowillei, — maior de Mairuelles, — maior (de S. Clemant), — vies maior (de S. Clemant), — maior de S. Syphorien, — maior de Vignuelles, — f. Roiriat lou mairexal, — masson, — de Gorze masson, — meutier, — natenierz (de Maizelles), — Murie peinierz de Saunerie, — permantier, — f. Burtran Grenille lou poixor, — rotier, — vignieres f. Badewin de Theheicort, — wastelier.
   4. — de l'Aitre, — (f. Remion) Alart, — lou Bague de Marcey, — f. Jakemin Bazin, — j. Berrois, — f. Hanriat Bideroc de Vantous, — Blondel, — lou Boistous, — (lou) Borgancel de Longeuille, — f. Colin Borjois, — lou Bossut (bergier), — Bouchart, — fr. Colin Bouton, — Caienat (de Siey), — Chabosse, — f. sg. Abert de Champels, — Cornaille, — Crepat corvesier, — (f. Colin) Createnne, — f. Vguignon Cunemant, — f. Colin Fancin, — Gaielat de Malleroit, — lou Grant, — f. Burtran Grenille lou poixor, — lo Gronaix (d'Anglemur), — Guepe, — j. Guersat Guepe, — Guidaie (de Bouxieres), — Heilesalz, — Herbert de Maiey, — de Heu, — j. Yuernel, — Jornee, — f. Poincignon Lucie, — Macors, — Mallelangue de Brunille, — Marrois de Vallieres, — Mawain, — (f. Werit) Meutenaire, — Morelz de Vermiey, — Murie li peinierz de Saunerie, — f. Jennin Murie de Vallieres, — lo Naiu, — de la Pargiee (d'Ars), — Peuchat, — (f. sg. Burtal) Piedeschalz, —

28*

Weirieul–dou Welt

Poirel de Bronvals, — la Pute, — li Quallais de Vals, — lou Roucel (de Chezelles), — Roscel srg. Robin Paillat, — f. Burthemin Roucel, — Rotier, — Rowelenne, — Rullemaille d'Abocort, — f. Joffroit Sauegrain, — f. Jaikemat lou Strasous de Failley, — f. la Teirande, — Traivaille, — Vogenelz (de S. Julien), — Watrusse, — Werrels d'Ansey, — Willechols, — Willike de Vairney, — Witier d'Outre Maizelles, — f. Abrion Xardeit, — f. Forkignon lo Xauing, — Xordel.

Weirieul de Saintois, Pieresons et Aburtins f. 1278, 403.

Weirions, Weirion 1227, 1241, 1262, 1267, 1275, 1277, 1279/90, 1298, Werions, Werion 1241/1290, 1298, Werrions, Werrion 1269, 1279, 1281, 1288, 1293, Wirions, Wirion 1293, 1298, Wyrion 1269, Wierion 1275, Gwerions 1220, 40.

1. —, ms. (OM) 1227, 63.
— lou ....., ms. en la rue de Stentefontainne 1251, 12.
— f. Marsabile 1285, 542.
2. — f. Marsabile d'Ancey, — de Basoncort, — fr. Thieriat lou maior de Chapoi, — de Deudelanges, — de Failley, — de Flabay, — de Flanuille, — de Fourchies, — de Grisei, — de Leubey, — de Mailley, — f. lou chaistelain de Perpont, — maiour de Vignueles, — de Wappei.

3. — bochier, — Malclairiet bouchier, — bollengier f. Clemant d'Ansey, — charpantier, — de Noweroit cordeweniers ke maint en Staixons, — lanier de la rue S. Gingout, — mairexal (dou Champ a Saille), — maiour de Vignueles, — meutier, — saney, — sarrier, — seriant Magnart, — de Wittonville vieseirs de lai Nueue ruwe, — f. sg. Vgon lou voweit.

4. — Alairt, — f. Burtemin l'Asne, — Bareis, — Bichier, — Briey de Maranges, Briselate, — Burdine, — Burtous de Maizelles, — f. Avrouwiu Chaiboce, — Crohairt de Chairley, — srg. Bauduyn Gilebert, — lou Grant, — Griffon, — f. Abertin Huchat, — Malclairiet (bouchier), — srg. Jaikemin fil Lowion Mallewegne, — Malnouel, — Muelle, — f. d. Afelix de Pairgney, — dou Pux, — la Qualle, — lou Preixiet, — Sabine = — Sauine, — f. sg. Abert de Virey, — Walleran.

Weiris 1241, Weiris, Weirit 1262/1298, Weiri 1227, 1245, 1267, 1288, Vueiris 1275, 1, Weris 1241, 1245, Weris, Werit 1262/ 1275, 1278, 1279, 1290, 1293, Weri 1245/69, Wery 1269, 154, Werris, Werrit 1251, 1267, 1275/1298, Warri 1269, 72, Garri 1269, 396, 468, Guerri 1241, 1267, 1269, Guerrit 1281, 120. v. V. Werimont.

1. .... — 1245, 185.
en preis — (OM) 1293, 681
Joseph lo poissor et — 1241, 191.
stuve — a la rive a Pouxons 1288, 147.
2. sg. — d'Ancey, — de Bethanges, messires — de Bolai, — de Burtoncort, — de Chapeleirue, — de Hate Riue, — de Lupei, — de Maixeres, sg. — d'Orei, — f. d. Poince d'Oxey, — de Pontois, — de S. Arnout, sg. — de Sanei, — de Theheicort, — de Thionville, — de Weppei, — de Xuffledanges.

3. arcediacre —, — arceneires, sg. — chanoue de S. Thiebat ki fut oficials, — courrijer de Sanerie, — feivre (de Sus lou Mur), maistre —, — masson, — meutier, — official, — permanteirs, sg. — preste de S. Livier, sr. — prestres de S. Maimin, sr. — prestes de S. Seplise, sr. — de Nonviant prestres de lai chaipelle Bairbe, sr. — (f. Theiriat) Rauille prestes, — f. Alart lo recovror, — roweir, — taneires de Bertoncort, — taneires ki maint en Stoisey.

4. — l'Alemant, sr. — Bairbe, — Beche, — Blondel de Bouxeires, — Constantinoble, — lo Grant, — Maleseuvres, — Meutenaire, sg. — de Nonviant, sr. — Piedechalz, sr. — Rauille (prestre), sg. — Troixin, sr. — de Virey, sr. — Xordes.

dou **Welt** 1251, 1267, 1277, 1285, 1288, 1293, dou Weyt 1269.

Howignons — de Montois 1285, 459[10].
Jakemin — (ms. a S. Julien) 1251, 78.
†, Garsat f. 1277, 216.
Jenas — 1267, 280; 1293, 13.
de S. Julien 1288, 7.

I. Personennamen 437 de Weiure

Izaibel f. 1293, 10a.
Tieriat —, Faukignou f. 1269, 501.
de **Weiure** 1262/1279, 1285/1293, de Weivre 1275, 1288, de Weyvre 1298, de Weure 1267, 1269, 1277, 1281, 1285.

P.
1 Alexandre — 1262, † 1277
  Marguerite — 1269/88, † 1290 [1])
2 Nicoles — 1262/75, † 1285
  = sg. Nicole — † 1290, 329
3 Colignons — [2]) 4 Erart Lorate Bonefille
  1285/93   1285/90, † 1293 li Vadoise
               n. Wiborate f.   1293/98
               Jennat Merlo   Anelz
                  1275   1293
       5 Jaike —
6 Colins   7 Jehans —
  1267   1267/85

1. Alexandre —,
devant la cort (OM) 1262, 107.
Marguerite —,
33 s. 4 d. moins ost. que fut Baudoiche (PM), 11 s. 4 d. moins ms. en la ruelle Nicole Remey 1269, 6.
30 s. 2 ms. antor S. Jorge, 15 s. ms. au pont des Mors, 14 s. ms. ensom, 13 s. ms. en Franconrue, 6 s. 1 d. meis outre Muselle, 8 s. ms. et gr. an Poursalrue, 3 d. ms. outre Muselle 1269, 116[16].
= d. Marguerite, f. Alexandre — †, pb. 33 s. ost. ke fut Baudoche (PM), 14 s. ms. ensom ley, 15 s. ms. a pont des Mors, 11 s. 4 d. moins ms. en la ruelle Nicole Remey † 1277, 195.
pb. 30 s. ms. ator S. George, 15 s. ost. a pont des Mors, 13 s. ost. en Franconrue,

---

[1]) *Ben. III, 174 Tarif du grant tonneu de Metz:* Et li n grant tonnowier et Humebourjat et la dame de Buevre et Bazin ont la moitiet de l'argent *etc. v. Jahrb. XXI[1] 1909, S. 80/81.*

[2]) *Ben. III, 268 (1303 a. St.)* sires Aubers Xavins et Colignons de Weivre drois datours (pour les pucelles de la Vigne S. Marcel).

6 s. 1 d. meis otre Moselle, 8 s. ms. et gr. en Pousalrue et 3 d. ost. otre Moselle 1277, 447.
pb. ms. anc. lou cors de Proichors a pont des Mors 1278, 21.
= Marguerite —,
6 d. 2 chap. ms. en Franconrue, 10¹/₂ s. forge daier et jard., 33 d. 1 chap. et 33 d. 1 chap. 2 ost. (OM) [1]) 1288, 93.
18 s. vg. en Hawitvigne et vg. a Poncel (PM, OM) 1288, 370 = 575.
†, d. Margueron fm. Frankignon et Sebeliate Clairiee mainbors, c. vg. desour Vallieres, c. ms. a pont des Mors 1290, 25.

2. Nicoles —
et Jennins Wascelins pb. por Nostre Dame de Carme 1262, 408.
reseige devant S. Ferruce 1267, 18.
et Colin Ruece et Jenat Chavreson *etc.*, 110 s. ¹/₂ molin (PM), 18 s. ms. a la porte en Chambres 1275, 27.
„ , 6¹/₂ lb. ms. en Visegnuel 1275, 76.
„ , ms. Maheu Jeuwet, 2 ms. daier ke vout fuers a Staixons 1275, 196.
= Colin —, davant l'ost. (PS) 1269, 213.

3. Colignons, f. Nicole — †.
pb. t. ar., preis, vg. ou ban d'Ercancey et d'Antilley 1288, 316.
= Colignon —, 30 s. des 60 s. ost. Lukin d'Aiest et meizes Frowin 1285, 30.
sorvowerie d'Erkancey et tout ceu ki a lai sorvowerie apant 1293, 23.
er. a Antilley, Mercey, Erkancey et Alexey et en tous les bans 1293, 24.

3. 4. Colignons —
pb. 29 s. er. com Erairs, ces fr., ait a Rouvre et a Montigney et en tous les bans (PM) 1290, 333.
45 s. ke Colignons — doit sus toute lai sousvouwerie d'Erkancey, sq. a Erairt, f. sg. Nicolle — † 1290, 329.

---

[1]) *De Wailly 254 M (1286)* 2 s. 8 chap. ms., gr. et resaige d'une ms. an Franconrue an la rouwelle Flore daier la tor ke fut Nicolle de Weivre, ke Merguerite de Weivre doit.

Weixe–Werniers

4. Erart, f. Nicole —†,
38 s. 6 d. 10 chap. en Dairangerue, 30 s.
6½ d. eires de Gran Meizes 1285, 15.
40 s. gr. outre Muselle 1285, 103.
vg. an Leubinpreit (OM) 1285, 126.
= Erart —, n. d. Wiborate — (=Wiborate f. Jenat Merlo † 1285, 126), 28d. vg. ou ban de Valieres 1285, 25.
Lorate, fm. Erairt —†,
ms. et meis en Gran Meises doit 3½ s. 1293,
Bonefille, f. Nicolle —†, [187.
pb. vg. a mur a S. Julien 1293, 209.
pb. er. a Nowilley et ou ban 1298, 232.
= Bonefille li Vadoise, f. N. —†, et Anelz, sai s., er. a Condeit et a Nortain et en tous les bans sans 5½ jorn. de t. 1293, 415.
5. 6. 7. Colins, f. Jaike —,
pb. 4 lb. vg., jard., ms. meis a Plapeuille et vg. en Genestroi, dev. lo chauk. les Rinnes, en Wacon et tiercerasce S. Pol et t. ar., 20 s. ms. (OM), que Jehans, ses fr., li at eschangiet 1267, 123.
7. Jehans —
pb 4 lb. que Maheus Lowis avoit sus lo ches de la grant ms. son p., que vint en part as anfans Jaike — (PS) 1267, 419.
ms. et saveur daier (OM) 1267, 514b.
doit 3 d. ms. outre Muselle 1269, 116¹⁴.
pb. 14 s. ms. en Chanbres 1275, 6.
sus Muselle anc. lui 1275, 317.
ms. en Chanbres doit 2 d. 1279, 4.
pb. vg. sus Muzelle enc. lui 1279, 377a.
pb. vg. sus Muz. a chief de la Pasture 1279, 20 s. des 40 s. et 20 s. des 40 s. vg. ou [377b.
ban de Wapey et de Felieres 1281, 332, 333,
pb. ms. en Anglemur 1285, 472.
Weixe (v. Waixe).
Poinsignon — bouchier 1281, 414.
Wenardat, Wernardin v. Winard.....
Wendremate. v. V. Wendremelclozel.
Waterins li wanteirs et — sai fm. 1293, 266.
— s. Jennin Cabo 1277, 132.
— fm. Jennin Foille † 1290, 315.
Werais.
Piereson, Matheu, Martin les 3 f. — 1288, 457.
Werl, Wery v. Weiris.
Werias, Werions, Weris v. Weir....

Wernaire.
Matheu — de S. Julien, Jennat f. 1290, 304.
Wernesons, Werneson 1275/98, Wernessons, Wernesson 1279/85, Warnesons, Warneson 1262/77, Warnessons, Warnesson 1269, Warneceons 1241, Warniceon 1241, 1245, Warnisson 1251.
1. — crowaie ou ban d'Awigney 1288,
—, ms. en Saunerie 1245, 70. [488d.
— f. Vguignon 1275, 449.
2. — de l'Alluet d'Ars (OM), — d'Arcancey, — escheving de Dornant, — de Goinz, — f. d. Poince de Mardenei, — de Nowilley, — f. Warin de Wauille.
3. — bolengiers, — fr. Poincignon lou bollangier, — j. Lambelat lou chaponier, — chavrier, — corrier, — f. Yzanbairt lou corvexeir dou Quartal, — escheving de Dornant, — feivre, — vallat Jaikemin lou prevost, — varrier, — wastelier.
4. — li Besgues, — lou Blanc, — c'on dist Boinsemel, — Bosceron, — f. Gerardin Buxey, — Karital, — fill. Chaderon, — de la Cort de Lorey (OM), sg. — de Gorze, — f. Jennin Maretel, — Petisboins de Vignueles, — lou Rocel, —Vizee, — Xeudetruve.
Wernetel v. Vairnetel.
Werniers, Wernier 1275/98, Warniers, Warnier 1227/75, 1279, 1288, Garniers, Garnier 1281, 1293, Guernier 1290, 49.
1. —, ms. davant S. Vi ki fu Weiriat et —, Gerardat f. 1275, 291. [1241, 200.
2. sg. — de Lay, — de Port, — de Rouzeruelles, — de S. Julien, — f. Berdin de Ste Rafine, — (vies) maior de Vallieres.
3. abbeyt — de S. Airit de Verduns, — bouchier, — boulanger, — chavretour, — lou Roucel cherreton, — corrier (de Sanerie), Fransoi lou courrijer f. sg. —, — drapiers, — li Vels faixiers, — fevre (de Sus lou Mur), — Auerels maires de Porsaillis, — maior de Vallieres, — f. Nicole lou meutier de Stoixey, — lo Rossel mutier, — naitenier, — peignier, sg. — preste, sr. — dou Grant Mostier, — tennour dou Champel.
4. — Auerels (maires de PS), — f. Boite, — li Borgons, — f. Wiart lou Borgon, — Keutepoire de Chastels, — lou Gros, sg. —

de Jeurue, — Lohiers, — f. Jakemat lou
Nain de Vals, sg. — Pilaitre, — Poinsairt,
— lou Rocel cherreton, — lo Rossel mutier,
— li Vels faixiers.
  5. Jehan — 1251, 89; 1269, 13; 1278, 55;
fr. d. Luckate   1278, 54. [1288, 494.
Jennas —¹)   1267, 314; † 1279, 377a.
  fr. Lucate   1275, 75.
Jehan f. Jennat — †   1288, 365.
Werrate. (v. Wairate).
Steuenins — clers 1285, 335; 1293, 378.
  ke maint desous l'airemaille 1288, 138.
Steuenat — clerc 1293, 382²⁰,²³, 387, 395.
Werrels, Werrel 1251, 1275/78, 1285, 1288,
1290, 1293, Werre 1267, 146, Warrels,
Warrel 1245, 1267, 1269, 1277, 1281, 1285,
Varel 1293, 681, Vairel 1288, 292. v. V.
Werrelcommune.
  1. lonc lou parteit ke fut — (OM) 1293,
— et Rennillons   1251, 118. [681¹¹.
— o. Garsiriat fr. Weiriat de l'Aitre 1267, 146.
Thiebaus f. — (v. 5.)   1269, 200.
Colate fillaistre —   1285, 57, 531.
— fr. Jenin (v. 5.)   1278, 504.
lou fr. —, ost. ou Haut Champel 1281, 28.
  2. — de Mannoncort   1267, 46.
— de la Nueve rowe   1277, 22.
— de Porte Serpenoise 1275, 132; 1277, 141.
  3. — musnier   1245, 255.
  4. Poincignons Pichos f. — 1267, 395;
  5. Gerart —,²) Richous et [1269, 303.
  Marguerons f.   1288, 292.
Jehan —   1285, 190; 1290, 494.
Jennin — (v. 1.)   1293, 297⁴.
Thiebaut — (v. 1; P? v. de l'Aitre 14/15)
    1267, 146; 1269, 249.
Weirias — d'Ansey   1288, 264.
Werrias, Werrions, Werris v. Weir....
Werrokier, Lowiat   1293, 446.
Wescel v. Wesselz.
Wescelins, Wescelin v. Wesselins.

---

¹) *Ben. III, 174 Tarif du grand tonnen de Metz:* On doit aux hoirs Jennat Warnier XXX s. de met.

²) *Prost XXX, 1243* Gerairs Vairelz de Noeroit... Ludyns li freires Gerairt Vairel.

Wessat.
—, ms. en Stoixey   1279, 173.
—, deleis (PS)   1293, 311.
Wesse, Wessel v. Wesselz.
Wesselas, Wesselat 1285, 1298, Waiselas
1293, Wasselat 1285, Wacelat 1275.
  1. —, vg. anc. (PS)   1298, 118.
— et Jenat et Colairt de Cronney 1275, 421.
  2. — de Fayt 1285, 58, 81; 1293, 560.
Wesselins, Wesselin 1275, 1277, 1279/98,
Wescelins, Wescelin 1267, 1275/79, 1293,
Waiselin 1298, Waicelins, Waicelin 1288,
1298, Wasselins, Wasselin 1262, 1269, Wascelins, Wascelin 1262, 1275, Wacelin 1241,
1278, Wicelins 1245, 10.
  1. t. ar. a Flanville c'on dist ou meis —
    1285, 159.
  2. — de Charley, — de Chastels, — de
Fay, — de Faillei,. — de Haueconcort, —
de Nowilley, — d'Outre lou pont Renmont
(v. 5.), — de Ste Rafine.
  3. — parmantiers, — Serjans permantiers.
— poxor, — waistelier.
  4. — Gadat, — Serjans permantiers, Colignon Vairnetel f. —.
P.
  1. Lowias —,
ms. (PM)   1241, 68.
pb. ms. (PM) por tant con... doit a Jennin —   1275, 23.
et Hanrias li doiens de S. Julien pb. 6 s.
ms. en Stoixey   1275, 160.
1¹/₂ st. en la halle des tanors ou Champ a
Saille   1275, 361.
en Aiest anc. ms.   1279, 206.
ou ban de Vairney enc. t.   1281, 377.
= Lowiat, o. Jennat f. Jennin — †,
vg. an Cuignes ou ban de Vallieres 1285,
  2. Jennins —: (v. 1.)   [322.
Nicoles de Weiure et J. pb. por Nostre
Dame dou Carme   1262, 408.
et Poincignon de la Barre et Nicolle Moreton
et..., reseige devant S. Ferruce 1267, 18.
et Colin Moreton, 12 s. ms. (PM) 1267, 24.
  3. Jennas, f. Jennin — (d'Aiest)†,
pb. vg. an Cuignes ou ban de Vallieres, aq.
a Lowiat, son o.   1285, 322.
pb. vg. en Genestroit (OM)   1293, 638.

Wesselins 440 I. Personennamen

pb. 15 s. ms. et meis an Dairangerue 1298, 21.
pb. 8½ s. ms. daier S. Hilaire (PM) 1298, 409.
4. Guercirias, f. Jennin — †,
pb. ms. en Aiest et grant meis daier 1293,
pb. vg. en Wacons contrewaige a meis [15a.
et ms. 1293, 15b.
= Gairciriat —, en Aiest auc. l'ost.
pb. vg. ou ban S. Martin en lai [1288, 328.
fin de Vantous 1290, 287.
pb. por Thiebaut Creature 1298, 454.
= Guercirias — li amans pb. por Thiebaut
Creature 1293, 228.
5. Poinces —
pb. ms. (PM) 1245, 10.
6. Lowit — d'Aiest (v. 7. 13. 14) †
7. Wascelins, f. Lowit —, [1277, 190.
et Warnesons li bolangiers tiennent maisons
en Stoixey 1262, 140a.
8. Jehans, f. — d'Outre lou pont Renm.,
er. de pairt Bietrexate, sa m., et —, son
p., ou k'il soit, et partie en ms. ou il
maint en Stoixey et er. ou ban de Vairney, Ropeney, Xueles, Failley, Sanrey,
Vigey 1288, 367.
9. 10. 11. 12. Colignons, Lowias,
Thielemans, Aileis et Merguerite,
enf. — d'Outre lou pont Renmont †, et
Poincignons, lor fr.,
er. en bans de Vairney, Roupeney, Xueles
et Villeirs a l'Orme 1293, 17.
13. Poinsignon lou clerc, f. Lowit — †,
2 ms. an Rimport dev. Grant Meizes 1279,
= Poinsignons — li clers [410.

pb. er. ou ban de Longeville 1279, 335.
er. a Uairney, Roupeney. Xueles, Villeirs
a l'Orme et en tous les bans 1293, 196.
13. 14. Poinsignons li clers et Jennetels, ces fr., anf. Lowit — d'Aiest †,
pb. er. Jehan, f. — d'Outre lou pont Renmont (v. 8.) 1288, 367.
pb. ms. defuers Pairnemaille 1290, 150.
14. Jennas, f. Lowit — (d'Aiest †),
pb. vg. en Briey 1275, 434.
pb. vg. sus Muzelle et t. ar. ensom 1277, 190.
pb. er. ou ban de Vairney, Roupeney, Xueles,
Villeirs, Failley 1285, 323.
pb. t. ou ban de Mons et 14 d. pr. et t.
ou ban de Vairnei 1290, 298.
= Jennetel —, an Grant preit (Vairney)
entre pr. ... et pr. J. 1298, 383.
=? Jennas — (oder = 3?) et Waterins li
draipiers pb. ½ ms. an Stoixei, t. ar. a
Ruxei et meis daier Parnemaille 1285, 335.
14. 15. Jennas, f. Lowit —, et Lowias f.,
pb. 2½ moies de vin er. ou ban d'Ars (OM)
15. Lowias, f. Jennetel — ke [1293, 143.
maint en Aiest (d'Aiest),
pb. er. en bans de Vairney, Roupeney, Xueles, Villeirs a l'Orme 1293, 17.
pb. er. ke Poinsignons — li clers, ces
oncles, avoit (v. 13.) 1293, 196.
et Marguerite Blanche d'Outre Saille, er.
a Lucunexit er ou ban et en lai fin antre
Niet et Airs deleis Coullambei et a demei
luwe tout en tour Lucunexit et Villeirs
et en bans 1298, 487.

?		Wesselins		
1 Lowias —	2 Jennins — (d'Aiest)	5 Poinces —	6 Lowit — (d'Aiest)[2]	
1241/85	1262/67, † 1285	1245	† 1277, 190	
3 Jennas	4 Guercirias —	7 Wascelins 1262	13 Poinsignons —	14 Jennas 1275/90
1285/98	1288/98 amans 1293[1])	= — d'Outre lou pont Renmont Bietrexate † 1288	clers 1279/93	= Jennetels — 1288/98
				15 Lowias 1293/98
8 Jehans	9 Colignons	10 Lowias	11 Thielemans Aileis Merguerite	12 Poincignons
1288	1293	1293	1293 1293 1293	1293
16 Maitheus — 1293				

[1]) *Bannrollen I, LXXXI (1285)* Transcrit de l'airche Garsiriat Wesselin.
[2]) *Lowis Wesselins (6) ist schon 1277 tot, kann also nicht* = Lowias Wesselins (1) *sein, weil dieser noch 1285 lebt. v. 1285, 322 und 323.*

16. Maitheus —
et Jennas Rikairs pb. ms. a la salz an
Rinport 1298, 222.
Wesselz 1288, 1290, Wessel 1277, 1279,
1288/1298, Wesses 1285, 1288, Wesse 1275.
1285, 1293, 1298, Wescel 1279, Waisel 1288,
67, Wassel 1290, 14, Wacel 1279, 48.
  1. vg. entre Chauerson et — (OM) 1279,
—, Heyluit s. 1288, 93. [534.
  2. Theirias f. — de Vantous et Aileis
sai s. (v. 5.) 1277, 207; 1279, 183.
hoirs — de Vantous 1290, 14.
— f. Weiriat de Villeirs a l'Orme † 1290,
  3. maistres — d'Ars (OM) fissiziens [284.
    1285, 490; 1288, 549; 1298, 564.
  5. Ancillon — fr. Guertrut 1298, 190.
Gerardin — 1285, 375a.
  †, Arambor fm. 1285, 415.
  de Maingney 1275, 224.
Hawiate — 1288, 93.
Howignon — de Maigney, Howignon lou
Gornsix lou taillor f. 1293, 506.
Jennat — 1298, 429.
Thierias — de Vantous (v. 1.) 1288, 352.
  Merguerite fm. 1293, 13.
Waterin — 1279, 48; 1288, 67; 1290, 154,
Willemin — 1293, 451. [372.
Wesses v. Wesselz.
Wetier v. Witiers.
de **Weure** v. de Weiure.
Wiairs, Wiairt v. Wiars.
Wiardin.
Wiart lou permantier et — et Jennat (=
  Jennat et Wiart les 2 avelas Wiart lou
  permantier 1278, 218) 1278, 350.
— permantier 1278, 591; 1288, 263.
Wiars, Wiart 1245, 1267/1275, 1278/1281,
1288/1293, Wyars 1269, Wiairs, Wiairt
1275/1278, 1288, 1293, 1298.
  1. —, cloweire ou Champel 1245, 172 ⁷.
— †, Richart et Clemensate enf. 1281, 116.
  2. — f. Herbillon de Conflans, — de
Dauant S. Viceut, — f. Colin de Marley,
— de Wapey.
  3. — keu de S. Clemant, — permantier,
— avelas — lou permantier, sr. — prestes f.
Jehan Bobert de Wauille, — recuvreires.
  4. — de l'Aitre, — li Borgons, — (f.

Garsire) Cher, — lou Fransois, — j. Watrin
Grozelle.
  5. Jennas — permantiers et — ces fr.
Wiberate v. Wiborate. [1279, 545.
Wibor v. Wibors.
Wiborate 1269, 1277/1279, 1285/1298, Wiberate 1279/1288, 1293, 1298, Wiborette 1275,
Weberate 1298.
  1. —, ms. a S. Clemant 1288, 176.
  2. —, fm. Jehan fil Tierion d'Airey, d.
— fm. Lowiat de Chastelz †, — f. Mergueron f. Steuignon de Mairis, — fm. Wernesson de Nowilley †, — fm. Roillon de la
Wade, — f. Roillon de lai Wade.
  3. Thierions li Vadois taneires et — s.,
— lai Vadoize f. Jehan Bruenne.
  4. — fm. Hanriat l'Ameral †, — Jennas
Berterias et — fm., — (lai Vadoize) f.
Jehan Bruenne, — fm. Thiebat Buglel, Collairs Corneuclz de Colambeirs et — f., d.
— s. Willame de la Cort, — f. Colignon
Drowat, — fm. Colignon Facol, — s. Filipin Filio †, sr. Willames prestes f. Colin
Gratepaille et — tante, — fm. Hanriat
Herral, — f. Merguerate lai fm. Jennat
Martin, — f. Jennat Merlo † (= — fm.
Hanriat Herral), — f. Jehan Petitvacke de
Sus lou Mur †, — fm. Jakemin Puignant,
— fm. Garsat Robowan, — f. Jennat Romaicle †, — fm. Howart la Ueule, d. — de
Weiure, — fm. Wauterin Willo †, — f.
Jennin (Jehan) Winoble de Sanerie †.
  5. Jehan — 1298, 104.
Jennas — et Robers et Symonins seu dui
  fr. ke sont de Maigney 1293, 535.
Wibors 1227, 1251, Wibor 1277, 1279/1293,
Wibour, 1278, 1279, 1285, 1293, 1298.
  1. d. — 1251, 219.
  2. — de Chastez, d. — de Grixey, d. —
de Hastrise, — fm. Symonat de Repigney,
— fm. Lanbert de Rixonville, — f. Doumangin
de Villeirs.
  3. d. — priose des Grans pucelles de
    la Vigne 1277, 195¹¹, 447; 1281, 158.
  4. d. — fm. Hanriat l'Aimiral † 1285, 179.
d. — fm. Fafel † 1227, 57.
  5. Thieriat — de Grizey 1285, 426.
Wicêe (v. Visaie).

Wikelans–Wielant

Aurowins — tenneires 1279, 407.
Wikelans, Wikelan.
— chapponier 1277, 364.
Steuenins — chaponniers 1277, 324.
Wicelins v. Wesselins.
Wikernel, Jaikemin, fr. Renairt, Jaikemat et Chardat anf. Renairt 1275, 316.
Wichairs, Wichairt v. Wichars.
Wichardins, Wichardin v. Wicherdins.
Wichars, Wichart 1220/1245, 1262/1269, 1278/1285, 1290/1298. Wychars, Wychart 1269. Wichairs, Wichairt 1277, 1279/1298.
 1. —, ms. en Rimport 1220, 31.
— pb. 1262, 74, 75.
t. ar. c'on dist ou champ sg. — ou ban de S. Martin (OM) 1285, 110.
ban c'on dist sg. — (S. Martin OM) 1298, 625.
 2. — d'Ansey 1290, 515; 1298, 330.
— d'Amors 1281, 215.
 3. — corveisier 1241, 35.
— uzerier 1285, 233.
 4. — de la Cort, — (f. Colin) Groignas (amans), — lou Jal, — Jallat, — f. Maheu de Jeurue, — f. Colin Judes ds S. Priveit. — Lorans, — f. Thomessin Paiemal, sg. — de Porte Mozele, — (f. d. Haui) de Sus lo Mur, — Tolose, — de la Tor.
 5. Jennas — f. Colin Judes de S. Priveit 1285, 546'; 1290, 578; 1293, 683; (1298, 675.)
Pierat — de Lorey (OM) 1279, 560.
P.
 1. Jehan —,
maior de Porte Muzele 1220. 1*.
d. Marguerite, fm. Johan —,
pb. ¹/? ms. en Saunerie et ¹/? vg. en Colonbel, aq. a. Poincet Lukerel, son fill., ke li vint consuant de par Jehan, son p.
la fm. Johan — †, tavle au Viez [1241, 10.
Chainges 1245, 82a.
 2. Poincet Lukerel, f. Johan — (v. 1.)
 3. Bugles, f. sg. Jehan —, [1241, 10.
pb. ms. outre Saille 1267, 85.
 4. Jaikemins li Moinnes, f. sg. J. —,
pb. ms. (PS) 1267, 445.
pb. por lui et por Thieriat de Nowillei ms. Colate, f. sg. Jehan —, a Valieres, vg. en Augrez, t. devant les Bordes 1269, 192
 5. Thiebaus —
pb. vg. en Cugnez a Valieres, ak. a Colate, sa s. 1269, 196.
 6. Bauduyns —
pb. vg. en Planteires 1262, 371.
pb. por les signors de S. Piere a Vout 1267, 5.
pb. ms. en la ruelle de la porte a la Saz
pb. por les Cordelieres 1267, 178, [1267, 29. 230, 497; 1269, 1, 54.
pb. t. suz lou petit chamin devant lo jardin de Bordes (PM) 1269, 182.
ms. en Staisonz 1269, 221.
enc. vg. (PM) 1278, 421b.
d. Merguerite, fm. Badewin — †,
¹/₄ maix. (PM) 1288, 359.
Wicherdins, Wicherdin 1275/81, 1288/93. Wichardins. Wichardin 1267, 1298, Wychardin 1269, Wecherdin 1298.
 4. — Berbelz (d'Aiest), — Groignas (de Porte Moselle), — Haranc.
Widrecos, Widrecol, Widresco.
— de Flaistranges et Watrin j. 1277, 7.
— li muires 1277, 56.
Wiel v. Wiels.
Wielant v. Wilant.

Wichars
(sg.) Jehan — † 1245 ⌣ Marguerite 1241
maior de PM 1220¹)   Poincet Lukerel fillaistre

2 Poincet Lukerel 1241	3 Bugles²) 1267	4 Jaikemins li Moinnes 1267/69	5 Thiebaus — 1269	Colate 1269
6 Bauduyns — [1250 PM] ⌣ Marguerite 1262/78. † 1288	1288			

¹) Jehan Wichart *ist vielleicht Sohn von* sg. Wichart de Porte Mozele *gewesen.*
²) v. I. Bugles 1.

Wiels 1288, Wielz, 1279/1285. 1293, 1298, Wiel 1277, 1278, 1281/1290, 1298. (v. Viels).

P.	?
1 (Burtignon) —¹)	2 Matheu
1277/98	j. Adan Brixechamin
de Chambres 1285	1281
amans 1298²)	

j. Piereson de la Vigne 1277/78
Sebeliate Contasse v. li Contes 2.
 f. Wiel 1288

 1. —`(= Burtignons),   [553,
ms. a la creux otre Moselle doit 25 s. 1290.
Pieresons (de la Vigne) seurs —1278, 26, 162.
 seurs Burtignon — 1277, 119; 1278, 102.
= Burtignons —
et Ferrias Golz pb. gr. as Roches et ms.
pb. vg. outre Saille 1279, 494. [1279 185.
4¹/₂ s. gr. as Roches   1281, 356.
pb. ms. ou il maint   1281, 357a.
pb. 6 s. 4 d. er. Matheu, son fr. 1281, 357b.
pb. 4 s. ms. ou Veueit et ¹/₂ ms. as Roches
          1285. 341.
ait 7 s. ms. as Roches anc. sa gr. 1285, 342.
ms. as Roches devant la gr. doit 12 s. a Sibiliate Contasse, f. Wiel — 1288, 119.
et Sebeliate Contasse, sa f., pb. 25 s.
 ms. outre Muselle   1288, 522.
ms. ou Veuier doit 4 s.   1290, 290.
pb. 15 s. ms. ou il maint a lai porte en
 Chambres   1293, 408.
an Chambres anc. l'ost.   1298, 6.
pb. ms. as Roches an Chambres 1298, 17.
Symonas de Chambres et B. — et ... pb.
 t. ar. en Hem et vg. en lai coste dou mont
 S. Quintin daier Longeville 1298, 296=350.
— Burtignon — de Chambres, pet. ms.
 as Roches pairt a   1285, 355.
Colignons Cunemans et B. pb. 55 s. t. ar.
 et er. a Malpais   1285, 411.
= Bertignons — li amans

---

¹) *Ben. III, 165 Anm. (1295)* Beurtignon Wiel ait acquaisteit a Joffroy, le fil Roillon de Strabour qui fut, une table de changeour, que ciet en Nuef Chainge.

²) v. II. amans.

---

pb. 22¹/₂ s. ms. a l'antreir dou Champel
 outre Saille   1298, 54a.
pb. 9 s. 3 ms. en Furneirue   1298, 54b.
 2. Matheu, fr. Burtignon —.
6 s. 4 d. er. de pair d. Aileit, sa seure, fm.
 Adan Brixechamin · 1281, 357b.
Wiennas, Wiennat 1275, 1281, 1288, 1298, Wionas 1279, Vienat 1275. Winas, Winat 1267, 1281, Wynat 1269, Vinat 1285, Vynas 1298.
 1. —, ost. a la creux (OM)   1288, 258.
 2. — d'Antilley   1275, 324.
— f. Lorin de Mercey   1298, 402.
 3. — escollier   1285, 245.
— feivres 1267, 475; 1275, 482; 1279, 292;
     1281, 129, 138, 626; 1288, 508.
— feivre d'Otre Muselle†, d. Poince fm. 1298,
 5. Godefrin —¹)   1269. 438. [299¹.
Wierion v. Weirions.
Wiger, Thierion   1245, 204.
Wijon, ost. defuers Chambieres 1290, 255.
Wilames v. Willames.
Wilant 1277, 1288, 1293, 1298, Wielant 1278, 1285, Willans 1262, 1267. P. v. Pajas.
d. — 1262, 44; 1293, 184, 441; † 98, 386.
 Symonas f. ·   1267, 98.
Symonius Pajas f. 1277, 387; 1278, 240;
d. — d'Aiest [1288, 123; 1298, 386.
 Lowias f.   1285, 343 = 432.
Symonin Pajat f.   1288, 8.
Wilekin v. Willekin.
Wilemins v. Willemins.
Wilike v. Willike.
Willambalz 1293, Willambaut 1278.
—, ms. devant Ste Creux   1278, 249.
Colignons — li draipiers   1293, 9.
Willames, Willame 1245/98, Willaume 1269.
Wilames 1288, = Willermin 1281. 272. v.
V. Willamechamp.
 1. — pb. por la chieze Deu de Gorze 1251,
 ...., — devant dit   1262, 278. [188.
—, pr. desous Pawilley   1293, 505.
Symonin f. —   1251, 52.

---

¹) *De Wailly 351/52 (1297) S. 258 B* lai maxon Jehan Corval, lou fil Goudefrin Winat ke fut, ke siet ou Gran Waide.

Willames–Willemins   444   I. Personennamen

2. sg. — d'Alexei, sg. — d'Aspremont, — f. Cunin de Bezeicort, — Bisseicourt de Hulouf, — fr. Hennelo de Bouzonville, sg. — de Chambleis, — de Chastels, — doiens de Chastels, — f. Cunin lou fornier de Chastels, — Botars de Chastels, — Gillebert de Chastels, — de Cnuerey, — de Flauigney, — de Juxey, — de Lorei (OM), — de la Cort de Lorey (OM), sg. — de Marranges, — de Meirval, — de Mommedorf, — de Rauille, — de Rezanges, — (lou malaide) de Ste Rafine, — de Saney, — de Sanrey, — f. Greillat de Vairney, — de Vantous.

3. — boulangier (ke maint an Maizelles), — boulangiers de Maicliue, — bolangeir de Stoixey, — bollengiers fill. Jennat Poxerainne, — fr. Arnout lou boulangier, sr. — de lai Cort chanones de S. Piere a Uous, sr. — de Gorze (chanones de S. Sauor), sr. — de Mollaincort chanones de S. Sauour, sr. — (chanones) de Hombor, — cherpentier, — clers de Vallieres, — conreires dou Champel, — cowecin, sr. — cureis de Jarnei, — feivre, — Guillebert maior S. Saueor, — masson, — munier de Chienremont, — officials l'arcediacre Wathier, — oxelour, — pavor, — lou Flamant permantier, — fr. Badewin lou parmantier, sg. — preste f. Simonin lou permantier, sg. — prestre de S. Jehan a S. Clemant, sr. — (f. Colignon) Graitepaille prestres, sg. — Bokehor prestre, — d'Asperc prevost de Lussanbor, maistres — saieleires de la grant court de Mes, — tornour, — valas Nicolle lou Gornaix, — le Vaudois, — viecer.

4. — Bazin, — Berhis, — Bisseicourt de Hulouf, sg. — Bokehor prestre, — Botars de Chastels, — (f.) Brehel, — f. Theiriat Buderit. — Chardevel, (sg.) — de la Cort chanones de S. Piere a Uous, — de la Cort de Lorey (OM), — lou Duc, — lou Flamant permantier, — Gillebert de Chastels =? — Guillebert maior S. Saueor, — de Gorze, sr. — de Gorze (chanones de S. Sauor), sr. — (f. Colin) Graitepaille prestres, — f. Thiebaut Hennignou, — Honec, — li Lombairs (j. Jennat lou Roi), — de Luppey, —

Macouvart, — Mairasse, — Naire, — Raboans.

5. Symonat —   1288, 259.
Symonin — (v. I. de la Cort, S. 124 Sp. 2)
Willanbaut v. Willambalz.   [1293, 643.
Willandon, ms. a Porsaillis   1245, 213.
Willandrut fm. Ansel de Saint Auor 1241, 9.
Willans v. Wilant.
Willaume v. Willames.
Willebour 1277, 1279, 1281, 1288, 1298, Willebor 1278, 1279, 1290.

1. ms. enc. — (PS)   1278, 260.
la rowelle — (PS)   1278, 537.
5. Cunin —, lai fm.   1290, 206b.
Jaikemins — 1277, 348; 1279, 40, 64, 437; 1281, 444; 1288, 391; 1298, 87.
Willekin 1293, 1298, Wilekin 1241.

1. —, ms. delez S Nicolai lo Petit 1241,
2. — dou Champ a Saille 1298, 339. [161.
5. Arnolt — de Richiermont, Jehans f.
Willecol 1267, 1269, Willescos [1293, 661. 1267, Willechols 1288, Willecort 1267, 187.¹)

1. —, ms. (PS)   1267, 187.
—, ms. eu Rues de S. Julien   1267, 274.
—, ms. en S. Nicolasrue   1267, 391.
3. — f. Garcerion le tixeraut 1269, 374.
5. Wirias — j. Rikewin   1288, 312.
Willemas, Willemat 1269/1281, 1290/1298, Willermat 1269, 1278.

1. — f. Steuenel   1269, 494.
—, stuve a Longeteire (v. 3.)   1290, 320.
2. — f. Jaikemin lou vies maior d'Allexey, — d'Awiguey, — f. Drowignon de Chastels, — doien de Chastels, — de Verniey.
3. — foulou, — stuvor = — de lai Stuve.
4. — lou Borgon, — Chaipate, — f. Jennat Cowion de Ste Rafine.
5. Jennat — ²)   1277, 416.
Willemins, Willemin 1241, 1245, 1269/1298, Willermins, Willermin 1245/1277, 1279/88, Willimin 1251, Wilemins 1285, Wilemis

---

¹) *De Wailly 212 (1280 a. St.)* Willekols de Buevauge.
²) *Ben. III, 259 (1303)* Jennin Willemat de S. Julien.

1227, Willermin = Willame 1281, 272.
1. —, ms. sus Saille 1298, 481.
— et Colins 1241, 46.
— f. Andrev (v. 4.) 1245, 178.
— f. sg. Aubrit (= de S. Polcort) 1251, 104.
— f. sg. Gilibert (v. Gillebert) 1241, 128.
— fr. Renaldin 1267, 508.
— srg. Thomessin 1281, 318.
2. — f. d. Yde d'Allexey, — d'Antilley,
— f. Arnoult d'Aweigney, — de Browanz,
— de Burtoncort, — f. Herbillon de Conflans, — de Mernalz.
3. — chancelier, — chapeliers, — chaponier, —
f. Baudowin chavreir, — cherpantier, — cherrier, — clers, — f. — lou feivre de Chastels,
— follons de Lai Nueneuille ke maint ou Champel, — frutier, — Bouetel frutier, — gaieneir, — hugiers, — laneires, — masson,
— Berdel natenier d'Anglemur, — Licherie orfeivres, — permantier de Franconrue, — parmantiers de la Nueue rue, — texeran, —
f. Lambelin lou tornour = — fr. Simonin lou tornor, — vieceirs de la Nueve rue, — voueis (v. 4. de Maigney).
4. — Andreu, — fill. Steuenin Baiart, — Bazin, — f. Belence, — Berdel natenier d'Anglemur, — f. — Berdin, — f. Beudrit,
— f. Thieriat Billeron de Chastels, — lou Borgon de Montigney, — Bouetel (frutier), — Brehel, — f. Poinsignon Brehel, — Clairies, — Cobin, — avelet Balduin lo Flamanc, — de la Fosse, — Gameis, — Gillebert, — f. Baiselin Grillat, — Guios (de Porte Muselle), — Gurdin, — li Hungres,
— f. Wichart lou Jal, — Languedor, — Licherie (orfeivrez). — f. Poincignon Lonbar, — li voweis de Maigney, — Morel de Fremerey, — Naire, - maris la Noire, — de Noweroit, — Pagetel, — Paien de Lai Nueneville, — Pestal de S. Clemant, — le Porc, — Pugnat, — Raboan, — li Rouez,
— f. Aubrit de S. Polcort, — Sibode, —
— f. sg. Gerart de Sorbey, — Wesse.
Willeran. v. Willeronpreit, Willerelmont.
Baudowins f. — 1278, 464.
Willerit, Colin, de Chazelles, Howignon f.
Howignon — 1277, 391. [1267, 309.]
Willermat v. Willemas.

Willermins, Willermin v. Willemins.
Willescos v. Willecol.
Willike 1293, Wilike 1298.
Wiriat — de Vairney 1293, 372.
Wiriat — f. Euriel de Vairney 1298, 383.
Willimin v. Willemins.
Willo †, Wauterin. Wiborette fm. 1275, 57.
Winardas 1279, Wenardat 1293.
— de Lorey (OM) 1279, 109.
— de Vignueles. Gerardin f. 1293, 347.
Winardin 1293, Wenardin 1298.
anc. — ou ban de Lorey ou de Wapei 1293,
— de Lorey, Sedenate fm. 1298, 648. [154.
Winart 1269, 1278, 1279, Wingnart 1251.
1. la fm. —, ms. en Bucherie (PM) 1251, 92.
2. — de Syei, Gerardat f. 1269, 149.
5. Abertin — 1278, 188; 1279, 167.
de Siey, Richart fr. 1279, 339.
Winas, Winat, Wynat v. Wiennas.
Winkelatte d'Arencort 1279, 482.
Windremuet.
Odeliatte et —, ms. en Chambeires 1251, 155.
Wingnart v. Winart.
Winnebret, Gerairt 1279, 411.
Winoble 1285/98. Winnoble 1278.
Jehan — 1278, 550; 1298, 476.
Suffiate fm. 1288, 79.
Jehan — de Sanerie †, Wiborate f. 1290, 185.
Jennin — 1290, 366.
Jote f., fm. Jallat lou boucheir 1285, 216.
Jennin — de Sanerie †. Wiborate f. 1293, 273.
Winterels, Winterel.
Aileit f. — † 1293, 397.
Watrins — 1275, 18.
Wirias, Wiriat v. Weirias.
Wirions, Wirion v. Weirions.
Wiskeman 1267, Wiskemant 1262.
—, chucheur a S. Julien 1262, 118.
Jennin —. Hawit fm. 1267, 31.
Witiers, Witier 1245, 1267, 1275/85, 1290/
1298, Withiers 1278, Wetier 1290.
1. — et Poincignons Kalowins 1245, 30.
3. — clerc 1285, 217.
— fevre 1245, 255.
4. — Lambers, — (f. Martin) Torche.
P. [Jehan — m. e. 1318]
1. Jennas — [1278, 93.
pb. vg. en Culloit et ¹/₄ ms. en Maizelles

Witon–Xanville

outre Maizelles anc. l'ost. 1290, 450a.
2. 3. Badewin, f. Weiriat — d'Outre-
Maizelles —,
ms. et meis outre Maizelles 1290, 450b.
Witon 1269, 1288, 1298, Witton 1298.
2. — de Noweroit 1298, 349.
— de S. Clemant, Wauterins f. 1269, 415.
5. Waterin —, Clemignon f. 1288, 449.
— de S. Clemant †, Rembalz f. 1298, 60.
Clemignon — 1298, 273.
Rembalt — 1298, 492a.
Wixairs, Garsas 1277, 168.
Wixel, Cunin 1290, 414d.
Wixol.
sus lou Terme outre Muselle arreis l'ost. 1293,
Thieleman — de Maixieres 1293, 667. [340.
Waterin —, Thieleman f. 1293, 694.
lou **Wixol** de Chadeleine †, Poinsate li
Vadoise f. 1298, 231.
Wobor de Silingnei 1245, 75.
Wolf, Wateron 1245, 172[15].

X.

Xadaigaisse.
Jaikemin — cherbonier 1293, 388.
Xadeit, Colin 1298, 544.
Lorin — de Maignei 1298, 539b.
Xaderos. [378.
Symonins — cordeweneirs de Staixons 1288,
lou **Xaibe,** Jennat 1288, 371, 555; 1290, 430.
Xaigal, ost. a Maigney 1293, 456b.
— lou Gros, ost. a Maigney 1298, 539a.
Xairolz 1293, 1298, Xairol 1290/98, Xairo
1278, 1281, 1298, Xaros 1278, Xaro 1298.
Jaikemins — 1278, 442.
Anel s. 1298, 228, 284.
Jehans — de lai Vigne S. Auol 1298, 522.
tenneires de lai Vigne S. Auol 1298, 112.
Jennat — 1278, 78; 1281, 62.
tennour de lai Vigne S. Auol 1290, 428.
Jennin — de lai Vigne S. Auol 1293, 76.
Poincignons — massons 1293, 78.
lou **Xairt,** Steuenin 1288, 179.
Xaiving v. Xauins.
Xaixol, Jennin 1281, 644.

Xallat, Piereson, d'Airey 1298, 516.
Xalle.
P.
1 Colin — maior de S. Julien
1279/81, † 1288

Odelie	Merguerate	2 Abert
1288	1290	1290

srg. Perrin f. Nenmeriat Lohier.

1. Colin — maior de S. Julien,
ou bau de S. Julien enc. vg. 1279, 362.
an Rowes anc. vg. 1281, 407.
a S. Julien anc. vg. 1288, 135.
en Chenalz anc. vg. les hoirs 1293, 27° =
grant ms. C. — † a S. Julien enc. [175°.
l'ost. Odelie f. C. — 1288, 123.
Merguerate, f. C. — de S. Julien †, pb.
9½ s. des sotes, raicheteit a Perrin, f.
Nenmeriat Lohier, son srg. 1290, 325.
2. Abert, f. Colin — de S. Julien †,
et Pierexel Lohier et Nenmeriat, son fr.,
et Katerine et Jaikemate, f. Piereson
Rochefort, vg. en Sourelz davant lou
molin a S. Julien 1290, 317.
Xallebouton.
— vg. outre Saille 1279, 96[4].
Colin — 1277, 356.
Colin —, fm. 1267, 352.
Colin — j. Lorant Moute 1288, 384b.
Ysabel — 1267, 75.
Xallewis, Xallewit 1293, 1298, Xallewins
1285, Xallowis, Xallowit 1278, 1285, Xalo-
wit 1278, Xallowin 1275.
Thierias — 1275, 300, 308; 1293, 32.
de S. Julien 1285, 319, 459; 1293, 393.
Theiriat —, Waterins fr. 1278, 422.
Waterin — 1298, 234.
Xaloigne 1251, 1288, Xalogne 1241.
—, ms. davant S. Martin (PS) 1288, 182.
Hanrias — †241, 91; 1251, 212.
Xalowit v. Xallewis.
Xanderins, Xanderin v. Alexandrins.
Xandras (v. Alexandrins 5.)
Colins — srg. Jakemin 1269, 358, 433.
Xandrin v. Alexandrins.
Xauville[1] (v. IV).

---
[1]) *Im Text ist gedruckt* Xauville.

I. Personennamen 447 Xardeis—Xauins

Richerdin — 1285, 184.
Xardeis, Xardeit.¹)
Abriou —, Weriat f. 1241, 84.
Jaikemins — 1267, 485.
Xarie v. Sairie.
Xaros, Xaro v. Xairolz.
Xarrans, Xarrant 1275, 1277, 1279, 1281, Xerrant 1281.
Lowiat — 1281, 151.
  de Chaiselles 1275, 482; 1277, 130; 1279,
Xarrel. [544; 1281, 511.
Johan —, Pieres f. 1241, 41.
Xate.
Ancel —, Piereson f. 1262, 126.
Piereson — 1298, 354.
Xanville v. Xanville.
Xauwecote v. Xawecotte.
Xauenel.
Howenat — de Haueconcort, Paskin et Hanriat ses 2 fr. 1267, 2.

¹) *Prost XI, 1228* cens ou Champ a Saille ki fuit Jehan Xardeit; Poinsate sa fame.

Xauins 1275/79, 1285, 1288, 1298, Xavins 1281, 136, 1298, 313, 649, Xauing 1269, 1275, 1279/1285, 1293, Xauin 1269, Xaiuing 1288, Xaiving 1290, 1298, li Xauins 1267, 1269, 1277, 1278, 1290, li Xavins 1267, 161 le (lo, lou) Xauing (xaving) 1251, 1267, 1281, lo xavin (xauin) 1269, l'escheving (escheuing) 1269, lo xavig (xauig) 1241. v II. li xavins.
Jennin — de Maigney 1298, 542b.
Philippe — v. Tiguienne 4. 1288, 381.
P.
1. Abert lo — 1241, 187, 197; 1251, 77.
= Aubert lo — de la Place † 1267, 154, 295.
= Abert lou — de la Place en Rimport † 1277, 186. [1281, 402.
= sg. Aubert le — † 1269, 9, 111; 1278, 369;
= sg. Abert lou' — de la Plaice † 1278, 12.
et Abertin. f. Johan Bernage, et d. Poence la Cunemande, ms. a la croix outre Mosele
2. Colins, f. Abert lo — [1241, 197.
pb. 2 ms. (OM) 1241, 187.
2. 3. 6. 7. Colins et Ysambars et Thierias, li troi f. Aubert lo — de la Place †,

Xauins²)
1 Abert lo — (de la Place en Rimport) † 1267
    1241   = sg. Abert le — 1269/1281

2 Colins	3 Ysambars —³)	6 Thierias	7 Bertaldon —	8 Jennin —	= Jehan — † 1285
1241/67	1267/88, srg. Lowiat	1251/69	1267/81	1267/69	Margueron — 1285
	† 1290 Chameure 1288				

4 Aburtins	5 Poincignon	9 Aubrias —	10 Abertin — 1275	11 Forkignons —
1290	Xicot 1290	1267/90	= sr. Abers —	1269/98
		maires d'OM	1277/90⁴)	
12 Forkignon lo — † 1275		1275	[m. e. 1276]	
de la Place				

| 13 Weriat | 14 Abertin — |
| 1275 | 1275, 90. |

²) *Die Amtsbezeichnung* li xavins *ist bei den Söhnen von* Abert lo xaving *zum Familiennamen geworden. Anfangs heißen sie* li Xauins, *nachher* Xauins.

³) *Prost LIX, 1292* Jaikemin Plaitel et Colignon Chameure amins a Luckin, f. Ysambairt Xauing. *Prost LX, 1292* Luckins f. Ysambairt Xauing ke fut ...... Et cil ne lor warantoit, Abertins, ces freires, et Thiebaus Baizins, ces seroges, et Colignons Chameure lor waranteroient com droit dattor.

⁴) *Ben. III, 252 (1299)* signor Abert Xaving porveor de lai maixon des Bordes. *Ben. III, 260 (1303 a. St.)* sires Aubers Xavins et Colignons de Weivre drois datours (pour les pucelles de la Vigne S. Marcel).

Xaulns 448 I. Personennamen

pb. vg. Bertaldon, lor fr., enChaponfontaine, chak. devant lo pont a S. Julien, er. ou ban de Valieres et kan que Bertraus, lor fr., at de l'er. en la mairie de PM, por 200 lb. que Bertaldons lor doit 1267, **3.** Ysanbairs, f. sg. Abert lo — †. [295.
pb. teil partie com Burtadons, ces fr., avoit en la grant ms. a Glatigney et ou deimme, et vg. ou Waide ou ban de S. Julien 1281.
= Ysambars li — pb. 25 s. ms. ou [402. Champ a Saille, 10 s. ms. (PS), 7½ s. ms. en lai Nueve rue et 2½ s. (PS) 1267, 89.
pb. ½ ms. en Aiest que partivet a lui 1267,
= Ysambairs —, er. et droit a Gla- [161. tigney et ou ban de Uilleirs 1279, 189.
pb. vg. ou ban de Lescey 1279, 334.
en Aiest antre les 2 ms. Y. — 1281, 164.
pb. 9 s. ost. en Aest 1285, 33.
Jaikemins Plaitelz et Lowias Chameure, ces fr., et Y. —, lour srg., dovoient 9 lb. a Contasse, fm. Lukin Chaimeure 1288, 212.
4. 5. Aburtins, f. Yzambairt — †,¹)
pb. er. escheut a Poincignon Xicot, son fr., de pair peire et meire (PM) 1290, 9.
6. Thieriat, f. Aubert le — (de la Pl.) ms. (PM) 1251, 77.
¼ ms., ¼ chak., ¼ meis a S. Julien 1267, v. 2. Colins 1267, 295. [154.
pb. 34 s. vg. sus Moszelle 1269, 9.
pb. 10 s. ost. outre Muselle 1269, 111.
7. Bertaldon (Bertrans), v. 2. Colins
= Burtadons, f. sg. Abert lou — [1267, 295. de la Plaice †, chak. et ms. devant lou pont a S. Julien 1278, 12.
40 s. kant ke a Glatigney 1278, 369.
partie en la grant ms. et ou deimme a Glatigney, et vg. ou Waide ou ban de S. Julien 1281, 402.
= Burtadon lou —, f. Abert lou — de la Place en Rimport †, vg. sus Champonfontenne ou ban de S. Julien 1277, 186.
= Bertadon lou —, vg. en Coignes dezour Vallieres 1277, 163.

---

¹) *De Wailly 199 (1279)* Jaikemins li fillaistre Kunin d'Ainerey doit a Aburtin lou fil Yzambairt Xaiving 24 s. de fors.

10 s. ms. outre Moselle 1277, 420.
chak. devant lou pont a S. Julien 1279, 208.
= Burtadons — pb. ms. a la Sause a S. Julien 1277, 181.
vg. an la Waite ou ban de S. Julien 1279, 169.
10 s. ms. a S. Julien 1279, 413.
8. Jennin, fr. Ysambart lou —,
25 s. ms. ou Champ a Saille, 10 s. ms. (PS), 7½ s. ms. an lai Nueve rue et 2½ s. ms. (PS) 1267, 89.
= Jenuin —. fr. Thieriat f. sg. Aubert lo —, 34 s. vg. sus Moszelle 1269, 9.
10 s. ost. outre Muselle 1269, 111.
= Jenin lo —, sg. Nichole de Blouru et sg. Huon Barbe *etc.*, ms. (PS) 1269, 94.
= Jennin —, sg. Nichole de Blouru et sg. Huon Barbe *etc.*, 40 s. ms. outre Saille 1269, 239.
= Jennins li — *(Jennin —),* 60 s. [1269, 239. geisent sus ms. ou il maint, outre l'anclostre (PM) 1269, 3.
= Jehan — †, Margueron f., ms. et 2 pet. ms. daier a Porte Muselle 1285, 5.
9. Aubrias, f. Jennin —,
pb. 12 jorn. de t. ar. ou ban de Staplez, 4½ s. gr. a Wappei, ms. a Wapei 1269, 501.
ms. et meis en la Haute Sanerie 1279, 3.
= Aubrias li — pb. ms. outre Saille et 15 s. qui appendent 1267, 397.
grant ms. (PS) encontre Poince de Coloigne en leu de Jenat et encontre Thiebaut, f. Steuenin de Coloigne, et encontre Abriat — ms. Abriat lo — en S. Polcort, [1277, 41. 7 s. maix., 7 s. ms. et 12 d. ms. en S. Polcort, per mei 4 lb. ke ... doit a Abriat lo — 1277, 62.
= Abrias — maires d'OM 1275, 1*.
pb. ms. en la Haute Sanerie 1278, 414.
pb. 40 s. ms. en Visignuel, 4½ lb. ost. en Visignuel, 40 s. ms. daier les Cordeliers 20 s. des 4 lb. ke ... doit sus [1278, 511. sai ms. en S. Polcourt 1290, 369.
9. 10. Abertin — et Abriat, son fr., ms. auc. lo mostier dou Carme 1275, 275.
= sr. Aubers li — et Aubrias, ces fr., pb. 60 s. 12 d. moins ou ban de Moulins et de Siey 1277, 469.
= Abers — et Abrias, ces fr., pb. ms. a Molins 1278, 581.

10. Abers li —
et Hanrias Burnekins pb. 40 s. kant ke a
Glatigney   1278, 369.
la moitiet de Jennat Pichart   1281, 331.
= Abert —, ms. en Staixons doit 23 s. 1293.
— sg. Abert lou —. ms. a Porsaillis [88.
                                 1279, 249.
et Maheus Hessons et Perrins de la Cort
pb. er. sg. Watier lou Louf (OM) 1290, 569.
— sr. Abers — et Mahens Vogenelz pb. grant
ms. Perrin d'Oxey, gr., buverie et ean ke
a Oxey et ou ban   1285, 301.
11. Forkignons, f. Jennin lou —.
pb. t. a Wappei   1269, 550.
= Forkignons — pb. gr. et ms. a Wapey
Mahens Hessons et Clemignons [1279, 559.
li Merciers et F. — pb. er. Jenin de
Bixe de Waippey (OM)   1281, 136.
pb. vg. au Ruffinelo, chak. devant S. Maimin, 30 s. sus les fers de la Menoie 1288.
devant l'ost. (PM)   1290, 17a, 149. [494.
pb. por les pucelles de lai Vigne S. Marcel
                 1298, 240, 313, 649.
12. Forkignon lou —†.   1275, 326.
¼ grant ms. ke fut F. en la plaice en
Rimport 1275, 326; 1277, 235³; 1279, 204.
13. 14. Weriat, f. Forkignon lo —†;
Abertin, f. Forkignon —;
Forkignons, f. sg. Jake dou Pont †, pb. por
Weriat ¼ ms. ke fut Fork. lou — en
la place en Renport, aq. a Abertin 1275, 326.
14. Abertin, f. Forkignon de la Place,
pr. en preis de Chambieres daier Staples
= Abartin —, 2 pairs de ms. [1290, 122.
en Renport   1275, 11.
mainbors Lorate, f. sg. Hanrit d'Orieneort   1275, 124, 236.
anc. ms. A. · (= 10?), 2 ms. daier vont
fuers de Staixons (PS)   1275, 196.¹)
Xawecotte 1288, 1298, Xawecote 1267.
Xauwecote 1269.
Jennin — 1267, 341; 1269, 490⁹; 1288, 440;
Xelerde.   [1298, 238³⁷.
Simon — de Boenville, Hennelos f. 1275, 305.

---

¹) **Xavol**, d. Anel f. *Bunne. 1. LVII.
4. Schreinsbrief = De Wailly 166 (1275).*

Xerbot, Richars fr.   1278, 354.
Xerdas, Xerdat.
Jennas — bolangiers de S. Martinrowe 1285, 63.
Jennat — boulangier   1298, 79a.
Jennat —   1298, 286.
Xerde, Jennins, de Juxey   1275, 485.
li **Xermois**, Tierias   1281, 339.
Xerrant v. Xarrans.
Xerreit.
Piereson — poxor de Chambeires 1281, 387b.
Xeudetruve 1267, Xeudetreue 1279.
Werneson —   1267, 34; 1277, 59.
Merguerons fm. Wernesson —   1279, 515.
Xeumedepres, Pieresons   1279, 353.
Xicot, Poincignon (v. Xauins 5.) 1290, 9.
lou **Xiet**, sg. Pieron. f. d. Nicole (v. I. de
Saucrie 2.)   1285, 265.
Xillanguel, vg. ou ban de S. Julien 1288, 369.
Xillas, Xillat 1269, 1279, Sillat, Sillet 1269.
Ancillons —   1269, 71, 77.
Awroyn f. —   1269, 438.
Avruyn —   1269, 54.
Yzanbairt —   1279, 409.
Xillekeur.
Jennat — d'Outre Saille   1288, 391.
Pierissons —   1278, 445.
Thiebaut —   1275, 32; 1293, 403.
Xillepaiste.
Hanrit —   1278, 152; 1288, 193.
Jennat —, Howignon f.   1298, 241.
Xilleromans.
Yzambairt f. —†   1281, 367.
Yzambars —   1269, 127; 1293, 665.
Jennat —   1293, 142, 178.
de Leirs   1293, 166.
Xipotel, de Chaizelles, Colignons fr. 1290.
Xissot, Jennin, oirs   1269, 562. [537.
Xobairs, Xobairt 1251, 1279, 1290, 1298,
Xoibairs 1279.
— † Hanrit j.   1298, 250.
Colins —   1251, 17.
Yssambairs —   1279, 241; 1290, 190.
de la Vigne S. Auol   1278, 578.
Xobins, Xobin 1269, 1290, 1293, Xoibin
1278, 1293.
Cunel —   1293, 204⁰⁵ = 284 = 349⁰².
Cunin —, Abillate f.   1290, 33.
Domangin —, Cunins f.   1278, 558.

Jakemins — 1269, 391.
Xocort 1267, 1275, 1279. 1285, Xocourt 1285, 1288, 1293 (v. IV).
Colignons — 1275. 339, 499; 1279, 43; 1285. 427.
permantiers 1279, 154, 477; 1285. 102; 1288.
Pieresons — 1267, 357. [195a; 1293. 92.
Xoibars, Xoibin v. Xob....
Xoinnate.
damisselle — de Ste Glosenain 1267, 379.
Xolaire 1269, 1275. 1298, Xolare 1277.
Colignon — 1285, 47.
Jakemin — 1275. 470; 1277, 473.
Hanriat fr. 1269, 274.
Jaikemin — †, Odeliate fm. 1298, 418.
Xolin, Vguignon 1241, 55.
Xollebran, Aurowius f. 1279, 382.
Xoltesse †, sg. Goudefroit. Ancillons li boulangiers fr. 1290, 288.
Xondac v. Zondac.
Xonekin, Jennat 1281, 94.
Xoniou.
Symonin — dou pont des Mors 1267, 262.
Xonville (v. IV).
— dou Champel, Alairt j. 1298, 477.
Xorat 1290, Xourat 1298.
— de Quensei †, Heilewate fm. 1290, 476.
Godefrin — de Quensey, Yderon fm. 1298, 548.
Xordels 1278, 1288, Xordelz 1279, Xordel 1245, 1275/1278. 1281. 1288, 1290. 1298. Xordes 1269, Xourdel 1281, 1293, 1298. Sordel 1220, Soxdel 1269. v. Xourdelle.
Aburtin —, Colignons f. 1293, 457.
de S. Clemant, Guersus j. 1298, 85.
Aurowins — de Vantons 1277, 221.
Colin — 1281, 492.
de Maizelles †, Rembour fm. 1298, 63.
P.
1 Simon —
2 Huins 1220
3 Weriat — = Weirit — = sr. Weiris
  1245   1275, † 1278   1269
4 Colignons — ⌣ Mahout
  1278/1288   1288
              ?
5 Jennas — Jaikemins li prevos¹) 1288
  1288/90   = lou prevostel 1290

1. 2. Huins, f. Simon —.
et aqueste a Simon Coleuret ¹/₃ ms. que fu sun p., e l'autre partie au sg. Aubert de Uandoncort. 1220, 4.
3. Weriat —,
ensom (PM) 1245, 75.
= sr. Weiris —
pb. t. et pr. ou ban d'Arcansei 1269, 15.
en Longez Roiez delez (PS) 1269, 354.
= Weirit —, devant l'ost. (PM) 1275, 294.
ou ban de Borray pr. ke fut 1278, 14.
†, en Rimport enc. ms. 1278, 35; 1293, 16.
4. Colignons — [1278, 384.
pb. vg. ou ban d'Ercancey; Jehan son srg. Wicherdins Berbelz et C. pb. ms. en Chanbres 1279, 182.
„ , ms. (PM) 1281, 357a.
pb. vg. ou ban de Roupeney anc. lui 1298, 396.
et Mahout, sa fm., pb. ¹/₂ mol. sus Muzelle en Souverainneteire 1288, 113.
5. Jennas —
et Hanrias Herrals pb. por Colignon — 1288.
J. —, fr. Jaikemin lou prevost. pb. [113.
ms. davant S. Vincent. vg. en Dailes, vg. davant chak. les Rines, jard. a Plapeuille fr. lou prevostel, 2¹/₂ s. ms. [1288, 524.
a Molins lou Duc 1290, 509.
li **Xors** v. li Xours.
Xourat v. Xorat.
Xourdel v. Xordels.
Xourdelle, Lorate 1281, 492.
li **Xours,** lou Xourt 1277, 1281, 1285, 1290. 1293, li Xors 1293.
Abertel — de Waipey 1281, 112.
Cuoins — de Nonviant et Yderons sa fm. et Bertrans lor f. 1293, 697.
Jakemins — 1277, 14; 1290, 388.
Jennas — 1285, 532.
Waterin — 1293, 495.
Xoxoc, Bertrans, recuvreires 1293, 383.
Xuflas, Xuflat 1277, 1279. Xufflat 1293, Xufflart 1269, Xufflairt 1298.
Jaikemins — 1277, 412.
Richars — 1277, 122.
Richart de Charixey f. — 1279, 114.

¹) v. I. li Maires 1.

Thieriat —   1269, 490²¹.
„ — de S. Piere †. Ozenate fm. 1298, 255.
Waterin — d'Airey †. Abillate fm. 1293.
lou **Xume**.   [115.
Martin —, Ailixon f.   1288, 550.
„ — de Siey, Jennas f.   1288, 556.
de la **Xupe** (v. IV. Mes).
Colignon —   1275, 246; 1278, 175.
les **Xupes**.
ms. ki fu — en Chapillerrue   1245, 84.
Xurlin, Domangin   1290, 249.

Y. v. I.

Z.

Zangowin, Theiriat   1279, 858.
= **Zinguewins**, Singuewin.
sr. Jehans li prestes de S. Asteno lou Demaneit ph. er. ke Thierias —, ces fr., avoit ou ban de Buitanges sus Niet   1288, 1.
Zinde, Bescelins, de Chaillei   1267, 321.
Zondac 1277, 1279, 1285, 1293, Zomdac 1269, Xondac, 1293.
ms. — daier l'ospital ou Nuefbore 1277, 91.
Domangius — 1279, 210; 1285, 483; 1293, Blanche s.   1269, 479. [37.
†. Yzaibel f. D. —   1293, 580.
Yzaibelz et Morguerite f. 1293, 272, 290.
Jennas lour fr.   1293, 290.

Die Metzer Patrizierfamilien.

Name	Nachweis	Mitgliederzahl	Name	Nachweis	Mitgliederzahl
d'Abeiville	Chameure	1	Bellegree	1250 PS 155	26
Abrion	Domate	1	Bellenee	Lowit	1
Agline	1250 C	1	Berbels	1344 m. e.	6
d'Aiest	sires	4	Berdins	Baiars	2
de l'Aitre	1250 PM, OS	11	Bernaiges	Cabaie	6
d'Aix	sires	2	Bernowis	sires	2
Aixies	1250 J	11	Bertadons	1250 PS, J	6
li Alemans	v. Rochefors		Beudins	sires	9
Auchier	sires	2	Bigois	1363 OS	2
Androwas	de Porte Muselle	8	Blanchars	1399 J	4
Aquilec	de Strabor	1	Blanche	Migomairs	7
d'Ars	1250 C	12	Blondels	sires	7
des Arnols	maires	10	Boilawe	1250 OS	7
Auerels	1250 PM	2	Boilos	Graiceeher	1
Badoche	1250 SM	6	Bonami	1252 m. e.	1
Bagairs	Moretels	3	Bons	de Coloigne	3
li Bagues	1250 SM, C	8	Borgons	de Porsaillis	1
Baiars	maires	4	Borgujere	maires	1
Barbe	1250 OS	11	Borrialz	Cabaie	3
Barons	1219 m. e.	11	Boukelz	1250 SM	4
de la Barre	1404 PM	7	Bouchas	1393 m. e.	4
Barrois	1250 C	4	Boukins	1250 SM	2
Bataille	1283 m. e.	6	Boufas	Colons	5
Bazins	1250 PM, J, C	12	Boutons	Barbe	2
Belamins	de Heu	4	Bouvairt	li Erbiers	2
Beluses	sires	2	Bourels	vowerie	1
Bellebarbe	1250 PM	4	Bouxons	maires	6
Bellegoule	maires 155	7	Brasdeu	tavle 282	6

29*

Patrizierfamilien — 1. Personennamen

Name	Nachweis	Mitgliederzahl	Name	Nachweis	Mitgliederzahl
Brehel	signeraige	282 3	de la Creux	sires	541 3
Brisepain	1250 PS	6	Cuerdefer	de la Tor	6
Brixechamin	Wiels	3	Cunemans	amans	8
Brokairs	Bazius	3	Danielate	tavle	4
Bruenne	chanones	2	Denamius	signeraige	2
Brullevaiche	1250 C	6	Dendoneis	1427 m. e.	2
Brulleville	amans	1	li Doiens	maires	1
Bugles	1355 m. e.	9	Domate	1250 J	13
Bugnon	daimme	1	Donekins	de Weinre etc.	1
Burnas	de Luppey	7	Dowaires	Gaillars	3
Burnekins	1250 J	5	Effrignon	1250 C	1
Burtignon	v. de la Tor		li Erbiers	sires	5
Burtous	de Champelz	3	d'Espinalz	Bellegree	7
Cabaie	maires	4	d'Essey	Marcons	1
Calabre	1250 OS	1	Fakenels	1250 C	15
Chabosse	Barbe	14	Facols	1250 SM	5
Chabotel	sires	4	Facons	chanones	12
Chaderons	maires	2	Faixins	1272 m. e.	10
de Chailley	1250 C	4	Fessals	1363 m. e.	2
Chalons	Pilaitre	5	Filleron	1262 civis	1
de Chambres	1250 SM	12	li Flamans	1250 PS	7
Chameure	1250 PS	12	Forcons	de Jeurue	6
de Champelz	1250 OS, C	18	Formeis	1404 C	5
Chamusis	Gratepaille	5	de la Fosse	1225 m. e.	4
Chaneviere	tavle	11	Fouras	v. de Vy	
Chapesteit	Moretons	1	Fraillas	1399 PS	3
de Chastels	1250 SM	12	de Fremercy	1250 C	1
Chateblowe	sires	4	Froideviande	1337 m. e.	2
Chauresons	1388 PM	3	Gaidas	sires	2
Cher	Mairasse	2	Gaillars	1227 m. e.	10
Cherdel	li Hungres	1	Gallios	maires	3
Chevalat	1388 OS	1	Gawain	sires	2
Chielairon	1303 m. e.	4	Gelins	maires	7
Chiotel	1207 testis	4	Gemels	maires	5
Clairaubaus	Moretons	4	Gerairs	maires	6
Clairies	1250 PM	14	Gernaises	sires	5
Clemignon	1399 C	3	Gillebers	sires	5
de Cligney	li Bagues	3	Girbaus	1190 testis	3
Cokenels	1250 PM	2	Godairs	Repigney	3
de Coloigne	maires	11	Gondal	Graicecher	2
Colons	1250 PS	13	Gontiers	1250 C	3
li Contes	1250 PM	10	de Gorze	amans	11
Copechauce	1363 OS	1	Gos	maires	4
Corbels	maires	7	Goule	1298 m. e.	5
Corpel	Badoche	1	Gourdat	1388 C	1
de la Cort	1250 J	11	Gouerne	sires	7
Cretons	1261 m. e.	541 6	Gonions	1250 PS	759 4

Patrizierfamilien

Name	Nachweis	Mitgliederzahl	Name	Nachweis	Mitgliederzahl
Graicecher	1250 PM 759	11	Lowis	1250 OS 1047	8
lou Grais	1250 C	3	Luckins	1250 C	4
li Grans	maires	2	de Luppey	de Chastels	3
Grantcol	Facons	5	Luxies	sires	1
Grantdeu	1250 C	2	Makaires	maires	5
Gratepaille	li Contes	13	Makerels	maires	16
Groignas	amans	6	de Maigney	1239 m. e.	6
li Gronais	1250 C	25	Mainchelos	li Peirche	2
Grosveit	maires	3	Mairasse	1250 OS	13
Guepe	maires	8	li Maires	maires	6
Guerebode	sires	7	Malakins	1250 PS	8
Guevadre	Grantcol	1	Malchenal	pois	1
Guios	de l'Orte Muselle	3	Malchenalier	sires	1
Haikes	maires	5	Malglanes	Bernaiges	10
li Haiche	1388 C	2	Mallebouche	sires	8
de Haienges	1250 C	1	Malrewars	maires	2
Hemmignon	amans	3	Malrois	1250 J	2
Hennebours	1363 OS	9	Manegous	maires	10
Hessons	1301 m. e.	5	Marcous	maires	11
de Heu	1250 C	14	Mauexius	sires	10
Hochedeit	sires	2	li Merciers	1250 PS, C	25
Howignons	amans	3	Mercire	Louveus	3
li Hungres	tavle	12	Merlolz	maires	3
Hurelz	1363 OS	9	de Metri	1343 m. e.	5
Yngrans	sires	5	Migomairs	Bugles	8
Ysacart	Cher	2	Milikins	maires	3
Ysambars	1250 C	5	Mioue	chanones	3
Ysangrin	sires	2	de Moielain	1284 m. e.	9
Jacob	sires	6	Moysel	Migomairs	4
Jaikemins	amans	2	Mole	1207 Treze	3
Juigin	de Chailley	4	Monins	Bellegoule	3
Jallee	maires	15	de Montois	1250 C	7
li Jals	Rabowan	2	Morels	sires	7
li Janres	pois	2	Moretels	1375 m. e.	8
de Jeurne	1250 J, C	13	Moretons	v. Clairanbaus	
Jeuwes	Bazins	7	Morillons	Barrois	2
Joute	1312 m. e.	7	Moutas	chanones	9
Jozelz	de S. Polcort	3	Naires	sires	2
de Laibrie	sires	7	Noirons	1363 OS	13
Lambers	maires	7	Noise	1250 PS	10
Lietals	1250 C	5	de Nonviant	1268 m. e.	17
Lohiers	1250 OS	14	de Noweroit	1250 PS	6
li Lombairs	chanones	8	don Nuefbore	sires	4
li Lous	sires	1	d'Oixey	1250 C	5
Louvate	Gouerne	2	d'Onville	1440 PM	4
Louve	1250 SM	7	Otins	chanones	3
Louveus	1250 C 1047	8	d'Ottonville	1250 SM 1342	2

Patrizierfamilien 454 I. Personennamen

Name	Nachweis	Mitgliederzahl	Name	Nachweis	Mitgliederzahl
d'Outre Muselle	v. Bertadons 1342		Sanaige	de Weiure etc. 1566	3
d'Outre Saille	v. li Grans		li Sanaiges	1250 OS	4
Paikiers	1190 testis	3	Sauegrain	1207 Treze	5
Paillas	1320 m. e.	15	Sennillin	Parigon	2
de lai Paillole	signeraige	1	de Serieres	1466 m. e.	1
de Pairgney	chanones	4	de Seruigney	signeraige	1
Pajas	d'Aiest	2	de Siey	sires	3
Pallerins	de Croney	6	Symonaire	Makerels	1
Paneguelz	li Peirche	1	Symons	v. Papemiate	
Papemiate	maires	7	Soigne	v. Chalons	
Paperels	1361 m. e.	3	Sollate	1363 OS	1
Parigon	1250 OS	1	de Sorbey	1250 SM	5
li Peirche	tonneur de Mes	5	Soupe	de Porsaillis	8
Peldanwille	1388 OS	1	de Strabor	1250 J	10
Petisvakes	chanones	8	de Sus lou Mur	1245 m. e.	9
Piedeschals	1298 m. e.	9	de Thiemonville	maires OM	1
Pilaitre	sires	2	Thomes	1262 m. e.	7
Pitous	1190 testis	1	Thomessin	v. de Champolz	
dou Pont	1250 C	11	Tiguienne	1250 OS	7
de Porsaillis	1251 m. e.	13	de la Tor	maires OM	19
de la Porte	demme	6	de Toul ?	1415 m. e.	5
de l'Orte Muselle	1250 PM	12	Toupas	1335 m. e.	2
de Porte Serpenoise	1250 SM	11	Trabuchas	1311 m. e.	7
de la Posterne	Gaillars	2	Troixins	1220 m. e.	11
Poterelz	Bellegree	5	li Trowans	1250 OS	10
Poujoizes	1250 J	6	Truillairs	1250 J	5
Prenostels	citain	8	Vgon lou voe	maires	3
dou Pux	maires	1	li Vakes	ban	9
Rabowans	sires	8	Vallas	sires	1
Rafals	maires	5	de Vals	li Rois	4
de Raigecort	1250 PS	7	de Venise	Papemiate	2
Rekeus	Bellegree	5	de Vy	1288 m. e.	12
Repigney	Bouchas	4	Vilains	1250 SM	6
Richart	v. de Sus lou Mur		de Virey	1386 J	7
Richelas	tavle	3	Vogenels	v. Clairies	
Richier	amans	1	Wachiers	1250 SM	8
de Riste	sires	1	Wallekins	de lai Paillole	1
Rochefors	Lohiers	6	de Weiure	grant tonneu	7
li Rois	1249 m. e.	8	Wesselins	amans	16
Roucels	tavle	6	Wichars	1250 PM	5
Ruece	sires	8	Wielz	1388 SM	2
de S. Julien	sires	8	Witiers	amans	3
de S. Martin	1250 C	—	Xalle	Lohiers	2
de S. Polcort	1274 m. e.	8	(li) Xanins	1276 m. e.	14
de Sancric	sires 1566	2	Xordels	li Maires	5
			Familien 322	*Mitglieder*	1800

II.

Stand und Gewerbe,
Sekten.

II. Stand und Gewerbe 457 **abbasse-amans**

abbasse *Aebtissin*.
abbasse 1262, 1267, 1279, 1285/98, abbase 1298, abasse 1285, abase 1281, 1290, 1298, abbaesse 1220, abbausse 1279, 1285, abause 1275, 1279, 1285/1290, abbauce 1277, 1278.
   v. III.: Cordelieres, Droitevals, Fristor, Magdelainne de Tifley an Verdun, S. Piere as nonnains, Ste Glosenne, Ste Marie as nonnains, Val Ste Marie.

abbes *Abt*.
abbes 1220, 1269, 1278, 1285, 1290/1298, abbei 1269, abbeit 1262, 1267, 1275, 1278/ 1285, 1290, 1293, abbeyt 1278, 1279, 1298, abes 1241, 1278, abe 1241, abeit 1275, 1279, 1285, 1293, 1298, aibeit 1281/1288, 1293, 1298.
   v. III.: Belpreit, Châherey, Gorze, Hautesaule, La Chalaide, Lisle an Barrois, Murewal, Orualz, Preit a Verdun, S. Airit de Verduns, S. Arnout, S. Auol, S. Clemant, S. Martin outre Mozelle, S. Martin a la Glandiere, S. Mihier, S. Pieremont, S. Symphorien, S. Vincent, Ste Creux, Ste Marie a Boix, Sallinvalz, Senones, Vanz en Ornoiz, Villeirs. Warnieniler.
  — ..... 1262, 53; 1290, 44.
vg. en Noirevigne lone lai vg. l' — (PM) 1293, 386.

aboulestriers *arbalétrier, Festungsbogenschütze*.
aboulestriers 1281, 1293, aboulestrer 1288, abolestreis 1285.
Belfils —, en Chambres 1285, 12; 1288, 17. Jaikemins Befilz — de Chambres 1293, 379.
Lorans — de Merdeney et Lowiate fm. [1281, 73.

aibeit v. abbes.

aillier *marchand d'ail et de sauce de l'ail, Knoblauchhändler*.
Maiheut —, 2 st. an Visegunes 1281, 450. Poirel —, en Anglemur 1293, 167.

aipeciers, aipesier v. espiciers.
aivalke *Bischof* v. III A.
advocas v. avocas.

amans *Notar, städtischer Beamter*.
amans, aman 1267/1298.

dont li — feroient des escris lai volanteit
  Burtrau davant dit (Gemel) 1293, 306.
Bertignons Wielz —¹) 1298, 54.
Colignons Cunemans —²) 1298, 338.
Colins Beccalz —³) 1293, 23, 24.
Guercerias Wesselins —⁴) 1293, 228. [170.
Howignon —, Jaikemins f. 1278, 205; 1293,
  †, Jaikemins f. 1293, 512; 1298, 545, 546.
  †, Jennas f. 1277, 34; 1278, 206.
  †, d. Collate fm. 1277, 384; 1288, 213.
  la fm. 1298, 299.
Jaikemins — f. Thieriat de Maizelle †⁵)
  1298, 128, 129, 498.

---

¹) Wielz ait l'escrit *De Wailly 223 (1281 a. St.), 327 (1294), 382/83 (1300); Prost S. 198/9 (1292); M.-Bez.-A. H 1405, 6 (1296)*. Wiels l'escrit *Bannrollen I, LXVIII ff. 16 (1285), 19 (1288) 21, 23 (1293); De Wailly 226 (1282 S^t 158 K* en l'airche a S. Victor), *283 (1288), 302/3 (1290 a. St.), 350 (1297); M.-Bez.-A. H 4190, 3 (1282), H 4633, 3 (1282), H St Martin Ng (6. XII. 1283, 14. III. 1286). H 1743, 11 (1291), H 1743, 12 (1293), H 4325, 4 (1294), H 1743, 14 (1295), G Domkapitel Ng (13. I. 1298) H 1405, 6 (1303);* de l'airche Wielz *H 1743, 8 = Bannrollen I, LXVII, 18 (1285)*.

²) Colignons Cunemans l'escrit *Bannr. I, LXIX, 20 (1293); Ben. III, 259/60*.

³) Collins Baikal ait l'escrit *M.-Bez.-A. H 1743, 7 (1289)*. Colins Beccals ait l'escrit *H Ste Glossinde Ng (1. X. 1289)*.

⁴) Gucrcerias Wesselin l'escrit *M.-Bez.-A. H 1743, 9 (1286);* Transcrit de l'airche Garsiriat Wesselin *Bannr. I LXXXI, 30 (1285)*.

⁵) Jaikemins f. Theiriat de Maizelle, l'escrit *De Wailly 347/8 (1276 a. St.), 351/2, 354 (1297), 371, 373 (1299), 381 (1300)*.
  = Jaikemin de Maizelle l'escrit, amans de S. Esteuene lou Depaney d'Outre Saille *M.-Bez.-A. H Ste Glossinde Ng (13. II. 1297)*.
  = Jaikemins Lorate l'escrit, *De Wailly 347 (1296 a. St.), 372 (1299); M.-Bez.-A. G Metzer Pfarrbruderschaft Ng (8. VI. 1294, 10. III. 1296, 15. IV. 1298)*.

amans 458 II. Stand und Gewerbe

Jaikemins Bellegree – 1278, 525; 1285, 79, 223, 399.
Jaikiers de Nonviant –³) 1278, 336, 641; 1281, 107; 1288, 565.
– de S. Vy 1277, 395; 1279, 325, 326, 582;
Jehans li Merciers –⁷) 1290, [1290, 88. 124, 125; 1298, 53, 242, 414.

Jehans l'apemiate –⁸) 1298, 14, 225, 259.
Jennins de Gorze –⁹) 1281, 563.
Thierias –·¹⁰) 1267, 339; 1290, 460.
Tierias Lowis –¹¹) 1298, 146.
Wichairs Groignas –¹²) 1298, 394¹³.

= Jaikemins f. Thieriat l'aman l'escrit *M.-Bez.-A. G Domkapitel (12. XII. 1293)*.
– Jaikemins f. Thieriat l'aman d'Outre Saille cit l'escrit *M.-Bez.-A. G Metzer Pfarrbruderschaft Ng (8. V. 1294)*.

⁶) Jaiques de Nonviant l'escrit, de l'airche S. Vy *Bannr. I, LVII, 4 (1275) = De Wailly 166*; de l'airche Jaiquier de Noviant *M.-Bez.-A. G 860 = Bannr. 12 (1281);* Jakiers de Nonviant l'escrit *De Wailly 252 (1285 a. St.);* Jaikiers de Nonviant l'escrit *M.-Bez.-A. H 4200. 2 (1284);* ait l'escrit *H 4200, 2 = Bannr. 29 (1285);* Jaiquier l'escript *H 4323, 5 (1289)*.

⁷) Jehans li Merciers l'escrit *M.-Bez-A. H 3101, 1 (1264), H 4320, 6 (1292). De Wailly 244 (1284 a. St.);* Jehans li Merciers ait l'escrit *M.-Bez.-A. H 896, 1 (1296), De Wailly 357 (1297);* Tancrit au l'airche S. Jaike. Jehans li Merciers ait la devise *De Wailly 366 (1298)*. Ensi com les lettres ke gcixent en l'airche Jehan lou Mercier a S. Jaike lou deviseut *Bannr. 1290, 438* ¹⁴.

⁸) de l'airche Jehan Paipemiate *M. - Bez. - A. G Domkapitel Ng 31. I. 1298 (23. XI. 1299)*.

⁹) Cist escrit giseut eu l'arche S. Vi an la main Jennin de Gorze *De Wailly 147 (1272)*.

¹⁰) v. Anm. 5.

¹¹) Tierias Lowis l'escris *Prost, S. 200 (1295)*.

¹²) Wichairs Groignas l'escrit *M.-Bez.-A. H 1743, 13 (1294), H 4202, 1 (1299) = Bannr. I, LXXV;* Wichairs Groignas ait les escris *H 4202, 1 (1298), Bannr. I, LXXIV;* Wichair Groignat ait l'escrit *H 1743, 9 (1304)*.

¹³) *Die folgenden Amans sind in den Bannrollen genannt, aber ohne ihre Amtsbezeichnung. Doch läßt sich aus anderen Urkunden nachweisen, daß sie Amans gewesen sind.*
Abertin Richies ait l'escript *M.-Bez.-A. H 4310, 2. H 1529, 1*.
Aburtin Rollou (= Aubertin f. sg. Raoul Makerel, v. I. Makerels 7.) Tanscrit an l'airche Aburtin Rollon a Sᵗ Hyllaire *M.-Bez.-A. H 1743, 9 (1285)*.
Colignons li Maires ait l'escrit *M.-Bez.-A. H Sᵗ Vincenz 2486 Ng (15. VIII. 1276), H 3194 (1282)*. Colignons li Maires l'escrit *ebenfalls H 3194 (1282), Sᵗ Vincenz 2486 Ng (15. V. 1284. 1. IV. 1285. 15. VII. 1294, 1. VIII. 1294)*.
= Colins li Maires l'escrit *M.-Bez.-A. H Vigne Sᵗ Marcel Ng (8. X. 1279), H Sᵗ Vincenz 2486 Ng (1284) bei 31. I. 1285*.
Colin Baron: *Prost S. 191 (1255)* en l'arche Colin Bairou a S. Vy sont tuit cist escrit. *Prost S. 192 (1259)* en l'arche Colin Bairon gist cist escrit et li III premier. *De Wailly 111 (1266 a. St.)* au l'arche Colin Baron amant de S. Vy.
Ferriat Jeuwet l'escript *M.-Bez.-A. H 3118 (1277)*.
Hanris de l'Aitre l'escrit *M.-Bez.-A. H 4646, 1 (1282)* (= Hanrias de l'Aitre, v. I. de l'Aitre 6).
Jaikemins Boilawe l'escrit *M.-Bez.-A. H 4327, 3 (1289), H 3146 (1280)*. Jaikemins Boilawe ait l'escrit *M.-Bez.-A. G Pfarrbruderschaft Ng (13. VII. 1282), De Wailly 220/221 (1281) = Bannr. I. LXV, 14*. Jaikemins Boilawe l'aman *Prost S. 200 (1300)*.
Jaikemins Frankignons (v. I. Migomairs 3.) de Sᵗ Gengout ait l'escrit *M.-Bez.-A. H 4094, 1 (1252), H 4157, 2 (1268, l'escrit 1282)*. Jaikemins Frankignons ait l'escrit

amonier *aumônier*, *Armenpfleger* v. III.
S. Martin.
anlumineires *enlumineur*, *Bildmaler*.
anlumineires 1279, 1290, anluminor 1278,
1279, anlumenour 1278.
Colin —, Marguerate fm. 1278, 603.
Gerairs —, maistres, as Roches 1279, 355, 368.
li clers —, maistres, en Chambres 1290, 286.
Steuenin lou clerc f. — 1288, 230.

apesiers v. espiciers.
arcediacres v. III Grant Eglixe.

arceneires *Wollschläger*.[1]
arceneires 1275, 1278/1285, 1298, arcenor 1241, 1267/1275, 1281, 1298, des arcenors 1269, 1278, 1279, arcenour 1298, arceneres 1269, arsenor 1288, 1298, erceneires 1285, ercenor 1277, 1293, ercenour 1290.[1]
frairie des — 1269, 275; 1279, 187.
li maistres des — 1269, 275.
as maistres et as confreires des — 1279, 187.
Andreus — dou Champel 1285, 184.
Borcairs — j. Burnat † 1285, 177a.
an Rimport 1285, 177a; 1288, 321.
Brokairt — de Rimport †, Abillate fm. 1298,
Burtemin Berrel —, en Stoxey 1290, 344.[216.
Forkignons de Rimport — 1281, 179.
Hauri(a)t — de Buedanges, ou Bais Champel
Joffroit — (PS) 1298, 112b. [1281, 278.

---

[1]) *Godefroy, Suppl. 172*: *ouvrier qui battait la laine avec l'instrument appelé arçon*.

[1]) *Bannr. I LXIII, 12* (= *1281, 278*)
Jehan l'arcenour dou Champel.

De Wailly 49 (1255), 219 (1281) = *Bannr. I, LXIV, 13*, *M.-Bez.-A. Templer und E 4 Ng (1281)* = *Bannr. I, LXV, 15*.
Jehans Ferrias (v. I. Jeuwes 5.) l'escrit *M.-Bez.-A. H 4644, 2 (1267, 1270)*, Ste Croix Ng (1298) = *Bannr. I, LXXIX, 26*.
Jehans Roillons (v. I. Makerels 6.) l'escrit *M.-Bez.-A. H 1743, 5, 10*. Transcrit de l'airche St Hilaire (PM), Jehans Roillons ait l'escrit. *H 1743, 4*.
Jenolle (=? Jennolles Malebouche) l'escript *M.-Bez.-A. H 3210 (Abschr. 14|15 Jahrh.)*.
Lowis de Noeroit l'escrit *M.-Bez.-A. Pfarrbruderschaft Ng (23. XI. 1277)* = *1277, 308*.
C'est tancris de l'arche St Jehan, Lowis de Noweroit l'escrit *De Wailly 205 (1279)* = *Bannr. I, LX, 9*.
Philippins Faixins l'escrit *De Wailly 383 (1300)*.
Steuenins Cretons l'escrit *M.-Bez.-A. H 1743, 6 (1282)*.
= Cretons l'escrit *H 4213, 13 (1286)*.
Thiebaut Lambert l'escrit, de l'airche Wielz *M.-Bez.-A. H 1743, 8* = *Bannr. I, LXVII, 18*.
Tiebaus de Ragecort ait les letrez *M.-Bez.-A. H St Vincenz 2486 Ng (24. II. 1291)*.
Witiers Lambers ait l'escrit *M.-Bez.-A. H Villers-Bettnach Ng (6. XII. 1279)*.
= Witiers: Tancris, Witiers ait l'escrit *M.-Bez.-A. H 4198, 1 (1287)*.

Die folgenden Amans kommen in den Bannrollen überhaupt nicht vor, weder mit noch ohne Amtsbezeichnung. Ihre Zahl wird sich, wie auch die der vorher aufgezählten, bei weiterem Nachforschen wohl ohne Frage noch vermehren lassen.

Colignons Hennignon l'escrit *De Wailly 167, 168 (1275)* = *Bannr. I, LVII, 5*.
Jaikemin Faixin, tancris a St Vitol *M.-Bez.-A. H 4633, 2 (1279)*.
Li sires Piere Pellat l'escrit *M.-Bez.-A. G St Martin Ng 1214 (1294?)*; de l'airche sg. Piere Paillat de l'airche St Martin *ebenda 2. 10. 1294*.
Tiebaut de Raigecort: An l'airche Tiebaut de Raigecort de St Mertin *M.-Bez.-A. Ste Glossinde Ng (21. XII. 1241)* = *Bannr. I, LIV, 1, ebenda 17. IX. 1244*. Thiebaus de Raigecourt l'escrit an l'airche St Mertin *M.-Bez.-A. H 4107, 2 (1242)*.
Vguignous Burleville l'escrit *M.-Bez.-A. H St Vincenz 2486 Ng (16. VIII. 1299)*; Vguignons Burleville ait l'escrit *ebenda 9. VI. 1299*.

arceprestes–avocas 460 II. Stand und Gewerbe

Lanbelin —, ensom Viez Bucherie 1241, 47.
Lamprez — (PS) 1269, 398.
Lowiat —, en Rimport 1293, 398.
Martin — (PS) 1269, 224.
Matheu — (PS) 1277, 295.
ke fut maistres des—,Chapeleirue 1278, 555.
Niclo —, Chapponrue 1275, 227. [173.
Reinnaires li Jones —, rue des Alem. 1275,
Richiers — de Xonville, forjugies 1298, 686.
Thierion —, en Renport a la Sas [1]) 1267, 162.
Theirions — de Chapeleirue 1279, 422.
Thieri — 1269, 339.
Weiris —, en Rimport 1278, 226.

arceprestes *Erzpriester*.
arceprestes 1275, 1278, arceprestre 1245, 1288.
— de Mes, sr. Thomais 1275, 406.
— de S. Mamin, sg. Jehan Berbate 1288, 37.
— de Teheicort, sg. Otton 1245, 35.
— de Teheicort, sr. Simons 1278, 47.
archediacre, arcidiacre v. III. Grant Egl.

ardor *brûleur, Brenner.*[2]
ardor 1269, 1288, 1298, ardour 1269, 1281,
1288, erdor 1267, erdour 1290.
Ferrit — †, Odeliate fm. 1298, 408a.
Jaikemin — 1267, 189.
sus lou Mur 1290, 222, 395a.
†, enfans 1281, 500.
Jehan f. Jakemin — † 1285, 405; 1288, 307.
312, 404; 1290, 222.
= Jehan — 1288, 122.
Jehan — †, Ancels f. 1269, 22. 344.
Seziliate f., Yzaibel sa s., d. Aileit sa
m. 1285, 69, 70.

---

[1]) *De Wailly 212 (1280 a. St.)* Thierions
li ersenaire ke maint an Rinport.

[2]) *Roquefort I, 85* ardeeur *brûleur, incendiaire;* Godefroy I, 384 ardeor *brûleur, incendiaire;* ceux qui étaient chargés d'incendier les barrières, les haies et même quelque fois les récoltes et les maisons. Oder ist ardor Eigenname, war also l'Ardor zu setzen? Die Familie hat Besitz in Nouilly, Vantoux und Magny und ein großes Haus in der Stadt sus lou Mur.

armoieires *brodeur d'armoieries, Wappensticker, Wappenschneider.*[1])
armoieires 1288, armoiers 1285, armoiour 1290, armeor 1279.
Odin — f. maistre Gautier de Rains † 1279.
de Furneirue 1285, 429; 1288, 189. [251.
de Rains — de Furneirue 1290, 411.
Symon—, maistre, et Abillate fm. 1290, 422.

arsenor v. arceneires.

ascrowier = cruwiers *corvéable, Frohnbauer?*
ascrowier, escrowier. v. VI. aicrowe.
Jenat —, en la Vigne S. Auol 1278, 78.
Jenin —, vg. en Mallemairs (PS) 1278, 58.

asnier *ânier, Eseltreiber.*[2])
Poincet —, Hawion fm., delez la porte S.
Thiebaut 1241, 13.

avaike, aveske *Bischof* v. III A.

avocas *Anwalt.*
avocas, avocat 1275/1278, 1281, 1290, 1293.
avokas, avokat 1298, advocas 1290.
Adau —, maistre 1277, 71, 93.
f. Pierre lou wantier 1275, 358.
= Adaus li clers, Vigne S. Marcel 1275, 479.
Ferrit —, maistre 1293, 322.
fr. Xandrin Boinvallat, as Roches 1290, 136.
Forkes —, maistres, en Aiest 1298, 30.
f. d. Lucate fm. Garsat Rouse † 1298, 25.
= Forkignon lou clare 1277, 76.
Gerairs —, maistres, en Celleyrue 1275, 16.
= Guerairt —, en Forneirowe 1281, 193.
Gobers —, maistres 1278, 662.
Jehans Jeuwes — 1277, 144.
= maistres Jehans Jeuwes li clers v. I.
Jeuwes 7.

---

[1]) *Fagniez, Documents relatifs à l'histoire de l'industrie et du commerce en France II. 152 (1396)...* brodeurs et armoiers de la ville de Paris... les dictes sarges estoient faictes, brodées et armoiées en ville de loy en Angleterre.

[2]) Oder Eigenname? v. I, S. 25 Anm.

II. Stand und Gewerbe 461 **awilliers–berbiers**

Nicoles de Bormout —, maistres, en la rue
   S. Vy 1277, 153.
Nicoles Morels —, maistres (v. I. Morels 5.)
   1278, 356; 1281, 638, 639.
Perrins de S. Julien — 1278, 416.
Symon de Verauges —, mastre 1290, 534.
Vinious de Bouxieres —, maistres, a S. Cle-
   mant (v. clers, prestes) 1293, 479.

awilliers *aiguillier, Nadler.*
awilliers, awillier 1269, 1275, 1281, 1288,
awilleirs, awilleir 1278, 1285, 1288, 1293,
1298, awiller 1245.
frairie des —, c. ms. en Sanerie 1293, 273.
Andreus —, Saunerie 1269, 180; 1278, 107.
Godefrins — de Saunerie 1269, 98.
Godefroi —, Saunerie 1269, 227.
Goideman —, Sanerie 1281, 35; 1288, 174;
Hennelo —, Sanerie 1285, 380. [1298, 95a.
Jaikelos — de Sanerie 1288, 21.
Mathelo — †, Colignon lo charpantier f.,
   c. ms. en Sanerie 1275, 304.
Rembalt —, Saunerie 1245, 212.
Thierius — 1288, 174.
   de Sanerie 1293, 273.

baillis *Amtmann.*
baillis, baillit 1279/1298, bailis, bailit 1281,
1285, 1293.
— de Luverdun 1279, 526.
Burtemins — li chaponiers 1293, 544.
Jaikemin — de Dornant 1285, 559.
Jaikemin — de Jerney 1293, 641.
Thierias — de Molins 1279, 449; 1281, 151,
Ticrias Betenas — de Molins 1285, 98. [511.
Theirias — dou Val 1281, 65; 1285, 53;
   1293, 159; 1298, 126, 335, 336, 630.
Thierias Bitenas — dou Val 1285, 503, 504.
Thierias Bitenas — 1288, 288.
Thieriat — 1290, 518, 538.
Thieriat — de Retonfays 1285, 308.

barbiers, barbier v. berbiers.

bastonier [1]) *bâtonnier, Stabträger.*

---

[1]) v. I. lui Basteniere. Baston

Ancel lo — 1227, 27.

berbiers *Barbier.*
berbiers, berbier 1251, 1275/1278, 1281/98,
barbiers, barbier 1241, 1245, 1262/1269,
barbierz 1269.
Aubers —, devant l'ost. S. Laidre 1262, 344.
Aubertins — de Chambres, as Roches 1269,
Abertin —, en Chambres 1288, 139. [167.
†, Collel fm. 1290, 275.
Domangins — f. Jennate la Gemerasse †,
   stuve an la Nueve rowe 1285, 73.
Drowin —, a Quertal 1288, 401b.
Durans —, en Chambres 1269, 27.
Gererdat —, a tour dou Waide 1290, 426.
Gerardins — ; daicr S. Sauuor 1269, 424.
— Gerardin lou sainnor 1278, 542; 1281, 286.
   2 ms. (PS) 1269, 464.
Perrins f., a Longeville 1278, 621.
†, Bertraus f., pb. por Perrin f. et Collate
   sai fm. (v. Perrins) 1293, 230, 231.
Gillat —, a Chastels 1275, 249.
Hanrius —, a la Posterne 1241, 80.
   a pont des Mors 1269, 23.
Hanrit — de Chambres 1288, 311.
Hessat —, au pont a Saille 1267, 409.
   au pont a Muselle 1269, 523.
   Ancillon f. 1285, 191.
Howeson —, a Quertal 1293, 547; 1298, 470.
   †, Aingebour fm., 5 enf. 1298, 470.
Jakemin — (PS) 1251, 112.
Jennas — 1285, 95a.
Jennas — f. Cayfaz, Agnez s., Aubartins fr.,
   ost. lor pere autor dou Nuefborc 1269, 416.
Jennat — de Porte Muzelle 1298, 220.
Jennas — dou Quertal, stuve devant la
   xippe 1285, 400.
Jennas Hairecours — ke maint ou Champ
   a Saille pb. ms. a Quertal 1298, 470.
Lambelius — 1290, 339.
   ke maint sus lo pont a Saille 1290, 226.
Patin —, encoste Ste Creux (PS) 1278, 544.
Perrins —[1]) (v. Gerardins —) 1269, 464;

---

[1]) *De Wailly 219 (1281)* Perrins li ber-
biers = *1281, 286:* Perrin lou fil Gerardin
lou sainour † (*Bannrollen I, LXIV, 13*).

bergiers–bouchiers

1275, 250; 1285, 366; 1288, 356; 1290,
102; 1293, 294; 1298, 663.
Bertrans fr. 1293, 155.
Poinsins — de Juxey, Domangin srg. 1298.
Renbadin —, an Chambres 1298, 38². [560.
Robins —, defors Porsarpenoise 1245, 156.
a la creux otre Muselle 1293, 678.
Symonins — f. Willemat de lai Stuve †,
Jaikemin fr., en lai rowelle a monteir de
Bucherie (PM) 1293, 407.
Thiebaut — †, en Chambres 1267, 156.
Thierion —, daier S. Sauuor 1241, 183.
Vguin — (OM) 1267, 488.
Waterins — 1269, 509; 1277, 393.
  Lorate la brus 1290, 528.
  en Chambres 1285, 355, 356; 1298, 3⁴.
  de Chambres 1281, 306; 1285, 160.
  †. Clemansate, Marions f. 1298, 384.

bergiers, *berger, Hirt.*
bergiers 1269, 1285, 1290, bergier 1278, 1298.
Goudefrins Goibles — Jennat de Grixei 1290,
Petis — 1285, 534. [485.
Steueuins — 1269, 171.
  †, d. Mergneron fm. 1298, 231.
Waterin —, an Sanerie 1298, 9a.
Weiriat lou Bossut — 1278, 293.

bergiere, *bergère, Hirtin.*
Hawiate — de Moulins 1278. 607.

bocheir, bochier v. bouchiers.
bolangiers, bolengiers v. boulangiers.

bordeires *fermier de campagne,*[1]*) Pächter.*
bordeires 1278, bordour 1285.
Garserins — de Maigney, er. ou ban de Maigney et de Flurey 1278, 533.
  Clemansate fm. 1285, 194.

borrels *bourreau, Henker.*
borrels, bourel.
Colart —, Bertrans d'Ansey f. 1285, 268.
Gerardins — 1285, 515.

---

[1]) Roquefort: *métayer qui a des terres qui confinent aux bords des grands chemins.*

bouchiers *boucher. Metzger.*
bouchiers, bouchier 1251/1275, 1278/1281,
1288/1298, bouchierz 1269, boucher 1262,
boucheirs. boncheir 1269/1285, bochiers,
bochier 1227/1245, 1275, 1288, 1293, 1298,
bocheir 1279, 1285, bonchel 1269, 284.¹)
a Quartal ou li — vandent 1251, 44; 1269.
1 stal de — a Quertal 1298, 556. [439⁵.
ms. eu Stoixey, c'est a savoir la partie devers les — 1279, 363b.
Adan — (PM; PS) 1269, 10; 1288, 463.
Ancherin —, Aleit fm. 1262, 374.
  en Viez Boucherie 1275, 68.
Ancillon — 1278, 272.
Ancillon — dou pont Renmont, Marguerite f. 1293, 397.
= Ancillon f. Hanrit — dou pont Rengmont † 1288, 20.
= Aincelo —, anc. l. pont Renmont 1288, 146.
  an Stoxey anc. la ms. 1288, 367⁶.
Androwas Modaisse —, rouelle en Staueul (PM) 1269, 364.
Aubertins de Preiz — (OM = Viez Bucherie, v. Werion —) 1269, 284.
Banduyns —, en Vies Boucherie 1262, 387.
  †, en Vies Bucherie 1269, 143, 506.
  Vinons fm. 1269, 193.
  Steuenin j. et Lorate sa fm. 1279, 131.
Burtemin —, Clemeignon srg. 1262, 330.
Burtemins — f. Domangin Berrois de Vies Bucherie †, pb. ms. an Vies Bucherie 1290,
Burtrans Fakignons —, t. a Grixey [425.
1290, 189, 440.
  pr. ver Pertes 1293, 508¹.
  de Vies Bucherie (t. ou ban de Grixey) 1293, 278¹, 279.
Chardas —, Viez Bucherie 1278, 578.

---

¹) *Der Schreiber 6 hat eine Vorliebe für die Endung* el *gehabt, er setzt 1269, 276 neben* Bureton *die Form* Buretel, *er allein hat (1269, 317) die Form* Nekisselrue *für* Nikesinrue (Nexirue) *gebraucht. Käufer und Verkäufer des Hauses (1269, 284 OM) sind Metzger, also wohl auch der frühere Besitzer* Demangel le bouchel. *v. 1281, 421* chaivriel = chaivrier.

bouchiers–bouclier

er. ou ban de Maixieres 1298, 673.
Chardas de Maixieres —. 1290, 507.
= Chardas de Maixieros 1290, 693, 694.
Clodaiche —, Jaikemenelz f., enson la Bucherie a Porsaillis 1285, 220. [76.
Colignon Chowenel —, Vies Bucherie 1290.
Demangel le bouchel (OM — Viez Bucherie.
  v. Werion —) 1269, 284.
Gaillart — (PM) 1245, 169.
Gerardins —, c. en la ruelle Nicolle Remey 1277, 195°.
Gererdins Chacei, st. de — a Quertal 1298.
Girart — 1267, 30. [556.
Gerairt — dou Champ a Saille Poencins f.
Gerart Magdalenne — 1262, 235. [1278, 491.
Giraudons — (PM) 1269, 6.
Goidelos — dou pont Renmont et Hanrices conpans 1281, 183. [240.
Hanrias Haikerelz —, Viez Bucherie 1298.
Hanrias Sucre —,Buch. a Porsaillis 1293,235.
Hanri — (OM) 1245, 231.
  Jaquemin f., Viez Bucherie 1241, 196.
Hanrit —, a pont Renmont 1278, 230.
  dou pont Rengmont †, Ancillon f. 1288, 20.
= Hanris, conpans Goidelo — 1281, 183.
Herbols —, t. ou ban de Maixieres 1293, 693.
= Herbols de Viez Bucherie 1293, 694.
Herman — 1251, 257.
Herman — de Chastels, Benoite fm. 1298, 305.
Houwat —, Steuenas f., a Porsaillis 1279, 441.
Howat lou Vadois — de Porsaillis, Steuenas et Jehans enf. 1293, 247.
Howignon lou Roucel — de Porte Muzelle, Piereson, Heilowit, Hanriat, Idate et Gerairdin anf. 1288, 353.
Jaikelos —, Vies Bucherie 1267, 246.
Jaikemels —, a S. Piere 1251, 146.
  a Porsaillis 1279, 96^{16}.
  Collate fm. 1279, 491.
Jaikemel — de Porsaillis, enf. 1288, 85.
  †, Jennat et Maitheu enf. 1293, 545a.
Jaikemins — 1288, 85. [1278, 40.
Jakemins Burterans — de Porte Muzelle
Jaikemin Chaneueire —, a Porsaillis 1279, 249; 1293, 235.
Jakemin Malrainaule —, a Porsailliz 1269,
Jallat —, Jote fm. 1285, 216. [474.
  †, Jote fm. 1290, 366.

= Jennat Jallat, a Porsaillis 1293, 247.
Jennat —, utour dou Waide 1269, 418.
Jennas Grillas —. Jennate fm. 1298, 493.
Jennas Murlins — et Margnerate fm., Viez Bucherie 1298, 334.
Jennins —, ruele de Viez Bucherie 1241, 51.
Jennins Charrate —, Viez Bucherie 1241, 37.
Joffrignon —, Viez Bucherie 1269, 563.
Jordain — 1241, 147.
Lorancin —, er. a S. Piere aus Areines 1245, 82.
  et Jaquemat srg., a la Posterne 1245, 225.
  a Porsaillis 1279, 96^{12}.
Malclairiet — (v. Werriou) 1279, 490.
Martins —, Bocherie a Porte Mozele 1227, 46.
  Gilliat f., Bucherie a Porte M. 1267, 177a.
  anf., areis l'osp. de Porte Mosz. 1269, 43.
Menel — †(v. Thiebaus —), Jehans j. et Yzabel sa fm., Bucherie c'on dist an Froimont.
Morekin — (PS) 1251, 48.1298, 210.
Perrins a Cul —, ruelle ensom Viez Bucherie 1281, 289; 1290, 258.
Petis —, Bucherie (PM) 1245, 77.
Poinsignon — (PS) 1281, 242.
Poinsignon Weixe — 1281. 414.
Poincins — 1279, 501. [448a.
  ou Champ a Saille 1277, 29; 1290, 235.
= Poencins f. Gerairt — dou Champ a Saille 1278, 491.
Raimbaudin —, Jakemas f. 1269, 81.
Renualdin —, Bucherie (OM) 1241, 191.
Rennalt —, sor Saille 1241, 83.
Robin —, au pont Rainmont 1267, 26.
Stenenin —, a Porsaillis 1281, 242, 473
  f. Ameline de Suz Saille 1269, 475.
Thiebaus — fill. Mennel, Buch. a PM 1281,
Thierias Judes — 1298, 111. [396.
Thomessas —, enson us. des quartiers 1267.
Vallat —, Bucherie de PM 1262, 154. [60.
Waltres —, sor Saille 1241, 81.
  devant les mollins a Saille 1275, 407.
Watrin Guero — 1278, 406.
Werion —, ensom Viez Bucherie 1241, 47.
Werrion Malclairiet — (OM) 1269, 284.
= Malclairiet —, Vies Bucherie 1279, 490.
Wernier —, Viez Bucherie 1275, 504.

bouclier *Ring- und Schnallenmacher.*
bouclier 1267, boucleir 1278.

boulangiers 464 II. Stand und Gewerbe

Guerairt —, Hennelos j., en Sanerie 1278, 470.
Warnier — (PS) 1267, 355.

boulangiers *boulanger, Bäcker.*
boulangiers, boulangier 1262, 1269/1298,
boulangierz 1269, boulangeirs, boulangeir
1275, 1278/1285, boulangierz 1279, boulengier
1269, 1275, boullangier 1298, bolangiers.
bolangier 1251/1275, 1285, 1298, bolangeirs,
bolangeir 1275/1285,1290, bolangers 1251,234,
bollangiers, bollangier 1241, 1245, 1267, 1281.
1298, bollengiers, bollengier 1241, 1288/1298,
bolengeirs 1278, bolengiers, bolengier 1227,
1269/1288, 1293, 1298, bolongiers 1220, 8.
Alixandres de Maixeroit li **maistres des**
— pb. por les — 7 s. ms. en Anglemur
stal en la halle des — [1277, 128.
en Chambres 1269, 140; 1278, 38; 1281, 609.
en lai halle au Chambres apres les —1288, 381.
st. en lai halle des — (PS) 1251, 215, 217,
218, 284; 1275, 367, 423; 1277, 77.
st. en la halle des — en Vizenuel 1267,
133, 262; 1277, 346; 1278, 125; 1279,
111, 469; 1281, 427; 1285, 63, 88, 386;
1288, 54; 1290, 399; 1298, 248, 286.
st. devant la halle des — a desxandre de
la halle des draipiers au Visignuel 1279, 76.
st. devant la halle a l'uxuwe des — (PS) 1285,
boin wayn moitainge a dit de — 1290, 443. [462.
Abers — de S. Julien 1279, 373.
Abertin —, outre Muselle 1293, 322.
a pont des Mors 1298, 145.
Abertin — f. Jacob de Cons, ou bourc
S. Arnolt 1293, 327.
Abertins — f. lou Crabus, a S. Arnolt 1290,
Abertin — f. Jaikemin lou Rauat, rue [527.
de Porte Serpenoize 1290, 132.
Abertins de Taixey —
Lambelin fr. (OM) 1298, 495.
1281, 642.
Abrion —, devant Ste Glosenne 1298, 238¹.
Abris — dou Champel 1285, 371.
Bertrans li massons fr. 1288, 85.
Adan —, daier S. Nicolais lou Petit 1275, 367.
Alixandres¹) — (v. Jaikemin de Vignei —)

1269, 225, 412; 1277, 346; 1281, 475/478;
1290, 238a; 1293, 250.
en Anglemur 1293, 333.
Mariate f., en Anglemur 1298, 578.
Alexandre —, outre Saille 1290, 475.
outre Saille sus lou tour de lai rowelle
S. Esteue lou Despaincit 1298, 411.
Jaikemin j., outre Saille 1290, 158⁷.
d'Outre Saille 1281, 231¹.
Alexandres de Maiseroy — (PS) 1251, 226.
Alixandres de Maixeroit li maistres des —
Alexandres Hergualz — f. Jenniu [1277, 128.
de Demes, a Nuef pont 1290, 378.
Ancillon — †, d. Pauie fm., au dessandre
de Bucherie de Porte Muselle 1269, 378.
Ancillon —, en la Nueue rue 1275, 219, 364.
ms. (PS) aq. a la fm. Ancillon de Flan-
ville 1278, 462.
Ancillons — fr. sg. Goudefroit Xoltesse, a
Pairnemaille 1290, 288.
Andreus —, Chaponrue 1293, 204²⁷,³⁰, 284,
Audraat — (PS) 1245. 173. [349²⁶,³⁰.
en Franconrue 1279, 572.
Andruat — dou Champel 1241, 144.
Andrewat Sallemon — 1298, 542a, b.
Arnoulz — f. Greillat de Vairney † et Wil-
lames fr. 1290, 310.
Arnolt —, a S. Arnolt 1293, 319.
au Staixou 1298, 18.
Aurowin — j. Massue, en Stoixey 1279, 408.
Baicelin —, au Chieuremont 1288, 318.
Bauduyn — de Porte Mosele 1251, 167.
Bauduyn —, a Porte Muselle 1262, 135.
† 1269, 169.
Colignon f., a Porte Muselle 1281, 157.
Badewin Chaipal —, outre Maizelles 1288,
Bertelo — . 1281, 376. [73.
Berthelos — de Chaponrue 1275, 135.
Jehans f. 1281, 346.
Bertous —, en Daraugerue 1262, 115.
Bertran —. Poinsignou f. (PS) 1241, 22.
Boiemon —¹) (PS) 1293, 584. [1278, 611.
Boudat —. dav. S. Vicent (v. Thomescin —)

---

¹) *De Wailly 351 E (1297)* Allexandre lou bou-
langier, lou janre Girairt lou boulangier ke fut.

¹) *De Wailly 152 (1272 a. St.)* Boiemons
li boulangiers, ke maint aucoste l'osteil
Huairt Jallee ke fut.

boulangiers

Broscars —, davant S.Vi 1241, 200.
Broukairt Haize — de Rimport †, Jakemate fm., Jennat f. 1278, 34.
— Broukairt —, Jennas f., en Rimport 1278,
Burtignon — de Stoxey †, Abillate fm., [35. Konegate f., (v. Jehan) 1288, 345 1,9.
Jehan j., a Pairnemaille 1290, 288.
Clemignon — 1275, 423; 1279, 177, 251; 1281, 182; 1290, 399; 1293, 350.
srg. Jaikemin de Vigney, arreis Viez Bucherie 1285, 266.
Clodin — 1262, 285.
†, daier S. Hylaire (PM) 1298, 409.
Coenrart d'Anglemur —[1]) 1293, 617.
Coinrairt — de Stoxey 1290, 314; 1298, 209.
Coinrairs de Destrei — ke maint au Stoxei
Colignons 1285, 88. [1290, 316.
Colignons — ke maint au Vesignuelz. ms. en la rowelle a S. Piere as Arennes 1290.
Colignons — de Porte Muzelle 1275, 199. [471.
Colignon lou Bague —, a Porte Serpenoise
Colignons Topas , daier S. Haire [1290, 59. a pont Remnont 1288, 861 [1], [4].
Colin —, en Anglemur 1285, 536.
Colin - d'Auancey †, Pairixe fm., au Rowes a S. Julien 1293, 202.
Colin de Chicaremont — 1279, 469.
†, Collate fm. 1298, 186.
Colins — de Maizelles 1293, 585.
Lietart de Maizelles son o. 1285, 201.
Colins — de Porte Muzelle 1278, 125, 216.
Colin de Racourt — 1298, 275.
Colin Cotelle — 1298, 603.
Colin Puitaise —, en Stoisey 1269, 355.
Cunels — d'Alainmont, a Porte Xapenoise 1279, 111.
Deudeneis —, en Mazelles 1245, 132.
outre Maizeles 1251, 32, 196.
Dognon — (OM) 1245, 244.
Domangin d'Ars —, en Vies Buch. 1267, 246.
Domangins — de S. Vincentrue 1285. 259.
Domanjas de Vergney —, Nueue rue 1293,
Durans — 1281, 519. [243.
an S. Martinrue 1298, 238[17].

Durans — j. Marguerate Rogier 1298, 286.
Durans — n. Durant — † 1298, 286.
Elyas —, an la Nueue rue 1275, 219.
Abertin j. 1293, 243, 285.
†, Abertius maires de Corcelles j. 1298, 117.
†, Daniel f., an S. Martinrue 1293, 71, 95;
Ferriat — de Nonviant 1288, 545. [1298, 248.
a Porte Xapenoise 1279, 111.
Ferrion —, an Stoxey 1298, 221[11].
Ferris — maris fm. Anrairt, Stoixey 1279, 370.
Ferrit — de Teheicourt, an Chaponrue 1288,
Fillipins Belchamp — 1293, 633. [66.
Franke —, devant ms. Aubert des Arnos (PS) 1275, 71.
Garsas — (PS; vg. OS) 1267, 442; 1278, 433.
Garsaz - de Pertez 1269. 393.
Garsat —, en Remport 1275, 11.
Guersas — ki maint en Chambieres 1281, 597.
Guersas — maris Ermanjart, en la Vigne S. Marcel 1285, 474.
Garsire —, an Quartal 1241, 96.
Girardat —, en Gobertcort 1267, 222.
Gererdat —, a Porsaillis 1288, 173.
Gererdel —, anson Vies Bucherie, Rosin, Collin, Pierairt, Domangin fr. 1298, 242b. [213.
Gererdins — de Nowesseuille 1285, 300; 1298.
Gerardins Pouxerainne — (PM) 1275, 294.
Gerars[1]) — (PS) 1227, 27.
Gerars —, en la rue lo Voe 1241, 189.
Girart —, Mathelie f. 1262, 358.
sus lou Mur 1279, 69.
rue lou Voweit 1288, 529.
Gerart d'Aicst, Mathelie f., outre Maizelles 1277, 355.
Girart —, en Anglemur 1269, 287; 1278, 156.
Jakemate f., et Gerart son n. 1290, 241.
Girart — d'Anglemur 1269, 130, 285.
Jennat j. 1285, 136.
Gerairs — de la Creuxate. gr. (PS); gr. anc.

---

[1]) *Prost* XLVII, XLVIII, 1255 Conrairt lou boulangier d'Anglemur.

[1]) *De Wailly* 351 E (1297) Allexandre lou boulangier, lou janre Girairt lou boulangier ke fut.
Prost XXII, 1293 Et de ces II maisons (en la rue lo Voeit) ai je fait vestir, en leu dou priour Robert d'Aubes, Girart lou bolengier d'Aubes son home.

boulangiers 466 II. Stand und Gewerbe

ms. devers lou Nuefbour 1277, 47; 1285,
†, an S. Thiebautrue 1288, 28. [425.
†, an Chaiureirue 1288, 44.
Gerairs de Secours — 1293, 551.
Gerars — d'Ansom Viez Bucherie 1281, 555.
Gerairt — de lai Vigne S. Auol, Ailexate
    fm. 1285, 398.
†, Jaikemins f. 1288, 36. [263.
Gerars Katerne —, rue de Porte Serp. 1288,
Gerairt lou Vadois —, Kaitherine f., en
    Aiest 1293, 400. [1290, 200.
Hanriat —, davant l'ospital des Allemans
Hanrias —, ou Waide 1290, 206b; 1293, 90b.
Hanrias de Florey —, en la Nueve rue 1269,
    de la Nueve rowe 1285, 63. [217.
Hanrias Baigas — de Flurey 1279, 483.
Hanrias — de la rive a Poxons 1281, 167.
Hanriat Bonenat —, dav. S. Martin an Curtis
Haurion — (OM) 1245, 143. [1288, 182.
Henri —, Odon srg. 1220, 8.
Hanris —, a Stintefontenne 1290, 155.
Hennelolz —, srg. maistre Poince lou fisicien
Hermans — (PS) 1278, 462. [1288, 491.
Howeson —, Jennat et Jakemin f. 1278, 351.
Howignon — 1298, 186.
    en Franconrue 1288, 282.
Huyn — 1251, 234.
Isambart —, a pont a Mosele 1251, 57.
Jaikemat —, a Porte Serpenoise 1288, 167.
Jaikemin —, a Porte Serpenoise 1275. 352.
Jaikemins — fr. Loransat (PM) 1279, 184.
Jaikemins — j. sg. Geruaise de Lascey 1262.
Jakemin — j. Waterin Marion 1298, 201. [138.
Jaikemin lou Borgon — de Chambres 1285.
Jaikemins — f. Piereson de Clostre, [158.
    en Coperelrue 1281, 615.
Jaikemins — de Franconrue 1288, 266.
Jaikemins de Vignei —, Alexandre fr. 1293,
Jaikemins Picho — dou pont a Muzelle [152.
    1281, 263. [1278, 286.
Jehans —, outre Saille dev. la Triniteit
Jehans de Hessauges —, a pont a Muselle
    Ancillons li tonneliers j. 1298, 206. [1285, 7.
Jehans — de Stoxey, j. Burtignon — de
    Stoxey, srg. Kenegate 1288, 345[2];(1290, 288).
maistre Jehan l'Alleman — de S. Arnol
Jehan lou Bague —, Jaikemin et [1288, 562.
    Howignon f. 1293, 615.

Jehan Morel —, en lai Nueue rue 1298, 483b.
Jennat d'Onville —. an la ruwe de Porte
    Cerpenoise 1281, 490. [1285, 231.
Jennat — de S. Arnout †, Liebourate fm.
Jennas de S. Climent —, rue S. Ladre 1269,
Jennas Baikelz — 1298, 51. [482.
Jenas Brihiers[1]), devant lou pont des Mors
Jennas li Gronais — 1298, 308. [1269, 140.
Jennat Jallee —, a pont a Muzelle 1281, 368;
Jennas Jeuwerelz — 1298, 95. [1288, 110.
Jennas Xerdas — 1298, 79a.
    de S. Martinrowe, 2 ms. en la Nueve rowe
Jennins — 1241, 70. [1285, 63.
    gr. ou Champel 1245, 134.
    ms. a Nonviant 1269, 289. [315.
    en Chambres, Robins li celliers fr. 1275,
Jenins Bouchate —, Amelinne s. 1267, 239.
Jenin Chaie —, four ou Champel (v. I. Chaie)
Josselin — 1285, 231[10]. [1277, 37.
Laubelat — et Aburtin fr. 1279, 453.
Lambelins —, c. ms. outre Saille 1262, 357.
Lambelin — de Burlixe †, Richairt lou
    clerc f. 1298, 437.
Lanbelin —, ou Waide 1285, 60.
Lambelins — dou Waide et Sreuenins fr.
Lambert — (PS) 1293, 495. [1279, 463.
†, Odeliate fm. 1298, 248.
Lietairt de Maizelles — et Mairiate fm., la
    f. Watrin de Chalons 1281, 231[1].
= Lietaus — de Maizelles 1279, 230, 231.
Lietalz — 1278, 39, 402; 1285, 320.
    molin sus Moselle 1278, 158, 664; 1281,
    ke maint a monteir de [374; 1290, 340.
    Bucherie (PM) 1290, 340a.
    an Chieuremont 1298, 392[3], 428[3].
    dev. les moulins de Longeteire 1298, 392[7].
    srg. Remion — 1278, 158; 1281, 175. [428[7].
Lorans Mainville —, en Chambeires 1262, 400.
Loransat —, en Nikesinrue 1278, 201, 584;
    Jaikemin fr. 1278, 584. [1281, 126.
†, Sefiate fm. 1281, 126.
Lowyat —, daier S. Nicolaiz lou Petit 1269,
Lowias — d'Abes 1267, 139; 1281, 14. [426.
    Marguerite f. 1285, 6.

---

[1]) v. Jenas Buhiers pb. 1 st. en la halle
des boulangiers 1275, 423.

boulangiers

Lowions — (PM) 1241, 188.
Lowion —, en lai Nueve rue¹) 1290, 42.
Martins de Bomont — 1293, 229, 253.
Matheus —²) 1281, 578.
  an Chadeleirue 1288, 68. [139.
Milat —, rue le Woueit (v. Piereson) 1269,
Odas — d'Ars, ai Ars (OM) 1288, 525.
Otenas d'Alencort —, ensom Viez Bucherie
  ator de Rommesale 1275, 464.
Otenat —, ator de Romesale 1278, 168.
Ottenat —, rowelle de Goubercort 1293, 581a.
Perrin — de Chaponrue, Symonins — n.
Perrin —, Symon fill., en Cha- [1288, 426.
  ponrue 1290, 214.
Petres Haivelins — de S. Julien 1285, 172;
Pierairs de Chacey —, [1290, 289.
  en Renport 1275, 11. [1293, 616.
Pierat —, Marguerite f., en Couperelrue
Pierel — de Chambeires et Colate fm. 1288,
Pierelz —, rue de Porte Serp. 1290, 453. [151.
Pieresous — 1288, 6.
Piereson —, en Einglemur 1269, 287.
Pieresons d'Anglemur — 1275, 505; 1278, 357.
Pieresons de Gernei —, a Porte Serp. 1288,
Pieresons Millas — j. Hanrecon, daier [207.
  S. Eukaire (v. Milat —) 1290, 56.
Pieressons Rohairs —, ou Waide 1278, 264.
Poincignons — et Warneceons fr. (PS) 1241,
Poincignon —, 1269, 243. [97.
Poinsignon —, Vigne S. Marcel 1290, 581.
Rembaldins — 1251, 67; 1269, 502; 1275, 237.
Rainbadin —, molin daier S. Jehan 1278, 158.
Raimbaudin —, outre Muselle 1298, 123.
Rembaus —, en Rimport 1279, 348.
Renbaut —, an Gran Meises 1298, 221⁷.
Rembalt —, Auchelins f. 1293, 572.
Renbaut Wase —, daier S. Haire a pont
  Renmout 1288, 361². [1281, 175.
Remions de Porte Muselle 1269, 174;

Lietal srg. 1278, 158; 1281, 175.
Remion —, a Porte Moselle 1293, 210.
  †, Henmbelat f. 1293, 31.
Renaudins — 1267, 128.
Renaldins — fill. Ancillon Saillanbien de
  Montois, en Chaponrue 1290, 239.
Richart — (OM) 1278, 579.
  arreis Viez Bucherie 1285, 266.
  Howignon f. 1288, 557.
Richairs — de Chambres 1279, 469.
Ricowin —, rue lo Voweit¹) 1275, 248.
Robert — 1267, 253.
Robins d'Onville —, Couperelruelle 1281, 297.
Rollons — f. Warnier de S. Julien †, a S. Ju-
  lien 1262, 118. [298¹⁰.
lou Roucel — d'Aiest †, Jaikemin f. 1290,
Rueccelin — †, ou Haut Champel 1278, 294,
  anf., ou Haut Champel 1281, 28. [504.
  rue de Porte Serpenoize 1288, 103.
Sigars — (PS) 1293, 226.
  rue de Porte Serpenoise 1281, 607.
Symoins Champest — 1267, 262.
Simonat —, defuers Porte Serp., Jehan f. 1285.
Symonas — de Danant S. Eukaire, de- [199.
  fuers lai porte des Allemans 1290, 171.
Symonas Guizelate — ke maint davant
  S. Sanour 1293, 368.
Symonin Guizelate —, ost. en la voie dou
  pont des Mors (OM) 1277, 145.
Symonin — (OM) 1262, 88.
Symonin de Clostre —, rue don pont des
  Mors 1267, 126; 1269, 140.
Symonin —, en Chaponrue 1290, 391.
  j. Howin lou masson, ou l'etit Waide
  u. Perrin — de Chaponrue, [1288, 442.
  daier S. Eukaire 1288, 426.
  devant S. Eukaire 1277, 291.
Symonins — de Danant S. Eukaire 1285, 386.
Stainare —, Marguerons fm. 1262, 112.
Steuenin — 1278, 272.
  au pont a Muselle 1269, 316.
  daier S. Eukaire 1262, 179; 1290, 56.
  daier S. Mamin 1277, 66.

---

¹) *De Wailly 381 B (1300)* Li sires Nicoles, li curey de S. Gigoul, et Lowias, li boulangiers de lai Nuewe rue ke maint devant lai stuve, wairaitors.

²) *De Wailly 383, S. 286 B (1300)* an Chaudelieruwe (*de W.*: Chandelieruwe) devant la maixon Maitheu lou boulangier.

¹) *De Wailly 254 S. 179 K (1286)* an la rouwe lou Vouweit ai rois l'osteil Rikouwin lou boulangier.

boulangiere–cawesins

ms. en Vals 1293, 170¹¹.
Steuenins — de Vals 1293, 634, 673; 1298, 545.
Steuenins Grejolas —, en Stoixey 1279, 408.
Steuenins Pourrate — (PS) 1298, 282.
a Porte Serpenoise 1288, 167.
Thiebaut —, rue don Nuef pont 1288, 26.
  j. Domangin de Grixei †. a Nuef pont 1290, 378. [226.
Thieriat —, Merguerite f., ou Waide 1279, defuers la porte des Allemans 1290, 171.
Thieriat — de lui ruwe des Allemans 1288.
Thierion — de Waire † 1285, 300. [168.
Thomescin Boudat —, rue donl'reit (v. Boudat)
Warnissons — 1251, 234. [1267, 449.
  a S. Julien, en Stoixey 1262, 122, 140a.
  a pont des Mors 1269, 23.
Waterin Grozelle —, a pont a Muzelle 1298,
Watier —, Poinsate fm. 1275, 290. [379.
Wautiors de Wart —, a Rozeruelles 1267.
  †, Jaikemin et Guerceriat lou clerc [132.
  enf. 1293, 189, 226.
  enf. Poinsate Mennegout 1293, 195.
Weriat —¹) (PS) 1262, 168; 1269, 109.
Werias de Goens — (OM) 1298, 649.
Werion — f. Clemant d'Ansey 1298, 591.
Wernier — †, Yzaibel d'Airs fm. 1285, 142⁵).
Willaues — de Maicline, an Maizelles 1288,
Willames — ke maint an Maizelles, [468.
  t. ou ban de Maicline 1290, 355.
  en Maizelles 1290, 187a.
Willames —, en Stoixey 1277, 230.
Willame — de Stoixey, Jaikelos fr. 1281, 172.
Willames fill. Jennat Poxerainne, en Auglomur 1298, 578.

boulangiere *boulangère, Bäckerin.*³)
boulangiere 1298, boulangeire 1279.

---

¹) *De Wailly 152 (1272 a. St.)* Pukate la suer signor Abert lou preste de Landos et Wairi[at lou] boulangeir son janre.

²) *De Wailly 49 (1255)* en Nekesienrue *(de W.:* Neketienrue) devant lou four Weseceil lou bollangier ke fut.

³) *De Wailly 254 S. 179 E (1286)* outre Saille ou Petit Waide per devar S. Mamin ... aireis l'osteil Heilouwate la boulangiere ke fut, davant lou pux.

Ideron — de Nowaiseville 1298, 13.
Poinsate de Chanbres, Harman j. 1279, 203.

bourcierz *fabricant de bourses. Beutler.*
bourcierz 1269, boursier 1298.
Gerairt de S. Thiebaut 1298, 264.
Howas de Paris ki maint en Saunerie 1269, 180.

bourel v. borrels.

boweirs *laveur, Wäscher.* v. laveires.
boweirs, boweir 1277, 1281, 1293, bowey 1278, bouuer 1251, bouvier 1267, bouweir 1278, 1281.
Ancillon - , sus Muselle 1281, 347.
Colignons Sodas — forjugies 1293, 698.
Girart - , en Maiscle 1251, 127.
Lietal —, devant Longetcire 1281, 175.
Matheu —, molin daier S. Jehan 1267, 491.
  en Chanbres 1278, 33; 1281, 373, 395.
  2 ms. davant S. Vicent 1278, 611.
  sus Muselle 1277, 224; 1281, 347, 354, 391.
  devant les molins de Boweteiteire; molin 1281, 406; 1281, 374.

bowerasse *blanchisseuse, Wäscherin.*
bowerasse, bouwerasse 1298, buerasse 1269.
Ailexate —, a S. Clemant 1298, 445a.
Hawiate fm. Hanriat lou Vadois de Chanbres 1298, 401.
Yderate —, daier S. Thiebaut 1269, 242.

braieleir *fabricant de braies. Hosenschneider.*¹)
Goideman — de Sauerie †, Hanrit fm. 1298,
Hanrit —, a Chastels 1298, 188. [499.

buerasse v. bowerasse.
caudeliers v. chadeliers.

cawesins *changeur de Cahors. Geldwechsler.*²)
cawesins, cawesin 1275, 1279, 1281, cawecenes 1288, cavsin 1277, cavcein 1279, cowecsin 1288, cowecin 1281, kauwrssin 1269, cahorcins 1262.

---

¹) *Ben. III, 176* brayes de keur *(Lederhosen).*

²) *Ben. III, 233 (1288 a. St.)* com ne puet,

celeriers–chadeliers

Bernars — (PS) 1277, 371; 1279, 36.
 en Chapeleirue 1262, 337; 1269, 105; 1277,
Howignons —, de Longeuille 1288, 534. [71.
Jehans — j. Hanriat Gelin, ms. et mar-
 chacie a Porte Serpenoise 1288, 253.
Jennat —, a Molins 1279, 314.
Perrin —, ensom Viez Bucherie ator de
 Rommesale 1275, 464.
Waterel —, an Chaipeleirne 1288, 69, 178ᵃ.
Willame —, a Porsaillis 1281, 429.

celeriers, celleriers v. salleriers.

celliers *sellier, Sattler.*
celliers, cellier 1267, 1275/1279, 1285/1298,
cellieres 1281, celleirs, celleir 1275, 1278/81,
sailier 1281, salierz, salier 1269, seliers,
selier 1241, 1245. (v. IV. Mes. Celleyrue).
Abert — †. Gerairs f. 1281, 356; 1285, 342.
Ancillon — dou Waide †, Jehans f. 1298, 482a.
Burtelos —, en Furneirue 1278, 301, 302.
Burtemius de Gerney — et Colius fr. 1285,
 maint au Furneirue 1288, 191. [477.
 c'on dist de Gernei — de Furneirue 1290.
Collin — †, Sebeliatte fm. 1275, 403. [40.
Cunin —, en Frenelrue 1269, 78.
Domanjas . a tour de Staixons devant
 son ost. 1281, 344.
 †, au Furneirue 1288, 191.
 Luciate fm. 1290, 205; 1298, 18.
Domangins —, ator de Forneirue 1279, 220.
Ferris —, en Furneirue 1298, 54b.
Felepin —, en Frenelrue 1269, 78.
Felippins de Virduns — forjugies 1278, 671.
Gerart —, fm., davant S. Sauuor 1241, 107.
 Aubers f. (v. Abert —) 1267, 57.
 d. Heilowis f. 1275, 94.
 d. Heiluyt la Vadoize f. 1298, 181.
 oirs 1281, 533.
Gondefroit — †, Burtignon et Poinsignon

———

ne ne doit om panre, des or en avant, Lom-
bairt, ne Provensal, ne Tosquain, ne Coes-
sins, ne gens prestant a montes, keils k'il
soient, d'autres terres, por mennant, ne por
bourjois de Mes, se par lou concel de toute
la Citeit de Mes n'estoit.

auf. 1278, 153.
Howignons —, Thomessat fr. 1281, 578.
Jaikemelz —, atour de Staixons 1277, 79.
Jenat — 1269, 175.
Otiu —, en Forneirowe 1281, 193.
 auf., daier S. Sauuor 1269, 424.
 †, Odeliate Doussate f. 1278, 565.
 sg. Otton —, Jaikemin Ottin, sg. Nicolle
 lou doien de S. Sauor, d. Douce enf. 1275,
Poinsignous — 1275, 399; 1279, 191, [16.
 320, 505.
 une de ces maisons (PM) 1275, 310.
 j. Lietul lou permanteir, en Forneirowe
Poinsignons Saterels — 1290, 572. [1281, 193.
 en Furneirue 1293, 111.
Poensignons de la Tour —, Rimport 1278,
Robenat — avelet maistre Roubert [244.
 lou hauberjour † 1279, 199 — 251.
Robins —, Jenins li bolangeirs fr., unsom
 l'osp. en Chambres 1275, 315.
Rogeron — 1279, 505.
Simonins li Moines —, au degrez en Cham-
 bres . 1245, 4, 284.

celleire *sellière, Sattlersfrau.*
Merguerate —, en Furneirue 1293, 111.

cerchieres, *circator* v. III. Grant Eglixe.

keus, keu *cuisinier, Koch.*
Aruoulz — lou prestre de S. Martin, rowelle
 anc. S. Martin 1288, 412.
Habert — 1251, 187.
Jehans — l'aibeit de S. Vincent 1293, 627.
Petre — l'avaike Filipe †, Aranbor fm.
Wiairt — de S. Clemant, a S. [1298, 380.
 Clemant 1298, 98.

keuciere *cuisinière, Köchin.*
keuciere 1288, keuceire 1293.
Hawelo —, en Staixon en la cort Rabustel
 Thierion f. 1293, 687. [1288, 300.

chaberlain v. chamberlains.
chacieres v. chaucieres.

chadeliers *chaudronnier, Kupferschmied.*
chadeliers, chadelier 1275, 1288, 1290, 1298,

chadreliere–chaistelain

chadeleir 1293, chaderler 1220, chaderellier 1245, chaudrelier 1275, chaudelier 1227, caudeliers 1227.¹)
 frarie des —, confreres: Burson, Jehan Wateron, Goudefrin l'Alleman (chadeleir 1293, 380, en Chadeleirowe 1288, 339), Lukin de Champels, Renadin Raieboix, Jenneson lou potier, Colin lou Boukel. 1298, 193.
rue des — (v. IV. Mes, Chadeleirue) 1227, 50.
Becelin —, gr. (PS) 1245, 98.
Burat —, d. Hawit fm., en Chadeleirue 1275, Fakignons —, eu Humbecort 1290, 301. [296.
Godefrin l'Alleman —, Becelins f., (Chadeleirue 1288, 339) 1293, 380.²)
Houwesons Buras —, en Chadeleiruwe 1288,
Lambers —, en Chadeleirue 1290, 309. [339.
Nicole —, d. Sephiete fm., sus Sale an la rue de Caudeliers 1227, 50.
Rogier —, Poencignons f. 1275, 514.
Tierion — 1220, 20.

chadreliere *chaudronnière, Frau des Kupferschmieds.*
Merguerite —, en Chadeleirue 1278, 396.

chafornier v. chauforniers.

chainjors *changeurs, Geldwechsler, Bankiers.* (v. cawesins, lombairs).
chainjors 1279, 1285, chainiors 1245, chaingeors 1267, 1278, chainjours 1288, 1293.
aus —, ms. ou Champ a Saille doit 45 s.
as —, ms. atour de Chaiureirue [1245, 123.

---

¹) chadelier *darf nicht mit* chandelier, *Lichtzieher, verwechselt werden.* v. *De Wailly 383, S. 286 A (1300), wo es heißen muß* chandeliers *statt* chandeliers. *Zu der* frarie des chadeliers *(1298, 193) gehört* Jenneson lou potier, *ein Zinngießer (potier d'étain).*
  Die chadeliers *wohnen meist beisammen in der* Chadeleirue (v. IV.), *die* chandeliers *zerstreut in der Stadt, da wo sie Verdienst finden, in der Nähe von Kirchen und Klöstern.*
²) *De Wailly 383 S. 286 A (1300)* Godefrins li chaudeleirs de Chaudeleirue.

doit 2½ s. 1288, 155.
li maistres des changes pb. por tous les — 20 s. ms. devant S. Johan (OM) 1267, 143.
li maistre des changes pb. 8 s. et 6 d. ms. arreiz la porte dou Champel 1275, 62.
Wichars de la Cort pb. por les — ms. ou Waide 1278, 264.
ait laiet ms. ou Waide permey 30 s. por les — 1279, 439.
as maistres des —, ms. an son la Bucherie a Porsaillis aquasteit 1285, 220.
an Bucherie a Porsaillis antre l'osteit les — et ... 1293, 254.

chainones v. chanones.

chaipelains *chapelain, Kaplan.*
chaipelains, chaipelains 1285/1290, 1298, chapelains, chapelain 1262, 1279, 1285, 1298.
.....t — 1262, 275.
sg. Jehan — l'ateit S. Vincent a Grant Mostier 1298, 347.
sr. Matheus — de la chapelle S. Pou de Mes
sr. Nicolles — lou costor de la [1277, 108. Grant Eglise de Mes 1298, 328.
sg. Pieron — 1285, 27; 1290, 17, 149 Dousatte n. 1279, 184.
sg. Pieron de Gorze — l'abbeit de S. Simphorien 1285, 66.
sr. Pieres — de S. Sauour 1298, 464.
sr. Symons li prestres ke fut — sg. Nicolle don Nuefchaistel 1288, 387.
sr. Symons — en lai Grant Eglixe de Mes [1290, 135.

chaipeliers v. chapeliers.
chairetons v. charretons.

chaistelain *châtelain, Kastellan.* (v. I. Chaistelain).
chaistelain 1281, 1293, chaistelen 1288, chaistelain 1275.
Poinsignon —, devant l'ost. Werrel de Porte Serpenoise 1275, 132.
— de Perpont, Werrion f., tous les preis de Cous 1281, 547.
— de S. Piere, Burtemin f. 1288, 465.
Bertrans f. 1293, 461. [554.
Gererdat — de S. Piere (v. 1288, 465) 1293,

chaivreirs, chaivreir v. chavreirs.

chaivreteires.[1)]
chaivreteires 1288, chaivretour 1285, chavretour 1281, 1285, chavreteir 1277, chaverteires 1285, chavertiers 1279, 1290.
Enrairt —, a Porte Muzelle   1285, 336.
Jehans li Alemans —, eu Chambres 1285, 21.
Jehans — de Chambres   1290, 134.
Jennelz d'Espinalz —, au lai Nueue rue 1288.
Soibillons — (PS)   1279, 547. [41.
  davant les Proichours (OM) 1285, 115, 570.
Troueit —, en Chieuremont   1277, 197.
= Troueit ke fait la chavrate[2)] 1281, 372.
Wernier — (PM)   1277, 166.
  rowelle c'on dist an Tancul a descendre de Bucherie a Porte Muzelle 1281, 178.

chaivriers, chaivriel v. chavreirs.

chamberlains *chambellan, Kämmerer.* (v. l).
chamberlains, chamberlain 1277/1298, chanberlains, chanberlain 1277, 1278, 1281, chaubrelains 1279, chaberlain 1262.
Maheu —, ms. (PS)   1262, 56.
  vg. sus Muselle   1278, 427.

[1)] Troueit lou chavreteir (1277, 197) *ist derselbe wie* Troueit ke fait la chavrate (1281, 372). *Godefroy II, 201 erklärt* chavrate *als „ingrédient qui entrait dans la composition de certaines boissons" und führt als Beweis an:* „Quikionkes vanderoit bahut et melleroit avec lies ne avec chavrate il paieroit x s." *(Rôle original de huchements du XIII*e *s. Collection de pièces formée par M. Ang. Thierry p. l'hist. du tiers état).*
Eine Urkunde aus dem Jahre 1535 (Metzer Stadtarchic 124, 1) handelt von der jährlichen Rechenschaftsablage und der Neuwahl der Meister der „tonneliers, meuthiers et chavetiers." *Es scheint, daß diese drei Gewerbe sich nahe standen, und man wird daraus vielleicht den Schluß ziehen dürfen, daß* chavrate *irgend etwas war, was die Böttcher und Küfer bei ihrem Gewerbe brauchten.* [40.
[2)] la rowelle ou om vant la chavrate 1278,

Renais — pb. por la Craste   1279, 46.
pb. por les Grans pucelles de la Vigne S. Marcel 1278, 353, 366; 1279, 479; 1281.
      310, 345; 1288, 407.
pb. por Moremont 1285, 211, 274, 340,
      497; 1298, 106.
li maires de Moremont pb. por Morem.
      1293, 391, 489.
pb. vg. en bans d'Airey   1288, 204.
12 s. gr. et meis daier Nostre Dame as
  Chans   1290, 87.
doit sus vg. an Passienvalz (PS) 12 steires de vin de cens   1298, 527[28].
Simonins — (v. I.)   1277, 69, 157.

chambrier *(camerarius) Kämmerer.*
sg. Thiebaut — de S. Syphorien 1279, 66.

chanceliers *Kanzler, Würdenträger des Domstifts* v. III Grant Eglixe.

chandeliers *Lichtzieher.*
chandeliers, chandelier 1267, 1269, 1277, 1279, 1281, 1290, 1298, chandeleir 1281, 1285, chanderliers 1267, 41.
Ancillons Chopairs —   1290, 53, 494.
  a Porte Serpenoise   1290, 59.
Poinsate fm.   1285, 168; 1290, 59.
Belleneie f., an Romesale   1281, 131.
Bauduyn — †, Jennat f.   1267, 183.
Badesons —, en Romesale   1290, 92.
Burtemin —, desouz l'ost. l'arcediacre
  Werrit   1267, 120.
Colins —   1298, 385.
Collin Godereie —, Vigne S. Marcel 1290, 98.
Jaikemius — (PS)   1267, 41; 1269, 406.
Jaikemin — d'Outre Saille   1267, 64.
Jennas — (v. Bauduyn —)   1267, 428.
rowe de Nostre Dame as Chans 1279, 260.
  a Porte Serpenoise   1281, 227.
Clemansate s.   1281, 224.
Lowias — (PS)[1)]   1267, 183, 428.
Vguas —, a pont des Mors   1277, 458.

[1)] *De Wailly* 220/21 *(1281), 328 (1294)* menandie ke geisent a pont a Saille ... ke furent Lowiat lou chandelier.

chandeliere–chaponiers

chandeliere *Lichtzieherin.*
chandeliere 1275, 1281, chandeleire 1277.
Cristinate —, dev. S. Hylaire (PM) 1277, 178.
Gertru —, Thierias maris, devant l'ospital
  des Alemans   1275, 166.
Jote — (PS)   1281, 510.

chanones *chanoine, Domkapitular, Stiftsherr.*
chanones, chanone 1220, 1245, 1262/1298,
chanonez 1269, chanoines, chanoine 1241,
1245, 1275, 1285, chanoinnez, chanoinne 1269,
chainones 1281, chaunone 1285.
v. III.: Grant Eglixe de Mes (S. Pol), Hombore, Monfacon, Nostre Dame la Ronde, S.
Bernart de Monjeu, S. Pierc a Vout, S.
Sauour, S. Thiebaut.   [1278, 662.
Bauduyns — de S. Glosenain 1262, 390;
Gerairt — n. l'official Weirit 1277, 418.
Gregoire —   1241, 15.
Jofroit lou Gronaix —   1293, 169.
Pieron de Chastels — 1275, 247, 454, 471.
Pieron Noixe — (v. S. Sauour) 1262, 231.
Richardin de Chambres — (v. S. Sauour)
                 1277, 403.
Richars de Ste Marie as nonains 1298, 162.
Symon le preste de Nekisselrue, — de S^{te}Marie
  as nonains   1269, 317.
Symons Bellegree — de l'aiglixe de Verduns
                 1290, 83; 1293, 274.
Symons Warans — pb. por lui et por ces
  compaignons ke sont — de Ste Glosenne
Vris —   1220, 35. [1293, 62.

chantor *Cantor, geistlicher Würdenträger*,[1]
chantor 1245, 1279, chauntor 1298.
— de S. Sauuor   1245, 20.
— de Verey   1279, 547.
sg. Pieron de Verey —   1279, 133.
Waterin —   1298, 326.

chapelains, chapelain v. chaipelains.

chapeliers *Hutmacher.*
chapeliers 1269, 1278, chaipeliers 1288,

---

[1]) *Prost XLIII, 1253, XLV, 1255 sqq.* signor Thiebant lou chantour de Mes.

chapellier 1267, chapeler 1251, chapelerz
  1275, chapillers, chapiller 1241, 1245. v. IV.
Mes. Chaipeleirue.[1])
Abertins —   1278, 360.
Burtrans —, au Chaipeleirue 1288, 471a.
Cunins —, en Chapillerrue   1241, 87.
Heimonat — (PS)   1245, 88.
Roubert —, les avelez   1251, 228.
Simons —, en Chapillerrue   1241, 162.
Colin f., et Hauriat son srg. 1251, 41.
Symonin et Mariate anf. 1267, 1 = 148.
Symon lo clerc f.   1267, 224.
Thierion — (PS, Chapelerrue? v. Tiriou
  de Chapeleresrue 1220, 29) 1251, 126.
Willemins —, en Saunerie   1269, 69.
ms. qui fut Colin de Chapelelrue 1275, 180.

chaponiers *marchand de volaille. Kapaunen-züchter, Geflügelhändler.*
chaponiers, chaponier 1245, 1285/1298, chaponniers, chaponnier 1251, 1262, 1275/1278,
1293, chapponier, les chappomneirs 1277/78.

en la Mercerie a Porsaillis dev. les — 1277.
devant les — a Porsaillis 1278, 528. [282.
Burtemins li Vadois — (PS) 1278, 73.
Burtemins li bailis — (PS) 1293, 544.
Burterans —, ou Champel   1262, 176.
Hauriat —, en Rimport   1278, 22.
Jenat - -, a Porsaillis   1290, 488a.
Jennat Poirel —, Stenenin et Colin fr., 5 s.
  ms. a Porsaillis   1293, 575.
Jennins de Goins — (PS)   1251, 224.
Lambelas —   1288, 203.
Werneson j.   1298, 486.
Stenenins Wikelans —, en Chapeleirue 1277,
Wikelan —   1277, 364. [324.
Thiebaut — don Champel   1245, 226.
Waterin —, a S. Julien   1285, 152.
Willemius —, a Porsaillis   1275, 218.
† Jaikemins, Colignon, Thierion, Mertenate, Abillate enf., er. ou ban d'Abes et
  de Mons   1288, 415.

---

[1]) *Baunr. I, LXXX, Schreinsbr. 29:* Ailixate lai **chaipeliere**, fm. Theiriat de Caleires †, ke maint an lai rouwe S. Gegout

charboneir v. cherbonniers.
charey v. cherreirs.
charpantiers, charpentiers v. cherpantiers.
charreis v. cherreirs.

charretons *charretier, Fuhrmann, Kutscher.*
charretons, charretou 1241, 1262/1275,
1278/1281, 1290/98, chairetons 1269, cher-
retons, cherreton 1251, 1278, 1281, 1285,
1290/98.
Adant —, en Anglemur   1269, 142.
Auroins —, en la Vigne S. Auor 1241, 164.
Colat —, a S. Clemant   1278, 439, 440.
Conrat —, eu Anglemur   1269, 121. [164.
Constat d'Awigney —, en Anglemur 1278.
Godefrin —, ensou Vies Bucherie 1262, 159.
Hauris — d'Anglemur   1290, 555.
Howat —, en la Vigne S. Marcel 1298, 332.
Howins —, en Einglemur   1269, 314.
Honwins de Prenoi —, rowe dou Preit 1281.
Ysambart —, eu Anglemur 1267, 460. [246.
   en la rue lo Voweit   1275, 94.
   hoirs, outre Muselle   1279, 329.
Jehans — lou grant doien   1290, 547.
Jehan lou Duc —, on Veneit   1285, 162.
Jenas —, en Anglemur   1269, 121.
Laignel —, defner la porte en Stozei 1269.
Lowyon —, en Pierelruelle en som [176.
   Viez Bucherie   1269, 325.
Nicole —, ou Champ a Saille   1251, 25.
Perralz — de Stoxey 1290, 345; 1298, 215.
Pieresons — d'Anglemur¹) 1275, 243; 1278,
Poinsairs — de S. Suplat. [590; 1281, 291.
   otre Muselle   1293, 322.
Steuenins — de Ste Glosenne   1290, 493.
Wacherin —   1267, 296.
Wernier lou Rocel —, outre Muselle 1293.
Wiriat — d'Alemmont   1298, 552a. [133

charrier v. cherreirs.
chasour, chassor v. chaucieres.
chastelain v. chaistelain.

chaucieres *culottier, cordonnier, Hosen-*

---
¹) *Prost L. 1259* Pieresson lou charreton
d'Anglemur.

*schneider und Schuhmacher, Verfertiger
von Bein- und Fußbekleidung.*¹)
chaucieres 1241, 1278, chausour 1267, cha-
cieres 1267, chasour 1281, 1293, chassor 1279.
Lorans   , davant la cort S. Ladre (PS)
   v. cordeweniers   1241, 166.
Lowiat — † (PS) v. cordeweniers 1279, 74.
Lukin —, Colignons f., daier Sainte †. st.
   en Visegnuel   1267, 240.
Thierias — (PS) 1267, 228; 1278, 305; †
   Jehans u. (PS)   1281, 77. [1293, 214.

chaudelier, chaudrelier v. chadeliers.

chanforniers *chanfournier, Kalkbrenner.*
chanforniers 1277, chafornier 1281, 1290,
1293.
er, ke fut les —, a Vallieres   1277, 164.
Aurowin —, c. a Vallieres   1281, 364.
Gererdat lou Bossut — de Grixey 1290, 485.
Godefrel — de Nowessenille †, 6 enfans
   [1293, 367.

channone v. chanones.
chausour v. chaucieres.
chaverteires, chavertiers v. chaivreteires.

chavreirs *chanvrier, Hanfhändler.*
chavreirs, chavreir 1245, 1279, 1288, 1293.
chavrey 1275, chavrei 1288, chavreis 1278,
1279, 1293, chavreiz 1278, chavriers, chavrier,
1267, 1269, 1281, chavrers, chavrer 1241, 1245,
1251, chaivreirs, chaivreir 1288/1298, chai-
vreis 1279, 1288, chaivriers 1281, 1298,
chaivriel 1281, 421, chevrier 1262, v. IV.
Mes, Chaivreirne.

---
¹) *Roquef.: culottier, cordonnier, calcearius.
Le livre des métiers (Paris 1879) S. 114
(LXXIV):* Quiconques est Chauciers a Paris,
il puet fere chauces (*Kniehosen*) de soie et
de toile, souzchaux (*etwa Gamaschen*) et
chançous (*Socken, Zeugschuhe*). Daß die
chauciers *in Metz nicht nur Seiden- und
Zeugstoff verwendeten, ergibt sich daraus,
daß* Lorans *und* Lowias *zugleich* corde-
weniers *waren, also mit Korduanleder arbei-
ten durften.*

chavreteir–cherpantiers

halle des — ou Champ a Saille 1251, 16a.
...... li chavrers, en Pucemagne 1245, 211.
Ancillon — †, Jehan et Coliguon f., as
  Roches   1288, 119.
  j. Thiecelin Againe   1288, 240.
Banduin —, en la Vigne S. Auol 1262, 325.
  Willermins f., st. en la halle des tanors
  ou Champ a Saille   1279, 444.
Bertrans — et Colins f., a Stintefonteine
                            1245, 66, 120.
Chardat — †, Berte fm. 1293, 314; 1298, 441.
Domangin de Maleucort —, an Francorue
Esselins —   1267, 349. [1288, 94.
  st. en la halle des tanors ou Champ a
  Saille et en Chambres   1278, 256, 257.
  en Chaureirue   1278, 479.
  en lai Vigne S. Auol   1293, 59.
  et Yderate fm., vg. en Dailes 1293, 156.
  †, Yderate fm., en lai Vigne S. Auol 1293,
Escelins — de lai Vigne S. Auol 1281, 12. [220.
Euriat —, en Stoxey   1275, 305.
Garsire —, gr. en la rue (PS)   1241, 35.
Gerart —, en la ruele Chaceuilein 1241, 180.
Haiche — (PS)   1281, 49.
Hanrias — de la Vigne S. Auol 1278, 478.
Jehan de Sambaing — (v. Jehan Sambaig
  et Badewin fr., Vigne S. Auol 1293, 220)
Lienairs —, as Roches 1279, 8. [1293, 59.
Lienairt — de Chambres   1281, 421.
Pieresou —, as Rochez   1269, 371.
Pieresou Bronvals — et Izaibel fm. et Co-
  liguon fr. Iz., c. au Chadeleirue 1298, 355.
Richardin —, au Chambres¹)   1275, 290.
Richerdins — de Chambres 1278, 247; 1290,
Robin -, en la ruelle ensoum l'ost. [335.
  de Clerlen   1275, 490.
Simonin —, en la Vigne S. Marcel 1269, 311.
Steuenat Vigout —, otre Muselle 1293, 315.
Thiecelas — de Chambres   1279, 176.
Thiecelas — ke maint as Roches 1288, 119.
Thieselin —, en Chambres   1293, 3.
Warnesson —, as Rochez   1269, 167.
Watrius li Haiche — de Chambres 1293, 105.

chavreteir, chavretour v. chaivreteires.

cherbonniers *cherbonnier, Kohlenhändler.*
cherbonniers 1281, cherbonier 1279, 1293.
cherboneir 1298, charboneir 1281.
Aidins —, au Chaiuerelruwe   1281, 438.
Godart — et Marguerite f., en la rue lou
  Voweit   1279, 321.
Jaikemin Xadaigaisse —, en lai rowelle
  ou Tomboit   1293, 388.
Mathen — et Sairiate srg.   1281, 365.
Rikewin —, sus lou Mur   1298, 459.

cherpantiers *charpentier Zimmermann.*¹)
cherpantiers, cherpantier 1277/98, cherpan-
tierz 1278, cherpanteirs, cherpanteir 1277/85,
1293, cherpentiers, cherpentier 1251, 1275/
1281, 1290/98, charpantiers, charpantier
1241, 1245, 1262/75, 1281, 1285, charpan-
tierz 1269, charpantiers, charpanteir 1269,
1275, 1279, *charpantiers 1262, charpentiers,
charpentier 1251, 1269, 1275, cherpentier
1275/79, 1285, 1293, 1298.
.... — maris Odeliate de Blorur, Mar-
  gueron srg.   1267, 35.
Abert —, en Sannerie   1245, 170.
Adans -   1279, 195.
l'Aleman —, en Sauerie 1251, 171. [168.
Alixandres —, maix. ator de Romesale 1278,
  †, Jennas j., Herbin srg. J.   1293, 504.
Ancillons — j. Arnout Colne, en Rimport
  sus Muzelle   1277, 224. [1269, 41.
  au Chambres   1281, 395.
Ancillons de Saney —, sus Muzelle 1281, 354.
Ancillon — f. Lienairt de Sanei 1290, 320.
Aucillons — ke maint davant l'ost. Abert
  des Airuolz   1293, 584.
Arnolz —, en Chapillerrue   1241, 174.
  c. en S. Vinsantrue   1262, 395.
  en Franconrue   1278, 183.
Auroins — (PM)   1245, 64.
Bassuis fm. (PM)   1241, 7.
Bernairs — (PS)   1277, 53, 54.

---

¹) *Bannr. I, LXX, 22 (— 1293, 207)* lai
stuive Herbin ancouste lai mauxon Recher-
din lou chavrier au Chambres.

¹) *Vielleicht gehören hierher* les III freires
Carpentiers d'Outre Mozele 1227, 16. v. I.
Personennamen *unter* Carpentiers.

cherpantiers

Bertelo —, en Hulouf 1269, 490°; 1278. 569.
Boiemons — de Flurey 1290, 443 [1]).
Buenelat —, Marguerite fm. 1267. 503.
Burtemin Cuignefestut —, Yderate fm.,
 fille Hunbelat l'olieir 1298, 173.
Cardas d'Abes —, en Anglemur 1262. 97.
Choible —, en Rimport 1279. 32.
Coinrairt —, en la rowelle a Leudonpuix
 a S. Julien 1288, 298. [1279. 31.
Coence —, a S. Julien 1279. 373.
Coinse — de lai rue des Allemans †, Guer-
 trus li Vadoize f. 1293, 47.
Colignon — f. Mathelo l'awillier † 1275, 304.
Colignons — f. Tierion 1281, 574.
Colin —, defors Porsarpenoise 1245, 115.
 gr. devant Pairemaile 1288, 129.
 Hanriat f. 1290, 255.
 Margueron fm. 1275, 286. [180.
Colin — de Rimport, Marguerons fm. 1278.
 Jehans f. 1281, 580; † 1285, 330; 1288, 319.
Colin — de Saunerie, Hanrias j. 1269, 485.
Colin Borgnairt —, en Saunerie 1277, 225.
Colins Borgnairs — de Saunerie 1277, 380.
Colins li Gornais — de S. Clemant 1298, 67.
 Ailexon fm. 1285, 412.
Colins Vinions —, teulerie ai Ars (OM)
Drowas — f. Richart de Maclinc, [1278, 190.
 otre Muselle 1293, 649.
Euriat — de Saunerie, Colin fr., Poin-
 sate s. 1298, 358.
Formeis — ke maint an lai rue des Alle-
 mans 1290, 394.
Gerardaz — (OM) 1269, 304.
Gerardas, li niez maistre Gerart, li —, en
 S. Vincentrue 1281, 299.
Gerardins Mouxins —, devant lou Preit,
 Colignon srg. 1290, 454.
Geraudons —, a la croix (OM) 1241, 197.
 outre Moselle 1277, 420.
Geradons — de la Creus [2]) 1279, 529.

Gerairt —, Rainnier f. 1290, 108.
Gerairt — ke maint en Rues 1298, 382[14].
maistre Gerairt — de Gorze, 2 ms. en la
 Nueue rue 1298, 562.
Gillebin —, en Saunerie? 1277. 199.
Goudefrins — (OM) 1251, 48.
Godefroit — 1269, 261.
 en Eest 1245, 158.
Godelo — (PS) 1251, 100.
Goible — de S. Julien 1290, 293.
Goubers —, gr. a Pontois 1262, 347.
 t. ou ban de Grisey 1278, 313.
 er. ou ban de Luppey 1285, 236.
Goubert — de Pontois, gr. a Pontois 1269, 489.
Guerekin —[1]), Goudefrin f. 1288, 368.[2])
Hanrias — 1262, 407.
 en Chanbres 1267, 169; 1281, 386.
Hanriat — de Chanbres 1298, 301. [1275, 299.
Hanrias l'elpaigniet — de Chieuremont
Hanriz —, a darien de Chaponrue 1269, 444.
 Lowiat f., en Rimport 1278, 372.
Hanris — de Rimport 1269, 31.
Harton — (PM) 1275, 293.
Herman —, devant Longeteire 1275, 302.
Hennelo de Saunerie — 1267, 294.
Hennelo —, Thiellemans fr. 1269, 16.
Howat — de S. Arnolt, Nainmerit f., Ar-
 nols srg. N. 1288, 299[27].
Howignon — f. maistre Abri de Chambres 1269,
Howiguons — de Chambres 1281, 347. [2.
 †. Jaikemate fm. 1298, 17, 148.
Huyns —, ou Waide 1251, 108.
Howins — de Saunerie 1290, 439°.
Houwin —, an Saunerie 1298, 206.
Jaikemas d'Ouwaville — (PS) 1278, 62.
Jakemin —, a la creus outre Mos. 1275, 244.
Jehan —, j. Jehan c'on dist de Verdun de
 Flurey 1293, 252.
maistre Jehan — (OM) 1293, 163.
Jennat —, a S. Clemant 1277, 87.
 en la rue de Porte Serpenoise 1281, 583.
 en Nikesinrue 1275, 120; 1277, 112.

---

[1]) *De Wailly* 254, *S. 178 II (1286)* Yzai-
bels li femme Brusadol lou cherpantier ke
fut (defuers la porte an Chanbres).

[2]) *De Wailly* 254, *S. 178 J (1286)* Jaike-
mate li femme Geiradon lou cherpentier
(outre Muzelle davant la creus).

[1]) *Prost XXXIX, 1249* Guerekin le char-
pantier, an Saunerie.

[2]) *Prost XII, 1228* Hacez li charpantierz,
outre Musele.

cherpantiers

Jennas — de Nikesinrue 1275, 431; 1285, 108.
Jennat — de Flurey, ms. a Flurey 1293, 48.
Jennat — de S. Arnout, Liebourate fm. 1285.
Jennas de Ste Rafine —, en la Vigne [231[10].
  S. Marcel 1267, 187.
Jenas — f. Thieriat de Ste Rafine 1275, 90.
Jennat lou Gronais — , en Nikesinrue 1278, 632.
  teulerie ai Ars (ÖM) 1278, 190.
Jennin —, en Chapillerrue 1241, 155.
  a S. Clemant 1267, 432.
Jennins de Cuuerei —, en S. Thiebautrue
Jennins — de Sanerie[1]) 1251, 72. [1269, 396.
Jennins —, en Saunerie 1245, 170; 1262, 153;
  Piereson fr. 1262, 153. [1267, 173.
  fr. Symon lou Blanc, en Sanerie 1285, 18.
Lambers de Rembuecort — 1293, 325.
Lamprest —, sus lou Mur 1293, 33.
Lieurecho —, en Rues 1293, 382[13].
Lorans — 1278, 534.
  †, Margueron fm. 1285, 116.
Gondefrins f. 1281, 119, 619; 1293, 285.
Lowiat —, en Rimport 1279, 385.
Lowias — d'Aubes 1290, 459. [1281, 3.
Lowiat — dou pont des Mors, Sefiate fm.
Lowi —, ou Champ a Saille 1245, 197.
Lowion — de Chanbeires, Jaikemins f. 1281,
Martins —, en S. Vincentrue 1269, 535. [114.
  au la rowelate anc. S. Martin (PS) 1281, 198.
Matheus —, devant les Praicheors 1251, 262[2]).
Mile —, en Stoixey 1277, 205. [163, 356.
maistres Nainmeris —, en Nikesinrue 1278,
Parixat —, a S. Sauor 1278, 624.
  Violate fm. 1285, 87.
  Jennat et Colignon enf. 1278, 157.
Piereson —, en Couperelrue 1277, 400.
Pieresons — de Chastels 1281, 630. [206.
Pieresons — de la rouwe dou Preit 1281, 204,
Poincignons —, t. ar. ou ban de Turey 1269.
  a S. Arnolt 1275, 87. [545.
  e. a S. Clemant 1277, 262.

au lai Nuene rue 1290, 398.
Rennaldin —, en la rue S. Gingout 1245, 125.
  enf., en la rue Ste Glosseune 1245, 188.
Renaut —, ms. (OM) 1279, 547.
  fm., meis outre Muselle 1269, 116[15].
Harsaut fm., meis outre Mus. 1277, 447.
Rikart —, Sefiate f. 1278, 282.
Richars —, ou Romesale 1269, 328.[1])
  †, Jakemate fm. 1269, 485; 1275, 221.
Richairt d'Abes —, Symonins Roucelz j.
  1298, 207.
Richier —, a Stentefontenne 1281, 370.
Robelin — de Montois 1281, 431.
  †, Abillate fm. 1293, 556.
Robert —, en Sanerie 1262, 153.
Robins — de S. Arnolt 1298, 148.
Roillin —, en Chambres 1277, 204.
Rolat — dou pont a Molins 1275, 457.
Rorit — †, Symonins srg. la fille 1267, 12.
Ruecelin —, an la rue de Porte Serp. 1288.
Sawiguon —, Colignon f. 1262, 224. [504, 505.
Symon —, en Sanerie 1267, 173. [1290, 254.
Symonas — de l'ospital, molin desour Wapey
Symonins —, en la Nueue rue 1251, 229.
Symonins de Landes —, en la Vigne S.
  Marcel 1279, 558.
Symonin lou Bagne —, e. en la Nueve rue 1277.
Tartarin — (PS) 1278, 63. [353.
Thiebat — de Dairangerue 1298, 384.
Thierias — 1267, 196; 1285, 62.
  en la rue dou Preit 1269, 432.
  Colate de Silleirs fm. 1278, 387[6].
Thierions —, en la rue dou Preit 1267, 449.
  † (PS) 1281, 53.
  en Franconrue[2]) 1279, 577.
Tierion lou Roucel — de Franconrue et
  Hawelo fm. 1298, 638.
Thierions Grosseteste —, forjugies 1278, 671.
Vgnignon — de la rue S. Vy 1298, 320.
Veuion — dou Viveir 1281, 168.
Ueuion —, ou Veueit an Chambres 1285, 130.

---

[1]) *De Wailly 382, 383 J (1300)* Jeinins li charpentiers de Sanerie.

[2]) *Bannr. I. LXV, 15 (= 1281, 548)* outre Saille en la rue dou Saicq entre la maixon Maithiatte, la feme Maheu le cherpenthier que fuit et . . .

---

[1]) *Prost XXXIX, XL, 1249* Richairt le charpantier, en Saunerie.

[2]) *De Wailly 204 (= 1279, 577), Bannr. I, LXII, 11* la maxon Thierion lou cherpantier cherrey, ki est an Franconrue.

Venions — maris Clemansate 1285, 162.
Waterel — de Maignei, fm. 1288, 467.
Wauterin — (Ps) 1267, 436.
en Chambres 1267, 285.
Waterins de Remilley —, rue lou Voweit
Waterin — f. Chiotel 1298, 314. [1281, 589.
Watiers Godiers — 1275, 298, 299.
Werias — de S. Arnout 1285, 199.
Werion —, en Romesale 1269, 328.
Willame —, en Couperelrue 1277, 400.
Willermins —, a S. Arnout 1267, 63.
an la rowelate ane. S. Martin 1281, 198.

cherreirs *charron. Wagner.*[1])
cherreirs, cherreir 1277, 1288/1293, cherreis 1278, 1285, cherriers, cherrier 1275, 1278, 1298, cherrners 1269, charrier 1262, 1275, charreis 1279, charey 1267. v. clerreirs.
... rias (Hanrias? Thierias?) — de lai rue des Allemans 1290, 35.
Baudnyns — 1277, 265, 266; 1278, 268, 136.
an lai rue dou Nuef pont 1288, 26.
† Sebeliate fm., rue dou Nuef p. 1293, 478.
Banduyns de Lussey — 1285, 206.
Bneuelat — †, Badewins f. 1288, 26.[2])
Colin —, en Ruwes 1267, 177c; 1275, 149.
et Bauduyns fr. 1269, 80.
Gerardin —, anf., a Nuef pont 1262, 316.
Jennat f. 1277, 349; 1288, 431a. 432.
Jaikemius — de S. Julien 1279, 406.
Jennas — de Grixey 1290, 413.
a Nuef pont 1290, 378.
Jennas —, a Grixey 1293, 484.
Jennas — de Ranconvalz, rue dou Nuef pont
Jennat Wairin — 1288, 431b. [1293, 478.
Poincignon — 1293, 9, 186.
Poinsignons — de S. Julien 1298, 381.
Willemin —, en la Vigne S. Marcel 1275, 90.

cherretons, cherreton v. charretons.
chevaliers, chevellier v. chiveliers.

---

[1]) *De Wailly 204 (= 1279, 577), Bannr. I, LXII, 11* la maxon Thierion lou cherpantier cherrey, ki est au Francourue.
[2]) *De Wailly 171 (1276)* Clodat lou cherrier, outre Saille a Nuef pont.

chevrier v. chavreirs.

chiveliers *chevalier. Ritter.*[1])
chiveliers, chivelier 1275, 1278/98, chivelliers, chivellier 1298, chivalier 1285, chivalleirs, chivalleic 1279, 1285, chevalleirs 1285, 1288, chevellier 1281, chevaliers, chevalier 1241, 1245, 1262, 1267, 1275.
sr. Hector — 1267, 413, 414.
fill. sg. Arnout lo Sauaige 1267, 467.
f. Waterin Gaillart 1262, 182.
Gaillars 1278, 186; 1285, 355, 356.
Poinsignon — f. Waterin Gaillart 1281.
sg. Poinson — d'Outre Muselle, d. [113.
Guepe f. 1285, 120. [657.
sr. Jofrois li Gronais — 1293, 355; 1298,
sr. Thiebas li Gronais — 1288, 274, 435;
1290, 210; 1298, 125, 335, 336.
Colin — (v. I. li Gronais 1) 1241, 79;
1245, 196; 1267, 34; 1275, 132, 186,
230; 1279, 334; 1281, 268; 1285, 505.
Perrin — (v. I. de Clignoy) 1278, 598;
1279, 434; 1285, 147; 1288, 480.
— d'Espainges † 1290, 206 b.
Werneson — de Gorze 1281, 50.
sg. Haurit le Montois — 1293, 79a; 1298, 237.
sg. Cunon don Nuefchaistel — 1288, 225.
sg. Jehan — (v. IV. Nuefchaistel) 1275, 520.
sr. Alexandres de Sorbey — 1290, 183, 212.
sr. Renniers de Vals — ke maint a Moucleir 1298, 230.
sr. Werris de Virey — 1298, 241.
sr. Ralz de Wermeranges — 1293, 426.

ciriere *Wachszieherin.*
Aidelon la — 1267, 279.

clers *(clericus) Geistlicher, Schreiber.*
clers, clerc 1241/98, clerz 1269, li clerc 1298, 494, lou cler 1275, 289; 1290, 359, 468; clars, clarc 1277/81, 1288/98.
li frarie des — dou Grant Mostier pb.

---

[1]) *Bei Colin und Perrin ist chivelier irrtümlich als Eigenname angesehen und daher im Text mit grossem Anfangsbuchstaben gedruckt worden.*

clers

ms. ou Uinier 1245, 18.
confrarie des — dou Grant Mostier, sr.
Jehans, prestes de S. Esteuene lou Depa-
neit, pb. 4 s. ms. sus Mozelle por la 1278.
frairie des — dou Cuer dou Grant [242.
Mostier, sr. Thiebaus, prestes de Brioncs.
pb. 4 s. ms. Vigne S. Auol pour la 1275, 61.
„ , sr. Jehans, prestes de S. Estene lou Depa-
neit, pb. 7 s. ms. rue des Allemans por
la 1279, 229.
„ , sr. Willames de lai Court, chanones de
S. Piere a Uous, et sr. Symons, chaipe-
lains en lai Grant Eglixe de Mes, pb. 2 s.
ms. eu Chambres por lai 1290, 135.
frairie des prestres et des — dou Cuer dou
Grant Mostier, sr. Willames de lai Cort
et sr. Symons li prestres, ke fut chaipe-
lains sg. Nicolle dou Nuefchaistel, pb.
8 s. ms. rowelle a Poncel por lai 1288, 387.
li maistres et li conpaignons des — de la
fraterniteit S. Nicolais de l'aiglixe de
S Ilaire a pont Renmont pb. 7 s. ms.
daier S. Ilaire 1288, 131.
frairie des — S. Nicolais de lai parroche de
S. Hylaire a pont Renmont, Jenuas, f.
Jennin Burtemate †, et Wirias de Bur-
toncort, ke sont clerc, pb. 5 s. ms. a
Stintefontenne por lai 1293, 189.
„ , pb. 3½ s. ms. (PS) 1293, 226.
frairie des — de lai frairie S. Nicolais de
S. Mamin, Jehans, f. Jaikemin Bellegoule †.
pb. 12 d. vg. an Ospreis por lai 1298, 108.
ospital des —, sr. Cunes, chanones de S. Piere
a Vout, pb. ms. en Anglemur por l' 1279, 306.
ms. en Chanbres doit 10 s. a l'osp. 1293, 430.
sr. Jehans ke fut prevos de l'ospital des
— pb. 2 pars ms. rne S. Vy 1288, 251.
frairie de l'ospital —, sr. Cunes li prestes,
chanones de S. Piere a Vout, pb. ms. a
pont des Mors por la 1279, 405.
Jaikemins li clers, li maistres de lai frairie de
l'ospital S. Nicolais des —, pb. por lai frairie
10 s. ⅔ ms. en Chambres 1290, 327a.
„ . pb. 20 d. ⅓ ms. en Chambres 1290, 327b.
Willames de la Cort et sr. Cunes li prestes,
ke sont chanone de S. Piere a Vout, pb.
por la confrairie de l'ospital des
— 4 s. ms. en Chanbres 1278, 385.

.... lo —, ms. outre Saille doit 6 s. 1245, 227.
maistres ...... li -- pb. ms. (PS) 1290, 53.
Aburtin (Bertran) —, ms. en Chaponrue ke
fut 1293, 204^{22} = 284 = 349^{43}.
maistrez Acelins — (Ancelz li Waigue et)
pb. vg. en Senainvalz, t. ar. desor Se-
nainvalz 1269, 346.
maistre Adans —, f. Piere lou wantier, pb.
ms. en la Vigne S. Marcel, a sa vie 1275,
= maistre Adan l'avocat. 29 s. ms. [479.
daier S. Martin 1275, 358.
= maistre Adan f. Martenate la wantiere,
18 s. ms en Anglemur 1275, 433.
ms. a tour en Staixons ke fut 1278, 28.
ait doneit a la chiese Deu de S. Piere
a Vout 1278, 210. [488.
Adan —, Lowiat f., et Margueron fm. 1278,
= Adan — de Bazoncourt, Lowiat f. 1281,
†. Weiriat f. 1290, 450b. [477.
Alixaudres Boinvallas — pb. ms. (OM) 1277,
pb. 5 s. ms. en la rue lou Voweit [118.
(gestrichen) 1277, 421.
= Xandrins Boinvallas — pb. vg. en Benoit-
champ en la fin de Lessey 1275, 106.
pb. 5 s. ms. enc. lui (OM) 1279, 117. [132.
vg. en Dronvigne, tiercerasce S. Pou 1279,
pb. vg. et jardin ou ban de Lescey 1281.
vg. en la Cumune (OM) 1285, 541. [292.
Ancel Damaige — pb. meis en Hulouf 1251,
Ancillons —, f. Blanche d'Outre Mo- [54.
selle, pb. ms. Vigne S. Marcel, k'il ait
acensit a S. Vicent 1279, 558.
Ancillons — d'Otre Muselle pb. er. (OM) 1293,
pb. 8 d. meis a Lorey (OM) 1293, 361. [182.
ms. en la Vigne S. Marcel pris a ceus
d'Ancillon 1293, 362.
pb. 1½ quarte de wayn moitange (OM)
Ancillon —, f. Howillon de Felic- [1298, 197,
res, 6 s. pr. (OM) 1288, 546.
5. s. t (OM) 1288, 547.
Ancillons —, f. Colignon Gerairt †, pb. ms.
davant lai court lou princier (PM) 1293, 403.
Ancillon Grawe —, 7 s. ms. daier S. Ilaire
a pont Renmont 1288, 131.
pb. ms. daier S. Ilaire a pont R. 1288,
daier S. Hylaire anc. l'ost. 1290, 297. [324.
Andreus —, 5½ s. ms. (PS) 1251, 107.
pb. 6 s. ms. davant la porte des Repau-

II. Stand und Gewerbe — clers

ties 1267, 221.
pb. por S. Sauour 1267, 263.
pb. 5 s. ms. (PS) 1267, 369.
pb. 3 s. ms. en Anglemur 1267, 460.
pb. 4 s ms en Chieuremont 1269, 353.
Andreu —, f. Poincignon Minne †, 35 s. ms.
  an Vesignuels 1290, 69a.
Arnoulz Jaikiers — pb. ms. anson lai stuve
  Stokairt (PS) 1290, 403.
Bertran — (v. Aburtin) pb. ms. (OM) 1267,
Burteran — d'Aiest, f. d. Odelie de [489.
  Mons †, t. ar. ou ban de Mons 1278, 388.
Burteran —, f. d. Odelie de Mons †, ms.
  en Stoixey 1277, 202.
  pb. ms. devant la cort lou princier (PM)
Bertrans — de Croney, li maires [1281, 410.
  Ste Glossenne, pb. por suer Marguerite
  pb. por Ste Glosenne 1298, 514. [1298, 69.
Bertran —, f. Colin de S. Priveit, vg. en
  Genestroit ou ban de Plapeuille 1293, 328.
Berteran —, f. Avrouwin Chaiboce †, (v. I.
  Chabosse 4) 1281, 70.
= Burterans Chabosse — pb. chans et preis
  ou ban d'Abigney 1293, 510.
  ait laiet por lou doien et por lou cha-
  pitre de Mes 1298, 682
= Bertrans Chabosse pb. por lai Grant
  Eglise de Mes 1298, 480.
Bertrans —, f. Bacelin Gaielat de Malleroi,
  pb. ms. areis la porte a Saille 1267, 277.
= Burterans Gaielas — pb. pr. dezous Mons
  40 s. de pancion ke B. G. doit [1281, 409.
  a Arnolt Bellamin tote sa vie 1298, 33.
sr. Bertrans Grauice — ait aquesteit por
  la frarie des — 1275, 61.
  2 s. geissent sus l'ost. Burteran Graiuisce
  — enc. l'ospital en Chambres 1278, 373.
Besselin —, 3 mailles geissent sus ms. (PM)
  1277, 205.
Colin fr. Bescelin —, pr. a Mons 1278, 418b.
Boenuallet —, Bertran Barrel etc., t. en
  Wilkeille 1267, 38.
„ pb. cr. (PS) 1267, 83.
„ , vg. ens Abues 1267, 197.
Roinvallus — d'Outre Muzelle pb. er. ou
  ban d'Antilley et de Stropes 1298, 27.
Burtignon — et Thiebaut lou Saive, son
  fr., aquast ou ban de Flocort et de S.
Eiure 1278, 60.
Burtignon —, f. Lowiat de Chastels, Ho-
  wignon Fernagut mainbour, vignes sus
  Muzelle 1278, 370¹⁾.
  15 s. ms. rue lou Voweit et 6 d. ms. a
  S. Sauor 1278, 624.
Burtiguons — de Staixons pb. ms. daier S.
  Eukaire 1279, 225.
Clemant —, f. Colin l'olier, et Aileit, sai
  s., et Vion, lor srg., ¹/₃ ms. (PS) 1293, 109.
Coenrars — de S. Julien pb. ms. davant
  l'ost. arcediacre Werrit (OM) 1281, 588.
  ms. dav. l'ost. arced. Werrit (OM) 1281,589.
Colignon —, f. Cuxin, er. (PS) 1277, 83.
Colignon —, f. Piereson lou masson, 5 s.
  ms. (OM) 1290, 552.
Colignon —, f. Poinsat Condut d'Ars, vg.
  ou ban d'Ars (OM) 1275, 450.
Colignouns — de Chastels pb. ms., meis et
  vg. a Chastels 1298, 594.
Colignons¹⁾ —, f. Cunin d'Onville, pb. ¹/₂
  cellier a Onville 1298, 180.
  pb. vg. ou ban d'Onville 1298, 601.
= Colins —, f. Cunin d'Onville, pb. vg. ou
  ban d'Onville 1293, 118.
Colignons Boizemelz —, f. Jennat d'Ercan-
  cei †, pb. boix en S. Jehanboix (PS) 1290,
Colignons Boizemelz — pb. t. daier [424.
  Awigney 1293, 525.
Colignon Bouchate — maior de Nostre Dame
  a Chans 1281, 346.
Colignon Centmairs —, ms. davant lai cort
  lou princier (PM) 1293, 403.
Colignons Honguerie — pb. er. ou ban de
  Saney 1277, 109, 110.
  pb. ¹/₂ ms. (OM) 1288, 230.
Colignons Lucie — pb. t. an Arreillices
  (PS) 1290, 39.
  pb. 8¹/₂ s. des 17 s. k'il dovoit(PS) 1293, 55.
  ms. et meis defuers lai porte de Pairgue-
  maille, vg. ou ban de S. Julien 1293, 373.
  ke maint outre Saille, vg. en Cortevigne,

---

¹) *De Wailly 366 C (1298)* De ceste devise fai je (Nicholes dis Ottins, ke fut doiens de S. Savour) mainbors .... et Colignon mon cler, qui sont citains de Mes.

clers

3 s., 2 s., 10 s., 8 s., 7 s., 5 s., 5 s., 2 s., 4½ s., 3½ s., vg. ens Allues, vg. ens Aboues (PM) 1293, 382⁴⁰.
ms. en Stoxey, gerd. (PM) 1293, 394.
pb. ms. a l'antree dou Champel 1293, 494.
pb. t. sus les preis de Grixey 1298, 417.
pb. t. en lai fin de Boruey 1298, 418.
pb. 2 s. ms. a Grixey 1298, 419.
pb. t. en Mallemars 1298, 420.
pb. 12 d. ms. ou Waide 1298, 421. [628.
Colignous Marcerions -- pb. ms. (OM) 1298,
Colignons Porree — pb. 8 s. ost. (PS) 1290,
Colin —. f. Bauduyn lou corvexeir, [470.
  ms. en Dairangerowe 1278, 409.
Colin de Coinsei —, ms. (PS) 1269, 247.
Colin — de Corcelles, maix. a Sorbey 1293,
Colin — de Lichons. Maheu et Bic- [578c.
  trit enf., ms. atour de Rommesale 1298, 343.
Colins — f. Cunin d'Onville v. Colignons —.
Colin — de Vallieres, er. (PM) 1281, 191.
Colin Deudoneit —, ms. en la Mercerie 1251,
  ms. en Saunerie (contrew.) 1269, 69. [141.
Colin Ysoreit —, ms. an la rowe de Nostre
  Dame as Chans 1279, 260.
Philipin —, f. Canon Lietalt, vg. en
  Abues 1241, 20.
Felippin Bouchate —, er. (PS) 1267, 372.
  vg. a l'ormixel (PS) 1279, 433.
Ferriat —, ms. (PS) 1269, 417.
maistres Ferris — pb. ms. en la Vigne
  S. Marcel 1290, 514.
  ait laiet ms. otre Muselle 1290, 547.
  en lai rue dou Nuefpont ms. 1293, 478.
Forkignon —, f. Garsat Rosse †, et Margueron, sa n., la f. Jehan Mole †, 50 s.
  1 d. ost. ou Nuefbore, plaice de t. as Chenges et vg. eus Abowes outre Saille (= Forke l'avokat) 1277, 76.
Geliat —, ms. en Chambres 1269, 25.
Gerardin — et Izaibel sai s. virs Gerairt
  lou sailier 1281, 533.
Gerairt —, Renadin, Jaikemin et Ferriat,
  les 4 f. Symonin de Sorbey †, et Jaikemate, Suffiate, Clemansate et Merguerite
  lor 4 s., t. ou ban de Saurey 1293, 296ᶜ.
  mainbor de la devise sg. Jehan d'Airs.
    chanone de S. Thiebaut 1298, 392, 428.
maistres Gerairs — li anlumineires pb. ms.

II. Stand und Gewerbe

  en Chambres 1290, 286.
Gillas —, f. Theirion lou Janre †, pb. er.
  ou ban d'Aiees 1278, 367.
  pb. 4 s. et 4 chap. sus t. ar. et pr. a Aiees
    et Tremerey 1279, 349.
  sr. Abrias d'Ars, chanones de N. D. la
    Ronde, et Gillas — pb. er. (OM) 1281, 335.
Gobert —, Colins Barons pb. por lui et G.
  --, son srg., ms. eusom Bucherie (PS)
Goubers —. chanones de S. Piere, [1269, 448.
  pb. ms. dav. l'ost. l'arcediacre Watier
    (OM) 1275, 233.
Goudefroit —, f. Domangin Fruxure, st.
  an lai halle des tenours ou Champ a
  Saille 1290, 359.
Gourdat —, Martenate la meire, ms. daier
  S. Jehan an S. Vincentrue 1288, 86.
Guerceriat — et Jaikemin fr., enf. Watier
  de Waire lou boulangier †, 5 s. ms. a
  Stintefontenne 1293, 189.
  3½ s. ms. (PS) 1293, 226.
Guersat —, en Nikesinrue dav. l'ost. 1277, 154.
Guersas — de Nikesinrue pb. ½ ms. en
  Nikesinrue 1278, 204.
Hanri Galle — et Seheliate, sa srg., er.
  (PS) 1267, 83.
Hanriat — et Margueron s., anf. Gerart
  Grenion. vg. en Chenals, 4 quartes de
  wayn moit. 1 quarteron moins 1267, 321.
Hanriat —, f. sg. Richairt lou prestre, de
  pair Aileit sai m. ½ ms. (PM) 1290, 299b.
Hensemans --, f. Claimela de Braitenakes.
  ½? ms. en mei (PM) 1293, 6.
Hermans —: Ferrias, f. Colin Fessal, et
  H. --, ces srg., pb. ⅓ ms. an la ruwe
  lou Vouweit 1285, 122.
Hermans — de S. Jenre pb. 3 s. ms. a S. Arnout 1278, 473.
  pb. 15 s. ost. (OM) 1278, 579.
  pb. 3 s. sa ms. a S. Arnolt ou il maint 1279.
  pb. 2 s. ms. en la rue dou Benivout [113.
    et vg. en Andrevals 1279, 114.
  pb. 12 d. meis an la Rauine 1279, 442.
  pb. 4 s. ms. en Anglemur 1279, 546.
  pb. vg. an Rainnierchamp ou ban de S.
    Martin desons Sᵗᵉ Rafine 1281, 128.
  ke maint davant S. Vy, pb. 2 s. ms. an
    Anglemur 1285, 113.

II. Stand und Gewerbe 481 clers

pb. ½ ms. (OM) 1285, 552.
pb. ms. en la rue lou Voweit anc. lui 1290, Katerine, fm. Herm. — de S. Geure, [548.
pb. 4 s. ms. en la rue S. Vy 1298, 591.
Howignon —, ms. anc. Nostre Dame as Chans ke fut 1281, 205.
dav. l'ost. de Cleirleu anc. l'ost 1288, 501.
Howignons — de Werrixe pb. gr en lai petite Chaponrue daier son ost. 1298, 529.
Huyns — pb. por Ste Glossenain 1275, 332, 435.
Howins — de Ste Glosenne pb. por Ste Glosenne 1277, 101; 1290, 492, 589.
pb. ms. au lai ruwe dou Preit 1288, 398.
Howin —, ms. en Nikesinrue 1279, 291.
Howin — de Nekesierue[1], Oliue et Clemance, ces 2 s., et Thieriole de Wittoncort, lour srg., er. a Burlixe et Frenoit et en bans
Howin — de Malencort, vg., meis [1288, 480. (OM) 1293, 597.
Howin Mainjuechieure —, en la place en Rimport devant l'ost. 1269, 4.
Humbert —, davant lai cort de Fristor anc. l'ost. (PS) 1298, 451.
Jaikemin —, vg. en Rolantmont 1269, 407.
et Oliue, sai fm., pb. ms. et selier desous a Nuef pont a Saille 1290, 364.
Jaikemin —, vg. ou ban de Nouviant; Geraidins de Nouviant srg. 1293, 645.
Jaikemins — li maistres de lai frairie de l'ospital S. Nicolais des clers 1290, 327.
Jaikemins — dou Pont, f. Ponperin †, pb. er. a Airey et en bans 1290, 441.
Jaikemins — dou Pont a Mousons, ke fut — sg. Thierit Corpel, pb. ms. a pont des Mors 1288, 248.
Jaikemins —, f. Pompelin dou Pont a Monsons, vg., t. pr., vin de cens (PS) 1298, 527³⁰.
et Ailexon li Vadoize pb. vg. ou ban d'Airey 1298, 479.
Jaikemins —, f. Willemat de la Stuve †. pb. ms. au Taneul (PM) 1281, 178.
Jaikemins — de la Stuve pb. ms. an la rouelle de la Stuve (PS) 1281, 218.

Jaikemins Barons — pb. er. ou ban de Nonviant 1288, 100.
pb. er. ou boix, molin, an vg., ms. ai Ansey
Jaikemins Bernaiges[1]) — pb. 9 lb. [1288, 498.
4 ms. en Furneirue a sa vie 1275, 403.
pb. 7 moies de vin ai Ansey 1277, 134.
4 ms. an Furneirue 1278, 299, 300, 301, 302.
ms. en Furneirue 1279, 246.
22 s. 1 d. moins vg. et jard. ou ban de Plapenille 1279, 304.
pb. por l'ospital de Porte Mus. 1285, 36.
pb. ms. an Chapponrue et er. 1285, 418.
pb. 18 s. 5 ms. au lai rowe S. Thiebaut 1288, 436.
Jaikes Bernaiges — pb. er. (PM) 1293, 416.
pb. 10 s. ms. ou Waide, er. (PS) 1293, 537a.
pb. er. (PS) 1293, 537b.
Jaikemins Bureis — pb. ms. Nikesinrue 1281,
Jaikemins Ruedanguels — pb. 20 s. [302.
ms. (PS) 1277, 56.
sr. Jaikes d'Ames — pb. ms. et meis en la rue des Proichors 1285, 145 = 543.
maistres Jehans d'Avignons —, f. Godefrin de Chadelerue, pb. 7½ s. ms. an Chadeleirue 1298, 355.
maistre Jehan — ke maint a Rains et sainer (*hörig*), li sires Jehans Piedechalz et Werrias, ces fr., pb. sus 1293, 211^e
Jehans — de Rocheranges, ki maint [= 358^a. en la cort de S. Pieremout, pb. er. ou ban de Clowanges 1279, 317.
Jehans —, f. Alairt lou gaieneir †, pb. ½ ms. ke Adans, ces fr., avoit an Forneirue 1285, 443.
Jehan —, f. Euriat lou maignien, ½ ms. defuers Vies Bucherie 1288, 402.
Jehans —, fill. d. Gehenne, fm. Eurion lou maignien †, Lorate s., t. ou ban de Maigney et de Gerney 1285, 381a^{3, 11}.
Jehan —, f. Steuenin lou maiour de Felix, et a Odiliate, sa fm., et a Marguerite Lorate, Thiebat, Ailixon, les 4 enf. Odiliate, 21 s. ms. en Franconrue 1298, 312.

---

[1] *Bannr. I, LVIII, 6 (= 1279, 291)* mainbor de la devize Houwin lou clarc de Nekesierue ke fut.

[1] *Bannrollen I. LXXIII. 24 = 1298, 9b:* de Wailly 327 (1294) Jaikemin Bernaige lou clerc v. I. Bernaiges.

31

clers   482   II. Stand und Gewerbe

Jehans —, c'on dist li Rois des Jalz, pb. vg. a lai bairre outre Saille   1293, 34.
sr. Jehans Boinsvallas — d'Outre Saille, vg. en S. Clochamp, 5 s., t. ar. et 53 lb. ms. Ste Creux de Teheicort, mis en waige 1277. 1.
Jehans Brehairs — pb. ms. an la rue lou Voweit   1288, 265.
Jehans Corbels — pb. vg. en Genestroit ou ban de Plapeuille   1293, 328.
maistres Jehans Donlossiguor — pb. ms. ke fut Adan Brixechamin an Chambres 1281, pb. ms. an Chanbres, deleis la porte [389. a la Stuve   1281, 390.
Jehan Haltroigniet — et Mairion, sai fm.. 6 s. lor ms. en Chambres   1293, 429.
Jehan Jenet —, vg. (PM)   1275, 289. gr., meis, estainche en S. Vincentrue 1285.
maistres Jehans Jenwes — pb. ms. a [249. Porte Cerpenoise   1281, 282. pb. ms., gr., court, voie ke vait sns les murs outre Moselle   1285, 258. pb. vg., ms., meis, maix. (PM) 1290, 328.
Jehans —, f. Symonat Leudin †, pb. t. ar., vg., pr. ou ban de Chairley et de Roupeney   1293, 1.
Jehan Lorate —,¹) ms. en Maizelles 1293, 444. er. ou ban de Chailley. Chanpillons, Stropes, Geuerey   1298, 8.
Jehans Moutas — pb. er. ke Ferrias Montas, ces fr., avoit ou ban de Moruille 1293.
Jehans Symairs — pb. 10 s. ms. devant [487. la cort de Vy   1281, 498. et Remias Menneit pb. ¹/₃ ms. sus lou Mur et 15 s. (PS)   1290, 395a. pb. vg. outre Saille en lai rowelle de Pertes   1290, 395b. pb. 3 s. vg. a Nowilley   1298, 408a. pb. er. eschent a Martenate, sa fm., de pairt Colignon Pioraie et Lowiat, ces 2. o., ou ban de Xueles et S. Julien 1298, 408b.
Jehans Tacons — pb. ms. dev. l'ospital an Chanbres   1281, 386; 1290, 283.

Jennat —, vg. enc. (OM)   1279, 134.
Jennas —, f. Enrecho de lai Vigne S. Auol †, pb. er. (PS) sans lai pesse de pr. a Landouville   1290. 370.
Jennas —, f. Goidelo †, ms. a Gerey, t. et boix ou ban de Gerey   1293, 67.
Jennas —, f. Jennin Burtemate †, pb. 6 lb. er. Colate de Vigey etc.   1285, 296. pb por lai frairie des — 1293. 189, 226.
Jennas —, f. Ruecelin dou Champel †, pb. vg. a Gr. Chauol deisai les Bordes 1285, 420.
Jennat Official —, ms. en Rimport 1293, 378.
Jenas Graisneiz — pb. vg. sus Muzelle 1275, pb. ms. en Chambieres   1281, 605. [286.
Jenins —. f. Jakemin Grasneiz †, pb. 15 s. ms. en Vies Boucherie   1269, 143.
Jennins Graneis — pb. ms. en Chambieres
Jennins —. f. Felepin de Sero- [1275. 430. nille, pb. teil parties com Jakemins, ces fr., Yeble et Lorate, ces s., avoient en ms. lor p. davant S. Jorge   1275, 268.
Jennins Andreus — d'Outre Saille pb. ms. et court an lai Vigne S. Auol 1293, 69.
Joffroit —. Arnouls Aisieis pb. por, er. (PS)
Lambers — de Remilley pb. er. [1262, 58. ou ban de Remilley   1278, 526.
Lorant —. 2 s. ms. anc. Nostre Dame as Chans   1281, 205.
Lorin —, 10 s. ms. (PS)   1262, 168. 5 s. geiseut en S. Martinrowe sus ms. 1277.
Lowias — pb. vg. en Dalles 1262, 76. [36. pb. 8 jorn. de t. et preis en la fin de Pontois   1267, 408. pb. por les Cordelieres   1267, 409. en Chadeleirue enc.   1278, 6.
Lowit — de Chadeleirue et Sebelie, sa s., mainbors Merguerate, f. Waterin d'Elkezinges   1279, 71.
Lowiat — de Sauerie, vg. en Chardenoi (PS)   1245, 202. vg. en Orieulclose (OM)   1251, 102. pb. .... (PS)   1262, 28. pb. 5 s. 2 ms. ou Viuier   1267, 158. pb. 7 jorn. de t. ar., 3 s. vg. en Pesquis, pr. ou ban de Pontois   1269, 489. pb. er. ou ban de Dornant   1275, 133. tient ms. en la rue S. Vy   1278, 210. pb. 61 s. 3 ms. an lai Baice Sauerie 1281, 479.

---

¹) De Wailly 303 (1290 a. St.) dame Lorate Roze et Jehans li clers, li fils dame Lorate ... droit dators por Thiebat lou drapier, janre Formeron Roxe ke fut.

II. Stand und Gewerbe 483 **clers**

ms. en Chadeleirowe doit 4 s. 1288, 350.
Johans li prestes de S. Martin et Yngrans
Goule mainbor de sai devise 1290, 147,
148, 346, 439, 582;
2 s. ms. davant les molins a Saille, doneit
a S. Seplixe et Ste Seguelenne 1290, 147.
4 s. ms. (PS) doneit a Ste Seguelenne et
l'ospital ou Nuefborc 1290, 148.
12 s. ms. a lai Salz, 12 s. gr. au Chade-
leirue, 7 s. ms. ou Veneir, 8½ s. ms.
ou Veneir 1290, 346¹⁰.
30 s., 30 s., 28 s., 12 s. 4 ms. (PS), 9 s.,
4 s. et 1 d. ms. S. Gengout, doneit as
Cordelieres 1290, 439.
19 s. ms. devant S. Vy 1290, 582.
Lowis — de Sauerie, pb. ½ ms. en Chau-
drelerrue 1251, 79.
ait rante ms. outre Saille, vg., ms. a Oixey.
er. a Purs 1278, 561.
Lukin —, 10 s. ms. outre Saille 1245, 191.
Maheus Clairies — pb. gr. ms., meis en
Franconrowe 1285, 292.
Maheu lo Flamant —, Richier Faucon,
chanone de S. Thiebaut, et ... pb.
chanp a Pannes 1267, 98.
Matheus —: Willemins, f. sg. Gerairt de
Sorbey †, et M. —, ces fill., pb. t. ar. ou
ban de Virkilley 1288, 35.
Matheu —, f. Symon de Pontois, ms. a
Pontois anc. l'ost. Jehan lou Vadois,
son fr. 1290, 468.
Mathias —, f. Symon de Pontois, pb. ms. a
Pontois antre l'ost. Jehan et Poinsat, ces fr.,
ke Weirias, ces fr., li ait doneit 1290, 224.
Millus — pb. ms. dav. l'ost de Cleirieu 1288,
Nichole — de la Tor, 25 s. en Rim- [501.
port ensom la tour 1251, 81.
Othins — de Molins pb. er. a Abocort et
en tous les bans 1293, 486.
Perrin —, 9 s. 4 d. moins et lou tiers d'un
bichat de soil (PS) 1298, 415b.
Perrins —, f. Constan, pb. ms. a S. Ar-
nout 1277, 16.
Perrins de Marsal — pb. ½ ms. en la rue
lou Voweit 1275, 234.
Perrins - de S. Julien pb. 2 maisencelles
an Borgnignonrowelle 1277, 99.
Perrin —, f. Jehan Greillat, et Jehan fr.,

ms. a lai Pousterne 1293, 82
Perrins Porchieres —, f. Doreit d'Aiest †,
pb. ms. a Stintefontainne 1285, 157.
Petres —, f. Lowion lou prevost de Wol-
meranges †, pb. vg. desour Nowillei, pr.
sus Vallieres, t. ar., ke P. ait relaieit
permei 5 quartes de wayn moitainge et
½ quarte de blans pois 1285, 151.¹)
maistres Pieres de Suerceners —, pb. ms. de-
vers S. Halare (OM) 1279, 133.
Piereson —, ms. ai Ansey 1277, 437.
Piereson — d'Ancey et Mation, son fil, et
Jehan, son j., et Alixon Jozienne, sa f.,
vg. ai Ansey 1293, 660.
Pierissels —, jaures Morels de Beonville †,
pb. ms et gr. en S. Thiebautrue 1269, 282.
Poensignons — pb. por lui et Odeliate, sa
s., ms. a puis devant les Proichours 1262.
Poencignon de Gorze —, ms. en Cham- [405.
bres ou maint 1251, 185.
Poincignon Lucie —, t. en lai fin de Grixey
anchaingiet 1293, 79b.
Poensignon —, f. Jakemin Morel, vg. de-
souz lou Nuefchastel 1279, 402.
Poinsignons —, f. Lowit Wesselin †, 2 ms.
au Rimport devant Grant Meizes 1279, 410.
et Jennetels, ces fr., pb. ms. au Stoixey,
er. ou ban de Vairney. Ropeney, Xueles,
Vigey, Saurey, Failley 1288, 367.
Poinsignons Wesselins — pb. er. ou ban
de Longeuille 1279, 335.
er. a Uairney, Roupeney, Xueles, Villeirs
a l'Orme et en tous les bans 1293, 196.
Poincin —, en la Nueve rue en Rimport
devaut l'ost. 1279, 175.
en Chambres enc. l'ost. c'on dit P. —
sr. Raouls — de Chambres pb. [1269, 363.
ms. au Chambres (v. Rolins —) 1281, 173.
pb. vg. outre Salle 1281, 207.
maistre Remei de Porte Muselle —, 6 s.
ms. devant le pont des Mors 1269, 536.
Renals —, f. Fakignon de Vy †, pb. 2 s.
ms. ou Waide 1278, 56.

---
¹) *Bannrollen I, LXXXI. 30 (1285)* Per-
treman lou cleire, ms. anc. la ms. lou
preste de S. Hylaire et ms. devant sus Saille.

31*

clers

pb. 22 d. ms. (PS) 1278, 314.
pb. ms. a tour dou Waide 1279, 79.
pb. 3 s. ms. (PS) 1279, 466.
pb. 38½ s. 7 pieces de vg. a Chene etc. (PS) 1281, 70.
Renalz — de S. Mamin pb. ms. outre Maizelles, gr. an Hulouf, 18½ s. vignes outre Saille 1285, 64.
pb. ms. et gr. outre Maizelles 1285, 65.
Renalz — d'Outre Saille pb. ost. ou Grant Waide outre Saille 1285, 87.
pb. 3 s. 2 d. ms. a Vignuelles 1285, 129.
per lou erant R., vg. (PS) 1285, 206.
pb. t. ar. an lai fin de Virkilley 1288, 72.
pb. 6 s. 7 d. k'il meymes dovoit ms. outre Maizelles 1288, 73.
ms. davant S. Mamin doit 12 d. 1290, 34.
pb. 2 ms. ou Waide, 11 s. et 5½ s. 2 ms. pb. 6 s. pr. ou ban de Chaigney 1290, 414a. et pr. ou ban de Corcelles 1290, 414b.
pb. 10¼ jorn. de t. ar., pr., boix en lai fin d'Airs ou ban de Chaigney 1290,
pb. la moitiet des 11 s. 1 d. moins [414c. ms., vg., meis (PS) 1290, 414d.
pb. 13 s. 4 d. ms. en Vesignuelz 1293, 68.
pb. vg. a Grant chamin davant lai ruelle c'on dist a Lieures (PS) 1293, 503.
pb. 3 s. vg. a Grant chamin (PS) 1298, 40.
maistres¹) Renals — pb. por S. Mamin 1293,
pb. 6 s. ms. en Anglemur 1293, 617. [616.
ms. en la Wade desoz les Proichoirs doit 12 d. 1298, 682.
Rennier —. f. Pichon d'Ars (OM), vg. desour Rohartvigne c'on dist Outre rue (OM) 1293, 164.
Rennier — d'Ars. vg. en Bordes et vignate ai Airs eschengiet 1298, 172.
Richardin —, 2 ms. en Chambres 1241, 122.
vg. deleis R. — (PS) 1298, 527².
Richairt —, f. Lambelin lou boul. †, [437.
vg. tier meu Ste Glos. en Rollanmont 1298,

Richairs — de Nancey li escolliers pb. er. ou ban de Grixey 1298, 442.
Robins — c'on dist de lai Barliere pb. ½ ms. outre Moselle. t. a Chafour, t. sus et pr. an Lixeires, espartit encontre Ameline et Armengete, ces 2 srg. 1288, 61a.
pb. t. an Sterleichamp (PS) 1288, 61b.
Rohairs — pb. ms. (PM) 1279, 357.
Rollins — sg. Nicole de Nuefchastel pb. vg. ou ban de Plapeuille 1267, 253.
Rolin —, ms. en Einglemur 1269, 146.
t. ou ban de Siey 1278, 617.
a Longeuille deleis gerdin 1285, 101.
ou Veuier anc. l'ost. 1290, 290.
anc. l'ost. (PM) 1298, 211.
Rolins — de Chambres pb. ms. en Anglemur (v. sr. Raouls —) 1267, 504.
pb. er. en ch., pr., vg., ms. (OM) 1278, 614.
pb. 2 s. ms. en Anglemur 1279, 19.
pb. jard., ms. dou jardin daier Longeuille 1281, 288.
pb. 16 s. aquast et pr. (PS) 1285, 41.
15 s. ms. en Chambres 1288, 139.
†, Hawiate f., pb. 39 s. er. de part son peire k'elle meymes dovoit a Burtran, son fr. 1298, 224.
Roillins Aillas — pb. ms. a Gorze 1298, 574.
Rollons — de Bunaies mainbors sg. Gerairt lou prestre 1298, 280.
Symon —, Constance fm.... 1262, 267.
maistrez Symons — pb. ms. daier la chapelle de S. Nicolaiz le Petit 1269, 426.
Symon —, f. mastre Bernait, er. (OM) 1281, 138.
Simon Bernart —, 20 s. et 20 s. vg. ou ban de Wapey et de Felieres 1281. 332.
20 s. vg. a Wapey laieit a 1281, 627. [333.
Symonaire —, o. anf. Roillon Makerel, anf. Abriat Ygrant et anf. Jaikemin de Chambres, er. (PM) 1269, 5.
Symonat —, f. Symon lo chapellier, 7 s. ms. outre Saille 1267, 224.
Simonat —, ms. en la rowelle en Chapeleirue 1275, 346.
Symonas —, f. Colignon Gratepaille; sr. Willames li prestres et S., ces fr., pb. pension de 6 quartes de wayn moitainge et 2½ moies de vin (PM) 1293, 413.
Symonat — de Lorey, Eurius j. 1293, 311.

---

¹) *De Wailly* 371/72 (1299), 381/83 (1300) Burterans, li preste de S. Jehan a nuef moustier, et maistre Renalz li clers (d'Outre Saille) li dui maistre de lai commune frairie des prestes bairechas de Mes.

II. Stand und Gewerbe 485 clers–convers

Steuenat Werrate —, 2 s. geixent en lai
ruwelle de Pargnemaille sus ms. 1293, 382²⁰.
en Stoxey anc. l'ost. 1293, 387.
vg. en Lambelinchamp (PM) 1293, 395.
Steuenins Werrate —, duier Parnemaille
anc. lou meis 1285, 335.
ke maint desous Pairemaille pb. ms. et
meis en Rinport 1288, 138.
4 s. essis sus sai ms. en Rimport 1293, 378.
Steuenin —, f. l'anlumenour, ½ ms. (OM)
Thiebaut —, o. Thiebaut d'Essey, [1288, 230.
ms. an la rouwelate de la stuve ou Champ
a Saille 1281, 220.
Thiebas Chaneniere — pb. 5 s. gr. a Porte
Serpenoize, 4 s. ms. davant Ste Marie as
nonains, aq. a Peskate, sa s., et Poin-
signon la Bosse de Briey, son mar. 1288.
pb. er. a Flurey et ou ban, k'il ait [573.
relaieit permei 6 quairtes de boin wayn
moitainge a sai vie et a lai vie Joffroit,
son fr. 1290, 443.
pb. er. ke Jaikemins Borgons, ces srg., ait
(PS) por tant com J. li doit 1293, 110.
pb. ms. en Chaipeleirue 1293, 312.
pb. 6 s. ms. en Chambres 1293, 429.
Thiebaut —, f. Jehan Petitvacke, gran vote
en Sanerie pris a cens de, pm. 50 s. 1293.
Thierias —, f. Mabelie la tornerasse, [262.
pb. por les 3 anf. Symon, son o. 1269, 58.
Thieriat —, outre Muselle antre l'ost. 1293.
Thierion —, lo ...., vg. en Ozpreit [133.
maistres Thieris de Mirabel — [1245, 119.
pb. ms. en Nikesinrue 1279, 291.
Tomessin —, sg. Jehan chapelain.. et mastre
Jehan Dowon mainbors, ms. (OM) 1298.
Thomessin —, f. Poinsate Melie, c. et [347.
escheute de part (PM) 1298, 355.
Vguignons — de Bioncort, ⅛ ms., ½? ms., ½?
ms., ½ ms an la rue de Porte Serpenoize
1288, 103, 504, 505; 1290, 102.¹)
Vrbains — li escrivains pb. ms. davant S.

---

¹) *De Wailly 133 (1270)* li priors de la
maison dou Prei de Mes ait aquasteit ai
Jakemin lou Roi la maison Uguignon
lou clarc, son freire, ke siet areis la
porte S. Tiebaut, et la cort et lou meis.

Gengoult 1288, 372.
Vilenel — pb. ms. enc. l'ost. l'arcediacre
Wautier (OM) 1262, 407.
maistre Viniens — (v. avocas, prestes) pb.
t. ar. ou ban de Mornille 1288, 27.
ms. en lai Nueue rue 1290, 42.
Watrins d'Awigney —, sr. Pieres prestes
d'Aw. et, pb. ms. a Awigney 1293, 473.
Waterin —, f. Hanriat lou cordewenier (de
Porsaillis) †, er. sans lai pesse de pr. a
Landonville 1290, 370.
ait doneit a prior et as freires de Cleir-
valz de Mes er. (PS) 1290, 472.
Wirias de Burtoncort — pb. por la frairie
des — 1293, 189, 226.
Weiriat — de Lorey, 16 s pr. (PS) 1285, 41.
Weriat — de Wernainville, ⅓ de Richart-
preit, t. a Wernainville 1285, 504.
Willame de Valieres —, ms. en la rue lo
Voweit 1275, 475.
ait aquiteit ms. an Rimport 1278, 397.
Willemins — mainbors Filipin Filio 1285.
Witier —, ms. an Forneirue 1285, 217. [568.
Xaudrins Boinvallas — v. Alixandres Boin-
vallas —.

clerreirs *verschrieben für* cherreirs?
Abrahans — de Maiselles f. Odelie de
Badrecourt 1288, 163.

clocheniers, clochenier, *fondeur de cloches,
Glockengießer.*
Jaike —, maistre, et Gehenne, sai fm., ms.
a chief de Vies Bucherie 1288, 217c.
pb. ½ ms. defuers Vies Bucherie 1288, 402.

closriers, closrier *geistlicher Würdenträger.*
sr. Simons — de Sauor 1277, 139, 308, 413;
1281, 202.

cloweteirs *cloutier, Nagler.*
Jennas — dou Vinier 1279, 21.

conreires v. corriers.

convers *Laienbruder.* (v. l.)
1267, 1278, 1279, 1288/98.
vg. entre les — et lo chemin a la crux.
(PM) 1267, 30.

t. a Pairuel anc. lai t. les —, ou han de
    Vairney   1290, 298¹¹.
pr. en preis Werit ke part a venls les —
    (OM)   1293, 681⁶.
les — de Chahery   1293, 135.
les — de Longeawe   1293, 668.
as — de l'ospital ou Nuefborc 1279, 535.
as — de S. Laidre   1278, 368. 559, 657.
les — de Villeirs   1278, 419.
freires Clemans — de lai Vigne S. Marcel
Enrrias — de Dornant 1288, 514. [1298, 102.
freires Jehans — des Cordelieres de Mes
                  1293, 398, 400, 502, 675.
freires Jehans — de la Craste   1279, 45.
Lambelat —   1298, 85.
freire Nicolle — des Villeirs   1290, 169.

corbillier *vannier, Korbmacher*.
Vguin —, otre Muselle   1290, 242.

cordeirs, cordeir v. **cordiers**.

cordeweniers *cordonnier, Schuhmacher*.¹)
cordeweniers, cordewenier 1275, 1278/1285, 1290/1298, cordeweneirs, cordeweneir 1278, 1285, 1288, 1293, 1298, cordueniers, corduenier 1269, 1277/1293, corduenierz 1269, cordueneirs, cordueneir 1277, 1298, cordoeniers 1241, 1245, cordoweniers, cordowenier 1269, cordouuenierz 1269, cordewanniers 1285, cordewiniers, cordewinier 1262/1269.
1 st. an Visegunnes ou les — vandent 1281,
Abert — de S. Arnolt   1279, 118. [497.
Abert — f. lai suer Symonat de Virey, en
    Stoxey   1293, 382¹⁷.
Abrias —, a la Posterne   1262, 65.
Aburtins Hartous — de Staixons, Rembalz
    de Retonfays srg.   1285, 339.
Aubertins —, en Furnerrue   1241, 139.
Alairt —, an Staison   1281, 257.
Avrart —, 3 s. ms. (OM)   1277, 139.
Belin —, an la rowe de Nostre Dame as
    Chans   1285, 214.

Bertremin Durelat —, en Estaizon 1269, 271.
Burtemin —, en Staison ou il maint 1267, 42.
Brokairs — de Saurey, a la porte an Mai-
    zelles   1285, 198.
Bueuelat —, a pout des Mors 1290, 501.
Cherdas de Wacremont — ke maint au
    Maizelles   1293, 105.
Clodas de Staisouz —   1269, 149.
Colignon lou Vacke —   1290, 196.
Colignon dou Tour¹) — de Staixons 1290.
Colins dou Tour — de Staixons 1277,83. [230.
Colins —   1269, 49.
    Thieriat et Jehan enf., Nekeceirue 1262, 418.
Colins de Bu —   1278, 429.
Colins — f. Aurowin de Rossele †, devant
    l'ospital des Allemans   1293, 439. [388.
Colius Colue —, rowelle ou Tomboit 1293.
Colins Fessans —. a S. Martin (PS) 1262, 98.
Colle —, an Chapeleirue   1285, 204.
Crestiens Coustans —, en Stoisey 1275, 15.
Domangin —, otre Mus. 1293, 315; 1298, 327.
Domanjas — d'Anglemur   1277, 208.²)
Garriat —. Danielate fm., Ysabels et Poin-
    sate f.   1298, 343.
Gerardat —, en Chaipeleirue   1278, 111.
Goudefrin de Bazoncourt — et Yzaibel fm..
    devant les Boins enfans   1298, 254a.
Goudefrin — de Dairangerue 1290, 455; 1298,
Hanrias —, vg. et t. (OM) 1277, 440. [353.
Hanriat — de Porsaillis   1285, 475.
    †, Waterins li clers f.   1290, 370, 472.
Hanrias Musairs —, rowe S. Gigout 1277, 28.
Hennekins et Hanris ces fr. ke sont —.
    a Porsaillis   1293, 106.
Howas d'Estons —, en Staixon 1278, 323.
Jehan de Nancey —, a Quartal 1279, 514.
Jennat Bokel — de Staixons   1288, 191.
Jennas Chose — de Staixons   1293, 88.
Jennas Guercerions — de Rimport 1293, 200.
Jennin Ponrenmont — †, Maigate fm. 1293, 12.

---

¹) *Im Text* Doutout. *Daß die Vermutung, es müsse* dou Tour *heißen, begründet war, hat sich aus dem Eintrag 83 der später aufgefundenen Rolle von 1277 ergeben.*

²) *Bannrollen I, LXXXI, 31* Drowatlou cordeweney de Staixon.

---

¹) Cordeweniers *ist ein Schuhmacher. der das Recht hat Kordoanleder zu verarbeiten*, corvexiers *einer, der es nicht hat*.

II. Stand und Gewerbe — cordiers–corriers

Lorancin —, arreis l'ost. (OM) 1277, 139.
Lorans —, en la rue S. Gingont 1245, 101.
   fm., dev. l'ost. de S. Laddre 1267, 328.
Lowias —, en Hulouf   1269, 73.
Lowiat —, a laPosterne ensou l'ost. 1267, 401.
= Lowiat j. Ruecelin, a la Posterne [403.
   enson l'ost.   1269, 254, 425.
Marcerions — de Staizons   1269, 308.
Marsillez —, en Staisonz   1269, 221.
Odars —   1241, 183.
Otte —, defuers la porte a Pairnemaille
Pierexels —   1267, 119. [1285, 305.
Renaldes — de Chambres   1267, 290.
Rollan —, eu Grans Meises   1267, 152.
   en la rue lou Voweit   1278, 624.
Roillons de Cirkes —, devant ms. sg. Pieron
   de Sanerie (PM)   1262, 132. [19.
Roillons de Macres —, eu Dairangerue 1285.
Symonin — f. Baron, an Anglemur 1285, 113.
Symonins Xaderos — de Staixons 1288, 378.
Steuenas de Losei — de Staizons, en la rue
   de S. Jehan (OM)   1269, 115.
Thomessas — de S. Arnout 1278, 50; 1281,
Wirias —   1293, 105. [301.
   en la rue lou Voweit   1277, 140.
Wirias — f. de lai s. lou Huchat de Bui, sus
   lai pousterne eu Chambres   1290, 140.
Werions — de Noweroit ke maint au Staixon
   1281, 216; 1290, 372

cordiers *Seiler.*
cordiers, cordier 1245, 1262, 1269, 1290/98,
cordeirs, cordeir 1277. 1279, 1290/98, cor-
deiers 1262, courdeirs, courdeir 1290. 1298.
Alexandre —, a Quertal   1293, 234.
   et Sebeliate fm., a Quertal   1298, 453.
Colignons — ke maint a S. Clemant 1293, 483.
Jehans — f. Colin dou Quertal 1293, 234.
Jehans — f. Colin de Secours, a Quertal 1298,
Jehan — †, Guizelate fm.,   [453.
   a S. Julien   1290, 294.
Jehan — de Porte Muzelle, Jehan f. 1279, 79.
Jehans li Allemans —, a Quertal 1290, 376.
   a lai Posterne   1293, 487.
Jenin — †, en Chapourue   1269, 391.
Pierixel —, a Quartal   1245, 23.
Richier —   1290, 383.
Roillon —, a Quertal 1277. 351; 1293, 204[1]
Thierions —, en la ruelle [= 284 = 349[1].

en S. Vinsantrue   1262, 86.
Thierions — de Porte Mosselle 1262, 155.
†. Colignous f., a Quertal   1290, 376.
†, sr. Symons cureirs de Bazoncort f. 1298,
Thierions Fagos —, a Quertal 1290, 198. [231.

cordeire *Seilerin.*
Collate —, Gerardas f.   1278, 37.

corier v. corriers.

corretiers *courtier, Makler.*   [1285/1293.
corretiers, corretier 1241, 1245, 1267/1279.
Abert —, a Champ ou Saille   1288, 380.
Abertins —, an Chaiureirue   1288, 44.
   gr. ou Nuefborc   1290, 58.
Abertins — de Rembeuilleirs, an S. Thie-
   bautrue   1288, 28.
Gossuin — (PM)   1241, 129.
Matheu —, Gerardas j.   1279, 448.
Orban —, en la rue lo Voweit 1275, 453.
Ottenelz —   1278, 466.
Otenel —, outre Saille   1267, 425.
Rolat —   1278, 558.
   outre Saille en la rowe dou Sac 1278. 548.
Rolas — dou Quertal, en Chaiureirue 1288,
Simonat — dou Champ a Saille, for- [44.
   jugies   1245, 255.
Steve —   1267, 377.
   ou Champ a Saille 1267, 89; 1290, 488a;
   1293, 204[s] = 284 = 349[s].
Thomes —   1279, 120.
   en la Vigne S. Auol 1267, 58; 1269, 452;
   1279, 278; 1285, 398; 1288, 420.
Thomes — de la Vigne S. Avol 1277, 222.
maistre Thomes —   1279, 173.

corriers *corroyeur, Gerber, Weißgerber.*[1]

---

[1] *Ben. III, 176* conrours qui conrent le blanc courion. *Die* corriers *wohnten fast alle en Sanerie, (zum Weißgerben wird Salz gebraucht), die Lohgerber* (tannors) *trieben ihr Gewerbe auch an der Seille, aber nicht en Sanerie (= Gerberstraße), sondern weiter unterhalb und oberhalb, meist an la Vigne S. Anol, einige auch an der Mosel.*

corriers, corrier 1241, 1245, 1267/77, 1288, 1298, corrierz 1269, corier 1298, corrieirs, corrieir 1277, 1278, 1279, 1285, 1298, correiers 1267, conreires 1290, courriers, courrijers, courrijer, courijer 1281.
...... li — · 1290, 439ᵈ.
Alardin — †, an lai Baice Sanerie 1281, 479.
Aubertin — 1245, 22.
Bawier — (v. Thieriat) 1281, 248.
Bertes —, vote au Sanerie 1281, 54.
Colart —, gr. ou Champel 1245, 134.
Colins — de Sanerie 1277, 402; 1298, 225.
Colins d'Airs (PS) — 1278, 550.
Collins Paieus —, 2 ms. a S. Julien 1279, 16.
Colin Paien — de Sanerie 1293, 156.
Domangins de Lucanexit — ke maint en Sanerie 1290, 315; 1298, 374.
Esselin —, en Sanerie 1278, 472.
Ferrias —, en Sanerie ou il maint 1293, 273.
Ferris —, en Sanerie ou il maint 1290, 366.
Ferris de Destrey — ke maint en Sanerie 1290, 422.
Fransois — 1288, 68; 1290, 439ᵈ; 1298, 542a.
Fransoi — f. sg. Warnier †, an lai Baice Sanerie 1281, 479.
Fransois f. Wernier — 1275, 365; 1278, 71.
Fransoi f. Wernier — de Sanerie 1281, 236;
Goudefrin —, Allisate f. 1267, 406. [1288, 59a.
Gnereval — de Sanerie, Lorate fm. 1298, 355.
Hanrion —, en Sanerie 1245, 169.
Jakemius — 1275, 486.
  a Chastels 1275, 249.
  a Porte Cerpenoize 1281, 282.
  ou Champel 1298, 514a.
Jehan Hanekin —, en Sanerie 1285, 189.
Jennas — de Corcellez ki maint en Sanerie 1269, 341; (1293, 246).
Jennas li Gronnais —, en Sanerie 1285, 189.
Steuenel — de Sanerie 1298, 499.
Steuenins —, en Sanerie 1281, 214.
Steuenins de Flainville —, 2 maisierez aprez l'ost. Warnier — (en Sanerie) 1269, 390.
Thieriat Bawier — 1293, 244.
  de Sanerie 1277, 199.
Veuions — de Domangeville, en Sanerie desoz les Cordelierz 1269, 228.
Viuias — de Sanerie 1293, 246.
Viuion — de Sanerie 1293, 83.

Warniceon — et Warin srg., en Anglemur 1241, 117.
Warniers — (v. Fransoi) 1267, 107; 1269, en Sanerie 1267, 447; 1269, 397. [390, 461.
Waterins Gremolz — de Sanerie 1293, 246.
Weirit — de Sanerie 1281, 35.
Willames — dou Champel, maris Ozelie 1290. [419.

corvexiers *cordonnier. Schuhmacher.*[1])
corvexiers, corvexier 1277, 1285, 1290/98, corvexies 1285, corvexeirs, corvexeir 1277/1285, 1298, covrexiers, covrexier 1288, 1298, covresiers, covresier 1251, 1275, 1281, covresey 1281, corvesiers, corvesier 1267, 1275; 1281, corveziers, corvezier 1269, 1298, corversierz 1269, corvisier 1267, 1269, 1275, corvoisiers, corvoisier 1267, 1269, corveisiers, corveisier 1241, 1245, 1267, corweisiers 1262.
.... — de Stoixey 1267, 10.
Abert —, Lowions srg. 1293, 382⁷.
Abrias — j. Symonin Brehel 1290, 60.
Adans —, a Quartal 1251, 125.
Alars — de Staisons 1277, 436.
Andrewat —, a Quertal 1298, 470.
Arnout —, a Porsaillis 1279, 441.
Bauduyn — et Colin lou clarc f., en Dairangerowe 1278, 409.
Brocairt — d'Orons, a Orons 1298, 80.
Buevelat — (PS) 1277, 22.
Bueuillons —, davant les pucelles de la Vigne 1293, 335.
Burteran —, a Maigney 1285, 375b.
Colignon lou Vake —, an Maizelles 1281, 34.
Colin lou Vake —, a chief de la Vigne S. Auol 1279, 438.²)
Cristien —, outre Saille 1298, 411.
Cune —, en la rue des Alemans 1275, 173.
Cunnelz — de la porte des Allemans, forjugies 1275, 514.
Domangins —, a Porte Serpenoise 1267, 125.
Domangins de Juef —, a pont des Mors 1279,
Durant —, a Chastel 1281, 123. [299.
Felippin —, en Rimport 1279, 348.

---
¹) v. Anm. zu cordeweniers.
²) De Wailly 347 (1296 a. St.) Colignon lou corvexier a porte Serpenoize.

Forkignon —, a Quertal 1298, 470.
Freideris , en Stoixey 1279, 369.
　　a Loignes 1293, 434.
Gerart — 1278, 176.
Gillat —, en la rue lou Voweit 1278, 340.
Girbert —, a S. Arnout 1251, 99.
Goibles — de Porte Muzelle 1288, 111. [443.
Guerecols —, desour l'osp. des Allemans 1281,
Guerriat —, en la rue lou Voweit 1279, 301.
Hanriat —, devant lo Preit 1269, 52.
Hanrias — de Porsaillis † 1293, 251.
Hanris — m. Alizate, an Bucherie (PM) 1269.
Hanrit —, sus lou Mur 1288, 137. [370.
Howins de Hombor , en la rue dou pont
　　a Muzelle 1279, 20. [1298, 561.
Howin — de S. Martin (OM), Formeis f.
Huissons —, devant les Sas (PS) 1267, 215.
Hunbelat —, en Anglemur 1269, 285.
Humbert —, en Chapponrue 1275, 413.
Izenbart —, davant S. Leneir 1245, 229.
　　outre Moselle 1278, 335.
　　en Frauconrue 1293, 603.
Yzaubairt — douQuartal, Androwas j., Wernes-
　　sous, Howessons, Hanrias, Jennate enf. 1285.
Jaikemin — de Maixeres 1279, 332, 333. [363.
Johaus —, en Pucemagne 1245, 91.
Jehan l'Olemaut —, a S. Arnout 1285, 234.
Jennat — n. Jaikemin lou Borgon lou bou-
　　laugier de Chambres, an la rowelle davant
　　S. Ferruce 1285, 158.
Jennat de Roseruelez —, rue S. Ladre 1269,
Jennat Callefairt — ke maint an [482.
　　Maizelles 1290, 187a.
Marserions — de Staisonz et Symonin ces
　　srg., Jakemin srg. 1269, 339. [1281, 183.
Marcilion —, devant outre lou pont Remout
Marceriou — de Stoxey, Hennelolz j. 1293.
Marcelion —, Denielate m., en Stoxey [385.
Martin —. Thieriat f., a pont a [1293, 423.
　　Saille 1241, 182. [460.
　　et Thiebaut son srg., en Anglemur 1267.
Mateu — †, Burtemin f., a Vantons 1281, 362.
Ote —, desor Spairnemaille 1277, 214.
Perrin — (OM) 1245, 145.
Pieresin — de Noweroit 1290, 276.
Poinsignon — j. Jacot. a Juxey 1275, 513.
Poirelz — pb. por la frairie de Ste Yzaibel
Renbaut —, en Stoixey 1281, 400. [1279, 106.

Rikewins — ke maint devant Longeteire
Roillon — 1281, 170. [1281, 274; 1298, 38°.
　　en Sanerie 1262, 156.
　　Guersat srg. lou fil 1293, 409.
Rolat —, an Chaiureirue 1293, 445.
Simelo Roussel —, en Chapponrue 1275, 413.
Simonin — j. lou Villat 1277, 385.
Simonins de Chastels —, a Chastels 1275, 249.
Simonin — de Nonviant 1277, 399.
Simonin Brehel — (PS) v. Abrias 1275, 205.
Steuenins — de Luppey, a Luppey 1293, 66.
Thiefroit —, en la Vigne S. Marcel 1267, 137.
　　Heiluyt fm., otre Muselle 1290, 106.
Thiele — en Chaponrue 1281, 12; 1293,
　　　　　　　204^{20} = 284 = 349^{26}.
Thieriat —, Rollan f. 1298, 616.
Theiriat Champignuelle — de S. Arnoult
Thierion — de Porsailliz 1269, 313. [1281, 16.
Waterius — de Vals, en Vals 1279, 123.
Watrins — de la Vigne S. Auol 1285, 196.
Weiriat Crepat —, en Stoisey 1275, 13.
Wichart —, rue Garsire lo chavrer (PS)
　　　　　　　　　　　　　　　　　　[1241, 35.

courdeirs, courdeir v. cordiers.

courrijers, courrijer v. corriers.

couserasse couturière, Näherin.

couscrasse 1278, 1279, 1293, couzerasse
1275, 1288.
Aibillate de Chaistels — ke maint en Rin-
　　port 1288, 321.
Ameline —, en l'aitre daier S. Sauor 1293.
Belion — 1275, 7, 155a. [324.
Ozenate —, en Nikesinrue 1278, 632.
Sibiliate —, en la Wade 1279, 287.

coustres custos, geistlicher Würdenträger.
coustres 1290/98, constre 1281, coustour
1288, 1293, costor 1279, 1298.
　　v. III. Grant Egl., S. Sauour, S. Simphorien.

couteir contier, Zwillichweber.[1]
Lambert —, an Furneirue 1293, 51.

---

[1] *Fagniez, Études sur l'industrie S. 12
erklärt* contier *als faiseur de contes, c'est-
à-dire de convertures.*

couteliers *Messerschmied.*
couteliers, couteliér 1267, 1279. 1293, couteleirs, couteleir 1279, couteleis 1251, des coteleirs 1277, 1278, des cotteleirs 1278, des cotelliers 1267.
halle des — (PS)   1278, 507.
  des — en Visigmiel 1267, 223; 1277, 316; 1278, 456.
Alarz —, en Furnerue   1251. 231.
Formeron —   1279, 462.
Goudefrins —   1251. 107.
Hanris —   1279. 462.
  defuers l'orte Serpenoize   1279, 239.
Roillon — de Chambres   1293, 379.
Wanterin —, a Porsaillis   1267, 65.

couzerasse v. couserasse.
covresiers, covresier v. corvexiers.
cowecin, cowesin v. cawesins.

cruwiers *corvéable, Frohnbauer.*
Tierias — (Dornant)   1298. 322³.

crowiere (v. cruwiers) *Frohnbäuerin.*
d. Aileit —, ou ban de Dornant 1285, 559.

cureis *curé. Pfarrer.* v. prestes.
cureis 1290. 1298, cureirs, cureir 1293.¹)
Jehans Sanguewins – de S. Estene lou Despaineit   1293, 50.
Symons — de Bazoncort f. Thierion lou cordier de Porte Muzelle †   1298, 231.
Thomes — de S^{tr} Creux   1293. 78.
Willames — de Jaruei   1290, 127.

daiens, daien v. doiens.

dame²) v. III. *Nonnenklöster.*
la Blanche — (t. d'Ostelencort)   1251. 4.

---

¹) *De Wailly 381 B (1300)* li sires Nicoles, li curey de S. Gigoul.
²) *Jeder Frau, gleich welches Standes sie war, ist bei voller Namennennung in mehr amtlicher Form der Titel* dame *gegeben. Zum Beispiel heißt es immer* dame Poince, *aber bei der Koseform nur* Poinsate.

— de Bunaies †   1293, 228.
— de Chairlei   1290. 298.
— de Failley, Wiriat et Burtemin f. 1298.
— de Flanville   1293, 364. [365.
— de Malencort, Pierel f.   1298. 141.
— de Meirvalz   1285, 312.
— de Nommeney, Ailxon   1285, 552.
— de Nowilley   1279, 369.
— de Pertes, Badewin f.   1290, 193.
— de Sarebruche, l'ainsnee f.   1241, 74b.
— de Vy   1278, 307.

damisselle *servante, Dienerin.*
damisselle 1267, domexalle 1293.
Hawela li huveire — d. Poince   1293, 197.
Mariate — Colin lo maistre   1267, 351.

deschauce *déchaussée, Barfüßerin. Klosterfrau oder Beiname?*
Hawiate — et ces oirs, t. ar. ou ban de Wappei   1269, 147.

doiens, *doyen, Dekan.* v. I.
doiens, doien 1241. 1245, 1267/98. doient 1269, 7, daiens, daien 1269.
  1) *geistlicher Würdenträger.* v. III. Grant Eglixe, S. Sauour, S. Thiebaut.
  2) *weltlicher Beamter:*
— de S. Martin (OM), v. Gerart 1278. 608.
Colignon — de Montois   1293, 551.
Domangin —   1245, 105.
de Montigney, Remeis f.   1298, 299.
Gerardin — de Wapey   1279, 160.
Gerart — (ou ban de Wapey)   1277, 409.
Gerart — de Wapei 1278, 165; 1279, 585.
  Hawis s.   1279, 307.
  Hawit s. Gerart lou viez — de Wapei
Gerart — de S. Martin (OM), [1290, 590.
  Abillate f.   1298, 610.
Hanriat —   1275, 289, 300; 1279, 192.
Hanrias — de S. Julien 1275, 160; 1277.
  Jaikemate srg. 1278, 394. [169; 1278, 248.
Huyguon —, Abillate fm.   1275, 176.
Jaikemins v. I. li Doiens.
Jaikemins — de Davant S. Sauour 1267, 322.
Jennin — †. Jaikemins f., a Stentefontainue   1267, 301.
Jenin — dou pont Rainmont, Werias f., en

II. Stand und Gewerbe 491 **domexalle–erchillieres**

Darangerue 1267, 170.
Lietal —†, Sebille fm., outre Saille, vg. a Grant Chauol, ms. a Oixey, er. a Purs
Roillon —, Xandrin f., de Haue- [1278, 561. concourt 1267, 2.
Simelo —, a Talanges 1298, 665.
Thomessat —, a S. Clemant? 1298, 445b.
Willemat — de Chastels 1278. 347, 600, 627; 1279, 143, 144.
domexalle v. damisselle.

domixor *domestique, Diener.*
Jehan— de Lucey 1278, 205.

draipiers *drapier, Tuchmacher und -händler.*
draipiers, draipier 1277/79, 1285/98, draipeir 1281, drapiers, drapier 1241, 1275/81, 1288, 1293, 1298, drapierz 1269, drapeirs 1279, drapours 1281, drappiers, drappier 1262/69.
halle des — en Chambres 1275, 144; 1278, 246; 1279, 367; 1285, 314b; 1288, 112, 140, 295; 1290, 24; 1293, 5, 379.
halle des — enc. Philippe Tignienne (PM) 1293, 204ᵈ = 284 = 349ᶜ.
halle des — (PS) 1281; 435, 436.
halle des — a Quertal 1262, 368; 1278, 113; 1279, 498.
grant hale au — au Quartal 1275, 58.
halle des — en Visignuel 1277, 100; 1279, 76, 273; 1281, 420; 1288, 57, 76, 195a;
nueve halle des — au Vesi- [1298, 256. gnues 1288, 208.
vies halle des — 1278, 303, 519; 1279, 262, 263, 264, 474, 475, 476; 1290, 232.
stal de — en lai plaice davant les degreis de lai halle des — au Vesignuelz 1298, 256.
li maistre des —, Jennas li Crensies. pb. por lui et por ces conpaignons 6 s. ms. (PS) 1281, 45.
Abrions Domate — 1298, 196.
Arnout —, davant S. Sauour 1285, 102.
Arnolt — de Davant S. Sauour †, Ysabels. Contasse, Marion, Goliat enf. 1298, 658.
Colignon Barroit — de Uesignuez, Merguerite f. 1298, 358, 629.
Colignons Willambalz — 1293, 9.
Eurias — de Vezignuez 1269, 153.
Felios — 1278, 408.

Ferrias Fessalz —, Vigne S. Auol 1293, 75.
Forkignons d'Ollacort — ke maint en Rimport 1298, 216.
Formey de la Cort —, au Rimport 1288, 315.
Frankin —, en la rue lou Voweit 1277, 108.
Gillat — 1288, 143.
Ancillons srg. 1281, 179; 1293, 187.
†, Pieresons f. 1293, 83.
Gillas — de Rimport 1279, 410.
Gillat — d'Aiest †, d. Odelie fm. 1288, 315.
Pieresons Morels f. 1298, 207.
Hermans de Xonville — 1278, 29.
Ysambars[1]) — de Lucembourc. enson Vies Bucherie 1267, 471.
Jaikemin Martin — (OM) 1267, 247.
Johans Bresaie — de Rimport 1288, 57.
Jennas li Creusies, maistre des — 1281, 45.
Jennat Jacob —, rue lou Uoweit 1288, 551.
Jennas Wastels — de Stoixey 1269, 18.
Joffrignon — n. Roillon de lai Porte 1290, 1288, 121, 305.
Lorausas — de Chambres 1267, 156.
Loransat —, en Chambres 1278, 385; [417.
Nenneris — ke maint davant Sᵗᵉ Creus 1285, 161, 354; 1298, 228, 229, 284.
Poinsignons — ke maint davant lou Grant Mostier 1293, 141.
Poinsin —, Jaikemate f. 1288, 258.
Symonas de Virey — ke maint en Stoxey
Warniers — 1241, 125. [1290, 18.²)
Waterins — 1278, 626.
en Stoixei 1285, 335.
j. Crestenate 1279, 564.
Waterins — de Rimport 1279, 141.

ercediacre v. III. Grant Eglixe.
erceneires, ercenor v. arceneires.

erchillieres *fabricant de fil d'archal, Messingschläger.*³)

---

¹) *Bannrollen I, LXXXI, 29* la maxon Izanbairt lou draipier .... ke ciet davant l'osteil PoincignonMauexin sus lou tour. *c. 1290, 258.*
²) *De Wailly 302/303 (1290 a. St.)* Thiebas li drapiers, li janres Formeron Roze ke fut.
³) *Fagniez, Études sur l'industrie, Paris*

ermites–espiciers 492 II. Stand und Gewerbe

Jehans f. Gibon — de Chadeleiruwe 1290, 305.

ermites, *Einsiedler.*
ermites, ermite 1288, 1298, ermitte 1285,
c'on dist l'Ermite 1293.
sg. Estene —
   anc. l'ost. daier S. Hylaire a pont Rennu.
   2 ms. en Chambres 1288, 305. [1285, 329.
   15 s. stuve en Chambres   1293, 207.
   doit tenir 20 s. sa vie 1298, 179.
 = sr. Esteuenes li prestes ke maint en
   l'osteit de S. Pieremont (prestes de l'osteil
   S. Pieremont):
   pb. 15 s. ms. ou li stuve est au Chambres
   pb. ms. et t. a Molins 1275, 457. [1275, 290.
 = sr. Esteuenes li prestes:
   pb. vg. en Brie ou ban S. Martin 1277, 454.

ersediaicre v. III. Grant Eglixe.

escaillieres *couvreur en ardoise, Schiefer-
decker.*   [413.
Rennolz —, Jehan fr., en Chapourne 1298,

eschavingnerasse v. maistre esch.
eschavins, eschevins v. xavins.
escrowier v. ascrowier.

escolliers *professeur, Lehrer.*[1])
escolliers, escollier 1269, 1285, 1290, 1298.
escolier 1277.
Esselin —, maistre, ou Waide 1290, 187b.
Pieres —, maistres, ke maint au Chaipelei-
   rue   1288, 373.
Remcy —, maistre, a pont des Mors 1277, 458.
Richairs li clers de Nancey —, maistres.
   cr. ou ban de Grixey   1298, 442.
Symon —, maistre, en la ruelle S. Ferruce
                                      1269, 42.
Vinat — et Theiriat fr. (PS)   1285, 245.

escolliere *institutrice, Lehrerin.*
Hawiate li Vadoize —   1290, 300.
Heilowis —   1278, 419.
   ke maint as Bordes   1293, 465.
Sebeliate —, davant les Cordeliers 1285, 174.

escrivains *écrivain, Schreiber.*[1])
escrivains, escrivain 1251, 1269, 1275, 1277.
1288, escrevain 1267, 1269, escrivein 1269.
1275.
Jaike —, maistre (PM)   1269, 38b.
Martin —, en la parroiche S. Vy 1251, 59.
Perrin — (OM)   1275, 233.
l'oincin —, Androwat f. 1269, 90 ; 1275, 45.
   ou Petit Waide   1267, 336 ; 1269, 456.
Thieri —, maistre, en la rue le Woueit 1269.
Thieriat —, Colignon f., rue lou Vo- [139.
   weit   1277, 108.
Vrbains li clers —, davant S. Gengoult 1288,
                                      372.

escuwiers *écuyer (sutarius), Schildträger,
Knappe, Reitknecht.*
escuwiers, escuwier 1262, 1288, 1298, escu-
uier 1278, escuier 1281, escuers 1298.
Badewin —, au Vesiguuelz 1288, 422, 471b.
Bonars — l'abbeit de S. Vinsant, a Nowe-
   roit   1262, 398.
Ferris — sg. Rigal, a Erkancey 1298, 2.
Jennat —   1278, 455.
Symonat — lou fillaistre Weirit de S. Ar-
   noult   1291, 513.
Steuenins — l'arcediacre Lowit 1298, 166.[2])

espiciers *épicier, Gewürzhändler, Krämer.*
espiciers, espicier 1262/1278, 1281, 1290,98.
especiers, especier 1241, 1251, 1281. aipe-
ciers, aipesier 1288, apesiers 1298.
Ancel —, ou Nuefboure   1267, 440.
Lowias f.   1267, 441. [847.
Domangin — et Colate srg. 1288, 364 ; 1290.

1877 S. 8 archalieres. *Godefroy I, 380* archa-
leur *celui qui garnit de fil d'archal.*

[1]) *Der Meistertitel, den die* escolliers *füh-
ren, läßt nicht daran zweifeln, daß* escollier
*damals nicht etwa nur den Schüler, sondern
jedenfalls den Lehrer bezeichnet hat.*

[1]) escrivains *Schreiber in Beamtenstellung.*
v. *Jahrbuch XXI, I. Die Bedeutung der
Metzer Bannrollen als Geschichtsquelle S. 83
Anm.*

[2]) *De Wailly 383 K (1300)* Stevenel l'escu-
wier (l'escueir) l'abbeit Jehan de Sainte Creux.

Godiguon —, an Forneyruwe 1281, 239.
  a l'orsaillis 1281, 79, 429; 1290, 488 b; 1293.
  Mathion srg. 1281, 429; 1290, 488 b. [575.
Guios — (v. Thiebat Guiot) 1275, 505.
  devant lou Mostier 1262, 392; 1281. 270⁵.
  devant lou Grant Mostier 1281, 326.
Hanriat —, en Visignuel 1269. 252.
Hanrion —, davant S. Sauuor 1241, 107.
  daier S. Supplixe 1267, 52.
  hoirs, devant lou Mostier 1275, 456.
  †, Contasse, Jaikemate, Steuenat enf.
  Fransois, Steuenius, Contasse [1278, 133.
  enf., Jaikemins m. Contasse, davant
  S. Sauor 1298, 181.
Hanrit —, davant S. Sauor 1281, 295.
Jaikiers — 1251, 54.
  davant lo Mostier 1241, 192.
  dav. lou Grant Mostier 1290, 275, 576.
Jehans Lukins —, maix. desoz S. Hylaire a
  Xauleur 1298, 326.
Jennas Lowias — 1298, 179, 676.
  a Porsaillis 1275, 218, 374.
  davant lon Grant Mostier 1281, 326.
Luckins — 1290, 31; 1298, 79.
Luckins — f. Jennin Graitepaille †, davant
  S. Sauor 1281, 295.
Martins — 1288, 126; 1298, 683. [373.
  ke maint devant lou Grant Most. 1298.
Martins Bouxous —, dav. lou Grant Mostier
Odins — et Contasse srg., davant [1277, 401.
  lou Mostier 1275, 456.
Odin —, davant lou Grant Mostier 1277, 401.
Odins — de Furneirue et Clemans n. 1290.
  au Forneirue 1281, 254; 1293, 283. [411.
  ke maint an Furneirue 1290, 166.
  Clemant srg. 1298, 564.
Thiebat Guiot —, dav. lou Gr. Mostier 1290, 576.

espiciere *Gewürzhändlerin, Krämerin.*
Contasse — 1298, 174.
  ke maint davant S. Sauuor 1293, 85.
Margueron —, rowelle Sergent davant lou
  Grant Mostier 1293, 646.

espinciers, espinciet *épinceur, Nopper.*¹)

¹) *noppen heißt mit Hülfe von Zangen das Unreine aus dem Gewebe herauszupfen.*

Jennius et Arnols et Pieresons, seu dui fr..
  Ermaugete et Liebors, lor s. 1275, 116.
Thieriat —¹) 1275, 116.

esxavins, esxaving v. xavins.
eveke, eveskes *Bischof* v. III.

ki fait les alones *(alêne, Ahle, Pfriem).*
  Johan — (PM) 1245, 68.
ki fait les astres *(Sterne? oder Herd, Estrich?*
  Bertran —, on Chanpel 1241, 86.
ke fait la chavrate v. chaivreteires.
  Trouéit —, en Humbecort 1281, 372.
  = Trouéit lou chavreteir 1277, 197.
qui fait les coutes *(cottes de mailles, Panzer-hemden)*²)
  Godechaus li fevres —, outre Saille 1275,
  ke fait les tavles *Tischmacher.*³) [70.
  Deu de Furneirue — 1285, 217.

faixiers *faissier, Korbmacher.*
faixiers, faixier 1285. 1288, faixeir 1277, 1281.
  Marserion — 1277, 166.

¹) *Prost LVII, 1276* Jennin lou fil Theiriat l'apinsier.
²) *De Lespinasse, Les métiers et corporations de la ville de Paris I, 313: „Le livre des métiers ne mentionne que les haubergiers, fabricants de hauberts ou cottes de mailles". Coute bedeutet sonst couverture, Decke (z. B. Fagniez, Documents II, 38) aber hier handelt es sich um einen fevre qui fait les coutes.*
³) *tavle war der gebräuchliche Ausdruck für die Wechslerbank, z. B.* la tavle as Nues Chainges 1267, 214, une tavle as Vies Chainges 1267, 884. *tavles wurden im besonderen auch die Schreibtischchen genannt, die clers auf öffentlichen Plätzen benutzten. v. Hugenin, Les chroniques de Metz S. 26:* Nul ne doit faire escripre clerc escript d'arche en table que li clercs portent, se dout nes traienent les amans de ces tables. ne ne doit nul faire escripre mal escript en la plaice devant le moustier ne au bas allais.

feivres

Symelo —, a la rive en Rinport 1288, 329.
Stenenin — (PM) 1281, 384.
Werniers li Vels —, en Rimport 1285, 13.

feivres *forgeron, serrurier, Schmied. Schlosser.*
feivres, feivre 1251/1298, feivrez, fevrez 1269, fevres, fevre 1227, 1241, 1245, 1262, 1269, 1275.
cil de la frairie des — de S. Piere 1269. 38.
frarie des — 1293, 148.
a feivrez a Quartal, ms. 1269, 486.
.... li —, a Porsaillis 1290, 202.
— ki fait les coutes (*Panzerhemden*) 1275, 50.
Abert — 1281, 458.
  a Porte Serpenoise 1278, 343; 1279, 152.
Abert — de Porte Cerpenoise 1281, 277.
Abert — †, Gerardas f., en Stoixey 1279. 1.
Abrion —, outre lou pont des Mors 1290, 129.
  Marions fm., outre Muselle 1293, 133.
Aburtin —, en Sanerie 1278, 251. [375.
Ancel —, en Maizelles dev. la Triniteit 1275.
  maint a Porte Serpenoise 1279, 152.
Ancels — de Chacey, a Porte Serp. 1278, 343.
Ancillons —, devant la Triniteit 1267, 337.
Ancillons — de la rue des Alemans 1285, 357.
Ancillon —, en la Vigne S. Marcel 1267, 456.
Ancillons — de la Vigne 1267, 502.
Arnout — 1267, 393.
  en Maizelles 1277, 72.
  Ailixate f. (PS) 1275, 348.
  Haurit n., en Maizelles 1279, 247.
Aubrit —, Huygnon f. (PS) 1251, 109.
  Clodin f. 1245, 199.
Bawier —, ou Champassaille 1245, 123.
  en Stoixey 1267, 176.
  †, Philippin f., ou Champ a S. 1290, 404.
Bernart —, outre Moselle 1279, 327.
Bertrans — 1269, 534.
  en la rue de l'osp. des Alemans 1241, 102.
  Roze et Perrate f., en la rue S. Vy 1293,
Bertrans — j. Jehan Aberon de Mai- [353.
  zelles 1298, 436.
  lai fm., defuers Porte Serpenoize 1298,
Burtemins —, en la ruelle asom Viez [238²⁹.
  Bucherie 1269, 528.
Colignons — f. Waterin †, ou Champ a
  Saille 1290, 404. [244.

Colins — de Piercvillers, en Francouruc 1251.
Crestiens — 1293, 592.
  outre Muselle 1290, 547.
Cuncman — (PS) 1251, 119.
Fakignons — de Chailley 1298, 11.
Formerons — (PS) 1251. 119.
muistre Gatier —, en Anglemur 1293, 138.
Gelias — 1275, 496.
  en la rowe S. Arnout 1277, 25.
Gilet —, ou Champassaille 1241, 151.
Gerart —, sor lo Mur 1245, 110.
  en Chambres 1251, 78.
Germain —, a Porte Serpenoise 1267, 514.
  a S. Arnol 1269, 204.
Godeschaus — qui fait les coutes, outre
  Saille 1275, 70.
Guedelo — (PS) 1269. 90.
  ou Petit Waide 1269, 456.
Hainmonas — d'Otre Muselle 1288, 577.
Hallois —, daier S. Eukaire 1245, 83.
  en la rue des Alemans 1251, 46.
Symonas f., Jakemin sou fr., an la rowe
  des Allemans 1279, 521.
Symouin j. 1262, 355.
†. lou janre 1281, 225.
Hanelos — de la rue des Allemans 1285, 358.
Hanelo — Poinsate fm., daier S. Madart
  outre Muselle 1288, 241.
Hanriat —, sus lou Mur 1293, 436.
  Abillate f., en la rue S. Vy 1293, 353.
Hanriat Bernart —, a Porte Sarpen. 1269, 548.
Hanri — 1245, 134; 1275, 348.
  sor le Mur 1269, 409.
  en la rowe S. Vy 1288, 90.
Hanris — de Morehanges, a S. Julien 1279,
Hanris — de S. Arnout 1288, 170. [180.
Helyas — (OM) 1245, 155.
Herman —, en lai rowe des Allemans 1298,
Houdebran — (OM) 1298. 628. [288¹⁵.
Howignon — 1278, 93; 1281. 66; 1285, 185;
  an Maizelles 1288, 452. [1293. 240.
Howignons — de Maizelles 1290. 225.
Howin —, a S. Julien 1285, 172·
Howis — de Racort, rowelle S. Arnout
Jaikemins de Chalons —, ensom [1288, 423.
  Viez Bucherie 1279, 297.
Jaikemin — de Maixieres 1285, 534.
Jehan —, a pont Thiebat (OM) 1281, 316.

feivres

a Roncort 1290 263.
outre Muselle 1293, 133.
en lai ruwe Repigney 1298, 99.
Jehans — d'Ars (OM) 1293, 336; 1298, 154.
Jehan — dou pout des Mors 1290, 555. [155.
maistres Jehans — de Troisfontainnes, en Franconrue a pux 1293, 600, 606.
Jehans li Alemans —, outre Muselle 1279, 108.
Jenat —, a S Arnolt (OM) 1275, 87.
Poinsignon f. (OM) 1275, 508.
Jennat — de Maigney 1293, 507, 543a.
fr. Wiriat — de Mairley 1298, 41c.
Jonnas — de S. Nicolais 1279, 152.
a S. Arnolt (*nicht* = Jenat. —) 1275, 87.
Jenin — de Porte Serpenoise, Poincignon f.
Jennin — de Chambres 1285, 12. [1267, 382.
Jofrois —, devant Longetcire 1281, 156;
Lambelins — 1251, 265. [1290, 320.
Howignon et Abillate enf. (OM) 1279, 108.
Lambers — de Sanerie 1278, 251.
Lorant —, en Franconrue 1278, 601.
Lowion —, a Stoixey? 1269, 36.
Marcire —, Jennate fm. 1298, 325.
maistres, j. Willame — † 1298, 310.
Maithelo — de Stoxei 1290, 318.
Maitheu — 1298, 452.
sr. Jaikes li prestres de Gorze f. 1290, 400.
Mathiat — d'Awigney 1290, 484b.¹)
Odin — maris Mariate fille Renaldin lou tainor 1277, 178.
Parixas —, an Jenrue a Chastels 1288, 254.
Perral — 1277, 189.
en Stoixey 1298, 212.
Perrin —, en Stoixey 1267, 176. [255.
Piart —, Stenenin f., devant S. Saluor 1251.
Pieresons — de Molins 1278, 176; 1279, 37; 1281, 449, 581.
et Jaikemate fm. 1278, 169.
Poinsignons —, defuers la Porte Serpenoise et Clemanson fm., davant lou [1288, 228.
Beninout 1293, 320.
et Clemansate fm. 1298, 174.
Remions de Tiechecort —, en Maizelles devant la Triniteit 1275, 375.

Renalt — de Maigney †, Jennas f. 1288, 459.
Renart — de Chambres 1251, 189.
Richart — d'Onville 1293, 118. [498.
Richairt — de Maizelles †, Jennate fm. 1298,
Richerdin —, sus lou Mur 1293, 183, 264.
Richerdin — d'Airey †. Ailexate fm. 1293,
Richiers — de Maiselles 1278, 45. [313.
Robelat — d'Ars (OM) 1293, 336. [17.
Roillon — de Chambres †, Colignon f. 1288,
Salemon —, en Franconrue 1275, 488.¹)
Simons — j. Piereson Strubat, en Franconrue 1275, 98.
j. Sturbat d'Outre Muselle 1281, 127.
daier S. Madart outre Muselle 1288, 241.
Simons — de Maizelles, ensom la Triniteit 1278, 48.
Symon —, sus lou Mur anc. la tor 1285, 50.
Stenenin — de Molinz †. Symonin le Porcel f. 1269, 318.
Thiebaus Renairs — (v. Renart — de Chambres), en Chambres 1293, 391.
Thieriut de Jernei — 1290, 540.
Thomessin — 1245, 242.
Vguignon —, outre Moselle, Perrin f., Odat j.. Denamin de Moieuvre j., Willemat Chaipate j. 1279, 327.
Warneson — (OM) 1267, 505.
Waterel — de Sannerie 1245, 166.
Waterins — dou Champ a Saille 1262, 39.
Waterins — (PS) 1262, 183.
ou Champ a Saille 1267, 424.
outre Saille 1278, 54, 55.
Colignon f., sus lou Mur 1262, 351.
Colignous f., ou Champ a Saille 1290, 404.
Watrins — f. Matheu, sus lou Mur 1285, 51.
Watrins Bulecolz, sus lou Mur, en lai Baixe Sanerie 1293, 183 = 264.
Watiers — 1245, 61.
Watremans — 1262, 381; 1279, 276.
et Jaquemin srg. (PS) 1275, 55.
Weirias — 1269, 145.
Jenas f., gr. a Awigney 1278, 453.
†, Jennat f. et Suffinte sai fm. 1293, 431.

---

¹) *De Wailly 351 E (1297)* Mertin lou feivre, lou fil Berneson.

¹) *Prost LXII. 1295* Jehan et Hanriat et Thiebaut les III fis Salebran lou feivre ke fut ... loies sus lai porte dou pont des Mors.

felon–forniers

Wiriat —de Mairley, fr. Jennat de Maigney
Weiriat — de Stoixey 1281, 187²· [1298, 41c.
= Weiriat — 1281, 275⁴.
Weiris — de Sus lou Mur 1277, 347.
Weirit —, sus lou Mur 1290, 315.
Warnier —, Pieresous f., au Aest 1227, 34.
    as Rochez 1269, 167.
Warniers — de Sus lou Mur 1262, 48.
Wernier —, sus lo Mur 1269, 442; 1275,
    351; 1277, 347; 1278, 283; † 1293, 89.
†, Guerairs j., sus lou Mur 1288, 188.
Wiennas — 1267, 475; 1275, 482; 1279,
    292; 1281, 129, 138, 626.
    d. Poince fm. 1288, 508.
Wiennat, — d'Otre Muselle † 1298, 299¹.
Willame —, Ailixete fm. 1275, 105.
†, Marcires — j. 1298, 310.
    maistre —, Laubelin lou permantier j.
Willemin — de Chastels, Wille- [1298, 325.
    mins f. 1293, 689.
Witier —, sor lo Mur 1245, 255.

felon v. follons.
fevres, fevre v. feivres.

fisiciens *médecin, Arzt; Bereiter und Verkäufer von Heilmitteln.*
fisiciens, fisicien 1251, 1269, 1288, phisicien 1269, fixicien 1267, fissiciens 1285, fezicien 1275, 1279, fezisien 1262, 1275, feziziens, fezizien 1288, fuzesiens 1288, fusezien 1298, fusisien 1293.
Gui —, maistre, j. Philippin lou Stout, en
    Aiest 1262, 305.
Jehan de Kaistre —, maistre 1288, 1.
Poensces —, maistres, devant l'ost. Aubert
    des Aruols (PS) 1269, 46, 437⁷.
    et Jaikemin srg., st. en la halle des vie-
    ceys (PS) 1267, 111.
    Hennelolzli boulangiers srg. 1288, 491. [112.
Richars —, maistres, maistre Vgon fr. 1251,
    en Chambres 1275, 6; 1279, 4; 1288, 121.
    a S. Arnolt 1293, 319.
    Gochewius n. 1275, 100.
Richairt lou Gronnaix —, maistre, en
    Chambres 1279, 416.
Wesses d'Ars —, maistres 1285, 490; 1288, 549.
    en la rue lou Uoweit 1298, 564.

follons *foulon, Walker.*
follons, follon 1267, 1269, 1288, foullon 1277, 1279, foulon 1281, felon 1269.
Poencin —, en Renport¹) 1267, 306.
Poincignon — de la Sauz en Rinport 1269, 184.
Symonin —, sus Saille davant les molins
    (PS) 1279, 274.
Willemat — 1281, 242.
    suz Saille (PS) 1269, 475.
    en la rowe des molins a Saille 1277, 20.
Willemins — de lai Nueneuille ke maint
    ou Champel 1288, 66.

formegiers v. fromegiers.

formeirs *formier, Leistenschneider.*
formeirs 1285, formeir 1290.
Adans —, a Vignaelles 1285, 129.
Pierexel —, devant l'osteit Roillou de la
    Porte (= a la porte des Allemans 1269, 283)
    1290, 417.

forniers *fournier, Inhaber eines Backofens.*
forniers, fornier 1241, 1251, 1262, 1269, 1278, 1279, 1290/98, forner 1251, forneirs 1277, forneir 1293, fournier 1267, 1281.
—, ms. Pairesol ke fut lou, a tour dou
    Waide 1281, 413.
Abrit — dou Champel 1281, 269.
Aubrion — (PS) 1251, 118.
Arnout de Nowillei 1293, 375.
Colars — de Plapeville, a pont des Mors
Colinat —, en Saunerie 1269, 168. [1298, 145.
Cunin — de Chastels, Willame f. 1278, 213.
Domangin — 1279, 158.
— Domangins de S. Vicent 1277, 162.
Felepin Bréhier —, anc. lou cors des Proi-
    chors a pont des Mors 1278, 21.
Gerardins — de Lorey (OM) 1293, 643.
Gerairt — de lai Creuxate 1290, 87.
Girart — d'Aiest, Mathelie f. 1267, 398.
Hauriat —, sus lou Terme 1251, 166.

---

¹) *Bannr. I, LXIII, 12* (= *1281, 278*)
Jehan, f. Poincin le foulon et de Renport †.
²) *De Wailly 153 (1273)* Boiemons li fourniers. *De Wailly 152 (1272)* Boiemons li boulangiers.

II. Stand und Gewerbe   497   **forniere–frutiere**

Jennas —, ms. c'on dist lou four daier S. Nicolais lou Petit   1293, 292.
Jenin Boudat — d'Outre Muselle, 3 ms. devant S. Vincent   1269, 118.
Loransat —   1278, 651.
Lowions — (PS)   1241, 175.
Pieresons — d'Outre Saille 1277, 253, 254.
Poincins — de S. Arnout   1290, 38.[1])
Rainbaudin —, outre Mosselle sus lo Terme   1262, 164.
Symonin —   1298, 527.
Thomessins — ke maint davant S. Marcel   1293, 626, 627.

forniere *fournière, Inhaberin eines Backofens oder Frau eines Inhabers.*
forniere 1251, 1267, 1281/90, forneire 1278, 1281.
Arambor — d'Anglemur   1267, 169.
Marguerou — (OM)   1251, 249.
Mariatte — (PS)   1251, 110.
Poinsate —, Herman j., molin sus Muzelle 1278, an Chanbres 1281, 390; 1290, 152. [247. four an Chambres   1285, 88.
Poinsate — de Chambres   1288, 139. Herman j., ou Vinier   1281, 408.

foullon, foulon v. follons.

fournier v. forniers.

franc monsignor Jehan de Morey, ou ban de   1281, 73.

freires *frère, Bruder (Mönch).*
freires, freive 1275/78, 1281/93, freres, frere 1267, 1269, 1279, 1281, 1290, 1298.
v. III. Augustins, Carme, Cleirvalz, Craste, Menors, ospital des Allemans, osp. en Chambres, osp. ou Nuefborc, Preit, Ses, Tample, Triniteit, Villoirs.
— Alain   1267, 383.
— Andreu, Jaikemate s.   1267, 184, 429.
— Hanrit Jordain   1279, 157.
— Heinme des Cordelles   1267, 499.

— Poence Bellegree   1278, 19.
— Simon Grippe   1278, 19.

fromegiers *fromager, Käser, Käsehändler.*
fromegiers 1290, fromegeirs 1293, formegiers 1288.
Aruous — de Sanerie   1288, 137.
Hanrias d'Airs — ke maint a pont des Mors   1293, 374.
Warins — de Valeroit, a pont des Mors   1290, 501.

fromegiere *fromagère, Käsehändlerin.*
Odiliate —.[1]) en l'aitre daier S. Sauor 1293, 324.

frutiers *fruitier, Obsthändler.*
frutiers, frutier 1269/79; 1288, 1293, fruteirs 1288.
Ancillons Noirans —, a pont des Mors (v. 1278, 413; 1279, 9)   1279, 543.
Aurowins li Roucels —, a pont des Mors
Aurowius — forjugies 1278, 671. [1275, 242.
Maheu — (OM)   1269, 136.
Pierexels —, er. en la fin d'Awigney 1277, 330. anson Vies Bucherie   1288, 164.
an la ruelle S. Alaire (OM)   1288, 242.
j. Watrin — †, forjugies   1293, 698.
Steuenins — et Jakemate fm., a pont des Mors   1278, 413; 1279, 9.
Watrin — †, Pierexels j.   1293, 698.
Willemin —, en la rue lou Voweit 1277, 124.
Willemin Bouetel —, st. devant les Nues Changes en Vezignuel   1269, 478.

frutiere *fruitière, Obsthändlerin.*
frutiere 1281, 1288, fruteire 1285.
Jakemate — fm. Stuvart (v. frutier, Steuenin), a pont des Mors   1281, 602.
Jaikemate — de Chambres, arreis l'uxelat de l'ospital an Chambres   1285, 166.
d. Jaikemate — ke maint a pont des Mors, ms. daier l'ospital an Chambres asancit a   1288, 11.

---

[1]) *De Wailly 172 (1276)* ancoste lai vigne Poinsignon lou forneir an lai Raivinne (S. Arnout).

[1]) *De Wailly 366 B (1298)* la maison que siet sus lou tour de l'aitre S. Savour, que Odeliate li formegiere et Hyluys li viceire tient.

32

furberes *fourbisseur, Schwertfeger.*
furberes 1269, furbeires 1293, 1298, furbor 1245, furbour 1288, 1290, fourbeires 1267, forbeires 1251, 1275, forberes 1275, forbeir 1251, forbor 1251, forbour 1262, ferbor 1275, 1278.
ost. lo —, otre Moselle 1275, 497.
Adan —, devant S. Simplise 1245, 174.
Arnolt — 1251, 150, 169, 238.
 en Freneyrue 1262, 348.
Arnoulz Callewins —, an Furneirue 1298, 534.
Godefrins —, a Porte Serpenoize 1293, 45.
Hermans —, srg. Piereson 1275, 165, 336.
 an Furneirue 1288, 189.
Herman — de Furneirue, Poinsate f. 1290, 441.
Hombers —, a Porsaillis 1267, 65.
Richairs — 1293, 86.
Roillons —, ou Petit Waide 1269, 92.
Waterin —, a la creus outre Mus. 1278, 666.

fusisien, fuzesiens v. fisiciens.

gaieneir *gainier, Scheidenmacher.*
Alairt — †, Jehans li clers et Adans f., an Forneirue sus lou tour de Goubecort Arnout et Gillat f., sus lou [1285, 443.
 tour de Goubertcourt 1290, 166.
Willermin —, a Porsaillis 1281, 79.

gippieres *fabricant de jupes, jupons, Rockschneider.*[1]
Colignon —, ensom l'ospital a Porte Serpenoise 1267, 68. [1281, 177.
Garcerius —, an la place an Humbecort = Garcille —, en Humbecourt 1281, 372.

gypperasse *fabricante de jupes, jupons, Rockschneiderin.*
Armanjate —, an lai Nueue rue 1293, 282.

grant doien *Dekan des Domstifts.* v. III. Grant Eglixe.

---

[1]) *Roquefort:* gipponnier *tailleur, faiseur de jupons. Fagniez, Études de l'industrie S. 317, 408* gipponniers *fabricants des justaucorps appelés jupons.*

grant maistre *Obermeister.*
grant maistre 1285, gran maistre 1288.
— de l'ospital ou Nuefborc 1285, 307.
Badewin —, en Chaipeleirne 1288, 186.

grant official de Mes *der oberste geistliche Richter.*[1])
les letres saielees dou saiel lou — 1293, 646.

grant prestre *Erzpriester.*
grant prestre 1290, grans prestres 1288.
sg. Hanrit — de S. Eukaire 1290, 457a.
sr. Jehans — de S. Mamin 1288, 175.
sg. Jehan — de S. Martin 1290, 191.

grant senexal (v. senexal) 1290, 183.

grawour *sablier, Kiesgrubenbesitzer.*
ms. lou — a Molins lou Duc *(in der Gegend von Sanrage)* 1290, 509.
lou — lou poxor de la Mars *(bei La Maxe)* 1281, 139.

grehier *garde des eaux, des étangs d'un seigneur*[2]), *Aufseher der Weiher.*
Jennin —, Abertin de Rouzerueles j. 1298, 567.

grenetier *grainetier, Kornhändler.*
Jehan —, davant S. Vy 1293, 350.

habergieres *fabricant de hauberts. Halsbergen-Schmied.*[3])
habergieres 1241, 1298, habergeor 1251, haberiour 1267, haberjout 1262, haburgieres 1293, haubergieres 1251, haubergeor 1251, haubergeour 1267, hauberiour 1269, hauberjour, hauberjor 1279, onbergier 1298.
Colignons — et Yzaibels s., a Maigney Colin —, fr. Guerart, en Sanerie [1298, 424. 1267, 173.

---

[1]) v. saieleires de la grant court de Mes 1298, 346, 347.
[2]) *v. Roquefort I, 710* grayer.
[3]) *Fagniez, Études sur l'industrie S. 15, 48. Livre des métiers (1879) S. 56. De Lespinasse, Les métiers et corporations de la ville de Paris (1886) I, 313:* haubergiers *fabricants de hauberts ou cottes de mailles.*

II. Stand und Gewerbe 499 hairanguiers–hommes

Gillas —, en Furnerrue 1241, 168.
  a tour vers Porsaillis 1251, 213.
  (PS) 1262, 175. [192.
  2 filles, enson la cort de Ranseires 1267,
  Marguerite et Ysabel f., a Porsaillis 1269,
  Girart — † (PS) 1251, 224. [269.
  Marie fm., a tour vers Porsaillis 1251, 213.
Howignons —, ou Champel 1293, 441.[1])
mastres Robers —, en Furnerrue 1241, 78.
  †, Robenat lou cellier avelet 1279, 177, 251.
Thieriat —, en Chieuremont 1251, 89.

hairanguiers *marchand de harengs, Heringhändler.*
hairanguiers, hairanguier 1275, 1288, hairangueir 1298, haranguier 1275.
Lowias —, a Porsaillis 1275, 374.
Lowiat — de Porsaillis, a Porte Serp. 1275,
  Clemansate fm. 1298, 282. [352.
  a Porte Serpenoise 1288, 167.

hairangueire *marchande de harengs, Heringhändlerin.*
Bietrexate —, Guenordin f., sus Saille 1298.
Ermanjairt —, a Nuef pont 1293, 50. [481.

hanepiers *potier, Töpfer (hanap = Napf).*
hanepiers, hanepier 1275, 1279. hanepierz 1269, hainepiers, hainepier 1293.
Hanris —, devant S. Supplize 1269, 441.
  Garsin seur, Jenesson srg., en Saunerie
  en Sanerie 1279, 71. [1275, 54.
Hanris — de Sanerie, Waterin f. et Ailexon
  sai fm. 1293, 91.
Jehan —, en Chapponrue 1279, 463.
Wauterin —, en Saunerie 1275, 52.
  et Jaikemate fm., en Sanerie 1293, 44b.

haranguier v. hairanguiers.

hardeir *pâtre, berger, Hirte.*
hardeir, hardeis 1290, hardier 1278, herdeir 1281, 1285.
Colairt — de S. Julien †, Jenat f. 1281, 380.

Ferriat — de Porte Serpenoise 1278, 167;
  1285, 112.
Hanriat —, en Franconrue 1290, 539.
Richelas — de Franconrue 1290, 539.

hardeire *bergère, Hirtin.*
Hawiate — de Molins 1281, 262.

haubergieres, haubergeour v. habergieres.
herdeir v. hardeir.
holiers, hollier v. oliers.

hommes, femmes, enfans *Männer, Frauen und Kinder hörigen Standes.[1])*
hommes
  a Sorbei 1227, 61.
  a Lessey? 1275, 236.
  en Haneconcort 1275, 267.
  a Siey 1278, 200.
hommes d'aluet
  ai Anout et a Lessey 1275, 478.
  a Lescey? 1281, 145.
  a Anceruille 1281, 268.
hommes et femmes
  ou val de Mosele 1275, 465.
  a Barney 1277, 2.
  a Muscey 1277, 227.
  a Lescey 1278, 646[12]; 1288, 281.
  a Anceruille 1279, 81.
  ou ban de Vals 1281, 635.
  a Cuvrey, Quent, Prenoit 1288, 225[9].
  ou ban de Maxieres et de Leirs 1290, 278.
  a Ronvre deleis Nommeney 1290, 486.
  a Sorbey 1293, 42a.
  a Choibey 1293, 188.
  a Ostelaincort, Baitelainville, Mancey,
    Haisanges et Raikesanges 1298, 230.
hommes et femmes d'aluet
  a Bethilley 1285, 286.
homes, femmes, afans
  a Retonfaijs 1288, 216[10].
home, femes, anfans d'aluet
  d'autre part Mosselle 1267, 467.
Armanjart f. Jennin Gelinate de Syei 1267, 468.

[1]) *De Wailly 347 D (1296 a. St.)* Ollevier lou hauburjour de Furneiruwe.

[1]) *Prost XXII, 1233* Girart lou bolengier d'Aubes home lou priour Robert d'Aubes.

32*

huchier–huvier

Richairt, Jenat, Burtemin, Thieriat, Luekate, les anfans Herman lou Polnt de Wackremont † 1275, 225.
Weiriat lou Bossut, fr. Hanrekel †, de Montois 1277, 314.
= Weiriat lou Bossut lou bergier 1278, 293.
Cunegate de Rouserneles et ces enf. 1277, 462; 1278, 212.
Heiluyt de Lescey, fm. Bescelin Wandelart, et ces enf. et Gerart, fr. Heiluyt, et la moitiet de ces enf. et Ailison, s. Heiluyt, et la moitiet de ces enf. 1277, 463.
Maten, f. Chardenel (Lescey?) 1277, 464.
Willame, f. Cunin lou fornier des Chastels 1278, 213.
Martin, f. Renart de Lescey, et toute sa porgenne 1278, 580.
partie en Sibiliate, fm. Gerart lo Borgne de Lescey, et en toz ces hoirs et en tote lor porjainne, et en Adenat de Lescey et en Jakemate, s. Sibiliate, et en l'Abijois de Lescey et en Guersat et en Domangin, ces· fr., et en Ysabel, lor s., et en 3 enf. Cramal de Tignomont, et en Adenat de Siey et en Ameline, sa s., et en Mabiliate de Noweroit, et en Roillon et en Steuenin Razeur de Ste Marie a Chene et en toz lor hoirs et en totes lor porjainnes 1278, 646.
Euriat et Sufiate, auf. Lanbelin de Crepey 1279, 282.
la moitiet de Jennat Pichart 1281, 331.
Liebor de Molins et ces hoirs 1285, 230b.
a Sillei et a Ancin: Odelie, fm. Weirion lou Preixiet, et sui enf., et Pairexate, fm. Symon lou Bague ke maint a Vigney, et les enf. Sebeliate d'Ansin †, et Pierexel, f. Gerairt d'Ansin †, et tous et toutes les porgennes 1290, 384.
Pieresou Pairenon et Howin, son fr., et lai fm. Pieresat de Siey, lor s., et pertie en lor enf., et pertie ens enf. Jaikemat de Siey † et ens enf. Jennat de lai Barre de Syei, et sus maistre Jehan lou clerc, ke maint a Rains, et sus sai s. 1293, 211.

huchier v. hugiers.

huchour *héraut, Ausrufer.*[1])
Thomessin —, a chief de Vies Bucherie. Clemansate fm., Jaikemate f. 1288, 217a.
†, Clemansate fm. 1290, 390; 1298, 68.

hugiers *menuisier, Tischler*[2]).
hugiers, hugier 1245, 1251. 1267, huchier 1279, 177, uxier 1279, 110. 1298.
Adan —, au degrez en Chanbres 1245, 4; Hanriat — 1277, 69, 157. [1251, 169.
Hanriat —, Simonins srg. 1279, 110; 1298, 346.
Jeniu —, a l'antreir don Viueir 1279, 177.
Willermins —, a la pousterne en Chambres 1267, 288.

huvier *casquetier, Mützenmacher* (huve = Haube).
Chardat —, a Quertal 1293, 579a.
Hanri —, ou Nuefbour 1267, 433.

---

[1]) *Godefroy IV. 518* huchëor *celui qai sonne du petit cor appelé huchet (Horn), celui qui crie, qui appelle, hérant.*

[2]) *Tischler, der Türen und Fensterrahmen macht. Oder ist es ein huissier, Türhüter, Gerichtsdiener, Magistratsbote? Godefroy IV, 520* huchier, hugier *ouvrier qui fabriquait des portes, des fenêtres, IV. 525* huissier *portier, fabricant des portes. Roquefort III (supplément) 187* huchier huissier, ostiarius hugier *menuisier. Fagniez, Documents II 324* huchier *menuisier-ébéniste,* huissier *fabricant de portes etc. Fagniez, Études S. 15. zählt auf nach den Pariser Rollen von*

	1292	1300
huches (faiseurs de)	—	2
huchières	—	2
huchiers	29	52
huissières	—	1
huissiers	—	2

Alle drei Formen hugier, huchier, uxier (= huissier) *sind desselben Stammes wie* ostium (huisse, uxe, huxe = porte, Tür), ostiarius (Türhüter). *Die Wohnungen von Adan, Jenin und Willermin am Kammerplatz würden mit dem Beruf eines Gerichtsdieners und Magistratsboten wohl übereinstimmen.*

huveire *modiste, Putzmacherin.*
huveire 1279, 1281, 1293, 1298, huviere 1245, 1267. [156.
Alixate —, Richardin f., en Chambres 1267.
Hawela — li domexalle d. Poince, en Aiest
Hersennon —, Chardaz fr., a Por- [1298, 197.
 sarpenoise 1245, 140.
Ysaibelat —, devant la cort lou princier
 (PM) 1281, 410.
Lucate —, a Quertal 1298, 292.
Odeliate —, en S. Nicolasrue 1267, 390.
Paskete — (en Chambres 1245,1) 1245, 16.
d. Pavie —, avuelle Ysabel la f. Goudefrin
 de S. Polcort, a la Posterne 1279, 255.

imagenier *sculpteur, Bildschnitzer.*
imagenier 1277, ymaginier 1279, ymaigeneir 1293.
Jehan —, en la Wade 1279, 305.
 Jehans f. 1293, 386.
Martin —, dav. lou Grant Mostier 1277, 401.

jouteleir *marchand de jouets, Spielwarenhändler.*
Coustan —, ou Veueit 1285, 162.

jouteleire *marchande de jouets, Spielwarenhändlerin.*
Poinsate — de Porsaillis, tient 2 st. 1285, 239.

juvlor *jongleur. Spielmann, Gaukler.*
Chauin — (PM) 1241, 123b.
Colin —, Parrin f., dev. la rive au Poixorz
 1269, 361.

juvlerasse *jongleuse, Gauklerin.*
Poinsate —, sg. Barangier lou preste fr.
 1281, 545.

lamier *fabricant de lames, Lahnmacher* (*lame = dünne Platte von Metall*).
Colin —, davant S. Marc 1269, 114.
 davant S. Madart 1275, 493.
Girart — (OM) 1269, 541.

lamiere *fabricante de lames, Lahnmacherin.*
Sebolic — et son j. (OM) 1269, 541.

lanier *lainier. Wollarbeiter.*
Werion — de la rue S. Gingout 1245, 203.

laveires *laveur, Wäscher.*[1])
laveires, 1277, 1281, lavour 1267, 1281, 1298, lavor 1267, 1281.
Baiselin —, Mahout fm., au Chadeleirue
Jehan —, Hanriat f., au la [1298, 221[10].
 Nueve ruwe 1281, 48.
= Jennin — †, Hanriat f. 1267, 199, 228;
 an la Nueve ruwe 1281, 415. [1281, 510.
Matheus —, en Dairangerue 1277, 188.
Pielin —, Feleppin f., an la Nue ruwe 1281,
Willermins —, an la Nue ruwe 1281, 512. [512.

ligueters *fabricant de ligneul, Verfertiger von Pechdraht.*
Pierixels —, sor lo Terme 1241, 114.

lodier *gueux,*[2]) *Bettler (oder Eigenname?).*
Wiriat — de Nowillei 1298, 51 b.

lombairs *banquier, Geldwechsler (aus der Lombardei)* v. I. li Lombairs.[3])

loremiers, loremier *ouvrier qui fait des lorains (lorica, lorum), des mors de bride, des éperons. Verfertiger von Kandaren und Sporen.*
Howeson Blanpain —, an Furneirue 1293, 51.
Jehan Pawillon dou Pont —, en Furneirue 1298, 111.

---

[1]) *Der Unterschied zwischen* laveires *und* boweirs *ist nicht klar. Jene wohnen alle an der Seille, diese fast alle an der Mosel. Es ist denkbar, daß die einen Rohstoffe gewaschen haben, z. B. Hanf. Das würden die* lavour *sein, die in der Neuen Straße nahe am Saalfeld und der Hanfniederlage wohnten. Die anderen, die* boweir *an der Mosel, wären dann Wäscher von fertigen Stoffen, Kleidern, Leibwäsche.*

[2]) *Godefroy V, 12 gueux; Roquefort H, 99 loudier qui habite une cabane.*

[3]) *Einige Mitglieder der Familie betreiben noch das Wechselgeschäft (v. Ben. III, 233, 1288 a. St.), aber auch diejenigen, die es nicht tun, heißen* li Lombairs, *die Bezeichnung des Gewerbes ist zum Familiennamen geworden.*

maceons–maires   502   II. Stand und Gewerbe

Matheus — 1279. 252; 1293, 137.
Katerine fm. 1298, 338.

maceons, maceon v. massons.

maigniens *chaudronnier. Kesselschmied.*
maigniens. maignien 1262, 1278. 1285, 1288, maingniens 1281, mainiens 1267, magnien 1245.
Abertins —, a Porte Cerpenoize 1281, 227.
Colins —, sus lo rut defors la porte de Maizelles 1267, 180.
Euriat — 1262, 55; 1288, 52, 217 b. defuers Vies Bucherie, Jehau lou clerc f.
= Eurion — †, d. Gehenne fm., [1288, 402. Jehans li clers et Lorate enf. Eurion, fillaistre d. Gehenne, dezour Viez Bucherie 1285, 381 a, b.
Jennin — de Sor lo Mur forjugies 1245, 255.
maistre Thierit —, rue lou Voweit 1278, 582.

maior v. maires.

maires *maire, Maier.*
maires 1220/1298, mairez 1269, maire *(nom. sing.)* 1298, 1*, mares 1251, 1275/90, maior 1220, 1262, 1269/1298, maor 1251, maiour 1267, maiors *(obl. plur.)* 1275, 477; 1293, 110.
     — de Porte Muselle[1]):
Jehan Wichart 1220, 1*.
— 1220, 34.
Alixandres de Haienges 1241, 1*.
Arnoudins Marcoz 1241, 56*.
Waterins .... 1245, 1*.
Colins Marcous 1245, 60*.
Jakemins de Chambres 1251, 1*.
Jakemas Loihiers 1251, 70*.
Gillas Haike 1262, 115*.
Jaikemins li Doiens 1267, 1*.
Poencignons Corbels 1267, 151*.

---

[1]) *In den Rollen von 1220, 1288 und 1298 sind die Namen der im Sommer neu gewählten Maier nicht angegeben, in der Rolle von 1227 weder die der alten noch der neuen. In den Rollen von 1262 und 1281 ist der Anfang des ersten, in der Rolle von 1277 der Anfang des ersten und zweiten Termins verloren.*

Thiebaus li Gropaix 1269, 1*.
Hanrias de l'Aitre 1269, 158*.
Raingnelons Tiguienne 1275, 1*.
Luckins Chameure 1275, 134*.
Vilains de Chambres 1278, 1*.
Hanris (f. Poince) de Strabour 1278, 223*;
Jehans Chaderons 1279, 169*. [1279, 1*.
Ferrias Gos 1281, 156*.
Thiebaus Gerars 1285, 1*.
Colignons Mertolz 1285, 146*.
Xanderins Papemiate 1288, 1*.
[Ferris], f. Colin lou Graut d'Outre Saille, Burtignons, f. sg. Hanrit Bai- [1290, 1*. taille 1290, 133*.
Maiheus Vogenelz 1293, 1*.
Colignons Mertignons 1293, 183*.
Hanrias Bellegoule 1298, 1*.
     — de Porsaillis:
Gelins 1220, 1*.
Nicholes dou Puis 1241, 1*.
Remeis de Jeurue 1241, 56*.
.... 1245, 1*.[1])
Aubers Champels 1245, 60*.
Maheus Malakins 1251, 1*.
Warniers Auerels 1251, 70*.
Allexandrins Makerels 1262, 115*.
Poencignons de Coloigne 1267, 1*.
Steuenins Baiars 1267, 151*.
Jennas, f. Gille de Hev 1269, 1*.
Jenas Barbe 1269, 158*.
Thiebaus Makaires 1275, 1*.
Simonas de Chambres 1275, 134*.
Bauduyns, f. Robin dou Pont 1278, 1*.
Felipins, f. Felippe Tyguienne 1278, 223*;
Jaikemins de Raigecourt 1279, 169*. [1279, 1*.
Thiebaus li Gronais 1281, 156*.
Jehans Rufaus 1285, 1*.
Perrins Louve 1285, 146*.
.... 1288, 1*.[1])
Howignons, f. sg. Alexandre de Sus lou Mur 1290, 1*.
Burtrans Gemelz 1290, 133*.
Gillas Poujoizes 1293, 1*.
Forkignons dou Pont 1293, 183*.
Jaikemins, f. sg. Jehan lou Gornais 1298, 1*.

---

[1]) *Lücke im Pergament.*

II. Stand und Gewerbe 503 maires—mairasse

— d'Outre Muselle:
Matheu	1220, 1*.
Jacob Grosveit	1241, 1*.
Ansels Boissons	1241, 56*.
Jakemins Malrewars	1245, 1*.
Bertaldons, f. sg. Poenceon	1245, 60*.
Steuenins de Thiemonville	1251, 1*.
Colins, f. sg. Vgon lou voe	1251, 70*.
Garsirions Mainnegont	1262, 115*.
Goudefrins des Arnols	1267, 1*.
Witiers Lambers	1267, 151*.
Jennas Facquenes	1269, 1*.
Milekius	1269, 158*.
Abrias Xauins	1275, 1*.
Jaikemins Bellegree	1275, 134*.
Vguignons Bourguiere	1278, 1*.
Thiebaus Kabaie	1278, 223*; 1279, 1*.
Garcerias Faixins	1279, 169*.
Clemignons li Merciers	1281, 156*.
Jehans Bertrans	1285, 1*.
Drowas Guepe	1285, 146*.
Abertius Baitaille	1288, 1*.
Thiebaus, f. Ancel de lai Tour	1290, 1*.
Aburtins Gallios	1290, 133*.
[Jofrois Boin]uallas	1293, 1*.
Jaikemins Jallee	1293, 183*.
Perrins, f. Jennat lou Maior	1298, 1*.

— *von Dörfern:*
v. IV. Allexey, Ansey, Ars (OM), Ars (PS) Awigney, Bixe, Borney, Chamant, Chamenat, Chapoi, Chastels, Chauillons, Collambeirs, Cons, Corcelles, Dornant, Elbauille, Ercancey, Faillei, Felix, Flanville, Gamelanges, Gauanges, Gerey, Gorze, Grais, Grixey, Guinanges, Joiey, Lorey (OM), Maigney, Mairuelles, Malleroit, Maranges, Maubertfontainne, Mercilley, Mondelanges, Montigney, Montois, Nouviant, Nowilley, Oixey, Perjeu, Plapeuille, Pontois, Racort, Rozerueles, S. Clemant, S. Julien, S. Marcel, S. Martin, S. Priuest, S. Wafroit, Ste Barbe, Seruigney, Turey, Vallieres, Vals, Vantous, Vermiey, Vignueles, Ville sus Yron, Wapey, Wauille, Werrixe, Xouces.
gros — d'Airs (PS) †, Domangins f. 1298, 89.
pustis — de S. Clemant 1269, 262, 263.
vies — v. Allexey, Lorey (PS), Maicliue, Maiey, Mairuelles, Mercilley, Repiguey,
Vesons, Wauille.
xavins — de S. Martin, Burtemins 1298, 143.

von Kirchen, Stiften, Klöstern und Spitälern:
v. III. Belle Stenche, Cordelieres, Fristor, Moremont, Nostre Dame as Chans, Grant Eglixe, S. Pol, S. Sauour, S. Simphorien, S.Vincent, Ste Creux, Ste Glosenne, Tumple, ospital des Alemans, ospital ou Nuefborc.

von Vereinen und Personen:
— de la chieze Deu de S. Morixe de Malleroit, Garsas li Petis 1298, 389.
— des prestre parrochalz de Mes, Poincignon Pedanwille 1293, 427.
— de la confrarie de Plapeuille, Jenat Pichart et Thiebat Borriel 1275, 477.
Jakemins — Badoche 1285, 95⁵. [1290, 282.
Rembalt de Vallieres — Renalt de Laibrie

ohne nähere Bezeichnung:
(v. I. li Maires)
Androwas — (de l'ospital ou Nuefborc)	1281,
Colin — (de Borney)	1298, 266a. [30.
Filippin — (de S. Julien)	1281, 170.
Gererdat — (de Maigney)	1288, 38b.
Goudefroit —	1298, 80.
Jaikemins — (de S. Vincent)	1269, 128, 129.
Symonin — f. Florate de Montois	1298, 438.
Steuenin — (de S. Clemant) 1285, 190; 1290,
Widrecos	1277, 56. [374.
Wirias — (v. IV. S. Clemant).	
les — dont li heritaiges muet	1293, 110.
por l'adras lou —	1299, 667.

mairasse *femme du maire, Maierin.*
mairasse 1275, 1278, 1279, 1285, 1288, 1293, 1298, mairase 1262, mairesse 1269, marasse 1288, 1298, marasce 1275/1279 v. meierasse.
la viez — (vg. OM)	1298, 166.
— d'Alixey, Gerardin f.	1269, 354.
Renadins f.	1285, 161.
la viez — d'Alixey	1288, 238.
d. Sibilie — de Jerney	1275, 495.
— de Jerney, hoirs	1277, 435.
Frankin f.	1278, 193.
Frankin et Jehan f.	1278, 188.
Jehans f.	1278, 671.
seure Jennat Geustore	1279, 315. [448
Heilowit — de Lesses †, Gerairs f. 1279,

— de Pertes †. Huignon lou Gornaix f. 1275.
— de Pertes (ost. PS)   1288, 184. [342.
Ameline — de Turei   1262, 235.
— d'Ukanges, Goidemans et Petremans
  enf.   1293, 371; 1298, 222.

mairexalz *maréchal-ferrant, Hufschmied.*
mairexalz 1290, 1293, mairexal 1281. 1285,
1290/1298, maireschaus 1279, maireschaul
1278, mairechat 1275, merechaut 1262, ma-
rexal 1267, 1269, 1281, marexaul 1275,
mareschals 1245, mareschal 1275, marechas
1262, 1267, marechal 1267.
Colin —, ou Grant Waide   1275, 46.
Drudins —   1290, 473.
Fransois — †, Yderate fm., a S. Julien
Fransois — (PS)   1290, 473. [1275, 307.
  outre Saille   1279. 267
Hanri — †, outre Saille   1267, 414.
Jaikemins — ke maint davant lai xippe,
  Jennate s.   1293, 74.
Jennat —, a Quertal   1298, 107.
Lowiat — (PS)   1281, 507.
Lowion — (PS)   1267, 367.
Lowit —[1])   1262, 376; 1269, 443.
  ou Champ a Saille   1278. 105. [72a.
Roiriat — †, Wirias f., a Quertal 1293, 38,
Steuenius —, ou ban de Remilley 1262, 354.
Steuenin Fransoi †, Sebeliate fm. 1281, 13.
Thiecelins —, Auburtins fr., ou Champ [35, 43.
  a Saille   1267, 410.
Thierion —, eu Aiest 1275, 15; 1290, 158³.
  †, Bietrit fm.   1285, 313.
Wateron —, ou Champ a Saille 1290, 404.
Watreman —   1285, 79, 223.
Weirion —   1245, 47; 1267, 365.
  Drowins Bouchate j.   1267, 376.
  †, Jaikemate f., ou Champ a Saille 1293, 38.

---

[1]) *Prost XXVIII, 1239* Lowiz li mare-
chaz et Marie sa femme ont doneit a S.
Vincent la maison ki est ou Champ a Saille
ou il mainnent et tot lo porpris et les
maisons ke sont davant les Repenties et lo
meys et les maisons ke sont davant Notre
Damme as Chans et la maison ki est outre
Saille.

Wirion — dou Champ a Saille, Jaikemate
  lai Vadoize f.   1293. 72b.

mairliers *sonneur, carillonneur, Glöckner.*
mairliers, mairlier 1288/1293, mairleir 1285,
marlier 1293, 1298, marlierz 1269, marleir
1285, marleis 1281.
— de Longenille   1293, 668.
Jennin —, Auel fm.   1285, 373, 392.
Jennin — de S. Clemant, Pieresons f. 1285,
    190, 207. 482; 1290, 410³.
Lambelins — d'Airey   1288, 51.
sr. Nicholes li prestez — de S. Estene 1269,
sr. Pieres — de S. Sauor 1281, 590.[1]) [320.
Steuenin — de Longeuille, Colignons f.
    1298, 131.
mairleire *femme du sonneur. Glöcknersfrau.*
mairleire 1285, marliere 1277, 1298, 1298.
— de Lorey (OM), Symonins f. 1293, 593.
— de S. Clemant, Colignon f.   1277, 459.
  Colin f.   1288, 448.
Mariate — (de S. Clemant?)   1285, 207.

maistres *maître, Meister.*
maistres *(nom. sing.. obl. pl.).* maistre *(obl.
s.)* 1227, 1251/98, maistrez 1269, 1275;
maistre *(nom. s.)* 1262. 134, 1281, 45; *(nom.
pl.)* 1267, 143, 177. 1275. 62, 1277, 308.
333, 1278, 267, 1290. 500; maistres *(nom.
pl.)* 1277, 234, 1288, 117. 146, 1298, 19,
372; mastres, mastre 1241, 1245, *vereinzelt*
1281, 1290, 1298. v. grant maistre.

Vorstand:
li — s des arcenorz   1269, 275.
Matheu ke fut — s des arcenors 1278, 555.
as — s et as confreires des arcenors 1279, 187.
a — s de la maison des Boen anfans 1275
as — s de la maison des Bord es 1277, 181. [156.
as — s et a comun de la maison de Bor-
  des   1279, 242.
Alixandres de Maixeroit li — s des bo-
  lengiers   1277, 128.
li — des changes   1267, 143; 1275, 62.
as — s des chainjors   1285, 220.

---

[1]) *De Wailly 254 S. 178 G (1286)* Rai-
nals li clers ke fut mairlier de S. Mamin.

li — s et li conpaignons des clers de la fraterniteit S. Nicolais do l'aiglixe de S. Ilaire a pont Renmont 1288. 131.
Gaircirias li Roucels et Jehans Jerney ke sont — s de la conpaignie des muniers desus Muzelle 1288, 117.
Simonins Bobilles pb. por lui et por ces compaignons les — s de la grant compaignie des texerans de drais 1277.
li — s de la confrairie S. Piere [35. 36. le Viel 1269, 363.
li — (s) de la confrarie S. Andreu pb. por lui et por touz ces confreres 1262, 20 = 134.
Jennas li Creusies, li — des drapours, pb. pour lui et pour ces compaignons li quaitres — s de l'eglixe S. [1281, 45. Ilaire a pont Renmont 1288, 146.
as — s de la frarie d'Ancey 1285, 512.
au — de la frairie dou cor Deu de S. Suplize 1275, 48.
au preste de S. Ferrusce et au — de la frairie dou corz Deu 1269, 324.
li — z de la frairie des v lampez S. Estene
li — s de la frairie Nostre Dame [1269, 288. la Tiaxe dou Grant Mostier 1281, 115.
li II — s de la frairie de l'ospital d'Erkancey 1298, 372.
Jaikemins li clers li — s de lai frairie de l'ospital S. Nicolais des clers 1290,
as — s de la frarie des prestres de [327. Mes 1267, 483.
sr. Simons, clostriers de S. Saluor, et sr. Ottes, prestes de S. Girgone, — de la frairie des prestes de Mes 1277. 308.
sg. Jehan Nerlan et sg. Willame, preste de S. Jehan de S. Clemant, les — s de la frarie des prestes de Mes 1288, 248.
sr. Nicolles, li prestes de S. Alare, et sr. Jehans Nerlans ke sont — de la frarie des prestes de Mes 1290, 500.
sr. Jaikes, li prestres de S. Medairt, et sr. Willames, li prestres de S. Jehan a S. Clemant, ke sont — s de lai frairie des prestres parrochalz de Mes 1290. 34.
sg. Willame, lou prestre de S. Jehan a S. Clemant, et sg. Jehan,]lou prestre] de S. Gengoult. les II — s de lai frairie des prestres parrochalz de Mes 1298, 101.

Perrins Graitepaille et Arnols Herbo li permantieis, li II — s de lai frairie S. Girgoue 1298, 19.
a — et a lai communiteit des malaides de S. Priueit 1293, 101.
freires Jehans — s de l'ospital en Chambres 1277, 332; 1281, 146.
li — et li freire de l'ospital S. Jehan en Chambres 1277, 227.
li — de l'ospital dou Nuefborc v. III.
li — de l'ospital de Porte Muselle v. III.
sg. Jaike, lou preste de S. Medart, et sg. Weirit, preste de S. Leuier, ke sont — des sansals les prestes barrochas de Mes 1278, 267.
as — s et as pucelles dou pont Thiefroit 1262, 404.
as — s et as convers et as malaides et a tous ceulz de S. Laidre 1278, 368 =
as — s et a freires de l'ospital [559 = 657. ou Nuefborc et de S. Laidre 1288, 394.
li — et li frere de la chivelerie dou Temple 1275, 448.
a — et a freire dou Temple 1288, 182.
Nikelolz li tonneleirs, Henneman lou tonnelier, son — 1298, 56.
maistres (*Titel*):
anlumineires, Gerairs (clers).
arcediacres, Abris.
(arceueires, Matheu).
armoieires, Symon.
avocas, Adans (clers), Ferrit, Forkes, Gerairs, Gobers, Jehans Jeuwes (clers), Nicoles de Bormont, Nicoles Morels, Symon de Veranges. Viuiens de Bouxieres.
boulangiers, Jehan l'Aleman de S. Arnolt (Alixandres de Maixeroit).
cawesins, Bernairt.
chancellier, Gillon de Priney.
chanoines de S. Sanor, Esteine. (Simons).
cherpantiers, Gerart, Jehan, Nainmeris.
clers, Acelins, Adans (avocas), Ferris, Gerairs (anlumineires), Jehans d'Avignons, Jehan ke maint a Rains, Jehans Doulossignor, Jehans Jeuwes (avocas). Pieres de Snercuers, Remei de Porte Muselle, Renals, Richairs de Nancey (escolliers). Symons, Thieris de Mirabel, Viuiens.

maistres 506 II. Stand und Gewerbe

clocheniers, Jaikes.
corretiers, Thomes.
(draipiers, Jennas li Creusies).
escolliers, Esselin, Pieres, Remey, Richairs de Nancey (clers), Symon.
escrivains, Jaike, Thieri.
feivres, Gatier, Jehans, Marcires, Willame.
fisiciens, Gui, Jehan de Kaistre, Poenses. Richars, Richairt lou Gronnaix, Wesses d'Ars.
habergieres, Robers.
maigniens, Thierit.
massons, Facan, Garsire, Gelebert, Jehan, Piere, Thieri, Vgne.
meutiers, Jehan.
officials, Thieris.
perchameniers, Jehans.
permantiers, Bertran.
prestes, Abris, Guis.
saieleires de la grant court de Mes, Willames.
servoixour, Adan.
surgiens, Cunes, Watiers.
terrillons, Adans.

Abers Gruces	1281, 455.
Abri, Domangins f.	1262, 162.
Howignon f.	1275, 298.

Abrit †. Abriat lou munier de Saille f. 1290,
Abri de Chambres, Howignon lo char- [305.
    pantier f.   1269, 2.
Abrit de S. Clemant   1288, 197.
Abris arcedyaicres   1298, 57.
    de Marsal en l'eglise de Mes 1298. 342. 664.
Abrit, sg. Jehan lou prestre — 1290, 210.
Abris de Toul preste de S. Leuier 1262, 113.
Acelins v. Esselin.
Adan avocat   1277, 71. 93.
    f. Piere lou wantier   1275, 358.
Adans clers f. Piere lou wantier 1275, 479.
Adans f. la wanteire   1277, 357.
Adan f. d. Martenate la wanteire 1275, 453;
Adan servoixour   1267, 135. [1278, 28.
Adans terrillons de lai Vigne S. Auol 1298,
Adelin   1241, 43. [512.
Alixandres de Maixeroit — des bolengiers
Amile   1285. 495. [1277, 128.
Arnout lou —   1269, 205; 1275, 70, 215.

Badewin lou gran maistre	1288, 186.
Bernairt (v. Hanris)	1275, 354.
Symon lou clerc f.	1281, 138.
Bernairt cawesin	1277, 71.
Bertran permantier	1279, 116.
Colin 1275, 80, 446; 1277, 74;	1279, 511.
damisselle Mariate f.	1267. 351.
Cunes surgiens	1293, 524.
j. Hanriat de Chacei	1290, 154.
Deuixes	1298, 223.
Domange	1288, 251.
Esselin, ou Haut Waide	1279, 216
ou Petit Waide	1298, 472.
d. Ermanjart fm., ou Petit Waide 1285, 67.	
Acelins clerz	1269. 346.
Esselin escollier, ou Waide	1290, 187b.
Estene de Luverdun	1278, 603.
Esteine chanoine de S. Sauuor	1245, 142.
Facan	1285, 57.
Facan (Fescant) masson	1281, 131, 590.
Ferris avocas	1290, 136; 1293, 322.
Ferris clers	1290, 514, 547; 1293, 478.
Forkes avokas	1298, 25, 30. [528.
Garcire, ruelle, en la Vigne S. Marcel 1290,	
= Garzille de Moielain¹) 1269. 128; 1277, 153.	
Guersires massons	1275, 239.
an S. Thiebautrue	1290, 412.
†, Arambors f.	1269, 438.
Gatier feivre (v. Watier)	1293, 138.
Gautier de Rains †	1277. 287; 1279, 251.
Gelebert masson	1267, 445.
Gerardins li —	1241, 104.
Gerart, Jaikemin f.	1285, 484.
Gerardas cherpantiers n.	1281, 299.
Gerart d'Arches	1275, 88.
Gerart cherpentier de Gorze	1298, 562.
Gerairs de Verton	1281, 159.
Guerairs avocas	1275, 16.
Gerairs aulumineires	1279. 355. 368.
— Gerairs clers li aulumineires 1290, 286.	
Gillon de Priney chancellier	1267, 151.
Gobers avocas	1278, 662.
Gobert fr. sg. Pieron (lou Gros) chanone	

¹) = sg. Garcire de Moielain doiein de S. Thiebaut ki fut. *De Wailly 171 (1276)*. v. I. de Moielain 6.

II. Stand und Gewerbe 507 maistres

de S. Sauor 1281, 584; 1288, 217b.
Godefroy 1275, 193; 1281, 285, 541.
Goudefroit de Conflans 1290, 226.
Guerri 1269, 128, 396.
   Howins tondeires fr. 1281, 180.
Gui, Andreu j. 1281, 340; 1285, 14, 529.
   Andreus de Hampon j. 1288, 255.
Gui fezisien j. Philippin lou Stout 1262, 305.
Guis prestres de S. Hylaire au pont Rainmont 1267, 287. [1281, 561.
Hanrit Bernart (v. Bernart), Odiliate fm..
Hanrit Jordain 1278, 199; 1281, 604.
   Tiguienne fm. (v. Jordain) 1290, 342.
Howe, Sebeliate fm. 1277, 278.
Huede 1269, 128.
Jake de Tiaucort † 1275, 171.
Jaikes clocheniers 1288, 402.
   Gehenne fm. 1288, 217c.
Jaike escrevain 1269, 38 9, 15.
Jehan, Marion fm. 1298, 658.
Jehans, en Chanbieres 1298, 333.
Jehan f. Colin Chazemal 1298, 11.
Jehan de S. Vy 1251, 242.
Jehans de Vilameis 1298, 177.
Jehan l'Aleman bollengier de S. Arnolt 1288,
Jehan cherpentier 1293, 163. [562.
Jehan clerc ke maint a Rains 1293, 211 = 358.
Jehans d'Avignons clers f. Godefrin de Chadeleirue 1298, 355.
Jehan Dolosignor 1285, 342; 1290, 152.
   clers 1281, 389, 390.
Jehan Jeuwet 1285, 536; 1293, 679.
   clers 1281, 282; 1285, 258; 1290, 328.
Jehans feivres de III fontainnes 1293, 600 (606).
Jehan de Kaistre fezizien 1288, 1.
Jehan masson 1277, 209; 1285, 341; 1288, 61a; 1290, 136, 137.
Jehan meutier 1288, 469.
Jehans perchameniers 1298, 204.
Jennas li Creusies — des drapours 1281, 45.
Jehan Dowon 1298, 347.
Jordain (v. Hanrit), fm. 1269, 558.
   Maffroit fillastre 1269, 121.
Lambert, en la Vigne S. Marcel 1269, 128; 1275, 479; 1285, 457.
   outre Saille 1267, 85.
   a la porte des Alemans 1269, 233.
Lambers lo meie, ou Waide 1267, 236.

Lorant, Goudefrins f. 1285, 470.
Lowi 1241, 123a.
Marcires feivres j. Willame lou feivre † 1298,
Matheu lou — (PS) 1288, 483. [310.
Matheu ke fut — des arcenors, en Chapeleirue 1278, 555.
Matheu d'Aransey 1290, 110.
Nainmeriat lo — 1281, 270^5; † 1285, 67.
Nainmeris li — 1251, 32, 196.
Nainmeris cherpentiers 1278, 163.
Nicole 1245, 189.
Nicoles de Bormont avocas 1277, 153.
Nicolle Deudeneit † 1298, 291.
Nicoles Morels 1279, 149; 1285, 495; † 1298, 179, 299, 325, 676.
= Nicoles Morels avocas 1278, 356; 1281,
Piere Chailley † 1293, 387. [638/640.
Piere de la Vigne 1298, 163.
Pieres de Sercuers clers 1279, 138.
Pieres escolliers ke maint an Chaipeleirue
Piere masson 1279, 299. [1288, 373.
   de Chambres 1298, 311.
Poense 1281, 83.
Poense srg. Jaikemat Thiecelin 1267, 21.
Poenses fisiciens 1269, 46, 437; 1288, 491.
   Jaikemin srg. 1267, 111.
Poince Chalongel † 1298, 257, 415a, 679.
Remei de Porte Mosselle 1267, 507; 1269, clerc 1269, 536. [153; 1275, 253.
Remey escolier 1277, 458.
Renals clers 1293, 616, 617; 1298, 682.
Rennier 1293, 204^{49} = 284 = 349^{48}.
Regnier de S. Auol, Bertelo fr. 1290, 167.
Richairs de Nancey ke maint en Aiest 1298, clers de Nancey escolliers 1298, 442. [25.
Richart, en Chambres 1267, 169.
Richars fisiciens 1251, 112; 1275, 6, 100; 1279, 4; 1288, 121; 1293, 319. [1279, 416.
Richairt lou Gronnaix fezicien, en Chambres
Robers habergieres 1241, 78; † 1279, 177,
Simon, en Vezinouel 1227, 1. [251.
Simons de S. Saluour 1278, 63.
Symon de Veranges avocat 1290, 534.
Symon armoiour et Abillate fm. 1290, 422.
Symons clerz 1269, 426.
Symon escollier 1269, 42.
Simon Chalemel 1293, 687.
Simon Jones 1279, 291.

Bertrans n.	1279, 531.		Thiebaus Faukenels	1267, 1*.
Symon Majonas	1279, 15.		Joffrois li Gronaiz	1269, 1*, 439.
Symon Stokairs et Abillate fm.	1288, 182.		Jehans f. Jaikemin lou Gornaix	1275, 1*, 171.
Thiebaut de Genaville †	1279, 357.		Jaikes Fakenels	1278, 1*.
Thieris de Mirabel clers	1279, 291.		Jehans Corbels, sr.	1279, 1*, 504.
Thieri de Wadonville 1245, 48; † 1285, 208.			Huwes Graisecher (1282)	1278, 253¹².
Thieri escrivain	1269, 139.		Jaikes li Gronais	1285, 1*, 146.
Thierit maignien	1278, 582.		Thiebaus Fouras, sr.	1288, 1*.
Thieri masson	1267, 249, 254.		Poinces li Gronais, sr.	1290, 1*.
Thieris ke fut officials l'arcediacre Watier 1290, 129; 1298, 534.			Jehans Piedeschaus, sr.	1293, 1*.
			Jaikes Goule, sr.	1298, 1*.

Thomes corretier 1279, 173.
Vgon fr. — Richart lou fisicien 1251, 112.
Vgue masson 1285, 83.
Viviens clers 1288, 27; 1290, 42.
Viviens de Bouxieres avocas 1293, 479.
Watier, en Chapponrue (v. Gatier) 1278, 272.
   a Porsaillis 1290, 226.
Watiers surgiens 1293, 94.
   a Porsaillis 1290, 442.
Werrit 1251, 20; 1279, 87.
Wesse fusezien 1298, 564.
Wesses d'Ars fissiziens 1285, 490; 1288, 549.
Willame feivre 1298, 825.
Willames saieleires de la grant court de Mes 1298, 346, 347.

maistres eschavins *maître échevin, Schöffenmeister.*
maistres eschavins 1227, 1275, 1278, 1279, 1285, 1290, 1293, maistres eschavinz 1269, maistres eschevins 1241/1251, 1267, 1269, 1285, 1288, 1298, maistres xavins 1285, maistrez xavins 1275, maistre xaving 1278, 1279, 1293, maistre escheving 1220, 1278.
   — de Mes¹):
Troisin de Porte Mosele 1220, 1*.
Ancel lo Sauuage, a tens (1226) 1227, 9.
Matheus Gailars 1227, 1*.
Thieris Lowis 1241, 1*.
Richars de Sor lo Mur, sr. 1245, 1*.
Maheus de Porsaillis, sr. 1251, 1*.
Pieron Thomes, sg. 1262, 419*.

---

¹) In den Rollen 1277 und 1281 fehlt mit dem ersten Blatt auch der Name des Schöffenmeisters.

   de Lorcy (PS):
Veuion — de Lorey† 1278, 554.
   de S. Martin (OM):
Colignons — de S. Martin 1285, 294; 1298,
Colin — de S. Martin 1293, 131. [643.
— de S. Martin, Colate fm. 1278, 625; 1279, 137.

la maistre eschaviguerasse.
t. ar ou ban de S. Martin dav. Mes ancoste —†
   1285, 110.

maistrase *maîtresse, Herrin.*
Merguerite li fille la — de Chailley 1298, 11.

maistresse *supérieure, Oberin.*
maistresse 1278, maistrasse 1288, 1290.
la f. Burtadee des pucelles de Mances et la
   — de lans (=*là dedans*) 1278, 519.
Odelie d'Espinalz lai — de lai maxon des
   Beguines de Vy 1290, 397.
la — et les pucelles de Vy 1288, 184.

maizuwier v. messuier.

malades *Kranker.*
malades, malade 1251, 1267, 1278, 1281/88.
malaides, malaide 1278, 1285, 1288, 1293, 1298.
v. III. Longeawe, S. Laidre, S. Priveit.
Adan —, vg. devant S. Laddre 1267, 101.
Willame — de Sᵗᵉ Rafine, Clemance f., vg.
   ai Ars 1285, 257.

manson v. massons.
maor v. maires.

marchans *marchand, Kaufmann.* v. I.
marchans, marchant 1262, 1267, 1275, 1281/
1288, merchans 1277, 1278, merchan 1293.

nueve halle des — an Visignuel[1]) 1285, 395.
nueve haille des — de dras au Quartal
Adans — de Braibant de Sa'nerie, [1262, 307.
   en S. Martinrue   1277, 51.
Fourneron —, ou Champel   1262, 176.
Gocewin —, a S. Arnolt   1281, 572.
Goible —, dav. l'osp. des Allemans 1293, 439.
   de lai rue des Allemans   1288, 430.
sg. Ysambart —, Bietris f., a la Hardie
   Piere. v. I. Ysambars *P*.   1275, 232.
Jennas — de Rimport   1267, 131. [396.
Lowions — ke maint daier S. Eukaire 1288.
Neumeris — deDavantS^{te} Creux 1278,325,474.

marleis, marlier v. mairliers.

massons *maçon, Maurer*.
massons, masson 1251/98, masons 1285,
manson 1262, maceons, maceon 1241, 1245.
Abertin —, davant S. Gengoult 1288, 372.
Abertins — de la rue S. Vy. an la rue lou
   Uoweit   1288, 551.
Aburtin Atus —, Jaikemate fm., daier S.
   Hylaire (PM)   1279, 354.
Abertin Murdepain —. an lai Grant rue
   outre Saille   1298, 435.
Alarz — (PS)   1251, 232.[2])
Amion — (OM)   1279, 543.
   a pont des Mors   1275, 242.
Arnolt —, en Pucemagne   1245, 41.
†, Burteraus f.   1279, 358.
Jaikemin f.   1293, 406.
Jehans f., Heilowit fm. A.   1288, 346.
Jehans f., et Mertius ces srg. f. Lorin de
   Mercey   1290, 303.
Auerart —, an Furnerue   1269, 215.
Banduyn —, devant l'ost. S. Laidre 1262, 344.
Benoiz —, en Auglemur   1245, 146.
†, la fille   1269, 174.
Bertrans — fr. Abrit lou boulangier dou
   Champel, ou Champel   1288, 55.
Bertran —, Thieriat f.   1293, 630.

---

[1]) *De Wailly 149 (1272)* une pairt en la halle des merchans an Visegnuel.

[2]) *Prost LII, 1260* Alexandre lou masson, en Anglemur.

Burtemat — de S. Clemant, Thomes f. 1277,
Burtemin —, Thomessat f., t. a S. [319.
   Clemant   1290, 410*.[1])
Cunel —, anc. l'ost. l'arcediacre Wautier
   (OM)   1262, 407.
Domaugin — de Verdun. en Romesalle
                                1267, 248.
Escelin — j. Richier, en Stoixey 1262, 117.
Facan —, maistre, en Rommesale 1281, 590.
Fescant —, maistre, an Romesale 1281, 131.
Garzez — (PS)   1241, 29.
   en la rue S.Vy   1298, 591. [1269, 438.
Garsire — †, maistre, Arambors f., ou Waide
Guersires —, maistres, pb. t. ou ban de
   Molins   1275, 289.
   an S. Thiebautrue   1290, 412.
Gelebert —, maistre (PS)   1267, 445.
Gerardins — fill. Hanriat —, en la Vigne
   S. Marcel   1293, 362.
Gerars —, a Porte Mosele   1245, 8.
   a Porte Serpenoise   1251, 23.
   devant lou puix S. Jegont 1279, 425.
Hanriat — †, Heilowit f.   1288, 346.
Hanriat —, Gerardins — fill. 1293, 362.
Hanriat lou Bossut —. Armangete fm. 1298,
Hanris —   1241, 122. [197.
Hanri — de Chadelerrue, Hanriat f. 1262,
Hanrit — †, an Chaudeleirue 1281, 186. [151.
Hanrit — seur Chardat Muzart de Gorze,
   en Rommesale   1298, 318.
Howin —, Symonin lou boulangier j. 1288,
Huguenat — v. Vguenat —.   [442.
Jaikemins —, an Chanreirue 1279, 459.
Jaikemins — f. Jehan lou Vadois † 1285, 14.
Jaikemins — de Lescei   1290, 512.
Jaikemin Borjois —   1293, 73a, 456b.
Jehan — (OM)   1251, 260.
Jehan —, maistre, outre Moselle 1288, 61a.
   as Roches 1277, 209; 1285, 341; 1290,
Jehans — de Taisey, gr. ou [136, 137.
   Champel   1281, 13.
Jehans Belpaignies —, sus lou Mur 1293, 248.
   en la Wade les Proichors 1298, 682.
= Jennat Belpaigniet —, sus lou Mur 1293,
   en Chieuremont   1290, 313. [89.

---

[1]) *Prost XXVI 1238* Colin le masson.

massons–menestreir

Jennat — de Sus lou pont a Saille 1288, 47b.
Jennat —, a Nuef pont a Saille 1290, 364.
Jenat Luckel —, en la Waude enc. les Prechors 1269, 120.
Jennat Roiriat — c'on dist lou maior de Borney en Chaponrue 1298, 243. [1298, 237.
Jennat — (de Siey) 1279, 339.
= Jennins — de Siey 1293, 640.
Jordains Marrois —, en S. Nicolaisrue 1290.
Lorancin —, Vigne S. Marcel 1245, 149. [69b.
Lowyon — (OM) 1269, 119.
Lowit — (OM) 1267, 488.
Maitheu — 1298, 505.
Maroit —, en Anglemur 1267, 121.
Meinart —, en la rue lo Voe 1241, 186.
Perrennas — (OM) 1251, 62.
Perrius — f. maistre Thierit de Wadonville †, daier S. Sauour 1285, 208.
Pierat —, en Anglemur 1245, 59, 146.
Pierat — †, Abillon fm. (PM) 1267, 319.
Pieres —, Thierias f. (PM) 1275, 145.
Piere —, maistre, a pont des Mors 1279, 299.
Pieres de Chanbres, maistres, sus lou Terme outre Moselle 1298, 311.
Pieressonz — 1269, 491.
Collignon lou clarc f. 1290, 552.
Poensat —. Jennat f., ou Petit Waide 1267,
Poincignons Xairolz —, daier S. Eu- [351. kaire 1293, 78.
Poincins —, en Anglemur 1241, 198.
Rainbat — de Lescey, a Chastels 1298, 594.
Renaldin —, Matheus li permantiers f. 1298,
Richart —, ou Champel 1262, 176.[1]) [686.
Roillon — (PS) 1241, 145.
Roriat —, ou Waide 1267, 61; 1275, 405.
Symonins — (OM) 1251, 260.
Steuignons Panserons —, outre Saille 1293,
Thiebauz — f. Weiriat de Gorze, en [260. Einglemur 1269, 146.
Thiebas Mague —, en Rommesale 1275, 483.
Thierias —, en Anglemur 1275, 101.
ator de la roelate en la Nueve rue 1267,
Thieriat d'Abocort —, davant S. [327. Gengout 1290, 170.

Thierias de Molenes —, devant S. Glossenain 1251, 228. [397.
Theirias Brizee —, en Chaudeleirue 1281,
Thierion Goudalone —, daier S. Marc 1267,
Thieri —, maistre, ruelle enson Vies [474. Bucherie 1267, 249.
en Romesalle 1267, 254.
Vgne —, maistre, rue de la Craste 1285, 83.
Vguenat —, Othenat et Colignon j. 1267, 46.
Huguenat —, Hawyate fm., Colignon le parmantier j., en la Nueue rue 1269, 236.
Warin —, en Darangerue 1262, 115.
Waterins — de Weiz (PM) 1269, 374.
Wateron —, ou Waide 1262, 310.
Weiriat —, an lai ruwe dou Preit 1288, 398.
en Viez Bucherie 1298, 334.
Weiriat de Gorze — 1267, 504 (1269, 146).
Weri —, devant lou pont des Mors 1251, 162.
Willame —, ou Champel 1278, 506.[1])
Willermin —, devant les Praicheors 1251,
Xandrins —, Xandrins n. 1269, 215. [262.

mastres, mastre v. maistres.

mazuer v. messuier.

meie *maire, chef d'un corps de métier, Innungsvorstand?*[2])
Lambert —, maistre, ou Waide 1267, 236.
Thiebat de Genaville —, a pont des Mors 1275, 242,
= Thiebaut de Genaville 1279, 543.
a pont des Mors 1278, 413; 1279, 9.
= maistre Thiebaut de Genaville † 1279, 357.

meierasse = mairasse?
Cunins li mairis lai —, en Chaponrue 1293, 204[25] = 284 = 349[24].

menestreir *ménétrier, Spielmann (Kirchendiener, Orgelspieler?)*

---

[1]) *Prost LXII, 1295* Willames li masons ait aquasteit ... loies ke sieent sus lai porte dou pont des Mors.
[2]) *Roquefort II, 112 unter* maier: *maire de ville, chef d'un corps de métier ou de confrérie, administrateur, celui qui est chargé de la régie de quelque chose.*

---

[1]) *Prost LII, 1260* Richier lou masson de Verdun, en Anglemur.

II. Stand und Gewerbe 511 **mercer—messuier**

menestreir 1298, mennestreir 1298, menestreit *(nom. plur.)* 1293.
Adenat —, en Chanbieres 1298, 621.
sr. Jehans li prestes de Juxey et Howins et Adelins ke sont — de l'eglise desus dite et lor conpaignon 1293, 162.
Lowiat —, Ailexate fm., ou Halt Champel 1298, 249.
mercer v. merciers.
merchans, merchan v. marchans.

merciers *Kaufmann.*
merciers, mercier 1241/98, mersier 1275, mercer 1220. v. I. li Merciers.
... —, ms. en la Mercerie 1245, 192.
Baikal — †, en Visignuel 1277, 93.
Guenordins — de Visignuel 1278, 106, 107.
  ms. ou Champ a Saille 1278, 105.
  ms. sus lou cors en Visignuel et gr. en la rowelle S. Atre 1278, 494.
Herbins — 1285, 234.
Jakemins Biatri — (PS) 1241, 142.
Jennas — 1269, 388.
Otenat —, a la Hardie Piere 1275, 232.
Perros — et Lorate fm. 1298, 51b.
Pierexelz Gomerelz — de Vesignuelz 1290.
Poemsars —, en la Mercerie 1251, 141. [479.
  en Visignuel 1251, 142; 1269, 431.
Steuenin — de Laibrie 1298, 598.
Wautier — et Odeliate sa s. 1220, 28.
Wauterin — †, Matheus f., en la Boucherie a Porsailliz 1269, 203.

merciere *Händlerin, Händlersfrau:*
Mahout —, en Visegnuel 1245, 93.
Marguerons — f. Rolin †, davant lou Grant Mostier 1285, 495.
Odeliate —, Jennas Backaus f., en la Mercerie 1267, 402.

messecleis ?
Roillons Maille —, au Franconrue 1288, 512.

messires 1275, 1279, 1288, 1293, mesires 1275, 267, monsignor 1269, 1275, 1279/88, 1298.
— Arnout de la Roche †, — Werris de Bolai fr. 1275, 21.

— Bertran d'Anserville.Jehans fr. 1269,
— Burterans de Montois 1279, 92. [532.
— Cunes dou Nuefchaistel 1279, 33, 96;
— Ferrit et Weruier de Port [1293, 306. (sur Seille) 1285, 237.
— Fillippe d'Aixe, Jakemins f. 1281, 388.
— Jaike de Houstaf 1298, 230.
— Jaike dou Nuefchaistel † 1288, 148.
— Jehans (des Estans) f. sg. Jaike dou Nuefchaistel 1288, 216.
franc — Jehan de Morey 1281, 73.
— Jehan de Mouaville 1281, 547.
— Jofrois de Bertranges li Jones 1275.
— Werris de Bolai fr. — Arnout [267.
  de la Roche † 1275, 21.

messuier *jardinier, Gärtner.*[1])
messuier 1267, messuer 1269, mesuer 1288, mazuer 1251, maizuwier 1293.
Badat —, meis daier S. Thiebaut 1288, 47a.

---

[1]) *Prost, Régime ancien S. 250 erklärt* maizowier *als cultivateur d'un meis. Herrn Pfarrer Thiriot von Servigny verdanke ich die Mitteilung, daß sich noch heutigen Tages die Gärtner von Montigny und Sablon* mézoyors *nennen. Dazu paßt gut, daß Badat und Colignon Rullemaille in S. Thiebaut wohnen und Humbert in Nostre Dame as Chans. Godefroy V, 304 erklärt* messuier, mazner *mit garde champêtre (Feldhüter), Roquefort ebenso* messier, *aber* masuier *als procureur d'un couvent, économe (mansionarius). De Wailly 302 A, 303 E (1290 a. St.)* la maison Humbert lou mazowier (masuwier) de Nostre Dame as Chans, ke siet sus lou cors davant lou mostier S. Martin an Curtis.
De Wailly 372 G (1290) v s. de met. ke Colignons Rullemaille li maizouweirs de S. Thiebaut doit sus VIIII eires de meis k'il ait daier S. Thiebaus.
Prost XCIII a (1427) le grant Bertrant de Vezon le maizowier. *XCVIII b (1477)* Marguerite femme Jehan Clerisse le maizowier que fuit.

meutiers–muitier

Huin —, en Conchieeroele (PM) 1251, 193.
Jaikemin — (PS) 1267, 90.
Perrot — et Jennate fm., c. ou ban de
　Nonviant 1293, 337.
Thierion —, en la Nueve rue 1267, 112.
Vinun, ensom Bucherie (PS) 1269, 448.

meutiers *jaugeur, encaveur, Küfer, Keller-
meister.*
meutiers, meutier 1251, 1267/1281, 1288/
1293, meutierz 1269, meuteirs, meuteir 1275,
1278, 1281, 1285, 1293, 1298, mutiers, mu-
tier 1241, 1245, 1251, mutierz 1251, mui-
tier 1275, muetiers 1227.
por lou mestier des —, Colins Jakierz pb.
　5 s. ms. Vies Bucherie 1269, 309.
Abertin — (PM) 1269, 369.
　Mercilion — j. 1281, 178.
Adan —, en Stoixey 1290, 344.
Ancillons Gans —, outre Saille 1279, 227.
Arnous —, en la ruelle S. Ferruce 1269, 42.
lou Bagne de Nonviant —, ou Paire 1285, 404.
Balduin —, Jaquemins f., a Porsarpenoise
　1241, 177.
Barangiel —, Jehan j., en Stoixey 1267, 303.
Collas — (PS) 1275, 220, 388.
Dommangin — (PM) 1251, 172.
Garsat — (OM) 1245, 252.
Gillat —, rowelle daier l'ost. d. Belle (PM)
Gilles — ke maint an la rowelle [1278, 417.
　davant S. Ferruce 1285, 158.
Guerceriat —, Jehan tonnelier f. 1293, 192.[1]
Herbins — 1277, 27, 89, 239, 461; 1278, 215,
　327; 1293, 572.
　(PS) 1275, 388; 1278, 469.
　ou Paire, Jaikemins n. 1285, 404.
　st. en lai halle des boulangiers en Chan-
　bres 1278, 38.
　†, Ruese fm. 1298, 275.
Jaikemin — (PS) 1275, 349.
Jehan —, en Stoixey 1279, 359.
maistre Jehan —, gr. an lai rowe de Porte
　Serpenoise 1288, 469.

Jennins —, davant les molins l'ospital et
　S. Ladre 1245, 45.
Lambert —, ou Champ a Saille 1279, 240.
　†, Heilowit fm. 1279, 260.
Lowit —, Mariate li telleire f. 1293, 320.
Mercilion — j. Abertin —, an Tancul 1281,
Nicolle —, en Dairangerowe 1278, 243. [178.
Nicolle — de Stoixey, Werniers f. 1281, 348.
　Werniers f. et Yzaibel sai fm. 1290, 299a.
Otenes — 1227, 55; 1245, 138; 1278, 469.
　Symon f. 1267, 95.
Petituallet — (OM) 1241, 187.
Pordom —, fors de Porte Serpenoise 1251, 128.
Remei — (PS) 1241, 96
　†, outre Saille 1281, 513.
Simon — 1275, 334; 1278, 517; 1285, 224.
　gr. en lai rowe Ste Glosenne 1298, 238⁰.
Jennas j. 1278, 116.
Symonat —, an Stoixey 1285, 312[15].
Symonins — 1267, 124; 1277, 26, 237, 238;
Steuenin — (OM) 1245, 142. [1281, 50, 262.
Thiebaut — (PS) 1245, 38.
Thielemans Brou —, sus la rive a Kaistes
　1275, 158.
Warnier lo Rossel — forjugie 1245, 255.
Wauterins de Canteuanne — (PM) 1269, 369.
Weiriat — (PS) 1275, 388.
Weirion — (PS) 1251, 223; 1275, 220, 394.
　ou Paire 1285, 404.
Weirit — †, li fm. maint a la rive en Rinport
　1288, 329.

moinnes, moinne *Mönch* v. III. S. Arnout,
S. Simphorien, S. Vincent. v. I. li Moinnes.

morteliers, mortelier *qui fait le mortier,
Mörtelmacher.*
Burtrans —, sus lou Mur 1262, 351.
Hennelo — (PS) 1281, 255.
　an lai rowelle ou Tomboit (PM) 1293, 388.

mostardiers *monturdier, Senfmacher nud
-händler.*
mostardiers, mostardier 1278, 1293, mostar-
deir 1293, 159.
Jaikemins —, en Franconrue 1278, 601.
Symonat — d'Anglemur 1293, 128, 159.

muetiers, muitier v. meutiers.

---

[1]) *De Wailly 382 (1300)* Hanekins li
meutiers de la rive et Hanris li meutiers de
la rive ke maint an Rinport.

II. Stand und Gewerbe 513 **muniers–nateniers**

muniers *meunier, Müller.*
muniers, munier 1262/1275, 1278, 1285/98.
muneirs, muneir 1277/1281, musnier 1245,
1251. (v. I. Muneir).
maistres de la conpaignie des — de sus
    Muzelle, Gaircirias li Roucels et Jehans
    Jerney, pb. ms. en Chievremont 1288. 117.
Abrias — des moulins a Saille, en Chande-
    leirne 1277, 198.
Abriat —, dav. les molins a Saille 1290, 147.
Abriat — de Saille f. maistre Abrit †, da-
    vant les molins en Chadeleirne 1290, 305.
Adan —, viez stuve on Champel 1245, 46.
Botons —, ms. devant Longeteire 1281, 175.
Bueuelat — 1267, 158.
    Bueuelat j., ou Veueir 1290, 346[b].
Chaignairt — †, sus Muzelle an Glaitigney
Colin Crispel —, outre Mosselle sus [1281, 371.
    lo Terme 1267, 498.
Domanjas —, a chief de la Vigne S. Auol 1279.
Drakignon —, sor Mosele 1251, 86. [438.
Gaircirias li Roucels, maistres de la con-
    paignie des — 1288, 117.
Giliat —, Waterin f., ke maint devant
    Longeteire 1298, 38. [318.
Hanrias Hainchelos —, an Chievremont 1288,
Hanrias Monions —, as Roches 1267, 168.
Herbou —, en Chanbres 1245, 2.
Howin Chadawe — †, Roze fm., au lui rue
    des Allemans 1290, 394.
Jaikemins — f. Jenin de la Mars, outre
    Mosselle sus lo Terme 1267, 498. [137.
Jaikemins Turey, au Stoixey 1262, 24 =
Jaikemin — f. Wesselin Gadat, en Chan-
    bres 1279, 176.
Jaikemin Raitexel — 1298, 153.
Jalee —, en Chaudrelerrue 1251, 79.
Jehans — ke maint ou Viuier 1290, 290.
Jehans Jerney —, 1290, 99.
    er. ou ban de Gerney 1290, 543.
maistres de la coupaignie des — 1288, 117.
= Jennas Gerneis —, sus Muzelle 1281, 391.
= Jennin Gernei —, c. ms. davant les mo-
    lins a Longeteire 1290, 320.
Jennas Gatremelz — 1293, 392.
Jennat Guerairt —, an Chievremont 1298, 19.
Jennas Melotins —, an Glaitigney 1288, 299.
Jennat Strontpont —, sus Muzelle 1281, 182.

Lowion — (OM) 1245, 254.
Lukin — †, Yzabel fm., en Chadeleirue 1278,
    et ces serours 1290, 148. [6.
Marcerion — 1288, 518.
    mol. sus Muz. en Souverainneteire 1288.
Marsilions Heilachair — 1293, 592. [113.
$^{1}/_{2}$ mol. sus Mozelle en Seueneteire 1278,
Melas — 1290, 88. [288.
    de Nonviant 1288, 49.
Perrin — †, Aileit fm., sus Muzelle devant
    Longeteire 1281, 174.
Perrins Hairtenpiet —, forjugies 1293, 698.
Petres — et Ydate fm., otre Muselle daier
    S. Jehan 1298, 607.
Piereson — 1275, 444.
    Bietris f. 1290, 131.
Poinsignons —, en Chambres 1278, 229.
Renadius — f. Roillon Graidoubuef, en la
    Vigne S. Auol 1293, 224.
Renalt — †, Odelie fm., sus Muzelle devant
    Longeteire 1281, 388.
Roubert — †, Simonas de S. Julien f. 1277, 206.
Robert — de S. Julien, Symonel f. 1293, 414.
Robin —, en Glaitigney 1288, 299.
    an Chievremont 1288, 302.
    a dexandre de Chievremont 1290, 183.
Symonin Roussel —, sus lou Terme 1251, 166.
Steueniu —, Rossate, Roillon enf. (PS) 1267.
Thiccelins —, otre Mosselle daier [412.
    S. Jehan 1267, 142.
    otre Muselle 1290, 240.
Thieriat Boudat —, as Roches 1290, 341.
Theirins Quatremaille —, sus Muzelle en
    Glaitigney 1281, 371.
Thomessas — de S. Julien 1285, 332.
Warrel —, forjugies 1245, 255.
Willanne — de Chievremont †, Ricete fm.
    1269, 326.

muniere *meunière, Müllerin.*
Ailixons — d'Ansey 1293, 359.
Ailixous — fm. Colignon de Gorze † 1298,
    127.
musnier v. muniers.
mutiers, mutier v. mentiers.

nateniers *batelier, Schiffer.*
nateniers, nutenier 1269, 1281, 1285, 1293,
natenierz 1269, natener 1241, 1285, naton-

nonain–oliers

nier 1269. naiteniers 1290. naitenier 1277. naitencir 1298.
Colin —, en Hulouf 1269, 490 [4].
Filipes li Lous —, en Anglemur 1281, 291.
Hacel —, c. ms. devant la rive au Poixorz 1269, 361.
Hvin lo Flamanc —, en Anglemur 1241, 198.
Jennat Doucechose —, gr. en Anglemur 1293.
Wernier —, as Roches 1277, 208. [617.[1])
Willemin Berdel d'Anglemur 1285, 125.
Wirias — 1269, 407; 1298, 432b.
  outre Salle 1285, 158.
Weirias — de Maizelles 1290, 455.

nonain *religieuse, Nonne.* v. III. S[te] Marie as nonnains, S. Piere as nonnains.
suer Marguerite f. sg. Joffroit lou Gornaix † ki est — de S[te] Glosenne 1298, 69.

officials *Offizial, geistlicher Richter.* v. grant official.[2])
officials, official 1277/1285, 1290, officialz 1298, oficials 1275.
abeit et covant de Clorvals, ensi com lor letres et les letres — lou dient 1279, 149.
Ancillon — d'Antilley. en l'aitre d'Arcansey 1285, 20.

---

[1]) *Prost XLV, XLVI, 1255* Liebert lou naitenier, ou novel chamin an la ruelle d'Anglemur.
Prost XLVIII, 1255 Thomessin lou naitenier d'Anglemur .. terre daier sa maxon ke est antre Liebert et Conrair.
Prost LI, 1259 Domangin Bouserel lou naitenier. an Anglemur.
[2]) *De Wailly 264 (1286 a. St.)* Nous officials de la court de Mes faisons savoir... 265 *(1286 a. St.)* Nous officialz da la court de Mes et nous officialz de la court de Toul.... *332 (1294)* Nos officialz de la cor de Mes faisons a savoir a tous que en la presance de Werat dit de Burtoncort nostre fiable jurie, clerc notaire de nostre cort de Mes.... *334 (1294 a. St.)* Nous officialz de la court de Mes et Lowis, arcediacres de Vi an l'eglise de Mes...

maistres Thieris ke fut — l'arcediacre Watier 1290, 129; 1298, 534.
-- Werit, ms. davant l'ost. Jehan Noixe en Nikesinrue 1278, 356.
  ms. a puix davant outre l'ost. Jehan Noise; Gerart lou chanone son n. 1277, 418.
sg Werit chanone de S. Thiebat ki fut — Willame ke fut — l'arcediacre [1275, 120.
  Wathier 1281, 576.

oixillour v. oxelour.

oliers *huilier, menuier d'un moulin à huile. Oelhändler. Oelmüller.*[1])
oliers, olier 1241, 1245, 1267/1275, 1281, 1290/1298. olieirs, olieir 1267, 1275/1279, 1285, 1288, 1293, 1298. oliey 1262, ollieirs 1279, 1290, holiers 1279, hollier 1275.
—, en la Wade 1279, 305.
Abers —, en Stoxey 1293, 12.
Ancillons — de Fremerey 1298, 548.
Arnolt —, davant Ste Marie au nonnains Boinvallas — 1281, 70. [1245, 230.
Coinrairs — et Tomessins fr. en Stoxey
Colignons — (l'S) 1278, 435. [1288, 310.
  davant S. Thiebaut 1275, 193.
  Mertignon Liebaut de Maizelles j. 1298, 259.
Colignons — ke maint a l'antreir dou Waide 1288, 183.
Colin —, Clemant lou clerc f. 1293, 109.
Colin —. a l'antree dou Champel 1267, 193.
  en Chapilterrue 1241, 87.
  en S. Martinrue 1269, 229.
  ensom lo Wade 1241, 94.
Colins — dou Waide 1278, 552.
Colins li Maires -de S. Martinruwe 1298, 64b.
Cuignat —, en S. Martinrue 1298, 238[21].
Cunat — (PS) 1245, 121; 1267, 229.
Cunins — 1275, 81.
  Jehan f. 1298, 300.
Donenias — 1279, 464.
  †, Remius f. 1298, 496.
Euris - j. Guersat Maisne †, en Stoxey
Garsas — 1277, 223. [1290, 2.

---

[1]) *Prost XII, 1228* maison Marie l'olieire d'autre pairt le pont Raimont.

Godefrin —, davant S. Thiebaut 1275, 193.
Godefrins, — d'Outre Saille, ou tour dou
    Waide   1269, 418.
Goudefrins — dou Waide, ou Waide 1279, 436.
Godefroi —, en S. Martinrue   1269, 68.
    Colin f.   1277, 17.
Hanris —, en la Vigne S. Marcel 1290, 98.
    dav. les pucelles en la Vigne 1293, 335.
Huat — (PS)   1269, 432.
Hunbelat — de Lorey   1267, 163.
Humbelat — d'Anglemur, vg. ou bau de
    Lorey (OM)   1279, 533.
Humbelat —, Ailixons fm., sus lou tour
    de la Wade en Anglemur   1298, 173.
Jennas — d'Outre Salle   1281, 208.
Jennat Rollan —, a Porte Serpenoise 1290.
Jenins ; (PS) 1267, 248; 1275, 389. [427.
Perrin —, dev. la cort S. Glosemin 1267, 434.
Piereson —, devant S. Mamin   1262, 334.
Raix —, a la rive a Pouxons   1288, 147.
Remion —   1285, 360.
    daier la Monoie   1293, 527.
†, Jennas f., an S. Martinrue 1293, 263.
Richiers — dou Pont, as Roches   1279, 8.
Rolant — (v. Jennas), per devers S. Gen-
    gout   1281, 219. [263.
Rollan —, Pierexel f., an S. Martinrue 1293,
†, Yzambairs f., S. Martinrue 1298, 64 b.
Symonat —   1293, 382²⁰. [79.
Thiecelat —, dav. la rive au Poissons 1245.
Thiecelin —, dev. la rive au Poixorz 1269, 861.
Thieriat —, en Rues de S. Julien 1267, 274.
Thomessin , en Stoxey   1293, 394.

orfeivres *orfèvre, Goldschmied.*
orfeivres, orfeivre 1251. 1267. 1279/85,
1290/98, orfevrez 1269.
Auerars —, en la Mercerie   1251, 129.
Colignons Pelesenelz —   1293, 544.
Hanrias —   1293, 225.
    et Merguerate fm. 1279, 177. 251; 1281,
    ke maint an Furneirue et Mergue- [182.
    rate fm., 2 st. en lai halle des boulan-
    giers (PS)   1290, 399.
Jehans — j. Willemin Licherie, devant lo
    pont des Mors   1269, 536.
Jehans —, an la rowelle Repigney 1285,
    359; 1293, 43.

Jennat —, sus lo Mur   1267, 426.
Jennat de Verdun —, a Porsaillis 1285, 437.
Lambelat — (PS)   1251, 111. [438.
Symonin Morel — de l'esignuelz 1298, 267.
Willemins Licherie — ¹). a Porsaillis 1285,
    437, 438.

oubergier v. habergieres.

oxelour *oiseleur, Vogelfänger und -händler.*
oxelour 1288, 1290, 1298, oxilour 1262,
oixillour 1262, 1267.
Colignon —, an Humbecort   1290, 291.
Colin —, as Roches   1288, 132, 133.
Jaikemin —, hoirs, en la rowelle S. Piere
    as Arennes   1290, 471.
Jennat Lambert — †, Lowias et Symonas
    enf.   1290, 11.
Lambert —, Wasat f.   1262, 22 = 186.
Wasas f., Jennas fr. Wasat, en Stoixei 1267,
Mariate f., en Stoixey 1262, 24=137. [293.
Willame —   1298, 322.

page 1288. *Page, Knecht.*²)
Wairenat lou wercollier et Badewin — et
Matheu Montenat, ces 2 fr.; a l'antree de
lai Nueue rue   1288, 193.

paigneresse *ouvrière qui peigne les matières
textiles. Kämmerin.*³)
paignerasse 1281, peingnerase 1262.
—, en Sauerie   1262, 156.
Mertenate —, Hanrias maris, an Rimport
    1281, 197.

paignieres *peignier, Kammacher.*⁴)

---

¹) *Banr. I, LXVII, 18 (= 1285, 437)*
Jehan de Verdun (= Jennat de Verdun
l'orfeivre) j. Willemin Lichirie qui fut.
²) *Es ist zweifelhaft, ob* page *Standesbe-
zeichnung oder Eigenname ist.* v. I. li Pages.
³) *v. Anm. zu* paignieres. *God. V, 61, 1
celle qui peigne la laine.*
⁴) *Man könnte annehmen, daß* paignour
und peignier *verschiedene Gewerbe bezeich-
neten, zumal Godefroy (V, 61)* peigneor *mit*
peignier (Kammacher) *und* peignor *mit* peintre
(Maler) *übersetzt. Aber da die in den Rollen*

33*

paireires–parmantiers

paignieres 1298, paingnier 1262, paignor 1275, 1279, 1293, paignonr 1290, poingnier, poignour 1267, peignier, peinierz, peniers 1269, penirs 1220.

Albert —: Godefrins pb. de part A. — son suere 2 ms., 3 st. en Chambres, 3 st. en Usinel	1220, 10.
Auber —, fm., desor Sancrie	1262, 379.
Drowat —, en Sanerie	1275, 141.
Ysambars —, en Saunerie	1269, 227.
Matheu —, en Sanerie	1290, 439¹⁰.
Piereson —, a la Pousterne	1267, 232.
Poincin —, Jennat f., en Stoxey	1293, 396.
Warnier —†, d. Odelie fm.	1267, 485.
en Saunerie	1269, 159.
eu Aiest	1269, 165; 1279, 206.
Wauterins — (l's)	1269, 178, [499, 500.
mairis Mairiate ke maint en Sanerie 1298.	
Weirias Murie — de Saunerie	1269, 181.

paireires *pareur, ouvrier qui chardonne le drap, der das Tuch rauht.*

paireires 1288, pairor 1298, pareires 1288, paror 1275, parour 1290.

Colin d'Alixey —	1290, 560.
Colins — de Denant S. Jorge 1288, 330, 331.	

---

genannten fast alle en Sanerie wohnen und da ein und derselbe Mann, Warnier, als peignier, poingnier und paignor bezeichnet wird, so werden doch alle die verschiedenen Formen sich nur auf ein Gewerbe beziehen, und dies wird wohl das des Kammachers sein. Im Livre des métiers S. 138 sind genannt pingniers et lanterniers de cor[ne] et d'ivoire, *also zweifellos Kammacher, pigniers heißen sie auch im Recensement des artisans inscrits dans les rôles de 1292 et de 1300 (à Paris), nach Fagniez, Études de l'industrie S. 17 und 416. Wollkämmer kommen weder im Livre noch in den erwähnten Rollen vor, dagegen in den letzteren wohl Kämmerinnen* pignerasses de laine *und de* soie. *Eine Pariser Urkunde von 1467 (Fagniez, Documents II, 266ff.) kennt außer* pigners *(Kammachern) auch* pigneux de laine *(Wollkämmer).*

Gerardin f.	1288, 564.
Renaldins fr.	1298, 16.
Jakemat —, Poinsate fm.	1275, 255.

pairieires *carrier, Steinbruchbesitzer oder joaillier, Juwelier?*[1]

pairieires 1288, pairionr 1293.

Jennat —	1293, 382⁷.
Jennas — de Stoxey et Poincignous ces fr.	1288, 322.

parchemenier v. perchaminiers.

pareires, paror, v. paireires.

parmantiers *pelletier, tailleur, Kürschner, Schneider*[2]

---

[1] *Im Livre des métiers (S. 61) sind* perriers *zusammengenannt mit* cristaliers, *ebenso in einer Pariser Urkunde von 1332 bei Fagniez, Documents II, 71. Es handelt sich da also sicher um Steinschneider, Juweliere. Hier aber scheint das für Jennat, da dieser in Stoxey wohnt, wenig zu passen. Lai* paireire *(1293, 136; 1298, 494) bedeutet Steinbruch. Steinbrüche befinden sich in der Nähe von Stoxey im Tal von Vallières. Roquefort erklärt* pairieulx *als* carrier. Werrions li Pairriers *in der Urkunde bei Prost LVI (1272), ist ein vornehmer Herr, er verkauft seinen Anteil am Zehnten in Mondelingen und Hagendingen und an der Signorie und Besitzungen im Bann von Reichersberg, Hagendingen und Mondelingen.*

[2] *parmentier wird gewöhnlich als tailleur, Schneider erklärt, aber der parmentier hat auch mit Pelzwerk zu tun, er besetzt und schmückt (parer, parement) Kleider mit Pelz. Der* maistre parmentier *war verpflichtet jährlich jedem der drei Maier der Stadt eine Kappe aus Katzenfell (un chapel de chat) zu überreichen (Prost, Les institutions judiciaires dans la cité de Metz, Paris 1893, S. 197). Es gab auch* „parmentiers" qui tiennent et oeuvrent en creigue (= crinis Haar). v. Ben. Hist. de Metz III, 176 *nach dem Cartul. de l'hôpital S. Nicolas, fol. XXXII verso. Ebenso heißt es in einer Urkunde vom Jahr 1356*

II. Stand und Gewerbe 517 **parmantiers**

parmantiers, parmantier 1245, 1262/75, 1279, 1285/93, parmanteirs 1278, parmentiers 1269, 1275, permantiers, permantier1241,1275,1277, 1279, 1281, 1288, 1293, 1298, permanteirs, permanteir 1275/79, 1293, permanter 1275, 401, *oft abgekürzt zu* pmtier, pmatier *etc*.

halle des — (PM) 1279, 389.
„ des — en Chambres 1269, 17; 1278, 411; 1290, 286; 1293, 404; 1298, 6.
„ des vieceis — en Chambres 1267, 21.
„ des — (PS) 1269, 281; 1275, 339, 340; 1278, 277; 1281, 40, 464; 1285, 427; 1293, 215.
„ des — en Visignuel 1251, 143; 1269, 248; 1278, 104, 303; 1279, 262, 506; 1281,

(*Stadtarchiv 123,6*) *die über das freie Gewerbe* (le franc mestier) *Bestimmungen trifft:* Et les parmentiers, c'est assavoir ceaulz tant seulement que tiennent crigues et qui euvrent en crigues, et non plus des parmentiers, et les vieceirs custuriers qui achettent et revendent vies robes et pennes et qui tiennent staul en merchiet, et non plus des vieceirs, li queilz vieceirs parmentiers et tuit li altres lez mestiers desor nommeiz poront ouvreir et merchandeir fuers et ens pour cui qu'il lor plairait. *Die* rue des parmantiers *führt nach der Kirche S. Martin, und nach dem Gedicht „La guerre de Metz en 1324," Strophe 12 (Quellen zur lothr. Gesch. IV, S. 88) wurde bei S. Martin mit Tuchen und Pelzwerk gehandelt* (a S. Martin penne et pelice). *Das lateinische Wort für parmentier ist* pellifex. *Prost, La cathédrale de Metz S. 361 (um 1208):* canonici ... concesserunt pellificum universitati domum suam in Cameris, ante gradus, ad exercendum ibi mercimonium pellifici. — *M.-Bez.-A. G 858:* pellifices in Cameris (en Chambres, *Kammerplatz*). — *M.-Bez.-A. H 1743, 1:* pellifices qui vetera vendunt indumenta (in Viceto 1206 = en Visegnnel, in Vico novo, *jetzt Ludwigsplatz*). *Die* halle des vieceis parmantiers en Chambres *wird erwähnt in der Bannrolle 1267, 21.*

286, 552; 1285, 79; 1288, 4034-6; 1293, 498; 1298, 253.
vieshalle des — an Visignuel 1277, 284; 1281, ... — (OM) 1245, 236. [82.
.... —, en Honbercort 1267, 20.
Abert —, ruelle S. Alaire (OM) 1288, 242.
Abrias — 1298, 507.
Aburtins —, fr. Badewin, ke maint en lai rowelle Kainelle ou Waide 1290, 353.
Abertin d'Agiencort —, an la rowe dou Preit 1285, 416.
Alexandre —, Jennas f. 1269, 252, 394.
Perrins f. 1281, 83.
†, sr. Pieres li prestres f. 1293, 560. [405.
Allixandre — de S. Julien†, Martins f. 1298,
Aneillon —, davant S. Gengoult 1288, 372.
Arnolt — (OM) 1279, 117.
en la rue lou Voweit 1277, 421.
Arnolt de Forpac —, davant l'ost. accediacre Werrit (OM) 1278, 618; 1281, 588.
Arnous — et Jaikemate, enf. Herboix —†, an Chievremont 1288, 301.
Arnols Herbo, maistres de la frairie S. Girgone 1298, 19.
Auroins -de S. Martinrue (v. Herowin) 1227, Anrowins —, ansom l'ost. Luckin d'Aiest [26. (PM) 1275, 274.
Balduin —, ou Wade (OM) 1245, 235.
Baudnyns — d'Anglemur 1267, 452.
en Nekeceirue 1267, 494.
Badewin —, Willames et Thielemans fr. Baduyn Monchat — 1290, 531. [1290, 356.
Bertran — (PS) 1262, 174.
Berterans — de Chaureirue 1275, 376.
Bertran —, maistre, rue lou Voweit 1279, 116.
Burtran Champel †, Gererdat f. 1288, 161.
Burtadon —, rue de Pawillon 1290, 229.
Burtemin Pin — †, ou Vivier 1288, 151.
Chauuin — (v. Colins), autour dou Waide Clemant — d'Ars, ai Ars sus [1269, 418.
Mancien 1281, 322.
Clemignons — 1269, 38¹⁴.
Colatte f., daier S. Simplise 1269, 214, 281.
Colignon j. Vguenat lo masson 1267, 46.
= Colignon — j. Huguenat le masson, et Hawyate fm. 1269, 236.
Colignon — †, Odeliate fm. 1293, 463.
Colignon — f. Jennat lou Gouge, en

parmantiers

Staixons 1290, 154.
Colignon Chainoit —, ou Veueit 1285, 178.
Colignons Tristans 1277, 316; 1290, 180; 1293, 404, 498.
Colignons Xocort — 1279, 477; 1285, 102; 1288, 195a; 1293, 92.
  en la rue S. Laizre 1279, 154.
Colin —, Symonas f., Chapelelrue 1275, 180.
Colin — de S Nicolaisrue 1277, 45.
Colins Chaunins — (v. Chaunin), ou Champel 1269, 65.
Colin Coinrairt — †, Odeliate li Vadoize f.
Colin Mainjairt —, d. Poince [1290, 300. fm., en Aiest 1293, 197.
Colins — f. Baicelin Maistillon †, en Rinport 1288, 321.
Colins Valours —, rue lo Coweit 1262, 85.
Costantin —, au Chievremont 1288, 130.
Domangins — et Wiairs fr. (PM) 1275, 19.[1])
Forceden —, enf., enc l'ost. S. Laidre (OM)
Formeron —, daier S. Enkaire [1281, 557. 1245, 35.
Gerart — de Buevanges, a la porte d'Espairnemaille 1267, 275.
Gererdins — f. Renadel †, Ameline fm., Piereson f., sus lou Mur 1298, 272.[2])
Gervout —, anf. (PS) 1267, 356.
Godins de Humbecort — 1281, 372.
Goudefrins — (st. PS) 1278, 277.
  en Coperelruelle 1281, 309.
  an la rue lou Uoweit 1288, 551.
Goudefrins Godins — 1285, 3.
Goudefrins li Vadois — 1298, 253.
Harmant —, Thierion fr., en Houbercort 1267, 20.
Harmau —, ms. Herbo enson (PM) 1269, 38[16].
Harmans — de Chieuremont 1269, 17.
Herbols — (PM) 1251, 76.
  en Hembecort 1269, 214.

518   II. Stand und Gewerbe

Herboix — †. Arnous — et Jaikemate enf. (v. Arnols Herbo) 1288, 301.
Herowin p[armantier?] j. Martin [lo Gous?] (v. Aurowins) 1245, 18.
Huygnon — 1275, 184.
= Huygnons — de S. Glosseleinne, a Porte Serpenoise 1275, 183. [282.
= Houwignon —, a Porte Cerpenoise 1281,
Howins — de Preys, devant lou puix S. Jegout 1279, 425.
Huisson —, devant la cort de Fristor 1267,
Howeson —, sus lo Mur 1267, 210. [195.
Isambairs —, daier S. Enkaire 1278, 263; 1288, 396, 426.
Jaikemin —, ou Waide 1281, 549.[1])
  j. Muneir lou vicier, st. (PS) 1285, 462.
Johans — (PM) 1241, 3.
Jennas m. Pouxenate, en Anglemur 1293.
Jennas — de Menville 1285, 272. [167.
Jennat Blondelat — †, Clemausate f. 1298,
Jennas Corsiers —, a tor de Coupere- [253. ruelle 1275, 499.
Jennas Filsden —, en Anglemur 1279, 523.
Jennat lou Gouge — (PS) 1290, 181.
Jennas li Nains —, rowe S. Gengout 1281, 215.
Jennat Otthignon —, an S. Martinrue[2]) 1293.
  Bertrans j., an S. Martinrue 1298, 90. [233.
Jennas Wiars —, Wiars fr., ms. lor peire en la rue lou Voweit (v. Wiars) 1279, 545.
Jennin —, an Chievremont 1288, 301.
Jennins — f. Heilewate de Maicliue 1288.
Jennin Girvout —, a S. Arnolt 1279, 118. [32.
Jennin Minnerel —, a Porte Serpenoise
Jennin (Robenat et) les oliers [1269, 321. c'ou dist ke sont —, en la rue lou Voweit 1278, 624.
Lanbelin — j. Willame lou feivre, en Couperelrue 1298, 325.
Lanbelin — de Couperelrue 1298, 650.

---

[1]) *De Wailly 347 D (1296 a. St.)* Ferriat de Goins lou permantier et Theiriat son fil. *348 C (1296 a. St.)* Ferrias de Goins li permantiers.

[2]) *De Wailly 351 E (1297)* Gerardin de Demes lou permantier ke maint an S. Mertinruwe.

[1]) *De Wailly 347 B, 348 A (1296 a. St.)* maxon lou preste S.Vy et tout lou resege ki espant, ke fut Jaikemin lou permantier, ke siet ancoste l'aitre de S.Vy.

[2]) *De Wailly 302 A, 303 E (1290 a. St.)* maison Jennat Otignon lou parmantier an S. Martinrue.

Lietal — 1267, 129; 1269, 255, 417; 1278,
Lietaus — et .. et .. et .. [277; 1285, 427.
  pb. pour la confrairie de S. Piere aus
  Airaimes   1281, 510. [90.
  en S. Martinrue 1277, 173; 1293, 565; 1298.
  Jennat fillaistre   1278, 249, 352.
  Aburtins fr.   1278, 523; 1279, 376, 532.
  Poinsignons li celleirs j.   1281, 193.
Lietal Merchan   1288, 186.
  Colate u.   1269, 325.
Lowion — †, en lai Nuene rue 1293, 230.
Maiheu   de lai Vigne S. Auol 1293, 49.
Maithions Maitelos —   1281, 37.
  maint au S. Martinruwe   1281, 33.
Matheus — f. Renaldin lou masson, for-
  jugies   1298, 686.
Morel — † (PM)   1267, 319.
Mouchat — , dev. la cort de S. Crois 1267, 296.
Nicoles —; (OM)   1251, 172; 1243, 252.
Palerin —, en la rue lou Voweit 1275, 245.
Perrin .... —, st. en la halle des viecers
  en Viseganel   1245, 99.
.... Perrin — , davant les
  Prochors   1245, 249.
Perrin — de Retonfaix †, Renbaut, Jaikemat,
  Mertin, Clodat et Colignon enf. 1288, 349.
Perrins Gratepaille, — 1288, 543; 1298, 290.
  maistres de la frairie S. Girgone 1298, 19.
Phelippin —   1262, 266.
  en Chodeleirue   1279, 14.
Pierart —, a Porte Serpenoize 1288, 253.
Pieresons li Borgons —, a pies des degreis
  de la porte a Spairnemaille 1279, 207.
Piercxel —, en la rue lo Voweit 1275, 506.
Pierous — (OM)   1293, 163.
  en la rue de Porte Serpenoise 1281, 588.
Pierous — de Porte Serpenoize 1290, 41;
                              1298, 650.
Poincignon —, devant la porte Ste Marie
  as nonains   1269, 123.
Remion —, outre l'Aclostre   1269, 175.
  en Franconrue   1275, 98.
  en Humbertcort   1277, 173.
Renadin —, a l'airnemaille   1290, 288.
Rengniers — f. Symonat lou tanor †, en
  Aiest   1288, 328.
Renillons —   1269, 147; 1279, 344. [356.
Richairt —, oir Aurowin dou Vinier 1288,

Richardins — d'Anglemur   1279, 570.
Richiers —, au Riport   1227, 49.
Robinat —, en la Nueve rue 1275, 187;
                    1277, 49; 1290, 398.
Robemat et Jennin les olieirs c'on dist ke
  sont —, en la rue lou Voweit 1278, 624.
Sergent — (v. Wescelins), en la rue lou
  Voweit   1279, 116.
Sybodes —, daier S. Eukaire   1293, 47.
Symonat —, en la rue lou Uoweit 1290, 271.
Simonas — des Roches (OM)   1278, 591.
Simonin —, en la rue S. Vy, sg. Willame
  preste f.   1277, 414.
Thierias — de Sanrey, ms. et marchacie
  en la rowelle de Ste Marie as nonains
Thieriat Harton —, enson Vies [1290, 523.
  Bucherie   1267, 471.
Thierion — (PS)   1277, 315.
Watrin —, en Sancrie, la f.   1275, 401.
Waterin —, Colignon f.   1269, 258.
Watrins — de Sicy   1293, 211 = 358.
Wathiers de Lorey (OM) —   1279, 533.
Weriat —, en la rue lou Voweit 1279, 323.
Weiris —, en Staintefontenne   1278, 4.
Wescelins —, daier S. Euchaire 1267, 66,
  ou Haut Champel   1278, 120.
Wesselius Serjans — (OM) 1269, 136; 1293,
Wiardin —; (OM) 1288, 263; 1278, 591. [474.
Wiars —   1269, 139, 292.
Wiart — et Wiardin et Jennat, en la rue
  lo Voweit   1278, 350.
Wiart —, Jennat et Wiart avelas, en la
  rue lou Voweit   1278, 218.
Willame — de Franconrue   1275, 488.
Willame lou Flamant —, a tour de lai
  ruelle c'on dist de Pawillon en Chaipe-
  leirue   1298, 290.
Willermins — de la Nueue rue 1269, 216.
Xandrin —, an la Nueve rawe 1281, 529.

pator (*pastor*) *pâtre, Hirt.*
pator 1279, 1285, 1290. petor 1275.
Thieriat —   1290, 257.
  a Nouviant   1275, 509.
Thieriat — de Nouviant 1278, 208; 1285, 516.

paveires (*pavitor*) *paveur, Steinsetzer,*
  Pflasterer.

paveires 1275, pavor 1278, 1279.
Colignons —, 2 st. en la halle des vieceirs en Visegnuel 1275, 392.
lou —, Maiensate fm., et Colignon lou — f., 2 st. en la halle des cotteleirs (PS) 1278, 507.
Meansate fm., et Colignon f., 3 st. en la halle des vieseirs en Chambres 1278, 637.
Willame —, d. Maiance fm., et Colignon f., en la rue S. Laizre 1279, 154.

peignier, peinierz, penirs v. paignieres.

perchaminiers *parcheminier, Pergamentmacher.*
perchaminiers 1298, parchemenier 1262, parcheminier 1269.
Herbillon —, ou Petit Waide 1269, 92.
Jehans —, maistres, devant lou Grant Moustier 1298, 204 1, 6, 11, 14, 17, 21.
Martin — (OM) 1262, 114.

permantiers v. parmantiers.

peseires *peseur, Wagemeister.*
peseires 1288, 1293, pezeires 1293, pezour 1277, 1278, pesor 1220, pisor 1275.[1])
Coinrairs —, ou Champ a Saille 1293, 216.
j. Weiri Meutenaire 1288, 75.
Ernot — 1220, 1.
Garsins — de Nonviant[2]) 1293, 623.
Jenin —, a tour Abert des Aruols (PS) 1275,
Lanbelin — (PS) 1277, 41; 1278, 124. [422.
ms. sus lou cors en Visignuel, gr. en la rowelle S. Atre 1278, 494.

petor v. pator.

---

[1]) *De Wailly 355 (1297)* li pezeires y doit pourteir chesque diemange ceu qu'il ait waingniet lai semainne.
Ben. III, 276 (1306) et doit li peseires estre en merchies ... et doit li pezeires aleir par les hosteiz pour pezeir les lennes et les chanvles cons y vanderont.
[3]) v. l. la Pezeire. Garsin la Pezeire a Nonuiant 1293, 588.

pezeires, pisor v. peseires.
phisicien v. fisiciens.

pitanciers *officier claustral, Mönch, der beauftragt war, die Speisen zu verteilen.*
freres Nicoles — (S. Pieremont) 1281, 612.

ploiour *plieur, Falzer.*
Perrot —, an Sauerie 1288, 489.

poindor *peintre, Maler.*
poindor 1290, poindour 1298.
Arnoult —, daier S. Sauour 1298, 274.
Maire Verton —, as Roches 1290, 137.

poignier, poingnour v. paignieres.
poissieres, poissor v. poxieres.
poixieres, poixor v. poxieres.

pontenier *Brückenwärter.*
Thieriat — de Molins 1277, 441; 1281, 103.
j. Girart Chadiere, Ysabel fm. 1278, 592.

porpignieres *pourpointier, Wamsschneider.*
Otthins —, davant S. Gengoult 1290, 489[1].

porreler *marchand de pourreau, Lauchhändler.*
porreler 1251, porreleir 1275, porrellier 1267.
Burtemin — (OM) 1251, 269.
Colin —, Jenas f., a S. Piere 1275, 168.
Gerart —, en Franconrue 1251, 154; 1267, 495.[1])

portier *Pförtner.*
Rainnier — 1298, 559.
Thomassins — de Porte Sarpenoise 1275, 185.

porveours v. proveor.

potiers *potier (d'étain), Töpfer, Klempner, Zinngießer.*[2])

---

[1]) *Prost XX, 1233* Hanrion le porreleir de Porsailliz.
[2]) Jenneson lou potier *ist* confraire des chadeleirs, *der Kupferschmiede, außer ihm wohnen noch zwei in der* Chadeleirue.

potiers, potier 1245/78, 1288, 1293, 1298,
pottiers, pottier 1288/93.   [1245, 167.
Bertals —, gr. davant la posterne a Saille
Gerardons —, en la rue lo Voei 1245, 153.
Girart —, en Franconrue 1267, 506; 1269, 122.
Gerars — de Franconrue   1278, 166.
Izanbairs —, an Chadeleiruwe 1288, 350.
Yzambairs — de Chadeleirue   1290, 148.
Jakemin —   1269, 469.
Jaikemat Boukel —, en Chadelerrue 1262,
Jehans li Ynglois —, ms. et chaminee [162,
  en Franconrue   1293, 615.
Jehans li Ynglois — de Franconrue 1288, 94.
Jenneson — confreire des chadeleirs 1298, 193.
Poinsignon —, anson l'ost. S. Ladre (OM)
  (PS) 1275, 198. [1262, 393; 1267, 124.
Simonat — de Franconrue   1277, 466.
Symonin —, anc. l'aitre de S. Simplice 1288,
Vignelat —†, Mergneron fm., en [473.
  Sanerie   1293, 21.

pourveour v. proveor.
pouxor v. poxieres.

poxieres *pêcheur, Fischer.*
poxieres 1278/81, 1290/98, poxour 1275/78,
1285/98, poxor 1277/81, 1293, 1298, pouxor
1275, poixieres 1267, poixour 1262, 1267,
poixor 1251, 1262, 1269, 1281, poixon 1269,
poissieres 1241, 1267, poissor 1241, 1245;
poisour 1267.
— de la Mars, lou grawour lou 1281, 139.
Abert —, a S. Julien   1262, 289.
†, la fm. (PM)   1275, 285.
  Lowiat fr.   1279, 380a.
Adan Bellenee —   1278, 501.
Benoitat —, a Poncel (PS)   1279, 505.
= Benoitin —†, Ailexate fm., en lai ro-
  welle a Poncel   1293, 563.
Bescelin —, en Chambres   1262, 131.
Bescelin — des Roiches   1267, 312, 323.
Blocketel —†, Cherdat — f.   1277, 209.
Burtran Grenille —, Weriat et Banduyn
  f.   1281, 137.
Cakin — de Mairlei, Steuenin f. 1298, 41b.
Cayn — (OM) v. Jaikemin 1267, 514b. [209.
Cherdat — f. Blocketel —†, as Roches 1277.
Coinrairt —, ou Champ a Saille 1293, 85.

Colignons — f. Engebor   1278, 27.
Colignon Maglaive —   1293, 27[14] = 175[14].
Colignons Rewairs — ke maint en Cham-
  beires. f. Rembalt †   1290, 304.
Colin —, a la Posterne   1277, 298.
Colin — [de Chame]nat, Gerart lou Gor-
  naix de Chadeleirue f., et Cunegate sai
  fm.   1290, 216.
Colin Banste —†, en Stoxey 1290, 2, 11.
Colins li Grans —, a Ruxit 1281, 351;
Colin Malroit —   1267, 490. [1290, 15.
Colin Muchewal —, en Chambieres 1293, 168.
Costan —   1279, 134.
Coustenat —, a Nonviant 1278, 181. [260.
Domangins —, en la rue dou Benitvont 1267,
Domangins Bairanjons — 1290, 5; 1293, 4.
Filipin — (PM)   1251, 71.
Hanrit — f. Richairt d'Erkancey †, a Er-
  kancey   1278, 363.
Jaquemius —   1241, 71.
Jaikemin —, en Chambres   1267, 512.
  en Chaudeleirue   1281, 397.
Jakemin Cain —, en laVigne S. Marcel 1269,
Jaikemin Maillate —   1290, 529. [311.
Jaikemins Mifolas —, en Chambieres 1293, 168.
Jaikemins li Rois de Chambres — 1267, 134.
Jehan —, Hanriat f., an lai rowelle a
  Poncel (PS)   1288, 387. [678.
Jehans f. Gueudat, —, en Chanbieres 1298.
Jennat de Rixonuille —, au pont des Mors
    1267, 281.
Joseph —, en Bucherie (OM)   1241, 191.
Martin Crochart —, Heilnyt fm. 1288, 289.
Mathias — de Sus Saille, an Stoxey 1298, 212.
Ottinat —, Margneron fm., 4 ms. au pont
  des Mors   1245, 69.
Otenat —   1277, 190, 428.
Otenat — de Chambieres   1277, 417.
Piereson —, en Chambres   1267, 512.
Piereson Baranjon —, Domangins f., daier
  l'ospital (PM)   1275, 7.
Piereson Xerreit — de Chambeires †, Mer-
  gnerou la Vadoize f.   1281, 387b.
Poencignons de S. Martin —, maint au
  pont des Mors   1267, 281.
Remion — †, d. Collate fm., en Rinport
Remion — de Rimport, Colate [1278, 35.
  fm.   1278, 642.

preseire–prestes

Reunier —, a S. Julien 1293, 13.
Richart —, en Chambres 1245, 11.
en Chambieres 1281, 592.
Roillon —, en Remport 1267, 324.
Symias —, en Chambeires 1269, 521; 1279.
Semiat[1] — *, Violate fm. 1290, 161a, 319.
Symonat — j. Howeson 1285, 10.
Warin —, en la ruelle asom Viez Bucherie (QM) 1269, 528.
Warin — de Chambieres, Drowat f. 1298, 596.
Wescelin —, en Chambieres 1278, 669.
— Wescelin de Haneconcort 1277, 127.

preseire v. prinsiere.

prestes *prêtre, Priester.*
prestes (*nom. s., obl. pl.*), preste (*obl. s.*) 1227, 1262, 1269·1298, prestes (*nom. pl.*) 1275, 139, prestez, prostrez 1269, prestres (*nom. s., obl. pl.*), prestre (*obl. s.*) 1241, 1245, 1251, 1267, *vereinzelt* 1269, 1275, 1278, 1279, 1285, *ebenso oft wie* prestes 1288, *öfter als* prestes 1290, 1293, 1298, prestre (*obl. pl.*) 1293, 427; 1298, 63.
v. arceprestes, grant prestre.
— parroichanz dedans les murs de Mez, Anbrias Ingrans pb. por lo — de S. Girgone et tous les 1251, 78.
— parrochas (v. VI.) de Mes[2] 1262, 147; 1267, 296; 1275, 139; 1277, 95, 373, 413; 1278, 267; 1279, 278; 1285, 198, 240, 328, 348, 475; 1288, 129, 144, 188; 1290, 34, 271; 1293, 159, 427.
lai frairie des — parrochatz de Mes[3] 1267, 296; 1290, 34; 1298, 101.

---
[1]) *Im Text irrtümlich* Sennat *st.* Semiat.
[2]) *De Wailly* 351/2 (*1297*) por les prestes bairechans de Mes. 354 (*1297*) sr. Willames, li preste de S. Jehan de leis S. Clemant, et sr. Bertrans, li preste de S. Jehan a nuef moustier, ont aquasteit ... por les prestes bairechans de Mes ... si est il a saivoir ke au sous XXI s. de cens ont li prestes bairechaus de Mes lai moitiet, et li confreire de lai frairie des prestes de Mes l'atre moitiet.
[3]) *De Wailly* 335 (*1294 a. St.*), 347/8

II. Stand und Gewerbe

sr. Jaikes — de S. Marc pb. por 1262, 47.
sr. Nicoles — de Ste Croix pb por la frarie
sr. Jaikes — de S. Medart et [1267, 296.
sr. Weiris — de S. Leuier pb. por 1277.
sr. Simons li clostriers de S. Sauor [95, 373.
pb. por 1277, 413.
sg. Jaike — de S. Medart et sg. Werrit — de S. Leuier ke sont maistre des sansals les 1278, 267.
sr. Jaikes — de S. Medairt pb. por 1279, 278.
sr. Jaikes — de S. Mardart et sr. Hanris — de S. Eukaire et sr. Willames — de S. Clemant pb. por 1285, 240, 475.
sr. Jaikes — de S. Medairt et sr. Willames — de S. Jehan a S. Clemant ke sont maistres de lai frairie des 1290, 34.
ancoutre lon — de S. Ferrace et Poincignon Pedanwille lou maior des 1293, 427.
sg. Willame — de S. Jehan a S. Clemant et sg. Jehan — de S. Gengoult les 2 maistres de lai frairie des 1298, 101.

pb. 30 s. ms. en Chambres, donei de d. Jakematte fm. sg. Ingrant 1251, 78.
pb. 7½ s. ms. (PM) 1262, 147. [296.
pb. 15 s. ms. dev. la cort de S. Croix 1267.
totes les ms. devant les Cordelieres ke avoient les — 1275, 139.
pb. ms. areis S. Eukaire delivree por 26 s. k'il avoient sus 1277, 95. [1277, 373.
pb. 3 s. ms. devant S. Jehan a S. Clemant
pb. 20 s. ms. en Chambieres 1277, 413.
ms. areiz l'aitre S. Eukaire 1278, 267.
pb. 11 s. ms. en la Vigne S. Auol 1279, 278.
ms. a la porte an Maizelles 1285, 198.
pb. ms. a la porte a Maizelles 1285, 240.
ms. davant les Cordelieres pris a c. des er. (PM) doit 50 s. 1285, 348. [1285, 328.
10 s. a Plapenille 1285, 475.

(*1296 a. St.*), 371 73 (*1299*), 381, 383 (*1300*)
lai commune frairie des prestes parrochas de Mes. 371/73, 381, 383 sr. Burterans, li preste de S. Jehan a nuef moustier, et maistre Renalz li clers, li dui maistre de lai commune frairie des prestes bairechas de Mes.

II. Stand und Gewerbe 523 **prestes**

ms. devant Pairemaile doit 3 s. 1288, 129.
ms. an Dairangernwe doit 12 s. 1288, 144.
ms. anc. lai posterne sus lou Mur 1288, 188.
pb. 18 s. ms. davant S. Mamin 1290, 34.
ms. en la rue lou l'oweit del. contre 1290.
vg. a Longeville doit 5 s. 1293, 159. [271.
ms. devant Pairguemaille releveit ancontre
4 s. t. au Heu 1298, 101. [1293, 427.

frairie des — de Mes 1267, 483, 488; 1269,
114, 119; 1277, 308; 1285, 254; 1288, 248;
maistres de la frarie 1267, 483. [1290, 500.
sr. Nicoles — de Ste Crux pb. por 1267, 488.
sr. Jakes — de S. Meidart pb. por 1269, 114.
sr. Thomas — de S. Eukaire pb. por 1269, 119.
sr. Simons clostriers de S. Saluor et sr.
  Ottes — de S. Girgone maistre de la fr.
sg. Jehan Nerlan et sg. Willame [1277, 308.
  — de S. Jehan a S. Clemant maistres de
  la fr. 1288, 248.
sr. Nicolles — de S. Alare et sr. Jehans
  Nerlans ke sont maistre de la fr. 1290, 500.
sr. Jehans Nerlans — et sr. Hanris — de
  S. Eukaire et sr. Jaike — de S. Medairt
  et sr. Willames — de S. Jehan a S. Cle-
  mant pb. por lai commune frairie des — de
  Mes et por les eglixes de Mes 1288, 68.
Ingrans Goule et Jennas ces fr. pb. por lai
  commune frairie des — de Mes 1288, 161.

vg. en Tignoumont 1267, 483.
pb. 6 s. ms. (OM) 1267, 488.
pb. 2 s. ms. daier S. Marc 1269, 114.
pb. 5 s. ms. (OM) 1269, 119.
pb. 13 s. 3 d. moins ms. en la Vigue S.
  Anol 1277, 308.
ms. en Chambieres doit 20 s. 1285, 254.
pb. 28 s. ost. au Chadeleirue 1288, 68.
pb. 14½ s. ms. ou Champel 1288, 161.
ms. a pont des Mors pris a c. 1288, 248.
pb. 3 s. ms. a Siey 1290, 500.

lai compaignie des VII —
sr. Jehans Maiguetins — et sr. Jehans de
  Perpont pb. por
  12 d. ms. et meis (PS) 1298, 63.
sr. Jehans Maiguetins et sr. Thieris Poles pb.
  12 d. ms. (PS) 1298, 64a.

12 d. ms. (PS, S. Martinruwe?) 1298, 64b.
sr. Maikaires — pb. por
  12 d. 1 st. ou Champ a Saille 1298, 261.

lai frairie des — et des clars dou cuer
  dou Grant Mostier
sr. Willames de lai Cort et sr. Symons —
  ke fut chaipelains sg. Nicolle dou Nuef-
  chaistel pb. por
  8 s. ms. a Poncel (PS) 1288, 387.
    prestes parrochals de Mes
    (und der Vororte)
de Nostre Dame as Martres 1277, 483.
de S. Aman deleis S. Clemant (1267, 492)
de S. Benin 1293, 219; 1298, 528. [1290, 452.
de S. Estene lou Depaneit 1267, 296; 1275,
  169; 1278, 228, 242; 1279, 229; 1281, 424;
    1285, 66, 67; 1288, 1; 1298, 84.
de S. Eukaire 1269, 119, 247; 1277, 80,
  102, 378; 1278, 498, 499; 1279, 213, 216,
  461, 482; 1281, 13, 35, 43, 245, 480; 1285,
  240, 475; 1288, 68, 205; 1290, 457a.
de S. Ferruce 1269, 324, 362; 1275, 139;
  1278, 18, 234; 1281, 617; 1288, 129, 336;
    1293, 427; 1298, 62, 411.
de S. Gengoult 1267, 45, 418; 1277, 101;
    1290, 493; 1298, 101.
de S. Gergone 1227, 18; 1251, 78; 1269,
  38, 175; 1277, 173, 308; 1278, 615, 616;
  1285, 310; 1293, 216, 334, 436.
de S. Hylaire a pont Renmont 1267, 287;
  1277, 205, 214, 242; 1278, 415; 1279, 358,
    383; 1288, 129.
de S. Hylaire a Xauleur 1269, 38²; 1279,
  551; 1285, 538; 1290, 500, 508.
de S. Jaike 1277, 156.
de S. Jehan a S. Clemant 1267, 211; 1277,
  323, 373; 1285, 403, 475; 1288, 42, 68, 137,
  248; 1290, 34, 44; 1298, 101, 111c.
de S. Jehan a Nuefmostier 1277, 196; 1285,
    519; 1298, 199.
de S. Jorge 1262, 414; 1275, 480; 1293,
    611; 1298, 621.
de S. Julien 1277, 170; 1281, 361; 1293, 432.
de S. Leuier 1262, 113, 396; 1269, 535;
  1277, 95, 373; 1278, 267; 1285, 143.
de S. Mamin 1267, 121; 1279, 107; 1288,
  37, 175; 1290, 34, 413; 1298, 244.

prestes

de S. Marc = S. Medairt 1262, 147, 414.
de S. Marcel 1269, 477; 1275, 217; 1285, 496; 1290, 439.
de S. Martin en Curtis 1267, 465; 1269, 123; 1275, 411; 1285, 357; 1288, 28, 412, 492; 1290, 147, 148, 191, 346, 439, 582; 1298,·290, 471, 551.
de S. Medairt 1269, 114; 1275, 493; 1277, 95, 378; 1278, 267; 1279, 278; 1285, 240, 475, 493; 1288, 68, 137, 543; 1290, 34, 388, 439.
de S. Seplixe 1277, 88; 1281, 80; 1288, 386b; 1290, 74, 147; 1293, 345, 455.
de S. Vy 1269, 136, 139, 292, 541; 1277, 414; 1279, 4; 1290, 548, 551; 1293, 603.
de S. Victor 1251, 238; 1298, 401.
de Ste Creux 1267, 296, 488; 1278, 651; 1293, 53b, 78, 89, 183, 264.
de Ste Seguelenne 1269, 296; 1275, 142; 1281, 361; 1285, 326; 1290, 197, 148; 1293, 388; 1298, 38.

prestes de Mes:
des Bordes 1245, 58.
sg. Lambert 1262, 127.
de lai chaipelle, sr. Gerairs 1281, 209, 440; 1288, 474; 1298, 280.
de lai chaipelle Bairbe, sr. Weiris de Nouviant 1298, 66.
de lai cymetiere, sr. Nicolles 1293, 236.
de Nostre Dame la Ronde, sr. Jakes 1275,
des Proicherasses, sr. Jaikes 1288, 172. [120.
des pucelles de lai Vigne S. Marcel, sr. Abers 1288, 407; 1290 (72, 73, 186, 435) 436; 1293, 210, 307.
de S. Jehan lou Petit 1298, 91. [1298, 83a.
de S. Laizre, sr. Jehans Lowis 1288, 285;
chanoues de S. Piere a Vout, sr. Cuenes 1277.
de S. Sauour, sr. Audreus 1275, 19. [204.
sr. Audreus de Hampont 1275, 244, 245(504).
que chantereit a l'autel Ste Agathe que poze a S. Sauuour 1262, 390.
de Ste Glosenne, sr. Bauduyns 1275, 35.
sr. Symons 1279, 490.
de Ste Marie, sr. Badewins 1288, 64.

Priester vom Lande (v. cureis).

d'Amele 1244, 24.
d'Ansey, sg. Thierit 1288, 264.
d'Ars (OM) 1269, 499; 1293, 473.
d'Airs (OM oder PS?) 1288, 168.

II. Stand und Gewerbe

d'Awigney, sr. Pieres 1293, 473.
de Bouxieres, sr. Viuions 1298, 41.
de Brionne, sr. Thiebaus 1275, 61, 253, 453; 1277, 121; 1279, 345.
c'on dist de Brionne 1281, 369.
du Chacey, sg. Abert 1281, 285.
sg. Guersire 1275, 251.
de Chailley 1278, 39; 1290, 340c.
de Chairley, sg. Richier 1293, 1.
de Chastels 1279, 129.
sr. Vgues 1281, 327.
de Croney, sr. Thieris 1279, 330.
de Drowenei, sg. Jehan 1285, 305.
d'Erkansei 1285, 330.
sr. Gerairs 1288, 24; 1293, 389; 1298, 2.
d'Espainges, sg. Jerairt 1288, 61b. [435.
sr. Abers d'Espainges 1290, 72, 73, 186.
— des pucelles de lai Vigne S. Marcel 1288, 407; 1290, 436; 1293, 210, 307.
d'Eurecourt, sr. Martins 1298, 600.
de Failley 1285, 37.
sr. Hauris 1288, 139.
sg. Jehan 1293, 533.
de Flurey, sr. Herbes 1298, 443.
de Genauille, sr. Arnous 1279, 245.
de Gorze, sr. Jaikes 1290, 400.
de Hampon, sr. Audreus 1275, 504.
sr. Andreus de Hampont de S. Sauor 1275.
de Haikanges, Besselin 1279, 406. [19.
de Jerney, sr. Nicoles 1279, 310.
de Jopertcort, sg. Renmon 1288, 505.
de Juef, sr. Nicolles 1298, 306.
de Juxey, sr. Jehans 1293, 162; 1298, 595.
de Landes, sg. Aubert, f. sg. Arnout de Vy
de Liewons 1245, 138. [1267, 247.
de Longeawe, sr. Jehans 1298, 559.
de Lorey (PS) 1290, 469a.
de Luppey, sg. Jehan Boue 1267, 248.
sg. Jehan 1293, 500.
de Maiey 1262, 123.
de Maigney 1288, 29.
de Mairangez, Asselin 1269, 509.
de Mauwert, sr. Gerars 1285, 435.
de Millerey, sg. Teirit 1278, 425.
de Moruille 1293, 437.
de Nommeney, sr. Escelins 1281, 73.
de Nowesseyille 1285, 337; 1290, 3.
d'Orcevals, sg. Jehan 1288, 23.

de Pontois, Demanges 1267, 69.
de Port, sr. Jehans Chainerles 1290, 177.
de Retonfayt, sg. Jaike 1277, 154.
de Sairley, sg. Domange 1285, 56.
de Siey, sg. Jake 1269, 156; 1278, 602, 613;
  sg. Poujoise 1290, 259. [1279, 339.
de Thionville, sg. Thierit 1275, 234.
de Vallieres, sg. Howon, sr. Jehans 1277, 194.
de Wapey, lou viel — 1298, 669.
de Warmeranges, sr. Mairhens 1288, 143.

Nach Vornamen geordnet.[1])
Abert — de Chacey 1281, 285. [435.
Abers d'Espainges — 1290, 20, 72, 73, 186,
  — des pucelles de lai Vigne S. Marcel
    1288, 407; 1290, 436; 1293, 210, 307.
Aubert — de Landes f. sg. Arnout de Vy
    1267, 247.
Abers — de S. Ferruce 1275, 139; 1278,
    234; 1281, 617.
Abris — de Toul 1262, 395.
de S. Leuier 1262, 113.[1])
Aubri — de S. Levier 1269, 535.
Aubri, — 1269, 304.
Ancels — fr. Ruedol de Longenille desoz
  S. Martin a la Glandere 1285, 536.
Andreus — 1278, 52.
Andreus de Hampon 1275, 504.
  de Hanpont — de S. Sauour 1275, 19.
  de S. Sauor 1275, 244, 245.
Arnous — de Genauille 1279, 245.
Arnout — 1285, 145, 543; 1298, 491.
Baduyn — 1278, 619.
Bauduyns — chanoinne de Ste Glocenein
  (1262, 390) 1275, 35.
Balduyn — de Nostre Dame as Martres 1277.
Badewins — de Ste Marie 1288, 64. [433.
  prevos de Ste Marie as nonains 1279, 314.
Barangier — fr. Poinsate la juvlerasse 1281,
Bertrans de Ste Creus 1278, 651. [645.
Bertran — de S. Jehan (a Nuefmostier)[2])
    1298, 199.

Bertrans — de S. Victor 1298, 401.
Besselin de Haikanges, — 1279, 406.
Borsate, — 1285, 56.
Cloppins, — 1278, 228.
Coenrars — de S. Jaike 1277, 156.
Cunon — 1262, 405; 1267, 175; 1278, 228.
  chanones de S. Piere a Vout 1277, 204;
Demanges — de Pontois 1267, 69. [1278, 385.
Domange — de Sairley 1285, 66.
Escelins — de Nommeney 1281, 73.
Asselin — (?) de Mairangez 1269, 509.
Estenez — (S. Martin en Culti) 1267, 465;
Estenes — de l'osteil S. Piere- [1269, 123.
    mont 1275, 290, 457.
Estenenes — 1277, 454.
Eurit — 1279, 151[4].
Ferri — f. Harmant de Morehangez 1269, 86.
Formeirs — 1298, 280.
Guersine — de Chacey 1275, 251.
Garcire — de S. Aman 1267, 492.
Gerart, — 1288, 91; 1290, 264.
Girart 1251, 15.
  fr. Jehan Boilo 1288, 360.
Girairs de lai chaipelle 1281, 209, 440;
  outre Saille 1288, 474. [1298, 280.
Gerairs — d'Erkancey 1288, 24; 1293, 389;
Gerairt — d'Espainges 1288, 61b. [1298, 2.
Gerars — f. Guerart d'Espainges 1285, 264.
Gerairs — de Manwert 1285, 435.
Godefroi — † 1269, 170.
Gnis — de S. Hylaire au pont Rainmont,
  maistres 1267, 287.
Hanris — de Failley 1288, 139.
Hanrit — de S. Eukaire 1281, 13, 35, 43, 480;
    1285, 240, 475; 1288, 68, 205.
Hanrit grant — de S. Eukaire 1290, 457a.
Herbes — de Flurey 1298, 443.
Howon — (davanterien) de Vallieres 1277, 194.
Ymerz — de S. Gergone 1269, 175.
Ysambars fr. Ailexate fm. Bauduyn
  Marasce 1281, 145.
Jakes — 1269, 133.
Jaike — f. Adan lo tupenier 1267, 170.
Jake — f. d. Belle 1278, 489.

---

[1]) *Der Titel* signor, *der fast nie vor dem Namen fehlt, ist einige Male weggelassen; sein Fehlen wird durch schräg gestellte Ziffern bezeichnet.*

[2]) *De Wailly 347/8 (1296 a. St.), 351/2,* 354 *(1297),* 366 *C (1298),* 371/2 *(1299),* 381, 383 *(1300).*

prestes 526 II. Stand und Gewerbe

Jaike — f. Jeudon d'Airei † 1288. 51. [400.
Jaikes — de Gorze f. Matheu lou feivre 1290.
Jakes — de Nostre Dame la Ronde 1275. 120.
Jaikes c'on dist d'Onville - 1298. 599.
Jaikes — des Proicherasses 1288. 172.
Jaike — de Retonfayt 1277. 154.
Jakes — de S. Madart 1269. 114; 1275.
  493; 1277. 95, 373; 1278, 267; 1279. 278;
  1285, 240, 475, 493; 1288, 68. 137. 543;
Jaikes — de S. Marc 1262. 147. 414. [1290. 34.
Jaikes — de Ste Segnelenne 1290. 147. 148;
  1293. 388.
Jake — de Siey 1269. 156; 1278. 602, 613;
Jakemin — 1241. 100. [1279, 339.
Jehan — 1288, 455.
Jehan — maistre Abrit 1290. 210.
Jehans - saleriers l'arcediacre Bertoul 1281.
Jehans — de Drowenei 1285. 305. [14.
Jehan — de Failley 1293. 533.
Jehans — de Juxey 1293. 162; 1298, 595.
Jehans — de Longeawe 1298, 559.
Jehan — de Luppey 1293, 500.
Jehan Bone — de Loppei 1267, 248.
Jehan — d'Orcevals 1288. 23.
Jehans Chainerles — de l'Ort 1290, 177.
Jehans de Vallieres 1277, 194.
Jehans — de S. Estene lou Depaneit 1267,
  296; 1275, 169; 1278, 242; 1279, 229; 1281,
  424; 1285, 66, 67, 68; 1288, 1; 1298, 84.
Jehans Sanguewins cureirs de S. Estene
  lou Despaineit 1293. 50.
Jehan - de S. Gengoult¹) 1298. 101.
Jehan Blanche — de S. Gorgone 1227, 18.
Jehans — de S. Jehan lou Petit 1298, 91.
Jehans de S. Jorge 1275, 480; 1293,611; 1298.
Jehans Lowis — de S. Laizre 1288, 285. [621.
Jehan Berbate - de S. Mamin 1279. 107;
  arce — de S. Mamin 1288, 37. [1290. 34.
Jehans grans — de S. Mamin 1288. 175.
Jehans — de S. Mamin 1290. 143.
Jehans — de S. Martin (en Curtis) 1275.
  411; 1288, 28, 492; 1290. 147. 143, 346.
  439, 582; 1298. 290, 471, 551.

Jehan grant — de S. Martin 1290. 191.
Jehans — f. Jaikelo de Metri 1275. 1, 276.
Jehans — f. Piereson lou taillor 1285, 428;
Jehans Corbelz 1298. 252. [1293. 285.
Jehan a Grant neis — 1293, 324.
Jehans f. Maiguetin 1290, 474.
  f. Lowiat Maiguetin 1293, 233.
Jehans Maiguetins - 1298. 63, 64, 268, 448.
Jehans Nerlans — 1285, 45; 1288, 68.
Jehan — c'ou dist lou Roi de Galles 1298,
Lambert — des Bourdes 1262, 127. [628.
Lowit —¹) 1285, 143; 1290. 498; 1298, 191.
Maikaires - 1298, 261. 457.
Martins — 1277, 139. 140.
Martins — d'Enrecourt 1298, 600.
Matheus — fr. Jennin Strasons 1269, 37.
Matheu dou Champel - - 1275, 62.
Matheu — Nicole Chapesteit 1278, 582.
Matheus — de S. Hylaire 1277, 205, 242.
  de S. Alaire a pont Renmont 1278. 415.
Maitheus — de Warmcranges 1288, 143.
Neumerit - de S. Martin 1285, 357. [508.
Nicolles — de S. Alare a Xanleur 1290, 500,
Nicholes — marlierz de S. Estene 1269,320.
Nicolles — de S. Seplixe 1288, 386b; 1290.
Nicoles — de Ste Croix 1267. 296. 488. [74,147.
Nicolles - - de lai cymetiere 1293, 286.
Nicoles — de Jerney 1279, 310.
Nicolles — de Juef 1298, 306.
Nicole Barbiz — 1269. 509.
Nicolles — f. Theirion Canelle 1277, 339.
Nicolles Gouverne 1298, 398.
Ottes — de S. Girgone 1277, 173, 308; 1278.
  616; 1293, 216, 334. 436.
Oton — de S. Hylaire (PM) 1277, 214; 1279.
Otton arce — de Theheicort 1245, 35. [383.
Pieres —²) f. Alexandre lou permautier
  1293, 560.
Pieres — f. Tieriat lou Gromaix de Wa-
  pey 1298, 189.
Pieres — d'Awigney 1293, 473. [452.
Pieres — de S. Aman deleis S. Clemant 1290.

---

¹) De Wailly 335 (1294 a. St.). 347,8 (1296
 a. St.) maistres de lai commune frairie des
prestes parrochas de Mes.

¹) Prost XLIX. 1256 Lowi lou prestre de
S. Hylaire (OM).
²) Bannrollen I. LXXX (30) sr. Pieres li
prestes, ke maint au Romesale.

Pieron — de S. Marcel 1269, 477; 1285, 496.
Pieres — de Ste Segolene 1275, 142; 1285, 326.
Pieres — de S. Supplise   1281, 80.
Poinsignon —   1298, 400.
Poencignons — maistres de l'ospital de
   Porte Mosselle   1267, 177.
Poinsignon — de Porte Muselle 1288, 536,
                                537; 1293, 624.
Poincignon — f. sg. Huon le Besgue †
                    1269, 235; 1278, 127, 131.
Poencignous — f. sg. Howon Gracecher
        1267, 176; 1275, 512; 1281, 58, 552.
Poinsignon — Graicecher 1290, 101; 1293,
                                 134, 135.
   Jehans f. (v. I. Graicecher 10) 1298, 576.
Poinson — de S. Vy   1290, 551.
Poinson Chadiere de S. Vy 1290, 548; 1293.
Poinson — f. Gerart Chadiere 1281, 613. [603.
Poujoize — de Siey f. Poujoize Coulon †
Priueit, —   1281, 159. [1290, 259.
Rainniers — de S. Vy   1277, 414.
Renalz — de S. Ferrace   1269, 362.
Renmont — de Jopertcort   1288, 565.
Richairt — 1278, 385; 1285, 177b; 1290, 299b.
Richart — f. Piereabuy   1277, 472.
Richart — de S. Gengoul   1267, 45, 418;
            1277, 101; 1290, 493.
Richars — de S. Jehan a Nuefmostier 1285.
Richier — de Chairley   1293, 1. [519.
Robers — l'arcediacre Lowit   1290, 241.
Symon —   1285, 62au.
   Houdions meire   1267, 76.
   ms. an Nekesierue   1288, 99.
Symon — de Nekisselrue chanone du Ste Marie
   as nonains   1269, 317.
Symons — ke fut chaipelains sg. Nicolle
   dou Nuefchaistel   1288, 387.
Symons — de la rue lou Uoweit 1293, 315;
                       1298, 327, 627.
Symons — de S. Ferrusse   1298, 62, 411.
Symon — de S. Jehan   1267, 211.
Symons — de Ste Glosenne   1279, 490.
Symons — de Ste Siguelainue   1269, 296.
Simons arce — de Teheicort   1278, 47.
Thiebas — de Brionne 1275, 61, 253, 453;
                       1277, 121; 1279, 845.
   c'on dist de Brionne   1281, 369.
Theirit —   1278, 111; 1281, 109.

Thierit — d'Ansey   1288, 264.
Thieris — de Croney   1279, 330.
Teirit — de Millerey f. Jakemin Chinalleir
   de S. Julien †   1278, 425.
Thierit — de Thionville   1275, 234.
Thomes —   1275, 227. [264.
Thomes — de Ste Creux 1293, 53b, 89, 183.
 = Thomes cureir de Ste Creux 1293, 78.
Thomes — de S. Eukaire 1267, 387; 1269,
     119, 247; 1278, 498, 499; 1279, 213, 216,
                   461, 482; 1281, 245.
Thomais arce — de Mes   1275, 406.
Vgues — de Chastels   1281, 327, 634.
Vlrit Morel, —   1251, 169.
Viuiens de Bouxieres — (v. avocas, clers)
Watier   1281, 29. [1298, 41.
Weiris de Nonviant — de lai chaipelle
   Bairbe   1298, 66. [267; 1285, 143.
Weiris — de S. Louier 1277, 95, 373; 1278.
Weiris — de S. Maimin   1298, 244.
Werris — de S. Seplise   1293, 345.
Weiris — f. Ranille   1281, 448.
   f. Thieriat Ranille 1277, 281; 1288, 118;
                         1290, 214, 446.
— Weirit Rauille —   1288, 511; 1293, 446.
Wernier —   1298, 188. [1298, 43.
Wiairs — f. Jehan Bobairt de Wauille †
Willame — de S. Jehan 1277, 373; 1285, 403.
 = Willame — de S. Jehan (deleis) a S. Cle-
   mant¹) 1277, 323; 1285, 240, 475; 1288,
       42, 68, 137, 248; 1290, 34, 44; 1298, 101.
Willame — f. Simonin lou permantier 1277,
Willame Bokehor   1245, 194. [414.
Willames — f. Colignon Graitepaille 1288,
   f. Colignon Graitepaille † 1293, 413. [535.
— Willames Gratepaille —   1298, 304.

prevos *prévôt (praepositus). Propst, Vor-
   steher, Profoß.*
prevos, prevost 1262/98, prevoz 1269.
      a) Geistliche:
li — et li chanone de Nostre Dame 1279,
               484; 1290, 107.

---

¹) *De Wailly 335 (1294 a. St.), 347,8.
(1296 a. St.), 351/2, 354 (1297)* maistres de
lai commune frairie des prestes parrochas
de Mes.

— de Nostre Dame. sg. Jaike lou chaucillier de la Grant Eglize de Mes ki est en leu don 1298. 227.
sg. Thieri — de S. Anoual 1262, 29.
lou — de S. Arnual, sr. Symons d'Arnaville chanones de Mes n. 1285, 263.
lou — et lou chapitre de S. Bernart de Monjeu 1293, 646.
li — de S. Glosanne (v. prestes) 1275, 178.
sr. Badewins li prestes, — de Ste Marie as nonains 1279, 314.
sg. Pieron Noixe — de S. Sauor 1281, 559.
sr. Jehans ke fut — de l'ospital des clers. ms. an la rue S. Vy 1288. 251.

b) Weltliche:

d'Ars (OM), Jennas f. 1278, 190.
— de Chastels, Hanrekel f. 1290, 585.
vg. lou —, ou ban d'Ercancey 1278, 384.
t. lou —, on ban de Maicline 1290, 355.
er. lou — de Moulins (v. prevoste) 1278, 173.
Abertin — de Remlevanges, ms. en Rues de S. Julien 1267, 274.
Aucillons — d'Otonuille, vg. (PM) 1269, 39.
Coinces — de Holdanges, ms. daier S. Hylaire (PM) 1290, 297.
Jaike —, c. ms. an Chambres 1288, 121.
Jaikemins — (v. I. li Maires 1, III. S. Vincent) 1262, 95; 1269, 126; 1275, 466; 1277, 94, 161; 1279, 145; 1288, 524; 1290, de S. Vincentrue 1275, 86. [264. ke maint davant S. Vincent 1285, 176. d'Outre Muselle 1281. 106.
Jennat — d'Ars (OM), Steuenins f.; en la rue lou Uoweit 1298. 564.
Colins f., ms. a Ars 1298, 565.
Jenin —, vg. outre Saille 1275, 427.
Lowiat —, t. enc., a Maicline? 1298, 260.
Lowion — de Wolmerangest, Petres li clers f. 1285, 151.
Ralat — de Briey, Ysabels f., Mateu Bellebarbe fm., er. doneit ou Tanple 1298, 646.
Rennier viez — d'Ars, teulerie (OM) 1275, 431.
ke fut — d'Ars, vg. en Bordes 1285, 490.
— d'Ars, Jennat f., vg. en Bordes 1275, ai Ars 1281, 104. [451.
Jennat l'anneil f., vg. en Bordes *etc.* 1290, vg. (OM) 1293, 604. [119.
Richerdin —, vg. a Retonfays 1287, 475.

= Richerdin — des Astans, ban a Retonfayt 1298, 13.
Robin — d'Onville, ost. (OM) 1288. 279.
Simonin — d'Espainges, er. ou ban de Sorbey 1278, 151.
Willames d'Aspere — de Lussanbor, daimme a Rymeranges 1285, 563.

prevoste *Gattin des Profoß.*
Gerardin j. —. jarding lou prevost de Molins 1278, 173.
Gerardin j. — de Molins, t. ar. ou ban S. Arnolt ai Ars (OM) 1281, 641.

prevostel = prevos v. 1288, 524, 1290, 509. (v. I. Preuostels).
vg. a la Piere (OM) deleis — 1278, 187.
en coste — 1278, 348.
Jaikemin, avelet — 1293, 388.
Jennat Xordel, fr. — 1290. 509.

princier *erster Vorstand des Domkapitels, Dompropst.* v. III. B. Grant Eglixe.
princiers[1]) *Zuname?*
Bauduyns — de Fontiguei[2]) 1275, 170.

prinsiere *Zuname?*
prinsiere 1298, prescire 1293. [1298, 557.
Mergnerate — de Frontigney, Gerairs f.
Gerairs et Martins, enf. — de Frontigney 1293, 546.

prious *prieur, Prior.*
prious 1269, 1281, 1288/1293, priours 1267, 1298, priour 1285, priors 1277, prior 1278, 1281, 1290, 1298. v. III. Abes, Augustins, Nostre Dame as Chans. Preit, Proichors, S. Piere as Arainnes.

priouse *prieure, Priorin.*
priouse 1269, 1277, 1281, 1290, priouze 1279, 1281, 1288, 1293, priose 1277. v. III. Proichorasses, Repanties, Vigne S. Marcel.

---

[1]) *De Wailly 350 H (1297)* terre (a Airs) autre la terre Abert Graiseteste et la terre Jenel lou prinsier.
[2]) v. IV. Fontiguei *Anm.*

procurour *(procurator) geistlicher Würdenträger.*
sg. Nicolle — de Nostre Dame as Chaus 1281. 203.
prodomme v. l.
provancels *Geldwechsler aus der Procence.*)
v. I.
provandiere *prébendière. Pfründnerin.*
Poensate — de S. Laddre 1267, 101.

proveor *(provisor) Vorstand.*
proveor 1281, ponrveour 1278, porveours 1267. v. III. Menors.

quartiers *jaugeur, Aicher.*)
quartiers, quartier 1241, 1251, 1267, 1269, 1285, quarteirs, quarteir 1279, 1285, quairtiers 1281, 1288, quertier 1288/1293, kartis 1220.
ms. des — (PS) 1267, 60.
Domangins li Gronnais —, an S. Nicolairuwe, 1281, 495; 1285, 365.
Garsin de Desmez —, davant Nostre Dame as Chaus 1269, 85. [1293, 427.
Gerairs —, devant Pairemaile 1288, 129;
Goudefroit —, outre Saille a la croix 1251, Henris — 1220, 7. [216.
Jakemin —, Lukin f. 1279, 391.
de S. Julien † 1279, 183.
Jennat — 1290, 3.

---

¹) *Ben. III, 233 (1288 a. St.)* com ne puet, ne ne doit om paure, des or en avant, Loimbairt, ne Provensal, ne Tosquain, ne Coessins, ne gens prestant a montes, keils k'il soient, d'autres terres, por mennant, ne por bourjois de Mes, se par lou concel de toute la Citeit de Mes n'estoit.
²) *Roquefort II, 410* quairthier *mesureur juré des grains.* — *Ben. III. 217 (1268)* Nous, ly Maistre Eschevin, et li Trezes Jurez de Mets, faisons congnissant a tous cil et toutes celles qui venderont sel, doyent redresser leurs mesures, grandes et petites, a l'Ospital ou Nuefbourch, et y doient mettre l'enseigne de l'Ospital.

et Ameline fm., sor Saille 1241, 81. [49.
Rikewins — de l'ospital, an Chaureirne 1285, = Rikewin — d'Ucanges ke maint an Chaureirne 1288, 455.
Symonas — de l'ospital, an S. Nicolaisrowe 1285, 365.

queleir *faiseur de chaises, Stuhlmacher.*
Maiheu —, en Vesignuelz 1293, 455.

queleire *Stuhlmacherin.*
Jouwate —, Jehan f., j. Pierexel l'Afichiet 1298, 403 ᵃ.

quertier v. quartiers.

radour *radeur, mesureur, Salz- (Korn-) messer.*¹)
Thieriat — d'Orgney † 1290, 188a.

ranclus *reclus, Klausner.*
— de S. Genoit, vg. aus Wacuels, vg. daier S. Simphorien 1241, 19, 111.
Watier — de Nonviant, Gerardins f., et Cunins srg. 1281, 524.
Watrin — de Nonviant, Gerardin f. 1277, 359.

rancluse *recluse. Klausnerin.*
—, ost. davant S. Gengoult 1293, 222.²)

recuvreires *courreur, Dachdecker.*
recuvreires 1281, 1293, rekuvreires 1269, recuvreres 1278, 1293, recuevreres 1262, recovreires 1278, recovror 1241, recuvror 1279, recuvrour 1290, 1298, recouvrour 1262, rekevronr 1277, recovatour 1285, 1293, recuvetor 1262.
Alart —, Weris f. 1241, 27.
Bertrans Xoxou - 1293, 383.
Besselins — 1293, 366, 458.
Colairt , daier S. Marc 1262. 414.

---

¹) *Roquefort II, 427* radoire: racloire, *l'outil dont les mesureurs se servent pour racler ce qui excède les mesures; radulatorium.*
²) *Prost XV, 1229* vigne au la Planteire ke pairt a la vigne la rancluse de Sainte Marie.

Domangins —, en Chapourne 1262, 181.
Guerceriat — 1290, 51a.
Jehans dou Venier — (PS) 1293, 81.
Jennas Patrouwes —. an la ruelle (daier S. Eukaire?) 1281, 245.
Lambelin — de la rue lo Voueit 1262, 102.
Lorans — 1278, 480.
Matheu —, en la Nueve rue 1277, 48.
a Wappey 1279, 147.
Perrin —, daier S. Hylaire (PM) 1285, 306.
Pieresons de Ste Rafine — 1278, 617.
Mahous fm. 1298, 671.
Portemandeu —, en lai Nueve rue 1293, 249.
Richars — de Chandeleirue, outre Muselle 1269, 286.
Symonas Morillons — (PS) 1293, 81.
Wiars — et Perrins f., en Anglemur 1293, 128.

retondeires *tondeur, Scherer, Tuchscherer.*[1]
Colins —, a pont a Moselle 1275, 255.
Jehans — f. Pierexel lou Boistous 1298, 385.
Lowias Kairetaulz —, en Rimport 1275, 303.
Maitheus — 1288, 14.

rotier *joneur de rote, Lautenspieler.*
Weriat —, 3 ms. en Anglemur, 2 ms. daier S. Marc 1275, 131.
= Weriat Rotier, en Anglemur 1278, 182.

rowelr *agent-royer, Wegeinspektor?*
roweir 1241, 1288, rueirs 1279.
Colin —, ou Champ a Saille 1241, 179.
Jennat Cugnat - —, an lai rowelle S. Arnout 1288, 423. [568.
Thomes —. a la creux outre Moselle 1279,
Weirit —, an lai rowelle S. Arnout 1288, 423.

saibleis *sablier, Sandverkäufer, Sandgrubenbesitzer.*
saibleis 1285, saibleiz 1279, saibleir 1293, saiblier 1281, sableir 1285, sablier 1281.
Enriat — et Jennin fr.. daier Ste Creux 1281,
daier Ste Creux 1285, 218. [89.

seur Hauriat Bouchier 1281, 69.
Jehans f.. Jehans ces o. (PS) 1281, 461.
Enrion —, Jehans f. 1281, 69.
Euris —, daier S. Martin 1279, 210.
sus lou Mur 1281, 273.
Jehans —; (PS) 1285, 218; 1293, 580.

saieleires, saieleres *garde des sceaux, Siegelbewahrer.*
Jehans — fr. sg. Simon de Sallebor, sus la rowelle en Chanbieres 1298, 140.
maistres Willames — de la grant court de Mes, en Nikesierawe 1298, 346, 347.

sallier v. celliers.
sainexal v. senexal.

sainnor *qui tire du sang,*[1] *der zur Ader läßt, Schröpfer.*
sainnor 1275, 1278, sainour 1281, seinor 1245.
Adan — (PS) 1275, 213^14.
sus lou Mur 1278, 106.
Gerardin —, ensom Vies Bucherie 1278, 542.
†, Perrin f. (v. berbiers) 1281, 286.
Thierion —, outre Saille 1245, 227.

sainnerasce *die zu Ader läßt.*
Poinsate —, a pont a Moselle 1275, 255.

saiveteir v. savetiers.
saliers, salier v. celliers.

salleriers *(cellarius) sommelier, Kellermeister.*
salleriers, sallerier 1288, 1290, sallereirs, sallereir 1293, 1298, saleriers 1281, celleriers. cellerier 1290, 1298, celeriers 1288.
— de S. Vincent 1290, 319.
Jaikemin - l'abbeit de S. Vincent 1290, 473.
Jaikemins de Noweroit — l'aibeit de S. Vincent 1288, 91.
sr. Jehans li prestes li — l'arcediacre Bertoul 1281, 14.
sr. Jehans li prestes — de S. Piere as nonnains de Mes 1290, 480.
lou — (vg. a Maigney) 1298, 541.

---

[1] *Godefroy VI, 689² ouvrier qui retond. Roquefort II, 478 corroyeur, tanneur, tondeur de draps.*

[1] *Godefroy X, 609 saigneor.*

II. Stand und Gewerbe 531 **sanexal–sires**

Jennas – de Maigney 1293, 506, 507; 1298, 104.
Thierias — de Porte Serpenoise 1288, 34.

sanexal v. senexal.

sanier[1]) *marchand de sel, officier de grenier à sel Salzverkäufer, Arbeiter oder Aufseher in der Salzniederlage* (Sancrie)
sanier 1269, saney 1288.
le —, ms. enc. Martin lo Gous (PM) 1269, 38ᵈ.
Weirion — 1288, 221.

saniere *Salzverkäuferin*.
saniere 1290, sancre 1269.
Guertrus — de Sancrie 1290, 357.
Yderon —, en Stoixey 1269, 32.

sarchieres *(circator)* v. III. B. Grant Eglixe, cerchieres.

sarrier *taillandier, Sägenschmied? oder scieur, Säger, Brettschneider? oder serrurier* (so *Godefroy VI, 399) Schlosser?* (serre = scrie *Säge, aber auch = serrure Schloß*).
Weirion — (PS) 1267, 41.

savetiers *Flickschuster*.
savetiers 1269, saiveteir 1298.
Adenas — de la Posterne, forjugies 1269.
Olleuier —, en Chaponrue 1298, 294. [569.

segnor, seignor v. sires.
seinor v. sainnor.

senexal *sénéchal, Seneschall*.
senexal 1262, 1267, 1290, 1298, xenexal 1267, 1281, les senexaulz 1277, seneschal 1241, sainexal 1288, sanexal 1298, Grant senexal 1290.
ban —, vg. ou ban de Nowaiseville doit
12 d. a 1298, 36.
vg. et pr. en la fin de Nowilley ou ban S.
Pol et ou ban — 1288, 16.
champ — (PS) 1298, 238.
la cort — 1241, 35, 36; 1267, 70.

---

[1]) *Roquefort II, 521* saunier, *Godefroy X, 617* salnier.

vg. et chak. ke fut — a Montois 1281, 189.
broil a pont a Ancernille ke fut — 1290, 212.
prei t a Ancernille ke fut lou Grant — 1290, 183.
— d'Anceville, t. desous S. Andreu 1262, 178.
t. en Belnoir 1267, 36.
les — d'Ancerville, er. a Manit (PS) 1277, 363.

sergens *serviteur, Diener*.
sergens 1281, seriant 1241.
Gerardins li Bagues — Thiebaut Fakenel 1281, 10.
Werion — Magnart, forjugies 1241, 203.

servoixour *brasseur, Bierbrauer*.
maistre Adan —, au pont des Mors 1267, 135.

sires, signor *seigneur, Herr*.
sires, signor 1227/1298, sirez 1269, sire 1227, 1241, 1281, 92, segnor 1220, seignor 1220, 1269, 1275, signour 1288, 1298. v. II. chanones, doiens, ermites, moinnes, prestes, prevos.
sr. Bertrans Graivice clers 1275, 61.
sr. Jaikes d'Ames clers 1285, 145, 543.
sr. Jehans Boinvallas clars d'Outre Saille 1277, 1.
sr. Rous clers de Chambres 1281, 173, 207.
sg. Jehan 1288, 371.
sg. Nicole f. Jennin lou wastelier de Chastels 1285, 548.
sg. Nicole fr. l'abbeit de S. Arnout 1267. 119.
sg. Robert fr. l'abeit Jake de S. Pieremont 1298, 189, 655.

d'Aiest, Jofrois v. I.
de l'Aittre, Pierron 1251, 143, 144. I.
d'Aix, Felippe (d'Ais, d'Aist) I.
Aixiet, Jofroit I.
d'Alexei, Willame 1281, 78. IV.
d'Amance, Anchiet 1278, 389. IV.
d'Ancey, Weirit 1267, 363. I.
d'Ars (OM), Cunes I.
„ , Simon I.
d'Aspremont, Willame 1285, 537. IV.
lou Bague, Huon I.
Bairbe, Huwes I.
„ , Weiris I.
de Baisei, Aubert 1262, 173. IV.

34*

Barnèwit, Jehan		1267, 489.	I.	de Coloigne, Poinces		I.
Baron, Gerairt, chanone			I.	Colon, Vgon		I.
„ , Lowit		1275, 111.	I.	„ , Nicolle	1281, 437.	I.
Bataille, Hanrit		1290, 133*.	I.	de Cons, Poinson		IV.
„ , Jehans			I.	Corbel, Jehan		I.
Bazin, Cunon	1278, 68;	1281, 270.	I.	Corpel, Thieri		I.
„ , Howin		1267, 271.	I.	de la Cort, Jehans		I.
„ , Jake		1279, 96.	I.	„ , Willames, chanones		I.
de Bazoncort, Andrev		1281, 553.	IV.	de Criencourt, Symons	1279, 268.	IV.
Bellebarbe, Jehan			I.	de la Croix (OM), Hvon	1241, 48.	I.
Bellegree, Wautier		1269, 439.	I.	de Croney, Pieron lou Gros		IV.
de Bertranges†, Joffrois, et li — Joffrois ces filz		1293, 26.	IV.	„ , Simon	1241, 65.	IV.
Beudin, Lowit 1269, 289; 1285, 230 a.			I.	Descors, Thierit	1285, 167.	I.
de Billei, Eurrit lo voneit		1262, 103.	IV.	Dores, Nicoles	1241, 66.	I.
Blondels, Hanris		1281, 627.	I.	d'Ennerey, Adelin	1267, 122.	IV.
de Blouru, Nichole		1269, 94, 239.	IV.	l'Erbier, Lowit	1267, 151, 297.	I.
Boilawe, Jakes			I.	d'Erkancey, Mathen	1278, 233.	IV.
Boinvallas Jehans, clars d'Outre Saille			I.	„ , Poinson		IV.
de Brades, Symon		1281, 91.	IV.	d'Espainges, Nicoles	1262, 172.	IV.
de Briey, Ancels		1269, 300.	IV.	„ , Poinson		IV.
Brixepain, Thierit 1285, 53; 1298, 415a.			I.	Fakenel, Jaike		I.
Brulevaiche, Nicole			I.	„ , Nicoles		I.
de Brunville, Gerart		1290, 109.	IV.	„ , Thiebans		I.
de Bu, Piere		1269, 317.	IV.	Faixin, Felippe		I.
lou cellier, Otton		I. Otins.		de Felix, Gerart	1278, 610.	IV.
Chabotel, Pieron		1275, 465.	I.	de Fontois, Eurit	1281, 317.	IV.
Chaie?		1288, 54.	I.	de Forchiet, Mainechiet	1288, 481.	IV.
de Chaignei a Airs, les signors dou ban		1290, 481.	IV.	de la Fosse, Pieron 1269, 336; 1278, 278.		I.
				Fouras, Thiebans	1288, 1*.	I.
de Chailley, Symon		1285, 64.	I.	Gaidat, Girart		I.
de Chaubleiz, Willame 1267, 16; 1279, 9.			IV.	Gol, Huon	1269, 186, 307.	I.
de Chambres, Jaike		1288, 113.	I.	Golias, Jehan	1269, 211.	I.
„ , Matheu			I.	de Gorze, Garcires		I.
dou Champel, Burteran		1285, 247.	I.	„ , Jaike, chanone		I.
de Champels, Abert			I.	„ , Martins 1285, 469; 1290, 242.		I.
de Champillons†, — Garcilles f. Poencin		1279, 186.	IV.	„ , Willame, chanone		I.
				Goule, Jaikes	1298, 1*.	I.
de Charisey, Renalt		1275, 124, 236.	IV.	„ , Jehans		I.
de Chastels, Forkon			I.	Gouerne, Jehans		I.
„ , Howon		1288, 277.	I.	Gouions, Ysanbart	1277, 472.	I.
„ , Pieron, chanone			I.	„ , Nicoles		I.
„ , Poenson			I.	Graicecher, Huon		I.
„ , Simon, doien			I.	„ , Pieron		I.
Chatebloe, Simon		1275, 386, 387.	I.	li Gronais, Jaikes		I.
de Chauancey, Poinsart		1275, 438.	IV.	„ , Jehans		I.
Clariet, Maheu		1290, 498.	I.	„ , Jofrois		I.
de Coligney, Otton		1281, 58.	IV.	„ , Nicoles		I.
				„ , Philippes		I.

II. Stand und Gewerbe 533 sires, signor

li Gronais, Poinces		I.	Marcout, Pieron		I.
„ , Thiebaus		I.	de Marsal, Renalt		IV.
Haike, Gilles	1298, 657.	I.	Mauexin, Pieron		I.
de Hatanges, Thierit	1277, 432.	IV.	„ , Richars	1227, 1*.	I.
de Heis, Yzambairt	1285, 353.	IV.	li Merciers, Girars		I.
„ , Jehans	1285, 353.	IV.	„ , Jehans		I.
de Heu, Gillon		I.	„ , Lowit	1279, 515.	I.
Hochedeit d'Ars, Jehan		I.	„ , Maheus		I.
Yngrans, Abris		I.	de Mernals, Enrit	1281, 151, 511.	IV.
Ysaugrin, Arnout	1269, 13.	I.	Meute, Jehans	1293, 206.	I.
de Jandelaincort, Lowit		IV.	Miesade, Jehan	1293, 221.	I.
„ , Renalt 1281, 73; 1285, 28.		IV.	de Mirabel, Howon	1279, 349.	IV.
de Jeurne, Bertran		I.	de Mowauille, Jehan		IV.
„ , Forkon		I.	de Moielain, Thiebaus		I.
„ , Jehan	1267, 119.	I.	de Moieuvre, Andreu 1279, 279; 1281, 582.		IV.
„ , Remei		I.	lou Moinne, sg. Poenson (v. III. 8. Ar-		
„ , Warnier	1241, 41.	I.	nout)	1267, 196.	I.
de Joenei, Naimeri	1220, 32.	I.	de Moutenier, Jaikes 1279, 518. I. Lombairs		
de Lay, Warnier	1227, 39.	IV.	de Montois, Bertran		I.
de Laibrie, Thieri		I.	„ , Hanrit		I.
la Quaile, Jehan	1293, 587.	I.	Morel, Eons	1281, 632.	I.
de Lescey, Forcon	1281, 145.	IV.	Naire, Simon	1269, 513.	I.
„ , Gernaises		IV.	Noise, Jehan 1267, 211; 1269, 84.		I.
de Lesces, Abert	1285, 143.	IV.	de Nomeney, Ancel	1267, 154.	IV.
„ , Gerairs	1278, 151.	IV.	de Nouviant, Ancel		I.
„ , Jaikes	1278, 151.	IV.	„ , Gerart		I.
de Lorey (OM), signors		IV.	„ , Jake		I.
lou Louf, Watier		I.	„ , Paillat	1293, 343.	I.
Louve, Bauduyn 1277, 32; 1285, 92.		I.	„ , Pieron	1298, 163.	I.
de Loueney, signors	1293, 305.	IV.	„ , Thierit		I.
de Luestanges, Thiebaut	1281, 358.	IV.	„ , Werrit	1298, 163.	I.
de Lussambor, Lowit lou Gros 1279, 27.		IV.	de Noweroit, Bertal	1298, 137.	I.
de Luverdun, Symon	1285, 28.	IV.	dou Nuefbonre, Bernart	1267, 342.	I.
Luxies, Pieron	1290, 26, 217.	I.	dou Nuefchastel, Cunes		IV.
Makerel, Alixandre	1269, 128, 154.	I.	„ , Jaike		IV.
„ , Jake	1269, 375.	I.	„ , Jehans des Estans		IV.
„ , Roul		I.	„ , Nicole		IV.
de Maigney, Jehan	1288, 227.	I.	„ , Renals		IV.
„ , Lowit	1278, 80, 81.	I.	d'Oixey, Badowin 1278, 387; 1281, 471.		I.
de Mairauges, Asselin	1269, 509.	IV.	„ , Thieris		I.
„ , Willame 1288, 543, 569.		IV.	d'Onville, Cunon	1298, 619.	I.
li Maires, Thiebaus		I.	d'Orei, Warri	1269, 72.	IV.
de Mairley, signors		IV.	d'Orieucort, Hanrit	1275, 124, 236.	IV.
„ , Maiheu	1281, 146.	IV.	d'Ottanges, Johan	1245, 233.	IV.
„ , Matheu 1277, 118; 1285, 275.		IV.	d'Ottonville, Abert		I.
Malebouche, Bauduyn	1275, 192.	I.	d'Outre Muselle, Poinson		I.
Malschenaliers, Matheus	1241, 32.	I.	Paillat, Jehan		I.
lou Marchant, Ysambart	1275, 232.	I.	Papemiate, Jehan		I.

sires, signor 534 II. Stand und Gewerbe

Piedeschals, Bertals	I.
„ , Jehans	I.
„ , Phelippe 1251, 36; 1262, 379.	I.
„ , Werris 1298, 203, 500.	I.
Piereabay, Richart 1279, 135.	I.
Pilaitre, Wernier 1281, 599.	I.
dou Pont, Conrart 1267, 87.	I.
„ , Jaikes	I.
de Porsaillis, Arnolt 1251, 115; 1281, 76.	I.
„ , Boenuallat	I.
„ , Maheus 1251, 1*.	I.
„ , Pieron	I.
de Porte Serpenoise, Ferri	I.
„ „ , Huon 1227, 19.	I.
de Porte Muzelle, Druwe 1288, 108.	I.
„ , Hanri 1269, 41.	I.
„ , Lambert 1262, 295.	I.
„ , Pieres	I.
„ , Troisin	I.
„ , Wichart 1227, 14.	I.
de la Posterne, Gober 1262, 363/366.	I.
„ , Mateus 1227, 11.	I.
l'oujoize, Simon 1278, 233; 1279, 488.	I.
don Puix, Nicolle 1281, 259.	I.
Rabowan, Jaike	I.
de Raigecort, Filippe	I.
„ , Jehans	I.
„ , Poince 1298, 234, 283.	I.
de Richiermont, Herman	IV.
Rogier, Thierit 1290, 173.	I.
lou Roi, Bauduyn	I.
„ , Estene	I.
Roucelz, Jaikes	I.
de Rozerueles, Renalt 1285, 491.	IV.
de S. Julien, Ancel 1262, 270.	I.
„ , Aubert 1251, 259.	I.
„ , Jehans, maires 1262, 110.	I.
de S. Polcort, Aubri 1267, 397.	I.
„ , Jehans	I.
de Ste Marie a Chene, Ancel 1288, 513.	IV.
de Ste Marie, Simon 1277, 146.	IV.
de Sairley, Gerars 1278, 661; 1293, 77.	IV.
de Sallebor, Simon 1298, 140.	IV.
de Sanei, Werrit 1278, 646.	IV.
de Sanerie, Pieron	I.
„ , Pieres f. d. Nicole	I.
li Sauaiges, Arnous - 1267, 150, 467.	I.
„ , Renalz 1288, 401a.	I.
de Serieres, Richairt 1298, 512.	IV.
de Siey, Jehan, chanoine 1267, 219.	I.
„ , Pieron 1267, 467; 1290, 245.	I.
de Sorbey, Alexandres 1290, 183, 212.	I.
„ , Gerart	I.
de Strabor, Nicole 1281, 38; 1293, 530.	I.
„ , Poenses	I.
de Sus lou Mur, Alexandres	I.
„ , Richairs	I.
de Tassey, Lounit 1220, 35.	IV.
„ , Renald 1220, 35.	IV.
de Theheicort, Roul 1293, 187.	IV.
Thomes, Pieron	I.
de Tionuille, Arnoul 1227, 9.	IV.
Tiguienne, Arnolt 1293, 160.	I.
„ . Filipe 1288, 217a; 1298, 403.	I.
de la Tor, Jehan 1269, 368.	I.
Troixin, Poinson	I.
„ , Werit	I.
le Trowant, Baudowin 1251, 99, 112.	I.
„ , Esteuene 1279, 518.	I.
„ , Jehan	I.
„ , Poinson	I.
de Vallieres, Vgon 1288, 323.	IV.
de Vals, Renniers 1298, 230.	IV.
de Uandoncort, Aubert 1220, 4.	IV.
de Vergney, Jehan 1285, 552; 1290, 447.	IV.
de Vy, Arnout 1267, 247.	I.
„ , sr. Thiebaus f. Collenat 1290, 81.	I.
Vigour, Jehan 1267, 151.	I.
de Virey, Abert 1285, 512; 1288, 410.	I.
„ , Arnolt 1251, 163.	I.
„ , Huar 1227, 30.	I.
„ , Werris 1251, 163; 1298, 241.	I.
lou Voe, Vgon 1251, 70*.	I.
de Weinre, Nicolle 1290, 329.	I.
de Wermeranges, Bertran	IV.
„ , Raul	IV.
Wichart, Jehan	I.
Xauins, Abers	I.
Xoltesse, Goudefroit 1290, 288.	I.
Xordel (Soxdel), Weiris 1269. 15, 354.	I.
Abert 1290, 13.	
Abrit 1288, 506; 1290, 14.	
†, Willermin f. 1251. 104.	
Alixandre 1281, 312; 1288, 495.	
Auces 1227, 37.	

II. Stand und Gewerbe 535 **sires—soudor**

Thierias f. 1278, 221; 1288, 413; 1298, 97.
Aucher, Mahen f. 1227, 14.
Arnolt 1251, 30.
Bernoit o. Gueribede 1245, 36.
Bertran, Jaikemin f. 1267, 77.
  o. Poinsate f. Werion dou Pux 1288, 106.
Burnike, Jehan de Bleno f. 1298, 342.
Burtal 1293, 8.
Cunon 1281, 68; 1285, 95, 480, 481; 1288, 88.
Faukes (v. I. Facon) 1251, 187; 1262, 268.
Ferris, v. I. de Porte Serpenoise.
Forkon v. I. de Jenrue.
Garsire 1262, 227.
Gawein, d. Lucie fm. 1241, 28.
Gilibert, Willemins et Balduins et d. Contesse enf. 1241, 128.
Godefroy, Ansilons f. 1220, 36.
Hector 1267, 81, 213.
  chevaliers 1267, 413, 414.
  fillastres sg. Arnout lo Sauaige 1267, 467.
Ingrant, Jakematte fm. 1251, 78.
Isenbart 1241, 116; 1251, 229.
Jehan 1288, 371.
Jehan, chevalier = sg. Jehan dou Nuefchastel 1279, 520.
Libewin, fm. 1220, 14.
Lowi 1241, 184.
Lowyt, Albelins de Fayz f. 1269, 480.
Matheu, Louuions f. 1220, 31.
Matheu 1262, 64.
Matheu, v. d'Erkancey 1275, 279.
Mercire 1290, 65.
Pieres f. sg. Roy, v. I. de Porte Muselle.
Pieron, v. I. de Porsaillis, de Sanerie.
Poinson, v. I. d'Outre Muselle.
Remei, v. I. de Jenrue.
Richairt, v. I. de Sus lou Mur.
Rigal, Ferris li escuwiers 1298, 8.
Rov, sr. Pieres f., v. I. de Porte Muselle.
Simon, Jaicob f. 1251, 246.
Soifroit †, chauone 1288, 388.
Thieris, v. I. de Laibrie.
Warin 1267, 218.
Warnier †, Fransoi lou courrijer f. 1281, 479.

lou —, a Chailley lou bruel 1285, 169.
signors, ms. a Moncels doit c. 1293, 130.
signors, t. ou ban de Flurey doit c. 1293, 252.

signors, t. ou Juriet doit c. 1298, 50a.
signors, ms. et maix. a Rouzerueles doient droiture 1298, 641.

sodour *soudeur, Löter.*
sodour 1285, 1298, soudor 1269.[1])
Abert —, an Chadeleiruwe 1285, 152.
Lowyat —, en Chaudelierrue 1269, 382.
Lowion — de Chadeleirue, Jennat f. 1298, 476.

soieres, soiour *marchand de soie, Seidenhändler, -arbeiter ?* [2])
Colin —, Steuenin f., en Rimport 1262, 155.
Domangins —, an Couperelrue 1290, 502.
Jehan — 1275, 397.
Jennas — 1285, 412.
  j. Fincuer, en Anglemur 1278, 164.
  per devers S. Gengout 1281, 219.
Martins —, davant lou pux des pucelles en la Vigne 1281, 306.

somenour *celui qui somme, qui fait une semonce (feierliche Einladung), Vereinsdiener.* [3])
Eurit — dou pairaige de S. Martin, a Roches en Chambres 1288, 132, 133.

soudor v. sodour.

---

[1]) *Sie wohnen in der* Chadeleirue *zusammen mit Kupferschmieden* (chadeleirs) *und Zinngießern* (potiers).

[2]) *Roquefort II, 559 übersetzt* soieur *mit* faucheur (Schnitter). *Das paßt hier aber nicht, da die genannten alle nicht auf dem Lande, sondern in der Stadt Metz wohnen. Ist* soiour *abzuleiten von* saie (Godefroy VII, 283 étoffe de laine) *oder von* soie *Seide? Die Erklärung als Seidenhändler hat auch ihr Bedenken, da keiner der in den Bannrollen genannten* soiours *in der Geschäftsgegend wohnte. Im Livre des métiers, z. B. S. 166, kommen vor* sueurs, *und Bouhardot im Glossaire S. 388 erklärt es mit „couturier en cuir"* (von sutorem), *ebenso Fagniez, Études de l'industrie S. 420 mit „cordonnier". Mit diesem Gewerbe würden sich die Wohnsitze vereinigen lassen.*

[3]) *Roquefort II, 588* sumenour.

stuveires—taillieres — II. Stand und Gewerbe

stuveires *baigneur, Bader* (stuve — *Badstube*.)
stuveires 1245, 1279, 1281, 1293, stuvour 1285, 1293, stuvoir 1285, stuvor 1262, 1281, 1285.[1])
Herbins — de Chambres   1293, 369.
Howairt — †, Pieresons srg. Herbin, davant lai porte en Chambres   1293, 369.
Huyn — (PM)   1262, 284.
Lietal —, stuve en la Nuewe rowe 1285, 73.
Lowiat --, stuve as Roches 1285, 156[b], 186[b].
Lowias — de Chambres   1293, 3.
Perras —, en Chambres   1279, 170.
Reimars —, viez stuve ou Champel 1245, 46.
Theirias — ke maint devant la xipe ou Champ a Saille   1281, 453.
   stuve devant la xippe   1285, 400.
Willemat —, devant Longeteire suz Muzelle   1281, 156.

surgiens *chirurgien, Wundarzt.*
surgiens 1293, surien 1267, sururgiens, surrurgien 1290.
lo —, ostel, sus lo Mur   1267, 426.
Cunes —, maistres   1293, 524.
   j. Hanriat de Chacei, en staixons 1290, 154.
Watiers —, maistres   1293, 94.
   a Porsaillis   1290, 442.

taboureires, taborour *tambour, Trommler.*
rowelle ou li — maint (PS)   1298, 58.
Jennat —, Jennat et Jaikemin f., et Francois lor srg.   1298, 319.

taileirs, tailleirs v. telliers.

taillieres *tailleur, Schneider.*
taillieres 1241/1298, taillierez 1269, taillor 1241/1251, 1269/1279, 1285, 1288, 1293, 1298, taillonr 1262, 1267.
Aburtin —   1290, 41.
   ke maint davant lai Craste   1293, 219.
Adelins —, davant S[te] Croix   1245, 160.
   an la droite rowe de l'orte Serp. 1279, 455.
   (PS)   1288, 461a.
Ameliel —, en Rinxport 1285, 13; 1293, 192.

Arnout —, en Chaurerrue   1245, 176.
   a Porsaillis   1290, 226.
Bair —, Ailexon li Vadoize s. 1298, 479.
Bartremat —, en Vezignnel   1269, 251.
Clemans —, en la Vigne S. Marcel 1267, 141.
Clemignon —   1251, 130; 1267, 326.
   ou Champel   1241, 86.
Colignon -- et Lanbert et Mariate enf. Pierexel l'Afichiot, devant S. Ferruce 1298, 403[c].
Colignons Thierias —, a la creus (OM) 1279.
Colins —, atour de la rue Martignon [112.
   de Porte Serpenoise   1267, 347.
Colin Boucleir —, en Stoxey   1288, 306.
   dou pont Renmont   1288, 134.
Felippin — (PS) 1267, 89; 1275, 382; 1278,
   †. Jenat f.   1278, 103. [116.
Garsat —, hoirs, vers la porte des Alemans   1267, 49.
Goudefrins — f. Guepe de Colligney 1298, 65.
Guerart ., a pont a Saille   1278, 466.
   †, Philippin f., a l'antree dou Champel   1288, 376.
Haurias —, daier S. Mamin   1269, 392.
Haurias — de Ticheicort, a l'antree dou Champel   1288, 376.
Hanrit Gouion — (PS)   1285, 366.
Henchelos —   1278, 463.
Howignon lou Gornay — f. Gererdin Wesse de Maiguey   1293, 506. [117.
Howignon lou Gornay — de Maiguey 1298.
Ysambart —, en la ruelle ensom Viez Bucherie   1269, 527. [1288, 75.
Jaikemin — f. Mathen †, ou Champ a Saille
Jaikemins Saterelz —, a pont a Saille 1290.
Jehans — de Daier S. Sauour 1262, 91. [223.
Jennas Renmonas — 1288, 240. [1290, 591.
Lambelas — n. sg. Willame de Hombor
Leudin —, a l'antree dou Champel 1288,
   376; 1298, 54a.
Lowias — de Penil   1288, 239.
Naimerit — (PS)   1251, 22.
Otins — de Genaville f. Howin, Perrin fr., a pont des Mors   1278, 401.
Perrals —   1281, 569; 1293, 631.
Perrins — de Franconrue 1275 111; 1278,
Pieressonz —, en la Nueue rue 1269, 399. [341.
Piereson - †, sg. Jehan lou prestre f. 1285, 428;
Poincignon — (OM) 1288, 535, [1293, 285.

---

[1]) *Godefroy III, 664* estuveor.

Poinsignon — de Davant lou Grant Mostier
Renadel —, a S. Clemant 1293, 538. [1279, 316.
Rennaldins —, davant Ste Segoleine 1241, 1.
  en la ruele ki va a Saille 1241, 72; 1245, 78.
Renaldins — de S. Clemant 1277, 245.
Renmont —. Toullouse f. 1290, 144.
Roillons — de lui Wade 1290, 327a.
Symonat — f. l'enchat (OM) 1288, 501.
Thiebat —, a la creus otre Moselle 1275, 497.
Thierion — †, Ysabels. fm. 1267, 170.¹) [3.
Thierion — de l'orte Mos., Ysabels fm. 1267,
Thomes l'Englois —, daier S. Sanor 1278, 631.
Thomescins —, en la rue lou Voueit 1267, 492.
Vion — et Hawiate fm. 1298, 148.
= Vion lou viesier, Hawiate fm. 1298, 17.
Waterin — (PM) 1245, 10.
  devant S. Ferruce 1262, 116.
Xandrins li Vadois — de Rimport 1293, 416,
  537b.

taineires, tainour v. taneires
taivernier v. taverneir.
talier v. telliers.

tandeires *teinturier. Färber.*²)
Rogiers — des Rois, forjugies 1241, 204.
taneires *tanneur, Lohgerber.*
taneires 1275/1279, 1285/1298, taneres 1279/
1285, 1298, tanor 1267, 1275/1298, tanour
1267/1275, 1279, 1290, tanors (*obl. plur.*)
1275/81, 1290, 1298, tanours 1267, 1277,
tanneires 1251, 1267, 1275, tanueirez 1269,
tanneres 1251/1267, tanuerez 1269, tannor
1241/1251, 1267/1275, taunour 1267, tannors
1267, 1277, tannours 1262, 1267, taineires
1275, 1281, taineres 1281, tainor 1267, 1277,
1281, tainour, tainours 1281, tenneires 1275,
1279/1298, tenneires 1227, tennor 1293, 1298,
tennour 1262, 1267, 1285/1298, tennors 1277,
1298, tennours 1285/1298, tenour 1290, te-
nours 1281.

---

¹) *Prost XXV, 1237* Thieriat le taillor.
maison outre Moselle a la croix.
De Wailly 254, S. 178 K (1286) outre
Muzelle davant la creus aireis l'osteil
Thieriat lou tailor ke fut.
²) *Roquefort II, 602* tandeur.

halle des — (PM) 1278, 389.
„ des — en Chambres 1277, 204; 1278, 256;
  1281, 307; 1285, 155; 1290, 554; 1293,
    429; 1298, 214, 390.
„ des — (PS) 1275, 176.
„ des — ou Champ a Saille 1267, 227, 233,
  340, 451; 1275, 210, 361; 1277, 3, 240, 259;
  1278, 256, 257, 521; 1279, 219, 444; 1281,
  72, 474, 482; 1288, 201; 1290, 359, 379;
grant halle des — ou Champ a [1293, 466.
  Saille 1262, 378; 1293, 536; 1298, 488.
nueve halle des — ou Champ a S. 1298, 261.
halle des — a Quertal 1298, 239.
.... —, en la Vigne S. Auol
  1262, 325.
Abertins de Juxei —, otre Mns. 1290, 106.
Aidelolz —, en Chaponrue 1293, 204²⁰⁼⁼
  de Chapponrue 1279, 232. [284 = 349²⁰.
Alardin — d'Outre Muselle 1298, 196.
Alixandres —, ou Champel 1269, 411.
  dou Champel 1277, 313.
Ancel —, ou Champel 1277, 382.
Ancillou —, en Grans Meises 1251, 3.
Ancillon de Wermeranges — 1281, 307.
Aurowins Wicee —, au Stoixey 1279, 407.
Banduyn — et Luciate fm., en Chambres
  sus lou tour dou Venier 1278, 229.
Burchiet — d'Outre Muzelle †, Maithiate f.
  1298, 214, 239.
Burtemin —, as Roiches 1251, 183; 1269, 371.
  des Roichez — 1269, 310.
Burtemin de Virey —, a Stintefontenne
Burtran — dou Champel,¹) [1293, 189, 195.
  daier S. Euchaire 1278, 263.
Burterans — j. Collin Vaille 1285, 46, 205.
Burtran — de Chaillei 1267, 292.
  ke maint au Stoxey 1285, 169 (1277, 235)
  ms. a Chailley 1288, 10.
  †, Ailexate fm. 1285, 348.
Burterans — de la Vigne S. Auol, t. et pr.
  ou ban de Brehain 1285, 397.
  de Brehen de la Vigne S. Auol, ms. an la
  Vigne S. Auol 1281, 199.

---

¹) *De Wailly 147 (1272)* Rembals Bulfe-
los et Fakignons et Colins, li anfant Bur-
tran dou Chaupeil lou tennour ke fut.

taneires

Coinces —, en Chaponrue 1293, 204 56, 62 =; de Chaponrue 1281, 463. [284 = 349 56, 63.
Colins — fr. Jakemin Carquel, srg. Gesperon, daier S. Hilaire (PM) 1227, 12.
Colin de Chieuremont — (v. tenerasse) 1285, 287; 1293, 536.
Colins de S. Jeure — de lai Vigne S. Auol
Colins Boukel — de Chaponrue [1293, 58. 1277, 65; 1288, 158; 1293, 40.¹)
Colin lou Rocel —, as molins a Mongaguier (OM) 1279, 115.
Cynon —, daier S. Eukaire 1241, 149.
Domangin — de Sairley 1277, 264.
en lai Vigne S. Auol 1290, 379, 380.
Jaikemin, Yzaibel, Kaiterine enf. 1290, 379.
Domangins li Cruche de Noweroit — ke maint outre Moselle 1293, 466.
Fakignons de Prays — ke maint en lai Vigne S. Auol 1290, 380; 1298, 250.
Ferris de Cullendal —, en Chapponrue 1275,
Ferrils — de S. Auol, on la rue de Stente- [83. fontainne 1251, 12 (13).
Gerairt —, sus Saille ou Baix Champel 1298,
Gerairt — f. Wairin Besant de Trein- [521. gnnet, en lai Vigne S. Auol 1290, 379.
Gerairt Ruxe —, en lai Vigne S. Auol 1290.
Gererdins — f. Matheu de Ville sus [215a. Iron, en Chaponrue 1288, 389.
Gigant — de Noweroit 1290, 276.
Gillebers —, en Chapponrue 1279, 234; 1285, de Chapponrue, en Rowes 1278, 386. [418.
„ , en Chapponrue 1279, 253.
Gonbers de Nancey — 1279, 219.
Goudefrins Bouteden de lai Vigne S. Auol 1285, 168; 1290, 450.²)
Guelart — et Fardel srg. 1275, 33.
Guenordin — de lai Vigne S. Auol 1281, 62.
†, an la Vigne S. Auol 1285, 433.
Haurekel — de Pairgney de lai Vigne S. Auol 1288, 177; 1293, 58.

---

¹) *De Wailly 147 (1272)* Colin Recouwin lou tennor ... maison ou il maint ke siet daier S. Alaire a pont Renmont.

²) *De Wailly 351/2, 354 (1297)* Goudefrin lou tainor ke maint ou Chanpel, lou fil Blanchair de Wainvalz ke fut.

†, Arnout f. 1293, 507.
Hanriat —, devant S. Yllaire (PM), anf. 1251, srg. Vguignon et Jaikemin f. Poin- [11. signon Coiawe 1281, 574.
Hanriat de Chievremont — 1277, 313.
Hanriat de Vyterei —, en la Vigne S. Auol 1281, 25.
Herbo —, ou Baix Champel 1290, 65. de Curlandal dou Chanpel, Poinsate fm. 1288, 318; 1290, 248.
Herman — (PS) 1293, 95.
Hermans — de Noweroit 1298, 349. ke maint en lai Vigne S. Auol 1293, 255.
Hermans — d'Otre Muselle 1285, 546.
Houdebrans —, a darien de Chaponrue 1269,
Jaikelo de Corlandac — 1281, 256. [444¹)
Jaikemenes — (PS) 1267, 486; 1278, 285.
Jaikemins —, en Chaponrue 1251, 220.
Jaikemin –, en Chambres as Roiches 1262,157.
Jakemins —. en la Vigne S. Marcel 1269, 311.
Jaikemins — fill. Quartal de Chastels, Sebeliate fm. 1298, 167.
Jaikemin — de Gorze ke maint ou Champel 1290, 381.
Jaikemins de Pairgney — de la Vigne S. Auol 1285, 375.
Jakemis — de Rue 1227, 42.
Jaikemin — de la Vigne S. Auol, Hanrias f. 1278, 457.
Lorate fill. Hanriat 1279, 131.
Lowias f. Jaikemin – (v. Lowias) 1277,372;
Lowias f. Jakemin — de la [1293, 49. Vigne S. Auol 1279, 5; 1288, 196.
Jaikemins Chenals - j. Robin Passeit 1298.
Jehans Oilescos —, au Stentefoutenne [308. 1281, 370.
Jennas de Bricy —, as molins a Mongaguier (OM) 1279, 115.
Jenas de Burtoncort - , en Stoxey 1275, 8.
Jennas Burneis — 1281, 307.
Jennat (Jennin) lou Grais — et Sebile fm., a Nuef pont a Saille 1290, 364; 1293, 50.
Jennat (Jennin, Jehan) Xairol — de lai Vigne

---

¹) *Bannrollen I, LXXXI, 30* Marguerons et Ailekins, les 2 filles Howignon lou tanor de Davant S. Hylaire ke fut.

II. Stand und Gewerbe — taneires–telliers

S. Auol 1290, 428; 1293, 76; 1298, 112a.
Jennas Cairin — †, Lowias f. (v. Lowit —),
    an lai Vigne S. Auol   1298, 250.
Jordenat —, Vguignons f., an Stoxey 1288.
Lorans — de lai Vigne S. Auol j. Symo- [20.
    nat de Maizelles   1293, 58.
Lowyas — f. Jakemin, en la Vigne S. Auol
        1269, 453.
    Jenat f., en la Vigne S. Auon 1275, 174.
Lowiat — de lai Vigne S. Auol, Jaikemius
    f., en lai Vigne S. Auol   1298, 59.
Lowias Pastee — li vallas Ferrit de Cur-
    landal, forjugies   1298, 686.
Lowion —. a Stentefontainne   1288, 12.
Lowit —, Jennas f. (PS)   1267, 100.
    Jenat Kairin f.   1275, 144.
    awel Jaikemin f. Jennin Raidenel †, en
    lai Vigne S. Auol   1290, 190.
Mahowas — d'Outre Muselle, en S. Vincent-
    rue   1281, 298.
Martignon —   1281, 462. [1290, 380.
Mertignon de Gorze —, en la Vigne S. Auol
Mathev — de Stintefonteine   1245, 62.
Petres — de Chapponrue   1275, 418.
Pieresons de Rommebar —, st. ou Champ
    a Saille   1290, 359.
    st. en Chambres, ms. en S. Vicentrue 1290,
    ke maint a Stintefontenue 1290, 299. [554.
Pieresons — de lai Vigne S. Auol 1298, 251.
Reimont —, sor Mosele (PM)   1245, 5.
Rembaut — de la Vigne S. Auol †, Vgui-
    gnon f.   1277, 376.
Renaldin — (PS)   1267, 216.
    a la barre a Stentefontainne   1267, 301.
    Mariate et Jenat anf., Odin lou feivre m.
    Mariate, dav. S. Hylaire (PM) 1277, 178.
    Poinsate fm., dav. S. Ilaire (PM) 1288, 136.
Richart —, en Stoixei   1267, 282.
Robert de Criencort —, la fille, an la Vigne
    S. Auol   1281, 199. [1298, 251.
Roubert — de lai Vigne S. Auol, Roubert u.
Roillon —, daier S. Hylaire (PM) 1279, 204.
Roubat —   1267, 451.
Symonas Boudas —, en S. Vincentrue 1298,
    d'Outre Moselle   1298, 100. [153.
    de S. Vincentrue   1298, 390, 488.
Symonin de Gorze — 1293, 359; 1298, 261.
    ou Champel   1298, 464.

sus Saille ou Baix Champel   1298, 521.
ke maint ou Champel   1290, 381. [328.
Symonat — †, Rengniers li permautiers f. 1288.
Thieriat — de la Vigne S. Auol 1269, 442.
Thierions li Vadois —, en lai Vigne S.
    Auol   1293, 76. [1298, 220.
ke maint an la Vigne S. Avol, Wiberate s.
Vguignon Rainbaut —, menandies a pout
    a Saille[1])   1281, 430.
    ms. en la Vigne S. Auol   1290, 379.
Vguins —   1251, 218.
Vlris —   1251, 238.
    Arnols fr.   1251, 233.
Vermecol — (PM)   1275, 319; 1279. 444.
Warius de Chaponrue —   1267, 216.
Wauterins —   1267, 340.
Watterins — de Noweroit   1288, 520.
Waterin Frankelin —, gr. en la Vigne S.
    Anol   1267, 204.
Weiris — ke maint en Stoisey 1275, 246.
Weirit — de Burtoncort   1275, 99.
    en Stoxey   1275, 1; 1290, 2.
Wernier — don Champel   1298, 514a.

tenerasse *femme d'un tanneur, Gerbersfrau.*
Aileit —†, Colin f., an Chievremont 1288,
    302.[2])

taverneir *tavernier, Schenkwirt.*
taverneir 1298, taivernier 1288.
Poinsat —, t. ou ban de Maigney 1288, 379.
Wairin — de Flurey †, 6 enf., ms. a Flurey
        1298, 456.

taverneire, *tavernière, Schenkwirtin.*
Mariate la —, ms. ou ban S. Clemant a
    Maigney   1285, 424.

teixeran, teixerant v. tixerans.

telliers, *toilier, marchand de toiles, Lein-*
weber, Leinwandhändler.

---

[1]) *De Wailly 220/221 (1281)* = *Baunr. 1,
LXIV, 14. Schreinsbrief* Uguignon Rain-
baut lou tanor de la Vigne S. Awol ...
menandie ke geisent a pout ai Saille.
[2]) v. Colin de Chievremont lou tanor 1285,
287; 1293, 536.

telliere–tixerans

telliers, tellier 1251, 1278, 1290, 1293, telleirs, telleir 1277, 1279, 1285, 1293, telier 1275, tailleirs, tailleir 1278, 1285, taileirs, taileir 1278, 1281, talier 1269.
Bonami — (PS) 1275, 181.
Drowyn—, Alison, Thiebaut, Ysabel, Lorate, Jakemate, Ameline anf., er. en S. Martinrue 1269, 238.
Drowin — dou Quertal †, Ailexou, Yzaibel, Jaikemate Damaie, Lorate les 4 f., ou Champ a Saille 1293, 38.
Hanrias — ke maint daier S. Sauour 1285, 104; 1290, 80, 409; 1293, 581a.
Jaikemins — 1279, 515.
devant la Fontenne (PS) 1277, 59, 60.
1 st. enc. la halle des permanteirs en Visignuel 1278, 303.
2 st. an la nueve halle des marchans an Visignuel 1285, 395. [71, 247, 248.
pb. por Lille eu Berrois 1278, 304; 1281, Lietals li permantiers et Jaikemins — et Vguignons Ronces et Colins Merchans pb. por la coufrairie de S. Piere aus Airainnes 1281, 510.
Pierexel —, Ameline fm., st. en la halle des bolangiers (PS) 1251, 215.
Piorexelz Bouchate — ke maint a Quertal et Jaikemate sai srg., f. Wirion [1293, 72.
lou mairexal † 1293, 38.
Symonin —: Poincignons li Oie pb. por lui et por Sym. 4 st. devant la halle les parmantiers en Vezignuez 1269, 248.
Stenenins —, enc. Ste Creux 1277, 12.
Stenenin Roucel —, enc. Ste Creux 1278, 544.

telliere *toilière, marchande de toiles, Leinweberin, Leinwandrerkäuferin.*
telliere 1267, 1281, 1288, 1290, telfeire 1290, 1293, taliere 1269.
Ailexon — dou Quertal f. Jennat Bouchat Eingebort —, 4 st. devant la halle [1290, 198.
les parmantiers en Vezignuez 1269, 248.
d. Hawit —, Symonin f. 1267, 186, 485.
Joffroit l'avelet 1288, 75.
Jaikemate — 1290, 283; 1293, 429.
Jaikemate — de Chambres, Pantecoste et Katerine f. 1281, 310.
Mariate — f. Lowit lou mentier 1293, 320.

tenerasse v. *hinter* taneires.
tenneires, tenour v. taneires.
tepenier v. tupenier.

terrillons *terrassier, Erdarbeiter, Unternehmer von Erdarbeiten.*
Adans — de lai Vigne S. Anol, maistre 1298,
Luckignous —, forjugies 1278, 671. [512.

teuler *tuilier, Ziegelbrenner.*
Garsiriat — (OM) 1245, 232.

texerans, texerant v. tixerans.

tignieres *teinturier, Färber?*[1]
Hescels — ke maint en S. Nicolairue 1278, 509.

tixerans *tisserand, Weber.*
tixerans 1267, 1279, 1281, 1288, 1290, 1298, tixerant 1262, 1269, tixeran 1269, 1281, 1285, 1290, 1293, teixerant 1245, 1275, teixeran 1241, tuxerans 1281, tuxerant 1288, tuxeran 1277, 1278, 1281, texerans 1279, 1281, texerant 1267, 1269, 1285, texeran 1278, 1279, texerans de drais 1277, 35, 36.
les maistres de la grant compaignie des texerans de drais 1277, 35, 36.
. . . . . . (PM) 1245, 13. [298.
Andreu — †, d. Yde fm., Bascelins f. 1267.
Clemignons —, daier S. Marc 1267, 259.
Colin — de Franconrue 1285, 270.
Garceriou —, Willecol f. (PM) 1269, 374.
Gerardat —, a Loidonpuiz 1269, 373.
Hanriou —, sor lo Mur 1241, 77.
Hanri —, rue de l'osp. des Alemans 1241.
Meises 1267, 152.
Hennelos —, rowelle en Rimport 1279, 187; u. Gillat 1281, 179. [1281, 179.
Hulo — †, en Gran Meises 1293, 187.
Jehans — de Nomenei, ruelle enson Vies Bucherie 1267, 249.

---

[1] *Roquefort, II, 609 erklärt* teingneresse *mit* teinturière, *ohne Belegstelle. Nach Sachs ist* teigne *außer Grind auch Flachsseide.* tiguarius = charpentier, Zimmermann.

tondeires–torneires

Jenat — de Nommeney, Lowiat f., et Florion sa fm. 1285, 206.
Jenas —, daier S. Marc 1267, 474.
Lambert —, rue dou Benivout 1281, 621.
Loransas — j. Jaikemin dou Paire, en Couperelruelle 1290, 503.
Lowias — f. Jaikemin de Nommeney, a tour de S. Vy 1290, 551.
Pieresons — de Demes, eu Chapourne 1279.
Renadin —, ms. et marchacie en la [308. rowelle de Ste Marie us nonains 1290, 523.
Symelolz Tronc —, rowe de lai Craste 1288.
Symonas —, au lai Nueve rue 1281, 217. [425.
Symons —, daier S. Marc 1281, 117.
Steuene —, Aurowin Fovilain f. 1277, 50.
Steuenins — de S. Arnolt, rue dou Benivout 1281, 621.
Thiecelin —, en Stoixey 1262 126; 1288, 310.
Thomessins —, en Chaponrue 1290, 33;
Wautier —, Margueron la brus, [1298, 72. en Grans Meises 1269, 16.
Watier —, en Rimport 1278, 11; 1279, 179.
Willermin —, Watrin f. en Rimport 1278, 378.

tondeires *tondeur, Tuchscherer.*
tondeires 1281, 1293, tondour 1290.
Bikelat —, Collate meire, ou Waide Bugle
Howins — fr. maistre Guerrit, [1290, 178. Colate fm., la f. Colin Collon 1281, 120.
Perrins — 1293, 622.
Rembalt — de Rimport †. Ailexate fm. 1290, 160.

tonneliers *Böttcher, Faßbinder.*
tonneliers, tonnelier 1262, 1267, 1281/98, tonneleirs, tonneleir 1275/79, 1298, tonnelers 1275, tonnelliers, tonnellier 1267, 1269.
—, ms. lo (PS) 1267, 377.
Ancillons — j. Jehan de Haisange lou boulangier, an Sanerie 1298, 206.
Arnoulz — (PS) 1275, 395.
Arnout de Criencourt —, a Porte Serpenoize 1290, 427.
Bague — (v. Symonas), ensom lou meis Ste Glossenain (PS) 1278, 261.
Bertran —, en Rimport 1285, 24.
Coinse —, en Chambres 1267, 290.
Collat —, davant S. Gengout 1290, 170.
Colin Maithelo — de Sanerie et Mairiate

fm. 1298, 4.[1])
Garseriat —, Domenion fm. (PS) 1278, 305.[2])
Guerceriat — (PM) 1293, 214.
Garsirias de Wieze —, en Rimport 1277, 53.
Gerairt — (PS) 1277, 53.
Jehan n. 1278, 552.
Goudefrin — (PS) 1281, 460.
Hanrit (PM; PS) 1262, 138; 1275, 397.
au pont des Mors 1267, 135.
Heilemans —, gr. (PS) 1279, 495.
= Hennemans —, daier S. Eukaire 1279, 451; 1298, 56, 444a.[3])
Jehans — (PS) 1275, 394; 1277, 54.
Jehan — f. Guerceriat lou mentier, en Rimport 1293, 192.
Jehan de Suligney — (PS) 1279, 259.
Luckin — ke maint en Chanbres 1288, 126.
Nikelolz — pb. ms. Henneman — son maistre daier S. Eukaire 1298, 56.
Pierexelz — 1277, 478.
Pierissons —, outre Saille 1278, 55.
Rechardin Haran — (PS) 1267, 334.
Symonas li Bagues — (v. Bague 1278, 261)
†, Pieresou j 1298, 520. [1293, 70.
Warin —, Colin f., en Anglemur 1277, 128.

torceleir v. torselier.

torneires *tourneur, Drechsler.*
torneires 1245, 1267, 1277, 1281, torneres 1269, tornor 1245, 1251, 1269, 1277, 1281, 1285, tornour 1269, 1281, tournor 1281, tonrnour 1267, 1281.
Colart —, Arembor fm. (PS) 1251, 47.
Jehan —†, eu Visegnuel devant S. Sim-

---

[1]) *Prost LXI. 1294* Colin Peuchat lou tonnelier dou Champ a Saille.
[2]) *De Wailly 382/3 (1300)* Perrins, li fis Garsiriat lou tonelier de la rive an Rinport doit wairantir.... Et c'il ne lor wairantoit ansi con si est devis, Garsirias, ces peires, et Godefrins et Jehans, sui II serorges, et ... lor wairanteroient.
[3]) *De Wailly 382 (1300)* Jaikemins li toneliers de Richiermont ke maint an Sanerie.

tornerasce–tupeneire

plise 1269, 110, 441.
Colin fr. 1269, 441.
Jehans — f. Jehan —† 1269, 110; 1277, 31.
Jennin —, Sebeliate fm. 1281. 494.
Lanbelins —, Simon f. (PS) 1245, 121.
   Theirias f. 1281, 34.
   †,Willermins, Theirias, Symonins, Sezeliate enf. 1281. 170, 219.
   et Colate enf. 1281, 35.
Willermins, Symonins, Ceziliate. Colate enf. 1281. 494.
   anf., an Visignuelz . 1285, 465.
Maiheus Falijers —, an Visignues 1281. 226.
Symon — 1269, 53; 1281, 494.
   †, en Vezignuez devant S. Supplize 1269, 3 anf., Thierias li clers f. Mabelie la tornerasce n. [441. 1269, 53.
Symonas — fr. Willermin, Ceziliate, Collate (v. Lanbelins *und* tornerasce) 1269. 52.
Symonins — 1267, 90.
Simonins — fr. Theiriat, Willemin, Sezeliate et Colate, en Visignuel 1277, 31.
Watier — (PM) 1245, 61.
Willame —, en Pucemagne (PS) 1245, 211.
Howin j. et Colate sa fm. 1267. 439; 1269, 59.

tornerasce *fm. d'un tourneur, Drechslersfrau.*
Mabelie la —, Thierias li clers, Symonins, Willermins, Ceziliate, Collate enf. (v. torneires, Lanbelins, Symon, Simonins 1269, 53.

torselier *portefaix, Lastträger.*
torselier 1245, tourselier 1279, torceleir 1277.
Guero —, forjugies 1245, 255.
Jenin —, ou Champ a Saille 1277, 30.
   †, Guertrut fm., Colignon f., Abert j., an la rowe de Nostre Dame as Chans 1279, 260.
tournor v. torneires.
tourseleir v. torselier.

traifilliers, traifillier, *tréfileur, Drahtzieher.*
Rembalt —, en Sanerie 1298. 95a.
Waterius — de Mirabel ke maint en Sanerie 1285, 326.

Trazes v. Treze.
trepier v. tripiers.

treszorier *trésorier, Schatzmeister, geistlicher Würdenträger.*
lo preit lo — devant les Bordes outre Mosselle 1262, 384.

li **Treze** *les Treize, die Behörde der Dreizehn.*
li Treze 1285, les Trezes 1290, les Treses 1279, as Trazes 1285.
ms. devant S. Martin aquiteit an plait... por... et por les 20 s. ke .. dovoit as —
ms. outre Saille ke li —.. ont [1285, 54ᵇ. delivreit por les 35 s. ke li ms. lor doit 1285, 408b.
ms. en Bucherie (PM) delivre per les — Vertous li valas les —, arreis [1290, 19. la porte en Anglemur 1279, 146.

trezelor *sonneur, Glöckner.*¹)
trezelor 1293, trezelour 1290.
Colignon —, arreis l'aitre S. Vy 1293, 633.
Thieriat — de S. Vy †, Odeliate fm., en la rue S. Vy 1290, 250.

tripiers, *Kuttler.*
tripiers, tripier 1279, 1281, 1298, trepier 1279. [1281, 396.
Domanjat —, an Bucherie a Porte Mus.
Gererdins — ke maint sus Saille 1298, 481.
Lambelin —, en Buch. a Porte Mus. 1281, 396.
Ruedol —, an Buch. a Porte Mus. 1279, 200, 398a.

tupenier *potier de terre, Töpfer, Duppenmacher.*
tupenier 1267, 1285. tupinier 1285, tepenier 1262.
lou —, Colat f., et Manjat son fr. 1285, 547.
Adan — (PM) 1262, 295; 1267, 170.
   sg. Jaike lo 'prestre f. 1267, 170.
Jennin —, Gerardas f. 1285, 501.

tupeneire *femme d'un potier, Töpfersfrau.*
tupeneire 1279, tuppeneire 1293.
lai —, en Sanerie; (PM) 1279. 346; 1293, 7.

---
¹) treseler *mit drei Glocken läuten, im Gegensatz zu* quadrillonner *(carrillonner) mit vier Glocken läuten.*

tuxerans, tuxerant v. tixerans.
uxier v. hugiers.

uzerier *usurier, Geldleiher*.[1]
Auburtin — de la Nueue rue 1267. 45. 212.
Wichairt —, an la rowe dou Preit 1285, 233.

vaicher *vacher, Kuhhirt*.
Domangin —, en la rue S. Gengolt 1251. 123.

valas *valet, Knecht, Diener*.
valas, valat 1277/79. 1290, 1298, vallas, vallat 1290/98, vales, valeis 1267, vallez 1269, vailes, vailet 1279. 1288. 1298, vaillet 1275.
Arnoulz d'Abes — Symonat l'eschaving de Chambres, en Chaponrue 1298, 294.
Gerardins — sg. Thiebant Fakenel 1278, 141.
Goudefrin ke fut — sg. Thierit Corpel, eu Chambres 1290, 283.
Hanrias — fm. Lorel, ou Champ a Saille
Hanrias — lou graut doien de [1267, 50.
la Grant Eglise de Mes, a Buxi 1277. 103.
Herman — l'ercediacre Watier, en Chambres 1279, 15.
Howat — Jennat Fakenel † (PS) 1290, 414a.
Jenat Roussel — sg. Thierit de Laibrie
Lamberts — les anfanz Huon lou [1275, 344.
Begue (PS) 1269, 226.
Lowins Pestee li taneires — Ferrit de Curlandal, forjugies 1298. 686.
Pieras — Hanriat de Champelz, en la rowelle devant la ms. Bugle (PS) 1279, 90.
Renadins ke fut — Nicolle Fakenel, [91.
a Bous 1293. 25.
Rennolt — Roillon Ysantrut, daier S. Hylaire (PM) 1279, 354. [235.
Richairt — les signors de Chaistillons 1298,
Steuenas li Vadois — l'abbeit de S. Pieremont, eu Chambres 1267, 285.
Theirias Strillecheval — Felipe Faixin, en la Nueve rue 1277, 334.
Vgat ke fut — les Proichors 1288, 112.

Waterin ke fut — sg. Jofroit Aixiet, en la place ator de S. Alare (OM) 1293, 151.
Werneson — Jaikemin lou prevost, ou clo S. Marcel 1290, 264.
Vertons — les Treses, en Anglemur 1279, 146.
Willames ke fut — Nicolle lou Gornaix (PS) 1290, 55.

vannor *vannier, Korbmacher*.
vannor 1269, vanour 1267.
Clemignon —, en Renport 1267, 291; 1269, 337.

ke vant *qui rend, Verkäufer(in)*.
Merguerite — lou p a i n devant Ste Creux;
Gilbers li mairis 1278, 249; 1281, 109.
Pierexel — lou m a i r i e n (*bois de charpente, Holz*), defuers lai porte des Allemans
Thieriat de lai Stuve — lou [1293, 465.
mairien 1288, 171.
om vant
rowelle ou — la chavrate (PM). v. chaivreteires 1278. 40.
vandent
a Quartal ou li b o u c h i e r — 1251, 44;
stal en Visegunes ou li c o r d e - [1269, 439⁵.
weniers — 1281, 497.

varrier *verrier, Glaser*.[1]
Werneson —, an Furneirue 1288, 462.

verriere *Frau eines Glasers*.
Yzaibel — et Colignon son f. 1277. 277.

vassal *valet, Diener?*
Jennin — de Siey. Merguerite f. 1285, 509.

veclerz v. vieseirs.

vegnieres v. vignieres.

vieseirs *fripier, Trödler, Althändler*.
vieseirs, vieseir 1262, 1277/1298, vieceirs, vieceir 1267, 1275/1298, vieceys, viecey, vieceis 1267. viesceis, viesers 1262, viecers,

---

[1]) *Ben. III, S. 233 (1288 a. St.)* Lombairt, ne l'rovensal, ne Tosquain, ne Coessins ne gens prestant a montes (= *à intérêt*).

[1]) *De Wailly 244 (1284 a. St.)* Theirias de Conflans li vairiers ait aquasteit... une maixon ator S. Savour.

vieseirs 544 II. Stand und Gewerbe

viecer 1241, 1245, 1267. viesier 1298, vieciers, riecier 1281, 1288, viescier, vicciers, vecierz 1269, visier 1288. vicier 1285.

halle des — en Chambres 1262, 144b; 1277, 180; 1278, 637; 1285, 165a; 1290. 327.
nueve halle des — en Chambres 1262, 134.
petite halle des — an Chambres 1288, 28.
halle des — parmentiers¹) en Chambres 1267.
halle des — en Chambres en lai pertie [21. devar S. Vitour 1293, 430.
halle des — areis S. Vitor 1262, 149.
halle des — (PS) 1267, 111.
halle des — en Viseguuel 1245, 99; 1275, 392.
Allixandres de Herney — 1288, 23.
Arnout — (PS) 1285, 446a; 1288, 488c. en S. Martinrue 1269, 436.
Coinse — (PS) 1275, 411; 1277. 180, 316. en S. Martinrue 1277, 51.
de Sauerie 1288, 174; 1290, 175.
Colignous — et Yzaibelz fm., Merguerate srg. 1293, 384.
Colignon —, daier S. Sauour 1285, 82.
Colignons de la Porte (Serp.) — 1288, 505.
Colignon — f. Domangin de la Porte † 1298.
Colins — 1262, 134. [368.
Domangin de la Porte —, daier S. Sauour
Eurint — dou Quertal 1288, 447. [1285, 82.
Ferriat de Goens —, en la rue de Porte Serpenoize 1293, 155.
Fillipin Guele (PS) 1290, 396; 1293, 489. devant l'ost. sg. Ferrit de Porte Cerpenoise 1281, 21.
de la Nueve rowe 1285, 235.
Gillas —²) 1267, 266; 1277. 277; 1281, 37; an S. Martinrawe 1281, 74. [1288, 436. en lai rowelle de S. Martinrowe 1290, 213.
de S. Martinrue 1269, 317; 1281, 33.
Goudefrins — 1278, 507.
Goudefrins — et Yzaibels fm., sus lou tour de lai Grantrue 1290, 397.
Goudefrins li Allemans — 1277, 180.
Grosserre — (PS) 1277, 315.

¹) v. Anmerkung zu parmantiers.
²) De Wailly 244 (1284 a. St.) maixon ator S. Savour ke fut Gillat lou viesoir.

Hanrias —, en Vezignuel 1269, 251.
ator de Nikesierue 1288, 104.
j. Vion, en Nikesierue 1293, 621.
Hanrias — de Herney, sus lou tor de Nikesinrue 1281, 586.
Howins - de Herney, dav. lou Preit 1290, 463.
Huuber — , en la rue S. Gengol 1267, 353.
Jaikemas —, en la rue S. Laizre 1279, 154.
Jaikemin Roucel —, en lai rowelle de S. Martinrue 1290, 213.
an S. Martinrue 1293, 233.
Jehans d'Erlons —, en Couperelrue 1277, 400.
Jennas Broiefort —, en Chambres 1290, 327b.
Jenat Torteluve — 1267, 422.
Jofrois dou Preit —, a S. Arnolt 1293, 319.
Martin — (PS) 1267, 46.
Matheus —, en Anglemur 1290, 244.
Muueir —, Jaikemin lou permautier j. (v. Steuenins) 1285, 462.
Odin dou Pont —, davant lou Preit 1290, 463.
Perrins — et Yzaibels fm. 1288, 208b.
ou Vivier 1288, 356.
en Chambres 1293, 430.
(PS) 1293, 37.
Perrins — f. d. Jaikemate †, en S. Martinrue 1293, 304. [21.
Piereson — de Chambeires, ou Viuier 1279.
Piereson Deuloufist —, au Chambieres 1288,
Poincignon Cotterel — 1293, 231. [238.
Reiniers —, sor Saille (PS) 1241, 83.
Roillon —, en la Wade 1298, 682.
Simonins — de Chieuremont 1281, 591.
Steuenins Muniers — (v. Muneir) pb. por lui et por les — ms. en Chambres 1262.
Thiebaut d'Escey —, an la rowelate [150. devant la xippe 1285, 39.
Thomessin —, en Chaponrue 1293, 204²⁴ =
Vion — de Chanbres et Ha- [284 = 349²³. wiate fm. 1298, 17.
†, Merguerite f. 1293, 392, 622.
Viuion —, Hanriat j., desor pairt l'ospital des Allemans 1281, 437.
Willaume —, devant la cort lo seneschal (PS) 1241, 35, 36.
Willermins — de la Nueve rue, en S. Martinrue 1275, 333.
Wirions de Wittoncourt — de lai Nueue rue 1298, 507.

II· Stand und Gewerbe 545 vieseire–wanpliere

vieseire *fripière, Trödlerin. Althändlerin.*
vieseire 1277, 1288, 1293, vieceire 1241, 1278, 1281, 1288, 1290. viecere 1267, viesiere 1298.
Ailexate d'Oxey —, sus lou Mur 1293, 248.
Berte — dou Champel 1278, 122.
Ysabels —, en la rue S. Gengol 1267, 353.[1])
  an Chambres 1281, 185.
  ensom Viez Bucherie 1277, 152.
  daier S. Sauor 1278, 207.
  an Rimport 1281, 197.
  Perrins f. 1298, 217.
  ou Haut Champel 1278, 273.
Lucate —, an Chaiureirue 1288, 492.
Poxenate —, Jennas maris, en Anglemur 1290, 508.
d. Senuis —, en Anglemur 1241, 53.

vignieres *vigneron, Winzer.*
vignieres 1277, 1290, 1293, vignour 1288, 1298, vignor 1269, 1281, vegnieres 1267.
Bueuelat —, an Hulouf 1298, 427.
Burtemins Handeleure — 1290, 319.
Henneman —, daier S. Eukaire 1288, 426.
Lowias —, ou Waide 1267, 330.
Maitexelz —, Belion s., daier S. Hylaire (PM) 1277, 200.
Martin — et Mergueron srg., an Chaudeleirue 1281, 186.
Rainnillon — de Chaponruwe 1281, 454.
Symonin Pallate —, devant les molins a Saille (PM) 1293, 30.
Symonin de S. Martin — ki maint eu la Vigne S. Marcel 1269, 515.
Thieriat —, en Hulouf 1288, 59b.
Wirias — f. Badewin de Theheicort †, ou Waide 1293, 447.

vintre *geôlier, Kerkermeister.*
Androwin — de Mairuelles 1290, 469a.

visier v. vieseirs.

voweis *voué, Vogt.*
voweis, voweit 1277/1293, voweiz 1278, 1279, voveis, voveit 1267, voueys 1281, voeit 1262, voe 1241, 1251.
vg. devant l'ux lou — au Vaizelles a Chastelz 1281, 121.
ms. daier la tor lo — a Plapeuille 1267, 123.
wageire a Anceruille et Failley de pair les — d'Espinalz 1279, 265.
as — de Graviers, 5 d. t. ou ban de Graiviers 1285, 511.
lou — (vg. PS) = — de Maigney 1288, 63.
lou — de Maigney (v. Willemins) 1290, 49;
ms. lo — de Nomeney a S. Piere [1293, 534.
as Harainnes 1267, 446.
lou — de Vals, d. Bietrit fm. 1279, 311.
Ancillas — de Staixons, 10 s. ms. an Staixons 1288, 400.
sg. Eurit — de Billei 1262, 103.
Jennin —, Vguin f., Heilewit f., fm. Jennat de Pairgnei, ms. a Airei 1288, 399.
Jofrois — d'Amanvilleirs, er. ai Amanvilleirs et ou ban de Chastel 1281, 329.
Steuenin — de Virei, t. a Turei 1241, 49.
sg. Vgon — (v. I. Vgues P.) 1251, 70*; 1277,
Willemins — de Maigney (v. I. [109, 110. de Maigney) 1267, 256, 394, 420, 421. 422; 1278, 393, 496, 640; 1281, 526; 1285, 249; 1288, 63; 1290, 429, 466a; 1293, 534.

vowerasse *Frau des Vogts von* Maigney.
t. anc. lai — (Maigney? PS) 1293, 471, 505.
vg. lai — ou ban de Maigney 1290, 466a.

waignemaille *gagne-denier, chaudronnier ambulant, Kesselflicker.*[1])
Lowiat —, as Roches 1298, 401.

waisteliers v. wasteliers.

wanpliere *modiste, Putzmacherin.*[2])

---

[1]) *De Wailly 366 B (1298)* maison sus lou tour de l'aitre S. Savour, que Odeliate li formegiere et Hyluys li vieceire tient. Jaikemate — 1285, 293.

[1]) *Bannr. I, LXV, 15* (= *1281, 548*) ontre Saille en la rue dou Saicq entre ... et la maixon Gawin le waingnemaille.
[2]) *guimpe (Wimpel) Schleier, Kopf- und Brusttuch.*

35

wantiers—xaivins

wanpliere 1277, 1279, wenpliere 1275.
Colate —, en la Wade 1277, 117.
  en Nikesinrue 1279, 110.
Marguerate —, en Nikesinrue 1275, 503.

wantiers *gantier, Handschuhmacher.*
wantiers, wantier 1241/1251, 1267, 1275, 1293, wanteirs 1290, 1293.
Gontiers — et Waterins ces fr., vote en Sanerie 1290, 176.
Gontiers — de Sanerie 1298, 468.
Pieron — (PS) 1251, 47.
  Martinete fm., en Chanbres 1245, 2.
  en Furnerue 1251, 231.
= Perrin —, Martenate fm., en la Mercerie 1267, 402.
= Piere —, maistre Adans l'avocas li clers f. (v. wantiere) 1275, 358, 479.
Waterins — et Wendremate fm., vote en Sanerie 1293, 266.
Watiers —, a Porsaillis 1241, 105.

wantiere *gantière, Handschuhmacherin.*
wantiere 1251/1269, 1278, wanteire 1275, 1277.
Margueron —, enson la ms. des quartiers (PS) 1267, 60.
Martenate — (PS) (v. Pieron wantier) 1251, 106; 1262, 101.
  2 ms. devant les Preschors 1269, 302.
  maistre Adan f. 1275, 433; 1278, 28, 210.
  maistres Adans f. la — (v. Piere wantier) 1277, 357.

warcoliers *bourrelier, Kummetmacher.*
warcoliers, warcolier 1241, 1251, 1281, wercollier 1281, wercolleir 1279, 1288.
Adans — dou Quertal 1281, 201.
Gerardin — dou Quartal 1279, 79.
Hanriaz —, au Quartal 1241, 88; 1245, 186.
  Odeliatte fm. 1251, 211.
Hanrias — dou Quartal 1245, 223.
Jennin — dou Quertal 1281, 527.
Wairenat — et Badewin lou page et Matheu Montenat ces fr., a l'antree de lai Nueue rue 1288, 193.

wasteliers *pâtissier (marchand de gâteaux), Kuchenbäcker.*

wasteliers, wastelier 1262, 1269, 1278, 1281, 1285, 1290/1298, wasteleir 1275, 1278, 1279, 1285, wasteley 1281, wastellier, watelier 1269, wastillers 1241, waisteliers, waistelier 1290, 1293, waisteleirs, waisteleir 1278, 1288, 1298.
Aidan —, a Quertal 1298, 453.
Colin —, Jaikemate f. 1298, 571.
Colin Haboudauges —, a Porsaillis 1279, 493.
Gerardins —, a Porsaillis 1241, 98.
Hanriat — (PS) 1275, 398.
  a pont a Porsaillis 1290, 352.
  Lowiat f.. et Poensate sa fm. 1279, 428.
Hanrias Boudas —, ansom Viez Bucherie 1281, 300.
Hanriat Muzart —, ansom Viez Bucherie 1290, 107.
Jennat —, Hawion fm., vg. a Chastels 1298.
Jenin — 1281, 146. [653.
Jennin — de Chastels, Poinsignons f. 1285, 548; 1290, 537; 1293, 596.
Lowiat —, Lorate fm., et anf., en la rowe des Allemans 1278, 270.
Lucate f. 1290, 172.
Lowion —, en la rue de l'ospital des Alemans 1269, 444.
Perrins — f. Euriat †, a pont a Porsaillis 1290, 352.
Thiebaut le Besgue —, en Bucherie (PM) 1285, 200.
Veurcu —, enson Vies Bucherie 1285, 200.
Viuions — (PS) 1278, 443.
Weirias —, a Porte Mosselle 1267, 165.
  en Chaudeleirue 1278, 7.
  a Porsaillis 1288, 203.
Werneson 1262, 266.
  en Stoixey 1267, 176.
  a pont Raimmont 1290, 345.
Wesselin — †, Maitheus li Vadois f. 1293, 82.

wasteleire *pâtissière, Kuchenbäckerin.*
Loratte — (PM) 1279, 28.
  dou pont a Muzelle, Jakemins m. 1278, 380.

watelier v. wasteliers.
wenpliere v. wanpliere.
wercolleir v. warcoliers.
xaivins, xaiving v. xavins.

xarneires *fabricant de charnières, Scharniermacher?*[1]
Thierias —, a S. Julien 1262, 122.

xavins *échevin, Schöffe.*
xavius 1267, 1279/85, 1293, xavins 1262, 1267, 1298, xaving 1278/1293, xavin 1269, xaivins 1281, xaivig 1298, xaiving 1281, 1288, eschavins 1285, 1293, eschaving 1278, 1288, 1293, 1298, esxavius 1277, esxaving 1262, 1285, eschaiving 1298, eschevins 1267, 1285, 1298, escheving 1262, 1278, 1285, eschevenes 1285. v. I. Xauins, III. maistres eschevins.
xavins mares de S. Martin 1298, 143.
1. . . . . — et Aubers des Aruols
Abert — (v. I. Xauins). [1267, 11.
Colin — (v. 4. Lowit *und* I. Lowis 5. 1267,
Domangins — (Warnainville, Haboen- [365.
ville) 1285, 503.
Felippe —, Filippin — (v. I. Tiguienne 4.)
2. Colin — d'Airs (PS) 1279, 421.
Jennat Chenon, Werion f. Marsabile, Colin Lapointe, Martin f. Amiat et Doigne dou Rut ke sont — dou ban dou Rut (Ancey) 1285, 542.
Werneson, Colin, Lanbert, Colignon Lapointe et Drowat les — de Dornant 1285, 549.
Roillon — de Maigney 1293, 581b.
Vguignons — de Mairuelles 1298, 549.
Andrewas — de Mercillei 1290, 377, 434.
Andrewelz — de Mercilley 1298, 193.
Pierel — de Merdenei 1298, 555.

Hanriat d'Abocort — de Nommeney 1293.
Thieriat — de Nowaisseville, Wi- [486.
riat et Houwat f. 1298, 26.
Poinserel fille 1298, 205.
Viuion de Lorey (PS) —, oirs 1278, 475.
= Venion maistre — de Lorey † 1278, 554.
Burtemat — de Quensey 1293, 472.
ke maint en Mazelles 1293, 444.
j. Jennin Deuloufist † 1293, 464.
Henmonat — de S. Clemant 1285, 428.
Otignons — de S. Clemant 1288, 446.
Warins — de S. Clemant 1277, 299.
Burtemins — mares de S. Martin 1298, 143.
Ancel — de Vermiey 1288, 114.
4. Symonat — de Chambres 1298, 294.
sr. Poinces li Gronais — 1293, 298, 299
= 352, 498; 1298, 202, 685
Jehan Louve — 1288, 440.
Colin Lowit — (v. I. Lowis 5.) 1262, 149, 185.
Phelippins, Philippe Tiguienne (v. I. Tiguienne 4.).
Perrins — f. sg. Pieron Tomes † 1281, 398,
= Perrius Thomes — 1279, 493. [539.

xenexal v. senexal.

xeuweire *essuyeuse, écureuse, Putzfrau.*[1]
Sufiate li Vadoize — (PS) 1279, 217.

xowerasse de keuverchies *blanchisseuse, Büglerin.*[2]
Poinsate —, Bietrexate et Colignons enf. 1298, 285.

Sekten.

Abijois *albigeois, Albigenser.*
— de Lescey, Guersat et Domangin fr., Ysabels s. (*hörig*) 1278, 646⁰.
Thieriat —, en Anglemur 1279, 551.
Parfeiz *(perfectus) Albigenser.*[2]

Parfeiz 1267, Parfeit 1251, 1278, 1281, 1290, Parfit 1267.
Guersire —, gr. sus lou Rone defuers Chambieres 1278, 189.

---

[1] *Godefroy II, 76* charnier *boucher charcutier, qui vend la chair.*
[2] *Roquefort II, 304* Parfès: *Nom que les Albigeois se donnaient entre eux.*

[1] *Zéliqzon, Lothr. Mundarten S. 90* xwe abputzen. *Callais, Jahrbuch 1908, S. 348* xuwe *essuyer.*
[2] keuverchies = couvrechef, *Kopftuch, Haube.*

Vadois–Vadoize II. Sekten.

Remias f., sus lou Rone 1281, 293.
Jehans — pb. por les pucelles dou pont Thiefroit, les Cordelieres et les Repanties et por lo preste de S. Mamin 1267, 121.
Jehan —, 6 d. ms. (OM) 1267, 505.
Lowit — †, Gueperate f., vg. en Frieires (OM) 1290, 530.
Pieron —, t. en Goubertnowe 1251, 250.
Remiat — (v. Guersire), vg. en Weirimont 1290, 124.

Vadois *Vaudois, Waldenser.*
Vadois 1220/98, Vaudois 1227, 1269, Vaudoiz 1251, 1269.
lou —, vg. a Longeville ke fut 1290, 269.
lou —, de Chastels, Androwin f. 1275, 444.
Arnout — fm., ou Champel 1267, 220.
Bertremin — 1227, 9; 1241, 100.
Burtemin —, ms. en la perroche S. Euchaire 1277, 319.
Burtemins — li chaponniers (PS) 1278, 73.
Burterans Beliars — (PS) 1278, 72.
Colignon —, vg. en Planteires 1293, 54.
Colin —, a Quertal 1293, 72a.
an Dairangerue 1298, 25.
f. Odelie dou Quertal 1298, 107.
†, Paiviate f., vg. sus Moselle 1290, 1.
er. ou ban de Vigey 1290, 18.
Poincignon f. 1293, 55. [29.
Doignons —, ms. Tirion de Chapeleres rue 1220,
Donekin —, vg. en Uirkillei 1245, 34.
Gerart —, en Stoizey 1251, 190.
t. ou ban de Maigney 1288, 180.
†, Maithelie, f., sus lou Mur 1293, 248. [502.
†, Kaitherine f., er. ou ban de Flnrey 1293, boulangier†, Kaitherine f., en Aiest 1293, 400.
Goudefrins —, en la rue lou Voweit 1277, 422.
Goudefrins — li permantiers 1298, 253.
Hanriat — de Chanbres, Hawiate la bouwerasse fm. 1298, 401.
Howat — bouchier de Porsaillis, Steuenins et Jehaus enfant 1293, 247.
Jaikemat — f. Howin Florit de Lorey, vg. an Cherdenoi 1298, 466.
Jaikemin —, st. en la halle des bolangiers (PS) 1275, 367.
vg. a Waizaiges 1278, 530.
Jehan —, ou Waide 1269, 402; 1288, 45.

Jehan — f. Symon de Pontois, ost. a Pontois 1290, 468.
Jehan —†, Jaikemins li massons f. 1285, 14.
Jenat —, a Quancey 1275, 73.
Jennins —, en la rue Brehel 1241, 103.
Maheu — de S. Ladre 1269, 296.
Maitheus —, Perrins Mouretelz et, pb. er. ke Jehans, f. Maheu Moretel †, ait en la mairie de PM, PS, OM por la date des 100 lb. ke Jehans lor doit 1298, 360, 416, „ pb. ½ ms. a Dornaut 1298, 652. [651.
Maitheus —, f. Wesselin lou waistelier †, et Perrins, f. Burtemin Mouretel †, pb. ms. a lai Pousterne 1293, 82.
Martin —, vg. en Abouwes 1290, 408.
Perrin —, t. et ms. a Antilley 1277, 232b.
Phelippin — (PS) 1269, 46.
Poincignon —, vg. (PM) 1293, 199 8. 13, 40.
Steuenas — li valeis l'abbeit de S. Pieremont, en Chambres 1267, 285.
Thieriat — de Failley, vg. en la fin de Faillei 1269, 341.
Theiriat — de Chanbres, Clemansate fm.
Thierions — li tenneires, en lai [1281, 185.
Vigne S. Auol 1293, 76; 1298, 220.
Wiberate s., a pux a Porte Muzelle 1298,
Willame —¹), ruelle (PS) 1269, 261. [220.
Xandrins — li taillieres de Rimport 1293, 416, 537b.

Vadoize *Vaudoise, Waldenserin.*
Vadoize 1278/98, Vadoise 1262, 1275/81, 1290, 1293, Vaudoize 1251, 1269, Waudoise 1267, 3.
Abillate —, en la rue des Proichors 1285, 274.
Afelix —, fillaistre Colin dou Fousseit de Chambeires 1298, 422b.
Aileit —, d., c'on dist lai Vackenasse, s. Philippin lou Vacke 1290, 142.
Ailesate — 1281, 455; 1288, 23.
Ailexon — s. Bair lou taillour, vg. ou ban d'Airey 1298, 479.

---

¹) *Bannr. I, LIV, 1 (=1241, 136)* la moitiet de la maxon ou li stuve ciet, ke fut Sebelie, per devar lai rouwelle signor Willame lou Vadois.... li sires Willames li Vadois dou Chanp ai Saille.

II. Sekten. 549 **Vadoize**

Alexons — ke maint an l'osteit sg. Thiebaut lou Gornaix pb. ms. an Chaiureirue 1293, 445.
Anel — de Luppei, Clemignon et Hanrion les 2 f. 1290, 464d.
Berte —, ou Petit Waide 1288, 442.
Bonefille — f. Nicolle de Weiure † et Anelz sai s., er. a Condeit et a Nortain 1293, 415.
Bonesuer — f. Burtignon de la Tor 1298, 12.
Clarissate — 1269, 166.
Clemansate — 1278, 20.
s. Wiborate fm. Hanriat l'Ameral † 1279.
Collate — f. Willemin Berdin†, d., er. [163. ou ban de Failley 1290, 292.
Domate — f. Burtignon de la Tour † 1293, 213.
Douce — f. Jaikemel Chiere †, t. ar. ou ban de Moruille 1288, 27.
Ermangete —, Vguinou Danielate et, ms. (PS.) 1275, 382.
Ermantrus —, en Franconrue 1285, 270, 289.
Gueperon — ait donneit ms. (PS) a lai chieze Deu de Ste Glosenne 1290, 492c.
Guertrut — de Bunaies, a Steutefontainne
Guertrus — f. Coinse lou cher- [1288, 12. pantier de lai rue des Allemans, daier S. Eukaire 1293, 47.
Hawiate —, en la rue S. Vy 1278, 157.
Hawiate — li escolliere et Odeliate — pb. 15 jorn. de t. ar. et ms. en Stoxei 1290,
Heilouwis —, d. 1281, 533. [300.
Heilewis — f. Viuien de Raimanges, a lai porte a Saille (PM) 1290, 350.
Heiluyt — f. Gerart lou cellier, d. 1298, 181.
Jaikemate — de Chambres, d., vg. ou ban de Vignuelles 1262, 410.
Jaikemate — f. Bescelin de Chambieres, vg. sus la Haie (OM) 1277, 423.
Jaikemate — f. Wiron lou mairexal dou Champ a Saille † 1293, 72b.
Jaikemate — s. Hanriat Burnekin, grant ms. en Jeurue 1290, 465.
Jennate —, en Anglemur 1278, 164.
Jennate Blanche —, Filipe Tiguienne et Jofroit Bellegreie mainbors 1285, 262.
Idate —, 5 meues de vin (PM) 1281, 9.
Ydate — fm. Thiebaut de Chaistelz †, vg. ou Clo (PS) 1290, 487.
Yzaibels — avelette Abert Clairiet †, er.

ou ban d'Antilley, de Champillons, d'Erkancey 1279, 7.
Ysabels — s. maistre Nicolle Morel † 1298, 299.
Isabels Blancars —, en Chanbieres 1298,
Leukairs —, en la ruelle [315, 316, 317. davant S. Madart 1275, 494. daier S. Marc 1288, 515^s.
Lucie —, d., (OM) 1281, 618.
Mahous — f. Jennin Gropain de Malencort, Aileit et Heiluyt s., en la rue des Proichors 1293, 153.
Merguerate — s. Thiebaut de Mercey, 5$^1/_2$ s. vg. (PS) 1293, 240. [1293, 269. s. Thieriat de Mercey, boix et pr. (PS) f. Jaikemin de Mercey †, gr. et meis (PS) 1293, 495.
Marguerite — f. Colin Fransois, en S. Vincentrue 1290, 498.
Marguerons —, en Aiest 1262, 152. [95.
Margueron — f. Escelin de Dornant 1275,
Mergueron — f. Piereson Xerreit lou poxor de Chambeires, t. ar. ou ban d'Erkancey et d'Anerey 1281, 387b.
Mariate — (PM) 1267, 3.
en la Wade 1279, 305.
en Chaipeleirue 1290, 447.
Mariate — f. Paikin, en Humbecort 1281,
Mairiate —, Steuenin f., vg. [177; 1285, 3. ou ban de Waizaiges 1288, 49.
Odiliate —, en Grans Meises 1251, 3. en S. Vincentrue 1285, 259.
Odiliate de Vy —, an la ruelle S. Alaire (OM) 1288, 242.
Odeliate — f. Colin Coinrairt lou parmantier † et Hawiate — li escolliere pb. 15 jorn. de t. ar et ms. en Stoxei 1290, 300.
Pairexon —, en la Vigne S. Auol 1285, 68.
Parixate —, sg. Jehan lou preste de S. Jorge et Richart Clemant mainbors, en Chambieres 1293, 611, 612.
Paiviate —, er. ou ban de Chailley 1285,
Perrate — de Vallieres 1288, 327. [320c.
Poensate —, (PS) 1278, 79.
Poinsate — f. Abertat †, t. (OM) 1290, 536.
Poinsate — f. lou Wixol de Chadelerrue, sr. Symons li cureis de Bazoncort et, pb. ms. an Sanerie 1298, 231.
Saire —, d., (PM) 1275, 319.

Übersicht   550   II. Stand und Gewerbe

Sibiliate — avelate sg. Vgon lou voweit, er. ou ban de Saney 1277, 110.
Sebeliate — et Merguerite et Aileit s., gran vote en Sanerie 1293, 262.
= Sebeliate — de Sanerie, vote en Sanerie et Merguerate et Aileit s., (1298, 553.
vote en Sanerie 1298, 554.
Sufiate — li xeuweire (PS) 1279, 217.
Sufiate Merchandel —, an Jeurue 1298, 218.

Wiborate — f. Jehan Bruenne, en Aiest 1293, 15a.
Wiborate f. Jennat Merlo †[1]) 1279, 396, 577.
Wiborate s. Willame de la Cort[2]) 1285, 84.

[1]) *Bannrollen I, LIX, 8, LXII, 11* Weiberate la Vadoise f. Jennin Merlo†.
[2]) *Bannrollen I, LXV, 16* Wiberaite la Vaudoize f. Issanbert de la Court†.

Übersicht über Stand und Gewerbe.[1])

Nahrung

aillier *marchand d'ail, Knoblauchhändler*	2
bouchiers *boucher, Metzger*	62
boulangiers *boulanger, Bäcker*	171
boulangiere *boulangère, Bäckerin*	2
keus *cuisinier, Koch*	5
keuciere *cuisinière, Köchin*	1
chaponiers *marchand de volaille, Geflügelhändler*	11
espiciers, *épicier, Krämer*	13
espiciere *épicière, Krämerin*	2
forniers *fournier* \ *Inhaber(in) eines*	20
forniere *fournière* / *Backofens*	4
fromegiers *fromager, Käsehändler*	3
fromegiere *fromagère, Käsehändlerin*	1
frutiers *fruitier, Obsthändler*	7
frutiere *fruitière, Obsthändlerin*	1
grenetier *grainetier, Kornhändler*	1
hairanguiers \ *marchand(e) de harengs,*	1
heirangueire / *Häringshändler(in)*	2
messuier *jardinier, Gärtner*	6
meutiers *encaveur, Käfer*	33
mostardiers *montardier, Senfhändler*	2
muniers *meunier, Müller*	46
muniere *meunière, Müllerin*	1
porreier *marchand de pourreau, Lauchhändler*	3
poxieres *pêcheur, Fischer*	48
sanier *marchand de sel, Salzhändler*	1
saniere *marchande de sel, Salzhändlerin*	2
servoixour *brasseur, Bierbrauer*	1
tripiers *tripier, Kuttler*	4
ke vant lou pain *Brodverkäuferin*	1
vignieres *vigneron, Winzer*	11
wasteliers *pâtissier, Kuchenbäcker*	17
wasteleire *pâtissière, Kuchenbäckerin*	1
	486

Kleidung und Webstoffe

arceneires *arçonneur, Wollschläger*	18
armoieires *brodeur d'armoieries, Wappensticker, Wappenschneider*	2
boweirs *laveur, Wäscher*	5
bowerasse *blanchisseuse, Wäscherin*	3
braieleir *fabricant de braies, Hosenschneider*	2
chapeliers *chapelier, Hutmacher*	8
chaucieres *culottier cordonnier, Verfertiger von Bein- und Fußbekleidung*	4
chavreirs *chanvrier, Hanfhändler*	21
cordiers *cordier, Seiler*	12
cordeire *cordière, Seilerin*	1
couserasse *conturière, Näherin*	5
couteir *coatier, Zwillichweber*	1
draipiers *drapier, Tuchmacher*	27
espinciers *épinceur, Nopper*	2
follons *foulon, Walker*	3
gippieres \ *fabricant(e) de jupes,*	2
gypperasse / *Rockschneider(in)*	1

---

[1]) *Die im Jahrbuch XXI, 1 (1909) S. 73/77 gegebene Zusammenstellung erscheint hier in veränderter Form, vervollständigt durch Angaben aus der später aufgefundenen Rolle von 1277 und mehrfach berichtigt. Freilich ist doch noch manches unklar und unsicher geblieben.*

II. Stand und Gewerbe   551   Übersicht

huvier *casquetier*, Mützenmacher	1
huveire *modiste*, Putzmacherin	8
lanier *lainier*, Wollarbeiter	1
laveires *laveur*, Wäscher	5
paignerasse *ouvrière, qui peigne les matières textiles*, Kämmerin	1
paireires *pareur, der das Tuch rauht*	3
ploiour *plieur*, Falzer	1
porpignieres *pourpointier*, Wamsschneider	1
retondeires *tondeur, Tuchscherer*	4
soieres *marchand de soie*, Seidenhändler?	5
taillieres *tailleur*, Schneider	50
tandeires *teinturier*, Färber	1
telliers *toilier*, Leinweber	9
telliere *toilière*, Leinweberin	5
tixerans *tisserand*, Weber	25
tondeires *tondeur, Tuchscherer*	4
vieseir *fripier*, Althändler	41
vieseire *fripière*, Althändlerin	7
wanpliere *modiste*, Putzmacherin	1
xowerasse de keuverchies *blanchisseusse*, Büglerin	1
	291

Pelz und Leder.

bourcierz *fabricant de bourses*, Beutler	2
celliers *sellier*, Sattler	19
celleire *sellière*, Sattlersfrau	1
cordeweniers *cordonnier*, Schuhmacher	50
corriers *corroyeur*, (Weiß)gerber	25
corvexiers *cordonnier*, Schuhmacher	67
gaieneir *gainier*, Scheidenmacher	2
parmantiers *pelletier*, Kürschner	101
perchaminiers *parcheminier*, Pergamentmacher	3
savetiers *savetier*, Flickschuster	2
taneires *tanneur*, Lohgerber	93
tenerasse *femme d'un tanneur*, Frau des Lohgerbers	1
wantiers *gantier*, Handschuhmacher	3
wantiere *gantière*, Handschuhmacherin	2
warcoliers *bourrelier*, Kummetmacher	5
	376

Metall

awilliers *aiguillier*, Nadler	8
bouclier *fabricant de boucles*, Ring- und Schnallenmacher	2
chadeliers *chaudronnier*, Kupferschmied	9
chadreliere *chaudronnière*, Frau des Kupferschmieds	1
clocheniers *fondeur de cloches*, Glockengießer	1
cloweteirs *cloutier*, Nagler	1
couteliers *coutelier*, Messerschmied	6
eschillieres *fabricant de fil d'archal*, Messingschläger	1
ki fait les alones *fabricant d'alênes*, Pfriemmacher	1
ki fait les coutes, feivres, *fabricant de cottes de mailles*, Schmied von Panzerhemden	1
feivres *forgeron, serrurier*, Schmied, Schlosser	103
furberes *fourbisseur*, Schwertfeger	8
habergieres *fabricant de hauberts*, Schmied von Halsbergen	7
lamier \ *fabricant(e) de lames*, Lahn-	2
lamiere / macher(in)	1
loreniers *qui fait des lorains*, Schmied von Kandaren und Sporen	3
maigniens *chaudronnier*, Kesselschmied	5
mairexalz *maréchal-ferrant*, Hufschmied	15
orfeivres *orfèvre*, Goldschmied	8
potiers *potier (d'étain)* Zinngießer?	11
sarrier *taillandier*, Sägenschmied?	1
sodour *sodeur*, Löter	3
traifilliers *tréfileur*, Drahtzieher	2
waignemaille *gagne-denier*, Kesselflicker	1
	201

Holz und Horn

cherbonniers *charbonnier*, Holzkohlenhändler	5
cherpantiers *charpentier*, Zimmermann	105
chereirs *charron*, Wagner	9
corbillier *vannier*, Korbmacher	1
ki fait les tavles, *menuisier*, Tischler	1
faixiers *faissier*, Korbmacher	4
formeirs *formier*, Leistenschneider	2
hugiers *menuisier*, Tischler, der Türen und Fensterrahmen macht	4
imagenier *sculpteur*, Bildschnitzer	2
paignieres *paignier*, Kammacher	9
queleir *faiseur de chaises*, Stuhlmacher	1
queleire *faiseuse de chaises*, Stuhlmacherin	1
tonneliers *tonnelier*, Böttcher	20
torneires *tourneur*, Drechsler	10

Übersicht 552 II. Stand und Gewerbe

tornerasce *femme d'un t., Drechslersfrau*	1
vannor, *vannier, Korbmacher*	1
ke vant lou mairien *marchand de bois, Holzhändler*	2
	178

Stein, Thon, Hausbau

chafornier *chaufournier, Kalkbrenner*	3
escaillieres *couvreur en ardoise, Schieferdecker*	1
ki fait les aatres, *Estrichmacher?*	1
grawour *sablier, Kiesgrubenbesitzer*	1
hanepiers *potier, Töpfer*	3
massons *maçon, Maurer*	73
morteliers *qui fait le mortier, Mörtelmacher*	2
pairieires *carrier, Steinbruchbesitzer*	1
paveires *paveur, Steinsetzer*	2
poindor *peintre, Maler*	2
recuvreires *couvreur, Dachdecker*	17
saibleis *sablier, Sandgrubenbesitzer*	2
terrillons *terrassier, Unternehmer von Erdarbeiten*	2
teuler *tuilier, Ziegelbrenner*	1
tupeneier *potier, Töpfer*	2
tupeneire *femme d'un p., Töpfersfrau*	1
varrier *verrier, Glaser*	1
verriere *femme d'un v., Glasersfrau*	1
	116

Fett und Öl

chandeliers *chandelier, Lichtzieher*	9
chandeliere *chandelière, Lichtzieherin*	3
ciriere *cirière, Wachszieherin*	1
lignelers *fabricant de lignenl, Verfertiger von Pechdraht*	1
oliers *huilier, Ölhändler, Ölmüller*	34
	48

Körperpflege

berbiers *barbier, Barbier*	31
fisiciens *médecin, Arzt*	6
sainor *qui tire du sang, Schröpfer*	3
sainnerasce *qui tire du sang, Schröpferin*	1
stuveires *baigneur, Bader*	9
surgiens *chirurgien, Wundarzt*	2
	52

Handel und Verkehr

asnier *ânier, Eseltreiber*	1
avocas *avoué, Anwalt*	11
cawesins *changeur, Geldwechsler*	5
chainjors *changeurs, Wechsler*	—
charretons *charretier, Fuhrmann*	23
corretiers *courtier, Makler*	10
jouteleir *marchand(e) de jouets, Spiel-*	1
jouteleire *warenhändler(in)*	1
juvlor *jongleur, Spielmann, Gaukler*	2
juvlerasse *jongleuse, Gauklerin*	1
lombairs *changeur, Geldwechsler*	5
marchans *marchand, Kaufmann*	8
menestreir *ménétrier, Spielmann*	4
merciers *mercier, Kaufmann*	12
merciere *mercière, Händlerin*	3
nateniers *batelier, Schiffer*	8
oxelour *oiseleur, Vogelhändler*	6
provancels *changeur, Geldwechsler*	2
rotier *joueur de rote, Lautenspieler*	1
tavernier *cabaretier, Schenkwirt*	2
taverneire *cabaretière, Schenkwirtin*	1
uzerier *usurier, Geldleiher*	2
	109

Beamte und Dienende

aboulestriers *arbalétrier, Festungsbogenschütze*	2
amans *notaire, Aman, Notar*	30
baillis *bailli, Amtmann*	4
bastonnier *bâtonnier, Stabträger*	1
bergiers *berger, Hirte*	5
bergiere *bergère, Hirtin*	1
borrels *bourreau, Henker*	2
chaistelain *châtelain, Kastellan*	3
chamberlains *chambellan, Kämmerer*	2
damisselle *servante, Dienerin*	2
doiens *doyen, Dekan*	14
domixor *domestique, Diener*	1
escrivains *écrivain, Schreiber*	6
escuwiers *écuyer, Reitknecht*	6
grehier *garde des étangs, Aufseher der Weiher*	1
hardeir *berger, Hirt*	4
hardeire *bergère, Hirtin*	1
hommes, femmes, enfans, *Hörige*	43
huchour *héraut, Ausrufer*	1
maires *maire, Maier*	191
mairasse *femme du maire, Maierin*	5
mairliers *sonneur, Glöckner*	4
mairleire *femme du s., Glöcknersfrau*	2
maistres eschavins *maître-échevin*	18
maistre eschavignerasse *Schöffenmeister(in)*	1

II. Stand und Gewerbe 553 Übersicht

meie *maire*, Innungsvorstand?	2
meierasse = *mairasse*?	1
page *page*, Knappe?	1
pator *pâtre*, Hirt	1
peseires *peseur*, Wagemeister	5
pontenier *pontenier*, Brückenwärter	1
portier *portier*, Pförtner	2
prevos *prévôt*, Profoß, Vorsteher	14
prevoste *femme du pr.*, Gattin des Pr.	1
quartiers *jaugeur*, Aicher	9
radour *mesureur*, Kornmesser	1
roweir *agent-voyer*, Wegeinspektor?	4
salleriers *sommelier*, Kellermeister	2
senexal *sénéchal*, Seneschall \\ grant senexal Großseneschall	1
sergens *serviteur*, Diener	1
somenour *qui fait une semonce*, Vereinsdiener	1
taboureires *tambour*, Trommler	1
torselier *portefaix*, Lastträger	2
li Treze *les Treize*, die Dreizehn	—
trezelor *sonneur*, Glöckner	2
vaicher *vacher*, Kuhhirt	1
valas *valet*, Knecht, Diener	20
vassal *valet*, Diener?	1
vintre *geôlier*, Kerkermeister?	1
voweis *voué*, Vogt	11
vowerasse *femme du v.*, Frau des Vogts	1
xavins *échevin*, Schöffe	30
xeuweire *essuyeuse, écureuse*, Putzfrau	1
	474
Titel	
chivelier *chevalier*, Ritter	16
dame *Dame*, Herrin	12
franc monsignor, *Freiherr*	1
maistres *maître*, Meister	129
maistrase *maîtresse*, Herrin	1
messires *Herr*	12
sires, signor *seigneur*, Herr, aus Metz	204
vom Lande	60
unbestimmt	28
	482
?	
ardor *brûleur*, Brenner?	4
ascrowier *corvéable*, Frohnbauer?	1
bordeires *fermier de campagne*, Pächter	1
chaivreteires? \\ = ki fait la chavrate	6

clerreirs verschrieben für cherreirs?	1
cruwiers *corvéable*, Frohnbauer	1
croweire *corvéable*, Frohnbäuerin	1
lodier *gueux*, Bettler	1
malades, malaide, *Kranker*	2
messecleis?	1
prinsier?	1
prinsiere?	1
tignieres *teinturier*, Färber?	1
xarneires *boucher? fabricant de charnières*, Scharniermacher?	1
	23
Geistlichkeit	
abbasse *supérieure*, Äbtissin	—
abbes *supérieur*, Abt	—
amonier *aumônier*, Armenpfleger	1
arcediacres *archidiacre*, Erz-Dechant	6
arceprestes *archiprêtre*, Erzpriester	4
cherchieres *vicaire du doyen*, Vertreter des Dekans	1
chaipelains *chapelain*, Kaplan	8
chambrier *chambrier*, Kämmerer	1
chanceliers *chancelier*, Kanzler	4
chanones *chanoine*, Stiftsherr	—
chantor *Cantor*	3
clers *clericus*, Geistlicher	109
anlumineires	2
avocas	4
escoliers	1
escrivains	1
clostriers	1
convers *convers*, Laienbruder	6
coustres *custos*	3
cureis *curé*, Pfarrer	4
deschance *déchaussée*, Barfüßerin	1
doiens *doyen*, Dekan	3
ermites *ermite*, Einsiedler	1
escolliers *professeur*, Lehrer	6
escolliere *institutrice*, Lehrerin	3
eveskes *évêque*, Bischof	3
freires *frère*, Bruder	—
grant doien	2
grant maistre	1
grant official	—
grant prestre	3
maistres *maître*, Meister	—
maistresse *supérieure*, Oberin	3
moinnes *moine*, Mönch	—

Übersicht   554   II. Stand und Gewerbe

nonain *religieuse, Nonne*	—
officials *official, geistlicher Richter*	4
pitanciers *officier claustral, Mönch, beauftragt die Speisen zu verteilen*	1
prestes *prêtre, Priester, Pfarrer*	177
prevos *prévôt, Propst*	6
princiers *primicerius, Dompropst*	1
prious *prieur, Prior*	—
priouse *prieure, Priorin*	—
procurour *procurator*	1
provandiere *prébendière, Pfründnerin*	1
proveor *provisor, Vorstand*	3
ranclus *reclus, Klausner*	2
rancluse *recluse, Klausnerin*	1
saieleires *garde des sceaux, Siegelbewahrer*	2
sulleriers *cellarius, Kellermeister*	4
treszorier *trésorier, Schatzmeister*	1

Sekten

Abijois ⎱ *albigeois, Albigenser*	1
Parfeis ⎰	5
Vadois *Vaudois, Waldenser*	31
Vadoize *Vaudoise, Waldenserin*	50

III.

Kirche.

Bistum Metz
A Bischof
B Stifter
C Klöster
D Pfarrkirchen und Kapellen
E Ritterorden und Krankenhäuser

Bistum Toul
Bistum Verdun
Erzbistum Trier
Erzbistum Reims
Bistum Langres
Bistum Moustiers-en-Taraintaise

Bistum Metz.

A. Bischof.

Eveke 1277/98, eveskes, eveske 1241, 1281, 1298, evesque 1220, aveske 1269, 1278. avecke 1293, avaike 1298, aivaike 1288.
Felippe *(1261/64, † 1297):*
enc. l'ost. (OM) 1269, 522.
antre la ms. (OM) 1298, 347.
en Nikesierne anc. lou meis 1293, 148.
Petre lou keu l' — Filipe † 1298, 380.
Gerairt *(1296/1302):*
per devant reverain peire Gerairt per la graice de Deu — de Mes 1298, 371.

ban l' —;
a Auceruille 1293, 297[10].
a Chastels 1278, 169; 1281, 575.
a Longeuille 1269, 552.
a Siey 1277, 130, 392; 1293, 601; 1298, 629.
en Preires (OM, Siey?) 1278, 176.
cens:
ms. a Siey et vg. doient ½, meu de vin en l'axe a l' — 1281, 599.
t. ar. a Auceruille doit 3 s. a l' — 1293, 297[12].
chaukeur l' —:
a Longeville 1269, 327.
au Preires (OM) 1290, 265.
crowais l' —:
ou ban d'Ercancey anc. les 1288, 331.
sus Muzelle ou ban d'Erkancey anc. les VIII jornals l' — 1278, 14.
droiture:
vg. en Clostre a Siey doit a l' — 1279, 167.
paleis l' —, plait banal et leal en 1220, 19*.
preis l' — (PS) 1281, 532.
vigne l' —:
an Ste Alance anc. (OM) 1288, 533.
en la Bonevize l' — desoz Chazelles 1298, 331.

B. Stifter.

Grant Eglixe de **Mes** *Domstift.*
Grant Eglixe de Mes 1285/1298, Grant Eglise de Mes 1277, 1281, 1288, 1298, Grant Eglize de Mes 1298.
    1277, 103; 1281, 542; 1285, 309; 1288, 69, 70, 178[7], 265, 338; 1290, 135, 215; 1293, 68, 530, 585; 1298, 39, 204[3], 223, 227, 236, 237, 328, 410, 480, 672.
Aiglixe de Mes 1288, 70, 71, 74, Eglixe de Mes 1288, 215; Eglise de Mes 1298, 342, 378, 664.
Grant Mostier 1245, 1251, 1269, 1275/81, 1288/98, Grant Moustier 1267, 1281. 1288 (v. IV. Mes, Grant Mostier).
    1245, 18; 1251, 197; 1267, 79; 1269, 116; 1275, 7, 61, 156; 1277, 195[e]; 1278, 242, 603; 1279, 229; 1281, 76, 115, 195; 1288, 387, 519; 1290, 290; 1293, 97; 1298, 347.

la Grant Eglise de Mes.[1])
ms. an la rue lou Voweit doit 17 s. a 1288, Renalz li clars d'Outre Saille pb. 13 s. [265.
    4 d. ms. en Vesignuelz por 1293, 68.
sr. Rigalz, li coustres de lai Gr. Egl., pb. por l'egl. 20 s. ms. et meis daier S. Eukaire
 „ pb. 20 s. ms. pres de lai porte [1298, 236.
de Chaponrue 1298, 237.
Bertrans Chabosse pb. vg. an Cherdenoit, au Montain, a Cheue (PS) por 1298, 480.

la chiese Deu
de lai Grant Eglixe (Gr. M.)
Colins Dowares pb. gr. c'on dist la Marchasie (OM) por 1278, 603.
sr. Jehans Forcons, doiens de lai Gr. Egl.,

---

[1]) *De Wailly 302 (1290 a. St.)* li sires Jaikes li cerchieres et li sires Symons d'Arnaville, ke sont chanone de Mes, ont aquasteit por la grant eglise de Mes ... XXX s. de meceins de cens (XV s. ms. an S. Martinrue, XV s. ms. sus lou cours davant lou mostier S. Martin en curtis).

Grant-Eglixe de Metz

et sr. Jehans c'on dist li cerchieres pb.
6 s. ms. a Porsaillis por 1288, 70.
sr. Jehans c'on dist li cerchieres pb. 3 s.
ms. an Chaponrue por 1288, 71.
grant ms. en Jeurue doit 10 s. 1 m. a 1293, 530.
sr. Regalz, li coustres de lai Gr. Egl., pb.
por lai chieze Deu 10 s. ms. en lai rue
des Allemans et vg. ou chamin des Alle-
mans 1298, 39.
  l'uevre de la Gr. E.
maistres Denixes pb. ms. ou Vivier por 1298,
40 s. 6 d. doneit a 1298, 672. [223.

  li chaipistres
  de lai Gr. E. (Gr. M.):[1]
ms. (PS) doit 100 s. 1267, 79.
Yngrans Goule pb. ms. en Chambres por
li doiens et li chaipistre pb. ms. [1281, 195.
an Bucherie a Porte Muselle, aquiteit an
plait por les 35 s. 1285, 309.
contre lou doien et lou chaipistre, 6. s. ms.
a Porsaillis 1288, 70.
ms. a Porsaillis doit 5 d. a 1288, 74.
$^1/_2$ ms. an Chaipeleirue doit 54/2 s. a 1288,
li chaip. pb. vg. outre Saille ou clo [1787.
S. Pol 1298, 410a.
pb. 40 s., doneit 1298, 410b.
pb. 40 s., doneit a l'uevre 1298, 672.
laiet por lou doien et lou chapitre de Mes
ms. en la Wade desoz les Proichors pm.
19 s. ke li signor i ont et 12 d. 1298, 682.
  souz dou Grant Mostier:
2 ms. au pont des Mors doient 9 s. a 1269,
ms. ou Veuier doit 5 s. a 1290, 290. [116⁸.
  signors dou Gr. M. (Gr. E.):[2]
vg. a Pallerin (PS) moiterasse les 1251, 197.
ms. daier l'ospitaul (PM) doit 8 s. as 1275, 7.
2 ms. a pont des Mors doient 9 s. a 1277, 195⁵.

---

[1] *De Wailly 223 (1281 a. St.)* Nos li doiens et toz li chapitres de la grant esglize de Mes faixons cognissaut a toz ke nos avons laixiet a cens ... nostre piece de vigne en Scieis et ....

[2] *Bannr. I, LXXXI. 31:* 25 s. ... (ms. an Staixon) doit paier chesc'an as signors de la Grant Egleize de Mes.

---

ms. an Chaipeleirue doit 54 s. a 1288, 69.
an la fin de Lessey deleis vg. les 1288, 519.
can ke ... avoit ou grant pois[1] de Por-
saillis ke partet a 1293, 97.
  princier
davaut la cort lo pr. (PM) (v. IV. Mes)
1241, 67; 1251, 93; 1281, 410; 1293, 403.
vers la ms. lou pr., en la parroche S. Girgone
le pr. Elfon ki fut, en Viez Bu- [1278, 28.
cherie (OM) daier la ms. (v. Nostre Dame)
1269, 549.
  (grant) doien (v. II.)
devant l'ost. le grant d. (OM) 1269, 133.
Haurias vales lou grant d. 1277, 103.
Jehans li charretons lou grant d. 1290, 547.
doien et chaipistre, v. chaipistre 1285, 309;
1288, 70; 1298, 682.
sg. Symon de Chastels d. (v. I. de Cha-
stels 12.) 1267, 79, 247.
„ lo grant d. de Mes 1269, 7.
sr. Jehans Forcons d. (v. I. Forcons 1.)
1288, 70; 1298, 204³, 410.
  chantor v. II.
  chancelier.
chanceliers, chancelier 1245, 1267, 1288, 1293,
chancellier 1267, chancillier 1298.
daier S. Gergone enc. ms. lo ch. 1267, 5.
sg. Jehau, f. sg. Forkon de Jeurne, et sg.
Nicole, fr. l'abbeit de S. Arnout, les main-
bours lo ch., vg. ou ban de Parguey de-
souz Prinei 1267, 119.
maistre Gillon de Priney lo ch., ms.
areis ms. lo prestre de S. Gergone 1267,
sg. Jaike lou ch. de la Grant Eglize [151.
de Mes, ki est an leu dou prevost de
Nostre Dame la Ronde 1298, 227.
sr. Jehans c'on dist li ch., chanones de
l'Eglixe de Mes, pb. 7$^1/_2$ s. vg. an lai
Dousawe outre Saille 1288, 215.
sg. Jehan[2] ch. de Mes, 20 s. ost. ou Champ
a Saille 1293, 85.

---

[1] *De Wailly 355 (1297)* ... des V pairs de l'argent (dou pois) doit avoir li grans moustier une ... et des VII pairs de lai cinquime que demouret une ...

[2] *Prost LVIII (1278)* Jehan lo chance-

III. Kirche 559 **Grant Eglixe** de **Metz**

Willemin lo ch.: Bochars pb. por W. ms. ensom l'ost. l'arcidiacre Pieron (OM) 1245, 143.
   treszorier
lo preit lo — devant les Bordes outre Mosselle 1262, 384.
   arcediacre
arcediacres, arcediacre 1262/98, arcediacre 1245, 1267, arcedyaicre 1298, archediacres. archediacre 1275, 1278, 1298, ercediacre 1278, 1279, ersediaicre 1298.
arc. Bertoul,
 sr. Jehans li prestes li saleriers 1281, 14.
arc. Jehan (v. I. de Sus lou Mur 6.) 1277, 112; 1278, 632; 1290, 509, 510.
 f. sg. Richart 1277, 154.
 f. sg. Richart de Sus lou Mur 1275, 434;
arc. Pieron,[1] [1278, 254c.
 ensom l'ost. (OM) 1245, 143.
 davant l'ost. (OM) 1245, 247.
arc. Watier,
 enc. l'ost. (OM) 1262, 407.
 davant l'ost (OM) 1275, 233; 1290, 110.
 pb. ms. en la rue lo Voweit dav. la soie meimes 1275, 265.
 pb. ms. dav. la cort de Cleirleu 1281, 576.
 Herman lou vailet l'arc. W. 1279, 15.
 Willame ke fut officials l'arc. W. 1281, 576.
 maistres Thieris ke fut officials l'arc. W. 1290, 120; 1298, 534.
arc. Werrit, 1278, 254c.
 dev. l'ost. (OM) 1267, 477; 1278, 339, 618;
 desouz l'ost.(OM) 1267, 120. [1281, 588, 589.
 ensom l'ost. (OM) 1275, 88.
 encoste l'ost. (OM) 1279, 163.
 en la rue lou Voweit enc. l'ost. 1281, 304.
 apres l'ost. 1279, 321.
 la chapelle de l'ost. (OM) 1278, 191.
  arcediacres de Marsal
   en l'eglize de Mes
maistres Abris,

lier chanone de la grant eglize de Mes amis de Geliat et Hanrit, anf. Renalt lo fil sg. Arnoult de Porsaillis ki fut de part la meire.

[1]) *Prost XLIII ff. (1253)* maimbours de la devize l'aixediaicre Pieron.

pb. la moitiet dou gros demme de bleif de Menville et gr. a Menville 1298, 342.
pb. er. a Villeirs, Flavigney, Graiviers, Rixonville et S. Marsel et en bans 1298, 664.
= maistres Abris pb. 20 s. ms. desous l'orine a Ste Creux 1298, 57.
= arc. Abrit, devant l'ost. (PM) 1298, 380.
Guios n. l'arc. Abrit 1298, 380.
Poinsas n. l'arc. Abrit 1298, 581, 623
  arcediacres de Vi
   an l'eglise de Mes
arc. Lowis de Jandelaincort[1])
pb. 2 ms. en la rue des Proichors 1285, 565.
= arc. Lowit, otre Muselle antre l'ost. 1293, 315; 1298, 327.
sr. Robers li prestes l'arc. Lowit 1290, 241.
Steuenins li escuers l'arc. Lowit 1296, 166.
  cerchieres[2])
cerchieres 1288, cerchour 1293, sarchieres 1293.[3])
sr. Jehans Forcons, doiens de lai Grant Eglize de Mes, et sr. Jehans c'on dist li c. pb. por lai chieze Deu de l'Aiglixe de Mes 1288, 70.
sr. Jehans c'on dist li c. pb. por lai cheize Deu de l'Aiglixe de Mes 1288, 71.
sr. Jehans c'on dist li c. chanones de Mes pb. 10 s. ms. dav. S. Sauor, 7 s. ms. dav. les Proichors, 10 s. jard. a pont Thiefroit 1293, 146.
mainbor de lai devise sg. Thierit Corpel 1293, 428.
  coustres (v. II.)

---

[1]) *De Wailly 334 (1294 a. St.) 349 (1296 a. St.)* Lowis arcediacres de Vi an l'eglise de Mes.

[2]) *circator, vicaire du doyen d'un chapitre,* Vertreter des Dekans.

[3]) *De Wailly 302 (1290 a. St.)* sr. Jaikes li cerchieres et sr. Symons d'Arnaville ke sont chanone de Mes ont aquasteit por la grant eglise de Mes ... *303 (1290 a. St.)* sg. Jaike lou serchour. *Prost LVIII,* 1278 sg. Jaike chanone de la grant eglize de Mes fr. dame Richardate (fm. sg. Renalt de Porsaillis).

Grant Eglixe de **Metz**　　　560　　　　　　III. Kirche

coustres 1290/98, coustre 1281, coustour 1293, costor 1298.
Jennas Chaiuresons pb. por lui et por sg. Rigaut c. dou Gr. M. er. ou ban de Courcelle et de S. Remey　1281, 76.
sr. Regals c. de lai Gr. Egl. de Mes et sr. Gerairs li Lombairs ces conchanones pb. 13 s. ost. en lai Vigne S. Auol 1290, 215.
pb. 15 s. ms. en Anglemur　1290, 272.
pb. 4 s. ms. en Rimport　1293, 378.
mainbor de lai devise sg. Thierit Corpel 1293, 428.
pb. por lai Gr. Egl.　1298, 39, 236, 237.
sr. Nicolles chapelains lou c. de la Gr. Egl. de Mes　1298, 328.

　　　　　chanone (v. II.)
sr. Abers de Laices ch. de lai Gr. Egl. de Mes et Colins li boulangiers de Maizelles pb. ms. en lai Vigne S. Auol et 8 s. vg. en Planteires　1293, 585.
= sg. Abert de Lesces mainbor sg. Lowit lou preste　1285, 143.
Andreus Menue ch. de Mes (v. I. Minne 2.)
sr. Gerars li Lombars ch. de [1293, 428. Mes (v. I. li Lombairs 1.) 1275, 490; 1288, 99; 1290, 215, 272; 1293, 378.
sg. Hanrit Motat ch. de la Gr. Egl. de Mes (v I. Moutas 5.)　1298, 378.
sg. Humbert lou Lonbairt ch. de la Gr. Egl. de Mes (v. I. li Lombairs 2.) 1288,
sr. Jehans v. cerchieres.　　　　[338.
sr. Jehans v. chanceliers.
Jehan Colon ch. de Mes (v. I. Colons 4.)
sg. Jehan Forcon ch. de la [1277, 326. Gr. Egl. de Mes (v. I. Forcons 1.) 1288, 338.
sr. Joffrois Aixies (v. I. Aixies 4.) 1277, 358; 1281, 542; 1288, 76, 283, 338; 1293, 67, 172, 297; 1298, 347.
sr. Nainmeris Badoche ch. de Mes (v. I. Badoche 4.)　1293, 428, 594.
sr. Nicoles¹) de Preney²) ch. de Mes pb.

---

¹) *De Wailly 74 (1261)* Nicole de Blorut chanoinne de Mez.

²) *Prost LVIII (1278)* sg. Nicoles chanone de la grant eglize de Mes lo freire dame Richardate (fm. sg. Renalt de Por-

gr. daier sa ms. an Nikesierrowe 1281, 126.
pb. 10 s. sa ms. en Nikesierue 1290, 531.
sr. Regals v. coustres.
sr. Symons d'Arnaville¹) ch. de Mes, n. lou preyost de S. Arnual, pb. vg. ou ban d'Arnaville　1285, 263.
vg. ou ban de S. Julien quairt meu a sg. Jehan Forcon et sg. Joiffroit Aixiet et sg. Humbert lou Lombairt et sg. Symont d'Ernaville ke sont ch. de la Gr. Egl. de Mes　1288, 338.²)
sr. Warniers³) dou Gr. M. doneit en amosne a Boens anfans 8 s. sus la vies stuve en Chanbres　1275, 156.

　　　　　chapelain (v. II.)
sg. Jehan chapelain de l'ateit S. Vincent a Gr. M., mainbor Tomessin lou clerc
sr. Nicolles chapelains lou [1298. 347. costor de la Gr. Egl. pb. por les confreres de Nostre Dame la Tiaxe　1298, 328.
sr. Symons, chaipelains en lai Gr. Egl. pb. por lai frairie des clers dou Cuer de l'aigl. davant dite　1290, 135.

　　　　　frairie (v. II. clers)
frairie des clers dou Gr. M.　1245, 18.
confrarie des clars dou Gr. M.　1278, 242.
frairie des clers dou cuer dou Gr. M. 1275, de lai Gr. Egl. 1290, 135. [61; 1279, 229.
frairie des prestes et des clars dou cuer dou Gr. M.　1288, 387.
li maistres de la frairie Nostre Dame la Tiaxe dou Gr. M. pb. 5 s. ms. an Franconrowe　1281, 115.

---

saillis). .... sg. Jaike chanone de la grant eglize de Mes.

¹) *De Wailly 302/3 (1290 a. St.)* v. oben Anm.

²) *De Wailly 302 (1290 a. St.)* l'anniversaire sg. Thierit de Curvis ke fut chanones de la grant eglise de Mes.

³) *Ben. III. 228 Anm. (1276)* nach Paul Ferry: Messires Werniers, chanone dou Grant Mostier lor (as Boinsenfans) doneit por Deu et an asmone V s. ke gixent sor une mason an Chievremont.

III. Kirche 561 S. Pol

sr. Nicolles chapelains lou costor de la Gr.
Egl. pb. por les confreres de Nostre
Dame la Tiaxe 6 s four en Chaubieres
1298. 328.
Nostre Dame la Tiaxe (= *la Tierce*)
v. frairie
ms. a tour en Staixons doit 15 s. a l'auteit
ms. en lai rowelle a Poncel (PS) [1278. 28.
doit 5 s. por 1293. 563.
S. Vincent a Gr. M.
l'ateit S. Vincent a Gr. M. 1298. 347.

S. Pol, *Stiftskirche innerhalb des Dom-Klosters.*
S. Pol 1227/1251, 1267/1298. S. Pol de Mes
1275. 225, S. Poul 1241/1262, S. Pou 1269/
1279, 1285/1298. S. Pou de Mes 1277. 108.
1227, 29; 1241, 43, 141; 1245, 40, 191, 224;
1251, 132, 181; 1262, 184, 392; 1267, 34,
123, 323, 367, 486; 1269. 134, 345, 368,
405, 444, 525, 538, 552; 1275, 222, 225, 271,
285, 300, 434, 455; 1277, 9, 46, 62, 102,
108, 198, 221, 274, 276, 279, 281; 1278. 70,
108, 186, 317, 396, 431, 461, 505, 635; 1279,
6, 14, 56, 124, 132, 269, 270, 305; 1281,
113, 362, 397, 477, 645; 1285, 156ª, 186ª,
272, 348, 383, 478; 1288, 16, 102, 156, 232,
437, 508, 534, 560; 1290, 6, 51a, 142, 263,
322b, 354b, 418, 524, 538, 542, 577; 1293,
11, 363b, 375, 449, 521b, 548; 1298, 18, 32,
73, 76, 119, 157, 287, 362, 363, 373, 391,
410a, 603, 681, 683.
chapelle — de Mes, sr. Matheus chape-
 lains de la 1277. 108.
chiese Den de — de Mes 1275. 225.
signors de — 1241, 43, 141; 1245, 191,
 1262, 392; 1269, 134; 1278, 108; 1279,
 305; 1285, 348; 1290, 6, 142; 1298, 18.
maior de — de Siey, Jaikemin, Poin-
 signon f. 1298. 157.
 .... pb. por les signors de — 1245. 191.
Jaikemins Montois pb. por les signors de —
Robins don Pont pb. por la chiese [1262, 392.
Den de — les anfans Herman lou Polut
 1275. 225.
ban S. Pol
a Airey, vg. 1278. 317.
de Chaizelles, er. 1288. 232.
a Chaizelles, ms. 1298, 373, 683.

a Chazelles en Planteres, t. 1279, 124.
 en Planteres (OM), vg. 1290, 577.
 en la Planteire (OM), vg. 1290, 542.
 en Cugnes (PM) 1275, 300; 1290, 6; 1298, 32.
a Grais, t. ar. 1275, 271.
a Longeuille. er. 1269. 552.
a Nowaiseville, vg. 1298, 363 (?), 391.
a Nowilley, vg. 1293, 363b, 375.
en la fin de Nowilley. vg. 1266, 16; 1298, 362.
outre Saille, vg. 1269, 405.
a Rouzerueles, ms. 1288, 560.
ou ban S. Pol et ou ban S. Julien, vg. (PM).
a Vallieres (?), vg. 1290, 322b. [1269, 345.
a Vantons, vg.; ms. 1279, 6; 1281, 362.

censes:
ms. outre Saille doit 7 s. 1245, 40.
pb. 10 s. ms. outre Saille 1245, 191.
ms. darrier S. Eukaire doit 1 m. 1251, 132.
ms. et four (PS) doient 3 d. 1262, 181.
pb. 20 s. ms. en la ruelle devant lou Mostier
 1262, 392.
ms. ou Nuefbourc doit 7 s. 1267, 34.
planteit en Orsain doit 3 d. 1 ang. moins
ms. (PS) doit 4 d. 1267, 367. [1267, 323.
ms. et chak. a Lescey doient 18 d. 1267, 486.
chak. a Longeuille doit 3 d. 1269, 134.
ms. (PM) doit 8½ d. 1269, 368.
4 ms. a darien de Chaponrue doient 12 d.
er. en S. Polcort doit 8 d. 1277, 62. [1269, 444.
vg. ou ban de Feyt doit ¼ men de vin en
 l'aixe 1278, 108.
ms. en la Wade (OM) doit 7 s 1279, 305.
vg. en la ruelle de Pertes doit 1 d. 1281, 477.
vg. ou ban de Siey doit 1 m. 1281, 645.
vg. outre Saille an Rufinelo doit 6 d. 1285,
er. (PM) doit 6 d. 1285, 348. [156ª = 186ª.
ms. dav. l'orme Ste Croux en Jeurue doit
 3 d. 1290, 142.
ms. pres de lai porte de Chaponrue doit
 4 d. 1298, 287.
ms. a la Hardie Piere doit 3 d. et 1 chap.
er. en la fin d'Ars (OM) doit 1 meu [1298, 603.
 de vin de bestart cens en l'axe 1298, 681.
chakeurs —:
outre Saille 1227, 29.
a Longeuille 1275, 455.
en la rue S. Eukaire 1277, 102.

36

S. Pol–Nostre Dame la Ronde

an Maizelles	1288, 437.
champ — (PM)	1277, 221.
clo — (PS), vg. ou 1245, 224;	1277, 279.
a chief de Chapponrue, vg.	1277, 46.
a Siey, vg.	1290, 524.
outre Saille, vg.	1298, 410a.
S Pol commune, vg. en (PM)	1275, 285.
cort — (OM), droiture a la	1290, 263.
droitures:	
vg. en Cuignes ou ban — et champ dav.	
les Bordes doient	1290, 6.
t. en Waynpreit (OM) doit 3 m.	1290, 263.
vg. ou ban de Nowaiseville doit 4 d.	1298,
maisons:	[363.
en la rue lo Voe, aq.	1241, 48.
an Staixon antre la ms. les signors —	1298,
molins — en Chadeleirue 1251, 181; [18.	
1277, 198; 1278, 396; 1279, 14; 1281, 397.	
vignes moiterasses —	
ou clo —	1245, 224; 1277, 279.
en Grantchamp (PS)	1279, 56.
en Brueires ou ban de Longenille	1285, 478.
sus Maizelles	1293, 449.
ou ban — outre Saille	1269, 405.
(PS)	1290, 51a.
vignes tiorcerasses —	
ai Ars (OM) daier lou mostier	1288, 102.
en Briey	1275, 484; 1288, 508.
(OM)	1267, 123; 1269, 525.
a Longeuille	1269, 538.
ou Chapaige	1278, 186.
ou ban de Longeuille	1288, 534.
a Siey ou clo —	1290, 524.
daier lou mostier de Siey	1278, 635.
ou ban de Syei	1281, 113.
a la Mars	1285, 272.
en Dronvigne (Siey?)	1279, 132.
sus la Ruwe (Siey?)	1290, 538.
vignes tiers meu —	
(PS)	1277, 274.
sus Maiselles	1277, 276.
en Okes (PS)	1241, 141.
en Ospreit (PS)	1298, 73.
en Wederanvigne (PS)	1290, 418.
vignes quarterasses —	
en S. Pol commune (PM)	1275, 285.
vignes quars meu —	
en Bauchieterme (PS)	1278, 431.

au Herbeclo (PS)	1298, 76.
sus lo rut de Maizelles	1275, 222.
sus Maizelles 1285, 383; 1288, 156; 1293,	
	548; 1298, 119.
en Martinchamp 1277, 281; 1278, 70, 505;	
	1279, 269, 270; 1290, 354b.
en Ospreit (PS)	1277, 9.
a la Pichate (PS)	1278, 461.
en Sourelz (PM)	1293, 11
en Waistenoi (PS)	1298, 521b.

S. Piere le Viel, *Stiftskirche innerhalb des Domklosters.*

li maistres de la confrairie —	1269, 363.
cil de la frairie des feivres de S. Piere 1269,	
	38.

Homborc, *Kollegiatstift (Oberhomburg, Kr. Forbach)*

Homborc 1277, 1279. Hombor 1285, 1290 (v. IV).

sr. Willames chanones de —	
pb. vg. en S. Clochamp, 5 s., t. ar., 53 lb.	
sus ms. (PM), mis en waige por 4 lb. de	
chesc'an a sa vie	1277, 1.
pb. 16 s. k'il dovoit de sa ms., anc. ms. lou	
preste de S. Girgone	1279, 390.
ke maint ou Four de Clostre, ms. anc. l'ost.	
lou prestre de S. Girgone	1280, 310.
Lambelas li taillieres n. sg. Willame de	
Hombor	1290, 591.
= Willame de — (v. IV. Hombor).	

Nostre Dame la Ronde, *Kollegiatstift in Metz am Dom.*

Nostre Dame la Ronde 1241, 1267/1275, 1281, 1290/1298, Nostre Dame la Ronde de Mes 1277, 1279/1285, Nostre Dame de Mes 1290, Nostre Dame 1241, 1251, 1279, 1281, 1288, 1293.

1241, 7, 122, 147; 1251, 153; 1267, 335; 1269, 118; 1275, 120; 1277, 309; 1279, 484; 1281, 169, 335, 343, 454; 1285, 160; 1288, 265; 1290, 107, 442; 1293, 129, 190; 1298, 227, 603.

— 1241, 147; 1281, 343; 1290, 442; 1298, 603.	
chiese Deu de —	1269, 118; 1290, 107.
eglixe de —	1279, 484; 1298, 227.
sil de —	1251, 153.

signors de — [1] 1241, 7; 1281, 454.
prevos et li chanone de — 1279, 484; 1290.
sg. Jaike lou chancillier de la Grant [107.
   Eglize de Mes. ki est an leu dou prevost de —, et tous les chanones de 1298, 227. [107; 1298, 227.
chanone de — 1279, 484; 1281, 169; 1290.
sr. Abrias d'Ars chanones de — (v. I. d'Ars 12.) 1281, 335.
sr. Alexandres chanones de —
   ms. a Porsaillis 1267, 335.
   pb. 8 s. ost. dev. l'osp. des Allemans 1277.
   pb. por tous les chanones 1279, 484. [309.
   pb. 10 s. ms. en Chambres et 2 ms. as Roches 1285, 160.
   ms. an la rue lou Voweit 1288, 265.
   pb. por la chieze Deu de — 1290, 107.
   pb. vg. ou ban d'Ars (OM) 1293, 129.
Jehans Bruenne chanones de — (v. I. Bruenne 2.) 1293, 190.
Jehans Forcons chanones de — pb. por tous les chanones de — 1281, 169.
prestes de —, sr. Jakes, et Domangins ces fr. pb. ms. en Nikesinrue 1275, 120.
sg. Elfon de —, Hanris li maceons pb. por, 2 ms. en Chambres 1241, 122.
Thierias Mordans pb por — 1241, 147.
Aubrias Ingrans pb. por la chiese Deu de — 1269, 118.
censes:
8 s. ms. en Francourue 1251, 153.
pb. 16 s. 3 ms. devant S. Vincent 1269, 118.
pb. 2 s. ms. an Chapponrue 1279, 484.
pb. 10 s. ms. an Chambres 1281, 169.
ms. devant S. Hylaire a pont Renmont doit 1 maille 1281, 343.
pb. 6 s. ms. ansou Viez Bucherie 1290, 107.
ms. a Porsaillis doit 40 s. 1290, 442.
ms. a la Hardie Piere doit 8 s. 1298, 603.
maison (PM) 1241, 7.
maixeires et reseiges en Chieuremont pris a cens 1298, 227.
vignes:

___

[1] *De Wailly 49 (1255)* sires Hues de Gorse li chapellains de Nostre Dame la Ronde de Mes ait aqnasteit ... maison ... en Neketienrue.

pb. vg. en Mallemarz 1241, 147.
vg. an Esteitchaimin (PS) moiterasce 1281. 454.

S. Arnoal, *Kollegiatstift bei Saarbrücken*.
S. Arnoal 1245, S. Anoual 1262, S. Arnual 1285, 1290.
chiese Deu de —,
   ms. en Sanerie doit 45 s. 1290, 431a[10].
signors de —
   ms. en Sanerie doit 45 s. 1245, 206.
Willame de Noweroi pb. por les signors de — 45 s. ost. en Saunerie 1245, 24.
prevost de —, sr. Symons d'Arnaville chanones de Mes, n. lou 1285, 263.
sg. Thieri prevost de — [1]) 1262, 29.

S. Estaine, *Kollegiatstift in Vic oder wo?*
Colins Ruillemaille pb. por Renalt, chanone de —, 4 joru. de vg. dessous Chastillons 1251, 168.

S. Piere a Vout, *Kollegiatstift in Metz neben dem Dom auf dem jetzigen Paradeplatz.*
S. Piere a Vout 1267/1290, au Vout 1267, a Uout 1278, a Voult 1298, au Vot 1269, a Uous 1290, 1293, as Vous 1267, as Uoulz 1290, a Uoulz 1288, 1290, a Volz 1275, au Volz, au Uolz 1245, S. Piere 1241, 1275. (v. IV. Mes.)
1241, 98; 1245, 50, 59, 146; 1267. 5, 254, 487; 1269, 183; 1275, 156, 233, 425, 432, 433, 508; 1277, 173, 204; 1278, 168, 210, 385, 649; 1279, 306, 355, 405, 570; 1281, 390, 1288, 213b; 1290, 133, 185, 242, 321, 402.
582; 1293, 3, 14, 33, 466; 1298, 204[16].
chiese Deu de — 1278, 210; 1290, 133;
aiglixe de — 1293, 466. [1293, 14.
signors de — 1241, 98; 1245, 59; 1267. 5, 254, 487; 1275, 508; 1277, 173; 1278,
chanone:[2]) [168; 1288, 213b.

___

[1] *De Wailly 171 (1276)* sr. Thieris prevos de S. Arnual.

[2] *De Wailly 1265 A (1286 a. St.)* Jehans li voez de Nommeney ... ait assigneit a Thiebaut, son freire, lou clerc chanone de Saint Piere c'on dist a Vous de Mes, cent sodaies de terre a mescen sus Pargney deleis Gorss a tenir toute sa vie.

36*

S. Pier a Vout–S. Sauor   III. Kirche

sr. Cunes ch. de —
- pb. 8 s. vies stuve en Chanbres 1275, 156.
- pb. por l'ospital des clers 1279, 306.
- ms. en Anglemur acensit a 1279, 570.
- ms. en Chanbres deleis la porte a la Stuve

sr. Cunes li prestes ch. de —[^1]) [1281, 390.
- pb. er. en la mairie de PM 1269, 183.
- pb. ms. devant la halle des tennors en Chambres 1277, 204.
- et Willames de la Cort pb. por la confrairie de l'ospital des clars 1278, 385.
- ms. as Roches sus Mozelle 1279, 355. [405.
- pb. por la frairie de l'osp. des clers 1279,

Goubers li clers ch. de — pb. ms. dav. l'ost. l'arcediacre Watier 1275, 233.

sg. Jaike de Gorze. gr. et meis otre Muselle 1290, 242.

sr. Joffrois ch. de —
- pb. por lai chieze Deu — 1290, 133; 1293,

sr. Joffrois Boullate ch. de — [466.
- pb. por lai chieze Deu — 1293, 14.

sr. Willames de la Cort ch. de — (v. I. de la Cort 7.) 1275, 432, 433; 1278, (210) 385; 1290, 135, 321, 402; 1293, 3, 33.

Bertignons Noise pb. por les signors de —
Baudoyns Wichars „ 1267, 5. [1245, 59.
Thiebans de la Cort „ 1267, 487.

sr. Ottes prestes de S. Girgone pb. por l'eglise de S. Girg. et por les signors de — 1277, 173.

amone, 18 d. 4 ms. (PM) a — 1298, 204[16].
censes:
- ms. au tor de Romesale doit 20 s. 6 d. 1245,
- pb. 12 s. ost. en Anglemur 1245, 59. [50.
- ms. en Anglemur doit 12 s. 1245, 146.
- pb. 16 s. 5 ang. ost. au chief de Nekererne 1267, 487.
- pb. 23 s. ms. dev. lo Morier 1275, 425.

---
[^1]) Ben. III, 228 Anm. (1276). nach Paul Ferry: Messires Cunes li prestes, chanoine de S. Piere a Voult ait akasteit a Coinrart lou clarc, lou pourvoiour des Boins enfans V s. de mer. de cens ke messires Cunes meismes dovoit ... ke gixent sus une mason au Chievremont.

pb. 14 s. ms. en Hunbercort 1277, 173.
pb. 3 s. ms. en la rue S. Vy 1278, 210.
gr. (OM) doit 7 s. 1278, 649.
t. a lai Pale outre Saille doit 2 s. 1288, 213b.
pb. 3 s. (ke unuevent de lai chaipelle de Chenney) ms. a dexandre de Chieuremont 1290, 133.
ms. davant S. Vy doit 3 s. 1290, 582.
pb. 20 s. ms. en Rimport 1293, 14a.
pb. 12 s. 2 pet. ms. en lai rowelle davant S. Ferruce 1293, 14b.
pb. 2 s. stal en lai halle des tennours ou Champ a Saille 1293, 466.

cusenate daier S. Gergone. pb. 1267, 5.
grainge en Romesalle 1267, 254.
maison a Porsaillis 1241, 8.
maison (OM) 1275, 508.
maixere a tor de Romesale 1278, 168.

S. Sauour, *Kollegiatstift in Metz, zwischen Jakobsplatz und Klein-Pariserstraße.*

S. Sauour 1262, 1267, 1278, 1281/98, S. Sauuor 1262, 1267, S. Saunor 1241, 1245, 1269, 1275, S. Saluour 1278, S. Saluor 1227, 1251, 1269/77, S. Saueor 1281, S. Sauor 1275/81, 1290/98. (v. IV. Mes).

1227, 62; 1241, 37, 51; 1245, 20, 105, 142, 245; 1251, 65; 1262, 209, 348, 390; 1267, 5, 98, 263, 335, 360, 421, 488; 1269, 135, 272, 280, 435, 442, 522; 1275, 16, 19, 50, 76, 244, 245, 410, 472, 482, 503; 1277, 105, 139, 140, 145, 146, 255, 308, (403), 413; 1278, 63, 345, 370; 1279, 110, 116, 161, 333; 1281, 75, 121, 193, 202, 340, 555, 559, 570, 584, 590; 1285, 68, 78, 215; 1288, 153, 162, 217b; 1290, 80, 132, 165, 345, 372, 420, 452, 481, 492c, 580; 1293, 248, 296, 297[2], 441, 542, 563, 598; 1298, 313, 346, 348[5], 9, 464, 596.
chieze Deu de — 1267, 263; 1277, 105, 145, eglise de — 1290, 345; 1298, 346. [146.
sous de — 1279, 110; 1290, 492c; 1293, 297.
signors de — 1245, 105; 1251, 65; 1267, 5, 421; 1269, 442; 1278, 370; 1288, 162;
chapistre de — 1269, 522,
doiens et chapitres 1277, 145, 146; 1290, 372.

1281, 584; 1290, 345, 481; 580; 1293, 296, 563.¹)
prevost de —, sg. Pieron Noixe (v. I. Noixe 7.) 1281, 559.
doien de —, Jaquemin fr. lo 1244, 37, 51.
doien de —, sg. Nicole²), ms. delai Viez Bucherie 1281, 555.
= sr. Nicoles Otins doiens de — (v. I. Otins 3.) 1275, 16; 1279, 333; 1281, 193; 1285, 78, 215; 1288, 153; 1290, 132, 165, 273; 1298, chantor de —. ²) [348 5.9.
ms. darrier — doit c. lo 1245, 20.
coustor de —,
ms. en Nikesinrue 1275, 503.
„ . sg. Pieron lou Gros et maistre Goubert, son fr., et Colin Baron, lour srg., ms. (PS) (v. chanones) 1288, 217 b.
chaipelains de —, sr. Pieres,
pb. ms. ou Champel 1298, 464.
clostriers de —, sr. Simons,
pb. por tous les prestes parrochals de Mes ms. devant la Semeiteire de [1277, 413.
l'ospital (PS) 1281, 202. [139.
et sr. Martins li prestes pb. 3 s. (OM) 1277.
„ pb. 3 s. ms. en la rue lou Voweit 1277, 140.
et sr. Ottes, prestes de S. Girgone, li

¹) De Wailly 279 (1287 a. St.) Nous li maistres eschevins, li treze et li conte juriet de Mes faisons conissant a touz ke nous avons donneit, vandut et otroiet a doien et a chapistre de l'esglize Saint Savor de Mes k'il doient chacun an paure et avoir un treze entre la justice, dedans les octaves apres la Chandelor, teil com il ou lor commaundemans lou demanderont ou requerront, por faire paier toutes les censes c'om doit a lor chapistre et a lour eglize devant dite.
De Wailly 355 (1297) ... des V pairs de l'argent (dou pois) doit avoir ... et des VII pairs de lai cinquime que demouret ... S. Saveur une.
²) De Wailly 171 H (1276) sr. Nicolles doieins de S. Savour.
³) De Wailly 366 C (1298) signor Herman lou chantour de S. Savour, mainbor de lai devise sg. Nichole doien de S. Savour.

maistre de la frairie des prestes de Mes 1277, 308.
maistres Simons de — pb. ms. (PS) 1278, 63.
marleis de —, sr. Pieres,
pb. ms. en Rommesale 1281, 590.
preste de —, sg. Andreu (de Hanpont) v. II. ms. (PM) 1275, 19.
pb. 8½ s. ost. a la creus (OM) 1275, 244.
pb. 6 s. ms. en la rue lou Voweit 1275, 245.
a celui preste que chantereit a l'auteil S. Agathe que poze a —, 8 s. de c. 1262, 390.
chanone de —¹) [142.
mastre Esteine ch. de — pb. ms. (OM) 1245,
sr. Gerars Barons (v. I. Barons 6.) 1275, 50, 410¹⁰; 1281, 340; 1290, 80.
sg. Joffroit de Chastels ch. de — (v. I. de Chastels 10.) 1267, 98; 1269, 435.
sg. Nicole ch. de —:
Hanrias Vilains pb. por sg. N., son o., 2 maix. et jard. 1269, 522.
sg. Pieron, ch., et maistre Gobert, son fr., 11 s. vg. ou ban de Plapeuille (v. coustor)
Richardins de Chambres ch. (v. I. [1281, 584. de Chambres 8.) 1277, 403; 1279, 116.
sg. Richairt ch. de —, f. sg. Matheu de Chambres † 1285, 68.
sr. Willames de Gorze ch. de — (v. I. de Gorze 6.) 1298, 313.
sr. Willames de Mollaincort ch. de —: ms. daier — delivre en plait a Jehan, f. sg. Thiebant de Moielain, por tant com il li doit 1290, 80.
.... — pb. ms. (OM) 1245, 245.
mares de — pb. por — 1275, 442.
Willame Guillebert maior — 1281, 121.
Pieresons de Chastels mares — 1281, 570.
Jehans de Vandeires maires — 1277, 105; 1290, 345, 481; 580.
Ylris Segars pb. por — 1227, 62.
Aubers Rigole pb. por les signors de — Andreus li clers pb. por la [1245, 105.
chieze Deu de — 1267, 263.

¹) Prost XXX, 1242 Thieris Corpelz chanoines de S. Sauour (v. I. Corpel).
Prost LVIII, 1278 Arnout chanone de S. Salnor de Mes.

Jehans de Vanderes pb. por la chieze Deu
de — 1277, 145, 146.
Jehans li Merciers pb. por lou doien et lou
chaipistre de — 1293, 296, 563.
auclostre —, la frairie S. Nicolas en l'
1262, 348.
auteil s. Agathe que poze a — 1262, 390.
ban —:
ou ban — (PS), t. 1269, 280.
ou ban de Marleit et de — et de Fayz
t. ar. 1269, 272.
a Maircey ou ban —, vg. 1281, 75.
a Chastels ou ban —, vg. 1298, 596.
censes:
6 d. sunt — 1262, 209.
cusenate daier S. Gergone doit 2 s. 1267, 5.
pb. 3 s. vg. ou ban de Wappei c'om dist
en Werrimont 1267, 263.
ms. a Porsaillis doit 9 s. 1267, 335.
t. ar. et bois en tous les bois de Praiels
doient c. 1267, 360.
ms. (OM) doit 26 d. 1267, 488.
ms. sor le Mur doit 5 s. 1269, 442.
ms. en Visegnuel doit 25 s. 1275, 76.
ms. en Nikesinrue doit 6 s. 1279, 110.
ms. en la ruelle davant lou Grant Mostier
doit 15 s. 1279, 161.
pb. 11 s. vg. ou ban de Plapeuille 1281, 584.
ms. daier S. Sauour doit 16 s. 1288, 162.
pb. 40 s. ms. en Aiest, 32 s. a pont Rainmont,
13 s. 4 d. moins 2 ost. an Stoxei,
ke Ferris Cokenels ait donneit 1290, 345.
ms. en Staixons doit 21 d. 1290, 372.
2 ms. en Furneirue doient 25 s. 1290, 452.
pb. 30 s. en premiers chaiteis les signors
dou ban de Chaignei a Airs deleis Abignei,
ke Ferris Cokenels ait donneit 1290,
ms. (PS) doit 10 s. 1290, 492 c. [481.
ms. sus lou Mur doit 4 s. 1293, 248.
cil de — doient 7 quertelles de seil ke
geixent sus lai halle daier les Chainges
ms. ou Champel en lai court [1293, 297².
S. Sauour doit 6 d. et 1 chapon 1293, 441.
pb. 3 s. ms. en lai rowelle a Poncel 1293, 563.
ms. en Nikesieruwe doit 18 s. 1298 346.
chakeurs —:
a Chastelz daier lou chakeur — 1278, 345.
daier lou chakeur — en Vazelles 1293, 598.

outre Saille davant lou chakeur — 1293, 542.
court —:
ou Champel en lai court —, ms. 1293, 441.
demme:
pb. lou demme de Haboinville et de S. Steule
et de Bethtilley 1277, 146.
eritaiges:
pb. er. ou ban de Mairuelles en manoirs,
ressaiges, t. ar., preis, vg. et c. 1277, 105.
2 maix. et jardin daier enc. l'ost. l'aveske
Felippe (OM) 1269, 522.
estals:
tous les estals et la piece de t. en la vies
halle (PS) 1267, 421.
maisons:¹)
pb. ms. au Viez Bocherie (PS) 1227, 62.
pb. ms. (PS) 1245, 105.
ms. ensom Viez Bucherie (OM) 1251, 65.
pb ms. de la Trinitoit en la rue lo Voweit
1275, 472.
pb. ms. en la voie don pont des Mors 1277,
pb. ms. ou Ferris Cokenels maint, otre [145.
Muselle, ke Ferris ait donneit 1290, 580.
molins:
pb. ¹/₂ mol. daier S. Jehan et ¹/₂ mol. a chene
sus Muselle, ke Ferris ait don. 1290, 580.
terres:
pb. 5 jorn. de t. dav. lou pont Thiefroit,
ke Ferris Cokenels ait donneit 1290, 580.
pb. 100 jorn. de t. en Coruilloit ou ban de
Saurey, ke Symonius de Sorbey ki fut
tenoit a gerbaige dou chaipistre — 1293,
vignes: [296.
an Chanuis (OM) arreiz la vg. — 1269, 135.
vg. en Grisevigne (OM) ki est moiterasce —
vg. a Rowal outre Saille moi- [1275, 482.
terasse — 1277, 255.
a la Rochelle (PM) auc. vg. les signors
de — 1278, 370.
vg. au Vaizelles a Chastelz moiterasse lou
maior — 1281, 121.

S. Thiebaut, *Kollegiatstift im Süden vor der
Stadt Metz.*

¹) *De Wailly 244 (1284 a. St.)* ms. ator
S. Savour, aquasteit a doiein et a chaipitre
de S. Savour.

S. Thiebaut

S. Thiebaus 1227, 59. S. Thiebaut 1227/98,
S. Thiebaut de Mes 1267, 2, 81, 513, S.
Thiebat *vereinzelt* 1275, 1277, 1281, 1288,
1290. S. Thiebalt 1290. (v. IV. Mes)
1227, 24, 59; 1241, 47, 80, 96, 129, 182,
185; 1245, 100; 1262, 167, 168, 169, 173;
1267, 2, 34, 98, 191, 231, 362, 503; 1269,
20, 154, 229, 240, 247, 396, 401; 1275, 120,
146, 309, 384; 1277, 153; 1278, 60, 111,
266; 1279, 263; 1281, 149, 274, 328, 513;
1285, 181, 197, 213, 369, 422, 465; 1288,
25, 42, 129, 211, 247, 388, 466, 515; 1290,
206b, 312, 367, 410, 475, 563; 1293, 221,
250, 256, 507, 511; 1293, 19, 114a, 238³⁵,
264, 392¹,¹⁷, 428¹,¹⁷, 551, 553, 554.
chieze Deu de — 1241, 129, 185; 1275,
146; 1278, 111; 1281, 323.
eglise de — 1281, 274.
ceulz de — 1290, 312, 563; 1298, 238.³⁸
signors de — 1241, 80; 1275, 309; 1285,
181; 1288, 25, 119; 1290, 367; 1293, 250;
1298, 264.
doien et chapistre de — 1267, 231;
1269, 247, 401; 1279, 263; 1288, 247,
388, 466; 1293, 511; 1298, 392 = 428.
doien de
Lowyas Begarz pb. por lui et le daien de —
6 jorn. de vg. ou ban de Creppey 1269, 240.
et Nicole Brulevaiche, ms. en S. Thiebaut-
rue 1269, 396.
sr. Richairs doiens de — mainbors sg.
Theirit lou prestre 1278, 111.
sg. Richier Facon, doien de — (v. I. Fa-
cons 10) 1277, 153; 1281, 513; 1285, 213;
1290, 410; 1298, 264.
chanone de —: ¹)
.... de Porte?] Mosselle ch. de — de Mes
pb. ms. en Chadeleirue 1267, 2.
sg. Hauri ch. de —,
31 s. en la Vigne S. Auol 1245, 100a.
pb. aquast ou ban de Flocort et de S.
Eivre 1278, 60.

---

¹) *De Wailly 371, 372 (1298)* Jehan Facon
lou chantor de S. Thiebaut v. I. Facons 6.
De Wailly 373 (1293) sr. Allexandres d'Ai-
pinalz, li chainone de S. Thiebaut. v. I.
d'Espinals 6.

sr. Hauris de Pairgney ch. de —
pb. t. an lai fin de Moinse 1293, 256.
Jehan ch. de —, 5 s. ms. (PS) 1298, 264.
sg. Jehan (Baizin) ch. de —, f. sg. Cunon
d'Airs (v. I. d'Ars 11.) 1285, 465; 1288, 42.
= sg. Jehan d'Airs, ch. de — (v. I. d'Ars,
11.) 1298, 114a, 392¹,¹⁷ = 428¹,¹⁷, 551.
sr. Jehans de Laibrie ch. de — (v. I. de
Laibrie 3.) 1288, 211.
Jehan ch. de —, f. sg. Cunon dou Nuef-
chaistel, 3 grais chap. et 9 d. ms. ou
Haut Champel 1285, 422.
sg. Jehan de Syei ch. de — (v. I. de
Siey 1.) 1269, 154.
sr. Reuniers ch. de — pb. por — 1298, 264.
Richier Fancon ch. de — (v. I. Facons 10.)
sg. Soiffroit (ch.) de —:¹) [1267, 98.
Jennins Bugles pb. por sg. S. 10 s. ms.
(PS) 1262, 168.
Jenas Facons pb. por sg. S. 7 s. ms. (OM)
„ pb. 6 s. ms. (PM) 1269, 20. [1267, 503.
mainbors sg. Jehan de Syei ch. de — 1269.
pb. 7 s. ms. en S. Martinrue 1269, 229. [154.
†. anc. l'ost. sg. S. (PS) 1288, 388.
sg. Thiebaut Petitvacke ch. de — (v.
I. Petisvakes 4.) 1298, 553, 554.
sg. Thomes (preste) ch. de —
3 s. ms. outre Saille 1281, 513.
vg. sus lo rut de Maicelle 1285, 197.
18 s. ms. devant S. Thiebaut 1285, 213.
pb. ms. outre Saille 1290, 475.
sg. Wery ch. de —,
mainbors sg. Jehan de Syei ch. de — 1269, 154.
ki fut oficials, ms. et meis en Nikesinrue
1275, 120.
Bertrans Domals pb. por — 1241, 96, 129.
Bertremeus Domals pb. por la chiese Deu
de — 1241, 185.
Jenuins Bugles pb. por — 1262, 167, 169, 173.

---

¹) *De Wailly 111 (1226 a. St.)* sires Soi-
frois chanoines de Saint Thiebaut ait aquas-
teit a Estevenin Charletel de Franconrue
les XXI d. de ceus k'il avoit sus la maison
ke Jaicos Bertals tient ... apres les XXI d.
ke li sires Soifrois i avoit devantierenne-
mant.

S. Thiebaut 568 III. Kirche

Jaikemins Frankignons pb. por la chieze
  Deu de — 1275, 146.
Jenas Fancons pb. por — 1275, 384.
Simonius Facons pb. por la chiese Deu de —
  1281, 323.
censes:[1])
an Waide, apres ceu ke — i nit 1227, 59.
pb. 19 s. ms. au Quartal, 23 s. et 6 chap.
  ms. (PS) 1241, 96.
ms. (PM) doit 12 s., ms. (PM) doit 8 s.
  3 d. moins 1241, 129.
pb. 2½ s. ms. en la rue S. Gengoul 1262. 169.
ms. ou Nuefbonre doit 5 s. 1267, 34.
t. ar. devant S. Laddre doit 2 s. 1267, 191.
ont relaissiet ms. outre Saille pm. 6½ s.
pb. 8 s. 5 d. ms. (PS) 1275, 384. [1269, 401.
pb. 10 s. ost. en Chaipeleirue, doneit 1278, 111.
chanbre et corcelle (OM) doit 12 d. 1 chap.
  1281, 149.
ms. a Quartal doit 13 s. 4 d. 1281, 274.
6 eires de meis daier S. Thiebaut doient
  6 s. 1285, 181.
ms. daier S. Sauour doit 16 s. 1288, 25.
ms. as Roches doit 12 s. 1288, 119.
c. a Lorey (OM) 1288, 247.
ms. et meis (PS) pris a' cens de 1288, 388.
40 s. grant ms. a Porsaillis 1288, 466.
ms. (OM) doit 2 d. et 1 chap. 1288, 515.
ms. (PS) doit 9 s. 1290, 206b.
ms., meis, gr. sus lou tour davant les Augu-
stins doient 70 s. 1290, 367.
vg. ou ban de Siey doit 12 d. 1290, 563.
2 ms. anc. l'escolle de — doient 5 s. 1293, 511.
ms. an Chievremont doit 6 s. 1298, 19.
maixeires a Montigney doient 6 s. 1298, 238[as].
pb. 5 s. ms., (a) S. Thiebaut 1298, 264.
pb. 6 s. ms. en Chieuremont, 5 s. ms. en
  S. Martinrue, 5 s. ms. dev. les moulins de
  Longeteire, 4 s. et 16 chap. pluxors ms.
  an Halt Chanpels, 6 d. ms. ou Halt

Champelz et 5 s. planteis S. Aleine a S.
  Clemant 1298, 392 = 428.
censal de — 1227, 24.
chakeur —:
a (ou ban) S. Clemant daier 1278, 266; 1285,
chaipelerie S. Jehan de — 1288, 388. [369.
deime de Flocort et de S. Enre, pb. 1262,
escolle de — anc. 1293, 221, 511. [173.
maisons:
ms. a la Posterne 1241, 80.
pb. 2 ms. (PM) 1241, 129.
pb. ms. u pont a Saille 1241, 182.
ms. en S. Thiebautrue 1267, 231.
ms. (PS) 1269, 247.
meis en Ham (OM), pb. 1241, 185.
ospital de —:
pb. 18 s. ms. ensom Vies Bucherie pr. 1241,
40 s. grant ms. a Porsaillis 1288, 466. [47.
stal en la vies halle des draipiers au Vi-
  signnel 1279, 263.
terres —:
sus Saille desous S. Andreu areis 1267, 362
chans a Lorey et ou ban (OM) 1288, 247.
en lai fin de Pawilley anc. 1293, 507.
vignes:
pb. vg. en Malemars (PS) 1262, 167.
pb. vg. en la Pasture S. Julien doneit 1275,
eu Sourel (ou ban de S. Julien) deleiz [146.
  1275, 309; 1290, 312.
pb. vg. ou ban de Siey et de Molins et de
  Chazelles 1281, 323.
vg. a Lorey et ou ban (OM) 1288, 247.
an Champ ou ban de Siey anc. 1290, 563.
en Waistenoi (PS) anc. 1293, 250.

C. Klöster.[1])

Abes, *Cistercienserkloster in Alben, Aube, Kr. Metz, K. Pange.* v. IV.

---

[1]) *De Wailly 171 (1276)* li signours de S. Thiebaut ont aquasteit ... XX s. de mt. de cens et VI d. et II chapons ... sus la maison ... que ciet outre Saille a Nuef pont, et il en redoient les VI d. et II chapons a Pierol de Jeurue.

[1]) *In einer Verordnung der Stadt vom Jahre 1304 (Stadtarchiv 88. 2; Ben. III, 265/7) sind alle Metzer Klöster jener Zeit aufgezählt.* ... que ce les Cordelieres de Mes de l'ordre Ste Claire, ne les Proicherasses de Mes, ne les Repanties, ne les Grixes dames, ke sont et doient estre de l'ordre

li prious d' —[1]) pb. er. a Silleirs 1293, 36.

Augustins, *Augustinerkloster in Metz zwischen Neustadt — Augustinerstraße und Theobaldsplatz.* v. IV. Mes, Augustinus.
prious et covans des — 1288, 406; 1290, 587.
freres de S. Augustin 1267, 199; 1269, 211.
Vauterins Haynmignons pb. por 1269, 211.
5 s. de cens ms. en la rue de Porte Serpenoise 1290, 587.
eritage (PS) 1267, 199.
pb. gerdin daier lour maxon meymes autre lai porte S. Thiebaut et lai porte de Chainreirue 1288, 406.
pb. maison en S. Thiebantrue 1269, 211.

Bandeit, *klösterliche Niederlassung in Metz in der Gegend der jetzigen Paixhansstraße,* en Rimport v. IV. Mes, Bandeis.[2])
sus lo tiers d'une maison que siet en Renport a la Sas ..., celei partie vers les Bandes, et sus l eire de meis daier la

_____

de Cleirualz, ne les Grant pucelles en la Vigne S. Marcel, ne les pucelles de Mances ancoste S. Marcel, ne les dames de la Belle Stainche, ne les dames de Fristorf, ne les nonnains de Ste Marie, ne celles de S. Piere a nonnains, ne les nonnains de Ste Glossene, ne li Cordeliers de Mes, ne li Proichours, ne li Augustins, ne cil dou Quairme, ne li signors de Ste Creux davant Mes, ne li signors de Justemont, ne cil de la Triniteit, ne cil de Villeirs l'Abbaie de la grixe ordre, ne li signors de Gorze, ne li moinnes de S. Clemant, ne li moinnes de S. Arnolt, ne li moinnes de S. Syphorien, ne li moinnes de S. Vincent, ne li moinnes de S. Martin davant Mes, ne nulles autres ordes des grix moinnes, ne de noirs moinnes, ne de blans moinnes, ne de dames, keilz k'il soient, ne keilles k'elles soient.

[1]) *Prost XXII, 1233* Je Raous chenones de S. Thiebant faz conoissant .. que j'ai vendut au priour Robert d'Aubes mes ll maisous que j'avoie en la rue lo Voeit.

[2]) v. *Jahrbuch XXI, 1 (1909) S. 47/48.*

maison areis les Bandeis, et sus lo tiers de l. s. de cens que li — doient 1267, 162.

Beguines.[1])
Merguerate d'Ansei li beguine, n. sg. Guercire de Gorze †, ke maint a Mes, pb. 16 quairtes de fromant de clostre ke geixent sus la moitiet dou moliu sus Moselle 1290, 306.

Beguines de Vy.
Odelie d'Espinalz, lai maistrasse des —, ms. sus lou tour de lai Grant rue ke tornet ver lou pont a Saille pris a cens de 1290, 387.

– ? pucelles de Vy
pb. por la maistrasse et por les — ms. ke fut Bietri lai Saive de Maiselles et er. ou ban de Virkeley, Grixey et Maigney et vignes aus Abouwes 1288, 184.

Belle Stainche, *Prämonstratenserinnenkloster bei Metz in Belle-Tanche nicht weit von Borny.* v. IV.
Belle Stainche 1262/93, Belle Stainge 1262, l'Estainche 1285, la Stainche delez lo Nue Chastel 1251.
1251, 44; 1262, 183, 334; 1267, 453; 1269, 335; 1277, 60, 72^a; 1278, 46; 1279, 421; 1285, 290; 1290, 64; 1293, 30, 464.
li, la 1267, 453; 1277, 72^a; 1290, 64.
chiese Deu de la — 1251, 44; 1269, 335; 1290, 64; 1293, 30.
ceous de la — 1262, 183; 1278, 46.
dames de la — 1262, 334; 1277, 60; 1279, 421; 1285, 290; 1293, 30, 464.
Huez li Begues pb. por 1251, 44.
Jennins Bugles pb. por 1262, 334.
Banduyns Bugles pb. por 1267, 453; 1269.
Jaikemins li telleirs pb. por 1277, 60. [335.
Villains Hennebour pb. por 1290, 64.
Poinciguons Pedanwille li maires les dames de lai — pb. por 1293, 30.

_____

[1]) *Wo sie ihren Hof in Metz hatten, ist unbekannt. Ben. Hist. de Metz II, 619 führen Beghinen in Metz erst für das Jahr 1417 an.* R. E. L. 667 v. pucelles desus lou Mur.

Boens anfans

censes:
pb. 60 s. a Quartal 1251, 44.
pb. 14 s. ost. devant S. Mamin 1262, 334.
pb. 12 s. ms. ou Grant Waide 1267, 453.
pb. 15 s. vg. desor le mostier de Lassei 2 ms. outre Saille et vg. an [1269, 335.
Mallemairs doient 8 d. 1277, 72⁰.
redoient 6 d. des 20½ s. gr. (OM) 1285, 290.
pb. 8 s. (PS) ke li — meymes devoit, ke li abbes et li priours de Sallinvalz ont aq. por lai — 1290, 64. [1293, 30.
pb. 2 s. ms. dav. les molins a Saille (PM) Jennas Chauresons pb. teil eschainge com il ait fait a l'abbeyt de Sallinvalz et as dames de la — (PS) 1279, 421.
maison (PS) 1262, 183.
pb. meis a la Chanal 1270, 60.
terre les dames de lai —. sus lou rut de Maizelles deleis lai 1293, 464.
t. ar. ke geist deleis ceuls de la — 1278, 46.

Boens anfans, *Gutkinder.*¹) v. IV.

---

¹) *Chabert, les rues de Metz (Metz 1858)* schreibt unter rue des Bons-Enfants: „Ces joyeux compagnons préparèrent les représentations des jeux religieux ou mystères" und beruft sich vorher auf P. Ferry (der aber hat uns nur die unten wiedergegebene, von den Benediktinern übernommene Urkunde erhalten) und auf das Manuskript von Emmery, Stadtbibl. 204, das Auszüge von Urkunden und älteren Schriften über Familien und Straßen von Metz enthält. Aber unter den Straßen ist die rue des Bons-Enfants dort gar nicht genannt.
In den Mém. de la soc. des antiquaires de France XXV, 1862 handelt Vallet de Viriville S. 259 ff. über die Grabmäler zweier Wohltäter der Bons-Enfants in Paris. Nach ihm (S. 312) gab es in Paris im 13. Jahrhundert zwei Schulen dieses Namens, von denen das „collège des Bons-Enfants-S. Victor" besonders hervorgehoben ist.
Ben. III. 228, Anm., nach Paul Ferry Observ. sécul 1 fol. 267 n. 197: Coinrairt lou clarc, lou porvoiour des Boins enfans.

Boens anfans 1267, 1275. Boins enfans 1281, 1298.
en la rowe des — 1281, 83.
davant les — 1298, 254, 483a.
8 s. de c. aq. a — et a maistres de la maison des —, sus la vies Stuve en Chanbres ..., les keils 8 s. sr. Warniers dou Grant Mostier lor doneit en amosne 1275, Alexandres Mackerels pb. por les — [156.
la cort que fut lo senexal (PS), pm. 10 lb. de c. 1267, 70.

Carme. *Karmeliterkloster in Metz in der Gegend der jetzigen Paixhausstraße.* v. IV. Mes, Carme.
1262, 408; 1267, 495; 1275, 275; 1279, 419; 1288, 120³; 1293, 398.
Carme 1262, 1267, Cairme 1275, 1279. Kairme 1288, en Rimport davant lou Vies Cairme, 1293, 398.
chese Deu de Nostre Dame dou - 1262, 408.
freres dou — 1267, 495.
freires Nostre Dame dou — 1288, 120².
Nicoles de Weiure et Jennins Wascelins pb. por 1262, 408.
censes:
pb. 14 s. ms. en Chambeires, 6 s. 2 ms. enc. la ruelle enc. la grainge Jennin Soppe 1262, 408.
6 s. 2 ms. en Francourue 1267, 495.
corcelle dou — en Rimport devers la porte a la Sas 1279, 419.
maxon les freires Nostre Dame dou —, 4 lb. geixent sus la 1288, 120².
mostier dou —, anc. lo 1275, 275.

... v s. ... a la mason des Boins anfans; les keis messires Werniers, chanone dou Grant Mostier, lor doneit por Deu et an asmosne ke gixent sor une mason au Chievremont ... Et cest vandaige ait fait Coinrais par lou crant et par la vollanteit des confreires des Boins anfans ... c'est a savoir Richairt f. Poinse Richairt, maistres Simons li Allemans, maistre Nicolles de Fayt, Martins de Ville, Simonas de Macres. Jeinas de S. Jeure et Houdebran de Brihenas (=Houdebrans de Bretenakes 1278, 2; 1293, 6.)

Cleirvalz (de Mes), *Cistercienserkloster in Metz in der Kapellenstraße* (en Chapeleirue 1293, 309).[1]
Cleirvalz 1290,1298, Cleirvals 1293, Cerevals 1267. v. III. Cleirvalz, *Bistum Langres.*
1290, 229, 472; 1293, 179, 309; 1298, 268.
chieze Deu de — 1290, 229; 1293, 309.
chiese Deu de — de la maison de Mes 1293, priours de lai maxon de — de Mes [179.
prior et freires de — de lai [1298, 268.
    maxon de Mes   1290, 472.
Jehans li Merciers pb. por   1290, 472.
Gillas li Belz (dou Quertal, dou Nuefhorc
    pb. por   1290, 229; 1293, 179, 309.
censes:
pb. 15 d. ms. en la rue lou Voweit, 17 d.
    preit on ban de Plapeuille   1293, 179.
pb. 60 s. gr. an Chapeleirue   1293, 309.
pb. 2 s. ms. a S. Piere, arreis lai fontenne
    a Serpant, et meis, donneit   1298, 268.
eritaige:
pb. er. ke Waterios li clers, f. Hauriat lou
    cordewenier de Porsaillis †, ait donneit
maisons: [1290, 472.
pb. ms. sus lou tour de lai rue de Pawillon
    (PS)   1290, 229.
en Chapeleirue anc. lai ms. de — 1293, 309.

dames de **Cleirvals** des Repanties.[2]

[1] *Dorvaux, Pouillés S. 303 und 780, v. unten* freires des Ses. *Bischof Burkhard hat im Jahre 1289 das Haus der „Fratrum de penitencia Jhesu Christi" den Cisterciensern von Clairvaux übergeben, sein Nachfolger Bischof Reinald hat dann im Jahre 1304 an Stelle der Mönche in das Haus in der Kapellenstraße Nonnen desselben Ordens eingeführt. Die Urkunden sind erhalten und von Sauerland veröffentlicht. v. Jahrbuch VI. 168, Quellen I, 89, S. 62, ebenso die Bestätigung von Papst Clemens V. vom 1. Juni 1309 (Quellen I. 145, S. 94).*

[2] *v. oben Anm. zu* Cleirvalz *und Anm. S. 568* „les Grixes dames ke sont et doient estre de l'ordre de Clervalz" *und unten* Repanties.

Poinsignons Peldanwille pb. por les — 2 s. meis dav. Ste Marie as nonains 1298, 174.

Cordelieres, *Franziskanerinnenkloster in Metz, Paradiesstraße, an der Stelle des jetzigen Klosters zum guten Hirten.* v. IV. Mes, Cordelieres.[1]
1262, 52, 139; 1267, 121, 178, 230, 252, 409, 497; 1269, 1, 54; 1275, 67, 139, 445; 1277, 76, 120; 1278, 377; 1279, 99, 396, 455, 489, 577; 1281, 7, 58, 149, 282, 552; 1285, 150, 174, 288, 328, 442, 568; 1288, 461a; 1290, 21, 75, 156, 211, 269, 439; 1293, 43, 58, 248, 399, 400, 502, 675; 1298, 9, 170, 214, 221, 238, 239, 301, 302, 354, 358, 603, 604.
— 1262, 52, 139; 1267, 121, 230, 497; 1269, 54; 1275, 67, 139, 445; 1277, 76; 1278, 377; 1279, 577; 1281, 7, 58, 149; 1285, 174, 328; 1288, 461a; 1293, 248; 1298, 358.
— de Mes 1267, 252, 409; 1269, 1; 1281, 282; 1293, 58, 399, 400, 502, 675; 1298, 170, 484.
chieze Deu des — 1279, 455; 1285, 568; 1293, 43; 1298, 96, 354.
chieze Deu des — de Metz 1267, 178; 1279, 489; 1285, 150; 1290, 21, 75, 156, 211, 439²; 1293, 399, 400, 502; 1298, 301, 302.
chieze Deu des — dou covant de Mes 1281, 552; 1298, 9a, 214, 221, 238, 239.
— dou covant de Mes 1279, 396; 1298, 603.
abause des —[2]   1285, 288. [604.

[1] *De Wailly 366 (1298)* Je Nicholes dis Ottins, ke fut doieus de S. Savour de Mes, fais ma devise ... Ancor voil je c'on donguet as serors·Ste Claire de Mes ... *Diese Bezeichnung kommt in den Bannrollen nicht vor.*

[2] *Bannrollen I, LIX, 8 (1279)* dame Ainels de Vaus, li abbase des Codelieres dou convant de Mes et li couvans ont aquasteit ... v s. ... ms. an lai rouwelle daicir l'ospital a Porte Muzelle.
ebenda S. LX (1279) ... ont aquasteit 5 s. ... ms. an la rouwelle devant S. Ferruce
— *De Wailly 203 (1279).*

Cordelieres

abause et convant des — 1277, 120; 1279, 99; 1285, 442; 1298, 326.
abause et covant des — de Mes 1290, 269.
convers des — r. unten freires Jehans.
maires des — r. unten Thiebas Petis maiheur.
Jehans li l'arfeiz pb. por les pucelles don pont Thiefroit et les — et les Repanties etc. 1267, 121.
Abrias Yngrans et Lukate sa s. pb. por 1267,
Lowias li clers pb. por 1267, 409. [252.
Hanrias de Champes pb. por 1275, 67.
Yngrans Forcons et Remions Ruece pb. por 1279, 455.
Poincignons Graicecher pb. por 1277, 76; 1279, 396, 489, 577; 1281, 58, 552; 1285, 150, 568.¹)
sr. Nicolles li Gornais pb. por 1290, 21, 75.
Matheus Vogenelz pb. por 1290, 489.
freires Jehans li convers des — de Mes²)
pb. por 1293, 399, 400, 502, 675.
Thiebaus Petismaiheus li maires des — pb. por 1298, 9, 214, 238, 239, 301, 302, 354, 484, 603, 604.
aquast ou ban de Gerey et de Champels censes: [1279, 99.
pb. 2 s. ms. en Anglemur, doneit 1267, 121.
pb. 5 s. piece de t. devant les Vies Chainges

De Wailly 204 (1279) madame Aineis de Vaus li abbase des Cordelieres ... ont aquasteit ... 10 s. ... sus la mason ... an Francourue ...
De Wailly 328 (1294) dame Yzaibel, li abase des Cordelieres dou covant de Mes, ait aquasteit ... XIIII s. et IIII d. ... sus les menandies a pont a Saille...

¹) De Wailly 254, 255 (1286), 266 (1286 a. St.) Poinsignons li prestes Graicecher, li maires les Cordelieres dou covant de Mes, ait aquasteit .... por la chiese Deu des Cordelieres ...

²) Bannrollen I, LXXX, 28 (1278) ... eschainge a freire Jehan, lou convers des Cordelieres, d'un jornal de terre aireure ... deleis lou chan les Cordelieres an Frankignonchamp .:.

en Vizenuel, apres les 5 s. qu'elles i ont davant 1267, 230. [1267, 552.
pb. 16½ s. en Vaus en dous lens, doneit
pb. 25 s. ms. an pont a Saille 1267, 409.
pb. 13 s. ost. en Maiselles 1269, 54.
pb. 3 s. vg. en Coroit, 20 d. et 1 chap. ms. en Maiselles dev. l'orme 1275, 67.
pb. 50 s. 1 d. ost. ou Nuefbonre et plaice de t. as Chenges et vg. outre Saille 1277,
3 s. ms. en la rue des Proichors 1277, 120. [76.
pb. 10 s. 2 ms. an la rowelatte devant S. Ferruce 1279, 396.¹)
pb. 18 s. an la droite rowe de porte Serpenoise 1279, 455.
pb. 30 s. ms. devant la maison S. Laddre a l'orte Serpenoise 1279, 489.
pb. 10 s. ost. en Francourue 1279, 577.
pb. 7 s. 4 d. moins 2 ms. an Chaponruwe 1281, 58.
ms. a Porte Cerpenoise doit 12 s. 1281, 282.
pb. 6 s. an la halle des permantiers an Visegunes 1281, 552. [1285, 150.
pb. 50 s. ost. dev. lai posterne en Sanerie
pb. 16 s. ms. en Chambres, doneit ost. (PS) doit 18 s. 1288, 461a.
pb. 45/2 s. ost. dav. S. Ferruce, 15 s. ost. (OM) 1290, 156.
pb. 15½ s. 2 ms. an Vesignuelz 1290, 211.
pb. ⅜ s. vg. a Longenille 1290, 269.
pb. 30 s. (— 6 s.) ms. (PS), 30 s. (— 8 s.) ms., 28 s. ms., 12 s. ms., 9 s. ms. dav. S. Gengoult, 4 s. 1 d. ms. dav. S. Gengout doneit 1290, 439.
pb. 6 s. 1½ ms. en lai rue des Allemans c'on dist en lai rowelle Repigney 1293, 43.
ms. en lai Vigne S. Anol doit 16 s. 1293, 51.
ms. sus lou Mur doit 16 s. 1293, 248.
pb. 6 s. gr. daier la halle en Chanbres, 3 s. an 4 lb. a la rive a Kaiste, 5 s. ms. daier S. Hilaire a pont Renmont 1298, 9b.
pb. 15 s. ms. defuers la posterue as Roches, 15 s. ms. anc. la halle an Chanbres, 15 s. ms. an Gran Meizes, 8½ s. ms. an Chadeleirue,

---

¹) Bannrollen I. LIX, 7 (1279) vigne sus Muzelle doit VIII s. a Cordeliere.

12 s. ms. an Stoxey,
4 s. vg. a Poncel a S. Julien,
2 s. vg. a Poncel a S. Julien 1298. 221.
pb. 26 s. 1 d. 2 ms. dav. Ste Glosenne,
3¼ s. ms. Cozemoze,
18 s. ms. en lai rowe Ste Glosenne,
10 s. gr. en lai rowe Ste Glosenne,
15 s. ms. en lai rowe Ste Glosenne,
12 s. ms. en lai rue des Allemans,
24 s. ms. en lai rowe des Allemans,
17½ s. ms. a Quertal,
12¼ s. ms. au S. Martinrne,
21½ s. ms. anc. lai stuve an lai Nueue
31 s. ms. an S. Martinrne, [rue,
40 s. ms. an lai parroche S. Martin,
60 s. stuve en lai Nueve rue,
12 s. ms. defuers Porte Serpenoize,
17½ s. ms. a Quertal,
52½ d. ms. a Porsaillis,
15 s. er. Domangin de Lorey,
21 s. t. d'Awigney,
10 s. ms. a Quertal,
1 d. cire de meis ou champ lou senexal,
7 d. vg. c'on dist ou champ lou senexal,
6 s. maixeires a Montigney,
10 s. vg. a Awigney,
14/2 s. ms. desour l'ospital des Allemans
   et vg. en IIII rowelles   1298. 238.
pb. 14 s. gr. dav. les pucelles a pont Thiefroit.
4 s. 2 d. vg. a Longeuille,
20 s. vg. ou ban de Plapeuille 1298. 301.
maix. sus lou tor [d'Anglemur] desoz S. Hy-
   laire a Xauleur doit 3 s.   1298. 326.
pb. 40 s. 2 ms. a la Hardie Piere 1298. 603.
chancel des —, muisere desus 1262, 52.
chaubre et corcelle et moitiet dou mur
   (OM) partie, conu les - - avoient au, pm.
   12 d. 1 chap. por les —   1281, 149.
eritaige:
pb. er. ou ban de Gercy, doneit 1277, 77.
pb. er. ou ban de Flurey, doneit 1293, 502.
maisons:
pb. ms. lo Conte de Castes en la rue lou
   Voweit   1267, 497.
pb. ms. outre Saille devant la rowelle de
   la Vigne S. Auol, doneit   1277, 77.
ms. (OM), aq. a Martin de Troies et a. l'ab.
ms. daier Ste Creux 1285, 442. [1285, 288.

pb. petite ms. (PM) ms. a Malleroit, doneit
   1293, 399.
pb. partie en ms. en Aiest, doneit 1293, 400.
pb. ms. an Sanerie, delivre per droit 1298, 9a.
pb. 2 ms. en S. Vincentrue. doneit 1298, 302.
pb. ms. an Stoxey, delivre per droit 1298, 354.
an la Halte Sauerie dav. la ms. les — 1298.
pb. maixiere desoz S. Alare a Xau- [358.
   leur sus lou tour d'Anglemur, delivre
   par droit   1293, 675.
stals:
pb. 1 st. en la halle des boulangers (PS)
   doneit   1277, 77.
pb. 2 st. en la halle des tanors en Cham-
   bres, doneit   1298, 214.
terres:
ou ban d'Escey et de Turey entre la t.
   les —   1275, 445.
pb. t. a la Grainge as Dames anc. elles
   meimes   1298, 604.
vignes:
pb. vg. sus la Pasture de S. Julien et vg.
   en Sorel, doneit   1267, 178.
pb. vg. en Sorel   1269, 1.
pb. vg. en Peuerelle (PS) doueit 1277, 76.
dezour la Pasture a S. Julien enc. 1278. 377.
pb. vg. en Hawitvigne sus Moselle 1290. 21.
pb. vg. en Mallemairs et vg. en Ospreis,
   doneit   1290. 75.
pb. vg. a Malleroit, doneit   1293. 399.
pb. vg. desour Longeuille, delivre 1298, 170.
pb. vg. ens Abouwes en Maiselles, delivre
   en plait   1298. 484.

Cordelieres de Vy,[1] *Franziskanerinnen in*
Vic.
prionze et covant des —, maxons et gr.
   anc. l'ost. Mathen de Pertes (PS) 1290, 48.

Cordelieres, Cordelles v. Menors.

Fristor, *Cistercienserinnenabtei in Freisdorf,*
(Bolchen, Busendorf).
Fristor 1262/98, Fristorf 1251, 1267, 1277,
1279, 1293, Fristorh. Fristorph 1251. v. IV.

[1] *Sonst liest man nur von* Cordeliers
de Vy.

Fristor–Gorze

1251, 187, 219; 1262, 279; 1267, 23, 24, 217, 367, 415; 1277, 229, 239, 241; 1278, 583; 1279, 147, 353; 1285, 120; 1288, 309; 1290, 276, 346, 582; 1293, 33, 96, 288, 351; 1298, 25, 194, 289, 400.
chieze Deu de — 1251, 187, 219; 1267, 23, 24, 217, 415; 1279, 147, 353; 1285, 120; 1290, 276, 582; 1293, 288; 1298, 289.
chieze Deu de Nostre Dame de — 1290, 346; 1293, 351; 1298, 194.
cil de — 1262, 279.
dames de — 1267, 217, 367; 1277, 229, 241; 1278, 583; 1288, 309; 1293, 96.
  abbasse de — 1267, 415; 1298, 25.
  abbase et covant de — 1298, 400.
Garssirions Manegous pb. por 1251, 187, 219.
Jennins Marsire pb. por 1267, 23, 24, 217, 415.
Katherine f. Jennin Yzambairt pb. por 1285, 120.
Poinsignons Bolande (li mares de —) pb. por 1279, 147; 1290, 346, 582; 1293, 288; 1298, 194, 289.
Gillas Haike pb. por 1290, 276; 1293, 351.
pb. boix ou ban de Maranges 1290, 276.
censes:
pb. 32 s. (PS), doneit 1251, 187.
pb. 20 s. ms. (PS), donei 1251, 219.
doient 6 d. et 2 chap. 1262, 279.
pb. 30 s. ms. dev. les Grans Meises, 20 s. ms. (PM), 12 s. ms. en Dairangerue, doneit
pb. 12 s. ms. (PM) 1267, 24. [1267, 23.
pb. 60 s. estuve au Haut Champel, apres les 20 s. que les dames i avoient 1267, 217.
8 s. 4 d. que li hospitals dou Nuefborc dovoit 1267, 367.
pb. 100 s. que doient cheoir des 11 lb. que Phillipins li xavins avoit sus l'ostel de —, que li abbasse de — li at assegies allours 1267, 415.
ms. daier S. Jehan (OM) doit 5 s. 1278, 583.
¹/₂ ms. daier S. Hylaire (PM) doit 5 s. 1279,
pb. 3 s. 2 d. vg. an Wacons, 7 s. ms [353.
an la rowelle an Chambeires 1285, 120.
vg. sus Muzelle doit 5 s. 1288, 309.
pb 12 s. ost. a lai Salz, 12 s. gr. an Chadeleirue, 7 s. ms. ou Veueir 8¹/₂ s. ms. ou Veueir 1290, 346.
pb. 19 s. ms. davant S. Vy 1290, 582.

ms. an Dairangerue doit 18 s. 1298, 25.
pb. 20 s. vg. ou ban de Tignomont, doneit ms. a monteir de l'orte Muzelle [1298, 194.
doit 4 lb. 1298, 400.
court de —, sus lou Mur davant 1293, 33.
grainge (= Frescaty, v. maison):
davant lai gr. les dames de —, t. ou ban de Marlei 1293, 96.
devant la gr. de —, t. ar. 1277, 239
jardin de la chiese Deu de — a Maranges pb. t. dedans 1293, 351.
maisons:
dezons la ms. les dames de —, pr. en Genestroit (= Freskaty) 1277, 241.
pb. ms. sus lo Ruxel a Wappey et vigne ou ban de Wapei, delivre per droit 1279, 147.
pb. ms. a Porsaillis, delivre pr. droit 1293, 288.
pb. meis sus lou chamin de Montiguey, delivres an plait 1298, 289.
vigne les dames de —, sus Muzelle entre 1277, 229.

Gorze, *Benediktinerabtei (Metz, Gorze).*
Gorze 1241/1298. Gorre 1275, 117, v. IV. 1241, 66; 1251, 188; 1267, 130; 1269, 155, 451; 1275, 117, 511; 1277, 407, 465; 1281, 639³; 1285, 263; 1288, 39, 152; 1290, 127; 1298, 172, 198, 574.
chiese Deu de — 1241, 66; 1251, 188.
eglise de — 1277, 465; 1298, 574.
S. Girgone de — 1285, 263; 1288, 152.
S. Gergone 1277, 407; 1288, 39.
cil de — 1298, 198.
abbeit de — 1267, 130; 1269, 155; 1275, 117, 511; 1281, 639³.
abbei et covent de — 1269, 451; 1290, 127.
Hvins pb. por 1241, 66.
Willames pb. por 1251, 188.
Colignous li Gronaiz pb. por 1269, 451.
ban: [1277, 465.
pb. la moitiet dou ban de Burey ke siet ou ban de Wauille ou val de Mait 1277, 465.
desous Awigne ou ban S. Girgone de — daier lou molin a vant (PM) 1288, 152.
cant ke li abbes et li convans de — ont a Xonville an ban et en justice 1290, 127.
censes:
pb. 12 s. ms. (PM) 1241, 66.
vg. en Burleivigne ou ban de Syei doit

4 sest. de vin en l'aixe a l'abbei de —
pb. 40 esmas de bleif a Mornille [1269. 155.
  delez Vy   1269, 451.
vg. ou ban d'Arnaville doit ½ meu de vin
ms. et terres de Tantelainville [1285, 263.
  doient 2 moies de bleif   1290, 127.
sr. Willames, cureis de Jarnei doit 2 moies
  de bleif   1290, 127.
eil de — doient chac'an 5 moies de vin en
  Burleivigne (OM)   1298, 198.
ms. a Gorze doit a l'eglise de — 1 lavour
  lou grant juedi davant paikes 1298, 574.
chakeur —, en Preire dav. (OM) 1277. 407.
clo l'aibeit de —, vg. deleis (ou ban de
  Dornant?)   1281, 639.
eritaige Chardat Trabreize de Nonviant,
  aq. a l'abbeit de —   1267, 130.
fiez l'abeit de —, ms. a Nonviant muet
  dou   1275, 117.
maisons:
pb. ms. Anschier Magne (PS)   1251, 188.
ai Ars daier l'osteil l'abbeit de — (vg.)
                                  1275, 511.
a Ars daier la maison de — (vg.) 1298, 172.
preit —, a Waisaiges anc.   1288, 39.

Justemont, *Praemonstratenserabtei Justberg,
Diedenhofen W.*
Thiebaus li Mares pb. por — 20 s., 3 d.
  ms. en Chambieres   1278, 214.
Jehans Ferrias pb. por la chiese Deu de —
  6 pieces de t. et une tornaille (OM) 1293, 117.

Menors, *Minoriten. Franziskanerkloster in
Metz, Ecke Gießhausstraße.* v. IV. Mes,
Cordeliers.
Menors 1275, 1278, 1281, Menours 1267,
  1293, Cordelles 1267.
chieze Deu des freires — dou covant de
  Mes   1293, 566.
freires — 1267, 511; 1275, 62. 262; 1278,
  28, 50; 1281, 552; 1293, 566.
frere Heinme des Cordelles . 1267, 499.
porveours les freres —:
Jaike Rousel et Jehan de la Cort 1267, 511.
[....?]   1278, 28.
Thiebaut lou Gronnaix   1281, 552.
Felipes Tiguienne et Jehans de la Cort
  pb. por les Prochors et les — 1275, 262.

Thomessas li cordeweniers de S. Arnout
  pb. por   1278, 50.
Poinsate f. sg. Abert de Champelz pb. por
  censes: [1293, 566.
40 s. ms. desoz Viez Bucherie et gr. en
  Romesalle, que sr. Bertrans de Werme-
  ranges at doneit   1267, 511.
8 s. ms. areiz la porte dou Champel 1275.
pb. 6 s. an la halle des permantiers an [62.
  Visegnues   1281, 552.
maisons:
pb. ms. sg. Bertran de Wermeranges ensom
  Viez Bucherie, del.   1275. 262.
ms. a tour en Staixous   1278, 28.
pb. ms. a S. Arnout   1278, 50.
pb. ms. sus lou Mur   1293, 566.

Nostre Dame as Chans, *Benediktinerkloster
bei Metz vor dem Theobaldstor.* v. IV. Nostre
Dame as Chans.
N. D. as Chans 1262/98 aus Chans 1281, a
hans 1275, 1279, 1281, a Chans deleis Mes
1293, 215, Ste Marie des Chans 1220, 1227.
1220, 47; 1227, 26; 1262, 318; 1269, 17.
235; 1275, 27, 76, 209, 418; 1277, 5, 84.
170, 282, 360; 1278, 262; 1279, 445; 1281,
27, 203, 228, 238, 346, 410, 489; 1285, 145.
543; 1288, 155, 200; 1290, 181, 328^{12}; 1293,
    34, 215, 278, 444; 1298, 165, 400, 417.
chieze Deu de — 1278, 262; 1279, 445;
                1281, 228, 346; 1288, 155.
ceulz de —   1290, 328^{12}; 1293, 444.
signors de —   1293, 278.
priorey de —   1293, 215.
prior de — 1220, 47; 1227, 26; 1277, 360.
                 1279, 445; 1281, 410.
priour de — et sg. Nicolle
procurour de — et sg. Willame de la
  Court   1281, 203.
sr. Nicolles, li prestes de Baizaille, ki maint
  a —, pb. por   1281, 228.
.... es pb. por 1262, 318. [1277, 84.
Colignons, f. Joiffrignon Vilain †, pb. por
Colignons Vilains pb. por   1278, 262.
Willames de la Cort pb. por lui et por la
  chieze Deu de —   1277, 282.
Coliguon Bouchate lou clarc, lou maior
  de la chieze Deu de —   1281, 346.

Nostre Dame—Proicherasses

censes:
pb. 15 sodees et maille de c. ms. ou puis
  de S. Martinrue 1227, 26
1 st. en la halle des parmantiers en Chambres doit 18 d. 1269, 17.
ms. en Visegnuel redoit 10 s. 1275, 76.
ms. devant S. Martin doit 7 s. 1275, 209.
pb. 7¹/₂ s. vg. et t. ou ban d'Awigney 1277.
pb. 12 s. ms. (PS) 1279, 445. [360.
ms. an Chainerelrue doit 20 s. 1281, 27.
pb. 3 s. ms. en la Nueue ruwe 1281, 228.
ms. ou Waide doit 7 s. 1281, 238.
ms. et meis en la rue des Preechors doient
  2 s. 1285, 145, 543.
ms. a tour de Chainreirue doit 12 s. 1288, 155.
ms. ou Nuefborc doit 2 s. 1288, 200.
ms. (PS) doit [....d]e premier c. 1290, 181.
tavle en Vies Chainges doit 5 s. 1293, 215.
vg. en Varennes desour Lescey doit 3 m.
ms. a monteir de Porte Muzelle [1298, 165.
  doit 6 d. et chap. 1298, 400.
chakeur en Maizelles, anc. 1293, 444.
grainge ou Champussaille, pb. 1220, 47.
maisons:
pb. ms. en la Vigne S. Anol 1262, 218.
pb. ms. en Chaureirue, escheute por teil c.
  com il avoient sus 1277, 84.
pb. ms. en la Mercerie a Porsnillis, delivre per
  droit por les 50 s. k'il i avoient 1277, 282.
pb. ms. daier —, delivree per droit 1278, 262.
ms. en Visegnuel 1281, 203.
ms. an Chieuremont, aquiteit, releveit 1281.
ms. dev. la cort lou princier 1281, 410. [346.
molin (PM) ke part a 1275, 27.
terres
pb. t. en Powillonchamp (PS) 1262, 318.
ou ban de Grisey, deleis 1281, 489; 1293,
vignes: [278; 1298, 417.
a Perrelies en Andreuax, enc. 1269, 235.
a Andrevals moiterasse 1275, 418.
vg. (PS) tiers meu 1277, 5.
en la Nowe (PM) moiterasse 1277, 170.
  toutes les moiteraisses ke Weirias Vogenelz de S. Julien tient de 1290, 328¹².
a lai bairre outre Saille moiterasse 1293, 84.

Nostre Dame dou Carme v. Carme.
Nostre Dame de Villeirs v. Villeirs.

Preit de Mes. *Metzer Priorat der gleichnamigen Augustinerabtei in Verdun*.
Preit 1267, 1269, 1285, Preit de Mes 1290,
S. Nicolais dou Preit de Mes — 1279, 1281¹)
  v. III. Preit *Bistum Verdun und* IV. Mes.
1267, 90, 374; 1269, 48; 1279, 517; 1281, 93;
  1285, 217; 1290, 196.
chieze Deu dou — 1285, 217; 1290, 196.
ceous do — 1267, 90.
li signor de S. Nic. dou - 1279, 517.
priours et covaus don —²) 1269, 48.
priour et freres de S. Nic. dou — 1281, 93.
freire Jehan de Chaistelz lou priour de la
  chieze Deu dou — c'on dist Vdun 1285, 217.
Symonius li torneires pb. por 1267, 90.
Poincignous Faconners pb. por 1290, 196.
censes:
pb. 3 s. ms. (PS) 1267, 90.
100 s. geisent sus la maison dou — et lo
  jardin daier (PS) 1267, 374.
100 s. geisent sus la grainge et sus tote
  la terre daier que siet encoste les murs
  don Nuefbourc, que li priours et li covans dou — doient 1269, 48
dovoient 20 s. chescan (PS) 1281, 93.
pb. 3 s. ms. en Maizelles 1290, 196.
tout l'eritaige ke li signor de S. Nic.
  dou - tenivent.... et 60 s.... et 40 s.
  1279, 517.

Proicherasses, *Dominikanerinnenkloster in
Metz, Kapellenstraße* v. III. pucelles dou pont
Thiefroit, IV. Mes, Proicherasses.
Proicherasses dou pont Thiefroit 1277,
Proicherasse(s) de lai cort de Vy de [293.
  Mes 1288, 217, 471, Proicherasses 1278/
  1298, Proicherasse(s) de Mes 1285/1298,
  Proicherasce(s) 1278/1281, Proicheraisses
  1285.
1277, 293; 1278, 255, 611; 1279, 488, 556;

---

¹) *Dorvaux, les anciens pouillés.* S. 43
(*16. Jahrh.*) Prioratus sancti Nicolai de
Prato.

²) *De Wailly 133 (1270)* li priors de la
maison dou Prei des Mes ait aquasteit la
maison... ke siet arreis la porte S. Thiebaut. et la cort et tout lou resaige.

III. Kirche 577 Proicherasses–Proichors

1281, 339, 568; 1285, 89, 135, 368; 1288,
172, 217, 334, 471; 1290, 78, 152, 400, 420;
1293, 90, 257, 513; 1298, 103, 113, 423.
chieze Deu des — 1277, 293; 1278, 255;
1279, 488; 1285, 89, 135, 368; 1288, 217,
334, 471; 1290, 152, 420; 1293, 90, 513;
  1298, 103, 423. [423.
pucelles desour dite = Proicherasses 1298,
priouse et covant des — 1281, 568; 1290, 78.
Lorate li — doit c. a Plapeville 1281, 339.
sr. Jaikes li prestres des — pb. ms. an
 Chaipeleirue davant les — 1288, 172.
Jakemins Grait paille pb. por 1277, 293;
 1278, 255, 611; 1279, 488, 556; 1285, 89.
Poincignons Pedanwille pb. por 1285, 135.
 368; 1288, 217, 334, 471; 1290, 152, 420;
  1293, 90, 513.
Poincignons Faconuers[1]) pb. por 1298, 103,
 censes: [423.
pb. 35 s. 2 ms. davant S. Vicent 1278, 611.
pb. 6 lb. ms. an la corcelle pres de la
 plaice a Porsaillis, gr. et chak. 1285, 89.
pb. 16 s. (OM), donneit 1285, 135.
pb. 5 s. ost. a Porte Muzelle 1288, 334.
pb. 24 s. ms. an Chaipeleirue 1288, 471a.
pb. 60 s. ms. an Vesignuelz 1288, 471b.
6 lb. ms. en lai court de lai plaice a Por-
 saillis 1290, 78.
pb. 15 s. ms. en lai rowelle en Chambres
 deleis lai porte ou on aboivret les che-
 valz 1290, 152.
pb. 2 s. ms. ou Champel 1290, 420.
pb. 4 lb. 5 s. ms. en Vesignuelz 1293, 90a.
pb. 6 s. ms. ou Waide 1293, 90b.
pb. 3 s. ms. outre Saille 1293, 257.
pb. 3½ s. pr. a Pairuel ou ban de Mai-
 ruelles 1293, 513.
pb. 30 s. ms. en Chaipeleirue 1298, 103.
pb. 24 s. ms. an Vies Bucherie, 11½ s. 2 ms.
 en lai rue S. Gengoult, doneit 1298, 423.
eritaige a Mairuelles, doneit 1277, 293.

---
[1]) *De Wailly 357 (1297)* Poinsignons Fa-
couvers, li maires les Proicherasses, ait
aquasteit por la chiese Deu de Proicherasses
de la cort de Vi de Mes ... X s. ... sus la
grant chambre an S. Mertinrue.

grenge a Pairuel, devant lor 1285, 368.
maisons:
pb. ms. en Chaipeleirue c'on apellet la
 cort de Vy 1278, 255.
ms. et forge daier en Franconrue 1281, 568.
pb. 3 ms. et 1 meis a chief de Vies Bu-
 cherie 1288, 217.
preit c'on dist a Pairuel ou ban de Mai-
 ruelles anc. lou 1293, 513; 1298, 113.
pb. t. devant lor gr. a Pairuel 1285, 368.
vignes:
pb. vg. outre Saille ou Pawillonchamp 1279,
pb. vg. a Wappey, doneit 1279, 556. [488.
en lai planteire (a Faijs) arreis lai vg.
 les — 1290, 400.

Proicherasses dou **Vinier** davant Sallebour,
*Dominikanerinnenkloster am Weiher vor
Saarburg i. L.*[1])
ms. davant S. Vy redoit as Proicherasses
 de Salebor 3 s. 1290, 582.
d. Poince et d. Yzaibelz, les 2 f. Jacob de
 Jeurue, pb. por les — 20 s. ms. en Sa-
 nerie 1298, 257.

Proichors, *Dominikanerkloster in Metz,
zwischen Büren- und Arnulfstraße, jetzt
Militärkasino.*
Proichors 1288, 1298, Prochors 1241, 1245,
1275, Praichours 1281. v. IV. Mes.
1241, 195; 1245, 235; 1275, 262; 1281, 417;
  1288, 112; 1298, 185.
prior et covant des — 1281, 417.
prior et convent des freres — 1298, 185.
Isenbars Gouions pb. por 1241, 195.
.... pb. por 1245, 235.
Felipes Tignienne et Jehans de la Cort pb.
 por les — et les Menors 1275, 262.
vailes les —, Vgat ke fut 1288, 112.
censes:
7 s. 3 m. moins gr. devant Nostre Dame
 as Chans 1281, 417.
15 s. ms. dav. les — en la Wade 1298, 185.
maisons:

---
[1]) *Dorvaux S. 597 Anm. 2; das Reichs-
land E.-L. unter Weiherstein.*

37

Pucelles

pb. 3 ms. en la Wade 1241, 195.
pb. ms. ou Wade (OM) 1245, 235, [262.
pb. ms. ensom Viez Bucherie, delivre 1275,

Pucelles de Mances, *Kloster neben der S. Marcellenkirche.*[1])
Pucel(l)es de Mance 1245, 1293, p. de Mances 1269, 1275, 1278, p. de Mances ke mainnent ancoste S. Marcel 1275, 296, p. de Mances ancoste S. Marcel 1285, 229, 1293, 112, p. de Manse 1285.
1245, 56; 1269, 477; 1275, 217, 296, 358; 1278, 519; 1285, 164, 229, 474; 1293, 40, chieze Deu des — 1285, 164. [41, 112.
la fille Burtadee des — et la maistresse de lans (= là dedans) 1278, 519.
Yzabel l'avelette Colin Grancol ke maint a — 1285, 164b, 229.
sg. Pieron preste de S. Marcel, et — 1269, 477; 1275, 217. [56.
Nicholes de Davant Ste Croix pb. por 1245,
Poinsignons Bolande pb. por 1275, 296, 358.
Vguignons Grivelz pb. por 1285, 164a, 229;
censes: [1293, 40, 41.
pb. 29 s. ms. daier S. Martin (PS) 1275, 358.
pb. 40 s. ms. a monteir de S. Ferruce 1285,
pb. 40 s. er. venus a Yzabel de pair [164a.
Colin Grancol, son aveul 1285, 164b.
pb. 30 s. 2 ms. an Chaponrue 1293, 40.
29 s. ms. daier S. Martin en Curtis 1293, 112.
eritaige escheut a Yzaibel de pair Colin Grancol, son awel, pb. 1285, 229.
maisons:
pb. ms. les enf. lo Bauat (OM) 1245, 56.
ms. et gr. (PS) 1269, 477.
½? ms. Jehan l'Alleman (PS) 1275, 217.
pb. 2 ost. en Chadeleirue 1275, 296.
ms. et meis en la Vigne S. Marcel deleis la porte acensit as — 1285, 474.
pb. ms. ou Champel, delivreit en plait 1293, 1 stal en la viez halle des drapiers [41.
en Vizignuel 1278, 519.

Pucelles dou **pont Thiefroit,** *Dominikanerinnen, die übergesiedelt sind in ein Haus*

en Chaipeleirue c'on apellet la cort de Vy, *das 1278, 255 für sie gekauft ist.* v. Proicherasses.
maistres et as — 1262, 404.
Jehans li Parfeiz pb. por — et les Cordelieres et les Repanties *etc.* 1267, 121.
davant les — a pont Th. (gr.) 1298, 301.
censes:
pb. 2 s. ms. en Anglemur, doneit 1267, 121.
9½ s. geisent sus la maison les — 1269, 117.
terre daier les planteis a pont Th. 1262, 404.

Pucelles = Proicherasses (v. Proich. 1298, [423.
Pucelles de **Sus lou Mur,** *Kloster auf der Mauer.*[1])
1275, 213; 1277, 199, 280; 1278, 109; 1288, 93; 1293, 606; 1298, 272.
Theirias Raville pb. por 1277, 280.
Poinsignons Peldanville pb por 1288, 93;
censes: [1293, 606.
8 s. geissent sus la maison les — 1275, 213^{12}; 1278, 109.
pb. 11 s. ms. en Chapponrue 1277, 280.
pb. 6 d. 2 chap. ms. an Franconrue, 10½ s. forge daier et jard., 33 d. 1 chap. ost, 33 d. 1 chap. ost. (OM) 1288, 93.
pb. 11 s. 1 d. moins ms. en Franconrue 1293, ont laieit ms. sus lou Mur 1298, 272. [606.

Pucelles de **Vy** v. Beguines.

Pucelles de la **Vigne S. Marcel,** *Augustinerinnenkloster in der Gegend der Totenbrücken- und S. Marcellenstraße.* v. IV. Mes. Vigne S. Marcel.
1267, 227, 502; 1269, 6, 48, 116, 462; 1277, 23, 195^{13}, 303, 447; 1278, 149, 243, 353, 366; 1279, 72, 479, 538; 1281, 158, 306, 310, 345; 1285, 457; 1288, 407, 473; 1290, 20, 72, 73, 111, 179, 186, 435, 436, 488a; 1293, 210, 307, 335; 1298, 102, 152, 163, 240, 313, 649.
dames de la Vigne 1277, 23; 1278, 149.
pucelles de la(i) Vigne 1267, 227, 502; 1269, 9, 48, 116; 1277, 303; 1278, 243; 1279, 72, 538; 1288, 407, 473; 1298, 152.

---

[1]) *v. oben S.* 568 *Ben. III, 266.*

[1]) *v. Reichsland E.-L. III 667.*

III. Kirche 579 **Pucelles**

pucelles de la(i) Vigne S. Marcel 1269, 462;
  1285, 457; 1290, 186, 435, 488a; 1293, 210,
    307; 1298, 102, 240, 313.
pucelles en la Vigne 1281, 306; 1293, 335.
Grans pucelles en la Vigne 1277, 447; 1278,
Grans pucelles en la Vigne S. Marcel [353.
    1281, 310.
Grans pucelles de la Vigne 1277, 195¹²; 1278,
  366; 1279, 479; 1281, 158, 345; 1298, 163.
Grans pucelles de la(i) Vigne S. Marcel
  1290, 20, 72, 73, 111, 436; 1298, 163, 649.
Grans pucelles de lai Vigne S. Marcel de
  l'ordre S. Augustin 1290, 179.
chiese Deu des — 1278, 353, 366; 1279,
  479; 1281, 310, 345; 1290, 435; 1293, 210;
    1298, 240.
priouse et covans des — 1290, 179; 1293, 307.
priouze et covans de lai Vigne S. Marcel
  1293, 542. [1281, 158.
d. Wibor priose des — et covant 1277, 195¹²;
lai fille Preuostel (pucelle) 1290, 488a.
convers de lai Vigne S. Marcel, freires
  Clemans 1298, 102.
prestres des —, sr. Abers (d'Espainges)
    1290, 436; 1293, 210, 307.
Renaldins li Merciers pb. por 1267, 227.
Thiebaus de Moihelain pb. por 1269, 6, 48,
Gillas Makaires pb. por 1278, 243. [116.
Renals li chamberlains pb. por 1278, 353,
  366; 1279, 479; 1281, 310, 345; 1288, 407.
sr. Abers d'Espainges pb. por 1290, 20, 72.
sr. Abers d'Espainges li prestres pb. por
    1290, 73, 186, 435.
sr. Abers d'Espainges li prestres des — pb.
  por 1290, 436.
sr. Abers li prestres des — pb. por 1293,
Poincignons li prestes Graicecher [210, 307.
  pb. por 1290, 111.
Forkignons Xauins pb. por 1298, 240, 313,
censes: [649.
pb. 50 s. ms. enson la halle des tanours ou
  Champ a Saille, doneit 1267, 227.
pb. 33 s. 4 d. moins ost. Baudoiche 1269, 6.
pb. 11 s. 4 d. moins ms. en la ruelle Ni-
  cole Remey 1269, 6.
pb. 100 s. gr. et t. enc. les Murs dou Nuef-
  bourc 1269, 48.
pb. 30 s. 2 ms. an tor S. Jorge,

15 s. ms. au pont des Mors,
14 s. ms. en som cest ms., redoit 9 s.,
13 s. ms. en Franconrue,
6 s. 1 d. meis outre Muselle,
8 s. ms. et gr. an Poursalrue,
3 d. ms. outre Muselle 1269, 116.
4 s. 4¹/₂ d. moins ms. en Vesignuez 1269, 462.
33 s. 4 d. moins ost. Baudoche, 14 s. ms.
  (PM) 15 s. ms. a pont des Mors, 11 s.
  4 d. moins ms. en la ruelle Nicole Re-
  mey 1277, 195.
6 quartes de wayn moit. et 6 gelines ke sr.,
  Garcilles de Moielen ait doneit 1277, 303.
30 s. les ms. ator S. George, 15 s. ost. a
  pont des Mors, 13 s. ost. en Franconrue,
  6 s. 1 d. meis otre Moselle, 8 s. ms. et
  gr. en Pousalrue, 3 d. ost. otre Moselle
  ms. (PS) doit 40 s. 1278, 149. [1277, 447.
pb. 5 s. ms. en Dairangerowo ↘1278, 243.
pb. 20 s. an la droite rowe de Porte Serpe-
  noize 1279, 479.
10 s. gr. an Dairangerowe 1281, 158.
grant ms. dev. S. Martin doit 29 s. 1285, 457.
ms. anc. l'aitre de S. Simplice et 18 s. ms.
  lou celier desous doient c. 1288, 473.
pb. 7 s. ms. en lai Halte Sanerie 1290, 20.
pb. 70 s. ost. an Vesignuelz 1290, 73.
4 lb. 5 s. moins 2 ms. daier les Chainges 1290.
pb. 5 s. ms. a Porte Serpenoize 1290, 186. [179.
pb. 3 s. ms. a Quertal 1290, 435b.
ms. a Porsaillis redoit 4 s. 1290, 488a.
vg. an lai Baixe Burtelle doit 2¹/₂ s. 1298, 102.
pb. 11 s. ms. a Gorze a pont Arnalt 1298,
eritaiges: [313.
pb. ms., gr., bergerie et court a Collambeirs
  et er. en lai fin de Collambeirs et de
  Quencey et d'Abigney et en bans an ms.
  gr., bergeries, manandies, ch., pr., bolz,
  trexes 1290, 72.
pb. er. a Colambeirs, doneit 1290, 435a.
pb. gr., t. et court (PS) 1293, 307.
jardin des —, devant lo (OM) 1267, 502.
maisons:
ms. en la rowe S. Gigout 1277, 23.
ms. en Anglemur desoz S. Alare 1279, 538.
pb. ms. a pont des Mors, delivre 1281, 845.
pb. ¹/₂ ms. outre Saille 1288, 407. [240.
pb. ms. a Porte Moselle, delivre 1293, 210,

grant ms. outre Saille 1293, 542.
pb. ¹/₂ ms. an Vies Bucherie, delivre 1298.
pb. ms. (OM), delivre 1298, 649.
pux des — en la Vigne, davant lou 1281, 306,
terres: [1278, 353.
pb. 29 jorn. de t. dav. lou pont des Mors
pb. 3 jorn. de t. outre Muselle 1281, 310.
pb. 10 jorn. de t. davant Wapey 1290. 111.
ou ban S. Martin antre... et t. les — 1298,
vignes: [152.
pb. vg. a Poncel sus Muzelle 1278, 366,
vg. an Mallemairs (PS) 1279, 72. [102.
pb. vg. an lai Beixe Burtelle, delivre 1298,

Repanties, *Kloster der Reuerinnen oder Magdalenerinnen (la Madeleine) in der Gegend des Theobaldstores.* v. IV, Mes, Repantirs.
v. III. dames de Cleirvals des Repanties.
Repanties 1241, 1267/98, Repantiez 1269,
Repenties 1275, Repanties do Mes 1281, 1288.
1241, 146; 1267, 121, 221, 331, 383; 1269,
102, 443; 1275, 205, 457; 1281, 185; 1285,
84; 1288, 41; 1298, 448.
priouse et covant des — 1269, 102; 1281,
185; 1288, 41.
sr. Lowis li prestes des — 1281, 185.
Colins Brulleuaiche pb. por 1241, 146.
Jehans li Parfeiz pb. por les pucelles dou
pont Thiefroit et les Cordelieres et les
— etc. 1267, 121.
Androwas li maires de l'ospitaul pb. por
censes: [1275, 205.
pb. 2 s. ms. en Anglemur, doneit 1267, 121.
ms. en la rue don Benitvout doit 8 s. 1267,
pb. 24¹/₂ s. 3 ms. (PS) 1275, 205. [260.
pb. 6 s. ms. an Chanbres 1281, 185.
maisous:
pb. 2 ms. (PS) 1241, 146.
les ms. les —, 16 s, 3 d. moins geisent sus
(PS) 1267, 383.
ms. deṣai le pont a Molins 1269, 102.
ms. an lai Nueue rue 1288, 41.
en Chaiureirue dev. lai ms. les — 1298, 448.
porte des — (v. IV. Mes, Repanties):
devant la porte des — (ms.) 1267, 221.
devant les — (ms.) 1267, 331.
verz la porte les — (jardin) 1269, 443.
deleis la porte les — (gr. et maix.) 1298, 448.

terres:
t. ar. ou ban de Mareley et de Siey 1269, 102.
a Molins enc. les — (t.) 1275, 457.

S. Arnout, *Benediktinerabtei vor Metz* v. IV.
S. Arnout.
S. Arnout 1262/90, Sainz Arnous 1267, 413,
S. Arnoult 1281, 1293, 1298, S. Arnolt 1241,
1277/98, S. Arnol 1269.
1241, 12; 1262, 168; 1267, 119, 139, 180,
196, 401, 403, 413, 414; 1269, 499; . 1275,
171, 394; 1277, 406; 1278, 159, 308, 339,
413; 1279, 241. 300, 430, 555; 1281, 242,
641; 1285, 104, 117a, 142, 257, 384, 414,
487, 488, 489, 492, 514: 1288, 403', 522;
1290, 38, 52, 146; 1293, 450, 604, 651; 1298,
96, 324, 528.
chieze Deu de — 1267, 414; 1275, 171;
1281, 242; 1290, 146.
abbeit de —¹) 1278, 339.
sg. Nicole fr. l'abbeit de — 1267, 119.
sg. Gerairt de —, ms. a pont des Mors
1278, 413.
(sg.) Huon de —, ms. a la Posterne 1267,
401, 403.
sg. Poenson de —, a — ansom ms. 1279, 430.
=? sg. Poenson lo moinne, menandie ou
ban — doit 30 s. 1267, 196.
Amous li Rois pb. por 1267, 414.
Jehans li Gronnais li maistrez xavins pb.
por 1275, 171.
Guercirias Noize pb. por 1281, 242; 1290, 146.
ban —:
d'Ars (OM), vg. 1278, 159.
vg. en la fosce deleis vg. S. Benoit 1279, 555.
ms. a Airs doit ¹/₂ geline a ban 1285, 142.
ai Ars, t. en Soilerit; vg. 1281, 641; 1285, 257.
ai Ars?, vg. a Mapartux (OM) doit 3 sest.
de vin a ban — 1298, 324.
ai Ars?, vg. outre rue (OM) 1269, 499.
„ , outre lou rut (OM) 1285, 488.
„ , vg. delai lou rut (OM)ʸ 1285, 489.
„ , ms. d. Helowit de Marlei (OM) 1267,
ou ban de Sᵗᵉ Rafine et de Juxey et [139.
de —, vg. 1279, 300.

---

¹) *De Wailly 849 (1296 a. St.)* Willame abbeit de S. Arnolt devant Mes.

entre Ste Rafine et Juxey ou ban — vg. 1285,
a Mennit a Juxey ou ban —, vg. 1285, 104. [514.
a Mesnit ou ban —, vg.   1285, 492.
ou ban — c'on dist a Puix, vg. (PS) 1285, 384.
„ a Puix, vg. (PS)   1290, 52.
„ anc. vg. S. Laidre, vg. (PS)   1285, 414.
ou ban —, vg. (PS)   1298, 528.
„ , menandie (PS)   1267, 196.
censes (v. ban —, cort —):
ms. (PS) redoit 1 m   1262, 168.
ms. enson Vies Bucherie redoit 3 d. 1267, 180.
pb. 11 s. ms. outre Saille 1267, (413) 414.
pb. 8 s. 2 d. (PS)   1275, 171.
ms. (PS) doit 3 pintes d'ole et 1 d. 1275, 394.
ms. en la Vigne S. Auol doit 8 s. 1279, 241.
pb. 20 s. 3 ost. (PS)   1281, 242.
vg. en la Breueire et vg. an Restutpaireir
    (OM) doient 3 sest. de vin   1285, 117a.
st. an Vesignuelz davant lai halle des par-
    mantiers redoit 18 d.   1288, 403⁷.
ms. outre Muselle redoit 12 d.   1288, 522.
pb. 5 s. 4 ms. en Chieuremont   1290, 146.
vg. otre rue a Cuignepareit (Ars?) doit
    1 meu de vin en l'axe   1293, 604.
vg. a Juxey ens Orkes et petite maxenate
    a Juxei doit 3 sest. de vin   1293, 651.
cort — d'Ars,
vg. ou ban — d'Ars doit c. a la 1278, 159.
ms. ai Ars doit 1¹/₂ sest. de vin a la 1285, 487.
droiture;
16 jorn. de t. ar. en la fin de Flirey dezour
    Houwaville doient dr. a —   1278, 308.
molins —, vg. davant les (PS) 1241, 12.
porte —, vg. a Puix davant lai 1293, 450.
vignes:
lonc la vg. —, en Brueres (OM) 1277, 406.
antre les vgs —, ou ban de Joiei 1298, 96.

S. Augustin, *freres de,* v. Augustins.

S. Auol, *Benediktinerabtei in St Avold.*
S. Auol 1262/98, S. Avol 1262, 1275, 1277,
S. Avou 1275.
1262, 314, 325, 334; 1275, 36, 377; 1277,
308; 1281, 51, 71; 1290, 215 a, 438², ⁹,¹¹, 446,
chieze Deu de —   1290, 280. [1298, 280.
cil de —   1281, 51, 71.
abbes et covans de —   1290, 438, 446.

Poincignons Pedanwille pb. por 1298, 280.
censes:¹)
ms. en. la Vigne S. Avol doit 12 d. 1262, 314.
¹/₃ ms. en la Vigne S. Avol doit 2 d. 1262, 325.
ost. devant S. Mamin doit 1 m. 1262, 334.
2 ms. en la Vigne S. Avou doient 2 s. 1275, 36.
ms. en la Vigne S. Avol doit 12 d. 1275, 777.
ms. en la Vigne S. Avol doit 9 d. 1277, 308.
ms. (PS) doit 6 s.   1281, 51.
gr. et ms. anc. S. Estene lou Depaineit
    doient 2 s.   1281, 71.
ost. en lai Vigne S. Auol doit 3 s. 1290, 215a.
toutes les censes en Mes et en bors de Mes,
    c'est a savoir en lai Vigne S. Auol et
    outre Moselle, et toutes lour vignes
    d'autre pairt Maizelles ou clo S. Auol et
    vg. en Forchies et lou chakeur a tour
    de lai rowelle de lai Vigne S. Auol et
    can ke d'eritaige en Mes et en bans de
    Mes   1290, 438², ⁹. ¹¹.
toutes les cences de vin, de deniers, de
    cha.. pons et de preis a Lorey desous
    Froimont   1290, 446.
pb. 1/? maison en lai rowelle Yzambairt et re-
    saiges daier et de coste, doneit 1298, 280.
moiterasse de vigne — en Rowal 1267, 389.

S. Benoit en Weiure, *Benediktinerabtei süd-
westlich von Gorze (Meuse, Commercy).*
S. Benoit 1279, 1281, 1293, 1298, en Weiure
    1279. 1285, 1293, en Weure 1281.
1279, 46, 555; 1281, 201, 644; 1285, 94;
                        1293, 353; 1298, 334.
chieze Deu de — 1279, 46; 1281, 644; 1285,
                        94; 1293, 353.
cil de —   1281, 201; 1293, 353.
Theirias Bugles pb. 1279, 46 (et por la
    Craste); 1281, 644; 1285, 94; 1293, 353.
censes:
pb. 21 s. 2 d. moins ms. en Viez Bucherie
ms. en Viez Bucherie doit 21 s. [1281, 644.
    2 d. moins   1298, 334.
maisons:
pb. ms. a la Posterne   1279, 46.

---
¹) *Bannrollen I, LXXXI, 31* ms. an Staixon
doit 21 d. a S. Avout.

S. Clemant

ms. a Quertal (aq. sous de — et de la Craste) 1281, 201.
pb. ms. (PS) 1285, 94.
pb. ¹/₂ ms. daier la ms. ke cil de — ont en la rue S. Vy 1293, 353.

S. Clemant, *Benediktinerabtei vor Metz.*
S. Clemant 1262/1298, S. Clemans 1278, 579, 1293, 539, S. Clement 1262/1275, S. Climent 1220, 1251. v. IV.
1220, 12; 1251, 133; 1262, 55, 353, 375; 1267, 11, 64, 241, 364, 446; 1269, 262, 263, 395, 435; 1275, 403, 483, 484; 1277, 318; 1278, 266, 438, 441, 516, 540, 579; 1279, 91, 264, 289, 435; 1281, 8, 17, 451, 491, 523, 528, 531; 1285, 198, 211, 240, 362, 370, 387, 389, 393, 413, 424, 428; 1288, 117, 197, 348, 393, 448, 451; 1290, 43, 44 (?), 86, 208, 363, 374, 389, 432 (433), 492 a; 1293, 46, 236, 440, 454, 461, 499, 509, 517, 519, 539, 553; 1298, 38¹⁰, 83 a, 85, 98, 122, 288, 424, 497, 535 a, 536.
chieze Deu de — 1267, 364; 1269, 262, 263;
    1279, 91; 1281, 528, 531; 1288, 348.
signorz de — 1269, 395.
abbeit de — 1290, 86.
abbeit et priour de — 1267, 446.
abbeit et convant de — 1275, 403, 483;
    1279, 264; 1281, 8, 528; 1290, 492a; 1293;
Aubrias Yngrans et Lukate sa s. [236.
pb. por 1267, 364.
li pustis maires de — pb. por 1269, 262, 263.
d. Clemance fm. Thiebaut Lohier, et Aburtins, ces f., et Hanrias, f. sg. Abert de Champelz †, pb. por 1279, 91.
Vguignons Paitairs pb. por 1281, 528.
Thiebaus li Maires pb. por 1281, 531.
b a n — (v. IV. S. Clemant).
    1262, 55, 353; 1267, 64, 241; 1269, 435; 1278, 266, 438, 441, 516, 540; 1281, 17, 451, 523; 1285, 389, 413, 428; 1288, 393, 451; 1290, 432; 1293, 46, 499; 1298, 85.
ban — a Maigney, ms. 1285, 424. [122.
c e n s e s:
ms. (PS) doit 3 m. 1251, 133.
ms. (PS) redoit 12 d. 1262, 375.
vg. sus Mosselle doit 3 ang. et 32 sest. de vin 1267, 11.

t. ou ban — doit 21 d. 1267, 64.
pb. 5 s. ms. a —, donneit 1267, 364.
3 s. ms. a S. Piere as Harainnes 1267, 446.
pb. 4¹/₂ s. er. a Montignei 1269, 262.
pb. ancor 4¹/₂ s. er. a Montigneit 1269, 263.
9 lb. 4 ms. en Furneirue 1275, 403.
ost. (OM) doit 5 s. 1278, 579.
pb. 5 s. ms. (PS) 1279, 91.
pb. 25 s. er. (PS) 1281, 528.
ms. ou Vaide outre Saille doit 1 d. 1285, 211.
grant ms. en Aiest doit 2¹/₂ d. 1288, 348.
meis en lai vg. dav. S. Andreu doit 27 d. 1293, 539.
ms. en Chanbres doit 3 d. 1298, 38¹⁰.
vg. ou ban de Maigney doit 12 d. 1298, 535a.
c h a k e u r s:
a Lescey lonc lo chak. 1275, 484.
deleis lou chak — (OM) 1279, 289.
a la porte a Maizelles, anc. lou chak. 1285, 198, 240; 1290, 492 a.
en lai Vigne S. Auol anc. lo chak. 1288, 177.
daier lou chak. — (PS) 1290, 208.
c l o — 1290, 389.
c r o w e e — 1277, 318; 1279, 435; 1285, 362, 389; 1293, 454, 461.
    daier S. Andreu 1281, 491.
m a i s o n s:
pb. ¹/₄ ms (PS) 1220, 12.
ms. a S. Clement 1269, 395.
ms. a puis en Rommesale 1275, 483.
ms. an la Grant rouwe d'Outre Saille 1281, pb. ms. a S. Clemant, delivre 1293, 236. [8.
a l'antree de Sanerie anc. les ost. — 1298,
a Maigney dev. lai ms. — 1298, 424. [83a.
2 maixieres et meis a S. Clemant (?) meis —, [1290, 44.
a Maigney dav. lou molin anc. lou 1298, 288.
p r e i t
en lai Bonevixe ou ban de Nommeney partet a l'abbeit de — 1290, 86.
t e r r e s:
dav. S. Laidre antre … et t. — 1293, 440.
en Testemerrie (PS) antre … et t. — 1293, 509.
ou ban de Maignei anc. —, arreis — 1298, stal an la vies halle des draipiers an [536.
    Visignuel 1279, 264.
v i g n e s:
    en Veudebource 1281, 491.

III. Kirche 583 S. Germain–S. Martin

moiterasse — en Veudeborce 1285, 370, 387.
 ou clo S. Jehan de —   1290, 363.
 ou clo —   1290, 389.
 a lai bairre a —   1293, 517.
terserasse — ou ban Hairowain a — 1293,
tiers meu —   [519.
 daier lou chakeur — (PS) 1290, 208.
 en la crowee — 1279, 435; 1285, 362,
       389; 1293, 461.
ke fiert a chanol — sus lai crowaie 1293,
a lai Foire —   1290, 374. [454.
en Haiois, en Haieu (PS) 1285, 393; 1290, 43.
ou clo S. Jehan a — 1288, 197, 448; 1298,
davant S. Laidre   1298, 98. [497.
vouwerie:
pb. ½ vouwerie d'Alainmont et er. ou ban
 d'Alainmont   1281, 531.

S. Germain, *Priorat bei Châtel S. Germain.*
v IV. Chastels.
1262, 322; 1277, 390; 1285, 385; 1293, 338.
frarie —, ... de 'hastels pb. vg. (PS)
 por   1262, 322.
vg. on Forches anc. vg. Symonin de Chai-
 stelz, ki est moiterasse les confrei-
 res de —   1285, 585.
vg. en la Nueve vigne en la Sore, ki est
 moiterasse — ... pm. teil droit et teil
 raison com S. Germain i eit 1293, 338.

S. Martin, *Benediktinerabtei vor Metz.*
S. Martin 1241/1298, outre Mozelle 1241,
1285, devant Mes 1279, 1293, 1298. v. IV.
1241, 38, 194; 1251, 56; 1262, 97; 1269,
344; 1277, 207, 454, 468; 1278, 50, 625;
1279, 137, 400, 537; 1281, 128; 1285, 117a,
352; 1288, 352; 1290, 114, 287; 1293, 131,
157, 377, 415, 607; 1298, 160, 164, 166, 592.
chiese Deu d'Outre Mosele de — 1241, 38.
chieze Deu de — 1251, 56; 1290, 114;
         1298, 166.
ceulz de — et de Chastillons *etc.* 1278, 50.
abie de —, vg. daier l' 1278, 625; 1279, 137.
abbes et covans de 1241, 38; 1285, 352;
        1293, 131, 415.
aibeit, clo l'   1298, 160.
abbes Nicolles et li convens de — 1298, 164.
convant de —   1293, 131.

amonier de — et maior   1298, 592.
Isenbars Gouions pb. por   1241, 38.
li maires de — pb. por   1241, 194.
Colemes pb. por   1251, 56.
amone: [1298, 157.
vg. en Quarteis a S. Martin doit 2 d. d'am.
vg. en Mons (OM) doit 6 d. d'am. a l'amo-
 nier de — et 1 m. a maior 1298, 592.
ban —:
entre Dous chamins (PM), † ar 1277, 207.
en Boie (OM), vg.   1277, 454.
vg. c'on dist an Preit   1277, 468.
an Rainnierchamp desous Ste Rafine, vg.
an Wendromelclosel a Van- [1281, 128.
 tous vg.   1279, 400.
a Retonfayt, t.   1293, 377.
en la fin de Vantous, t., vg. 1269, 344;
censes: [1288, 352; 1290, 287.
pb. 3 s. 2 ms. en la Wade 1241, 38.
chak. ms. et vg. daier l'abie doient c.
          1278, 625.
vg. daier l'abie doit 3 sest. de vin 1279, 137.
vg. ou ban de Vignueles doit 1 quarte de
 vin et 1 m.   1279, 537.
vg. an Fasairtvigne ou ban de Lorey doit
 2 moies de vin   1290, 114.
pb. 10 s. 2 ms. en Anglemur por la pi-
 tance dou general a convant de — 1293, 131.
vg. en Quarteis a S. Martin doit 4 sest.
 de vin de c. et 2 d. d'amone 1293, 157.
t. a la creux (OM) doit 6 d. 1293, 607.
vg. en la Prele et ms. a S. Martin doient
 c. et droiture   1298, 166.
chakeurs:
pb. 1 chak. a S. Martin   1241, 38.
pb. vg. 1 chak. et meis ou ban — 1298, 164.
deimmes de Vantous et de Maiey 1285, 352.
eritaige a Condeit et Nortain, pb. 1293,
maisons: [415.
pb. ms. en la Wade dav. les Prochors 1241.
pb. ms. outre Mosele   1241, 194. [38.
pb. ms. em Chamberes   1251, 56.
en Anglemur anc. l'ost. — devers les Pro-
 cheors   1262, 97.
ms. a S. Arnout   1278, 50.
pitance dou general a convent de —
vignes: 1293, 131.
an Restutpaireir (OM) deleis vg. 1285, 117a.

en Broil ou ban — desour lou clo l'aibeit 1298, 160.
pb. vg. a lai Montaingne ou ban — 1298, 164.

S. Martin a la Glandiere, *Benediktinerabtei bei Lubeln (Longeville les S. Arold) Kr. Bolchen Ka. Falkenberg.*
S. Martin a la (lai) Glandiere 1269, 1290, a la Glandere 1281, 1285, a la Glandeire 1281.
1269, 129, 424; 1281, 37, 74; 1290, 28, 121.
chiese Deu de — 1281, 74. [232.
abbes et couvens de — 1269, 129; 1281, 37;
Berthelos pb. por 1281, 74. [1290, 121, 232.
= Bertelolz de l'osteit — 1290, 28.
= Bertelos de Daier S. Sauor 1290, 121.
b a n de — 1281, 74.
c e n s e s:
pb. 40 s. ms. an S. Martinruwe et er. ou ban de — 1281, 74.
6 d. vieshalle des draipiers en Vesignues eritaige ou ban de Maisierez [1290, 232.
par eschange 1269, 129.
m a i s o n s: [424.
osteil de la Glandiere daier S. Sauour 1269, ms. en Anglemur, eschaingiet 1281, 37.
on laiet ms. en Anglemur sus lou tour de la rowelle 1290, 121.

S. Nicolais dou Preit de Mes. v. Preit.

S. Piere as Harainnes, *Priorat der Benediktinerabtei S. Clemens vor Metz* v. IV. S. Piere, VI. frairie.
3 s. de c. que li priours de — avoit sus la ms. ..., aq. a l'abbeit et au prior de S. Clemant 1267, 446.
confrairie de — pb. 3 s. ms. (PS) v, IV, VI.

S. Piere as nonnains. *Benediktinerinnenabtei in Metz auf der Citadelle.*
S. Piere as nonnains 1275/1278, 1285, 1290, de Mes 1285, 55, 1290, 480, as nonains 1251, 1279, 1298, au nonnains 1245, S. Piere 1245/1298. v. V. S. Pierepreit.
1245, 82, 244; 1251, 210; 1275, 211, 213[7]; 1277, 315; 1278, 17, 177, 536; 1279, 551; 1281, 468, 485; 1285, 55; 156[5]; 186[5], 357; 1288, 88; 1290, 429, 457b, 480; 1293, 443, 448; 1298, 182, 287b, 312, 417, 424, 433, 536, 611.
chieze Deu de — 1251, 210; 1290, 480;
dames de — 1298, 611. [1298, 182, 312.
abbasse de — 1290, 457b.
abbauce et covant de — 1278, 17; 1285, 55.
Steuenins de Thiemonville pb. por 1251, 210.
sr. Jehans li prestres salleriers de — pb. por 1290, 480.
Howins Paperels pb. por 1298, 182, 312.
b a n de —: [287b.
a Borney, t. 1275, 211; 1293, 448; 1298, et ban S. Vinsant (Borney), t. 1281, 468.
a Grixey, t. 1278, 536.
en Bouzonmairt, t. 1281, 485.
en Malleichamp, t. 1293, 443.
b o i x —, desons (Grixey) 1298, 417.
c e n s e s: [315.
2 ms. (PS) redoient 5 s. 1275, 213[7]; 1277, ms. en Anglemur doit 2 s. 1279, 551. [186[5].
ms. an Staixons doit 20 s. 1285, 156[5] =
pb. 10 s. ms. en la rue S. Laizre 1298, 182.
pb. 21 s. ms. en Franconrue 1298, 312.
chakeur —, [357.
an la rowe des Allemans apres lou 1285,
c r o w a i e —, vg. an lai (Maigney) 1294,
e r i t a i g e s: [424.
a S. Piere aus Areines 1245, 82.
ou ban de Borney, relevet 1290, 457b.
g r a i n g e s:
en lai gr. — (Maigney) 1290, 429.
pb. gr. a Sanrei 1290, 480.
m a i s o n s:
ms. (OM) deneit a S. Vi et — 1245, 244.
ms. an la cort en Staixons
t e r r e s:
2 jorn. et ½ fousseit a la Cloweire anc. lou meis de l'ospital S. Nicolais (PS) daier —, t. (Onville) 1288, 88 [1285, 55.
anc. t. — (Maigney) 1298, 536.
v i g n e s:
pb. vg. a Stentefontainne 1251, 210.
vg. ou ban de Siey. tier meu 1278, 177.
vg. a Ternel (OM), tier meu 1298, 611.

S. Pieremont. *Augustinerabtei (Meurthe, Briey).*
1267, 285; 1275, 290, 298, 299, 457; 1277,

III. Kirche 585 S. Pieremont–S. Symphorien

381; 1278, 90, 218, 316, 374; 1279, 317;
1281, 612; 1285, 457; 1288, 524; 1290, 119,
128; 1293, 379, 390, 681[5]; 1298, 189, 194,
436, 655.
chiese Deu de — 1275, 298, 299; 1277, 381;
    1278, 374; 1281, 612.
ceulz de —   1293, 379, 681.
signors de —   1293, 390.
abeit de —   1285, 457.
  Steuenins li Vadois valeis   1267, 285.
  sr. Robert li freres   1298, 655.
abeit Jake —, sg. Robert fr.   1298, 189.
abeit et convant de —   1288, 524.
fr. Nicoles li pitanciers   1281, 612.
Steuenin de —, ms. en Chanbres   1275, 6.
= sr. Estenes li prestes de l'ost. — 1275, 457.
  ke maint en l'ost. —   1275, 290.
Jehaas li clers de Rocheranges ke maint
  en la cort de —   1279, 317.
Watiers Godiers li charpanteirs pb. por
    1275, 298, 299.
Felipins Tiguienne pb. por   1278, 218.
Felipins f. Felipe Tiguienne pb. por 1277,
ban de —,   [381; 1278, 374; 1281. 612.
la moitiet de la vowerie dou 1278, 90, 316.
boix de —:
antre lou boix de Jamont et de — 1290, 128.
censes:
pb. 28 s. ms. en Chambres   1275, 298.
pb. 5 s. ms (PM)   1275, 299.
pb. 4 lb. 15½ s. 3 ms. et 3 gr. vers lou
  Preit   1277, 381.
pb. 10 s. ms. en la rue lou Voweit 1278, 218.
grant ms. devant S. Martin doit 24 s. a
  l'abeit de —   1285, 457.
ms. en Chambres doit 13 s.   1293, 379.
chakeur —,
ou ban de Tignomont daier lou 1298, 194.
cort de —   1279, 317.
eritaige:
ms. dav. S. Vincent, vgs., jard. a Plapeuille,
  por tant com Odilie la Meade doit 1288,
maison: [524.
a chief dezous Bucherie a Porte Muzelle, pb.
preis: [1278, 374.
pb. pr. ou ban de Fremeicort   1281, 612.
pr. ou Fons deleis sous de — (OM) 1293, 681[5].
terre:

en Champaigne anc. t. —, en Vallerie anc.
  — (Antilley? PM)   1293, 390[4, 7].
vignes:
a Malterme deleis —   1290, 119,
an Waistenoi deleis vg. —   1298, 436.
vowerie dou ban de —   1278, 90, 316.

S. Symphorien, *Benediktinerabtei vor Metz.*
  v. IV.
S. Simphorien 1241/51, 1275/85, S. Simforien
1251, 1279, 1281, 1288/98, S. Symphorien
1267, 1285, 1288, 1290, 1298, S. Symforien
1285, 1288, S. Sinphorien 1281, S. Syphorien
1275, 1278/85, S. Syphoriain 1267, S. Syforijen 1281, S. Siforien 1285, S Seforien
1288, 1298.[1])
1241, 111; 1245, 203, 230; 1251, 57, 259;
1267, 77, 146, 496, 515; 1275, 448, 487,
510; 1277, 119, 146; 1278, 206, 517, 606;
1279, 66, 89, 185, 259, 323, 430, 531; 1281,
19, 118, 135, 330, 331, 419, 616; 1285, 66,
97, 373, 406, 407; 1288, 147, 371, 383, 542;
1290, 59, 118, 384; 1293, 634; 1298, 388,
    457, 496, 528, 606, 624.
chieze Deu de — 1267, 496; 1278, 517;
  1279, 89; 1281, 118, 135, 330, 331, 419;
  1285, 406, 407; 1288, 383; 1290, 384.
abeit et convant de — 1277, 119; 1279,
abeit de —,   [89; 1288, 542.
demme de Haboinville, de S. Steule et de
  Bethtilley part a l'   1277, 146.
per lou crant de l'   1279, 66. [496.
abbes Garcilles de — 1285, 406, 407; 1298,
sg. Pieron de Gorze chaipelain l'abbeit de —
    1285, 66.
chambrier de —, sg. Thiebaut, ms. en la
  rowe dou Preit   1279, 66.
costor de —, sg. Daniel, ms. a S. Arnout
moinnes de —, sr. Symons Belle- [1279, 430.
barbe pb. 16 s. ms. (PS) a sa vie 1279, 259.

---

[1]) *De Wailly 370* (*1298 a. St.*) dou descort ki estoit antre Gerart, Ailison, sa suer, les enfans Forkignon de Nommeney ke fut, et Warin lou marit la dite Alison, d'une part, et les hommes religious l'aibeit et lou convent de Saint Simforien.

S.Symphorien–S.Vincent

moinnes de —, sr. Thiebaus[1]), pb. por — 1278, 517.
pb. vg. an Puluchegeline (PS) 1288, 371.
maior de —, Weiriat 1285, 373.
.... pb. por 1245, 203, 230.
Hanrias de Noweroi pb. por 1267, 496.
Vguignons Patars pb. por 1279, 89, 323.
Colins Dowaire pb. por 1281, 118, 135, 330, 331; 1285, 406, 407; 1288, 383, 542;
ban —: [1290, 384.
a Plapeuille, t. 1278, 606.
a Ste Rafine en la voie dou mostier ou ban —, ms. 1275, 487.
ou ban de Ste Rafine, ou ban —, er. 1275, 510.
ou ban — en Vals, vg. 1298, 606.
censes:
pb. 5$^1/_2$ s. ost. rue S. Gingout et 12 s. ms. (PS) 1245, 203.
ms. a pont a Mosele doit 6 d. 1251, 57, 259.
t. et er. ai Owigne et entor Awigne doit 6 d. 1267, 77.
10 s. champ (PS) 1277, 119.
vg. ou ban de Plapeuille redoit 23 d. 1278, 206.
7 s. ost. devant S. Tiebaut, doneit 1278, 517.
pb. 3$^1/_2$ s. ms. a S. Arnout 1279, 89.
ms. (PM) doit 6 s. 1279, 185.
vg. a Mesnit (OM) doit 4 s. 1279, 531.
pb. 1 meu de vin a mostage cr. (OM) 1281, 330.
ms. sus lou Terme redoit 3 d. 1285, 97.
2 ms. a la rive a Pouxons red. 4 d. 1288, 147.
vg. ou ban de Plapeuille doit 1 d. 1290, 118.
vg. ens Orkes ou ban de Vexins doit 3 sest. de vin 1293, 634.
ost. (PM) redoit 3 m 1298, 388.
vg. ou ban S. Arnoult doit 3 s. 1298, 528.
clo —:
en Maretelclo (OM) deleis lou, vg. 1281, 616.
ou clo — (PS), vg. 1298, 457.
crowce — ou ban de Montigney, vg. et meis 1281, 19.

---

[1]) *De Wailly 280 (1287 a. St.)* Dou plait ki estoit dou signor Thiebaut lou moinne de S. Siforiein et de Gillat de Valz, d'une pairt, et de Yngrant lou freire Colin Naizat, autre pairt... terres ke muevent de S. Siforiein.

eritaiges: [1288, 542.
pb. er. ou ban de Plapeuille 1267, 496 b;
pb. la moitiet de Jennat Pichart 1281, 331.
pb. er. ou ban de Racort, Nomeney, Ronvre, Resencort, Aipilley, Mailley 1285, 406.
pb. er. ou ban de Racort 1285, 407.
pb. er. ou ban de Cilleirs et d'Ausins 1288,
pb. er. a Sillei et a Ancin et on [383.
bans en justices, ch., pr., bolz, homes, femes 1290, 384.
maisons:
pb. ms. dav. Ste Marie au nonnains 1245, 230.
pb. ms. en la rue lou Voweit, delivre 1279,
ms. a. S. Arnoult 1281, 419. [323.
devant l'ost. — (OM), ms. 1267, 146.
a Porte Serpenoise anc. l'ost. — (PS) 1290,
vignes: [59.
ou mont S. Cointin entre les — 1267, 515.
pb. vg. ou ban de Plapeuille 1281, 118, 135; 1288, 542.
laieit vg. (PS) 1298, 496.
vouerie de Plapeuille, pb. partie en la 1267, 496 a.

S. Vincent, *Benediktinerabtei in Metz.* v. IV. Mes.
S. Vincens 1267, 456, 1288, 539, 1290, 473,
S. Vincent 1245/98, S. Vicent 1275/79, S. Vinsant 1262, 1277, 1281, S. Vansant 1277.
1245, 229; 1251, 58, 238; 1262, 376, 385, 397, 398; 1267, 177c, 456, 475; 1269, 128, 129, 145, 190, 277, 430, 554; 1275, 102, 109, 175, 247, 282, 343, 455, 479; 1277, 93, 94, 158, 162, 164, 189, 282, 365; 1278, 16, 44, 117, 185, 194, 355, 405, 556, 557, 611, 653, 654, 655, 669; 1279, 161, 294, 312, 378, 539, 558; 1281, 155, 332, 383 b, 468, 483, 484, 486, 487, 507, 543, 575, 594, 618, 626; 1285, 8, 10, 106, 143, 259, 506, 513; 1288, 91, 113, 149, 232, 239, 269, 325, 355, 539, 540; 1290, 19, 72^5, 106, 141, 151, 163, 242, 278, 319, 355, 365 b, 473, 528, 539, 577; 1293, 27^{16}, 80, 142, 175^{18}, 315, 362, 395, 402, 476, 545 b, 550, 627, 681^5, 686; 1298, 134, 187, 191, 225, 301, 339, 347, 366, 663.
chieze Deu de — 1262, 397; 1269, 128, 129, 1277, 93, 94; 1278, 556, 557, 653, 654, 655; 1281, 155, 507; 1288, 113, 355; 1290, 242.

III. Kirche 587 S.Vincen

ceulz de —   1290, 163, 1293, 681[11].
abbeit et covant de — 1262, 376, 385, 397;
    1275, 479; 1278, 44; 1279, 558; 1285,
    259; 1298, 187, 339.
abbes de — 1269, 129; 1278, 653, 654, 655.
abbes Renniers de — 1278, 556, 557; 1285,
    513; 1290, 278; 1298, 191.
religions home Rennier abbeit de — 1290, 151.
abbeit et sallerier de —   1290, 319.
Jaikemin cellerier de l'ab. de — 1290, 473.
Jaikemins de Noweroit celeriers l'ab.
    de —   1288, 91.
Jehans li keus l'ab. de —   1293, 627.
Bonars li escuwiers l'ab. de — 1262, 398.
d. Ydate suer l'ab. de —   1293, 80.
boix l'ab. de —, antre lou (OM)[1]) 1293, 686.
deleis l'ab. —, pr. en la Faixe (OM)
                              1293, 681[5].
terre l'ab. de —, ou ban de Maixieres
    anc. la   1293, 142.
terres l'ab. de —, davant lou pont Thie-
    froit anc. les   1293, 27[15] = 175[18].
moinne de —, sg. Doreit, mainbor sg. Lo-
    wit lou preste   1285, 143.
maior —   .   1279, 294; 1298, 301.
maior — de S. Julien   1293, 395.
Nicoles maires — pb. por   1262, 397.
Jaikemins maires (de —)[2]) pb. por 1269,
    128, 129; 1277, 93; 1278, 556, 557, 653,
    654, 655; 1279, 161; 1281, 155, 507.
Jaikemins li prevos[1]) pb. por   1277, 94.
Hanrias maires de S. Julien pb. por 1288, 356.
Remions Burnekins mares de — pb. por
                        1298, 187, 339.
Domangins de —   1277, 162.
Jakemin de —   1281, 367.
Jehan de —, Ferrit f.   1278, 185.
amonerie —, vg. a Meurpaireir on ban
    de S. Julien muet de l'   1290, 319.
amosne, vg. en Gillochamp (PM) doit
    15 d.   1275, 157.
er. a Ansei doit 5 steires de vin a ban — 1285,
                                   [106.

---

[1]) *De Wailly* 334 (*1294 a. St.*) antre Semei-
court et Maisieres deleiz les bois l'abbeit
de S. Vincent de Mes.
[2]) v. I. S. 277 li Maires 1.

ban —
er. a Ansei doit a   1285, 106
ai Ars delai la Roche, vg. ou   1298, 134
a Borney, t. 1275, 343; 1277, 252, 365.
„ ms. 1293, 550.   [1290, 365b; 1293, 476.
„ sus lon Paistural en lai Weiure t. 1293.
daier Borney, vg.   1278, 117. [545b.
en la fin de Borney, an Grosale (PM) 1288.
an Grossa'vles, t. (PM)   1281, 383b. [325.
en la Petite Grosaule, t. (PM)   1285, 10.
ou ban S. Piere et ou ban — t ar. (PS) 1281,
a Chezelles en Colieus, vg. 1279, 539. [468.
ou ban de Siey ou ban S. Pou de Chaizelles
    et ou ban —, er.   1288, 232.
en la fin de Dornant, vg.   1279, 312.
a Vallieres, er.   1277, 164; 1290, 72[6].
en Closures sus lou Grant Fonceit, t. (PS)
                                1281, 483.
sus Grant Preit, t. ar. (PS)   1281, 484.
en Rouvel, t. ar. (PS)   1281, 486, 487.
ou ban de S[te] Segulainne et ou ban —, t.
    (PS)   1281, 543.
desour lai fontenne a lai Xeraule, t. (PS)
censes: [1290, 355.
ms. sor lo fossei outre Mosele doit 25$^1/_2$ s.
ms. (OM) doit 1 d.   1251, 58. [1245, 229.
ms. en Ruwes entre S. Julien et Stoixey
    doit (12 s. et) lo premier c. 1267, 177c.
ms. en la Vigne S. Marcel doit c 1267, 456.
vg. en Rowes de S. Julien doit c. 1269, 190.
2 ms. en Staizon redoient 6 d. 1269, 430.
ms. en Chambieres doit 9 s.   1275, 109.
er. ou ban de Siey et de Longeuille doit
    $^1/_2$ meu de vin, 15 sest. et 3 d. 1275, 247·
ms. a Longeuille. jard. et vg. doient 15 sest.
    et 3 d.   1275, 455.
pb. 20 s. ms. en Visignuel, doneit 1277, 93.
pb. 8 s. vg. sus Saille   1277, 94.
doient 2$^1/_2$ moies de vin a chaitelz (No-
    willey)   1278, 44.
ms. a Chacelles doit 2 sest. de vin 1262, 397.
pb. 7 moies de vin ens bans d'Ansey 1278, 655.
pb. 5 moies de vin a S[te] Rafine, doneit 1279,
ms. en la Vigne S. Marcel acensit ac., [161.
    pu. 7 s. et 1 chap.   1279, 558.
ms. en Chambieres doit 12 d. 1278, 669.
pb. 3 meues de vin a Ancey   1281, 155.
pb. 7 s. ms. (PS)   1281, 507

S.Vincent–Sainte Creux

vg. a Chastels ou ban l'Eucke doit 5½ s. 1281, 575.
ms. (en S. Vincentrue) doit 2 d. 1281, 618.
ms., gr. et 8 s. (OM) doient 30 s. 1281, 626.
½ moulin sus Muzelle doit 15 s. 1288, 113.
ms. (PM) doit 1 d. 1288, 149.
vg. an Genestroit (OM) doit 2 s. 1288, 239.
vg. a Meurpaireit (PM) doit c. 1288, 355.
6½ s. (OM) doient 7 d. 1288, 540.
ms. en Bucherie a monteir de Chieuremont doit 27 d. 1290, 19.
ms. otre Muselle doit 8 s. et 2 chap. 1290,
ms. a Pairnemaille doit c. 1290, 163. [106.
gr. et meis otre Muselle doient 10 s. et 2 chap. 1290, 242.
vg. a Meurpaireir ou ban de S. Julien pris a c. de l'abbeit et de sallerier de —, pm. 11 s. a sallerier de — 1290, 319.
maix. en la Vigne S. Marcel doit 3 chap. 1290, 528.
ms. en Franconrue doit 5 s. 1 chap. 1290, 539.
ms. otre Muselle doit 8 s. 2 chap. 1293. 315.
ms. en la Vigne S. Marcel doit 5 s. 1 chap. 1293, 362.
vg. en Lambelinchamp doit c. et droiture a maior — de S. Julien 1293, 395.
pb. 12 s. t. et pr. en Valz et vg. ou ban de Chastelz 1298, 187.
pb. 13 s. ms. en Chaponrue 1298, 339.
vg. et jard. desor Longeville doient 20 s. chakeur, [1298, 663.
a Vallieres (dev. lou moustier) anc. 1290, 141; 1298, 225. [554.
chancel de —, en S. Vincentrue daier 1269,
clo — ou ban de Villeirs a l'Orme, anc. 1298, 366.
crowee — (OM) 1251, 238; 1269, 145.
droiture, vg. a Meurpaireit ou ban de S. Julien doit 1285, 8.
eritaige ou ban de Maisierez pb. par eschange 1269, 129.
jardin et meyx dev. Nostre Dame as Chans 1262, 376.
maisons:
pb. ms. a Chacelles 1262, 397.
pb. 1 ost. en la Vigne S. Marcel 1269, 128.
ms. en la Vigne S. Marcel, aq. a vie 1275, 479.
pb. ms. a S. Vicentrue 1278, 654.

pb. ms. en la ruelle davant lou Grant Moustier, doneit 1279, 161.
ms. en S. Vincentrue 1385, 259.
ms., cellier et meis dav. la Folie (OM) 1285,
ms. en Stoxey pris a c. de 1290, 151. [513
ms. en S. Vincentrue, mis en waige 1298, 191.
preit ai Ansei, pb. 1278, 653.
signeraige de la santainne de Maixieres et de Leirs et bois et hommes et femmes ou ban de Maixieres et de Leirs pb. 1290, 278.
place de terre enc. S. Marcel sus l'awe vignes: [1262, 385.
pb. por — et Arnout Aixiet ou ban de Crispey mis en contrewaige por 7 moies de vin 1278, 557.
pb. vg. a Meurpaireit (PM) 1288, 355.
vignes moiterasses:
en l'Awillon desor lo poncel de la Chazine (PM) 1275, 282.
en Sourelz (PM) 1277, 189.
ou Tro (OM) 1290, 577.
vignes tercerasses:
en la Cumine en Sourelz (PM) 1278, 16.
en Briey (OM) 1278, 194.
en Dezeirmont (l'M) 1278, 405.
en Cumines (PM) 1278, 405.
a Vallieres 1279, 378.
en Domanges (PM) 1293, 402.
vignes tier meu:
en la Commune (PS) 1269, 277.
deleis les malades de Longeawe (OM) 1288,
voweri e de Chailley sus Niet et ou [539.
ban, pb. kant ke 1278, 556.

Sainte Creux devant Mes, *Praemonstratenserabtei vor Metz* (S. Eloy).
Ste Crois 1220. 1251, Croix 1262, Crox 1275, Creus 1277/1278. Creux 1275, 1281, 1290, 1293, Ste Croix a Waire 1251, Crux a Waire 1267, Crois (z) a Waire 1269, Ste Creux devant Mes 1281, 1290, 1293, 1298, Ste Creux as signors 1290.[1]) v. IV. Ste Creux.

---

[1]) *Ein Anzeichen dafür, daß neben dem Mönchs- ein Nonnenkloster bestand, findet sich in den 18 erhaltenen Bannrollen des*

III. Kirche 589 **Sainte Creux–S. Glossenne**

1220, 46; 1251, 172, 263; 1262, 399; 1267, 112; 1269, 58, 544; 1275, 2, 245; 1277, 159; 1278, 348; 1281, 354, 435; 1290, 103, 206a, 256, 296; 1293, 8, 30; 1298, 648.
chieze Deu de — 1251, 172, 263; 1269, 544; 1281, 354; 1290, 103; 1293, 30;
ceulz de — 1290, 296. [1298, 648.
signors de — 1251, 172; 1275, 2, 245.
abbeit et covant 1281, 435; 1290, 206a.
abbes de —[1]) 1220, 46.
abbes Gerairs et tous li covans 1293, 8.
Aubertins pb. por 1251, 172.
Aubertins dou Champel pb. por 1251, 263.
Colins Huches pb. por 1269, 58.
Colins Malebouche pb. por 1269, 544.
Perrins li Moinnes pb. por 1281, 354.
sr. Jehans Bataille pb. por 1290, 103.
Gererdins Morelz maires de — pb. por 1293, 30.
Thiebas Bertadons pb. por 1298, 648.
convers de —, a la Piere enc. les (OM) 1262, 399.
frairie de —, Colignons Tristans pb. por censes:[2]) 1267, 112.
pb. 4 s. ms. (PM) et 3½ s. 1251, 172.
pb. 7 s. 2 ms. en la Vigne (OM) 1251, 263.
pb. 30 s. ms. en Frenelrue, doneit 1269, 58.
pb. 10 s. ms. desoz la porte en Chambeires 1269, 544.
ms. en la rue lou Voweit doit 6 s. 1275, 245.
pb. 10 s. ms. sus Muzelle 1281, 354.
maxiere a monteir de la rue dou Benivout doit 2½ s. 1290, 256.
et li maires les dames de lai Belle Stenche

---

[13]. *Jahrhunderts nicht, wenn man nicht annehmen will, daß der Zusatz* as signors *auf den Gegensatz* Ste Creux as dames *hinweist.* v. Dorvaux, *les anciens pouillés de Metz S. 300.*

[1]) *De Wailly 383 J (1300)* Et cest vandaige ait fait ... per lou crant ... d'ome religious et honeste Jehan, abbeit de Ste Creux ... et de Stevenel l'escuwier l'abbeit Jehan.

[2]) *Bannrollen I, LXXI, 31 (1293)* ms. an Staixon doit 6 d. a Sainte Creux.

pb. 2 s. ms. dav. les molins a Saille (PM) 1293, 30.
pb. 2½ s. 3 ms. a Lorei (OM) 1298, 648.
croweie —, t. enc. (OM) 1277, 159.
molin:
pb. la moitiet dou Bouxerat molin desous Mances et lou boxat davant 1290, 103.
stal:
la moitiet d'une pairt an la halle des drapiers (PS) 1281, 435.
vigues:
pb. vg. an Meignil, 8 jorn. 1220, 46.
a Pon el sus Muzelle enc. vg. (PM) 1275, 2.
a la Piere (OM) anc. —, vg. 1278, 348.
vg. outre Saille en Rollanmont 1290, 206a.
sus Moselle anc. vg. — 1290, 296.
vg. sus Moselle, laieit a vie 1293, 8.
Ste Creux vigne ou mont S. Quintin v. V.

Sainte Creux de **Teheicort**, *Priorat in Diedersdorf bei Falkenberg.*
53 lb. sus la maison — (PM) 1277, 1.
Sainte Glossenne, *Benediktinerinnenabtei in Metz.* v. IV.
Ste Glossenne 1241, 1245, 1277, 1279, 1285, Glosenne 1262, 1267, 1281, 1288/1298, Glocenne 1245, 1281. Glosanne 1275. 1285, 1290, 1293, Glossanne 1275, Glossine 1285, Glosseleinne 1275. Glossinain 1251, Glossenain 1251, 1275/1278, Glosennen 1262, Glosenain 1262, 1267, 1275, Glocenin 1269, Glocencin 1275.
1241, 136; 1245, 149, 172, 220; 1251, 14, 199; 1262, 32, 101, 108, 313, 390, 413; 1267, 33, 180, 194, 267, 379, 417, 434; 1269, 202, 432; 1275, 35, 73, 178, 183, 254, 332, 435; 1277. 45, 101, 338; 1278, 172, 179, 195, 261, 286, 662; 1279, 108, 140, 490; 1281, 281[12], [13]; 1285, 184, 204 206, 256. 400; 1288, 213a, 398; 1290, 11, 213, 492a, 493, 502, 589; 1293, 62, 147, 224, 522, 554; 1298, 52, 68. 69, 437, 443, 482, 514, 521, 524.
chieze Deu de — 1241, 136; 1245, 149; 1251, 199; 1262, 413; 1275, 178, 455; 1277, 101; 1290, 492, 589; 1298, 514.
dames de — 1285, 206; 1290, 11.
abbasse et covant de — 1262, 413; 1267, 180. 267; 1275, 435; 1290, 589.

Sainte Glossenne III. Kirche

abbasse de — 1275, 254; 1285, 184; 1288, 213a; 1293, 522; 1298, 68, 443, 514b, 521.
abause de —, d. Marie 1290, 502.
damisselle de —, Xoinnate, pb. 17 s. et m. ms. outre Saille 1267, 379.
nonain de — suer Marguerite f. sg. Joffroit lou Gornaix†, 20 s. de pension 1298, 69.
chanone de —:
sr. Baduyns chan. de — 1262, 390; 1278, 662.
pb. por lui et por ces compaignons chanoinne de — 1275, 35.
sg. Petre chanone de — 1275, 73.
ar. Symons (Warans) pb. por lui et por ces compaignons (ke sont chanones de) 1279, 490; 1293, 62.
clers de —, Howins 1288, 398.
pb. por 1275, 332, 435; 1277, 101; 1290, 492, 589.
maires de — pb. por 1245, 149.
Bertrans clers de Croney 1298, 69.
pb. por 1298, 514.
maior l'abbasse de — Jaikemin Cunin de Flurey 1288, 213a.
prevos de — pb. por 1275, 178.
Bugles pb. por 1251, 199.
Bauduyns Bugles pb. por 1262, 32, 413; 1267, 180, 417.
Jaikemins Frankignons pb. por l'abbasse de — 1298, 68.
cherretons de — Steuenins 1290, 493.
parmantiers de — Huygnons 1275, 183.
ban —: [524.
a Flurey, pr.; vg., er. 1288, 213a; 1298, 443,
en Bordes (OM), t. 1278, 179.
en Vals, t. defuers l'aitre 1279, 140
vowerie 1278, 195; 1285, 256.
b o i s: [178.
pb. 1 estal de bois ou ban de Florei 1275,
pb. 1 bois en Hartonpreit (PS) 1275, 332.
c e n s e s:
pb. 21 s. 4¹/₂ d. ¹/₂ ms. ou Champassaille 1241, 136.
20 s. 1³/₄ d. geisent sor lo chak. — au Nuepont a Saille 1245, 172¹⁶.
pb. 10 s. ms. (PS) apres 12 d. k'ele i avoit 1251, 199.
ms. (OM) doit 3 s. 1262, 101.
vg. en Montain (PS) doit 1 d. 1262, 313.

ms. a Ciey et vg. ou mont S. Quointin dovoient a l'abbasse 10 s. 1262, 413.
tier meu an Chardenoit (PS) 1267, 33.
pb. 10 s. ms. ensom Vies Bucherie, 4¹/₂ s. four et ms. (PS), 8 s. ms. sus lo rut defors la porte de Maizelles 1267, 180.
ms. a S. Clemant doit 6 s. 1267, 194.
pb. 9 s. grant ms. ou Waide 1267, 417.
ost. en la rue dou Preit doit 5 s. 1269, 432.
vg. deilay Montigney doit 12 d. 1277, 45.
pb. 12 s. ms. Richairt preste de S. Gengout 1277, 101.
vg. en Vadeloimont ou ban de Chastels doit 3 s. 1278, 172.
ms. outre Saille dev. la Triniteit doit 11 s. 1278, 286.
vg. c'on dist a la Vanne outre Salle doit 2 d. et vg. an Refinclo 1 m. 1281, 281 ¹², ¹³.
ms. an Chapeleirue doit 5 d. 1285, 204.
stuve dev. la xippe doit 40 s. 3 m. moins 1285, 400.
ms. sus lou tour de lai rowelle de S. Martinrue et pet. ms. daier doit 5 s. 1290, 213.
pb. 6 s. ms. (PS) 1290, 492b.
laiet ms. an Couperelrue pm. 9 s. 1290, 502.
pb. 12 d. ms. arreis la porte dou pont des Mors 1290, 589.
laieit chak. outre Saille arreis lai porte a lai Chenal pm. 40 s. 1293, 522.
pb. 6¹/₂ s. meis a chief dou champ S. Arnoult 1298, 68.
pb. 20 s. ms. ou Champel 1298, 514a.
pb. 10 s. aicheteit a Richairt de Flurey 1298, 514b.
laieit ms. sus Saille ou Baix Champel pm. 18 s.
c h a k e u r s: 1298, 521.
au pont des Mors devant 1267, 267.
devant lou chak. — (OM) 1279, 108.
outre Muselle anc. 1293, 147.
au Nuepont a Saille, c. 1245, 172¹⁶.
a Nuef pont deleis 1262, 108.
pb. chak. a lai porte a Maizelles 1290, 492a.
en la Vigne S. Auol enc. 1293, 224.
laieit chak. outre Saille arreis lai porte a lai Chenal 1293, 522.
c o r t —, devant la 1267, 434; 1269, 202.
f i e z d'une cherree de vin ai Ars (OM) 1275, 254, 435.

S. Glossenne–Sallinvalz

maisons:[1])
pb. ms. ..... (PS) 1262, 32.
pb. ms. a Ciey 1262, 413.
ms. au pont des Mors 1267, 267.
ms. ou Champel 1285, 184.
pb. ms. Gueperon lai Vadoize (PS), doneit 1290, 492c.
pb. tote la *terre et* totes les maisons et ressages defors les murs de la citeit delai la Vigne S. Marcel jusk'au pont des Mors 1245, 149.
meis —, ensom lou (PS) 1278, 261.
vignes:
mouterasse — (PS) 1245, 220.
pb. vg. ou mont S. Quointin et vg. k'il faisoit a moitie de l'abbasse, enson Jehanvigne 1262, 413.
en Desiermont ensom vg. — 1251, 14; 1290,
en Montain desous — (PS) 1298, 52. [11.
vignes tier meu:
en Chardenoit (PS) 1267, 33; 1298, 482.
an Nortain (PS) 1285, 206.
en Rollanmont (PS) 1277, 338; 1293, 554;
vowerie: [1298, 437.
l'eutisme de la vowerie dou ban — en Vals 1278, 195; 1285, 256.

Sainte Marie des Champs v. Nostre Dame as Chans.

Ste Marie as nonnains, *Benediktinerinnenabtei in Metz, wo jetzt das Generalkommandogebäude steht.*
Ste Marie as non(n)ains 1251, 1267, 1269, 1279, 1288, 1290, 1298, de Mes 1277, Ste Marie 1277, 1279, 1288, 1293, 1298, Ste Marie (Mairie) de Mes 1298.
1251, 256; 1267, 98; 1269, 317; 1277, 130; 379; 1279, 75, 139, 314; 1288, 64, 227; 1290, 552; 1293, 438; 1298, 162, 276, 527, chieze Deu de — 1251, 256; 1279, 314.[609.
abbasse et convent de — 1267, 98; 1277, 379; 1288, 227.
abbausse de — 1279, 75, 139; 1293, 438.
abase —, d'Anels 1290, 552.

---

[1]) *De Wailly 49 (1255)* maison en Nekesienrue.

chanone de —:
sg. Symon le pieste de Nekisselrue 1269, 317.
sr. Richars 1298, 162.
prestres de — sr. Badewins 1288, 64.
prevos de —, sr. Baduyns li prestes 1279, 314.
Mathions Malrois pb. por 1251, 256.
ban — de Mes:
a Airey, er. 1298, 527.
an S. Arnoultvigne (PS), vg. 1298, 276.
ban—, a Haboinville, er., t. 1277, 130; 1298,
boix: [609.
pb. piece de boix on Cuig ou ban de Suligney 1277, 379.
tient lou grant boix de Suligney 1279, 75.
censes: [256.
pb. 10 s. ms. en la rue S. Illaire (OM) 1251,
pb. 50 quartes de wayn k'elles meymes dovoient a Jehan de Maigney 1288, 227.
pb. 5 s. ms. (OM) 1290, 552.
vg. ou ban de Sommey doit 1½ meu de vin 1293, 438.
chanp a Pannes 1267, 38.
maison a Molins, pb., delivre 1279, 314
vigne, en Verges ou bau de Rozerueles, deleis l'abuse de — 1279, 139.

Sallinvalz, *Praemonstratenserabtei Salival (Château-Salins).*
Li abbes et li priours de — ont aq. por lai Belle Stainche 1290, 64.
Jennas Chauressons pb. sus tel eschainge com il ait fait a l'abbeyt de — et as dames de la Belle Stainche 1279, 421.

freires des **Ses,** *Vorgänger der Mönche von Clairvaux in der Kapellenstrasse,* [1])

---

[1]) *v. Dorvaux, Pouillés 303, 780. Sie sind als* fratres de penitencia Jhesu Christi *bezeichnet in der Urkunde des Bischofs Burkhard vom 8. Juli 1289 (Jahrbuch VI, S. 168), ebenso in der Urkunde von Clemens V vom 1. Juni 1309 (Quellen I, S. 94), und daß sie* in vico vulgariter dicto Chapelierrue *gewohnt haben, erfahren wir aus der Urkunde des Bischofs Reinald vom 4. Febr. 1304 (Quellen I, S. 63). Bischof Burkhard hat*

Ses, Ces, Sas 1267, Sais 1279, 1288.
1267, 185, 215, 431; 1279, 239; 1288, 373.
Ancels de la Tour pb. por les freres des
— ms. (PS) 1267, 185 = 431.
an Chaipeleirue davant lai court des freires
des — 1288, 373.
devant les —, ms. (PS) 1267, 215.
rowe des Sais outre Saille 1279, 239.

la **Triniteit**, *Trinitarierkloster in Metz.*
v. IV. Mes.
la Triniteit 1267/1278, la Trinitei 1269.
1267, 337, 497; 1269, 77, 280, 490[16]; 1275,
375, 472, 475; 1278, 48, 286.
 ceos de — 1269, 280, 490[16].
 freres de — 1269, 77.
 signors de — 1267, 497; 1278, 48.
 Ancillons Xillas pb. por 1269, 77.
 cens:[1])
 doient 26 d. et m. por lor hospital (PS)
 maisons: [1269, 490[16].
 ms. ke fut lo conte de Custes en la rue lo
  Voweit, aq. por les Cordelieres 1267, 497.
 ms. de — en la rue lo Voweit, aq. por S.
  Sauor 1275, 472.
 en la rue lo Voweit dav. — 1275, 475.
 devant — (PS) 1267, 337.
 en Maizelles devant — 1275, 375.
  „   „   ensom — 1278, 48.
 outre Saille devant — 1278, 286.
 7 s. geissent sus la ms. — outre Saille 1278.
  [315.

terres:
 pb. fosseit a la porte a Maisellez, t., vg.
  et le cors de l'awe 1269, 77. [280.
 16 jorn. de t. ou ban S. Saluor (PS) 1269,

Villeirs l'abbie, *Cistercienserabtei in Villers-Bettnach (Metz, Vigy).*
Villeirs 1275/1293, Viler, Vilers 1241, Villers 1251/1275, Vilerz, Villerz 1269, Vileirs 1281, Willeirs 1285, Villeirs l'abbie 1290, 1293, Nostre Dame de Villeirs 1278, 1281, Nostre Dame de Villeirs l'abbaye 1278, Nostre Dame de Villeirs l'abie 1298.[1])
1241, 19, 23, 45, 111; 1251, 15, 81; 1262, 279; 1267, 157; 1269, 179, 437[11]; 1275, 142, 293, 311; 1277, 159; 1278, 24, 31, 79, 226, 419; 1279, 201, 369; 1281, 26, 89, 442, 504, 529; 1285, 437; 1288, 414; 1290, 169, 312, 327b, 328[12], 344, 449; 1293, 9, 28, 53, 209, 370; 1298, 138, 139.
 chiese Deu de — 1241, 23; 1251, 15, 81; 1267, 157; 1275, 293; 1278, 24, 79; 1279, 369; 1281, 89, 529; 1288, 414; 1290, 449;
  1298, 53; 1298, 138.
 cil de — 1262, 279; 1269, 179; 1275, 142, 311; 1277, 159; 1281, 26; 1285, 437; 1290, 312, 328[12]; 1293, 9, 28, 209, 370.
 abe et covant 1241, 45, 111; 1278, 31, 226; 1279, 201; 1281, 504.
 abe — 1241, 19; 1269, 437.
 frere Richairt de la court de — 1281, 26.

---

im Jahre 1289 im Einverständnis mit den letzten wenigen Brüdern de penitencia Jhesu Christi *ihr Haus den Cisterciensern von Clairvaux übergeben.* v. Cleirvalz de Mes. *Die Chroniken von Metz (Huguenin S. 7, v. Dorvaux S. 303) erzählen:* (S. Bernaird) vit ce lieu assés de sollé auquel y avoit ung couvent d'une manière de religieux qui se faisoient appeler les sectes: et ne sçavons or quels gens c'estoient.
[1]) *De Wailly 107 (1265)* Lowis de Cligney chanones de Monfaucon ait donneit as freres de la maixon de la Treneteit de Mes por pitance 20 s. de cens ... sus l'eritage ou ban de Mersei.

[1]) *De Wailly 6 (1228)* Hawy, contesse de Dous Pons, ait doneit en almone Deu et Madame Sainte Marie de Vilers et lo covent tot l'aluet et totes les droitures de Harewainvile.
De Wailly 257 (1286) .. jeu Symon Robewaiche de Talanges ... aquitons tout l'aritaige quo nos clamions on bant de Rohange.
De Wailly 332 (1294) Nos officialz de la cor de Mes faisons a savoir que Johans escuiers, sires de Winesperch, eit reconut que de tous les bastaus qu'il ait ou ait eut encontre l'abbeit et lo covant de Villeirs, si com dou ban, des homes, des censes ... qu'il n'i ait nuns drois.

frere Nicolle lou convers de — 1290, 169.
Joffrois Milikins pb. por 1241, 23; 1251, 15, 81.
Bertrans de Cuxey pb. por 1267, 157.
Vguignons Patars pb. por 1278, 24, 79;
  1281, 89, 529; 1288, 414; 1290, 449;
  1293, 53; 1298, 138, 139.
censes:
pb. 20 s. en Orkes ms. (PS) 1241, 23.
pb. 30 s. ms. (PM) 1251, 15.
pb. 25 s. en Rimport ensom la tour 1251, 81.
doient 6 d. et 2 chap. (PM) 1262, 279.
pb. 20 s. ms. en Stoixey 1267, 157.
ms. en Aiest doit 40 s. 1269, 179.
censes en Visegnulz *etc.* redoient 5 s. 1269, 437[11].
t. enc. la croweie Ste Creus (OM) doit
  2 s. 1277, 159.
30 s. ms. en Aiest 1278, 31.
pb. 10 s. ms. (PS) 1278, 79.
ms. en Stoixey doit 22 s. 1279, 369.
ms. an Chaiuerelruwe doit 5 s. 1281, 26.
pb. 100 s. ms. dairier Ste Creux (PS) 1281, 89.
pb. 12 s. ms. davant S. Eukaire 1288, 414.
$^1/_3$ ms. auc. lai halle des vieseirs en Chambres doit 4 d. 1290, 327b.
ms. et meis en Stoxey doit 3 s. 1290, 344.
ms. (PM) doit 21 d. 1293, 9.
pb. 11 s. maix dav. lai court de — 1293, 53a.
pb. 2 s. maix dav. lai court de — 1293, 53b.
pb. 4 s. t. ou ban de Wapey, doneit 1298, 138.
court de — (v. IV. Mes) 1281, 26, 442;
  1290, 169; 1293, 53.
eritaige en la mairie d'Outre Mosele en
  ms. vg., chans 1241, 45.
maisons:
ms. en Sanerie 1275, 142.
ms. (PM) 1275, 293.
ms. en Stoxey 1275, 311.
pb. ms. (PM), delivre per droit 1278, 24.
ms. en Rimport 1278, 226.
ms. en Stoixey 1279, 201.
ms. sus lou Mur et gr. encoste 1281, 504.
pb. ms. en la Nueve ruwe, delivre 1281, 529.
ms. a Porsaillis 1285, 437.
pb. ms. en la Nueue rue, escheute 1290, 449.
vignes:
vg. aus Wacuels (PS) 1241, 19.
vg. daier S. Simphorien 1241, 111.

en la Longe Roie (PM) deleis vg. les convers de — 1278, 419.
en Sourelz ou ban de S. Julieu antre vg.
  ... et ceulz de — 1290, 312.
Weirias Vogenelz de S. Julien tient vg.
  moiterasse de ceulz de — 1290, 328[12].
antre Dous chamins ou ban de S. Julien
  anc. ceulz de — 1293, 28.
a mur a S. Julien anc. vg. ceulz de — 1293, 209.
a lai creux a S. Julien antre vg. ceulz de
  — et .. 1293, 370.
pb. vg. ou ban de Wapey, doneit 1298, 139.

Warnieuiler, *Cistercienserabtei in Wörschweiler a. d. Blies (Pfalz).*
abe et covant de —
ms. ensom Viez Bucherie 1241, 42.

D. Pfarrkirchen und Kapellen.

Nostre Dame,[1])
ms. Chastels davant lou mostier — (v. IV.)
  1275, 249.[1]
Nostre Dame as Martres. *Pfarrkirche in der Vorstadt S. Clemens (Sablon.)* v. IV. S. Clemant.
sg. Balduyn preste de —, 10 jorn. de t. ou
  ban de Marley 1277, 433.

S. Aman, *Pfarrkirche in der Vorstadt S. Clemens (Sablon).* v. IV. S. Clemant.
sg. Garcire de —, mainbors 1267, 492.
sr. Pieres prestres de — deleis Saint Clement pb. 25 s. 2 ms. en Furneirue 1290, 452.

S. Andreu, *Pfarrkirche in der Vorstadt S. Clemens (Sablon).* v. IV. S. Clemant.
li maistre de la confrarie — 1262, 134.

S. Badeire, *Pfarrkirche S. Baudier von La Maxe.* v. IV. Escey, V. S. Badeire 1298, 615.

S. Benin, *Pfarrkirche für die Dienerschaft der Abtei S. Arnulf vor Metz.*[1])

---

[1]) Bour, *die Benediktiner-Abtei S. Arnulf, Jahrbuch XIX (1907) S. 30 f.*

vg. ou ban de Montigney doit 1 steir de vin et 3 d. d'anaversaire a prestre de — 1293,
vg. ou ban S. Arnoult doit 4½ s. a [219.
prestre de — 1298, 528.

S. Estene lou Depaneit, *Pfarrkirche in Metz.* v. IV. Mes.
S. Esteine 1267, S. Estene 1269, 1275, 1278, S. Estene lou Depanei 1275, S. Estene lou Depaneit 1278/85, S. Astene lou Depaneit 1288, S. Estene lou Despaineit 1285, 1293, S. Estene lou Depaineit 1298, S. Esteuene lou Depaneit 1278.
1267, 296; 1269, 288, 320; 1275, 169; 1278, 23, 228, 242; 1279, 229; 1281, 424; 1285, 66, 67, 68; 1288, 1; 1293, 50, 477; 1298, 84.
eglise de — 1281, 424; 1285, 67, 68.
prestes de —, sr. Jehans 1267, 296; 1278, 228, 242; 1279, 229; 1285, 66; 1288, 1; 1298, 84.
„ pb. por — 1275, 169; 1281, 424; 1285, 67.
sr. Jehans Sanguewins cureirs de — 1293, censes: [50.
pb. 2 s. ms. (PS) 1275, 169.
pb. 3 s. ms. a Poncel (PS) 1281, 424.
pb. 2 s. ms. ou Petit Waide 1285, 67.
ms. en la Vigne S. Auol doit 6 d. a l'agleixe de — et 5 s. pour une lampe devant Nostre Dame 1285, 68.
vg. outre Saille c'on dist en Peuenelle doit 12 d. 1293, 477.

S. Eukaire, *Pfarrkirche in Metz,* v. IV. Mes.
S. Eukaire 1251, 1269, 1277/81, 1288/93, S. Eucaire 1267, 1285, S. Euchaire 1277.
1251, 132, 200; 1262, 168(?); 1267, 387; 1269, 119, 247; 1277, 80, 102, 319, 378; 1278, 498, 493; 1279, 93, 213, 216, 461, 482; 1281, 13, 35, 43; 1281, 245, 269; 1285, 240, 475; 1288, 68, 205, 454: 1290, 457a; 1293, 204⁵⁰ = 254 = 349⁵⁰.
eglise de — 1267, 387; 1277, 378; 1279, 93; 1281, 269; 1293, 204⁵⁰ = 284 = 349⁵⁰.
parroche de — 1277, 319.
preste de — 1277, 80.
sr. Thomes prestes de — 1269, 119, 247; 1277, 102; 1278, 498, 499; 1279, 213, 216, 461, 482; † 1281, 245.

pb. por l'eglise de — 1267, 387; 1277, 378.
sg. Hanrit preste 1281, 13, 35, 43, 480; 1285, 240, 475; 1288, 68, 205.
„ grant prestre de — 1290, 457a.
censes:
ms. darrier S. Eukaire doit 6 d. 1251, 132.
vg. en Montains (PS) doit 2½ s. 1251, 200.
ms. (PS) redoit 12 d. (?) 1262, 168.
pb. 2 s. 2 ms. ou Petit Waide 1267, 387.
pb. 3 s. ms. defuers la porte des Allemans ms. outre Saille arreis la porte [1277, 378. des Allemans doit 5 s. 2 d. 1279, 93.
ms. Abrit lou fournier dou Champel redoit 12 d. 1281, 269.
li eglixe de — doit 4 s. et 4 d. ms. en Chaponrue 1293, 204⁵⁰ = 284 = 349⁵⁰.
vignes —, ms. an Chaponrue et meis an jusc'a 1288, 254.

S. Ferruce, *Pfarrkirche in Metz,* v. IV. Mes.[1])
S. Ferruce 1269, 1275, 1278, 1281, 1288, 1293, 1298, S. Ferrusce 1269, 1285, S. Ferrusse 1298,
1269, 324, 362; 1275, 139; 1278, 18, 234; 1281, 617; 1285, 177b; 1288, 129, 336; 1293, 427; 1298, 62, 411.
eglise de — 1269, 362¹, ⁸; 1285, 177b; 1298, 62, 411.
preste de — 1278, 18; 1288, 129, 336;
prestre de — et au maistre de la [1293, 427.
frairie dou corz Deu 1269, 324.
sr. Renalz prestez de — 1269, 362¹.
sr. Abers prestes de — 1275, 139; 1278, 234; 1281, 617.
sr. Symons prestres de — pb. por 1298, 62, 411.
Poencignons de Metri pb. por 1285, 177b.
censes:
pb. 5 s. de contrewaige ms. antre S. Julien et Stoizey, 12 d. ms. en Ruez (doneit), 12 d. (doneit) ms. et 5 d. ms. (PM) 1269,
pb. 12 d. ms. (PM) 1285, 117b. [362.
ms. devant Pairemaile doit 3 s. a preste de — 1288, 129.

---
[1]) *Bannrollen I, LIX ff, 7, 8, 11, 28,* Tancris a S. Ferruce, 10 escript de l'airche S. Ferruce.

pb. 12 d. 2 stalz an Vesignuelz 1298, 62.
pb. 4 s. ost. outre Saille sus lou tour de lai rowelle S. Estene lou Despaineit 1298, 411.

S. Gengoult, *Pfarrkirche in Metz,* v. IV. Mes.[1]
S. Gengoul 1267, S. Gengol 1269, S. Gengoat 1277, S. Gengoult 1290, 1298.
1267, 45, 418; 1269, 398; 1277, 101; 1290, 493; 1298, 101.
sg. Rechart preste de — 1267, 45, 418; 1277, 101, 1290, 493.
sg. Jehan de — maistre de lai frairie des prestres parrochalz de Mes[2]) 1298, 101.
confrairie dou corz Den — 1269, 398.

S. Genolt, *Pfarrkirche in Novéant.*
cellier an l'aitre — a Nonviant 1293, 692.
lou ranclus de — 1241, 19, 111.

S. Girgone, *Pfarrkirche in Metz,* v. IV. Mes.
S. Girgone 1251, 1277, 1278, 1285, 1293, 1298, S. Girgoine 1241, S. Gergone 1227, 1269, 1278, 1293, S. Gergoine 1269.
1227, 18; 1241, 183; 1251, 78; 1269, 38, 175; 1277, 173, 308; 1278, 28, 615, 616; 1285, 310; 1293, 216, 334, 436; 1298, 19. 38⁰, 204⁰,
chieze Deu de 1269, 175.
eglise de — 1277, 173; 1278, 616; 1293, 216, 436; 1298, 204.
parroche de —, vers la ms. lou princier en la 1278, 28.
prestre de — 1251, 78; 1269, 38¹⁵; 1278, 615; 1285, 310.
Jehan Blanche preste de — 1227, 18.
sr. Ymerz prestez de — pb. por 1269, 175.
sr. Ottes prestes de — 1277, 308; 1293, 334.
„ pb. por 1277, 173; 1278, 616; 1293, 216, 436.

---

[1]) *De Wailly 231 (1282)* transcrit de l'airche S. Gigout.

[2]) *De Wailly 335 (1294 a. St.)* sr. Jehans de S. Gigoul li prestes maistres de lai commune frairie des prestes parrochas de Mes.
De Wailly 381 (1300) sr. Nicoles li curey de S. Gigoul ... wairaitors.

confrarie dou cors Deu de — 1241, 183.
frairie — 1269, 38; 1298, 19.
censes:
pb. 6 s. ms. outre l'aclostre (PM) 1269, 175.
pb. por l'eglise — et por les signors de S. Piere a Vout 14 s. ms. en Hunbertcort 1277, 173.
pb. 12 d. ms. en la rue S. Vy 1278, 616.
pb. 2 s. ms. ou Champ a Saille 1293, 216.
pb. 2 s. ms. sus lou Mur 1293, 436.
ms. devant Longeteire redoit 3 d. 1298, 38⁰.
12 d 2 ms. devant lou Grant Mostier, doneit por faire anniversaire 1298, 204¹⁰.

S. Gergone de Lescey, *Pfarrkirche in Lessy.*
jardin en Andaille en la fin de Lescey doit 4 d. 1285, 509.
mazels a Lescey doit 1 pinte d'ole 1290, 511.

S. Hylaire (a pont Renmont), *Pfarrkirche in Metz,* v. IV. Mes.
S. Hylaire 1275, 1277, 1279, S. Hylaire au pont Rainmont 1267, a pont Renmont 1293, S. Alairea pont Renmont 1278, S. Ilaire a pont Ren(g)mont 1288.
1267, 287; 1275, 275; 1277, 205, 214, 242; 1278, 415; 1279, 353, 358, 383; 1288, 129, 131, 146; 1293, 189, 226.
aglixe de — 1275, 275; 1279, 353; 1288, 131, 146.
preste de —[1]) 1279, 358; 1288, 129.
maistres Guis prestres de — 1267, 287.
sr. Matheus prestes de — 1277, 205, 242; 1278, 415.
sg. Oton preste — 1277, 214; 1279, 383.
frairie des clers de S. Nicolais de lai paroche de — 1293, 189, 226.
fraterniteit de S. Nicolais de l'aiglixe de —, li maistres et li conpaignons des clers 1288, li quaitres maistres de l'eglixe de — [131.
pb. ms. anc. lo pont Renmont 1288, 146.
censes:
ms. anc. lo mostier dou Carme doit (6 d. 2 chap. de c.) et 12 d. d'amone 1275, 275.
ms. daier S. Hylaire doit 3 d. 1279, 353.

---

[1]) *Bannrollen I, LXXXI, 30* ancoste la maison lou preste de S. Hylaire.

38*

S. Hylaire–S. Jorge

S. Hylaire a Xauleur, *Pfarrkirche in Metz,* v. IV. Mes.
S. Ylaire a Xavleur 1269, S. Alare a Xauleur 1279, 1288, 1290, S. Alaire a Xauleur 1285, S. Hylaire a Xauleur 1298, S. Alare 1290.
1269, 38; 1279, 551; 1285, 538; 1288, 556; 1290, 500, 508; 1298, 578.
prestre de — 1269, 38[2]; 1279, 551; 1285, 538.
sr. Nicolles prestes de — 1290, 500, 508.
amone, ms. en Anglemur doit a preste de — 6 d. 1285, 538.
censes:
ms. en Anglemur doit 12 d. 1279, 551.
vg. (OM) doit 1 tierce d'oile 1288, 556.
ms. en Anglemur doit 6 d. 1298, 578.

S. Hylaire, *in Metz oder in Leyr bei Nomeny?*
preis et chans ou ban de Lorey (PS) ke muevent dou cens de — et de trescens 1290, 375.

S. Jaike, *Pfarrkirche in Metz.* v. IV. Mes.
1262, 91, 177; 1277, 156; 1279, 592; 1290, 107, 438[14].
eglise de — 1262, 91, 177.
prestes de —, sr. Coenrars 1277, 156.
Jehans li taillieres de Daier S. Sauour pb. por 1262, 91.
Phelippin Belasey pb. por 1262, 177.
amosne:
ms. en Viez Bucherie doit 2 s. 1279, 592.
censes:
pb. 10 s. . . . . 1262, 91.
pb. 10 s. ms. en Freneirue 1262, 177.
ms. ansom Viez Bucherie doit 2 s. 1290, 107.
airche Jehan lou Mercier a —[1] 1290, 438[14].

S. Jehan a Nuefmostier[2] *Pfarrkirche in Metz,* v. IV. Mes.
S. Jehan 1279, 1285, S. Jehan a Nuefmostier 1277, 1298.
1277, 196; 1279, 153b; 1285, 519; 1298, 199.[3]

---

[1] *Bannrollen I, LV, 2* an l'arche S. Jaike.
[2] *Dorvaux, les anciens pouillés de Metz S. 342 Anm. 4* Le Neuf-Moutier désignait l'abbaye de Ste Marie par opposition à celle de St Pierre.
[3] *Bannrollen I, LXI.* 9 c'est tancris de l'arche S. Jehan.

eglise de — 1279, 153b; 1298, 199.
prestes de — 1277, 196.
sr. Richars prestes de — 1285, 519.
sg. Bertran preste de —[1] 1298, 199.
censes:
ait 12 d. menandies en la rue de Porte Serpenoise 1279, 153b.
2 s. ost. a Porte Serpenoise 1298, 199.

S. Jehan a S. Clemant, *Pfarrkirche in der Vorstadt S. Clemens (Sablon),* v. IV. S. Clemant.
S. Jehan a S. Clemant 1277, 1288, 1290, 1298, S. Jehan de S. Clemant 1285, 1288, S. Jehan 1267, 1285, 1288, 1298.
1267, 211; 1277, 323, 373; 1285, 403, 475; 1288, 42, 68, 137, 197, 248, 448; 1290, 34, 44, 54, 363; 1298, 101, 114c. 497.
prestre de — 1298, 114c.
sg. Symon prestre de — 1267, 211.
sr. Willames prestes de —[2] 1277, 323, 373; 1285, 403, 475; 1288, 42, 68, 137, 248; 1293, 34, 44; 1298, 101.
clo — (vg.) 1288, 197, 448; 1290, 54, 363; 1298, 497.

S. Jehan lou Petit, *Kapelle in Metz* (en S. Vincentrue) v. IV. Mes.
sr. Jehans prestres de — pb. por l'aiglixe 2 s. ost antre les 2 stuves an lai Nueve rue 1298, 91.

S. Jorge, *Pfarrkirche in Metz,* v. IV. Mes.
S. Jorge 1262, 1267, 1293, 1298, S. George 1275.
1262, 414; 1267, 505; 1275, 480; 1293, 611, 612; 1298, 621.

---

[1] *De Wailly 351/2, 354 (1297), 371/2 (1299), 381, 383 (1300)* sr. Burterans preste de S. Jehan a nuef moustier, maistres de lai commune frairie des prestes bairechas de Mes. *366 C. (1298)* mainbor de la devise Nichole Ottin doien de S. Savour.
[2] *De Wailly 335 (1294 a. St.), 347/8 (1296 a. St.), 351/2, 354 (1297)* sr. Willames prestes de S. Jehan deleis S. Clemant, maistres de lai commune frairie des prestes parrochas de Mes.

III. Kirche   597   **S. Leuier–S. Martin**

eglixe de —   1267, 505; 1293, 612.
preste de —   1262, 414. [1298, 621.
sr. Jehans prestes de — 1275, 480; 1293, 611;
Poincins Moille de Chambres pb. por 1267, 505.
Jaikemins Mennas d'Arcansey pb. por 1293,
censes: [612.
pb. 6 d. ms. (OM)   1267, 505.
pb. 32 d. ms. daier S. Madard 1293, 612.

S. Leuier, *Pfarrkirche in Metz*, v. IV. Mes.
S. Leuier 1262, 1269, 1277, 1278, S. Levier 1269, S. Livier 1285.
1262, 113; 1269, 297, 535; 1277, 95, 373; 1278, 267; 1285, 143.
eglise de —   1269, 297.
preste de —, maistre Abris de Toul 1262, = Aubri preste de — 1269, 535. [113 (395).
sr. Weiris prestes de 1277, 95, 373; 1278, 267; 1285, 143.
Piercsons Sturbaz et Ancillous Bertaus pb. por les 2 eglisez de — et de S. Medart 9 s. ms., gr., masnete (OM)   1269, 297.

S. Lorant, *Pfarrkirche in der Vorstadt S. Clemens (Sablon)* v. IV. S. Clemant.

S. Mamin, *Pfarrkirche in Metz*[4]) v. IV. Mes.
S. Mamin 1267/1298, S. Maimin 1298, 557.
1267, 47, 121; 1279, 107; 1285, 64, 65; 1288, 37, 175; 1290, 34, 413; 1293, 616; 1298, 108, 244, 550, 557.
eglixe de —   1293, 616; 1298, 244, 587.
prestre de —   1267, 121. [1290, 34.
sg. Jehan Barbatte preste de — 1279, 107;
sg. Jehan Berbate arceprestre de — 1288, 37.
sr. Jehans li grans prestres de — 1288, 175.
sr. Jehans prestres de —   1290, 413.
sr. Weiris prestres de — pb. por 1298, 244.
Colins Baiars pb por   1267, 47.
maistres Renals li clers pb. por 1293, 616.
Renals li clers de —²)   1285, 64, 65.

---

¹) *Bannrollen I, LXXX, 27* l'escrit a S. Mamin.
²) *De Wailly 24 S. 178 G (1286)* Reinals li clers ke fut mairlier de S. Mamin.

frairie des clers de lai frairie S. Nicolais
de —   1298, 108.
confreires de la frairie de — 1298, 550.
censes: [1267, 47.
pb. 2 s. ost. dev. les molins a Saille (PS)
pb. 12 d. ms. en Couperelrue   1293, 616.
pb. 12 d. vg. en Groiweit (PS) 1298, 244.
t. en lai fin de Frontigney doit 3 d. d'anniversaire   1298, 557.

S. Marc v. S. Medart.

S. Marcel, *Pfarrkirche in Metz* v. IV. Mes.
S. Marcel 1285, 1290, S. Mercel 1275.
1275, 217; 1285, 496; 1290, 247, 439⁷.'
prestre de —   1275, 217; 1290, 439⁷.
sg. Pieron preste de —   1285, 496.
ce ns, ms. outre Muselle doit 8. d. 1290, 247.

S. Martin en Curtis, *Pfarrkirche in Metz*.¹)
v. IV. Mes.
S. Martin en Cultis 1262, en Culti 1267, en Curtiz 1269, en Curtis 1281, 1288, 1290, 1298, S. Martin 1267, 1269, 1275, 1285, 1288, 1290.
1262, 375; 1267, 376, 432, 433, 465; 1269, 123, 325; 1275, 411; 1281, 26; 1285, 357, 457; 1288, 28, 388, 412, 492; 1290, 147, 148, 191, 346¹¹, 439¹⁸, 582; 1298, 290, 471, 551.
chieze Deu de —   1267, 465; 1269, 123.
eglise de — 1262, 375; 1267, 432, 433; 1269, 325; 1281, 26; 1285, 457; 1288, 388; 1298, 290, 551.
prestre de —, Arnoulz li keus lou 1288, 412.
sr. Estenez prestrez   1267, 465; 1269, 123.
sg. Nenmerit preste de —   1285, 357.
sr. Jehans prestes de — 1275, 411; 1288, 28, 492; 1290, 147, 148, 346¹¹, 439¹⁶, 582;
„ pb. por   1298, 290, 551. [1298, 471.
sg. Jehan grant prestre de —   1290, 191.
Colins Gemes pb. por   1262, 375.
Jehans Bugles pb. por 1267, 432, 433; 1269,
Jenins Bugles pb. por   1267, 465. [123.
frairie dou cor Deu —   1267, 433.

---

¹) *Bannrollen I, LV, 1* an l'airche Tiebaut de Raigecort de S. Mertin.

S. Martin–S. Remei

c e n s e s :
pb. 22 s. my. (PS) 1262, 375.
ms. au Quartal doit 7 d. 1267, 376.
pb. 4 s. 3 m. ms. a S. Clemant 1267, 432.
pb. 4 s. ms. ou Nuefbour 1267, 433.
pb. 3 s. ms. devant la porte Ste Marie as nounains 1267, 465.
pb. 2 s. ms. devant la porte Ste Marie as nonaius 1269, 123.
2 ms. en Pierelruelle ensom Viez Bucherie doient 12 d. por l'anniversaire 1269, 325.
ms. an Chaiuerelruwe doit 2 s. 1281, 26.
grant ms. devant S. Martin doit 9 s. 1285,
ms. et meis (PS) doient 18 d. 1288, 388. [457.
ms. an Chaiwreirue doit 5 s. 1290, 191.
pb. 5 s. ms. a tour de lai ruelle c'on dist de Pawillon en Chaipeleirue 1298, 290.
pb. 5½ s. ms. davant S. Martin 1298, 551.

S. Martin a Nonviant.
1 selier en l'aitre — 1269, 519.

S. Medairt (S. Marc),¹) *Pfarrkirche in Metz.*
v. IV, Mes.
S. Marc 1262, S. Medairt 1277, 1279, 1288, 1290, S. Medart 1269, 1275, 1278, S. Meidart 1269, S. Mardart 1285, S. Madart 1275, 1285, 1288, S. Maidairt 1288.
1262, 147, 414; 1269, 114, 297; 1275, 493;
1277, 95, 373; 1278, 267; 1279, 278; 1285, 240, 475, 493, 507; 1288, 68, 137, 543;
1290, 34, 388, 439¹⁶.

---

¹) *Daß unter der Markuskirche und der Medardenkirche ein und dieselbe Kirche zu verstehen ist, wird durch folgende Stellen bewiesen:* Colin lou lamier *wohnt* davant S. Marc *1269, 114*, davant S. Medart *1275, 493;* Aurowin de Failley *wohnt* daier S. Marc *1281, 117,* daier S. Madart *1275, 480;* Colin Wachier *hat* daier S. Marc *einen Hof 1262, 396, ein Haus 1281, 117,* daier S. Madart *einen Garten 1275, 480; der Pfarrer von* S. Marc, sires Jaikes, *ist Vertreter der Metzer Stadtpfarrer 1262, 147, ebenso* sires Jakes *der Pfarrer von* S. Medart *1269, 114 bis 1290, 34.*

---

eglise de — 1269, 297; 1275, 493.
sr. Jaikes preste de S. Marc pb. por lui et por touz les prestes parrochas de Mes 1262, 147. [1262, 314.
pb. por lui et por lo preste de S. Jorge
sr. Jakes, prestes de S. Meidart, pb. por la frairie de prestez de Mes 1269, 114.
sr. Jakes prestes de S. Medart pb. por l'eglise de — 1275, 493.
sr. Jaikes, prestes de S. Medairt, et ... pb. por les prestes barrochalz de Mes 1277, 95, 373; 1279, 278; 1285, 240, 475; 1288, 68, 137; 1290, 34.
sg. Jaike preste de 1278, 267; 1285, 493;
prestre de — 1290, 388, 439¹⁶. [1288, 543.
Pieresons Sturbaz et Ancillons Bertaus pb. por les 2 eglisez de S. Leuier et de — 9 s. ms., gr., masnete (OM) 1269, 297.
c e n s e s :
pb. 12 d. ms. davant S. Madart 1275, 493.
vg. en Frieres (OM) doit 1 d. 1285, 507.

S. Morixe, *Pfarrkirche von Malroy (Metz).*
v. IV. Malleroit.
Garsas li Petis de Malleroit, li maires de la chiese Deu de — de Malleroit, pb. 9 s. por la chiece Deu desor dite, acis sus 2 pieces de preit en la fin de Malleroit 1298, 389.

S. Nicolais lou Petit,
daier la chapelle — 1269, 426.
daier lo mostier — anc. l'opital 1285, 79.

S. Ozable, *S. Euseb, Pfarrkirche der Vorstadt S. Arnulf*¹)
a S. Arnout devant lou mostier — 1285, 231⁵.

S. Remei, *Kapelle bei Ladonchamp (Woippy).*²)
antre la chapelle — et la teulerie (OM) 1293, 119.

---

¹) Bour, *die Benediktinerabtei S. Arnulf, Jahrbuch XIX (1907) S. 32. Dorvaux S. 10, 47.*
²) *Dorvaux S. 109 (1546)* la chapelle S^t. Remy pres de Ladonchampt. *Reichsland Els.-Lothr. III, 983* St. Remigii (capella) prope Laidonchamp (1544.)

III. Kirche 599 S. Seplixe–Ste Creux

S. Seplixe, *Pfarrkirche in Metz.* v. IV. Mes.
S. Suplise 1220, 1281, S. Supplise 1267, 1281,
S. Supplixe 1269. S. Suplize 1275, S. Seplice
1275, 1293, S. Seplixe 1277, 1278, 1288/ 1298.
1220, 30; 1267, 88, 326; 1275, 48, 453;
1277, 88; 1278, 282; 1281, 80; 1288, 386b;
1290, 74, 147; 1293, 345, 441, 455; 1298,
chiese Deu de — 1293, 345. [499, 500.
eglise de — 1281, 80; 1298, 499, 500.
prestes de — 1277, 88; 1293, 455.
sr. Pieres preste de — pb. por 1281, 80,
sr. Nicolles prestes de — 1288, 386b; 1290,
74, 147.
sr. Werris prestes de — pb. por 1293, 345.
parrochiens de — 1220, 30.
frairie dou cor Deu de — 1275, 48.
frairie dou Tortis dou cor Deu de — 1267,
censes: [326; 1278, 282.
tavle as Vies Changes doit 5 s. 1267, 88.
ms. en la rue lo Voweit doit 5 s. 1275, 453.
pb. 8 s. ms. dav. l'uxelat des Proichors
1293, 345.
ms. ou Champel en lai court S. Sauour doit
9 s. 1293, 441.
ms. an Sauerie doit 5 s. 1298, 499, 500.
maison a l'antree dou Champel pb. 1281, 80.

S. Tron, *Pfarrkirche in Failly (Metz, Vigy).*
er. ou ban de Failley doit 1 d. d'amone
1298, 370.

S. Vy, *Pfarrkirche in Metz.* v. IV. Mes.¹)
S. Vi 1245, 1269, S. Vit 1269, S. Vy 1251,
1277, 1279, 1281, 1290, 1293.
1245, 254; 1251, 59, 240; 1269, 136, 139,
292, 541; 1277, 414; 1279, 4; 1281, 609;
1290, 543, 551, 582; 1293, 603.
chieze Deu de — 1281, 609
eglise — 1251, 240.
parroiche — 1251, 59.
preste de — et parochiens 1269, 136.
preste de —²) 1269, 139, 292, 541; 1279, 4.

---

¹) *Bannrollen I, LVII, 4* de l'airche S. Vy.
De Wailly 347 H (1296 a. St.) Jaikemins
Lorate l'escrit. P. S. Viti.
v. II. amans de S. Vy.

²) *De Wailly 347 A, 348 A (1296 a. St.)*
maxon lou preste de S. Vy.

sr. Rainniers prestes de — 1277, 414.
sg. Poinson preste de — 1290, 551.
sg. Poinson Chadiere preste de — 1290, 548;
1293, 603.
Warniers li Borgons pb. por 1251, 240.
Vgues d'Oixey pb. por 1281, 609.
censes:
pb. 3 s. ms. (OM) 1251, 240.
ms. davant S. Vy doit 12 d. 1290, 582.
maisons:
ms. (OM) donei Deu et —et S.Piere 1245, 244.
pb. ms. en la rue lou Voweit et 1 st. en
la halle des bolengiers en Chambres,
doneit 1281, 609.

S. Victor, *Pfarrkirche in Metz.* v. IV. Mes.
S. Victor 1278, 1288, 1298, S. Vitor 1251,
S. Victour 1288, S. Vitoul 1281.
1251, 238; 1278, 651; 1281, 534; 1288, 119,
225²³; 1298, 401.
eglise de — 1281, 534; 1298, 401.
prestre de — 1251, 238.
sr. Bertrans prestes de — pb. por 1298, 401.
Guercerias Faixins pb. por 1281, 534.
airche —¹) 1288, 225²³.
amone, ms. as Roches doit 6 d. d' 1288, 119.
censes:
ms. en Nikesinrue doit 12 d. 1278, 651.
pb. 8 s. gr. an la ruwe dou Preit 1281, 534.
pb. 10 s. ms. as Roches 1298, 401.

Ste Creux, *Pfarrkirche in Metz.* v. IV. Mes.
Ste Crox 1227, Ste Croix 1241, 1245, 1267,
Ste Crux 1267, 1275, Ste Creus 1278. S^{te}
Creux 1293, 1298.
1227, 36; 1241, 74b; 1245, 15; 1267, 296,
488; 1275, 154; 1278, 651; 1293, 53b, 78,
89, 183, 264; 1298, 393⁰, 503⁰, 656⁰.
les cheses Deu de — 1227, 36.
la chieze Deu de — 1275, 154.
eglise de — 1241, 74b; 1293, 53b, 89.
sr. Nicoles prestres de — 1267, 296, 488.
sr. Bertrans prestes de — 1278, 651.
sr. Thomes prestres de — 1293, 53 b, 89,
cureir de — 1293, 78. [183, 264.

---

¹) *De Wailly 226 A (1282)* li escris ke
gist en l'airche a S. Victor.

Thiebaus de Champel pb. por 1227, 36.
Jenas de daier S. Jehan pb. por 1275, 154.
sr. Thomes li prestres de — pb. por 1293, 89.
frarie de la lampe dav. lo crucefi de — 1245, 15.
airche de — 1298, 393⁰, 503⁰, 656⁰
censes:
a aquaste 3 s. de c. (PS) 1241, 74b.
ms. (OM) doit 2 s. 1267, 488.
2 s. maix. dav. lai court de Uilleirs 1293, pb. 3 s. ms, sus lou Mur 1293, 89. [53b.
maisons:
pb. ms. ki fut Frankelin (OM) 1227, 36.
pb. grant ms. en Rowes de S. Julien, delivre 1275, 154.

Sᵗᵉ Seguelenne, *Pfarrkirche in Metz*, v. IV. Mes.
Sᵗᵉ Seguelenne 1281, 1285, 1290, 1298, Sᵗᵉ Segolenne 1275, 1293, Sᵗᵉ Segolene 1275, Sᵗᵉ Siguelainne 1269.
1269, 296; 1275, 142; 1281, 361, 543; 1285, 326; 1290, 147, 148; 1293, 388; 1298, 38⁴.
eglise de — 1275, 142.
preste de — 1281, 367; 1293, 388; 1298, 38⁴.
sr. Symons prestez de — 1269, 296.
sr. Pierres prestes de — pb. por 1275, 142.
sg. Pieron prestre de — 1285, 326.
sr. Jaikes 1290, 147, 148; 1293, 388.
ban de — (PS), t. ou, et ou ban S. Vincent
maison en Sanerie, pb. 1275, 142. [1281, 543.

chaipelle outre Saille.
chaipelle 1281, 1298, chaipelle outre Saille 1288. = ? chapelle 1275.
sr. Girairs prestes de lai — 1281, 209, 440. 1288, 474; † 1298, 280.
ms. enc. la — 1275, 40.

chaipelle Bairbe.
sr. Werris Bairbe pb. ½ ms. en la Grant rowe arreiz la chapelle et droit en la chapelle 1279, 486.
sr. Weiris de Nonviant prestes de lai — 1298, 66.

chaipelle sg. Jehan de **Raigecourt.**
Jaikemins, f. sg. Jehan de Raigecourt, et Thiebaus, ces fr., pb. ms. et four dou Morier, delivre en plait, por les 60 s. k'elle doit a lai — 1288, 223.

chapelle de l'osteil **l'archediacre** Werrit.
7 ms. en la rue lou Voweit, dont on redoit aier 4 s. et 4 d. a la — 1278, 191.

aiglixe d'**Aipilley**, *Pfarrkirche in Éply (Meurthe et Mos., Nancy)* v. IV.
celiers an l'aitre d'Aipilley doit 1 m 1288, 461b.

aglixe d'**Airs**, *Pfarrkirche von Ars a. d. Mosel* v. IV.
ms. a Airs doit 16 d. d'amone 1285, 142.

eglise de **Berlise**, *Pfarrkirche von Berlize (Metz, Pange)* v. IV.
Allexandrins de Maiseroit et Lambelins de Berlise pb. por l' — droiture ou ban de Fraignoi sanz lo deime de Chauillon 1262, 356.

aiglixe de **Chairley**, *Pfarrkirche von Charly, (Metz, Vigy)* v. IV.
er. ou ban de Chairley et de Roupeney doit c. et droiture a l' - 1293, 1.

chaipelle de **Chenney**, *Kapelle in Chesny (Metz, Verny)* v. IV.
3 s. muevent de lai — ke siet ou resaige de lai maxon Maheu Lowit 1290, 133.
10 s. muevent de lai — ke siet ou resaige de lai maxon Maiheu Lowit 1293, 184.

eglize d'**Erkancey**, *Pfarrkirche von Argancy (Metz, Vigy)* v. IV.
t. a. la Longe Roie (PM) doit 12 d. 1269, 15.
ms. en l'aitre ai Arcansey et chaneviere doient 6 d. 1285, 20.
ms. en l'aitre a Arkancey doit 2 d. 1293, 389.
ms. a Erkancey doit 2 d. 1298, 2.

chieze Deu de **Chastrises**, *Pfarrkirche von Hatrize (Meurthe et Mos., Briey)*.
ms. (PM) doit 24 s. 1251, 188.

eglise de **Juxey**, *Pfarrkirche von Jussy (Metz, Gorze)*.
rs. Jehans, prestes de Juxey, et Howins et

Adelins, ke sont menestreit de l'— 1293, 162.

mostier a **Lescey**, *Pfarrkirche von Lessy (Metz, Gorze)* 1269, 335; 1293, 329, 689.

mostier de **Lorey** (OM) *Pfarrkirche von Lorry bei Metz* 1298, 321.

aiglixe de **Luppey**, *Pfarrkirche von Luppy (Metz, Pange)*
menandies a Luppey doient 8 d. 1293, 500.

mostier de **Maiclue**, *Pfarrkirche von Mécleuves (Metz, Verny)* v. IV. 1288, 32; 1293, 105.

mostier de **Nonviant**, *Pfarrkirche von Noréant (Metz, Gorze)* v. IV. 1279, 326.

eglise de **Plapeuille**, *Pfarrkirche von Plappeville (Metz)*
ms. a Plapeuille doit 2 d. d'amone 1277, 148.

chapelle ou ban de **Rozeruelles**, *Kapelle des Priorats der Abtei Mouzon¹) in Rozériculles (Metz, Gorze)* v. IV. 1288, 98.

chapelle *in oder bei* **S. Priveit** (OM)²) v. IV. 1298, 176.

mostier de **S. Julien**, *Pfarrkirche von S. Julien bei Metz.* v. IV. 1251, 83; 1298, 405.

mostier a Ste **Rafine**, *Pfarrkirche von Ste Ruffine. (Gorze)* v. IV. 1275, 487; 1279, 503.

chapelle a **Saney**, *Kapelle in Saulny bei Metz.*
pr. c'on dist en Preis de Mes doit 12 d. 1279, 581.

moustier a **Sanrey**, *Pfarrkirche von Sanry (Metz, Vigy)* v. IV. 1293, 199³⁵.

eglise de **Siey**, *Pfarrkirche von Scy bei Metz.*

---

¹) *Reichsland Els.-Lothr. III, S. 924, Dorvaux S. 44 etc.*

²) *Vielleicht bezieht sich die Flurbezeichnung daier la chapelle auf die Kapelle von Roncourt. Dorvaux S. 586.*

ms. a Siey doit 1 quarte d'oile 1288, 550.
mostier a Siey (v. IV.) 1278, 200, 333, 610, 635; 1281, 635; 1285, 99; 1288, 548; 1290, 565; 1298, 203.

aglixe de **Vallieres**, *Pfarrkirche in Vallières bei Metz.*
vg. daier l'eglise doit 6 d. d'amosne 1277, 194.
anniversare en l'eglise 1278, 609.
mostier de Vallieres (v. IV.) 1278, 407; 1298, 10, 225, 359.

E. Ritterorden und Krankenhäuser.

Ospital des **Allemans**, *Krankenhaus des Deutschritterordens* v. IV. Mes, Allemans.
1251, 198; 1269, 246, 427, 428; 1275, 166; 1285, 42; 1290, 216.
sous de l'— 1285, 42; 1290, 216.
freires de l'— 1275, 166.
Mathev lo maior de l'— 1251, 198.
Colins Lietans pb. por l'— 1269, 246, 427, censes: [428.
10 s. 2 d. vg. en la Basse Pertele et en Glarueles 1251, 198.
pb. 5 s. ost. le maior de Maubertfontainne dav. l'— 1269, 246.
pb. 6 s. (PS) 1269, 428.
doient 10 s. ms. anc. l'— 1290, 216.
maisons:
pb. ms. (PS) 1269, 427.
ms. devant l'— 1275, 166.
ms. an la rowe des Allemans 1285, 42.

Ospital S. Jehan en Chambres, *Krankenhaus des Johanniterordens* v. IV, Mes, Chambres.
ospital S. Jehan en Chambres 1277, 227, ospital de Chambres 1275, ospital en Chambres 1277, 1279, 1281, 1290, ospital 1278, 90.
1275, 190; 1277, 227, 332; 1278, 111; 1279, 4; 1281, 196; 1290, 96, 344.
maison de l'—¹) 1279, 4.

---

¹) *De Wailly 226. (1282)* ... Androwins de Haboinvile et Wiborate sa femme ont

Tample

freires de l'— 1275, 190.
li maistre et li freire de l'— 1277, 227.
freires Jehans maistres de l'— pb. por l'—
    1277, 332; 1279, 4; 1281, 146.
freires Jehans maistres de l'— pb. ms.
  en Chambres 1279, 4.
„ pb. vg. au Wakon por l'aischainge de
  3 s. 1281, 146.
freires Jehans de l'ospital mainbors 1278,
    111; 1290, 96.
censes:
pb. 30 s. ms. a pont a Saille por l'eschenge de
  l'er. de Muscey 1277, 332.
ms. en Chambres doit 2 chap. 1279, 4.
ms. et meis en Stoxey doient 10½ s. 1290, 344.
eritage:
kant ke a Muscey et ou ban, homes, femes,
mainiees d'alluet, enchaingiet 1277, 227.
maison en la rue dou Prey 1275, 190.

Tample, *Templerorden.*
Tample 1245, 1277, 1279/85, 1290, Tample
de Mes 1281, 339; 1293, 87, Tanple 1281,
1288, 1298, Tample 1278, 1290, Temple
1267/75, 1288, 1293, Tampliers 1288.
1245, 155; 1267, 37, 467, 468; 1269, 461;
1275, 448; 1277, 462, 463, 464; 1278, 212;
1279, 162; 1281, 154, 194, 286, 339, 548,
549, 635, 636; 1285, 538; 1288, 20, 98[4],
182; 1290, 202, 552; 1293, 87; 1298, 646, 647.
a — 1290, 202, 552.
por lo — 1245, 155.
chieze Deu dou — 1267, 467, 468; 1277,

doneit a la chiese Deu de la mason S. Jehan
de l'opital an Chambres tot lor eritaige
ou ban de Haboinville et aillors ... per
lo crant de freire Jehan Bovat ki a jor
estoit maistres de l'ospital au Chanbres ...
Et cest don ont fait ... per mei son ke
freires Willames de Berains, ki est maistres
de la mason davant dite (ou cil ki sereit
an leu de lui) lor an doit chasc'an an tote
lor vie ... Et tot sou ait fait freres Wil-
lames per lo crant des freres de sa bailie,
c'est a savoir freire Burtran, frere Lowit,
frere Duran, frere Hanrit et de freire Amout.

  462, 463, 464; 1278, 212; 1279, 162;
1281, 154, 194, 286, 339, 548, 549; 1298.
Tampliers 1288, 98[4]. [646, 647.
ceous dou — 1267, 37.
li signor dou — 1281, 635, 636; 1288, 20.
a maistre et a freire dou — 1288, 182.
li maistre et li frere de la chivelerie
  dou — 1275, 440.
freires Jehans c'on dist de Mairs en Bor-
  goigne et freires Renalz comandeires
  de lai maxon dou — de Mes 1293, 87.
li maires dou — pb. por lo 1245, 155.
Jennas Clowanges li maires de la frarie
  des massons dou — pb. 2 s. ms. en
  Anglemur 1285, 538.
Warniers li corriers pb. por la frairie
  dou — 2 s. ms. ou Champel 1269, 461.
Phelippins Thigueigne pb. por la chieze
  Deu dou — 1267, 467, 468.
Maheus Morels pb. por la chiese Deu dou —
  1277, 462, 463, 464; 1278, 212; 1279,
  162; 1281, 154, 194, 286, 339, 548, 549;
  1298, 646, 647.
Thiebas Bertadons pb. por la chiese Deu
  dou — 1298, 646, 647.
censes:
pb. 40 s. ke Yngrans Goule dovoit a Ba-
  duyn Marasce et fm. 1279, 162.
pb. 70 s. pr. ou ban de Pierevilleirs et clo
  de vg. a Mairanges, 9½ s. er. a Mairanges
  ou ban de Mair. et de Piervilleirs 1281,
pb. 6 s. estaus de la halle des per- [154.
  mantiers an Visegnues, 8½ s. 2 ms. an
  la rowelate devant la ms. S. Laidre et 4
  s. ms. (PS) 1281, 286.
pb. 2½ s. jard. a sorbey a Plapeuille, 2 s.
  jard. as peirches, 18 d. 2 ms. a Plape-
  ville 1281, 339.
pb. 8 s. ms. an la rouwe dou Saic outre
  Saille 1281, 548.
pb. 12 s. et 2 chap. ms. ou Waide 1281, 549.
ms. an Stoixey doit 13 s. 1288, 20.
vg. a S[te] Rafine an la Laie doit ½ meu
  de vin en l'axe 1288, 98[4].
ms. a Porsaillis doit 44 s. 1290, 202.
ms. (OM) doit 4 s. 2 s. 1290, 552.
pb. 5 s. ms. en Furneirue 1298, 647.
daimme:

III. Kirche 603 Tample–les **Bordes**

pb. partic an menut d. de Vautous 1281, 194.
eritaiges:
pb. quan que sr. Hector li chevaliers avoit
d'autre part Mosselle et at 1267, 467.
tout l'er. ou ban de Vals et droit et raison
ou molin a Waigneville[1]) et en la vg.
daier lou mostier a Siey[1]) et en 5 quartes
de blcif sus lou molin a Longeawe
1281, 635.
droit et raison en tot l'er. de Baignuels et
ou demme de Nonwesceville 1281, 636.
pb. er. ke fut Mateu Bellebarbe et Colate,
sa fm., doneit 1298, 646.
hommes, femmes, anfans:
pb. home, femes, anfans d'aluet d'autre part
Mosselle 1267, 467.
pb. Armanjart, f. Jennin Gelinate de Syei,
et sa tenour 1267, 468.
pb. Cunegate de Resuereles et anf. 1277, 462.
pb. Heiluyt de Lescey, fm. Bescelin Wan-
delart, et enf., et Gerart, fr. Heiluyt, et
la moitiet de ces enf., et Ailison, s. Hei-
luyt, et la moitiet de des enf. 1277, 463.
pb. ceu ke.. ot en Mateu, f. Chardenel 1277,
pb. Cunegate de Rouserueles et enf. [464.
et lor biens 1278, 212. [635.
ou ban de Vals en hommes et femmes 1281,
grainge et maison ou Nuefbourc 1293, 87.
maisons:
pb. ms. (OM) 1245, 155.
ms. a Porsaillis part a ceous dou — 1267, 37.
ms. davant S. Martin an Curtin 1288, 182.
taille ke li signor i font vg. a Ste Rafine
1288, 98.
terres areures en Hem desoz S. Simpho-
rien 1275, 448.

les **Bordes** Krankenhaus für Aussätzige vor
dem Deutschen Tor. v. IV.
les, des, de as Bordes 1241/1298. Bourdes
1262, 1267, 1279. 1298, dezour Vallieres

---

[1]) Im Jahrbuch 1895 VII[1] S. 26 unter
Vaux [v. Hammerstein, der Besitz der Tempel-
herren in Lothringen] ist demnach Waigneville
(= Woingville en Jarnisy) statt Vigneulle und
Siey statt Lassey zu lesen.

1277, 163; 1278, 419; 1279, 199, 352;
1290, 144.
1241, 36; 1245, 58; 1262, 127; 1267, 74,
75, 76, 160; 1269, 182; 1275, 28; 1277, 163,
181; 1278, 8, 46, 53, 419; 1279, 199, 242,
352; 1281, 379; 1285, 211; 1288, 196, 325;
1290, 144; 1293, 465; 1298, 287b, 462a.
maison des — 1275, 28; 1277, 163, 181;
1279, 242, 352.
chiese Deu des — 1241, 36; 1267, 160; 1278,
8, 46, 419; 1279, 199.
ceulz des — 1279, 352; 1288, 325; 1298, 287b.
as maistres de la maison des — 1277, 181.
as maistres et a comun de la ms. de — 1279,
lo prestre des — 1245, 58. [242.
sg. Lambert lo preste des — 1262, 127.
Heilowit li escolliere ke maint as — 1293,
Mergueron des — 1288, 196; 1298, 462a. [465.
Colins Marcous pb. por — 1241, 36.
Jaikemins de Montois pb. por 1267, 74, 75, 76.
„ et Lowias de Chailley pb. por — 1267,
Yngrans Forcous et Hanrias de Cham- [160.
pels pb. por — 1275, 28; 1277, 163; 1278,
8, 46, 419; 1279, 199, 352.
censes:
pb. 5$^1/_2$ s. ms. davant la cort lo seneschal
(PS) 1241, 36.
pb. 7$^1/_2$ s. ost. en Gobertcort 1267, 74.
pb. 20 d. ost. (PS) 1267, 75.
eritaige:
pb. er. ou ban de Corcelles et de Lucke-
nesi 1267, 76.
jardin de —, sus lo petit chamin dev. lo
maisons: [1269, 182.
ms. a la Sause a S. Julien 1277, 181.
ou Vaide outre Saille anc. l'osteil de —[1])
1285, 211.

---

[1]) Ben. III, 251 (1299) Nous li prestes
et li freires convers et li serours converces
et li malaides et li prevandiers et les pre-
vandieres de lai maxon des Bordes desour
Vallieres faisons cognissant a tous ke nos
avons laixiet a Collignon, lou fil Weiriat
lou boulangier ke fut, ... nostro maxon ...
ki siet outre Saille .... per lou crant de
nos maistres et de nos porveors lou signor
Abert Xaving et Vguignon de l'Aitre.

meis des —, daier lo 1275, 28.
pitance, ms. en Aiest doit 1290, 144.
terres:
pb. 4 jorn. de t. en Fornels ou ban de Co-
  lambiers 1267, 160. [28.
pb. t. enc. la Roine daier lo meis des — 1275,
pb. t. ar. deleis ceuls de la Belle Stainche
  et t. dev. la Belle Stainche 1278, 46.
pb. pr. en la Praielle dezour Vallieres et 4
  jorn. de t. anc. lou pr. 1279, 199.
an Grosaule anc. la t. sous les — ou ban
  S. Vincent en la fin de Borney 1288, 325.
ou ban S. Piere a Borney anc. cculz des —
  vignes: [1298, 287b.
pb. 1 jorn. de vg. en Cuignes 1275, 28.
pb. 2 jorn. en Coignes dezour Vallieres 1277,
pb. 2 jorn. en Allues (PM) 1278, 8. [163.
1 andange de vg. en la Corte Roie a cha-
  min, ki est tiers meus les — 1278, 53.
pb. ½ jorn. en la Longe Roie (PM) 1278, 419.
1 jorn. en Bauchieterme (PS) 1279, 242.
pb. ⅓ jorn. en la Longe Roie ke pairt a
  ceulz des — 1279, 352.
an Cugnes dev. Vallieres anc. vg. des — 1281,
  379.
Longeawe, *Longeau, Krankenhaus für Aus-
sätzige zwischen Moulins und Châtel St.-
Germain.* v. IV.
1241, 35; 1285, 250, 251; 1288, 160, 252,
  539; 1293, 668; 1298, 559.
chiese Deu de — 1241, 35.
maison de — 1285, 250, 251; 1288, 252.
convers de — 1293, 668.
malades de — 1288, 160, 539.
prestes de —, sr. Jehans li 1298, 559.
Perrins de la Fosse pb. por — 1241, 35.
Jennins f. Waterin de Chastels pb. por —
  1285, 250, 251. [252.
Waterins Morels de Chastels pb. por — 1288,
censes:
pb. 2 s. ms. dav. la cort lo seneschal (PS)
  et 10 s. gr. en la rue Garsire lo chavrer
  (PS) done 1241, 35.
terres:
pb. t. anc. la ms. de — 1285, 250, 251.
a Puxat ou ban de Mairley anc. lai t. les
  malaides de — 1288, 160.
deleis les convers de — (OM) 1293, 668.

vignes:
pb. vg. a — anc. ous meimes 1288, 252.
deleis les malades de — (OM) 1288, 539.

S. Belin, *Krankenhaus für Aussätzige bei
Gorze.*
an la Rauine anc. lou meis — (PS) 1285, 182.

S. Laidre, *Krankenhaus für Aussätzige bei
S. Privat an der Straße nach Augny.* v.
IV. S. Laidre, IV. Mes, S. Laidre.
Die Kranken heißen auch malades de S.
Priueit 1251, 1281, 1285, 1293, S. Preueit
1293.
1251, 134, 239; 1281, 538; 1285, 71; 1293,
  101, 253.
S. Ladre 1241, 1251, 1269, 1278, S. Laddre
1251/1269, 1279, S. Laidre 1275/1298. S.
Laiddre 1278, 1279, S. Laizre 1278, 1281/88.
1241, 76, 137; 1245, 45; 1251, 195; 1262,
  382; 1267, 101, 233, 267, 280; 1269, 6, 185,
  198, 214, 281, 296, 301, 432, 460; 1275, 229;
  1277, 62, 71, 100, 195⁴, 367; 1278, 69, 368,
  495, 522, 523, 559, 657; 1279, 18, 22, 200,
  206, 212, 369; 1281, 164, 218, 249, 270¹⁰,
  458, 644; 1285, 21, 33, 181, 200, 369, 414;
  1288, 210a, 285, 371, 394; 1290, 494; 1293,
  93, 214, 442, 503; 1298, 83a; 1289, 375.
ospital (ou Nuefborc) et — 1241, 137; 1245,
  45; 1267, 267; 1281, 270; 1285, 200; 1288,
chieze Deu de — 1279, 18; 1288, 371. [394.
maison de — 1269, 214.
mason S. Priveit 1281, 538.
ceos de — 1262, 382; 1269, 185, 198, 281,
  301, 460; 1277, 367; 1279, 200, 369; 1281,
ceulz de S. Priueit 1293, 253. [218.
maistres et convers et malaides et tous
  ceulz de — 1278, 368 = 559 = 657.
maistres et freires de l'ospital ou Nuef-
  borc et de — 1288, 394.
maistres et malades de S. Priueit 1285, 71.
maistre et lai communiteit des malaides
  de S. Priueit 1293, 101.
les malades de S. Priueit 1251, 134, 239;
  1281, 538.
les malaides de — 1275, 229; 1293, 93.
prestre et malaides de — 1298, 83.
sr. Jehans Lowis prestes de — 1288, 285.

III. Kirche   605   **S. Laidre**

sg. Humbert de — 1279, 206.
Adan lo malade 1267, 101.
Jaikemins de — 1277, 100.
Maheu le Vaudoiz de — 1269, 296.
Otenat de — 1267, 233.
Poensate la provandiere de — 1267, 101.
Steuignons Vachate pb. por — 1241, 137.
Marchandels pb. por les malades de S. Priveit 1251, 134.
Jakemins Marchandels pb. por les malades de S. Priueit 1251, 239.
Bauduyns Louve pb. por — 1262, 382.
Jaikes Roucels pb. por l'ospital et por — 1267, 267.
Burtignons, f. Nicole lo Conte pb. por — 1269, 185, 198, 214, 281, 301.
Poensignons de Couloigne et Thiebaus de Moielain pb. por 1275, 229.
Maheus de Lieons pb. por — 1279, 18.
Jennas li maires de la mason S. Priueit pb. por les malades de S. Priueit 1281, 538.
Jehans Goule pb. por — 1293, 93
Jehans f. Poincin Bellegree pb. por lou prestre et les malaides de — 1298, 83.
censes:
pb. 30 s. ms. (PS) 1251, 134.
pb. 20 s. vg. en Frieres et ou mont S. Quentin 1251, 239.
ost. (PM) redoit 8 d. 1269, 6.
pb. 7 s. ost. en Hembercort 1269, 185, 214.
pb. 12 s. st. en la halle des parmantiers (PS)
pb. 10 s. ms. ensom la court [1269, 281. lou vowet 1269, 301.
ost. en Saunerie redoit 16 d. 1269, 432.
6 s. ms. (PS) 1269, 460.
pb. 8 s. ms. an la vigne S. Auol 1275, 229.
ms. en Chaipeleirue redoit 12 d. 1277, 71.
ms. (PM) redoit 8 d. 1277, 195⁴.
30 lb. kant k'il ont a Florey et on ban et c. k'il ont dedens Mes et fuers de Mes 1278, 368, 559, 657.
¹/₅ jorn. de vg. a Montigney doit c. 1278, 522.
ms. an Viuier en Chanbres doit 7¹/₂ s. 1279, 18.
ms. en Stoixey doit 10 d. 4 chap 1279, 22, 369.
ms. en Aiest doit 10¹/₂ s. 1281, 164.
ms. en Viez Bucherie doit 10 d. 1281, 644.
ms. en Chambres doit 5¹/₂ s. 1285, 21.
ms. en Aest doit 10 s. 1285, 33.

35 s. pet. ms. outre Saille 1285, 71.
pb. 25¹/₂ s. ost. anson Vies Bucherie, doneit vg. an Puluchegeline (PS) doit [1285, 200. 12 d. 1288, 371.
pb. 5¹/₂ s. vg. en lai rowelle de Pertes ms. en lai plaice dav. l'ost. [1293, 93.
Jaikemin Grandeu† redoit 9 s. 1293, 214.
er. a Flurey et en bans doit c. et droiture a la cort de — 1293, 442.
pb. 10 s. ms. a l'antree de Sauerie 1298, 83a.
pb. 5 s. ms. et meis a Maigney 3¹/₂ s. vg. outre lou terme a Maigney, 3¹/₂ s. vg. ou Petit clo a Maigney 1298, 83b.
eschainge de 2 cesses a Vy, pb. 1262, 382.
chakeur:
enc. chakeur — (PS) 1277, 62.
outre Maizelles antre... et chak. — 1281, 249.
an Maizelles anc. chak. — 1288, 210a
clo —, vg. ou 1278, 495; 1290, 494.
cort — a Flurey 1293, 442.
crowaie c'ou dist — en lai fin de Mes eritaige: kant k'il ont a Flurey [1293, 508. et en ban 1278, 368, 559, 657.
maisons:
cort, ms., osteil a porte Serpenoise v. IV Mes, S. Laidre.
ms. dav. les degrez en Saunerie 1241, 76.
pb. les maisieres aus molins (PS) 1241, 137.
pb. ost. darrier S. Estaine lou Dep. 1251, 239.
pb. ms. au pont des Mors 1267, 267.
pb. ¹/₂ ms. daier S. Simplise 1269, 281.
ms. en S. Martinrue 1277, 367.
pb. ms. ou Viuier en Chambres 1279, 18.
ms. an Bucherie a Porte Muzelle 1279, 200.
deleis ms. — a Flurey 1279, 212.
ms. an la rouelle de la Stuve (PS) 1281, 218.
a Oxey anc. l'ost. — 1298, 375.
meises:
an Andevas arreis lou meis — 1281, 458.
an Andrevalz anc. lou meis — 1285, 181.
sus lou chamin de Montigney anc. lou meis — 1298, 289.
molins de l'ospital et de — [sus Saille] 1245, 45; 1281, 270¹⁰.
pb. molin en la teire dev. l'ost. Thiebaut lou Maor (PM) [sus Moselle] 1269, 198.
terres:
pb. t. ou ban de Mairley 1281, 538.

Ospital S. Nicolais   606   III. Kirche

18 jorn. de t. deleis Corbuefosseit (ou ban de Mairley)   1293, 101.
desous les maixieres ou ban de Mairley antre ceulz de — et..   1293, 253.
vignes;
a Grant Cheuol deleiz vg. — (PS) 1251, 195.
vg. en la Roichelle sus Mosselle (PM) 1267, 280.
ens Abowes ensom vg. — (PS) 1278, 69, 523.
a S. Clemant anc. vg. — (PS) 1285, 369.
ou ban S. Arnout anc. vg. — (PS) 1285, 414.
vg. ou champ Lowit ou ban de S. Clemant   1288, 394.

Ospital S. Nicolais des clers, *Krankenhaus in der heutigen Priesterstrasse* in vico clericorum.[1])
ospital des clers 1278, 385; 1279, 306, 405; 1288, 251; 1293, 430.
ospital S. Nicolais des clers   1290, 327.
Willames de la Cort et sr. Cunes li prestes ke sont chanone de S. Piere a Vout pb. por la confrairie de l'—   1278, 385.
sr. Cunes chanones de S. Pierre a Vout pb. por l'—   1279, 306.
por la frairie de l'—   1279, 405.
sr. Jehans ke fut prevos de l'— 1288, 251.
Jaikemins li clers li maistres de lai frairie de l'— pb. por la frairie   1290, 327.
censes:
pb. 4 s. ms. en Chanbres   1278, 385.
pb. 10 s. ms. en Chambres   1290, 327.
maisons:
ms. en Chambres doit 10 s.   1293, 430.
pb. ms. en Anglemur   1279, 306.
pb. ms. a pont des Mors, delivree 1279, 405.

Ospital d'Erkancey, *Krankenhaus in Argancy (Vigy, Metz)*.
Burtrans Clairanbaus et Jenas Boulaice, li II maistres de la frairie de l'— pb. por l'— t. an Crowes ou ban d'Erkancey et chaneveire   1298, 372.

Ospital de Porte Muselle, *Krankenhaus in Metz.* v. IV. Mes, Porte Muselle,

---
[1]) *Die Bannrollen sagen von der Lage dieses Krankenhauses nichts, nach Ben. IV, 53f. (1328) lag es* in vico clericorum.

ospital 1245, 1267, de Porte Mosselle 1267, de Porte Moszelle 1269, de Porte Muselle 1277, 1279, 1285, de Porte Muzelle 1285.
1245, 8; 1267, 159, 177; 1269, 10, 43; 1277, 234, 333; 1279, 493; 1285, 36, 157.
ceous de l'—   1245, 8.
maistre de l'—   1285, 157.
Aubrions Domate et Poencignons li prestre, li 2 maistre de l' — pb. por — 1267, 177.
Abrions Domate et Poencignons Lambers pb. por l'—   1269, 43.
Poinsignons Graicecher et Colignons (f. Thiebaut) Bernaige, li maistre de l'— pb. por l'—   1277, 234, 333.
Perrins Thomes li xavins et Poinsignons Bolande pb. por l'—   1279, 493.
Jaikemins Bernaiges li clers et Poinsignons Bolande pb. por l'—   1285, 36.
censes:
ms. (PM) doit 15 s.   1269, 10.
ms. en Rimport doit 20 s.   1269, 31.
pb. 40 s. ms. sus lou Mur *(gestrichen)* 1277,
pb. 70 s. ms. a Porsaillis 1279, 493. [333.
maisons: [1245, 8.
1/2 ms. ceous de l' — ki siet a Porte Mosele pb. 1/5 ms. que fut Martin lo bouchier en la Bucherie de Porte Mosselle enc. l'—, et 1/6 ms.   1267, 177a, b.
pb. ms. en Ruwes entre S. Julien et Stoixey, et ont relaiee   1267, 177c.
pb. ms. Martin lou bouchier areis l' — 1269,
pb. 1/5 ms. enc. l' —   1285, 36. [43.
ms. a Stintefontainne   1285, 157.
vignes: [1267, 159.
a la crois a S. Julien areis les vg. de l'— ont relaiee ms. et 1 jorn. de vg. que li hospitals avoit en Desermont 1267, 177c.

Ospital S. Nicolais ou Nuefborc, *Krankenhaus in Metz.* v. IV. Mes, Nuefborc; Mes, S. Nicolais lou Petit.
ospital dou Nueborc, dou Nuefbo(u)rc, 1245/1275, 1278, 112; 1281, 1285, 293; ospital ou Nueborc 1245, 9, ou Nuefborc 1269, 242; ou Nuefbor 1275, 4, ou Nuefborc 1277/81, seltener 1285/90; ospital S. Nicholaiz ou Nuefborc 1269, 347, S. Nicolais ou Nuefbo(u)rc 1278/1290, de Mes 1285, 54; maxon

Ospital S. Nicolais

S. Nicolais ou Nuefbore 1285, 302, ospital 1241, 137; 1245, 175; 1267, 267, 366; 1269, 93; 1275, 389; 1281, 62, 202, 209, 414, 440; 1285, 49, 365; 1288, 464; 1290, 254; S. Nicolais 1275, 87, 184; 1277, 254; 1279, 152; 1281, 224, 441; S. Nicolais lou Petit 1269, 426; 1285, 79.
    1241, 137; 1245, 9, 22, 175; 1251, 31, 33, 186, 198; 1262, 68, 161, 309; 1267, 69, 267, 286, 366, 367, 368; 1269, 83, 93, 104, 242, 310, 347, 490; 1275, 4, 87, 184, 205, 206, 207, 258, 389, 422; 1277, 71, 196, 197, 254, 334, 347, 355, 356, 357; 1278, 112, 234, 370⁷, 391, 502, 503, 504; 1279, 1, 12, 67, 152, 163, 260, 267, 452, 471, 472, 481, 535; 1281, 28, 29, 30, 62, 97, 98, 99, 202, 205, 209, 224, 270¹⁰, 379, 380, 381, 382, 414, 440, 489, 490, 491, 492, 493; 1285, 5, 49, 54, 55, 79, 165, 200, 293, 302, 307, 365, 408, 409, 560; 1288, 9, 210, 214, 291, 309, 369, 392, 394, 439, 441, 450, 464; 1290, 16, 69b, 91, 148, 160, 219, 223, 254, 311, 431a, 448b, 511.[1])
chieze Deu de l' — 1278, 234, 391, 502, 503, 504; 1279, 12, 67, 471, 472.
ccos de l' — 1251, 186; 1275, 4; 1277, 347; 1279, 267; 1281, 209, 380, 381, 440, 490, 491, 492; 1285, 54; 1288, 464; 1290, 69b.
maistres de l' — 1262, 161. [148.
freires de l' — 1269, 83; 1279, 1.
maistres et freires de l' — 1281, 29, 30, 97, 205, 379, 381a, 382, 414, 490, 493; 1285, 5, 55, 165c, d; 1288, 210, 291, 309, 369, 392, 394, 439, 441, 450a; 1290, 16, 160, 223.
maistre et confreires de l' — 1288, 9.
grant maistre et freire de l' — 1285, 307.

---

[1]) Daß das Hospital nach *1290* in den Rollen von *1293* und *1298* nicht mehr erwähnt wird, kann kein Zufall sein. Wenn es neuen Zins nicht mehr erwirbt, so wird das zusammenhängen mit den Verpflichtungen, die es schon *1282* übernommen hat bei dem Bau der drei großen Brücken, der von Moulins, der Toten- und der Diedenhofener Brücke. Ben. III, 224.

freres et convers de l' — 1279, 535.
maistres de l' —, sg. Abrit Yngrant et Robin dou Pont 1275, 258.
Steuignons Vachate pb. por l' — et por S. Ladre 1241, 137.
Jennins Buglez pb. por l' — 1245, 9.
Bugles pb. por l' — 1251, 31, 33, 198; 1262, 68, 309; 1267, 69, 367, 368.
Jehans Bugles pb. por l' — 1267, 286; 1269,
Androwas li maires de l' — pb. por [104. l' — 1275, 205, 206, 207, 389, 422; 1277, 196, 197, 355, 356, 357; 1279, 163; 1281, 30, 97, 98, 99.
   pb. por la chieze Deu de l' — 1278, 234, 391, 502, 503, 504; 1279, 12, 67, 471, 472.
Jehans li maires de l' — pb. 1281, 205.
Jehans Lowis li maires de l' — pb. por l' — 1281, 379/382, 489/493, 572.
Hanrias de Noweroit li maires de l' — pb por l' — 1285, 5, 54, 55, 165, 200, 408, 409, 439, 560; 1288, 210, 291, 369; 1290, 160, 311.
Colignons Louveus de S. Julien pb. por la maxon de l' — 1285, 302.
Abers de S. Nicolais 1281, 441.
Donmangins „ 1281, 224.
Jehan de S. Nicolais 1277, 254.
Hurias „ 1275, 184.
Jenas li feivres de S. Nicolais 1275, 87; 1279, 152.
Rikewins li quarteirs de l'ospital 1285, 49
Symonas li quartiers „ 1285, 365.
Symonas li cherpantiers „ 1290, 254.
censes:
pb. 60 s. 2 ms. (PM) 1245, 9.
pb. 20 s. 1 d. ms. au pont ou Champassaille 1245, 22b.
pb. 8 s. 2 ms. en la roele de Chaponrue, doneit 1251, 31.
pb 10 s. 2 d. vg. en la Basse Pertele et en Glarueles 1251, 198.
pb. 29 s. 5¹/₄ d. ost. (PS) 1262, 68.
9 s. ms. en Chievremont 1262, 161.
pb. 12 ms. outre Saille, apres les 7 s. k'il i avoient davanteriennemant 1262, 309.
pb. 6 s. ms. a Stentefontainne 1267, 286.
100 s. gr. Colin Lowit, eschangiet 1267, 366.
pb. 40 s. ms. au tor de Staixons et ost.

Ospital S. Nicolais

apres, 20 s. ost. Poencignon de Champels, 34 s. dont om redoit 3 mailles ost. Oline de Girey, 8 s. 4 d. eschangiet 1267, 367.
pb. 6 s. ost. Arnout de Stentefontainne et 9 s. ms. Piereson Villain de S. Arnout ost. ou Nuefborc doit 2 d. 1269, 93. [1267, 368.
pb. 12 s. ms. as Roches 1269, 310.
pb. 6 s. 1 d. moins ms. et 3 s. vg. a Valierez 1269, 347.
pb. 6 lb. 4½ s. moins et 1 chapon 12 ms., 10 vg., 1 gr., 1 maix. en Maizelles, Hulouf, Vigne S. Anol, PS, doneit 1269, 490. 22 s. 2 ms. (PM) 1275, 4.
pb. 50 s. ms. (PS), 30 s. 3 ms. et 4 eires de meis a S. Piere, 10 s. vg. en Mallemars, 3½ gr. (PS) 1275, 422.
ms. en Chaipeleirue doit 12 d. 1277, 71.
pb. 5 s. ms. a Porte Muzelle, doneit 1277, 196.
pb. 4 s. ms. en Chieuremont, doneit 1277, 197.
ms. anc. la stuve en la Nueve rue doit 20 s. 1277, 334.
pb. 20 s. 3½ d. ms. et meis daier S. Mamin, 10 s. 3 mailles vg. en Bietritrowelle, 6 s. ms. ou Waide 1277, 356.
pb. 5 s. ms. en Visignuel 1277, 357.
ms. ou Champ a Saille doit 4 s. 1278, 112.
pb. 2 s. vg. en Deseirmont 1278, 234.
pb. 16 s. ms. outre Saille ou Waide 1278, 502.
pb. 16 d. ms. outre Saille, 18 d. ms. en la Vigne S. Anol, 3 m. vg. en Bietritrowelle 1278, 503.
pb. 7½ s. ms. ou Baix Champel 1278, 504.
pb. 9 s. ms. ou Haut Chanpel 1278, 504.
pb. 10 s. ms. a Fayt 1279, 67.
ms. an la rowe de Nostre Dame as Chans doit 15 s. 1279, 260.
ms. a tor de Porsaillis doit 50 s. 1279, 452.
ost. ou Champ a Saille redoit 3 s. 1279, 481.
ms. ou Haut Champel doit 9 s. 1281, 28.
ms. anc. Nostre Dame as Chans doit 16 s. 1281, 29.
pb. 30 s. ms. outre Saille 1281, 30.
ms. an la Vigne S. Anol doit 20 s. 1281, 62.
pb. 3½ s. ms. an la rowe lou Voweit 1281, 97.
pb. 2 s. ms. anc. Nostre Dame as Chans 1281, ms. sus lou tour outre Salle doit 11 s. [205. 1281, 209.
pb. 10 s. vg. an Cugnes dev. Vallieres 1281, 379.

pb. 4 s. vg. a piet de la creux ou ban de S. Julien 1281, 380.
pb. 2 s. vg. an Orsain 1281, 381a.
pb. 4 s. vg. ou ban de S. Julien antre dous chamins 1281, 381b.
pb. 8 s. vg. ou ban de S. Julien dezour Vallieres 1281, 382.
ms. sus lou tour dou Champel doit 11 s.
pb. 4 s. ms. an la ruwe de Porte [1281, 440. Cerpenoise, apres 8 s. ke cil de l'ospital i ont 1281, 490.
pb. 12 s. t. ar. daier S. Andreu et vg. an Vendebouce 1281, 491.
pb. 3 s. ms. an Maizelles 1281, 492. [493.
pb. 13½ s. gr. an la rowe dou Preit 1281, ms. devant S. Martin doit 8 s. 1285, 54.
pb. 10 s. halle des vieseirs an Chambres 1285, 165a. [200.
pb. 25½ s. ost. anson Vies Bucherie 1285, ms. (OM) doit 65 s. 1285, 293.
pb. 60 s. ms. (PS) doneit 1285, 409.
ms. an Sanerie doit 17½ s. 1288, 214.
pb. 20 s. molin a Longeawe 1288, 291.
pb. 5 s. vg. et ms. a S. Julien 1288, 369.
ms. en S. Nicolaisrue doit 4 s. 1290, 69b.
ms. outre Saille doit 14 s. 1290, 91.
pb. 4 s. ms. (PM) 1290, 148
ms. an Sanerie doit 17 s. 1290, 219.
pb. 15 s. ms. dav. l'osp. en Chambres 1290, gr. ou Champel doit 15 s. 1290, 431a¹¹. [311.
ms. ou Champ a Saille doit 4 s. 1290, 448b.
ms. a Lescey doit 6 d. 1290, 511.

eritaiges:

pb. er. ou ban de Waippey an ch., pr., vg.
pb. er. ou ban de Grisei et de [1281, 99. Girey et t. sus les Waisues ou ban de Grisey, delivres 1281, 489.
pb. er. ke fut Perrin Malerbe, ki est censalz, por les 100 s. ke Perrins doit, delivre 1285, 302.
pb. er. ou ban de Bui, doneit 1285, 408a.
pb. er. ke Renaldins li Merciers ait en la marie d'OM, contrewaige des 65 s. ke Renaldius dovoit a Sebiliate, f. Perrin lou Mercier, sa vie k'elle ait doneit a l'osp. 1285, 560.

maisons:

pb. ½ ms. en S. Nicholairue 1245, 22a.

III. Kirche — S. Nicolais–ospital

pb. ms. ou Petit Wade 1245, 22c.
ms. en S. Nicolairue 1245, 175.
¹/? ms. devers S. Ferruce 1251, 186.
pb. ms. au pont des Mors 1267, 267.
ms. (PS) 1269, 83.
pb. ms. daier S. Thiebaut, doneit 1269, 242.
¹/? ms. (PS), doneit 1275, 206.
pb. 2 ms. (PS), delivres 1275, 389.
ms. sus lou Mur 1277, 347.
ms. en Stoixey 1279, 1.
¹/? ms. (OM), doneit 1279, 163.
ms. outre Saille 1279, 267.
ms. en la rowelle daier S. Marc 1279, 535.
pb. ms. an la rowe lou Voweit delivre 1281,
ms. an Chaponrowe 1281, 414. [98.
pb. ms. a S. Arnolt, delivre 1281, 572.
pb. ms. a Porte Muselle et 2 pet. ms. daier 1285, 5.
pb. ms. dev. S. Martin, aquiteit 1285, 54.
pb. ms. Rikewin de Rimport, delivre 1285,
pb. a S. Julien 1285, 165c. [165b.
pb. ms. outre Saille, delivreit 1285, 408b.
pb. ms. outre Saille 1288, 210b.
ms. an lai Vigne S. Auol 1288, 439.
ms. en lai rowelle dav. l'ost. Poincignon de Metris (PM), pris a cens 1290, 16.
ms. a pont a Saille 1290, 223.
maisieres:
pb. maisieres aus molins (PS) 1241, 137.
pb. maix. an Maizelles 1288, 210a.
meis de l' — (PS) a la Cloweire anc. 1285,
molins: [55.
Semeiteire de l' — (PS) devant la 1281, 202.
molins de l'osp. et de S. Laidre 1281, 270¹⁰.
molin a Nowilley partet a l' — 1290, 160.
preit ou finaige de Macliue, doneit 1267, 69.
rantes:
pb. 15 ¹/₂ quartes de bleif de rante et er. ou ban de Grixey et de Gerey 1279, 472.
pb. 65 s. ke Renadins li Merciers doit a Sebiliate, f. Perrin lou Mercier, sa vie, doneit 1285, 409.
terres:
pb. t. a Awigney ou ban Perrin Badoiche 1275, 207.
2 ¹/₂ jorn. de t. ou ban de Maixeires 1275, 258.
pb. t. sus les Waisnes ou ban de Grisey 1281, 489.

pb. 2 jorn. de t. ar. et ¹/₂ fousseit a la Cloweire anc. lou meis 1285, 55.
t. ar. desour la cherreire de Valliere 1285,
vignes: [307.
pb. vg. sor Maiseles 1251, 33.
sus Muzelle entre vg. l' — 1278, 370⁷.
pb. 7 jorn. de vg. en Bones vignes 1278, 391a.
pb. vg. sus Muselle dezous Mons 1278. 391b.
pb. vg. en Sourolz ou ban de S. Julien 1279,
pb. vg. an Herbeclos 1279, 471. [12.
pb. vg. an Orsain et voie 1285, 165d.
vg. ou ban de S. Julien 1288, 9.
vg. sus Muzelle 1288, 309.
pb. 4 jorn. de vg. ou ban de S. Julien 1288, 369.
vg. ou ban [de ...] (PS) 1288, 392.
v. ou champ Lowit ou ban de S. Clemant 1288, 394, 450a. [441.
4 pesses de vg. ou ban de Montigney 1288.
an Culloit et an Mallemairs anc. ceulz de l'— 1288, 464.

ospital a S. Thiebaut
Bertrans Domals pb. por l' — 18 s. ms. ensom Viez Bucherie 1241, 47.
40 s. ke li hospitalz de S. Th. avoit sus lai grt. ms. a Porsaillis, aq. a doien et a chaipistre de S. Th. 1288, 466.

ospital de la Triniteit
cil de la Tr. doient 26 d. et m. por lor hospital 1269, 490¹⁵.

ospital ohne nähere Bezeichnung, wahrscheinlich ospital S. Nicolais ou Nuefborc.
Cheualiers f. Waterin Gaillart pb. por la frarie de l' — 1262, 182.
censes:
pb. 12 s. ms. (PS) 1262, 182.
vg. en Maretelcloz (PS) doit 2 ¹/₂ s. 1269, 232.
vg. a Ste Rafine doit 11 d. 1 ang. a l' — maison an Pucemague 1245, 91. [1288, 98⁴.
vignes:
vg. en Laberttaille quart meu l'— 1269, 278.
a Longeville c'on dist a l' — 1269, 555⁷, ¹⁴.
en la coste S. Quentin c'on dist a l' — 1275,
a Ancey ? anc. ceous de l' — 1281, 153. [471¹⁰.
an Ruffinclo anc. sous de l' — 1288, 494.
an Freires anc. la vg. l' — 1288, 557.
an Montain anc. lou champ. de l' — 1298, 480.

Bistum Toul.

eveske, *Bischof.*
— Rogier de Tol, la sazime de Haveconcort 1241, 50.

Belpreit, *Cistercienserabtei Beaupré im Meurthetal bei Moncel-les-Lunéville F.*
1262, 106; 1267, 57; 1278, 254; 1285, 416; 1293, 285; 1298, 299.
chese Deu de —, 1262, 106.
ceulz de — 1293, 285; 1298, 299.
abbeyt de — 1278, 254a; 1285, 416.
Jaikemes Chiere pb. por 1262, 106.
censes:
pb. 30 s. 2 ms. (OM) 1262, 106.
6 lb. (PS) 1278, 254a.
maisons:
enson la ms. de — 1267, 57.
ms. an la rowe dou Preit 1285, 416.
antre l'ost. ceulz de — et Howin Nerlant (PS) 1293, 285.
vigne:
deleis sous de — (Montiguey?) 1298, 299[16].

Cleirleu, *Cistercienserabtei Clairlieu bei Nancy.* v. Mes, Cleirleu.
1241, 44; 1275, 234, 490; 1281, 576; 1288, 501.
'cort de — (OM) 1281, 576.
osteil de — (OM) 1241, 44; 1275, 490; 1288, 501.
en la rue lou Voweit 1275, 234.

Droitevals, *Cistercienserinnenabtei Droiteval an der Saône nicht weit von ihrer Quelle, Vosges F.*
abase et covant de —, 21 s. 2 d. moins de cens ms. en Viez Bucherie 1281, 644.

Hautesaule, *Cistercienserabtei Hanteseille an der Vezouse bei Cirey, Meurthe et Moselle F.*
Hautesaule 1269, Hatesalue 1298.[1])

---

[1]) Der lateinische Name des Klosters ist *Alta Silva. Im Text 1298, 547 ist also statt* Hatesalne *zu lesen* Hatesalue.

Jenas Petisvakes pb. por souz de — 6 s.
$^1/_2$ ms. en Saunerie 1269, 89.
abbes Hanris de — et li covans ont laieit pm. 70 s. ms. davant les freires Menors 1298, 547.

Lay, *Benediktinerabtei Lay - St Christophe bei Nancy (F.).* v. IV. Lay.
maison dav. l'ost. l'arcediacre Werrit (OM) aq. a l'abbeit de S. Arnolt et a sg. Jaike prior de — 1278, 339.

Lisle an Barrois, *Cistercienserabtei Lisle-en-Barrois nördlich von Bar-le-Duc, Meuse F.*
Lisle an Barrois 1281, 247, Lile an Barrois 1281, 71, Lille en Berrois 1278.
chiese Deu de — 1278, 304.
abbeit et covant de — 1281, 71, 247, 248.
Jaikemins li taileirs pb. por 1278, 304; 1281, censes: 71, 247, 248.
pb. 2 s. 2 ms. eu Chapponrue 1278, 304.
pb. 15 s. gr. et ms. anc. S. Estene lou Depaineit 1281, 71.
pb. 10 s. ms. darier S. Eukaire 1281, 248.
maison:
pb. ms. an Chaiuerelruwe, delivre 1281, 247.

Murewal, *Praemonstratenserabtei Mureaux bei Neufchâteau, Vosges F.*
Murewal 1285, 1290, Merual 1241.
sous de — 1285, 469; 1290, 439[5].
abe de — et covant 1241, 188.
Colin Baron por — 1290, 439[5].
censes:
2 ms. en Rommesale doient 6 s. 1285, 469.
ms. (PS) redoit 6 s. 1290, 439[5].
maisons:
ms. delez la ms. de — (OM) 1241, 188.

S. Eivre, *Benediktinerabtei in Toul.*
S. Eivre 1279, 1290, 1298, de Toul 1281.
1279, 114; 1281, 136; 1290, 526, 532, 540; 1293, 360; 1298, 178, 299[32], 605.
Werias de l'Aitre pb. por la chiese Deu de — 1281, 631.
censes:
vg. en Andreuals doit 4 s. 1279, 114.

III. Kirche   611   S. Eivre–Chaistillons

pb. 13 s. ms. en la rue lou Voweit et en Chambres et en Anglemur   1281, 631.
ost. (OM) doit 32 d.   1290, 540.
er. ou ban de Montiguey et de Bouxieres doit 12 d.   1298, 299[32].
vg. en Champ ou ban de Siey doit 1 meu de vin   1298, 605. [532.
chakeur —, a Chazelles arreis 1290. 526.
eritaige Perrin de Villeirs ke muet de — (OM)   1293, 360.
preit en Medelinpreit ke muet de — (OM)   1298, 178.

Ste Marie a Boix, *Praemonstratenserabtei bei Prény, Meurthe et Moselle F.*
Ste Marie a Boix 1278. 1279, 1293, 1298.
au Boix 1281, au Bois 1269, a Box 1279, v. IV. Mes.
1269, 55; 1278, 11; 1279, 114, 179; 1281, 270; 1293, 312; 1298, 103.
abbeyt de —   1278, 11.
abbeyt et covant de —   1279, 179.
Robins dou Pont pb. por   1278, 11.
censes:

vg. a Haute Riue doit 3 ang.   1269, 55.
ms. en la rue dou Benivout doit 6 s. 1279, 114.
maisons:
pb. ms. Watier lou tuxeran en Rimport, escheute por les 20 s. k'il avoient sus ms. Watier lou texeran en Rim- [1278, 11. port, aq. pm 17 s. 9 d. et 3 chap. 1279, 179.
devant —   1281, 270.
en Chaipeleirue davant (anc.) — 1293, 312; 1298, 103.

Senones, *Benediktinerabtei bei S. Dié. Vosges F*
Li abbes Badewins de — et li covant ont vandut eritaige a Colambeirs et a Montois et a Abigney et a Borney et a Airs deleis Collambeirs et a Quensey et en tous le bans   1293, 531.
signors de — grant meis daier ms. en Aiest ke fut les   1293, 15a.

Vauz en Ornoiz, *Cistercienserabtei Évaux am Ornain, Meuse F.*
abbei et convent de —, ms. ensom l'ost. Martignon de Porte Serpenoize 1269, 256.

Bistum Verdun.

Sainte Marie de Verdun, *Domkapitel von Verdun.*
Sainte Marie de Verdun 1275, 450; 1285, 118a; 1288, 413; 1290, 37, 116, 119, Sainte Marie 1290, 115, Nostre Dame de Verdun 1298, 566.
Li princiers, li doiens et li chapitres pb. 1 charree de vin a mostage vg. ou ban d'Ars (OM)   1298, 566.
sr. Symons Bellegree chanones (de l'aiglixe) de Verdun (v. I. Bellegree 10.)   1290, 83; 1293, 274.
ban Ste Marie de Verdun:
a Chene a Airey, vg.   1288, 413.
a lai Tairte a Airey, vg.   1290, 37.
court Ste Marie, cens a la   1290, 115.
censes: 1298, 566.
vg. an Aijenchamp (OM) doit 1 quarte de fromant   1285, 118a.
vg. an la Fosse (OM) doit 3 sest. de vin   1290, 115.

vg. a Ruxel (OM) doit 1 sest.   1290, 119.
vignes:
ou ban d'Ars (OM), deleis   1275, 450.
a Pofontenne deleis les vg. —   1290, 116.

Chaistillons, *Cistercienserabtei Châtillon bei Longuyon Meuse F.* v. IV. Mes.
Chaistillons l'abbie 1285, 1290, 1298, Chaistillon l'abbie 1288, 1290. abbie de Chaistillons 1288, 147, Chaistillons 1278, 1279, 1293, 1298. Chastillons l'abie (l'abie) 1285, 1298, Chastillons 1251, 1269, 1278, 1279, Chastillon 1275, Chatillonz 1269.
1251, 175; 1262. 56; 1269, 45, 386; 1275. 138; 1278. 50, 243; 1279, 181, 384, 522; 1285. 1, 97; 1288, 147. 329; 1290, 332, 337; 1298, 1 = 110 = 183, 235, 377.
chieze Deu de — 1251, 175; 1262, 56; 1278, 243; 1279, 522; 1285, 1, 97; 1288, 147, 329; 1290, 332, 337; 1298, 1 = 110 = 183, 351.

39*

Chaistillons–S. Poule

ceulz de — 1278, 50; 1279, 181, 384.
signors de — 1298, 235, 377.
sr. Forquez de Jurue pb. por 1251, 175.
Mackaires pb. por 1262, 56.
Gillas Makaires pb. por 1278, 243; 1279, 523; 1285, 1, 97, 147; 1288, 329; 1290, 332; 1298, 1 = 110 = 183. 351.
Richairt le vailet les signors de — 1298, 235.
censes:
pb. 30 s. gr. delez lou puiz (PM) 1251, 175.
pb. 5 s. ms. en Dairangerowe 1278, 243.
ms. an Rimport doit 40 s. 1279, 181.
pb. 20 s. vg. en Planteres, doneit 1279, 522.
pb. 4 lb. ms. en Rinport et vg. en Herbeclo
pb. 6 s. ms. sus lou Terme outre [1285, 1. Muzelle 1285, 97.
pb. 19 s. 2 ms. a la rive a Pouxons 1288, 147.
pb. 10 s. a la rive en Rinport, doneit 1288,
pb. 6 s. vg. sus Moselle 1290, 332. [329.
gr. et vg. a Vallieres doient 3 s. 1290, 337.
pb. 70 s. 2 ms. a la rive a Kaiste an Rinport, 5 s., 15 d. vg. ou ban de Ropeney, $3^1/_2$ quartes de wayn et $3^1/_2$ quartes de tramois et 2 d. ou ban de Semeicort, et 3 s. vg. ou ban de Semeicort, doneit 1298, 1 = 110 = 183.
pb. 3 s. vg. sus Muzelle 1298, 351.
chakeur de —, en Rimport anc. 1293, 200.
cort de —, devant la (PM) 1275, 138.

maisons:
pb. ms. (PS) 1262, 56.
ost. de —, devant l' (PM) 1269, 45, 386.
ms. a S. Arnout 1278, 50.
a dexandre de S. Ferruce devant ms. ceulz de — 1279, 384.
tavle an Nuez Chainges doneit 1298, 1^{10} = 110^{10} = 183^{10}.

vignes:
pb. vg. en Briey et en Wacon, doneit 1279, 522.
sus Muzelle, anc. vg. 1298, 351.
ou ban de S. Julien, anc. vg. 1298, 377.

La Chalaide, *Cistercienserabtei Lachalade bei Varennes, Meuse F.*
abeit et convant de —, ms. en Anglemur 1285, 472.
sous de —, ou ban d'Ars, vg. deleis 1293, 129.

La Magdelainne de **Tilley** an Verdun, *Augustinerinnenabtei Ste Mddelcine - de - l'Isle de Tilly in Verdun, Meuse F.*
abause et convant de —, rantes et droitures a Noweroit davant Mes et ou finaige, an bleif, foin, argent, gelines, chapons et atres rantes 1288, 272.

Preit a Verdun, *Augustinerabtei S. Nicolas-des-Prés in Verdun.*
Preit a Verdun 1251, 1288, 1290, a Virduns 1279, de Verdun 1251, 1269, Preit 1269, 53.
v. IV, Mes, Preit.
1245, 240; 1251, 236, 237; 1269, 53, 233; 1279, 97; 1288, 462; 1290, 210.
chieze Deu dou — 1251, 236, 237.
ceulz dou — 1288, 462.
signors dou — 1245, 240; 1290, 210.
abbes dou — 1269, 53.
abbei et convent dou — 1269, 233.
Jaikemins Barons pb. por 1245, 240; 1251, 236, 237.

maisons:
pb. gr. et ms. davant S. Johan (OM) 1245,
pb. gr. et meiz et ressiege enc. les [240. murs dou Nueborc 1251, 236.
pb. veude terre anc. lo meis 1251, 237.
ms. a la porte des Alemans 1269, 233.
ms. an Furneirue 1288, 462.
ms. davant lou Preit a Mes 1290, 210.

S. Airit de Verduns, *Benediktinerabtei in Verdun.*
abbeyt Wermier de — et covant, ms. a pont des Mors, 2 ms., cort et 2 ms. 1279, 9.

S. Mihier, *Benediktinerabtei in St Mihiel, Meuse F.*
entre .. et l'abeit de — (OM) 1293, 163.
dav. l'ost. l'aibeit de — en la rue Ste Marie as nonains 1298, 300.

S. Poule de Verdun, *Benediktinerabtei in Verdun.*
Bertaudons d'Outre Moselle pb. por la chieze Deu de — ms. en Franconrue 1269, 306, 518.

Erzbistum Trier.

Hamerode, *Cistercienserabtei Himmerod in der Eifel, Kr. Wittlich.*
ms. en Visignuel doit a ceulz de — 63 s. 4 d. 1277, 107, 290·

Lutres, *Augustinerinnenkloster Fraulautern bei Saarlouis.*
Lutre 1279, Lutres 1285.
1½ jor de vg. a Grant Chauol (PS) moiterasse les dames de — 1279, 233.
2 jorn. de vg. a Grant Chavol desai les Bordes, aq. as dames de — 1285, 241.

Nostre Dame don Ruxel deleis Sirkes, *Cistercienserinnenkloster Marienfloss bei Sierck.*

vg. a la Piere (OM) aq. as dames de 1262, 399.

Orualz, *Cistercienserabtei Orval in Belgien zwischen den Flüssen Chiers und Semoy.*
Orualz 1293, 1298, Oruals 1279, 1285.
Sous d' — 1293, 127; 1298, 578.
signors d' — . 1298, 583.
abbes et convans d' — 1293, 333.
Cens: 1298, 578.
ms. en Anglemur doit 20 s. 1293, 333;
osteil d' — en Viez Bucherie, anc. 1279, 592.
maison d' — a Airs (OM), anc. 1285, 142.
terre anc. les sgs. d' — (Ars OM.?) 1298,
vigne a Tro en Bordes deleis sous [583.
d' — (OM) 1293, 127.

Erzbistum Reims.

Chaherey, *Cistercienserabtei Chéhéry bei Grandpré, Ardennes F.*
Chaherey 1277, 1278, 1281, 1293, Chaherei 1275, Chaiherei 1290.
1275, 382; 1277, 63; 1278, 345; 1281, 625; 1290, 144; 1293, 135.
chieze Deu de — 1275, 382;· 1277, 63; 1278, sous de — 1281, 625. [345.
abbeit Nicolle de — et covant 1290, 144.
les convers de — 1293, 135.
Poinsignons de Raigecort li Gros pb. por 1275, 382; ·1277, 63; 1278, 345.
cens:
ms. en Aist pris a c. pm. 15 s. 1290, 144.
jardins:
pb. jardin a Chastels¹) 1278, 345.
deleis les convers —, ou ban de Juxey?
maisons: [1293, 135.
pb. ms. (PS) 1275, 382.

---
¹) *Ein Hof bei Châtel S. Germain führt noch den Namen Chahury.*

pb. ms. ke fut Hanriat f. sg. Ferrit de Porte Serpenoise†, en alluet (PS) 1277, 63.
terre:
arreis sous de —, en Pezeires (OM) 1281, 625.

Monfacon, *Kollegiatstift Montfaucon bei Varennes-en-Argonne, Meuse F.*
Monfacon 1288, Montfacon 1290.
sr. Lowis de Cligney chanones de — (v. I. de Cligney) 1288, 25, 405; 1290, 80.

Ste Alance, *Cistercienserabtei Elan (Ellantium) südlich von Mézières, Ardennes F.*
Ste Alance 1288, 1298, S. Alance 1288, 548.
cil de — 1298, 198.
censes:
doient 6½ s. ou ban de Siey 1298, 198.
6½ s. sus 3 moies de vin de c. c'on doit a — 1298, 340.
vignes:
vg. an —, anc. vg. l'Eueke, moiterasse —
vg. daier lou mostier a Siey, [1288, 533.
moiterasse — 1288, 548.

Bistum Langres.

Cleirvalz, *Cistercienserabtei Clairvaux an der Aube, Haute Marne F.* v. III. Cleirvalz de Mes.
Clervals 1279, Cleirvalz 1290.
signors de — 1267, 299.
abeit et covant de — 1279, 149; 1290, 342.
Gillas li Belz dou Quertal pb. por 1290, 342.
maison en Chambres 1267, 299.
pb. moulin et port sus Moselle an Baweteiteire 1290, 342.
vigne ou mont S. Quintin 1279, 149.

la **Craste**, *Cistercienserabtei Lacrète am Rognon, Haute Marne F.*
Craste 1241/85, Creste 1220. v. IV, Mes.
1220, 1; 1241, 99; 1262, 393; 1275, 198; 1277, 320; 1278, 290; 1279, 45, 46; 1281, 201; 1285, 538.
chiese Deu de — 1241, 99; 1262, 293; 1277, 320; 1279, 45, 46.
ceus de — 1220. 1; 1281, 201; 1285, 538.
signor de 1241, 99.
Simons Faucons pb. por 1220, 1.
Jakemins Faucons pb. por 1241, 99.
Jennas f. Jaikemin Facon pb. por 1262, 393.
Pierexels Chaneviere pb. por 1275, 198.
Simonas f. Pallerin pb. por 1277, 320.
freires Jehans li convers de—pb. por 1279, 45.
Renalz li chanbrelains pb. por (et por S. Benoit en Weiure) 1279, 46. [201.
Adans li warcoliers dou Quertal pb. por 1281,
ban de —, a Awigney, vg. ou 1278, 290.
censes:
pb. 4 lb. ms. en Visegnuel 1241. 99.
pb. 4 s. ms. enc. l'ost. S. Ladre, apres 8 s. k'il i avoient davant 1262, 393.
ms. en Anglemur doit 6 s. 1285, 538.
eritaige:
pb. 1/3 er. qui fut Ernot lo pesor, doneit maisons: [1220, 1.
pb. ms. (enc. l'ost. S. Ladre), delivre 1275, 198.
a Awigney, entre la ms. de — et 1277, 320.
pb. ms. a la Posterne, delivre 1279, 46.
ms. a Quertal, aq. sous de S. Benoit et de — 1281, 201.
terres:

pb. t. entre la ms. de — et la vg. d'Awigney 1277, 320.
pb. t. ou ban d'Awigney 1279, 45.

Moremont, *Cistercienserabtei Morimond, en Bassigny, Haute Marne F.* v. IV. Mes.
Moremont 1241, 1251, 1275, 1298, Moiremont 1267. 1269, Mormont 1288, 336.
1241, 95, 113; 1251, 189, 242; 1267, 187; 1269, 521; 1275, 393, 463; 1278, 18, 191, 192, 254, 454; 1279, 87, 153b. 258, 473; 1281, 51, 150, 277, 400, 633; 1285, 211, 274, 340, 497, 519; 1288, 336; 1290, 213; 1293, 391, 489; 1298, 106.
ceous de — 1267, 187; 1279, 153b; 1290, 213.
chiece Deu de — 1288, 336.
pb. por la chiese Deu de —;
Garsires de Gorze 1241, 95, 113; 1251, 189.
Poincignons f. Huart Jalee 1269, 521.
Ancillons de Staixons 1275, 393, 463.
Jennas de Rouzeruelles 1278, 18, 191, 192, 254, 454; 1279, 87. 258, 473; 1281, 51/54, 150; 1281, 277, 278, 400, 633.
Renalz li chamberlains 1285, 211, 274, 340. 497; 1298, 106.
„ maires de — 1293, 391, 489.
maior de — 1285, 519.
censes:
pb. 50 s. ms. en Visegnuel, 36 s. ms. en Bucherie (PS), done 1241, 95.
pb. 31 s. 3 m. moins ms. en Bucherie (PM) ms. Steuenin de la Sals (PS) [1241, 113. doit 22 s. 2 d. 1267, 187.
pb. 10 s. ms. en Chambieres aprez teil c. com ciste ms. devoit a — 1269, 521.
pb. 32 s. 2 ms. en la Vigne S. Auol 1275.
pb. 6 s. ms. (OM) 1275, 463. [393.
pb. 50 s. ms. Garseriat Poterel (PM) 1278, 18.
pb. 41 s. 7 ms. en la rue lou Voweit 1278, 191.
pb. 20 s. ms. en la rue lou Voweit 1278, 192.
pb. 6 lb. aq. a l'abbeyt de Belpreit 1278, 254a.
pb. 8 s. stuve a Poncel (PS) 1278, 254b.
pb. 25 s. ms. en Forneirue 1278, 254c.
pb. 19 1/2 s. four daier l'ost. Jake Roucel 1278, 254d.
pb. 23 s. en la rowe des Allem. 1278, 454.

pb. 32 s. ms. an S. Thiebautrowe 1279, 87.
ont 10 s. menandies en la rue de Porte
 Serpenoise 1279. 153b.
pb. 5 s. ms. et gr. a Porte Serpenoize
 1279, 258.
pb. 16 s. ms. daier S. Eukaire 1279, 473.
pb. 20 s. ms. ke fut Jehan l'Alemant 1281, 51.
pb. 10 s. ms. ou Champ a Salle 1281, 52.
pb. 8 s. 3 d. moins 2 ms. (PS) 1281, 53.
pb. 12 s. vote an Sanorie 1281, 54.
pb. 7 s. gr. a Porte Serpenoize 1281, 150.
pb. 18 s. 3 ms. an lai Nueve ruwe 1281, 277.
pb. 20 s. 4 d. 2 ms. ou Haut et ou Bais
 Champel 1281, 278.
pb. 5 s. ms. en Stoixey 1281, 400.

pb. 3 s. ost. en la rue lou Voweit 1281, 633.
pb. 22 s. ms. ou Vaide outre Saille 1285, 211.
pb. 27 s. ms. en la rue des Proichors 1285, 274.
pb. 9 s. ost. en la rowe lou Voweit 1285. 497.
ms. Gairciriat Poterel anc. l'ost. lou preste
 de S. Ferruce doit 50 s. 1288, 336.
ms. sus lou tour de lai rowelle de S. Martin-
 rue et petite ms. daier doit 25 s. 1290, 213.
pb. 20 s. ms. en Chambres 1293, 391.
pb. 4 s. ms. et meis (PS) 1293, 489.
pb. 60 s. ms. a lai Pousterne 1298, 106.
cort de —, ms. maistre Jehan de S. Vy
 devant la 1251, 242.
maison Renart lou feivre de Chambres
 pb. 1251, 189.

Bistum Moutiers-en-Tarantaise

S. Bernart de Monjeu,[1]) *Hospiz auf dem Großen St. Bernhard.*
Sr. Jehans priors de Ferrates[2]) *chanones* de
 — pb. por lou *prevost* et por lou *chapitre*
 de S. Bernart desus dit sus 2 maisons

en la rowelle Sergent davant leu Grant
 Mostier 1293, 646.

S. Ahout?[3])
ms. en Visignuel ke tiennent les dames
 de — 1277, 368.

---

[1]) Monjeu = Mons Jovis.
[2]) *In* Ferrates *ist wohl* Ferrex *zu setzen, im Val Ferrex, das zum St. Bernhard hinaufführt.*

[3]) *Die Schrift ist deutlich. Daran, daß der Schreiber so geschrieben hat, ist nicht zu zweifeln.*

Übersicht.

abbasse II.
abbes II.
abbie VI.
Abes III. IV, Abes, IV. Mes.
Abijois II.
aitre VI.
amone VI.
amonerie VI.
amonier III, S. Martin devant Mes.
anclostre IV. Mes, VI.
anniversaire VI.
arcediacres III.
arceprestes II.
Augustins III. IV. Mes.
anteil VI.
Bandeit III.
Beguines III.
Beguines de Vy III.
Belle Stainche III IV.
Belpreit III.
Boens anfans III. IV Mes.
Bordes III. IV.
Carme III. IV Mes.
cerchieres II.
Chaherey III.
Chaistillons III. IV.
chaipelerie VI.
chaipelle III. VI.
chaipistre VI.
chancel VI.
chancelier II.
chanones II.
chantor II.
chieze Deu VI.
cymetiere VI.
Cleirleu III.
Cleirvalz, Abtei III.
Cleirvalz de Mes, Priorat III. IV. Mes.
Cleirvals des Repanties, dames de III.
clers II.
clostriers II.
confrairie VI.
convers II.

Cordelieres III. IV Mes.
Cordelieres de Vy III.
Cordeliers III. IV Mes.
corz Deu VI.
coustres II.
covans VI.
Craste III. IV. Mes
crucefi VI.
cuer Deu VI.
cureis II.
deschauce II.
doiens II.
Droitevals III.
eglise III. VI.
ermites II.
escolla VI.
escolliere II.
escolliers II.
eveskes III.
frairie VI.
freires II.
Fristor III. IV.
grainge IV. Mes.
Grant Aiglixe III.
grant doien II.
grant maistre de l'ospital II.
Grant Mostier III.
grant official II.
grant prestre II.
Gorze III. IV.
Hamerode III.
Hautesaule III.
Homborc III.
Justemont III. IV.
La Chalaide III.
Lay III.
lampe VI.
Lisle an Barrois III.
Longeawe III. IV.
Lutres III.
Magdelainne de Tilley III.
mairleire II.
mairliers II.

Übersicht 618 III. Kirche

malade II.
Mances v. pucelles
menestreir II.
Menors III. IV. Mes.
    Mönchs- und Nonnen-Klöster.
Augustiner:
    Augustins
    Lutres (*Frautantern*)
    Preit de Mes
    Preit de Verdun
    pucelles de la Vigne S. Marcel
    S. Pieremont.
Benediktiner:
    Gorze
    Lay
    Nostre Dame as Chans
    S. Airit de Verduns
    S. Arnout
    S. Auol
    S. Benoit en Weinre
    S. Clemant
    S. Eivre de Toul
    S. Martin devant Mes
    S. Martin a la Glandiere
    S. Mihier
    S. Piere as Hærainnes
    S. Piere as nonnains
    S. Poule de Verdun
    S. Symphorien
    S. Vincent
    Ste Glosenne
    Ste Marie as nonnains
    Senones.
Cistercienser:
    Abes
    Belpreit
    Chaherey
    Chaistillons
    Cleirleu
    Cleirvalz
    Cleirvalz de Mes
    Droitevals
    Fristor
    Hamerode (*Himmerod*)
    Haute Saule
    La Chalaide
    La Craste
    Lisle an Barrois

Cistercienser:
    Moremont
    Ornalz
    Ste Alance (*Elan*)
    Vauz en Ornoiz
    Villeirs
    Warnieuiler
Dominikaner:
    Proicherasses
        Proicherasses dou Vinier
    Proichors
    pucelles dou pont Thiefroit
Franziskaner:
    Cordelieres de Mes
    Cordelieres de Vy
    Menors.
Karmeliter:
    Carme
Magdalenerinnen:
    Repanties
Praemonstratenser:
    Belle Stainche
    Justemont
    Murewal (*Mureaux*)
    Ste Creux
    Ste Marie a Boix
    Sallinvalz.
Trinitarier:
    La Triniteit.
moinnes II.
Moremont III.
mostier III. VI.
Mureual III.
nonain II. VI.
Nostre Dame as Chans III.
Nostre Dame a Martres III.
Nostre Dame a S. Estene lou Depaneit III.
Nostre Dame de Chazelles; frairie IV. VI.
Nostre Dame de Fristor v. Fristor.
Nostre Dame de S. Clemant VI. frairie.
Nostre Dame de S. Denix VI. frairie.
Nostre Dame de Verdun III.
Nostre Dame de Villeirs v. Villeirs
Nostre Dame dou Ruxel III.
Nostre Dame la Ronde III.
Nostre Dame la Tiaxe III.
officials II.
Orvalz III.

III. Kirche 619 Übersicht

ospital a S. Thiebaut III.
ospital de la Triniteit III.
ospital d'Ercancey III.
ospital de Porte Muselle III.
ospital des Allemans III. IV. Mes.
ospital des clers II.
ospital S. Jehan en Chambres III.
ospital S. Nicolais ou Nuefborc III. IV. Mes
ospital III. VI.
Parfeiz II.
parroche VI.
pitance VI.
pitanciers VI.
Preit de Mes III. IV. Mes.
Preit de Verdun III.
prestes III.
prevande VI.
prious II.
priouse II.
Proicherasses III. IV. Mes.
Proicherasse dou Vinier III.
Proichors III. IV. Mes.
provandiere II.
proveor II.
pucelles de Mances III.
    dou pont Thiefroit III.
    de Sus lou Mur III.
    de Vy III.
    de la Vigne S. Marcel III.
ranclus II.
rancluse II.
Repanties III. IV. Mes.
S. Ahout III.
S. Aignien IV.
S. Ail v. S. Steule IV.
S. Airit de Verduns III.
S. Alance III.
S. Aman III. IV. S. Clemant.
S. Andreu III. IV. S. Clemant.
S. Arnvul III.
S. Arnout III. IV. V.
S. Augustin III. Augustins pucelles de la Vigne.
S. Autre IV. Mes.
S. Auol III. IV. Mes.
S. Badeire III. V.
S. Belin III.
S. Benin III.

S. Benoit en Weiure III.
S. Benoit, vigne V.
S. Bernard III.
S. Boing IV. Sambaing.
S. Clemant III. IV.
S. Denix VI. frairie.
S. Eiure = S. Epvre IV.
S. Eivre de Toul III.
S. Ennerey VI. frairie.
S. Estaine III.
S. Estene de Villeirs IV. Villeirs, VI. ban.
S. Estene lou Depaneit III. IV. Mes.
S. Eukaire III. IV. Mes.
S. Felix IV. Ruxit, VI. ban
S. Ferruce III. IV. Mes.
S. Gengoult III. IV. Mes.
S. Genoit III.
S. Gergone de Lescey III. IV. Lescey.
S. Girgone de Gorze III.
S. Girgone III. IV. Mes. VI. frairie.
S. Germain III. IV. Chastels.
S. Hylaire a pont Remmont III. IV. Mes.
S. Hylaire a Xauleur III. IV. Mes.
S. Jaike III. IV. Mes. VI. frairie.
S. Jehan chaipelerie a Thiebau.
S. Jehan V. VI.
S. Jehan ospital en Chambres III. [Clemant.
S. Jehan a S. Clemant III. IV. S.
S. Jehan a Nuefmostier III. IV. Mes.
S. Jehan lou Petit outre Muselle III. IV.
S. Jeure IV. VI. ban. [Mes.
S. Jorge III. IV. Mes. V.
S. Julien IV.
S. Laidre III. IV. S. Laidre, IV. Mes.
S. Leuier III. IV. Mes.
S. Lorant III. IV. S. Clemant. V, VI. ban.
S. Mamin III. IV. Mes.
S. Marc III. IV. Mes.
S. Marcel III. IV. Mes.
S. Marcel v. pucelles de la Vigne III.
S. Marcel IV.
S. Martin, Abtei III.
S. Martin a la Glandiere III.
S. Martin en Curtis III. IV. Mes, S. Martin.
S. Martin V. VI. pairaige. [S. Martinrue.
S. Martin a Nonviant III. IV. Nonviant.
S. Martin = *Ban S. Martin* IV. S. Martin.
S. Martin = *Thezey S. Martin* IV. Taixey.

S. Medairt III. IV. Mes.
S. Mihier III.
S. Mor IV. Mes Proichors.
S. Morixe III. IV. Malleroit.
S. Nicolais dou Preit de Mes III.
S. Nicolais des clers III.
S. Nicolais ou Nuefborc III. IV. Mes,
S. Nicolais lou Petit IV. Mes. S. Nicolaisrue.
S. Nicolais VI. frairie.
S. Niclo IV.
S. Ozable III. IV. S. Arnout.
S. Piere as Arainnes III. IV.
S. Piere as nonnains III. IV. Mes
S. Piere as Roches.
S. Piere le Viel III.
S. Piere a Vous III. S. Piere v. VI. frairie.
S. Pieremont III.
S. Pierepreit IV.
S. Pofontaine V.
S. Pol III.
S. Polcort v. IV. Mes.
S. Poule de Verdun III.
S. Priveit *(la Montagne)* IV.
S. Priveit *(Montigny)* III. S. Laidre, IV.
S. Quintin I. V.
S. Remei III.
S. Remey IV.
S. Remey VI. ban, frairie.
S. Savour III. IV. Mes.
S. Seplixe III. IV. Mes.
S. Symphorien III. IV.
S. Suplat IV.
S. Thiebaut III. IV.
S. Tron III.

S. Vy III. IV. Mes.
S. Victor III. IV. Mes.
S. Vincent III. IV. Mes, S. Vincent, S. Vincentrue.
S. Wafroit IV.
Ste Agathe III.
Ste Aleine IV. S. Clemant, V.
Ste Barbe.
Ste Creux, Abtei III. IV. V.
Ste Creux III. IV. Mes.
Ste Geneviere IV.
Ste Glosenne III. IV. Mes.
Ste Yzaibel IV. frairie.
Ste Lucie V.
Ste Marie VI.
Ste Marie a Boix IV. Mes.
    a Chene IV.
    as nonnains III. IV. Mes.
    v. Val Ste Marie III.
    de Verdun III.
    v. Nostre Dame.
Ste Rafine IV.
Ste Seguelenne III. IV. Mes.
Sallinvalz III. IV.
secretaire VI.
Senones III.
Tample III.
Triniteit III. IV. Mes.
Vadois, Vadoize II.
Val Ste Marie III.
Vauz en Ornoiz III.
Vigne S. Marcel v. pucelles.
Villeirs, Abtei, III.
Warnieuiler, Abtei, III.

www.ingramcontent.com/pod-product-compliance
Lightning Source LLC
Chambersburg PA
CBHW051321230426
43668CB00010B/1106